**AUTEURS ET DIRECTEURS
DES COLLECTIONS**
Dominique AUZIAS & Jean-Paul LABOURDETTE

DIRECTEUR DES EDITIONS VOYAGE
Stéphan SZEREMETA

RESPONSABLES EDITORIAUX VOYAGE
Patrick MARINGE et Morgane VESLIN

EDITION ✆ 01 53 69 70 18
Caroline HEMERY, Steven LEGENDRE,
Mélanie PANAIS, Agathe PONTHUS et Nadyne
BENSADOUN

ENQUETE ET REDACTION
Patricia HUON, Benoît FAIVELAY, Alexnadra DIDIEK,
Fanny MAITROT, Isabelle LANCHAS, Pascal
COURTIN, John RITCHIE, Alexandra CANAULT
et Thomas LEVIVIVIER

REGIE INTERNATIONALE ✆ 01 53 69 65 34
Karine VIROT et Katja RÖMISCH

PUBLICITE ✆ 01 53 69 70 61
Luc REGNARD, Serge TOUKA,
Caroline de YRIGOYEN, Caroline GENTELET
et Perrine de CARNE-MARCEIN

DIFFUSION ✆ 01 53 69 70 06
Quentin DUPRAZ, Carla de SOUSA
Jean-Pierre GHEZ, Maud GHISOLFI
et Bénédicte MOULET

MAQUETTE & MONTAGE
Loran FERRAND, Sophie LECHERTIER,
Laurent MULLOT, Delphine PAGANO,
et Anne BERT

CARTOGRAPHIE
Philippe PARAIRE, Thomas TISSIER

PHOTOTHEQUE ✆ 01 53 69 65 26
Millie CHAMPALBERT

INTERNET
Alexandre HEYMAN

RELATIONS PRESSE ✆ 01 53 69 70 19
Jean-Mary MARCHAL

LE PETIT FUTE GRANDE-BRETAGNE 2006
▓ **6e édition** ▓

NOUVELLES ÉDITIONS DE L'UNIVERSITÉ©
Dominique AUZIAS & Associés©
14, rue des Volontaires - 75015 Paris
Tél. : 33 1 53 69 70 00 - Fax : 33 1 53 69 70 62
Petit Futé, Petit Malin, Globe Trotter, Country Guides
et City Guides sont les marques déposées ™®©

© Photos : authors.com, T. Beaufils, britainonview.com/
J. Berquez, Failte Ireland/St Patrick Festival, T. Harris, Historic Royal
Palaces, iconotec.com/Alamer/A. Leroy, Jersey Tourism, Maison de
la Grande-Bretagne, manchesterimages.com, N. Mayer, OT Dublin,
OT Edimbourg et Lothians, OT Grande-Bretagne, OT Guernesey,
picturefrom.com, S. Savignard, S. Szeremeta, The Idea Works,
VisitScotland/ScottishViewpoint, Wales Tourist Board, D.R.
ISBN - 2746914638
Imprimé en France par CORLET
Pour nous contacter par email,
indiquez le nom de famille en minuscule
suivi de @petitfute.com
Pour le courrier des lecteurs : country@petitfute.com

Welcome to [...] in

[...] mètres [...] nnel ou [...] reuses [...] s plus [...] changer d'heure. Car ses différences, la Grande-Bretagne les cultive jalousement, fière de ses traditions.

L'Angleterre possède encore une certaine douceur de vivre, ce charme « cosy », un peu vieillot, auquel on l'associe souvent. Bucolique, élégante et pudique, la campagne anglaise a inspiré nombre de peintres et d'écrivains. Il est difficile de rester insensible aux charmes discrets de ces paysages où sont semés, épars, des petits villages pittoresques. Aux paysages de landes, côtes sauvages et parcs nationaux propices à la randonnée s'ajoutent nombre de témoignages historiques. L'Angleterre regorge de châteaux, de cathédrales et de musées.

Mais la Grande-Bretagne est loin de s'endormir sur son passé. Elle abrite plusieurs villes vibrantes, avec une vie culturelle intense, des restaurants en tout genre, une vie nocturne animée…

Summum de cette agitation : Londres, mégapole de 12 millions d'âmes. Ville du shopping, de l'excentricité et de la vie nocturne, à la pointe de l'avant-garde artistique, la capitale britannique aura tôt fait de vous happer.

Le pays de Galles est plus industrieux et plus campagnard, de tradition minière et portuaire. Il est si proche de la Bretagne par sa langue et son esprit cabochard. Pays à la toponymie étrange, qui se souvient de magnifiques fêtes de tradition folk, les *eisteddfod*.

Au-delà du mur d'Hadrien, l'Écosse envoûte l'œil, par ses lacs, ses châteaux et… ses pubs. Il y traîne toujours une brume qui rappelle le douillet confort d'un feu de cheminée avec un bon verre de whisky.

En fait, le grand avantage de la Grande-Bretagne réside dans sa diversité. Vous pourrez « bouger » à Londres, séjourner dans les pubs des villages aux toits de chaume de la côte sud, visiter les châteaux du pays de Galles, randonner dans les landes solitaires, chasser le fantôme en Ecosse et le veau marin dans les îles Shetland, vous cultiver à Oxford et Cambridge ou aller faire un tour dans les mythiques stades de football. Laissez-vous guider au gré de vos envies, de vos rencontres…

L'équipe de rédaction

REMERCIEMENTS. *Merci aux offices du tourisme d'England's North Country et de Cornouailles pour leur aide précieuse, ainsi qu'à John Lally de Mersey Partnership (Liverpool) et Sara Gaughan de Marketing Manchester. Merci également à Margy Carey pour m'avoir fait découvrir Liverpool.*

PHOTO DE COUVERTURE.
Bedruthan Steps, Cornouailles © Iconotec.com

MISE EN GARDE. Le monde du tourisme est en perpétuelle évolution. Malgré notre vigilance, des établissements, des coordonnées et des prix peuvent faire l'objet de changements qui ne relèvent pas de notre responsabilité. Nous faisons appel à la compréhension des lecteurs et nous excusons auprès d'eux pour les erreurs qu'ils pourraient constater dans les rubriques pratiques de ce guide.

Sommaire

Écosse, Château Dunottar.

Somerset, Parc national d'Exmoor, près de Winford.

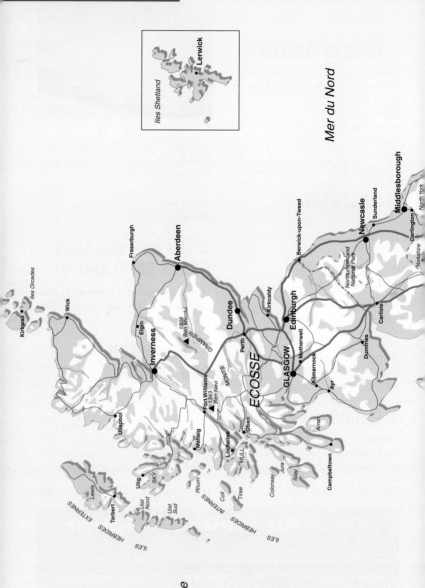

Mer du Nord

Océan Atlantique

Iles Shetland

Lerwick

Iles Orcades

Kirkwall

Wick

Ullapool

Uig

SKY

Lewis

HEBRIDES EXTERNES

Tarbert

Uist Nord

Uist Sud

ILES

Rhum

Coll

Tree

Colonsay

Islay

Jura

HEBRIDES INTERNES

ILES

MULL

Lochaline

Oban

Mallaig

Fort Williams
1343
Ben Nevi

Elgin

Inverness

1309
Ben Macdui

GRAMPIEN

MONTS

Fraserburgh

Aberdeen

Dundee

Perth

Kirkcaldy

ECOSSE

GLASGOW

Edinburgh

Motherwell

Kilmarnock

Ayr

Arran

Campbeltown

Dumfries

Berwick-upon-Tweed

Northumberland
National Park

Carlisle

Newcasle

Sunderland

Middlesborough

Darlington

North York

Yorkshire

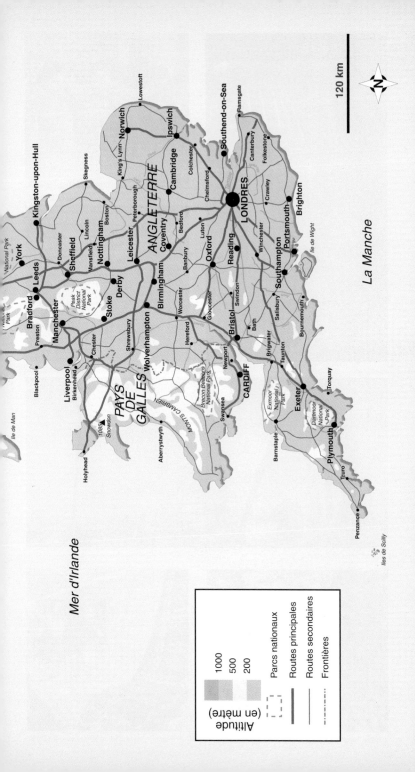

Kilt écossais.

Londres, Garde Royale.

Banlieue de Londres, alignement de cabines téléphoniques.

Newport, vague en métal.

Londres, Brixton Market, étal de produits exotiques.

Métier à tisser la laine à Bryncir près de Caernarfon Crafts.

Les plus de la Grande-Bretagne

Londres !

Capitale du pays, Londres mérite à elle seule le détour. Il y a d'abord la « city », impressionnante concentration de gratte-ciel et d'hommes d'affaires pressés, mais aussi Big Ben et son fameux carillon, le magasinage dans les rues de Regent Street et de Picadilly, les bus rouges à double étage et les vieux taxis noirs, les Horse Guard impassibles devant vos grimaces, le carnaval jamaïcain et son cortège de « Rastas », le quartier chinois de Soho… Bref, Londres, la vieille métropole plus branchée que jamais, est une étape incontournable pour tous ceux qui passent de l'autre côté de la Manche !

Les pubs

S'accouder au bar, commander une Guinness dans une ambiance intimiste et enfumée… Les pubs anglais ont ce petit plus que les pubs installés en dehors du pays ne peuvent pas posséder : c'est cette petite différence dans les rapports entre les clients, cette musique de fond qui couvre le bruit des chopes qui se tapent dès que l'une d'elles se remplit, le tout dans une ambiance feutrée…

Des paysages grandioses

Dans certaines régions du royaume comme l'Ecosse ou le pays de Galles, des paysages grandioses s'offrent à vous : vallées verdoyantes, petites rivières, murets en pierre, vieux châteaux, issus de la « ceinture de fer » et construits par Edward, qui n'ont rien perdu de leur superbe.

Le caractère « so british »

Les Anglais entretiennent les paradoxes. Ils sont souvent vus, de l'extérieur, comme étant à la pointe de l'élégance et des bonnes manières : ils sont smart avant tout. Mais derrière cette attitude très chic, on retrouve le fameux humour anglais qui, lui, ne fait pas l'unanimité : le célèbre Benny Hill, les Monty Pythons, Mr Bean et plus récemment Ali G ont quand même réussi à traverser la Manche pour inonder nos médias de leurs gags so british. Que l'on aime ce genre d'humour ou non, ces humoristes ont le mérite de faire rire hors de leur pays d'origine, ce qui est rare en France.

Une campagne douillette

En Grande-Bretagne, l'hospitalité anglaise prend tout son sens dans les campagnes. Si vous dormez dans un Bed & Breakfast, vous aurez vite l'impression d'appartenir à la famille. L'hospitalité est encore plus marquée au pays de Galles où les habitants savent accueillir les visiteurs comme il se doit.

L'Art et l'Architecture avec un grand A

La Grande-Bretagne des universités et des collèges prestigieux, mais aussi des châteaux, des palais et des musées grandioses. Quelques noms suffisent pour y évoquer la puissance architecturale et artistique passée, toujours présente : les universités de Cambridge et Oxford, le château d'Edimbourg, Big Ben, le palais de Westminster, the Tower of London, etc.

Île de Lewis, Callanish standing stones.

Téléphonez depuis l'étranger
aux mêmes tarifs qu'en France.
+ coût de connexion d'1€ minimum/appel

En partenariat avec Vodafone

L'insularité

Grâce son caractère insulaire, la Grande-Bretagne vit par et pour la mer. En témoigne l'esprit « marin » présent le long des côtes, mais aussi les nombreux ports de commerce, les petits ports de pêche… Le fait que la Grande-Bretagne est une île a aussi préservé le pays des invasions et les habitants ont su conserver leurs traditions. La Grande-Bretagne cultive jalousement son non-conformisme, même s'il s'applique à de petits détails comme le fait de conduire à gauche. Et l'ouverture du tunnel sous la Manche ne semble guère affecter ce trait essentiel du caractère national. Les habitants sont très attachés à leurs coutumes, depuis les simples danses villageoises jusqu'aux grandes cérémonies monarchiques.

Cependant, contrairement à ce que l'on pourrait croire, il n'y a pas d'arrogance derrière ce comportement. Au contraire, de la visite de la Grande-Bretagne ressort une impression unanime : la modestie et l'humilité qui caractérisent ces habitants.

La diversité

Vous serez frappé en Grande-Bretagne par la diversité des paysages : des plaines à l'est, des montagnes au pays de Galles et dans le Nord de l'Angleterre et de l'Ecosse, un littoral pittoresque… Mais, outre les paysages, vous rencontrerez également différentes cultures et atmosphères. La Grande-Bretagne est une petite île composée d'une mosaïque de régions très variées, dont les habitants ont su conserver leur identité. Anglais, Gallois, Ecossais ont chacun leurs coutumes et leurs particularismes. Enfin, si après une visite en Cornouailles ou dans les Highlands écossais vous décidez de passer quelques jours dans la capitale britannique,

Borders, Abbaye de Melrose.

vous n'aurez peut-être pas l'impression d'être dans le même pays…

Le football

Sport national, de nombreuses équipes anglaises disputent régulièrement les plus grands championnats internationaux. Comme en France, les anciennes cités ouvrières ont leurs propres clubs qui participent à la légende anglaise du football : Manchester United, Manchester City, Liverpool, mais aussi d'autres clubs comme Chelsea, Arsenal, Birmingham…

Londres, façade « Tudor » Ouest du Hampton Court Palace.

Fiche technique

Argent

▶ **Monnaie :** une livre sterling = 100 pence (pluriel de penny).

▶ **Taux de change :** 1 £ = 1,45 € / 1 € = 0,69 £

Idées de budget

La Grande-Bretagne est un pays relativement cher comparé à la France, surtout pour des produits comme l'alcool et le tabac. Pour le reste, si les prix sont relativement plus élevés, des disparités existant néanmoins entre des villes comme Londres (hors de prix) et Liverpool, où le coût de la vie est nettement moindre.

▶ **Budget très serré à petit budget :** vous pouvez voyager pour £30 par jour si vous logez en auberge de jeunesse, vous nourrissez de sandwichs ou fast food et vous contentez d'un verre le soir. Comptez au moins £50 pour un peu plus de confort.

▶ **Budget moyen :** compter entre £70 et 100 par personne pour une nuit dans un petit hôtel, deux repas dans des petits restaurants, un verre le soir, les transports...

▶ **Gros budget :** à partir de £150 par personne (nuit en hôtel de charme, deux repas dans de bons restaurants, parking ou taxi...)

Pour Londres, l'addition monte encore :

▶ **Petit budget :** comptez minimum £50 par jour

▶ **Budget moyen :** à partir de £100 par jour

▶ **Gros budget :** à partir de £200 par jour.

Le pays en bref

▶ **Pays :** Grande-Bretagne.

▶ **Capitale :** Londres.

▶ **Latitude :** 50° nord.

▶ **Longitude :** 2° ouest.

▶ **Superficie :** 244 050 km².

▶ **Plus haut sommet :** Ben Nevis (1 343 m).

▶ **Côtes :** 12 500 km.

▶ **Population :** 60 millions d'habitants.

▶ **Densité :** 246 hab/km².

▶ **Population urbaine :** 92 %.

▶ **Taux de croissance de la population :** 0,3 %.

▶ **Espérance de vie :** 81 ans pour les femmes – 76 ans pour les hommes.

▶ **Origine de la population :** Angleterre (81,5 %), Ecosse (9,6 %), Irlande (2,4 %), pays de Galles (1,9 %), Ulster (1,8 %), Inde, Pakistan et autres (2,8 %).

▶ **Langues :** anglais et gallois.

▶ **Religions :** catholiques (40 millions), musulmans (1,5 million), presbytériens (800 000), méthodistes (760 000), sikhs (500 000), indous (500 000), juifs (350 000).

▶ **Nature de l'état :** monarchie constitutionnelle.

▶ **Nature du régime :** démocratie parlementaire.

▶ **Premier ministre :** Tony Blair.

▶ **Possessions, territoires et Etats associés :** Gibraltar, îles Anglo-normandes, Bermudes, Falkland, Saint Hélène, Anguilla, Caïman, Mont Serrat, Turbes et Caïcas, Pitcairn et îles Vierges britanniques.

L'économie

▶ **PIB :** 1 500 milliards de dollars.

▶ **Croissance du PIB :** 1,6 %.

▶ **PIB/hab :** 25 000 dollars.

▶ **Taux d'inflation :** 2,1 %.

Drapeau de la Grande-Bretagne

L'Union Jack, littéralement le « pavillon de l'Union » est né de la réunion des croix de Saint-George, Saint-André et Saint-Patrick, respectivement les patrons de l'Angleterre, de l'Ecosse et de l'Irlande. La première croix (rouge sur fond blanc) a été adoptée au XIII° siècle lors de la guerre entre l'Angleterre et le pays de Galles. La seconde, celle de Saint-André, blanche sur fond bleu, est d'abord devenue l'emblème de l'Ecosse fin XVIII° siècle. Enfin, la croix de Saint-Patrick (rouge sur fond blanc), a été rajoutée à la première version de l'Union Jack (1606) le premier janvier 1801, date à laquelle l'Irlande a été intégrée au Royaume-Uni. Cette dernière a scellé définitivement les formes de l'Union Jack.

- **Taux de chômage :** 5,2 %.

- **Population active :** 29,7 millions.

- **Répartition par secteur :** agriculture (1,4 %), industrie (24,9 %), services (73,7 %).

- **Principaux fournisseurs :** Union européenne 51,7 % (Allemagne 12,7 %, France 8,6 %, Pays Bas 6,7 %, Benelux 5,1 %), Etats-Unis 13,2 %.

- **Principaux clients :** Union européenne 58,1 % (Allemagne 12,5 %, France 10,2 %, Pays-Bas 7,7 %, Irlande 7,3 %), Etats-Unis 15,4 %.

Climat

Il ne pleut pas tous les jours en Grande-Bretagne. L'hiver est souvent froid et humide, les températures varient entre 1 et 6 degrés. Quand la mer est plus chaude que la terre, les températures ne descendent en dessous de zéro degré. Les précipitations sont légèrement différentes selon les régions, elles sont plus importantes dans le Devon et les Cornouailles qu'à Londres. L'été, le thermomètre peut atteindre 22 degrés, mais pensez à apporter des vêtements chauds pour le soir car la température baisse. Le printemps et l'automne sont des mois imprévisibles, la température peut varier énormément, il est donc prudent de vérifier le temps avant de partir.

Téléphone

- **L'indicatif de la Grande-Bretagne** est le 44.

- **Pour téléphoner de la France vers la Grande-Bretagne,** composez le 00 + 44 + indicatif de la ville sans le 0 puis le numéro de votre correspondant.

- **Pour téléphoner de la Grande-Bretagne vers la France,** faites le 00 + 33 + numéro de votre correspondant sans le 0, soit 9 chiffres.

Décalage horaire

La Grande-Bretagne à l'heure GMT de fin octobre à fin mars, puis GMT + 1h d'avril à octobre (l'heure d'été, c'est le British Summer Time). Il est toujours une heure plus tôt qu'en France.

Liverpool

Janvier	Février	Mars	Avril	Mai	Juin	Juillet	Août	Sept.	Octobre	Nov.	Déc.
2°/7°	2°/7°	3°/9°	5°/11°	8°/14°	12°/16°	13°/19°	13°/18°	11°/16°	8°/13°	5°/9°	3°/7°

Londres

Janvier	Février	Mars	Avril	Mai	Juin	Juillet	Août	Sept.	Octobre	Nov.	Déc.
2°/7°	2°/8°	3°/9°	4°/13°	8°/17°	11°/20°	13°/22°	12°/21°	10°/18°	7°/14°	4°/9°	3°/8°

Newcastle-upon-Tyne

Janvier	Février	Mars	Avril	Mai	Juin	Juillet	Août	Sept.	Octobre	Nov.	Déc.
3°/6°	3°/7°	3°/8°	5°/10°	7°/12°	10°/16°	12°/18°	12°/18°	11°/16°	8°/13°	5°/9°	3°/7°

Plymouth

Janvier	Février	Mars	Avril	Mai	Juin	Juillet	Août	Sept.	Octobre	Nov.	Déc.
4°/8°	4°/8°	5°/10°	6°/12°	8°/15°	11°/18°	13°/19°	13°/19°	12°/18°	9°/15°	7°/11°	5°/9°

Idées de séjour

Le Sud de l'Angleterre en une semaine

▶ **Jours 1 et 2. Londres :** consacrez votre première journée au Londres royal et politique. Les principaux monuments étant dans un même périmètre, vous pourrez visiter à pied : Houses of parliament, (Big Ben), l'abbaye de Westminster, Trafalgar Square (visite en pointillé de la National Gallery, histoire de voir les principaux tableaux) et l'incontournable Buckingham Palace. Le soir, rendez-vous à Picadilly Circus – illuminé de tous ses feux – et profiter des rues animées de Soho, pour vous trouver un restaurant et bien sûr un pub !

Le lendemain, c'est le Londres d'origine qui occupera vos pensées : la City (là où les Romains il y a 2 000 ans se sont installés) et monuments majeurs au rang desquels vous ne pouvez pas manquer Tower Bridge et la cathédrale Saint-Paul. Si vous avez le temps, faites un tour au musée de Londres pour mieux cerner l'histoire de la ville ou si votre porte-monnaie vous démange, gagnez Oxford Street pour faire quelques emplettes dans la ville (officielle) du shopping.

▶ **Jour 3. Oxford :** ville d'étudiants, de chercheurs et de loufoques « so british », Oxford est la plus ancienne ville universitaire de Grande-Bretagne. Si les collèges quadrillent toute la ville, attardez-vous seulement dans les plus beaux : Christ Church, The Queen's College, Meron et Magadlen. Ne pas manquer non plus un des monuments phares de la ville : le Ashmolean Museum, qui recèle une impressionnante collection archéologique. Survolez également 800 ans d'histoire, en parcourant The Oxford Story Museum, musée de cire où bruits, images et odeurs se mélangent dans une mise en scène ludique.

▶ **Jour 4. Winchester :** ancienne capitale du Wessex, Winchester mérite qu'on s'y arrête. Son centre historique qui gravite autour de la cathédrale, étant relativement petit, vous pouvez y circuler à pied. En priorité, jetez un œil (voire, même deux) à la cathédrale vieille de 900 ans qui abrite la tombe de la célèbre romancière Jane Austen. Continuez vers Winchester College, la plus ancienne école d'Angleterre avant de regagner le centre par High Street, une rue bordée de bâtiments splendides : Grand Hall, Buttercross et le Victorian Guilghall. En fin de journée, pourquoi ne savoureriez-vous pas une bière, au Royal Oak, pub le plus ancien de la ville situé lui aussi sur High Street.

Vue des Needles depuis une falaise de l'Île de Wight.

▶ **Jour 5. Salisbury et Stonehenge :** Salisbury, ville médiévale aux nombreuses ruelles, voies piétonnes et colombages, est connue pour sa cathédrale gothique « early English » à la vue imprenable. Même si ce monument est une pure merveille, sa visite ne doit pas vous dispenser d'explorer le reste de la ville. Vous y verrez notamment des trésors architecturaux comme The Guildhall construit en 1795 ou l'église Saint-Edmund (XIIIe siècle).

Poursuivez votre route jusqu'à Stonehenge, un site préhistorique tout simplement fascinant. Cet ensemble de mégalithes, entouré d'un fossé, semble établir une connexion avec les astres et ce depuis 5 000 ans. L'énigme de ce lieu n'est toujours pas élucidée et l'origine de ses pierres bleues gigantesques – elles ont été ramenées du pays de Galles – brouille de plus belle les pistes. Ici, le mystère plane ; fermez les yeux et vous entendrez la voix des druides.

▶ **Jour 6. Brighton :** c'est à Brighton que les premiers Anglais se sont baignés aussi quoi de plus naturel si cette ville est devenue la première station balnéaire du pays. Pontons (piers), promenade bordée de bâtiments géorgiens, espaces verdoyants, Brighton est élégante à l'image de son pavillon royal construit sous George IV dans un style purement oriental.

▶ **Jour 7. Retour vers Dover ou Londres.**

L'Angleterre en deux à trois semaines

▶ **Jours 1 à 7 : vous pourrez reproduire l'itinéraire ci-dessus.** Nous vous conseillons cependant de vous rendre à Oxford plus tard, lorsque vous vous dirigerez vers le nord. Passez également un peu plus de temps à Londres pour apprécier toute la diversité de la capitale britannique. Dirigez-vous ensuite vers l'ouest.

▶ **Jour 8. Bath :** déambuler dans les rues de cette charmante petite ville et admirer les chefs-d'œuvre d'architecture de style Régence.

▶ **Jour 9. Wells :** une très belle ville médiévale qui se trouve en outre dans une des plus belles régions rurales de Grande-Bretagne, le Somerset.

▶ **Jour 10 : faire un crochet par le Devon,** paradis des amoureux de la nature. Egalement quelques stations balnéaires agréables pour une journée de détente plage et « fish and chips ».

▶ **Jour 11 : se diriger ensuite vers Oxford** à travers les Costwolds.

▶ **Jour 12 : Stratford-upon-Avon,** le village natal de Shakespeare.

▶ **Jours 13 et 14. Manchester ou Liverpool :** les deux rivales du Nord.

▶ **Jours 15 et 16. Lake District et le mur d'Hadrien.** Un paradis pour les randonneurs, avec des paysages magnifiques et variés, où les étendues vertes et les montagnes entourent les lacs et les petits villages, le Lake District est un paradis pour les randonneurs.

▶ **Jour 17 : York.** Magnifique cité médiévale extrêmement bien conservée.

▶ **Jour 18 : Cambridge** et ses collèges historiques. Retour sur Londres.

▶ **Si vous disposez d'un peu plus de temps,** faites un crochet par le pays de Galles, l'Ecosse ou encore les Cornouailles. Ou prenez le temps de vous attarder dans un endroit qui vous a séduit ! C'est le meilleur moyen d'apprécier la campagne anglaise et ses habitants.

Le pays de Galles en deux semaines

▶ **Jours 1, 2 et 3. Cardiff et ses environs.** Prendre une journée pour flâner dans la capitale, découvrir le château, le musée et Cardiff Bay. Le lendemain, rendez-vous au château de Caerphilly, facilement accessible depuis Cardiff. Il a traversé les grandes étapes de l'histoire galloise : la conquête par les Romains, les foudres de Llywelyn le Grand, la guerre civile… L'après-midi, se rendre au château Coch, fruit d'une fantaisie d'un riche seigneur. A la fin des années 1870, il convertit ce château en ruines en une excentrique demeure. Le troisième jour, découvrir l'histoire des Celtes et leur façon de vivre, de façon très ludique, à St Fagans. Pour l'histoire plus récente du pays de Galles, le musée Big Pit à Blaenafon vous fera voir les dures conditions de travail dans les mines, dans lesquelles vous aurez la possibilité de descendre en petite carriole. Tous les gardiens de salle sont d'anciens mineurs qui se feront un plaisir de vous commenter les lieux.

Jardins de Dyffryn près des Jardins de Cardiff.

Jour 4. Hay on Wye. Capitale mondiale du livre d'occasion, Hay est surréaliste. Les jardins du château abritent des étagères de livres que l'on peut acheter à toute heure du jour et de la nuit. Le village, très pittoresque, est aussi une bonne base pour partir en randonnées.

Jour 5. Brecon. Capitale du parc naturel des Brecon Beacons,est auusi un excellent point de départ pour une randonnée. On peut choisir de visiter la magnifique cathédrale, de se promener le long des canaux ou de jeter un œil au musée de l'Armée et y découvrir les événements tragiques de la bataille des Gallois contre les Zoulous pendant la guerre des Boers.

Jour 6. Swansea. Héritière d'un riche passé industriel mais également de la poésie du très célèbre poète Dylan Thomas, Swansea ne laisse jamais indifférent. Son allure de grand port décrépi en voie de restructuration a un charme fou pour certains, un aspect plutôt lugubre pour d'autres. Mais tous s'accorderont sur l'intérêt du Centre d'égyptologie et du nouveau musée maritime (ouvert depuis l'été 2005).

Jour 7. Péninsule de Gower. Classée par les autorités zone de beauté naturelle à préserver, Gower recèle de petites plages et de grandes baies, toutes imprégnées de légendes. Cette presqu'île a longtemps attiré des faussaires qui allumaient de grands feux pour faire croire aux navires qu'ils pouvaient amerrir en toute sécurité. Alors, ils échouaient sur les falaises et se faisaient dépouiller de leurs trésors. Qui sait ? Vous découvrirez peut-être encore une pièce du butin ?

Jour 8. Saint David's, Solva et le chemin côtier. Construite avec des pierres légèrement bleutées, la cathédrale de Saint-David's est sans doute la plus imposante du pays de Galles. Le petit village avec ses galeries d'art et ses bons restaurants attire beaucoup de visiteurs. Dans les environs, le village de Solva, plus calme, abrite les œuvres d'artistes locaux. Si le cœur vous en dit, de Saint-David's, profitez d'une randonnée le long du chemin côtier du Pembrokeshire.

Jour 9. Pentre Ifan Castel Henllys, Newport, Newquay. Une journée pour remonter dans le temps : la chambre funéraire de Pentre Ifan fut construite il y a plus de 4 000 ans. A Castel Henllys, des archéologues ont reconstitué un habitat de l'âge de fer, sur les fondations d'un village qui a vraiment existé. Newport est un joli petit village, près de la plage. Depuis Newquay, vous embarquerez sur des petits bateaux à la recherche de dauphins.

Gower Peninsula, Swansea Shopping Market.

Jour 10. Aberystwyth et la réserve naturelle de Ynys-las. La ville universitaire d'Aberystwyth occupera facilement toute une journée : promenade sur le front de mer victorien, sortie en mer, visite de l'Observatoire (télescope géant), sans oublier la Bibliothèque nationale dans laquelle est conservé le plus ancien manuscrit gallois. Pour ceux qui préfèrent la nature aux villes, une marche dans la réserve naturelle d'Ynys-las est incontournable.

Jour 11. Centre pour les technologies alternatives, Celtica, et Machynlleth. A Corris, très proche de Machynlleth, ce centre est l'une des principales sources d'information en Europe pour le développement d'éco-énergies et pour la préservation de l'environnement en général. A Celtica, un spectacle de son et lumière retrace tout au long de la journée la façon de vivre et de penser des Celtes. La ville de Machynlleth est elle-même une halte agréable.

Jour 12. Barmouth et Portmeirion. A Barmouth, le nouveau musée contenant les restes d'une épave illustre l'importance des mers et de la piraterie dans l'histoire galloise ! Vous pourrez remonter l'estuaire afin de profiter de vues imprenables. Se diriger ensuite vers Portmeirion, ce village « italisant » et surréaliste.

Jour 13. Beddgelert et Mount Snowdon. Beddgelert reste le village le plus pittoresque de Snowdonia, avec sa petite rivière et ses maisons en ardoise. Le nom vient probablement de la tombe du chien Gelert, compagnon du célèbre Llywelyn le Grand. De Beddgelert, partent plusieurs chemins conduisant au sommet du mont Snowdon (1 085 m), le plus élevé du pays de Galles.

Jour 14. Caernarfon. Centre du royaume d'Edward Ier, premier prince normand à réussir l'invasion du pays de Galles. Le château de Caernarfon se veut être l'illustration de la perfection architecturale et militaire de ce grand guerrier.

L'Écosse en trois semaines

Visiter la Grande-Bretagne de fond en comble nécessite beaucoup de temps. Sur un seul et même territoire, se côtoient trois pays et surtout trois peuples. En insistant sur cette évidence, on met le doigt sur l'intérêt même de cette terre de légendes et d'histoire : les Britanniques. Vous pouvez certes, pied sur l'accélérateur et yeux rivés sur votre chronomètre, visiter en un temps record les châteaux de la ceinture de fer du pays de Galles, randonner dans les Highlands écossaises, survoler York, Durham et autres villes magiques du nord de l'Angleterre et terminer par Londres ; mais, dans l'urgence, vous ne cernerez certainement pas le flegme anglais, l'humour écossais et la chaleur galloise. Aussi nous vous conseillons un itinéraire, parmi tant d'autres, qui vous permettra de vivre pleinement votre séjour.

Jours 1, 2 et 3. Edimbourg : capitale de l'Ecosse, détonne par son environnement hors norme. Construite sur des collines volcaniques, la richesse de son patrimoine architectural et son activité culturelle étonnent. En outre, Edinburgh a deux visages : Old town (vieille ville) et New town (nouvelle ville), deux villes en une, vous l'aurez compris.

Consacrez votre première journée à Old Town, en empruntant à pied le Royal mile, au départ du château en direction du palais royal. Perché sur son rocher, le château de la couronne écossaise est plus ancien que la ville elle-même (fondée en 850). Il abrite, en autres, la division écossaise de l'armée britannique. En direction de Holyrood, la résidence royale, vous croiserez bon nombre d'édifices, héritages des XVIe et XVIIe siècles comme Galdstone's Land ou la Maison de John Knox. En sillonnant les rues perpendiculaires, vous vous enfoncerez dans l'Edimbourg d'antan.

Au nord de New Town, se trouvent les « B and B », les plus sympathiques de la ville, un hébergement idéal pour découvrir des autochtones.

Profitez de votre deuxième journée pour visiter la nouvelle ville et ses rues élégantes : Charlotte Square et son musée, le National Trust of Scotland, Princes Street et ses jardins. Edimbourg s'enorgueillit de ses nombreux musées, aussi n'hésitez pas à y consacrer une demi-journée. En priorité, rendez-vous au Royal Museum of Scotland. Elle regorge également de magasins : Waverley Market, Victoria Street, à vous de voir !

Les alentours de la capitale valent le détour, plusieurs excursions comme le village de Dalmeny, à 10 km, célèbre pour son église ou North Berwick et Tantallon Castle s'offrent à vous.

Jour 4. Tweed Valley. C'est à Berwick-upon-Tweed que la Tweed, troisième fleuve d'Ecosse, se jette dans la mer. Sa vallée, frontière entre l'Angleterre et l'Ecosse, est jalonnée de monuments divers voire fascinants. Forts construits sous les Romains, demeures monastiques, avec en toile de fond les montagnes, rappellent à chaque instant les conquêtes passées. A ne pas manquer : Kelso et Floors Castle, St Boswells et son Drysburgh Abbey et Melrose et Abbotsford House (demeure de Walter Scott).

Jours 6, 7 et 8. Glasgow : ville écossaise par excellence, vaut le détour en raison de ses monuments mais surtout de ses Glaswegiens. C'est dans le centre-ville, situé sur la rive nord de la Clyde, que vous ferez la connaissance de ses habitants. Sauchiehall Street, centre névralgique de la ville regorge de pubs, restaurants et boutiques. Allez y prendre la température, vous comprendrez bien vite qu'ici l'accueil n'a rien à voir avec le climat, il est chaleureux !

A l'est, la vieille ville vous occupera au moins une journée. Gravitent autour de la cathédrale gothique de Glasgow le musée de St-Mungo, les ravissantes demeures et les entrepôts de Merchant City (XVIIIe siècle) ou bien encore la Tenement House, reconstitution de l'appartement d'une famille du début du siècle.

Pour terminer votre séjour, faites un tour à la Burrell Collection, située dans le Pollok Country Park, à 5 km au sud de la ville. Léguée par William Burrell en 1944, cette collection d'art réunit aussi bien des objets antiques que des tableaux de Renoir. Profitez-en pour jeter un œil à la Pollok House, manoir du XVIIIe siècle arborant de grands tableaux espagnols.

Jours 9 et 10. Les Trossachs : paysage célèbrissime d'Ecosse fait de montagnes et de pentes boisées cernées par des lochs, les Trossachs sont la terre du clan McGregor et de son chef Rob Roy. De Callander, centre estival, rejoignez le loch Venachar et un autre loch de renom, le loch Katrine sur lequel une balade en bateau s'impose.

Jours 11 et 12. La péninsule de Fife : après avoir visité la ville de Stirling et son château du XVe siècle, aventurez-vous dans la péninsule de Fife en longeant le littoral parsemé de petites bourgades typiques jusqu'à St-Andrews, capitale du royaume de Fife. Ville à part de l'Ecosse (quasi-insularité oblige !), St-Andrews est célèbre pour sa cathédrale du XIIe siècle mais surtout pour son importante culture du golf, d'ailleurs vous y verrez le British Golf Museum.

▶ **Jours 13 et 14. La région de Perth :** sur la route de Perth, arrêtez-vous dans l'ancienne capitale ecclésiastique d'Ecosse Dunkeld afin d'y admirer sa cathédrale. Puis rejoignez Scone Palace, maison du comte de Mansefield. Ce palais possède une incroyable collection d'œuvres d'art : porcelaine, broderies exécutées par Marie Stuart, ivoires anciens… Si le temps le permet, visitez Glamis castle, le fief de la Reine mère.

▶ **Jours 16 et 17. Les châteaux des Grampians :** dans l'arrière-pays d'Aberdeen, les châteaux des XVIe et XVIIe siècles font partie du paysage comme autant de témoins du style baronnial écossais à ne pas manquer ! Crathes Castle à Banchory est l'un des plus beaux exemples de cette créativité architecturale au même titre que Dunottar Castle, situé sur un promontoire bordé de falaises. L'Ecosse et ses châteaux… comme on se l'imagine.

▶ **Jour 18. La route du whisky :** dans la région de Speyside, l'une des plus pittoresques d'Ecosse, le whisky est roi. Pour preuve, le Glenfiddich à Doffotown, le Strathisla à Keith… Goûtez aux produits de ces distilleries mais avec modération (of course) !

▶ **Jours 19, 20 et 21. Les Highlands :** en route vers l'ouest, Inverness, la capitale des Highlands vous attend. Célèbre pour son Loch Ness, cette ville est un point de départ idéal pour de nombreuses excursions dont le château d'Urquhart ou le Fort William. Gagnez le Sud par Glen Coe, endroit grandiose tristement célèbre pour avoir été le théâtre du massacre du clan McDonalds en 1692 par les troupes anglaises. Retour vers Glasgow ou Edimbourg.

Séjours thématiques

Les archipels des Orcades et des Shetland

Situées entre la mer du Nord, celle de Norvège et l'océan Atlantique, les archipels Orcades et Shetland méritent une attention particulière pour les amoureux des grands espaces et de la nature la plus sauvage qui soit. Le séjour qui vous est présenté ici vous propose de découvrir les différentes facettes de ces îles balayées par la pluie et sculptées aux seuls désirs d'Eole. Vous l'aurez compris, ici le tourisme balnéaire n'a pas sa place. Eté comme hiver, on y vient davantage pour les éléments, les paysages et les habitants que pour se pavoiser en terrasse et sortir en discothèque.

▶ **En arrivant à Stromness sur l'île de Mainland, la principale île des Orcades,** commencez par louer une voiture. Si le temps n'est pas clément, vous serez toujours à l'abri ; sinon, un V. T. T. fera l'affaire pour les courtes distances. Si vous arrivez par bateau, profitez de la vue pour admirer le port fondé en 1035. Ensuite, direction le nord pour découvrir les Stones of Stenness, Maes Howe et le cromlech du Ring of Brodgar (36 énormes pierres dressées), et poussez un peu plus votre chemin jusqu'au village néolithique de Skara Brae. D'autres sites méritent le détour : Brough of Birsay, Earl's Palace ou encore Broch of Gurness, et vous voilà rendu à Kirkwall.

Ile Shetland, Voe.

Passer la nuit sur place. La ville attire les visiteurs pour son artisanat, ses magasins, la cathédrale St-Magnus, la distillerie de Highland Park et le musée des Orcades (Orkney Museum). D'ici, vous pouvez prendre le ferry pour vous rendre sur l'île de Shapinsay et admirer le château de Balfour. En revenant sur vos pas, dirigez-vous vers St Mary's. Vous passerez une journée à découvrir l'Italian Chapel ou Lamb Holm.

En continuant vers le sud, il faut voir la Tombe des aigles à South Ronaldsay. Ensuite, cap vers le nord : prendre le ferry de Houton à Lyness (sur l'île de Hoy), et visiter le Scapa Flow Interpretation Centre et Dwarfie Stane.

Possibilité ensuite de retourner à Stromness et d'embarquer vers l'archipel des Shetlands par ferry.

▌ **A votre arrivée à Lerwick,** se balader au bord des falaises, visiter le musée sur l'histoire de l'archipel, Fort Charlotte, les magasins, etc. Ensuite, direction nord sur les îles de Yell et d'Unst : là se trouvent le phare le plus septentrional des Shetlands, donc de Grande-Bretagne, ainsi que La Hermaness National Nature Reserve. Plus au sud, vous trouverez les falaises sauvages d'Esha Ness, puis, à l'ouest de la grande île, les falaises de Westerwick, le village néolithique de Stanydale et celui de Walls.

Gower Peninsula, Swansea Marina.

Enfin, un dernier passage vers le sud vous réservera encore des surprises : le Shetland Textile Working Museum à Weisdale, et les villes de Tingwall et Scalloway. Sur l'île inhabitée de Moussa a été érigé il y a plus de 2 000 ans une tour (un broch) de 15 m de diamètre et de 13 m de haut. Encore plus au sud, le loch of Spiggie, grand lac entouré de pâturages, l'ensemble faisant partie d'une réserve naturelle de 115 hectares.

Pour quitter les Shetlands, rendez-vous à l'aéroport de Sumburgh, à la pointe méridionale de Mindland, ou à Lerwick si vous prenez le bateau.

Le pays de Galles d'Edward

Suivre les traces d'Edward Ier en découvrant quelques-uns des châteaux qu'il a fait construire à la fin du XIIIe siècle au pays de Galles, en plus de ceux qui se trouveront sur votre route.

▌ **En arrivant par Cardiff,** vous allez pouvoir entrer de plain-pied dans l'univers gallois. Cette ville, c'est d'abord le rugby (à voir, le National Sports Centre for Wales), mais aussi et surtout la fierté de posséder une identité forte et sans complexe face au reste de la Grande-Bretagne. En plus du National Museum of Wales, trois châteaux vous y attendent. Le Cardiff Castle, tout d'abord, et ses deux mille ans d'histoire, mais aussi, plus au nord, les châteaux de Caerphilly (deuxième forteresse la plus grande d'Europe) et Castell Coch. Ensuite, dirigez-vous vers la Wye Valley pour visiter trois châteaux forts dans le nord de Monmouth : Skenfrith, Grosmont et White Castle. Ces trois bâtisses ont été construites aux XIe et XIIIe siècles. Non loin de là, à quelques kilomètres au sud de Welshpool, le Powis Castle, devenu depuis une résidence d'agrément, mais n'a rien perdu de sa superbe.

▌ **Traversez maintenant le parc naturel de Snowdonia,** la région la plus haute du pays de Galles dont le mont Snowdon culmine à 1 085 m, et prenez la route de Caernarfon, où s'élève un superbe château construit sous les ordres d'Edward Ier et rénové au XIXe siècle.

▌ **Sur l'île d'Anglesey,** le château de Beaumaris est le dernier château à avoir été construit par Edward Ier. Fief de ce même roi, le village devenu ville de Conway (ou Conwy) se situe sur la côte nord. Les huit tours et les remparts du château ont été construits entre 1283 et 1287, et ce Conwy Castle attire de très nombreux visiteurs qui viennent se perdre dans les méandres de l'histoire médiévale du pays. Si vous souhaitez seulement profiter de la vue qu'offraient d'anciens châteaux, aujourd'hui en ruines, rendez-vous à Denbigh ou Llangollen (Castle Dinas).

La Grande-Bretagne sur Internet

Site des expatriés français à Londres

■ **www.canalexpat.com :** c'est LE site du Français résidant à Londres qui offre essentiellement des informations pratiques sur le travail, le logement, l'assurance médicale.

Office du tourisme de Londres

■ **www.londontouristboard.com :** un site disponible en français, pour vous aider à planifier votre visite. Informations pratiques (logement, centres d'intérêt de la ville, sorties, expositions, événements saisonniers), et carte interactive.

Mairie de Londres

■ **www.london.gov.uk :** très accès sur la culture et la politique de la ville, ce site exclusivement en anglais, donne des informations pratiques sur les infrastructures et les services (transport urbain, pompier…).

British Tourist Authority (office du tourisme anglais)

■ **www.visitbritain.com :** outre les informations touristiques et événementielles générales sur l'ensemble du Royaume-Uni, des idées de séjours ainsi qu'une présentation des différents modes de déplacement, une rubrique économique, et une rubrique gay.

Site du patrimoine anglais

■ **www.english-heritage.org.uk :** basé sur l'héritage culturel anglais, le site passionnera les férus de l'Histoire. De nombreuses photos accompagnent les informations sur les sites archéologiques et les événements liés à l'histoire. Site uniquement en Anglais.

Ambassade de France à Londres

■ **www.ambafrance-uk.org :** ce site officiel informe en anglais sur les conditions pour venir en France. On y trouve un index « La France de A à Z », et des dossiers traitant de politique.

...ions et météo

...**.co.uk** : la BBC propose sur son site une quantité astronomique d'informations générales. Les nouvelles du monde sont disponibles en 43 langues.

■ **www.thisisyork.co.uk** : guide en ligne sur la ville de York, en anglais.

■ **www.westcountrylinks.co.uk** : guide touristique sur l'Ouest de l'Angleterre (Somerset, Dorset, Devon and Cornwall).

■ **www.thisisoxfordshire.co.uk** : guide en ligne sur la région d'Oxford, en anglais.

■ **www.streetmap.co.uk** : cartes et plans de villes anglaises avec moteur de recherche.

■ **www.amb-grandebretagne.fr** : l'ambassade de Grande-Bretagne en France.

■ **www.open.gov.uk** : site officiel du gouvernement britannique (en anglais).

■ **www.travelengland.org.uk** : guide en ligne sur l'Angleterre, en anglais.

L'Écosse sur Internet

■ **www.scotland.gov.uk** : site du gouvernement écossais. En anglais. Site axé sur les institutions politiques écossaises.

■ **www.franco-ecossaise.asso.fr** : le site de l'Association franco-écossaise. Conseils pratiques, informations générales et de belles photos sur l'Ecosse.

■ **www.visitscotland.com** : tout pour préparer votre voyage en Ecosse.

■ **www.bbc.co.uk/scotland** : le site de la BBC sur l'Ecosse. Les programmes de la station en ligne et des informations générales sur le pays.

■ **www.geo.ed.ac.uk/home/scotland/scotland.html** : une page de liens très fournie sur l'Ecosse.

■ **www.scotlandonline.com** : portail généraliste en anglais sur l'Ecosse.

Le pays de Galles sur Internet

■ **www.cardiff.gov.uk** : site officiel de la ville de Cardiff. En anglais.

■ **www.southernwales.com** : le site touristique qui vous emmène à la découverte du sud du pays de Galles. Site en anglais.

Découverte

La Grande-Bretagne en 45 mots-clés

Albion

Ce sont les Celtes qui surnommèrent ainsi l'Angleterre en raison de la blancheur de ses falaises.

Bains de mer

La température de l'eau est nettement moins agréable qu'en Corse, on ne vous le cachera pas. Pourtant, l'Angleterre possède de belles plages. En Cornouailles, les plages de sable du Sud sont très belles (et souvent très fréquentées). Ailleurs, le sable fin est remplacé par des cailloux plus rudes au toucher (pieds sensibles s'abstenir). N'hésitez pas, à vous baigner, en plein été, vous en ressentirez une vraie fierté !

Bank Holiday

Jours fériés (généralement un lundi). A l'origine, il s'agit du jour de fermeture des banques. Attention au trafic sur les routes lors des « bank holiday week-end »

BBC

Cette société publique de radiotélévision, mondialement réputée, a été créée par le gouvernement en 1927. Elle développe sa première chaîne de télé en 1934. Après avoir traversé une période de crise, avec le scandale de l'affaire Kelly, des licenciements et les hésitations du gouvernement britannique quant à la poursuite du financement public de la chaîne, la BBC vient de renouveler pour 10 ans sa charte fondatrice qui garantit son indépendance ainsi que son financement par la redevance publique. Autant dire un avantage économique indéniable par rapport à ses concurrentes du privé. Il faut dire qu'elle est également tenue de ne pas diffuser de publicités. La BBC compte deux chaînes nationales de télévision nationales et plusieurs chaînes thématiques ainsi que plusieurs radios. en Angleterre une dizaine de chaînes de télévision et autant de radios.

Bière

Les Britanniques, hommes comme femmes, adorent la bière. Celle-ci se boit généralement à la pression, servie dans des pint (56 cl) ou half pint (28 cl), ces dernières étant plutôt bues par les femmes. La lager (bière blonde) se boit fraîche, ale (ou bitter) se boit chambrée peu ou pas du tout gazeuse, la stout (bière brune comme la Guinness) a un goût plus sucré dont l'arôme provient du rôtissage du grain. Les meilleurs endroits pour essayer différentes bières sont bien sûr les pubs.

Bookmaker

Les Britanniques sont très joueurs. Ils peuvent parier sur tout et n'importe quoi : que ce soit sur la victoire d'une équipe de football, ou sur le nom du prochain enfant de la famille royale, et pourquoi pas sur le temps qu'il fera le lendemain.

Les deux plus grands centres de bookmakers sont William Hill et Ladbroks qui détiennent respectivement 1 500 et 1 800 bureaux de paris dans toute la Grande-Bretagne. Vous ne pouvez donc pas les rater. Mais attention, seules les personnes ayant plus de 18 ans peuvent bénéficier de leurs services.

Byo

« Bring Your Own » signifie littéralement « Apportez votre propre »… bouteille. On trouve cette mention dans les restaurants qui n'ont pas de licence pour vendre de l'alcool. On en achète à moindres frais dans un « corner shop » des alentours et on l'apporte au restaurant qui, le plus souvent, appliquera un « droit de bouchon » (corkage) entre 50 p et 2 £. Pratiqué dans les petits restaurants pas chers, ce système contribue à faire baisser l'addition.

Chant

La Grande Bretagne est une nation qui a produit de grands talents musicaux. Mais, sur un plan plus traditionnel, ce sont les Gallois qui sont passés maîtres dans l'art du chant. Ils ont la musique et la poésie dans le sang. Le Male Voice Choir et les nombreux Eisteddfodau en sont la preuve. Les chœurs gallois qui se produisent dans les pubs et les théâtres sont des organisations sociales très respectées. Et chaque membre prend la musique très au sérieux ! Et le résultat s'entend. Comme ils le disent eux-mêmes avec beaucoup de modestie, il n'existe aucune musique plus belle que les chœurs gallois.

Chardon

Une légende dit que des guerriers écossais endormis furent réveillés par les cris d'une troupe de pilleurs vikings, blessés en traversant un champ de chardon. En remerciement, les Ecossais honorèrent cette plante en la prenant pour symbole.

Châteaux

On pourrait presque dire qu'il y a autant de châteaux en Grande-Bretagne que de bars tabac en France. De toutes les tailles, dans tous les états, fortifiés, manoirs, ruines romantiques, géants au pied des villes, sur l'eau, au sommet des collines, hantés, visités. Qu'ils soient en ruine ou rénovés pour l'industrie touristique, on peut les contempler du nord de l'Ecosse au sud de l'Angleterre. Les constructions les plus authentiques, les tours de guet ou les manoirs médiévaux, sont plus présents dans la partie septentrionale de l'île : les confrontations entre les différents clans de l'Ecosse obligeaient les seigneurs à investir dans la pierre. C'est donc sur l'ancien territoire des Pictes et des Scots que l'on peut trouver les sites les plus impressionnants : une tour massive dominant un paysage désertique, un château juché sur un îlot au centre d'un des nombreux lochs du pays ou une forteresse assise sur une presqu'île uniquement reliée à la civilisation par un pont étroit. Au pays de Galles et en Angleterre, les châteaux sont plus classiques et d'apparence moins trapue : bien qu'ils aient eu une utilité défensive, ils étaient plus aménagés pour l'habitation et le confort. Il est possible de tous les visiter, moyennant finance pour les mieux aménagés, ou gratuitement pour les ruines. Et avec un peu de chance (ou beaucoup d'imagination), vous pourrez peut-être apercevoir un esprit frappeur ou une âme errante.

Cheers

Un mot que vous entendrez très souvent. Il s'utilise d'abord pour dire « Santé » lorsque l'on trinque, mais peut également vouloir dire de manière informelle « merci », « de rien », voire « au revoir »… Bref, une petite marque de politesse et de sympathie toujours bienvenue.

Clans

Ce terme définit les différentes familles associées à la terre d'Ecosse. Issu de 5 tribus originelles gaéliques, il s'agit d'un système féodal centré autour de nobles guerriers : comme tout phénomène tribal, cela a provoqué pendant de nombreuses années, des guerres territoriales extrêmement meurtrières. Aujourd'hui, il ne reste plus qu'un sentiment d'appartenance à une culture ancestrale.

Cornemuse

Cet instrument relatif aux pays celtes, et typique de l'Ecosse, est en fait issu de l'Asie mineure du premier millénaire avant Jésus-Christ et a sûrement été importé par les Romains via l'Irlande. Utilisant plusieurs tons musicaux à la fois, l'instrument national écossais (*The Great Pipe of Highlands*) est traditionnellement constitué d'une poche en peau de mouton et de hampes d'ivoire ou d'os. Elle est utilisée pour jouer des marches militaires mais aussi de la musique philharmonique.

Sussex, château de Bodiam.

Cranberry

Généralement de couleur rouge (rarement blanche), c'est un fruit que l'on trouve dans de nombreuses pâtisseries, jus de fruits et cocktails. Il s'agit en fait de canneberge, une baie proche de l'airelle. Elle n'est pas utilisée en France, du moins pas dans les produits de consommation courants. La canneberge a également des vertus diurétiques. Et en plus, c'est bon !

Cuite

La cuite du vendredi soir est un événement majeur de la vie hebdomadaire d'un citoyen britannique, surtout dans les villes. En général, on recommence aussi le samedi. Ces soirs-là, après la fermeture des pubs, vous risquez d'assister à des scènes dramatico-comiques, ça dépendra de votre degré de tolérance. Ici, on repousse les limites jusqu'à être ivre mort. Et ne croyez pas que la coutume est réservée aux hommes. Il est tout à fait commun de se saouler entre copines, et en matière d'alcool il y a égalité des sexes.

Vous serez donc peut-être étonné de voir, à une heure avancée de la nuit, des jeunes filles se promener en titubant, pieds nus et portant leurs chaussures à talons dans leur main (quand elles ne les ont pas déjà perdues), s'arrêtant de temps en temps devant le caniveau pour y vomir. Pas vraiment l'idée que vous aviez de l'élégance british ?

Londres, Big Ben.

David

Saint David est le patron des Gallois. Il est le seul saint celte à être canonisé. On ne sait que très peu de chose sur sa vie. Il est mort en 589 ou 601 après avoir fondé un monastère dans le Pembrokeshire qui porte aujourd'hui son nom. Il menait une vie austère, vouée à Dieu. Au IXe siècle, on lui donna le nom d'Aquarius, car lui et ses disciples ne buvaient que de l'eau. Ils étaient végétariens, étudiaient, travaillaient la terre et priaient. Il y a plus de 50 églises dédiées à saint David au pays de Galles, surtout dans le Sud-Ouest.

Dragon

Le dragon est depuis très longtemps l'emblème du pays de Galles. Un dragon rouge est d'ailleurs présent sur le drapeau gallois, sur fond vert et blanc. Au VIIe siècle, le héros gallois Cadwaladr importe le dragon au pays de Galles. Rapidement, l'animal devient le symbole du pays. Aujourd'hui, il est partout au pays de Galles, sur les bannières, les tee-shirts, les biceps…

Eisteddfod

Véritable tradition au pays de Galles, ces grandes fêtes rassemblent défenseurs et amateurs de la culture nationale. Leur origine remonte aussi loin que le Xe siècle, lorsque la première eisteddfod (prononcer *istedhvod*) est organisée à Cardigan Castle. Sept siècles plus tard, sous l'impulsion de la reine Elizabeth Ire qui veut réguler la multiplication des musiciens ambulants, l'eisteddfod est officialisé et devient un événement national et annuel, accueillant bardes, conteurs, chanteurs, et ménestrels. Ces festivals existent toujours et attirent beaucoup de gens. C'est une occasion à ne pas rater. Le Royal National Eisteddfod of Wales est le plus grand festival en son genre en Europe, tout est en gallois. Quant à l'International Musical Eisteddfod, qui se déroule à Llangollen, il est le plus connu et attire tous les ans, début juillet, des chanteurs et artistes du monde entier.

English

A ne pas confondre avec Scottish (Ecossais), Irish (Irlandais) ou Welsh (Gallois), car les deux parties seraient vexées. Résultat d'une histoire trouble et du mécontentement de certains à ne pas être indépendants. Ne vous avisez jamais de dire à un Ecossais ou un Gallois qu'il est anglais, il le prendrait certainement très mal. Le climat qui régit les rapports est un peu le même qu'entre Anglais et Français ; de vieilles haines tenaces qui ne veulent pas disparaître. L'Angleterre ne représente après tout qu'une partie du pays et de la population, même si on a tendance à l'oublier. D'ailleurs l'Union Jack (drapeau de la Grande-Bretagne) est la superposition des drapeaux anglais, écossais et gallois. Si vous voulez employer un terme neutre, vous pouvez dire British (Britannique) et parler de United Kingdom (Royaume-Uni) ou de Great Britain (Grande-Bretagne).

Bien sûr, cette « tendre » guerre s'efface provisoirement quand il s'agit de s'unir contre une tierce nation. Par exemple, tout le monde se ralliera derrière l'équipe de sa Majesté lors d'un match de football contre les Français !

Eurosceptique

L'Europe est une source de discorde en Grande-Bretagne. L'euroscepticisme paraît y être profondément enraciné. De nombreux Anglais voient Bruxelles comme une institution qui tente de leur voler leur souveraineté nationale et dont ils se passeraient bien. L'ascension aux élections européennes de 2004 du UKIP (Parti pour l'indépendance du Royaume-Uni), qui revendique que la Grande-Bretagne se retire de l'Union européenne, démontre que ce sentiment est plus que jamais présent. Actuellement, le risque de voir les Anglais voter non au référendum sur la Constitution européenne est très élevé. Quant à l'euro, ce n'est certainement pas encore pour demain ; plus de 60 % des Britanniques y sont opposés (il faut dire que la livre ne cesse de grimper par rapport à la monnaie européenne).

Famille royale

Il monta sur le trône en 1952. Bien que son rôle politique soit aujourd'hui surtout symbolique, la reine d'Angleterre est restée un personnage majeur dans le pays. En plus de 50 ans de règne, elle a vu le rôle de la famille royale s'affaiblir et l'image de celle-ci s'entacher des frasques de ses belles-filles et de ses petits-fils qui ont fait la une des journaux à sensations.

La reine Elizabeth II, mariée au prince Philippe et mère de 4 enfants (Charles, Anne, Andrew et Edward), doit faire face à un problème qui ne s'était pas posé à ses illustres ancêtres : celui de la modernisation de la monarchie. Il faut dire que la reine a surtout un rôle de représentation, le véritable pouvoir politique étant entre les mains du Premier ministre, Tony Blair. D'où les incessantes questions sur la légitimité de la famille royale dans la société anglaise actuelle. Sans oublier les éternels scandales qui ont peu à peu terni le peu de crédibilité qui lui restait... Dans les années 1990, le peuple anglais tend à se détourner de la famille royale, et ce, bien que le décès de la princesse Diana en 1997 ait entraîné une vague d'hystérie collective. Quelques années et quelques travaux de relations publiques plus tard, les choses semblent aller mieux, en particulier au printemps 2002, avec les très populaires célébrations du Jubilé des 50 ans de règne d'Elizabeth II (l'année avait pourtant mal débuté pour la reine sur le plan personnel, avec

Llangollen, Plas Newydd.

le décès de sa sœur Margaret et de sa mère, la fameuse Queen Mum, à l'âge honorable de 101 ans, sans parler de la condamnation de sa fille, la princesse Anne, après que son bull-terrier eut attaqué deux enfants dans le parc de Windsor...). Mais ce regain de popularité sera de courte durée, avec la désastreuse affaire du procès pour vol finalement avorté du majordome de Diana, fin 2002. Elizabeth II doit aussi faire face à des problèmes de trésorerie, maintenant qu'elle a accepté de payer des impôts. Aussi tente-t-elle de faire des économies : la visite autorisée du palais devra permettre la rénovation des lieux, et la reine vise désormais l'autofinancement des institutions royales. Le prince Charles, quant à lui, s'occupe activement depuis 1979 de sa fondation *The Prince of Wales Charitable Foundation*. Il a reçu, en mars 2003, la médaille d'or Mozart de l'Unesco pour son soutien à l'épanouissement de jeunes talents musicaux, de toutes les origines sociales. L'attention se porte maintenant sur William, le fils de Charles et Diana, que certains aimeraient voir, après la mort d'Elizabeth II, sur le trône à la place de son père. Cela dit, pour de nombreux sujets anglais, la famille royale reste une institution qui fait partie du paysage et beaucoup encore sur un piédestal...

Fantômes

La Grande-Bretagne est sans doute l'un des pays les plus hantés au monde (ou en tout cas réputé l'être). Il est vrai que de nombreuses régions et châteaux ont été le théâtre de guerres de clans, donc de morts violentes (condition sine qua none pour l'apparition d'esprits). La liste d'endroits où l'on témoigne d'apparitions spectrales est tout bonnement impressionnante. Vous n'aurez donc pas de problème pour vous adonner à la chasse aux fantômes : on en trouve un dans presque tous les villages et des visites sont même organisées pour partir sur leurs traces (ghost tour)... Les fantômes sont ici devenus un véritable « business » et presque chaque ville ou château revendique les siens.

Fish and chips

Certainement le plus célèbre des plats britanniques, le « Fish and chips » consiste en du poisson trempé dans une pâte à frire et ensuite plongé dans l'huile brûlante, le tout accompagné de frites assaisonnées de vinaigre et de sel. Les « fish and chips » se servent traditionnellement dans du papier journal (les puristes diront que c'est ainsi qu'ils sont les meilleurs) mais, règles d'hygiène obligent, les vendeurs utilisent maintenant du papier de même consistance que le papier journal, mais vierge d'encre.

Flâner

Dans la campagne britannique, se promener est tout, sauf « ne rien faire ». Prendre l'air est un exercice physique excellent pour la santé. C'est une autre mentalité. En Galloway, flâner fait partie de « l'instant détente ». On s'installe dans les bars, dans les parcs ou bien l'on erre dans les rues piétonnes souvent animées par des musiciens ou des artistes de rue.

Frogs

C'est le surnom que les Anglais donnent à leurs voisins d'outre-Manche, mangeurs de cuisses de grenouilles. Les Français et les Anglais entretiennent depuis des siècles cette étrange relation, mélange de haine et d'attirance. Bien que fascinés par la culture française (en Angleterre, tout ce qui est français est considéré comme chic et est, par conséquent, hors de prix), la plupart des Anglais détestent les Français eux-mêmes. Ceux-ci ont la réputation d'être arrogants et antipathiques. A vous de prouver le contraire…

Grands magasins

Les grands magasins anglais, particulièrement à Londres, sont mondialement réputés. Harrod's est sans aucun doute le plus connu, le plus chic et le plus beau. Mais il y en a bien d'autres qui méritent le détour : Selfridges, Harvey Nichols, Debenhams. Ne manquez pas leur rayon alimentation.

Les magasins sont généralement ouverts de 9h à 17h30 sans interruption. A Londres, la plupart sont ouverts tous les jours, samedi compris et parfois en nocturne (le mercredi à Knightsbridge, Sloane Square, Kensington High Street, le jeudi à Oxford Street et Regent Street, jusqu'à 19h ou 20h).

A noter également, beaucoup de magasins ouvrent maintenant le dimanche, en général de 10h à 16h ou de 12h à 18h.

En province, il existe une demi-journée de fermeture hebdomadaire variant selon les villes.

Hospitalité

En Grande-Bretagne, ce n'est pas un vain mot. Si les Anglais, particulièrement les citadins, peuvent sembler froids et distants, les gens qui vous recevront en « Bed and Breakfast » ou en « Guesthouse » devraient se montrer accueillants et vous adopter assez rapidement. Dans les campagnes, particulièrement, les touristes sont peu fréquents et l'on est toujours prêt à vous aider. Au pays de Galles, le sens de l'hospitalité est une véritable tradition. Dans l'histoire et la culture galloise, l'invité est sacré. Dans les textes anciens, il est expliqué que les seigneurs du pays de Galles étaient jugés sur l'hospitalité qu'ils offraient

Londres, le Sunken Garden.

aussi bien que sur leur puissance militaire. Manquer d'hospitalité à l'époque, c'était ne pas faire une orgie pour chaque invité et cela jetait le déshonneur sur l'hôte et sa famille. Aujourd'hui, l'hospitalité galloise est toujours de mise. Vous trouverez toujours une bonne âme pour vous aider ou vous renseigner, le sourire aux lèvres.

Humour

L'humour anglais, si difficile à comprendre pour les étrangers, est avant tout un état d'esprit. L'humour british ne fait pas l'unanimité mais le célèbre Benny Hill, les Monty Pythons, Mr Bean et plus récemment Ali G ont quand même réussi à traverser la Manche pour inonder nos médias de leurs gags so british. Que l'on aime ce genre d'humour ou non, ces humoristes ont le mérite de faire rire hors de leur pays d'origine, ce qui est rare en France.

Jardins

Amoureux des jardins, l'Angleterre sera pour vous un paradis. Les Anglais se sont préoccupés du sort de leurs jardins historiques bien avant la plupart des autres pays et ils sont encore un modèle dans ce domaine (c'est d'Angleterre que l'on fait venir les spécialistes de l'archéologie des jardins pour former leurs homologues européens). Le pays compte un nombre incalculable de jardins et de serres dont beaucoup valent vraiment le détour. Pour vous y retrouver, des associations publient des catalogues : Le « Yellow book » recense les jardins publics et privés, dont le revenu des entrées, aux jours précisés, est versé intégralement à des œuvres de charité. Le *National Trust* édite chaque année le répertoire des 200 domaines et quelques qu'il gère. La *Royal Hortical Society* publie un Garden Finder. Il peut se commander et se consulter sur Internet (www.rhs.org.uk).

Jonquille

Un autre emblème gallois. Mais ce n'est pas à proprement parler un symbole historique du pays de Galles. En fait il s'agit d'une assimilation linguistique : en gallois, poireau se dit Cenhinen, et jonquille, Cenhinen Pedr. Au fil des années, la jonquille a donc été adoptée comme symbole national par les Gallois au même titre que le poireau.

Kilt

La tenue traditionnelle écossaise se compose d'une pièce de tweed pouvant atteindre les sept mètres que l'on entoure autour de la taille et qui recouvre les jambes (jusqu'au-dessus des genoux) et l'abdomen. Cette jupe qui fut popularisée en Grande-Bretagne par le régiment écossais de l'armée britannique a la particularité de n'être portée traditionnellement que par les hommes, et sans sous-vêtements.

Légendes

Les légendes sont nombreuses en Grande-Bretagne, particulièrement au pays de Galles, car elles font intrinsèquement partie de son histoire, de sa culture et de sa géographie. A chaque lieu est attachée une légende, qui concerne très souvent le roi Arthur, le Graal ou Merlin ! Il doit bien y avoir une dizaine d'endroits qui ont vu naître ou mourir Arthur. Des formules comme : « c'est ici qu'Arthur est né », « Il est mort ici », « Il a marché par ici », « on l'a vu passer par-là » berceront votre voyage. C'est sans fin mais tellement charmant !

Licences

En Angleterre, la législation concernant la vente d'alcool est draconienne (ce qui explique peut-être les abus). Pour vendre de l'alcool, il faut une licence et la plupart de celles-ci n'autorisent la vente que jusqu'à 23h (22h le dimanche). En dehors de ces horaires, même les rayons alcools des supermarchés sont cadenassés. Il est interdit de boire de l'alcool dans la rue après 23h30. Sont autorisés à vendre de l'alcool après 23h, les restaurants (si vous mangez), les clubs (où vous devrez généralement payer une entrée) et certains bars qui possèdent une licence spéciale. Obtenir cette « late licence » s'avère très difficile et demande de remplir certaines conditions (sécurité, insonorisation…). La majorité des bars ferme donc à 23h. Après l'heure autorisée, inutile d'insister pour obtenir un dernier verre, le bar risquerait la fermeture sur-le-champ. On comprend donc pourquoi les Anglais sortent bien plus tôt que chez nous… Une loi qui pourrait cependant changer prochainement car le gouvernement envisage de donner aux bars la possibilité d'ouvrir plus tard.

Marche

Les amoureux de la randonnée se trouveront fort à leur aise sur le sol britannique. On ne peut rêver de meilleur endroit pour marcher. On trouve des pistes partout, toutes balisées, qui permettent de parcourir montagnes, espaces vierges et réserves. Tous les week-ends, des millions de Britanniques se rendent à la campagne et beaucoup d'entre eux s'adonnent aux joies de la marche. Les Offices du tourisme tiennent des cartes d'itinéraires à votre disposition (en général, gratuites).

Que ce soit en Angleterre, en Ecosse, ou au pays de Galles, les possibilités de randonnées sont illimitées. Partout il y a cependant quelques règles à respecter.

▶ **Evitez tous risques de feu** (même si le climat humide est loin d'être très favorable au feu de forêt).

▶ **Ne laissez pas vos ordures** dans la nature.

Faire / Ne pas faire

Faire

▷ **Laisser un pourboire de 10 % au restaurant,** en règle générale le service n'est pas compris dans l'addition.

▷ **Aller au pub** pour raison de socialisation.

▷ **Marcher sur les pelouses** dans les parcs (eh oui, c'est permis !).

▷ **Bien regarder quand vous traversez une rue** (en vous rappelant que les voitures roulent à gauche en Angleterre).

Ne pas faire

▷ **Confondre ce qui est anglais et américain.**

▷ **Parler français dans les endroits publics** en pensant que personne ne vous comprendra, surtout à Londres. N'oubliez pas que la capitale est bourrée de Français !

▷ **Fumer dans les endroits strictement non-fumeurs** (centres commerciaux, métro, bureaux, etc.). Les Anglais sont plus à cheval sur ce genre de choses que les Français.

▷ **Passer avant son tour dans une file d'attente ;** les Anglais sont plus disciplinés que les Français en la matière et ne se gêneront pas pour vous faire remarquer votre incivisme.

▷ **Critiquer la famille royale** quand on est un étranger, parler de foot ou de religion avec les Glaswegiens, tenir des propos d'ordre raciste ou sexiste, boire et conduire, râler et vociférer. Les Français sont connus pour…

▷ **Il y a une chose à ne jamais dire à un Gallois ou un Ecossais : « vous êtes Anglais » ou « vous, les Anglais ! ».** Vous vous mettez alors dans une situation délicate où votre ami risque de perdre son sens de l'hospitalité et de vous rappeler sévèrement à l'ordre : « I am not ENGLISH ! », « je ne suis pas Anglais, je suis Gallois (ou Ecossais) ! ». De la même façon, il est fortement déconseillé de s'afficher au pays de Galles ou en Ecosse avec un drapeau anglais ou de critiquer les stars nationales du rugby !

▷ **Ne choquez pas votre interlocuteur sur des sujets sensibles** comme l'avortement, la religion ou pire parler de l'élargissement de l'Europe et de sa politique agricole à un fermier du Donegal. Clash assuré.

▷ **Ne refusez pas une invitation à boire un verre.** Cela surprendra voire choquera ! Jouez finement en commandant le plus petit verre (la fameuse « pint of Guinness » fait 0,57 cl, mais il existe des « half pints » à 0,27 cl).

▌ **Laissez les portails que vous empruntez** comme vous les les avez trouvés.

▌ **Restez sur le sentier** lorsque vous traversez des champs ou des terres agricoles.

▌ **Utilisez les portails et les passages prévus** pour traverser des fils barbelés.

▌ **Ne touchez pas aux engins agricoles** que vous trouvez sur votre chemin.

▌ **Pour ne pas effrayer la faune,** évitez les bruits et cris inutiles.

▌ **Respectez le calendrier** des escalades et promenades sur les côtes (pour éviter la destruction des nids des oiseaux durant la période de nidation).

Marchés

Vous verrez souvent en entrant dans une ville ou un village l'inscription « Market Town ». Cela signifie qu'un marché se tient dans cette ville, dont la tradition remonte souvent au Moyen Age.

National Trust

Cette organisation est la garante de la protection du patrimoine culturel, historique, artistique et naturel de l'Angleterre et du pays de Galles. Ne recevant aucune subvention de l'Etat, elle vit des dons et des cotisations des membres. Les Britanniques y sont fortement attachés. Le National Trust possède aussi bien des jardins que des châteaux ou des sentiers qui longent les falaises. Il existe également un National Trust pour l'Ecosse.

Poireau

C'est l'emblème national du pays de Galles. Selon la tradition, tous les 1er mars, le jour de la Saint-David, patron du pays de Galles, les Gallois sont censés arborer ce légume ! Selon la légende, le poireau est devenu l'emblème du pays de Galles suite à un combat contre les Anglo-Saxons. Saint David avait conseillé aux soldats de fixer des poireaux au sommet de leur casque pour se fondre dans le champ de poireaux dans lequel ils devaient livrer bataille aux Anglo-Saxons. Le poète Michael Drayton (1563-1631) qui raconte la légende a certainement tout inventé mais il est vrai que dès le XIVe siècle, les soldats gallois s'habillaient aux couleurs du poireau : en vert et blanc.

Pubs

Véritables institutions britanniques, les « public houses », plus connues sous le nom de pubs, sont bien plus que de simples débits de boissons. Populaire et chaleureux, le pub est un lieu où l'on se rencontre entre amis, entre collègues pour discuter, boire, manger, ou encore regarder un

Londres, façade d'un pub.

match de football. Le pub est fréquenté par tous, de l'homme d'affaires en costume cravate sortant du bureau à la ménagère et ses enfants venus déguster un « Sunday roast », repas traditionnel du dimanche.

Bien que les pubs servent également du vin ainsi que d'autres alcools, on y boit généralement de la bière. Celle-ci se sert dans des pints (56 cl) ou half pints. On y sert également des plats traditionnels anglais, voire de la cuisine internationale.

Dans les pubs traditionnels, à 22h50, vous entendrez sonner une cloche qui signale la fermeture imminente du bar.

Les pubs sont tellement anglais que certains des mots utilisés dans leurs descriptions sont difficilement traduisibles. Voici donc un petit glossaire qui vous aidera à trouver le bon mot et le vrai feeling de ces établissements, qu'il faut absolument visiter pour mieux connaître la culture anglaise.

▌ **Pub :** abréviation de public house (maison publique).

▌ **Sloane/Sloaney :** les Sloane Rangers sont les BCBG anglais. Dans un pub, le terme devient plus global et implique plus généralement une clientèle relativement jeune et aisée appartenant à la bourgeoisie anglaise.

▌ **The local :** le pub du coin. On va *down the local.*

Jersey, panneau indicateur « Tea Garden ».

▶ **Locals :** la clientèle régulière qui habite dans le quartier.

▶ **Regulars :** clientèle régulière, les habitués.

▶ **Garden/Beer Garden :** traduire « jardin », ce qui ne veut pas dire qu'il y ait une pelouse. Plutôt des pavés avec des tables et des bancs.

▶ **Snacks :** les pubs-snacks ont des sandwichs, des petits friands, etc.

▶ **Free House :** pub qui n'est pas rattaché à une brasserie particulière.

Real ale

Expression britannique indispensable à connaître ! Elle désigne la bière brassée de façon traditionnelle. La fermentation se fait naturellement et produit un faible gaz. Résultat : pas besoin d'ajouter du gaz artificiel. Beaucoup de pubs servent de la real ale, souvent produite localement.

Scotland Yard

La police londonienne est mondialement connue. Son nom est en fait « Metropolitan Police Service », Scotland Yard étant le nom de son quartier général. Celui-ci est aujourd'hui situé à Westminster, près des Houses of Parliament. Son nom vient de sa situation d'origine dans une rue perpendiculaire à Whitehall appelée Great Scotland Yard. L'origine réelle de ce nom est inconnue bien que l'on raconte souvent que ce terrain abritait une résidence du roi d'Ecosse. Fondée en 1829 par Sir Robert « Bob » Peel, la police londonienne compte aujourd'hui plus de 30 000 officiers. Elle couvre la zone du Grand Londres (à l'exception de la City). Les policiers sont surnommés « bobbies », du nom du fondateur de Scotland Yard.

Soltire

Le drapeau du royaume d'Ecosse représente la croix sur laquelle fut crucifié le saint patron du pays, saint Andrew, sur le fond bleu du ciel.

Thé

Selon une chanson populaire anglaise, « tout s'arrête pour le thé ». Le « tea time », moment sacré de l'après-midi est une vraie tradition britannique. Le thé se sert dans une théière de porcelaine et se boit avec un peu de lait, accompagné de biscuit ou de gâteaux. La cérémonie peut avoir lieu dans un salon de thé ou chez soi, à l'intérieur comme à l'extérieur. Mais aujourd'hui, dans une ville comme Londres, le rythme de vie effréné de la plupart de ses habitants laisse peu de place à la cérémonie du thé. Les « afternoon tea » se font plus rares et sont souvent réservés à la bourgeoisie. Le thé est cependant resté, dans toutes les couches de la société, une boisson très populaire, beaucoup plus que le café, préféré des autres pays d'Europe.

Week-end

Il se passe généralement à la campagne, même pour les citadins : la chasse, la pêche, les balades, un rendez-vous dans un pub perdu et rustique avec des amis. L'autre occupation du week-end est le shopping. Les rues en général piétonnes au centre-ville sont saturées le samedi, les boutiques regorgent de monde.

Whisky

C'est la boisson typique de l'Ecosse. De mémoire de Highlander cette eau-de-vie a toujours été produite dans ces contrées. On peut le boire pour la dégustation ou pour accompagner le repas. Il existe trois sortes de whiskies : celui confectionné à base de malt, à base de graines, et le meilleur, le mélange de plusieurs céréales.

Survol de la Grande-Bretagne

▓ GÉOGRAPHIE ▓ ▓ ▓ ▓

La Grande Bretagne est une île, baignée par l'Atlantique au nord et au nord-est, par le canal du Nord qui la sépare de l'Irlande au sud-ouest, et par la mer du Nord à l'est. La côte britannique est fortement entaillée par des vallées et des golfes et découpée en vastes péninsules (Cornouailles, pays de Galles, Kent). Aucun point du pays n'est éloigné de plus de 150 km de la mer. La Grande-Bretagne est divisée en trois pays : l'Angleterre, l'Ecosse, le pays de Galles.

▌ **L'Angleterre,** dont la superficie est de 128 000 km², est un pays plat, avec quelques collines. Son point culminant, dans le Cumbria, s'élève à 978 m. Sa capitale est Londres, qui est aussi la capitale du Royaume-Uni.
Le Sud et particulièrement l'Est du pays sont des régions globalement plates, avec certains points s'élevant à peine au-dessus du niveau de la mer. Au sud, on trouve cependant quelques collines crayeuses. La péninsule du Sud-Ouest de l'Angleterre (Cornouailles, Devon, Dorset) est un plateau recouvert de landes, des affleurements de granite et une côte très découpée (falaises). Le Nord du pays, quant à lui, est plus vallonné, avec notamment le massif des Pennines qui s'étire de Manchester à la côte écossaise et les collines et montagnes du Lake District dont le Scafell Pike, point culminant de l'Angleterre.
Ces vallées et collines sont formées de calcaire et de matériaux anciens, tandis que le Sud-Est du pays, avec le bassin londonien, est une cuvette sédimentaire.
C'est sur la côte sud de l'Angleterre que se trouve l'île de Wight ainsi que les îles de Scilly qui font face aux Cornouailles.

▌ **L'Ecosse** est la partie la plus septentrionale de la Grande-Bretagne. Sa superficie est de 77 100 km² et Edimbourg, sa capitale est située au sud-est de l'Ecosse, en bordure de la mer du Nord. En son centre, on se trouve à la même latitude que Moscou. Et les îles Shetland, encore plus au Nord, sont très proches du cercle Arctique. Deux grands ensembles de massifs anciens – les Southern Uplands au Sud et les Highlands au Nord – sont séparés par une zone déprimée, celle des Lowlands où se concentrent les deux tiers de la population écossaise. Baignées de lacs intérieurs d'eau douce (lochs, dont le célèbre loch Ness) et de profonds fjords qui s'ouvrent dans la mer, les Highlands (hautes terres) abondent en étroites vallées ou glens, creusées par de nombreux cours d'eau tels le Tay, la Dee et le Spey. Dans la partie méridionale des Highlands, les monts Grampians, les plus élevés de Grande-Bretagne, culminent au Ben Nevis (1 343 m). Les North Highlands sont formées de chaînes parallèles des North West Highlands et des monts de Ross (1 182 m). L'archipel des Hébrides à l'ouest, les Orcades et les Shetland au nord font géographiquement partie de l'ensemble des Highlands.

▌ **Le pays de Galles** se situe au sud-ouest de la Grande-Bretagne. Sa capitale est Cardiff et sa superficie est de 20 700 km². C'est un pays de moyennes montagnes et de collines. Les monts Cambriens (Cambrian mountains) s'étendent du nord-ouest jusqu'au sud-ouest du pays de Galles. Le massif le plus élevé se trouve au nord-ouest où le mont Snowdon culmine à 1 085 m. Au sud, les sommets sont un peu moins élevés (Cadair Idris, 892 m, Plynlymon, 752 m). Le massif de Snowdonia, vieux de 600 à 400 millions d'années et plusieurs fois recouvert par l'Océan, est formé de roches d'éruptions sous-marines qui donnèrent naissance aux monts Snowdon et Cadair Idris. Les pressions latérales exercées sur les différents niveaux de roches siluriennes sont à l'origine des nombreuses mines d'ardoises caractéristiques du nord du pays de Galles.

Paysage aux environs de Balmoral.

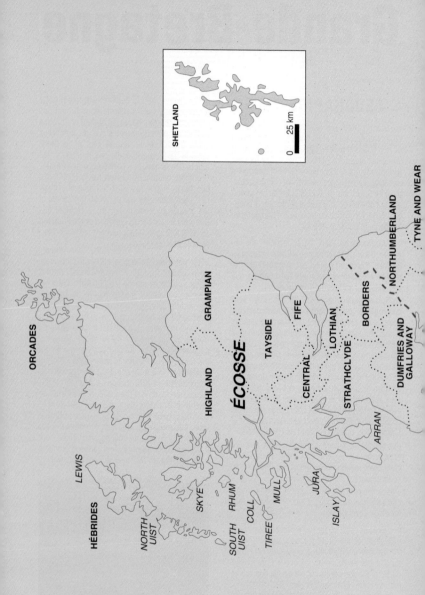

SHETLAND

0 25 km

ORCADES

HÉBRIDES

LEWIS

NORTH UIST

SKYE

RHUM

COLL

SOUTH UIST

TIREE

MULL

JURA

ISLAY

ARRAN

HIGHLAND

GRAMPIAN

ÉCOSSE

TAYSIDE

CENTRAL

FIFE

LOTHIAN

STRATHCLYDE

BORDERS

DUMFRIES AND GALLOWAY

NORTHUMBERLAND

TYNE AND WEAR

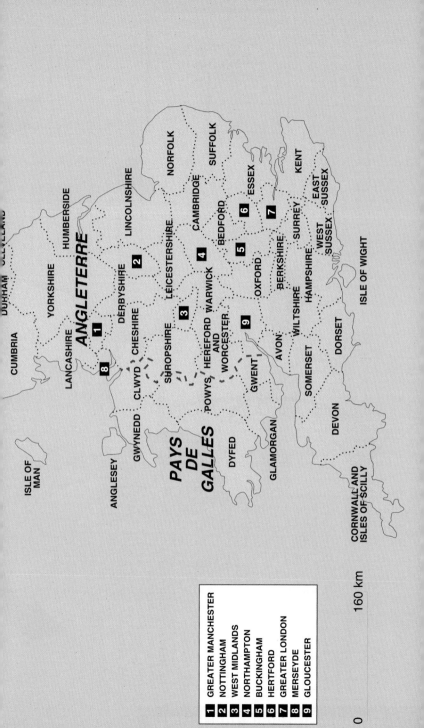

Grande-Bretagne touristique

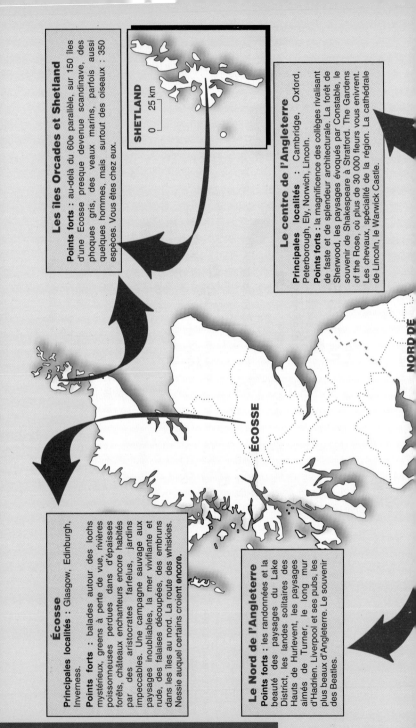

Les îles Orcades et Shetland

Points forts : au-delà du 60e parallèle, sur 150 îles d'une Ecosse presque devenue scandinave, des phoques gris, des veaux marins, parfois aussi quelques hommes, mais surtout des oiseaux : 350 espèces. Vous êtes chez eux.

SHETLAND

0   25 km

Le centre de l'Angleterre

Principales localités : Cambridge, Oxford, Peterborough, Ely, Norwich, Lincoln.

Points forts : la magnificence des collèges rivalisant de faste et de splendeur architecturale. La forêt de Sherwood, les paysages évoqués par Constable, le souvenir de Shakespeare à Stratford. The Gardens of the Rose, où plus de 30 000 fleurs vous enivrent. Les chevaux, spécialité de la région. La cathédrale de Lincoln, le Warwick Castle.

Écosse

Principales localités : Glasgow, Edinburgh, Inverness.

Points forts : balades autour des lochs mystérieux, greens à perte de vue, rivières poissonneuses perdues dans d'épaisses forêts, châteaux enchanteurs encore habités par des aristocrates farfelus, jardins impeccables. Une campagne sauvage aux paysages inoubliables, la mer vivifiante et rude, des falaises découpées, des embruns dans les îles au nord. La route des whiskies. Nessie auquel certains croient **encore.**

Le Nord de l'Angleterre

Points forts : les randonnées et la beauté des paysages du Lake District, les landes solitaires des Hauts de Hurlevent, le long mur d'Hadrien. Liverpool et ses pubs, les plus beaux d'Angleterre. Le souvenir des Beatles.

NORD DE

ÉCOSSE

Londres

Flâner dans les parcs. Croiser dans la rue une large palette vestimentaire allant du strict melon noir à l'iroquoise colorée. Tenter de provoquer l'impossible sourire du Horse Guard. Croquer les gratte-ciel de la City. Faire les magasins chic de Regent Street ou de Picadilly.

Visiter les monuments le long des berges de la Tamise, rouler à bord des autobus à impériale, se perdre dans les musées, découvrir les marchés de Portobello Road, le quartier chinois de Soho, assister aux cérémonies d'anniversaire de la famille royale, aux comédies musicales du West End, s'ébahir devant les antiquités grecques du British Museum.

Pays de Galles

Principales localités : Cardiff, Swansea.

Points forts : les châteaux de la «ceinture de fer» construits par Edward. La curieuse langue celte des Gallois. Les joutes musicales célébrées tout l'été dans des Eistedfod très courus. Llanfairpwllgwyngllgogerychwyrndobwillantsiliogogoch, un petit village au nom bien de chez eux (Lanfair P.G. pour les initiés). Le souvenir de Dylan Thomas. Pembrokeshire Coast Path, pour les marcheurs qui pourront se lancer sur les chemins de Brecon Beacons. Portmeirion, village culte où fut tournée la série *Le Prisonnier*. Caernafon Castle, château des princes de Galles. Les matchs de rugby.

Le Sud-Est et le Sud

Principales localités : Canterbury, Portsmouth, Douvres (Dover).

Points forts : les pubs de petits villages aux toits de chaume, les sentiers bordant les falaises crayeuses, les champs de houblon, les vignes, les jardins de Capability Brown, les ports au glorieux passé. Voir aussi les stations balnéaires au charme d'antan. Et Stonehenge. Canterbury à la splendide cathédrale, la folie architecturale du Royal Pavilion à Brighton, Douvres et son château.

CENTRE DE L'ANGLETERRE

LONDRES

PAYS DE GALLES

SUD ET SUD-EST DE L'ANGLETERRE

0   150 km

Puis dans un passé géologique plus récent, il y a 80 000 à 10 000 ans, ces massifs ont été érodés par les différentes ères glacières qui ont donné naissances aux « cwms », ces vallées en forme de calotte.

Les monts Cambriens sont liés à la chaîne des Brecon Beacons (886 m), au-dessus de Cardiff, située au sud et constituée de collines et plateaux. Ce sont les vestiges d'anciennes montagnes dont les roches ordoviciennes et siluriennes ont été usées par l'érosion. Les différents dépôts de sédiments qui ont recouvert ces massifs pendant 350 à 400 millions d'années, sont à l'origine des mines de charbon du sud du pays de Galles. L'érosion continue son train aujourd'hui, changeant presque imperceptiblement le paysage gallois. La péninsule de Gower et le parc du Pembrokeshire au sud, ainsi que l'île d'Anglesey au nord-ouest, constituent les basses terres. Pour l'essentiel, les paysages sont des étendues de landes, tourbières et de pâturages, la forêt des montagnes ayant largement disparu.

■ LE CLIMAT ■ ■ ■ ■ ■ ■

La majorité de la Grande-Bretagne est soumise à un climat océanique correspondant à des températures plutôt douces et à une atmosphère plutôt humide. La température de la mer joue ici un rôle important. En été, elle est plus froide que la terre, ce qui empêche généralement les températures de monter au-dessus de 30° C (elle sont d'ailleurs généralement bien plus basse, avec des maximums tournant plutôt autour de 20° C). En hiver, par contre, la mer est plus chaude que la terre, ce qui fait que les températures descendent rarement en dessous de zéro degré. On remarquera cependant que les températures à l'intérieur des terres en Ecosse sont souvent bien plus basses.

Pour ce qui est des précipitations, le moins que l'on puisse dire est que la Grande-Bretagne a mauvaise réputation. C'est vrai que, de par sa proximité avec l'Atlantique, le pays a droit à sa dose de jours de pluie. Cependant il ne pleut pas tous les jours ! Les précipitations sont plus importantes en été qu'en hiver et varient également beaucoup selon les régions. Il pleut généralement plus à l'ouest du pays qu'à l'est. Mais il y a des exceptions à la règle. Ainsi les Cornouailles, à l'extrême-ouest, bénéficient d'un climat plutôt clément alors que le Lake District, à l'est, est une région très pluvieuse. On retiendra cependant une chose : le temps en Grande-Bretagne est très changeant. Une averse peut être suivie d'un grand soleil et les jours de beau temps alternent avec les jours de pluie.

▌ **En Angleterre,** l'été, le thermomètre peut grimper (il peut même faire étouffant dans les grandes villes). Mais pensez à apporter des vêtements chauds pour le soir car la température baisse. Le printemps et l'automne sont des mois imprévisibles, la température peut varier énormément.

▌ **En Ecosse,** on peut distinguer deux grandes zones climatiques. La côte ouest voit passer le courant tiède du Gulf Stream, venu du golfe du Mexique, le climat y est donc particulièrement doux compte tenu de la latitude. A l'inverse, la mer du Nord et ses courants froids expliquent les longs hivers et les étés plutôt austères de la côte est. Par contre, les précipitations sont plus importantes sur la côte ouest et les Highlands sont l'une des régions les plus pluvieuses de Grande-Bretagne. A noter aussi, le caractère très changeant des Lowlands et des îles écossaises, balayés de toutes parts par les vents marins.

▌ **Au pays de Galles,** les étés sont frais (en moyenne 15,6° C) et les hivers peuvent être très froids, en particulier dans les montagnes, où les fortes chutes de neige ne sont pas rares. On compte 127 cm de précipitations/an pour la côte ouest et cela diminue au fur à mesure que l'on s'éloigne de la côte, à l'est des montagnes. La météo galloise est une véritable énigme pour nous autres continentaux. Et vous ne serez pas beaucoup aidé par les bulletins météo gallois qui se résument à : « un peu de pluie, un peu de soleil, un peu de vent », bref imprévisibilité totale. Sachez que le temps est en perpétuel mouvement, vous pouvez connaître un matin pluvieux pour finir la journée sous un soleil tapant et vice-versa ! C'est donc une bonne idée de toujours prendre son coupe-vent pour les longues randonnées même si le soleil est au beau fixe.

Cornouailles, Bedruthan Steps.

■ FAUNE ET FLORE ■ ■

La faune

La faune littorale

C'est bien sûr le littoral de la Grande-Bretagne qui présente le plus grand nombre d'animaux sauvages.

▶ **L'Ecosse** se distingue du reste de la Grande-Bretagne par sa faune extrêmement variée. Les milliers de kilomètres du littoral écossais permettent d'observer facilement la faune à l'état sauvage. Sur les îles et les rochers élevés, comme dans les Shetlands, l'île de Handa au large de la côte ouest du Sutherland et à Saint-Abbs dans la région des Borders, vivent le plus grand nombre d'oiseaux marins au monde. Parmi eux, on peut citer les macareux, guillemots, mouettes tridactyles et des petits pingouins. A une heure d'Edimbourg, des fous de Bassan habitent près de l'embouchure de la Forth, près du Seabird Centre ouvert depuis le printemps 2000. Les Northern Isles sont probablement le lieu le plus fréquenté par les ornithologues amateurs, avec le célèbre observatoire de Fair Isle, la réserve de North Hoy, dans les Orcades, intéressante pour ses nids d'oiseaux des landes (mouettes pillardes), ou la Hermaness National Nature Reserve dans les Shetlands, qui sert d'habitat à 50 000 macareux. Et le magnifique aigle des mers, présent sur la côte ouest et les îles, est le quatrième aigle du monde par sa taille.

L'observation des baleines, des dauphins, qui se rapprochent des côtes au printemps pour suivre les bancs de poissons (spécialement à Moray Firth), des phoques et des oiseaux marins, est devenue une attraction de l'Ecosse. Celle-ci peut se faire depuis la côte ou, mieux encore, à bord d'un bateau avec quelqu'un qui sait où regarder. On peut aussi avoir la chance de voir des marsouins dans le Moray Firth, et des phoques ordinaires et gris dans les firths de Croîtrai et de Dorons. Les eaux de la côte ouest et des îles Orcades et Shetland sont peuplées d'environ vingt espèces de baleines dont la baleine à bosse et le cachalot.

▶ **Les kilomètres de côtes galloises** hébergent également de nombreuses espèces d'oiseaux. Les falaises galloises sont sur le chemin de migration nord-sud. C'est le Pembrokeshire qui accueille le plus d'espèces. Les îles de Skokholm et Skomer hébergent 6 000 paires de pétrels, mais aussi des guillemots, des petits pingouins appelés razorbills, des mouettes, et même quelques rares craves à bec rouge, de la famille des corbeaux. Mais vous verrez surtout cette dernière espèce de mai à juin sur le point de South Stack Cliffs sur l'île d'Anglesey. Cependant, le macareux

Bodnant, jonquilles.

reste l'oiseau le plus représentatif du pays de Galles.

Leurs colonies se trouvent partout mais surtout dans le Pembrokeshire où ils élisent domicile sur les îles de Skomer et Skokholm ou l'île de Bardsey, à la pointe de la péninsule de Llyn. Et on peut en voir au printemps ramener des poissons pour leurs petits.

Au pays de Galles, les côtes du Pembrokeshire sont également des réserves naturelles pour les animaux marins. Elles abritent des dauphins, des tortues de mer et des phoques gris, qui forment une colonie près de l'île de Ramsey. Tous les ans, on peut y voir quelques centaines de bébés phoques.

Fox Hunting

Le 18 février 2005, a sonné l'heure de la liberté pour des centaines de renards, de cerfs, de lièvres et autres gibiers que les « redingotes rouges » avaient pris pour cible depuis plus de trois siècles. Déjà abolie en 2002 en Ecosse, la chasse à courre a été interdite en Angleterre et au pays de Galles à l'issue d'une bataille juridique de sept ans opposant la Chambre des Lords qui désirait conserver cette pratique héritée du passé et la Chambre des Communes qui exigeait son abolition. La tradition de la chasse à courre remonte au XVIIe siècle et était le passe temps favori de nombreux Anglais qui ont fait entendre leur voix lors de plusieurs manifestations à Londres pour protester contre l'interdiction.

Milan rouge en vol.

▌ **Les falaises des Cornouailles** feront également le bonheur des ornithologues, particulièrement au début de l'été, lorsque les oiseaux arrivent par milliers pour y faire leur nid. Vous pourrez également apercevoir sur la côte des phoques, des dauphins, voire des baleines.

Malheureusement, les côtes britanniques ont, ces dernières années, particulièrement souffert de la pollution. Outre la pollution provoquée par l'industrie locale (usines, agriculture…), les touristes apportent aussi leur lot de dégâts. Autre cause majeure de pollution : le pétrole. On se rappelle notamment le naufrage aux abords de Milford Heaven du Sea Empress qui transportait des tonnes de pétrole en 1996.

Cependant, la protection de l'environnement en Grande-Bretagne est aujourd'hui meilleure que jamais. Et si certaines zones côtières sont encore polluées, d'autres sont bien préservées et ont une eau très claire, ce dont témoigne la présence des baleines et des dauphins.

À l'intérieur des terres

En Grande-Bretagne, le gibier est présent sous toutes ses formes : oiseaux, lapins, lièvres, chevreuils et renards. Et les Highlands écossais constituent un jardin zoologique hors pair en Europe : chèvres exotiques, aigles rares, cerfs rouges…

▌ **Les daims** sont facilement observables. Il existe 6 différentes espèces, comme le red deer ou le roe deer. Ils sont très vite effrayés, c'est pourquoi il est préférable d'apporter des jumelles pour mieux les apercevoir. Vous trouverez des troupeaux dans les parcs nationaux d'Exmoor, de Dartmoor, dans le Lake District et la New Forest.

▌ **Les renards** sont très nombreux sur tout le territoire. Ils sont généralement visibles en début de soirée.

▌ **Les hérissons** sont également très présents. Ils viennent souvent dans les jardins des maisons à la recherche de nourriture. Ce sont des animaux solitaires qui n'ont pas de notion de territoire. Malheureusement, vous avez certainement plus de chance d'apercevoir des hérissons morts écrasés sur les routes nationales que vivants et en liberté.

▌ **Les écureuils** sont très communs, particulièrement dans les parcs. Il s'agit d'écureuils gris. A Londres, vous les apercevrez facilement dans des endroits tels que Hyde Park. Ils viennent vers les touristes pour trouver de la nourriture. Attention, ils peuvent mordre. Quant à l'écureuil roux, plus rare, vous aurez peut-être la chance de l'apercevoir dans certaines forêts, principalement en Ecosse. Les écureuils roux, qui étaient autrefois nombreux en Grande-Bretagne, sont aujourd'hui une espèce en danger. La cause de cette extinction est l'arrivée de l'écureuil gris (importé d'Amérique du Nord), qui a aujourd'hui largement dépassé en nombre son cousin roux. Car, alors que l'écureuil roux ne mange les noisettes que lorsqu'elles sont suffisamment tendres, les écureuils gris ingurgitent des fruits secs encore durs. Résultat : il ne reste plus grand-chose à manger pour l'écureuil roux.

▌ **Les collines et les landes d'Ecosse** sont souvent recouvertes de bruyères et on rencontre des plantes rares originaires de l'Arctique et des Alpes dans l'Angus et les Cairngorms. Les exemples, les plus spectaculaires de ce genre de paysage sont les sombres Glen Coe et Rannoch Moor, ou bien encore les monts sauvages du nord-ouest du Sutherland. Ces lieux servent d'habitat à de grands troupeaux de cerfs et probablement au plus grand nombre d'aigles et de faucons-pèlerins en Europe. Dans les collines et les glens, vivent le chat sauvage et la martre des pins.

▌ **Dans les montagnes et les collines des Highlands,** la faune, également variée, se compose entre autres du lièvre des montagnes et du galopède des Alpes, qui tous deux changent de couleur en hiver.

▌ **Au nord, dans le Caithness et le Sutherland,** les collines et les régions tourbeuses sont émaillées de petites mares, les dubh lochans, et servent d'habitat à de nombreuses variétés d'oiseaux aux noms poétiques : lummes, catmarins, chevaliers aboyeurs, pluviers dorés, bécasseaux variables et busards saint-martin.

A Strathspey, Glen Affric et dans le Royal Deesideles, les forêts ont encore un autre visage. Vestiges de l'immense pinède calédonienne, leurs pins indigènes accueillent l'écureuil roux, le grand tétras, le bec croisé écossais, la mésange huppée et la martre des pins.

▌ **L'Ecosse est également renommée pour ses lochs profonds,** tels le loch Ness et le loch Tay, et pour ses rivières rapides des Highlands comme la Dee et la Spey. On ne rencontre nulle part ailleurs en Grande-Bretagne les lochs marins caractéristiques de la côte ouest, encadrés par des montagnes escarpées, comme le loch Broom près d'Ullapool. Ces lieux sont peuplés de saumons (réserve célèbre à Killiecrankie sur la Garry), de truites sauvages et de loutres. On aura toutes les chances d'observer les loutres dans la réserve de l'île de Skye. Il existe un nombre croissant de réserves d'oiseaux et d'autres animaux dans lesquelles on peut observer des oiseaux de proie sur des postes de télévision, comme, par exemple les orfraies au loch Garten et au loch of Lowes, près de Dunkeld, dans le Perthshire, les milans royaux à Noth Kessock, les busards saint-martin à Forsinard dans le Sutherland, et les faucons pèlerins à Aberfoyle.

Bien que quelques-uns des grands mammifères qui vivaient jadis en Ecosse aient disparu au cours des années, on peut encore voir la faune originaire des premiers temps aux Highlands Wildlife Park, près de Kingussie, dans le Strathspey. Et actuellement, on envisage de réintroduire le castor européen en Ecosse.

▌ **Au pays de Galles,** la recrudescence des forêts de conifères a favorisé la réapparition, ces cinquante dernières années, de martres et de putois. D'autres mammifères plus communs peuplent la campagne galloise : les renards, les écureuils gris qui ici aussi ont largement délogé leurs cousins, les écureuils roux, des lapins, des lièvres, hermines, belettes, blaireaux... La loutre qui avait pratiquement disparu du sol gallois, a récemment repeuplé la région suite à l'effort du gouvernement gallois, mais reste une espèce en voie d'extinction.

Animaux domestiques

Les Anglais sont fans de leurs animaux de compagnie... parfois même à l'excès. Il suffit pour s'en rendre compte de jeter un coup d'œil au rayon qui leur est consacré chez Harrod's, à Londres.

Les Gallois, par contre, sont bien moins attachés et fanas de leurs animaux domestiques que les Anglais, ce qui n'est pas très difficile ! Pas d'apitoiement prolongé devant Bunny, les Gallois sont un peuple d'agriculteurs et les animaux domestiques doivent gagner leur croûte, le chien garde les moutons, le chat attrape les souris et ainsi de suite...

Cependant, la plupart des mammifères sauvages que l'on trouve au pays de Galles sont des poneys et des chevaux sauvages, notamment dans les Brecons Beacons et le Pembrokeshire, et des chèvres (en Snowdonia), descendantes d'animaux échappés des élevages.

Les rapaces sont aussi des espèces répandues au pays de Galles. Les red kite, sorte de faucons aux ailes rouges. Les red kites ont pratiquement disparu du pays à cause, entre autres, des pesticides qui fragilisaient les œufs ; depuis l'interdiction de l'utilisation du DDT, ils sont maintenant une centaine de paires, principalement aux environs de l'Elan Valley.

Quant aux rivières, elles pullulent de truites et de quelques saumons, notamment dans les rivières de l'Usk et de la Wye.

Aberwesyn pass Powys Motoring.

Bodnant, jardins.

La flore

▌ **Les régions écossaises de Galloway, de l'Argyll et du West Lochaber** sont couvertes de forêts feuillues de chênes, de frênes, de bouleaux, de sorbiers, riches en lichens, fougères et mousses rares, et tapissées au printemps de jacinthes des bois.

▌ **Vous trouverez en Angleterre** de nombreux conifères comme le chêne, l'orme, le châtaignier, le frêne, le hêtre et le citronnier. En Angleterre, le citronnier est l'un des arbres qui a la plus longue longévité. Il peut vivre jusqu'à 500 ans et atteindre plus de 40 m de haut. Cependant, la palme d'or de la longévité revient à l'if, qui peut vivre 1 000 ans.

Au printemps, les fleurs sauvages apparaissent. Dans les forêts, vous pourrez apercevoir entre les mois d'avril et juin les bluebelles qui sont des fleurs bleues en forme de clochettes. Elles sont, comme le nom l'indique, généralement bleues et diffusent une agréable odeur. Vous découvrirez également les lesser celandines, petites fleurs jaunes fleurissant de mars à mai dans de nombreux parcs anglais.

▌ **Le pays de Galles** est un massif ancien transformé à l'état de plateau par l'érosion. Jadis recouvert de forêts, il ne reste plus, aujourd'hui, que quelques poches forestières ici et là, phénomène dû au climat et à une déforestation intense. La forêt de Pengelli dans le Pembrokeshire représente la plus grande forêt ancienne au pays de Galles. Beaucoup de chênes, de frênes… Sous les arbres, en mai, les parterres sont recouverts de jacinthes bleues. Et en automne, elles laissent place aux champignons, dont des chanterelles, qui poussent sous les hêtres. Le pays de Galles est riche en espèces végétales, on y trouve 1 100 des 1 600 espèces britanniques. Pour beaucoup, il s'agit de fougères et de mousses, des plantes qui aiment l'humidité. Il y a même des espèces alpines ; loin des pâturages sur les monts du Snowdonia, on trouve la Snowdon Lily, sorte de petite tulipe blanche, vestige de l'ère glacière qui n'est présente nulle part ailleurs qu'en Snowdonia. Les Snowdon Lily fleurissent seulement de fin mai à début juin. Dans le reste du pays, les collines sont recouvertes d'une herbe bien verte, de thym sauvage, et de bruyère violette.

■ LES PARCS NATIONAUX ■■■■■■

La Grande-Bretagne dispose d'une telle diversité de paysages qu'une politique de création de parcs naturels s'est d'elle-même imposée. Ce sont les « National Parks ».

Les parcs nationaux ont deux objectifs : protéger certains paysages remarquables et offrir des activités de loisirs en plein air aux milliers de personnes qui les visitent chaque année.

▌ **Il y a huit parcs nationaux en Angleterre :** Dartmoor, Exmoor, le Lake District, les North York Moors, le Northumberland, le Peak District, les Yorkshire Dales et les Broads. La New Forest et les South Downs devraient bientôt être classés parcs nationaux.

Chaque année des chantiers de bénévoles sont organisés dans les réserves naturelles en fonction des besoins liés à la gestion des sites : travaux de défrichage, mise en place de clôture, aménagement de sentiers…

En dehors du temps de travail, la moitié du séjour est consacrée à la découverte du patrimoine régional : sorties nature, randonnées, activités sportives et culturelles.

Renseignez-vous auprès du British Trust for Conservation Volunteers (www.btcv. org), organisme œuvrant pour la protection de la nature au Royaume-Uni.

▶ **Le pays de Galles a trois parcs nationaux :** Snowdonia, Brecon Beacons et la Pembrokeshire Coast, qui représentent au total près de 20 % de la superficie du pays.

▶ **En Ecosse,** le Loch Lomond and les Trossachs et les Cairngorms constituent les deux premiers parcs nationaux.

Il n'y en a pas encore en Irlande du Nord, mais comme ailleurs, il y a plusieurs « régions d'une beauté naturelle exceptionnelle ».

Ces parcs nationaux (qui malgré leur nom n'appartiennent pas à l'Etat mais à des propriétaires privés) sont gérés par la National Park Authorithy.

De grandes parties des parcs nationaux appartiennent au National Trust. Cette organisation privée est aujourd'hui devenue le premier propriétaire foncier du pays. Elle protège un territoire de 200 000 hectares de campagne auxquels il faut ajouter 800 km de littoral. On y trouve parmi les plus beaux monuments de l'histoire britannique – pas moins de 250 châteaux et 130 jardins – que le Trust s'engage à préserver et entretenir.

Vous vous étonnerez peut-être de voir non seulement des routes mais également des villages et des villes à l'intérieur des parcs. En effet, si le développement et les constructions y sont strictement contrôlées, il n'empêche que des gens vivent et travaillent sur le territoire des parcs nationaux. Mais de larges zones encore à l'état sauvage s'explorent encore à pied, à vélo ou encore à cheval.

◼ LES JARDINS ANGLAIS ◼◼◼◼◼◼◼

L'art des jardins anglais, s'il n'est pas sans présenter des éléments formels qui lui sont propres, repose avant tout sur des caractéristiques climatiques.

Par son climat doux et humide, la Grande-Bretagne permet la culture d'une infinie diversité de végétaux. Les images de jardins où palmiers et azalées se côtoient sous un ciel gris et brumeux sont fréquentes.

Ces conditions naturelles se doublent d'une circonstance historique : puissance coloniale ayant prospéré sous tous les cieux, la Grande-Bretagne a une longue tradition d'acclimatation des plantes. La richesse botanique de ses jardins est infinie et, surtout, parfaitement maîtrisée, protégée et contrôlée par leurs propriétaires.

Enfin, et ce n'est évidemment pas négligeable, les Anglais aiment leurs jardins et leur campagne. Nulle part, les paysages ruraux ne sont aussi bien « léchés » qu'en Angleterre. Les amateurs se réunissent et échangent leurs plantes ; les pépinières de qualité existent à profusion ; la visite des jardins historiques est possible partout, et leur conservation est sourcilleuse.

Seule ombre au tableau : le conservatisme de cette passion, plus tournée vers les images du passé que vers celles du XXIe siècle. Mais est-ce vraiment un handicap pour le touriste ? L'amateur de jardins traditionnels est à la fête en Grande-Bretagne.

Londres, Kew Gardens.

Kent, Chartwell House, maison de Churchill.

Le jardin anglais des XVIe et XVIIe siècles, influencé par les styles français et italiens, est formel, tracé géographiquement. La végétation n'y est pas toujours très diversifiée, mais un soin extrême est déjà apporté à la complexité des motifs floraux. L'héraldisme triomphe sur des banquettes fleuries multicolores. Ce style, de plus en plus grandiose, et dont le maniérisme frise parfois la lourdeur, perdure jusqu'à l'apparition du créateur du jardin anglais « naturel », Lancelot Brown, surnommé « Capability » Brown car aucune difficulté ne le rebutait. Le jardin cherche alors à imiter le paysage naturel : chemins sinueux, lacs, arbres en massif remplacent les tracés rectilignes. Ponts, folies et même villages, construits de toutes pièces, s'inscrivent dans le décor. Les très vastes propriétés de la noblesse anglaise permettent cette transformation du jardin en un immense paysage où se promène une société policée et amoureuse de la vie naturelle.

Au XIXe siècle apparaît un certain éclectisme : les anciennes traditions formelles luttent contre les formes naturelles. William Robinson est sans conteste le plus grand paysagiste de cette époque. Il dessine aussi bien pour les grands collectionneurs de plantes que pour les cottages du Surrey. La figure emblématique du début du XXe siècle est Gertrude Jekyll. Très influencée par le mouvement d'inspiration artisanale « Arts and Crafts », elle défend un jardin de plates-bandes artisanalement plantées, brodées pourrait-on dire. Son influence sur de nombreux jardiniers amateurs a été et reste considérable.

En ce début de XXIe siècle, le jardin anglais offre une image d'une très grande qualité technique mais généralement bien traditionnelle. Parmi les rares créateurs de formes nouvelles, citons Jeoffrey Jellicoe, qui représente une tendance moderne, et le sculpteur Ian Hamilton Finlay, avec sa « Petite Sparte » d'Ecosse.

Jean-Paul Pigeat,
directeur du Conservatoire international
des parcs et jardins et du paysage.

Jardins remarquables

■ **BLENHEIM PALACE** ✆ **+ 44 (0) 1 993 811 091.** Archétype du jardin de grand noble (il appartient encore au duc de Malborough). Woodstock, 8 miles au nord-ouest d'Oxford sur l'A34. Les plus grands paysagistes y ont travaillé, y compris le français Achille Duchêne qui, au début de ce siècle, redessina les broderies.

■ **BODNANT GARDEN** ✆ **+ 44 (0) 1492 650460 – www.bodnantgarden.co.uk** – Au pays de Galles, à Tal-y-Cafn, à 8 miles de Llandudno par l'A 470. Lady Aberconway veille encore scrupuleusement sur ce jardin à deux facettes : formel et sauvage. Une étonnante collection de plantes et un tunnel de cytises qui resplendit de jaune en juin.

■ **GREAT DIXTER** ✆ **+ 44 (0) 1 797 252 878 – Fax : + 44 (0) 1 935 826 357 – www.greatdixter.co.uk** – Merveilleux manoir du XVe siècle et un jardin dessiné par Edwyn Luytens. A 12 miles de Hastings par l'A 28. Le jardin appartient à Christopher Lloyd, vedette du jardinage chic anglais que l'on peut rencontrer en s'y promenant. Un programme à lui tout seul.

▨ **HATFIELD HOUSE.** Sans conteste l'un des plus beaux jardins d'Angleterre (au nord de Londres), présentant de multiples traces de différents styles depuis le XVIIIe siècle.

▨ **HESTERCOMBE. www.hestercombe gardens.com** – Chef-d'œuvre de G. Jekyll et de son architecte Edwyn Luytens (1904). Cheddon Fitzpaine, 4,5 miles au nord-ouest de Tauton par l'A 361. Une merveille d'équilibre et de fraîcheur.

▨ **HIDCOTE MANOR. www.gardenvisit. com** – Le chef-d'œuvre de Lawrence Johnston (à 4 miles au nord-est de Chipping Campden par la B4081) au début de ce siècle ou comment faire d'un site stupide et sans âme un paradis. Tout le monde en Angleterre continue encore à copier les idées de Johnston.

▨ **INVEREWE.** Les plantes les plus rares, en provenance du monde entier (sur l'A 832 au nord de Poolewe), poussent dans cet endroit situé à une latitude plus au nord que Moscou. Le Gulf-Stream et des brises expliquent une partie de ce mystère. Pour le reste, c'est un métier qui atteint ici des sommets.

▨ **LEVENS HALL. www.levenshall.co.uk** – Des ifs taillés, les plus sympathiques du pays (à 6 miles au sud-ouest de Kendal par l'A 6). Où allaient-ils chercher des formes pareilles ? Le parc paysager situé de l'autre côté du chemin est l'un des plus subtils d'Angleterre.

▨ **LITTLE SPARTA.** Impossible à décrire en quelques lignes. A un demi-mile au nord-ouest de Dunsyre, 20 miles au sud-ouest d'Edimbourg par l'A 702. Il est construit sur une côte sauvage regardant les plaines écossaises, avec des maquettes de bateaux, des maximes gravées sur les pierres, etc. Incontestablement l'œuvre d'un grand artiste moderne (ou très réactionnaire selon certains). Ne se visite que sur rendez-vous, mais cela vaut vraiment le coup d'insister si l'on passe par-là. Cette sélection a été réalisée par le Conservatoire international des parcs et jardins et du paysage (Chaumont-sur-Loire).

▨ **LOSTGARDENSOFHELIGAN.www.heligan. com** – ✆ + 44 (0) 1726 845100. Un Paradis tropical en Cornouailles. Ces jardins avaient été laissés à l'abandon avant d'être restaurés et de retrouver leur splendeur passée.

▨ **POWIS CASTLE** ✆ + 44 (0) 1 938 551 920 – Infoline : + 44 (0) 1 938 551 944 – Fax : + 44 (0) 1 938 554 336. Sans doute la plus ahurissante accumulation d'ifs taillés d'Europe, sur des terrasses (topiaires). A un mile de Welshpool par l'A483. Château rose, potées et floraisons d'un extrême raffinement.

▨ **ROYAL BOTANIC GARDENS DE KEW. www.rbgkew.org.uk** – Incontournable à 6 miles au sud-ouest du centre de Londres par l'A4 et l'A205, pour les collections, les serres, la pagode, et surtout le spectacle de jardiniers affairés.

▨ **SISSINGHURST CASTLE** ✆ + 44 (0) 1 580 710 700 – Infoline : + 44 (0) 1 580 710 701 – Fax : + 44 (0) 1 580 710 702. Créé vers 1930 par l'écrivain Vita Sackville-West à 2,5 miles au nord-est de Cranbrook sur l'A262. Il faut y aller pour le mythique jardin blanc mais aussi pour l'équilibre entre la rigueur du plan et la folie débridée des plantations.

▨ **STOURHEAD** ✆ + 44 (0) 1 747 841 152 – Fax : + 44 (0) 1 747 842 005. Paysage idéal du XVIIIe siècle, connu pour le temple qui se mire dans l'eau. A 3 miles au nord-ouest de Mere par l'A470. Il faut y aller très tôt dans la journée, ou très tard, pour profiter pleinement de l'atmosphère bucolique.

▨ **STOWE. www.stowe.co.uk** – Le jardin ou le paysage idéal modelé par Capability Brown ; plus de 100 hectares (à 4 miles au nord de Buckingham) pour prouver que la « nature est aussi un jardin ». Merveilleuses constructions au hasard de la promenade, au milieu de troupeaux de moutons plus vrais que nature.

▨ **TINTINHULL HOUSE** ✆ + 44 (0) 1 935 822 545 – Fax : + 44 (0) 1 935 826 357. Jardin récent, influencé par G. Jekyll et merveilleusement entretenu (5 miles au nord-ouest de Yeovil, sortie de l'A303) par la paysagiste Pénélope Hobhouse.

Londres, Hyde Park en été.

Histoire

▪ L'ÉTABLISSEMENT DU ROYAUME ▪▪▪▪▪

La présence humaine sur le sol britannique remonte à plus de 400 000 ans, des traces d'habitations datant de cette époque ayant été découvertes. Cependant, c'est à partir d'environ 40000 av. J.-C., soit la fin du Paléolithique, que l'on sait un peu mieux ce qu'il se passait en Grande-Bretagne, grâce à des découvertes archéologiques plus importantes. A cette époque, il y avait régulièrement des périodes de glaciation sur Terre. Des montées et des descentes d'eaux faisaient que la Grande-Bretange était parfois reliée ou séparée au continent. La dernière période de glaciation pris fin vers 10000 av. J.-C., et sépara définitivement la Grande-Bretagne du continent. Cependant, cela n'empêcha pas les migrations et, vers 3500 av. J.-C., un groupe de migrants arriva en Grande-Bretagne, apportant avec lui la culture néolithique et provoquant ainsi un tournant dans le style de vie des habitants de l'île. Les chasseurs nomades commencèrent à se sédentariser et à pratiquer l'agriculture et l'élevage.

La transition du Néolithique à l'âge de bronze, qui fut elle aussi provoquée par des migrants, commença vers 3000 av. J.-C. et le passage à l'âge de fer se fit environ 500 ans plus tard. A cette époque, la population commença à s'étendre sur tout le territoire et à se séparer en groupes et tribus spécifiques. De plus en plus de forêts furent abattues pour faire place à l'agriculture.

C'est vers 600 avant J-C qu'arrivèrent les Celtes. Originaires d'Europe centrale et combattants farouches, ils furent les premiers envahisseurs du pays. Ils s'installèrent sur tout le territoire britannique et leur culture fut largement assimilée par les populations conquises. La langue celtique de type brittonique s'impose au pays de Galles, et la religion druidique se répand au Nord du pays surtout. Les Celtes dominèrent le pays jusqu'à l'arrivée des Romains, qui s'établiront à partir de 55 avant J.-C., et de plus en plus solidement jusqu'au Ve siècle. Dès l'an 50 après J-C, les Romains contrôlaient presque tout le Sud de l'Angleterre. Les Romains, bien établis en Angleterre, s'engagent dans la conquête du pays de Galles. En 51, ils sont vainqueurs de tribus galloises. Bien sûr, il y eut de nombreuses batailles territoriales avec les Celtes, que les Romains décrivaient comme un peuple de sauvages qui se peignaient le visage de rouge et s'habillaient de peaux d'animaux. En 61, la reine Boadicéa, mena son armée jusqu'à Londinium (Londres), mit la ville à sac et l'incendia. Mais il y eut aussi des collaborations entre les deux peuples. Ainsi, l'Angleterre s'est enrichie des différentes cultures apportées par les invasions successives. De plus, les Celtes pouvaient difficilement combattre dans la durée les forces romaines et leur célèbre organisation. Ainsi, vers l'an 80, les Romains occupaient à peu près tout le territoire de l'Angleterre et du pays de Galles actuels.

Canterbury, tombeau d'Edward, le Prince Noir, héros de la Guerre de Cent Ans.

Chronologie

La période préceltique

▷ **524 000 avant J.-C. >** première présence humaine (dans le Sussex).

▷ **250 000 avant J.-C. >** les plus anciennes traces d'habitation sur le territoire gallois.

▷ **6000 avant J.-C. >** premières occupations en Ecosse.

▷ **Vers 2000 avant J.-C. >** période préceltique : différentes colonies d'Ibères venus d'Espagne, et de Ligures venus des régions rhénanes ou des côtes sud de la Manche.

La période celtique

▷ **1700 avant J.-C. >** les Pictes s'installent au sud-est de l'Est de la Grande-Bretagne et développent l'âge de bronze. Les Goidels colonisent l'Irlande et une de leur branche, les Scots, occupent l'Ecosse.

▷ **Entre 500 et 300 avant J.-C. >** les tribus bretonnes développent l'agriculture et la langue gauloise.

▷ **200 avant J.-C. >** débarquement de tribus belges.

La période romaine

▷ **55 avant J.-C. >** début de l'occupation romaine (deux raids de Jules César).

▷ **43 après J.-C. >** invasion de la Grande-Bretagne par Claude et colonisation romaine.

▷ **130 après J.-C. >** construction du mur d'Hadrien en Angleterre.

Invasions et christianisme

▷ **430 >** début des invasions « barbares » : Angles, Saxons et Jutes à l'Est et au Sud-Est de la Grande-Bretagne.

▷ **432 >** conversion de l'Irlande au christianisme par saint Patrick.

▷ **446 >** les Celtes sont refoulés vers le pays de Galles. Constitution de sept royaumes en Angleterre : Essex, Wessex et Sussex (Saxons), Kent (Jutes), Est-Anglie, Mercie et Northumbrie (Angles), unifiés par Egbert.

▷ **500 >** saint Illud débarque d'Irlande, apportant avec lui le catholicisme, et fonde le monastère de Llanilltud Fawr.

▷ **542 >** mort du chef des Bretons, le roi Arthur qui rétablit le culte Chrétien et conquit l'Irlande et l'Ecosse, ainsi que les pays nordiques.

▷ **597 >** évangélisation du Kent (Angleterre) par saint Augustin.

▷ **597 >** saint Colomba participe à la christianisation de l'Ecosse (au long du VIe siècle).

▷ **616 >** suite à la bataille de Chester, le pays de Galles devient distinct de la Grande-Bretagne.

▷ **685 >** bataille de Nechtansmere opposant Pictes et Angles, et qui définit la frontière sud de l'Ecosse.

▷ **789 >** le roi anglais Ethelbert se convertit au christianisme.

▷ **791 >** invasions Vikings en Grande-Bretagne.

▷ **794 >** invasions Vikings en Ecosse.

▷ **795 >** première incursion Viking en Irlande.

▷ **841 >** fondation de Dublin par les Vikings.

▷ **843 >** union des Pictes et des Scots pour contrer les Vikings : création du Scotland.

▷ **1039-63 >** Gruffydd apr Llywelyn réunit le pays de Galles.

Les guerres de pouvoir

▷ **1066 >** bataille d'Hastings (Angleterre) et invasion de William plus connu sous le nom de Guillaume le Conquérant, duc de Normandie.

▷ **1138 >** bataille perdue contre les Anglais à Northallenton (Ecosse).

▷ **1139 >** second traité de Durhan (Ecosse) où David Ier est reconnu roi d'une Ecosse indépendante par le roi d'Angleterre Stephen.

▷ **1154 >** Henri Plantagenêt, comte d'Anjou, devient roi d'Angleterre (Henri II).

▷ **1169 >** invasions anglo-normandes de l'Irlande.

▷ **1171 >** Henri II conquiert l'Irlande sur ordre du pape.

▷ **1175 >** traité de Windsor : le dernier roi irlandais reconnaît la suzeraineté anglaise.

Henri VIII d'Angleterre devient Roi d'Irlande en 1541.

▌ **1276-77** > première guerre d'indépendance galloise.

▌ **1282-83** > deuxième guerre d'indépendance galloise.

▌ **1284** > le pays de Galles est annexé au royaume d'Angleterre.

▌ **1295** > alliance entre l'Ecosse et la France contre le royaume d'Angleterre.

▌ **1296** > première guerre d'indépendance d'Ecosse. Le roi Edward Ier bat le roi écossais Balid à Dunbar et annexe l'Ecosse.

▌ **1301** > Edward Ier proclame son propre fils, Edward II, prince de Galles, titre qui, jusqu'à aujourd'hui, revient au fils aîné de la couronne anglaise.

▌ **1327** > Robert Bruce est reconnu roi d'une Ecosse indépendante par Edward Ier.

▌ **1337-1453** > guerre de Cent Ans contre la France.

▌ **1400-1412** > troisième guerre d'indépendance galloise.

▌ **1437** > Jacques Ier, roi d'Ecosse, est assassiné par les barons à qui il voulait imposer son pouvoir. Début d'une guerre civile.

▌ **1536-1542** > acte de l'Union, loi qui forme l'union entre le pays de Galles et l'Angleterre. Avec des droits égaux mais un système légal différent.

▌ **1541** > Henri VIII prend le titre de roi d'Irlande.

▌ **1485-1603** > dynastie des Tudors en Angleterre.

▌ **1559** > sermon de John Knox à Perth considéré comme le début de la réforme en Ecosse.

▌ **1563** > instauration de l'anglicanisme.

▌ **1568** > fuite de la reine écossaise (catholique) Marie Stuart en Angleterre.

▌ **1603** > Jacques VI d'Ecosse devient roi d'Angleterre (Jacques Ier). Union personnelle de l'Ecosse et de l'Angleterre.

▌ **1642** > guerre civile au pays de Galles.

▌ **1642-1646** > guerre civile en Angleterre.

L'émancipation

▌ **1649-1658** > république de Cromwell.

▌ **1651** > Cromwell envahit l'Ecosse et la rattache au royaume d'Angleterre.

▌ **1654** > Cromwell impose l'union de l'Irlande, de l'Angleterre et de l'Ecosse.

▌ **1655** > l'Angleterre conquiert la Jamaïque aux dépens des Espagnols.

▌ **1660** > restauration de la monarchie galloise.

▌ **1679** > Habeas Corpus (garantie contre les arrestations arbitraires).

▌ **1689** > Bill of Rights.

▌ **1704** > proclamation des lois pénales anticatholiques en Irlande. Discriminations sociales et professionnelles.

▌ **1707** > acte d'union, l'association personnelle des royaumes d'Angleterre et d'Ecosse devient un Royaume-Uni de Grande-Bretagne (Parlement uni). Le Parlement d'Ecosse est supprimé.

▌ **1742** > le pouvoir anglais s'affirme en Irlande : c'est l'âge d'or de Dublin. Construction des plus beaux bâtiments (Four Courts en 1785, Custom House en 1791).

▌ **1745** > Charles-Edward Stuart, Bonnie Prince Charlie, s'empare de l'Ecosse. Il est défait à Culloden en 1746 par les troupes anglaises. Terrible répression britannique notamment envers les chefs de clan gaéliques.

▌ **1776-1783** > guerre d'indépendance américaine. Le Royaume-Uni perd ses colonies d'Amérique.

▌ **1782-1783** > l'Irlande acquiert son autonomie législative.

▌ **1800** > acte d'union avec la Grande-Bretagne permettant d'envoyer des députés irlandais au Parlement de Londres et suppression du Parlement irlandais : déclin de Dublin.

▶ **1801** > l'Angleterre, l'Ecosse, le pays de Galles et l'Irlande forment le Royaume-Uni.

▶ **1811** > séparation de l'église méthodique galloise de l'Eglise d'Angleterre.

▶ **1829** > émancipation des catholiques d'Irlande.

▶ **1853** > création d'une « Association nationale pour la revendication des droits de l'Ecosse ».

▶ **1858** > naissance de la fraternité républicaine Irlandaise.

▶ **1870** > premier match international de rugby entre l'Ecosse et l'Angleterre.

▶ **1884** > droit de vote accordé aux hommes britanniques sans distinction de classe sociale.

▶ **1885** > nomination d'un secrétaire pour l'Ecosse dans le gouvernement britannique.

▶ **1905-1908** > développement du Sinn Fein en Irlande.

▶ **1914** > le gouvernement Anglais soutient la France contre l'empire germanique.

▶ **1916** > David Lloyd George devient le Premier ministre gallois.

▶ **1918** > droit de vote accordé aux femmes britanniques de plus de 30 ans.

▶ **1918** > début du déclin du charbon. Accélération de l'émigration écossaise.

▶ **1919-1921** > guérilla et indépendance de l'Irlande mais elle est privée de six comtés de l'Ulster où les protestants sont majoritaires.

▶ **1920** > séparation entre l'Etat et l'Eglise galloise.

▶ **1922** > proclamation officielle de l'Etat libre d'Irlande avec Dublin comme capitale.

▶ **1925** > fondation du parti nationaliste gallois Plaid Cymru.

▶ **1928** > droit de vote accordé aux hommes et aux femmes britanniques de plus de 21 ans.

▶ **1934** > création d'un parti national écossais par John Mc Cormick.

▶ **1937** > nouvelle constitution et l'Irlande prend le nom d'Eire.

▶ **1939** > déclaration de guerre de la Grande-Bretagne à l'Allemagne nazie.

▶ **1948** > l'Eire devient la république d'Irlande et rompt ses relations avec le Commonwealth.

Le Royaume-Uni d'Elizabeth II

▶ **1952** > intronisation d'Elizabeth II.

▶ **1955** > Cardiff devient officiellement la capitale galloise.

▶ **1955** > la république d'Irlande est admise à l'ONU.

▶ **1967** > la loi galloise reconnaît le gallois au même titre que l'anglais.

▶ **1968** > début des troubles en Irlande du Nord.

▶ **1969** > arrivée des troupes britanniques en Irlande du Nord.

▶ **1972** > le Parlement d'Irlande du Nord, le Stormont, est suspendu. L'Irlande du Nord est placée sous administration britannique. L'Eire signe le traité d'adhésion à la Communauté économique européenne.

▶ **1973** > la Grande-Bretagne entre dans la CEE.

▶ **1974** > les nationalistes écossais obtiennent 30 % des suffrages (11 élus).

▶ **1974** > le gouvernement local gallois réorganise la principauté en huit nouveaux comtés.

▶ **1979** > échec du référendum sur l'instauration d'une assemblée écossaise. Forte abstention.

Charles II d'Angleterre.

1979 > référendum sur la question de l'Assemblée galloise. 80 % des votants ne veulent pas d'un Parlement distinct.

1979 > élection de Margaret Thatcher au poste de Premier ministre.

1982 > guerre des Malouines qui oppose l'Angleterre à l'Argentine.

1985 > signature entre les gouvernements irlandais et britannique d'un accord reconnaissant la souveraineté britannique sur l'Ulster et un rôle consultatif du gouvernement de Dublin dans les affaires de l'Irlande du Nord.

1988 > « Education reform act » le gallois doit être enseigné dans tous les établissements du pays de galles.

1992 > un acte de loi donne statut égal au gallois et à l'anglais dans les organismes publics gallois.

1994 > cessez-le-feu de l'I. R. A.

1996 > « The stone of destinity », la pierre de couronnement des rois écossais est rapportée à Edimbourg après 700 ans passés à Londres.

1996 > fin du cessez-le-feu de l'I. R. A.

1997 > élection de Tony Blair après 18 années de pouvoir des Conservateurs britanniques.

1997 > référendum positif sur la création d'un Parlement écossais et ses attributions fiscales.

1998 > accord entre les différentes parties en Irlande du Nord. Election d'un Parlement autonome.

1999 > élection d'une assemblée de 60 membres au pays de Galles.

1999 > premières élections autonomes au pays de Galles et en Ecosse.

1er janvier 1999 > l'Euro est introduit en Irlande.

2002 > décès de la reine mère à l'âge de 101 ans, provoquant une vague d'émotion dans tout le pays. Le 2 juin, la reine Elizabeth II fête ses 50 ans de règne.

Octobre 2002 > référendum sur l'élargissement de l'Europe à dix autres nations (traité de Nice).

7 mars 2003 > soumission au conseil de l'ONU, avec les USA, et l'Espagne, d'une résolution imposant à l'Irak le 17 mars de désarmer.

20 mars 2003 > entrée en guerre contre l'Irak aux côtés des USA.

Juillet 2003 > scandale David Kelly.

Avril 2005 > mariage du Prince Charles avec Camila Parker-Bowles

Mai 2005 > Tony Blair est réélu Premier ministre pour un 3e mandat consécutif.

7 juillet 2005 > quatre attentats presque simultanés tuent 56 personnes et en blessent des centaines d'autres dans le métro londonien et dans un bus.

Tapisserie de Bayeux illustrant les prémices de la Bataille de Hastings.

Ils construisirent des forts ainsi que des routes pavées qui suivent encore aujourd'hui le tracé de ces voies romaines. Les Romains eurent cependant plus de difficultés avec le Nord du pays, future Ecosse. Le territoire était en grande partie occupé par les Pictes. Ce mot signifie « homme peint ». Et effectivement, les guerriers pictes se battaient nus, le corps enduit de peinture. Les Romains essayèrent maintes fois de soumettre les Pictes. Mais devant leurs échecs, en l'an 122, l'Empereur Hadrien décida de construire un mur afin de marquer la frontière de l'empire romain et le protéger des invasions barbares. Les Romains restèrent près de 400 ans en Angleterre. Leur culture se mêla à la culture locale. Les indigènes adoptèrent de nombreux aspects de la culture romaine, particulièrement dans les villes alors que les campagnes restèrent plutôt imprégnées de culture celtique (surtout au pays de Galles et en Cornouailles).

◼ NAISSANCE DES TROIS PAYS ◼◼◼

Mais lorsqu'ils quittent le pays au début du Ve siècle, les Romains laissent un territoire morcelé et rendu instable par l'arrivée de différents envahisseurs dont les principaux sont les Angles et les Saxons (d'où l'origine « anglo-saxonne » de la langue anglaise). A cette période de déclin et de chaos succédera une vague, pacifique celle-là, de conversions des Saxons par les catholiques de Rome. Au VIIe siècle, le pape Grégoire manda un émissaire, Augustine de Canterbury, pour convertir l'Angleterre. Celui-ci fut bien reçu par le roi Ethelbert, favorable à la conversion. La primatie d'Angleterre s'installa à Canterbury où elle demeure encore aujourd'hui.

Au VIIe siècle, Mercia est le plus puissant des royaumes anglo-saxons. A sa tête, le roi Offa qui tracera la frontière entre l'Angleterre et le pays de Galles en creusant un large fossé (Offa's Dyke).

Car sur les terres galloises, les choses se passent différemment. Ici, la culture celte est encore bien vivante, bien que la conversion au christianisme se soit propagée jusque-là. Alors que les Anglo-Saxons envahissaient l'Est de la Grande-Bretagne, sur la côte ouest, ce sont les Scots – c'est-à-dire les « brigands » – qui ont profité du déclin de l'Empire romain. Au Ve siècle, les féroces guerriers venus d'Irlande et parlant le gaélique occupent le pays de Galles et l'Ecosse. D'autres envahisseurs, venus d'Ecosse, d'Irlande, de Cornouailles et de Normandie s'installeront également au pays de Galles provoquant de fréquents conflits. Mais les plus grands ennemis des peuples gallois sont les Anglo-Saxons contre qui ils luttèrent pendant des siècles. Les vestiges de ces attaques et invasions sont encore visibles un peu partout sur les terres galloises avec, notamment au sud, les nombreuses ruines des forts normands.

Conséquence de ces luttes, les tribus galloises commencèrent à s'unir contre l'ennemi commun. Les Gallois commencent à se voir comme un peuple uni, des « Cymry » : des « compatriotes ». Le plus célèbre des rois gallois est sans aucun doute le roi Arthur qui inspira de nombreux contes et légendes.

En Ecosse, la situation est quelque peu similaire à celle du pays de Galles. Dans la vague de cahos qui a suivi le départ des Romains, les Pictes qui occupaient jusque-là le territoire écossais ont dû faire face aux invasions des Scots (qui donneront leur nom à l'Ecosse : Scotland, le pays des Scots) et des Anglo-Saxons.

La première unification de l'Ecosse est l'œuvre des missionnaires chrétiens. Aidan fonda à Lindisfarne, sur la côte est, une importante communauté religieuse dont le rôle majeur consista à alphabétiser les rois de ces différentes peuplades. A la fin du VIIIe siècle, à défaut d'un équilibre politique, l'harmonie religieuse régnait donc en Ecosse. C'est au IXe siècle que naît véritablement le royaume de Scotland, lorsque Kenneth McAlpine réussit à lier Pictes et Scots, peut-être pour mieux se défendre contre les attaques des Vikings.

Car c'est également à cette époque, alors que les territoires anglais, gallois et écossais commencent à s'établir, qu'ils doivent faire face à ces nouveaux redoutables envahisseurs. Les Vikings, venus de Norvège attaquent l'Ecosse alors qu'une autre vague, venue cette fois du Danemark envahit l'Est de l'Angleterre. Ces nouvelles menaces entraînent le rassemblement des « tribus » anglo-saxones autour d'un grand homme, Alfred le Grand : vainqueur des Vikings et des armées danoises, Alfred le Grand est non seulement un soldat courageux mais un excellent tacticien qui décide la construction de nombreuses fortifications protectrices autour des places militaires ou des villes importantes. On peut aussi le qualifier de père de la Royal Navy puisque, prenant en compte l'importance de la défense côtière contre les invasions nordiques, il organise, le premier, une force navale importante.

Alfred le Grand devint ainsi le premier roi d'Angleterre, regardé comme un souverain unique et non plus comme un chef de tribu. Jusqu'alors les rois saxons n'avaient qu'un pouvoir limité et leur royaume n'était pas héréditaire. Son fils puis son petit fils lui succéderont. Cependant malgré leur recul, les Vikings sont encore présents dans le Nord et l'Est de l'Angleterre et poursuivent leurs attaques.

Au cours des décennies suivantes, des rois saxons et danois, parmi lesquels Edward le Confesseur, vont se succéder, jusqu'à la conquête normande en 1066. A cette époque, c'est le roi saxon Harold, beau-frère d'Edward le Confesseur qui règne sur l'Angleterre. Cependant, de l'autre côté de la Manche, le roi Guillaume de Normandie, qui est en fait le cousin d'Edward le Confesseur, se dit que la couronne anglaise aurait dû lui revenir. Il décide donc d'envahir le pays et vainc les armées d'Harold à la bataille de Hasting, où le roi Harold lui-même est tué. Guillaume de Normandie, surnommé le Conquérant, monte alors sur le trône d'Angleterre.

Chronologie des rois d'Angleterre

▷ **Saxons et Danois.** Alfred le Grand (871-899). Edward le Martyr (975-979). Ethelred II (979-1016). Knud (1016-1035). Edward le Confesseur (1042-1066). Harold II 1066.

▷ **Normands.** Guillaume Ier le Conquérant (1066-1087). Guillaume II (1087-1100). Henri Ier (1100-1135). Stephane (1135-1154).

▷ **Plantagenêts.** Henri II (1154-1189). Richard Ier Cœur de Lion (1189-1199). Jean sans Terre (1199-1216). Henri III (1216-1272). Edward Ier (1272-1307). Edward II (1307-1327). Edward III (1327-1377). Richard II (1377-1399).

▷ **Lancastres.** Henri IV (1399-1413). Henri V (1413-1422). Henri VI (1422-1461).

▷ **York.** Edward IV (1461-1483). Edward V (avril-juin 1483). Richard III (1483-1485).

▷ **Tudor.** Henri VII (1485-1509). Henri VIII (1509-1547). Edward VI (1547-1553). Mary Ire (1553-1558). Elizabeth Ire (1558-1603).

▷ **Stuart.** James Ier (1603-1625). Charles Ier (1625-1649).

▷ **Commonwealth.** Olivier Cromwell (1649-1658). Richard Cromwell (1658-1659).

▷ **Restauration des Stuarts.** Charles II (1660-1685). James II (1685-1689). Guillaume III d'Orange (1689-1702) et Mary II (1689-1694). Anne (1702-1714).

▷ **Hanovres.** George Ier (1714-1727). George II (1727-1760). George III (1760-1820). George IV (1820-1830). Guillaume IV (1830-1837).

▷ **Saxe Coburg et Gotha.** Victoria (1837-1901). Edward VII (1902-1910).

▷ **Windsor.** George V (1910-1936). George VI (1936-1952). Elizabeth II (1952).

■ LUTTES ENTRE LES ROIS ET LES BARONS ■■■■

La conquête normande est un tournant dans l'histoire de l'Angleterre. Tout d'abord elle met fin aux invasions du territoire mais elle apporte également une culture différente, plus tournée vers la France. Après la conquête normande, le royaume d'Angleterre se trouve enrichi du duché de Normandie. A cette époque, des châteaux sont construits partout sur le territoire pour consolider l'implantation normande et un système féodal de lords, de barons et de serfs est instauré. Guillaume II succède à Guillaume le Conquérant, puis c'est au tour d'Henri Ier. La mort de celui-ci fut suivie d'une guerre civile relative à sa succession. Finalement, c'est Henri II, le premier de la dynastie des Plantagenêts qui monte sur le trône en 1154. Par son mariage avec Aliénor, duchesse d'Aquitaine et de Gascogne, Henri II, a également hérité de ces territoires français. Ajoutant à cela d'autres héritages, il se retrouve à la tête du quasi de la moitié du royaume de France, tout en restant le vassal du roi de France, position assez inconfortable pour Henri et plutôt menaçante pour son suzerain.

Il n'est pas le seul Anglais à posséder des terres françaises : la plupart des barons possèdent des terres des deux côtés de la Manche et ont ainsi la possibilité d'obéir selon leurs intérêts au suzerain de France ou à celui d'Angleterre.

Lorsque Henri II monte sur le trône, il trouve un royaume en pleine anarchie et une noblesse rebelle n'hésitant pas à braver le pouvoir royal. Tout en passant la majeure partie de son règne des deux côtés de la Manche, il va s'employer à pacifier et à réorganiser son royaume d'Angleterre, morcelé et fort difficile à mener.

A sa mort, les dissensions entre les différents membres de la famille royale anglaise (ses fils Richard et Jean et leur mère, Aliénor) se font plus fortes. Richard Cœur de Lion passe la plus grande partie de son règne hors d'Angleterre, en croisade et les choses s'aggravent encore sous le règne de son frère Jean sans terre (le méchant roi de Robin des bois). Celui-ci perd la Normandie au profit du roi de France et ses disputes avec le Vatican et les barons anglais sont incessantes. Finalement, ces derniers le forcent à signer la Magna Carta, en 1215, traité qui augmente les droits et privilèges des barons et limite celui du souverain.

Sous le règne d'Edward Ier (1272-1307), les choses s'améliorent pour la monarchie anglaise. Celui-ci parvient à mieux contrôler les barons. Mais le roi voudrait étendre son royaume et va tourner la bride de sa cavalerie vers le pays de Galles, dont il se rend maître en 1284, après une guerre meurtrière de huit ans. C'est la fin des rois gallois. Le pays de Galles devient une principauté devant allégeance à la couronne anglaise. C'est le fils aîné du roi qui est nommé prince de Galles, une tradition qui se perpétue encore aujourd'hui. Edward Ier entreprit également de soumettre l'Ecosse.

▨ LA GUERRE ENTRE L'ÉCOSSE ET L'ANGLETERRE ▨▨▨

Il faut attendre la fin du XIIIe siècle pour que la suprématie de l'Ecosse soit remise en question. Après avoir soumis le pays de Galles, Edward Ier se tourne vers l'Ecosse. C'est le début d'une guerre qui va durer 400 ans. Quatre siècles de troubles sanglants déclenchés à la suite d'un incident : héritière de la Couronne d'Ecosse, Margaret, dite Maid of Norway, fille d'Eric de Norvège et petite-fille d'Alexandre III, avait été promise au fils d'Edward Ier, surnommé « le Marteau des Ecossais ». Il s'agissait d'un mariage d'union entre l'Ecosse et l'Angleterre. Mais Margaret mourut pendant la traversée. Un conflit pour le trône d'Ecosse s'ensuivit et les barons écossais exigèrent d'Edward qu'il choisisse entre les deux prétendants à la Couronne, Robert Bruce et John Balliol. Après s'être prononcé en faveur de John Balliol, le souverain anglais revint sur son choix, et n'eut de cesse d'humilier Balliol au point que ce dernier décida d'envahir le Nord du territoire de son puissant voisin. Le roi d'Angleterre répliqua par le terrible massacre de Berwick.

Après une victoire contre les troupes écossaises, l'armée anglaise fut vaincue en 1297, à la bataille de Stirling Bridge par les Ecossais menés par William Wallace, héros national dont l'histoire est contée dans le film *Braveheart*. C'est également à cette époque que l'Ecosse signe avec la France un traité d'alliance contre l'Angleterre (Auld Alliance).

Les Ecossais, menés cette fois par Robert the Bruce, infligeront également une défaite cuisante à Edward II, successeur d'Edward Ier, en 1314, à la bataille de Bannockburn.

▨ LA GUERRE DE CENT ANS ▨▨▨▨▨

Edward II, le fils d'Edward Ier, est un roi faible. Sa femme Isabelle, surnommée la Louve de France (fille du roi de France Philippe le Bel), et son amant Roger Mortimer le feront finalement abdiquer en faveur de son fils avant de le faire assassiner dans sa prison.

Mais bien mal leur en prit car Edward III (1327-1377) commence son règne en faisant emprisonner sa mère et exécuter l'amant de celle-ci. Fort de son héritage maternel, Edward III va tenter, durant son règne, de faire-valoir ses droits à la couronne de France. Une démarche qui débouche en 1337 sur la guerre de Cent Ans. Pendant un siècle, les armées anglaises et françaises s'affronteront à maintes reprises. Les Anglais s'illustreront à Crécy (1346) et Poitiers (1356). En cette période de guerre, l'Angleterre doit également faire face à un autre drame : la peste bubonique. L'épidémie commença en 1349, elle tua plus d'un tiers de la population, soit 1,5 million de personnes.

Sous le règne de Richard II, en 1381, dans le Kent, dans le Sussex et dans d'autres régions d'Angleterre, les paysans se soulèvent et marchent sur Londres. Lors de cette révolte, menés par Wat Tyler, 20 000 paysans occupent Londres pendant deux jours avant de donner l'assaut à la Tour de Londres où s'était réfugié le roi. Celui-ci parvint à s'échapper mais l'archevêque de Canterbury fut capturé et décapité. La révolte fut ensuite réprimée dans le sang par les troupes du roi Richard II.

Bataille d'Hastings, mémorial.

Richard II sera finalement écarté du trône par le futur Henri IV, un puissant baron, premier de la dynastie des Lancastres. Son fils, Henri V, se révèle être un homme pieux et belliqueux. Encouragé par l'Eglise d'Angleterre, Henri V traverse la Manche et, en 1415, livre la bataille d'Azincourt où il remporte une écrasante victoire sur les troupes françaises. Par le traité de Troyes (1420), il devient héritier du royaume de France et épouse Catherine, fille de Charles VI le Fou et d'Isabeau de Bavière. Mais Henri V meurt deux ans après, à l'âge de trente ans, en forêt de Vincennes, de dysenterie et sans doute d'épuisement. Henri VI lui succéda. Les années à venir seront marquées par une série de défaites anglaises. Les troupes françaises, menées par Jeanne d'Arc, reprennent l'avantage. Et malgré la condamnation de Jeanne d'Arc en 1431, lorsque la guerre des Cent Ans prit fin en 1453, seul Calais restait aux mains des Anglais.

Sombre époque pour l'Angleterre : Henri VI, l'héritier du trône, présente les mêmes troubles mentaux que son grand-père de France et l'absence de lignée royale entraîne en Angleterre une lutte de pouvoir. Richard, les Duc de York (dont l'emblème est une rose blanche) revendique le trône d'Henri VI, de la maison Lancastre (dont l'emblème est une rose rouge) : la guerre des Deux-Roses éclate en 1454. Richard est finalement battu en 1460 par les troupes de Margareth d'Anjou, la femme d'Henri VI. Mais un an plus tard, son fils Edward de York s'empare du trône et devient le roi Edward IV.

Cette guerre civile ne prit réellement fin qu'en 1485, quand le dernier des rois Plantagenêt, Richard III d'Angleterre mourut au champ d'honneur, et qu'Henri VII, premier de la dynastie Tudor, devint roi.

Henri II.

■ EN ÉCOSSE : LES STUARTS ■■■■■

En Ecosse, après la mort de Robert the Bruce en 1329, son fils David monte sur le trône. A cette époque, les guerres civiles et les épidémies de peste ravagent le pays. A la mort de David en 1371, ses opposants couronnent Robert Stuart, petit-fils de Robert the Bruce. C'est le début de la dynastie des Stuarts qui conservera la Couronne pendant une cinquantaine d'années.

Après les règnes de Robert II et Robert III s'ouvre la régence du duc d'Albany. Durant cette période, le pouvoir des barons ne cesse de croître.

En 1424, le prétendant à la Couronne, Jacques Ier, fils de Robert III, rentre en Ecosse. Etabli à Linlithgow, le nouveau roi, qui a été retenu prisonnier en Angleterre jusqu'à l'âge de 21 ans, guerroie inlassablement contre les Anglais et apporte même son soutien à la Française Jeanne d'Arc. De son enfance, Jacques Ier, souverain civilisateur, a gardé des manières anglaises, qu'il tente d'introduire : elles lui valent d'être froidement assassiné par les barons qu'il voulait soumettre. C'est le début d'une guerre civile qui va durer un siècle. Jacques II, qui succède à son père après quelques années de régence, entre dans l'histoire écossaise notamment pour le meurtre du comte Douglas, perpétré au cours d'un banquet.

Sous Jacques III, les îles Orcades et Shetland, qui constituent la dot de sa femme, d'origine scandinave, sont intégrées à l'Ecosse. Son règne est marqué par une série de complots. Il est tué à Sauchieburn, pendant une énième bataille contre l'Angleterre.

A la fin du XVe siècle, sous Jacques IV, s'amorce enfin la renaissance de l'Ecosse. Réformateur et bâtisseur (il est aussi le seul roi d'Ecosse à avoir appris le gaélique), Jacques IV fonde l'université d'Aberdeen, construit les palais de Holyrood et Linlithgow, ainsi que le grand hall du château d'Edimbourg. Mais sa rencontre avec les chefs des Highlands, plus attirés par la guerre que par la culture, est un échec. Déçu, le souverain ordonne la construction d'une série de places fortes à travers le pays, afin de mieux contrôler les clans puissants et irréductibles qui se sont formés dans les Highlands. Beau-frère d'Henri VIII d'Angleterre, Jacques IV commet l'erreur d'intercéder auprès de lui pour que l'Angleterre fasse la paix avec la France. Non content de refuser sa médiation, Henri VIII revendique immédiatement son droit à la Couronne écossaise. En 1513, les deux armées se rencontrent à Flodden. Jacques IV est tué dans la bataille désastreuse qui s'ensuit.

Jacques V, son héritier, est encore un nourrisson à la mort de son père. Eduqué en France, il épouse Madeleine, fille de François Ier.

Sa seconde épouse, Marie de Guise, lui donne une fille, Marie Stuart, qui, elle aussi, sera orpheline : son père s'éteint une semaine après sa naissance. Henri VIII d'Angleterre tente de négocier un mariage entre cette enfant et Edward, son fils malade. Vains efforts ! Elle est envoyée en France, toujours alliée de l'Ecosse et fiancée au dauphin, futur François II. Henri VIII est furieux et saccage Edinburgh dans une tentative pour forcer ces fiançailles. A la fin de la régence de Marie de Guise, Marie Stuart la catholique devient reine d'Ecosse. Au même moment, en Angleterre, Elizabeth succède à sa demi-sœur, Marie Tudor. A la mort de son mari, Marie Stuart rentre en Ecosse et ose même faire valoir ses droits sur la Couronne anglaise. Etant l'arrière-petite-fille de Henri VII, n'a-t-elle pas plus de droits à la Couronne qu'Elizabeth ? D'autant plus que, par une subtilité de non-reconnaissance du divorce, Elizabeth, fille d'Anne Boleyn, peut être considérée comme une enfant illégitime.

Mais cette tentative échouera. De plus, à cette période, le catholicisme a perdu du terrain en Ecosse. John Knox, pasteur protestant radical, en grande partie responsable de la Réforme, a conduit l'Eglise écossaise à se séparer de Rome. La révolte du clergé et des nobles s'oppose à son catholicisme fervent et à son désir d'autorité. Marie refuse de se convertir au protestantisme, ses proches sont assassinés. Obligée d'abdiquer en faveur de son fils, le futur Jacques VI, Marie s'enfuit en Angleterre en 1568. Elle y sera emprisonnée par la reine Elizabeth qui, après ses revendications sur la Couronne anglaise, ne la porte évidemment pas dans son cœur. Les nombreuses tentatives pour la faire libérer dans le seul but de détrôner Elizabeth Ire se solderont par son exécution en 1587 : Marie Stuart est décapitée après dix-neuf ans d'emprisonnement.

Marie Tudor.

▨ PENDANT CE TEMPS AU PAYS DE GALLES ▨

Edward Ier a annexé le pays de Galles en 1282. Après cette victoire anglaise, Edward Ier commence une lourde tâche : celle de la construction de la ceinture de fer, une ligne de châteaux au Nord du pays de Galles, censés assurer ses nouvelles conquêtes. De ces châteaux restent aujourd'hui d'impressionnants édifices : Caernarfon, Caerphilly, Chepstow, Beaumaris… Quelques colons anglais s'installent. En 1284, le pays de Galles devient officiellement propriété de la couronne anglaise avec la signature d'un traité au château de Rhuddlan. Mais, au cours des deux siècles suivants, les Gallois, fort attachés à leur civilisation celtique, se révoltent à de nombreuses reprises. Le dernier soubresaut de l'indépendance galloise a lieu en 1404 et est mené par Owain Glyndower (Owain Glyn Dwr), un héros pour les Gallois. Le pays a été saccagé et la haine entre les deux peuples n'a jamais été aussi forte. Sous le règne des Tudor, et par le biais d'alliances familiales, leur résistance faiblit, et le XVIe siècle voit la signature des Actes d'Union en 1536 et 1542 qui intègrent le pays de Galles à l'Angleterre. Depuis, les deux pays sont unis par une même histoire politique, en dépit de forts particularismes culturels gallois et d'un courant autonomiste qui n'a pas du tout disparu, bien au contraire. Mais un véritable fossé se creuse entre les deux peuples. Les Gallois sont pauvres et la noblesse est anglaise. L'usage du gallois est interdit, et le catholicisme est remplacé par le protestantisme sous Henri VIII.

▨ LA DYNASTIE DES TUDOR ▨▨▨▨▨▨

Lorsqu'en 1485 Henri VII accéda au trône, il initia le règne de la dynastie Tudor. Celui-ci allait durer plus de cent ans. Henri VII aura la tâche difficile de rétablir le pouvoir royal : il interdit aux barons d'entretenir des serviteurs armés, exige des « dons » de ses sujets les plus riches et encourage les marchands à aller découvrir des terres inconnues, ce qui entraîne la naissance de la marine marchande.

Lorsque le second roi de la dynastie, Henri VIII, demanda au pape la permission de divorcer Catherine d'Aragon pour épouser Anne Boleyn, celui-ci refusa. Henri VIII provoqua alors le schisme avec l'Eglise catholique. En 1534, il créa l'Eglise anglicane dont il se proclama chef. Le roi fit fermer les monastères et répandit les idées de la Réformation.

Après la mort d'Henri VIII, son unique fils (après six mariages), Edward VI accéda au trône mais il mourut peu après. Sa demi-sœur, Mary, fille de Catherine d'Aragon, lui succéda. Catholique, celle-ci fut surnommée « Mary la Sanglante » (Bloody Mary) pour ses persécutions des Protestants. Son règne fut également de courte durée.

C'est à ce moment, en 1558, que la fille d'Henri VIII et d'Anne Boleyn, Elizabeth Iʳᵉ hérita de la couronne. Anglicane, elle fut le monarque le plus influent de la dynastie Tudor. Cultivée, parlant plusieurs langues, elle fut également le symbole de la Renaissance anglaise.

Elle s'applique à affirmer définitivement les bases de l'Eglise anglicane, au risque d'une réaction catholique menée par Marie Stuart, reine d'Ecosse. Une fois celle-ci incarcérée et la crise religieuse écartée, Elizabeth Iʳᵉ se retourne contre le catholique Philippe II d'Espagne afin de lui disputer la suprématie des mers.

En cette fin du XVIᵉ siècle, l'Angleterre compte 4 ou 5 millions d'habitants. L'époque est favorable à l'enrichissement du royaume et la découverte de nouvelles sources de richesses va de pair avec le développement de la marine marchande : en 1600 est fondée la Compagnie des Indes. De fait, les réformes d'Elizabeth Iʳᵉ, essentiellement au profit des gros propriétaires, condamnent la plupart des paysans à se faire marins. Ayant refusé de se marier et se trouvant sans héritier, Elizabeth Iʳᵉ désigne sur son lit de mort son successeur : le fils de Marie Stuart, Jacques VI d'Ecosse. Contrairement à sa mère, celui-ci est protestant.

■ RÉVOLTES ET ÉVOLUTIONS ■■■■

A l'aube du XVIIᵉ siècle, l'avènement sur le trône d'Angleterre de Jacques VI symbolise d'abord l'union du lion anglais et du chardon écossais, mais elle est si fragile que les deux royaumes restent distincts : à l'extinction de la dynastie des Stuarts, chacun reprendra son indépendance.

Dès son arrivée au pouvoir, Jacques VI, devenu Jacques Iᵉʳ d'Angleterre, se rend impopulaire auprès des Anglais, déjà sceptiques à son propos, sinon hostiles en raison de ses origines écossaises. Aux difficultés du roi s'ajoutent les tensions religieuses, les bouleversements économiques et les idées arrêtées d'un monarque moins libéral pour les marchands et les artisans que ne le fut Elizabeth. Trop imbu de lui-même et de ses droits, Jacques Iᵉʳ impose sans savoir accorder. Pour autant, le développement se poursuit avec l'essor de nouvelles industries métallurgiques et minières.

Charles Iᵉʳ lui succède sans plus de succès. Des révoltes éclatent en Ecosse, en Irlande et Londres est en plein soulèvement. La guerre civile entre les royalistes et les « têtes rondes », commandées par Oliver Cromwell, débute : elle va durer quatre ans (1642-1646). Défait, Charles Iᵉʳ est livré au Parlement, jugé, condamné et décapité le 9 février 1649. Il fut le premier et unique roi anglais à être exécuté publiquement. Cromwell, qui dirige la République, liquide le Parlement, soumet l'Ecosse, écrase l'Irlande catholique, lutte contre l'empire colonial espagnol. Durant cette période de puritanisme, tous les théâtres furent fermés, la musique interdite, les vitraux des églises détruits…

Les troubles qui ravagent le pays sont activés par les prétentions au trône de Charles II, le fils de Charles Iᵉʳ, et par une guerre contre la Hollande, rivale de l'Angleterre sur les mers mais aussi terre d'exil du descendant des Stuarts.

Elizabeth Iʳᵉ d'Angleterre.

Guillaume III d'Orange.

Oliver Cromwell, le « réformateur », s'étant révélé le dictateur trop rigide d'une nation anarchique et d'une armée en révolte, à sa mort, Charles II est rappelé et monte sur le trône dans l'enthousiasme général. Lui non plus ne saura pas répondre aux espérances du pays, pas plus qu'il ne parviendra à ramener la paix. A ce climat politiquement incertain s'ajoutent des calamités qui plongent le pays au bord de l'abîme : en 1665, la grande peste décime une partie de la population ; un an plus tard, un épouvantable incendie ravage la quasi-totalité de Londres.

Frère et successeur de Charles II, catholique convaincu, Jacques II ne paraît croire qu'en l'absolutisme et accumule tant de répressions et de bévues que les Anglais font appel à son gendre hollandais. La Glorieuse révolution (qui se déroula sans effusion de sang) destitua le roi catholique Jean II et porta le protestant hollandais Guillaume d'Orange sur le trône. Celui-ci, en 1701, fit passer une loi interdisant à un catholique de devenir roi.

Guillaume III d'Orange débarque sur le sol anglais le 5 novembre 1688, contraignant Jacques II à se réfugier en France où Louis XIV le traite avec les égards dus à son rang. Guillaume III et sa femme Marie d'Orange (la propre fille de Jacques II) sont proclamés souverains d'Angleterre. En Irlande cependant, où Jacobites (catholiques qui supportent le roi Jacques) et protestants s'affrontent en un combat mortel, la répression anglaise s'accentue, jetant les bases d'un conflit qui se poursuit encore aujourd'hui. Jacques II, catholique, avait proclamé pendant son règne une loi antiprotestante en Irlande.

Guillaume d'Orange parvint à vaincre définitivement James II et les Irlandais catholiques à la bataille de la Boyne en 1692, et à son tour, il fait passer des lois anticatholiques. Les catholiques furent bannis de toute fonction publique, interdits de vote et il leur fut désormais impossible d'acheter des terres. En 1701, une nouvelle loi interdit désormais à un catholique de devenir roi d'Angleterre.

■ L'EXPANSION COLONIALE ■■■■■■■■

Dans les Highlands écossais, également, le sentiment anti-anglais reste fort et les Jacobites sont nombreux. Guillaume d'Orange veut obliger les clans récalcitrants à signer un pacte et, pour cela, le roi d'Angleterre n'hésite pas à monter la puissante famille des Campbell de Breadalthane contre les non moins puissants McDonald de Glencoe. Le massacre de Glencoe qui en découle, en 1692, est le scandale le plus fortement ancré dans les mémoires écossaises.

Bonnie Prince Charlie

En 1715, Jacques Edward Stuart, fils du roi déchu Jacques II, revenu en Ecosse, organise le soulèvement désastreux des Highlanders jacobites, qui échoua.

Alors que George II a succédé à son père George Ier, Charles Edward Stuart, fils de Jacques VIII, né en exil en Italie mais resté fidèle à la dynastie, devient le nouvel espoir des Highlands. Surnommé « Bonnie Prince Charlie », cet homme d'un très grand charisme traverse la France en ralliant à lui des troupes, puis se dirige vers l'Ecosse. En 1745, à Glenfinnan, il réussit à rassembler les clans.

La victoire de la bataille de Prestonpans conduit à la prise d'Edimbourg. Fort de ce succès, Bonnie Prince Charlie descend en Angleterre. Mais il subira une cuisante défaite à la bataille de Culloden, qui mettra fin aux espoirs jacobites. Cependant, sa popularité est devenue telle que les malheureuses 30 livres offertes pour sa capture restent sans preneur.

En 1746, il quitte l'Ecosse pour la France, et n'y remettra jamais les pieds. Mort en 1788, il reste aujourd'hui encore dans les mémoires un héros ambigu. Un mausolée lui a été érigé à Saint-Pierre-de-Rome, deux de ses fils ayant été ordonnés cardinaux au Vatican.

Guillaume III d'Orange va diriger les affaires intérieures avec sagesse et diplomatie. Sur les océans, la marine anglaise s'impose au détriment de la flotte française. A l'intérieur du pays, de nouvelles évolutions, capitales pour l'avenir de l'Angleterre, s'opèrent : elles stimulent la naissance des partis politiques et favorisent l'éclosion de la presse. En 1694, la Banque d'Angleterre est fondée en dix jours par une quarantaine de marchands. Elle pratique une politique attentive aux marchands, et favorable au commerce extérieur.

Anne Stuart, seconde fille de Jacques II, succède à son beau-frère Guillaume III. Son règne sera essentiellement marqué par l'union définitive de l'Angleterre et de l'Ecosse. En 1707, un parlement unique pour l'Angleterre, l'Ecosse et le pays de Galles est créé. Le Royaume-Uni de Grande-Bretagne est né.

En 1708, la Compagnie des Indes orientales voit le jour et un peu plus tard, la Compagnie des mers du Sud, créée en 1711, favorisera l'expansion coloniale anglaise tandis que les guerres menées contre la France permettent d'agrandir les territoires du Nouveau Monde.

Lentement mais sûrement, l'empire colonial se constitue. Ce riche XVIIIe siècle est aussi l'époque de l'évolution politique. Sous le règne des trois Georges, princes de Hanovre, de religion protestante mais fort peu influents, l'Angleterre se tourne de plus en plus vers le régime parlementaire qui désormais va réglementer sa vie politique : face à la Chambre des Lords, la Chambre des Communes joue un rôle actif, en particulier dans le vote des impôts.

En 1702, Anne, la sœur de Marie d'Orange, monte sur le trône. Elle meurt en 1714 sans héritier. La Couronne revient alors à George Ier, un lointain relatif héritier de la maison de Hanovre, et protestant.

▧ RÉVOLUTION INDUSTRIELLE ▧▧▧▧▧

Le règne des Hanovre, malgré les quelques attaques jacobites, est une période plutôt calme politiquement. Les structures politiques modernes se définissent. Le Parlement acquiert un rôle de plus en plus important. Et, en 1721, Sir Robert Walpole devient le Premier ministre de l'histoire britannique. A cette époque également, le Royaume-Uni étend encore son empire colonial en remportant des victoires contre la France. Mais l'Empire britannique subit un échec majeur lorsque les colonies américaines, après des années de lutte, déclarent leur indépendance en 1783. Après cette défaite, la Grande-Bretagne se fit quelques temps plus discrète sur la scène internationale et ne s'impliqua pas lorsque la évolution éclata en France. Cependant, le 1er février 1793, la France déclare la guerre à l'Angleterre. Contre Napoléon, l'action de l'Amiral Nelson puis celle de Wellington furent décisives. Le premier remporta la bataille de Trafalgar, tandis que le second fut victorieux à la bataille de Waterloo qui mit fin, le 18 juin 1815 à l'épopée napoléonienne.

A la fin du XVIIIe siècle, la Grande-Bretagne est à la tête de la Révolution industrielle. Elle voit apparaître de nouvelles machines à filer, des imprimeries. Le règne du métal commence, avec la construction du premier pont de fer. Autre révolution, l'invention de la première machine à vapeur de Watt, en 1769. En Angleterre, le charbon, principale source d'énergie, abonde. La modernisation des mines transforment les méthodes de production et de transport. On améliore les voies de communication tandis que se construisent des villes ouvrières autour des manufactures. En 1811, la population anglaise atteint dix millions d'habitants.

Si l'Angleterre économique se porte bien, l'Angleterre sociale connaît ses premières difficultés : les ouvriers sont mal payés et la menace de chômage, permanente, s'ajoute aux conditions de vie déplorables...

La fin du XVIIIe siècle est également marquée par une période de répression en Ecosse. Kilts, cornemuses et port d'armes sont déclarés illégaux, la pratique du gaélique est interdite. L'esprit de clan succombe peu à peu, certains chefs se laissent séduire par la vie mondaine à Londres. D'autres, restés sur place, n'hésitent pas à déplacer de force des populations pour faire de la place à leurs moutons ! Dans ces conditions, nombre d'Ecossais embarquent pour le Nouveau Monde.

Avec la révolution industrielle, le pays de Galles, depuis toujours riche en minerai, charbon, cuivre, devient une source inépuisable de richesse pour la Grande-Bretagne. Les vallées agricoles sont transformées en gigantesques mines, surtout dans le Nord du pays. Tout commence avec John Wilkinson dans le Nord à Bersham. L'industrie développe une nouvelle façon de faire dans le domaine de la métallurgie travaillant avec des engins à vapeur.

On descend de plus en plus profond dans les mines dans les vallées de Rhondda qui fournissent le pays en charbon. Bientôt, les travailleurs gallois sont dirigés par de riches industriels gallois. Les campagnes agricoles sont transformées en chantiers et mines, les villages s'agrandissent de rangées de petites maisons habitées par les mineurs. Les conditions de travail de l'époque sont déplorables. Enfants, femmes et hommes travaillent dans des conditions dangereuses pendant de longues heures sous terre à la seule lumière des bougies. Des chemins de fer acheminant ardoise, charbon jusqu'aux ports sont construits. Aujourd'hui encore, de nombreuses voies ferrées sont toujours utilisées par les touristes avides de beaux paysages. Face aux conditions désastreuses et à des salaires dérisoires, les mineurs gallois se révoltent plusieurs fois. Une manifestation à Newport conduit à la mort de plus de vingt hommes. En 1843, la révolte de Rebecca met fin aux péages qui étaient très fréquents sur les chemins de la Galles du Sud.

▧ RÉBELLION EN IRLANDE ▧▧▧▧▧▧

Quant aux Irlandais, motivés pour obtenir davantage de pouvoir sur leurs terres, ils se réunirent sous le nom « United Irishmen », mouvement s'inspirant des idées de Wolfe Tone ainsi que du succès de la Révolution française. Luttant pour la justice et les réformes sociales, le groupe fut déclaré illégal en 1794. Leur révolte de 1798 provoqua l'Acte d'Union de 1801, abolissant le Parlement irlandais : le pouvoir central fut alors transféré à Londres. Dublin connut alors une période de déclin durant laquelle la bourgeoisie protestante choisit de fuir vers Londres. Les monuments construits subirent alors une dégradation importante. L'exode des riches protestants provoqua l'émancipation des catholiques, accentuée par l'arrivée de Daniel O'Connell, premier membre catholique du Parlement anglais, puis maire de la ville.

La grande famine de 1845 à 1849, causée par la maladie de la pomme de terre, eut pour conséquence l'exode d'un million et demi d'Irlandais vers des pays attirants, comme les Etats-Unis.

Le gouvernement anglais ne réagit guère, poursuivant un système d'exploitation coloniale, et les grands propriétaires, souvent anglais, continuèrent à s'enrichir malgré la hausse de la pauvreté.

Les hostilités s'accrurent du côté irlandais, les rebelles se réunirent sous la direction de James Stephens et James O'Mahony. « The Fenian Brotherhood » vit le jour aux alentours de 1850. Leur révolte échoua. Mais la volonté d'indépendance ne faiblit pas en Irlande. Les dirigeants Irlandais – principalement Charles Stewart Parnell, membre du Parlement –, commencèrent alors une lutte parlementaire efficace pour obtenir plus d'indépendance en Irlande.

■ ÈRE VICTORIENNE ■

Au cours du XIXe siècle, un mal ronge l'Angleterre, comme le notera Karl Marx, réfugié politique à Londres : non seulement les différences de classes perdurent, mais elles s'accentuent. Entre les commerçants, les industriels, les gros propriétaires terriens et le monde ouvrier, soumis à des conditions de vie extrêmement précaires, la frontière est de plus en plus infranchissable. Les inégalités figent la société. Afin d'endiguer toute possibilité de révolte, journaux subversifs et réunions publiques sont interdits.

George IV se révèle ultra-autoritaire, tandis que sa vie désordonnée plaide en sa défaveur ; son frère lui succède. Guillaume IV fait preuve d'une intelligence médiocre. La monarchie est au plus bas lorsqu'en 1837, Victoria, une jeune reine de dix-huit ans monte sur le trône. Son règne durera 64 ans. Victoria, qui a tant laissé sa marque sur les mentalités au point qu'on peut se demander si l'Angleterre sortira jamais du « victorianisme », rétablit le rayonnement monarchique et accentue l'importance du Parlement. Le début de son règne voit, avec l'homme politique conservateur Robert Peel (également à l'origine de la police londonienne), la victoire du libre-échange.

Marie Stuart, Reine d'Ecosse au XVe siècle.

Les Trade Unions, à savoir les syndicats, autorisés en 1824, s'organisent. En 1867, le Premier ministre Benjamin Disraeli fait voter, un « acte de réforme » qui favorise les classes moyennes et les ouvriers aisés. En 1868, plusieurs réformes dans un sens démocratique voient le jour. Gladstone, le successeur de Disraeli, réorganise la justice, l'enseignement, l'armée… Les grandes injustices sociales tant décrites par Charles Dickens s'atténuent. Depuis les années 1830, la présence des femmes dans les mines est interdite et leur journée de travail ne dépasse pas dix heures. Des lois plus humaines sont votées en faveur des ouvriers.

L'ère victorienne est d'une prospérité sans précédent. La Grande-Bretagne est la plus première puissance au monde. Les inventions font progresser le pays : le chemin de fer, la navigation à vapeur (et les grandes compagnies), le télégraphe, le timbre-poste, le téléphone changent la face de l'Empire colonial britannique qui ne cesse de se développer.

Benjamin Disraeli.

■ LE XXᵉ SIÈCLE ■ ■ ■

La mort de la reine Victoria en 1901 marqua la fin d'une époque et d'un Empire.

Le règne de son successeur Edward VII, fut symptomatique du passage de la stabilité du XIXᵉ siècle au désordre du XXᵉ siècle. Surnommé « The Peacemaker » pour sa politique diplomatique en Europe, le roi doit faire face au mécontentement toujours grandissant à l'intérieur du royaume. La Grande-Bretagne, depuis la fin des années 1860, vit une instabilité sociale qui ne cesse de s'aggraver. Les « Trade Union », qui protège les intérêts des prolétaires, deviennent de véritables forces politiques émergentes. De grèves en concessions, la vie politique anglaise ne pouvait résister à l'émergence, en 1906, d'un nouveau parti : le Labour Party. A cette époque, des réformes de l'enseignement et de la défense sont également mises en place par le Premier ministre Arthur Balfour et, en 1904, l'Entente cordiale est signée avec la France.

La Première Guerre mondiale

Edward VII meurt en 1910 et George V prend sa succession. Il fait véritablement entrer son royaume dans le XXᵉ siècle. Il change le nom de la famille royale, qui s'appelle désormais Windsor au lieu de Saxe-Coburg-Gotha, et c'est le premier roi à utiliser les nouveaux moyens de communication en usant des ondes radiophoniques et télévisuelles pour développer un sentiment d'identité nationale commun et asseoir la popularité de la monarchie.

C'est également une réelle période d'expérience socialiste. Les Trade Unions peuvent utiliser des fonds pour faire de la politique, ce qui permet l'entrée des prolétaires au Parlement et la création d'une certaine Sécurité sociale payée par les riches.

En 1911, le gouvernement répond à une importante grève des dockers, des cheminots et des mineurs, en créant The National Insurance Act, qui assure les traitements médicaux, le minima salarial, l'aide à la maternité, ainsi que des mesures pour les chômeurs, la nourriture gratuite dans les écoles et les examens médicaux périodiques, grâce à un fonds débloqué par le gouvernement, les employeurs et les travailleurs.

Mais peu après, la Première Guerre mondiale éclate en Europe. Le Royaume-Uni entre dans le conflit le 4 août 1914 après l'invasion de la Belgique par les troupes allemandes. Plus d'un million de Britanniques, y laisseront leur vie. Des critiques s'élèvent en Grande-Bretagne, accusant les officiers d'incompétence et, surtout, d'être indifférents au sort de leurs soldats, principalement issus des classes ouvrières.

L'année 1917 marque un tournant décisif dans le conflit. Alors que les Etats-Unis d'Amérique s'engagent dans la guerre, l'armée britannique, forte de sa nouvelle arme – le tank – prend à revers les Allemands qui préparaient l'invasion des ports de la Manche.

Le 11 novembre 1918, l'Armistice est signé. La Couronne britannique a perdu une génération entière.

L'entre-deux-guerres

Pendant la guerre, le fossé existant entre les classes ouvrières et les classes dirigeantes a été mis en exergue. Une fois l'Armistice signé, les voix qui s'élèvent contre cet ordre social établi vont se faire entendre de plus en plus fort. Le Parlement accorde alors le droit de vote à tous les hommes de plus de 21 ans ainsi qu'aux femmes de plus de 30 ans. Ce n'est qu'en 1928, notamment grâce aux féministes Suffragettes que les femmes obtiendront le droit de vote à 21 ans, au même titre que les hommes.

Le parti du Labour devient également de plus en plus influent, face aux partis Libéral et Conservateur qui se partageaient jusqu'à présent le pouvoir. Le programme politique du Labour Party promet des mesures sociales : nationalisation des industries d'infrastructures (charbon, chemins de fer, électricité), imposition sur les plus riches pour assurer une Sécurité sociale et réduire la dette nationale, et la création du Dole, une sorte d'Assedic.

Entente cordiale

En 2004 fut célébré le centième anniversaire de l'Entente cordiale signée entre la Grande-Bretagne et la France. Ce traité colonial, signé à Londres le 8 avril 1904, avait pour but d'accorder les différentes politiques menées dans divers coins du monde. Les deux pays étaient alors des super-puissances coloniales et aucun des deux ne pouvait envisager un quelconque développement au détriment de l'autre. Mais l'Entente cordiale eut une signification plus large puisqu'elle marque la transition entre des siècles de conflits et de tensions entre les deux pays à une ère de rapprochements et d'alliances. Grâce à cette entente, les deux Etats se sont dirigés vers des horizons communs tout au long du XXᵉ siècle. Cependant, leur vues divergent encore sur certains sujets comme par exemple, la construction européenne ou encore, récemment, l'attitude face aux Etats-Unis dans la crise irakienne. Il est également difficile d'effacer ainsi des siècles de conflits dans l'esprit des gens et on ne peut pas dire que les Britanniques portent les Français dans leur cœur. Entente cordiale ou pas, la rivalité ancestrale entre les « Frogs » et les « Rosbifs » n'est pas près de cesser.

Ces scientifiques et découvreurs britanniques qui ont changé la face du monde

Alexander Graham Bell (1847-1922)

Il est né à South Charlotte Street et était à l'origine professeur pour les personnes malentendantes. Il partit aux Etats-Unis pour continuer ses études, et il y inventa le téléphone.

Charles Robert Darwin (1809-1882)

Après avoir effectué des voyages d'études à travers le monde entier, ce naturaliste élabora un essai devenu célèbre et largement interprété : *De l'origine des espèces au moyen de la sélection naturelle* (1859) où se dessinaient les prémices de sa théorie de l'évolution biologique. En proie à la vindicte des milieux religieux, il fut également l'auteur de nombreux autres textes scientifiques, parmi lesquels *L'Expression des émotions chez l'homme et les animaux* (1872) et *De la descendance de l'homme* (1871).

Alexander Fleming (1881-1955)

De retour de vacances, le docteur Alexander Fleming, né à Ayrshire en 1881, fut surpris de découvrir sur ses cultures de staphylocoques, une colonie cotonneuse et verdâtre de champignons (Penicillum notatum) envahissant ses échantillons, mais le plus surprenant était qu'autour de cette colonie, il n'y avait plus de bactéries pathogènes : la pénicilline était née. Cette heureuse découverte fondamentale permit le développement dans les années 1940 des antibiotiques qui guérissent de nombreuses maladies comme la tuberculose ou qui anéantissent les infections plus habituelles. On estime que grâce à cette découverte, l'espérance de vie a augmenté de plus de dix ans.

Thomas Hobbes (1588-1679)

Thomas Hobbes fait ses études à Oxford. Il effectue ensuite plusieurs voyages à l'étranger. Séjournant en Italie, il y rencontre Galilée. Il publie un *De cive* en 1642, *Le Léviathan* en 1651 et un *De corpore* en 1655. Sa doctrine matérialiste, dans laquelle il considère que « l'homme est un loup pour l'homme », c'est-à-dire que seul l'intérêt peut être assez fort pour réunir en société des individus qui ont pour seul horizon leur bien-être propre, sera reprise par Spinoza, mais critiquée par Jean-Jacques Rousseau, qui considère l'homme comme essentiellement bon.

David Hume (1711-1776)

David Hume débute par une carrière dans le commerce. Ses voyages, notamment en France, l'ont beaucoup influencé. De retour dans son pays, il exerce plusieurs fonctions politiques importantes : secrétaire d'ambassade, sous-Secrétaire d'Etat à Londres. Philosophe empiriste, il considère que les idées ne sont que des représentations des impressions ressenties, sa doctrine s'oppose au rationalisme dogmatique que prônent les métaphysiciens. Il laisse une œuvre importante : *Essais philosophiques sur l'entendement humain* (1748), *Enquête sur les principes de la morale* (1751), *Dialogue sur la religion naturelle* (1779), et une *Histoire de la Grande-Bretagne* (publiée de 1754 à 1759).

David Livingstone (1813-1873)

Né à Blantyre, Livingstone devint un explorateur et un missionnaire. Il découvrit les chutes Victoria et mena des expéditions sur le fleuve Zambèze et sur le Nil. Un musée lui est consacré à Blantyre.

Thomas Robert Malthus (1766-1834)

Auteur de textes d'économie politique montrant l'influence du développement démographique sur l'économie, Malthus tenta d'éclairer et d'apporter plusieurs solutions au problème de la surpopulation. Sa théorie, le malthusianisme, est plus que jamais d'actualité. A lire : *Essai sur le principe de population* (1789) et *Principes d'économie politique au point de vue de leur application pratique* (1820).

James Clerk Maxwell (1831-1879)

Originaire de Dumferline, il fit d'importantes découvertes scientifiques, comme la notion de cybernétique, introduisit l'idée de l'électromagnétisme, et prit les premières photos en couleurs.

Isaac Newton

Né en 1643 ou 1644 à Woolsthorpe en Angleterre, ce mathématicien développa les bases de ses recherches quand il était encore étudiant : il invente même son propre système de calcul. Professeur de mathématique à l'âge de 27 ans, ses premières découvertes sont relatives à la lumière. C'est lui qui découvre à l'aide d'un prisme que les rayons du soleil sont en fait composés de toutes les couleurs. Il se sert de cela pour œuvrer à la création de télescopes à réfraction qui ne captent pas les images, mais la lumière émise par les astres. En 1687, il publie *Philosophia naturalis principia mathematica* avec lequel il nous apprend que les corps célestes sont soumis à la loi de la dynamique et il formule la loi de la gravitation universelle. Il est aussi le premier à avoir calculé la masse de la Terre.

Adam Smith (1723-1790)

Né à Kircaldy, Smith est connu pour avoir fondé l'économie classique. L'un de ses livres, *The Wealth of Nations* est l'un des deux plus importants travaux de théorie économique, l'autre étant : *Le Capital* de Karl Marx.

Alan Turing (1912-1954)

Le créateur de la notion d'intelligence artificielle. Une théorie mathématique peut-elle, à l'aide d'un algorithme, être valable ou non ? C'est en voulant répondre à cette question que ce mathématicien développe en 1936 le concept de la Machine de Turing qui, pour arriver à un résultat, utilise une suite d'instruction sous la forme d'une séquence (un peu comme la production de protéines initiée par la programmation génétique). Il reçoit en 1936 le prix Smith pour ses travaux, et après avoir conçu l'idée de construction d'un ordinateur, il est appelé avec W.-G. Welchman au département des communications au ministère des Affaires étrangères, où il décode grâce à ses découvertes le système de cryptage nazi.

En 1948, il réalise le premier calculateur électronique, le Marck I, et il publie *Can a machine think ?* dans lequel il fait la synthèse des bases d'un ordinateur électronique programmable, et où il pose le concept de la machine intelligente. Il invente également le célèbre Test de Turing qui permet théoriquement de savoir si l'on a à faire à une intelligence humaine ou artificielle.

Après avoir été admis dans l'honorable Royal Society en 1951, il finit sa carrière en travaillant sur un système chimique permettant d'expliquer la formation d'ensemble naturel comme les rayures du pelage de certains animaux.

James Paraffin Young (1811-1889)

Né à Glasgow, il fut le premier chimiste à commercialiser de l'huile (huile de paraffine à laquelle il donna son nom), et bâtit la première raffinerie au monde, à Glasgow.

« Bataille de Waterloo », 18 juin 1815 par Clément-Auguste Andrieux. 1852.

Toutes ces mesures permirent sûrement la paix sociale de l'époque. Le parti travailliste arrive au pouvoir pour la première fois en 1923 sous James Ramsey McDonald.

Mais l'année suivante voit le retour des conservateurs, avec Stanley Baldwin, sans plus de succès que son prédécesseur. Son ministre des Finances, Winston Churchill étalonne la livre sterling sur la valeur de l'or d'avant la Première Guerre mondiale. La monnaie britannique souffre alors d'une dévaluation et les biens produits deviennent hors de prix. Les exportations chutent.

Pendant ce temps, en Irlande, le conflit mondial a donné une opportunité aux nationalistes. En 1918, le Sinn Fein obtient la majorité aux élections et les députés du parti refusent de siéger au Parlement de Londres.

En 1919, ils convoquent un Parlement irlandais à Dublin, la Dàil Eireann, qui ratifie l'instauration de la République irlandaise et élit De Valera à sa tête. Les Irish Volunteers deviennent l'IRA (Irish Republican Army) qui engage une politique de guérilla contre la police anglaise, tandis que le gouvernement britannique proscrit le Sinn Fein et envoie des troupes spéciales, les « Black and Tans » (vestes noires et pantalons kaki), réprimer tout désordre. A chaque attaque de l'IRA contre les intérêts anglais, les Black and Tans répondent par de cruelles représailles. Cette terrible guerre civile dura six de deux ans.

En 1920, l'Angleterre, n'en pouvant plus, proposa une loi qui divisait l'Irlande en deux parties : d'un côté, l'Irlande du Nord (l'Ulster moins trois comtés à majorité catholiques) ; de l'autre, l'Irlande du Sud et ses vingt-six comtés. Un armistice fut signé qui conduisit à de longues négociations à l'issue desquelles De Valera céda sa représentation à Arthur Griffith et Michael Collins. Le 5 décembre 1921 fut signé le traité de Londres. L'Irlande devint l'Irish Free State (l'Etat libre d'Irlande), sous condition de ne pas intervenir en Irlande du Nord. La situation contemporaine était scellée…

Au pays de Galles, en 1925, le Plaid Genedlaethol Cymru, parti nationaliste, est formé sous l'impulsion de Saunders Lewis. Le parti a pour mission de se battre pour les causes galloises : culture, langue… Cependant, le combat que mène le parti gallois ne fait pas l'unanimité et il est vu par beaucoup de Gallois comme ridicule. Il faudra 40 ans pour que le Plaid Cymru soit pris au sérieux, notamment dans le Camarthenshire, et gagne son premier siège au Parlement.

En 1926 une grève générale paralyse l'Angleterre. Cette grève générale dura 9 jours et impliqua plus de 500 000 travailleurs. Finalement, le gouvernement dépassé fit appel à l'armée qui brisa la grève. Après le crack boursier de Wall Street en 1929, la Grande-Bretagne entre dans une période de grande récession. En 1931,

2,8 millions de personnes sont au chômage, ce qui entraîne de nombreuses manifestations. En 1936, un scandale secoue le pays. Le roi Edward VIII abdique pour épouser Wallis Simpson, une Américaine deux fois divorcée. Son frère George VI lui succède, mais l'image de la monarchie est fortement entachée.

Pendant ce temps, sur le continent, l'Allemagne, où Hitler a installé une dictature nazie, remilitarise et se montre agressive envers ses voisins.

La Seconde Guerre mondiale

Le 3 septembre 1939, bien qu'elle soit mal préparée car préoccupée par le grand nombre de chômeurs, l'Angleterre entre en guerre après l'invasion de la Pologne par l'armée nazie et instaure la conscription des hommes de plus de 20 ans. Mais c'est après l'annexion de la Finlande par l'Armée Rouge de Staline que la Grande-Bretagne se prépare à une guerre totale d'invasion : les villes sont mises sous couvre-feu et la population est rationnée.

En 1940, Chamberlain échoue en Norvège dans sa tentative de contrer les nazis. Il démissionne au profit de Churchill, très apprécié, qui promet la victoire après de lourds sacrifices. Très vite, la plus grande partie de l'Europe est contrôlée par les troupes d'Hitler. L'Angleterre se trouve alors être la seule force d'opposition aux prétentions de domination européenne et mondiale nazie. Les femmes participent aussi à l'effort de guerre en travaillant dans les industries de guerre ou les fermes nationales.

En Irlande, lorsque la Seconde Guerre mondiale éclata, la neutralité du pays fut déclarée afin d'éviter toute alliance avec la Grande-Bretagne.

Winston Churchill, inquiet de la possibilité d'invasion de l'Irlande par les Allemands, proposa au Premier ministre, De Valera, en 1940 la reconnaissance du principe de l'unité irlandaise en échange d'une alliance. Celui-ci refusa fermement, décision qui facilita les bombardements allemands sur la Grande-Bretagne et qui permit aux nazis d'établir des bases d'espionnage en Irlande. Les réactions furent mitigées au sein de la population irlandaise puisque certains profitèrent de la guerre économiquement, sans en subir les inconvénients, alors que d'autres ne purent s'empêcher de se rattacher à la cause alliée (l'écrivain Samuel Beckett choisit de s'exiler à Paris).

Le 10 juillet 1940 la flotte aérienne allemande entreprend le bombardement de l'Angleterre avec l'aide de l'artillerie. Durant le Blitz, qui commença en septembre 1940, les bombes allemandes s'abattent sur Londres pendant deux mois consécutifs, faisant au moins 30 000 victimes.

Londres n'est bien sûr pas la seule ville touchée et de nombreuses villes anglaises subissent de lourdes pertes. C'est grâce aux exploits de la Royal Air Force et à l'invention du « r.a.d.a.r. » que les Britanniques prennent l'avantage sur les Allemands dans cette « Battle Of Britain ». Le 17 septembre, Hitler se décourage de l'invasion de la Grande-Bretagne. Sa stratégie est maintenant l'étouffement de l'île. Un embargo est alors mis en œuvre à l'aide des sous-marins allemands. Ceux-ci coulent tous les navires de ravitaillements, laissant les Anglais et la famille royale, dépendants des tickets de rationnement. C'est à travers cette épreuve que le courage des Britanniques sera admiré de l'autre côté de l'Atlantique, notamment grâce au slogan : « London can take it » diffusé à la radio. Après l'entrée en guerre du Japon, les USA s'impliquent également dans le conflit, et c'est grâce à leur aide que la Royale Air Force reprend le contrôle de la Méditerranée.

En octobre 1942, l'armée britannique participe à un tournant de la guerre par la victoire stratégique en Afrique du Nord. La bataille d'El-Alamein, *The British eighth Army*, appelée aussi « The Desert Rats » dirigée par Montgomery, met 250 000 militaires allemands en échec.

En juin 1944, les troupes alliées débarquent en Normandie. L'Allemagne, également attaquée à l'Est par les Russes, capitule en mai 1945.

Au sortir de la guerre

Après la guerre, les Britanniques sont fatigués et ne font plus confiance au Parti conservateur pour résoudre les problèmes économiques et sociaux qui meurtrissaient le royaume avant la guerre. Ils désirent le changement. En 1945, Winston Churchill se retrouve alors de nouveau dans l'opposition après la large victoire du Parti travailliste dirigé par Clément Atlee.

Le Premier ministre engage une politique de nationalisation des outils de production, comme l'électricité, le gaz ou la production de charbon, et des infrastructures de transport : les routes, le rail, et le transport fluvial. En 1947, le premier pile nucléaire est mis en service à Harwell, et le pays de Galles ainsi que l'Ecosse connaissent le développement de centrales hydrauliques. Il met également en place des mesures sanitaires sans précédents. C'est la mise en œuvre du « National School Lunch Act », en juin 1946, qui assure la restauration gratuite de tous les écoliers, et la « National Health Service », en 1948, qui promulgue des soins médicaux gratuits pour tous. Mais, malgré ces nouvelles mesures sociales et l'instauration du plan Marshall, la vie après-guerre n'est pas facile pour les Britanniques. Le rationnement alimentaire sera maintenu jusqu'en 1954.

En 1952, les sujets de la Couronne britannique pleurent la mort du roi George VI, en 1952, qui avait redonné l'honneur au trône en décidant de ne pas fuir l'île pendant les bombardements de l'armée allemande. Sa fille, Elizabeth II, dont le couronnement est diffusé pour la première fois à la télévision, lui succède.

Décolonisation et construction européenne

Après une intense campagne de lobbying des patriotes gallois, le Conseil pour le pays de Galles est formé en 1948, et en 1951 le poste de ministre des Affaires galloises au gouvernement britannique est créé. Cette époque marque aussi le début du « terrorisme gallois ». On met le feu aux bâtiments de la RAF, aux maisons de campagne achetées par des Anglais… Ces quelques actes violents et disparates n'ont cependant jamais pris l'ampleur de ceux de leurs voisins irlandais. Dans les années 1960, le Plaid Cymru représente une forte opposition pour le gouvernement anglais. En 1964, le poste de Secrétaire d'Etat pour le pays de Galles (Secretary of State for Wales) est créé.

Durant les années 50, la Grande-Bretagne se reconstruit, mais le pays semble avoir laissé ses heures de gloire derrière lui. Après la guerre, les colonies britanniques deviennent indépendantes les unes après les autres. Cette perte d'influence sera révélée lors de la crise du canal de Suez en 1956. Le colonel égyptien Nasser désire nationaliser ce lien vital entre l'Angleterre et son empire à l'est. L'Angleterre, associée à la France, envahit Port-Saïd, mais se retire suite aux protestations des USA. Le Royaume-Uni n'est plus la puissance mondiale qu'il était. Cependant, la Grande-Bretagne connaît un véritable boom économique et entre dans une nouvelle ère avec la construction d'une centrale atomique, et d'avions civils supersoniques reliant Londres et New York en six heures. Mais en 1959, après plusieurs manifestations populaires, le gouvernement renonce à la production de missiles atomiques en faisant ainsi « allégeance » à la Défense américaine : c'en est fini de l'indépendance militaire britannique.

Les années 50 marquent aussi le début de la construction d'une Europe unie. Le Royaume-Uni refuse cependant, en 1957, de ratifier le Traité de Rome qui instaure la Communauté économique européenne. A la place, la Grande-Bretagne consolide ses relations avec le Commonwealth (les anciennes colonies britanniques qui restent moralement, mais librement, sous l'allégeance de la Couronne). Plus tard, c'est le président de Gaulle qui opposera un veto à leur introduction par méfiance envers la relation privilégiée entre le Royaume-Uni et les USA. La Grande-Bretagne qui connaît alors une vague d'indépendantisme dans tout son ex-Empire entrera finalement dans l'Europe économique en 1973.

Grandes figures
de l'histoire britannique

Bonnie Prince Charlie (1720-1788)

Né en Italie, petit-fils de James VII d'Ecosse, il mena la rébellion jacobite en 1745, et avec sa petite armée, il réussit à atteindre Derby. La rébellion se conclut par la bataille de Culloden, en 1746. De là, il s'enfuit dans les Highlands avant de retourner en France et mourut à Rome.

Winston Churchill (1874-1965)

Ce très grand homme d'Etat débute modestement dans la vie. Après des études moyennes, il se lance dans la carrière militaire comme correspondant à Cuba et en Egypte. Versatile en politique, il s'allie d'abord avec le Parti conservateur, mais se trouvant rapidement en désaccord avec celui-ci, il rejoint le Parti libéral. Il participe à différents gouvernements : comme sous-Secrétaire d'Etat aux colonies, ministre du Commerce et de l'Industrie. Il est ensuite nommé Premier Lord de l'Amirauté en 1911 et prépare la flotte britannique à la Première Guerre mondiale, qu'il pense inévitable. L'échec de l'expédition des Dardanelles le contraint à donner sa démission en 1915. Après une enquête, il sera pourtant réhabilité. Il est nommé ministre des Munitions de 1917 à 1919, puis ministre de la Guerre et de l'Air de 1919 à 1922. Il se consacre ensuite à l'écriture et reste à l'écart de la vie politique. Réélu aux Communes en 1924 comme conservateur, il est Chancelier de l'Echiquier de 1924 à 1929 et opère le rattachement de la livre sterling à l'étalon or. En 1929, les conservateurs échouent aux élections générales et Churchill se retire une nouvelle fois de la scène politique jusqu'à la Seconde Guerre mondiale. Il est nommé Lord de l'Amirauté puis Premier ministre en 1940, dans un gouvernement d'union nationale (travaillistes, conservateurs et libéraux). Pendant cinq ans il met en œuvre ses talents de chef de guerre hors du commun et place toute son énergie au service d'un but unique : la victoire. Il est également de toutes les réunions internationales (Québec, Yalta, Postdam). Rappelé par les conservateurs au pouvoir en 1951, il reste Premier ministre jusqu'en 1955, date à laquelle il se retire définitivement de la vie politique.

Guillaume le Conquérant (1027-1087)

Né en Normandie, Guillaume Ier vainquit le roi Harold II pour accéder au trône. Roi d'Angleterre de 1066 à 1087, après avoir été duc de Normandie, il est célèbre pour ses victoires militaires, mais aussi parce qu'il fut à l'origine de l'établissement d'un régime féodal fort et structuré en Angleterre.

Winston Churchill, photographié en 1941 par Yousuf Karsh.

Richard Ier Cœur de Lion (1157-1199)

Fils d'Henri II, il fut roi d'Angleterre de 1189 à 1199. Il passa cependant la majeure partie de sa vie à l'extérieur de son royaume, d'abord en révolte contre son père, Henri II, puis après être devenu roi lui-même, à partir de la Troisième Croisade – aux côtés de Philippe-Auguste – et de la prise de Saint-Jean-d'Acre (1191). Fait prisonnier en Autriche (1193), alors qu'il tentait de rejoindre son royaume pour lutter contre les velléités d'expansion de Philippe-Auguste, roi de France, il resta une année en détention avant de remporter plusieurs victoires contre son ancien allié en Normandie. Il pardonna, à son retour, à son frère, Jean sans Terre d'avoir voulu accaparer le trône en son absence. Il mourut quelques années plus tard, au combat, tandis qu'il tentait de s'emparer du château de Châlus.

Oliver Cromwell (1599-1658)

Cet homme politique intraitable et fanatique n'a pas laissé un très agréable souvenir au peuple anglais. Il fut à l'origine de la condamnation du roi Charles Ier, de la réorganisation de l'armée et surtout de l'instauration du Commonwealth. D'autre part, il mena de sanglantes batailles pour asservir l'Irlande et l'Ecosse, batailles dont le souvenir est aujourd'hui encore douloureux. A l'étranger, luttant contre les intérêts espagnols dans les Caraïbes, il parvint à annexer la Jamaïque pour le compte de la Couronne.

David Llyod George (1863-1945)

Eminent homme politique britannique d'origine galloise, il devint chef de l'aile gauche du Parti libéral. Il est à l'initiative de nombreuses réformes sociales (le système de sécurité nationale, retraite…) avant de devenir Premier ministre britannique de 1916 jusqu'en 1922.

Rob Roy McGregor (1671-1734)

Fameux combattant des Trossachs, il participa au soulèvement des jacobites en 1715. Walter Scott l'immortalisa dans un livre qui porte son nom. Un musée lui est dédié à Callander. Il repose à Balquhidder.

Thomas E. Lawrence (1888-1935)

Orientaliste et agent politique britannique (pour ne pas dire espion), né à Tremadoc dans le Nord du pays de Galles. Archéologue passionné, il nourrit le projet d'un empire arabe sous la protection britannique et mène les révoltes des Arabes contre les Turcs. Après avoir traversé plusieurs guerres et de multiples dangers, il meurt dans un accident de moto de retour en Grande-Bretagne !

Macbeth (1005-1057)

Macbeth était le roi de l'Ecosse de 1040 à 1057. Rendu célèbre par Shakespeare avec la pièce qui porte son nom, il fut le premier roi écossais à faire le pèlerinage à Rome en 1050.

Mary reine d'Écosse (1542-1587)

Né à Linlithgow Palace, elle reçut une éducation catholique en France, mais revint en Ecosse à la mort de son mari Francis II de France, pour régner dans une période trouble. Après deux mariages et des désastres politiques, elle fut emprisonnée par sa cousine Elizabeth Ire et exécutée au château de Fotheringhay en 1587.

Robert Baden-Powell (1857-1941)

Fondateur du scoutisme. Baden-Powell est né à Londres le 22 février 1857, dans une famille nombreuse, fils d'un pasteur anglican professeur à l'université d'Oxford. A l'âge de 19 ans, il entre à l'armée en 1876 où il devient officier de cavalerie légère, spécialiste des missions d'éclairage et de reconnaissance. La carrière militaire de Baden-Powell le conduit à travers le monde et il monte en grade. De retour en Angleterre, Baden-Powell prend conscience de la détresse morale et sociale d'une partie de la jeunesse anglaise, surtout celle des banlieues londoniennes. En 1907, il décide d'emmener une vingtaine de garçons, issus de différentes classes sociales, sur l'île de Brownsea et leur dispense un enseignement fondé sur les valeurs morales (altruisme, culte de la « bonne action », etc.) et sur la découverte de la nature, accompagné de jeux inspirés de l'expérience d'éclaireur de Baden-Powell. Cette expérience s'étant révélée concluante, Baden-Powell s'en inspire pour rédiger un livre, Scouts (éclaireur militaire), et élaborer une loi « scoute ». Celle-ci s'inspire largement des règles de la chevalerie médiévale, auxquelles l'officier a ajouté des principes moraux qui lui sont propres. Cette règle en dix points marque le début du mouvement scout. Baden-Powell, entre temps devenu général, quitte l'uniforme militaire, pour endosser définitivement celui de son mouvement : les Boys Scouts (les « garçons éclaireurs »). Rapidement, le mouvement scout prend de l'ampleur et se dote d'une organisation internationale. En 1920, Baden-Powell est nommé chef mondial du scoutisme et, peu après, il est anobli par le roi George V. Vers la fin de sa vie, Baden-Powell s'établit au Kenya. C'est là qu'il décède, à Nyeri, le 8 janvier 1941.

Swinging Sixties et Sad Seventies

Dans les années 1960, alors que le Premier ministre travailliste Harold Wilson est au pouvoir, la Grande-Bretagne, comme le reste de l'Europe, connaît une reprise de la croissance et de la consommation. C'est aussi l'heure des importantes avancées sociales (légalisation de l'avortement, de l'homosexualité…). Les yeux du monde entier se tourne alors vers la Grande-Bretagne, temple de la mode (Mary Quant, créatrice de la minijupe, le mannequin Twiggy) et de la musique (Beatles, Rolling Stones). Durant ces « Swinging Sixties », Londres devient la ville la plus branchée au monde.

Mais les années 70 s'annoncent moins roses. Déjà en 1967, le gouvernement est obligé de dévaluer la livre pour réduire une inflation galopante. Le début des années 1970 apporte également la crise du pétrole, voit le prix du pétrole doubler. Cela fut de bon augure pour l'économie de la Couronne. Une époque de récession et de grèves commence.

Margaret Thatcher.

Lorsque l'on découvre du pétrole et du gaz en mer du Nord, à l'est de l'Ecosse, les choses s'améliorent à peine. Alors que ces ressources naturelles se trouvent en territoire écossais, ce sont des compagnies anglaises qui viennent les exploiter et c'est l'Angleterre qui profite de ce qu'elles rapportent. Ce qui ne fait qu'augmenter le sentiment nationaliste en Ecosse.

C'est aussi à cette période que se durcissent les relations avec l'Irlande. En 1972, la suppression de l'autonomie de l'Irlande du Nord par Londres provoque de nombreuses protestations, souvent violentes. Le 30 janvier 1972, à Derry, l'armée britannique ouvre le feu sur des contestataires : vingt-cinq Irlandais sont tués lors de ce « Bloody Sunday ». La violence se déplace alors en Angleterre, avec les attentats de l'IRA, l'armée républicaine clandestine.

En 1979, après une longue période de confrontations entre le gouvernement et les syndicats, le Premier ministre Callaghan perd un vote de confiance au profit de Margaret Thatcher qui, surfant sur la peur majoritaire de voir le pouvoir des syndicats s'accroître de plus en plus, veut durcir le dialogue social en baissant les taxes et en réduisant les services sociaux ainsi que le rôle de l'Etat.

Le règne de Thatcher

Représentante de la branche la plus conservatrice du parti, la première femme à occuper le poste de Premier ministre du Royaume-Uni, se fait rapidement surnommer la Dame de Fer pour son contrôle de la politique monétaire et attire la haine des masses populaires après des coupes sèches dans les aides sociales et le budget de l'éducation.

Elle écrase les syndicats et lance un programme de privatisation de la production gazière et électrique, ainsi que de British Airways et British Telecom, ce qui permet l'enrichissement de l'Etat et l'apparition de nouveaux actionnaires.

Sa politique internationale n'est pas en reste : elle déclare, en effet, la guerre à l'Argentine pour le maintien des îles Falkland (Malouines) à la couronne britannique. Après deux mois de combat, l'Angleterre remporte la guerre et Margaret Thatcher est considérée comme un héros national.

En général, les années 1980, bien que marquées par des heurts sociaux et la terreur instaurée par l'I. R. A., furent des années prospères pour le pays.

Cependant, la politique brutale de la Dame de Fer creusa encore plus l'écart déjà existant entre riches et pauvres. Alors que l'on assiste au boom du monde de la finance et à l'enrichissement de certaines classes socioprofessionnelles (les fameux yuppies), le chômage progresse. Les sans-abri refont leur apparition en très grand nombre dans les rues pour la première fois depuis l'époque victorienne. Aidée par la perte de vitesse du Parti travailliste, Margaret Thatcher, fut cependant réélue, devenant ainsi le seul Premier ministre à avoir cumulé trois mandats de suite.

Mais, en 1990, un nouvel impôt très impopulaire (Poll Tax) provoque de nombreuses émeutes. Le Premier ministre doit également faire face à la division du pays résultant de l'engagement militaire dans la guerre du Golfe et des victimes des « tirs amis » des USA. Margaret Thatcher doit finalement résilier avant la fin de son mandat et céder sa place à John Major.

En 1992, malgré sa personnalité effacée, il remporte les élections générales, en misant sur la continuité face à la politique de changement du Parti travailliste. Mais le début de l'année 1993 connaît un souffle nouveau. Beaucoup de députés conservateurs se sont rebellés au sujet de la politique d'intégration européenne de Major. Ils s'opposent aux engagements que la Grande-Bretagne a pris au traité de Maastricht, car ils ont peur de l'implication de l'Europe dans les relations entre l'Etat et la classe ouvrière. Plusieurs scandales relayés par la presse ébranlent également le Parti conservateur qui, malgré une économie florissante, perd de sa popularité.

Mais les conservateurs ne sont pas les seuls à subir une perte de popularité. En effet, c'est en 1994 que le prince Charles et Diana divorcent et les révélations sur la manière dont la princesse de Galles avait parfois été traitée par la famille royale entache fortement la réputation de celle-ci. Diana, quant à elle, est portée au rend d'héroïne nationale, et lorsqu'elle meurt dans un accident de voiture à Paris en 1997, tout le pays la pleure.

Un drame d'une toute autre nature frappe également le Royaume-Uni en cette fin de XXᵉ siècle : la crise de la vache folle. Celle-ci entraîne le plus grand déficit dans l'industrie de production animale. L'embargo sur les farines animales et sur la viande bovine, instauré par la plupart des pays européens, ajoutés à l'abattage systématique des cheptels contaminés, ont fait chuter le poids économique de cette filière : la consommation et les ventes se sont effondrées. En 1993, au plus fort de la crise, on dénombre 800 cas par semaine.

■ LE NOUVEAU MILLÉNAIRE ■■■■■■

Ce n'est qu'en 1997 que le Parti du Labour, avec Tony Blair à sa tête, revient au pouvoir après 18 ans d'absence. Mais le parti avait abandonné ses idées socialistes originelles pour s'engager sur la « troisième voie », prônant une économie de marché, la privatisation et l'intégration à l'Europe.

Ceci valut d'ailleurs de nombreuses critiques à Tony Blair. En effet, alors que certains espéraient un retour à une vraie politique de gauche, et surtout une amélioration immédiate du système de santé et des transports, tous deux laissés dans un piteux état par les conservateurs, ce « New Labour » surveille son budget de près et limite les dépenses publiques

Cependant, le parti s'implique rapidement dans d'autres domaines. Il s'attache notamment à la lourde tâche de régler les questions de volonté nationaliste des différents pays constituant le Royaume-Uni.

Le pays de Galles et l'Ecosse bénéficient de Parlements autonomes, et Tony Blair sort renforcé grâce à cette véritable révolution qu'il avait encouragée. Désormais, les intérêts britanniques seront défendus par trois voix au Conseil de l'Europe.

Les relations avec l'Irlande s'améliorent également. Sous l'impulsion du Premier ministre, l'I.R.A. signe un cessez-le-feu qui a pour résultat d'incorporer le Sinn Fein à la table des négociations. En 1998 un processus de paix durable bien que fragile semble s'amorcer.

Bataille d'El-Alamein, 1942, The British Eights Army dirigée par Montgomery défait l'armée allemande.

Le conflit en Irlande du Nord

Le conflit opposant les républicains catholiques et les unionistes protestants en Irlande du Nord (Ulster) fait partie des grandes questions religieuses de ce siècle qui n'ont toujours pas été résolues. Aujourd'hui, la partie sud de l'île, Eire, est totalement indépendante et à majorité catholique. Le Nord de l'Irlande, à majorité protestante, fait partie du Royaume-Uni. Les catholiques y vivent dans des « ghettos » et prônent leur identité irlandaise.

Ces trente dernières années furent meurtrières pour les habitants de l'Ulster puisque 3 200 personnes sont mortes depuis 1969 sous les bombes et dans des fusillades. Les premières émeutes ont éclaté en 1968 à Londonderry, alors que les catholiques luttaient pour obtenir davantage de droits civiques. Depuis, les nombreuses bombes revendiquées par l'IRA (Irish Republican Army) et l'UVF (Ulster Volunteer Force) tuèrent de nombreux civils.

Un espoir de paix est apparu dans les années 1993-1995 quand des négociations furent signées par les catholiques John Hume (SDLP) et Gerry Adams (Sinn Fein). Mais dès 1996, la violence reprit le dessus et les attentats se multiplièrent. Depuis le 1er décembre 1999, un pouvoir exécutif autonome est instauré, dans lequel cohabitent les deux parties. Le Parlement de Londres a mis en place un plan de « normalisation » prévoyant un retrait des troupes pour inciter l'IRA à déposer les armes.

Et le jeudi 28 juillet 2005, l'Armée républicaine irlandaise a annoncé qu'elle renonçait à la lutte armée et qu'elle chercherait désormais à atteindre ses objectifs par la voie politique. Une page historique semble se tourner. Malheureusement, dès le mois de septembre, des extrémistes protestants provoquèrent de violentes émeutes à Belfast, faisant planer le doute sur la réussite de ce processus de paix. Trouvera-t-on enfin une réponse à ce conflit qui n'a que trop duré ?

Chronologie des événements en Irlande du Nord

▶ **Depuis 1921 >** date de la guerre d'indépendance en Irlande du Sud.

▶ **1921 >** le Parlement d'Irlande du Nord est inauguré.

▶ **1922-1940 >** ministère Craig.

▶ **1925 >** maintien des frontières de 1920.

▶ **1940-1943 >** ministère Andrews.

▶ **1943-1963 >** ministère Brooke.

▶ **1954-1962 >** campagne des frontières de l'I. R. A.

▶ **1963-1969 >** ministère O'Neill.

▶ **1965 >** rencontres entre Lemass et O'Neill.

▶ **1966 >** fondation du mouvement pour les droits civiques.

▶ **1968 >** début des troubles.

▶ **1969-1971 >** ministère Chichester-Clark et début des troubles violents.

▶ **1970 >** création du SDLP.

▶ **1971-1972 >** ministère Faulkner.

▶ **1972 >** Bloody Sunday à Londonderry ; administration directe par Londres.

▶ **1973 >** conférence de Sunningdale.

▶ **1974 >** grève loyaliste.

▶ **1977 >** deuxième grève loyaliste.

▶ **1981 >** mort de dix grévistes de la faim.

▶ **1983-1984 >** forum pour une nouvelle Irlande.

▶ **1985 >** accords de Hillsborough.

▶ **1987-1993 >** nombreux attentats en Irlande du Nord et en Angleterre.

▶ **1992 >** négociations entre Dublin, Londres et les partis d'Irlande du Nord.

▶ **1993 >** négociations entre John Hume (SDLP) et Gerry Adams (Sinn Fein). Déclaration anglo-irlandaise sur l'Irlande du Nord.

▶ **1994 >** cessez-le-feu de l'I. R. A.

▶ **1996 >** rupture du cessez-le-feu.

▶ **1999 >** instauration d'un pouvoir exécutif autonome.

▶ **2001 >** l'I.R.A. annonce un processus de désarmement pour sauver le processus de paix.

▶ **2002 >** dépôt d'une partie de leurs armes par l'IRA et nouvelle suspension du pouvoir exécutif autonome.

▶ **2003 >** pourparlers entre les deux Premiers ministres britannique et irlandais destinés à garantir la mise en place effective de l'accord du Vendredi Saint.

▶ **Juillet 2005 >** l'I. I. R.A annonce la fin de sa lutte armée.

▶ **Septembre 2005 >** violents affrontements entre les extrémistes protestants et les forces de l'ordre à Belfast.

Un accord dit « du Vendredi Saint » est signé à Belfast entre les différents partis et il est approuvé par référendum en Irlande du Nord et en République d'Irlande. Toutefois, les tensions entre les protestants et les catholiques au sujet du fonctionnement des institutions politiques et le refus de l'IRA de désarmer feront capoter cet accord.

Bien qu'il ait perdu quelques sièges, Tony Blair est largement réélu en 2001 et, lors de ce deuxième mandat, il s'attache enfin réellement à améliorer les services publiques, avec de larges dépenses dans les domaines de la santé et de l'éducation. De plus, l'Angleterre connaît une période de croissance et son taux de chômage ne cesse de baisser.

Cependant, 2003 connaît une crise majeure de perte de confiance en Tony Blair. La participation des troupes britanniques auprès des USA lors de la guerre contre l'Irak est très mal perçue par l'opinion publique. Les Britanniques accusent le gouvernement de leur avoir menti sur la présence d'armes de destruction massive en Irak et de les avoir entraînés dans une guerre dont la plupart ne voulaient pas.

De plus, en juillet, un reportage de la BBC qui se base sur le témoignage de l'ancien inspecteur en désarmement de l'ONU, David Kelly, dénonce le mensonge du gouvernement sur l'existence d'armes de destruction massive en Irak.

Bientôt, le microbiologiste est retrouvé suicidé et la BBC se trouve aux prises avec les critiques virulentes de L'Etat. Le reportage d'Andrew Gillingham est suspecté d'avoir été grossi et Tony Blair, sous la pression populaire, ouvre une enquête indépendant qui aboutira à la conclusion de la culpabilité de la BBC. Lors de élections locales de juin 2004, le Labour subit une défaite cuisante en arrivant en troisième position derrière les conservateurs et les libéraux démocrates. Ce résultat fut qualifié du « pire jamais obtenu par un parti gouvernant ». Cependant, Tony Blair remportera, malgré tout, les élections générales de mai 2005, devenant ainsi, après Margaret Thatcher, le deuxième Premier ministre britannique à enchaîner trois mandats consécutifs.

Mais, aussi bien dans l'opinion publique qu'au sein de son propre parti, de nombreuses voix s'élevaient peu après les élections afin que Tony Blair se retire pour laisser la place à Gordon Brown qui attend impatiemment le poste de Premier ministre.

Un drame viendra cependant donner aux Britanniques d'autres préoccupations immédiates. Le 7 juillet 2005, alors que le G8 s'ouvre à Edinburgh, quatre attentats presque simultanés font 56 victimes et des centaines de blessés dans le métro et dans un bus londoniens.

Ces attentats ont bien sûr bouleversé les Britanniques. Mais, au-delà de l'horreur, le fait que les auteurs des attentats soient des extrémistes islamiques qui avaient grandi sur le territoire national, a entraîné une remise en cause du modèle d'intégration britannique. Les nouvelles tentatives d'attentats le 21 juillet et la bavure de Scotland Yard qui abattra à bout portant un Brésilien innocent que des policiers en civil avaient confondu avec un des terroristes ne feront qu'accentuer cette remise en question d'un système en lequel les Britanniques avaient confiance. Et, s'il est vrai que les Londoniens ont fait preuve d'une étonnante volonté à reprendre leur vie normale peu après le drame, ces attentats laissent encore de nombreuses questions en suspens dans l'esprit des Britanniques…

Signature du Traité d'Accession par le Royaume-Uni, 22 janvier 1972 : Sir Alec Douglas-Home, Edward Heath et Geoffrey Rippon.

Politique

L'Angleterre est une monarchie constitutionnelle avec un régime parlementaire (le premier mis en place). A la différence des autres pays d'Europe, elle ne dispose pas de constitution écrite, mais repose sur des lois fondamentales qui, depuis le XIIIe siècle, ont limité de plus en plus les pouvoirs du monarque pour en concéder à la ville et ses citoyens. Le Parlement est divisé en deux institutions : la Chambre des Lords et la Chambre des Communes. Le Premier ministre est le chef du parti majoritaire à la Chambre des Communes. Il n'est donc pas élu au suffrage direct.

La reine est le chef de l'Etat. Elle est aussi à la tête de tous les Etats membres du Commonwealth, regroupant les anciennes colonies de la Couronne (Canada, Australie, Inde, Pakistan…).

Depuis la loi de 1701, les souverains britanniques ne peuvent pas être catholiques (en vertu de leur titre de plus haute autorité de l'Eglise anglicane). Si les finances de la famille royale sont souvent source d'irritation populaire, les Britanniques sont très attachés au décorum monarchique et se délectent des frasques des princes et princesses, largement relatées par les tabloïds.

Pays de la révolution industrielle, où Marx a développé ses théories en 1864, les Britanniques ne sont pas réputés pour leurs penchants révolutionnaires. Le jeu politique demeure circonscrit aux conservateurs (Tories) et aux travaillistes (Labour Party), les libéraux ayant dû jusqu'à présent se contenter d'une place d'outsider. Cependant, les choses pourraient évoluer et, aux élections générales de mai 2005, les libéraux démocrates, menés pas Charles Kennedy, séduisant de nombreux électeurs, principalement dans le camp du Labour, ont gagné plusieurs sièges au Parlement et se sont réellement affirmés comme la troisième force politique du pays dont il faudra aujourd'hui tenir compte.

Les onze années de thatchérisme ont laissé des traces profondes dans la société britannique. Margaret Thatcher, fille d'épicier devenue Premier ministre, gagna son surnom de « Dame de Fer » (Iron Lady) en brisant les grèves, en menant la guerre des Malouines (îles Falkland) contre l'Argentine en 1982 et, finalement, en imposant la très impopulaire « poll-tax » qui lui coûta son poste. La politique de Mrs. Thatcher était fondée sur la croyance en la responsabilité individuelle et donc en une intervention minimum de l'Etat.

Les conséquences pour la société anglaise furent terribles : alors qu'une partie de la population bénéficiait des effets économiques de la politique thatchérienne et que le monde de la finance était en plein boom, la situation des classes défavorisées au contraire empira et le chômage atteignit des taux jamais vus auparavant.

Son successeur, John Major, qu'elle considérait comme un piètre dauphin, ne résiste pas à la vague travailliste de mai 1997 qui porte Tony Blair au 10, Downing Street (la résidence du Premier ministre). Celui-ci incarne alors une génération de jeunes politiciens, plus pragmatiques et favorables notamment à un « relookage » parlementaire. Il se veut porteur d'une vision moderne et ouverte de la Grande-Bretagne, symbolisée par sa volonté de rallier l'euro et de rompre avec le traditionnel scepticisme du pays envers la construction européenne.

Cependant, après 18 ans de gouvernement conservateur, les Anglais attendaient beaucoup du Labour et beaucoup ont été déçus par une politique à laquelle ils reprochent de ne pas donner assez de résultats visibles. De plus, les Britanniques accusent le gouvernement d'avoir menti sur la présence d'armes de destruction massive en Irak et de les avoir entraînés dans une guerre dont la plupart ne voulaient pas. Le Labour a subi une défaite cuisante lors des élections locales de juin 2004, arrivant en troisième position derrière les conservateurs et les libéraux démocrates. Ce résultat fut qualifié du « pire jamais obtenu par un parti gouvernemental ».

Cependant, les Britanniques ne voulant pas le retour des conservateurs au pouvoir et estimant les libéraux démocrates pas prêts à gouverner, Tony Blair remportera, malgré tout, les élections générales de mai 2005, devenant ainsi, après Margaret Tatcher, le deuxième Premier ministre britannique à être élu pour trois mandats consécutifs.

Mais, aussi bien dans l'opinion publique qu'au sein de son propre parti, de nombreuses voies se sont élevées, au lendemain de l'élection, pour que Tony Blair se retire et laisse la place à Gordon Brown ministre des Finances (qui avait augmenté la taxe National Insurance pour améliorer le NHS), qui attend impatiemment le poste de Premier ministre.

▨ LES INSTITUTIONS BRITANNIQUES ▨▨▨▨

La Constitution britannique

La Constitution britannique n'est pas écrite, contrairement à celle des Américains ou des Français. Certains « Acts of Parliament » représentent des points de repère pour la Constitution : *The Bill of Rights* (1689), *The Act of settlement* (1701), *The Reform Act* (1832), *The Parliament Act* (1911).

Le Parlement

Le Parlement se compose de deux chambres : la Chambre des Communes (House of Commons) et la Chambre des Lords (House of Lords). La Chambre des Communes est élue au suffrage universel. Tandis que la Chambre des Lords relève un peu de l'anachronisme : sur ses 1223 sièges, 752 sont héréditaires, 26 reviennent au clergé anglican (dont les archevêques de Canterbury et d'York) et 435 sont nommés à vie par la reine sans que leur charge soit transmissible.

Tout au long de l'histoire du Parlement, on a assisté à la montée progressive mais inéluctable de la Chambre des Communes aux dépens de la Chambre des Lords.

Le Parlement actuel siège à Westminster dans ce qu'il est convenu d'appeler « The House of Parliament ».

La Chambre des Communes actuelle comprend 651 députés (523 pour l'Angleterre). Une législature dure 5 ans et se subdivise en 5 périodes appelées sessions parlementaires. Une session comprend 160 jours de travail (sitting days) et dure d'octobre à octobre. La Chambre des Communes consacre son temps à trois activités principales : l'élaboration des lois, le contrôle des dépenses budgétaires et le contrôle du travail du gouvernement. Les ministres appartiennent presque tous à la Chambre des Communes.

Tony Blair, Premier ministre.

▨ LE SYSTÈME POLITIQUE ANGLAIS ▨

L'électorat

Il fallut attendre le lendemain de la Première Guerre mondiale pour que tous les hommes majeurs (21 ans à l'époque) et toutes les femmes de plus de 30 ans aient le droit de vote. En 1928, toutes les femmes majeures purent voter. En 1969, la majorité électorale fut abaissée à 18 ans. Les électeurs ne votent pas de manière stéréotypée. Le Parti travailliste, qui se présente comme le parti des travailleurs, devrait, étant donné le pourcentage d'ouvriers par rapport aux autres catégories de la population anglaise, remporter toutes les élections. Ce n'est pas le cas car beaucoup d'ouvriers votent pour le Parti conservateur. Les jeunes ont tendance à voter majoritairement pour les travaillistes alors que les anciens se tournent plus facilement vers les conservateurs. Les hommes votent plus à gauche que les femmes. Les employés du secteur tertiaire votent pour la plupart pour les conservateurs. Au cours de ces dernières années, particulièrement après la déception des électeurs du Labour suite à l'implication de la Grande-Bretagne en Irak, on a vu émerger un troisième parti : les libéraux démocrates. Ceux-ci, en attirant des électeurs principalement du Labour, mais également des conservateurs, ont contribué à brouiller encore un peu plus les pistes dans la catégorisation des électeurs.

Les partis politiques

La principale caractéristique du système politique anglais est son bipartisme. Depuis plus de 150 ans, deux grands partis se relaient au pouvoir : ce furent d'abord les Whigs et les Tories au XVIIIe siècle. Au XIXe siècle, les Tories prendront le nom de conservateurs tandis que les Whigs deviendront les libéraux. A partir du XIXe siècle, un nouveau parti, d'origine extérieure au Parlement, est issu du Congrès des syndicats. Ce parti s'appelle tout d'abord The Labour Representation Committee, puis, après avoir remporté 30 sièges aux élections générales de 1906, il change son nom en Labour Party. Peu à peu, le Parti travailliste gagne des sièges aux dépens du Parti libéral et remporte finalement les élections législatives au lendemain de la Seconde Guerre mondiale. Depuis, le Parti libéral est tombé au rang de troisième parti. Bien que le très bon score réalisé par les libéraux démocrates lors des élections de mai 2005 leur donne aujourd'hui une place significative sur l'échiquier politique (remettant quelque peu en cause ce système de bipartisme), la plupart des Britanniques estiment encore qu'ils ne sont pas prêts pour gouverner et l'on peut penser que, dans nombre de cas, il s'agissait de votes tactiques ou de protestation.

Big Ben et Maison du Parlement.

▌ **L'idéologie du Parti conservateur** peut se résumer en trois croyances principales : croyance dans l'individu (cela signifie, en termes économiques, une politique de libéralisme), dans la grandeur britannique et dans la valeur des règles morales pour assurer l'ordre social. Aux yeux des conservateurs, l'inégalité que traduit la hiérarchie sociale est non seulement inévitable mais naturelle et bénéfique. Avec la création du « New Labour », qui pratique une politique généralement plus au centre que vraiment à gauche, particulièrement sur le plan économique, les conservateurs ont cru bon de se démarquer en pratiquant une politique encore plus à droite. Cela s'est illustré notamment lors de leur dernière campagne électorale, où l'instauration de quotas pour l'immigration fut l'un des points principaux de leur programme.

▌ **Le Parti travailliste** n'a, contrairement aux socialistes d'Europe occidentale, jamais développé d'idéologie à proprement parler. Aujourd'hui, la nouvelle génération de travaillistes a rompu avec les positions rigides, proches de celles des syndicats et propose une politique de centre gauche plus qu'une véritable politique de gauche.

▌ **Les libéraux démocrates,** du fait du recentrage du Parti travailliste sous la direction de Tony Blair, sont souvent perçus comme le parti de gauche, pro-continental et pacifiste en matière de politique étrangère.

Le gouvernement

Il n'existe pas, au Royaume-Uni, d'un côté le gouvernement et de l'autre le Parlement.

Le gouvernement, c'est-à-dire le Premier ministre, les membres du cabinet et les autres ministres sont issus des rangs des parlementaires et siègent à la Chambre des Communes.

Le législatif n'est pas seulement constitué des deux Chambres du Parlement mais également du monarque.

L'exécutif comprend, outre le gouvernement, les grands commis de l'Etat et l'ensemble de l'administration.

Le Premier ministre jouit d'une totale liberté pour composer son cabinet et son gouvernement. Les ministres les plus importants s'appellent tous « Secretaries of State » à l'exception de ceux qui portent un nom spécifique comme le Chancellor of the Exchequer (ministre des Finances) ou le Lord Chancellor (ministre de la Justice). Le Premier ministre est le chef de l'exécutif donc il exerce les fonctions de chef d'Etat.

■ LE PAYS DE GALLES ■■■■■■■

Le pays de Galles est une principauté, ce que le titre de « prince de Galles », donné à l'héritier du trône, depuis 1301, vient symboliquement rappeler. Le pays de Galles est aussi un des quatre pays qui forment le Royaume-Uni avec l'Angleterre, l'Irlande du Nord et l'Ecosse. Il est divisé, depuis 1974, en huit comtés (Counties) que l'on a rebaptisés de leur nom gallois : Clwyd, Dyfed, Gwent, Gwynedd, Powys, Mid-South-West Glamorghan…

L'histoire politique du pays de Galles en tant que principauté commence en 1536 lors de la signature du premier « acte d'union » qui intègre le pays de Galles à l'Angleterre, donnant au peuple gallois les mêmes droits et obligations que les sujets anglais, mais interdit les postes de la fonction publique à ceux qui ne parlent que le gallois. Le second « acte d'union » en 1542 découpe le pays de Galles en différents comtés.

Mais les dépressions nationalistes se font toujours sentir. C'est pendant le XIXe siècle qu'elles seront les plus fortes et aboutiront à la création de la bibliothèque nationale, de l'université galloise et du musée national du pays de Galles. Par la suite, plusieurs tentatives furent lancées pour instaurer un Parlement gallois.

Après la Première Guerre mondiale, l'idée d'un transfert de pouvoir – ou « devolution » – est évoquée lors d'une conférence, en octobre 1919, durant laquelle les parlementaires évoquent la possibilité de créer des organismes subordonnés pour l'Ecosse et le pays de Galles. Dix ans plus tard, cependant, ces idées sont loin d'avoir été mises à exécution. La désillusion due à la langue de bois et aux fausses promesses des travaillistes et des conservateurs gallois favorise la création d'un nouveau parti politique défendant l'idée d'un gouvernement gallois autonome. Le Parti national gallois, le Plaid Cymru, voit le jour en 1925 sous l'impulsion de Saunders Lewis. Il faudra attendre 1945 pour que le Parti travailliste et les conservateurs gallois deviennent à leur tour, favorables au principe d'un gouvernement autonome gallois.

1951 est une grande année pour le pays de Galles : les conservateurs au pouvoir créent le premier poste de ministre délégué aux Affaires galloises, tenu accessoirement par le ministre des Affaires intérieures, assisté par le Secrétaire aux Affaires galloises. En 1955, Londres reconnaît Cardiff comme capitale officielle du pays de Galles. Mais les problèmes entre les deux capitales sont loin de disparaître. En 1957, la loi Tryweryn, combattue par les parlementaires gallois, permet à la Liverpool Corporation de construire un réservoir et de submerger le village gallois de Capel Celyn. Le projet est vu par les Gallois comme une réaffirmation de la domination anglaise et le site du barrage est attaqué à de nombreuses reprises. La même année, face à la pression autonomiste, le gouvernement conservateur crée le poste de ministre d'Etat pour le pays de Galles, suivi trois ans plus tard par le Comité gallois. Nouvelle déception : le nouvel organe n'a que peu de pouvoir et ne se réunit que deux ou trois fois dans l'année.

Il faut attendre les années 1960 et l'ère travailliste, qui débute en 1964, pour que le pays de Galles obtienne une représentation plus fidèle avec la désignation du premier Secrétaire d'Etat pour le pays de Galles. Celui-ci, dans un premier temps, gère les affaires d'éducation et de santé galloises. Graduellement, le bureau aux Affaires galloises obtient de plus en plus de pouvoirs et de responsabilités. Les Gallois se font enfin entendre avec l'élection du premier représentant gallois au Parlement, Gwynfor Evans. En 1976, une proposition de loi pour la « devolution » (transfert des pouvoirs au pays de Galles et en Ecosse) est déposée. Trois ans après, un référendum sur la question est voté. Véritable défaite pour les nationalistes gallois puisque seulement 20 % de la population votent en faveur de la création d'une Assemblée galloise. C'est le « non » qui l'emporte : véritable déception pour les nationalistes. Le résultat était cependant un peu prévisible car sur les 2,25 millions d'électeurs au pays de Galles, plus d'un demi-million est né hors du pays de Galles, la plupart étant anglais. En Ecosse, par contre, 52 % des votes y sont favorables. La lutte continue dans les années 1980, une campagne intensive est menée pour l'autonomie galloise. En 1996, le Labour party s'engage à préparer la création d'une Assemblée galloise qui réglerait les questions législatives « secondaires ». En 1997, un deuxième référendum est organisé. Le retour en force de la culture et de la langue galloises fait pencher la balance vers un « oui » en faveur de l'Assemblée galloise. La plupart des votes favorables proviennent du Centre-Ouest et du Nord du pays de Galles, là où l'on parle gallois. Depuis la « devolution » de 1999, les affaires galloises, en ce qui concerne les questions de santé, d'éducation, de culture (langue…) relèvent de la compétence de l'Assemblée nationale galloise, située à Cardiff. Celle-ci est élue tous les 4 ans, compte 60 membres et siège à Cardiff.

■ L'ÉCOSSE ■ ■ ■ ■ ■ ■

En Ecosse, les principaux partis politiques sont les mêmes qu'ailleurs en Grande-Bretagne : conservateurs, travaillistes, libéraux démocrates, plus un parti nationaliste écossais (SNP). Le Parlement écossais, créé à la suite de la dévolution de 1999 et entré en fonction en l'an 2000, se compose de 129 membres élus pour 4 ans. Son siège est établi près du palais de Holyrood House, à Edimbourg. Comme au pays de Galles, ce Parlement est responsable des questions d'éducation, de santé avec en plus, la gestion des impôts, pouvoir dont ne bénéficie pas l'Assemblée galloise. Le Parlement de Londres conserve cependant le contrôle de la Défense, des Affaires étrangères et de la Sécurité sociale.

Bien que la langue gaélique ait pratiquement disparu, la culture et le nationalisme écossais demeurent profondément enracinés dans la conscience populaire.

Économie

Agriculture

Le Royaume-Uni possède le plus grand cheptel ovin de la Communauté européenne et les produits laitiers constituent la production principale. Cette industrie fut donc touchée de plein fouet par les épizooties de la vache folle et de la fièvre aphteuse qui eurent comme principal effet de faire chuter le nombre de têtes de bétails après une campagne d'abattage massive et de ralentir fortement les exportations après l'embargo sur la viande britannique.

Bien que 84 % des terres écossaises soient considérées comme zones défavorisées, la part de l'agriculture reste importante puisqu'elle représente 2 % du PIB. Cette production est, pour près de la moitié, consacrée à l'élevage ovin, bovin et la production laitière. Mais les agriculteurs, doivent aujourd'hui s'adapter à de nouvelles obligations du marché en développant le tourisme et en produisant pour l'industrie agroalimentaire.

▌ **Un des grands atouts de l'Ecosse est la sylviculture.** Les forêts représentent 1,2 million d'hectares, soit la moitié de la production de bois britannique. Cette superficie a doublé au cours des 15 dernières années et fera de même dans les 15 prochaines années. 80 % du bois ainsi produit est transformé sur place. La politique agricole de l'Ecosse se concentre sur l'encouragement à une agriculture propre qui contribuera au bien-être économique, social et environnemental au travers de l'agriculture biologique. Les Lowlands, composées de petites plaines et de collines, possèdent les terres les plus fertiles de l'Ecosse, propices aux cultures céréalières et fruitières et à l'élevage des bovins. Les Highlands ont une économie encore principalement rurale et pastorale : élevage ovin alimentant l'industrie lainière des Cheviot, de la vallée de la Tweed et des îles Shetland, la sylviculture, la chasse et la pêche : l'Ecosse est aussi un bon producteur de poissons, surtout sur la côte est (Aberdeen, Dundee), puisque la production représente les deux tiers des ressources de la Grande-Bretagne. Au sud se trouvent les Southern Uplands. La frontière avec l'Angleterre passe par les rivières Tweed et Liddell et les monts Cheviot. C'est de là que vient la laine utilisée pour la fabrication du tweed. Bordées par la mer du Nord, les plaines de l'Est offrent de bons sols et de riches cultures (blé, orge, avoine). A l'inverse, les plaines de l'Ouest, plus humides, sont orientées vers l'élevage (bovins pour le lait).

▌ **En Angleterre,** seulement 20 % des terres sont défavorisés, 25 % de la population habite en milieu rural et la production agricole ne représente que 1 % du PIB pour 430 000 producteurs et salariés dont le revenu a chuté de 60 % durant les trois dernières années.

L'industrie céréalière se situe au sud-est dans le Fens et 10 % du revenu agricole est assuré par la production fruitière et légumière dans le Fens et le Kent. A cela viennent s'ajouter la production de viande bovine et l'industrie laitière, qui furent affaiblies par l'épizootie de la vache folle : des milliers d'animaux furent abattus et de nombreux éleveurs se trouvèrent ruinés. Le gouvernement met alors en œuvre plusieurs programmes pour assurer une agriculture biologique, une gestion environnementale de l'espace rural, et protéger des zones écologiques sensibles.

Londres, la Tamise.

▷ **La production agricole du pays de Galles** est majoritairement axée sur l'élevage bovin dans les vallées, et ovin sur les plateaux, pour la viande et les produits laitiers. 40 % des terres sont réservés aux pâturages, alors que seulement 10 % concernent les cultures de l'orge, de pommes de terre, de l'avoine, et du fourrage. Les exploitations agricoles sont représentées par de petites fermes. Le pays couvre environ 60 % de ses besoins alimentaires.

Les forêts couvrent seulement 4 % de la région, mais les programmes gouvernementaux de reboisement se développent continuellement. L'industrie de la pêche se concentre sur les bords du canal de Bristol.

Industrie

▷ **En Ecosse,** c'est également dans les Lowlands, de Gervon à Dunbar, que s'exerçait jusqu'ici la quasi-totalité de l'activité industrielle (métallurgie, fonderies, chantiers navals, industrie chimique), notamment autour de Glasgow, dans l'estuaire de la Clyde et, à l'est, dans la région de Dundee, avec ses confitureries où est produite la fameuse marmelade d'oranges. Les principales ressources énergétiques se partagent entre l'hydroélectricité des Highlands et l'important bassin houiller des Lowlands.

La Silicon glen, près de Glasgow, est une véritable Silicon-valley européenne. C'est, au monde, l'endroit où est concentré le plus grand nombre d'ordinateurs par habitant. Le site regroupe de nombreuses starts-up ainsi qu'un florilège des plus grandes entreprises informatiques mondiales comme IBM, Microsoft, Oracle, HP, ou Adobe, qui s'appuie sur la proximité d'universités comme celle de Glasgow, pour recruter des ingénieurs ou de la main-d'œuvre. L'Ecosse produit aujourd'hui 28 % des PC vendus sur le marché européen, soit 7 % de la production mondiale, et 65 % des boîtes vocales.

Abergavenny Food Festival.

▷ **Les deux tiers de la production houillère britannique sont réalisés en Angleterre** dans les bassins de Northumberland-Durham et Yorkshire-Est Midlands. Cette matière première est utilisée dans les centrales thermiques pour produire de l'électricité. Sheffield et New-Castle sont encore traditionnellement ancrées dans l'industrie métallurgique avec la production d'acier spéciaux pour le premier, et la métallurgie lourde pour le second. L'industrie chimique, les raffineries de pétrole, les chaînes de montage automobiles et les ateliers de confection se concentrent autour de Liverpool et Manchester, dans la région sinistrée par le déclin de l'économie du coton. Le Sud de l'Angleterre est le siège de l'industrie de transformation regroupant la production d'automobiles, de machines ou d'armes.

La dernière vague d'industrialisation s'affaire au cœur même de l'Angleterre. Il s'agit d'emplois à forte qualification. On trouve, par exemple, de la production automobile à Oxford et de l'électronique à Cambridge. Enfin, Londres accueille en majorité le secteur tertiaire.

Dans la région de Londres, ce sont les services financiers qui prédominent le paysage économique : 20 % de ces entreprises sont américaines. La City est le leader du marché des assurances et de celui de l'art. Elle est le siège de la première place de transaction des métaux précieux, des diamants, et du fret maritime, de la troisième bourse mondiale, et des administrations banquières des plus grands groupes mondiaux.

Ce dynamisme augmente les disparités entre le Nord du pays, tributaire de l'héritage de l'industrie lourde, et le Sud, plus proche de Londres et des autres Etats européens.

▷ **L'industrie galloise** est principalement basée sur le charbon, les mines et les moutons. L'industrie a en effet longtemps découlé de l'exploitation du charbon dans les vallées, particulièrement la Rhondda Valley. Une ville comme Merthyr Tydfil, au nord de Cardiff, résume à elle seule l'histoire industrielle du pays de Galles. Le Sud recèle d'importants gisements houillers, et la côte, qui compte de florissantes cultures maraîchères et fruitières, est également, fortement industrialisée autour des ports charbonniers de Swansea, Cardiff et Newport. L'industrie métallurgique est maintenant spécialisée dans la fabrication du fer-blanc et dans les métaux non ferreux. C'est pourquoi l'essentiel de la population vit dans ce Sud très industrialisé. Quant à Milford Haven, c'est le plus grand port pétrolier du Royaume-Uni. L'élevage des moutons sur les landes, l'élevage laitier sur les plus basses terres sont les activités majeures du Nord et du Centre. Moins de 10 % des surfaces agricoles sont en effet cultivées. La crise de l'acier

Cardiff, café, Glamorgan.

et du charbon a conduit à des fermetures. Le raffinage du pétrole (Milford Haven) et l'industrie chimique (région de Swansea Port Talbot) ont pris le relais.

L'industrie du pays de Galles est en pleine rénovation. Pour s'adapter aux besoins dans les secteurs du transport, de l'e-commerce, et de la communication, de nombreuses entreprises investissent : 1 500 sociétés étrangères sont implantées au pays de Galles, et 75 000 employés travaillent pour la fabrication internationale. Les Gallois bénéficient grâce à cela de l'une des infrastructures commerciales les plus modernes d'Europe.

Tourisme

Le tourisme britannique est en nette augmentation ces dernières années. En 2004, le nombre de visiteurs en Grande-Bretagne a atteint 27,8 millions, soit une augmentation de 12 % par rapport à 2003. Ils ont dépensé 13 millions de livres. Pour 2006, les chiffres devraient encore être en hausse, et ce malgré une baisse du tourisme enregistrée à Londres après les attentats.

▶ **En Angleterre,** le tourisme aide au développement des régions excentrées par rapport à Londres à travers l'hôtellerie et les pubs.

▶ **Le tourisme est le secteur économique le plus important d'Ecosse.** Les zones les plus fréquentées sont les Highlands, Edimburg, et Glasgow. Pour favoriser ce secteur d'activité, primordial pour l'économie écossaise, plusieurs nouveaux projets ont été initiés.

75 millions de livres ont été investis dans le Glasgow Science Center où l'on peut découvrir les nouvelles technologies visuelles. Un nouveau parc national, le Lock Lomond and Trossacks National Park proposera de découvrir la faune et la flore spécifique à cette région, le Millenium link permet le développement du tourisme fluvial et lacustre. Enfin une ligne de ferry à grande vitesse rejoint maintenant le port de Rosyth sur la côte est de l'Ecosse et le port de Zeebrugge en Belgique.

▶ **Bien que moins important qu'en Irlande et en Ecosse, le tourisme est devenu une source importante de revenus pour le pays de Galles.** Les principaux touristes sont bien sûr les Anglais qui viennent profiter des plages de sable et du temps un peu plus clément qu'au Nord. Puis viennent les amoureux des randonnées et de la nature, les Hollandais et les Allemands qui arpentent sans relâche les Brecon Beacons et les sentiers côtiers du Pembrokeshire. Quant aux Français qui traversent la manche pour visiter le pays de Galles, il s'agit pour la plupart de Bretons ! Il ne faut pas oublier qu'une longue histoire unit ces deux peuples qui ne faisaient qu'un il y a de nombreux siècles. Les Bretons seraient les descendants de Celtes émigrés vers la péninsule pour fuir les Saxons. D'où la similarité entre les deux langues, le gallois et le breton. Le pays de Galles attire beaucoup les âmes celtes et de nombreux programmes d'échange sont organisés entre la Bretagne et le pays de Galles (toutes les villes galloises sont jumelées avec des villes bretonnes, et de nombreux festivals celtiques sont organisés par les deux pays). Mais, malgré tout cela, le tourisme demeure plus faible que chez ses voisins. C'est surtout dû à la mauvaise réputation de la météo galloise et au manque de promotion touristique.

Salon royal de l'agriculture du pays de Galles.

Longtemps, le pays de Galles a eu une mauvaise publicité, assimilé trop facilement à l'Angleterre par rapport à la promotion de l'Ecosse (et le whisky!) et l'Irlande (et la Guinness!). Car, si aujourd'hui l'Office du tourisme gallois bénéficie d'un budget autonome du budget anglais, pendant longtemps les Gallois n'ont pas eu l'opportunité ni la possibilité de promouvoir le pays de Galles comme ils l'entendaient. Aujourd'hui encore, le budget total pour le pays de Galles correspond au budget de l'Office du tourisme irlandais consacré à la France seulement. The Royal National Eisteddfod, la plus grande manifestation de folk celtique d'Europe. Elle se déplace chaque été vers une ville galloise différente. Prévoyez votre itinéraire pour la croiser.

Cardiff, centre commercial du Capitol.

Cardiff est une toute jeune capitale européenne, et pourtant l'un des plus anciens sites habités d'Occident. Après la mystérieuse époque de ses dolmens, Cardiff a vu passer Romains, Vikings, Normands, etc. La révolution industrielle a laissé des marques de son passage, principalement architecturales. A constater absolument, l'étonnante richesse du National Museum qui saura séduire notamment l'amateur d'impressionnistes français. Si la ville est célèbre dans le monde entier pour les qualités de ses redoutables équipes de rugby ou de football, elle est également un des fleurons du style architectural victorien. Le château, chef-d'œuvre de l'architecte, très excentrique, William Burges, dont les décors intérieurs vous proposent un véritable voyage autour du monde, est à visiter à tout prix. Par ailleurs, une des conséquences du goût prononcé des Gallois pour la musique, un goût qui remonte aux temps des bardes, a été la création de l'Opéra national gallois de la BBC ou le National Orchestra of Wales, qui raviront les oreilles exigeantes. Cardiff est réputée aussi pour les prix bas pratiqués par ses magasins.

Les 162 000 habitants de Swansea n'oublient pas que leur ville est le berceau du poète Dylan Thomas et tout est organisé pour que ça se sache! Entre campagne, mer et culture, la ville peut constituer une étape intelligente, ne serait-ce que par sa proximité avec le National Parc de la péninsule de Gower réputée pour ses très belles plages. Les Mumbles, longues avenues bordées de maisons victoriennes face à la baie de Swansea, sont un quartier agréable plus calme que la ville. Bodnant Garden, Erddig, Powis Castle, Dyffryn Gardens : ils comptent parmi les plus beaux jardins du Royaume-Uni. Ici, depuis le XVIIIe siècle, d'habiles paysagistes s'essaient avec succès à rivaliser avec la nature. A visiter absolument.

Population et langues

POPULATION

La Grande-Bretagne comprend environ 60 millions d'habitants. Autant qu'en France alors que la superficie de l'île, avec une superficie de 230 000 km², est près de 2,5 fois plus petite que celle de l'Hexagone. L'espérance de vie est en moyenne de 74,7 ans pour les hommes, et de 79,7 ans pour les femmes. La population britannique est vieillissante. Cela est dû, outre à l'allongement de l'espérance de vie, à un faible taux de natalité depuis plusieurs décennies.

L'Angleterre est le pays le plus peuplé du Royaume-Uni avec 51 millions d'habitants (80 % de la population totale), pour une superficie de 131 770 km². Soit près de 390 hab/km². Les plus grandes densités ont été enregistrées à Londres (dans les quartiers de Kensington et Chelsea) et à Portmouth, alors que les plus faibles se situent à Eden dans le Cumbria. Birmingham est la deuxième ville la plus peuplée après Londres, suivie de Manchester en troisième position. L'Angleterre connaît un déséquilibre dans l'évolution quantitative de sa population. Alors qu'elle augmente dans les régions de l'Est, du Sud-Est, du Sud-Ouest et de Londres, elle est en chute dans le Nord-Est et le Nord-Ouest.

L'Ecosse, qui compte environ 5 millions d'âmes, est le pays le moins densément peuplé du Royaume-Uni avec 65 habitants au kilomètre carré. Le territoire écossais est très irrégulièrement peuplé : la majeure partie de la population, est concentrée dans la ceinture industrielle du Centre-Ouest du pays tandis que, dans les Highlands, la densité n'excède pas 7 hab/km². Les trois-quarts des Ecossais sont des citadins. Glasgow compte 680 000 habitants, Edimbourg, 450 000, Aberdeen, 220 000, et Dundee, 170 000.

Le pays de Galles compte 3 millions d'habitants. La densité moyenne tourne autour de 140 habitants par kilomètre carré. Les deux tiers des habitants se concentrent dans le Sud, le long de la côte, principalement à Cardiff (10,5 %). Certaines villes, qui furent très importantes pendant la révolution industrielle perdent aujourd'hui beaucoup de leurs habitants. A Merthyr Tydfil, par exemple, le taux migratoire est de - 7,5 %.

Les principales minorités ethniques en Grande-Bretagne sont des Antillais ou des Africains (1 274 000 personnes), des Indiens (984 000) et des Pakistanais et des Bangladais (932 000). Au total, ces minorités représentent 7 % de la population britannique. Elles sont le résultat des grandes migrations des années 1950 et 1960 en provenance des anciennes colonies britanniques. De nombreux Chinois, Italiens, Grecs, Chypriotes turcs, Polonais, Australiens et Néo-Zélandais, ainsi qu'à peu près toutes les autres nationalités, résident également en Grande-Bretagne.

LANGUES

L'anglais est la seule langue officielle à être utilisée au Parlement pour la rédaction des lois et les débats politiques, ainsi que pour les institutions juridiques et les services gouvernementaux. Mais les réalités démographiques obligent maintenant la sphère politique à prendre quelques décisions sur la légitimité et la représentativité des différentes langues parlées dans le royaume. Les minorités ethniques peuvent désormais se servir de leur langue maternelle lors de leur relation avec l'administration et les services publics. Cela s'applique évidemment au gaélique écossais, irlandais et au gallois, qui ne sont représentés au sein des administrations locales qu'à auteur de 3,1 % des postes éligibles, mais aussi aux quelque 200 langues importées par les différentes communautés issues de l'immigration. La langue de Shakespeare reste bien sûr obligatoire, mais divers aménagements ont été mis en place par exemple dans le monde judiciaire, où des interprètes inscrits sur un registre national sont disponibles. Dans les écoles, il sera possible d'enseigner dans une autre langue à condition d'assurer un minimum d'heures d'anglais : dans certaines d'entre elles il est possible d'apprendre soixante langues différentes.

Plus traditionnellement, une deuxième langue associée aux relations européennes est obligatoirement enseignée. Le plus souvent il s'agit du français, mais le russe, l'allemand, ou l'espagnol sont assez fréquemment dispensés. Enfin, dans le monde économique, la langue britannique reste sans rivale.

Londres, Portobello Café.

Les panneaux de circulation et les papiers officiels en écossais restent très rares.

Sur le plan médiatique, le gaélique n'est pas très représenté, malgré les efforts de la BBC, il n'y a que 300 heures de programme télévisuel par an, deux sociétés de production de téléfilms, et une seule revue. Enfin, pour finir sur une note optimiste, la connaissance de cette langue devient un atout pour, l'éducation, les médias, et surtout pour l'industrie touristique.

Langues parlées au pays de Galles

Sur les 3 millions d'habitants que comporte le pays de Galles, 18 % parlent le gallois (soit 1 % des sujets de la Couronne britannique). Parmi eux, 94,3 % sont bilingues et considèrent le gallois comme leur deuxième langue, et 5,7 % le considère comme leur langue maternelle. Le pays de Galles reconnaît ces deux langues officielles depuis 1999 à l'occasion du Government of Wales Act, même si le gallois a, par deux reprises, connut un certain avantage : grâce aux lois de 1967, qui avec le Welsh Language Act, tolérait les deux langues dans les tribunaux, et grâce à la loi de 1997 qui instaure l'égalité de l'anglais et du gallois dans les services d'administration des affaires publiques (comme la police, la santé ou l'éducation). Les deux langues doivent alors être traitées sur le même pied d'égalité : les règlements juridiques doivent être adoptés en anglais et en gallois, et les mots et les expressions doivent avoir la même portée juridique. Les documents rédigés en gallois ont la même valeur que ceux rédigés en anglais.

De plus cette égalité est valable dans tout le Royaume-Uni selon le bon vouloir des magistrats. Malgré ce privilège, le gallois reste peu utilisé, même au pays de Galles.

▶ **Le « Welsh », la langue de cœur du pays de Galles.** Le mot « Welsh » vient du vieil anglais « wealh » qui signifie « étranger », c'est ainsi que les Saxons désignaient leurs voisins celtes. Le gallois (Cymraeg) fait partie, avec le breton, d'une des deux familles de langues celtiques, l'autre famille regroupant le gaélique irlandais, le gaélique écossais et le cornique (parlé en Cornouailles). Parlé par la moitié de la population au début du siècle, le gallois n'est plus parlé que par 18 % de la population aujourd'hui, avec des disparités importantes, puisqu'il reste très vivace dans les comtés plus ruraux de Dyfed et Gwynedd. La langue est maintenant enseignée à l'école comme langue maternelle. En effet, la loi a reconnu à la langue galloise les mêmes droits que l'anglais en 1993 seulement (*Welsh Language Bill*). Pour les touristes, cela ne pose aucun problème, la signalisation est bilingue et tous les Gallois parlent bien sûr l'anglais.

Langues parlées en Ecosse

Même si la langue officielle en Ecosse reste l'anglais, on parle aussi deux dialectes rassemblant environ 50 000 locuteurs : **le braid scots** parlé dans les Lowlands, et **le gaélique d'Ecosse** qui est parlé dans les Highlands, dans les îles du Nord, dans le centre des Lowlands, et dans les Uplands du Sud du pays. Ces langues sont moins utilisées qu'en Irlande, mais elles connaissent aujourd'hui un regain d'intérêt par désir d'identité nationale. L'anglais, quant à lui, est entendu plus particulièrement au Sud, et dans les villes, on peut entendre des langues issues des nouvelles vagues migratoires du Pakistan, de l'Inde, du Bengladesh, et de Chine.

Malgré une série de loi relative à sa légitimité : la loi écossaise de 1980 sur l'éducation (Education Scotland Act 1980) ; la loi sur la réglementation de la signalisation routière de 1984 (Road Traffic Regulations Act 1984) ; la loi sur la radiodiffusion (Broadcasting Act 1996) ; la loi de 2000 sur la qualité des établissements scolaires d'Ecosse (The Standards in Scotland's Schools Act 2000), le gaélique écossais, bien qu'il ait un statut de langue protégée par le Local Scotland Act de 1997, n'est pas aidé par une volonté de politique globale : le gaélique n'a pas de droit reconnu par le Parlement britannique ou par le Scottish Office (le Parlement écossais). Pourtant, en mars 2002, la charte européenne des langues minoritaires ou régionales, favorise la rédaction en gaélique des procédures civiles, de la production de documents et de preuves, mais cela n'est pas véritablement ébruité par les deux Parlements.

Religion

La religion dominante en Grande-Bretagne est le christianisme : les anglicans, les protestants et les catholiques représentent 71,6 % de la population. La Grande-Bretagne étant une terre d'immigration, on trouve un nombre impressionnant de croyances diverses (environ 300). On dénombre 2,7 % de musulmans (1,6 million), 0,6 % de sikhs (336 000), 0,5 % de juifs (267 000), et 0,3 % de bouddhistes (152 000), pour les religions les plus représentées. Les catholiques sont également nombreux (environ 10 % des Britanniques sont catholiques). Depuis le XVIe siècle, ceux-ci furent souvent persécutés. Ils n'ont obtenu des droits politiques qu'en 1829 et des structures officielles en 1850. Parmi les autres mouvements chrétiens, on peut citer les méthodistes, les baptistes, l'église presbytérienne ainsi que les Mormons, les Témoins de Jéhovah et l'Eglise de scientologie.

Si, de manière générale, 76,8 % de la population se dit croyante, il existe un certain déséquilibre dans le Royaume : ils sont 77 % au pays de Galles et en Angleterre, et 67 % en Ecosse.

▷ **L'Eglise anglicane (The Church of England) est l'Eglise officielle du pays.** Elle fut fondée par Henri VIII en 1534, à la suite de la rupture avec Rome (car le pape Clément VII refusait d'annuler le mariage du roi avec Catherine d'Aragon). A la suite de ce schisme avec l'Eglise catholique, le roi fit fermer les monastères et répandit les idées de la Réformation. En 1534, fut promulgué l'« Acte de Suprématie » qui soumettait l'Eglise d'Angleterre à la seule autorité royale. La liturgie anglicane a été fixée en 1549 dans le Book of Common Prayer, le livre de l'anglicanisme à côté de la Bible. Dès la fin du XVIIe siècle commence à se créer une certaine distance entre une Haute Eglise plus conservatrice et proche du catholicisme, et une Basse Eglise plus libérale et influencée par le protestantisme.

Dans l'Eglise anglicane, les prêtres peuvent se marier et, depuis 1994, des femmes sont ordonnées prêtres. Récemment, c'est l'ordination de prêtres ouvertement homosexuels qui a provoqué une polémique. Aujourd'hui encore, la reine est le chef de l'Eglise anglicane.

Il n'y a donc pas de véritable séparation entre l'Etat et l'Eglise, bien que celle-ci soit de plus en plus indépendante. Mais 26 sièges à la Chambre des Lords sont encore automatiquement attribués au clergé anglican. L'enseignement religieux fait également partie du programme officiel des écoles publiques anglaises. Mais celui-ci a su s'adapter au multiculturalisme du pays et aujourd'hui les élèves qui sont dans des établissements entièrement financés par l'Etat apprennent l'histoire et les principes du christianisme mais aussi ceux des principales religions représentées en Grande-Bretagne, selon une pédagogie ouverte et libérale.

A en croire le nom des lieux au pays de Galles, les Gallois sont très croyants. Tous ceux possédant le préfixe « llan » désignent d'anciens saints gallois : Llanberis (saint beris), llandudno, etc. Il est vrai que les Gallois ont toujours été très religieux, ils sont généralement protestants non-conformistes.

Deux saints incontournables

Saint André (Andrew)

L'un des 12 apôtres du Christ et le frère de Simon Pierre, il est le saint patron de l'Ecosse, mais aussi de la Russie et de la Grèce. Sa mort fit de lui un saint : il fut crucifié sur une croix diagonale (le Saltire) et ne renia pas sa religion durant les deux jours de son supplice.

Ses reliques furent transportées en Ecosse et données au roi Picte Angus qui eut une vision du saint lui conseillant d'avancer avec cette croix vers le ciel. Il gagna la bataille contre ses ennemis, et la bannière devint le drapeau national. Le saint patron est fêté le 30 novembre.

Saint Georges (George)

Originaire de la Cappadoce (Turquie) du troisième siècle, Georges servait dans l'armée romaine. C'est en Libye, dans un étang voisin de la ville de Silène, qu'il fit un acte de courage au nom du Christ en tuant une bête monstrueuse qui exigeait des sacrifices humains.

Mais plus tard, en 303, il fut martyrisé pour sa foi par l'Empereur perse : il fut pendu, écorché, frappé à la tête au marteau, écrasé par une pierre énorme et enfin décapité. Il n'a jamais renié sa foi.

Au Moyen Age, il est pris pour symbole par les chevaliers et les soldats. Richard Cœur de Lion place l'Angleterre sous sa protection. Le saint patron est fêté le 23 avril.

Obi Wan Kenobi demande l'asile politique à la Grande-Bretagne

Lors d'un recensement britannique en 2001, il était posé pour la première fois des questions relatives à la religion. Quelle ne fut pas la surprise des statisticiens quand ils découvrirent la naissance d'une nouvelle religion : la religion des Jedis.

Tout commença lorsqu'une fausse campagne répandue sur le Net, affirmant que cette obédience serait reconnue par le gouvernement britannique si le nombre de fidèles était assez important, fut relatée par la BBC. Le résultat fut surprenant puisque 390 000 personnes déclarèrent leur allégeance aux Jedis. Le plus grand nombre de personnes (15-25 ans) se concentrent à Brighton, Oxford, Cambridge, Southampton et Lambeth.

Une fantaisie qui n'est pas sans déplaire aux institutions statistiques car cette partie de la population délaisse habituellement les questionnaires de recensement.

Le méthodisme calviniste étant la branche la plus développée, surtout dans les régions où l'on parle gallois. L'Eglise galloise a ses propres évêques et est proche de l'Eglise anglicane dont elle s'est séparée en 1920. Il existe une minorité catholique importante dans le Nord-Est du pays. L'église fut pendant longtemps un point de ralliement et une source de force, surtout au XIXe siècle, à l'apogée du travail dans les mines, la religion était alors certainement la seule source de lumière et d'espoir dans les ténèbres des mines. Il y avait, d'ailleurs, toujours une petite chapelle improvisée dans la plupart des mines galloises. Aujourd'hui, le Gallois n'est pas plus pratiquant que l'Anglais.

En Ecosse, la majorité des habitants sont anglicans (Eglise d'Ecosse) et protestants ; il y a une minorité Free Church baptiste et réformée (1,3 million). Les communautés juive et catholique sont particulièrement actives autour de Glasgow. Le dimanche dans les Hébrides extérieures, les pianos se ferment humblement et laissent la place aux orgues.

Église

Le moindre village est doté d'une église. La plupart du temps, on en trouve deux ou trois : l'une est anglicane, l'autre protestante, la dernière est parfois catholique, baptiste ou réformée. La cathédrale est souvent anglicane. Liverpool est la seule ville du pays à posséder une cathédrale catholique et une anglicane.

Les églises restent souvent ouvertes et abritent un service de bénévoles qui vous guidera.

C'est un plaisir aujourd'hui de visiter les nombreuses petites églises celtiques cachées sous les bois ou face à la mer.

Quelle que soit la confession, catholique ou protestante, la présence active des églises est fondamentale. Il suffit, pour s'en convaincre, de traverser la ville un dimanche matin : personne, mais la majeure partie des activités reprennent juste après la messe. Enfin, le poids de l'Eglise sur la vie quotidienne – la douloureuse question de l'avortement, par exemple – est décisif, même si la jeune génération s'en détache de plus en plus.

Ecosse, ancienne église.

Mode de vie

Comme dans tous les pays celtiques de la Grande-Bretagne, c'est au travers de la pratique de la langue que se cristallise le sentiment d'appartenance culturelle face au sentiment, autrefois justifié, d'être écrasé par la culture impérialiste anglaise.

CARACTÈRE NATIONAL

Impossible de définir un caractère britannique, tant Anglais, Gallois et Ecossais sont différents et se définissent par opposition aux autres. Les Anglais sont les ennemis jurés des Gallois et des Ecossais, et ces derniers méprisent, voire haïssent tout ce qui vient d'Angleterre.

▶ **Les Britanniques** ont la réputation d'être réservés, courtois, calmes, et pas très chaleureux. Encore une fois, il ne faudrait pas confondre ce qui est anglais et britannique. Il est vrai que ces caractéristiques peuvent s'appliquer à un certain nombre d'Anglais, particulièrement issus des classes supérieures de la société. Mais cependant, vous vous rendrez vite compte que tous les Anglais ne sont pas comme ça et qu'ils peuvent se montrer aussi passionnés, sympathiques et exubérants que n'importe qui d'autre.

▶ **Les Gallois,** quant à eux, sont de bons vivants qui aiment bien manger et bien boire, qui n'ont pas leur langue dans leur poche et sont particulièrement sensibles aux blagues sarcastiques et aux jeux de mots (surtout s'ils concernent les Anglais). D'un autre côté, ils ont la réputation de ne jamais tenir leurs promesses. D'ailleurs le verbe « to welsh », en anglais, signifie « revenir sur sa parole ». Ça veut bien dire ce que ça veut dire. Ils sont aussi connus pour être bornés et tenaces et c'est certainement pourquoi il fallut tellement de temps aux Anglais pour les assujettir. Enfin, les Gallois sont fiers d'être Gallois et vous le découvrirez bien assez tôt. Au fur et à mesure de vos discussions, ils vous diront qu'eux – les Gallois – sont héritiers de l'une des plus vieilles cultures européennes qui rayonnaient en Europe à l'époque où les Anglo-Saxons n'étaient qu'une bande de barbares illettrés ! Ne vous étonnez pas si beaucoup de Gallois pur souche exhibent d'impressionnants dragons rouges tatoués sur leurs biceps !

▶ **Quant aux Ecossais,** ils sont connus pour leur amabilité et leur sens de l'hospitalité. Ils en sont fiers et préservent ces qualités.

MŒURS

Les hommes sont passionnés de jardinage, lisent volontiers la page des résultats de cricket du *Times* et retrouvent leurs amis le soir au pub. Les femmes boivent du thé en regardant à la télévision des émissions humoristiques tout à fait britanniques ou en faisant des mots croisés, sans oublier de bichonner le chat ou le chien de la famille… Clichés ? Un peu, bien sûr. Mais pas tellement éloignés de la réalité non plus.

Evidemment, les mœurs ne seront pas les mêmes à Londres ou au fin fond du Devon… Mais le mode de vie et le rythme effréné des Londoniens est un cas à part. Dans le reste du pays, à partir de 17h30-18h, la vie publique et professionnelle s'arrête au profit de la vie personnelle et familiale, qui occupe une place très importante. On dîne très tôt, de 18h à 19h30, ce qui laisse de longues soirées devant soi. D'où le nombre impressionnant de hobbies auxquels s'adonnent les Britanniques, des plus classiques aux plus farfelus…

FAMILLE

Notion très importante. La plupart des week-ends se passent en famille ; de nombreux Londoniens qui ne sont pas originaires de la capitale rentrent le week-end dans leur famille, en province. La famille passe obligatoirement par le mariage même si elle est aujourd'hui plus ouverte quand il s'agit de girl ou de boyfriend. L'esprit de clan est particulièrement fort dans les Highlands écossais.

Coutume galloise

Les Gallois ont beaucoup de coutumes bien particulières, certaines d'entre elles sont inventées, ou du moins entretenues, par les offices du tourisme, d'autres sont désuètes comme la tradition de la Lovespoon, qui voulait que l'amoureux (se) offre une cuillère en bois sculpté à l'élu(e) de son cœur pour lui témoigner de son amour ! C'est assez rare de nos jours…

De manière générale, on pense beaucoup aux enfants. En tout lieu, des écriteaux rappellent aux parents qu'ils doivent surveiller leurs chers petits : dans les ruines à cause du danger, dans les restaurants à cause des voisins... Jusqu'à 14 ans, ils ne sont pas accueillis partout, dans certains hôtels situés au-dessus d'un pub en particulier.

◼ PLACE DE LA FEMME ◼◼◼◼

A partir des années 1960, la place de la femme dans la société est devenue de plus en plus importante.

En 1970, la loi exige des entrepreneurs qu'ils donnent le même salaire pour un travail égal aux hommes et aux femmes. En 1975, une loi contre la discrimination sexuelle est promulguée, le Sex Discrimination Act. L'accès au travail est égal pour la femme et l'homme. Une loi est également votée pour la protection de la femme enceinte. Elle bénéficie de pensions lors d'un arrêt maternité et est protégée face à ses employeurs. La Family Planning Act permet aux femmes d'obtenir des conseils gratuits sur les moyens contraceptifs. Et, depuis 1976, une législation protège la femme contre la violence domestique.

Big Pit Blaenavon.

◼ ÉDUCATION ◼◼◼◼

En Angleterre

L'enseignement est obligatoire jusqu'à l'âge de 16 ans et gratuit jusqu'à 18 ans. Au niveau de l'enseignement secondaire, on distingue les écoles publiques (Comprehensive Schools) et les écoles privées (paradoxalement appelées Publics Schools). La plus célèbre des Publics Schools est Eton, où les princes William et Harry ont étudié. Les deux examens les plus importants sont le G.C.S.E. (General Certificate of Secondary Education) et le A level, qui ont lieu à la fin des études secondaires (17-18 ans). La plupart des étudiants passent le A level, l'équivalent du baccalauréat. Les résultats du A level déterminent le choix de l'université.

En Angleterre, à partir de la Seconde Guerre mondiale, l'éducation est devenue l'une des priorités des gouvernements. Ceux-ci se sont attachés à rendre l'école non seulement obligatoire, mais également accessible à tous, avec un maximum d'égalité des chances.

L'arrivée de Margaret Thatcher au pouvoir dans les années 80 changea cependant la politique d'éducation engagée auparavant. D'une opportunité égale pour tous, on passa alors à une opportunité individuelle. Les étudiants doivent passer plus de tests, on les incite à devenir plus autonomes, on développe l'élitisme. Ainsi, les dépenses consacrées à l'éducation diminuent et l'on incite les élèves à aller dans les écoles privées où l'éducation est d'un niveau plus élevé. Aujourd'hui, le gouvernement travailliste, a refait de l'éducation une de ses priorités et de larges sommes ont été dépensées afin d'améliorer les écoles publiques.

Ces dernières années, de plus en plus d'étudiants vont à l'université. Ils y passent généralement 3 ans (degree) à 4 ans (master). Jusque dans les années 90, l'enseignement universitaire était financé par l'Etat. Cependant, devant le nombre croissant d'étudiants entreprenant des études supérieures, les étudiants doivent aujourd'hui prendre eux-mêmes en charge leur frais d'inscription, qui sont très élevés. En conséquence, la plupart des étudiants doivent, pour financer leurs études, souscrire à des prêts. Ces prêts faits au gouvernement doivent être remboursés après les études, lorsque les diplômés trouvent un emploi.

Au pays de Galles

Au pays de Galles, le système éducatif fonctionne plus ou moins de la même manière qu'en Angleterre. Les programmes scolaires comportent un noyau national de base comprenant des matières obligatoires et des cours de religion. L'anglais y est obligatoire, mais le pays de Galles bénéficie de la possibilité d'avoir ses cours enseignés en gallois. Ainsi, 32 % des établissements du primaire enseignent uniquement ou principalement en langue galloise, l'anglais n'y étant enseigné que comme une seconde langue, et 22 % dispensent plus de la moitié des programmes en langue autochtone. Bien que certaines écoles du secondaire enseignent également en gallois, leur nombre est moins élevé. L'élève peut choisir par la suite s'il veut passer ses examens finaux (A level, équivalent du baccalauréat) en gallois ou en anglais.

Il n'y a qu'une université au pays de Galles, University of Wales, institution énorme divisée en différents pôles dans tout le pays : Cardiff University, Swansea University, Bangor University, Aberystwyth etc. Beaucoup des spécialisations universitaires touchent l'archéologie, l'histoire celte, l'étude des langues celtes, etc. Grâce au National Curriculum for Wales, tous les élèves âgés de 5 à 16 ans, doivent étudier le gallois en première ou deuxième langue.

En Écosse

Le système éducatif écossais est indépendant du système anglais, mais lui ressemble néanmoins.

Le premier enseignement bilingue de l'école primaire fut développé dans les îles Hébrides, bientôt suivis par les Highlands (Skye). Ces ouvertures montrent alors la volonté d'instituer le gaélique écossais comme langue secondaire au sein des établissements scolaires.

Aujourd'hui, le gaélique écossais est la première langue d'enseignement dans les Highlands (dans les régions de Inverness-Shire et Ross-Shire).

En 2000, le Standards in Scotland's Schools Act, demande aux autorités de rendre compte des programmes en matière d'enseignement du gaélique dans le cadre des priorités nationales : prendre les avantages de l'enseignement en gaélique, et d'autres langues moins utilisées. Les orientations institutionnelles visent à ce que les élèves scolarisés de 5 à 14 ans, aient une culture littéraire écossaise et terminent leur cursus avec la maîtrise correcte du gaélique. C'est le Scottish Consultative Councill qui élabore le matériel pédagogique nécessaire à cette politique. Pour les plus jeunes élèves, 36 écoles maternelles gaélisantes liées à des écoles primaires avec des classes gaéliques, comptent 403 élèves. L'enseignement primaire admet 2 000 élèves compris dans 60 écoles qui suivent des cours enseignés en gaélique, et 3 800 élèves apprennent l'écossais comme seconde langue.

Dans le secondaire, le nombre est plus limité. Seulement 1 330 élèves dans 40 écoles ont le gaélique comme langue d'enseignement. Cependant, des cours à temps partiel et à temps plein, sanctionnés par les diplômes scotvec

Gay Pride à Manchester.

(valable dans le commerce, l'informatique ou la production télévisuelle), sont dispensés au Gaélic College on Skye (Sabhal Mor Ostaig).

En 1996, en vue de l'amélioration de l'enseignement, le Scottish Office augmente les subventions de 10 % et trois universités ont un département d'études celtiques au premier et deuxième cycle dont les cours sont promulgués en gaélique écossais : il s'agit des universités d'Aberdeen, Edimbourg, et de Glasgow.

▓ GAYS ▪▪▪▪▪▪▪▪▪

Les Britanniques sont généralement tolérants envers les homosexuels. Cependant, vous remarquerez évidemment de grandes différences entre les villes et les campagnes. Et autant les marques d'affection entre deux personnes de même sexe ne choqueront personne à Londres, autant il vaudra certainement mieux être plus discret dans un petit village du Dorset, voire même dans les banlieues des grandes villes.

L'arrivée au pouvoir du Labour en 1997 a fait évoluer les lois concernant les homosexuels, notamment en abaissant la majorité sexuelle à 16 ans, et en autorisant les homosexuels à adopter. La plus récente est le « Civil Partnerships bill », sorte de Pacs à l'anglaise.

Londres est sans aucun doute la capitale gay européenne, avec plusieurs centaines de bars, pubs, clubs, saunas et autres établissements gays de tous styles. En dehors de Londres, Manchester et Brighton sont les villes britanniques qui ont les scènes gays les plus animées.

Arts et culture

■ ARCHITECTURE ■■■

Voici les grandes époques et styles architecturaux que vous rencontrerez durant votre voyage.

▶ **Anglo-saxon.** D'environ 700 à 1050. Les quelques vestiges d'architecture anglo-saxonne en Grande-Bretagne témoignent de la conversion, à cette époque, de ses habitants au christianisme, qui se manifeste par la construction d'églises. Ces églises étaient généralement construites en bois et peu sont encore debout aujourd'hui. Certaines construites en pierre ont cependant survécu. Deux exemples d'architecture de cette époque : les églises St-Lawrence à Bradford-on-Avon dans le Wiltshire et All Saints à Brixworth près de Northampton.

▶ **Normand.** A l'avènement du Normand Guillaume le Conquérant, en 1066, l'architecture anglo-saxonne cède la place à l'architecture normande, puis anglo-normande. Celle-ci est caractérisée par des voûtes en berceau, des piliers robustes et extérieurs massifs et dépouillés. Les églises construites à cette époque sont beaucoup plus grandes que celles construites durant la période anglo-saxonne. L'église David I à Dunfermline en Ecosse, Strata Florida Abbey au pays de Galles ainsi que la très belle cathédrale de Durham témoignent de l'architecture de cette période. De nombreux châteaux furent également construits dans le style normand, Caerlaverock (Ecosse), Dover Castle.

▶ **La période gothique.** Au XIIe siècle, le style gothique s'imposa. L'architecture gothique en Grande-Bretagne est divisée en trois périodes : le gothique primitif (fin du XIIe siècle-début du XIVe), le gothique flamboyant (fin du XIIIe siècle-fin du XIVe) et le gothique perpendiculaire (fin du XIVe siècle-début du XVIe). La première période du gothique voit apparaître des églises moins massives, plus raffinées et élégantes que durant la période normande. Les arcs se brisent et les fenêtres deviennent hautes et étroites, elles aussi en arcs brisés. Les cathédrales de Salisbury, de Wells ou encore de Glasgow sont de beaux exemples de cette période.

Le gothique flamboyant laisse libre cours à la fantaisie et se caractérise par la richesse des nombreux ornements (rosaces…) et les larges fenêtres laissant passer la lumière. Vous pourrez admirer cette architecture aux cathédrales d'Exeter et de York Minster.

Enfin, le gothique perpendiculaire est le plus richement décoré. On remarquera l'importance des larges fenêtres de vitraux, ainsi que les lignes verticales qui s'épanouissent aux voûtes en éventail aux fines nervures. Vous découvrirez de magnifiques exemples de l'architecture de cette période, à la chapelle du King's College à Cambridge, dans le chœur de l'abbaye de Bath, ou encore, dans la chapelle d'Henri VII à l'abbaye de Westminster à Londres.

▶ **Renaissance.** Au début du XVIe siècle, les architectes commencent à se consacrer plus à des constructions laïques qu'ecclésiastiques. De plus, la dissolution des monastères par Henri VIII laisse vacants de larges espaces où les nantis bâtiront de grandes fermes ou demeures. La brique est le plus souvent utilisée comme matériau. Le style de cette période sera qualifé de « style Tudor », car il apparaît sous le règne de la dynastie du même nom (1485-1603). Ce style est illustré par le

Londres, cathédrale Saint Paul et le Millenium Bridge.

palais de Hampton Court (1514), à Londres, Longleat (1568-1580) dans le Wiltshire ou Hartfield House dans le Hertfordshire (1607-1611). Le style Tudor accorde de l'importance aux détails, aux ornements. Les portes et les fenêtres sont ainsi plus petites mais plus complexes que durant la période gothique. C'est également à cette période que les feux ouverts et les cheminées se répandent. Celles-ci sont torsadées et décorées à l'aide de briques de différentes couleurs.

L'âge d'or élisabéthain marque une croissance de l'économie avec comme conséquence, un boom de la construction. L'influence de la Renaissance et les richesses provenant de la colonisation du Nouveau Monde marquent l'architecture des riches demeures des courtisans, avec de hautes verrières s'avançant sur un plan rectangulaire ou arqué. Le hall prend son acception moderne, desservant plusieurs pièces à la fois.

Mais l'architecture anglaise prend une nouvelle direction avec l'architecte Inigo Jones (1573-1652). Ayant vécu en Italie, il introduisit en Angleterre le style classique palladien de la Renaissance. Les lignes horizontales s'ornent de colonnes doriques ou corinthiennes, de guirlandes ou de statues, de balustres sur les toits. Architecte à la cour et ordonnateur des divertissements, Inigo Jones construisit en 1617 la Queen's House à Greenwich, pour Anne de Danemark, et la Banqueting House dans Whitehall, également à Londres.

Baroque. Le style baroque ne fut pas présent longtemps en Angleterre. On le retrouve dans des constructions du XVIIe siècle. L'architecte le plus marquant de cette période est, sans aucun doute, Christopher Wren (1632-1723), influencé à la fois par les architectures classique et baroque européennes. Lorsque, en septembre 1666, le Grand Incendie détruisit presque complètement Londres, c'est à lui que fut confiée la reconstruction. Il restaura entièrement la cathédrale Saint-Paul, dont le dôme est l'un des plus grands du monde baroque, et construisit également de nombreuses autres églises (St-Bride sur Fleet Street, St-Mary-le-Bow) et bâtiments (par exemple le Royal Naval College de Greenwich)

A la mort de Wren, ses disciples, Nicholas Hawksmoor et John Vanbrugh, poursuivirent son œuvre. Tous deux collaborèrent à la construction de Castle Howard dans le Yorkshire et Blenheim Palace dans l'Oxforshire, qui symbolisent l'apogée du baroque anglais.

Dans la première moitié du XVIIIe siècle, on notera également l'influence de l'architecte James Gibbs (1682-1754), dont le style s'inspire à la fois du classique et du gothique. Son œuvre majeure est l'église Saint-Martin-in-the-Fields à Londres.

Architecture galloise

Les amateurs d'architecture seront ravis au pays de Galles qui est un pays riche en constructions historiques. Villages de l'âge de fer, maisons circulaires, aux murs de pierre et au toit de paille, caractéristiques de la culture celtique (comme Fort Henrys), mais aussi et surtout des châteaux aux styles différents : normands, anglais… C'est au pays de Galles que l'on trouve la plus forte concentration de châteaux au monde.

Deux architectes gallois ont marqué l'histoire de l'architecture : William Burges qui est à l'origine de l'aménagement du château de Cardiff et de Castell Coch, chef-d'œuvre d'imagination, et Sir Clough, le père du village italien de Portmeiron dans la péninsule de Llyn.

Style géorgien et renouveau classique. Au XVIIIe siècle, apparaît le style géorgien et, avec lui, le retour au classicisme, influencé par les styles grec et romain. A la tête de ce mouvement se trouve Lord Burlington (1694-1753), un aristocrate esthète, dont le chef-d'œuvre est la Chiswick House, à Londres. Burlington collabora avec l'architecte William Kent (1675-1748) sur des bâtiments tels que Holkham Hall, dans le Norfolk. A cette époque, dans les villes, de nouvelles rues sont tracées, rectilignes, bordées de maisons individuelles toutes sur le même modèle. Celles-ci sont rectangulaires et symétriques avec un toit à quatre pans, une corniche, des fenêtres à guillotine et un porche soutenu par des colonnes. Des pilastres corinthiens ou ioniques, des bas-reliefs sont placés au-dessus des fenêtres. Les intérieurs s'habillent de couleurs pastel raffinées et présentent des plafonds aux gracieux et légers motifs antiques ainsi que d'élégants mobiliers… L'exemple parfait de ces nouvelles rues sont le Circus et le Royal Crescent de Bath, dessinés par les architectes John Wood père et fils.

On peut également citer l'architecte écossais Robert Adam (1728-1792) qui signa le renouveau classique en insistant sur le respect des proportions. Il construisit entre autres Hopetoun House près d'Edinburgh, Culzean Castle, au sud d'Ayr, ainsi que Pulteney Bridge à Bath.

Le XIXe siècle. L'architecte le plus influent de cette époque fut John Nash (1752-1835). Employé par le Prince Regent (futur George IV), son style fut qualifié de « Regency ». A Londres, il supervisa l'aménagement de Regent's Park entouré de grands ensembles cossus disposés en croissant, avec squares et terrasses.

Comme il fallait mesurer les dépenses, les bâtiments alignés étaient montés en brique ; mais comme il fallait également en « mettre plein la vue », ils étaient recouverts de stuc, et décorés en trompe-l'œil. Il construisit également Regent's street et Trafalgar square. Mais son œuvre la plus célèbre est certainement le très original Pavillion à Brighton.

On peut également citer Sir John Soane (1753-1837), contemporain de Nash, grand architecte néoclassique.

▶ **Néogothique.** Au cours de l'ère victorienne (1837-1901) le néoclassicisme céda la place au néogothique. Le « Gothic revival », plus que des architectes, vient des philosophes et sociologues, d'un éveil religieux accompagné d'un regain de morale. Dans ses critiques, John Ruskin affirme que le style gothique est pur, honnête et chrétien, une alliance parfaite des valeurs artistiques et religieuses. Selon lui également, seul les matériaux qui étaient disponibles au Moyen Age devaient être utilisés dans les constructions.

De grands projets d'urbanisation, à Chelsea, Paddington et Kensington furent lancés et le style gothique s'imposera pour tout bâtiment public ou religieux. Cette période est caractérisée notamment par le retour de la brique rouge. Les valeurs du siècle précédent sont rejetées et de nombreux bâtiments de l'époque géorgienne ainsi que des églises de Christopher Wren sont démolis.

En 1836, la reconstruction des Houses of Parliament incendiées donna à Charles Barry et August Pugin l'occasion de réaliser une œuvre d'envergure. La station de Saint Pancras, dessinée par George Gilbert Scott, est une autre œuvre d'envergure de cette époque.

Londres, Chelsea Cheyne Walk.

■ CINÉMA ■■■■■■■

Robert William Paul peut être considéré comme le pionnier du cinéma britannique. En 1894, on lui demande de réaliser une copie du kinétoscope mis au point par l'Américain Edison qui, par erreur, n'a pas été patenté en Angleterre. Il réussit à produire une machine qui, comme le kinétoscope, permet de visionner des films 35 mm. Mais les seuls films disponibles sont contrôlés par Edison. Paul s'associe alors à un certain Birt Acres pour créer une caméra 35 mm et projeter ses propres films. En 1895, le cinéma anglais fait ainsi ses débuts, quelques jours seulement après le cinéma français et la célèbre projection des frères Lumière. Birt Acres réalise quelques films courts tels que la course de bateau d'Oxford et Cambridge, l'arrestation d'un pickpocket…

A cette période, d'autres réalisateurs apparaissent, comme ceux de l'école de Brighton : James Williamson, George Albert Smith…

En 1927, le Parlement vote le Cinematographic Film Act, qui impose un quota de films produits et diffusés en Grande-Bretagne, afin d'endiguer la profusion de films américains. C'est à cette époque qu'Alfred Hitchcock tourne son premier film parlant, *Chantage* (1929). La période de l'entre-deux-guerres est marquée par deux figures importantes : Alexander Korda, qui fonde la société de production London Films en 1931, et John Grieson, auteur de documentaires.

La London Films va, au fil des années, se spécialiser dans les reconstitutions historiques et les films romantiques : *La Vie privée de Don Juan* (1934), *La Grande Catherine* (1934), *L'Invincible Armada* (1937). Des cinéastes étrangers comme René Clair, Jacques Feyder, Ernst Lubitsch, Julien Duvivier viennent travailler pour la London Films.

A la même époque, Alfred Hitchcock réalise *L'Homme qui en savait trop* (1934), *Les 39 Marches* (1935). La Seconde Guerre mondiale apportera une désorganisation générale de la production cinématographique anglaise. Cependant, des films continuent d'être produits et projetés. A côté de nombreux documentaires, on trouve également une production plus commerciale.

Après la guerre, les films sont toujours empreints d'un certain réalisme. *Brève Rencontre*, de David Lean, obtient une récompense au Festival de Cannes en 1946. On assiste également à l'émergence du genre fantastique. Parallèlement, des réalisateurs adaptent des grands classiques comme *Hamlet* et *Richard III*, mis en image par Laurence Olivier. Le film d'humour apparaît également et fait recette. Si les premiers films du genre sont encore marqués par un certain réalisme, petit à petit, ils se tournent vers l'absurde et le burlesque. Ce sont les fameuses comédies des studios Ealing, qui connaissent leur période de gloire à la fin des années 1940 et au début des années 1950. *Lady Killers, Noblesse oblige* ou encore *Passeport pour Pimlico* sont désormais des classiques du cinéma anglais.

A la mort d'Alexander Korda, la London Films périclite, supplantée par l'Association British Picture Corporation (Rank-ABPC). La période est globalement morose, malgré les productions importantes d'auteurs exilés comme Charles Chaplin (*Un roi à New York*, 1956) ou David Lean (*Le Pont de la rivière Kwaï*, 1957).

Les changements économiques qui interviennent au début des années 1960 influent sur le cinéma britannique qui se lance désormais dans des productions de prestige : *Docteur Jivago, Laurence d'Arabie*, les *James Bond...* Les plus grands cinéastes étrangers se pressent pour venir tourner dans les studios britanniques. Parmi eux, François Truffaut, Jean-Luc Godard, Jacques Demy, Roman Polanski, Sydnet Lumet... La fin des années 1960 et le début des années 1970 sont marqués par une nouvelle génération de réalisateurs issus pour la plupart du monde de la télévision : les Monty Python (*Holy Graal, The Life of Brian*) et Ken Loach (*Poor Cow*, 1967, *Kes*, 1970, *Family Life*, 1972).

Le début des années 1980 est marqué par le marasme du cinéma. La crise économique entraîne une baisse des capitaux et on assiste parallèlement à l'augmentation du nombre de foyers équipés en poste de télévision. Les films eux-mêmes sont, à cette période, assez contestataires, comme les œuvres de Ken Loach ou Stephen Frears (*My Beautiful Launderette*, 1985). Les années 1990 sont, quant à elles, caractérisées par les films de ces mêmes réalisateurs aux préoccupations avant tout sociales (*Secrets and Lies*, de Mike Leigh, obtient la Palme d'or à Cannes en 1996), par les films de Kenneth Branagh (*Beaucoup de bruit pour rien*, 1993) et par la sortie de *Trainspotting* de Danny Boyle en 1996. Elles voient également le retour incontestable de la comédie britannique sur les écrans du monde entier, avec les énormes succès de *The Full Monty, Quatre Mariages et un enterrement, Coup de foudre à Notting Hill*, etc.

Depuis l'an 2000, c'est sur le terrain des comédies sociales que le cinéma anglais rencontre le plus de succès avec des films tels que *Billy Elliott, East is East* ou *Bend it like Beckham*, qui mêlent humour et observation de la société anglaise (notamment dans les deux derniers, en ce qui concerne la difficulté des enfants d'immigrés indiens de concilier leur appartenance à la société anglaise et leurs racines indiennes). Il existe également une petite production de films de qualité (*The Lowdown, Me without you, Morvern Callar*) obtenant des succès d'estime. Enfin, les cinéastes engagés, comme Ken Loach ou Mike Leigh, continuent à faire des films qui restent très confidentiels dans leur propre pays (*Sweet Sixteen, All or Nothing*). En 2002, Danny Boyle réalise *28 Jours plus tard*. Les scènes de ce film, représentant Londres désertée de sa population après qu'un virus s'est répandu sur la ville, ont marqué de nombreux Londoniens.

Mais si le cinéma anglais est de qualité, il ne peut rivaliser avec les productions américaines, et nombreux sont les acteurs et réalisateurs anglais qui préfèrent la gloire (et les salaires) d'Hollywood. Parmi eux, on peut citer Jude Law, Hugh Grant, Kristen Scott Thomas, Liam Neeson ou encore les réalisateurs Tony Scott (*True Romance, Top Gun*), Ridley Scott (*Alien, Thelma et Louise, Gladiator*). Enfin, récemment, les films d'inspiration culturelle anglaise mais financés par Hollywood ont remporté le jackpot : les *Bridget Jones*, les *Harry Potter...*

Cinéma écossais

Parmi les films écossais les plus connus, on peut citer *The Prime of Miss Brodie* (1969) et *Kidnapped* (1972), *Local Hero* de Bill Forsyth en 1983, qui réalisa également *Gregory's Girl*, film sur les exploits romantiques d'un adolescent (1980). En 1986, *Highlander*, avec Sean Connery et Christophe Lambert est devenu un film célèbre, dont l'action se déroule à Eleian Donan Castle, un lieu féerique près de Kyle of Lochalsh. Tourné dans la région de Stirling, *Braveheart* (1996) raconte l'histoire du personnage historique de William Wallace, interprété par Mel Gibson (qui reçut un oscar), et déclencha une arrivée massive de touristes sur les lieux. Ce succès fut suivi par celui de la comédie *Loch Ness* et de *Rob Roy*, héros hors la loi, joué par Liam Nelson. Les acteurs écossais les plus célèbres sont Sean Connery, connu pour son interprétation de l'agent secret anglais James Bond, Robert Carlyle, couronné par le succès de *Full Monty* en 1997, Ewan McGregor qui joua dans *Transpotting* et récemment dans le dernier épisode de *Star Wars*, et également John Hannah (*Quatre mariages et un enterrement*), Flora Robson, Finlay Currie... Le début du XXIe siècle est marqué par un renouveau, pour ne pas dire un essor du cinéma écossais. En 2001, la réalisatrice Lynn Ramsay est primée aux oscars pour son film : *Morven Caller ;* en 2002, Peter Mullan, réalise *Magdalen sister* qui s'attira les foudres du Vatican mais qui reçut un très bon accueil au Festival de Venise ; enfin, en 2003, c'est Paul Laverty qui avec *Sweet Sixteen* a obtenu le prix du meilleur scénario au Festival de Cannes. En 2004 sort un film de Ken Loach qui, même s'il n'est pas écossais mais anglais, aura pour titre *A fond kiss* extrait du titre d'un poème de l'écossais Robbie Brurn. Enfin, en 2005, l'Ecossais Peter Mackie Burns a obtenu l'Ours d'Or au Festival de Berlin pour son court-métrage *Milk*.

Cinéma gallois

Indépendamment du cinéma britannique, le cinéma du pays de Galles, en anglais ou en gallois, s'est beaucoup développé. Il retranscrit de plus en plus une forte identité galloise. Cardiff est d'ailleurs un des pôles majeurs du film d'animation au Royaume-Uni. Parmi les films les plus connus, quelques documentaires gallois ont marqué l'industrie cinématographique. *A Letter from Wales* (1953) présente à l'écran une vision idyllique du pays de Galles rural.

Le documentaire *Dylan Thomas* (1962) de Jack Howell, portrait du célèbre poète, et textes lus par Richard Burton, lui-même d'origine galloise, a reçu l'Oscar du meilleur documentaire en 1962.

D'autres films...

▶ **Plus classiques.** *The Proud Valley* (*Ma belle vallée,* 1940), un film étonnant de Penrose Tennyson : un ouvrier noir, joué par Paul Robeson, s'intègre dans les communautés minières du sud du pays de Galles.

Qu'elle était verte ma vallée (1941), le film mythique et incontournable de John Ford sur fond de mines galloises.

▶ **Des films historiques, sociaux.** *Boy Soldier* de Karl Francis (1986), la prise de conscience d'un jeune Gallois engagé dans l'armée britannique, envoyé en mission en Irlande du Nord.

▶ **Et plus récemment.** *Hedd Wynn* (1992) retrace la vie du jeune poète rural Ellis Humphreys Evans qui mourut sur le front en 1917 avant de recevoir le grand prix de l'Eisteddfod. Un des films majeurs au pays de Galles ces dernières années, qui fut aussi nominé aux Oscars.

L'Anglais qui gravit une colline et descendit une montagne (1995), de Christopher Monger, avec Hugh Grant, légende haute en couleur avec des personnages savoureux et excentriques.

Twin Town (1997), de Kevin Allen, dans la ville de Swansea, une peinture sociale et décapante teintée d'humour noir. A l'image du cinéma britannique actuel.

Madawiad Arthur (1995), une comédie sur les attitudes et les clichés gallois : l'action est traitée dans le passé (1960) et dans l'avenir (2096), à la manière d'un film de science-fiction.

Cwm Hyfryd (*La Belle Vallée*), remake de 1993, explore l'identité galloise d'une vallée minière en crise, via un émigré gallois venu chercher ses racines dans son pays d'origine.

Grands noms du cinéma britannique

▶ **Richard Burton (1925-1984).** Né Jenkins, cet acteur gallois a partagé sa vie entre le cinéma et le théâtre shakespearien. Il est aussi connu pour ses deux mariages tourmentés avec Elizabeth Taylor, avec qui il figura dans *Cléopâtre*. A son actif : *Qui a peur de Virginia Woolf ?* (1966), *L'Espion qui venait du froid* (1966), *Under the Milk Wood,* un film tourné au pays de Galles, adaptation du poète gallois Dylan Thomas.

▶ **Charlie Chaplin (1889-1977).** Charles Spencer (dit Charlie). Chaplin, l'un des personnages les plus emblématiques du XXe siècle est né à Londres, dans le quartier d'East Lane à Walworth. Il monte sur les planches très jeune en compagnie de son frère aîné. Son talent pour la pantomime est vite reconnu et il part en tournée en Europe, au Canada et aux Etats-Unis. En 1913, il signe un contrat avec Hollywood et c'est là qu'il devient véritablement célèbre grâce à sa première apparition en tant que Charlot dans le film *Kid Auto Races at Venice,* de Henry Lehrman. Ce personnage, avec son chapeau melon, sa petite moustache, sa canne et sa démarche de canard lui sera à jamais associé. Devenu réalisateur, Chaplin se met en scène dans plus de 70 films, dont il compose lui-même la musique. Tous ses films, dont de nombreux courts-métrages, sont autant de chefs-d'œuvre portant la marque de son sens inimitable du comique accompagné souvent d'une profonde mélancolie. Parmi les plus connus, citons *Le Vagabond* (1916), *The Kid* (1921), *La Ruée vers l'or* (1925), *Les Temps modernes* (1936) et *Le Dictateur* (1940). Dans toute son œuvre, Chaplin prend la défense de l'individu confronté à l'adversité et à la persécution. Après avoir fui l'Amérique du maccarthysme en 1952, Chaplin part s'installer en Suisse. En 1975, il est anobli par la reine d'Angleterre avant de mourir en Suisse deux ans plus tard, le 25 décembre 1977.

Retrouvez l'index général en fin de guide

▶ **Alec Guinness (1914-2000).** Ce comédien et acteur aujourd'hui mondialement connu a commencé sa carrière au théâtre en jouant des rôles classiques shakespeariens. Par la suite, il élargit son répertoire au théâtre moderne et s'illustra avec brio dans la mise en scène d'œuvres de Sartre ou Ionesco. Il a aussi mené une importante carrière cinématographique, qui lui a apporté une très grande notoriété, grâce aux premiers rôles qu'il a tenus dans de nombreux succès parmi lesquels *Le pont de la rivière Kwaï* (1957) et *Lawrence d'Arabie* (1961).

▶ **Alfred Hitchcock (1899-1980).** Alfred Joseph Hitchcock est né le 13 août 1899 à Leytonstone dans la banlieue de Londres. Après un stage d'assistant technicien, il obtient son premier emploi où il conçoit des sous-titrages dans les films muets. En 1923, il devient assistant puis metteur en scène. Son talent lui permet une ascension rapide dans le milieu cinématographique alors florissant. Son premier film important, *Les Cheveux d'or* (*The Lodger*), sort en 1926. En 1929, il réalise *Chantage*, son premier film parlant. Mais, dans ses films suivants, Hitchcock utilisera encore de longues séquences muettes. Ses films mettent beaucoup l'accent à la fois sur la peur et sur l'imagination, et sont connus pour leur humour cocasse. Surnommé « le maître du suspense », Hitchcock parvient à doser l'art de nouer et dénouer les fils de l'intrigue, avec humour et angoisse pour retenir l'attention du spectateur et le faire frissonner. Dans les années 1930, il réalise deux de ses chefs-d'œuvre : *Les 39 Marches* (1935) et *Une femme disparaît* (1938). Hitchcock part ensuite pour Hollywood où il y restera tout au long de sa carrière. *Rebecca* sort en 1940 et sera suivi d'une production très abondante. Parmi ces films produits aux Etats-Unis, on peut noter les célèbres *L'homme qui en savait trop* (1934), *Fenêtre sur cour* (1954), *Le crime était presque parfait* (1954), *Psychose* (1960) et *Les Oiseaux* (1963). Il réalise son dernier film, *Complot de famille*, en 1975 et meurt le 29 avril 1980 à Los Angeles.

■ FESTIVITÉS ■■■■■

En Angleterre

▶ **Le 5 novembre, se déroule le Guy Fawkes Day,** commémoration de « la conspiration des poudres » de l'année 1605, lorsque Guy Fawkes a tenté de faire exploser le Parlement. A cette occasion, on fait des feux de joie, on brûle des mannequins, et on fait sauter des pétards et des feux d'artifice. C'est la fête dans toute l'Angleterre.

Cardiff, Festival d'été au château.

En Écosse

▶ **Chaque année, une centaine de rencontres, se déroulant en été et en automne, rassemblent les Ecossais pour participer à un tournoi traditionnel, les Highlands Games.** L'origine de cet événement remonte au XIVᵉ siècle. Il s'agissait de mettre en compétition les prétendants à la charge de garde du corps des seigneurs locaux.

La forme actuelle de ces festivités fut définie dans les années 1820 et regroupe des épreuves sportives et artistiques.

Les hommes s'opposent dans différentes épreuves de force : le lancer d'un tronc mesurant 6 m et pesant de 60 kg à 65 kg ; le tir à la corde ; deux formes de lutte ; le lancer d'une pierre pouvant atteindre jusqu'à 14 kg ; le lancer d'un poids à une main pesant jusqu'à 25 kg.

La partie artistique accueille des jeunes filles pratiquant la danse des épées (en souvenir de la danse exorcisant le mauvais œil, exécutée en 1054 par Malcom III après qu'il eut tué un lieutenant du roi Macbeth), et aussi un concours de cornemuses en solo ou en bande.

Au pays de Galles

Parmi les nombreuses traditions du pays de Galles, trois se distinguent des autres. Ce sont les Eisteddfodau, Noson Lawen et Cymanfa Ganu.

▶ **Les Eisteddfodau** constituent probablement la plus ancienne tradition galloise, la plus populaire. Des Eisteddfodau – célébration et concours de musique et de poésie – ont lieu toute l'année dans presque toutes les villes et petits villages. Les gagnants d'eisteddfodau locaux vont alors concourir au niveau national au Royal national Eisteddfod of Wales (Eisteddfod Genedlaethol Cymru).

C'est le plus large festival folk d'Europe, il est tenu dans une ville galloise différente, alternativement en Galles du Sud et en Galles du Nord. Il faut absolument participer à cette réunion pour connaître la véritable atmosphère galloise. Se renseigner sur le site (www. eisteddfod.org.uk) pour connaître les prochaines dates et lieux.

▶ **L'autre tradition : Noson Lawen (Merry Night).** A l'origine, célébration pour fêter l'arrivée des récoltes, on récitait des vers, on dansait, on buvait de la bière et du cidre. Durant ces longues nuits d'hiver, la musique jouait un rôle important. Aujourd'hui, Noson Lawen donne l'occasion à chacun de montrer ses talents musicaux, une sorte de fête de la musique qui a lieu en hiver.

Que ramener de son voyage ?

Voici quelques suggestions de souvenirs typiquement « british » qui trouveront sûrement une place dans vos bagages :

▶ **D'Angleterre :** porcelaines de Wedgwood, la faïence, les Teddy bears, le thé et tout ce qui s'y rapporte, le Burberry, vêtement de pluie totalement imperméable, ainsi que tout ce qui est en laine (plaids, tartans, jupes, etc.), de nombreux produits de qualité et bien moins chers qu'en France.

▶ **En Ecosse,** on travaille le bois, le verre, la pierre, la laine et de nombreux bijoutiers sont spécialisés dans les objets en argent. Vous pourrez aussi trouver du saumon sauvage fumé à emporter et, bien sûr, le whisky écossais.

▶ **Le pays de Galles** n'est pas exactement le paradis du shopping, mais vous y trouverez de bons produits locaux. D'abord, tout ce qui est à base de laine. Rien d'étonnant, vu le nombre de moutons, surtout dans le Nord et l'Est du pays de Galles, vers Betws-y-Coed, Llangollen et Welshpool (où se trouve une fabrique de laine connue dans toute la Grande-Bretagne). Ensuite, c'est l'occasion d'acheter des bijoux celtes, des bagues et des colliers entrelacés en or ou gallois. Tregaron, petit village près de Fishguard, est le centre de l'or gallois et accueille un nombre époustouflant de bijoutiers. Enfin, si les spécialités culinaires vous ont plu, vous pouvez toujours acheter du laverbreadbread (spécialité à base d'algues) en conserve !

▶ **Nos Galan Gaeaf (All Hallow's Eve),** directement liée à la tradition celte de la nouvelle année, est devenue aujourd'hui Halloween (Hallow's Eve) le 31 octobre. Au pays de Galles, Nos Galan Gaeaf est une nuit où les esprits marchent libres. Les fantômes de personnes décédées apparaissent à minuit à l'entrée de chemins de campagne. Dans certaines parties du pays de Galles, le fantôme est connu comme étant Ladi wen (la dame blanche).

▶ **Saint-David's Day.** Le jour de fête nationale, le 1er mars, on fête Saint-David's Day. Ce jour-là, le Gallois arborent des poireaux (emblème national du pays) en mémoire du saint qui ne mangeait que ce légume comme preuve de sa simplicité. Beaucoup portent des jonquilles comme emblème de substitution, c'est plus joli, ça sent meilleur et le mot « jonquille » est presque le même que celui de « poireau » en gallois ! Enfin, il y a d'autres coutumes, un peu plus triviales : par exemple, le « pub crawl ». Il s'agit de faire tous les pubs du quartier dans la soirée jusqu'à ce que la cloche sonne !

▶ **National Eisteddfod.** La culture galloise est fêtée toutes les années grâce au National Eisteddfod. Ce festival est le plus ancien et le plus important. Son origine remonte en 1176 quand Lord Rhys organisa dans son château de Cardigan une réunion des musiciens et des poètes où le meilleur participait au repas à la table du lord. Cette tradition est maintenant gérée par le National Eisteddfod avec l'obligation de changer de région chaque année

■ LITTÉRATURE ■■■■

Littérature anglaise

Dans l'*Histoire ecclésiastique de la nation anglaise* du moine Bède le Vénérable, publiée en 732, la vie quotidienne au Moyen Age est dépeinte avec détails. On trouve également d'autres traces de la littérature de cette époque dans des poèmes qui auraient été écrits entre les VIIIe et Xe siècles. A partir de la conquête normande en 1066, le français remplace largement l'anglais dans les œuvres littéraires ordinaires, et le latin conserve son rôle de langue savante. Ce n'est qu'au XIVe siècle que l'anglais redevient la langue d'élection des classes dirigeantes. La littérature anglaise réapparaît et se diversifie, influencée par les littératures française et italienne.

Les véritables débuts de la littérature anglaise sont marqués par l'écrivain Geoffrey Chaucer qui est l'auteur des *Contes de Canturbery* (1387). Il s'agit de plusieurs histoires racontées sur des tons différents et supposées être contées par des pèlerins en route pour Canterbury. Cette série de contes présente une fresque réaliste des types sociaux composant l'Angleterre médiévale. Ses successeurs n'auront pas son talent, mais on peut tout de même citer les noms de Thomas Occleve, John Skelton et Dunbar.

Aux XVᵉ-XVIᵉ siècles, trois auteurs humanistes préparent la période brillante qui va suivre : John Colet, William Grocyn et Thomas Linacre. En 1516, Thomas More rédige *Utopie*, une critique sociale et politique où il décrit une île où régnerait un système « communiste » parfait.

L'influence italienne qui avait déjà marqué Chaucer, touche encore davantage les poètes de ce siècle comme Henry Surrey ou Thomas Wyatt.

Trois auteurs vont marquer cette période. Tout d'abord, Edmund Spenser, qui compose des poèmes d'une grande pureté. John Lyly, quant à lui, s'attachera à un style très fin et son œuvre connaîtra un grand succès. Enfin, Philip Sidney, adoptera un style voisin de Lyly et son travail restera un modèle du roman pastoral. Ses livres ne seront pourtant publiés qu'après sa mort. Le travail de ces trois écrivains inspirera bon nombre d'auteurs jusqu'à la fin du XVIᵉ siècle.

Mais la Renaissance verra surtout un développement exceptionnel du théâtre.

Les dramaturges de l'époque annoncent l'œuvre de William Shakespeare qui restera le maître incontesté des scènes anglaises. Le philosophe Francis Bacon et les poètes et dramaturges Marlowe et Johnson demeurent également des figures incontournables de cette période.

La première moitié du XVIIᵉ siècle, marquée par le puritanisme, est peu propice à la littérature à l'exception des productions théâtrales qui, avec des auteurs comme James Shirley ou John Ford, continuent à faire œuvre d'une grande vitalité jusqu'en 1642, date de la fermeture des salles.

La restauration des Stuarts, en réaction au puritanisme, favorise la réouverture des théâtres où résident désormais des troupes, à l'image de celles du roi et du duc d'York. Cette résurrection suscite un réel foisonnement littéraire. La nouvelle génération se caractérise par la recherche du bon goût, de la modération et par l'imitation des classiques grecs et latins. Son essai sur la poésie dramatique, publié en 1668, constitue un des fondements du classicisme anglais.

La poésie de John Dryden possède une grandeur, une force et une plénitude de ton que l'époque accueille avec enthousiasme. En prose, c'est le rationalisme qui prévaut, notamment en philosophie avec Thomas Hobbes.

Cette époque voit également la production d'œuvres en prose de nature différente. On retiendra tout particulièrement Samuel Pepys qui dans son Journal (Pepy's Diary), tenu entre 1659 et 1669, décrit d'une manière colorée la vie quotidienne à Londres au XVIIᵉ siècle.

Un siècle plus tard, le poète classique Alexander Pope écrit en vers un *Essai sur la critique* (1711) et un *Essai sur l'homme* (1734). Plus satirique, Jonathan Swift, critique de manière acerbe les conditions de vie des Irlandais dans son ouvrage *Modeste proposition*. Il est également l'auteur des *Voyages de Gulliver,* son œuvre la plus célèbre, publiée en 1726, dans laquelle il critique, de façon d'autant plus forte qu'elle est menée métaphoriquement, la société absolutiste et ébauche une véritable philosophie de la connaissance.

C'est à cette même période que le roman fait son apparition comme genre littéraire à part entière, avec Daniel Defoe et son célèbre *Robinson Crusoé* publié en 1719. D'autres auteurs s'illustreront dans cette discipline comme Richardson avec *Paméla ou La vertu récompensée* (1740), roman sentimental qui rencontra, lors de sa publication, un succès important. La mort d'Alexander Pope (1744) et de Jonathan Swift (1745) marque un tournant et la fin d'une époque féconde. Samuel Johnson devient le nouveau chef de file. Johnson compose des poésies perpétuant les traditions et les exigences des poètes classiques, mais il est plus connu pour sa prose, et pour ses dons extraordinaires de causeur. Il publie un également un *Dictionnaire de la langue anglaise* en 1755. C'est le premier dictionnaire compilé selon les normes modernes de la lexicographie.

D'autres auteurs se dégagent également. Ami de Johnson, Oliver Goldsmith se montre à la fois conservateur dans la forme et précurseur du romantisme dans un roman, le *Vicaire de Wakefield* (1766), où se mêlent de nombreux personnages. D'autres genres voient aussi le jour dans la mouvance du journalisme. En philosophie, citons les travaux de David Hume et de George Berkeley très influencés par John Locke.

A la fin du XVIIIᵉ et au début du XIXᵉ siècle, la poésie anglaise est influencée par le courant romantique qui se développe en Allemagne. Ce courant privilégie l'émotion face à la raison. Des auteurs comme William Cowper ou Thomas Gray marquent leur époque, suivis de Samuel Coleridge et William Wordsworth qui publient *Les Ballades lyriques,* une œuvre collective.

Ce seront ensuite Parcy Bysshe Shelley, Lord Byron et John Keats qui symboliseront le triomphe du romantisme. On peut également retenir de cette période l'autobiographie passionnée et fantasmagorique de Thomas De Quincey, *Confessions d'un mangeur d'opium anglais* (1822), qui inspira à Baudelaire ses *Paradis artificiels.*

A l'actif du romantisme, il y aura également la fondation de plusieurs revues comme *Edinburgh Review* (1802), *Blackwood Magazine* (1817) et *Westminster Review* (1824). L'époque proprement romantique ne va durer qu'une trentaine d'années, jusqu'en 1830.

Parallèlement à ce changement littéraire, des bouleversements historiques vont également se produire. Les écrivains se font désormais les témoins, parfois critiques, ou les acteurs de leur époque. En poésie, on rencontre deux principaux courants. Celui incarné par Alfred Tennyson, dont les poèmes, empreints d'une grande sensibilité, se font l'écho des inquiétudes, des problèmes et des aspirations de l'époque. Et celui de Robert Browning, qui se détache véritablement du romantisme et propose une poésie marquée par une analyse presque scientifique.

Charles Dickens illustre le mieux cette période par ses romans, *Oliver Twist* (1838) et *David Copperfield* (1849), qui peignent la société de son temps et dénoncent la misère grandissante dans les villes.

Parmi les autres personnalités marquantes du roman victorien, on peut citer Anthony Trollope, George Eliot et Thomas Hardy.

Deux auteurs écossais sont également populaires à l'époque : Robert Louis Stevenson qui dissimule, dans des œuvres riches en péripéties et se déroulant dans un cadre exotique, de profonds débats moraux et métaphysiques et Arthur Conan Doyle à qui l'on doit le célèbre détective *Sherlock Holmes.*

Parallèlement, le romantisme influence toujours les romanciers sociaux, et cela est particulièrement visible dans les œuvres des sœurs Brontë.

A la fin du XIXᵉ siècle, un nouveau courant voit le jour : l'esthétisme, dont le meilleur représentant est sans conteste Oscar Wilde (*Le Portrait de Dorian Gray*, 1891). A la même époque, l'Irlande exprime son particularisme. Chez le poète William Butler Yeats et le dramaturge John Millington Synge, l'inspiration irlandaise est véritablement présente.

Les premières années du XXᵉ siècle sont marquées par une nouvelle génération d'écrivains. Ceux-ci ne sont plus seulement les témoins de leur temps, mais ils s'impliquent également dans la société, tant d'un point de vue politique que social. On retiendra William Henley et Rudyard Kipling dont les livres traitent de l'impérialisme britannique. Chesterson et Belloc, quant à eux, s'investissent dans des luttes d'idées.

A cette même période, de nombreux autres écrivains participent à ce foisonnement faisant de la littérature anglaise l'une des plus riches du monde : Joseph Conrad, Arnold Bennet, John Galsworthy ainsi que les poètes Wilfried Owen et Rupert Brooke, pour n'en citer que quelques-uns.

L'entre-deux-guerres est marquée par une remise en question des modes de pensée. Parmi les romanciers et les nouvellistes, c'est Aldous Huxley, écrivain marqué par un fort idéalisme, qui exprime le mieux le sentiment de désillusion

et de désespoir de la période d'après-guerre. E. M. Forster fait dans *la Route des Indes* (1924) une critique acerbe du colonialisme ; DH Lawrence provoque un scandale avec *L'Amant de Lady Chatterley* (1928), un roman qui fait l'apologie de l'amour physique en réaction à l'intellectualisme ; et les romans de Virginia Woolf, dont *Mrs Dalloway* (1925) et *La Promenade au phare* (1927), portent à son apogée la technique du monologue intérieur. C'est également à cette époque également que Virginia Woolf, reçoit de nombreux artistes et écrivains dans sa maison située dans le quartier londonien de Bloomsbury et fonde ainsi le « Bloomsbury Group », qui comprend notamment T. S Eliot (*La Terre Vaine*, 1922), Edward Morgan Forster, Aldous Huxley…

Parmi les autres talents de cette période, on retiendra Evelyn Waugh, Graham Greene et l'Irlandais James Joyce. Ce dernier, dans *Ulysse* (1922) et *Finnegans Wake* (1939), révolutionne véritablement la littérature du XXᵉ siècle, tant sur les plans narratif, stylistique, que par un usage ludique, fantasmagorique et anti-normatif du langage.

Dans les années 30, celle qui devait devenir la « reine du crime », Agatha Christie (*Le Crime de l'Orient Express, Dix petits Nègres*), invente ses célèbres personnages Miss Marple et le détective Hercule Poirot.

Après la Seconde Guerre mondiale, arrive une nouvelle génération d'écrivains qui se montrent assez critiques vis-à-vis de la société anglaise. Certains, font montre d'un véritable classicisme, tandis que d'autres s'orientent vers des œuvres profondément pessimistes et inquiètes (William Golding ou George Orwell). Et c'est en 1953 que Ian Fleming donne naissance à James Bond, le célèbre agent 007 auquel il consacrera 13 omans.

La génération d'écrivains suivante sera marquée du sceau de la révolte. Un groupe d'écrivains, les « jeunes gens en colère », parmi lesquels figurent Kingsley Amis, John Wain, John Braine et Colin Wilson, fustige les valeurs traditionnelles de la « bonne vieille Angleterre ». Pendant les années 50-60, plusieurs femmes se font également remarquer, parmi lesquelles Doris Lessing qui a dénoncé l'apartheid (*Nouvelles africaines,* 1951) et s'est intéressée à la condition de la femme dans la société, Iris Murdoch, estimée pour ses analyses tout à la fois habiles et drôles de la vie de ses contemporains *(Une tête coupée,* 1961), et Muriel Spack (*Le Bel Age de Miss Brodie,* 1961).

Mais c'est surtout au théâtre qu'un véritable bouleversement va se produire avec des auteurs comme John Osborne, Arnold Wesker et surtout Harold Pinter (prix Noel de littérature 2005), dont les pièces présentent souvent des situations cocasses dans une atmosphère de plus en plus dramatique. Ces auteurs ouvrent la voie postmoderniste que l'Irlandais Samuel Beckett, dont le théâtre minimaliste, voire nihiliste, qui donne une vision dérisoire de l'activité humaine (*Pas moi*, 1973 ; *What Were*, 1983) portera à son apogée.

Dans les années 80, Martin Amis (fils de Kingsley Amis) deviendra l'un des écrivains anglais les plus influents de sa génération grâce à ses féroces satires (*Money*, 1984 ; *London Fields*, 1989).

Parmi les auteurs contemporains, plusieurs se sont intéressés aux minorités ethniques.

Dans *Bouddha de banlieue*, Hanif Kureshi raconte la vie d'immigrés pakistanais et *Sourires de loup*, le premier roman de Zadie Smith est une saga familiale se déroulant dans un quartier multiethnique du nord de Londres. En 2003, *Bricklane* de Monica Ali, qui se passe dans la communauté d'immigrants bangladais de l'East End londonien, a rencontré un énorme succès public et critique.

Dans un style plus léger, on notera l'impressionnant succès du *Journal de Bridget Jones* d'Helen Fielding, publié en 1997 et adapté au cinéma ainsi que celui des *Harry Potter*, de J.-K Rowling.

Littérature écossaise

La poésie bardique des makaris (poètes gaéliques écossais) a perduré jusqu'au XVIIIe siècle. L'inspiration héroïque et la complexité des rythmes apparaissent notamment dans *Le Livre du doyen* de Lismore (1512-1526). Cette atmosphère sera ranimée dans les Highlands, placées sous la dépendance culturelle de l'Irlande, par l'inspiration courtoise tandis que les poètes de clans deviendront des poètes nationaux. Les recueils de poésie orale au moment de l'effritement de la culture celte, après MacPherson. Et l'exil, l'urbanisation, l'adoption d'un bardisme souvent frelaté par le romantisme européen réduiront à néant au XIXe siècle la littérature des Highlands.

C'est ainsi, en l'honneur du plus grand poète écossais de langue anglaise, qu'est célébré le « Burns supper » A cette occasion, il est de tradition de déguster le « Haggi » accompagné d'un bon whisky vers le 25 janvier. Cette panse de brebis farcie doit être servie et mangée avec une certaine théâtralité en l'honneur de Robert Burns : des toasts sont portés à sa mémoire et à son style de locution. Cet hommage est respecté par toutes les couches de la société que ce soit dans un pub ou un au sein d'un club.

La renaissance poétique ne s'effectuera qu'après 1918, avec des auteurs comme McLean, Hay, Crichton, Smith, McDiarmid, qui s'ouvrent aux problèmes internationaux et aux techniques modernes pour s'enraciner dans l'universel.

La littérature des Basses Terres, au contraire s'inscrit très tôt dans l'histoire de la littérature anglaise. Jacques VI d'Ecosse, lui-même écrivain, devenant Jacques Ier d'Angleterre en 1603, met paradoxalement fin au particularisme écossais.

Les pièces religieuses du Moyen Age, la floraison du XVe siècle (Barbour, Henryson, Dunbar, Douglas, Lyndsay) débouchent, sous l'influence de Chaucer, sur un ton particulier mêlé de virulence, de passion et de nostalgie pastorale, que l'on retrouvera chez Robert Burns et Byron. L'originalité de l'enracinement écossais se traduit en matière intellectuelle. Ainsi Edimbourg est pour la philosophie du XVIIIe siècle le lieu d'un humanisme rigoureux qui refuse de se séparer d'une vision sceptique teintée d'espoir.

Tandis que l'Ecosse devient le décor de la passion sauvage (Emily Brontë), elle crée le roman historique (Walter Scott) et se lance dans la découverte de la diversité du monde avec le roman d'aventures (Robert Louis Stevenson). L'image d'une civilisation cohérente (ordre, travail, hiérarchie) fondée sur l'alliance « spontanée » de la paysannerie et d'une aristocratie qui aurait retrouvé le sens de sa mission, trouve son expression chez Carlyle. Cependant, la réalité écossaise est absente : l'Ecosse, menacée d'assimilation, offre son passé idéalisé comme utopie à l'Angleterre ou au monde, mais ne se représente pas. Le retour à Dunbar prôné par Hugh McDiarmid rapprochera les écrivains écossais des exilés qui célébreront le droit à la différence après la guerre de 1914. Entre nostalgie, révolte et insertion culturelle (Ronald Laing), la littérature écossaise inscrit sa paralysie : Robert Burns et Walter Scott auront créé un cliché de l'Ecossais que les écrivains d'aujourd'hui ne peuvent ni assumer, ni changer, faute d'avoir su comme l'Irlande, ouvrir ses bras à ses propres hérétiques et exilés.

Littérature galloise

Comme la plupart des pays celtiques, le pays de Galles a connu une longue tradition de récits oraux. Ils ont été regroupés au XIe siècle dans le *Livre du Mabinogion* (publié en traduction anglaise au XIXe). On y retrouve toutes les bases des légendes arthuriennes et l'histoire des rois gallois. Un livre magnifique que l'on peut trouver en gallois bien sûr, en vieil anglais ou en français. Un des plus vieux chefs-d'œuvre de la littérature européenne.

La vie des mineurs et les dures conditions de travail des mines sont une source inépuisable de livres et de témoignages diverses. Le quotidien des mineurs gallois a été raconté avec réalisme et humour par Richard Llewelyn (1907-1983) dans *How Green Was My Valley* (1939 – *Qu'elle était verte ma vallée*) qui fut un succès mondial. Kate Roberts (1891-1985), romancière et nouvelliste galloise a décrit la vie des ouvriers des carrières du comté de Gwynedd.

Un autre célèbre homme de lettres au pays de Galles est Saunders Lewis (1893-1985), universitaire, journaliste politique et critique littéraire qui fut aussi en 1925 le fondateur de Plaid Genedlaethol Cymru, parti nationaliste et autonomiste. Quant à Daniel Owen (1836-1895), il est considéré comme le plus grand romancier de langue galloise. Mais l'écrivain le plus célèbre reste bien sûr Dylan Thomas (1914-1953), connu pour ses pièces *Under the Milk Wood*, sa poésie et ses nouvelles autobiographiques comme *Portrait of the Artist as a Young Dog* (1940). La production littéraire galloise reste cependant moins importante que celle de l'Angleterre et de l'Ecosse.

Le panthéon de la littérature britannique

▶ **Jane Austen (1775-1817).** Enfant d'une famille nombreuse et fille de pasteur, c'est à la mort de celui-ci qu'elle se met à l'écriture pour distraire ses frères et sœurs. On lui doit *Amour et amitié, Raison et sensibilité* ou les *Deux manières d'aimer* (1811), *Orgueil et préjugé* (1813). Son œuvre s'oppose au roman romantique qu'elle ne cesse de fustiger avec humour. Elle publie également *Mansfield Park* (1814), *Emma* (1816), *Persuasion* (1818) dans lesquels elle fait montre de pessimisme. Elle reste une des grandes figures du roman moderne anglais.

▶ **Sir James Barrie (1860-1937).** Né à Kirriemuir, il est le célèbre créateur de *Peter Pan,* dans la pièce de théâtre L'enfant qui ne voulait pas grandir.

▶ **Emily Jane Brontë (1818-1848).** Romancière et poétesse, elle eut comme ses deux sœurs, Charlotte et Anne, une enfance difficile qui fut à l'origine de son écriture. Elle reste la plus célèbre des trois sœurs, alors qu'elle fut celle qui écrivit le moins. De son grand chef-d'œuvre, mondialement connu, les *Hauts de Hurlevent* (1847), émanent une grande poésie, une communion avec la nature.

▶ **John Burgess Wilson dit Antony Burgess (1917-1993).** Cet universitaire débute sa carrière d'écrivain tardivement, à 40 ans, ce qui ne l'empêche pas d'être un auteur très prolixe. On lui doit notamment *Orange mécanique* (1962), *Les Puissances des ténèbres, Dernières nouvelles du monde, Le Testament de l'orange. Orange mécanique* a été adaptée au cinéma par le réalisateur Stanley Kubrick en 1971.

▶ **Robert Burns (1759-1796).** Né à Alloway, au sud d'Ayr, fils d'un jardinier, il est célèbre pour son écriture populaire. Il eut surtout du succès à Edimbourg, grâce à ses écrits satiriques contre l'ordre établi. Il mourut à Dumfries. The Burns National Heritage Park,

à Alloway, présente le cottage où il est né, et un musée lui est consacré à Dumfries.

▶ **Lord Byron (1788-1824).** Héritier d'une famille excentrique et siégeant à la chambre des Lords dès l'âge de 21 ans, Byron fut un voyageur insatiable. Il mena une vie dissolue, parsemée de scandales (divorce, rumeurs d'inceste…) avant de s'établir en Italie où il composa la majeure partie de son œuvre. Sa mort prématurée aux côtés des combattants grecs fit de lui un personnage clé du romantisme. On lui doit notamment *Le Pèlerinage de Child Harold* (1812), *Le Corsaire* (1813), *Caïn* (1821) et *Don Juan* (1824).

▶ **Charles Lutwidge Dodgson (dit Lewis) Caroll (1832-1898).** Mathématicien, il enseigne à Oxford et publie de nombreux ouvrages scientifiques. Sa formation initiale se retrouve dans la construction très structurée de ses livres. Il prit un pseudonyme en 1856. Personnage assez timide, il aimait davantage l'univers de l'enfance que le monde des adultes. C'est le souvenir d'une amitié enfantine, avec une prénommée Alice, qui lui inspira *Alice aux pays des merveilles*. Le succès du livre fut tel qu'il lui écrivit une suite : *De l'autre côté du miroir* (1872) dans lequel l'univers des adultes est représenté par un échiquier sur lequel l'enfant évolue. Il est aussi l'auteur de *La chasse au snark* (1876), *Une histoire embrouillée* (1885), *Ce que la tortue dit à Achille* (1894).

▶ **Barbara Cartland (1901-2000).** Son univers est rose, rose, comme l'amour, les sentiments éternels, ses incroyables toilettes et les plus de 500 romances écrites jusqu'à ce jour. Auteur le plus vendu au monde (600 millions d'exemplaires), Barbara Cartland bouclait habituellement un livre en quinze jours. Leurs noms : *Une vierge à Paris, Les Vibrations de l'amour, L'Extraordinaire Lune de miel,* etc. Elle affirmait avoir été lue par le président Sadate et Indira Gandhi. Deux principes, pas de sexe et moins de 200 pages. Militante d'innombrables organisations caritatives, elle trouva aussi le temps d'écrire des livres d'histoire, de cuisine et de médecine par les plantes.

▶ **Samuel Taylor Coleridge (1772-1834).** Fils d'une famille pauvre, il débute ses études à Cambridge où il est reçu en 1791. C'est à cette période qu'il commence à prendre des médicaments et à abuser de l'alcool pour tenter d'endiguer les troubles psychiques qui le minent. Il fuit Cambridge et intègre l'université d'Oxford. Il part ensuite s'installer à Bristol en compagnie de son ami Robert Southey rencontré là. Il y écrit ses premières œuvres poétiques en 1796. L'année suivante, il fait la connaissance de Wordsworth avec lequel il publie *Ballades lyriques* en 1798. Il séjourne ensuite en Allemagne, voyage qui influencera grandement son style. Son œuvre reste marquée par les hallucinations liées à la prise de drogues.

▎ **Sir Arthur Conan Doyle (1859-1930).** Né à Edimbourg, où il étudia la médecine, il est célèbre pour avoir écrit les aventures du détective Sherlock Holmes, dont la statue s'élève à Picardy place, où Doyle est né.

▎ **Joseph Conrad (1857-1924).** Ce romancier britannique d'origine polonaise fut également un grand navigateur. Dans pratiquement tous ses romans, la mer et la vie à bord des navires tiennent une grande place. Ses romans les plus célèbres sont *Lord Jim* (1900), *Fortune* (1913), *La Flèche d'or* (1919), mais aussi des nouvelles : *Au cœur des ténèbres* (1899), *Entre terre et mer* (1912). Personnage sombre et tourmenté, il est devenu un classique dans les écoles, alors qu'il a été d'abord relativement contesté.

▎ **Daniel Defoë (1660-1731).** Issu d'un milieu social modeste, il voyage en Europe et écrit pour gagner sa vie. Son œuvre est riche et variée : Le moyen le plus rapide d'en finir avec *Les Dissidents* (1702), *L'Hymne au pilori* (1703), *L'Anglais bien né* (1704). Il fonde également *La Review* (1704) qui devient par la suite *Le Mercator* (1713). C'est assez tardivement qu'il se lance dans l'écriture de romans, genre qui le rendra célèbre. On peut citer Heurs et malheurs de la fameuse Moll Flanders (1722), *Journal de l'année de la peste* (1722), *Le Colonel Jacques* (1722), *Lady Roxane ou L'heureuse catin* (1724) et surtout *Robinson Crusoé* (1719).

▎ **Charles Dickens (1812-1870).** Ce grand écrivain nous a laissé un tableau précis et souvent pathétique de la vie quotidienne des pauvres de Londres au XIXᵉ siècle. Il s'est inspiré de sa propre enfance, puisqu'il a grandi dans le quartier du port, dans le dénuement, alors que son père était en prison pour dettes. Clerc de notaire, puis chroniqueur au Parlement et journaliste, il écrivait en marge de son métier. Son premier roman, *Les Aventures de M. Pickwick* (1837), bien typique de l'humour anglais mais plein de tendresse, lui apporta le succès. Il fut suivi de *Oliver Twist* et de *David Copperfield*, deux ouvrages et deux jeunes héros qui ont enchanté le monde. Les récits de Charles Dickens, presque toujours situés à Londres, dénoncent la misère et les injustices sociales. Il reste l'un des auteurs anglais les plus populaires et les plus lus.

▎ **Thomas Stearns Eliot (1888-1965).** Originaire des Etats-Unis, il fait ses études à Harvard, à La Sorbonne puis à Oxford. Davantage que par sa formation universitaire, il est influencé par l'écriture de Jules Laforgue qui inspire ses débuts littéraires. En 1922, il publie *La Terre vaine*, en 1925, *Les hommes creux* et en 1930, *Mercredi des Cendres*. Ses pièces de théâtre sont empreintes de la même unité dramatique. Il est également l'auteur d'ouvrages de critique littéraire et fut couronné par le Prix Nobel de littérature en 1948.

▎ **William Golding (1911-1993).** Le roman qui le rendit célèbre, *Sa majesté des mouches*, publié en 1954, fut adapté au cinéma par P. Brook. Dans ce livre, comme dans les suivants, il dépeint la cruauté de l'homme envers la nature et ses semblables et sa destruction. Il a aussi écrit : *Les Héritiers* (1955), *Parade sauvage* (1979), *Cible mouvante* (1982). Il a reçu le prix Nobel de littérature en 1983.

▎ **Graham Greene (1904-1991).** A la fois journaliste, auteur dramatique et romancier, il débute sa carrière en collaborant au *Times*, journal pour lequel il devient correspondant de guerre. Ses missions lui inspirent ses premiers romans : *C'est un champ de bataille* (1934), *Tueur à gages* (1936), *Le Ministère de la peur* (1943), *Le Troisième Homme* (1950). Il publie également des nouvelles. *Après sa conversion au catholicisme*, en 1926, il écrit aussi des textes à thème religieux : *La Puissance et la Gloire* (1940), *Essais catholiques* (1953).

▎ **Thomas Hardy (1840-1928).** Ce romancier, poète et dramaturge effectue sa formation à Londres où il étudie l'astronomie, la théologie ainsi que la littérature. Il publie *Remèdes désespérés* (1871), *Sous la verte feuillée* (1872), *Deux yeux bleus* (1873). Mais ce sont les romans de caractère qui vont le rendre célèbre : *Le Retour au pays natal* (1878), *Les Forestiers* (1887), *Tess d'Uberville* (1891) qui fera scandale lors de sa parution. D'autres romans choquent également l'opinion au point que l'épouse de l'auteur tente même de faire interdire *Jude l'obscur* qui parut en 1895. En 1904, il écrit *Les Dynastes*, roman présenté sous la forme d'une fresque qui raconte les guerres napoléoniennes. Les personnages de ses romans sont toujours poursuivis par une sorte de psychologie passionnelle, alternant mouvements d'engouement et phases dépressives de repli solitaire qui les entraînent au malheur. La morale au moins publique est toujours là telle une épée de Damoclès sur le personnage principal.

▎ **Aldous Huxley (1894-1963).** Ce célèbre journaliste, poète et romancier, débute sa carrière par de brillantes études à Eton et à Oxford. Très jeune, il commence à écrire des articles et des poèmes, et à être publié. Il trouvera sa principale expression dans le roman.

Son œuvre est caractérisée par une critique du monde, et particulièrement de la société des médias, souvent empreinte d'ironie et d'un certain pessimisme : *Jaune de chrome* (1921), *Antic Hay* (1923), *Contrepoint* (1928). Son livre le plus célèbre est *Le Meilleur des mondes* (1932), dans lequel il dresse un tableau acerbe et quelque peu prophétique de la société américaine et du totalitarisme qui guette les sociétés modernes.

▶ **Henry James (1843-1916).** Ce romancier et critique américain d'origine irlandaise est né à New York. Il reçoit une éducation variée et se nourrit de nombreux voyages principalement en Europe. Il réside ensuite un moment à Paris où il écrit *L'Américain* (1877) puis s'installe à Londres. Il est naturalisé anglais un an avant sa mort, en 1915. C'est là qu'il produit les ouvrages les plus importants de son œuvre : *Daisy Miller* (1878), *Un portrait de femme* (1881), *La Princesse Casamassima* (1886). Il écrit également des pièces de théâtre qui ne rencontrent pourtant que peu de succès. Mais il existe une continuité entre ses œuvres théâtrales et romanesques. *Les Ailes de la colombe* (1902), *Les Ambassadeurs* (1903), *La Coupe d'or* (1904). Avec Henry James, le lecteur ne se contente plus de s'identifier aux personnages, mais doit s'impliquer davantage, il devient un acteur subjectif du drame qui se noue.

▶ **Phyllis Dorothy James, dit P. D. James (1920).** Nouvelle « reine du crime », elle a repris la tradition britannique de ces dames parfaitement policées qui concoctent avec délices les crimes les plus abominables devant une tasse de thé. Héritiers directs d'Agatha Christie, P. D. James et son héros, le policier Adam Dalgliesh, résolvent les mystères les plus impénétrables. Il y a quelques années, à la Chambre des Lords, elle a reçu le titre de baronne James of Holland Park ; fille de fonctionnaire, elle a travaillé elle-même pendant quarante ans dans l'Administration. Elle a terminé sa carrière au département de police scientifique du ministère de l'Intérieur. En 2001, à l'âge de 80 ans, elle a publié son dernier roman, *Meurtre en soutane*. Elle vit aujourd'hui à Londres.

▶ **John Keats (1795-1821).** Ce poète romantique, issu d'un milieu très modeste, connut surtout un succès posthume. Mort de tuberculose à 26 ans, il laissa quelques-uns des textes qui figurent parmi les plus fameux du romantisme anglais : *La Belle Dame sans merci* (1820), *Hypérion* (1820) et *La Veille de la Saint-Marc* (1820). Ami de Shelley, celui-ci lui rendit hommage après sa mort dans *Adonaïs*.

▶ **Rudyard Kipling (1865-1936).** Né en Inde dans une famille anglo-indienne, il y débute une carrière de journaliste et publie ses premiers poèmes et nouvelles. Il voyage ensuite beaucoup et ses pérégrinations le conduisent en Amérique où il écrit *Le Livre de la jungle*. Peu après, il s'installe en Angleterre. Toute sa carrière sera marquée par son enfance passée à Bombay. Il publie des nouvelles (*La Tâche quotidienne* en 1898), des récits (*Les Bâtisseurs de ponts, Guillaume le Conquérant*). Il a écrit également un ouvrage dédié à son enfant mort tragiquement, ainsi qu'une biographie inachevée : *Quelque chose de moi-même*. Il reste aussi célèbre pour sa morale que l'on retrouve notamment dans le célèbre poème *If* et son éloge de la grandeur de l'empire britannique. Il a reçu le prix Nobel de littérature en 1907.

▶ **Arthur Kœstler (1905-1983).** Ecrivain d'origine hongroise, Arthur Koestler est célèbre pour son roman *Le Zéro et l'infini* (1941), relatant les purges au moment des procès de Moscou. Communiste, engagé toute sa vie contre le totalitarisme, il participa à la guerre d'Espagne (*Le Testament espagnol*). Dans *Une flèche dans l'azur* (1951), il raconte son expérience du communisme.

▶ **David Herbert Lawrence (1885-1930).** Il s'agit du célébrissime auteur de *L'amant de lady Chatterley*. Ce texte qui fit scandale à sa parution en 1928, reflète la sensibilité d'un écrivain et poète amoureux de la sensualité et de la nature dans une société encore très conservatrice et marquée de valeurs plus spirituelles. Ses autres livres, *Amants et fils* (1913), *L'Homme qui était mort* (1931), *Femmes amoureuses* (1921), ont connu une moindre publicité.

▶ **Thomas Edward Lawrence, dit Lawrence d'Arabie (1888-1935).** Officier et écrivain d'origine anglo-irlandaise, T. E. Lawrence fait ses études à Oxford. Parallèlement, il apprend également la langue arabe et voyage ensuite plusieurs années en Mésopotamie et en Syrie. C'est à lui que l'Angleterre doit sa victoire à Damas en 1918 contre les troupes turques commandées par Falkenhayn. A la suite de la convention de Versailles dénonçant l'alliance anglo-arabe, il renonce à son grade et aux avantages financiers qui lui sont liés. Il débute alors une carrière d'écrivain avec *Les Sept Piliers de la Sagesse* (1926) et une traduction de *L'Odyssée*.

▶ **Arthur Machen.** Ecrivain et journaliste originaire de Caerlon (1863-1947). Spécialiste du roman de science-fiction gothique, il a terrifié ses lecteurs avec *Le grand Dieu Pan* et *Le roman du cachet noir*. Son univers doit beaucoup aux légendes et traditions médiévales galloises. Lovecraft le cite comme une influence majeure. Il fut également acteur et traducteur des *Mémoires de ma vie* de Casanova.

▶ **William Somerset Maugham (1874-1965).** Né en France, il y passe une partie de sa jeunesse puis la quitte pour aller étudier la médecine en Angleterre. Attiré par la littérature, il publie deux romans, *Liza de Lambeth* et *Mrs Craddock* qui le rendent rapidement célèbre. Grand voyageur, romancier et dramaturge, il fut également agent secret pendant la Première Guerre mondiale. De culture française, il admirait beaucoup Jules Renard, Maupassant et Voltaire.

▶ **Marie Clarissa Miller, dite Agatha Christie (1890-1976).** Auteur de près de 70 romans, ses livres sont des modèles du roman policier classique. Parmi son abondante production, on retiendra notamment *Le Crime de l'Orient-Express* (1934) et *Dix Petits Nègres* (1939). Ses principaux protagonistes, Hercule Poirot et Miss Marple, connaissent une renommée mondiale.

▶ **John Milton (1608-1674).** Le père d'une partie de l'école romantique connut une existence plutôt difficile. Après avoir fait le séminaire, Milton choisit finalement de voyager et de se marier. Il divorça peu de temps après, atteint de cécité et chassé de son emploi au ministère des Affaires étrangères, il consacra les dernières années de sa vie à son œuvre maîtresse : *Le Paradis perdu* (1667), long poème tragique aux accents bibliques dont le personnage principal est Satan. Parmi ses autres œuvres, il faut retenir *Le Paradis reconquis* (1671) et *Samson Agonistes* (1671).

▶ **Thomas Moore (1779-1852).** Originaire d'Irlande, il vient étudier le droit à Londres. En 1801, il publie *Poèmes de Thomas Little,* recueil à caractère érotique. Il part ensuite pour les Bermudes où il occupe un poste administratif. Il y réside de 1803 à 1805. A cette époque, il écrit *Lalla Rookh* et *Épîtres, Odes et autres poèmes.* Il reste également célèbre pour sa veine satirique.

▶ **Harold Pinter (1930).** Né à Londres en octobre 1930, Harold Pinter, prix Nobel de littérature 2005 et récompensé auparavant par de nombreux autres prix, l'un des repésentants du « théâtre de l'absurde » est l'auteur du *Gardien* (1959), *Collection* (1962), *L'Amant* (1962), *Le Retour* (1965) et *No man's land* (1975). Outre sa trentaine de pièces de théâtre, Pinter a travaillé avec le cinéma en écrivant les scénarios de plusieurs films dont *The Servant* (1963) de Joseph Losey, *The last tycoon* (*Le dernier nabab,* 1974) d'Elia Kazan

ou encore *La Femme du lieutenant français* (1980) de Karel Reisz. Auteur engagé – il a refusé en 1948 de faire son service militaire –, il n'a jamais cessé de défendre ardemment les droits de l'Homme que ce soit hier au Chili ou aujourd'hui en Irak.

▶ **George Bernard Shaw (1856-1950).** Ecrivain et auteur dramatique irlandais d'expression anglaise, prix Nobel de littérature en 1925. Il publia tout d'abord plusieurs ouvrages politiques et sociaux. Egalement romancier sans grand succès, il fut ensuite critique dramatique et musical. Mais c'est comme auteur dramatique qu'il parvint le mieux à exprimer ses idées. Violentes envers la société victorienne, ses pièces ont marqué et renouvelé le répertoire anglais. Citons par exemple : *Le Héros et le Soldat* (1894), critique de l'héroïsme, *Pygmalion* (1912), dérision des préjugés de classe. La longue correspondance qu'il entretint avec miss Sarah Campbell a fait l'objet d'une adaptation théâtrale sous le titre de *Cher menteur* (1957). Celle-ci permet de mieux appréhender la personnalité et la causticité du personnage. Ses pièces sont régulièrement montées en France.

▶ **William Shakespeare (1564-1616).** William Shakespeare fut l'un des plus grands dramaturges de tous les temps. Pourtant, on sait relativement peu de choses de lui, au point que certains ont même suggéré qu'il n'avait jamais existé et n'avait été qu'un prête-nom pour un auteur illustre de l'époque, voire que son œuvre aurait été réalisée par plusieurs personnes. Aujourd'hui cependant, la plupart des historiens reconnaissent l'existence du poète génie. William Shakespeare est né à Stratford-upon-Avon, fils d'un riche commerçant. A dix-huit ans, il épouse Anne Hathaway, dont il aura trois enfants. Mais, malheureux dans ce mariage, il quitte rapidement son foyer pour aller s'installer à Londres, où il commence une carrière de comédien et de poète. Il se lie alors d'amitié (ou peut-être plus) au jeune comte de Southampton, Henry Wriothesley, auquel il dédia ses deux premiers ouvrages, *Vénus et Adonis* (1593) et *Le Viol de Lucrèce* (1594), ainsi que la plus grande partie des *Sonnets* (écrits peut-être entre 1593 et 1597 et publiés en 1609). Après un bref séjour à Stratford, Shakespeare revient à Londres et commence à être très productif. C'est à ce moment que son succès s'établit véritablement. Il débute sa carrière en reprenant des pièces à sujet historique, sur les rois d'Angleterre d'abord, puis sur l'Antiquité. Il écrira également ses célèbres tragédies *Roméo et Juliette* (1595), *Hamlet* (1602), *Othello* (1604), *Macbeth* (1606) et des comédies dramatiques. Shakespeare jouera notamment au Globe Theatre à Londres.

Il s'enrichit énormément et gagne l'estime de la reine Elizabeth Ire qui apprécie beaucoup son œuvre. Mais, au plus fort de son succès, Shakespeare s'éloigne de plus en plus de la capitale. L'incendie du Globe Theatre en 1613 le décide à retourner définitivement à Stratford où il meurt en 1616. Shakespeare fut l'auteur d'une œuvre immense. On lui attribue 37 pièces dont seulement 16 furent publiées de son vivant. En 1623, la totalité de son œuvre fut réunie dans un folio par ses amis de la compagnie des King's Men.

▶ **Percy Bysshe Shelley (1792-1822).** C'est en Italie qu'il écrit ses œuvres les plus importantes : *Révolte de l'Islam* (1818), *Prométhée délivré* (1820), *Défense de la poésie* (1821). Grand ami de Keats, la mort de ce dernier l'affecte beaucoup et lui inspire le poème *Adonaïs* (1821).

▶ **Robert Louis Balfour Stevenson (1850-1894).** Après avoir suivi des cours dans une école d'ingénieur, il fait des études de droit puis s'inscrit au Barreau en 1875. Atteint de tuberculose, il passera sa vie à voyager en quête de lieux et de climats plus cléments. Au fil des années, il délaisse le droit pour la littérature. De ses pérégrinations, il rapportera *Un voyage dans les terres* (1878), puis, l'année suivante, *Un voyage avec un âne à travers les Cévennes*. En 1885, il publie *Docteur Jekyll et Mister Hyde*, chef-d'œuvre de l'épouvante, puis *L'Île au trésor* (1883). Vers la fin de sa vie, il part pour Tahiti et les Marquises. C'est à Samoa qu'il écrira *Dans les mers du Sud* (publié en 1896) et *Le Barrage d'Hermiston* (roman inachevé, publié en 1896).

▶ **Dylan Thomas (1914-1953).** Poète gallois, originaire de la région de Swansea. Poète maudit qui débuta sa carrière comme journaliste à Londres, Thomas n'écrit qu'en anglais mais ses écrits reflètent toute sa sensibilité galloise. Ses thèmes favoris oscillent entre adolescence et sexualité. Le poète est incompris et taxé de pornographie. Il meurt de fatigue et des suites de ses nombreux excès d'alcool, après avoir écrit *Poèmes Choisis*, une pièce. La bibliographie compte de nombreux chefs-d'œuvre comme la pièce de théâtre *Under the Milk Wood,* et des nouvelles autobiographiques, *Portrait of the Artist as a Young Dog.*

▶ **Herbert George Wells (1866-1946).** *L'Homme invisible* (1897), c'est lui ! Professeur, journaliste, puis romancier, il est avant tout l'auteur d'une importante œuvre d'anticipation dont on retiendra particulièrement *La Machine à explorer le temps* (1895), *La Guerre des mondes* (1898) et *L'Île du docteur Moreau* (1896).

▶ **Oscar Wilde (1854-1900).** Après des études à Oxford, il devient rapidement l'un des dandys les plus admirés en Angleterre, tant pour sa beauté, son élégance et son raffinement que pour son esprit ironique fertile en bons mots. Il publie *Poèmes* (1881), *Le Prince heureux et autres contes* (1888), puis des histoires, des essais, un roman fantastique. *Le Portrait de Dorian Gray* (1891), que l'on dira un peu autobiographique, sera un grand succès même si son hédonisme souleva les polémiques. Son théâtre (*L'Eventail de Lady Windermere*, 1892, *De l'importance d'être constant*, 1895, etc.) propose une satire, légère et de bon aloi, des mœurs de l'aristocratie britannique. Compromis dans un retentissant scandale relatif à son homosexualité, Wilde est condamné à deux ans de travaux forcés et emprisonné. Sa réputation et son univers s'effondrent. Il quitte ensuite l'Angleterre pour la France où il meurt dans la déchéance.

▶ **Virginia Woolf (1882-1941).** Romancière et critique littéraire, elle fonde sa propre maison d'édition. Féministe, elle se fait remarquer par de fortes prises de position. Elle s'illustre en écrivant des romans qui sont également des poèmes : *La chambre de Jacob* (1922), *Promenade au phare* (1927), *Orlando* (1928). Elle est aussi l'auteur de plusieurs biographies. Hantée par la crainte de sombrer dans la folie, isolée et angoissée par la guerre, elle se suicide en 1941. Son œuvre, moderne et complexe, est remarquable de subtilité.

■ MUSIQUE ■■■■■■

Les plus grands noms de la musique classique anglaise sont les compositeurs Henry Purcell (1659-1695), Edward Elgar (1857-1934) et Benjamin Britten (1913-1976). Cependant, bien que les Londoniens aiment la musique classique, que la ville compte cinq orchestres symphoniques et offre de nombreux concerts, ce n'est pas dans ce domaine que les Anglais ont été les plus productifs.

Au XXe siècle, l'Angleterre a exercé une influence incontestable et reconnue dans le monde entier dans le domaine du rock et de la pop. Les Beatles, les Rolling Stones ou encore les Who révolutionnèrent la musique et la société dans les années 1960. Ils iront même jusqu'à éclipser les Etats-Unis qui occupaient jusque-là le devant de la scène musicale. En 1969, les Stones, lors d'un concert gratuit à Hyde Park, jouent pour plus de 250 000 fans.

Après ces « Swinging Sixties », les années 1970 seront marquées par l'inventivité et l'excentricité de David Bowie et l'apparition de groupes comme Pink Floyd, Led Zeppelin ou encore Queen et son chanteur charismatique Freddie Mercury.

A la fin des années 1970, le mouvement punk apparaît en Grande-Bretagne et des groupes comme les Sex Pistols et Clash se font l'écho d'une génération désabusée. Après cette période rebelle et revendicative, les années 80 apportent, comme par contraste, une nouvelle vague romantique et soucieuse des apparences. Bananarama, Wham, George Michael, The Cure marqueront une génération. C'est également à cette époque qu'apparaît la « dance music », les premiers morceaux house et techno et avec eux se répandent des petites pilules euphorisantes appelées Ecstasy. La jeunesse se presse dans les clubs pour se balancer, pupilles dilatées, sur ces nouveaux rythmes.

Les années 90 sont le témoin du retour d'une certaine « Brit pop », avec des groupes comme Suede, Pulp, Blur, Oasis. Et, dans la tradition des groupes rock/pop anglais, la fin des années 1990 et le début des années 2000 virent l'arrivée sur la scène musicale d'excellents groupes comme Radiohead et ColdPlay. L'Angleterre continue donc à produire d'excellents groupes bien que ceux-ci soient parfois éclipsés par les hits plus commerciaux des Spice Girls, Robbie Williams et autres pop stars.

La musique anglaise sait également évoluer, elle se nourrit de toutes les influences que connaît le pays. Ainsi Talvin Singh ou Asian Dub Foundation mélangent les rythmes jungle (issus des sound-systems d'influence électronique et jamaïcaine) et musique indienne traditionnelle.

Depuis quelques années, un autre mouvement musical fait beaucoup parler de lui : le UK garage, du hip-hop avec des influences reggae, drum n bass et electro. Si le collectif So Solid Crew s'était déjà fait un nom depuis un certain temps, c'est avec Mike Skinner (alias The Street), un jeune rappeur blanc originaire de Birmingham, que le UK garage semble avoir perdu son éternel statut de musique underground. Avec des artistes tels que Ms Dynamite (Niomi Mc Lean Daley) et MC Dizze Rascal, qui ont tous deux remporté le prestigieux Mercury Prize, le UK garage s'est affirmé comme l'une des révélations musicales de ce début de millénaire. Et l'Angleterre s'est finalement découvert sa propre culture hip-hop, définitivement dégagée de l'influence américaine.

Grands noms de la musique britannique

▌ **The Beatles (1962-1970).** Idoles de toute une génération, les Beatles continuent, trente ans après leur séparation, de susciter la passion et des milliards de dollars de bénéfices.

L'histoire du groupe commence à Liverpool, en 1957, quand John Lennon, Paul McCartney et George Harrisson forment un groupe : The Quarry Men. Pete Best, le premier batteur des Beatles,

> # Quelques albums qui ont marqué la musique anglaise
>
> ▌ **The Beatles :** *Revolver.*
>
> ▌ **The Rolling Stones :** *Beggar's Banquet.*
>
> ▌ **Pink Floyd :** *Dark Side of the Moon.*
>
> ▌ **The Clash :** *London Calling.*
>
> ▌ **The Sex Pistols :** *God Save the Queen*
>
> ▌ **David Bowie :** *The Rise and Fall of Ziggy Stardust and the Spiders from Mars.*
>
> ▌ **Blur :** *Modern Life is Rubbish.*
>
> ▌ **Massive Attack :** *Blue Lines.*

les rejoint. Mais il faut attendre 1960 pour que le groupe, devenu Johnny and The Moondogs, connaisse le succès. En 1962, Pete Best est remplacé par un certain Richard Starkey, dit Ringo Starr. Les « Quatre garçons dans le vent » sont prêts pour la gloire. Cette même année, *Love me do*, leur premier 45 tours est un succès phénoménal. Les tubes s'enchaînent ensuite et leur réputation traverse les frontières. C'est la Beatlemania. Leurs mélodies sont reprises en chœur par le monde entier. Les Fab'Four sont même reçus par la reine Elizabeth, en 1965, pour être décorés de la médaille de membre de l'Empire Britannique. Mais, dès la fin des années 1960, des tensions se font sentir au sein du groupe. L'emprise qu'a sur John Lennon sa compagne Yoko Ono n'arrange pas les choses (ils enregistreront ensemble par la suite plusieurs albums dont le célèbre *Imagine*). En 1970, le groupe est dissolu, au grand désespoir des fans. Malgré cela, leurs tubes inoubliables, de *Yesterday* à *Sergent Pepper*, de *Let it Be* à *Back in the USSR*, continuèrent, et continuent encore aujourd'hui, à tenir le haut du pavé. Mais la légende connut une issue tragique avec l'assassinat de John Lennon en 1980. George Harrison l'a rejoint en 2002. Paul McCartney, quant à lui, poursuit avec succès une carrière solo. Il s'est récemment remarié avec l'ex-top model, Heather Mills, et a effectué une tournée mondiale en 2003-2004.

▌ **Benjamin Britten (1913-1976).** Compositeur anglais né le 22 novembre 1913 à Lowestoft, Suffolk, et mort le 4 décembre 1976 à Aldeburgh. Britten est un compositeur extrêmement fertile et un excellent pianiste. Son œuvre aborde tous les genres avec une prédilection pour la musique à texte.

Britten travaille la composition avec Frank Bridge, puis avec John Ireland au Royal College of Music. Il connaît son premier succès international à ses *Variations* sur un thème de Frank Bridge (pour orchestre à cordes) données au Festival de Salzbourg en 1937. C'est grâce à l'opéra qu'il acquiert sa célébrité. Il en composa plus de quinze jusqu'à *Death in Venice* en 1973. Il écrit le plus souvent suite à des commandes comme pour l'English Opera Group, le ténor Peter Pears ou le violoncelliste Rostropovitch…

Britten est considéré comme le créateur de la mélodie anglaise moderne. L'artiste produisit également beaucoup de musique pour les enfants et pour les amateurs (Gemini Variations 1965, The Golden Vanity 1966…).

▶ **The Clash (1977-1984).** Rarement un groupe aura autant matérialisé la vision musicale et l'intégrité absolue. Le Clash se forme en pleine effervescence punk à Londres (1976-1977). Là où les Sex Pistols s'engouffrent dans l'autodestruction, le Clash se fait le porte-parole d'une rage sociale et politisée. Le Clash est un groupe de la rue, qui bouge avec ses mouvements et ses sons : au fur et à mesure de son parcours, sa musique s'enrichit des genres musicaux nés dans et véhiculés par la rue ; reggae, hip-hop, funk. Leur premier album éponyme sera un concentré de dynamite et demeure un des meilleurs albums punk.

Avec *London Calling,* en 1979, le groupe sort un chef-d'œuvre de vision, d'intensité et d'équilibre musical. Porté par la voix révoltée et l'écriture acérée de Joe Strummer, le groupe s'envole. Punk, rock, reggae, pop, rockabilly s'entremêlent et se croisent pour faire de ce disque un manifeste de la jeunesse contre le contexte social sacrificiel qui règne en ce début d'ère thatchérienne.

Comme son nom l'indique, *Sandinista* (1980) est un disque révolutionnaire dans tous les sens du terme. Le Clash sort là un triple album mais sacrifie ses royalties pour que le disque soit vendu au prix d'un simple. C'est l'opus le plus complexe des Clash. Le plus incompris aussi. Mais peut-être le plus beau. Une suite de collages, de rêves, de messages et de voyages sensoriels du blues au hip-hop en passant par la soul et le rock des débuts. Le groupe pouvait-il aller plus loin ? *Combat Rock* amènera le succès commercial planétaire avec des hits comme *Should I Stay or Should I Go* ou *Rock the Casbah.* Très abouti, le disque est un peu moins fou que les précédents. « Trop » professionnels, les membres du groupe commencent à appréhender la perte de leur élan.

Alors qu'ils n'ont jamais vendu autant de disques, ils décident de se séparer peu après, puis à arrêter le Clash. Craignant de devenir des stars uniquement motivées par l'argent, le groupe se sépare en 1984. Il demeure aujourd'hui dans les esprits un exemple d'intégrité et l'un des premiers grands groupes populaires à avoir cassé les barrières entre les genres musicaux. Interrogé à la fin des années 1990 par un journaliste des Inrockuptibles, Joe Strummer avait lâché simplement :

« On avait tout dit, on avait craché notre dégoût de ce qui n'allait pas dans notre société, mais on ne pouvait pas aller plus loin, on n'avait pas de solution constructive à proposer. A moins de se répéter éternellement dans le vide, il valait mieux arrêter. » Joe Strummer est décédé d'un arrêt cardiaque le 22 décembre 2002. Paix à son âme !

▶ **Julian Cope.** Après avoir fait les belles heures de l'after-punk et de la new wave au début des années 1980 avec son groupe The Teardrop Explodes, ce jeune Gallois originaire de Deri se lance dans une carrière solo en 1984. Totalement à part sur la scène pop anglo-saxonne et légèrement cinglé, il tente de prolonger les expériences lysergiques de ses ancêtres du psychédélisme des années 1960 et 1970, sur le plan musical autant que comportemental. Il en résulte une quinzaine d'albums tous plus fous et baroques les uns que les autres, irréductibles à un seul genre, et souvent imprégnés de mythologie celtico-galloise.

▶ **The Cure.** L'endurance et la créativité sont deux adjectifs souvent utilisés pour décrire la musique et la carrière du plus connu des groupes alternatifs de la scène anglaise. Tout comme U2 et Dépêche Mode, The Cure est emblématique de la musique anglo-saxonne de la fin du XXe siècle. Sur le marché depuis 25 ans et ayant connu quasiment autant de changement, The Cure est passé de la chasse gardée des gothiques à l'appréciation populaire, jusqu'aux concerts dans des stades remplis sans avoir failli sur la qualité de leur musique. Né en pleine vague punk à la fin des années 70, The Cure est mené par le charismatique Robert Smith. Leurs titres incontournables sont : *Killing an arab, A forest, The hanging garden, Lullaby, 10.15 Saturday night, Close to me, Just like heaven…*

C'est en 1976 que quatre amis de Crawley dans le Sussex, décident de monter le groupe Malice. Il se produisent dans les petites salles de la ville. Réduit à trois, ils changent de nom pour devenir The Cure et sont repérés par une petite maison de disque allemande. Après un désaccord, ils coupent les ponts et signent chez Polydor. Leur premier album *Boys don't cry* porte déjà la patte de The cure dans un style punk et rockabilly. Puis leur style devient plus sombre et angoissé, à l'image de Robert Smith, tel *Seventeen seconds, Faith* et *Pornography*. Le groupe anglais s'impose comme l'un des fers de lance de la new wave/ cold wave. En 1984, le groupe amorce un virage pour proposer un mélange de jazz et de rock sur fond de synthétiseurs (*Let's go to bed, The walk*, et surtout *The Lovecats*, en hommage aux *Aristochats* de Walt Disney). Les Cure sont maintenant des stars internationales, leur album *The Top* sorti en 1985 est un succès. En France la vague de la Curemania est un peu plus tardive. Il faut attendre 1986 et *The Head on the Door* pour qu'ils deviennent populaires. Le groupe est extrêmement prolixe et enchaîne les succès. Mais épuisés par les promos et les concerts, et déçus par les nombreux remaniements du groupe, Robert Smith et ses acolytes annoncent la séparation du groupe en 1989. Mais la passion pour la musique l'emporte et en 1992 Robert Smith reprend le micro pour sortir l'album *Wish*. Mais le retour est noirci par une histoire de procès entre Lol, un membre du groupe et son ami Smith. Bien qu'il n'ait plus la notoriété qu'il obtint à la fin des années 80, The Cure reste aujourd'hui un des groupes les plus novateurs de la musique anglo-saxonne.

▶ **Genesis.** Ce fut un des groupes les plus populaires dans les années 70, 80 et 90. La longévité de leur succès n'a été battue que par les Rolling Stones et The Kinks. Genesis est fondé à partir du groupe « Garden Wall » fondé par Peter Gabriel et Tony Banks à leur quinzième anniversaire en 1965, à l'école de Surrey alors que leurs camarade de classe Michel Rutherford et Anthony Phillips jouent de leur côté chez Anon. A leur sortie de l'école les quatre talentueux musiciens se rapprochent, rejoint par le batteur Chris Stewart, pour créer les « New Anon ». Repéré par un ancien de l'école, devenu producteur, ils sortent leur premier single *The Silent Sun* en février 1968. Chris Stewart quitte le groupe et se fait remplacer par John Silver. Ce dernier amène un accompagnement plus orchestral comme sur l'album *From Genesis to Revelation* sorti en 1969. L'école finie, le groupe décide de se lancer dans la musique en tant que professionnel. Silver est remplacé par John Mayhew et Genesis obtient son premier contrat pour un concert en septembre 1969. Le groupe subit deux nouveaux départs; Phillips ne parvient pas à surmonter son trac, craque et part en compagnie de Mayhew. Phil Collins est alors engagé comme batteur et Steve Hackett comme guitariste. Leur présence renforce la qualité artistique du groupe, alors que Gabriel fait de chaque apparition une véritable performance artistique. Ils sortent ensemble leur premier album *Nursery Crime*. Le deuxième album sort en 1972, *Foxtrot*, un bijou de rock progressive accompagné de paroles complexes et intelli-gentes qui en font un des meilleurs albums du groupe. Il est suivi de *Selling England by the Pound* en 1973, aussi encensé par la critique. En 1975, Gabriel annonce qu'il quitte le groupe pour des raisons personnelles. Phil Collins endosse le rôle de leader et le groupe sort un nouvel album en 1975 *The Trick of the Tail*. En 1977, Hackett annonce son départ, le style du groupe devient plus pop commerciale ce qui ne nuit aucunement à son succès grandissant. A l'image de *Abacab* (1981), *That's All* (1983), *Invisible Touch* (1985), les hits s'enchaînent. Genesis joue en concert dans la cour des grands avec les Rolling Stones ou Greatful Dead. En 1991, l'album *We Can't Dance* est premier des ventes en Angleterre et quatrième aux Etats-Unis. Genesis resurgit en 1997, avec *Calling All Stations*, à qui la critique et les fans font un accueil plutôt tiède. Depuis Genesis ne sort que des rétrospectives.

▶ **Georg Friedrich Haendel (1685-1759).** Compositeur et musicien, Haendel, issu d'une famille d'origine allemande, influença beaucoup les maîtres de l'école viennoise. Son œuvre est imprégnée de références françaises et italiennes. On lui doit de nombreux opéras (*Agrippina*, 1709), ainsi que des oratorios (*Samson*, 1748), *Le Messie* et la fameuse *Water Music*. Il fut reconnu par ses contemporains à l'égal de Purcell.

▶ **The Kinks (1963).** La qualité de leurs mélodies en faisait de parfaits rivaux des Beatles. Certaines de leurs chansons figurent d'ailleurs au panthéon des plus grandes réussites musicales britanniques : *Waterloo Sunset, All days and all of the nights, You really got me, Sunny afternoon…* Leur leader, Ray Davies, reste un des plus fins mélodistes de la scène pop britannique des années 1960, et un chroniqueur sans égal.

▶ **Manic Street Preachers.** Punk et provocant, c'est le principal groupe rock du pays de Galles. Au top dans les années 1990, ils sont Gallois et fiers de l'être puisqu'ils ont refusé de jouer devant la Reine lors d'une de ses visites au pays de Galles.

▶ **Freddie Mercury (1946 - 1991).** Le chanteur des Queen est né sous le nom de Farrokh Bulsara le 5 septembre 1946 à Zanzibar. Un an après il déménage en Inde avec sa famille, où il est élevé jusqu'en 1963. Il est alors envoyé avec sa sœur en Angleterre pour étudier. Ayant fini ses études d'art, il rejoint son premier groupe IBEX, monté en 1969. Connu pour sa voix qui est capable de couvrir de trois octaves et demi et sa technique d'opéra, il est l'un des chanteurs les plus versatiles et accomplis de la scène pop anglaise des années 70 à 90.

Mercury travaille à la composition de plusieurs succès du groupe Queen tels *Bohemian Rhapsody*, *Somebody to Love* et *We Are the Champions*. Il fait en parallèle une carrière solo avec deux albums *Mr. Bad Guy* (1985) and *Barcelona* (1988). Sur ce dernier il partage l'affiche avec Montserrat Caballé, la célèbre soprano catalane. Son grand succès solo fut *The Great Pretender* en 1987 de son vivant et *Living On My Own*, après sa mort. Il déclare son homosexualité la veille de son décès, alors qu'il est atteint du Sida. Il meurt le 24 novembre 1991, à Londres.

▶ **Oasis (1993).** Groupe emblématique de la scène Brit-Pop mené par les deux frères Gallagher, Oasis fait au moins autant parler de lui par sa musique que par le comportement de « brats » de ses membres. Ils ont vendu des millions de disques, usé tous les membres originels du groupe (seuls les Gallagher restent), eu de nombreux problèmes de drogue, d'alcool et de bagarres avec des journalistes. Des superstars comme on n'en fait plus.

▶ **Henry Purcell (1659-1695).** Mort à l'âge de 36 ans, le génie musical anglais du XVIIe siècle a cependant laissé une œuvre abondante où se côtoient musiques religieuse et profane. Son opéra le plus célèbre et le plus abouti est certainement *Dido and Aeneas* (1689), mais on lui doit également d'autres pièces, davantage marquées par la mode de l'époque, parmi lesquelles *King Arthur* (1691) et *The Tempest* (1695).

▶ **Rolling Stones.** Les Stones furent les grands rivaux des Beatles. Plus rock, plus provocateurs sur scène et dans les paroles de leurs chansons, ils aimaient entretenir une image de « mauvais garçons » opposée au « Peace and Love » des hippies. En 1962, Mick Jagger, Keith Richards, Brian Jones, Bill Wyman et Charlie Watts donnent leur premier concert au Marquee à Londres. En 1964, *It's All over now* est un énorme succès. Et, un an plus tard, le titre *Satisfaction* les élève au rang de superstars. Suivront ensuite les albums *Aftermath* (1966), et *Beggar's Banquet* (1968). En 1969, Brian Jones quitte le groupe et meurt un mois plus tard. Le groupe engage Mick Taylor et enregistre *Let It Bleed* (1969), *Sticky Fingers* (1971) puis *Exile on Main Street* (1972). Mick Taylor sera ensuite remplacé par Ron Wood et le groupe continue de travailler ensemble bien que, à partir des années 1980, Jagger et Richards s'intéressent de plus en plus à leurs carrières solo. Bill Wyman quitte le groupe en 1991. Mais les Rolling Stones ne sont pas morts. Darryl Jones le remplace et, en 1994, sort *Voodoo Lounge* puis *Bridges to Babylon* en 1997. En 2002 pour fêter ses 40 ans, le groupe sort la compilation *Forty Licks* et part en tournée. Un succès phénoménal ! En septembre

2005, la sortie en France de l'album *A bigger band* annonce en quelque sorte la tournée européenne 2006 du groupe.

▶ **The Sex Pistols (1975-1978).** S'il n'a pas à proprement parler inventé le punk (puisqu'il existait déjà à New York), ce groupe reste néanmoins archétypique de ce mouvement musical. Une carrière météoritique d'à peine trois ans lui aura suffi à bouleverser le paysage pop-rock. Réunis et propulsés par le manager au nez creux Malcom McLaren, les quatre membres du groupe sortent en pleine période baba cool une poignée de chansons qui ébranlent l'establishment britannique par leur violence et leur nihilisme (*Anarchy in the UK, God Save the Queen*). Elles sont suivies en 1977 de l'album Never mind the bollocks… et soutenues par des apparitions télévisées et des prestations scéniques pour le moins tapageuses. Alors qu'ils ont failli n'être qu'un « coup » commercial initié par leur manager, une mode passagère, une simple anecdote dans l'histoire de la musique anglo-saxonne, ils ont marqué durablement les esprits (choquant les uns, éveillant les consciences des autres). Il faut dire que d'autres formations musicales semblables (The Clash, The Buzzcocks, The Jam, etc.) ont vu le jour au même moment, avec les mêmes motivations esthétiques et musicales (urgence et spontanéité des textes et de la musique, aspirations au changement.)

▶ **George Solti (1912-1997).** Ce chef d'orchestre originaire de Hongrie, est considéré comme l'un des plus grands chefs du monde. Né en 1912, à Budapest, il commence le piano à l'âge de six ans et donne ses premiers concerts à douze ans. Après avoir étudié la composition à l'Académie Franz Liszt, dans sa ville natale, il travaille à l'Opéra de Budapest et au Festival de Salzbourg. Mais rapidement les événements mondiaux forcent Solti, de confession juive, à partir en exil pour la Suisse où il se produit en tant que pianiste. A la fin de la Seconde Guerre mondiale, Solti commence réellement sa carrière de chef lyrique. Il est nommé à Munich puis à Francfort avant de prendre un nouvel essor au Covent Garden de Londres en devenant son directeur musical de 1961 à 1971. Il s'y forge une renommée internationale. Solti part alors pour Chicago en 1969, pour travailler en tant que directeur musical de l'Orchestre Symphonique de la ville. Un poste qu'il conserve jusqu'en 1991. Entre 1972 et 1975, Solti est directeur de l'Orchestre de Paris et conseiller musical à l'Opéra de Paris. Il est alors nommé chef d'orchestre et directeur artistique de l'Orchestre Philharmonique de Londres de 1979 à 1984, en remplacement de Herbert Von Karajan. Pour sa contribution musicale à la scène de Londres, il reçut le titre de chevalier par la

Reine Elizabeth II, en 1972. En 1997, toujours infatigable, il parcourt le monde à la tête des plus grands orchestres et ouvre le Festival Verdi de Covent Garden avec *Simon Bocanegra*. Mais il décède le 6 septembre 1997 sous le soleil d'Antibes, la tête pleine de projets, en rêvant de la *Passion selon saint Jean* de Bach qu'il se réjouissait de diriger prochainement avec l'Orchestre Philharmonique de Berlin.

▶ **Spice Girls.** Les Spices Girls sont le phénomène pop de la scène anglaise des années 1990. Ce « girls band » surfe sur la vague de la tradition dance-pop qui avait déjà élevé Take That au rang du groupe le plus populaire d'Angleterre dans les années 1990, mais elles imposent un style plus indépendant et des paroles plus féministes dans le style de Madonna. Leur style féminin et énergique fait mouche parmi un public varié dans toute l'Europe en 1996 et l'année suivante aux Etats-Unis. Chacune des membres du groupe est renommée par la presse britannique en fonction de leurs personnalités : Geri Estelle Halliwell devient « sexy Spice » ; Melanie Janine Brown « scary Spice » ; Victoria Adams « the posh Spice » ; Melanie Jayne Chisholm « the sporty Spice » et Emma Lee Bunton « the baby Spice. » Mais le côté commercial et fabriqué du groupe rejaillit sur sa crédibilité. Leur manager leur fait défaut et les filles se battent pour trouver une nouvelle maison de disque. C'est en 1996 que les choses s'améliorent, le bombardement médiatique du groupe permet à leur album *Wanabee* de devenir un des bestsellers de l'été. Leur deuxième single *Say You'll Be There* fut vendu à 200 000 copies par semaine. Mais en mai 1998, Geri Halliwell fait sa révérence et quitte le groupe sans véritable raison. C'est l'occasion pour chacune de se séparer pour avancer. Melanie B chante en solo et donne naissance à sa fille, Victoria devient Mme Beckham, Melanie C renoue avec le succès solo et Emma devient anorexique.

▶ **The Who (1964-1983).** Emblème du mouvement « Mod » à ses débuts (au milieu des années 1960), ce groupe a signé au moins un hymne générationnel à la gloire des jeunes branchés de l'époque, le bien nommé *My Generation*. La décennie suivante, les punks ne s'y tromperont pas et y reconnaîtront la seule chanson du passé à les avoir annoncés. Après quelques disques de pop très énergique, le groupe se lance dans des projets « opératiques » (*Tommy*, qui donnera lieu à un spectacle et un film, puis *Quadrophenia*). Réputés pour l'excellence de leurs concerts, les Who se sont séparés en 1983 mais se reforment de temps en temps pour le plaisir des vieux fans, et malgré la mort par overdose en 1981 de leur incroyable batteur, Keith Moon.

■ PEINTURE ■■■■■■

La Grande-Bretagne n'a pas dominé la scène artistique comme la France, l'Italie ou les Pays-Bas. Cependant, certains artistes anglais ont produit quelques œuvres remarquables et on peut certainement compter le peintre William Turner parmi les plus grands peintres de tous les temps.

Les premiers grands peintres en Angleterre étaient majoritairement étrangers. Ainsi, l'Allemand Hans Holbein (1497-1543) devient peintre officiel d'Henri VIII. *Les Ambassadeurs* (1533) est son plus célèbre tableau. Au siècle suivant, c'est le Belge Anthony Van Dyck (1599-1641) qui devient le portraitiste de la cour. Il peint notamment des portraits de Charles Ier.

C'est au XVIIIe siècle que les artistes britanniques commencent à se révéler avec des maîtres tels que William Hogarth, à la fois graveur et portraitiste, Thomas Gainsborough et l'aquarelliste William Blake.

John Constable, influencé par le romantisme, poursuivra ce courant paysagiste lancé par Gainsborough. Il représente souvent des cieux nuageux qu'il traite avec des taches blanches. Son travail précède et préfigure ce que sera le courant impressionniste. Mais c'est, le Londonien Joseph Turner qui deviendra, au début du XIXe siècle, et reste encore aujourd'hui, le peintre anglais le plus admiré. Il a, dans son œuvre, une perception unique de la nature, qu'il retranscrit sur la toile de manière originale.

Les préraphaélites John Everett Millais (1829-1896), Dante Gabriel Rossetti (1828-1882) et Edward Burne-Jones (1833-1898) rejettent, eux, une peinture qu'ils jugent trop académique et produisent des œuvres plus romantiques sur des thèmes médiévaux et religieux. Leurs tableaux se marient parfaitement avec l'architecture néogothique utilisée à l'époque.

L'impressionnisme pénètre en Angleterre avec James Whistler, peintre et graveur américain, qui vient s'installer à Londres en 1863. Influencé par l'art japonais et le peintre Velázquez, il marque un attrait prononcé pour les formes et les nuances. Son influence sur la peinture anglaise sera déterminante tout comme celle de Walter Sickert, ami de Degas et de Wilson Steer. Ces derniers fondent, en 1886, le New English Art Club qui voit le jour en réaction au conformisme de l'Académie.

Au XXe siècle, on peut remarquer, entre autres, les sculpteurs Henry Moore et Barbara Hepworth ainsi que le peintre Francis Bacon dont les œuvres sont proches du surréalisme.

En 1956, un photomontage du Londonien Richard Hamilton (1937) intitulé *Just What Is It That Makes Today's Home so Different, so Appealing ?*

National Gallery, « Portrait de Mrs Siddons » par T. Gainsborough.

(*Qu'est-ce qui rend les maisons d'aujourd'hui si différentes, si attirantes ?*) lança en Angleterre le mouvement Pop art avec ses références à la culture populaire et dont David Hockney est aujourd'hui l'un des représentants les plus éminents.

Ces dix dernières années, la scène artistique britannique a connu une véritable révolution. Londres est à l'origine et au centre de ce nouveau mouvement d'art contemporain souvent appelé « Britart ». Charles Saatchi, qui exposa et finança les artistes, en fut l'une des principales figures.

Tracey Emin est certainement l'artiste la plus connue de ce mouvement qui compte de nombreux autres jeunes artistes, tous plus provocateurs les uns que les autres. Entre Damien Hirst qui exposa une vache coupée en deux et conservée dans du formol, la *Vierge noire* de Chris Ofili et des œuvres composées à base d'urine, d'excrément ou encore de sang, les artistes du Britart semblent avoir un objectif commun : choquer.

Après avoir atteint son apogée avec certains de ces jeunes artistes remportant le prix Turner, prestigieux et controversé prix d'art moderne, il semblerait que le mouvement commence aujourd'hui à s'essouffler. Mais la scène artistique londonienne n'a jamais eu autant d'énergie et il ne fait aucun doute qu'elle restera sur le plan international pour quelques temps encore.

Peinture écossaise

Peu de peintres écossais sont connus internationalement, malgré les riches collections de la National Gallery d'Edimbourg, les galeries de Glasgow, Aberdeen et Dundee. Les peintres reconnus, comme George Jameson et John Wright, émergent surtout au XVIIe siècle et

réalisent des portraits. Leur succès atteint son apogée à la fin du XVIIIe siècle, avec des figures comme Alan Ramsay et Henry Raeburn.

Dans la même période, Alexander Nasmyth apparaît comme un important peintre de paysages, qui aura une grande influence au XIXe siècle. Peintre de la vie rurale, David Wilkie marque le même siècle. A Edimbourg, l'académie des Trustes, dirigée par William Scott Lauder, offre également de grands artistes à ce siècle, dont William McTaggart.

Dès la fin du XIXe siècle, Glasgow domine la scène artistique, surtout grâce à la Glasgow School of Arts, dont les plus célèbres élèves sont sans doute Charles Rennie Mackintosh, créateur de l'Art nouveau, et Mary Armour, qui y étudia dans les années 1920.

Dans les années 1890, les Glasgow Boys, dont font partie James Guthrie et E.-A. Walton, sont influencés par les impressionnistes français et sont secondés ensuite par les coloristes écossais, dont les œuvres fortes s'inspirent du postimpressionnisme et du fauvisme français.

Dans la même période, les Glasgow Girls (Jessie Newbery, Anne Macbeth, les sœurs Margaret et Frances McDonald) exposent des objets d'Art déco, du design dans un style au croisement de l'Art nouveau et des influences celtes. L'école d'Edimbourg des années 1930 (William Gillies, William McTaggart, Anne Redpath) travaille de façon moderne sur le paysage écossais. D'autres artistes suivent, comme Alan Davie ou Edouardo Paolozzi, qui hors de la tendance « écossaise » ont une production artistique abstraite influencée par l'expressionnisme ou le pop'art. Un engagement social caractérise les peintres actuels, parmi lesquels une nouvelle génération de Glasgow Boys.

Les grands noms de la peinture et de la sculpture britanniques

▶ **Francis Bacon (1909-1992).** Francis Bacon fut certainement le peintre anglais le plus remarquable du XXe siècle. Né à Dublin, il s'installe à Londres en 1929 où il commence à travailler comme décorateur d'intérieur. Influencé par le surréalisme, par Picasso, il a également été marqué par les œuvres de Van Gogh et Soutine. Son travail évoque un univers morbide d'où se dégage un sentiment général d'angoisse, avec des personnages repliés sur eux-mêmes ou saisis dans des mouvements convulsifs. Les débuts du peintre sont malheureusement mal connus car il a détruit pratiquement toutes ses premières toiles. L'œuvre qui le révéla, *Trois études pour une crucifixion* (1944) est visible au Tate Britain tandis que d'autres de ses tableaux sont exposés au Tate Modern.

▶ **William Blake (1757-1827).** A la fois poète, peintre et graveur, le Londonien William Blake est sans nul doute l'une des plus hautes figures des arts anglais. Sujet à des hallucinations, il s'en inspira pour illustrer ses textes, retranscrivant les figures qui le hantaient. Il inventa un procédé original de gravure (illuminated painting) qui lui permettait de graver en relief le texte et l'illustration qu'il rehaussait d'aquarelle. On lui doit *Le Mariage du Ciel et de l'Enfer* (1793), *Les Chants de l'expérience* (1794) et *Le Livre d'Urizen* (1795), où s'exprime avec force une mythologie complexe inspirée de la Bible et de l'illuminisme de Swedenborg. L'œuvre de Blake fut, de son vivant, ignorée et incomprise de ses contemporains.

▶ **Thomas Gainsborough (1727-1788).** Portraitiste et paysagiste du XVIIIe siècle, Gainsborough fut marqué par l'école hollandaise. Il s'attacha à peindre l'aristocratie anglaise de manière raffinée quoique souvent bucolique. Entre mélancolie et simplicité, son œuvre est empreinte d'un lyrisme suave et d'une sorte de langueur qui s'expriment par une savante combinaison des couleurs. Il doit beaucoup de sa renommée à la fluidité de sa lumière et à sa technique de rendu de la texture des tissus.

▶ **William Hogarth (1697-1764).** Adolescent, William Hogarth se destinait à l'orfèvrerie. Il travaille comme apprenti graveur et, en même temps, s'initie à la peinture et au dessin à l'académie de Saint Martin's Lane, sous la direction du peintre James Thornhill. Il excelle dans l'art du dessin au trait, de la peinture et surtout de la gravure sur cuivre. Ses œuvres sont empreintes d'une ironie féroce qui a fait de lui l'un des critiques les plus sévères de son temps et le fondateur de la caricature de mœurs en Angleterre. Parmi elles, on peut citer *La Carrière de la prostituée* (*A Harlot's Progress*) dont les huit planches retracent l'histoire d'une jeune campagnarde débarquée à Londres et qui finit par se prostituer, la *Carrière du roué* (*A Rake's Progress*), qui relate une vie de débauche ou encore Gin Lane qui montre des ivrognes titubant dans les rues de Londres. Nommé peintre du roi en 1757, Hogarth est également l'auteur d'un ouvrage théorique *Analyse de la Beauté* (1753). Les œuvres d'Hogarth sont exposées à la Tate Britain, à la National Gallery et au Sir John Soane's Museum.

▶ **Henry Moore (1898-1986).** Henry Moore exerce tout d'abord le métier d'instituteur. Il suit ensuite des cours d'art au Royal College of Art de Londres. Ses nombreux voyages le conduisent notamment en Italie et à Paris. Influencé aussi bien par Brancusi et Picasso que par l'art précolombien, il réalise des sculptures de taille imposante. Ses œuvres, d'abord figuratives, deviennent de plus en plus abstraites. L'artiste se détache peu à peu des règles relatives aux volumes et aux proportions. La richesse et la diversité de ses recherches font d'Henry Moore un des artistes les plus ingénieux et novateurs de son époque.

▶ **Joseph Mallord William Turner (1775-1851).** Le talent de cet artiste principalement autodidacte est reconnu très tôt. A 14 ans, il étudie à l'Académie royale et devient académicien à seulement 27 ans. A cette époque, Turner vit déjà de son travail (gravures, dessins, aquarelles et, à partir de sa vingtième année, peintures à l'huile). Il voyage ensuite en Europe d'où il rapporte croquis et aquarelles. Influencé par Nicolas Poussin et Claude Gellée, dit le Lorrain, il représente des figures mythologiques et des paysages en utilisant des couleurs intenses. Ses recherches sur les multiples nuances de la lumière, notamment dans ses tableaux de Venise et des bords de la Loire, l'ont souvent fait considérer comme un génial précurseur de l'impressionnisme. Pour admirer les œuvres de Turner, rendez-vous à la Tate Gallery.

Bus et taxi devant la Tate Britain.

Cuisine locale

En Grande-Bretagne, la répartition des repas dans la journée est légèrement différente de celle sur le continent. Après la première tasse de thé bue au lever (early morning tea) le petit-déjeuner, breakfast, est en général servi assez tôt et compris comme un repas à part entière. Le déjeuner, lunch, collation plutôt que repas, est servi de 12 heures à 14 heures. L'heure du thé, véritable institution britannique, s'étale de 15 heures à 18 heures environ. Le dîner, dinner ou supper, se prend tôt dans la soirée, 19 heures, ou tard, 23 heures, selon que l'on sort ou non.

Un petit déjeuner à l'anglaise s'entend avec des toasts grillés et de la marmelade d'orange, du thé bien sûr ou du café, mais aussi, des œufs et du bacon frits, des saucisses, du porridge (qui est une bouillie d'avoine) ou des céréales et un jus d'orange. Bien sûr, dans les villes, on n'a pas toujours le temps pour cela…

Les pauses thé jalonnent la journée de travail, celle de la matinée, vers 11h, s'appelle elevenses. On grignote alors un cookie (à Londres, on en vend de très bons dans la rue, dans de petites baraques semblables à celles qui font des crêpes ou des gaufres à Paris).

Le lunch est souvent composé de sandwichs, surtout dans les villes. Il est courant à midi, de se nourrir dans un fast-food d'un hot-dog ou d'un fish and chips (filet de poisson pané arrosé de vinaigre et accompagné de pickles et de frites).

Le thé, de toute origine s'accompagne de scones et de muffins. Les premiers sont des petits pains au lait, que l'on déguste beurrés avec de la confiture ; les seconds sont des petits cakes ou brioches aux fruits, accompagnés de crème ou de confiture. Mais lorsqu'on demande un « full tea », dans un élégant salon de thé, il n'est pas rare de voir arriver aussi quelques petits club-sandwichs au concombre et à la crème, aux légumes avec des pickles…

Plutôt que de dîner, il n'est pas rare dans les milieux populaires de prendre un « high tea », qui est un véritable repas vers 18h. Le dîner est un repas conséquent au cours duquel on mange généralement de la viande, bouillie ou rôtie (du gigot ou des côtes d'agneau, du bœuf ou du poulet et, en saison, du gibier, si vous en avez les moyens) ou du poisson. Le plat de cuisine familiale le plus connu est le rosbif, traditionnellement servi le dimanche (Sunday roast). Ce plat était si prisé

en Angleterre que les Français ont pris l'habitude d'appeler les Britanniques « les rosbifs » ! Il est servi avec des pommes de terre rissolées au four, des légumes et une sauce composée de jus de viande et de bouillon, épaissie avec un peu de farine. Il est également très souvent accompagné de « Yorkshire pudding », sorte de pâte à crêpe cuite au four.

Le dessert est souvent constitué de l'incontournable pudding accompagné de jelly ou de custard, sorte de crème pâtissière vendue en poudre à recomposer. Les fromages sont peu variés, mais les plus connus sont le cheddar, ressemblant un peu au gouda, que l'on mange doux ou fort, le derby, très crémeux, le stilton qui est une sorte de bleu et le gloucester qui a un goût assez piquant. Mais on peut aussi déguster un délicieux crumble, dessert composé de compote de fruits recouverte d'un mélange de sucre, de beurre, de farine et d'amandes qui forme une croûte sucrée à l'ensemble passé au four ; une tarte aux fruits accompagnée de crème anglaise, on encore un sponge cake (sorte de quatre-quarts accompagné, là encore de marmelade, de crème et de fruits confits). Rien de tel que les pubs pour goûter une cuisine anglaise traditionnelle.

Plus récemment, l'alimentation en Angleterre s'est enrichie de tout un éventail de plats exotiques disponibles dans les magasins et dans les restaurants, de la cuisine indienne à la cuisine thaïlandaise en passant par les spécialités italiennes et chinoises. De fait, le curry – plat épicé à base de viande, de poisson ou de légumes – est aujourd'hui la spécialité préférée des Britanniques.

A Londres enfin, on assiste depuis plusieurs années à l'apparition d'une nouvelle cuisine anglaise, raffinée et ayant intégré différentes influences internationales. Londres abrite désormais certains des meilleurs chefs de la planète, devenus de véritables stars et les nouveaux restaurants branchés ne cessent de se multiplier.

Recettes
Jacket potatoes

Prenez une pomme de terre. Vous ne l'épluchez pas. Vous la faites cuire au four pendant deux heures jusqu'à ce que la peau soit bien croustillante. Vous l'ouvrez dans le sens de la longueur, sans cependant séparer complètement les deux moitiés. Vous y mettez du poivre, du sel, du beurre et l'emplissez de thon, de maïs, d'ananas, de fromage, ou de tout ce qui vous tombe sous la main. Diététique ? Absolument pas ! Mais c'est délicieux. Et puis, dans ces fraîches contrées, ça tient au corps…

Salade de chou cru *(coleslaw)*

▶ **Ingrédients :** 1 petite tête de chou finement râpée – 1 tasse de carottes râpées.

▶ **Sauce :** demi-tasse de sauce au raifort – 1 cuillère à soupe de sucre – demi-tasse d'huile – demi-tasse de vinaigre blanc – demi-tasse de mayonnaise – persil frais éminché, sel et poivre.
Préparer le chou et les carottes. Mélanger les ingrédients pour la sauce et ajouter les carottes et le chou. Saler, poivrer à votre convenance et mettre au frais avant de servir.

Muffin aux morceaux de chocolat *(chocolate chip muffin)*

▶ **Ingrédients :** 1 quart de tasse de beurre fondu non salé – 1 tasse de sucre blanc – demi-tasse de sucre roux – 2 œufs – 1 tasse de lait – 1 petite cuillère de vanille – 3 tasses de farine – 4 petites cuillères de levure – demi-petite cuillère de sel – 1 tasse de petits morceaux de chocolat.

▶ **Préparation :** Vous pouvez saupoudrer les muffins de sucre glace après la cuisson. Préchauffer le four à 180° C. Placer du papier sulfurisé dans les moules à muffins. Dans un saladier, travailler le beurre et le sucre (blanc et roux) en crème. Ajouter les œufs et la vanille. Incorporer la farine, la levure et le sel. Bien mélanger. Ajouter du lait pour obtenir une pâte plus onctueuse. Incorporer les morceaux de chocolat.
Verser la pâte dans les moules à muffins. Mettre au four pendant 20 à 25 minutes. Une fois cuits, laissez-les dans les moules pendant 10 minutes. Ensuite, les enlever des moules pour les refroidir.

Apple Crumble

Traditionnellement proposé avec une crème fouettée, une crème anglaise, ou de la glace à la vanille.
Ingrédients pour 4 à 6 personnes. Préparation : 30 minutes. Cuisson : 30 minutes.

▶ **Ingrédients :** 4 grosses pommes tranchées – 1 cuillère à soupe de sucre roux – 2 cuillères à soupe de mélasse raffinée – 2 cuillères à soupe de jus de citron – 3/4 de tasse de farine – 1 sachet de levure – demi-tasse de noix de coco râpée – demi-tasse de flocons d'avoine – demi-tasse de sucre roux – 100 g de beurre.

▶ **Préparation :** Préchauffer le four à 180° C. Beurrer un plat à gratin assez profond, mettez les pommes, le sucre, la mélasse et le jus de citron dans une casserole. Couvrir et faire cuire à feu doux 10 minutes (les pommes doivent être ramollies) puis les verser dans le plat à gratin. Dans un récipient, mélanger bien la farine, la noix de coco, les flocons d'avoine et le sucre. Creuser un puits au milieu, faire fondre le beurre et versez-le dedans. Enfin, mélanger du bout des doigts de façon à former de gros grumeaux, c'est-à-dire le crumble. Répartir le crumble de façon égale sur les pommes et faites cuire au four jusqu'à ce que la croûte bien dorée apparaisse.

Porridge

Généralement servi au petit-déjeuner (breakfast). Pour une personne.
Préparation : 10 minutes. Cuisson : 20 minutes

▶ **Ingrédients :** 25 cl de lait entier – 4 cuillères à soupe de flocons d'avoine – 1 cuillère à café de miel liquide – beurre, cannelle, sel.

▶ **Préparation :** verser le lait dans une petite casserole à fond épais, ajouter les flocons d'avoine. Saler et porter à ébullition en remuant. Baisser le feu et prolonger la cuisson de 15 bonnes minutes tout en remuant régulièrement. Au moment de servir, sucrer le porridge avec le miel liquide, le verser dans une assiette creuse et ajouter une noix de beurre et 1 pincée de cannelle.

Fish and chips

Traditionnellement proposé avec du vinaigre et beaucoup de sel. Pour 6 personnes. Préparation : 15 minutes et laisser reposer 10 minutes. Cuisson : 30 minutes Ingrédients

▶ **Ingrédients :** 2 tasses de farine – 1 sachet de levure – sel – 150 ml d'eau – 180 ml de lait – 1 œuf battu – 2 cuillères à soupe de vinaigre blanc – 1 kg de filets de cabillaud – 5 grosses pommes de terre – 2 citrons – ainsi qu'une friteuse.

▶ **Préparation :** pour la pâte, mettre dans un récipient la farine, la levure et le sel. Creuser un puits dans le milieu. Mélanger, dans un bol à part, au fouet, l'eau, le lait, l'œuf et le vinaigre. Verser ce mélange progressivement sur la farine. Mélanger avec une cuillère de bois jusqu'à ce que la pâte devienne lisse. Laisser reposer 10 minutes avant utilisation. Veiller à bien enlever toutes les arêtes du poisson (si les filets sont trop longs, coupez-les en deux). Pendant ce temps, préparer des frites assez épaisses (environ 1 cm). Faire chauffer le bain d'huile puis faire cuire les frites une première fois durant 4 minutes, les retirer et les égoutter (au moment de servir, les replonger dans l'huile jusqu'à ce qu'elles soient bien dorées).

Réduire le feu sous la friteuse. Plonger chaque morceau de poisson dans la pâte en prenant soin de l'enrober sur toute la surface. Faire frire 4 à 5 minutes jusqu'à ce que la pâte soit dorée et croustillante puis égoutter sur une feuille de papier absorbant.

Les scones (pour 6 personnes)

▶ **Ingrédients :** 120 g de farine – 45 g de sucre semoule – 1 sachet de levure chimique – 50 g de beurre – 1 œuf – 30 g de raisins de Corinthe – 30 g de raisins de Smyrne – 1 sachet de lait – 50 g de beurre – sel.

▶ **Préparation :** coupez le beurre en petits morceaux. Dans une terrine, faire tremper les raisins secs dans l'eau tiède. Pendant ce temps, verser la farine dans un saladier et ajouter le sel, la levure et le sucre. Mélanger bien, puis incorporer les morceaux de beurre. Travailler du bout des doigts afin d'obtenir une pâte granuleuse à mouiller avec le lait. Ajoutez l'œuf pour lier le tout, et mélanger avec la cuillère en bois. Obtenir une pâte souple, égoutter les raisins secs égouttés et incorporez-les à votre pâte. Faire préchauffer le four à 200 °C (th. 6). Abaisser la pâte au rouleau, jusqu'à une épaisseur de 1 cm. Découper des disques à l'aide d'un verre retourné et les placer sur la plaque du four beurrée et farinée. Mettre à cuire 10 minutes.

Melton mowbray pie (pour 6 personnes)

▶ **Ingrédients. Fond :** 1 os de porc ou de veau – 60 cl d'eau – 1 feuille de sauge – 1 feuille de laurier – 1 brin de thym – 1 oignon – sel, poivre. Garniture : 450 g de porc – 1 feuille de sauge hachée finement – sel, poivre. Croûte à chaud : 225 g de farine – 50 g de saindoux 6 cl d'eau et 6 cl de lait mélangés – sel, poivre.

Fond : porter le tout à ébullition afin de réduire à environ 30 cl de bouillon qui doit gélifier en refroidissant.

Garniture : hacher grossièrement le porc (1/2 cm), s'il est trop fin la texture n'est pas bonne.

CRoûte : la gelée et la garniture doivent être prêtes avant de préparer la croûte.

▶ **Préparation :** tiédir tous les instruments et récipients que vous allez utiliser, ainsi que la surface de travail.

Dans un grand saladier, mélanger la farine, le sel, le poivre. Porter à ébullition le liquide et la graisse et l'incorporer rapidement à la farine. Pétrir pour obtenir une pâte lisse et ferme (si elle est trop sèche, ajouter quelques gouttes d'eau bouillante).

Former la pâte autour d'un moule haut en réservant 1/3 de pâte pour le couvercle. Précuire

20 minutes dans un four à 220° C. Garnir avec la viande et mettre le couvercle en réservant une cheminée.

Cuire 1h30 dans un four à 180° C et en glaçant avec l'œuf 10 min avant la fin de la cuisson.

Réchauffer le bouillon et le verser dans la pâte par la cheminée, en utilisant un entonnoir.

■ CUISINE ÉCOSSAISE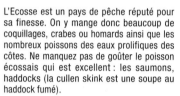

L'Ecosse est un pays de pêche réputé pour sa finesse. On y mange donc beaucoup de coquillages, crabes ou homards ainsi que les nombreux poissons des eaux prolifiques des côtes. Ne manquez pas de goûter le poisson écossais qui est excellent : les saumons, haddocks (la cullen skink est une soupe au haddock fumé).

L'intérieur des terres n'est pas en reste. On y élève des moutons et des bœufs, et on récolte des fruits rouges et des baies. On mange généralement de la viande, bouillie ou rôtie (du gigot ou des côtes d'agneau, du bœuf ou du poulet et, en saison, du gibier, dont la fameuse grouse ou coq de bruyère), accompagnée de légumes (carottes, choux, pois, et pommes de terre).

Le repas typique est le plus souvent constitué de soupes, de poissons fumés, de panse de brebis farcies, et de black pudding. Le plat écossais le plus célèbre reste le haggis, composé de farine d'avoine, d'épices et d'abats d'agneau. Il s'agit d'un plat typiquement écossais et très connu de par le monde. Les panses de brebis farcies se doivent d'être très sèches, bien poivrées et grasses. Elles sont traditionnellement consommées avec un whisky pour étancher la soif, mais aussi pour faciliter la digestion de ce plat très riche.

Vous trouverez aussi la farine d'avoine dans le délicieux porridge du matin, dans des biscuits et dans des fromages connus comme le Dunsyre Blue ou le Isle of Mull Cheddar.

Un dessert délicieux est le cranachan, mélange de crème, de farine d'avoine et de framboises. L'Ecosse produit de nombreux fruits rouges : vous pourrez les déguster en confitures avec des scones et du thé ou encore d'autres biscuits, tels les fameux shortbread, sablés au beurre.

Recettes

Scotch Drops : les bouchées écossaises

▶ **Ingrédients :** 200 g de chocolat noir – 12,5 cl de sucre glace – 3 cuillerées à soupe de sirop de ma's – 3 cuillerées à soupe de scotch – 200 g de biscuits d'avoine émiettées – 50 g de noix de Grenoble hachées.

▶ **Préparation :** faire fondre le chocolat au bain-marie. Ajouter les 2/3 du sucre glace, le sirop et le scotch. Remuer et retirer la casserole du feu.

Incorporer petit à petit le biscuit préalablement concassé, les noix et le reste de sucre. Enfin, placer les bouchées dans un plat couvert d'un papier d'aluminium et laisser reposer pendant 24 heures.

Fish Tobermory (Filet de poisson sur lit d'épinard)

▶ **Ingrédients :** 500 g d'épinards blanchis – 2 cuillères à soupe de beurre – sel et poivre, noix de muscade râpée, 500 g de filet de poisson – 35 cl de lait – 35 cl de fumet de poisson.

Sauce : 3 cuillères à soupe de beurre – 3 cuillères à soupe de farine – 100 g de fromage râpé – flocon de beurre.

▶ **Préparation :** porter le four à 200° C. Exprimer les épinards dans un linge, puis les hacher. Dans une sauteuse, mettre le beurre, saler, poivrer et ajouter la noix de muscade, puis faire lentement revenir les épinards jusqu'à ce qu'ils soient bien secs.

Placer le poisson dans un moule à gratin, ajouter le lait et le fumet de poisson à niveau, couvrir le plat d'une feuille d'aluminium graissée. Cuire au four 15 min et retirer le poisson du plat. Passer le bouillon et le réserver. Nettoyer le moule et le graisser, y déposer les épinards puis répartir le poisson sur ce lit. Mettre au four chaud et couvert. Faire un roux avec la farine et le beurre, mouiller avec le bouillon pour réaliser une sauce blanche, réserver et laisser bouillir 5 min. Incorporer la moitié du fromage avec une spatule en bois. Verser la sauce sur le poisson et répartir dessus le reste du fromage et quelques flocons de beurre. Placer sous le gril du four, jusqu'à ce que le fromage soit gratiné.

Quelques plats de pub

▶ **Cold cuts :** assortiment de charcuteries.

▶ **Scotch eggs :** œufs durs roulés dans la chair à saucisse et frits.

▶ **Cornish pasties :** pâtés fourrés à la viande hachée aux oignons et aux pommes de terre.

▶ **Jjellied eels :** anguilles en gelée.

▶ **Smoked trout :** truite fumée.

▶ **Oxtail soup :** soupe à la queue de bœuf.

▶ **Asparagus soup :** crème d'asperge.

▶ **Sheperd pie :** viande de mouton hachée

Les pubs sont des lieux de vie à découvrir absolument, particulièrement en début de soirée, car c'est l'endroit où l'on se retrouve, où la convivialité s'exprime, autour d'une pinte et pourquoi pas d'une partie de fléchettes. Cependant les consommations alcoolisées ne sont servies généralement qu'à partir de 11h30 le matin et jusqu'à 23h ou minuit, 22h30, le dimanche.

On y sert assez souvent dans le courant de l'après-midi des choses à grignoter. Vous y dégusterez toutes sortes de bières, chaque ville et parfois chaque pub brassant la sienne, brune, assez alcoolisée, à cause de sa forte teneur en houblon, porter ou stout, rousse, bitter couleur de miel, ou mild et plus douce, ou blonde, lager.

avec des carottes et des oignons et nappée de purée de pommes de terre (cela ressemble au hachis Parmentier).

▶ **Steak and kidney pie :** tourte au bœuf et aux rognons.

▶ **Welsh rarebit :** toast au fromage fondu à la moutarde et à la bière.

■ CUISINE GALLOISE ■ ■ ■ ■ ■ ■

A l'opposé des Anglais, et bien que la cuisine anglaise ait envahi les lieux, les Gallois sont de plus fins gourmets que leurs voisins. Ils aiment manger et se débrouillent très bien aux fourneaux ! La cuisine galloise est une cuisine économique (budget oblige) et calorifique (il en faut bien des calories pour descendre travailler dans les mines pendant des heures). De plus en plus de chefs utilisent des produits frais et locaux, que ce soit dans les restaurants, pubs ou salons de thé.

La cuisine galloise trouve ses origines dans le souci de faire une cuisine économique. Les recettes traditionnelles sont à base de mouton, saumon, truite, accompagnés parfois du légume national : le poireau. La recette la plus originale est le laverbread, à base d'algue et flocon d'avoine. Un plat que les mineurs gallois prenaient au petit déjeuner, bien qu'aujourd'hui la plupart d'entre eux l'aient troqué pour un traditionnel english breakfast. Il y a aussi la saucisse de Glamorgan (« Glamorgan sausage ») qui malgré son nom n'a rien à voir avec la viande puisqu'il s'agit en fait d'une sorte de mélange de pain de mie et d'épices. Citons encore le Cawl, un « pot au feu » de mouton, et le fromage de Caerphilly.

Recettes

Le Bara Brith

Le Bara Brith, sorte de cake, gâteau traditionnel que l'on prend au tea time.

▎ **Ingrédients :** 450 g de fruits secs (raisins secs) – 300 ml de thé – 2 cuillerées à soupe de marmelade – 1 œuf battu – 6 cuillerées à soupe de sucre brun – 1 cuillerée à soupe d'épices mélangées (cannelle, muscade) – 450 g de farine avec levure – miel.

▎ **Préparation :** faire tremper les fruits secs dans le thé toute la nuit. Le lendemain, mélanger la marmelade à l'œuf battu, aux épices et à la farine. Verser le mélange dans un plat beurré et mettre le tout au four à 170° C durant une heure, jusqu'à ce que le centre soit bien cuit. Mettre du papier aluminium sur le tout si nécessaire. Une fois cuit, laisser le Bara Brith reposer 5 minutes puis le sortir du moule. Le badigeonner de miel et servir avec du beurre salé et le fameux fromage anglais, le cheddar.

Le Cawl

Le Cawl, sorte de pot-au-feu que l'on prépare en faisant bouillir de la viande salée avec des pommes de terre, des topinambours, des carottes, des panais (turnip), du chou et des poireaux. On mélange ensuite de la farine d'avoine avec de l'eau pour épaissir la soupe.

▎ **Ingrédients :** 500 g de bacon – 4 grosses pommes de terre – 4 carottes – 1 poireau – 2 oignons – navet – une noix de beurre – une cuillerée à soupe de farine – sel et poivre – 1 bouillon Kub.

▎ **Préparation :** éplucher les légumes, faire fondre le beurre dans une grosse casserole et rajouter les légumes avec la farine. Faire revenir la viande légèrement, saupoudrer de sel et de poivre. Verser le bouillon et cuire à petit feu en mélangeant régulièrement. Laisser refroidir et enlever la graisse sur le dessus. Servir avec du pain chaud.

Glamorgan sausage

Autre spécialité galloise qui, malgré son nom, est végétarienne : c'est une saucisse faite de mie de pain, d'œufs et d'oignons :

▎ **Ingrédients :** 250 g de chapelure ou mie de pain blanc – 250 g d'oignons finement coupés – Un œuf battu – Un œuf, blanc et jaune séparés – 1 pincée d'herbes – Farine, sel, poivre.

▎ **Préparation :** mélanger tous les ingrédients ensemble (chapelure, oignons…). Rajouter l'œuf battu. Former des saucisses avec la pâte obtenue. Monter le blanc en neige. Tremper les saucisses dans les œufs en neige et la farine. Les saisir dans une poêle jusqu'à ce qu'elles soient brunes.

Confiture d'oignons rouges

▎ **Ingrédients :** 400 g d'oignons rouges pelés et hachés – 25 g de beurre – 1 cuillère à café de thym frais – 3 cuillerées à soupe de vinaigre balsamique – sel et poivre.

▎ **Préparation :** faire fondre le beurre dans une casserole. Ajouter les oignons, le vinaigre balsamique, le thym et l'assaisonnement, puis remuer le tout. Faire cuire à feu doux pendant 30 minutes en remuant fréquemment. A la fin de la cuisson, lorsque l'eau s'est évaporée, vous obtiendrez une belle confiture d'oignons riche et luisante.

Terrine de truite fumée à l'orange (pour 4 personnes)

▎ **Ingrédients :** 185 g de filets de truite fumés – 50 g de beurre fondu – 2 cuillères à soupe de jus d'orange – 100 g de fromage frais – 100 ml de crème fraîche – sel et poivre – aneth et zestes d'orange.

▎ **Préparation :** ôter les arêtes des filets de truite. Mettre les filets dans un mixeur avec le jus d'orange et l'assaisonnement. Mélanger jusqu'à ce que la préparation devienne lisse. Ajouter la crème fraîche, le fromage frais et le beurre fondu. Rectifier l'assaisonnement. Placer dans des ramequins individuels, lisser et laisser refroidir. Décorer de brins d'aneth et de zestes d'orange. Servir avec du pain aux céréales ou des toasts.

▦ BOISSONS ▪▪▪▪▪

Le thé

Introduit en 1650 en Angleterre grâce au développement de la Compagnie des Indes pour contrecarrer les flottes françaises, allemandes et espagnoles, c'est à l'origine un produit de luxe directement importé de Chine et de l'Est de l'Inde.

C'est la duchesse Anna de Bedford qui eut l'idée de proposer, comme le faisait déjà en France et en Hollande, un encas en fin d'après-midi pour couper la faim entre le breakfast et le dîner. Elle recevait ses amies dans la chambre de son château de campagne, le Belvoir Castle, à 17 heures et leur proposait des petits gâteaux, du pain beurré et du thé. Cette pratique fut si populaire, qu'elle réitéra ce procédé à son retour à Londres en envoyant des cartons d'invitation priant de se joindre à elle pour une promenade gourmande. Cette idée fut rapidement reprise par toutes les classes de la société.

Bientôt, deux façons de consommer le thé coexistèrent.

▶ **The low tea** est une pratique aristocratique plutôt axée sur la dégustation, la présentation, et la conversation.

▶ **The high tea, ou meat tea,** plus représentatif des petites et moyennes classes sociales, correspond à un véritable repas.

En ville, on peut consommer du thé dans les « Coffee-houses », autrement appelés « Penny Universities ». Ce sont en fait des clubs privés définis par des sujets de discussion et regroupant uniquement des hommes : pour un penny, vous avez une théière et un exemplaire du quotidien. De nombreuses fois ces salons furent menacés de fermeture car la liberté de confronter différents points de vue était peu tolérée par les élites politiques. Mais grâce à la pression populaire, cette pratique perdurera jusqu'au XVIIIe siècle.

Sous l'influence d'une pratique allemande, les Britanniques développèrent les « Tea garden ». Dans ces jardins publics, on prenait le thé en écoutant la musique jouée dans les kiosques, en se baladant, ou le soir, en admirant un feu d'artifice. Le contexte est très démocratique, puisque ces jardins sont mixtes, et toutes les couches sociales de la population peuvent y participer.

Dans les années 1880, les grands hôtels, proposent des « tea room » et des « tea courts » où la haute société victorienne converse en consommant le thé en fin d'après-midi. C'est une marque de prestige qui attire ainsi une clientèle exigeante en terme d'élégance.

Ce sont ces mêmes hôtels qui développeront en 1910 les Thés Dansants qui permettront aux jeunes femmes employées loin de chez elles de rencontrer des hommes.

Le plus populaire des thés a été composé il y a une centaine d'années par le Scottish Tea Master Drysdale à Edimbourg, sous l'appellation de « Breakfast tea ». Popularisé par la reine Victoria, il devint le « English Breakfast Tea » en arrivant sur les étals de Londres. Ce thé, composé d'un mélange de plusieurs variétés de thés noirs, incluant souvent du « Keemun tea », peut être offert avec du lait ou du citron qu'il faut prendre bien soin de ne pas additionner. On le boit aussi glacé.

Les Irlandais, eux, considèrent qu'il y a trois sortes de thés. La première est d'une qualité exceptionnelle : c'est le Chinese qui est consommé en Chine. La seconde, très honorable, est importée directement en Irlande : c'est The Irish breakfast. Enfin la moindre qualité est réservée aux Anglais. Le thé irlandais a beaucoup d'arômes. C'est pour cela qu'on le boit uniquement le matin. (Les Irlandais, eux, le consomment toute la journée). C'est un mélange à base de « Assam tea » qui se déguste avec beaucoup de sucre et du lait à température ambiante : attention, jamais de crème.

Le Earl Grey, qui à l'origine est le nom d'un ancien Premier ministre du roi William IV, est le second thé le plus apprécié au monde. Il se déguste fumant et bien sucré et il se compose d'un mélange de thés noirs et d'huile de bergamote.

Le thé des après-midi réussis est le Darjeeling. Il provient d'une zone montagnarde indienne extrêmement délimitée. C'est un thé unique, très subtil qu'on réserve pour ses invités préférés. On peut le boire avec du citron s'il est de qualité supérieure, mais jamais avec du lait.

Enfin le Oolong est le champagne des thés. Originellement importé de Chine en 1869, son meilleur représentant, le Formosa Oolongs, vient de Taiwan. Il s'agit d'un croisement de thés noirs et verts qu'on laisse fermenter pour lui donner un goût fruité. Il se consomme l'après-midi, accompagné d'un petit encas.

La bière

Les Britanniques, hommes comme femmes, adorent la bière. Celle-ci se boit généralement à la pression, servie dans des pints (56 cl) ou half pints (28 cl), ces dernières étant plutôt bues par les femmes. Vous pourrez demander une lager (bière blonde) qui se boit fraîche, ale (ou bitter) qui se boit chambrée et est peu ou pas du tout gazeuse, stout (bière brune comme la Guinness) au goût plus sucré dont l'arôme provient du rôtissage du grain. Les bières écossaises sont plus fortes que les bières anglaises ordinaires.

Les meilleurs endroits pour essayer différentes bières sont bien sûr les pubs.

Le whisky

En Ecosse, ne manquez pas de goûter au fameux scotch whisky, un des meilleurs (si pas le meilleur) au monde.

Pour porter l'appellation « Scotch Single Malt », un whisky doit satisfaire à trois conditions : être le produit d'une seule distillerie, être exclusivement fabriqué à partir de malt d'orge, et être de provenance écossaise.

Autres

Les Anglais apprécient également beaucoup le sherry, le brandy et le porto.

Le vin importé de France est très cher, celui du Chili plutôt bon marché, de même pour les vins du Rhin. Ce qui explique les nombreuses tentatives d'adaptation de cépages français. A goûter, les vins biologiques d'arbres, de baies et de ronces.

Jeux, loisirs et sports

Alpinisme

L'Angleterre n'est pas à proprement parler un pays montagneux, mais vallonné, oui. En Galles du Nord, on trouve quelques montagnes à escalader (environ 1 000 m) mais point d'alpinisme. On le pratiquera plutôt en Ecosse dans le Southern Upland Way de Portpatrick ou bien près de Stranraer au sud-ouest, à Cockburnspath à l'est (près de Berwick), autour de Glasgow, dans les Highlands à Loch Lomond, à Skye, sans oublier les fabuleuses montagnes des Glens Coe, Shiel et Lyon.

Cricket

Le cricket et ses règles obscures aux yeux des étrangers est un jeu très populaire en Angleterre. La blague récurrente est que les joueurs ont le temps de prendre le thé sur le terrain tellement les choses sont lentes ! Le cricket est pratiqué par des gentlemen et il est, après le football et la course de lévriers, le sport le plus populaire. C'est une activité très élégante : les joueurs tout de blanc vêtus sur la pelouse verte…

Le Lord's cricket Ground à Saint John's Wood est le temple et le QG du cricket international et chaque « cricketeur » rêve d'y jouer. Etre membre du Lord's, c'est un peu comme si on l'était du très privé club de Saint Jame's. C'est très snob, très beau et encore plus british que la famille royale (ou presque). Les Anglais ne sont pas les seuls à se passionner pour le cricket. Il y a également d'excellentes équipes indiennes et pakistanaises.

Football

Le sport le plus populaire au monde, le football, a été inventé en Angleterre durant le XIXe siècle. Originellement très violent, ce sport, non dissociable du rugby à l'époque, connaît en 1828 une adaptation dans les cours de récréation des publics schools. Les règles différentes selon la nature du terrain favorisent l'apparition d'une nouvelle façon de jouer : sur le dallage, par exemple, il n'y a pas de mêlée, et le jeu aux pieds, le dribbling game, est favorisé. Il faut attendre 1848 pour que soit codifié ce sport par les étudiants de l'université de Cambridge, et 1885 pour la création du premier championnat professionnel. En 1905, on dénombre 10 000 clubs constitués.

Aujourd'hui, la Fédération anglaise de football, The Football Association, est composée de plus de 42 000 clubs. Bien que certains d'entre eux aient une renommée européenne indiscutable, la Ligue des champions et la Coupe de l'UEFA ont été gagnées sept fois par des formations britanniques, l'équipe nationale anglaise déçoit par son palmarès modeste : c'est seulement en 1966 qu'elle gagne la Coupe du monde dans le temple de Wembley, le stade emblématique de l'Angleterre. Et à part deux victoires olympiques en 1908 et 1912, il faut bien avouer que le poids international de cette équipe est très loin derrière celui des équipes nationales d'Allemagne, d'Italie, et même de France. Ceci est principalement dû au fait que les joueurs les plus performants du championnat anglais viennent d'autres pays comme l'Italie ou la France justement : le Royaume manque de joueurs exceptionnels mis à part David Beckam, le Madrilène, ou Owen. Pour preuves, dans les trois équipes qui dominent le championnat anglais et qui font excellentes figures à l'échelle européenne, de nombreux joueurs sont des étrangers : Manchester United, 15 fois champion d'Angleterre compte sur ses bancs, Barthez, Sylvestre, Van Nistelroy, Ricardo et Cristiano Ronaldo, et Arsenal, 12 fois champion d'Angleterre, possède Vieira, Pires, Wiltord, Henry, meilleur buteur de la saison 2002-2003, Cygan, Bergkamp, et Kanu, et Chelsea voit dans ses rangs, Desailly, Gallas, Makelele, et Petit.

Cette configuration n'est pas valable pour le reste des Etats composant le Royaume-Uni. En Ecosse, le championnat national n'est pas du même niveau que celui de L'Angleterre. Il n'existe en fait que deux équipes représentatives d'une certaine qualité de jeu : ce sont les formations de la ville de Glasgow, Le Glasgow Rangers, 49 fois champion d'Ecosse et le Celtic Glasgow 38 fois promu. On voit donc toutes les années les deux équipes sur la liste prestigieuse des coupes européennes, mais il n'y a eu qu'une victoire écossaise, dans la Coupe des coupes (l'actuelle Coupe de l'UEFA) en 1972. L'équipe nationale, quant à elle, n'a jamais excellé : la formation a rarement dépassé le premier tour de la Coupe d'Europe des nations ou de la Coupe du monde. Le Petit Poucet footballistique britannique, le pays de Galles, n'a pas son propre championnat : ses équipes sont intégrées dans les divisions anglaises. Son palmarès mondial est quasi inexistant puisque cette formation n'a participé qu'une fois à la Coupe du monde en 1958 où elle a atteint les quarts de finale. Cependant lors des matchs de qualifications de l'Euro 2004 au Portugal, le pays de Galles, emmené par le joueur de Manchester, Ryan Giggs, a créé la surprise en battant l'équipe d'Italie, une position agréable pour participer au tournoi.

Golf

Avec ses 450 terrains de golf, l'Ecosse possède le plus grand nombre de practices par habitant. Il est vrai que ce sport est originaire du pays : « Gowff » signifie frapper en gaélique écossais. Sa première apparition officielle est due au roi Jacques II qui interdit, par décret en 1457, aux archers de pratiquer ce sport au lieu de s'entraîner. Il faut attendre 1744 pour que ce sport soit codifié par l'Honorable Company Of Edinburg. Pour profiter de ces terrains appréciés par tous les amateurs de la planète, il est possible de souscrire un abonnement auprès des centres d'information touristique : 65 livres pour 3 jours et 90 livres pour 10 jours. Attention toutefois. Le practice le plus célèbre, celui de St Andrew, est soumis à une longue liste d'attente. Pour plus d'information, le site Internet (www.golfscotland. com) est à votre disposition ✆ 00 +33 87 00 60 80 404.

Jeux nationaux

The Pools, sorte de loto sportif, et le Bingo sont les jeux de hasard les plus populaires. Cependant, les Anglais ne sont pas spécialement joueurs.

Randonnées

▶ **En Ecosse,** le sport est axé principalement sur la découverte de la nature. Si vous désirez vous livrer à votre passe-temps préféré, pratiquer la marche à pied ou faire d'autres activités sportives, la campagne écossaise vous offre toutes sortes de possibilités : canoë, alpinisme, V. T. T... On ne peut rêver de meilleur pays pour les randonnées. Marcher a toujours été plus qu'un délassement chez nos voisins britanniques, une activité sérieuse. Et comme toute activité, celle-ci se prépare et s'organise. A l'échelle du pays, on trouve des pistes partout, toutes balisées. En fonction de son niveau de compétence, de sa forme et de ses goûts, le marcheur aura le choix entre des balades tranquilles sur des pistes en forêt, des chemins plus abrupts qui longent les côtes ou des itinéraires d'excursion de plusieurs jours. Voire, pour les plus chevronnés, des randonnées en montagne nécessitant le savoir, la prudence et le matériel de bons alpinistes. Les offices du tourisme tiennent des cartes d'itinéraires à votre disposition (en général

gratuites). Si vous allez dans le Nord, pensez aux vêtements chauds, même en été. Un détail à savoir, certaines zones écossaises sont infestées de petits moustiques aux morsures sournoises. Prévoyez donc bougies à la citronnelle et crème antimoustiques.

Dans tous les cas, l'Ecosse réservera au marcheur des paysages inoubliables, et des points de vue sur une nature qui a, hélas, presque complètement disparu dans le reste de l'Europe.

Des itinéraires de marche existent pour tous les niveaux de compétence, le long des pistes forestières, en bordure de mer ou de rivière, ou encore en haute montagne. Vous trouverez ces balades détaillées dans des plans distribués ou vendus pour un prix raisonnable dans les offices de tourisme locaux. Ils sont spécialement détaillés dans les parcs nationaux, tels que le Galloway Forest Park, dans le Sud, deuxième forêt d'Ecosse par la taille, où l'on trouve une très grande variété de terrains.

Pour faire une randonnée de plusieurs jours, suivre les itinéraires longues distances, comme le West Highland Way, qui couvre 153 km entre la banlieue nord de Glasgow et Fort William, jusqu'au plus haut sommet du pays : le Ben Nevis (1 344 m). Le Speyside Way couvre 68 km dans les Grampians Highlands. D'ouest en est, le Southern Upland Way est long de 341 km de Portpatrick à Cockburnspath. La Saint Cuthbert's Way, piste de 100 km de long, traverse la région des Borders. Ces itinéraires, que vous pouvez aussi emprunter par tronçon, présentent l'avantage d'être jalonnés de différents types d'hébergement (campings, Bed and breakfast, pensions), à réserver à l'avance en été. On ne voit pas d'inconvénients à ce que les randonneurs s'aventurent hors des sentiers battus, notamment dans les Highlands, mais méfiez-vous pendant la saison de la chasse au coq de bruyère ou au cerf. Prenez le temps d'apprendre les règles du « Country Code », que vous ne risquez pas d'enfreindre si vous ne prenez que des photos et ne laissez derrière vous que la trace de vos pas.

Des festivals de marche à pied ont lieu l'été dans les Highlands, le Royal Deeside, ou les Scottish Borders, à Doune ou à Pitlochry. Vous pouvez participer à différentes activités sportives, être guidé par des spécialistes des lieux, assister à des spectacles nocturnes.

La campagne écossaise est aussi agréable à explorer en vélo. Apportez le vôtre ou louez-en un. Vous devrez verser une caution, mais des compagnies proposent également des forfaits vacances, ainsi que le transport des bagages sur un long itinéraire préparé à l'avance. En l'an 2000, de nouvelles pistes ont été ouvertes sur la côte est et dans les Shetland.

▶ **Le pays de Galles** est réputé pour son riche éventail d'activités en plein air. Les amoureux de randonnées pédestres traverseront à loisir le territoire du nord au sud, ou pratiquer leur sport favori dans les sites de Snowdonia et Llyn peninsula au nord, Elan valley et Strata Florida au centre, et Whitesands bay au sud-ouest.

Snowdonia possède également le meilleur site de tout le Royaume-Uni (22 ha de forêt) pour faire du Mountain Bike.

Il est aussi possible de faire du trekking dans les Black Mountains, et bien sûr de pratiquer tous les sports d'eaux sur la côte. Site Internet (www.activitywales.com).

La Coupe du monde de rugby

Attendue comme favorite au même titre que les équipes d'Australie et de Nouvelle-Zélande, l'équipe d'Angleterre de rugby a néanmoins réussi à surpasser les attentes en remportant la Coupe du monde qui s'est déroulée en Australie durant l'automne 2003. Car cette solide équipe, qui a parfois été critiquée avant le début des rencontres pour être composée de joueurs un peu trop âgés et d'un jeune surdoué arrogant, le buteur Jonny Wilkinson, s'est pourtant affirmée au fur et à mesure de la compétition comme étant l'une des meilleures et des plus constantes de la compétition. Le Quinze de France, qui s'est permis de rêver un peu après des débuts sur les chapeaux de roues, s'est rapidement fait rattraper par la dure réalité du monde du rugby. Après avoir « facilement » balayé plusieurs équipes comme les îles Fidji ou l'Ecosse, il a fallu se rendre à l'évidence qu'affronter une équipe solide comme celle d'Angleterre pouvait mettre un terme à leur destin fragile. Le Coq est allé se rhabiller pour mieux constater l'ascension du Quinze de la Rose, et sa difficile mais néanmoins nette victoire en finale contre une équipe d'Australie chauffée à blanc dans un stade contenant plus de 80 000 supporters.

A cette victoire sportive de l'Angleterre, il convient également d'y voir une victoire historique et symbolique dans le milieu du ballon ovale : c'est la première fois que la Coupe du monde est remportée par une équipe nationale de l'hémisphère Nord. Le mythe d'un hémisphère Sud invaincu est désormais remis en cause. Quoi qu'il en soit, il faudra donc attendre la prochaine Coupe du monde, qui se déroulera en France en 2007, pour voir si cette minirévolution est passagère ou si d'autres équipes comme… la France, pour être chauvin, seraient capables de conquérir le trophée, et de le conserver ainsi au nord de l'équateur. Statistique prometteuse, la France est bel et bien le seul pays à avoir réussi la performance de vaincre l'Angleterre à deux reprises durant les deux dernières années avant la Coupe du monde. Rêvons un peu, les paris sont ouverts !

Rugby

C'est lors d'un match de football en Angleterre au mois de novembre 1823 que William Web Ellis commet une infraction. Il prend le ballon dans les mains et court vers le but adverse : le rugby est né. Mais il faut attendre le 24 décembre 1870 pour voir une codification de ce sport à la Réunion du Pall Mall Restaurant de Londres. Une année plus tard, la création le 26 janvier de la Rugby Union of England permet au public d'assister au premier match international : Ecosse/Angleterre à Edimbourg. Le tournoi des 5 Nations est créé en 1910 et rassemble l'Angleterre, l'Ecosse, le pays de Galles, L'Irlande et la France. Ce n'est qu'en 2000 que l'Italie entrera dans le tournoi qui compte désormais 6 Nations.

▶ **Le rugby est plus qu'un sport pour les Anglais,** c'est une religion. La grande messe est célébrée dans le temple du rugby : le stade de Twickenham. Situé au sud-ouest de Londres, il peut contenir 80 000 personnes et la période d'avant match est l'occasion de pique-niquer sur son parking. Car si messe il y a, elle est populaire. Il faut, pour s'en convaincre, assister à un match du XV de la Rose au stade pour ressentir la cohésion du peuple derrière son équipe : elle représente avant tout l'honneur des Anglais qui, régulièrement, peuvent montrer leur supériorité face à l'Irlande et à la France.

L'équipe anglaise est la plus titrée, elle a gagné 11 fois le grand Chelem et se positionne comme l'une des plus grandes équipes de rugby.

En 2003, elle remporte le tournoi des 6 Nations en accomplissant son premier grand Chelem du millénaire. La nouvelle génération de joueurs s'avère, en effet, être redoutable. Ben Cohen, Jonny Wilkinson et Jason Robinson, les acteurs principaux de la Coupe du monde, dont le XV de la Rose est revenu victorieux.

▶ **En Ecosse,** la pratique du rugby est aussi une institution. L'histoire de ce sport prend ses origines dans les internats où les élèves étaient obligés, sauf certificat médical du médecin de l'établissement scolaire, de pratiquer ce sport. C'est donc à la bourgeoisie qu'a pris à son compte tout ce que le rugby pouvait offrir. Aujourd'hui, fort de ses 276 clubs, l'Ecosse développe un jeu puissant et difficilement flexible. Ceci est dû en partie à la tradition d'opposition musclée face à l'équipe anglaise. L'hymne national de l'équipe du Chardon est en effet « Flower of Scotland » qui symbolise la défaite historique du roi Edward II d'Angleterre. Ce chant repris à l'unisson dans le stade mythique de Murrayfield en a fait trembler plus d'un : le palmarès de l'équipe, sans être remarquable, n'est toutefois pas négligeable. Lors des Coupes du monde de rugby, les joueurs sont tombés deux fois en quart de finale face aux All Blacks, et une fois en demi-finale face aux Anglais. Mine de rien, ce sont des résultats qui en feraient rêver plus d'un.

▶ **Le pays de Galles,** est, comme ses voisins britanniques, une nation « historique » dans le développement et l'institutionnalisation du rugby. Il fait partie des fondateurs de l'International Rugby Board en 1886 avec l'Ecosse et l'Irlande. L'équipe nationale et les 222 clubs du pays sont dirigés par la Welsh Rugby Union (créée en 1881) et les matchs internationaux se disputent dans le célèbre stade de Cardiff. De toutes les grandes nations du rugby, le palmarès du pays de Galles en Coupe du monde est plus contrasté. En 1987, l'équipe galloise réalise un très beau parcours lors de la première Coupe du monde de l'histoire. Elle termine première de sa poule, « écrase » l'Angleterre (16-3) en quart de finale, mais échoue en demi-finale lors du 1er tour face à la Nouvelle-Zélande, qui gagne la finale face à la France. Elle terminera troisième de la compétition. Les coupes suivantes, en 1991 et 1995, sont beaucoup moins heureuses, puisque les Gallois sont éliminés à l'issue des matches de poule. En 1999 et en 2003, ils sont éliminés en quart de finale, respectivement par l'équipe d'Australie et d'Angleterre.

Shinty

Ce jeu apparu pendant la période celte se familiarise avec le hockey. Il servait à calmer les ardeurs masculines dans une Ecosse soumise aux fréquentes guerres de clans. C'est un sport assez viril qui provoque bien souvent des blessures : il est possible ici de lever la crosse au-dessus des hanches.

Sports nautiques

Les Anglais sont marins par tradition, ils sont à l'origine de courses-croisières très réputées au départ de Newport ou de Plymouth. La voile reste un sport de classe, assez peu démocratisé. La région des Highlands est une des régions du monde les mieux adaptées à la voile toute catégorie : des paysages fabuleux, navigation à l'œil et des vents toute l'année. Dans le Sud-Ouest de l'Ecosse, le meilleur endroit pour se baigner se trouve sur le Solway Firth, où l'on ne

---

Palmarès du pays de Galles au tournoi des 5 (et 6) Nations

Tournois gagnés : 23 – Grands Chelems : 6 – Classement général : 2e – Dernier Grand Chelem (tous les matchs disputés ont été gagnés) : 1978 – Dernière Triple Couronne : 1988 – Dernière Cuillère de bois : 1995.

L'équipe galloise est la première à réaliser le Grand Chelem, en 1911 (un an après la création du tournoi). Les années 50 sont les plus florissantes, puisque les Gallois obtiennent le Grand Chelem en 1950 et 1952 et terminent fréquemment à la deuxième place. Les années 1970 marquent un retour au premier plan, avec trois nouveaux Grands Chelems en 1971, 1976 et 1978 et une première place en 1970 et 1975. Depuis, l'équipe galloise semble faire office de figurante et a même obtenu la Cuillère de bois en 1995. Mais les gallois semblent bel et bien de retour ! Vainqueurs incontestés du tournoi 2005 (le dernier titre remontait à 1994), le pays de Galles s'affirme à nouveau comme un place-forte du rugby mondial.

---

craint pas les courants… Les Highlands offrent des plages sublimes entourées de rochers. Et si vous cherchez bien, vous les aurez pour vous tout seul, à la seule condition de ne pas craindre la fraîcheur. Enfin, vous pouvez pratiquer en Ecosse un grand nombre de sports nautiques : plongée, voile, canoë, ski nautique…

Tennis

Wimbledon est le plus connu des tournois du grand Schelem avec Rolland Garros, l'Open de France, et l'U.S. Open. Il se déroule cette année du 21 juin au 4 juillet, sur un site comprenant 18 cours, un musée, et divers restaurants et magasins au sud-ouest de Londres. Il a la particularité de se tenir sur gazon, et d'être le plus exigeant des tournois.

La première finale, en 1877 s'est tenue devant 200 personnes. Aujourd'hui, le cours central contient 35 000 spectateurs et l'affluence annuelle est de 500 000 personnes. Enfin, il est de tradition, durant le tournoi de manger des fraises accompagnées de crème. En moyenne, 27 000 kg de fruits et 7 000 litres de crème sont consommés. La 119e session, en 2005, a vu la troisième victoire consécutive du Suisse Roger Federer. Côté dames, Vénus Williams remporte la finale face à Lindsay Davenport.

Enfants du pays

Paddy Ashdown

Leader du Parti libéral démocrate. Fils de militaire, lui-même militaire de carrière pendant douze ans, depuis huit ans à la tête de la troisième force politique du pays, il tente de casser le traditionnel bipartisme britannique. Ancien interprète de chinois, ancien diplomate et même chômeur pendant quelques mois, il voulait être le « monsieur Propre » de la classe politique du pays. Hélas, la rumeur publique l'a obligé à « avouer » une liaison de quelques mois, et vieille de neuf ans, avec une de ses anciennes secrétaires. Son parti ne semble pas souffrir de cette confession publique mais son image personnelle en restera marquée à jamais.

Shirley Bassey

Née en 1937, la « panthère noire » est la fille d'un marin de Cardiff. Elle a effectué une carrière internationale de chanteuse de blues depuis les années 1950. Les chansons titres des James Bond : *Goldfinger* et *Diamonds are forever,* c'est elle ! La voix de *History repeating*, le tube des Propellerheads, c'est elle aussi ! Vous verrez sûrement des affiches de ses concerts dans les pubs de Cardiff. Notamment celles de son concert pour l'ouverture du Cardiff International Arena en 1993.

David Beckham

Footballeur. David Beckham naît le 2 mai 1975 à Londres. Dès son plus jeune âge, il montre des qualités de footballeur et, en 1991, signe son premier contrat de footballeur professionnel avec Manchester United où il jouera pendant douze ans avant de partir pour le Réal Madrid. Capitaine de l'Equipe d'Angleterre, Beckham est un sportif de talent tantôt adulé par les supporters, tantôt critiqué (comme lorsqu'il rata un tir au but lors de la Coupe d'Europe en 2004). Mais plus que ses qualités sportives, c'est son physique et sa vie sentimentale qui en ont fait l'idole de nombreuses jeunes filles. Et depuis quelques années, Beckham fait autant parler de lui dans les pages people des magazines que dans les pages sportives. En 1999, il épouse l'ex-Spice Girl Victoria Adams (Posh Spice) avec qui il a deux fils, Brooklyn et Roméo. Posh & Becks, comme on les appelle familièrement forment certainement le couple le plus admiré, le plus envié et surtout le plus médiatisé de l'Angleterre. En 2003, un scandale éclata lorsque l'ancienne assistante de David Beckham affirma avoir été sa maîtresse pendant plusieurs mois à Madrid. Cette déclaration fut suivie par celles d'autres femmes affirmant également avoir eu une aventure avec le beau David. Il y a de l'eau dans le gaz dans le couple. Mais, pour faire taire les rumeurs de séparation, le couple renouvelle ses vœux le jour de son cinquième anniversaire de mariage et, peu après, annonce attendre un troisième enfant. Malgré toutes ses frasques, David reste un (très bon) joueur de football.

Tony Blair

Premier ministre, marié à l'avocate Cherie Booth, père de 4 enfants. Avec la victoire du Parti travailliste (Labour) aux élections de 1997, Tony Blair devint, à 44 ans, le plus jeune Premier ministre depuis plus d'un siècle. Ancien avocat (il a étudié le droit à Oxford), Tony Blair réussit une rapide et brillante ascension au sein du Parti travailliste, succédant finalement à John Smith, leader du parti, disparu de façon inattendue en 1994. Artisan du renouveau du Labour (New Labour) et apôtre de la « troisième voie » (éloignement des racines socialistes et encouragement de l'économie de marché, des privatisations), Tony Blair incarne une nouvelle gauche, plus pragmatique. Quoi qu'il en soit, son orientation pro européenne rassure ses collaborateurs européens. Les travaillistes ont été réélus en 2001. Mais la réélection de Tony Blair aux élections de 2005 semblait plus qu'incertaine. En effet, les Anglais ne lui ont pas pardonné d'avoir jeté le Royaume-Uni dans la crise irakienne et beaucoup pense que le Premier ministre a menti aux sujets des armes de destruction massive. Tony Blair était bien bas dans les sondages. Mais l'économie florissante du pays et l'absence d'un opposant charismatique lui ont permis de se faire réélire malgré tout.

David Bowie

David Jones voit le jour à Londres, le 8 janvier 1947, et grandit bercé par Little Richard, Jimmy Reed ou Chuck Berry. En 1969, il signe chez Mercury et compose *Space Oddity,* qui sera utilisé par la BBC lors de la télédiffusion du premier pas sur la Lune. Pendant les années 69-70, il joue avec Marc Bolan et T-Rex, rencontre Tony Visconti (producteur et bassiste) et Mick Ronson (guitariste) et jette les bases de son œuvre : la transformation. Sort alors *The Man who sold the World*, puis *Hunky Dory* (1971) où il pose en robe, avant le classique *The Rise & the Fall of Ziggy Stardust and The Spiders From Mars.* Ziggy, star androgyne scandaleuse (il avoue sa bisexualité), déchaîne les foules, fait scandale et provoque le raz de marée Bowie. Ziggy, trop encombrant, sera « suicidé » le juillet 1973 ! Outre ses propres albums, David Bowie produit certains artistes de sa famille musicale et relance la carrière de Lou

Reed (*Transformer*) et des Stooges (*Raw Power*). Il s'invente un nouveau personnage, celui de Diamond Dogs (1974), inspiré par le roman *1984* de George Orwell, et Halloween Jack, centaure canin, cruel et disjoncté. C'est à cette époque qu'il s'immerge dans la musique noire et la soul. Il s'installe à Philadelphie, travaille avec des musiciens noirs, avant de partir à Los Angeles où il enregistre avec Nicolas Roeg *The Man who feel to Earth*. Nouveau personnage en gestation, The Thin White Duke, est le fidèle reflet d'un Bowie famélique et junkie (accro à la cocaïne), extraterrestre éthéré en phase avec son *Station to Station* (1976), album de soul expérimental. Paumé et provocateur extrême (il ira jusqu'à faire le salut nazi lors d'un concert), il s'exile à Berlin pour se retrouver dans l'effervescence avant-gardiste de la ville : en pleine explosion punk, il enregistre avec Brian Eno (ex-Roxy Music) trois albums fortement influencés par Kraftwerk et les longues plages instrumentales : *Low* (1977), *Heroes* (1977) et *Lodger* (1979). Il réalise aussi deux albums clés pour Iggy Pop (*Just for Life* et *The Idiot*), joue avec Marlène Dietrich (*Just a Gigolo*), se met à peindre et découvre le vidéoclip avec *Ashes to Ashes* et *Fashion,* extraits de *Scary Monsters* (1980). Avec la pièce *Elephant Man*, jouée à Broadway, il s'offre une vraie place de comédien reconnu et sollicité. Fin d'une période riche et productive, Bowie devient acteur : il jouera avec Deneuve et Sarandon, sera dirigé par Tony Scott et Nagisa Oshima… En 1995, il se remarie avec le mannequin Iman, retravaille avec Brian Eno et sort l'exigeant *Outside,* album industrial-rock expérimental. Remis au goût du jour par la jeune génération grunge (Nirvana et sa reprise de *The Man who sold the World*), il devient le père précurseur de l'alternatif. Après le concert anniversaire donné au Madison Square Garden en 1997, qui fêtait ses 50 ans, la capitalisation en Bourse de son œuvre, David Bowie reste très productif. En 1996, il sort le technoïde *Earthling,* en 1999, suivi de *Hours,* un album un peu décevant. Mais en 2002 sort l'excellent *Heathen* et enfin, son dernier album *Reality* en septembre 2003, suivi par une tournée mondiale.

Kenneth Branagh

Acteur et metteur en scène. Le *wonder boy* de la scène britannique ou le « nouveau Laurence Olivier », c'est selon. Né à Belfast, d'un père charpentier qui lui disait que le monde du spectacle était plein d'homosexuels et de chômeurs, il a très vite la révélation du théâtre, surtout shakespearien. Il monte nombre de pièces, fonde une compagnie, joue à la télévision et acquiert une reconnaissance internationale avec son *Henry V* (1990). Après un passage à Hollywood (*Dead again,* 1991), il a monté un *Hamlet*, un *Coriolan* et nous a donné *Beaucoup de bruit pour rien* (1993), tourné en Toscane.

On l'a vu aux côtés de Robert De Niro dans un *Frankenstein,* qui a divisé le public. Energique, enthousiaste, bourré d'idées, il fut marié à l'actrice Emma Thompson.

John Cale

Né en 1942 à Garnant près de Amman Ford, ce musicien complet, de formation classique, quitte son pays pour les Etats-Unis au début des années 1960. Il y devient l'élève des compositeurs La Monte Young et John Cage. Il rencontre Lou Reed à New York, avec qui il crée un groupe, The Velvet Underground. La formation est bientôt repérée puis adoubée par Andy Warhol, qui produit son premier album, < La personnalité quelque peu écrasante de Lou Reed poussera rapidement plusieurs membres à quitter le groupe : la chanteuse Nico, Warhol, puis John Cale. Ce dernier aura participé aux deux premiers disques (et à une flopée de titres restés longtemps inédits sur disque) comme compositeur, guitariste, bassiste, violoniste et chanteur. Ses compositions et son jeu sont pour beaucoup dans la teinte sombre et avant-gardiste du groupe. The Velvet Underground deviendra une influence majeure pour la musique « adulte » des décennies suivantes (dont le punk, la new-wave et les mouvements expérimentaux). John Cale a finalement poursuivi sa carrière en solo, faisant longtemps figure de frère ennemi (et un peu oublié) de Lou Reed (avec lequel il n'a pas eu la chance de partager le succès).

Traditionnellement le *ceidlidh* (prononcer « keïli ») est une réunion d'amis populaires dans les Highlands et les îles, dont les ingrédients sont la musique folklorique, les chansons, les danses et les conteurs dans les années 1950 et 1960. Cette musique est représentée par Kenneth McKellar et Andy Stewart, qui chantent des ballades sentimentales accompagnés par des accordéons et des cornemuses. Dans les années 1970, beaucoup de groupes écossais de pop connaissent le succès, comme les Bay City Rollers. A cette époque, la tradition folk est portée par Robin Hall et Jimmy McGregor, The Corries et Ewan McColl, qui se produisent dans les pubs. The Boys of the Lough sont l'un des premiers groupes écossais et irlandais qui mélangent le folk traditionnel et le rock. Le Battelfield Band, Runrig, Alba, Capercaillie les suivront. Parmi les stars écossaises, on peut aussi citer : Iain Anderson (Edimbourg), leader de Jethro Tull, Annie Lennox (Aberdeen), The Jesus and Mary Chain, Tears For Fears, Wet Wet Wet, et le groupe Texas.

Sa musique n'est pas réductible à un seul genre et oscille entre le rock, la pop, la composition classique et les expérimentations. Il a multiplié les collaborations avec d'autres musiciens, produit de nombreux artistes (Patti Smith, Nico, The Stooges, The Modern Lovers, Happy Mondays) et composé quelques musiques de films. En 1989, il adapte des poèmes de Dylan Thomas, accompagné par un orchestre philharmonique. Après plus de vingt ans de brouille, John Cale et Lou Reed se sont retrouvés pour un disque hommage à leur mentor décédé, Andy Warhol (*Songs for Drella,* 1990), puis pour une reformation (sans lendemains, sinon commerciaux) du Velvet Underground.

George Carey

Archevêque de Canterbury. Marié et père de quatre enfants, il est le primat de l'Eglise anglicane, chef de 70 millions d'anglicans en Angleterre et dans le monde. Surnommé « l'archevêque vert » pour ses prises de position en faveur de l'environnement, il doit affronter, depuis son élection il y a cinq ans, l'un des sujets les plus controversés dans l'église anglicane, l'ordination des femmes. Né dans un quartier pauvre de Londres, George Carey y est personnellement favorable. L'évêque de Canterbury est l'une des principales personnalités d'Angleterre, et son rôle autant spirituel que politique compte dans ce pays encore fortement marqué par la religion.

Eric Clapton

Ce virtuose de la guitare est né le 30 mars 1945 à Surrey en Angleterre. Après avoir fait partie de plusieurs groupes de rock et de blues, il débute une carrière solo et crée des chansons parmi les plus connues du monde : 1970, *Layla ;* 1973, reprise de *I shot the Sheriff* (Bob Marley) ; 1977, *Slow hand,* son meilleur album avec notamment la chanson *Cocaïne.* En 1997, il emporte les Gramy Awards du disque de l'année et du meilleur chanteur pop pour sa participation à la musique du film : *Phenomenom.*

Phil Collins

Le chanteur et compositeur à succès, est né Philip David Charles Collins à Londres en janvier 1951. C'est en 1970 qu'il passe une audition pour entrer comme batteur dans le groupe Genesis, un groupe de rock un peu visionnaire mené par Peter Gabriel. Il fait ses premiers pas dans la chanson avec *More Fool Me* en 1973 et est nommé leader l'année d'après. Phil Collins rejoint à la même époque un groupe de jazz fusion, Brand X avec qui il enregistre son premier album en 1976. Genesis change de style sous l'influence de Collins qui produit une musique un peu plus commerciale, entre la pop et le R & B. En 1981, le groupe connaît un grand succès avec *No Reply*

at All, alors que Phil Collins fait un hit en solo avec son album *Face Value.* La gloire ne quitte pas le chanteur et son groupe. Leurs albums sont tous des succès commerciaux. Mais en 1996, Il annonce son départ pour se consacrer à sa carrière solo. Il monte alors un group de Jazz « The Phil Collins Big Band », avec lequel il reprend plusieurs de ses plus grands succès avec Genesis. Mais la musique n'est pas le seul talent de Phil Collins, qui s'est essayé à quelques rôles au cinéma. Le premier fut celui d'un fan dans le film des Beatles *A hard Day's Night* en 1964. Il fit ensuite quelques apparitions dans des séries télévisées, un opéra rock et enfin il prête sa voix pour un dessin animé de Walt Disney *Frère des Ours.*

Sean Connery

Thomas Connery est né en 1930 dans une famille modeste d'Edimbourg. Il commence à travailler à 9 ans et s'engage plus tard dans la marine avant d'être exempté pour un ulcère. Il découvre alors le théâtre en 1951 et il est même médaille de bronze du concours de Monsieur Univers en 1952. Quatre ans plus tard, il débute au cinéma avec un petit rôle dans *Les Criminels de Londres* avant de connaître une période de doute cinématographique. C'est en 1961 qu'il incarne le célèbre agent secret James Bond dans une adaptation du roman de Ian Fleming (il le sera 7 fois) et qu'il devient alors l'un des acteurs les plus apprécié du cinéma mondial. Sean Connery n'a jamais pour autant oublié ses racines écossaises. Il verse la totalité de ses droits sur le film *Les Diamants sont éternels,* soit 1,2 million $, pour la construction du Scottish International Education Trust, et il parraine le Parti nationaliste écossais (SNP) lors de la campagne pour la décentralisation des pouvoirs en faveur d'un gouvernement écossais autonome : il a depuis longtemps un tatouage mentionnant « Scotland Forever ». Sean Connery a été anobli à Edimbourg par la reine Elizabeth II en juillet 2000.

Elizabeth II

Fille du roi George VI, elle épouse, en 1947, Philippe de Grèce, duc d'Edimbourg. Elle succède à son père lors de la mort de celui-ci en 1952. Elle règne depuis sur le Royaume-Uni de Grande-Bretagne et d'Irlande et assume le rôle de chef du Commonwealth (elle peut, par exemple évincer le Premier ministre australien). Garante du principe de l'unité monarchique, elle demeure, malgré ses célèbres chapeaux, en retrait de la vie politique du pays. L'année 2002 a marqué son Golden Jubilee, le cinquantième anniversaire de son accession au trône.

Tracey Emin

Après avoir étudié au College of Art, à Maidstone, et au Royal College of Art, à Londres, Tracey Emin ouvrit une boutique dans l'East End avec une autre artiste, Sarah Lucas, puis sa propre galerie, The Tracey Emin Museum, à Waterloo. Elle participa à de nombreuses expositions d'art contemporain dans le monde entier. L'art de Tracey Emin se nourrit de sa vie personnelle et de ses expériences intimes, et par ce biais met en scène les préoccupations de tout un chacun (sexualité, mort, etc.). Elle utilise comme supports la peinture, le dessin, la vidéo, la photographie, la sculpture et l'écriture, et ses œuvres ont souvent donné lieu à des controverses. Elle signa, en 1995, une installation intitulée *Everyone I Have Ever Slept With 1963-1995,* une tente avec l'inscription des noms de tous les gens avec qui elle avait dormi dans sa vie : amants mais aussi amis, parents ainsi que son frère jumeau. Cette œuvre a malheureusement brûlé en mai 2004 avec de nombreuses autres œuvres contemporaines (dont beaucoup faisaient partie de la collection de Charles Saatchi) dans un incendie qui a ravagé une galerie à Londres. Elle réalisa également, en 1998, *The Bed* (un lit défait où se trouvaient, pêle-mêle, des préservatifs usagés, des sous-vêtements et des draps souillés), œuvre pour laquelle elle fut nominée pour le Prix Turner.

Norman Foster

Le célèbre architecte est né à Manchester en 1935 dans une famille modeste mais qui lui offre la chance de faire de bonnes études. Il étudie le droit commercial avant de partir pour la Royal air force pour son service militaire. Là-bas il développe un goût prononcé pour l'architecture. A son retour à la vie civile il accumule les petits boulots avant de retourner à l'université à Manchester pour étudier l'architecture dont il ressort en 1961. Il par pour Yale pour passer son master où il rencontre Richards Rogers et ses amis. En 1963 il s'associe avec la « team 4 » jusqu'à la fondation de « Foster and partners ». Depuis Foster a reçu plus de 190 awards et a remporter plus de 50 compétitions nationales et internationales. Il est entre autres honoré par un titre de Lord à vie en 1999, la même année il obtient le 21e prix d'architecture Pritzker, considéré comme le prix Nobel d'architecture. Ses œuvres transforment les paysages citadins, renouvellent les transports urbains et restaurent les centres-villes. Dans ses projets récents on compte la reconstruction du Reichtag de Berlin, le design de la grande cour du British museum, le millenium bridge, le nouvel aéroport de Honk Kong – le plus grand du monde.

Stephen Frears

Metteur en scène anglais né en 1941, il est l'un des cinéastes du renouveau britannique en matière de longs-métrages. Ses premiers films, tels *My beautiful Launderette* (1985), *Prick up your Ears* ou *Sammy and Rosie get laid* (Sammy et Rosie s'envoient en l'air) évoquaient les banlieues de Londres, le racisme antipakistanais, la classe ouvrière au chômage. Comme la plupart des cinéastes britanniques qui atteignent un certain niveau de reconnaissance, il s'est ensuite tourné vers Hollywood pour tourner *Les Liaisons dangereuses,* d'après le roman français de Choderlos de Laclos, avec des acteurs américains. A confirmé son talent avec *The Grifters* (*Les Arnaqueurs*), *The Snapper* (1993), *High Fidelity* (2000) ou *Dirty pretty things* avec Audrey Tautou.

Peter Gabriel

Né le 13 février 1950 à Surrey en Angleterre, il fonde, lorsqu'il est encore lycéen, le groupe Garden Wall and The New Amon avec Tony Banks et Mike Rutherford, qui deviendra bientôt Genesis. En 1977, il est remplacé par Phil Collins et commence une carrière solo avec notamment un succès planétaire en 1986 avec la chanson Sledgehammer sur l'album So. Artiste engagé, il s'investit dans des organisations comme Amnistie internationale ou Greenpeace et crée le label musical qui développa le concept de World Music.

Graham Gooch et Ian Botham

Joueurs de cricket, jeu dont les règles sont impénétrables pour tout continental moyen et sport roi en Angleterre avec le golf, dont le héros est Nick Faldo. Gooch, capitaine de l'équipe d'Angleterre, a été suspendu quelques années pour avoir joué en Afrique du Sud. Ian Botham est le joueur phare, capable du pire comme du meilleur. Il milite aussi pour de nombreuses causes caritatives.

Hugh Grant

Le spécialiste bien-aimé des comédies romantiques anglaises a pris ses premiers cours d'art dramatique à Oxford. Après plusieurs rôles à la télévision et au cinéma (*Maurice* de James Ivory, *Lune de Fiel* de Roman Polanski), Hugh Grant connut son premier grand succès public avec *Quatre mariages et un enterrement.* Par la suite, malgré quelques flops et un scandale qui aurait pu ruiner son image et sa carrière (Hugh Grant fut arrêté en compagnie d'une prostituée), il renoua avec le succès grâce à une nouvelle comédie romantique, *Coup de foudre à Notting Hill,* avec Julia Roberts. Il laissa ensuite son rôle de gentil amoureux transi au vestiaire pour des rôles de séducteurs cyniques dans *Small Time Crooks,* de Woody Allen, et dans *Bridget Jones,* l'adaptation cinématographique du fameux roman d'Helen Fielding. Célibataire, après treize années passées en compagnie du mannequin et actrice Elizabeth Hurley, Hugh Grant demeure assez ironique sur son statut d'acteur et de star et continue à tourner principalement des comédies (*About a Boy, Two Weeks Notice, Love actually*).

Londres, Big Ben et Lion du Pont de Westminster.

Peter Greenaway

Metteur en scène. Le chouchou du public français depuis *Meurtre dans un jardin anglais* (1982), que peu de spectateurs ont compris, mais que tous ont adoré. Cette obscurité délibérée chez Greenaway est moins appréciée en Angleterre où son *Prospero's Book,* a été éreinté par la critique. Les « spécialistes » ont noté que Greenaway, outre les scènes de cannibalisme, nudité, etc., avait filmé quinze morts violentes en cinq films, soit une moyenne de trois par long-métrage. Les accents classiques de la musique de Michael Nyman, compositeur attitré du cinéaste, donneraient de la majesté à un reportage sur un élevage de poules, notent les plus fielleux. Autres films : *Zoo, Le Ventre de l'architecte, Drawning by Numbers, Le cuisinier, le voleur, sa femme et son amant, Prospero's Book* et *The Baby of Macon.*

Stephen Hawking

Mathématicien. Souffrant d'une maladie neuromusculaire depuis des dizaines d'années, sa silhouette maigre et recroquevillée dans une chaise roulante est connue du monde entier. Mathématicien, physicien, astronome, Stephen Hawking est l'auteur d'*Une brève histoire du temps,* qui explique la théorie du big-bang, en tête des ventes en Grande-Bretagne depuis des années. Steven Spielberg parlait d'en faire un film. Hawking, qui ne peut s'exprimer que par l'intermédiaire d'un ordinateur – dix à quinze mots par minute – a épousé sa infirmière. Selon sa première femme, il se prend pour Dieu.

Anthony Hopkins

Acteur né en 1937 à Port Talbot, qui a commencé sa carrière au théâtre en 1961, puis au cinéma en 1967. Un prestigieux palmarès de films allant d'*Elephant Man* (1980) de David Lynch, *Les Révoltés du Bounty* (1984), *Les Vestiges du jour* (1993), *Retour à Howards End,* sans oublier sa performance dans le rôle d'Hannibal Lecter dans *Le Silence des Agneaux* (1991) qui lui valut un Oscar. Il a joué aux côtés de sa compatriote Catherine Zeta-Jones dans *Le Masque de Zorro* (1998).

Mick Jagger

Chanteur leader des Rolling Stones depuis plus de 20 ans, Mick Jagger est l'un des personnages de l'histoire du rock les plus populaires et influents. Depuis quelques années, il sort quelques albums solo mais qui ne connaissent pas le succès des Rolling Stones.

Michel Philip Jagger est né le 26 juillet 1943 à Dartford. Sa première rencontre musicale fut celle du guitariste Keith Richards avec lequel il usait ses pantalons sur les bancs de l'école primaire. Mais quelques années plus tard ils se perdent de vue et Jagger développe seul dès le lycée un goût immodéré pour la musique et surtout le rock et pour le business à la London School of Economics. Il retrouve Richards quelques années plus tard. Tous les deux s'associent avec le second guitariste Brian Jones, le bassiste Bill Wyman et le batteur Muddy Waters pour créer les Rolling Stones. Dès la fin des années 60, ils rivalisent avec les Beatles sur les rangs des groupes de rock les plus populaires au monde. Ils accumulent les hits à cette époque avec les grands classiques *Paint It Black, Time Is on My Side, Get Off of My Cloud, I Can't Get No, Satisfaction, Jumpin' Jack Flash* et quelques autres. A partir de 1968, leurs albums sont considérés comme des légendes du rock : *Beggar's Banquet* (1968), *Let It Bleed* (1969), *Get Yer Ya-Ya's Out* (1970), *Sticky Fingers* (1971), *Exile on Main Street* (1972).

A cette époque Mick Jagger joue à l'acteur et il devient une figure incontournable de la jet-set. Il se dispute avec Keith Richards sur la direction musicale à prendre du groupe. Jagger souhaite se lancer dans le style pop et dance alors que Richards veut rester un vrai groupe de rock and blues. En 1984, Jagger enregistre donc son premier album solo, qui est un succès.

Il enchaîne avec une collaboration avec David Bowie. Il déploie toute son énergie pour renouer seul avec le succès à hauteur de celui des Rolling Stones, mais les temps sont durs pour Mick Jagger. Le chanteur renoue avec le groupe en 1989 pour la tournée Steel Wheels. Il relance ensuite sa carrière en collaborant avec les Red Hot Chili Peppers, les Beastie Boys et Rick Rubins. Il sort avec ce dernier le single *Wandering Spirit* en 1993 bien accueilli par la critique et le public. Le dernier album des Rolling Stones *Bridges to Babylon* sort en 2001 alors que Mick jagger sort un autre album solo *Goddess in the Doorway,* plus de 10 ans après le dernier, dans lequel apparaissent des pointures tels Pete Townshend, Bono, Lenny Kravitz, Missy *Misdemeanor* Elliot, Joe Perry, Wyclef Jean, and Rob Thomas.

Tom Jones

Né à Pontypridd en 1940, ce chanteur et sex-symbol des années 1960, expatrié aux Etats-Unis, est le crooner gallois par excellence ! « It's not unusual lalala… ». Partout on vous en parlera : les Gallois sont fiers de leur rejeton. Après avoir affolé les foules de Las Vegas dans les années 1960 et 1970, il est devenu un peu désuet dans les années 1980 et 1990. Une reprise de *Kiss* de Prince l'a remis en selle un petit moment en 1988. Son apparition dans le film *Mars Attacks* de Tim Burton et le succès de ses collaborations avec de jeunes artistes pop (Cardigans, Stereophonics, Robbie Williams, etc.) ont prouvé qu'il était toujours actif et capable de revenir au premier plan.

A plus de 60 ans, Sinatra et Elvis étant morts, il reste seul pour séduire les dames de sa voix chaude…

Ken Livingstone

Maire de Londres. Etonnament pour une ville telle que Londres, celle-ci n'a pas eu de maire jusqu'en 2000. Et celui choisi par les citoyens lors de ces premières municipales et réélu depuis en 2004 est un personnage charismatique, haut en couleur.

Pourtant, à cause de ses frictions avec Tony Blair, Ken Livingstone n'avait pas reçu l'investigation du Labour lors des élections de 2000. Qu'à cela ne tienne, celui qu'on surnomme Ken le Rouge décide de se présenter comme candidat indépendant. Jusqu'au bout, Tony Blair, parrain du « New Labour » et apôtre de la « troisième voie » aura multiplié les mises en garde à l'intention des Londoniens contre la « loony left » (la gauche cinglée). Pourtant, Ken Livingstone, proche des communistes, représentant en quelque sorte l'anti-New Labour, réussit à séduire les Londoniens et à se faire élire.

Cet original dont la compagne dirige la branche britannique d'Amnesty International séduit tous horizons : dans les milieux artistiques, dans la communauté gay, au sein des syndicats des transports et des pompiers, chez les écologistes et à l'extrême gauche. Une extrême gauche qui n'a pas oublié les années 1980, où le même Livingstone, à la tête du Greater London Council (aboli par Thatcher en 1986), hissait le drapeau rouge sur sa façade, recevait Gerry Adams, chef du Sinn Fein, vitrine politique de l'IRA, et boycottait le mariage de Charles et Diana. Au début de son premier mandat, les Londoniens semblaient déçus par l'action de Ken Livingstone. Peu semblent cependant conscients du fait que le maire de Londres dépend avant tout de la volonté de Westminster pour le financement de ses projets. Cependant, la personnalité du maire et ses dernières mesures pour améliorer les transports lui ont permis de rester très populaire. Il s'est battu pour éviter une privatisation du métro et, au début de l'année 2003, a mis en place la « Congestion Charge », pour désengorger le centre-ville de son trafic.

Ken Loach

Né en 1936 dans la banlieue de Londres, il connaît, en 1972, une consécration internationale grâce à son troisième long-métrage, *Family life*. Parmi ses autres films les plus remarquables, on peut citer *Black Jack, Hidden Agenda, Riff-Raff, Raining Stones, Land of Freedom* (1995), sur la guerre d'Espagne, *Carla's song* (1996) *My name is Joe* (1998, prix d'interprétation masculine à Cannes) ou encore *The Navigators* (2001) Son style dépouillé, ses découpages rigoureux, ses choix d'acteurs, souvent non professionnels, évoquent le reportage en direct.

De l'observation minutieuse du quotidien des petites gens aux problèmes de la folie, du chômage et de la guerre, son approche toujours sensible mais jamais sentimentale, est véritablement politique, dans le meilleur sens du terme.

Ewan McGregor

Né à Crieff en 1971, il décide dès l'âge de 16 ans de suivre les traces de son oncle, l'acteur Dennis Lawson, en intégrant l'Ecole de musique et de comédie de Londres. Il tourne son premier film au côté de Robin Williams dans *Being human* puis dans trois films de Dany Boyle : *Petits meurtres entre amis, Trainspotting* (qui lui apportera la célébrité), *Une vie moins ordinaire*. Plus récemment il fut à l'affiche de *Moulin-Rouge*, et de *La Chute du faucon noir*. En 2003, il ouvre le festival du film d'Edimbourg avec Young Adam, mais le début des années 2000 est marqué par sa participation dans la seconde trilogie de *Star Wars* sous les traits d'Obi-wan kenobi.

John Major

Premier ministre victorieux aux élections du Parti conservateur le 4 juillet 1995, évincé par Tony Blair, leader travailliste en 1997. Quasiment inconnu de la scène internationale jusqu'à son élection à la tête du gouvernement britannique, il est le prototype du self-made-man, cher à la morale thatchérienne.

Fils d'un artiste de cirque et d'une danseuse, il commence par être employé de banque avant de gravir très vite les échelons de la hiérarchie conservatrice et du gouvernement. Toujours calme, courtois et souriant, il est d'une intelligence politique rare pour ses admirateurs et l'exemple parfait du « type passe-partout en costume gris » pour ses détracteurs. Après son accession au 10, Downing Street, en novembre 1990, il a toujours refusé de changer son « look », comme le lui demandent les experts en marketing politique. Sa femme, Norma, épouse et mère modèle totalement effrayée par son rôle de First Lady, lui repasse toujours ses chemises. Fou de cricket, il s'endort à l'opéra où il traîne quelquefois son épouse. Il se trouve maintenant en retrait de la scène politique, écarté au profit de William Hague, du leadership conservateur.

Ellen McArthur

« C'est pas la femme qui prend la mer, c'est la mer qui prend la femme… tatatin ». La plus grande navigatrice, est née à Derby en 1977. Très vite elle est atteinte du virus de la voile, et s'inscrit dans la longue tradition maritime de l'ancien Empire sur lequel le soleil ne se couche jamais. A 11 ans, elle s'offre son premier dériveur, et passe la plus grande partie de son adolescence sur l'eau. Elle met à profit cette initiation en devenant skipper professionnel à 18 ans. C'est le début d'une carrière impressionnante. Elle se fait remarquer en 1995 lors du Tour de l'Angleterre et d'Irlande où elle est sacrée meilleure jeune navigatrice de l'année sur un bateau, l'Iduna, qu'elle restaurera seule. Ce tour de force est le signe annonciateur d'une vie hors norme. En 1998, elle fait parler d'elle en gagnant le Tour d'Angleterre et d'Irlande, et, plus important, elle termine la Route du Rhum en première position de sa catégorie : la classe 2 monocoque. Dès lors, les palmarès mondiaux lui sont ouverts. En 2000, la Britannique gagne la remontée en solitaire de l'Atlantique, concurrençant ainsi la suprématie masculine des itinéraires au long cours : elle gagne le respect des grands skippers. Le XXIe siècle lui appartient. La session 2001 du Vendée Globe Challenge, une des courses maritimes les plus exigeantes, lui permet de faire un grand pas vers la gloire. Elle termine deuxième de la course générale, mais première dans la catégorie des monocoques. Grâce à cet exploit, elle devient la première femme à faire un tour du Monde en moins de cent jours. Enfin, sa consécration a lieu en 2002 lors de sa victoire de la Route du Rhum avec le meilleur temps jamais réalisé sur un monocoque. Après être arrivée en deuxième position du Trophée Jules Verne 2003, elle décide de construire un trimaran, le Kingfisher 3, qui sera son instrument de travail pour les prochaines régates. Mais la nécessaire solitude du skipper ne lui interdit pas de s'intéresser aux autres. Ellen a ainsi créé durant l'été 2003, la Ellen McArthur Trust qui propose des voyages en mer à des enfants atteints du cancer.

Stella McCartney

La fille du célèbre Beatle Paul Mc Cartney et de sa femme photographe Linda a vu le jour en septembre 1971. Sa famille la garde hors des projecteurs et des journaux à sensation toute son enfance et sa jeune fille n'a pas spécialement droit à une jeunesse dorée. Par contre elle sait très tôt ce qu'elle fera plus tard, et Sella commence à créer des vêtements dès 12 ans. Trois ans plus tard, elle rejoint la maison Christian Lacroix pour un stage de design. Elle étudie la mode au Saint-Martin College de Londres où les mauvaises langues la traite de « fille à papa ». Mais dès la sortie de l'école elle fait taire ses détracteurs : ses collections sont un triomphe commercial et médiatique. Elle propose un style sexy et féminin tout en l'alliant à des pièces humoristiques. En 1997, elle devient la directeur artistique de chez Chloé et fait augmenter les ventes de 500 %. En 1998, Stella perd sa mère et décide de reprendre les chevaux de bataille de celle-ci. Elle défend alors les animaux, devient végétarienne et refuse de travailler la fourrure et le cuir.

En avril 2001, la jeune styliste quitte Chloé pour signer avec la maison Gucci sous son propre label. La jeune fille connaît le succès professionnel et personnel avec son mariage avec Alasdhair-Willis en 2003.

Graham Norton

Irlandais, ancien comédien de one man shows et ouvertement homosexuel, Graham Norton est une des stars de la télévision anglaise. Après avoir travaillé pour Channel 4, il anime aujourd'hui une émission quotidienne sur BBC America : *So Graham Norton*. Dans ce talk-show, il combine des interviews de stars et des défis lancés au public. Le style de Norton, extravagant et excessif, dépasse parfois les limites du bon goût, mais toujours avec beaucoup d'humour.

Gary Oldman

C'est le 21 mars 1958 que Leonard Gary Oldman voit le jour à New Cross, dans la banlieue sud de Londres. Issu d'une famille pauvre, il commence à travailler à l'âge de 16 ans. Mais en même temps, il prend des cours d'art dramatique et obtient une bourse d'étude à la Britain's Rose Brudford College où de 1975 à 1979 il apprend son métier d'acteur. Il fera ses premiers pas au théâtre et, après avoir joué en Europe et aux Etats-Unis, sa réputation grandissante lui permet d'intégrer, en 1984, la prestigieuse Royal Shakespeare Company. En 1985, il est récompensé par l'Award du meilleur comédien du British Theatre Association's Drama Magazine. Mais c'est pourtant au cinéma qu'il doit sa notoriété. Egalement réalisateur et producteur, il effectue des performances remarquables dans *True Romance* (scénarisé par Tarentino), *Dracula* de Coppola (1992), *Léon* (1994) et *Le Cinquième Elément* (1997) de Luc Besson, films qui ont fait de lui un acteur populaire. En 2004, il était à l'affiche de trois films : *Sin, Triptoes* et surtout dans *Harry Potter,* en temps que Sirius Black.

Jamie Oliver

Jamie Oliver se découvre très tôt une passion pour la cuisine dans le pub-restaurant que ses parents tenaient à Cambridge. Jeune et talentueux, il se rend ensuite à Londres où il est repéré en 1997 par des producteurs de télévision dans un documentaire sur le restaurant River Café où il travaillait. Jamie Oliver commença alors à animer, sa propre émission de cuisine : The Naked Chef. Dynamique, sans prétention, Jamie Oliver rend la cuisine accessible à tous. Le jeune chef est en train de dynamiter l'univers de la gastronomie. Ce premier succès sera bientôt suivi de la publication de plusieurs livres de recettes traduits en plusieurs langues et qui se vendent comme des petits pains. Le chef apporte également sa contribution à de nombreux journaux (GQ, Marie-Claire, The Times) et est l'image de marque des supermarchés Sainsbury's. Il donne également des cours de cuisine publics qui sont de véritables shows. Sa dernière aventure a été le lancement en 2002 d'un restaurant dans le quartier de Shoreditch.

Sa particularité : le personnel en cuisine est constitué de jeunes, a priori sans avenir professionnel, que Jamie Oliver a décidé de former au métier de la restauration. Le restaurant, baptisé Fiftenn remporte aujourd'hui un beau succès. Un documentaire sur les coulisses de l'aventure, Jamie's Kitchen, est regardé par 5 millions de téléspectateurs, soit le deuxième plus grand succès de Channel 4, juste derrière l'équivalent anglais de Loft Story. Jamie Oliver, à 31 ans, est aujourd'hui milliardaire. Il est marié et père de deux petites filles.

Michael Owen

Ce petit prodige du ballon rond est né à Chester, le 14 décembre 1979. Depuis 1996, il a rejoint l'équipe de Liverpool en tant qu'attaquant. Il a aussi rejoint l'équipe d'Angleterre et joue sous le maillot numéro 20.

Pendant plusieurs années il fut l'un des plus jeunes joueurs du championnat et aussi un des plus talentueux. C'est lors de la saison 1997/98 que le jeune talent a l'occasion de montrer son savoir faire. Alors qu'il remplace Robbie Fowler, blessé, il représente un vrai danger pour les adversaires en parvenant plusieurs fois à sauver son équipe. Après une saison en demi teinte, Owens, sur lequel l'Angleterre a posé beaucoup d'espoir, s'avère être un joueur doué mais qui n'a pas pour autant impressionné comme on l'attendait.

Harold Pinter (1930)

Membre éminent du Tout-Londres littéraire. Ses pièces de théâtre, souvent des huis clos psychologiques mettant en scène des êtres tourmentés, sont devenues des classiques. Lui-même, personnage un rien froid et distant, représente la « gauche caviar » londonienne. Supporter du Parti travailliste, il vit dans le quartier chic et « artiste » de Hampstead, dans le nord de Londres.

Il a débuté comme comédien et jouait au concierge ou au plongeur dans des restaurants entre deux engagements. Occasionnellement metteur en scène, aujourd'hui commandeur de l'Ordre de l'Empire britannique, il a reçu le prix Nobel de littérature en 2005.

Simon Rattle

Il est le premier anglais à conduire un concert au Philarmonique de Berlin, en septembre 2002. Né en janvier 1955 dans une famille de musiciens amateurs, Rattle apprend à jouer du piano, du violon et des percussions très jeune. A 15 ans, il réussit à composer un orchestre à Liverpool, et est rapidement remarqué pour son énergie, et son enthousiasme musical. Bientôt on le nomme chef d'orchestre du Merseyside Youth Orchestra, où il développe son goût pour les compositeurs contemporains. Il rejoint alors l'orchestre philharmonique de Londres ainsi que des groupes de musiques contemporaines (London Sinfonietta, Nash Ensemble, Glyndebourne). Les choses prennent une tournure décisive pour Rattle en 1980 avec l'orchestre symphonique de Birmingham qui lui propose le poste de chef d'orchestre. Avec l'aide du directeur, il fait revivre l'ensemble pour le rendre très à la mode. Ils enregistrent plusieurs disques et la formation connaît un essor international grâce à Rattle. Il rejoint ensuite Rotterdam, Boston, Philadelphie, Cleveland, passant d'une formation à une autre jusqu'en 1985, année où il fut nommé à Berlin. Une performance, et le sommet de sa carrière.

Wayne Rooney

Loin d'avoir le charme ou le style d'un Beckham, Wayne Rooney, né en 1985, est cependant un des meilleurs buteurs de l'Euro 2004. C'est un des rares tout jeunes talents à se faire remarquer lors d'un tournoi international depuis Pele en 1958. Le talent du jeune homme fait des adeptes et la « Roo-mania » traverse toute l'Angleterre. Rooney est pur produit de Liverpool. Enfant d'une famille modeste, il a grandi dans la banlieue de Croxteth, en rêvant de jouer pour l'équipe d'Everton. Il fut appelé à rejoindre l'Académie de ce club à ses 9 ans, alors qu'il avait inscrit 99 buts dans son club scolaire. Le jeune homme est aujourd'hui autant apprécié pour son talent que pour sa modestie qui lui fait garder les pieds sur terre, au contraire de certains de ses coéquipiers. Il brille à Manchester United mais s'avère irrégulier et ne rechigne pas sur quelques bonnes pintes. Alors, futur George Best (le dieu du stade, pas le pilier de bar) ou prochain Gascoigne (version stade et/ou pub) ? Il faudrait lire dans le houblon pour le savoir...

J. K. Rowlings

Ancienne enseignante, Johanne Kathleen Rowling est l'auteur de la fameuse série de livres pour enfants, *Harry Potter*. Le premier tome des aventures de Harry Potter, qu'elle écrivit dans un café, fut rejeté par trois maisons d'édition avant d'être accepté par Bloomsbury Children's Books. De peur que les garçons soient moins enclins à lire *Harry Potter* s'ils savaient que le livre était écrit par une femme, la maison d'édition choisit d'utiliser les initiales et non le prénom entier de l'auteur. Le premier Harry Potter, publié en 1997, remporta un succès immédiat. Cinq autres tomes ont été publiés et des millions de lecteurs dans le monde attendent le 7e et dernier volet de la saga Potter. Trois films, tirés de ses livres, ont eux aussi connu un succès phénoménal à travers le monde. A 40 ans à peine (elle est née en 1965), J. K. Rowling est ainsi devenue en un temps record la personnalité la plus riche d'Angleterre (elle a dépassé la reine en 2005 !). Elle est divorcée et mère d'une petite fille.

Salman Rushdie

Depuis maintenant onze ans, il vit caché sous la protection de la police après la sentence de mort (fatwa), lancée contre lui par l'ayatollah Khomeyni. Son livre, *Les Versets sataniques*, est considéré par les intégristes musulmans comme « blasphématoire » envers l'islam. Sa tête a été mise à prix pour deux millions de dollars. Il fait cependant quelques apparitions, soigneusement préparées, dans des studios de télévision ou des librairies et continue à publier romans et critiques de livres. Musulman d'origine indienne, naturalisé britannique, il avait reçu le Booker Prize (le Goncourt britannique) pour *Les Enfants de minuit* qui relate des trajectoires individuelles durant la partition de l'empire des Indes en 1947 entre l'Inde et le Pakistan. Peu après la sortie des *Versets sataniques*, un club, le Club 15, s'était constitué. Condition requise pour y entrer : avoir lu au moins 15 pages de l'ouvrage réputé difficile. *Haroun et la mer des histoires* est une petite merveille de conte philosophique écrit au début de sa retraite forcée. Paru en 1996, *Le Dernier Soupir du Maure* est une délirante saga familiale qui rappelle *Cent ans de solitude*, de García Márquez. *Est-Ouest,* paru en 1997, est selon lui le dernier livre qu'il considère pouvoir écrire sur sa ville natale de Bombay. En octobre 2005 paraît en France *Shalimar le clown*, qui met face à face hindouistes et musulmans dans un village du Cachemire – territoire que les deux communautés se disputent depuis 1947.

Paul Smith

Le styliste Paul Smith est né en 1947 à Nottingham. Son premier rêve est d'être champion de vélo mais un accident l'empêche de faire carrière. En 1969, il rencontre Pauline Denyer, étudiante en stylisme en Royal College or Art, qui devient le moteur de la carrière de Smith. Il ouvre une boutique en 1970, où il développe un style sobre de vêtements pour homme. Ses collections reprennent les formes classiques de l'élégance british auxquels il ajoute des couleurs un peu criardes pour les faire ressortir. Il étend sa collection aux femmes à partir de 1993, après avoir développé un ligne pour enfants trois ans auparavant. En 1995, le musée du design de Londres propose une rétrospective du travail de Smith, une première exposition concentrée sur un seul designer. Il est connu pour avoir réussi à garder les pieds sur terre malgré son succès. Il se rend souvent dans ses boutiques pour discuter avec la clientèle.

Sharleen Spiteri

C'est à Glasgow où elle est née en 1967 que Sharleen Spiteri fonde avec un ami le groupe Texas en 1986. Rapidement repéré, Texas signe en 1989, Southside, leur premier album. Porté par le single *I don't want a lover,* le disque à mi-chemin entre la country et le rock blues, est un succès. Toujours guidé par la voix de Sharleen Spiteri, figure emblématique du groupe, les Ecossais sortent en 1991 *Mother Heaven* puis *Ricks Road* deux ans après.

En 1997, avec l'album *White on Blonde,* Texas trouve sa voie, entre rock et dance, un style que l'on retrouve encore dans, *The Hush,* sortie en 1999. Après une pause, le groupe revient en grande forme avec *Careful What You Wish For* (2003) et *Red book* (2005). Et Sharleen, qui passe beaucoup de temps à Paris, est toujours aussi ravissante.

Vivienne Westwood

Créatrice de mode. Vivienne Isabel Swire est née le 8 avril 1941 à Glossopdale, petite ville du centre de l'Angleterre. Très jeune, elle commence à créer elle-même ses vêtements. Elle s'installe à Londres à l'âge de 17 ans et épouse Derek Westwood en 1963. Elle rencontre ensuite Malcom Mc Laren qui devient son amant. Ensemble, ils ouvrent « Let it Rock », un petit magasin au 430 Kings road à Chelsea pour y exposer leurs modèles. Au milieu du mouvement hippie, ils vendent des disques rock des années 1950 et des jeunes de tout le pays viennent voir leurs créations. En 1972, le magasin est redécoré et devient « Too Fast to Live, Too Young to Die » (Trop rapide pour vivre, Trop jeune pour mourir). Ils y vendent des vêtements en cuir avec des chaînes aussi bien que des costumes zazous. Peu après, le magasin devient « Sex » et l'on y trouve des accessoires SM et des T-shirts sur lesquels sont imprimés des slogans et des images pornographiques. Avec leurs créations provocantes et uniques à l'époque, Westwood et Mc Laren révolutionnent la mode. Fin des années 1970, c'est de là que partira la mode « punk ». Les Sex Pistols montent sur scène avec les créations de Vivienne Westwood, et MacLaren devient leur manager. En 1981, Vivienne Westwood organise son premier défilé avec la collection « Pirate ». Ses T-shirts asymétriques, baggies et chemises de pirates font fureur. Le magasin est une fois de plus redécoré et renommé World's end, nom qu'il porte encore aujourd'hui. L'inspiration de Westwood se diversifie et ses nouvelles créations sont basées sur les styles ethniques et primitifs. Elle ouvre un second magasin au centre de Londres. L'année suivante, ses créations sont montrées dans un défilé à Paris.

En 1983, Westwood et MacLaren se séparent mais Vivienne continue ses collections, toujours innovatrices et diverses. Aujourd'hui, elle figure sans aucun doute parmi les plus grands créateurs internationaux. Elle a des magasins à Londres, Paris, New-York, Hong-Kong, Milan…

Jonny Wilkinson

Rugbyman. Jonny Wilkinson, demi de mêlée pour l'équipe national de Rugby Union, est un des joueurs les plus connus du marché professionnel international. Il est mis sur l'orbite de la célébrité après son essai marqué lors du temps additionnel de la finale pendant la Coupe du monde de 2003. Le jeune homme fit ses débuts dans le ballon ovale au club des Newcastle Falcons en 1998. Sur le terrain il a la réputation d'avoir un coup de pied précis alors qu'en dehors il s'entraîne intensément et tente d'éviter la publicité médiatique. Il est pourtant devenu un héros national en Angleterre après sa superbe prestation lors de la Coupe du monde 2003. Le service des sports de la BBC lui a même attribué le prix de la personnalité de l'année, et il a reçu l'Ordre de l'Empire Britannique. En 2004, il publie une autobiographie *My World* et obtient le brassard de capitaine de l'équipe de rugby d'Angleterre.

Le prince William

William Arthur Philip Louis Windsor est né le 21 juin 1982. Son titre est officiellement : Sa Grandeur Royale, le prince William de Galles. Il est l'héritier direct du trône britannique après son père. Il passe ainsi beaucoup de temps en compagnie de sa grand-mère au château de Windsor. Profondément marqué par le divorce de ses parents et la mort de sa mère, il a publiquement montré son désaccord avec les procédés de la presse britannique.

Robbie Williams

Ancien membre du boy's band des années 1990, Take That, Robbie Williams est le seul à avoir réussi une carrière solo. Mariant habilement une image de mauvais garçon (alcool et drogue) avec un répertoire musical accessible et commercial, Robbie Williams s'est en quelques années imposé comme une grande figure populaire de la chanson anglaise. Son premier album *Life thru a lens* en 1996 l'a fait sortir de l'ombre et lui a permis de renouer avec le public tandis que ses deuxième et troisième albums, *Millennium* et *Sing when you're winning*, confirmèrent son succès. Avec son album de reprises de Frank Sinatra *Swing when you're winning*, Robbie Williams s'est essayé au rôle de crooner avant de retourner à la musique pop avec l'album *Escapology* qui est quadruple album de platine. En octobre 2002, il a signé un contrat historique de 50 millions de livres avec sa maison de disques EMI.

Kate Winslet

Issue d'une famille d'artistes, née en 1975, Kate Winslet fut très tôt immergée dans le monde du théâtre. De 11 à 16 ans, elle suivit des cours à la Redroof Theatre School à Maidenhead. Après quelques rôles au théâtre et à la télévision, elle décrocha son premier grand rôle au cinéma, celui d'une adolescente meurtrière dans *Heavenly Creatures* de Peter Jackson (1994). On la vit ensuite dans *Raison et Sentiments*, de Ang Lee (1995), *Jude* (1996) et *Hamlet* de Kenneth Brannagh (1998). Mais c'est avec le rôle de l'héroïne principale dans le film *Titanic* de James Cameron, en 1998, que Kate Winslet rencontra son plus gros succès. Après cette énorme production hollywoodienne, elle choisit, à la surprise générale, de se tourner vers des films indépendants : *Holy Smoke* de Jame Campion (1999), *Enigma* (2001) et *Iris* (2002), un film sur la vie de l'écrivain Iris Murdoch pour lequel elle reçut une nomination aux Oscars. Kate Winslet est divorcée et mère d'une petite fille. En 2003, elle a doublé le personnage de Juliette dans le film d'animation *Gnomeo and Juliet* et a joué, en 2004, dans la comédie musicale de Michel Gondry, *Eternal sunshine of the spotless mind*, avec Jim Carrey et Kirsten Dunst.

Catherine Zeta-Jones

Actrice galloise, née à Swansea, exportée aux Etats-Unis, plus récemment connue comme la nouvelle Mme Michael Douglas, ils se sont même mariés ici et Catherine a insisté pour que sa robe de mariée soit dessinée par un styliste gallois. Elle a été lancée par le film *Le Masque de Zorro*, aux côtés d'Antonio Banderas en 1998.

Communiquer en anglais britannique

Quel que soit votre pays de destination, vous n'en franchirez réellement les frontières qu'en abattant – du moins un peu – les barrières de la langue. Pour communiquer, il vous suffit de comprendre… un peu et de vous faire comprendre… un peu !

La "langue de Shakespeare" est aujourd'hui la langue de la communication internationale, et le monde anglophone s'étend bien au-delà des frontières de la Grande-Bretagne. On estime que d'ici 2050, la moitié de la planète saura comprendre, sinon parler, l'anglais de manière plus ou moins efficace.

Mais l'anglais constitue aussi et surtout une partie essentielle de la culture britannique – vous la découvrirez en voyageant à travers le pays. Raison de plus pour vous y mettre – ou vous y remettre pour rafraîchir vos souvenirs. En très peu de temps, avec un minimum de connaissances grammaticales, de vocabulaire utile et d'informations sur le pays, vous deviendrez un interlocuteur de choix. Celui – ou celle – qui fait l'effort de faire un pas vers l'autre en apprenant sa langue. Vous en serez d'autant plus apprécié par les Britanniques qui, en contrepartie, vous offriront un accueil très chaleureux.

Welcome! *– Bienvenue !*

Vous trouverez ci-dessous quelques bases utiles pour communiquer.
Cette rubrique est réalisée en partenariat avec ASSIMIL.

Prononciation et transcription phonétique

Quelques remarques pour commencer

La transcription phonétique que nous vous proposons a pour but de vous aider à bien prononcer l'anglais sans avoir à apprendre les codes de la phonétique internationale. Il s'agit ici d'une transcription "à la française", où nous avons utilisé, dans la mesure du possible, les règles dont vous vous servez pour lire le français. Mais l'anglais, comme chacun sait, ne se prononce pas exactement comme le français. Voici donc quelques remarques avant de démarrer :

• En anglais, contrairement au français, la syllabe tonique (celle qui se prononce de manière plus appuyée) se situe rarement en fin de mot. Dans les mots de plusieurs syllabes, la syllabe tonique sera donc soulignée :

▶ **movement**   *mou:vme'nt*   mouvement

Appuyez bien sur la première syllabe du mot.

• Certaines voyelles sont longues ; nous les faisons suivre de " : ". Pensez-y en prononçant :

▶ **meat**   *mi:t*   viande

En prononçant le *i:*, prenez deux fois plus de temps que pour le i de "vite" par exemple.

• L'anglais ne connaît pas les nasales. Pour vous éviter des erreurs de prononciation, dans notre transcription phonétique, nous séparons les voyelles du n (et parfois du m) au moyen de l'apostrophe (') :

▶ **wind**   *wi'nd*   vent
▶ **hand**   *Hà'nd*   main

Vous trouverez encore l'apostrophe dans d'autres cas. Souvenez-vous qu'elle indique toujours que deux lettres se prononcent de manière bien distincte.

• En fin de mot, le **d**, le **s**, le **t**, ne sont jamais muets – pensez à bien les prononcer !

▶ **rabbit**	▶ **mustard**	▶ **rabbits**
ràbit	*mœsted*	*ràbitss*
lapin	moutarde	des lapins

On entend bien le *t* et le *d* final. Pour plus de "sécurité", nous doublons le *s* final dans la prononciation.

• La langue anglaise comprend plusieurs diphtongues et triphtongues, c'est-à-dire des sons qui combinent deux ou trois voyelles dont certaines se prononcent de manière plus atténuée que la ou les autres. Pour faire ressortir visuellement ces nuances importantes, nous avons choisi de mettre en exposant les sons qui se prononcent de façon atténuée. Le principe est simple : **mouse** *ma*^{ou}*ss* souris – le *a* se prononce "normalement" , alors que le ^{ou} est atténué. Mais attention, liez bien les deux sons, ne les prononcez pas de manière hachée !

• Nombreux sont les mots anglais qui se terminent en **-er** ou ➜ **or**. Pour vous éviter de prononcer, par exemple, le mot **dresser** (buffet de cuisine) soit *dressé*, soit *dresseur*, ou encore *dressère* à la manière d'une Arletty parlant d'atmosphère, nous avons choisi de transcrire cette terminaison par ^{eu} ; le mot anglais **dresser** se prononce donc *drèss*^{eu}.

• Finalement, vous verrez qu'en anglais une même lettre ou un même groupe de lettres peut avoir plusieurs prononciations. Vous découvrirez ces différences à l'usage, avec notre transcription phonétique, et vous les maîtriserez bientôt.

Grammaire

L'ordre des mots dans la phrase

Dans beaucoup de cas, la phrase anglaise se présente comme la phrase française :

sujet	verbe	complément d'objet
▶ **Alex**	▶ **books**	▶ **a trip.**
àlèkss	*boukss*	*e trip*
Alex	réserve	un voyage.

Dans la proposition affirmative, le sujet et le verbe se suivent toujours. Cet ordre sera donc conservé, même si d'autres éléments interviennent :

sujet	verbe	circonstanciel (de lieu)	circonstanciel (de temps)
▶ **The plane**	▶ **leaves**	▶ **for Edinburgh**	▶ **at nine o'clock.**
DHe plèⁱn	*li:vz*	*fò: èdi'nbre*	*àt nain e<u>klòk</u>*
L'avion	part	pour Edinburgh	à neuf heures.

Cet ordre reste également inchangé dans les phrases plus complexes qui combinent propositions principales et subordonnées :

sujet	verbe	objet	conjonction	sujet	verbe
▶ **I**	▶ **am eating**	▶ **a pizza**	▶ **because**	▶ **I**	▶ **am hungry.**
aⁱ	*à'm <u>i:</u>ting*	*e <u>pi</u>dzà*	*bi<u>kòz</u>*	*aⁱ*	*à'm Hœ'ngri*
Je	mange	une pizza	parce que	j'	ai faim.

Dans les phrases interrogatives, l'auxiliaire (**to do, to be,** etc.) précède le sujet qui, à son tour, précède le verbe exprimant l'action. S'il y a un complément, celui-ci suit le verbe :

▶ **Does**	▶ **Ann**	▶ **like**	▶ **chocolate ?**
dœz	*à'n*	*laⁱk*	*t<u>chò</u>kle't*
[aux. **do** 3e pers. sing.]	Ann	aime	chocolat
Est-ce que	Ann	aime	le chocolat ?

Verbes et temps

Impossible de faire un tour d'horizon complet de la conjugaison anglaise ici. Nous vous présenterons donc seulement les temps qui vous seront les plus utiles pour la conversation courante.

Le présent

• *Forme simple*

Sa formation est très facile, en anglais : seule la troisième personne du singulier diffère des autres. Il suffit d'ajouter un **-s** à la forme infinitive du verbe.

▶ **I**	**eat**	*aⁱ*	*i:t*	je	mange
▶ **you**	**eat**	*you:*	*i:t*	tu	manges

▶ **he / she**	**eats**	*Hi: / chi:*	*i:tss*	il / elle	mange
▶ **we**	**eat**	*wi:*	*i:t*	nous	mangeons
▶ **you**	**eat**	*you:*	*i:t*	vous	mangez
▶ **they**	**eat**	*DHèi*	*i:t*	ils / elles	mangent

Après **-s**, **-sh**, **-ch**, **-x**, ou encore derrière un verbe se terminant en consonne + **y**, on ajoute **-es** à la 3e personne :

▶ **to miss** (manquer) **he misses**   *Hi: missiz*   il manque
▶ **to watch** (regarder) **she watches**   *chi: wòtchiz*   elle regarde
▶ **to mix** (mélanger) **she mixes**   *chi: miksiz*   elle mélange

Notez aussi **he / she / it goes** *[Hi: / chi: / it go^{ou}z]* il / elle / cela va, et **he / she / it does** *[Hi: / chi: / it dœz]* il / elle / cela fait.

• *Les auxiliaires* to be *(être) et* to have *(avoir)*
La plupart des verbes se conjuguent selon ce modèle très simple où seule la 3e personne du singulier diffère des autres. Toutefois, les auxiliaires "être" **(to be)** et "avoir" **(to have)** font exception. En voici la conjugaison au présent :

Être : **to be** *[te bi:]*

▶ **I**	**am**	*aⁱ*	*à'm*	je	suis
▶ **you**	**are**	*you:*	*a:*	tu	es
▶ **he / she**	**is**	*Hi: / chi:*	*iz*	il / elle	est
▶ **we**	**are**	*wi:*	*a:*	nous	sommes
▶ **you**	**are**	*you:*	*a:*	vous	êtes
▶ **they**	**are**	*DHèi*	*a:*	ils / elles	sont

Avoir : **to have** *[te Hàv]*

▶ **I**	**have**	*aⁱ*	*Hàv*	j'	ai
▶ **you**	**have**	*you:*	*Hàv*	tu	as
▶ **he / she**	**has**	*Hi: / chi:*	*Hàz*	il / elle	a
▶ **we**	**have**	*wi:*	*Hàv*	nous	avons
▶ **you**	**have**	*you:*	*Hàv*	vous	avez
▶ **they**	**have**	*DHèi*	*Hàv*	ils / elles	ont

• *Faire :* to make **et** to do
L'anglais possède deux verbes "faire". En gros, **to make** s'emploie pour exprimer l'idée de création, de construction :

▶ **She makes a cake.**   ▶ **We make a plan.**
  chi: mèikss e kèik   *wi: mèik e plà'n*
  Elle fait un gâteau.   Nous faisons un plan.

Dans les autres cas, "faire" se traduit par **to do** :

▶ **What can I do?**
  wòt kà'n aⁱ dou:
  Que puis-je faire ?

Mais **do** nous intéresse aussi parce qu'il est employé pour former l'interrogation et la négation, au présent et au prétérit.

Le voici conjugué au présent :

▶ **I**	**do**	*aⁱ*	*dou:*	je	fais
▶ **you**	**do**	*you:*	*dou:*	tu	fais
▶ **he /she / it**	**dœs**	*Hi: / chi: / it*	*dœz*	il / elle	fait
▶ **we**	**do**	*wi:*	*dou:*	nous	faisons
▶ **you**	**do**	*you:*	*dou:*	vous	faites
▶ **they**	**do**	*DHèi*	*dou:*	ils / elles	font

• Forme progressive

La forme progressive indique qu'une action est en train de se faire. En anglais, elle se construit à l'aide de l'auxiliaire **to be** (être) suivi du radical du verbe qui exprime l'action et qui prend la terminaison **-ing** :

Un exemple tout simple avec **to go** *[te go*ou*]*, aller.

▶ **I am going**	*ai à'm go*ou*i'ng*	je vais (suis en train d'aller)
▶ **you are going**	*you: a: go*ou*i'ng*	tu vas (es en train d'aller)
▶ **he / she / it is going**	*Hi: / chi: iz go*ou*i'ng*	il / elle va (est en train d'aller)
▶ **we are going**	*wi: a: go*ou*i'ng*	nous allons (sommes en train d'aller)
▶ **you are going**	*you: a: go*ou*i'ng*	vous allez (êtes en train d'aller)
▶ **they are going**	*DHèi a: go*ou*i'ng*	ils / elles vont (sont en train d'aller)

La plupart des verbes anglais se construisent sur le même modèle : infinitif + **-ing.**

▶ **they are sleeping**
*DHè*i *a: sli:pi'ng*
ils dorment (ils sont en train de dormir)

Le passé

Pour parler du passé, l'anglais utilise essentiellement le prétérit (simple et progressif) et le *present perfect*.

• Le prétérit

Le prétérit correspond le plus souvent à notre passé composé, mais il peut aussi, selon le contexte, se traduire par un imparfait, ou par un passé simple. Il s'emploie pour parler d'actions ou de faits complètement terminés et sans rapport avec le présent.

Pour les verbes réguliers et à la forme affirmative, le prétérit se forme toujours en ajoutant au radical du verbe la terminaison **-ed** :

▶ **I visited Scotland last year.**
*a*i *vizitid skòtle'nd la:st y*eu
L'année dernière, j'ai visité l'Écosse.

• Forme simple

▶ **I rented**	*a*i *rè'ntid*	j'ai loué
▶ **you rented**	*you: rè'ntid*	tu as loué
▶ **he / she rented**	*Hi: / chi: rè'ntid*	il / elle a loué
▶ **we rented**	*wi: rè'ntid*	nous avons loué
▶ **you rented**	*you: rè'ntid*	vous avez loué
▶ **they rented**	*DHè*i *rè'ntid*	ils / elles ont loué

Pour le verbe **to be**, être :

▶ **I was**	*a*i *wòz*	j'étais
▶ **you were**	*you: weu:*	tu étais
▶ **he / she was**	*Hi: / chi: wòz*	il / elle était
▶ **we were**	*wi: weu:*	nous étions
▶ **you were**	*you: weu:*	vous étiez
▶ **they were**	*DHè*i *weu:*	ils / elles étaient

Pour le verbe **to have,** avoir :

▶ **I had**	*a*i *Hàd*	j'avais
▶ **you had**	*you: Hàd*	tu avais
▶ **he / she / it had**	*Hi: / chi: / it Hàd*	il / elle avait

etc.

had reste inchangé à toutes les personnes.

Pour **to do**, faire :

▶ **I did**	*a*i *did*	je faisais
▶ **you did**	*you: did*	tu faisais

▶ **he / she did**   *Hi: / chi: / it did*   il / elle faisait
etc.

did reste inchangé à toutes les personnes.

• *Forme progressive*
Elle se traduit généralement par l'imparfait :

▶ **What were you doing when I called you? – I was eating.**
   wòt weu: you: dou:i'ng wè'n a^l kò:ld you: – a^l wò:z i:ti'ng
   Que faisais-tu quand (au moment où) je t'ai appelé ? – Je mangeais (j'étais en train de manger).

Le prétérit progressif se forme comme le présent progressif, mais avec **to be** au passé :
to eat (manger) au prétérit progressif :

▶ **I was eating**   *ai wòz i:ti'ng*   je mangeais (j'étais en train de manger)
▶ **you were eating**   *you: weu: i:ti'ng*   tu mangeais (tu étais en train de manger)
▶ **he / she was eating**   *Hi: / chi: wòz i:ti'ng* il / elle mangeait
                                                       (il / elle était en train de manger)
▶ **we were eating**   *wi: weu: i:ti'ng*   nous mangions (nous étions en train de manger)
▶ **you were eating**   *you: weu: i:ti'ng*   vous mangiez (vous étiez en train de manger)
▶ **they were eating**   *DHèi weu: i:ti'ng*   ils / elles mangeaient
                                                       (ils / elles étaient en train de manger)

• *Le "present perfect" simple*
Il se forme avec **have** + participe passé (terminaison **-ed** pour les verbes réguliers), ce qui le fait ressembler à notre passé composé. Mais il s'emploie généralement lorsqu'il existe une relation entre un fait passé et la situation actuelle :

▶ **It has rained all morning.**
   it Hàz rèin'd ò:l mo:ni'ng
   Il a plu toute la matinée (et il pleut peut-être encore).

to live (vivre) au present perfect :
▶ **I have lived**   *a^l Hàv livd*   j'ai vécu
▶ **you have lived**   *you: Hàv livd*   tu as vécu
▶ **he / she has lived**   *Hi: / chi: Hàz livd* il / elle a vécu
▶ **we have lived**   *wi: Hàv livd*   nous avons vécu
▶ **you have lived**   *you: Hàv livd*   vous avez vécu
▶ **they have lived**   *DHèⁱ Hàv livd* ils / elles ont vécu

▶ **I have been in London for two weeks.**
   a^l Hàv bi:n i'n lœ'nde'n fò: tou: wi:kss
   Je suis à Londres depuis deux semaines.

Le futur
Pour exprimer le futur en anglais, différentes possibilités s'offrent à vous.

• *Futur simple*
Il correspond au futur simple français et se construit avec **will** + l'infinitif sans **to** :
▶ **I will go**   *a^l wil / go^{ou}*   j'irai
▶ **you will go**   *you: wil go^{ou}*   tu iras
▶ **he / she will go**   *Hi: / chi: wil go^{ou}* il / elle ira
▶ **we will go**   *wi: wil go^{ou}*   nous irons
▶ **you will go**   *you: wil go^{ou}*   vous irez
▶ **they will go**   *DHèⁱ wil go^{ou}* ils / elles iront

• *Forme progressive*
Elle s'emploie surtout pour parler d'une action qui sera en train de se dérouler à un moment du futur et se forme avec **will be** + verbe en **-ing**. En français, cette forme se traduit généralement par un futur simple :

ASSiMiL®

Le voyage en poche

collection évasion :

l'indispensable
pour comprendre et être compris

▶ **I will be having breakfast at nine o'clock tomorrow morning.**

aí wil bi: Hàvi'ng brèkfest àt nain eklòk temòrouou mò:ni'ng

Demain matin à neuf heures, je prendrai / serai en train de prendre mon petit déjeuner.

Exemple de conjugaison : **to take** (prendre) au futur progressif

▶ **I will be taking**	*aí wil bi: tèíki'ng*	je prendrai (je serai en train de prendre)
▶ **you will be taking**	*you: wil bi: tèíki'ng*	tu prendras (tu seras en train de prendre)
▶ **he / she will be taking**	*Hi: / chi: wil bi: tèíki'ng*	il / elle prendra (il / elle sera en train de prendre)
▶ **we will be taking**	*wi: wil bi: tèíki'ng*	nous prendrons (nous serons en train de prendre)
▶ **you will be taking**	*you: wil bi: tèíki'ng*	vous prendrez (vous serez en train de prendre)
▶ **they will be taking**	*DHèi wil bi: tèíki'ng*	ils / elles prendront (ils / elles seront en train de prendre)

• *Futur proche*

Pour indiquer un futur proche, l'anglais emploie souvent le présent progressif :

▶ **We are going to the cinema this evening.**

wi: a: goououi'ng te DHe sinema DHiss i:vni'ng

Nous allons (irons) au cinéma ce soir.

Négation et interrogation

La négation simple

Contrairement au français (ne… pas), l'anglais n'a besoin que d'un seul mot négatif dans la phrase :

▶ **Nobody likes me.**

noououbòdi laíkss mi:

Personne ne m'aime.

Négation et interrogation avec auxiliaire

Pour la négation, si la phrase comporte un auxiliaire, on fait suivre ce dernier (**be**, **have**, **can**, **must**, etc.) de **not**, puis on ajoute le verbe qui porte l'action :

▶ **I am not working today.**

aí à'm nòt weu:ki'ng tedèí

Je ne travaille pas aujourd'hui.

Pour l'interrogation, on commence par l'auxiliaire conjugué, on fait suivre du sujet puis du verbe porteur de l'action :

▶ **Have you seen Nick?**

Hàv you: si:n nik

As-tu vu / Avez-vous vu Nick ?

Négation et interrogation avec do

En l'absence d'auxiliaire, la négation et l'interrogation se forment toutes deux avec **do** au présent, **did** au prétérit (sauf pour **to be** et les verbes modaux).

Pour former la négation, on conjugue **to do**, on le fait suivre de la négation **not** puis de l'infinitif sans **to** du verbe qui indique l'action :

▶ **I do not like tea.**	*aí dou: nòt laík ti:*	Je n'aime pas le thé.
▶ **You did not eat.**	*you did nòt i:t*	Tu n'as pas mangé / vous n'avez pas mangé.

L'interrogation se construit avec la forme conjuguée de **to do** suivie du sujet de la question puis du verbe à l'infinitif sans **to** :

▶ **Does he like tea?**	*dœz Hi: laík ti:*	Aime-t-il le thé ?
▶ **Did she eat?**	*did chi: i:t*	A-t-elle mangé ?

Auxiliaires de mode

Nous n'entrerons pas ici dans les détails des verbes modaux anglais, qui ne présentent d'ailleurs pas de difficulté particulière. Voyons simplement les principales caractéristiques de ces verbes et observons les exemples.

• **Can** *kà'n* (pouvoir) s'emploie pour exprimer la possibilité, la capacité (savoir / pouvoir faire quelque chose), ou pour demander, accorder, refuser une permission.

▶ **Can you swim?**
  kà'n you: swi'm
  Sais-tu nager ?

▶ **Yes, I can.**
  yèss a' kà'n
  Oui (je sais).

• **Could** *koud* (pouvoir) permet essentiellement d'exprimer une demande polie ; il s'emploie aussi pour parler de la permission au passé.

▶ **Could you pass me the bread, please?**
  koud you: pàss mi: DHe brèd pli:z
  Pourriez-vous me passer le pain, s'il vous plaît ?

• **May** *mè'* (pouvoir) s'emploie pour demander ou accorder une permission de manière plus formelle, ou pour exprimer une possibilité.

▶ **May I smoke?**
  mè' a' smo^ou k
  Puis-je fumer ?

• **Might** *ma'ʼt* ("il se pourrait que…" / pouvoir au conditionnel).

▶ **Ruth might come next week.**
  rou:TH ma'ʼt kò'm nèxt wi:k
  Il se pourrait que Ruth vienne, la semaine prochaine. (Probabilité moindre qu'avec **may**.)

• **Must** *mœst* (devoir) exprime l'obligation ou une déduction.

▶ **You must go now.**
  you mœst go^ou na^ou
  Tu dois y aller / partir maintenant.

• **Shall** *chàl* – sans traduction propre – s'emploie dans les questions, pour faire une suggestion, une proposition ou pour demander un conseil.

▶ **Shall we go?**
  chàl wi: go^ou
  On y va ?

• **Should** *choud* (devoir) s'utilise pour exprimer la notion de devoir ou une déduction. Moins fort que **must**, il exprime une recommandation plus qu'une obligation.

▶ **You should see that film.**
  you: choud si: DHàt film
  Tu devrais / Vous devriez (aller) voir ce film.

• **Will** permet d'exprimer le futur (voir la rubrique "Le futur").

• **Would** permet d'exprimer le conditionnel.

▶ **She said she would go shopping.**
  chi: sèd chi: woud go^ou <u>chòpi'ng</u>
  Elle a dit qu'elle irait faire des courses.

Attention ! Les verbes modaux ne prennent pas d'**s** à la 3e personne du singulier, ils s'emploient sans **to**, sans **do** pour les questions et ils n'ont ni infinitif, ni participe passé propres.

Les contractions

Dans la langue de tous les jours, l'anglais emploie constamment un grand nombre de contractions. Voici la liste des contractions les plus courantes :

• *to be (être)* :

I'm *a'm*, **you're** *yò:r*, **he's** *Hi:z* / **she's** *chi:z* / **it's** *itss*, **we're** *wi:r*, **they're** *DHè'* ou encore **where's** *wèrz* (où est ?)…

• *to have (avoir)* :

I've *a'v*, **you've** *you:v*, **he's** *Hi:z*, **she's** *chi:z*, **it's** *itss*, **we've** *wi:v*, **you've** *you:v*, **they've** *DHè'v*…

• *will [futur]* :

I'll *a'l*, **you'll** *you:l*, **he'll** *Hi:l*, **she'll** *chi:l*, **it'll** *it'l*, **we'll** *wi:l*, **you'll** *you:l*, **they'll** *DHè'l*…

La forme négative des verbes se contracte également – on remplace le **o** de **not** par une apostrophe :

isn't *iz'nt* pour **is not**, **aren't** *a:'nt* pour **are not**, **wasn't** *wòz'nt* pour **was not**, **don't** *do'ou'nt* pour **do not**, **doesn't** *dœz'nt* pour **does not**, **didn't** *did'nt* pour **did not**, **can't** *kà:'nt* pour **cannot**, **won't** *wò:nt* pour **will not**…

Conversation

Les indispensables

▶ oui	**yes**	*yèss*
▶ non	**no**	*no^ou*
▶ peut-être	**perhaps / maybe**	*peHàpss* / *mè'bi:*
▶ SVP/STP	**…please…**	*pli:z*
▶ Avez-vous…?	**Do you have…?**	*dou: you: Hàv*
▶ Combien coûte… ?	**How much is…?**	*Ha^ou mœtch iz*
▶ J'ai besoin de…	**I need…**	*a' ni:d*
▶ J'ai…	**I have…**	*a' Hàv*
▶ Je cherche…	**I am looking for…**	*a' à'm louki'ng fò:*
▶ Je ne sais pas.	**I don't know**	*a' do^ou'nt no^ou*
▶ Je suis…	**I am…**	*a' à'm*
▶ Je voudrais…	**I would like…**	*a' woud la'k*
▶ Où se trouve …?	**Where is…?**	*wè' iz*
▶ Pouvez-vous m'aider ?	**Can you help me?**	*kà'n you: Hèlp mi:*
▶ Puis-je avoir…?	**Can I have…?**	*kà'n a' Hàv*
▶ À quelle heure… ?	**What time… ?**	*wòt ta'm*
▶ ouvert / fermé	**open / closed**	*o^ou pe'n* / *klo^ou zd*
▶ À l'aide ! / Au secours !	**Help!**	*Hèlp*

Rien compris ? Essayez ça !

▶ Je parle juste un peu anglais.
I can only speak a bit of English.
a' kà'n o^ou nli spi:k e bit òv i'nglich

▶ Pouvez-vous répéter, s'il vous plaît ?
Can you repeat that please ?
kà'n you: ripi:t DHàt pli:z

▶ Parlez-vous français ?
Do you speak French ?
dou: you: spi:k frè'nch

▶ Je ne comprends pas.
I don't understand.
a' do'nt œ'ndestà'nd

▶ Parlez plus lentement, s'il vous plaît.
Can you speak more slowly please?
kà'n you: spi:k mò: slo^ou wli pli:z

▶ Comment prononce-t-on ce mot ?
How do you pronounce this word ?
Ha^ou dou: you: prena^ounss DHiss weu:d

▶ Comment écrivez-vous cela ?
How do you spell it ?
Ha^ou dou: you: spèl it

Les salutations

▶ Bonjour. (général) **Hello.** *Hèlo^ou*
▶ Bonjour. (matin) **Good morning.** *goud mò:ni'ng*
▶ Bonjour. (après-midi) **Good afternoon.** *goud àftenou:n*
▶ Bonsoir ! **Good evening!** *goud i:vni'ng*
▶ Bonne nuit ! **Good night!** *goud na^it*

▶ Comment vas-tu / allez-vous ?
How are you?
Ha^ou a: you:

▶ Je vais très bien merci !
I'm very well thank you!
a^im vèri wèl Thà'nk you:

▶ Comment ça va ?
How's it going?
Ha^ouz it go^ou i'ng

▶ Bien merci !
Fine, thanks!
fa^in THà'nkss

▶ Comment t'appelles-tu / vous appelez-vous ?
What's your name ?
wòtss yò: nè^im

▶ Je m'appelle Robert.
My name is Robert.
ma^i nè^im iz ròb^eut

▶ monsieur **Mr** *mist^eu*
▶ madame **Mrs** *missiz*
▶ mademoiselle **Miss** *miss*

▶ Enchanté(e).
I'm pleased to meet you.
a^im pli:zd te mi:t you:

▶ Au revoir ! **Good-bye !** *goud ba^i*
▶ Bonne nuit ! **Good night !** *goud na^it*
▶ Salut ! **Bye-bye! / Bye !** *ba^i ba^i / ba^i*
▶ À plus tard ! **See you later !** *si: you: lè^it^eu*
▶ À bientôt ! **See you soon !** *si: you: sou:n*

La politesse

▶ Je vous / t'en prie. / Il n'y a pas de quoi. / De rien.
You're welcome.
yò: wèlke'm

▶ Je suis (vraiment) désolé(e). **I'm (very) sorry.** *a^im vèri sòri*
▶ Désolé(e), excusez-moi. **Sorry.** *sòri*
▶ Ce n'est rien ! **That's all right !** *DHàtss ò:l ra^it*
▶ Comment ? **Pardon ?** *pa:de'n*
▶ Excusez-moi ? **Sorry ?** *sòri*
▶ Merci ! **Thank you ! / Thanks !** *THà'nk you: / THà'nkss*
▶ Merci beaucoup ! **Thank you very much !** *THà'nk you: vèri mœtch*
▶ Un grand merci ! **Thanks a lot !** *THà'nkss e lòt*

Faire connaissance

▶ D'où venez-vous ?
Where are you from?
wè^e a: you: frò'm

▶ Je viens de Belgique. / Je suis Français(e). / Je suis Suisse.
I'm from Belgium. / I am French. / I am Swiss.
aᶦm frò'm bèldje'm / aᶦ à'm frè'nch / aᶦ à'm swiss

▶ J'ai vingt-cinq ans.
I'm twenty five (years old).
aim twè'nti faᶦv (yᶦᵉz o:ld)

▶ Que faites-vous dans la vie ?
What do you do for a living?
wòt dou: you: dou: fò: e livi'ng

▶ Où travaillez-vous ?
Where do you work?
wèᵉ dou: you: weu:k

▶ Je suis…	**I'm a(n)…**	*aᶦm e*
▶ artiste	**artist**	*a:tist*
▶ fonctionnaire	**civil servant**	*sivel seu:ve'nt*
▶ ingénieur	**engineer**	*èndjinᶦᵉ*
▶ agriculteur	**farmer**	*fa:mᵉᵘ*
▶ infirmier / infirmière	**nurse**	*neu:ss*
▶ commercial(e)	**salesperson**	*sèᶦlzpeu:sse'n*
▶ secrétaire	**secretary**	*sèkreteri*
▶ vendeur(euse)	**shop assistant**	*chòp essiste'nt*
▶ étudiant(e)	**student**	*styoude'nt*
▶ chauffeur de taxi	**taxi driver**	*tàksi draᶦvᵉᵘ*
▶ professeur	**teacher**	*ti:tcheu*
▶ écrivain	**writer**	*raᶦtᵉᵘ*

Les transports

▶ Excusez-moi, où se trouve …, s'il vous plaît ?
Excuse me, where is… please?
ekskyouz mi: wèᵉ iz… pli:z

▶ Pouvez-vous m'indiquer le chemin pour… ?
Could you tell me the way to…?
koud you: tèl mi: DHe wèᶦ te:

▶ Pouvez vous m'emmener à… ?
Can you give me a lift to…?
kà'n you: guiv mi: e lift te:

▶ S'il vous plaît, déposez-moi à la gare.
Please drop me off at the train station.
pli-iz dròp mi: òf àt DHe treᶦn stèᶦche'n

▶ aéroport	**airport**	*èᵉpor't*
▶ aller et retour	**return**	*riteu:n*
▶ aller simple	**single**	*si'nguel*
▶ arrivée	**arrival**	*eraᶦvel*
▶ autocar	**coach**	*koᵘtch*
▶ bagages	**luggage/baggage**	*lœguidj / bàguidj*
▶ bus à double étage	**double decker bus**	*dœb'l dèkᵉᵘ bœss*
▶ départ	**departure**	*dipa:tchᵉᵘ*
▶ gare ferroviaire	**train station**	*trèᶦn stèᶦche'n*
▶ gare routière	**coach station**	*koᵘtch stèᶦchen*
▶ horaire	**timetable**	*taᶦmtèᶦbel*
▶ louer	**to hire/rent**	*te Ha-yᵉᵘ / rè'nt*
▶ le métro londonien	**the Tube / the Underground**	*DHe tou:b / DHi: œ'ndegraᵒᵘ'nd*
▶ quai	**platform**	*plàtfò:m*

▶ réservation	**booking**	_bouki'ng_
▶ salle d'attente	**departure lounge/hall**	_dipa:tcheu laoundj/Hò:l_
▶ tarif	**fare**	_fèe_
▶ taxi noir	**black cab**	_blàk kàb_
▶ vol	**flight**	_fla¹t_
▶ wagon-lit	**sleeper train**	_sli:peu trè'n_

▶ Je voudrais réserver un aller (aller-retour) pour Manchester.
I'd like to book a (return) flight to Manchester.
aid laik te bouk e riteu:n flait te mà'ntchèsteu

▶ Où est l'arrêt de bus / la gare ?
Where is the bus stop / the station ?
wèe iz DHe bœss stòp / DHe stèiche'n

▶ Un billet pour Bristol, s'il vous plaît.
A ticket to Bristol, please.
e tikèt te bristel pli:z

▶ Combien coûte un billet pour… ?
How much is a ticket to…?
Haou mœtch iz e tikèt te

▶ De quel quai part le train pour… ?
What platform does the train to… leave from?
wòt plàtfò:m dœz DHe trè'n te… li:v frò'm

▶ Je voudrais louer une voiture.
I'd like to hire a car.
aid laik te Ha-yeu e ka:

▶ Où est la station-service la plus proche ?
Where's the nearest petrol station?
wèez DHe ni:rest pètrel stèiche'n

▶ autoroute	**motorway**	_moouterwèi_
▶ essence	**petrol**	_pètrel_
▶ essence sans plomb	**unleaded petrol**	_œ'nlèdid pètrel_
▶ freins	**brakes**	_brèikss_
▶ gazole	**diesel**	_di:zel_
▶ moteur	**engine**	_è'ndji'n_
▶ pare-brise	**windscreen**	_wi'ndskri:n_
▶ permis de conduire	**driving licence**	_dra¹vi'ng làsse'nss_
▶ phares	**headlight**	_hèdla¹t_
▶ vitesse (1ʳᵉ, 2ᵉ, etc.)	**gear**	_guieu_
▶ panneau de signalisation	**road sign**	_rooud sa¹n_
▶ volant	**steering wheel**	_sti:ri'ng wi:l_

▶ Quand le bateau part-il ?
When does the boat leave?
wè'n dœz DHe boout li:v

▶ Combien de temps la traversée dure-t-elle ?
How long does the crossing take?
Haou lò'ng dœz DHe kròssi'ng tèik

▶ bateau	**boat**	_boout_
▶ côte	**coast**	_kooust_
▶ traversée	**crossing**	_kròssi'ng_

| ▶ ferry | **ferry** | _fèri_ |
| ▶ port | **harbour** | _Ha:b^{eu}_ |

L'hébergement

▶ Je voudrais réserver une chambre double, s'il vous plaît.
I'd like to book a double room please.
a'd la'k te bouk e dœb'l rou:m pli:z

▶ Pour trois nuits / deux semaines, s'il vous plaît.
For three nights / two weeks please.
fò: THri: na'tss / tou: wi:kss pli:z

▶ Combien coûte une chambre simple ?
How much is a single room?
Ha^{ou} mœtch iz e si'nguel rou:m

▶ Le petit déjeuner est-il inclus ?
Is breakfast included?
iz brèkfest i'nklou:did

▶ La chambre a-t-elle un bain / une douche ?
Does the room have a bath / shower?
dœz DHe rou:m Hàv e bàTH / chaw^{eu}

▶ accueil	**reception**	_rissèpche'n_
▶ arrivée	**check in**	_tchèk i'n_
▶ camping	**campsite**	_kà'mpsa't_
▶ clé	**key**	_ki:_
▶ couverture	**blanket**	_blà'nkit_
▶ drap	**sheet**	_chi:t_
▶ lit	**bed**	_bèd_
▶ salle de bain	**bathroom**	_bàTHrou:m_
▶ serviette	**towel**	_ta^{ou}el_

Manger et boire

▶ Je voudrais un sandwich au fromage et au jambon, s'il vous plaît.
I'd like a cheese and ham sandwich please.
a'd la'k e tchi:z à'nd Hà'm sà'ndwitch pli:z

▶ Que voulez-vous boire ?
What would you like to drink?
wòt woud you: la'k te dri'nk

▶ Du thé, s'il vous plaît.
Tea please.
ti: pli:z

▶ Avez-vous du jus de pomme ?
Do you have any apple juice?
dou: you: Hàv èni àpel djou:ss

▶ addition	**bill**	_bil_
▶ carte, menu	**menu**	_mènyou_
▶ dessert	**dessert**	_dizeu:t_
▶ plat principal	**main course**	_më'n kò:ss_
▶ hors-d'œuvre	**starter**	_sta:t^{eu}_
▶ table	**table**	_tè'b'l_
▶ agneau	**lamb**	_là'm_
▶ beurre	**butter**	_bœt^{eu}_
▶ bœuf	**beef**	_bi:f_
▶ champignons	**mushrooms**	_mœchrou:mz_

▶ concombre	**cucumber**	*kyoukœ'mb^{eu}*
▶ fromage	**cheese**	*tchi:z*
▶ fruit	**fruit**	*frou:t*
▶ jambon	**ham**	*Hà'm*
▶ légumes	**vegetables**	*vèdj-teb'lz*
▶ œuf	**egg**	*èg*
▶ pain blanc	**white bread**	*wa't brèd*
▶ pain complet	**brown bread**	*bra^{ou}n brèd*
▶ pâtes	**pasta**	*pàstà*
▶ poisson	**fish**	*fich*
▶ porc	**pork**	*pò:k*
▶ pommes de terre	**potatoes**	*petè'to^{ou}z*
▶ poulet	**chicken**	*tchike'n*
▶ riz	**rice**	*ra'ss*
▶ salade verte	**lettuce**	*lètiss*
▶ saucisse	**sausage**	*sòssidj*
▶ thon	**tuna**	*tioun^{eu}*
▶ tomate	**tomato**	*tòma:to^{ou}*
▶ veau	**veal**	*vi:l*
▶ végétarien	**vegetarian**	*vèdjetèri^{e}n*
▶ viande	**meat**	*mi:t*
▶ volaille	**poultry**	*poultri*
▶ huile	**oil**	*ò'l*
▶ poivre	**pepper**	*pèp^{eu}*
▶ sel	**salt**	*sòlt*
▶ fourchette	**fork**	*fò:k*
▶ verre	**glass**	*glàss*
▶ couteau	**knife**	*na'f*
▶ assiette	**plate**	*plè't*
▶ cuillère	**spoon**	*spou:n*
▶ bière	**beer**	*bi^{eu}*
▶ bière brune	**bitter**	*bit^{eu}*
▶ bière blonde	**lager**	*la:gu^{eu}*
▶ une boisson non alcoolisée	**a soft drink**	*e sòft dri'nk*
▶ café	**coffee**	*kòfi:*
▶ cidre	**cider**	*sa'd^{eu}*
▶ eau	**water**	*wò:t^{eu}*
▶ jus de fruits	**fruit juice**	*frou:t djou:ss*
▶ lait	**milk**	*milk*
▶ panaché	**shandy**	*chà'ndi*
▶ thé	**tea**	*ti:*
▶ vin	**wine**	*wa'n*

▶ J'aimerais réserver une table pour quatre personnes pour 8 heures, s'il vous plaît.
I'd like to book a table for four people for 8 o'clock please.
a'd la'k te bouk e tèb'l fò: fò: pi:p'l fò: èt eklòk pli:z

▶ Nous voudrions commander.
We would like to order.
wi: woud la'k tou ò:d^{eu}

▶ Je voudrais le steak, s'il vous plaît.
I'd like the steak please.
a'd la'k DHe stè'k pli:z

▶ Je voudrais un verre de vin / d'eau, s'il vous plaît.
I'd like a glass of wine / water please.
aⁱd laⁱk à glàss òv waⁱn / <u>wò:</u>tᵉᵘ pli:z

▶ L'addition, s'il vous plaît.
Can we have the bill please?
kà'n wi: Hàv DHe bil pli:z

Il n'y a pas vraiment d'équivalent pour "bon appétit" en anglais, mais on vous souhaitera :

▶ Bon appétit !
Enjoy your meal!
è'n<u>djò</u>ⁱ youᵉ mi:l

Le shopping

▶ Vendez-vous des cartes postales ?
Do you sell postcards?
dou: you: sèl <u>pò:s</u>tka:dz

▶ Avez-vous cette chemise en bleu ?
Do you have this shirt in blue?
dou: you: Hàv DHiss cheu:t i'n blou:

▶ Puis-je essayer ceci ?
Can I try this on?
kà'n aⁱ traⁱ DHiss ò'n

▶ Ça coûte combien ?
How much is it?
Haᵒᵘ mœtch i:z it

▶ C'est trop grand.
It's too big.
itss tou: big

▶ Ça ne me va pas.
It doesn't suit me.
it dœzn't sou:t mi:

▶ Prenez-vous les cartes de crédit ?
Do you take credit cards?
dou: you: tèⁱk <u>krè</u>dit ka:dz

▶ acheter	**to buy**	*te baⁱ*
▶ billet	**note**	*noᵒᵘt*
▶ bureau de change, monnaie	**change**	*tchèⁱndj*
▶ chèque	**cheque**	*tchèk*
▶ cher	**expensive**	*iks<u>pè</u>'nssiv*
▶ pas cher	**cheap**	*tchi:p*
▶ pièce de monnaie	**coin**	*köⁱn*
▶ soldes	**sales**	*sëⁱlz*

ASSIMIL évasion

Ce guide vous propose les bases de la grammaire, du vocabulaire et des phrases utiles ainsi que des informations sur les Britanniques et leurs coutumes.
Bref, tout ce qu'il faut savoir avant d'aller faire un petit séjour en Grande-Bretagne.

▶ boulanger	**baker**	*bèⁱkᵉᵘ*
▶ boucher	**butcher**	*boutchᵉu*
▶ épicerie	**grocery store**	*groᵒᵘsseri stò:*
▶ grand magasin	**department store**	*dipa:tmeʳnt stò:*
▶ magasin, boutique	**shop**	*chòp*
▶ magasin de chaussures	**shoe shop**	*chou: chòp*
▶ magasin de souvenirs	**souvenir shop**	*sou:veniᵉu chòp*
▶ marché aux puces	**flea market**	*fli: ma:kèt*
▶ pressing	**dry cleaner**	*draⁱ kli:nᵉu*
▶ supermarché	**supermarket**	*sou:pema:ket*
▶ argent (matière)	**silver**	*silvᵉu*
▶ bague	**ring**	*ri'ng*
▶ boucles d'oreilles	**earrings**	*i:ri'ngz*
▶ bracelet	**bracelet**	*brèⁱsleⁱt*
▶ chaussures	**shoes**	*chou:z*
▶ collier	**necklace**	*nèkless*
▶ jupe	**skirt**	*skeu:t*
▶ manteau	**coat**	*koᵒᵘt*
▶ montre	**watch**	*wòtch*
▶ or	**gold**	*goᵒᵘld*
▶ pantalon	**trousers**	*traᵃᵘzᵉuz*
▶ pullover	**jumper**	*djœ'mpᵉu*
▶ robe	**dress**	*drèss*
▶ t-shirt	**t-shirt**	*ti:cheu:t*

Situer dans l'espace

▶ (à) droite	**(on the) right**	*(ò'n DHe) raⁱt*
▶ (à) gauche	**(on the) left**	*(ò'n DHe) lèft*
▶ à côté de	**next to**	*nèkst te*
▶ derrière	**behind**	*biHaⁱnd*
▶ devant	**in front of**	*i'n freunt òv*
▶ en direction de	**towards**	*tewò:dz*
▶ en face de	**opposite**	*òpezit*
▶ ici	**here**	*Hiᵉ*
▶ loin	**far**	*fa:*
▶ près	**near**	*niᵉ*
▶ tout droit	**straight on**	*strèⁱt ò'n*
▶ croisement	**crossing**	*kròssi'ng*
▶ église	**church**	*tcheu:tch*
▶ feu de signalisation	**traffic lights**	*tràfik laⁱts*
▶ pâté de maisons	**row of houses**	*roᵒᵘ òv Haᵒᵘziz*
▶ place	**square**	*skwèᵉ*
▶ rue	**street**	*stri:t*
▶ tout droit	**straight on**	*strèⁱt ò'n*
▶ nord, en direction du nord	**north**	*nò:TH*
▶ sud, en direction du sud	**south**	*saᵒᵘTH*
▶ est, en direction de l'est	**east**	*i:st*
▶ ouest, en direction de l'ouest	**west**	*wèst*

▶ Pouvez-vous m'indiquer le chemin pour… ?
Can you tell me the way to....
kà'n you: tèl mi: DHe wèⁱ te

▶ S'il vous plaît, pour aller à … ?
Can you tell me how to get to....?
kà'n you: tèl mi: Ha^{ou} te gè't te

Situer dans le temps

▶ aujourd'hui	**today**	*tedè^{i}*
▶ date	**date**	*dè^{i}t*
▶ demain	**tomorrow**	*temòro^{ou}*
▶ hier	**yesterday**	*yèsstedè^{i}*
▶ jour	**day**	*dè^{i}*
▶ (le) matin, (dans la) matinée	**(in the) morning**	*i'n DHe mò:ni'ng*
▶ ce matin	**this morning**	*DHiss mò:ni'ng*
▶ (à) l'heure du déjeuner	**(at) lunchtime**	*àt leunchta^{i}m*
▶ (dans l') après-midi	**(in the) afternoon**	*i'n DHi: a:ftenou:n*
▶ mois	**month**	*mœ'nTH*
▶ semaine	**week**	*wi:k*
▶ soir	**evening**	*i:vni'ng*
▶ ce soir (cette nuit)	**tonight**	*tena^{i}t*
▶ lundi	**Monday**	*mœ'ndè^{i}*
▶ mardi	**Tuesday**	*tyou:zdè^{i}*
▶ mercredi	**Wednesday**	*wè'nzdè^{i}*
▶ jeudi	**Thursday**	*THeu:zdè^{i}*
▶ vendredi	**Friday**	*fra^{i}dè^{i}*
▶ samedi	**Saturday**	*sàtedè^{i}*
▶ dimanche	**Sunday**	*sœ'ndè^{i}*
▶ janvier	**January**	*djànyoueri*
▶ fevrier	**February**	*fèbyoueri*
▶ mars	**March**	*ma:tch*
▶ avril	**April**	*e^{i}pril*
▶ mai	**May**	*mè^{i}*
▶ juin	**June**	*djou:n*
▶ juillet	**July**	*djoula^{i}*
▶ août	**August**	*ò:guest*
▶ septembre	**September**	*septè'mb^{eu}*
▶ octobre	**October**	*òkto^{ou}b^{eu}*
▶ novembre	**November**	*nòvè'mb^{eu}*
▶ décembre	**December**	*dissè'mb^{eu}*
▶ saison	**season**	*si:ze'n*
▶ printemps	**spring**	*spri'ng*
▶ été	**summer**	*sœm^{eu}*
▶ automne	**autumn**	*ò:te'm*
▶ hiver	**winter**	*wi'nt^{eu}*

L'heure

▶ une heure	**an hour**	*e'n aw^{eu}*
▶ une minute	**a minute**	*e minit*
▶ une demi-heure	**half an hour**	*Ha:f e'n aw^{eu}*
▶ un quart d'heure	**quarter of an hour**	*kwò:t^{eu} òv e'n aw^{eu}*

▶ Quelle heure est-il, s'il vous plaît ?
What time is it please?
wòt ta^{i}m i:z it pli:z

▶ Il est…
It's…
itss

► 2h20   **twenty (minutes) past two**
twè'nti (mi̱nitss) pa:st tou:
deux heures vingt

► 17h30   **half past five / five thirty**
Ha:f pa:st fa'v / fa'v THeu:ti
cinq heures et demie / cinq heures trente

► 15h45   **quarter to four**
kwò:t^{eu} te fò:
quatre heures moins le quart

► 12h00   **twelve o'clock** (pour l'heure pleine, **"o'clock"** est obligatoire)
twèlv eklòk
douze heures

► Il est midi / minuit.
It's midday / midnight.
itss MID'dèi / mi̱dna't

Tout sur les nombres

► 0	**zero**	_ziro^{ou}_
► 1	**one**	_wœ'n_
► 2	**two**	_tou:_
► 3	**three**	_THri:_
► 4	**four**	_fò:_
► 5	**five**	_fa'v_
► 6	**six**	_sikss_
► 7	**seven**	_sève'n_
► 8	**eight**	_è't_
► 9	**nine**	_na'n_
► 10	**ten**	_tè'n_
► 11	**eleven**	_ilève'n_
► 12	**twelve**	_twèlv_
► 13	**thirteen**	_THeu:-ti:n_
► 14	**fourteen**	_fò:-ti:n_
► 15	**fifteen**	_fif-ti:n_
► 16	**sixteen**	_sikss-ti:n_
► 17	**seventeen**	_sève'nti:n_
► 18	**eighteen**	_è'-ti:n_
► 19	**nineteen**	_na'n-ti:n_
► 20	**twenty**	_twè'nti_

Au-delà de vingt, le principe est le même qu'en français, c'est-à-dire qu'on ajoute l'unité après la dizaine :

► 22	**twenty two**	_twè'nti-tou:_
► 30	**thirty**	_THeu:ti_
► 31	**thirty one**	_THeu:ti-wœ'n_
► 40	**forty**	_fò:ti_
► 50	**fifty**	_fifti_
► 60	**sixty**	_sikssti_
► 70	**seventy**	_sève'nti_
► 80	**eighty**	_è'ti_
► 90	**ninety**	_na'nti_
► 100	**one hundred**	_wœ'n Hœ'ndred_
► 500	**five hundred**	_fa'v Hœ'ndred_
► 1 000	**one thousand**	_wœ'n THa^{ou}ze'nd_
► 10 000	**ten thousand**	_tè'n THa^{ou}ze'nd_

Londres

Londres

Mégapole de 12 millions d'habitants, Londres a énormément à offrir à ses visiteurs et on ne finit jamais de découvrir tous les recoins de cette immense capitale. La capitale anglaise est à la fois folle et magique, intimidante et fascinante.

Le drame, qui a touché Londres au mois de juillet dernier, lorsque quatre bombes ont explosé dans le métro et dans un bus, faisant 56 victimes et des centaines de blessés, a bien sûr bouleversé les Londoniens. Néanmoins, malgré la violence du traumatisme, la ville semble s'être rapidement relevée et ses habitants se sont fait un point d'honneur de ne pas succomber à la peur et ne pas changer leur mode de vie, comme un pied de nez au terrorisme... Rien ne devrait donc vous retenir d'aller découvrir la capitale britannique.

La première chose que l'on y remarque, c'est la diversité. Ethnique, culturelle, architecturale... Aucune ville en Europe n'est plus cosmopolite que Londres. Un quart de la population appartient à une minorité ethnique et cette mixité fait partie du paysage londonien. A Londres, on change d'atmosphère sur quelques centaines de mètres. La ville est une agglomération de petits villages aux ambiances différentes, ayant chacun son identité propre.

Une ville aux multiples facettes, pleine de contrastes. Chic et élitiste, populaire et multiculturelle, moderne et branchée, ancrée dans les traditions ancestrales, elle est aussi urbaine et frénétique, résidentielle et verte, et les changements parfois brusques d'un quartier à l'autre sont toujours étonnants.

Le passage au IIIe millénaire a été synonyme pour Londres de nombreuses transformations. Changement politique tout d'abord avec un maire, Ken Livingstone, élu au suffrage direct pour la première fois depuis 1986 et dont l'action la plus remarquée jusque-là, outre ses nombreux « coups de gueule », a été la « congestion charge » au début de l'année 2003 (taxe afin de réduire la circulation des voitures en centre-ville). Transformation architecturale ensuite avec des projets tels que le nouveau musée d'Art moderne (Tate Modern) ou encore les œuvres de Norman Foster (City Hall, Millennium Bridge, Gherkin) qui côtoient les bâtiments historiques et modifient profondément le paysage londonien.

Bref Londres est une ville à découvrir et redécouvrir sous tous ses aspects. Et entre cette multitude de monuments historiques, une activité culturelle foisonnante, des restaurants proposant des plats aux saveurs du monde entier, des pubs, des bars, des boîtes, des parcs et des squares à tous les coins de rue, sans oublier bien évidemment la pléthore de magasins où faire son shopping.

Histoire

L'histoire de la ville de Londres remonte à 43 ap. J.-C., date à laquelle les Romains fondèrent Londinium. Grâce aux commerces et aux routes qu'ils construisirent, la ville, qui comptait à l'époque 15 000 habitants, devint vite une cité prospère. Le déclin de l'Empire romain, à partir du Ve siècle, laissa la ville aux mains de hordes de barbares débarquées en Grande-Bretagne. Au cours des siècles suivants, sous le règne des rois saxons, la ville devint à nouveau un important centre d'échanges commerciaux, grâce à son emplacement sur la Tamise. Cependant, la prospérité de la ville attira les pillards. Les Vikings danois mirent Londres à sac en 841 et 851 avant que celle-ci ne soit reprise par les Saxons en 886 et rebaptisée Ludenburg. Londres devint la capitale de l'Angleterre, succédant à Winchester.

Les immanquables de Londres

▶ **S'extasier devant les merveilles** du British Museum et de la National Gallery.

▶ **Assister à la relève de la garde** devant Buckingham Palace.

▶ **Aller voir Big Ben**, la plus célèbre horloge du monde.

▶ **Profiter de la vue** du haut du London Eye.

▶ **Faire un tour** dans un des célèbres bus rouge à deux étages.

▶ **Passer un dimanche à déambuler** parmi entre les échoppes colorées et les excentricités de Camden Market.

▶ **Passer une soirée** (ou plusieurs !) dans un pub.

L'an 1066 fut celui de la chute des royaumes saxons et de la conquête normande. Guillaume le Conquérant, duc de Normandie, entra dans Londres et fut couronné. Londres était alors devenue l'une des principales villes d'Europe. Guillaume éleva le premier bâtiment de la Tour de Londres, White Tower (la tour Blanche).

Au cours des siècles suivants, Londres s'établit définitivement comme le centre de gouvernement du pays. Plusieurs dynasties se succédèrent sur le trône d'Angleterre. Les rois, en échange d'argent, concédèrent peu à peu des libertés à la ville de Londres.

Aux XIVᵉ et XVᵉ siècles, la ville fut le théâtre de plusieurs drames (peste bubonique, révolte des paysans, Guerre des Deux-Roses). Mais Londres continua à prospérer et son importance sur la scène internationale ne cessa de s'accroire. A la fin du règne d'Elisabeth Iʳᵉ, en 1603, Londres comptait plus de 200 000 habitants.

En 1666, Londres connut ce qui fut certainement la plus grande catastrophe de son histoire : le Grand Incendie. Celui-ci embrasa la ville pendant quatre jours et réduit en cendres plus des trois quarts des habitations, construites à l'époque en bois, ainsi que de nombreuses églises dont la vieille cathédrale Saint-Paul. Sous la direction de Sir Christophe Wren qui dessina les plans, la cité fut reconstruite, de manière plus moderne. En 1711, la cathédrale Saint-Paul fut rebâtie.

Au cours de l'époque géorgienne (XVIIIᵉ siècle), la population augmenta jusqu'à atteindre un million, faisant de Londres la plus grande ville d'Europe et un important centre financier. A l'époque, les inégalités sociales étaient frappantes. Les nantis s'installèrent à l'ouest et au nord, dans des demeures cossues. Tandis que les pauvres s'entassaient dans des taudis où régnaient la misère et l'alcoolisme.

Durant l'ère victorienne, Londres devint le centre de l'immense empire britannique et certainement la ville la plus importante du monde. En 1851, eut lieu la première Exposition universelle. Big Ben fut construite en 1859, Tower Bridge en 1894. A l'époque victorienne, Londres connut également plusieurs vagues d'immigration (Irlandais, Juifs…). La ville est surpeuplée et les conditions d'hygiène sont déplorables. Des épidémies de choléra ravagent les quartiers pauvres et trois enfants sur quatre n'atteignent pas l'âge de 5 ans. La Tamise est si polluée qu'elle répand une odeur nauséabonde sur la ville (la Grande Puanteur de 1858). Après ces événements, l'ingénieur Joseph Balzagette (1819-1891) conçoit le réseau d'égouts londoniens.

La mort de la reine Victoria en 1901 marqua la fin d'une époque et d'un Empire. Londres connut les bombardements de la Première Guerre mondiale et surtout le Blitz de 1940. Les bombes allemandes s'abattirent alors sur la ville pendant deux mois consécutifs, faisant au moins 30 000 victimes. Les habitants se réfugièrent dans le métro. Les bombardements bien qu'ensuite plus espacés, ne cessèrent que six mois après, pour reprendre en 1944. Presque toute la splendeur médiévale de Londres est à jamais partie en fumée.

Après-guerre, la ville fut reconstruite rapidement et à moindre coût ; de nombreux bâtiments hideux, en béton, s'élevèrent sur les sites dévastés.

Dans les années 80, sous le gouvernement de Margaret Thatcher, la ville prospéra, mais l'écart déjà existant entre riches et pauvres se creusa de plus en plus. Surnommée la Dame de fer, elle privatisa de nombreuses entreprises et limita les aides sociales. Le chômage progressa. Les émeutes de Brixton en 1981 et 1985 illustrèrent ce malaise social, notamment le sentiment d'exclusion de la population noire. En 1990, un nouvel impôt très impopulaire provoqua des émeutes et Margaret Thatcher dut finalement résilier et céder sa place à John Major.

Ce n'est qu'en 1997 que le Parti du Labour, avec Tony Blair à sa tête, revient au pouvoir après 18 ans d'absence. Le nouveau millénaire est synonyme pour Londres de nombreux projets qui modifient jour après jour l'aspect de la ville. Un nouveau pont piéton, le Millenium Bridge, relie le nouveau musée d'Art moderne, le Tate Modern, à la cathédrale Saint-Paul. Le « Gherkin », un imposant bâtiment à l'architecture de verre (qui abritera des bureaux) modifie complètement l'horizon à l'est de Londres.

Un nouvel ouvrage de Norman Foster, près de Tower Bridge (City Hall), abrite la mairie de Londres (Greater London Assembly) et son maire Ken Livingstone. Elus au suffrage direct en l'an 2000, la Greater London Assembly et le maire sont les premières institutions représentant la ville depuis 1986. Ken Livingstone fut réélu en 2004 par des Londoniens séduits par la personnalité du maire et ses actions (principalement dans le domaine des transports).

Mais, alors que Londres semble connaître un dynamisme et une prospérité remarquable, un drame viendra bouleverser les habitants de la capitale. Le 7 juillet 2005, alors que le G8 s'ouvre à Edinburgh, quatre attentats presque simultanés font 56 victimes et des centaines de blessés dans le métro et dans un bus londoniens.

Cependant, malgré le traumatisme, les Londoniens ont décidé d'aller de l'avant et Londres reste, au début de ce troisième millénaire, plus vivante et avant-gardiste que jamais.

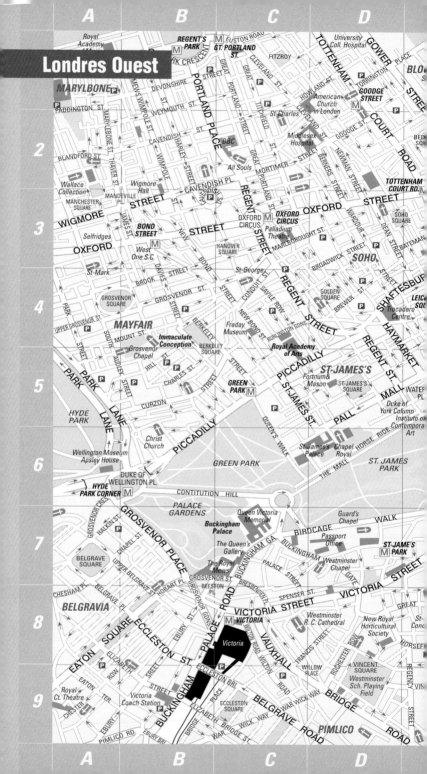

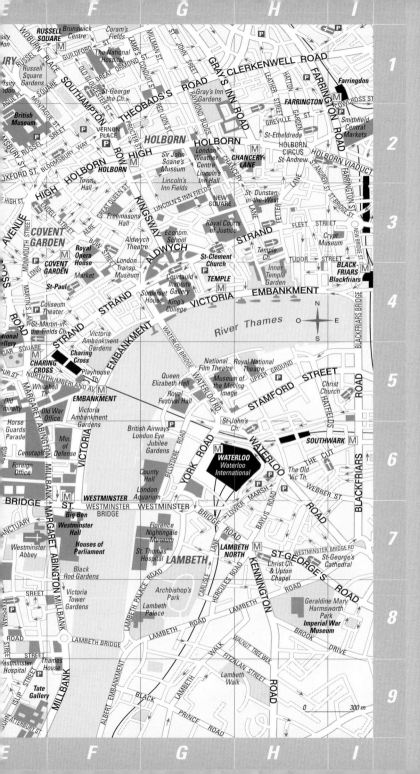

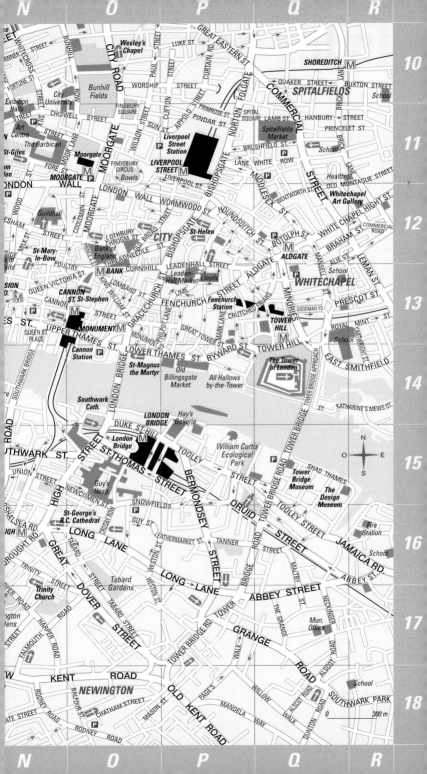

Index des rues

■ TRANSPORTS ■

Voiture

Agences de location de voitures

■ **EASYCAR. Victoria Station Car Park, SW1** ✆ **0906-33 33 333 – Tube : Victoria.** *Ouvert tous les jours de 7h à 23h.*

■ **HERTZ. 35, Edgware Road, W2** ✆ **0207-402 6056 – Tube : Marble Arch.** *Ouvert tous les jours de 8h à 20h.*

■ **AUTO ESCAPE** ✆ **0800 920 940 appel gratuit en France ou 33 (0) 4 90 09 28 28 – www. autoescape.com –** Une formule nouvelle et économique pour la location de voitures. Un broker qui propose les meilleurs tarifs parmi les grandes compagnies de location. Cette compagnie qui loue de gros volumes de voitures obtient des remises substantielles qu'elle transfert à ses clients directs. Payez le prix des grossistes pour le meilleur service. Pas de frais de dossier, pas de frais d'annulation.

Métro

Le métro fonctionne de 5h du matin à environ minuit. Attention, le dimanche, les stations ouvrent à 7h30 et le dernier métro passe vers 23h30.

Certaines stations sont fermées et certaines lignes ne fonctionnent pas en soirée ou le week-end, vérifiez les horaires d'ouverture sur les plans mis à votre disposition à votre arrivée ou dans les stations elles-mêmes.

Le prix des tickets dépend des 6 zones tarifaires, partant du centre vers l'extérieur. Les tarifs varient suivant le nombre de zones.

▶ **Tickets individuels :** un aller simple en zone 1 coûte £ 1,60 (enfant 60 p) ; £ 2,20 (enfant 80 p) pour les zones 1 et 2 ; £ 2,30 (enfant £ 1) pour 3 zones.

▶ **Un carnet de 10 tickets simples** (uniquement valable en zone 1) coûte £ 11,50 (enfant £ 5).

Travelcards

Le moyen le plus pratique pour se déplacer est d'acheter une Travelcard. Elle vous donne accès au métro, aux bus, au Docklands Light Railway et aux trains British Rail dans les zones de votre choix.

Péage urbain à Londres

Si l'expérience de la « congestion charge », unique dans une capitale européenne, a fait couler beaucoup d'encre au moment de sa mise en application, le péage urbain « made in London » a rapidement réussi le tour de force de convaincre les derniers réfractaires d'une Angleterre jusqu'alors absolument étrangère à la tradition du péage. Pour preuve, en 2004, un péage autoroutier – une première outre-Manche – a été mis en service sur la nouvelle autoroute de Birmingham. Retour sur un pari ambitieux et réussi ! Depuis le 17 février 2003, les Londoniens doivent s'acquitter d'un péage urbain s'ils souhaitent conduire ou stationner dans un périmètre de 13 km^2 dans le centre de Londres. 5 £ (7,50 €), c'est la somme que doit payer, chaque jour, un automobiliste souhaitant pénétrer dans le Inner Ring Road, à savoir le Londres économique et financier, entre 7h et 18h30 du lundi au vendredi (sauf les jours fériés). L'objectif de la « congestion charge » est de désengorger la circulation du centre londonien en exhortant les automobilistes à utiliser d'autres moyens de transport ou en pratiquant assidûment le co-voiturage. Pour l'heure, le trafic a déjà diminué de 18 %, les voitures particulières en circulation ont baissé de 30 %, la vitesse moyenne dans le centre-ville a augmenté de 15 km/h et les niveaux d'embouteillage dans la zone sont les plus bas depuis qu'ils ont commencé à être mesurés, au milieu des années 1980. Conséquence obligée de ces résultats encourageants, les Londoniens empruntent davantage les bus (+ 20 %) qui, au demeurant, roulent beaucoup mieux dans les rues de la capitale. Le maire de Londres, Ken Livingstone, a donc de quoi s'enorgueillir, sa « congestion charge » est un succès… mais un succès au goût salé ! La mise en œuvre de ce dispositif colossal a coûté la bagatelle de 600 millions de livres, un trou de trésorerie que les 5 £ versées quotidiennement par environ 110 000 conducteurs ne sont pas prêts de combler, pas plus que les PV de 40 £, dressés par les policiers londoniens contre les quelques fraudeurs.

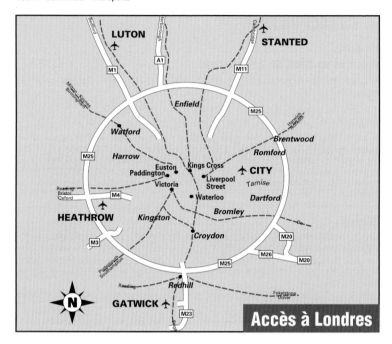

Accès à Londres

Les Travelcards s'achètent à la journée, à la semaine, au mois ou à l'année. Il vous faut une photo d'identité pour celles d'un mois ou plus.

▶ **One Day Travelcard** adulte/enfant Zones 1 et 2 : £ 5,30 (avant 9h30)/£ 4,30 (après 9h30)/£ 2,60

▶ **Weekly Travelcard Zone 1** adulte/enfant : £ 17/£ 7

Bus

Si vous comptez vous déplacer fréquemment en bus, achetez une Travelcard, avec laquelle vous pourrez prendre le bus mais aussi le métro, le Docklands Light Railway et les trains du British Rail (voir ci-dessus pour les tarifs).

Taxi

Il existe deux sortes de taxis à Londres : les Black Cabs (taxis noirs) et les Minicabs (voitures ordinaires sans compteur, moyen de circulation moins cher que les black cabs). Un black cab libre se signale par une lumière jaune sur le toit. Les black cabs s'attrapent au hasard dans les rues, ou se prennent aux stations de taxis. Les minicabs ne peuvent être hélés dans la rue. Vous pouvez les commander par téléphone ou les prendre directement à une agence de minicabs.

En ce qui concerne les grandes agences réputées, leur service est fiable. En revanche il ne faut pas prendre un minicab dans la rue, surtout pas quand on est une femme seule (pour plus de détails voir la section « Se déplacer » dans la partie « Organiser son séjour »).

Numéros de téléphone de black cabs

■ **COMPUTER CAB** ✆ 020-7432 1432.

■ **RADIO-TAXIS** ✆ 020-7272 0272.

■ **DIAL-A-CAB** ✆ 020-7253 5000.

Pour obtenir des numéros de téléphone d'agences de minicabs avec licence, appeler la Transport Info Line ✆ 020-7222 1234.

Les expressions du métro londonien

▶ **Mind the gap :** faites attention à l'espace entre le quai et le métro. C'est l'expression que vous entendrez la plus dans le métro londonien (on en a même fait des tee-shirts et des tasses!). Il est vrai que sur certaines stations (comme à Bank par exemple) l'espace est particulièrement grand et peut être dangereux si on ne fait pas attention où on met les pieds.

▶ **Stand clear of the doors :** tenez-vous éloignés des portes lors de la fermeture.

▶ **Engineering Works :** l'explication (l'excuse ?) la plus souvent donnée pour les lignes ou les stations fermées (travaux techniques).

Les bus de nuit roulent toutes les nuits entre 00h et 6h. Presque tous partent de Trafalgar Square, changement obligatoire pour tout trajet. Quelques bus, cependant, partent de Victoria.

Ces Night Buses se distinguent des autres bus par le préfixe « N » placé avant le numéro. Attention les One Day Travelcards ne sont pas valables sur le réseau des bus de nuit.

Vélo

Il y a de plus en plus de « deux-roues » à Londres, où le vélo pallie les inconvénients des embouteillages et des retards des transports en commun. Il y a malheureusement très peu de voies réservées aux vélos à Londres, donc c'est chacun pour soi. Il est fort conseillé de porter un casque si vous prenez les rues principales. A vrai dire, le vélo n'est pas vraiment conseillé pour les néophytes, ni pour ceux qui ne connaissent pas le labyrinthe de cette mégapole.

■ **LONDON BICYCLE TOUR COMPANY.** La Gabriel's Wharf, 56, Upper Ground, SE1 ✆ 020-7928 6838 – www. londonbicycle. com – Tube : Blackfriars. *Location de vélo pour £ 2,50 par heure.*

■ PRATIQUE ■

Adresses utiles

■ **AMBASSADE DE FRANCE.** 58, Knightsbridge, SW1 ✆ 020-7073 1053 – www.ambafrance.org. uk – Tube : Knightsbridge.

■ **CONSULAT DE FRANCE.** 21, Cromwell Road, SW7 ✆ 020-7838 2000 – Tube : South Kensington. Vous y trouverez également un service emploi.

■ **INSTITUT CULTUREL FRANÇAIS.** 17, Queensberry Place, SW7 ✆ 020-7073 1350 – Tube : South Kensington. *Ouvert du lundi au vendredi de 10h à 22h et le samedi de midi à 18h.*

Tourisme

■ **BRITISH VISITOR CENTRE. 1, Regent Street, SW1 – Tube : Piccadilly Circus.** *Ouvert le lundi de 9h30 à 18h30, du mardi au vendredi de 9h à 18h30 et les samedi et dimanche de 10 à 16h.* Informations et réservations (logements, transports, excursions, spectacles) sur Londres et toute la Grande-Bretagne. On y trouve une documentation touristique très complète, gratuite ou non.

■ **CENTRE D'INFORMATION TOURISTIQUE.** Hall d'arrivée de Waterloo International Station, **SE1.** *Ouvert tous les jours de 8h30 à 22h30.* Informations sur Londres : plan gratuit du centre-ville, informations sur les manifestations, spectacles, visites guidées… Il peuvent également vous aider à trouver un hôtel et effectuer vos réservations.

Poste et télécommunications

Poste

Les bureaux de poste sont généralement ouverts du lundi au vendredi de 9 h à 17h30 et le samedi de 9h à 12h30.

■ **TRAFALGAR SQUARE POST OFFICE est ouvert plus tard.** 24-28, William IV Street, WC2 ✆ **020-7930 9580 – Tube : Charing Cross.** *Il est ouvert de 8h à 20h du lundi au samedi.*

Téléphone

Certaines cabines marchent à pièces, d'autres à cartes. Vous pouvez acheter des cartes téléphoniques dans les bureaux de poste et dans les corner shops.

Cafés Internet

■ **EASYINTERNETCAFE. 358, Oxford Street, HW1. www.easyeverything.com – Tube : Bond Street.** *Ouvert 24h/24, 7 J/7.* Il y a des EasyInternetCafés un peu partout à Londres : Kensington High Street, Tottenham Court Road, Trafalgar Square, Victoria, King's Road et Swiss Cottage.

■ **INTERNET EXCHANGE. 125-127, Baker Street, W1** ✆ **020-7224 5402 – www.internet-exchange.co.uk – Tube : Baker Street.** *Ouvert du lundi au vendredi de 8h à 22h et les samedi et dimanche de 10h à 21h.* Il existe d'autres Internet Exchange cafés à Bayswater (dans le centre commercial Whiteleys), Covent Garden (dans le marché couvert), Queensway et à Piccadilly Circus (dans le Trocadero Centre).

Banques

Horaires des banques à Londres : en général de 9h30 à 16h du lundi au vendredi. Certaines banques ouvrent le samedi matin de 9h à 12h.

Urgences

Hôpitaux

Vous pouvez vous présenter aux urgences des hôpitaux londoniens.

■ **CHARING CROSS HOSPITAL.** W6 ✆ 020-8846 1234.

■ **HAMMERSMITH HOSPITAL.** W12 ✆ 020-8846 7894.

■ **LONDON HOSPITAL.** E1 ✆ 020-8377 7000.

■ **ROYAL FREE HOSPITAL.** W3 ✆ 020-7794 0500.

■ **SAINT MARY'S HOSPITAL.** W2 ✆ 020-7725 6666.

■ **SAINT THOMAS HOSPITAL.** SE1 ✆ 020-7928 9292.

■ **UNIVERSITY COLLEGE HOSPITAL.** WC1 ✆ 020-7387 9300.

■ **WESTMINSTER & CHELSEA HOSPITAL.** SW1 ✆ 020-7828 9811.

Médecins français à Londres

■ **MEDICARE FRANCAIS. 3, Harrington Gardens, SW7** ✆ **020-7370 4999 – Tube : South Kensington.** Toutes les spécialités médicales et paramédicales. Pharmacie, laboratoire et radiologie.

Pharmacie de garde 24h/24

■ **ZAFASH LTD.** 233-235, Old Brompton Road, SW5 ✆ 020-7373 2798 – Tube : South Kensington

Sécurité

■ **SOS (police, pompiers, ambulances) :** composer le ✆ 999 (appel gratuit).

■ ORIENTATION ■

London A to Z

Il est essentiel de vous munir d'un *A to Z*, le plan détaillé de la ville de Londres (les rues y sont répertoriées par ordre alphabétique). Londres étant une ville très étendue et où il est difficile de s'orienter, un *A to Z* se révélera vite l'outil indispensable de vos visites touristiques. On trouve des *A to Z* dans les librairies et chez les marchands de journaux.

À Paris, vous pouvez dire d'une rue qu'elle est dans un arrondissement ou dans un autre. Mais il est presque impossible de partager Londres en petits secteurs bien délimités. Par exemple, The City of London, ou simplement The City, fait référence à quelque chose de très particulier : la cité fortifiée par les Romains.

Londres est une agglomération de villages qui, au fur et à mesure de leur développement, se transformèrent en boroughs tels Camden, Hackney, Chelsea, Southwark… Les limites de ces boroughs ont évolué au cours des années.

Inutile d'essayer de se fier aux codes postaux (SW7, EC2, W1…), ils ne vous permettront guère de vous orienter.

Londres est subdivisée en zones par le réseau des transports en commun – tube, bus et trains. Plus le chiffre désignant la zone est élevé, plus le quartier est éloigné du centre, et plus les déplacements sont donc dispendieux.

Essayez par conséquent de vous loger en zone 2, ou à la limite en zone 3. Les grands sites touristiques et les quartiers d'intérêt indiqués dans ce guide se trouvent, pour la plupart d'entre eux, dans les zones 1 et 2. Cette division par zones est sans doute la plus logique de toutes, mais ces zones étant des cercles concentriques tracés autour de la Circle Line, elles ne vous permettent pas de vous orienter.

La London Underground Map (carte du métro londonien) est devenue un classique du design moderne – et est exposée comme telle dans les musées – mais si elle indique clairement le réseau du métro, elle ne reproduit pas fidèlement les distances entre les stations, ou l'emplacement d'une station dans un quartier.

Cependant, vous trouverez un plan de quartier détaillé dans chaque station. Pour vous situer dans la ville, mieux vaut connaître la station de métro la plus proche.

Quant aux quartiers, ils varient énormément en superficie et il est difficile de les délimiter, car ils tendent à s'imbriquer les uns dans les autres ou carrément à se superposer.

Non, décidément, il ne vous sera pas facile de vous repérer. La ville a eu une croissance anarchique ; des hameaux isolés se sont étendus jusqu'à se rejoindre, ce qui explique qu'une même voie puisse changer de nom à tous les pâtés de maisons.

Mais, après tout, pourquoi vouloir à toute force suivre un itinéraire ? Le charme de Londres ne se limite pas exclusivement à ses grands boulevards et à ses monuments historiques. Flânez, découvrez ses quartiers inconnus, ses rues et ses squares. Et perdez-vous : c'est le plus sûr moyen de s'y retrouver…

London Walks

Un bon moyen de visiter la ville est de suivre des visites guidées si votre niveau d'anglais vous le permet. Il y en a pour tous les goûts : l'East End juif, le Londres de Shakespeare, la City, Soho ou encore la plus célèbre et la plus touristique de toutes les balades : Sur les traces de Jack l'Eventreur. Consultez *Time Out* pour les programmes.

Les rendez-vous sont généralement fixés à l'entrée d'une station de métro et il n'est pas nécessaire de réserver à l'avance.

Assurez-vous qu'il s'agit bien du bon guide avant de lui donner votre argent. Une balade coûte généralement £5 par personne et dure environ deux heures.

■ **THE ORIGINAL LONDON WALKS.** PO Box 1708, London NW 4LW 0 ✆ 20-7624 3978 – london@walks.com

Retrouvez l'index général en fin de guide

■ HÉBERGEMENT ■

Il faut savoir que l'hébergement à Londres passe pour être le plus cher d'Europe. La sélection par quartiers, ci-dessous, vous permettra de choisir les différentes formules de logements possibles, selon votre budget et vos disponibilités.

Campings

C'est évidemment la formule d'hébergement la plus économique. Cependant, ils sont vraiment loin du centre et le climat anglais ne se prête que modérément à ce type d'hébergement…

Auberges de jeunesse

Il existe deux sortes d'auberges de jeunesse à Londres : les YHA Hostels et les Independent Hostels. Les premières sont réunies sous l'égide d'un organisme, le YHA (Youth Hostel Association) et sont en général des endroits propres et bien aménagés. L'ambiance un peu stricte qui y règne ne convient cependant pas à tout le monde (alcool et cigarettes ne sont pas trop de mise). Les deuxièmes sont plus souples, moins chères mais certaines peuvent se révéler parfois moins confortables que les YHA Hostels.

YHA Hostels

Contrairement à ce que l'on pourrait croire, les auberges de jeunesse ne sont pas toutes réservées exclusivement aux jeunes. L'hébergement y est toujours simple mais propre, et peu onéreux. Pour profiter des établissements suivants, il vous faut une carte de membre YHA. Possibilité de l'acheter auprès de n'importe quelle YHA Hostel en Angleterre ou en ligne sur le site www.yha.org.uk (moins de 26 ans : £10 ; Adulte : £15,50 – carte valable un an).

▶ **Il existe 7 YHA Hostels à Londres toutes très bien situées :** City of London, Earl's Court, Hampstead Heath, Holland House, Oxford Street, Rotherhithe et Saint Pancras (pour les détails voir par quartier). Vous pouvez vérifier les disponibilités et réserver sur leur www.yha.org.uk ou envoyer un e-mail à lonres@yha.org.uk ou encore appeler au numéro suivant ✆ 020-7373 3400.

Independent Hostels

Les Independent Hostels ressemblent aux YHA Hostels, sauf que vous n'avez pas besoin de carte de membre pour y séjourner. Souvent bien situés et bien équipés (cuisine, salle de télévision…) mais d'un confort rudimentaire (dortoirs, salles de bains communes), ils représentent un mode d'hébergement idéal pour les jeunes. L'ambiance y est généralement décontractée et conviviale.

Astor et Saint Christopher's Inn sont deux bonnes chaînes d'Independent Hostels.

▶ **La chaîne Astor dispose de 5 auberges dans le centre de Londres pour les 18-30 ans :** Victoria Hotel (tube Victoria), Quest Hotel (tube Bayswater), Museum Inn (tube Russell Square), Leinster Inn (tube Bayswater) et Hyde Park Hostel (tube Bayswater). Reportez-vous aux chapitres consacrés à ces quartiers pour plus de précisions. Ces établissements sont bon marché, propres, confortables et accueillants. Compter environ £14 par personne pour une nuit en dortoir et £20 pour une chambre double. Les prix incluent taxes, draps et petit-déjeuner.

▶ **La chaîne Saint Christopher's Inn** possède des auberges de jeunesse à London Bridge, Greenwich, Shepherd's Bush et Camden (pour les détails voir par quartier).

■ **INTERNATIONAL STUDENTS HOUSE. 229, Great Portland Street, W1H 5PN ✆ 020 7631 8367 – Fax : 0207631 8307 – accom@ish.org.uk – www.ish.org.uk – Métro : Great Portland Street, Warren Street ou Regent's Park.** Situé dans un quartier à la mode près de Regent's Park, ce grand complexe accueille les jeunes du monde entier et offre de multiples services tels que gymnase, espace conseil, films, cybercafé, agence de voyages, bar, restaurant, théâtre… L'ambiance y est très sympa, le staff est jeune et vous aidera dans vos démarches aussi différentes soient-elles, afin que vous vous intégriez bien à la vie londonienne (boulot, logement etc.). Par ailleurs, on vous propose des chambres (en attendant de trouver autre chose) : simple £ 33,50 ; twin : £ 25,50 ; 3 lits : £ 20,50 et 4 lits £ 18,50 ; on peut également dormir dans des dortoirs et là c'est £ 11,99 la nuit (petit-déjeuner continental compris).

Résidences universitaires

Les résidences des facultés de Londres sont ouvertes au public pendant les vacances universitaires. La plupart sont bien situées et proposent des prix très raisonnables. Prévoyez de réserver bien à l'avance (surtout si vous partez en été).

■ **LONDON SCHOOL OF ECONOMICS.** LSE offre des chambres dans plusieurs de ses résidences à Londres : Bankside House (tube Southwark), Carr-Saunders Hall (tube Warren Street), High Holborn (tube Holborn), Passfield Hall (tube Euston Square) et Rosebery Avenue Hall (tube Angel). Pour plus de détails voir par quartier. Vous pouvez vous renseigner sur les disponibilités, les prix et même réserver sur le site www.lse.ac.uk/vacations ou envoyer un e-mail à l'adresse suivante : vacations@lse.ac.uk ou encore appeler au numéro de téléphone suivant ℰ 020-7955 7370.

■ **KING'S COLLEGE.** Il offre des logements de juillet à septembre. King's College London gère plusieurs résidences dans la capitale : Great Dover apartments (tube Borough), Stamford Street apartments (tube Waterloo) et Hampstead Campus (tube Finchley Road). Pour plus de détails voir par quartier. Vous pouvez contacter le King's College Vacation Bureau au numéro de téléphone suivant ℰ 020-7928 3777 ou réserver en ligne sur leur site : www.kcl.ac.uk

Hôtels et Bed & Breakfast

Si les auberges de jeunesse et les résidences universitaires ne vous tentent pas, il existe toujours l'option classique Hôtel et le traditionnel Bed & Breakfast.

Bed and Breakfast signifie, littéralement, « lit et petit-déjeuner ». Les B & B sont censés être des lieux d'hébergement bon marché, situés chez des particuliers. Cependant, le marché londonien ne s'est jamais conformé à ces règles et les B & B peuvent varier du trou sinistre à l'établissement luxueux du style hôtel chic et cher. En tenant compte du sens premier, ce guide vous indiquera de bonnes adresses de B & B à l'atmosphère familiale. Leurs prix dépendent cependant du quartier dans lequel ils sont situés et du niveau de confort offert.

Le B & B est un excellent moyen de séjourner à Londres sans être coupé des Londoniens.

Les hôtels et les B & B recommandés par le Petit Futé sont répartis en trois catégories : Bien et pas cher/Confort et charme/Luxe.

Location d'appartements

Enfin une dernière solution est envisageable : la location d'appartement, plus confortable, plus personnalisée mais certainement plutôt adaptée aux voyages en famille ou aux longs séjours.

▶ **Une chambre « basic »** est une chambre sans bains/douche ni toilettes.

▶ **Une chambre « ensuite »** est une chambre avec bains/douche et toilettes.

▶ **Une chambre « Twin »** est une chambre avec deux lits simples.

Les écarts de prix pour une même chambre, simple ou double, s'expliquent soit par le fait que la chambre dispose ou non d'une salle de bains, soit par la pratique d'une politique de prix différente en haute et basse saison.

Le découpage quartier par quartier

Au centre

Pimlico et Victoria • Mayfair • Paddington et Bayswater • Soho • Fitzrovia et Bloomsbury • Covent Garden • Strand et Holborn • Clerkenwell • City.

Au nord

Hamstead • Camden • Islington • King's Croos, Saint Pancras et Euston •

Au sud

South Bank et Southwark • Waterloo • Greenwich • Rotherhithe • Crystal Palace.

À l'ouest

Notting Hill • Kensington • South Kensington et Earl's Court • Chelsea • Hammersmith et Sherpherd's Bush.

À l'est

Spitalfields, Brick Lane et Whitechapel.

Pimlico et Victoria

Auberge de jeunesse

■ **ASTOR'S VICTORIA HOTEL.** 71, Belgrave Road, SW1V 2BG ✆ (020) 7834 3077 – Fax : 0 20 7932 0693 – astorvictoria@aol.com – www.astorhostels.com – Métro : Victoria/Pimlico. *Pas de chambre double à Victoria ; chambres style dortoir à partir de £ 15 par personne et par nuit (les prix incluent les taxes, les draps ainsi que le petit-déjeuner continental).* Récemment « rafraîchi », cet établissement est propre et haut en couleur ! A proximité des Houses of Parliament et du Tate Museum, le quartier regorge de magasins à la mode et de clubs. C'est aussi l'occasion de se balader le long de la Tamise avec vue sur Big Ben qui n'est pas loin. Café et bar ont ouvert et vous retrouverez, comme dans tous les hôtels du groupe, salle de télévision, billard, accès Internet et pas de couvre-feu !

Bien et pas cher

■ **DOVER HOTEL.** 44, Belgrave Road, SW1 ✆ (020) 7821 9085 – Fax : (020) 7834 6425 – reception@dover-hotel.co.uk – www.dover-hotel.co.uk – Tube : Victoria ou Pimlico. *Tous les prix indiqués sont par chambre et par nuit. Simple : £ 60-£ 65 ; double/twin : £ 65-£ 75 ; triple : £ 75-£ 85 ; duadruple : £ 100-£ 110 ; quintuple : £ 110-£ 120 (les prix varient suivant la saison).* L'accueil est agréable dans cet hôtel au style rétro assez sympa. Toutes les chambres sont équipées de douches, toilettes, sèche-cheveux, thé, café, télévision et téléphone. Le matin, un petit-déjeuner continental (compris dans le prix de la chambre) est servi dans une salle à manger agréable. Bon rapport qualité/prix en basse saison.

■ **GEORGIAN HOUSE HOTEL.** 35-39, Saint George Drive, SW1 ✆ (020) 7834 1438 – Fax : (020) 7976 6085 – reception@georgianhouse.co.uk – www.georgianhousehotel.co.uk – Tube : Victoria. *52 chambres dont 7 chambres étudiantes. Tous les prix indiqués sont par chambre et par nuit. Simple « basic » : £ 30 ; simple « ensuite » : £ 50 ; double/twin « basic » : £ 42 ; double/ twin « ensuite » : £ 72 ; triple « basic » : £ 68 ; triple « ensuite » : £ 90 ; quadruple « basic » : £ 79 ; quadruple « ensuite » : £ 100. La TVA et le petit-déjeuner anglais sont compris dans le prix (breakfast servi du lundi au samedi de 7h30 à 10h et le dimanche de 8h à 10h).* Le Georgian House Hotel était à l'origine une maison privée construite en 1851 par William Chinnery Mitchell. Son arrière-petite-fille gère l'hôtel qui regroupe aujourd'hui trois maisons dans Saint George Drive. Des efforts ont été faits pour que l'hôtel conserve son authenticité. Le quartier est calme et agréable.

■ **MELBOURNE HOUSE HOTEL.** 79, Belgrave Road, SW1 ✆ (020) 7828 3516 – Fax : (020) 7828 7120 – Tube : Victoria ou Pimlico. *Tous les prix indiqués sont par chambre et par nuit. Simple : à partir de £ 50 ; double/twin : £ 75 ; triple : £ 95. quadruple : £ 100. Petit-déjeuner inclus.* Un des meilleurs Bed & Breakfast du coin. Bon accueil dans cet hôtel très bien tenu, où toutes les chambres sont équipées de sèche-cheveux, téléphone, de quoi se faire thé et café et de vraies belles salles de bains. Cet établissement, ouvert en 1992, paraît comme neuf car le propriétaire le bichonne et l'a fait rénover en 2000. Une bonne adresse.

Confort ou charme

■ **CARTREF HOUSE & JAMES HOUSE.** 129-108, Ebury Street, SW1 ✆ (020) 7730 6176 – jandchouse@aol.com – www.jamesandcartref.co.uk – Tube : Victoria. *Les prix indiqués sont par chambre et par nuit. Simple « basic « : £ 52 ; double/twin « basic » : £ 70 ; triple « basic » : £ 95 ; simple « ensuite » : £ 62 ; double/twin « ensuite » : £ 85 ; triple « ensuite » : £ 110 ; quadruple « ensuite » : £ 135.* Le Cartref était jadis dirigé par les parents de Mr. James. Celui-ci s'occupe aujourd'hui des deux hôtels (deux maisons géorgiennes situées l'une en face de l'autre) avec la même efficacité. Comme dans la plupart des établissements d'Ebury Street, les propriétaires sont Gallois. Mr et Mrs James sont accueillants et toujours prêts à vous renseigner ou à raconter une anecdote. Ils ont trois enfants et vivent dans l'entresol du James House. L'ambiance est donc familiale et chaleureuse et les enfants sont particulièrement les bienvenus. Le Cartref House possède plus de chambres avec salles de bains privées. La plupart n'ont pas de salles de bains privées, mais toutes disposent d'un lavabo (et vous partagerez alors des douches et toilettes communes). Vous aurez l'impression de dormir dans le cottage de votre vieille tante de Cardiff. Ambiance accueillante et familiale assurée dans les deux hôtels.

■ **ELIZABETH HOTEL.** 37, Eccleston Square, SW1 ✆ (020) 7828 6812 – Fax : (020) 7828 6814 – info@elizabethhotel.com – www.elizabethhotel.com – Tube : Victoria. *La plupart des chambres ont des salles de bains (« ensuite »). Pour les chambres sans salle de bains (« basic »)* *douches et toilettes sont disponibles à toute heure dans le couloir. Les prix indiqués sont par chambre et par nuit. Simple « basic » : £ 55 ; simple « ensuite » : £ 75 ; double/twin « basic » : £ 75 ; petite double « ensuite » : £ 88 ; double/twin « ensuite » : £ 99 ; triple « ensuite » : £ 110 ; quadruple : £ 125 ; quintuple : £ 130. Tous les prix incluent la TVA et le petit-déjeuner anglais (servi dans la breakfast room).* The Elizabeth se distingue par sa façade jaune pâle donnant sur l'exceptionnel Eccleston Square, construit en 1835 par Thomas Cubitt, l'architecte préféré de la reine Victoria. Du décor au mobilier, tout ici est anglais. La réception a été installée dans un salon meublé de canapés Chesterfield et un antique bureau en bois et en cuir se cache dans un coin. Aux murs des portraits de personnalités historiques telles que Elizabeth Ire, la reine Victoria, Nelson, et dans l'escalier des esquisses d'après Turner, Gainsborough, etc. Une véritable promenade au cœur de l'histoire britannique ! C'est fascinant et le propriétaire se fera un plaisir de vous commenter chaque œuvre. Les chambres sont décorées simplement et si les tailles varient, elles ont dans l'ensemble des proportions agréables. Demandez une chambre donnant sur Eccleston Square. Les clients de l'hôtel peuvent s'y reposer sous un vieux chêne. Le personnel est très accueillant, et l'hôtel conviendrait autant au séjour d'affaires qu'à un week-end touristique. Il est préférable de réserver à l'avance. Une excellente adresse. Egalement des studios et des appartements près de l'hôtel (se reporter à la section Location d'appartements).

■ **IBIS HOTEL. 47 Lillie road, SW6 1UD** ✆ **+44 (0)20 7610 0880 - Fax +44 (0)20 7381 4450 - www.ibishotel.com -** *Chambre à partir de 59, 95 £ le week-end et 69, 95 £ en semaine.* A 5 minutes d'Earls Court et à 2 minutes de West Brompton. L'hôtel Ibis est probablement le plus grand hôtel de Londres avec ses 502 chambres, il y en aura toujours une pour vous quelle que soit la saison. Les chambres ont toutes une télé, douche, café et thé à discrétion... L'hôtel est aussi composé d'un restaurant, un pub, une salle internet, une conciergerie, un parking et une salle de conférence. Un petit déjeuner à volonté vous est proposé le matin en semaine jusqu'à 10h et le week-end jusqu'à 12h. Durant la nuit vous avez la possibilité de demander à la réception des boissons ou des snacks (panini...). Petit plus, 2 bus de nuit desservent l'hôtel Ibis, la nuit et à vous.

■ **MELITA HOUSE HOTEL. 35 Charlwood street, SW1V 2DU** ✆ **+44 (0)20 7828 0471 - Fax : +44 (0)20 7932 0988 - www.melitahotel.com -** *Chambre simple à partir de 60£. Le petit déjeuner anglais est inclus dans le prix.* L'hôtel est situé au cœur de Londres ; à égale distance de la gare de Victoria et de Pimlico, vous avez aussi la possibilité de prendre de jour comme de nuit le bus N°24, l'arrêt est à 2 minutes à pied de l'hôtel. Toutes les chambres ont le même standard de qualité ; coffre fort, wi-fi, douche, frigidaire, télé par satellite...Petit plus pour les amateurs de foot, une télé grand écran a été installé dans le lounge en prévision de la coupe du monde. N'hésitez pas à demander des infos sur Londres ou les environs, le personnel est très accueillant, de plus, le patron parle français.

■ **WINDERMERE HOTEL. 142-144, Warwick Way, SW1** ✆ **(020) 7834 5163/5480 – Fax : (020) 7630 8831 – reservations@windermere-hotel.co.uk – www.windermere-hotel.co.uk – Tube : Victoria ou Pimlico.** *Les prix indiqués sont par chambre et par nuit. Simple « basic » : £ 69 ; standard simple « ensuite » : £ 84 ; Large simple : £ 96 ; double « ensuite » : £ 89 ; standard double « ensuite » : £ 104 ; standard twin « ensuite » : £ 111 ; Premier double « ensuite » : £ 109 ; Premier twin « ensuite » : £ 116 ; superior double/twin « ensuite » : £ 124 ; Cartmel Room : £ 139 ; familiale pour 3 : £ 139 ; familiale pour 4 : £ 149. Petit-déjeuner compris.* Un hôtel d'une propreté impeccable, aux chambres confortables et claires. Les propriétaires sont sympathiques et attentionnés. Les différences de prix témoignent du caractère unique de chaque chambre, mais même les moins chères sont splendides. Toutes sont spacieuses et décorées avec beaucoup de goût, un goût dont vous aurez un aperçu dès l'entrée qui mène dans un superbe salon. De plus, un bar, et le restaurant sert une très bonne cuisine. Une excellente adresse, luxueuse et abordable.

Luxe

■ **TOPHAMS HOTEL. 26, Ebury Street, SW1** ✆ **(020) 7730 8147 – Fax : (020) 7823 5966 – TophamsBelgravia@compuserve.com – www.tophams.co.uk – Tube : Victoria.** *Tous les prix indiqués sont par chambre et par nuit. La plupart des chambres ont une salle de bains. Simple : £ 115 ; double/twin : £ 130 ; double « supérieure » : £ 140 ; triple : £ 170 ; familiale (pour 4 personnes) : £ 260. Toutes les chambres sont équipées de télévision satellite, sèche-cheveux et de quoi se faire thé et café.* La même famille gère l'hôtel depuis plus de 60 ans. Idéalement situé dans le quartier chic de Belgravia, cet hôtel à l'ancienne fleure bon la vieille Angleterre. Confortablement installé dans l'un des cinq bâtiments, entièrement rénovés et décorés avec un goût discret, vous succomberez au charme vieillot d'un hôtel de campagne, caché au cœur de la capitale. Les chambres sont toutes charmantes et meublées d'antiquités. Le Topham's Restaurant, qui porte le nom de la famille des propriétaires de l'hôtel depuis 1938, est orné de tableaux antérieurs à cette date. Quatre générations d'artistes y sont exposées, dont Francis Topham, qui illustra plusieurs livres de son ami Charles Dickens. Dans la meilleure tradition British, le bar est également un club dont les clients de l'hôtel deviennent membres honoraires pendant la durée de leur séjour. Délicieusement « old fashioned » et très amical, le Tophams Hotel offre les avantages d'un petit hôtel et les services d'un grand établissement.

Location d'appartements

■ **ECCLESTON HOUSE. 64, Eccleston Square, SW1** ✆ **(020) 7834 0985 – Fax : (020) 7373 6183 – Tube : Victoria.** *Tarifs hebdomadaires. Single studio : £ 160-£ 180 ; double studio : £ 350-£ 475.* Location à la semaine de studios équipés de kitchenette, réfrigérateur, téléviseur couleur et chauffage central.

■ **ELIZABETH HOTEL. 37, Eccleston Square, SW1** ✆ **(020) 7828 6812 – Fax : (020) 7828 6814 – info@elizabethhotel.com – www.elizabethhotel.com – Tube : Victoria.** *Des studios et deux appartements sont également disponibles près de l'hôtel. Studio (maximum 3 personnes) : £ 135 par nuit (pour un minimum de trois nuits). Appartement à deux chambres (maximum 6 personnes) : £ 180 par nuit (pour un minimum de trois nuits).* Studios et appartements possèdent tous les équipements nécessaires (cuisine équipée).

Mayfair

Bien et pas cher

■ **GLYNNE COURT HOTEL. 41, Great Cumberland Place W1** ✆ **(020) 7258 1010 – Fax : (020) 7258 0055 – Tube : Marble Arch.** *Les prix indiqués sont par chambre et par nuit. Simple « basic » : £ 45 ; simple « ensuite » : £ 55 ; double/twin « ensuite » : £ 75 ; triple « ensuite » : £ 95 ; familiale (pour 4) : £ 97. Petit-déjeuner continental compris.* Petit hôtel particulier très bien tenu par ses propriétaires. Douze chambres joliment décorées, toutes de taille et de style différents, avec télévision, téléphone. Les salles de bains sont un peu petites mais, pour le quartier, cet établissement offre des tarifs plus que raisonnables.

Confort ou charme

■ **EDWARD LEAR. 30, Seymour Street, W1** ✆ **(020) 7402 5401 – Fax : (020) 7706 3766 – edwardlear@aol.com – www.edlear.com – Tube : Marble Arch.** *Les prix indiqués sont par chambre et par nuit. Simple « basic » : £ 39-£ 47 ; simple avec douche : £ 49-£ 60 ; double « basic » : £ 55-£ 66,50 ; double avec douche : £ 61-£ 74 ; double avec bains : £ 72-£ 89 ; triple « basic » : £ 65-£ 79 ; triple avec douche : £ 73-£ 89 ; triple avec bains : £ 81-£ 99 ; familiale avec douche : £ 79-£ 99 ; familiale avec bains : £ 92-£ 105 (les prix varient selon la saison). Gratuit pour les enfants de moins de 2 ans. Petit-déjeuner compris. Téléphone direct, télévision câblée, radio, et de quoi se faire thé et café. Salle Internet.* Le nom de l'hôtel est celui d'un distingué poète de l'époque victorienne, connu pour ses petits poèmes nonsense. L'hôtel se trouve dans un quartier chic de Londres, juste derrière Marble Arch et Oxford Street, où l'on croise la plus grande densité de Rolls Royce et de Mercedes décapotables… L'Edward Lear est un endroit décontracté et amical. La maison est joliment décorée de tons pastel aux motifs floraux, de meubles en bois et de chaises en osier. Le petit-déjeuner anglais est servi dans une salle à manger campagnarde, rose et charmante. Le personnel est très aimable et fait tout pour vous mettre à l'aise.

■ **WIGMORE COURT HOTEL. 23, Gloucester Place, Portman Square, W1** ✆ **(020) 7935 0928 – Fax : (020) 7487 4254 – info@wigmore-court-hotel.co.uk – www.wigmore-court-hotel.co.uk – Tube : Marble Arch.** *Les prix indiqués sont par chambre et par nuit. Simple « basic » : £ 60 ; simple « ensuite » : £ 62 ; double/twin « ensuite » : £ 80 ; triple « ensuite » : £ 120 ; quadruple « ensuite » : £ 140. Télévision et téléphone dans toutes les chambres.* L'accueil est ici des plus chaleureux, les managers de l'hôtel en sont aussi les propriétaires et cela se sent. Les chambres doubles sont très grandes, quatre d'entre elles ont des lits à baldaquin et canapé, et une salle de bains, avec ou sans baignoire, mais très spacieuse. Les quadruples sont de véritables petits appartements avec deux chambres séparées et une grande salle de bains avec baignoire. Toutes les chambres sont décorées avec beaucoup de goût, quelques-unes ont un réfrigérateur. L'hôtel vous laisse la possibilité d'utiliser la cuisine ; les repas se prennent dans une belle salle à manger très claire. Propreté et hygiène irréprochables. Une excellente adresse, très bien située (à cinq minutes à pied de Oxford Street) et idéale pour les familles.

Paddington – Bayswater

Auberges de jeunesse

■ **ASTOR'S HYDE PARK HOSTEL. 2-6, Inverness Terrace, Bayswater W2 3 HU** ✆ **(020) 7229 5101 – Fax : (020) 7229 3170 – hydepark@astorhostels.com – www.astorhostels.com – Tube : Bayswater ou Queensway.** *Dortoir (de 4 à 12 lits) allant de £ 11 à £ 17 par personne et par nuit incluant petit-déjeuner continental, taxes et draps.* Petit dernier de la chaîne des hôtels Astor, cet hôtel propose toutes sortes de loisirs pour les jeunes : billard, accès internet, jeux vidéos. Question confort, il dispose de machines à laver, d'une cuisine et d'un salon télé. La réception est ouverte 24h/24. L'hôtel dispose de son propre café et le bar-club est ouvert jusqu'à tard avec des soirées happy hour et Dj's sont au programme. L'établissement est situé tout près de Portobello et Notting Hill et également Hyde Park. Accueil sympa et jeune.

■ **ASTOR'S LEINSTER INN. 7-12, Leinster Square, Bayswater W2 4 PP** ✆ **(020) 7229 9641 – Fax : (020) 7221 5255 – leinster@astorhostels.com – www.astorhostels.com – Tube : Queensway ou Notting Hill Gate.** *Prix des dortoirs allant de £ 11,50 à £ 17,50 par nuit et par personne. Chambre seule dite « private » à partir de £ 27,50 par personne. Certaines chambres sont disponibles avec la douche. Les prix incluent le petit-déjeuner continental, les taxes et les draps.* Hôtel convivial et chaleureux à proximité, et on peut pas faire près, de Portobello, Notting Hill et Hyde Park. Il dispose d'un « late license » pour son bar-club, accès internet, salle de jeux ainsi qu'une cuisine indépendante. C'est un des plus grands hôtels de la chaîne Astor avec plus de 200 places et celui où il y a le plus de chambres pour deux.

■ **ASTOR'S QUEST HOSTEL. 45, Queensborough Terrace, Bayswater, W2 3 SY** ✆ **(020) 7229 7782 – Fax : (020) 7727 8106 – astorquest@aol.com – www.astorhostels.com – Tube : Bayswater ou Queensway.** *Par chambre de 4 à 8, à partir de £ 12 et pour une double £ 20 par personne et par nuit. Les prix incluent les taxes, petit-déjeuner continental et les draps.* Quatre-vingts places seulement dans cet hôtel qui est donc plus intime et plus tranquille que les autres du groupe. A proximité de Hyde Park et de Kesington Palace, l'hôtel est facile d'accès par les transports qui se trouvent juste à côté ainsi que cinémas, restaurants et pubs dans la rue voisine. Cuisine équipée, pas de couvre-feu, salle de billard, salle de télévision, accueil jeune et souriant. Avis aux artistes, les murs sont recouverts de peintures murales laissées par les précédents voyageurs !

Bien et pas cher

■ **NORFOLK COURT & SAINT DAVID'S HOTEL. 16-20, Norfolk Square** ✆ **(020) 7723 4963/3856/2968 – Fax : (020) 7402 9061 – info@stdavidshotels.com – www.stdavids-hotels.com – Tube : Paddington.** *Deux types de chambres : « standard » et « ensuite » (avec salle de bains). Les prix indiqués sont par chambre et par nuit. Simple « standard » : £ 39 ; simple « ensuite » : £ 49 ; double/twin : £ 59 ; double/twin « ensuite » : £ 69 ; triple « standard » : £ 70 ; triple « ensuite » : £ 80 ; quadruple « standard » : £ 80 ; quadruple « ensuite » : £ 90. Petit-déjeuner compris.* Un établissement de taille moyenne avec 70 chambres, toutes avec télévision, certaines avec salle de bains. Très propre et bien tenu, cet hôtel n'a rien à envier à ses concurrents de Sussex Gardens mais possède un gros avantage, son petit-déjeuner (certainement le plus copieux de tout Londres), servi jusqu'à 9h. L'hygiène de la cuisine et la qualité des produits sont irréprochables. De plus, la gentillesse des patrons fait de cet établissement l'un des meilleurs de sa catégorie dans le quartier.

■ **ALBRO HOUSE HOTEL. 155, Sussex Garden, W2 2RY** ✆ **(020) 7724 2931 – Fax : (020) 7262 2278 – Métro : Paddington.** *A une minute du métro, il est situé en plein centre-ville, sur une avenue verte, à 2 min de Hyde Park. Le prix des chambres est très raisonnable (petit-déjeuner continental compris). Les chambres sont toutes bien décorées et pratiques, avec salles de bain et toilettes privées, TV, téléphone direct, bouilloire, sèche-cheveux etc.* L'établissement est très convivial, bien tenu et l'accueil y est agréable et relax. Le patron, M. Caruso, parle français, et vous renseignera volontiers sur les petits endroits insolites de Londres. Vous aurez le choix quant aux transports, les bus affluent et vous emmèneront aux quatre coins de la ville.

Confort ou charme

■ **ABBEY COURT HOTEL & WESTPOINT HOTEL. 170-174, Sussex Gardens, W2** ✆ **(020) 7402 0704 – Fax : (020) 7262 2055 – info@abbeycourthotel.com – www.abbeycourthotel.com – Tube : Paddington ou Lancaster Gate.** *Les prix indiqués sont par chambre et par nuit. Simple : £ 49 en basse saison (janvier- février), £ 52 en haute saison (juillet-août); double/twin : £ 58 en basse saison, £ 66 en haute saison; triple : £ 63 en basse saison, £ 75 en haute saison; quadruple : £ 76 en basse saison, £ 92 en haute saison. Petit-déjeuner compris.* Cet hôtel à la devanture fleurie propose des tarifs assez bas, eu égard à sa situation géographique et à son confort. Toutes les chambres sont équipées de douche et toilettes.

■ **THE RHODES HOTEL. 195, Sussex Gardens, W2** ✆ **(020) 7262 0537/5617 – Fax : (020) 7723 4054 – chris@rhodeshotel.co.uk – www.rhodeshotel.com – Tube : Paddington ou Lancaster Gate.** *Les prix indiqués sont par chambre et par nuit. Simple : £ 55; double/twin : £ 70; triple : £ 70- £ 85; quadruple : £ 95; familiale pour 5 : £ 110.* Un hôtel à l'aspect chaleureux et confortable. Une impression qui se confirme dans les chambres (dont une avec terrasse, deux avec balcon et trois avec baignoire) toutes munies d'une salle de bains, télévision câblée, réfrigérateur, téléphone, sèche-cheveux, air conditionné et de quoi se faire thé et café. Le petit-déjeuner est servi parmi des statues d'inspiration grecque, conformément au nom de l'établissement. Les propriétaires, Monsieur et Madame Crias, attachent beaucoup d'importance à l'accueil de la clientèle dont ils ont su déjà fidéliser une bonne partie. Une bonne adresse à Sussex Garden pour qui en a les moyens.

Luxe

■ **THE HEMPEL. 31-35, Craven Hill Gardens, W2** ✆ **(020) 7298 9000 – Fax : (020) 7402 4666 – hotel@the-hempel.co.uk – www.the-hempel.co.uk – Tube : Queensway ou Lancaster Gate.** *Les prix des chambres doubles sont à partir de £ 275 par nuit, également des suites et des studios.* Au nord de Hyde Park, un hôtel minimaliste (lignes épurées, couleurs à dominante noir et blanc) très à la mode. Toutes les chambres disposent de télévision, magnétoscope, lecteur DVD, lecteur CD, service de location de vidéos, DVD, CD, bar privé, air conditionné, sèche-cheveux, téléphone, prise modem, service pressing et service massage. Il y un restaurant italien/thaï et un bar, également au style moderne et minimaliste.

Soho

Auberge de jeunesse

■ **OXFORD STREET YHA. 14, Noel Street, W1** ✆ **(020) 7734 1618 – Fax : (020) 7734 1657 – oxfordst@yha.org.uk – www.yha.org.uk – Tube : Oxford circus.** *Ouvert 24h/24, 365 jours par an. Les prix indiqués sont par nuit et par personne. Moins de 18 ans : £ 17,75; Adulte : £ 22. 75 lits. Chambres à 2, 3 ou 4 lits. Salle avec télévision, cuisine, machines à laver et douches sont à disposition.* Située en plein cœur de Londres et de ses tentations (magasins, bars, cinés, restos, clubs…), cette auberge est sans aucun doute l'établissement le moins cher du quartier. C'est peut-être une bonne idée que de réduire son budget logement afin de mieux dépenser ailleurs…

Confort

■ **EUSTON SQUARE HOTEL. 152-156 North Grower Street London NW1 2ND** ✆ **(020) 7388 0099 – Fax : (020) 7383 7165 – www.euston-sqare-hotel.com – reservations@Euston-sqare-hotel.com** – *Simples/Doubles/Triples à partir de £ 80/£ 90/£ 100. Service 24h/24h.* Le Café Java Joes Espresso Bar sert des encas et les petits-déjeuners. Dans le quartier du West End et seulement à 5 min de la ville, l'hôtel Euston Square est idéal pour les hommes d'affaires et les touristes. Proche de Heathrow (25 min) et à 2 min de la Gare Euston. A proximité de la plupart des attractions londoniennes. Cet hôtel moderne, de classe supérieure possède un salon spacieux et bar privé. Toutes les chambres ont une salle de bains, TV et sont décorées avec goût.

Luxe

■ **HAZLITT'S.** 6, Frith Street, W1 ℰ (020) 7434 1771 – Fax : (020) 7439 1524 – reservations@hazlitts.co.uk – www.gorehotel.com/hazlitts – Tube : Leicester Square ou Tottenham Court Road. *Les prix indiqués sont par chambre et par nuit. Simple : £ 175 ; double/twin : £ 205 ; deluxe : £ 255 ; Baron Willoughby Suite : £ 300. Prix sans TVA (17,5 %). Petit-déjeuner £ 8,95 + TVA. Réservation à l'avance obligatoire.* Les trois maisons classées du Hazlitt's semblent surgir d'un autre siècle (du début du XVIIIᵉ siècle pour être précis). Les meubles aussi, tous d'époque victorienne ou géorgienne. Les planchers sont de guingois, et chaque meuble, sans oublier les baignoires en fer forgé et le pommeau des douches, est une pièce de musée. Les chambres sont de bonne taille, décorées de couleurs pastel et meublées de chêne, d'acajou et de pin. Seule entorse au passé, les postes de télévision couleur et le téléphone direct. Chacune des 23 chambres porte le nom de quelqu'un ayant séjourné dans cette maison au XVIIIᵉ ou au XIXᵉ siècle. Le petit-déjeuner n'est pas compris, mais puisque vous êtes au cœur de Soho, vous n'aurez qu'à choisir entre les pâtisseries françaises, les cafés anglais ou les bistrots italiens qui vous serviront tous d'excellents petits-déjeuners. Chez Hazlitt's, vous n'êtes pas seulement dans une autre époque, mais aussi dans un autre monde. Malgré sa situation exceptionnelle au centre du West End, dans un environnement de théâtres, de restaurants et de bars, l'ambiance reste très calme. Peut-être l'ombre apaisante de William Hazlitt, écrivain du XVIIIᵉ siècle, plane-t-elle encore sur les lieux où il vécut (et où il mourut en 1830) ? L'hôtel est surtout fréquenté par des auteurs, des journalistes et des producteurs de cinéma car il est à deux pas des nombreuses maisons de production et d'édition. La direction vous conseille de réserver votre chambre dès que possible. Les prix vous paraîtront peut-être un peu élevés, mais ils sont très raisonnables pour le quartier. Le Hazlitt's a remporté le prix du « London Hotel of the Year 2002 » (The Good Hotel Guide).

Fitzrovia et Bloomsbury
Auberge de jeunesse

■ **ASTOR'S MUSEUM INN.** 27, Montague. Street, Bloomsbury, WC1B 5PH ℰ (020) 7580 5360 – Fax : (020) 7636 7948 – astormuseuminn@aol.com – www.astorhostels.com – Tube : Russell Square. *Prix des dortoirs à partir de £ 15, quadruples £ 19 par personne et les chambres doubles £ 24 par personne et par nuit (inclus taxes, draps et petit-déjeuner continental).* Idéalement situé en plein cœur de Bloomsbury, à proximité de West End, l'hôtel se trouve à 10 min de Soho, Covent Garden et Oxford Street et à 30 secondes du Bristish Museum. Ouvert 24h/24h, cuisine à disposition, pas de couvre-feu, un accueil jeune et souriant en plus d'être compétent. Accès internet sur place et salle de télévision et service de fax.

Résidence universitaire

■ **CARR-SAUNDERS HALL (London School of Economics).** 18-24, Fitzroy Street, W1 ℰ (020) 7580 6338/(020) 7574 5300 – Fax : (020) 7580 4718 – carr-saunders@lse.ac.uk – www.lse. ac.uk/vacations – Tube : Warren Street. *Ouvert à Pâques et entre juillet et septembre. Réductions pour les séjours longs et réductions pour les groupes. Les prix indiqués sont par chambre et par nuit. Simple « basic » : £ 25 ; twin « basic » : £ 40 ; triple « ensuite » : £ 45. Petit-déjeuner compris.* Salle de jeux, cuisines, lavomatique, bains et douches, salle de télévision. Juste au nord de Soho. Il y a des pubs sympas dans le coin.

Bien et pas cher

■ **THE AROFSA HOTEL.** 83, Gower Street, WC1. ℰ/Fax : (020) 7636 2115 – Tube : Goodge Street. *Les prix indiqués sont par chambre et par nuit. Simple « ensuite » : £ 45 ; double « ensuite » : £ 66 ; triple « ensuite » : £ 77. English breakfast compris.* Un hôtel confortable et très bien entretenu. Il s'agissait autrefois de la maison du peintre préraphaélite John Everett Millais. C'est certainement ici que vous aurez le meilleur accueil de Gower Street. Les chambres sur la rue ont un double vitrage (Gower Street est assez bruyante). Si possible, demandez une chambre qui donne sur le petit jardin à l'arrière (un petit jardin avec des bancs, idéal pour se détendre). Les chambres, hautes de plafond, ont toutes télévision et lavabo (pour celles qui n'ont pas de salle de bains). Les douches et toilettes communes sont propres, idem pour la salle à manger et les cuisines. Bref, une bonne adresse dans le quartier. Attention, politique stricte de non-fumeurs !

■ **RIDGEMOUNT HOTEL. 65-67, Gower Street, WC1** ✆ **(020) 7636 1141 – Fax : (020) 7636 2558 – Tube : Goodge Street.** *Paiement en liquide seulement. Les prix indiqués sont par chambre et par nuit. Simple « basic » : £ 35 ; simple « ensuite » : £ 45 ; double/twin « basic » : £ 50 ; double/twin « ensuite » : £ 65 ; triple « basic » : £ 66 ; triple « ensuite » : £ 78 ; quadruple « basic » : £ 76-£ 80 ; quadruple « ensuite » : £ 85-£ 90 ; Chambre pour 5 « basic » : £ 80-£ 85 ; Chambre pour 5 « ensuite » : £ 90-£ 95 ; Chambre pour 6 « basic » : £ 85-£ 90. Dans une maison à l'architecture géorgienne et avec un jardin, un hôtel familial qui compte 32 chambres dont 15 « ensuite » (avec douche/bains).*

■ **SAINT ATHANS HOTEL. 20, Tavistock Place, WC1** ✆ **(020) 7837 9140/9627 – Fax : (020) 7833 8352 – stathans@ukonline.co.uk – www.stathanshotel.com – Tube : Russell Square.** *Les prix indiqués sont par chambre et par nuit et varient selon que la chambre dispose d'une salle de bains ou pas. Simple basic/ensuite : £ 38/£ 55 ; double ou twin basic/ensuite : £ 48/£ 65 ; triple basic/ensuite : £ 63/£ 81 ; quadruple basic/ensuite : £ 81/£ 92 ; quintuple « basic » : £ 90. Petit-déjeuner anglais compris. Cet établissement à l'ambiance chaleureuse est une bonne alternative si l'Albany est complet. Vous y trouverez un beau salon télévision avec de grands canapés, des chambres très convenables et un petit-déjeuner très copieux.*

Confort ou charme

■ **ALBANY HOTEL. 34 Tavistock Place, WC1** ✆ **(020) 7837 9139 – Fax : (020) 7833 0459 – Tube : Russell Square.** *Les prix indiqués sont par chambre et par nuit et varient en basse et haute saison. Simple : £ 40-£ 45 ; double : £ 50-£ 58 ; triple : £ 70-£ 80. Petit-déjeuner compris. A tous les étages on trouvera baignoires et toilettes communes très propres. Les chambres sont belles et ont toutes un lavabo, une télévision et de quoi se faire thé et café. L'hôtel donne sur un petit patio arrière très agréable, avec tables et chaises. La salle à manger est conviviale et chaleureuse. Bref, un endroit où il fait bon vivre où tout simplement s'arrêter quelques jours…*

■ **CRESCENT HOTEL. 49-50, Cartwright Gardens, WC1** ✆ **(020) 7387 1515 – Fax : (020) 7383 2054 – general.enquiries@crescenthoteloflondon.com – www.crescenthoteloflondon. com – Tube : Russell Square.** *Les prix indiqués sont par chambre et par nuit. Simple « basic » : £ 47 ; simple avec douche : £ 52 ; simple « ensuite » : £ 75 ; double/twin « ensuite » : £ 91 ; triple « ensuite » : £ 100 ; quadruple « ensuite » : £ 110. Petit-déjeuner anglais compris. Le Crescent, situé dans une rue tranquille où chaque maison a été transformée en hôtel, est sans aucun doute le plus agréable d'entre eux. Bâtiment géorgien donnant sur un grand jardin (avec courts de tennis). Le salon est aménagé comme dans une maison de campagne du début du siècle, et chaque recoin recèle une pièce d'antiquité. Les chambres sont spacieuses et de grandes fenêtres laissent entrer la lumière du jour.*

■ **JENKINS HOTEL. 45, Cartwight Gardens, WC1** ✆ **(020) 7387 2067 – Fax : (020) 7383 3139 – Reservations@jenkinshotel.demon.co.uk – www.jenkinshotel.demon.co.uk – Tube : Euston.** *Les prix indiqués sont par chambre et par nuit. Simple « basic » : £ 52 ; simple « ensuite » : £ 72 ; double/twin « ensuite » : £ 85 ; triple « ensuite » : £ 105. Petit-déjeuner compris. Maison géorgienne transformée par Maggie Jenkins en hôtel dans les années 1920. Bon petit hôtel familial aux belles chambres (seulement 14 chambres) équipées de télévision, téléphone, sèche-cheveux, réfrigérateur, coffre-fort et de quoi se faire thé et café. Le quartier est très calme. Comme dans tous les hôtels de Cartwight Gardens, les clients ont libre accès aux courts de tennis situés sur la place. Le propriétaire possède un sympathique labrador qui participe à la chaleur de l'accueil. Le Jenkins a servi de décor à la série télévisée Poirot tirée des romans d'Agatha Christie.*

Luxe

■ **ACADEMY HOTEL. 17-25, Gower Street, WC1** ✆ **(020) 7631 4115 – Fax : (020) 7636 3442 – resacademy@theetongroup.com – www.etontownhouse.com – Tube : Goodge Street ou Tottenham Court Road.** *Les prix indiqués sont par chambre et par nuit. Town House (single) : £ 140 ; town House Club (double/twin) : £ 163 ; town House Deluxe (queen bed) : £ 189 ; town House Studio Suite : £ 215 ; town House Garden Suite : £ 225. Au cœur de Bloomsbury, un ensemble de 5 maisons géorgiennes avec deux beaux jardins. Possibilité de réserver en ligne.*

Covent Garden
Confort ou charme

■ **THE FIELDING HOTEL.** 4, Broad Court, Bow Street, WC2 ✆ (020) 7836 8305 – Fax : (020) 7497 0064 – reservations@the-fielding-hotel.co.uk ou info@the-fielding-hotel.co.uk – www.the-fielding-hotel.co.uk – Tube : Covent Garden. *Les prix indiqués sont par chambre et par nuit. Simple : £ 76 ; double/twin « Standard » : £ 100 ; double/twin « Superior » : £ 115 ; double avec salon : £ 130. Toutes les chambres sont « ensuite » et disposent de téléphone, télévision et de quoi se faire thé et café. Réservation 1 à 2 mois à l'avance.* The Fielding est un petit établissement de 24 chambres seulement, donc souvent complet. L'hôtel doit son nom à Henry Fielding, avocat et romancier du XVIIIᵉ siècle, célèbre pour les aventures de Tom Pouce du côté littéraire et pour la mise en place de la première force de police londonienne du côté juridique. L'hôtel a souvent accueilli Graham Greene lors de ses passages à Londres. Idéalement situé dans le centre de Covent Garden, l'hôtel donne sur une rue piétonne éclairée le soir par des lampes à gaz soigneusement entretenues. Le Royal Opera House, juste à côté, réserve régulièrement le Fielding pour les compagnies étrangères en visite. Les chambres sont propres et simples, d'une taille raisonnable et très tranquilles. L'hôtel propose également un petit bar ouvert 24h/24.

Luxe

■ **COVENT GARDEN HOTEL.** 10, Monmouth Street, WC2 ✆ (020) 7806 1000 – Fax : (020) 7806 1100 – covent@firmdale.com – www.firmdale.com – Tube : Covent Garden. *Les prix indiqués sont par chambre et par nuit. Simple : £ 210 ; double : £ 255 ; double/twin « Luxury » : £ 285 ; double/twin « Deluxe » : £ 305.* Au cœur de Covent Garden, un ancien hôpital français reconverti en hôtel de luxe. Toutes les chambres sont décorées individuellement. La chambre 58 par exemple possède un immense lit à baldaquin, inspiré du Great Bed of Ware que l'on peut voir au Victoria & Albert Museum.

Strand et Holborn
Résidence universitaire

■ **HIGH HOLBORN RESIDENCE (London School of Economics).** 178, High Holborn, WC1 ✆ (020) 7379 5589 – Fax : (020) 7379 5640 – high.holborn@lse.ac.uk – www.lse.ac.uk/vacations – Tube : Covent Garden ou Holborn. *Ouvert de juillet à septembre. Réductions pour les séjours longs et réductions pour les groupes. Les prix indiqués sont par chambre et par nuit. Simple « basic » : £ 31 ; twin « basic » : £ 49 ; twin « ensuite » : £ 66 ; triple « ensuite » : £ 70. Petit-déjeuner compris.* Salle de jeux, cuisines, lavomatique, bains et douches, salle de télévision. A deux pas de Covent Garden et près de toutes les attractions du centre de Londres.

Clerkenwell
Luxe

■ **THE ROOKERY.** Peter's Lane, Cowcross Street, EC1 ✆ (020) 7336 0931 – Fax : (020) 7336 0932 – reservations@rookery.co.uk – www.gorehotel.com/rookery – Tube : Farringdon. *Les prix indiqués sont par chambre et par nuit. Simple : £ 190 ; double : £ 205 ; double : £ 225 ; suite : £ 275 ; the Rook's Nest : £ 495. Il faut ajouter aux prix une taxe de £ 17,50 % et le petit-déjeuner (£ 9,75). Il existe aussi des tarifs spécial week-end (pour un minimum de 2 nuits). Toutes les chambres sont « ensuite ».* Situé dans l'une des plus vieilles maisons du quartier, le Rookery propose 33 chambres, toutes différentes, charmantes, aux couleurs douces et au mobilier en bois luxueux. Les chambres portent les noms de gens ayant vécu dans cette maison au cours des deux derniers siècles. Un très bel hôtel pour ceux qui en ont les moyens.

City
Auberge de jeunesse

■ **CITY OF LONDON YHA.** 36, Carter Lane EC4 ✆ (020) 7236 4965 – Fax : (020) 7236 7681 – city@yha.org.uk – www.yha.org.uk – Tube : Saint Paul's ou Blackfriars. *Ouvert 24h/24, 365 jours par an. Les prix indiqués sont par nuit et par personne. Moins de 18 ans : £ 20. Adulte : £ 24.*

Petit-déjeuner compris. 199 lits. Chambres à 1, 2, 3, 4 et 8 lits + deux chambres à 9 lits et une chambre à 15 lits (la plupart sont à 5 ou 8 lits). Salle avec télévision, accès Internet, restaurant, machines à laver et douches sont à disposition. Dîner servi de 17h à 20h. C'est dans l'ancien bâtiment de la chorale de la cathédrale Saint-Paul que cette auberge de jeunesse a pris ses quartiers, ce qui en fait tout le charme. Très bien située pour accéder aux principaux sites historiques de la ville.

Hampstead

Auberge de jeunesse

■ **HAMPSTEAD HEATH YOUTH HOSTEL. 4, Wellgarth Road, Golders Green, NW11** ✆ **(020) 8458 9054 – Fax : (020) 8209 0546 – hampstead@yha.org.uk – www.yha.org.uk – Tube : Golders Green.** *Ouvert 24h/24, 365 jours par an. Les prix indiqués sont par nuit et par personne. Moins de 18 ans : £ 18. Adulte : £ 20,40. Petit-déjeuner compris. 199 lits. Chambres à 2, 3, 4 ou 6 lits + une à 12 lits (la plupart sont à 4 ou 6 lits). Toutes les chambres ont des lavabos et certaines ont vue sur le jardin. Salle avec télévision et jeux vidéo, accès Internet, cafétéria/bar, jardin, machines à laver et douches sont à disposition. Dîner servi de 18h à 21h.* Une auberge de jeunesse pour un séjour au vert, calme et reposant et seulement à une demi-heure du centre de Londres. Hampstead est réputé pour son coté villageois avec ses cottages, ses petites rues tortueuses et, son immense lande de verdure, Hampstead Heath. Idéal pour échapper au stress de la ville.

Résidence universitaire

■ **HAMPSTEAD CAMPUS (King's College). Kidderpore Avenue, NW3** ✆ **(020) 7848 1700 - Fax : (020) 7848 1717 – stopover@kcl.ac.uk – www.kcl.ac.uk/kcvb – Tube : Finchley Road.** *Ouvert de juin à septembre. Environ 300 chambres individuelles et 80 chambres doubles/twin. Réductions pour les séjours de 7 jours ou plus et réductions pour les groupes. Les prix indiqués sont par chambre et par nuit. Simple : £ 29-32. Twin : £ 48-53. Petit-déjeuner compris. Salle de bains commune.* Joli bâtiment victorien dans une rue bordée d'arbres. Réservez à l'avance, car c'est vite plein.

Confort ou charme

■ **HAMPSTEAD VILLAGE GUEST HOUSE. 2, Kemplay Road (à l'angle de Pilgrims Lane), NW3** ✆ **(020) 7435 8679 – Fax : (020) 7794 0254 – info@hampsteadguesthouse.com – www. hampsteadguesthouse.com – Tube : Hampstead.** *Les prix indiqués sont par chambre et par nuit. Simple petite « basic » : £ 48 ; simple « basic » : £ 54 ; simple « ensuite » : £ 66 ; double « basic » : £ 72 ; double « ensuite » : £ 84. Egalement un studio avec cuisine (idéal pour des familles) : £ 90 pour 1 personne ; £ 120 pour 2 personnes ; £ 138 pour trois personnes ; £ 150 pour 4 personnes et £ 162 pour 5 personnes.* A une demi-heure du centre de Londres en métro et en bordure d'Hampstead Heath, c'est tout le confort et le charme des maisons anglaises. Toutes les chambres sont différentes, ornées d'objets personnels : livres, plantes vertes, bibelots... Le copieux petit-déjeuner anglais (£ 7) est servi par la maîtresse de maison, dans le jardin ou la cuisine (à partir de 8h en semaine, à partir de 9h le week-end et jusque tard).

Luxe

■ **LANGFORD HOTEL. 20, Frognal, NW3** ✆ **(020) 7435 9055 – www.langorfhotel.com – Tube : Finchley Road ou Hampstead.** *Les prix indiqués sont par chambre et par nuit. Simple standard : £ 82 ; double/twin standard : £ 98 ; simple superior : £ 90 ; double/twin superior : £ 110 ; triple : £ 120. Petit-déjeuner compris (servi dans une agréable salle donnant sur le jardin).* Un élégant bâtiment édouardien dans un quartier calme et résidentiel. Un ensemble de 31 chambres « ensuite » c'est-à-dire avec salle de bains. Télévision (satellite), sèche-cheveux et de quoi se faire du thé et du café dans toutes les chambres. Certaines ont vue sur le jardin privé de l'hôtel. Bar. Service en chambre 24h/24 (snacks, sandwichs, soupes).

Location d'appartements

■ **LANGFORD HOTEL. 20-22, Frognal, NW3** ✆ **(020) 7435 9055 – www.langorfhotel.com – Tube : Finchley Road ou Hamsptead.** Juste à côté de l'hôtel, au numéro 22, des appartements à 1 ou 2 chambres sont disponibles. Un appartement à 1 chambre peut loger jusqu'à 4 personnes (1 lit double et 1 canapé-lit double) et coûte £ 130 par nuit. Un appartement à 2 chambres peut loger jusqu'à 5 personnes (1 lit double, 1 lit simple et 1 canapé-lit double) et coûte £ 150 par nuit. Egalement des studios (2-3 personnes) à £ 100 par nuit. Location minimum pour 3 nuits et maximum pour 3 mois. Cuisine équipée et machine à laver à disposition.

Camden

Auberge de jeunesse

■ **ST CHRISTOPHERS INN CAMDEN. 48-50, Camden High Street, NW1** ✆ **(020) 7388 1012/(020) 7407 1856 – Fax : (020) 7403 7715 – bookings@st-christophers.co.uk – www. st-christophers.co.uk – Tube : Camden Town ou Mornington Crescent.** *Une cinquantaine de lits. Double privée : à partir de £ 25 ; dortoir à 6 : à partir de £ 17 ; dortoir à 8 : à partir de £ 16 ; dortoir à 10 : à partir de £ 15. Petit-déjeuner et draps inclus. Pas de couvre-feu. Bar, télévision, Internet, salle de jeux, machines à laver sont à disposition. 10 % de réduction sur le prix des repas pour les résidents.* En plein cœur de Camden.

Islington

Résidence universitaire

■ **ROSEBERY AVENUE HALL (London School of Economics). 90, Rosebery Avenue, Islington, EC1** ✆ **(020) 7278 3251 – Fax : (020) 7278 2068 – rosebery@lse.ac.uk – www.lse.ac.uk/ vacations – Tube : Angel.** *Ouvert en mars-avril et en juin-septembre. Les prix indiqués sont par chambre et par nuit. Simple à partir de £ 30 ; twin à partir de £ 48 ; triple « basic » : £ 60. Petit-déjeuner compris. Réductions pour les séjours longs et réductions pour les groupes.* Cette résidence du London School of Economics est moderne et assez luxueuse. Elle est située au cœur d'Islington, quartier animé du nord de Londres où l'on trouve de nombreux restaurants et bars. Salle de jeux, cuisine, lavomatique, bains et douches, salle de télévision sont à disposition.

King's Cross, Saint Pancras et Euston

Auberges de jeunesse

■ **GENERATOR. COMPTON PLACE (off 37, Tavistock Place), WC1** ✆ **(020) 7388 7666/7655 – Fax : (020) 7388 7644 – info@the-generator.co.uk – www.the-generator.co.uk – Tube : Euston ou King's Cross ou Russell Square.** *Ensemble de 800 lits. Chambres privées ou dortoirs. Les prix indiqués sont par personne et par nuit. Simple privée : £ 35-£ 37 ; twin privée : £ 20-£ 23 ; triple privée : £ 18-£ 20 ; quadruple/Quintuple privée : £ 17-£ 20 ; Chambre privée pour 6 : £ 16-£ 20. Dortoir pour 4 : £ 16-£ 17 ; dortoir pour 6 : £ 15-£ 16 ; dortoir pour 8 : £ 15 ; dortoir pour 14 : £ 12,50 (les prix varient selon la saison). Petit-déjeuner, draps et serviettes compris.* Chambres sobres mais propres, avec évier. Une ambiance décontractée dans un décor futuriste. Une grande salle commune où vous prendrez vos repas ; une salle de billard avec des jeux d'arcades… Un bar ouvert jusqu'à 2h du matin, idéal pour un dernier verre… Un endroit original et une ambiance plutôt jeune. Generator London a été élu une des dix meilleures auberges de jeunesse dans le monde par Hostelworld backpackers.

■ **ST PANCRAS YOUTH HOSTEL. 79-81, Euston Road, NW1** ✆ **(020) 7388 9998 – Fax : (020) 7388 6766 – stpancras@yha.org.uk – www.yha.org.uk – Tube : King's Cross ou Euston.** *Ouvert 24h/24, 365 jours par an. Les prix indiqués sont par nuit et par personne. Moins de 18 ans : £ 20,50 ; Adulte : £ 24,50. Petit-déjeuner compris. 152 lits. Chambres à 2, 3, 4, 5 ou 6 lits. La plupart ont des salles de bains attenantes. Salle avec télévision et jeux, salle à manger, cuisine équipée, machines à laver et douches sont à disposition. Dîner servi de 18h à 21h.* Une auberge de jeunesse moderne et confortable tout près de la plus belle gare de Londres : Saint Pancras train station. Le quartier environnant est assez dénué de charme, mais c'est plutôt central. Bon point de départ pour visiter la ville.

Résidences universitaires

■ **JOHN ADAMS HALL (Institute of Education). 15-23, Endsleigh Street, WC1** ✆ **(020) 7387 4086 – Fax : (020) 7383 0164 – jah@ioe.ac.uk – Tube : Euston Square/Euston.** *Ouvert à Pâques et entre juillet et septembre. Les prix indiqués sont par chambre et par nuit. Simple à partir de £ 25 et double/twin à partir de £ 44. Petit-déjeuner compris. Possibilité de réduction pour les étudiants et pour les séjours de longue durée.* Cette résidence de l'Institut d'éducation est composée d'un ensemble de maisons géorgiennes qui ont gardé tout leur caractère, ou presque. Il faut réserver à l'avance car c'est l'une des facultés les plus demandées. Bibliothèque, salle de jeux, salle de télévision et machines à laver.

Bien et pas cher

■ **MAC DONALD & DEVON HOTELS. 43-46, Argyle Square, WC1** ✆ **(020) 7837 3552 – Fax :** **(020) 7278 9885 – enquiries@macdonaldhotel.com – www.macdonaldhotel.com – Tube :** **King's Cross.** *Les prix indiqués sont par chambre et par nuit. Simple « basic » : £ 35 ; simple « ensuite » : £ 50 ; double/twin « basic » : £ 48 ; double « ensuite » : £ 60 ; twin « ensuite » : £ 60 ; triple « basic » : £ 55 ; triple « ensuite » : £ 75 ; familale pour 4 « ensuite » : £ 80. Le prix comprend le petit-déjeuner anglais (servi dans la salle à manger entre 7h et 9h).* L'accueil est très chaleureux dans cet établissement un peu rustique mais très propre. La plupart des chambres sont basiques mais les salles de bains communes sont grandes et avec baignoire. Toutes les chambres ont évier, télévision et de quoi se faire thé et café. Une adresse simple et pas chère.

Confort ou charme

■ **ALHAMBRA HOTEL. 17-19, Argyle Street, WC1** ✆ **(020) 7837 9575 – Fax : (020) 7916** **2476 – www.alambrahotel.com – Tube : King's Cross.** *Un total de 52 chambres. Trois catégories de chambres : économique (sans salle de bains), avec douche ou bien « full ensuite » (grande salle de bains). Les prix indiqués sont par chambre et par nuit. Simple : £ 32 (economy) £ 45 (douche) £ 60 (« full ensuite ») ; double/twin : £ 45 (economy) £ 50 (douche) £ 55 (« full ensuite ») ; triple : £ 65 (economy) £ 80 (« full ensuite ») ; quadruple « full ensuite » : £ 90. Petit-déjeuner compris (servi dans la salle à manger). Télévision dans les chambres. Si vous avez besoin d'un fer à repasser, d'une planche à repasser, d'un adaptateur pour les prises ou d'un réveil, demandez à la réception.* Situé à 50 m de la station de métro, l'hôtel (qui comprend 2 annexes, de l'autre côté de la rue) est très bien tenu par Monsieur et Madame Valoti. Cette dernière est française et sera ravie de vous indiquer les curiosités de Londres où elle vit depuis 20 ans. L'accueil est très chaleureux, l'hôtel, propre et très bien tenu par les gérants qui en sont aussi les propriétaires et l'ambiance s'en ressent. En résumé, l'Alhambra est d'un excellent rapport qualité/prix/amabilité.

Luxe

■ **THE GREAT NORTHERN HOTEL. King's Cross, N1** ✆ **(020) 7837 5454 – Fax : (020) 7278 5270** **Tube : King's Cross.** *Les prix indiqués sont par chambre et par nuit. Simple : à partir de £ 105 ; double : à partir de £ 125. Toutes les chambres ont de belles salles de bains.* C'est le plus ancien hôtel de Londres, bâti en 1854 par Lewis Cubitt. Un voyage de luxe dans la vieille Angleterre.

South Bank et Southwark

Auberge de jeunesse

■ **ST CHRISTOPHERS 121 Southbank. 121, Borough High Street, SE1** ✆ **(020) 7407** **1856 – Fax : (020) 7403 7715 – bookings@st-christophers.co.uk – www.st-christophers.** **co.uk – Tube : London Bridge.** *46 lits. Double :£ 15-25 ; dortoir à 4 : à partir de £ 18,5 ; dortoir à 6 : à partir de £ 17 ; dortoir à 8 : à partir de £ 16. Petit-déjeuner et draps inclus. Pas de couvre-feu.* Bar, télévision, Internet, salle de jeux, machines à laver sont à disposition. 10 % de réduction sur le prix des repas pour les résidents.

Résidences universitaires

■ **BANKSIDE HOUSE (London School of Economics). 24, Sumner Street, SE1** ✆ **(020) 7633** **9877 – Fax : (020) 7574 6730 – bankside-reservation@lse.ac.uk – www.lse.ac.uk/vaca-** **tions – Tube : Blackfriars, London Bridge ou Southwark.** *Ouvert de juillet à septembre seulement. Les prix indiqués sont par chambre et par nuit. Simple « basic » : £ 30 ; simple « ensuite » : £ 43 ; twin « ensuite » : £ 58 ; triple « ensuite » : £ 75 ; quadruple « ensuite » : £ 88. Petit-déjeuner compris. Réductions pour les séjours longs et réductions pour les groupes.* A côté du nouveau musée d'Art moderne de Londres (Tate Modern), des chambres modernes avec salle de bains. Restaurant, bar, télévision et machines à laver sont à disposition.

■ **STAMFORD STREET APARTMENTS (King's College). 127, Stamford Street, SE1** ✆ **(020)** **7848 1700 – Fax : (020) 7848 1717 – vacations.at.kings@kcl.ac.uk – www.kcl.ac.uk/** **kcvb – Tube : Waterloo.** *Ouvert de juillet à septembre. Chambres « ensuite » (avec salle de bains) seulement. Pas de Twin. Certains tarifs sont moins chers pour les étudiants. Les prix indiqués sont par chambre et par nuit. Simple « ensuite » : £ 38 (étudiants). Réductions pour les séjours de 7 jours ou plus et réductions pour les groupes. Cuisine avec télévision et machine à laver à disposition.* A 5 minutes de marche de la station de métro Waterloo.

Confort ou charme

■ **LONDON COUNTY HALL TRAVEL INN. Belvedere Road, SE1** ✆ **(020) 7902 1619 – www. travelinn.co.uk – Tube : Waterloo ou Westminster.** *Prix : £ 79,95 par chambre et nuit du lundi au jeudi et £ 74,95 par chambre et par nuit du vendredi au dimanche.* Idéalement situé pour l'Eurostar et pour la visite des grandes attractions touristiques (l'abbaye de Westminster, le Parlement, Big Ben, la Grande Roue). L'hôtel est fonctionnel et neutre mais le prix fixe des chambres en fait une vraie affaire, spécialement pour les familles. Possibilité de réserver en ligne.

Luxe

■ **LONDON BRIDGE HOTEL. 8-18, London Bridge Street, SE1** ✆ **(020) 7855 2200 – reservations@london-bridge-hotel.co.uk – www.london-bridge-hotel.co.uk – Tube : London Bridge.** *Les prix indiqués sont par chambre et par nuit. « Standard » Simple/Double : £ 190 ; superior Simple/Double : £ 200 ; « Deluxe/Executive » King Simple/Double : £ 225 ; studio (un lit) : £ 265 ; suite (deux lits) : £ 475. Gratuit pour les enfants de moins de 12 ans s'ils partagent la chambre de leurs parents. Il existe des tarifs week-end, disponibles les vendredi, samedi et dimanche soir : Simple à £ 99 et Double à £ 125 (petit-déjeuner compris). Ensemble de 138 chambres avec salle de bains, télévision satellite, téléphone, minibar, sèche-cheveux et prise modem.* Un hôtel 4-étoiles dans un quartier historique de Londres (c'est ici que des fouilles archéologiques ont révélé la présence des Romains). La décoration est simple et élégante. Possibilité de réserver en ligne.

Greenwich

Camping

■ **ABBEY WOOD. Federation Road, Abbey Wood, SE2** ✆ **(020) 8311 7708.** *A 19 kilomètres du centre de Londres. Accès facile à Greenwich. En voiture : A2, puis A206 jusqu'à Plumstead, ensuite suivez les panneaux. Transports publics : British Rail de Charing Cross à Abbey Wood. Ouvert toute l'année. Terrain : £ 12 par nuit. Prix par nuit et par personne : à partir de £ 4 (selon les saisons). Caravane pour 2 personnes : £ 19 par nuit.* Bar, électricité pour caravanes, prises électriques, magasin, douches, lavomatique, bonbonnes de gaz disponibles, cour de récréation. Réservez à l'avance en été.

Auberge de jeunesse

■ **ST CHRISTOPHERS INN GREENWICH. 189, Greenwich High Road, SE10** ✆ **(020) 8858 3591/(020) 7407 1856 – Fax : (020) 7403 7715 – bookings@st-christophers.co.uk – www. st-christophers.co.uk – Tube/Train : Greenwich.** *50 lits. Double privée : à partir de £ 21 ; dortoir à 6 : à partir de £ 16 ; dortoir à 8 : à partir de £ 11. Petit-déjeuner et draps inclus. Pas de couvre-feu.* Bar, télévision, Internet, salle de jeux, machines à laver sont à disposition. 10 % de réduction sur le prix des repas pour les résidents.

Hôtel

■ **CLARENDON HOTEL. 8-16, Montpelier Row, Blackheath, SE3** ✆ **(020) 8318 4321 – Fax : (020) 8318 4378 – relax@clarendonhotel.com – www.clarendonhotel.com – Train : Blackheath.** *A 20 minutes en train du centre de Londres, à 10 minutes à pied de Greenwich. Les prix indiqués sont par chambre et par nuit. Chambres standard : Simple : £ 80 ; double/twin : £ 90. Chambres « Crown » (plus luxueuses) : Simple : £ 95 ; double/twin : £ 100 ; triple : £ 110 ; suite Familiale : £ 120 ; suite Executive : £ 150. Suite Lune de miel : £ 199. Petit-déjeuner inclus. £ 15 par enfant et par nuit s'il partage la chambre des parents. Toutes les chambres disposent de salle de bains, télévision, radio, téléphone, sèche-cheveux et de quoi se faire thé et café.* Le Clarendon Hotel est un peu à l'écart du centre de Londres (une demi-heure en train), mais il est tout près de Greenwich où il y a des tas de choses à visiter. Plutôt conseillé pour un séjour tranquille et au vert.

Retrouvez en pages 4 et 5 la carte générale de la Grande-Bretagne

Rotherhithe
Auberge de jeunesse

■ **ROTHERHITHE YOUTH HOSTEL.** Island Yard, 20, Salter Road, SE16 ✆ (020) 7232 2114 – Fax : (020) 7237 2919 – rotherhithe@yha.org.uk – www.yha.org.uk – Tube : Rotherhithe. *Ouvert 24h/24, 365 jours par an. Les prix indiqués sont par nuit et par personne. Moins de 18 ans : £ 20,50 ; Adulte : £ 24,60. Petit-déjeuner compris. Au sud de la rivière et proche de Tower Bridge et de Greenwich, cette auberge propose 320 lits. Chambres à 2, 4 ou 6 lits + 3 chambres à 10 lits.* Toutes ont des salles de bains attenantes – c'est quasiment le luxe. La même chambre dans un hôtel vétuste coûterait trois ou quatre fois ce prix. Il n'est pas aussi bien situé que ses concurrents, mais le rapport qualité/prix est imbattable. Salle avec télévision, bar, cuisine équipée et machines à laver sont à disposition. Dîner servi de 18 h à 19h30.

Crystal Palace
Camping

■ **CRYSTAL PALACE CARAVAN CLUB SITE.** Crystal Palace Parade, SE19 ✆ (020) 8778 7155 – Fax : (020) 8676 0980. *A 13 kilomètres du centre de Londres. En voiture : A23 jusqu'à Streatham, puis A214 à Crystal Palace. Transports publics : British Rail de Victoria à Crystal Palace. Ouvert toute l'année. Place pour 84 caravanes et 44 tentes. Electricité, douches et lavomatique. Réservez à l'avance en été.* La nouvelle liste de tarifs n'était pas encore disponible au moment de l'impression de ce guide ; pour l'obtenir, téléphoner au numéro ci-dessus ou au 01342 326 944.

Notting Hill
Confort ou charme

■ **BLUE BELL HOTEL.** 14, Pembridge Square, Notting Hill W2 ✆ (020) 7727 6666 – Fax : (020) 7727 6677 – info@bluebell.co.uk – Tube : Notting Hill. *Toutes les chambres ont une salle de bains privative. Les prix indiqués sont par chambre et par nuit. Simple : £ 55 ; double/twin : £ 79 ; triple : £ 95 ; quadruple : £ 110 ; quintuple : £ 125. Petit-déjeuner inclus.* Les chambres sont très bien, les salles de bains avec baignoire très convenables, l'ensemble est très propre et bien tenu. La salle à manger, très claire, est au rez-de-chaussée et comprend un petit salon avec de bons gros fauteuils et un canapé. Récemment rénové.

■ **NOTTING HILL HOTEL.** 2, Pembridge Square, Notting Hill Gate, W2 ✆ (020) 7727 1316 – Fax : (020) 7229 0803 – www.nottinghillhotel.com – Tube : Notting Hill. *Toutes les chambres ont une salle de bains. Les prix indiqués sont par chambre et par nuit. Simple : £ 45 ; double/twin : £ 55 ; triple : £ 70. Petit-déjeuner continental compris.* Bel hôtel à la décoration sobre, avec un joli petit salon qui fait office de pièce commune pour regarder la télé. Les chambres sont hautes de plafond, de belle taille tout comme les salles de bains, et ont toutes télévision et téléphone. Le déjeuner est servi dans une belle salle à manger, avec des arches et de nombreux éléments en bois qui lui donnent un aspect chaleureux. Une bonne adresse pour dormir à Notting Hill.

Luxe

■ **THE PORTOBELLO HOTEL.** 22, Stanley Gardens, W11 ✆ (020) 7727 2777 – Fax : (020) 7792 9641 – info@portobello-hotel.co.uk – www.portobello-hotel.co.uk – Tube : Notting Hill Gate ou Holland Park. *Les prix indiqués sont par chambre et par nuit. Simple : £ 120 ; double : £ 160 ; twin : £ 180 ; Chambres spéciales : de £ 200 à £ 260. Petit-déjeuner compris. Télévision câblée, téléphone, prise modem et minibar à disposition dans toutes les chambres.* A peine visible de la rue, cet hôtel discret, mais terriblement branché, n'est situé qu'à un pâté de maisons de Portobello Road. C'est ici que descendent les stars lorsqu'elles ne veulent pas être logées dans les quartiers snobs. Aucun risque de s'y faire prendre d'assaut par leurs fans : seuls les clients et leurs invités ont le droit de franchir le seuil de l'hôtel. Tout ce beau monde peut donc profiter en toute tranquillité du bar et du restaurant, ouverts 24h/24.

High Street Kensington et Holland Park
Auberges de jeunesse

■ **HIGH STREET KENSINGTON HOSTEL.** 1, Warwick Gardens, W14 ✆ (020) 7602 0444 – Tube : High Street Kensington. *Pas de chambres simples. Chambre double : £ 75. Chambre quadruple :*

£ 70 à la semaine par personne (une caution d'une semaine est demandée) ou £ 15 par nuit et par personne. Un hôtel propre, simple et bien tenu. On y trouve un salon avec télévision (câble), deux cuisines à disposition, une machine à laver (£ 2) et un séchoir (£ 1), une douche avec toilettes à chaque étage.

■ **HOLLAND HOUSE YOUTH HOSTEL. Holland Walk, W8** ✆ **(020) 7937 0748 – Fax : (020) 7370 0667 – hollandhouse@yha.org.uk – Tube : Holland Park ou High Street Kensington.** *Ouvert 24h/24, 365 jours par an. Les prix indiqués sont par personne et par nuit. Moins de 18 ans : £ 19,30 ; Adulte : £ 21,60. Petit-déjeuner compris. 201 lits. Chambres à 6, 8, 12 et 20 lits (la plupart sont à 12 ou 20 lits). Salle avec télévision, salle de jeux, cuisine équipée, machines à laver et douches. Dîner servi de 17h à 20h.* Sa rue fermée à la circulation traverse Holland Park. C'est une adresse idéale pour les amateurs de verdure, très bien située dans un quartier très select et tout proche de High Street Kensington (pratique pour le shopping) et Notting Hill (idéal pour flâner dans Portobello Market et pour sortir le soir).

Bed & Breakfast

■ **KENSINGTON GUEST HOUSE. 72, Holland Park Avenue, W11** ✆ **(020) 7229 9233/(020) 7460 7080 – Fax : (020) 7221 1077 – hotelondon@aol.com – www.hotelondon.co.uk – Tube : Holland Park.** *Les prix indiqués sont par chambre et par nuit. Twin « basic » : £ 55 ; twin « ensuite » : £ 65 ; triple « basic » : £ 65 ; triple « ensuite » : £ 75 ; quadruple « basic » : £ 75 ; quadruple « ensuite » : £ 85. Toutes les chambres ont des cuisines équipées et la télévision. Certaines ont des salles de bains privées, d'autres ont accès à des salles de bains communes. Le petit-déjeuner anglais est servi dans les chambres entre 7h30 et 9h.* Un vrai Bed et Breakfast puisque les propriétaires (Bill et Bea) habitent là toute l'année. Mais également un Bed et Breakfast amélioré puisque toutes les chambres disposent d'une cuisine, ce qui peut permettre de réduire les dépenses en restaurant.

South Kensington et Earl's Court

Auberge de jeunesse

■ **EARL'S COURT YOUTH HOSTEL. 38, Bolton Gardens, SW5** ✆ **(020) 7373 7083 – Fax : (020) 7835 2034 – earlscourt@yha.org.uk – www.yha.org.uk – Tube : Earl's Court.** *Ouvert 24h/24, 365 jours par an. Les prix indiqués sont par personne et par nuit. Moins de 18 ans : £ 17,20 ; Adulte : £ 19,50. 159 lits. Chambres à 4, 6 ou 10 lits (la plupart sont à 6 ou 10 lits). Salle avec télévision, accès Internet, jardin, machines à laver, douches, cuisine équipée et petit-déjeuner continental sont à disposition.* Comme les autres auberges de l'association, cet établissement est économique, propre et fonctionnel. Un petit jardin idéal pour les barbecues en été. Bien situé (pas loin des musées de South Kensington), dans un quartier animé.

Bien et pas cher

■ **CURZON HOUSE. 158, Courtfield Gardens, SW5** ✆ **(020) 7373 6745 – Fax : (020) 7835 1319 – www.curzonhousehotel.co.uk – Tube : Gloucester Road.** *Simple « basic » : à partir de £ 30 par chambre et par nuit ; double/twin « basic » : à partir de £ 22 par personne et par nuit ; triple : à partir de £ 21 par personne et par nuit ; dortoir (lits simples avec duvets, salle de bains, grandes fenêtres, certaines avec balcon) à 4 lits : £ 18 par personne et par nuit ; dortoir à 8 lits : £ 16 par personne et par nuit. Petit-déjeuner compris (+ thé et café gratuit tout au long de la journée).* Chambres simples et propres. Possibilité de faire sa propre cuisine (il y a un magasin d'alimentation Sainsbury's au coin de la rue). *Salle de télévision et accès Internet.* Particulièrement économique si on loge en dortoir.

■ **MERLYN COURT HOTEL. 2, Barkston Gardens** ✆ **(020) 7370 1640 – Fax : (020) 7370 4986 – london@merlyncourthotel.com – www.merlyncourthotel.com – Tube : Earl's Court.** *Les prix indiqués sont par chambre et par nuit. Chambres sans salle de bains : Simple : £ 35-£ 40 ; double/twin : £ 55 ; triple : £ 60 ; quadruple : £ 70. Chambres avec salle de bains : Simple : £ 45-£ 50 ; double/twin : £ 70 ; triple : £ 75 ; quadruple : £ 80. Petit-déjeuner compris.* Petit hôtel familial sur un square calme de Kensington. L'hôtel offre un service de pressing 24h/24 et des possibilités de réserver des places de spectacles, location de taxis ou de circuits touristiques. Deux parkings publics près de l'hôtel. Une très bonne adresse dans ce quartier et cette catégorie de prix.

■ **MANOR HOTEL. 23, Neverrn Place, SW5** ✆ **(020) 7370 6018 – Fax : (020) 7244 6610 – Tube : Earl's Court.** *Les prix indiqués sont par chambre et par nuit. Simple : £ 30 sans salle d'eau, £ 40 avec salle d'eau ; double/twin : £ 45 sans salle d'eau, £ 55 avec salle d'eau ; triple : £ 70 sans salle d'eau, £ 90 avec salle d'eau ; quadruple avec salle d'eau : £ 100. Petit-déjeuner compris.* Les chambres du Manor Hotel sont un peu plus spacieuses que chez bon nombre de ses voisins et les simples ont des proportions confortables. Quelques-unes possèdent même un balcon. La salle à manger est intime et chaleureuse.

■ **WINDSOR HOUSE.12, Penywern Road, SW5** ✆ **(020) 7373 9087 – Fax : (020) 7385 2417 – bookings@windsor-house-hotel.com – www.windsor-house-hotel.com – Tube : Earl's Court.** *Simple : £ 22-£ 46 ; double/twin : £ 18-£ 36 ; 3/4/5 chambres : £ 1 -£ 28.* Il règne une bonne ambiance dans ce bel hôtel situé dans un immeuble victorien. Réputé pour la bonne tenue de ses chambres (de belle taille, avec de vraies salles de bains pour les plus grandes) et leur propreté, cet établissement a l'énorme avantage de mettre une cuisine à la disposition de ses clients. Les ustensiles sont très propres et l'hygiène irréprochable. Egalement un patio et un jardin.

Confort ou charme

■ **MOWBRAY COURT HOTEL. 28-32, Penywern Road, SW5** ✆ **(020) 7370 2316/3690 – Fax : (020) 7370 5693 – mowbraycrthot@hotmail.com – www.mowbraycourthotel.co.uk – Tube : Earl's Court.** *Les prix indiqués sont par chambre et par nuit. Simple « basic » : £ 45 ; simple « ensuite » : £ 52 ; double « basic » : £ 56 ; double « ensuite » : £ 67 ; triple « basic » : £ 69 ; triple « ensuite » : £ 80 ; Chambre familiale (4 personnes) « basic » : £ 84/« ensuite » : £ 95 ; Chambre familiale (5 personnes) « basic » : £ 100/« ensuite » : £ 110 ; Chambre familiale (6 personnes) « basic » : £ 115/« ensuite » £ 125 ; Chambre familiale (7 personnes) « ensuite » : £ 135. Petit-déjeuner continental compris dans le prix de la chambre. Télévision, radio, téléphone, sèche-cheveux et de quoi se faire thé et café dans toutes les chambres.* Très bel hôtel (75 chambres) où l'accueil est des plus chaleureux. Les chambres sont grandes et très bien tenues, avec de vraies belles salles de bains (pour celles qui en ont). Le bar est idéal pour prendre un verre avant d'aller manger ou en rentrant selon les horaires de chacun. De plus, le Mowbray Court propose de nombreux services : accès Internet, coiffeur, pressing mais aussi réservations pour des tours, places de théâtre, navettes pour l'aéroport, etc.

■ **RUSHMORE HOTEL. 11, Trebovir Road, SW5** ✆ **(020) 7370 3839 – Fax : (020) 7370 0274 – Tube : Earl's Court.** *Simple : £ 59-£ 65 ; double/twin : £ 79-£ 85 ; triple : £ 89-£ 95 ; familiale (4 ou 5 personnes) : £ 99-£ 109 (les prix varient selon la saison). Petit-déjeuner continental compris. Télévision câblée, téléphone direct, sèche-cheveux et de quoi se faire thé et café. Réservation recommandée environ 1 mois à l'avance.* Au cœur du « Bed et Breakfast Land », le Rushmore est repérable de l'extérieur à ses marches de marbre, sa peinture blanche et ses plantes souvent en fleurs. Ce B & B classique offre bien plus que ses voisins de trottoir. Rénové en 1989, le vieux Rushmore est devenu un lieu accueillant, clair, propre et joli avec, par endroits, des audaces « design » d'un bel effet. Chaque chambre est meublée de façon différente, aussi n'hésitez pas à demander de choisir. Pourquoi vivre dans des rayures grises et blanches quand on adore des fleurs orange et jaunes ? Le grenier reconverti abrite deux petites chambres d'environ 25 m², joliment décorées, au même tarif que les autres doubles. Pour ces deux chambres, il faut réserver longtemps à l'avance. Le mobilier de la salle à manger a été changé et les éléments en plastique ont fait place à de jolies tables et chaises au design moderne… Situé tout près d'Earl's Court, le Rushmore est souvent complet à l'époque des grands salons, de novembre à mars. Durant cette période, il est impératif de réserver.

■ **SWISS HOUSE HOTEL (B & B). 171, Old Brompton Road, SW5** ✆ **(020) 7373 2769 – Fax : (020) 7373 4983 – recep@swiss-hh.demon.co.uk – www.swiss-hh.demon.co.uk – Tube : South Kensington.** *Toutes les chambres sont « ensuite ». Les prix indiqués sont par chambre et par nuit. Simple avec douche : £ 56 ; simple avec baignoire : £ 78 ; double Standard : £ 97 ; double Large : £ 114 ; triple : £ 132 ; quadruple : £ 147. Petit-déjeuner compris. Des réductions sont possibles, demandez quand vous réservez. Réservation recommandée 1 mois à l'avance pour disposer des meilleures chambres.* Avec sa façade couverte de plantes et de lierre, et ses couleurs chaleureuses à l'intérieur, le Swiss House donne l'impression d'un petit hôtel de campagne. Les tissus floraux, les fleurs séchées, les bouquets pendus aux murs, tout invite à poser là ses valises et à se reposer. La plupart des chambres ont des salles de bains privées. Situées à l'arrière du bâtiment, elles donnent sur les jardins des autres immeubles. Comme dans une maison familiale, le point de ralliement est la cuisine qui fait office de réception. La salle à manger est jolie et fraîche avec ses meubles en pin et son vaisselier gallois. Sandwichs et plats simples (lasagnes, poulet au curry), à consommer sur place ou dans votre chambre. Les familles sont particulièrement les bienvenues. Old Brompton Road, agréable rue commerçante de South Kensington, est très proche des grands musées du quartier (Victoria and Albert, Science Museum…) et de King's Road. Une fois les enfants au lit, vous essayerez les nombreux pubs et restaurants du quartier. La réception ferme à 23h mais les clients peuvent demander la clé de la porte d'entrée. Très bien situé et joli, c'est l'un des meilleurs B & B de Londres.

■ **THE BROMPTON HOTEL. 30-32, Old Brompton Road** ✆ **(020) 7584 4517 – Fax : (020) 7823 9936 – Rooms@BromHotel.com – www.bromhotel.com – Tube : South Kensington.** *Toutes les chambres ont une salle de bains privée. Les prix indiqués sont par chambre et par nuit. Simple : £ 60 ; double/twin : £ 70 ; twin : £ 80 ; triple : £ 95 ; quadruple : £ 110. Petit-déjeuner continental compris.* Très bel hôtel, décoré avec beaucoup de goût, de grandes chambres, des salles de bains avec baignoires… Une étape qui ravira ceux et celles qui veulent s'offrir un week-end confortable et luxueux à moindre prix. Une très bonne adresse.

Luxe

■ **CRANLEY GARDENS HOTEL. 8, Cranley Gardens SW 7** ✆ **(020) 7373 3232 – Fax : (020) 7373 7944 – cranleygardens@aol.com – www.cranleygardenshotel.com – Tube : Gloucester Road.** *Toutes les chambres sont « ensuite ». Les prix indiqués sont par chambre et par nuit. Simple : £ 79 ; double : £ 99 ; triple : £ 109.* Avec ses fleurs et ses colonnes, l'entrée de l'hôtel donne déjà un aperçu de ce qui vous attend à l'intérieur : un très beau hall, un bar des plus agréables et des chambres superbes. Situé dans un immeuble classé, cet établissement dispose de 85 chambres d'un très haut standing. Toutes ont une salle de bains privée avec baignoire ou douche, sèche-cheveux, télévision, radio, téléphone. Les chambres sont spacieuses, joliment décorées et très lumineuses. Les couleurs de la salle à manger, très douces, s'accordent bien avec le mobilier en bois et rotin. Hôtel de luxe à un prix relativement abordable.

Chelsea

Bien et pas cher

■ **OAKLEY HOTEL. 73, Oakley Street, SW3** ✆ **(020) 7352 5599 – Fax : (020) 727 1190 – Tube : Sloane Square ou South Kensington.** *Les prix indiqués sont par chambre et par nuit. Simple « basic » : £ 39 ; double « basic » : £ 45 ; twin « basic » : £ 49 ; twin/Double « ensuite » : £ 59-£ 69 ; triple « basic » : £ 69. Petit-déjeuner anglais compris.* Un des rares hôtels du quartier (pour ne pas dire le seul) à pratiquer des prix abordables. Propriétaires jeunes et accueillants, chambres simples et propres. L'unique inconvénient de cet hôtel est d'être loin du métro, mais on ne peut pas avoir le beurre et l'argent…

Confort ou charme

■ **ANNANDALE HOUSE. 39, Sloane Gardens, SW1** ✆ **(020) 7730 6291 – Fax : (020) 7730 2727 – info@annandale-hotel.co.uk – www.annandale-hotel.co.uk – Tube : Sloane Square.** *Les prix indiqués sont par chambre et par nuit. Simple : £ 60-£ 70 ; double/twin : £ 95-£ 110 ; triple : £ 120, Quadruple : £ 140. Lit supplémentaire : £ 20. Berceau : £ 10. Il existe des tarifs « business » disponibles uniquement du dimanche au jeudi et pour un minimum de 3 nuits : Simple à £ 60 et double à £ 90. Toutes les chambres disposent de salle de bains, télévision, sèche-cheveux et de quoi se faire thé et café. Réservation nécessaire, recommandée 2 mois à l'avance.* La rue est chic et le quartier superbe. En direction de Pimlico, Sloane Gardens se situe derrière Sloane Square. Les immeubles sont rouges, comme si une poussière couleur de brique était venue se déposer sur la ville. L'architecte William Willet est l'auteur de ce style, curieusement appelé Dupont Dutch ; c'est à lui également que l'on doit d'avancer les pendules à l'heure d'été. La clientèle est d'un âge nettement au-dessus de la moyenne. Les chambres sont grandes. L'hôtel a su garder le cachet original de l'immeuble. Si vous êtes admis dans ce saint des saints, dont la clientèle est parfois composée de députés ou d'antiquaires, vous vous ferez certainement des amis car l'endroit est chaleureux.

Retrouvez l'index général
en fin de guide

Hammersmith et Shepherd's Bush

Auberge de jeunesse

■ **ST CHRISTOPHERS INN SHEPHERD'S BUSH.** 13-15, Shepherd's Bush Green, W12 ✆ (020) 8735 0270/(020) 7407 1856 – Fax : (020) 7403 7715 – bookings@st-christophers.co.uk – www.st-christophers.co.uk – Tube : **Shepherd's Bush.** *68 lits. Double privée : à partir de £ 25 ; dortoir à 4 : à partir de £ 17 ; dortoir à 6 : à partir de £ 16 ; dortoir à 8 : à partir de £ 11. Petit-déjeuner et draps inclus. Pas de couvre-feu. Bar, télévision, Internet, salle de jeux, machines à laver sont à disposition. 10 % de réduction sur le prix des repas pour les résidents.* Bon point de départ pour visiter l'ouest londonien et le centre.

Bien et pas cher

■ **HOTEL ORLANDO.** 83, Shepherd's Bush Road, W6 ✆ (020) 7603 4890 – hotelorlando@btconnect.com – www.hotelorlando.co.uk – Tube : **Hammersmith.** Ensemble de 14 chambres dans un petit hôtel tenu par la même famille depuis 22 ans. Les prix indiqués sont par chambre et par nuit. Simple « ensuite » : £ 40 ; double « Twin » : £ 52 ; triple « ensuite » : £ 70 ; family « ensuite » : £ 88. Petit-déjeuner compris. Toutes les chambres ont une salle de bains, la télévision couleur, le téléphone et une prise modem.

Spitalfields, Brick Lane et Whitechapel

■ **CITY HOTEL.** 12, Osborn Street, E1 ✆ (020) 7247 3313 – Fax : (020) 7375 2949 – info@cityhotellondon.co.uk – www.cityhotellondon.co.uk – Tube : **Aldgate East.** *Les prix indiqués sont par chambre et par nuit. Simple : £ 140 ; double : £ 150 ; twin : £ 150 ; triple : £ 160 ; familiale (4 personnes) : £ 190.* Situé dans un bel immeuble moderne, cet hôtel propose des chambres qui ressemblent plus à des studios et des appartements. Les studios, très agréables et spacieux, ont une salle de bains privée. Les appartements ont un grand salon, une cuisine toute équipée, une salle de bains et une ou deux chambres. Au même prix qu'une chambre d'hôtel, cette formule est beaucoup plus avantageuse pour les personnes qui désirent séjourner un peu longtemps à Londres ou encore pour les familles ou les groupes d'amis. En plus, l'hôtel se trouve au cœur du quartier indien de l'East End qui est toujours très animé et riche en endroits à découvrir Une très bonne adresse.

■ RESTAURANTS ■

Westminster et Whitehall

Bien et pas cher

■ **CAFE IN THE CRYPT.** Crypt of St-Martin-in-the-Fields, Duncannon Street ✆ (020) 7839 4342 – www.stmartin-in-the-fields.org – Tube : **Charing Cross.** *Ouvert du lundi au mercredi de midi à 19h30, du jeudi au samedi de midi à 22h30 et le dimanche de midi à 15h. Plats principaux entre £ 5,95 et £ 7,50. Menu soupe et pudding à £ 4,50.* Bonne cuisine dans un très beau décor : la crypte de l'église Saint-Martin-in-the-Fields. Au choix plats, salades et puddings traditionnels anglais.

Luxe

■ **THE CINNAMON CLUB.** The Old Westminster Library, Great Smith Street, SW1 ✆ (020) 7222 2555 – Tube : **Saint James Park.** *Ouvert du lundi au vendredi de 7h30 à 23h, le samedi de 18h à 23h et le dimanche de midi à 15h. Menus le midi à £ 19 (deux plats) et £ 22 (trois plats).* C'est dans l'ancienne bibliothèque municipale de Westminster (un très beau bâtiment victorien) que le Cinnamon Club, un restaurant de haute cuisine indienne, a pris ses quartiers. Une présentation élégante pour une cuisine épicée tirant son inspiration du Sud de l'Inde.

Pimlico et Victoria

Bien et pas cher

Cuisine chinoise

■ **JENNY LO'S TEA HOUSE.** 14, Eccleston Street, SW1 ✆ (020) 7259 0399 – Tube : **Victoria.** *Ouvert du lundi au vendredi de 11h30 à 22h et le samedi de midi à 22h. Plats principaux entre £ 5 et*

£ 7,50. Un petit restaurant chinois au décor minimaliste. La cuisine est fraîche et authentique (leurs spécialités sont les nouilles et les boulettes et raviolis cuits à la vapeur).

Cuisine internationale

■ **BRAHMS RESTAURANT. 147, Lupus Street, SW1** ✆ **(020) 7233 9828 – Tube : Pimlico ou Victoria.** *Ouvert tous les jours de midi à 23h45.* Endroit très populaire. Ambiance bistrot garantie. Nourriture excellente, beaucoup de saveur. Le menu vous met l'eau à la bouche et les prix sont très raisonnables : environ £ 3 pour les entrées (soufflé au fromage de chèvre ou soupe) et environ £ 8 pour les plats principaux (canard ou poisson). Il existe aussi un menu le midi à £ 6,50 (deux plats) et un menu le soir à £ 11,50 (trois plats).

Cuisine vietnamienne

■ **MEKONG. 46, Churton Street, SW1** ✆ **(020) 7630 9568 – Tube : Pimlico.** *Ouvert tous les jours de midi à 23h30.* Le service est excellent, la salle toujours pleine, mais les plats ressentent un peu le syndrome « cuisine adaptée aux goûts occidentaux ». Reste que la cuisine est bonne et pas chère : rouleaux de printemps (£ 3,50), riz (£ 1,50) ou encore sorbet à la mangue (£ 2).

Fish & Chips

■ **THE SEAFRESH. 80-81, Wilton Road, Victoria, SW1** ✆ **(020) 7828 0747 – Tube : Victoria.** *Ouvert du lundi au samedi de 12h à 22h30. Plats principaux entre £ 5 et £ 15.* Ce restaurant a aussi un comptoir à emporter et, à en juger par le nombre de chauffeurs de taxi qui s'y arrêtent, les fish and chips doivent être les meilleurs du quartier. Les prix dans la salle de restaurant sont un peu plus élevés. Ne vous fiez pas au décor quelque peu douteux, la cuisine proposée est bonne et fraîche.

Bonnes tables
Cuisine anglaise

■ **BOISDALE. 15, Eccleston Street, SW1** ✆ **(020) 7730 6922 – www.boisdale.co.uk – Tube : Victoria.** *Ouvert du lundi au vendredi de midi à 22h30 et le samedi de 19h à 22h30. Plats principaux entre £ 15 et £ 25. Menus (deux plats) à £ 14,90 et £ 17,45.* Boisdale s'agrandit année après année, signe sans doute de son succès. On y trouve maintenant un restaurant à l'entrée, une cour extérieure pour les beaux jours et deux bars (certains soirs musique jazz dans le plus grand des deux bars). Au menu homard, steak, saucisses ou encore terrine de lapin, faisan et foie gras. On peut aussi manger au bar, l'addition y sera moins élevée (plats principaux entre £ 7,50 et £ 11,50).

Le découpage quartier par quartier

Au Centre

Westminster et Whitehall • Pimlico et Victoria • Piccadilly • Mayfair • Marylebonne et Baker Street • Paddington et Bayswater • Leceister Square • Soho • Fitzrovia • Bloosbury • Covent Garden • Strand et Holborn • Clerkenwell • City.

Au nord

Saint John's Wood et Maida Vale • Regent's Park et Primrose Hill • Hamstead • Camden • Islington • King's Croos, Saint Pancras et Euston.

Au sud

South Bank et Southwark • Clapham.

À l'ouest

Notting Hill • Kensigton • South Kensignton • Knightsbridge • Chelsea • Hammersmith • Sherpherd's Bush •

À l'est

Spitalfields, Brick Lane et Whitechapel • Shoreditch et Hoxton •

■ **CHIMES. 26, Churton Street, SW1** ✆ **(020) 7821 7456 – Tube : Pimlico.** *Ouvert tous les jours de 12h à 14h30 et de 18h à 22h15. A la carte, compter £ 15 environ.* Un très, très ancien établissement anglais. Au cœur du Chimes se trouve un bar à cidre, où celui-ci est tiré de fûts en bois. Plusieurs variétés sont proposées, du brut au doux. Toutes sont excellentes. On peut aussi boire de la bière ou du vin. Pour arroser un robuste ragoût typiquement anglais.

■ **TATE GALLERY RESTAURANT. Tate Britain, Millbank, SW1** ✆ **(020) 7887 8825 – www. tate.org.uk – Tube : Pimlico.** *Ouvert du lundi au samedi de 12h à 15h et le dimanche de midi à 16h. Compter £ 20-£ 25 par personne.* Déjeuner à la Tate Gallery est un must, autant pour le décor que pour les plats et le vin. Contemplez la gigantesque œuvre de Whistler sur le mur, régalez-vous d'une cuisine britannique inventive (poulet fumé, sole, pudding...) et savourez les grands crus rouges ou blancs...

Luxe
Cuisine chinoise

■ **HUNAN. 51, Pimlico Road, SW1** ✆ **(020) 7730 5712 – Tube : Sloane Square.** *Ouvert du lundi au samedi de midi à 23h. Plats principaux entre £ 7 et £ 28.* Un cadre agréable, un service professionnel et de la savoureuse cuisine chinoise. Luxe ultime, vous pouvez demander à ce que votre repas soit planifié en fonction de vos goûts ou de votre régime alimentaire.

Cuisine française

■ **LA POULE AU POT. 231, Ebury Street, SW1** ✆ **(020) 7730 7763 – Tube : Victoria ou Pimlico Sloane Square.** *Ouvert du lundi au samedi de 12h30 à 23h et le dimanche de 12h30 à 22h. Plats principaux entre £ 12,50 et £ 19. Menus le midi à £ 15,50 (deux plats) et £ 17,50 (trois plats).* Tout près d'un ravissant square et entourée de galeries d'art, une bonne table française dans un décor rustique et chaleureux. Escargots ou foie gras avec du Montbazillac en entrée, des plats de poisson ou de viande ensuite. Une bonne cuisine que vous paierez évidemment beaucoup plus cher qu'à Paris ou Bordeaux...

Piccadilly
Bien et pas cher
Cafés

■ **CAFFE NERO. 70, Piccadilly, W1** ✆ **(020) 7629 3036 – Tube : Piccadilly Circus.** On ne compte plus le nombre de Starbucks, Coffee Republic, Costa et autres chaînes de cafés qui se sont ouverts à Londres ces dernières années. Ces endroits proposent toutes sortes de cafés et snacks que l'on commande à la caisse et que l'on peut soit manger sur place soit prendre à emporter (d'où la vision surprenante, pour un Français du moins, de tous ces gens marchant dans les rues de Londres avec leurs gobelets en carton remplis de café). Malheureusement pour les vrais amoureux du café la déception peut être grande. Caffe Nero est peut-être l'exception : outre les habituels expressos et cappuccinos (£ 1-£ 2), Caffe Nero propose de bons sandwichs, paninis (£ 2-£ 3) et gâteaux (£ 1-£ 2).

■ **WATERSTONE'S CAFE. 203-206, Piccadilly, W1** ✆ **(020) 7851 2400 – Tube : Piccadilly Circus.** *Ouvert tous les jours de 10h à 22h.* Le Waterstone's à Piccadilly est une immense librairie : 7 étages remplis de bouquins, de quoi trouver son bonheur ! Et pour faire une pause, rien de mieux que le petit endroit tout en bas du bâtiment qui conjugue café et librairie : vous pouvez consulter gratuitement journaux et magazines (anglais et internationaux – vous pouvez ainsi vous tenir au courant de l'actualité française) tout en sirotant un café (£ 1-£ 3) ou en prenant un petit truc à manger (sandwichs, bagels, croissants, pâtisseries).

Cuisine anglaise

■ **WEST END KITCHEN. 5, Panton Street, SW1** ✆ **(020) 7839 4241 – Tube : Piccadilly Circus.** *Ouvert tous les jours de 11h30 à 22h30. Un menu de trois plats à £ 6,80 ; à la carte, compter entre £ 5 et £ 10 par personne.* Petite cantine british, décor sobre et bonne cuisine.

Bonne table
Cuisine américaine

■ **HARD ROCK CAFE. 150, Old Park Lane, W1** ✆ **(020) 7629 0382 – www.hardrock. com – Tube : Hyde Park.** *Ouvert du lundi au jeudi et le dimanche de 11h30 à 00h, les vendredi et samedi de 11h30 à 1h du matin. Plats principaux entre £ 6,25 et £ 14,95.* Ce n'est certainement pas l'endroit le plus typique de Londres, mais le plus ancien Hard Rock Café du monde mérite tout de même le détour. Bons burgers, tex-mex et service impeccable, à l'américaine. Il y a toujours une file d'attente, mais cela semble faire partie du folklore… Pas de réservation.

Luxe

Cuisine d'Afrique du Nord

■ **MOMO. 25, Heddon Street, W1** ℰ **(020) 7434 4040 – Tube : Piccadilly Circus.** *Ouvert du lundi au samedi de midi à 23h et le dimanche de midi à 22h30. Plats principaux entre £ 9,75 et £ 19,75.* Un endroit très à la mode. Madonna y a même fêté son anniversaire. Pour les Londoniens, Momo représente le comble de l'exotisme. Pour les Français, imprégnés de culture marocaine, tunisienne et algérienne, la surprise sera moins grande. Mais on ne peut nier que l'endroit a un charme incroyable : décor coloré et chaleureux éclairé par de splendides lampes arabes. Dans le café on se relaxe en buvant du thé à la menthe et en savourant des pâtisseries arabes. Détail amusant : tous les magnifiques objets qui vous entourent dans le café (tables, objets d'art, bijoux) sont à vendre. Le restaurant sert une cuisine traditionnelle (tagine, couscous) qui, malheureusement quand on considère les prix pratiqués, n'a rien d'exceptionnel. Mieux vaut faire un tour au café… S'il y a de la place ! Il y a aussi un très beau bar privé en bas, malheureusement il est réservé aux membres seulement. En tout cas n'oubliez pas de passer aux toilettes, elles valent à elles seules le détour !

Cuisine française

■ **THE CRITERION. 224, Piccadilly, W1** ℰ **(020) 7930 0488 – Tube : Piccadilly Circus.** *Ouvert du lundi au samedi de midi à 23h. Plats principaux entre £ 13,75 et £ 25. Principales cartes de crédit acceptées.* Le célèbre long bar où le docteur Watson fit la connaissance de Sherlock Holmes a maintenant été transformé en restaurant. Passé la porte à tambour, vous découvrirez la salle néobyzantine, décorée en 1874 par Thomas Verity. Elle est extrêmement belle – longue et élégante avec une très bonne acoustique. Le doux murmure des voix flotte sous un sublime plafond en mosaïque dorée, qui scintille dans la lumière délicate des petits chandeliers en forme de tulipes. Les murs de marbre sont également incrustés de mosaïques dorées, et des miroirs courent le long de la salle, tous bordés de deux colonnes surmontées d'une arche ornée de mosaïques. Chacune des 62 tables a été peinte à la main par l'artiste yougoslave Filip Sotirovic. Au fond de la salle, un salon accueille ceux qui souhaitent prendre un apéritif avant le repas. Le restaurant fait maintenant partie de l'empire du célèbre chef anglais Marco Pierre White. La cuisine est principalement d'inspiration française (asperge, salade à l'anguille fumée, bacon et pommes sautées, saucisse à la sauce lyonnaise, haddock fumé à la sauce nantaise).

Cuisine indienne

■ **VEERASWAMY. Mezzanine Floor, Victory House, 99-101, Regent Street, W1** ℰ **(020) 7734 1401 – www.realindianfood.com – Tube : Piccadilly Circus.** *Ouvert du lundi au vendredi de midi à 23h30, le samedi de 12h30 à 23h30 et le dimanche de 12h30 à 22h30. Plats principaux entre £ 12 et £ 21.* Le plus vieux restaurant indien de Londres (ouvert en 1927) offre de nos jours une cuisine moderne et authentique : agneau tandoori, homard à la mangue fraîche, curry d'agneau aux épices, oignons caramélisés et pommes. Le cadre est élégant avec de grandes fenêtres qui donnent sur Regent Street.

Salon de thé

■ **FORTNUM & MASON. 181, Piccadilly, W1** ℰ **(020) 7734 8040 – www.fortnumandmason. co.uk – Tube : Green park ou Piccadilly Circus.** *Ouvert du lundi au samedi de 8h30 à 19h45.* A l'intérieur du grand magasin Fortnum & Mason se trouve un salon de thé, surtout réputé pour son traditionnel cream tea (thé accompagné de scones qui sont des petits gâteaux que l'on tartine de crème et de confiture), ses glaces (ice-cream sundae) et ses sandwichs. Egalement recommandé pour son English breakfast (Fortnum's Farmhouse Breakfast à £ 14). Idéal si vous avez envie de prendre le thé entouré de mamies anglaises dans la plus pure tradition…

Mayfair

Bonnes tables

Café

■ **TRUC VERT. 42, North Audley Street, W1** ✆ **(020) 7491 9988 – Tube : Bond Street ou Marble March.** *Ouvert du lundi au vendredi de 7h30 à 22h, le samedi de 7h30 à 17h et le dimanche de 9h30 à 16h. Plats principaux entre £ 9 et £ 14.* Cet endroit au nom rigolo est à la fois un delicatessen et un restaurant. On peut y acheter des produits de bonne qualité tels que fromages, charcuteries, chocolats. Quelques tables sont à disposition pour ceux qui souhaitent rester y manger. En entrée soupe à l'artichaut (*£ 4,25*) ou fritata aux asperges et champignons (*£ 7,25*). En plat principal penne avec marinade de crevettes, moules et tomates séchées au soleil (*£ 10,50*) ou agneau grillé avec betteraves, échalotes et champignons (*£ 12,95*).

Cuisine italienne

■ **STRADA. 15-16, New Burlington Street, W1** ✆ **(020) 7287 5967 – www.strada.co.uk –** *Ouvert du lundi au samedi de midi à 23h et le dimanche de midi à 22h30. Plats principaux entre £ 4,95 et £ 12,95.* Qualité de la cuisine, service professionnel et atmosphère agréable assurent le succès de cette chaîne de restaurants italiens, probablement meilleure que sa concurrente Pizza Express. Au menu pâtes, pizzas, risottos et desserts tels que tiramisu et panna cotta.

Cuisine libanaise

■ **LEVANT. Jason Court, 76, Wigmore Street, W1** ✆ **(020) 7224 1111 – www.levantrestaurant. co.uk – Tube : Bond Street.** *Ouvert du lundi au vendredi de midi à 23h30 et les samedi et dimanche de 17h30 à 23h30. Plats principaux entre £ 12,50 et £ 22,50.* Caché dans une petite cour sur Wigmore Street, Levant paraît bien mystérieux. C'est après avoir descendu l'escalier uniquement éclairé par de belles lanternes arabes que vous trouverez le bar (ouvert tous les jours de 12h à 1h du matin) et le restaurant. De la bonne cuisine (falafel, pitta avec agneau ou encore poulet et agneau grillés) dans un décor exotique (danseuse du ventre le soir à partir de 20h30-21h).

Cuisine méditerranéenne

■ **ROCKET. 4-6, Lancashire Court, W1** ✆ **(020) 7629 2889 – Tube : Bond Street.** *Ouvert du lundi au samedi de midi à 23h30.* C'est dans un de ces charmants passages comme on en trouve à Londres seulement, que Rocket a élu domicile. Au rez-de-chaussée le bar, très animé et très bruyant, est assailli par de jeunes professionnels londoniens chics. A l'étage c'est un restaurant calme, aéré et élégant qui vous attend. Rocket propose des prix très raisonnables pour le quartier chic et cher de Mayfair. La spécialité de la maison – pizza cuite au feu de bois – coûte aux alentours de £ 8. Il y a aussi des salades (*£ 8-£ 10*), des viandes et des poissons (*£ 10-£ 12*). Une bonne adresse si vous avez envie de passer une soirée élégante à Londres sans payer le prix qui va avec. Pensez à réserver car l'endroit a, semble-t-il, beaucoup de succès.

Luxe

Cuisine française

■ **THE SQUARE. 6-10, Bruton Street, W1** ✆ **(020) 7495 7100 – www.squarerestaurant. com – Tube : Bond Street ou Green Park.** *Ouvert du lundi au vendredi de midi à 22h45, le samedi de 18h30 à 22h45 et le dimanche de 18h30 à 21h45. Compter entre £ 50 et £ 70 par personne.* The Square sert une cuisine française élaborée et raffinée pour la clientèle chic et fortunée de Mayfair (le genre de restaurant où le jean n'est pas trop de rigueur). Décor moderne et minimaliste (peintures abstraites accrochées aux murs). Observez l'impressionnant ballet de serveurs (en grande majorité français) dont le travail est réglé comme du papier à musique. The Square manque peut-être un peu de simplicité, mais c'est à un véritable festival de saveurs que vous aurez droit. Egalement une très bonne sélection de grands crus. Evidemment cela n'est pas donné…

Cuisine japonaise

■ **NOBU. Metropolitan Hotel, 19, Old Park Lane, W1** ✆ **(020) 7447 4747 – Tube : Hyde Park Corner.** *Ouvert du lundi au jeudi de midi à 22h15, le vendredi de midi à 23h, le samedi de 18h à 23h et le dimanche de 18h à 21h30. Plats principaux entre £ 5 et £ 27,50. Menu du chef à £ 50 le midi et £ 70 le soir.* Le restaurant japonais le plus réputé de Londres dont un des propriétaires est… Robert De Niro. La cuisine est raffinée et présentée avec élégance et l'addition bien évidemment élevée !

Marylebone et Baker Street

Bien et pas cher

Cuisine égyptienne

■ **ALI BABA. 32, Ivor Place off Gloucester Place, NW1** ✆ **(020) 7723 7474 – Tube : Baker Street ou Marylebone.** *Ouvert de 12h à 00h tous les jours. Pas d'alcool, apporter sa propre bouteille.* Spécialités égyptiennes : falafel, houmous, foul, koshari. Aucune prétention, mais une atmosphère authentique et des prix incroyablement bas. Si le cœur vous en dit, vous pouvez même regarder la télévision égyptienne avec les serveurs...

Cuisine internationale

■ **GIRAFFE. 6-8, Blandford Street, W1** ✆ **(020) 7935 2333 – www.giraffe.net – Tube : Baker Street ou Bond Street.** Avec son décor plutôt marrant et son atmosphère très relax, Giraffe est un restaurant très prisé des familles. La cuisine est bonne et abordable (*plats principaux coûtent entre £ 7 et £ 10*). Il existe un menu spécialement pour les enfants.

Cuisine italienne

■ **LA SPIGHETTA. 43, Blandford Street W1** ✆ **(020) 7486 7340 – Tube : Baker Street.** *Ouvert de lundi à jeudi de midi à 22h30, le vendredi de 12h à 23h. le samedi de 18h30 à 23h et le dimanche de 18h30 à 22h30.* Dans un décor intime et apaisant, une bonne sélection de pizzas (£ 8) et de pâtes (£ 7).

Bonnes tables

Cuisine chinoise

■ **ROYAL CHINA. 40, Baker Street, W1** ✆ **(020) 7487 4688 – Tube : Baker Street.** *Ouvert du lundi au jeudi de midi à 23h, les vendredis et samedis de midi à 23h30 et le dimanche de 11h à 22h.* Royal China a la réputation d'être l'un des meilleurs restaurants londoniens pour le « dim sum » (des tas de petits plats composés, par exemple, de boulettes de porc ou de raviolis de crevettes cuits à la vapeur). Mais attention le « dim sum » n'a lieu que dans la journée de 12h à 17h. Chaque plat « dim sum » coûte entre £ 1,90 et £ 5, ce qui ne devrait pas ruiner votre budget. Il existe d'autres branches de Royal China à Londres (à Queensway et Saint John's Wood entre autres).

Cuisine libanaise

■ **FAIRUZ. 3, Blandford Street, W1** ✆ **(020) 7486 8108/8182 – Tube : Baker Street ou Bond Street.** *Ouvert du lundi au samedi de midi à 23h30 et le dimanche de midi à 22h30.* Un petit restaurant libanais chaleureux : décoration aux couleurs chaudes de la Méditerranée et doux sons de musique traditionnelle. En plus la cuisine est excellente. Une grande sélection d'entrées froides et chaudes (entre £ 4 et £ 5) : houmous, falafel, haloumi entre autres. En plat principal (*autour de £ 9-£ 12*) vous avez le choix entre des viandes grillées ou marinées et des plats végétariens.

Fish & Chips

■ **SEA SHELL. 49-51, Lisson Grove, NW1** ✆ **(020) 7224 9000 – Tube : Marylebone.** *Ouvert du lundi au samedi de midi à 22h30.* Un très bon restaurant de poisson et Fish & Chips. Les plats principaux coûtent entre £ 7 et £ 16.

Salon de thé

■ **PATISSERIE VALERIE AT MAISON SAGNE. 105, Marylebone High Street, W1** ✆ **(020) 7935 6240 – www.patisserie-valerie.co.uk – Tube : Baker Street ou Bond Street.** *Ouvert du lundi au vendredi de 7h30 à 19h, le samedi de 8h à 19h et le dimanche de 9h à 18h.* Pâtisserie Valérie propose des petits-déjeuners, une sélection de sandwichs servis avec salade et chips pour environ £ 6 et, plus classiquement, croissants et gâteaux.

Retrouvez le plan de Londres en pages 148 et 150

Paddington et Bayswater

Bien et pas cher

Cuisine brésilienne

■ **RODIZIO RICO. 111, Westbourne Grove, London, W2** ✆ **(020) 7792 4035 – Tube : Queensway ou Bayswater.** *Ouvert du lundi au vendredi de 18h à 23h30, samedi de 12h30 à 16h et de 18h à 23h30 et dimanche de 12h30 à 22h30.* Ici pas de menu mais une formule unique à £ 18. Celle-ci comprend un buffet garni d'une vingtaine de plats froids où on peut se servir à volonté et un barbecue. Car c'est surtout pour les viandes que l'on vient à Rodizio Rico. Celles-ci sont cuites devant vous et les serveurs ne cessent de passer à votre table pour vous resservir jusqu'à ce que vous ne puissiez plus rien avaler. Arrosez le tout d'un Caipirinha et vous n'aurez pas encore terminé votre repas que vous aurez déjà envie d'y revenir !

Cuisine grecque

■ **KALAMARAS. 66, Inverness Mews, W2** ✆ **(020) 7727 5082 – Tube : Bayswater.** *Ouvert tous les jours de 18h30 à 23h. Compter environ £ 12-£ 15.* Ce petit restaurant grec se cache dans une ruelle juste en face de la station de métro de Bayswater, sur Queensway. Il n'a pas de licence pour vendre des boissons alcoolisées : vous pouvez apporter votre vin, mais pas de bière. L'accueil y est toujours chaleureux.

Cuisine perse

■ **ALOUNAK. 44, Westbourne Grove** ✆ **(020) 7229 0416 – www.alounak.com –** *Tube : Bayswater. Ouvert tous les jours de 12h à 23h30.* Authentique cuisine perse à petits prix (plats principaux entre £ 6 et £ 10). La spécialité de la maison est l'agneau mais il y a aussi des plats à base de poulet. Pas de licence pour vendre de l'alcool, vous pouvez donc amener votre propre bouteille.

Bonnes tables

Cuisine anglaise

■ **REGENT MILK BAR. 362, Edgware Road, W2** ✆ **(020) 7723 8669 – Tube : Edgware Road.** *Ouvert du lundi au samedi de 7h30 à 17h.* Le décor – l'un des plus beaux exemples d'Art déco de Londres – est toujours intact, avec ses murs en verre vert, ses encadrements en chrome, ses néons roses et blancs… On peut y manger une cuisine typiquement anglaise, comme le steak and kidney pie accompagné de frites. Mais on y vient surtout pour les glaces – plus d'une douzaine de parfums – accommodées de toutes les manières… Elles sont exquises en terrasse un jour d'été, mais pour le décor, on viendrait toute l'année…

Cuisine chinoise

■ **MANDARIN KITCHEN. 14-16, Queensway, W2** ✆ **(020) 7727 9012 – Tube : Bayswater ou Queensway.** *Ouvert tous les jours de 12h à 23h30. Plats principaux entre £ 5,90 et £ 25.* Restaurant chinois très réputé pour ses spécialités de poisson et fruits de mer : langouste, calamar, noix de Saint-Jacques (tous sont délicatement assaisonnés : poivre, gingembre ou ail). Pensez à réserver.

Cuisine thaïe

■ **TAWANA. 3, Westbourne Grove, W2** ✆ **(020) 7229 3785 – Tube : Bayswater.** *Ouvert tous les jours de 12h à 23h. Plats principaux entre £ 5,25 et £ 17,95.* Très bonne cuisine thaïe dans un élégant décor au style colonial. Au menu poulet à la noix de coco, tofu au gingembre et de nombreux desserts (gâteau à la mangue, à la noix de coco). Bon choix de plats végétariens également.

Leicester Square

Les enseignes lumineuses des fast-foods et autres tourist-shops donnent le ton de ce quartier toujours envahi par la foule mais dans lequel il n'y a pas grand-chose à visiter. C'est ici cependant que l'on trouve les salles de spectacles (cinémas et théâtres) les plus célèbres du West End, et, à un pâté de maisons en direction du nord, vous parviendrez au Chinatown de Lisle et Gerrard Streets où l'on trouve des tas de restaurants chinois, en général bon marché. Le choix est vaste mais attention, raffinement culinaire et service ne sont pas toujours au rendez-vous. La sélection ci-dessous vous permettra d'éviter les attrape-touristes…

Sur le pouce

■ **PRET-A-MANGER. 77-78, Saint Martin's Lane, WC2** ✆ **(020) 7379 5335 – www.pret. com – Tube : Leicester Square ou Charing Cross.** *Ouvert du lundi au jeudi de 8h à 22h, les vendredi et le samedi de 8h à 22h et le dimanche de 10h à 20h.* Cette chaîne bon marché très prisée des Londoniens propose sandwichs, salades, sushis (£ 2-£ 4), croissants et gâteaux (£ 1-£ 2), café, cappuccino (£ 1-£ 2), jus de fruits (£ 1) à emporter ou à consommer sur place. Décor sobre, nourriture excellente et toujours fraîche et un réel souci d'équilibrer les menus. On trouve des prêts-à-manger à tous les coins de Londres.

Bien et pas cher

Cuisine chinoise

■ **MR KONG. 21, Lisle Street, WC2** ✆ **(020) 7437 7341 – Tube : Leicester Square.** *Ouvert tous les jours de 12h à 2h45 du matin.* Une adresse à recommander pour sa cuisine au-dessus de la moyenne et ses petits prix : les entrées coûtent aux alentours de £ 3,50 et les plats principaux £ 6-£ 8.

■ **NEW WORLD. 1, Gerrard Place, W1** ✆ **(020) 7734 0396 – Tube : Leicester Square.** *Ouvert tous les jours de 11h à 24h.* Cet immense restaurant à la façade rouge et or est surtout réputé pour le « dim sum » (des tas de petits plats composés par exemple de boulettes de porc ou de raviolis de crevettes cuits à la vapeur). A New World il s'agit de dim sum au style hongkongais, c'est-à-dire que les plats passent devant vous sur des chariots et vous choisissez ce que vous voulez. Le dim sum n'est servi qu'entre 11h et 18h. Si vous y allez pour dîner, vous bataillerez seul avec un menu sans rien comprenant des centaines de plats…

■ **WONG KEI RESTAURANT. 41-43, Wardour Street, W1** ✆ **(020) 7437 8408 – Tube : Leicester Square.** *Ouvert tous les jours de 12h à 23h30. Les cartes bancaires ne sont pas acceptées.* L'intérêt principal de Wong Kei est qu'il s'agit de l'un des restaurants les moins chers de Chinatown (*les plats principaux coûtent aux alentours de £ 6,50*). Il faut s'attendre à une cuisine plutôt simple et le service est un peu brusque. On s'assied tout simplement là où il y a de la place, ce qui permet de faire connaissance avec son voisin de table. Il y a des salles différentes suivant que l'on arrive à un, deux, trois ou plus. Au programme : nouilles frites Singapour, crevettes braisées ou filet de bœuf et légumes salés. Sauf au moment du coup de feu de 20h, on trouve facilement une table.

Cuisine italienne

■ **PIZZA EXPRESS. 80-81, Saint Martins Lane, WC2** ✆ **(020) 7836 800 – www.pizzaexpress. co.uk – Tube : Leicester Square ou Charing Cross.** *Ouvert tous les jours de 12h à 24h.* Si vous êtes perdu dans Londres et que vous mourrez de faim (et que vous avez oublié votre guide préféré !), il serait étonnant que vous ne trouviez pas sur votre route un restaurant Pizza Express, cette chaîne ayant semé des petits un peu partout dans la capitale. Pizza Express a capitalisé sur une idée simple : de bonnes recettes italiennes de base (pizzas, pâtes, salades) à petits prix (*pizzas pour £ 6-£ 7*) dans un décor élégant. Rien de surprenant mais la garantie d'un bon repas sans se ruiner.

Cuisine japonaise

■ **TOKYO DINER. 2, Newport Place, WC2** ✆ **(020) 7287 8777 – Tube : Leicester Square.** *Ouvert tous les jours de 12h à 24h. Compter entre £ 8 et £ 12 par personne.* Pas facile de dénicher un bon restaurant à prix réduit dans cette zone très touristique de Londres. La petite merveille du coin c'est Tokyo Diner où vous dégusterez de délicieuses spécialités japonaises (soupes aux nouilles, sushis) dans une ambiance agréable. Le service est également très appréciable : personnel aimable et thé servi gratuitement à volonté. La maison n'accepte pas de pourboire, apparemment cela ne fait pas partie des traditions japonaises…

Pubs

■ **THE SALISBURY. 90, Saint Martin's Lane, WC2** ✆ **(020) 7836 5863 – Tube : Leicester Square ou Charing Cross.** *Ouvert du lundi au samedi de 11h à 23h et le dimanche de 12h à 22h30.* Un magnifique pub victorien. La décoration intérieure est en cristal taillé. Le Salisbury a été pendant longtemps l'un des points de chute préférés des théâtreux du quartier, qui se rassemblaient dans ce pub donnant sur Saint Martin's Court. En hiver, la cheminée fonctionne. Pour échapper aux fast-foods américains du quartier…

■ **ALL BAR ONE. 48, Leicester Square, WC2** ✆ **(020) 7747 9921 – Tube : Leicester Square.** Une chaîne de « pubs » nouvelle génération : spacieux, grandes tables en bois et le vin rivalise ici avec la bière. On commande au bar un plat (sandwich et salades aux saveurs plus méditerranéennes qu'anglaises) ou simplement un verre. Rien d'exceptionnel, d'autant qu'on en trouve maintenant un peu partout à Londres, mais plutôt agréable.

Bonnes tables
Cuisine anglaise

■ **BROWNS. 82-84, Saint Martin's Lane, WC2** ✆ **(020) 7497 5050 – Tube : Leicester Square ou Charing Cross.** *Ouvert du lundi au samedi de 12h à 23h30 et le dimanche de 12h à 23h.* Un endroit agréable (grande salle lumineuse) pour faire une pause en plein centre de Londres. C'est également une bonne adresse pour prendre un english breakfast (avec œufs, bacon, saucisse).

Cuisine chinoise

■ **FUNG SHING. 15, Lisle Street, WC2** ✆ **202-7437 1539 – www.fungshing.com – Tube : Leicester Square.** *Ouvert tous les jours de 12h à 23h30.* Au beau milieu de Chinatown, un restaurant chinois plus cher (environ £ 20 par personne) mais la raison est simple : cuisine de haute qualité et service impeccable sont les maîtres mots à Fung Shing. De nombreuses spécialités comme les fruits de mer à la mangue fraîche ou encore l'anguille à la sauce au miel. Goûtez également les soupes (celle au crabe et au maïs et celle à la coquille Saint-Jacques sont délicieuses). De plus le cadre est plus élégant que celui des restaurants de Chinatown.

Soho

Un quartier très animé de Londres (spécialement le soir) avec un vaste choix de restaurants et de bars.

Sur le pouce

■ **PIZZERIA MALLETTI. 26, Noel Street W1** ✆ **(020) 7439 4096 – Tube : Tottenham Court Road ou Oxford Circus.** *Ouvert du lundi au samedi de 9h à 17h.* Pizzeria Malletti c'est un peu de vraie Italie au cœur de Soho. Certainement une des meilleures adresses de Londres pour des pizzas à emporter (ou à manger au comptoir debout). Les pizzas (aubergine, courgette, mozzarella, jambon) sont servies à la part pour environ £ 3-£ 4.

Bien et pas cher
Cuisine espagnole

■ **CAFE ESPANA. 63, Old Compton Street, W1** ✆ **(020) 7494 1271 – Tube : Tottenham Court Road ou Piccadilly Circus.** *Ouvert du lundi au samedi de 12h à 24h et le dimanche de 12h à 23h.* Dans le quartier chaud de Soho, ce restaurant espagnol ne paie pas de mine de l'extérieur mais une fois passé la porte d'entrée, attendez-vous à de bons tapas pour £ 4-£ 6 (tortilla, moules, jambon) et, si vous avez un peu plus faim, à une bonne sélection de plats principaux tels que viandes, poissons grillés (*£ 10-£ 12*) et paellas (*£ 22 pour deux*).

Cuisine française

■ **BAR DU MARCHE. 19, Berwick Street, W1** ✆ **(020) 7734 4606 – Tube : Piccadilly Circus.** *Ouvert du lundi au samedi de 12h à 23h.* Dans la petite rue piétonnière de Berwick Street où a lieu le marché de fruits et légumes, un bon petit restaurant français à l'ambiance sympathique. Le menu vous rappellera la maison entre soupe à l'oignon, steak frites, saucisses de Toulouse et crème brûlée. Les plats principaux coûtent entre £ 6 et £ 12 et les desserts environ £ 3.

■ **PIERRE VICTOIRE. 5, Dean Street, W1** ✆ **(020) 7287 4582 – Tube : Tottenham Court Road.** *Ouvert du lundi au jeudi de midi à 23h, les vendredi et samedi de 12h à 23h30 et le dimanche de 12h à 22h30.* De la bonne cuisine française à des prix raisonnables à Londres, on croit rêver ! Les plats principaux coûtent entre £ 8 et £ 12. L'accueil est aimable : s'il y a du monde et que vous n'avez pas réservé, le patron vous fera patienter dans le pub d'en face et viendra lui-même vous chercher quand votre table sera prête. De plus, l'atmosphère de ce petit restaurant a tout pour séduire : cadre chaleureux (tableaux et affiches de concert et spectacles au mur, tables en bois, verrière au-dessus du bar), éclairage à la bougie et douce musique jazz provenant du piano à l'entrée. Bref on prend son temps et on savoure…

Cuisine indienne

■ **SOHO SPICE.** **120-124, Wardour Street, W1** ✆ **(020) 7434 0808 – www.sohospice. co.uk – Tube : Piccadilly Circus ou Leicester Square.** *Ouvert du lundi au jeudi de 12h à 23h30 et du vendredi au samedi de 12h à 3h du matin.* Restaurant indien au style moderne (très grand, musique assez forte et ouvert très tard pendant le week-end) et aux prix avantageux. Vous pouvez vous contenter d'un seul plat : le poulet tikka masala à £ 9,95 par exemple est un vrai repas à lui tout seul puisqu'il est accompagné de riz, de légumes du jour, d'un dhal (lentilles) et d'un naan. Il existe aussi un menu (deux plats) pour seulement £ 6 servi entre 11h30 et 18h30.

Cuisine indonésienne

■ **NUSA DUA.** **11-12, Dean Street, W1** ✆ **(020) 7437 3559 – Tube : Oxford Circus ou Tottenham Court Road.** *Ouvert du lundi au samedi de 12h à 24h, et le dimanche de 16h à 22h.* La cuisine, à base d'arachides, d'épices, de riz et de noix de coco, est originale et savoureuse. Le sourire des serveuses et la décoration (lumières tamisées, aquarium…) contribuent à rendre cet endroit particulièrement chaleureux. Les plats principaux coûtent entre £ 5 et £ 8.

Cuisine internationale

■ **CAFE EMM.** **17, Frith Street, W1** ✆ **(020) 7437 0723 – Tube : Leicester Square ou Tottenham Court Road.** *Ouvert du lundi au jeudi de 12h à 22h30, le vendredi de 12h à 24h, le samedi de 19h à 24h et le dimanche de 19h à 22h30.* Ce restaurant spacieux propose des spécialités du monde entier à £ 6 (poulet cajun, crêpes au saumon…), incluant de nombreux plats végétariens (falafels, poivrons farcis…). Les entrées coûtent £ 4,50. La décoration est agréable (bougies sur les tables, tableaux et vieilles cartes sur le mur), le service rapide et sympathique, la clientèle un rien branchée. Une bonne adresse.

■ **STOCKPOT.** **18, Old Compton Street, W1** ✆ **(020) 7287 1066 – Tube : Leicester Square.** *Ouvert lundi et mardi de 11h30 à 23h30, du mercredi au samedi de 11h30 à 23h45 et le dimanche de 12h à 23h.* Stockpot propose le soir un menu (entrée-plat-dessert) à £ 4,70.

@ *« Dans une ambiance jeune et décontractée, un restaurant très sympa où l'on peut manger de tout pour des prix très modiques, à l'intérieur ou sur la petite terrasse devant. Les cartes bancaires ne sont pas acceptées. » D. Gidon, Grenoble.*

Cuisine italienne

■ **CENTRALE.** **16, Moor Street, W1** ✆ **(020) 7437 5513 – Tube : Tottenham Court Road ou Leicester Square.** *Ouvert du lundi au samedi de 12h à 21h30.* Restaurant italien pour tout petits budgets : lasagnes al forno à £ 4,75 ou spaghettis vongole à £ 4,75. De l'extérieur Centrale n'attire pas forcement l'œil avec ses banquettes en vinyle et ses tables en Formica mais c'est pour ses plats copieux à tout petits prix et ses serveurs sympathiques que l'on vient. Centrale n'a pas de licence pour vendre d'alcool, vous pouvez donc amener votre propre bouteille achetée à l'un des corner shops aux alentours : pour cela Centrale ajoutera à votre addition entre 50 p et £ 1 selon la taille de la bouteille. La maison accepte les paiements en liquide ou par chèque seulement.

■ **ZILLI CAFE.** **42-44, Brewer Street, W1** ✆ **(020) 7287 9233 – Tube : Piccadilly Circus.** *Ouvert du lundi au samedi de 8h à 22h.* Bien moins cher que son grand frère Zilli Fish situé juste à côté, Zille Café propose de bons expressos et cappuccinos, des croissants, des glaces italiennes à tous les parfums et des spécialités italiennes telles que pâtes et légumes (aubergine, tomates séchées au soleil). Idéal pour prendre un café, un brunch ou un déjeuner rapide.

Cuisine japonaise

■ **SATSUMA.** **56, Wardour Street, W1** ✆ **(020) 7437 8338 – www.osatsuma.com – Tube : Piccadilly Circus ou Leicester Square.** *Ouvert les lundi et mardi de 12h à 23h, les mercredi et jeudi de 12h à 23h30, les vendredi et samedi de 12h à 24h et le dimanche de 12h à 22h30.* Le concept est très similaire à celui de Wagamama, l'autre restaurant japonais style cantine de Londres. Les bento boxes (boîte à compartiments avec viande ou poisson, riz et légumes) constituent un bon repas très complet pour £ 10-£ 12. En dessert essayez la tempura ice-cream (sorte de profiteroles à la japonaise).

■ **SOHO JAPAN.** **52 Wells Street, London, W1** ✆ **(020) 7323 4661 – Tube : Leicester Square ou Piccadilly Circus.** *Ouvert du mardi au vendredi de 12h à 14h30 et de 18h à 23h et le week-end seulement le soir. Menu 4 plats à £ 35.* Ce petit restaurant japonais ne paie pas de mine de l'extérieur. Mais ne vous fiez pas aux apparences, c'est délicieux. Grande sélection de sushis et sashimis ainsi que d'autres spécialités japonaises.

Cuisine thaïe

■ **SOHO THAÏ.** 27-8, Saint Annes's Court, W1 ✆ (020) 7287 2000 – Tube : Tottenham Court Road. *Ouvert du lundi au samedi de 12h à 23h30.* De la bonne cuisine thaïe dans un décor cosy. Les plats principaux coûtent entre £ 6 et £ 9. Au menu salade de fruits de mer, boulettes aux crevettes ou encore canard aux lychees et ananas. Une carte végétarienne est également disponible.

Bonnes tables

Cuisine européenne

■ **ANDREW EDMUNDS.** 46, Lexington Street, W1 ✆ (020) 7437 5708 – Tube : Oxford Circus. *Ouvert du lundi au vendredi de 12h30 à 22h45, le samedi de 13h à 22h45 et le dimanche de 13h à 22h30.* Compter £ 20-£ 30 par personne. Une institution à Soho depuis 15 ans. Petit, chaleureux et aussi intime que le troquet du coin, ce restaurant est une perle rare à l'abri des néons du West End, en plein cœur du vieux Soho. Andrew Edmunds est bouquiniste (sa librairie est à côté) et grand connaisseur de vins. En semaine, journalistes et écrivains affluent des maisons d'édition du quartier. Le week-end est consacré aux dîners en tête à tête et, selon le mot du patron, on attrape facilement la « maladie Andrew Edmunds ». Les symptômes se manifestent au moment de partir : on ne veut plus affronter la folie de la ville. Le rapport qualité/prix est excellent, pour les vins comme pour la nourriture. La carte (anglo-franco-italienne) change chaque semaine et les plats sont toujours copieux : côtes de porc avec gratin dauphinois (£ 9,50) ou sole avec petites pommes de terre, haricots et sauce au beurre (£ 13,50). En dessert vous goûterez par exemple au délicieux tiramisu (£ 3,50) ou bien à la tarte aux prunes et amandes (£ 4). Important choix de vins. Le personnel est attentionné. Pas étonnant qu'Andrew Edmunds soit plein tous les soirs. Il faut impérativement réserver à l'avance.

Cuisine japonaise

■ **KULU KULU.** 76, Brewer Street, W1 ✆ (020) 7734 7316 – Tube : Piccadilly Circus. *Ouvert du lundi au samedi de 12h à 22h.* Le principe est simple dans ce bon sushi bar de Soho : vous vous asseyez et vous choisissez ce que vous voulez parmi les plats qui défilent devant vous sur un tapis roulant. Au menu toutes sortes de sushis très frais (on les prépare sous vos yeux avant de les mettre sur le tapis roulant), des bols de soupe miso et ne manquez pas l'aubergine à la soy sauce qui est un vrai délice. Vous payez à la fin : votre addition est calculée selon le nombre d'assiettes vides devant vous (attention car il peut arriver de dépenser plus que prévu). Le thé vert est gratuit. Quand il y a beaucoup de monde, chaque client ne peut rester que 45 minutes maximum.

Cuisine méditerranéenne

■ **AURORA.** 49, Lexington Street, W1 ✆ (020) 7494 0514 – Tube : Oxford Circus. *Ouvert les lundi et mardi de 12h à 22h et du mercredi au samedi de 12h à 22h30.* Dans un décor cosy Aurora sert une cuisine méditerranéenne de bonne qualité. L'endroit est aussi réputé pour son café. En été vous pouvez profiter du soleil dans la petite cour à l'arrière du restaurant.

Cuisine thaïe

■ **CHIANG MAI.** 48, Frith Street, W1 ✆ (020) 7437 7444 – Tube : Leicester Square. *Ouvert du lundi au samedi de 12h à 23h et le dimanche de 19h à 23h.* Un bon restaurant thaï au cœur de Soho. Le 12h, trois menus sont offerts : végétarien (£ 7,50), viande (£ 7,90) et fruits de mer (£ 8,50). Il vous coûtera plus cher d'y dîner le soir (*aux alentours de £ 20*).

Luxe

Cuisine française

■ **LA TROUVAILLE.** 12a, Newburgh Street, W1 ✆ (020) 7287 8488 – Tube : Oxford Circus, Piccadilly Circus ou Tottenham Court Road. *Ouvert du lundi au samedi de 12h à 23h.* Un joli nom pour ce très bon restaurant caché dans une petite rue derrière Carnaby Street. De la « French haute cuisine » comme disent les Anglais, un cadre très élégant et apaisant et un service très profession-nel, mais pour tout Français (ou francophile) qui se respecte l'addition paraît salée en comparaison avec l'équivalent en France… Mais n'oublions pas que c'est de Londres dont nous parlons ! Pour les grandes occasions uniquement…

Cuisine italienne

■ **ZILLI FISH.** 36-40, Brewer Street, W1 ✆ (020) 7734 8649 – www.zillialdo.com – Tube : Piccadilly Circus. *Ouvert du lundi au samedi de 12h à 23h30.* Restaurant de poisson chic et cher de Soho. La clientèle est plutôt branchée et l'atmosphère très animée. Au menu spaghetti au homard (£ 25), saumon farci au crabe et épinard (£ 18,50) ou huîtres fraîches. En dessert panna cotta, tiramisu ou encore tarte à la cerise et ricotta *(tous les desserts sont à £ 6,50)*. Le Zilli Cafe juste à côté est nettement plus abordable. Il existe également un Zilli 2 à Covent Garden.

Fitzrovia

Bien et pas cher

Cuisine indienne

■ **INDIAN YMCA. 41, Fitzroy Square, W1** ✆ **(020) 7387 0411 – www.indianymca.org – Tube : Great Portland Street ou Warren Street.** *Déjeuner : du lundi au vendredi de 12h à 14h, les samedis et dimanches de 12h30 à 13h30. Dîner : tous les jours de 19h à 20h. Non-fumeur et pas d'alcool.* Pour manger dans cette cantine, vous devez payer d'abord au bureau de réception, qui vous remettra un reçu. Le choix des plats est limité, mais tous sont préparés avec soin et sont incroyablement peu chers : plats principaux entre £ 2,10 et £ 2,30 *(également un menu les samedi et dimanche à 12h à £ 4,50 pour deux plats)*. Vous mangerez sur des tables en Formica, au milieu d'Indiens, d'étudiants ou d'employés du quartier.

Bonnes tables

Cuisine française

■ **CHEZ GERARD. 8, Charlotte Street, W1** ✆ **(020) 7636 4975 – Tube : Goodge Street.** *Ouvert du lundi au vendredi de 12h à 23h30 et le samedi de 18h à 22h30.* Quand Chez Gérard a ouvert ses portes il y a 20 ans, les restaurants de steak-frites n'étaient pas si courants à Londres. Aujourd'hui Chez Gérard est toujours spécialisé dans les viandes et grillades mais propose aussi quelques plats végétariens et des poissons. Un menu à prix fixe *(£ 16,50)* avec entrée, plat principal et dessert est disponible le soir et le dimanche 12h. Parmi les entrées, des escargots à l'ail (£ 5,75), des huîtres (£ 6,50 la demi-douzaine), ou encore du pâté de campagne (£ 4,95). Les plats de viandes sont très copieux : entrecôte (£ 17,25), côte de bœuf (£ 14,95). Rien de très exotique mais de la très bonne cuisine. **Il existe 8 autres de ces établissements à Londres :** The Opera Terrace à Covent Garden WC2 ; 84-86, Rosebery Avenue EC1 ; 14, Trinity Square EC3 ; 64, Bishopsgate EC2 ; 119, Chancery Lane WC2 ; 3, Yeoman's Road SW3 ; 31, Dover Street W1 ; 9, Belvedere Road à South Bank SE1.

Cuisine indienne

■ **RASA SAMUDRA. 5, Charlotte Street. W1** ✆ **(020) 7637 0222 – www.rasarestaurants. com – Tube : Goodge Street.** *Ouvert du lundi au samedi de 12h à 22h45 et le dimanche de 18h à 22h45. Plats principaux entre £ 7,95 et £ 14. Menu végétarien à £ 22,50 et menu fruits de mer à £ 30.* Ce sont les poissons, les fruits de mer et les plats végétariens qui sont à l'honneur à Rasa Samudra. Cuisine de haute qualité tirant son inspiration du Sud de l'Inde.

Cuisine italienne

■ **CARLUCCIO'S CAFE. 8, Market Place, W1** ✆ **(020) 7636 2228 – Tube : Oxford Circus.** *Ouvert du lundi au vendredi de 8h à 23h, le samedi de 10h à 23h et le dimanche de 11h à 22h. Plats principaux entre £ 4,85 et £ 10,95.* Il existe maintenant à Londres plusieurs Carluccio's Café qui proposent tous de la bonne et simple cuisine italienne (antipasti, pâtes, salade de tomates et mozzarella, panier avec différentes sortes de pains régionaux italiens) dans un décor convivial (entre autres une grande table rectangulaire en bois surmontée d'un miroir, que plusieurs clients peuvent partager). Même si parfois Carluccio's semble être avant tout le fruit d'un ingénieux concept marketing, il est cependant très appréciable de pouvoir venir simplement prendre un café. L'expresso et le cappuccino sont très bons. Essayez le bicerin (un petit plateau avec trois petits pots : un de chocolat chaud, un de crème et un d'expresso pour faire le mélange vous-même). A l'entrée, une petite boutique où l'on peut acheter toutes sortes de produits de cuisine italienne (huile d'olive, pâtes, biscuits) mais aussi les livres de recette d'Antonio Carluccio !

■ **PESCATORI. 57, Charlotte Street, W1** ✆ **(020) 7580 3289 – Tube : Goodge Street.** *Menus (2 plats) de £ 16 à £ 20.* Un excellent restaurant de poissons et fruits de mer. Les entrées, entre £ 5 et £ 9, comprennent huîtres, crabes, sardines, calmars. Une excellente adresse pour les amoureux de la mer !

Bloomsbury

Bien et pas cher
Cuisine japonaise

■ **ABENO. 47, Museum Street, WC1** ✆ **(020) 7405 3211 – Tube : Holborn.** *Ouvert les lundis, mardis, jeudis et dimanches de 12h à 22h et le mercredi de 18h à 22h. Plats principaux entre £ 5,25 et £ 25.* Apparemment Abeno est le seul restaurant okonomi-yaki (viande, légumes, œufs et nouilles cuits sur une plaque chaude sur votre table) en Europe. Ingrédients frais, cuisine savoureuse, service très accueillant et petits prix (majorité des plats coûtent aux alentours de £ 10 ou moins) font de Abeno un endroit à recommander chaudement.

Fish & Chips

■ **FRYER'S DELIGHT. 19, Theobald's Road, WC1** ✆ **(020) 7405 4114 – Tube : Holborn ou Russell Square.** *Ouvert du lundi au samedi de 12h à 22h. Cartes non acceptées.* Pour une vraie expérience de bon fish and chips à tout petits prix (*moins de £ 5*).

Bonnes tables
Cuisine anglaise

■ **VATS WINE BAR. 51, Lambs Conduit Street, WC1** ✆ **(020) 7242 8963 – Tube : Holborn ou Russell Square.** *Restaurant ouvert du lundi au vendredi de 12h à 21h30. Bar ouvert du lundi au vendredi de 12h à 23h. Plats principaux entre £ 8 et £ 15.* Le Vats est l'un des plus anciens bars à vins de Londres et toujours l'un des meilleurs. Grand choix de vins, nombreux grands crus (pomerol, margaux, saint-estèphe…). Les importateurs de vins y organisent fréquemment des dégustations. On y sert le traditionnel steak and kidney pie.

Cuisine espagnole

■ **CIGALA. 54, Lamb's Conduit Street, WC1** ✆ **(020) 7405 1717 – www.cigala.co.uk – Tube : Holborn ou Russel Square.** *Ouvert du lundi au vendredi de 12h à 22h45, le samedi de 12h30 à 22h45 et le dimanche de 12h30 à 15h30. Plats principaux entre £ 13 et £ 17.* De la cuisine espagnole simple mais succulente. Le chef cuisinier est celui-là même qui fut à l'origine d'un autre restaurant à succès : Moro à Clerkenwell. Le menu de Cigala change quotidiennement en fonction de la saison et de ce que le chef trouve au marché ! Il est bon de savoir qu'il existe le midi en semaine un menu 2 plats à £ 15 et un menu 3 plats à £ 18.

Cuisine indienne

■ **MALABAR JUNCTION. 107, Great Russell Street, WC1** ✆ **(020) 7580 5230 – Tube : Tottenham Court Road.** *Ouvert tous les jours de 12h à 23h30.* Décor spacieux et confortable. Bonne cuisine de Kerala, région d'Inde réputée pour ses plats assez épicés. Au menu poisson au piment, ail, noix de coco et cannelle (*£ 8*), curry de crevettes Cochin (*£ 9.50*) ou encore poulet Malabar (*£ 8*).

Fish & Chips

■ **NORTH SEA FISH. 7-8, Leigh Street, WC1** ✆ **(020) 7387 5892 – Tube : Russell Square.** *Ouvert du lundi au samedi de 12h à 22h30. Plats principaux entre £ 7,90 et £ 16,95.* Ne vous fiez pas à l'aspect peu avenant du restaurant, le Fish & Chips y est délicieux. Pensez à réserver pour le dîner, l'endroit est souvent plein.

Covent Garden

Sur le pouce

■ **BAGEL FACTORY. 46, The Piazza, Covent Garden – Tube : Covent Garden.** Une chaîne qui vend des bagels (les fameux petits pains ronds d'origine juive). On peut choisir la composition de son bagel : simplement beurré il vous en coûtera 85 pences, avec du saumon ou du bacon £ 3,50. On peut demander à ce que son bagel soit toasté. On trouve des Bagel Factory un peu partout dans Londres maintenant (notamment dans les gares).

■ **WEST CORNWALL PASTY CO. 1, The Market, WC2** ✆ **(020) 7836 8336 – Tube : Covent Garden.** *Ouvert du lundi au samedi de 11 à 23h et le dimanche de 12h à 22h30.* Ici ce que l'on prend à emporter ce sont des croissants fourrés à la viande, la Cornish Pasty, une spécialité culinaire du Sud de l'Angleterre (des Cornouailles).

Bien et pas cher
Cuisine africaine

■ **CALABASH. The Africa Centre, 38, King Street, WC2** ✆ **(020) 7836 1976 – www.africa centre.org.uk – Tube : Covent Garden.** *Ouvert du lundi au vendredi de 12h30 à 22h30 et le samedi de 18h à 22h30. Plats principaux entre £ 4,50 et £ 7,50.* Calabash est un endroit agréable et sans prétention où l'on peut goûter à la diversité de la cuisine africaine (spécialités du Nigeria, Côte d'Ivoire, Sénégal, Malawi entre autres) sans se ruiner. Sélection de bières africaines. Le restaurant se trouve au sein de l'Africa Centre qui regroupe également un bar, une salle de concerts et une boutique d'artisanat africain.

Cuisine indienne

■ **THE PUNJAB RESTAURANT. 80-82, Neal Street, WC2** ✆ **(020) 7836 9787 – www.punjab. co.uk – Tube : Covent Garden.** *Ouvert du lundi au samedi de 12h à 23h30 et le dimanche de 12h à 22h30.* Un des plus vieux restaurants indiens de Londres. Goûtez aux Aloo Tikka (boulettes de pommes de terre) servies en entrée accompagnées d'une succulente sauce aigre-douce (*£ 2,60*). En plat principal essayez le poulet karahi (*£ 7,95*) ou encore le « benaam macchi tarkari », la spécialité du chef : un plat de poisson dans une sauce bien riche (*£ 8,60*).

Cuisine internationale

■ **BISTRO I. 33, Southampton Street, WC2** ✆ **(020) 7379 7585 – Tube : Charing Cross ou Covent Garden.** *Ouvert tous les jours de 12h à 23h30.* Une adresse centrale pour un petit bistro charmant et aux prix défiant toute concurrence : un menu (entrée-plat principal ou plat principal-dessert) à £ 7 et un menu (entrée-plat-dessert) à £ 9. Bistro propose de la nourriture simple et bonne dans un cadre agréable. Tout près des théâtres du West End, une bonne adresse pour dîner avant ou après une pièce.

Cuisine italienne

■ **CAFE PASTA. 184, Shaftesbury Avenue, WC2** ✆ **(020) 7379 0198 – Tube : Covent Garden.** Le petit frère de Pizza Express : même concept (de bonnes recettes italiennes de base à petits prix dans un décor élégant) mais ciblé, comme son nom l'indique, sur les pâtes.

Cuisine végétarienne

■ **FOOD FOR THOUGHT. 31, Neal Street, WC2** ✆ **(020) 7836 9072 – Tube : Covent Garden.** *Ouvert du lundi au samedi de 9h30 à 20h30 et le dimanche de 12h à 17h.* Ce restaurant végétarien existe depuis 30 ans et il résiste aux chaînes de restaurants qui envahissent maintenant Covent Garden. On peut venir pour le petit-déjeuner, le déjeuner ou le dîner. Au menu, quiches, salades, pâtes et desserts (brownies, flapjacks, crumbles, cakes) à petits prix (*les plats principaux coûtent entre £ 3 et £ 6,50*). Différentes sortes de pain, tous délicieux. Il faut arriver tôt pour être sûr d'avoir une place.

■ **NEAL'S YARD SALAD BAR. 2, 8 & 10, Neal's Yard, WC2** ✆ **(020) 7836 3233 – www.neals yardsaladbar.co.uk – Tube : Covent Garden.** *Ouvert en été tous les jours de 10h30 à 20h et en hiver de 11h30 à 19h.* Au fond d'une rue étroite, loin du bruit et de la fureur de Covent Garden se trouve un des endroits les plus charmants du quartier : une petite place colorée avec cafés, restaurants et boutiques. Neal's Yard Salad bar est un petit restaurant végétarien aux prix très raisonnables (*plats principaux entre £ 7,50 et £ 8,50*). Au menu salades, risotto, desserts et un bon choix de jus de fruits.

Fish & Chips

■ **ROCK AND SOLE PLAICE. 47, Endell Street, WC2** ✆ **(020) 7836 3785 – Tube : Covent Garden.** *Ouvert du lundi au samedi de 11h30 à 22h et le dimanche de 12h à 22h.* A découvrir, ne serait-ce que parce qu'il s'agit du plus vieux fish and chips de Londres. Au menu, toutes sortes de bons poissons (au choix morue, haddock, sole) accompagnés, comme il se doit, de frites et de petits pois. S'il fait beau et que vous arrivez à obtenir une table à l'extérieur, l'expérience en sera d'autant plus agréable : le restaurant est situé dans une rue calme à l'écart de la folie touristique de Covent Garden.

Bonnes tables

Cuisine anglaise

■ **THE CRUSTING PIPE. 27, The Market, Covent Garden, WC2** ✆ **(020) 7836 1415 – Tube :** **Covent Garden.** *Ouvert du lundi au samedi de 11h30 à 23h et le dimanche de 11h30 à 18h. Principales cartes acceptées. Compter £ 15-£ 20 pour un repas, £ 5-£ 8 pour un snack.* Ici, bien que les plats soient corrects et nourrissants, c'est plutôt le cadre et la cave à vins qui attirent l'attention. A l'intérieur, il fait toujours frais et sombre même en plein été, et le plancher couvert de paille apporte une note campagnarde. La grande terrasse sous la verrière de l'ancien marché permet de manger (ou de boire) à l'extérieur, quel que soit le temps. Des sandwichs sont servis à toute heure (*£ 3-£ 5*). Le bar à vins est abordable (*£ 2-£ 4 le verre*), et doit sa réputation à ses grands crus et à ses portos rares. La direction prie ceux qui souhaitent les déguster de la prévenir 24 heures à l'avance, pour donner le temps aux vins de décanter, « afin que le client puisse les consommer dans les meilleures conditions ». Une excellente ambiance. Des étudiants en chant classique donnent souvent un petit spectacle au pied de l'escalier pour se faire de l'argent.

Cuisine belge

■ **BELGO CENTRAAL. 50, Earlham Street, WC2** ✆ **(020) 7813 2233 – www.belgorestaurants. com – Tube : Covent Garden.** *Ouvert du lundi au jeudi de 12h à 23h, les vendredi et samedi de 12h à 23h30 et le dimanche de 12h à 22h30.* Une fois entré dans le bâtiment, un grand ascenseur de type monte-charge vous conduit au sous-sol. Vous entrez alors dans le monde de Belgo, avec sa grande cuisine ouverte, son décor métallique, ses serveurs tous habillés en moine et, surtout, ses spécialités belges. Il y a du monde. Pas étonnant, c'est bon et les portions sont énormes. Bien sûr, la spécialité ici, ce sont les moules (1 kg !) avec des frites. Classique, mais tellement bon. Au choix moules marinières (*£ 10,95*), classique avec ail et crème (*£ 11,95*) ou encore provençale avec tomate, herbes et ail (*£ 11,95*). Et si cela ne vous tente pas, il y a d'autre options : en entrée salade liégeoise (*£ 4,95*) ou croquettes au fromage et à la bière d'Orval (*£ 5,50*) et en plat principal les carbonades flamandes (*du bœuf braisé à la bière Gueuze, aux pommes et aux prunes à £ 9,50*) ou un steak. Et si vous avez encore faim après ça, les gaufres et les crêpes sont particulièrement appétissantes. Egalement une impressionnante sélection de bières belges. Déjeuner (1 plat) à £ 5,95 de 12h à 17h30.

Cuisine française

■ **CAFE DES AMIS. 11-14, Hanover Place, WC2** ✆ **(020) 7379 3444 – www.cafedesamis. co.uk – Tube : Covent Garden.** *Ouvert du lundi au samedi de 11h30 à 23h30. Principales cartes acceptées. Réservation recommandée.* Un restaurant au décor moderne avec un bar à vins en bas. Les prix sont très abordables pour ce quartier de Londres. Il existe un menu (entrée-plat ou plat-dessert) à £ 13,50 et un menu (entrée-plat-dessert) à £ 16. A la carte, c'est un peu plus cher. Située à deux pas de l'Opéra, le restaurant s'anime surtout avant et après les spectacles (qui commencent à 20h).

Luxe

Cuisine européenne

■ **THE IVY. 1, West Street, WC2** ✆ **(020) 7836 4751 – Tube : Leicester Square.** *Ouvert tous les jours de 12h à 00h.* The Ivy est l'un des restaurants dont on parle le plus à Londres, renommé entre autres pour la difficulté d'y réserver une table et pour les célébrités qui viennent y dîner. Mais que vous soyez une célébrité locale ou pas, le personnel est charmant et attentif. La cuisine proposée est un mélange de cuisine française (foie gras) et de cuisine anglaise (eggs Benedict, shepherd's pie). Si vous voulez absolument goûter à l'expérience « The Ivy », il vous faut soit réserver plusieurs semaines à l'avance soit essayer de réserver pour un déjeuner le week-end (il y a moins de monde et en plus cela vous coûtera moins cher : *£ 21,50 pour un menu entrée-plat-dessert*).

The Strand et Holborn

Bien et pas cher

Cuisine indienne

■ **THE INDIA CLUB. 2e étage, Strand Continental Hotel, 143, Strand, WC2** ✆ **(020) 7836 0650. Tube : Charing Cross.** *Ouvert du lundi au samedi de 12h à 22h50 et le dimanche de 18h à*

Garde Royale

> Piccadilly Circus

> Big Ben, Maison du parlement

Trafalgar Square, la Colonne de l'amiral Nelson

> Big Ben

> Statue de Winston Churchill et Big Ben

> Trafalgar Square, monument commémoratif, la National Gallery en arrière-plan

> Piccadilly, la statue d'Eros

> Canary Wharf vue du quartier des docks

> Big Ben

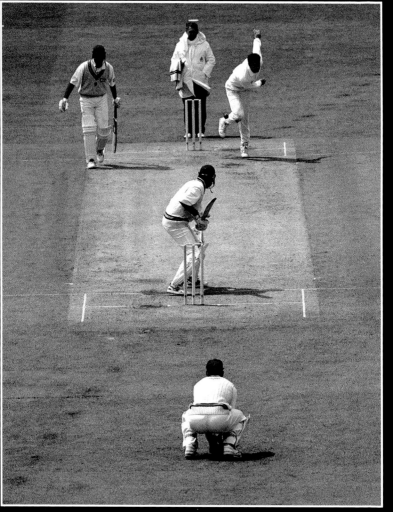
> Lord's Cricket Ground, match dominical

> Kew Gardens

> La Garde Royale dans Hyde Park

20h. Liquide et chèques uniquement acceptés. Poulet mughlay : £ 5,20, curry aux crevettes : £ 6, riz : £ 2, pain paratha : £ 1,60. Ce petit restaurant indien très bon marché ne paie pas de mine, mais il est plébiscité par le personnel de la High Commission qui travaille juste en face.

Luxe

Cuisine anglaise

■ **SIMPSON'S-IN-THE-STRAND. 100, The Strand, WC2** ✆ **(020) 7836 9112 – Tube : Covent Garden ou Charing Cross.** *Breakfast servi du lundi au vendredi de 7h15 à 10h30. Déjeuner servi du lundi au samedi de 12h15 à 14h30 et le dimanche de 12h à 15h. Dîner servi du lundi au samedi de 17h30 à 22h45 et le dimanche de 18h à 20h30. A la carte, compter environ £ 35 pour déjeuner ou dîner. Il existe des menus pour déjeuner du lundi au samedi : 2 plats pour £ 17 et 3 plats pour £ 20,75. Compter entre £ 10 et £ 18 pour le breakfast.* Cette vénérable institution propose une cuisine anglaise comme vous avez peu de chance d'en goûter ailleurs. Le menu comprend au choix : agneau, roast beef, roast potatoes, pudding avec custard (crème anglaise). Bien que la lenteur du service vous fasse passer deux heures à table, vous n'avez pas mis le pied en Angleterre aussi longtemps que vous n'avez pas goûté au roast beef de chez Simpson's… Ne négligez pas non plus le fameux breakfast comprenant thé, saucisses, bacon, champignons, œufs, black pudding, céréales, porridge… et le journal du jour !

Clerkenwell

Sur le pouce

■ **THE GREENERY. 5, Cowcross Saint. EC1** ✆ **(020) 7490 4870 – Tube : Farringdon.** *Ouvert du lundi au vendredi de 7h à 17h.* Un bon petit comptoir végétarien tenu par de sympathiques Espagnols. L'entrée à gauche, c'est pour commander son repas tandis que l'entrée à droite sert à accéder au bar à jus de fruits. Essentiellement de la vente à emporter : lasagne végétarienne, aubergines, riz aux légumes, salades, pizzas, quiches, gâteaux, salades de fruits. Il y a quelques tables pour déjeuner mais elles sont généralement prises d'assaut dès 12h par les Londoniens travaillant dans le coin. Ne manquez pas leur délicieux smoothies (une sorte de milk-shake avec des fruits frais et du jus de fruits ou du yaourt).

Bien et pas cher

Café

■ **DE SANTIS. 11-13, Old Street, EC1** ✆ **(020) 7689 5626 – Tube : Farringdon.** *Ouvert du lundi au vendredi de 8h30 à 23h.* Un très bon café italien. La spécialité de De Santis, c'est le panini : au jambon de Parme, au fromage et même pour le dessert à la banane et au Nutella.

Cuisine anglaise

■ **CHARTERHOUSE. 38, Charterhouse Street, EC1** ✆ **(020) 7608 0858 – www.charterhouse-bar.co.uk – Tube : Barbican ou Farringdon.** *Restaurant ouvert tous les jours de 12h à 21h.* Dans un bâtiment étroit situé à l'angle de deux rues, de la cuisine anglaise servie façon tapas (on choisit plusieurs petites assiettes de spécialités anglaises). La journée, on peut manger tranquillement dans un décor confortable (tables en bois et fauteuils), le soir c'est plus animé avec le bar (spécialement le vendredi).

Cuisine méditerranéenne

■ **THE DELI BAR. 117, Charterhouse Street, EC1** ✆ **(020) 7253 2070 – Tube : Barbican ou Farringdon.** *Ouvert du lundi au vendredi de 8h à 23h.* En haut un café et restaurant qui sert de la cuisine aux saveurs méditerranéennes : paella, risotto. En bas, vente à emporter : des tas de délicieux ingrédients frais (tomates séchées au soleil, mozzarella, olives) sont disposés sur une table pour que vous composiez vous-même votre salade. Egalement de très bons sandwichs et des pâtes (£ 5).

Bonnes tables
Cuisine anglaise

■ **QUALITY CHOP HOUSE. 94, Farringdon Road, EC1** ✆ **(020) 7837 5093 – Tube : Farringdon.** *Ouvert du lundi au vendredi de 12h à 23h30, le samedi de 19h30 à 23h30 et le dimanche de 12h à 16h. Compter £ 20-£ 25 par personne. Pas de cartes.* Ils s'intitulent eux-mêmes « Progressive Working Class Caterer » (traiteur progressiste de la classe ouvrière) et leur devise, « Qualité et Politesse », est à prendre au pied de la lettre. Tuiles rouges à l'ancienne, cloisons et bancs de bois sombre, serveuses en tablier blanc, carte simple et solide, prix raisonnables : un vrai troquet de quartier, comme on n'en trouve presque plus à Londres. Au menu, escargots, sole, anguille. Bien qu'il y ait peu de serveurs et beaucoup de clients, le personnel est attentif et amical. Une vraie trouvaille, qu'on ne saurait trop vous recommander !

Cuisine française

■ **CAFE DU MARCHE. 22, Charterhouse Square, Charterhouse Mews, EC1** ✆ **(020) 7608 1609 – Tube : Barbican ou Farringdon.** *Ouvert du lundi au vendredi de 12h à 22h ; le samedi de 18h à 22h.* Un menu unique (trois plats) à £ 25,95. Un menu unique mais des tas de bons petits plats : pâté de campagne, sole, agneau. Carte des vins très complète.

Pub

■ **THE EAGLE. 159, Farringdon Road, EC1** ✆ **(020) 7837 1353 – Tube : Farringdon.** *Ouvert du lundi au samedi de 12h à 23h et le dimanche de 12h à 17h.* Ancien pub converti en bar-restaurant à la clientèle jeune, intello et bruyante. Les journalistes, pigistes et photographes du Guardian en ont fait leur cantine. Ici, on commande son plat et ses boissons au bar et on paie à la réception. Ceci explique la bousculade et les va-et-vient continuels, mais les plats sont bons et très copieux : risotto, saucisse, sandwich à la viande, etc. La carte des vins est variée, et nombreux sont ceux qui ne viennent ici que pour boire un verre dans un tel brouhaha qu'il est difficile de se faire entendre de son voisin. Mais l'atmosphère reste quand même très agréable.

Luxe
Cuisine anglaise

■ **SAINT JOHN. 26, Saint John Street, EC1** ✆ **(020) 7251 0848 – Tube : Farringdon.** *Ouvert du lundi au vendredi de 12h à 23h et le samedi de 18h à 23h.* « Dans le cochon tout est bon », telle pourrait être la devise de Saint John ! Au menu tête de cochon et abats : de l'authentique cuisine rurale anglaise. Il y a aussi des plats plus classiques (terrine, agneau, anguille fumée avec bacon et purée). Le décor est plutôt dépouillé (tout est peint en blanc). Saint John a reçu des tas de prix, réserver est donc indispensable. Mais ce n'est pas vraiment pour les végétariens…

Cuisine espagnole

■ **MORO. 34-36, Exmouth market, EC1** ✆ **(020) 7833 8336 – Tube : Farringdon.** *Ouvert du lundi au vendredi de 12h30 à 22h30 et le samedi de 19h à 22h30.* Il semble que tout le monde à Londres a entendu parler de ce restaurant et quand vous aurez goûté leur cuisine, vous comprendrez mieux pourquoi. Saveurs de l'Espagne, du Portugal et de l'Afrique du Nord sont ici réunies pour le meilleur. Le menu change régulièrement mais viandes et poissons cuits au feu de bois sont toujours une réussite. Décor sobre et élégant. Bref de quoi passer une excellente soirée. Pensez à réserver.

City
Sur le pouce

■ **SOUP OPERA. 56-57, Cornhill, EC3** ✆ **(020) 7621 0065 – www.soupopera.co.uk – Tube : Bank.** *Ouvert du lundi au vendredi de 12h à 18h.* Histoire de changer des éternels sandwichs, un bon bol de soupe à £ 4,80 (ou £ 6,50 pour une grande portion).

Bien et pas cher
Cuisine végétarienne

■ **THE PLACE BELOW. Saint-Mary-le-Bow, Cheapside, EC2** ✆ **(020) 7329 0789 – www.theplacebelow.co.uk – Tube : Saint Paul ou Bank.** *Ouvert du lundi au vendredi de 7h à 15h30. Plats principaux entre £ 5,50 et £ 7,50.* Pour prendre un petit-déjeuner ou un déjeuner dans une atmosphère inhabituelle : ce restaurant est en effet situé dans la crypte de l'église Saint-Mary-le-Bow… Le menu change régulièrement mais propose généralement salades, quiches, riz et légumes.

Bonne table
Cuisine espagnole

■ **BARCELONA TAPAS BAR. 15, Botolph Street (entrée dans Middlesex Street), EC3** ✆ **(020) 7377 5222 – www.barcelona-tapas.com – Tube : Liverpool Street ou Aldgate.** *Ouvert du lundi au vendredi de 11h à 22h30. Tapas entre £ 1,50 et £ 6,95. Plats principaux entre £ 10 et £ 30.* De bons tapas dans un tout petit et chaotique restaurant.

Luxe
Cuisine française

■ **CLUB GASCON. 57, West Smithfield, EC1** ✆ **(020) 7796 0600 – Tube : Barbican ou Farringdon.** *Ouvert du lundi au vendredi de 12h à 23h et le samedi de 19h à 22h30.* De la délicieuse cuisine du Sud-Ouest servie façon tapas. Vous pouvez donc commander plusieurs petites assiettes : au choix foie gras, cassoulet, confit de canard. Bien sûr c'est la meilleure façon de dépenser beaucoup d'argent, mais vos papilles ne seront pas déçues… Le cadre est élégant et le service attentif et efficace. En plus c'est juste à côté de la plus ancienne église de Londres (Saint-Bartholomew-the-Great). Club Gascon a tellement de succès qu'il est conseillé de réserver deux ou trois semaines à l'avance.

Saint John's Wood et Maida Vale

Bien et pas cher
Café

■ **RAOUL'S CAFE. 13, Clifton Road, W9** ✆ **(020) 7289 7313 – Tube : Warwick Avenue.** *Ouvert du lundi au samedi de 8h30 à 22h15 et le dimanche de 9h à 22h.* Un café très prisé de la population locale. Idéal pour le petit-déjeuner (cappuccino, croissants). Pour un snack ou un déjeuner pas cher : sandwichs, bagels, soupes du jour (£ 3-£ 4). Pour les plus grands appétits, pâtes fraîches à £ 8,95 ou poisson du jour à £ 14,95.

Cuisine birmane

■ **MANDALAY. 444, Edgware Road, W2** ✆ **(020) 7258 3696 – Tube : Edgware Road.** *Ouvert du lundi au samedi de 12h à 22h30.* Ce petit restaurant qui ne paie pas de mine vous réserve l'accueil chaleureux de ses propriétaires et les saveurs de la cuisine birmane. Au menu, des plats d'inspiration thaïe, indienne et chinoise, tels les rouleaux de printemps aux légumes, les beignets de crevettes ou le poulet aux nouilles et sauce coco. Prix raisonnables : plats principaux entre £ 3,90 et £ 6,90 et menus le 12h à £ 3,90 (riz, curry, salade) et £ 5,90 (avec spring rolls en entrée et beignets de bananes en dessert).

Cuisine espagnole

■ **DON PEPE. 99, Frampton Street, NW8** ✆ **(020) 7262 3834 – Tube : Edgware Road.** *Ouvert du lundi au samedi de 12h à 00h.* Le plus vieux bar à tapas de Londres. Les tapas sont tous à moins de £ 5. Il existe aussi un menu le soir à partir de 19h (entrée-plat-dessert) à £ 13,95. Il y a souvent des musiciens en soirée.

Cuisine perse

■ **KANDOO. 458, Edgware Road, W2** ✆ **(020) 7724 2428 – Tube : Edgware Road.** *Ouvert tous les jours de 12h à 00h. Plats principaux entre £ 4,95 et £ 8,95.* Cette partie d'Edgware Road n'est pas la plus charmante pour se balader mais Kandoo est un restaurant à l'atmosphère agréable et à l'accueil chaleureux (il y a même un petit boudoir à l'arrière du restaurant pour vous faire patienter le temps qu'une table se libère). De la bonne cuisine traditionnelle d'Iran : kebabs, houmous, purée d'aubergines au yaourt. Pas de licence pour vendre d'alcool, vous pouvez donc amener vos propres bouteilles.

Cuisine du Sud-Est asiatique

■ **SOUTHEAST. 239, Elgin Avenue, W9** ✆ **(020) 7328 8883 – Tube : Maida Vale.** *Ouvert tous les jours de 12h à 23h. Plats principaux entre £ 7 et £ 8.* Dans un décor moderne, c'est à un vrai voyage culinaire que Southeast vous invite avec des spécialités de Malaisie, Singapour, Thaïlande, Birmanie, Laos, Cambodge et Vietnam. Cuisine raffinée et personnel agréable et efficace.

Cuisine thaïe

■ **BEN'S THAI. Au-dessus du Warrington Pub, 93, Warrington Crescent, W9** ✆ **(020) 8266 3134 – Tube : Maida Vale ou Warwick Avenue.** *Ouvert tous les jours de 18h à 22h30. Plats principaux entre £ 5 et £ 7,50.* Comme ce restaurant est situé juste au-dessus du Warrington Pub, vous pourrez dégringoler les escaliers après le repas pour noyer d'une bière fraîche les feux de la cuisine thaïlandaise.

Bonnes tables
Café

■ **CAFE LAVILLE. 453, Edgware Road, W9** ✆ **(020) 7706 2620 – www.cafelaville.co.uk – Tube : Edgware Road ou Warwick Avenue.** *Ouvert tous les jours de 10h à 22h.* C'est avant tout pour le cadre que l'on s'arrête à Café Laville, idéalement situé pour profiter de la vue sur Regent's Canal et ses péniches. Par une journée ensoleillée l'expérience est encore plus agréable. On peut venir simplement pour siroter une bière ou un verre de vin mais aussi pour prendre un breakfast ou un brunch (*environ £ 10*). Au restaurant, compter un peu plus de £ 15 pour une entrée et un plat.

Cuisine italienne

■ **THE RED PEPPER. 8, Formosa Street, W9** ✆ **(020) 7266 2708 – Tube : Warwick Avenue.** *Ouvert du lundi au samedi de 12h30 à 23h et le dimanche de 12h30 à 22h30. Plats principaux entre £ 8 et £ 17.* Cette pizzeria bénéficie d'une très bonne réputation et est donc généralement bondée ! Au menu, pizzas cuites au feu de bois (aux alentours de £ 8), risotto à la coquille Saint-Jacques (*£ 8,50*) ou encore tiramisu (*£ 4,50*).

Cuisine juive

■ **HARRY MORGAN'S. 31, Saint John's Wood High Street, NW8** ✆ **(020) 7722 1869 – Tube : Saint John's Wood.** *Ouvert tous les jours du lundi au vendredi de 8h à 22h et les samedis et dimanches de 12h à 22h. Plats principaux entre £ 6,50 et £ 10,50.* Ouvert depuis 1948, ce restaurant propose une cuisine juive traditionnelle plutôt bon marché pour le très chic quartier de Saint John's Wood. Egalement une partie delicatessen et il est possible de prendre des plats à emporter.

Regent's Park et Primrose Hill

Bien et pas cher
Cuisine de l'Europe de l'Est

■ **TROJKA. 101, Regent's Park Road, NW1** ✆ **(020) 7483 3765 – Tube : Chalk Farm.** *Ouvert tous les jours de 9h à 22h30. Plats principaux entre £ 5,50 et £ 8,50.* C'est dans la jolie partie villageoise de Regent's Park Road que se trouve Trojka, un restaurant traditionnel de caractère. Cuisines russe et polonaise : blinis avec caviar et saumon, hareng mariné, soupe de betterave, terrine de saumon fumé.

Bonnes tables
Cuisine européenne

■ **ODETTE'S. 130, Regent's Park Road, NW1** ✆ **(020) 7586 5486 – Tube : Chalk Farm.** *Ouvert du lundi au vendredi de 12h30 à 23h, le samedi de 19h à 23h et le dimanche de 12h30 à 14h30. Plats principaux entre £ 10,50 et £ 17,50.* Ce joli et romantique restaurant de Primrose Hill sert en plus de bons petits plats tels que coquilles Saint-Jacques, risotto aux cèpes et au potiron, agneau accompagné de poireaux et de gnocchis au parmesan.

■ **LEMONIA. 89, Regents Park Road, NW1** ✆ **(020) 7586 7454 – Tube : Chalk Farm.** *Ouvert du lundi au vendredi de 12h à 23h30, le samedi de 18h à 23h30 et le dimanche de 12h à 15h. Plats principaux entre £ 8,75 et £ 13,75. Menus le 12h à £ 7,25 pour deux plats et £ 8,50 pour trois plats.* Ce restaurant grec est très populaire, aussi, il est préférable de réserver, au moins pour le soir. Vous pourrez y déguster de bonnes spécialités grecques, des plus connues aux plus inattendues, comme la soupe sourdough au yaourt.

Pubs

■ **THE ENGINEER. 65, Gloucester Avenue, NW1** ✆ **(020) 7722 0950 – www.the-engineer. com – Tube : Chalk Farm.** *Ouvert du lundi au samedi de 9h à 23h et le dimanche de 9h à 22h30.*

Plats principaux entre £ 9 et £ 15. Un vieux pub rénové récemment avec beaucoup de style. Il y a un bar, un restaurant spacieux et un agréable jardin à l'arrière. La cuisine s'inspire principalement des saveurs méditerranéennes.

■ **LANSDOWNE. 90, Gloucester Avenue, NW1** ✆ **(020) 7483 0409 – Tube : Chalk Farm.** *Ouvert le lundi de 18h à 23h, du mardi au samedi de 12h à 23h et le dimanche de 12h à 22h30. Plats principaux entre £ 7,50 et £ 12,50.* Un pub très prisé des habitants de Primrose Hill. Possibilité de manger au bar en bas (soupes, pâtes) ou bien dîner au calme dans la salle en haut. Cuisine et service ne vous décevront pas (au menu coquille Saint-Jacques avec purée de petits pois et tomates cerise, terrine de lapin, morue accompagnée de lentilles).

■ **QUEEN'S. 49, Regent's Park Road NW1** ✆ **(020) 7586 0408 – Tube : Chalk Farm.** *Ouvert du lundi au samedi de 11h à 23h et le dimanche de 12h à 22h30. Plats principaux entre £ 7,95 et £ 10,95.* Pub convivial servant des plats plus sophistiqués qu'un pub traditionnel : crevettes et moules cuites à la vapeur, canard braisé accompagné de couscous et de chutney, crumble à la rhubarbe ou encore cheesecake au citron.

Hampstead

Bien et pas cher
Café

■ **CAFE MOZART. 17, Swains Lane, N6** ✆ **(020) 8348 1384 – Tube : Hampstead.** *Ouvert tous les jours de 10h à 22h.* Petit bistro/pâtisserie très utile à connaître si jamais vous prévoyez une (longue) balade dans Hampstead Heath. Café Mozart propose le traditionnel English breakfast (£ 4,45) ainsi que sandwichs et salades (£ 4-£ 6).

Cuisine tchèque

■ **THE CZECHOSLOVAK HOUSE. 74, West End Lane, NW6** ✆ **(020) 7372 5251 – Tube : West Hampstead.** *Ouvert du mardi au vendredi de 18h à 22h et les samedis et dimanches de 12h à 22h. N'accepte pas les cartes de crédit.* Ce restaurant est une valeur sûre. Depuis plus de 50 ans, on y mange de bons plats, simples et consistants dans un décor rétro : œufs à la russe : œufs mayonnaise avec salade, jambon et oignons à £ 4, goulasch (£ 8,50), veau rôti (£ 6,50), accompagnés d'une bière bien fraîche (*la pinte de Gambrinus, une bière tchèque, coûte £ 2,20*). L'accueil, lui, est chaleureux.

Bonnes tables
Cuisine algérienne

■ **AL CASBAH. 42, Hamspstead High Street, NW3** ✆ **(020) 7431 6356 – www.al-casbah. co.uk – Tube : Hampstead.** *Ouvert du lundi au samedi de 10h à 00h et le dimanche de 10h à 23h. Plats principaux entre £ 11,50 et £ 14,90.* Un bon restaurant algérien situé sur l'artère principale de Hampstead. Le vin est assez cher.

Camden

Bien et pas cher
Cuisine chinoise

■ **THE NEW CULTURE REVOLUTION. 43, Parkway, NW1** ✆ **(020) 7267 2700 – Tube : Camden Town ou Mornington Crescent.** *Ouvert du lundi au vendredi de 12h à 23h et les samedis et dimanches de 13h à 23h. Plats principaux entre £ 4 et £ 10.* Un bon petit restaurant chinois qui propose soupes, nouilles et des tas de bons raviolis cuits à la vapeur (au bœuf, porc, poisson ou légumes).

Cuisine espagnole

■ **JAMON JAMON. 38 Parkway, London, NW1** ✆ **(020) 7284 0606.** *Ouvert de 12h à 23h du lundi au jeudi, de 12h à 00h vendredi et samedi et de 12h à 23h le dimanche.* Excellent bar à tapas. Le choix est large et ceux-ci coûtent entre £ 2,50 et £ 7. Mais vous serez rassasiés avec deux ou trois portions. Egalement de la paella (£ 15,95 pour 2 personnes). Le service est attentif et sympathique. Ne manquez pas de goûter la sangria ; elle est délicieuse.

Cuisine grecque

■ **CAFE CORFU. 7, Pratt street, NW1** ✆ **(020) 7267 8088 – info@cafecorfu.com – Tube : Camden Town.** Un bon restaurant grec à l'ambiance sympathique. Si vous voulez avoir un aperçu de la cuisine du pays, le mieux est de commander différentes entrées (*entre £ 3,50 et £ 5,50*). Le menu offre également un grand choix pour les végétariens. Plats principaux de £ 7,95 à 12,95. Menu le 12h à £ 5,95 (salade ou soupe et plat principal). Danse du ventre vendredi et samedi à partir de 21h30.

Cuisine italienne

■ **MARINE ICES. 8, Haverstock Hill, NW3** ✆ **(020) 7482 9003 – Tube : Chalk Farm.** *Ouvert du lundi au samedi de 10h30 à 23h et le dimanche de 11h à 22h. Compter entre £ 10 et £ 15 pour un bon repas complet.* Au début, on allait chez un simple glacier, aujourd'hui on y mange des pizzas, des pâtes et autres plats italiens bon marché. L'endroit est devenu très populaire auprès des gens du quartier. Les glaces et les desserts restent définitivement le point fort de la maison (une boule de glace coûte £ 1,40).

Cuisine mexicaine

■ **ARIZONA. 2, Jamestown road, NW1** ✆ **(020) 7284 4730. Tube : Camden Town.** *Ouvert du dimanche au mercredi de 10h à 23h30 et du jeudi au samedi de 10h à 21h30 (ils enlèvent ensuite les tables et le restaurant se transforme en discothèque jusque 1h30).* Loin des chaînes de Tex-Mex, Arizona propose une bonne cuisine mexicaine dans une ambiance sympathique. Au menu, nachos (*£ 4,25*), taquitos (*£ 4,25*), fajitas (*£ 9,95*), guacamole, enchiladas (*£ 8,95*) mais vous vous laisserez tenter aussi par quelque chose comme un steak ou du poisson.

Cuisine thaïe

■ **MUANG THAI. 71, Chalk Farm Road** ✆ **(020) 7916 0653 – Tube : Chalk Farm.** *Ouvert tous les jours de 12 à 15h et de 18h à 23h (22h30 samedi et dimanche). Les entrées vont de £ 3,95 à £ 7,95 et les plats de £ 6,50 à £ 12,95.* Ce petit restaurant thaïlandais agréablement décoré et situé près du marché de Camden Town, sert une cuisine thaïe simple et authentique. Goûtez à l'un des délicieux currys ou encore au traditionnel pad thaï. Le personnel thaïlandais est très sympathique et le chef toujours prêt à sortir de sa cuisine pour entamer un brin de conversation avec les clients. S'il n'y a pas trop de monde, ou si vous réservez, vous pourrez manger sur l'une des deux tables basses, assis sur des coussins thaïs. Prenez garde à enlever vos chaussures avant de vous y installer.

Bonnes tables

Cuisine des Caraïbes

■ **COTTONS. 55, Chalk Farm road, NW1** ✆ **(020) 7485 8388 – Tube : Chalk Farm.** *Ouvert du lundi au vendredi de 18h à 23h, samedi de 12h à 23h30 et dimanche de 12h à 23h. Menu (2 plats) à £ 10 les samedi et dimanche 12h. Réservation fortement conseillée les week-ends. Plats principaux entre £ 11,50 et £ 14,50. Les portions sont énormes.* Ambiance décontractée pour une bonne cuisine des Caraïbes, inventive et plutôt douce qu'épicée. Egalement un bar animé avec des cocktails originaux et plus de 100 rhums différents. *Le bar est ouvert de 17h à 00h du lundi au jeudi, de 17h à 1h vendredi, de 12h à 1h samedi et de 12h à 23h30 dimanche.* Excellente ambiance, surtout les week-ends.

Cuisine internationale

■ **HEARTSTONE. 106, Parkway, NW1** ✆ **(020) 7485 7744 – Tube : Camden Town.** *Ouvert du mardi au samedi de 9h à 21h et le dimanche de 10h à 16h.* Ce café-restaurant est un havre de paix au milieu de la folie ambiante de Camden Town. Tout est fait pour que vous vous sentiez bien et relaxés : décor apaisant, léger parfum d'encens et douce « chill out » musique. La cuisine tire son inspiration des saveurs du monde entier et propose des plats bons, simples et sains. Pas d'alcool (vous amenez votre propre bouteille, droit de bouchon de £ 2,50) mais sachez que les jus de fruits sont bons et pleins d'invention. Il y a un petit coin boutique orienté relaxation et vie saine : on y trouve livres, CD, encens, huiles essentielles et produits bio.

Index des rues de Londres en page 152

Islington

Bien et pas cher
Cuisine afghane

■ **THE AFGHAN KITCHEN. 35, Islington Gardens, N1** ✆ **(020) 7359 8019 – Tube : Angel.** *Ouvert du mardi au samedi de 12h à 23h. Plats principaux entre £ 4,50 et £ 6.* Traditionnelle cuisine afghane (qui est comparable à la cuisine indienne, mais avec des influences iraniennes). Un petit endroit sans prétention qui rencontre beaucoup de succès.

Cuisine turque

■ **GALLIPOLI ET GALLIPOLI 2. Gallipolli, 102, Upper Street, N1** ✆ **(020) 7359 0630 – Tube : Angel.** *Ouvert du dimanche au jeudi de 10h30 à 23h et les vendredi et samedi de 10h30 à 00h.* **Gallipolli 2, 120, Upper Street, N1** ✆ (020) 7359 1578 – Tube : Angel. *Ouvert tous les jours de 11h à 23h. Prix des plats principaux entre £ 4 et £ 9.* C'est sur Upper Street, la longue rue très animée qui traverse Islington, que se trouvent à quelques mètres d'intervalle Gallipoli 1 et Gallipoli 2. Ces deux restaurants turcs sont généralement pris d'assaut par les jeunes gens d'Islington, surtout le week-end. L'atmosphère est agréable. Vaste choix de plats principaux (viande mais aussi poisson et plats végétariens).

■ **IZNIK. 19, Highbury park, N5** ✆ **(020) 7354 5697 – Tube : Highbury & Islington.** *Ouvert du lundi au vendredi de 10h à 00h et les samedi et dimanche de 18h30 à 00h. Plats principaux entre £ 7,50 et £ 9,50.* Petit restaurant turc au charme indéniable : chaleureux décor de bois sculpté, douce lumière des lampes ottomanes et légère musique traditionnelle en fond sonore. La cuisine servie est remarquable : falafel, houmous, aubergine, viandes grillées. Iznik est un peu à l'écart de la partie la plus animée d'Islington, mais vous ne regretterez pas de faire quelques pas en plus !

Bonne table
Cuisine française

■ **ALMEIDA. 30, Almeida Street, N1** ✆ **(020) 7354 4777 – almeida-reservations@conran-restaurants.co.uk – Tube : Angel ou Highbury & Islington.** *Ouvert du lundi au samedi de 12h à 15h et de 17h30 à 23h et le dimanche de 12h à 14h30 et de 18h à 22h30.* Un très bon restaurant de cuisine française. Le décor est simple mais élégant et il y a également un petit bar à tapas idéal pour prendre un apéritif avant de passer à table. Le menu comprend tous les classiques : cuisses de grenouilles (£ 8), coq au vin (£ 14,50), soupe à l'oignon (£ 6), steak au poivre (£ 19,50)… Tous les plats sont bien présentés et délicieux. De plus, les sommeliers s'y connaissent et pourront vous conseiller le vin qui conviendra parfaitement aux plats que vous avez commandés. Evidemment c'est un peu cher, mais n'oubliez pas que vous êtes à Londres. Et ici, pour de la cuisine française de cette qualité, c'est plutôt raisonnable.

King's Cross, Saint Pancras et Euston

Le quartier autour de la gare Euston est peut-être un peu glauque mais on y trouve une concentration de petits restaurants indiens pas chers et souvent plus authentiques que ceux du quartier de Brick Lane devenu un peu trop touristique.

Bien et pas cher
Cuisine indienne

■ **CHUTNEYS. 124, Drummond Street, NW1** ✆ **(020) 7388 0604 – Tube : Euston ou Euston Square.** *Ouvert tous les jours de 12h à 23h.* Un petit restaurant végétarien surtout réputé pour son buffet du 12h à £ 5,45 (servi également toute la journée le dimanche). Mais même à l'heure du dîner il serait difficile de dépenser beaucoup avec des plats principaux ne coûtant pas plus de £ 7.

■ **DIWANA BHEL-POORI HOUSE. 121, Drummond Street, NW1** ✆ **(020) 7387 5556** – *Tube : Euston ou Euston Square. Ouvert tous les jours de 12h à 23h30.* Restaurant végétarien où règne une bonne ambiance. Réputé comme le meilleur Bhel Poori de Londres. Bhel Poori sont des petits snacks vendus traditionnellement dans les rues de Bombay et qui sont ici servis en entrée. Généralement bondé le soir, spécialement le week-end. Pas de licence pour vendre de l'alcool, vous pouvez donc amener votre propre bouteille.

Cuisine népalaise

■ **GREAT NEPALESE RESTAURANT. 48, Everholt Street, NW1** ℂ **(020) 7388 6737 – Tube : Euston ou Euston Square.** *Ouvert du lundi au samedi de 12h à 23h30 et le dimanche de 12h à 23h15. Compter £ 10-£ 15.* Restaurant accueillant servant de l'authentique cuisine népalaise. Les plats principaux *(£ 5-£ 10)* sont variés et parfumés. Un grand choix de spécialités végétariennes népalaises aux environs de £ 3. Il existe un menu midi et soir à £ 12,95 (curry, riz pilau et dessert).

South Bank et Southwark

Sur le pouce

■ **EAT. Oxo Tower Wharf, Bargehouse Street, London SE1** ℂ **(020) 7222 7200 – www.eat. co.uk – Tube : Blackfriars ou Waterloo.** Chaîne qui propose sandwichs, salades, cookies et cafés. Certes un peu plus cher que ses concurrents, mais les cafés et sandwichs sont vraiment bons. Le Eat situé dans l'Oxo Tower a en plus l'avantage d'avoir une terrasse à l'arrière du magasin, ce qui est très agréable quand les beaux jours arrivent. Vous pouvez consommer sur place ou prendre à emporter.

Bien et pas cher

Café

■ **TATE MODERN CAFE. 2e étage, Tate Modern, Sumner Street, SE1** ℂ **(020) 7401 5014 – www.tate.org.uk – Tube : Southwark ou Blackfriars.** *Breakfast tous les jours de 10h à 11h30, déjeuner tous les jours de 11h30 à 15h et dîner les vendredi et samedi de 18h à 21h30.* Une bonne idée pour faire une pause lors de votre visite au nouveau musée d'Art moderne de Londres. Patientez à l'entrée avant que l'on vous indique une table de libre. Rien d'exceptionnel en ce qui concerne la nourriture (soupes, pâtes, frites), mais une belle vue sur l'autre rive de la Tamise (avec la cathédrale Saint-Paul). Le café est bon.

Cuisine turque

■ **TAS. 33, The Cut, SE1** ℂ **(020) 7928 2111 – www.tasrestaurant.co.uk – Tube : Waterloo ou Southwark.** *Ouvert du lundi au samedi de 12h à 23h30 et le dimanche de 12h à 22h30.* Un bon restaurant turc. Goûtez à de délicieux kebabs, viandes, poissons, plats végétariens et baklava en dessert dans une atmosphère animée (souvent des musiciens le soir). Avec des menus qui commencent à £ 7,95 pour trois plats (autant pour le déjeuner que pour le dîner), vous pouvez vraiment manger à moindres frais.

Bonnes tables

Cuisine européenne

■ **THE PEOPLE'S PALACE. 3e étage, Royal Festival Hall, South Bank, SE1** ℂ **(020) 7928 9999 – www.peoplespalace.co.uk – Tube : Waterloo.** *Ouvert tous les jours de 12h à 23h.* Situé au 3e étage du Royal Festival Hall, une des plus importantes salles de concerts de Londres, le People's Palace propose de la bonne cuisine dans un cadre agréable (avec vue imprenable sur la Tamise). Au menu, entre autres, gaspacho, tarte l'oignon, à la mangue et au fromage de chèvre *(£ 6,75)*, osso buco *(£ 21)*. Saisir l'occasion pour aller voir un concert : dans ce cas-là réservez pour un des menus pré-concert *(£ 17 pour deux plats)*.

Cuisine d'Europe de l'Est

■ **BALTIC. 74, Blackfriars Road, SE1** ℂ **(020) 7928 1111 – www.balticrestaurant.co.uk – Tube : Southwark.** *Ouvert du lundi au samedi de 12h à 23h et le dimanche de 12h à 22h30. Plats principaux entre £ 11 et £ 12,50. Menus avant 19h : 2 plats pour £ 11,50 et 3 plats pour £ 13,50.* Dans un décor plutôt glamour (bar avec intérieur velours), Baltic sert de l'authentique cuisine aux saveurs de l'Europe de l'Est : saucisse polonaise, blinis avec saumon, aubergine, caviar et hareng ainsi qu'une recette géorgienne d'agneau avec ratatouille et yaourt.

Pub

■ **THE ANCHOR. 34, Park Street, SE1** ℂ **(020) 7407 1577 – www.theanchorbankside. co.uk – Tube : London Bridge.** *Ouvert du lundi au samedi de 11h à 23h et le dimanche de 12h à*

22h30. Une terrasse extérieure juste au bord de la rivière explique, entre autres, le succès de ce pub : quand le temps est ensoleillé, il est très difficile de trouver une table. Sélection de bières et de plats traditionnels anglais. Il y a eu un pub à cet emplacement depuis des siècles. Les incendies font partie intégrante de l'histoire de The Anchor : il a été reconstruit deux fois en 1750 et en 1876, mais il est surtout célèbre pour avoir été le lieu d'où Samuel Pepys (célèbre pour son journal intime tenu de 1659 à 1669, source d'information majeure sur cette période de l'histoire anglaise) a regardé le Grand Incendie de 1666 progresser.

Luxe
Cuisine européenne

■ **OXO TOWER RESTAURANT. Oxo Tower Wharf, Barge House Street, SE1** ℰ **(020) 7803 3888 – Tube : Blackfriars ou Waterloo.** *Ouvert du lundi au samedi de 12h à 23h et le dimanche de 12h à 22h15.* Encore un de ces restaurants dont tous les Londoniens parlent. Situé en haut de la fameuse tour Oxo (une ancienne centrale électrique reconvertie en un ensemble de boutiques, galeries d'art, cafés et restaurants), l'endroit bénéficie d'une vue incroyable sur la Tamise. La décoration intérieure est très élégante, le personnel très professionnel et la nourriture de haute qualité (langoustine, salade de homard, agneau). Un bar aussi (*ouvert du lundi au samedi de 11h à 23h et le dimanche de 12h à 22h30*).

Clapham
Bien et pas cher
Cuisine italienne

■ **ECO CLAPHAM. 162 Clapham High Street, London, SW4. Tube : Clapham Common** ℰ **(020) 7978 1108.** *Ouvert du lundi au samedi de 12h à 16h et de 18h à 23h. Compter environ £ 20-25 par personne.* Un restaurant italien moderne qui sert d'excellentes pizzas. Egalement des pâtes, des salades et des antipasti. Si vous n'êtes pas un fan d'huile d'olive, demandez aux serveurs de vous la donner à part. Ils y vont parfois un peu fort…

Bonne table
Cuisine japonaise

■ **TSUNAMI. 1-7 Voltaire Road, London, SW4** ℰ **(020) 7978 1610 – Tube : Clapham North.** *Ouvert du lundi au vendredi de 18h à 23h et le samedi de 12h30 à 23h.* Lorsque nous nous sommes rendus au Tsunami à Clapham, loin du centre de Londres nous nous attendions à un simple sushi bar attirant une clientèle de quartier. Quel ne fut pas notre étonnement de trouver ici de la haute cuisine qui place certainement ce restaurant parmi les meilleurs japonais de Londres. Et ce pour des prix de moitié inférieurs à ceux des « grands » restaurants du West-end. Vous trouverez au Tsunami une sélection de sushis et sashimis (les meilleurs que nous avons mangés à Londres) mais également un large choix de plats japonais traditionnels (viande, poisson et végétariens) ainsi que quelques-uns adaptés aux goûts européens. N'hésitez pas à demander conseil aux serveurs, ils vous aideront à vous y retrouver sur le menu et vous orienteront selon vos préférences. Compter environ £ 30-40 par personne. Si vous pouvez vous le permettre, n'hésitez pas à faire le déplacement jusque là ! 20 % de réduction si vous commandez avant 19h.

Notting Hill
Sur le pouce

■ **LISBOA PATISSERIE. 57, Goldborne Road, W10** ℰ **(020) 8968 5242 – Tube : Ladbroke Grove ou Westbourne Grove.** *Ouvert tous les jours de 8h à 20h.* Un petit café portugais qui propose pâtisseries maison (dont les fameuses pasteis de nata, des sortes de petits flans à moins de £ 1), sandwichs (£ 2) et croissants. Le café est à moins de £ 1. Quelques tables à l'extérieur pour les beaux jours.

■ **OPORTO PATISSERIE. 62A, Goldborne Road, W10** ℰ **(020) 8968 8839 – Tube : Ladbroke Grove.** *Ouvert tous les jours de 8h à 20h. N'accepte pas les cartes.* Situé à proximité du Lisboa, un autre café/pâtisserie portugais. L'Oporto propose des sandwichs (*environ £ 2*) et des gâteaux.

Bien et pas cher
Café

■ **BOOKS FOR COOKS. 4, Blenheim Crescent, W11** ✆ **(020) 7221 1992 – www.booksfor cooks.com – Tube : Notting Hill Gate ou Ladbroke Grove.** *Ouvert du mardi au samedi de 10h à 18h. Compter £ 10-£ 12.* Dans ce minuscule restaurant de six tables attenant à la librairie, une cuisinière anglaise teste consciencieusement ses recettes, généralement excellentes : soupes, grillades diverses, poissons, plats de légumes, gâteaux (au chocolat, meringues, muffins), les plats sont différents tous les jours… Pas de licence pour vendre de l'alcool, vous pouvez amener votre propre bouteille. Pas de réservation. Généralement beaucoup de monde le week-end.

Cuisine portugaise

■ **CASA SANTANA. 44, Golborne Road, W10** ✆ **(020) 8968 8764 – Tube : Ladbroke Grove ou Westbourne Park.** *Ouvert du mardi au dimanche de 12h à 23h. N'accepte pas les cartes. Plats principaux entre £ 6 et £ 11,25.* Petit restaurant portugais simple et au personnel chaleureux. Au menu, crevettes, thon, sardines, desserts et café serré.

Cuisine thaïe

■ **CHURCHILL THAI KITCHEN. Churchill Arms, 119, Kensington Church Street, W8** ✆ **(020) 7792 1246 – Tube : Notting Hill Gate ou High Street Kensington.** *Ouvert du lundi au samedi de 12h à 21h30 et le dimanche de 12h à 14h30. Compter £ 5-£ 8.* Attenant à un pub, un resto thaï aux spécialités un peu épicées, servies dans une salle envahie de plantes vertes. Exotisme assuré pour un prix modique : les plats principaux coûtent environ £ 5 et sont accompagnés de riz. C'est bon, mais l'adresse est connue ; il est impératif de réserver.

Bonnes tables
Cuisine espagnole

■ **GALICIA. 323, Portobello Road, W10** ✆ **(020) 8969 3539 – Tube : Ladbroke Grove.** *Ouvert du mardi au samedi de 12h à 23h30 et le dimanche de 12h à 22h30. A la carte, compter environ £ 17 et £ 15 pour les tapas.* Que l'on mange dans l'arrière-salle, accoudé au bar à tapas, ou au restaurant à l'étage, c'est toujours très bon (tapas, mais aussi, si vous êtes plus affamés, de nombreux plats de viandes et de poissons) et bondé (beaucoup d'antiquaires travaillent dans le coin). Une bonne carte de vins espagnols. Ambiance garantie.

Cuisine internationale

■ **BRASSERIE DU MARCHE. 349, Portobello Road, W10** ✆ **(020) 8968 5828 – Tube : Ladbroke Grove.** *Ouvert du lundi au samedi de 10h à 23h et le dimanche de 11h à 16h. Plats principaux : £ 8-£ 9 au déjeuner et entre £ 9 et £ 17 au dîner. Menu de 12h du lundi au vendredi (deux plats) : £ 11,95.* Un petit restaurant à l'extrémité nord de Portobello Road. La carte propose un vaste choix de plats : calamars et crevettes au citron vert, salade de chèvre chaud, magret de canard au Grand Marnier, filet de porc aux abricots et au vin blanc, risotto d'artichaut au parmesan. Il est conseillé de réserver car l'agréable atmosphère et la qualité de la cuisine font de ce restaurant un endroit très recherché à Notting Hill.

Cuisine italienne

■ **THE ARK. 122, Palace Gardens Terrace, W8** ✆ **(020) 7229 4024 – www.thearkrestaurant. co.uk – Tube : Notting Hill Gate.** *Ouvert le lundi de 18h30 à 23h, du mardi au samedi de 12h30 à 23h et le dimanche de 12h30 à 15h. Plats principaux entre £ 10 et £ 18.* Dans un décor charmant tout en bois, de la bonne cuisine italienne : gnocchis aux épinards et au fromage, crostinis aux calamars, poissons et viandes accompagnés de bons légumes et de délicieuses sauces (au pesto par exemple). A l'entrée du restaurant une agréable terrasse (bois et plantes grimpantes) pour les beaux jours.

Luxe
Cuisine européenne

■ **CLARKE'S. 124, Kensington Church Street, W8** ✆ **(020) 7221 9225 – www.sallyclarke. com – Tube : Notting Hill Gate ou High Street Kensington.** *Ouvert du lundi au vendredi de 12h30 à 22h et le samedi de 11h à 22h. Plats principaux entre £ 14 et £ 21. Menu le soir à £ 49,50 (quatre plats – le service est compris, tout comme le café et la truffe au chocolat).* Cadre discret et élégant. Le menu change tous les jours mais les plats proposés sont toujours raffinés et composés des ingrédients les plus frais. Le vin est à la hauteur de la cuisine.

Kensington

Bien et pas cher
Cuisine chinoise

■ **STICK & BOWL. 31, Kensington High Street, W8** ✆ **(020) 7937 2778 – Tube : High Street Kensington.** *Ouvert tous les jours de 12h à 22h45.* Une bonne adresse pour faire une pause après une journée de shopping sur High Street Kensington. Nourriture toute simple mais avec des soupes à £ 2 et des nouilles chinoises à moins de £ 5, on ne va pas se plaindre !

Bonnes tables
Cuisine américaine

■ **STICKY FINGERS. 1A, Phillimore Gardens, W8** ✆ **(020) 7938 5338 – www.stickyfingers. co.uk – Tube : High Street Kensington.** *Restaurant ouvert tous les jours de 10h à 23h et bar tous les jours de 12h à 20h. Plats principaux entre £ 8,45 et £ 15,95.* Le nom ne vous dit peut-être plus rien, mais une fois entré vous ferez le lien entre ce restaurant américain et les Rolling Stones. Son propriétaire n'est autre que Bill Wyman, bassiste du légendaire groupe de rock. Le restaurant, un véritable musée dédié aux Stones, expose des photos, des couvertures de disques, des affiches de concerts, des guitares, etc. Mais puisqu'on y vient aussi pour manger, des plats typiquement américains sont servis toute la journée : hamburgers, barbecue ribs, steaks, énormes salades… Pour ceux qui n'ont pas la nostalgie des Sixties, rassurez-vous, on y mange bien et on n'a pas besoin d'appartenir au fan club des Rolling Stones pour être admis.

Cuisine européenne

■ **LAUNCESTON PLACE. 1A, Launceston Place, W8** ✆ **(020) 7937 6912 – Tube : Gloucester Road ou High Street Kensington.** *Ouvert du lundi au vendredi de 12h30 à 23h30, le samedi de 19h à 23h30 et le dimanche de 12h30 à 22h. Plats principaux entre £ 16.50 et £ 1850. Menus le 12h et entre 19h et 20h à £ 15,50 (2 plats) et £ 18,50 (3 plats).* C'est dans une de ces petites rues chic de Kensington que l'on trouve Launceston Place. Attire essentiellement une clientèle locale et bourgeoise.

Cuisine polonaise

■ **WODKA. 12, Saint Alban's Grove, W8** ✆ **(020) 7937 6513 – www.wodka.co.uk – Tube : Gloucester Road.** *Ouvert du lundi au vendredi de 12h30 à 23h15 et les samedi et dimanche de 19h à 23h15. Plats principaux entre £ 10,50 et £ 14. Menu (2 plats) le 12h en semaine à £ 10,90.* Dans un cadre minimaliste et sophistiqué, de la bonne cuisine polonaise : soupe à la betterave, blinis avec saumon fumé, mousse d'aubergine ou caviar, pancakes à la pomme de terre. Impressionnant choix de vodka (entre £ 2,25 et £ 2,75 le verre).

Luxe
Cuisine indienne

■ **ZAIKA. 1, Kensington High Street, W8** ✆ **(020) 7795 6533 – www.zaikarestaurants. co.uk – Tube : High Street Kensington.** *Ouvert du lundi au vendredi de 12h à 22h45, le samedi de 18h à 22h45 et le dimanche de 18h30 à 21h45. Plats principaux entre £ 12,50 et £ 31,50.* Un des premiers restaurants indiens à avoir reçu une étoile au guide Michelin. Installé dans un bâtiment qui autrefois abritait une banque. Le décor intérieur est chic et la cuisine raffinée (un mélange de cuisine traditionnelle et d'innovations culinaires).

South Kensington

South Kensington est réputé pour ses trois grands musées : The Victoria & Albert Museum, The Science Museum et The Natural History Museum. Voici donc quelques adresses pour faire une pause entre deux visites.

Sur le pouce

■ **FILERIC. 57, Old Brompton Road, SW7** ✆ **(020) 7584 2967.** *Ouvert tous les jours de 9h à 20h.* Une pâtisserie française (spécialités, personnel… et généralement clients également) : croissants, café mais aussi quiches et croque-monsieur.

Bien et pas cher
Café

■ **CAFE DE L'INSTITUT FRANÇAIS. 17, Queensberry Place, SW7** ✆ **(020) 7073 1350 – Tube : South Kensington.** *Ouvert du lundi au vendredi de 10h à 22h et le samedi de 12h à 18h.* Un peu le mal du pays ? C'est à l'Institut français qu'il faut venir. Pour un café, un pain au chocolat ou pour un repas (quiches, salades). En semaine beaucoup de lycéens et de parents d'élèves français. Journaux et magazines français sont à disposition. Il y a même la télévision française dans un coin ! Et puis surtout il y a le cinéma Lumière à l'étage au-dessus : au programme films classiques et nouveautés, essentiellement français.

Cuisine française

■ **RÔTISSERIE JULES. 6-8, Bute Street, SW7** ✆ **(020) 7584 0600 – Tube : South Kensington.** *Ouvert tous les jours de 12h à 23h.* Un bon poulet/frites, voilà ce que propose essentiellement Rôtisserie Jules (mais également gratin dauphinois, mousse au chocolat). En résumé, seulement à éviter si vous suivez un régime ! Il existe un autre Rôtisserie Jules à Notting Hill.

Cuisine indienne

■ **KHAN'S OF KENSINGTON. 3, Harrington Road, SW7** ✆ **(020) 7581 2900 – Tube : South Kensington.** *Ouvert du dimanche au jeudi de 12h à 23h15 et du vendredi au samedi de 12h à 23h45.* Un restaurant indien moderne qui offre de la bonne cuisine à des prix raisonnables (*les currys sont à £ 6,50*). Au menu également de la cuisine bio et allégée.

Cuisine polonaise

■ **DAQUISE. 20, Thurloe Street, SW7** ✆ **(020) 7589 6117 – Tube : South Kensington.** *Ouvert tous les jours de 11h30 à 23h.* Dans un décor rustique, Daquise offre de la bonne cuisine traditionnelle polonaise : barszcz (soupe à la betterave) à £ 2,50, pirogi (sorte de raviolis) aux champignons ou au fromage (*£ 6*), pancakes à la pomme de terre (*£ 5,50*). Des plats bien consistants à petits prix.

Pub

■ **ADMIRAL CODRINGTON. 17, Mossop Street, SW3** ✆ **(020) 75810005 – Tube : South Kensington.** *Ouvert tous les jours de 11h à 23h.* Le nom de ce pub vient d'un héros du temps des guerres napoléoniennes. L'ambiance de The Admiral Cod (pour les initiés) est plutôt calme et intime, surtout en semaine. Derrière, un bar à cocktails donne sur un petit verger très joliment éclairé, ce qui rend cette adresse très agréable durant les nuits d'été. La cuisine franco-anglaise n'est pas mal non plus. Apparemment Diana y avait ses habitudes avant de devenir princesse.

Bonnes tables
Cuisine danoise

■ **LUNDUM'S. 119, Old Brompton Road, SW7** ✆ **(020) 7373 7774 – Tube : South Kensington ou Gloucester Road.** *Ouvert du lundi au samedi de 12h à 23h et le dimanche de 12h à 15h.* Envie de partir à la découverte de la cuisine danoise ? Lundum's est l'endroit pour vous. Dans un cadre à la fois sophistiqué et chaleureux, cette adresse propose saumon, crevettes, saucisse danoise. Les prix des plats principaux varient entre £ 5 et £ 16 pour le déjeuner et £ 12 et £ 17 pour le dîner. Le restaurant se trouve vers la fin de Old Brompton Road, il vous faut donc dépasser la partie la plus animée de Old Brompton Road pour le trouver.

Cuisine française

■ **LA BOUCHEE. 56, Old Brompton Road, SW7** ✆ **(020) 7589 1929 – Tube : South Kensington.** *Ouvert tous les jours de 12h à 23h.* Un cadre agréable (petite salle avec tables en bois éclairées à la bougie) pour de bons plats traditionnels français.

Cuisine italienne

■ **IL FALCONIERE. 84, Old Brompton Road, SW7** ✆ **(020) 7589 2401 – Tube : South Kensington.** *Ouvert du lundi au samedi de 12h à 23h45.* Un restaurant italien établi depuis un petit bout de temps à South Kensington. Vous avez le choix entre bruschetta (*£ 4,50*), soupe minestrone (*£ 5,50*), prosciutto e melone (*£ 8,50*) en entrée et tagliatelle au saumon fumé (*£ 7,50*), escalope à la milanaise (*£ 8,95*), filet de sole avec une sauce vin et raisin (*£ 12,50*) en plat principal. Il y a aussi un menu (entrée-plat-dessert) le déjeuner pour £ 10.

Cuisine thaïe

■ **BANGKOK. 9, Bute Street, SW7** ✆ **(020) 7584 8529 – Tube : South Kensington.** *Ouvert du lundi au samedi de 12h15 à 23h. Plats principaux entre £ 7 et £ 12.* Bangkok est connu pour avoir été le premier restaurant thaï de Londres. Atmosphère chaleureuse grâce à la décoration en bois.

Luxe
Cuisine européenne

■ **BIBENDUM ET BIBENDUM OYSTER BAR. Michelin House, 81, Fulham Road, SW3** ✆ **(020) 7581 5817 – www.bibendum.co.uk – Tube : South Kensington.** *Ouvert du lundi au vendredi de 12h à 23h, le samedi de 12h30 à 23h et le dimanche de 12h30 à 22h30.* Dans un magnifique bâtiment style Art déco (un ancien garage Michelin) se sont installés un restaurant de poissons (au menu crabes, huîtres, plateaux de fruits de mer) et un restaurant de cuisine européenne (gnocchi, agneau à l'ail et à la menthe, crème brûlée). Très bonne cuisine et cadre très plaisant. Une longue liste de vins également.

Knightsbridge

Bien et pas cher
Café

■ **CAFE DE L'INSTITUT ITALIEN. 30, Belgrave Square, SW1** ✆ **(020) 7235 1461.** Pour un vrai bon expresso ou un vrai bon panini, le café de l'Institut italien est là. Situé sur le très chic square Belgravia qui regroupe un grand nombre d'ambassades, un petit café à l'ambiance sympathique avec ses posters de la *Dolce Vita* (et autres classiques de Cinecittà) et sa petite cour extérieure. Malheureusement, ils parlent d'en interdire l'accès au public pour des raisons de sécurité (c'est le quartier des ambassades). Mais en négociant un peu, on devrait vous laisser entrer…

Bonne table
Cuisine portugaise

■ **O FADO. 49-50, Beauchamp Place, SW3** ✆ **(020) 7589 3002 – Tube : Knightsbridge ou South Kensington.** *Ouvert tous les jours de 12h à 1h du matin. Plats principaux entre £ 7,20 et £ 14,50.* Dans le très huppé quartier de Knightsbridge (pas très loin du magasin Harrods), O Fado a gardé toute sa simplicité. Le plus ancien restaurant portugais de Londres est aussi l'un des meilleurs. Oubliez le décor clinquant et les serveurs un peu trop mielleux, et concentrez-vous sur ce que vous avez dans votre assiette. La cuisine, variée, inclut nombre de plats portugais classiques : morue, riz aux fruits de mer, calmars… le tout épicé juste ce qu'il faut. O Fado est également un bon endroit pour écouter la musique du même nom : guitaristes et chanteurs reprennent des titres d'Amalia Rodriguez et autres célébrités.

Luxe
Cuisine japonaise

■ **ZUMA. 5, Raphael Street, SW7** ✆ **(020) 7584 1010 – www.zumarestaurant.com – Tube : Knightsbridge.** *Ouvert du lundi au samedi de 12h à 23h30 et le dimanche de 12h à 16h.* Restaurant japonais ultra-branché. Si vous avez envie de grignoter des sushis entouré de célébrités et de mannequins dans un décor très « design », Zuma est pour vous ! Au menu sushi, sashimi, tempura, tous présentés avec style et tous à des prix assez élevés ! Impressionnante liste de sakés : il y a même un sommelier spécialement pour le saké.

Chelsea

Bien et pas cher
Cuisine italienne

■ **CHELSEA BUN DINER. 9A, Lamont Road, SW10** ✆ **(020) 7352 3635.** *Ouvert du lundi au samedi de 7h à 00h et le dimanche de 9h à 19h. Compter £ 12-£ 15. Bus 11, 19, 22 ou 31.* Le Chelsea Bun est l'un de ces petits dîners italiens bon marché sans lesquels Londres serait beaucoup moins sympathique. Le menu comporte un choix impressionnant de pâtes, accompagnées d'autant de sauces.

Les plats sont copieux et pas très chers. Vous pouvez venir aussi pour le « New-York brunch » à £ 7,95 (pancakes, toast, œufs) ou pour un simple toast avec bacon et œufs pour £ 1,90 (dans les deux cas avec thé ou café).

Cuisine internationale

■ **CHELSEA KITCHEN. 98, Kings Road, SW3** ✆ **(020) 7589 1330 – Tube : Sloane Square.** *Ouvert tous les jours de 7h à 23h45. N'accepte pas les cartes.* La bonne vieille tradition populaire des années 1960 – quand King's Road était encore « swinging » – survit dans des endroits comme le Chelsea Kitchen : les jeunes branchés fauchés peuvent y manger pour moins de £ 6 (notamment un menu trois plats pour moins de £ 6). Fréquenté par une clientèle de tous âges (Chelsea abrite toujours des HLM de retraités), le Kitchen offre une ambiance parfois surprenante et un service toujours très rapide. La cuisine, « familiale », propose un mélange de plats italiens et anglais : soupe minestrone, pâtes, poulet, etc. Quelques desserts sont résolument anglais (comme le sponge pudding). Le Kitchen sert de la bière et du vin, ce qui est rare dans les restaurants londoniens bon marché. La maison est ouverte depuis 40 ans et reste toujours une valeur sûre du quartier.

Bonnes tables

Cuisine américaine

■ **BIG EASY. 332-334, King's Road, SW3** ✆ **(020) 7352 4071 – Tube : Sloane Square puis bus 11, 19 ou 22.** *Bar ouvert du lundi au samedi de 12h à 23h et le dimanche de 12h à 22h30. Restaurant ouvert du lundi au dimanche de 12h à 23h30 et les vendredi et samedi de 12h à 00h30. Plats principaux entre £ 7,95 et £ 15,90. Menu le midi à £ 7,95 (deux plats).* Vaste et bruyant, ce restaurant est spécialisé dans la cuisine du sud des Etats-Unis. Au menu fruits de mer et poissons (crabe, moule, langouste). Les sauces sont plutôt fortes et sucrées. Si vous n'aimez pas les produits de la mer, vous pourrez vous rabattre sur les traditionnels hamburgers ou grillades. Le Big Easy est toujours plein à craquer, sert tard dans la soirée, et son personnel sait rester attentionné jusqu'à l'heure de la dernière commande. L'endroit comprend aussi un bar où on peut manger pour un peu moins cher (entre £ 3,95 et £ 14,95 pour les plats principaux).

Cuisine indienne

■ **CHUTNEY MARY. 535, King's Road, SW10** ✆ **(020) 7351 3113 – www.realindianfood. com – Tube : Fulham Broadway ou West Brompton.** *Ouvert du lundi au vendredi de 18h30 à 23h, le samedi de 12h30 à 23h et le dimanche de 12h30 à 22h30. Plats principaux entre £ 12,50 et £ 24.* Dans un décor récemment refait à neuf, Chutney Mary sert de la bonne cuisine indienne à la fois traditionnelle (poulet tikka, samosas) et innovatrice (côtelettes tandoori accompagnées de chutney à l'avocat). Un groupe de jazz joue le dimanche 12h.

Cuisine italienne

■ **MADE IN ITALY. 249, King's Road, SW3** ✆ **(020) 7352 1880 – Tube : Sloane Square.** *Ouvert du lundi au vendredi de 18h à 23h30 et les samedi et dimanche de 12h à 23h30.* Dans une atmosphère gaie et authentique – la jovialité et la bonne humeur des serveurs italiens y sont sans doute pour quelque chose – des spécialités italiennes telles que pâtes et pizzas.

Hammersmith

Bien et pas cher

Cuisine indienne

■ **ANARKALI. 303-305, King Street, W6** ✆ **(020) 8748 6911 – Tube : Ravenscourt Park.** *Ouvert tous les jours de 12h à 00h.* Un bon petit restaurant indien installé dans le quartier depuis 30 ans. Les entrées coûtent aux alentours de £ 4 et les plats principaux entre £ 5 et £ 9.

Cuisine polonaise

■ **POLANKA. 258, King Street, W6** ✆ **(020) 8741 8268 – Tube : Ravenscourt Park.** *Ouvert du lundi au samedi de 10h à 22h et le dimanche de 11h à 20h. Plats principaux entre £ 4 et £ 7,50.* A l'entrée un delicatessen et au fond un restaurant tout simple mais qui sert de la bonne et authentique cuisine polonaise. Essentiellement fréquenté par la nombreuse communauté polonaise du quartier (l'Institut culturel polonais est à deux pas).

Bonnes tables

Cuisine d'Afrique du Nord

■ **AZOU.** 375, King Street, W6 ✆ (020) 8563 7266 – Tube : Hammersmith. *Ouvert du lundi au vendredi de 12h à 23h et les samedi et dimanche de 18h à 23h. Plats principaux entre £ 7 et £ 13.* Loin de tous ces restaurants de cuisine d'Afrique du Nord qui se veulent avant tout branchés, Azou est un petit restaurant familial, chaleureux et convivial. On y sert d'excellentes spécialités du Maroc, de Tunisie et d'Algérie. Au menu, les classiques couscous et tagines et également de délicieuses pâtisseries. Vous goûterez à la spécialité de la maison, le méchoui (un agneau entier mariné puis rôti) si vous le commandez à l'avance (*servi avec des entrées, 12 personnes au maximum pour £ 280*).

Pubs

■ **THE ANGLESEA ARMS.** 35, Wingate Road, W6 ✆ (020) 8749 1291 – Tube : Ravenscourt Park ou Goldhawk Road. *Ouvert du lundi au samedi de 11h à 23h et le dimanche de 12h à 22h30. Entrées à environ £ 4-£ 6 et plats principaux à environ £ 8-£ 10.* Certainement le meilleur gastropub du coin. Le menu change deux fois par jour selon l'inspiration du chef (et la saison) mais vous êtes sûrs que les plats servis sont de bonne qualité.

■ **THE THATCHED HOUSE.** 115, Dalling Road, W6 ✆ (020) 8748 6174 – Tube : Ravenscourt Park. *Ouvert tous les jours de 12h à 23h.* Un cadre élégant pour ce gastropub où l'on sert de la cuisine européenne (*entrées à £ 4-£ 5 et plats principaux à £ 9-£ 10*).

Shepherd's Bush

Bien et pas cher

Cuisine polonaise

■ **PATIO.** 5, Goldhawk Road, W12 ✆ (020) 8743 5194 – Tube : Goldhawk Road. *Ouvert du lundi au vendredi de 12h à 23h30 et les samedi et dimanche de 18h à 23h30. Plats principaux entre £ 7,50 et £ 8,90. Menu (entrée-plat-dessert + vodka) pour £ 14,90.* Tenu par une ancienne chanteuse lyrique et son mari depuis 10 ans, Patio est un endroit accueillant et un peu fou où règne la bonne humeur. Au menu de la bonne cuisine traditionnelle polonaise : blinis au saumon fumé, soupe aux champignons sauvages, hareng fumé, charlotka (gâteau à la pomme avec de la crème). Tous les plats principaux sont servis avec une grosse portion de légumes (patates, brocolis, choux).

Cuisine végétarienne

■ **BLAH BLAH BLAH.** 78, Goldhawk Road, W12 ✆ (020) 8746 1337 – Tube : Goldhawk Road ou Shepherd's Bush. *Ouvert du lundi au samedi de 12h30 à 22h45 et le dimanche de 19h à 22h. La maison n'accepte que les paiements en liquide ou par chèque. BYO (Bring Your Own – Apportez votre propre alcool).* On pourrait facilement rater ce petit restaurant sur la grande Goldhawk Road. Mais dès qu'on l'a repéré, on est irrésistiblement attiré par la lueur vacillante des bougies derrière la vitrine… Si la cuisine est végétarienne, elle n'a rien d'austère, et les carnivores les plus convaincus se laisseront séduire. La carte change toutes les semaines et les tenanciers en parlent comme d'une expérience internationale. Que diriez-vous d'un mariage de ricotta, feta et fromage à la crème, enrobés d'une pâte très fine (genre samosa) avec salade arabe et coulis de tomate au piment ? Ou bien du plateau mexicain : guacamole, frittata, chili « sin » carne, haricots noirs et crème fraîche ? Ou encore d'une aubergine panée farcie de ricotta et de pesto avec une salade ?

Spitalfields, Brick Lane et Whitechapel

L'Est de Londres a été le carrefour de diverses cultures au gré des vagues d'immigration successives. Aujourd'hui c'est surtout l'influence indienne qui s'y fait ressentir et Brick Lane en particulier est connu pour être l'endroit où trouver un restaurant indien.

Le choix peut cependant paraître difficile, tant l'offre est nombreuse et inégale (de plus en soirée vous vous trouvez souvent sollicité sur le trottoir par le personnel de certains restaurants, ce qui peut être très agaçant).

La liste ci-dessous devrait vous aider à naviguer dans Brick Lane (et aussi à vous aventurer un peu plus loin, vers Whitechapel, pour trouver d'autres bonnes adresses).

Sur le pouce

■ **BRICK LANE BEIGEL BAKE.** 159, Brick Lane, E1 ✆ (020) 7729 0616 – Tube : Liverpool Street. *Ouvert tous les jours 24h/24.* Une institution à Brick Lane. On dit que ce sont les meilleurs bagels (petits pains ronds de tradition culinaire juive) de Londres. En tout cas cela rappelle qu'à un moment de l'histoire, l'Est de Londres fut un quartier d'immigration juive. Cela ne coûte presque rien : les bagels nature coûtent 15 p et les bagels au saumon fumé et fromage £ 1,30. On peut manger son bagel debout au comptoir ou le prendre à emporter. Il y a souvent une file d'attente : selon l'heure, on y retrouve des ouvriers travaillant dans le coin, de jeunes professionnels de la City ou des fêtards rentrant au petit matin...

■ **THE SQUARE PIE COMPANY.** Old Spitalfields Market, E1 ✆ (020) 8533 7555 – www.square piecompany.com – Tube : Liverpool Street. *Ouvert du lundi au vendredi 11h30 à 14h30 et le dimanche de 10h à 18h.* Les traditionnelles pies (tartes salées) anglaises que l'on trouve dans les pubs sont ici vendues dans un des petits stands de Spitafields Market. Vous pouvez en prendre à emporter ou vous asseoir à une des tables devant le stand. Toutes sortes de pies (agneau et romarin, asperge et champignon, etc.) pour environ £ 3,50. C'est plus cher (*environ £ 5*) si vous commandez également des petits pois et de la purée (« mash »).

Bien et pas cher
Cuisine américaine

■ **ARKANSAS CAFE.** Unit 12, Old Spitafields Market, E1 ✆ (020) 7377 6999 – Tube : Liverpool Street. *Déjeuner servi du lundi au vendredi de 12h à 14h30 et le dimanche de 12h à 16h. Dîner : par arrangement.* A Arkansas Café, c'est la viande qui est à l'honneur avec des steaks grillés, des saucisses, du poulet, du bœuf sauce barbecue. Une cuisine simple mais bien faite. Grand choix de bières américaines. Lieu de prédilection des expatriés américains quand ils ont le mal du pays...

Cuisine indienne

■ **BENGAL VILLAGE.** 75, Brick Lane, E1 ✆ (020) 7366 4868 – www.bengalvillage.com – Tube : Liverpool Street ou Aldgate East. *Ouvert tous les jours de 12h à 00h.* Dans un décor plus moderne et élégant que les traditionnelles « curry houses », Bengal Village offre une authentique et délicieuse cuisine du Bengale. Au menu de bons currys (Korma, Vindaloo, Madras) et aussi des plats moins courants (comme le poulet ureebisi). Une seule chose à regretter : leur refus de servir de l'eau du robinet.

■ **NEW TAYYAB.** 83, Fieldgate Street, E1 ✆ (020) 7247 9543 – Tube : Whitechapel. *Ouvert tous les jours de 17h à 23h30. Plats principaux entre £ 3 et £ 10. Pas de licence pour vendre de l'alcool, amenez votre propre bouteille.* Non loin de la mosquée, ce restaurant sert de l'authentique cuisine du Pakistan et du Penjab, sans faire de concessions aux goûts occidentaux. Décor coloré et service efficace. Attention, le restaurant ferme complètement ses portes en période de Ramadan.

■ **SWEET AND SPICY.** 40, Brick Lane, E1 ✆ (020) 7247 1081 – Tube : Aldgate East. *Ouvert tous les jours de 8h à 22h. Plats principaux entre £ 2,20 et £ 7,95. Alcool et cigarettes interdits.* Certainement le plus authentique des restaurants indiens de Brick Lane. Bon et pas cher, essentiellement fréquenté par la communauté bengali de Brick Lane. La première étape est de choisir ce que vous voulez au comptoir. Attention, l'endroit est tout petit.

■ **TAJA.** 199a, Whitechapel Road, E1 ✆ (020) 7247 3866 – www.taja.net – Tube : Whitechapel. *Ouvert du dimanche au mercredi de 11h à 00h et du jeudi au samedi de 11h à 00h30. Plats principaux entre £ 5 et £ 10.* A deux pas du métro, un bon restaurant offrant des spécialités du Bengladesh à tout petits prix. Evidemment le cadre peut paraître un peu surprenant, il y a une explication un peu loufoque à cela : il s'agit d'anciennes toilettes publiques reconverties en restaurant. Une manière originale de passer sa soirée, donc...

Shoreditch et Hoxton
Bien et pas cher

■ **HANOI CAFE.** 98, Kingsland Road, E2 ✆ (020) 7729 5610 – Tube : Old Street. *Ouvert tous les jours de 12h30 à 23h30. Plats principaux entre £ 3,70 et £ 10,50.* Une bonne adresse à Shoreditch, le nouveau coin branché de Londres. Le menu contient des explications sur la façon dont chaque plat est préparé. Service aimable.

■ SORTIR ■

Vous n'aurez pas le temps de vous ennuyer à Londres. La vie culturelle y est très riche : salles de concerts (de la musique classique à la musique contemporaine : jazz, pop, rock, world music, etc.), théâtres et cinémas. Et, avec un nombre incroyable de pubs, bars, clubs, salles de concerts… la ville est le paradis des fêtards.

La fermeture des pubs à 23h rend la vie assez difficile quand il s'agit de prendre un dernier verre. Mais les bars et boîtes sont là pour assurer une vie nocturne agitée. A Londres, une sortie branchée s'impose. La « club scene » est en permanente mutation. Les soirées évoluent aussi rapidement que la mode, et il faut vivre sur place pour pouvoir suivre tous les changements. Il existe quand même une poignée de boîtes qui demeurent des adresses sûres. Il y en a pour tous les goûts, il suffit de chercher. Que vous aimiez le rock, la house, le garage, le funk, le soul, le R & B, la musique sixties, le glamour seventies, le hard-rock, le kitsch, le disco, le techno, le hip-hop, le reggae, le raï, le latino ou le jazz, Londres vous comblera. Plus cosmopolite que ça… Pour savoir tout ce qui se passe à Londres, achetez *Time Out*. Fondé il y a plus de vingt ans par une bande de hippies alternatifs, ce magazine s'est peu à peu transformé en guide hebdomadaire de loisirs. Il n'a cependant pas renoncé à sa vocation première de journal d'opinion. Pour £ 2,35, vous serez informé sur tous les événements de la semaine, des expositions aux concerts en passant par les nouveaux films, les boutiques et restaurants qui viennent d'ouvrir et le guide télé. Time Out paraît tous les mardis. Vous pouvez aussi jeter un coup d'œil à *Metro Life* publié le vendredi après-midi avec le journal *The Evening Standard*. Moins fourni et moins critique que *Time Out,* il constitue quand même un bon guide de la vie culturelle londonienne.

Pubs et bars

Westminter et Whitehall

Une fois les sites touristiques fermés, ce quartier est plutôt désert et certainement pas un endroit agréable pour sortir. Voici cependant une adresse où vous désaltérer après vos visites.

■ **WESTMINSTER ARMS. 9, Storey's Gate, SW1** ✆ **(020) 7222 8520 – Tube : Saint James's Park ou Westminster.** *Ouvert du lundi au vendredi de 11h à 23h, le samedi de 11h à 20h et le dimanche de 12h à 18h.* Ce pub, repaire des parlementaires, offre une excellente sélection de bières (nombreuses real ales) et de vins (il y a un bar à vins en bas, Storey's Wine Bar).

Le découpage quartier par quartier

Au Centre

Westminster et Whitehall • Pimlico et Victoria • Piccadilly • Mayfair • Marylebonne et Baker Street • Paddington et Bayswater • Leiceister Square • Soho • Fitzrovia • Bloosbury • Covent Garden • Strand et Holborn • Clerkenwell • City.

Au nord

Saint John's Wood et Maida Vale • Regent's Park et Primrose Hill • Hamstead • Camden • Islington • King's Croos, Saint Pancras et Euston.

Au sud

South Bank et Southwark • Clapham.

À l'ouest

Notting Hill • Kensington • South Kensignton • Knightsbridge • Chelsea • Hammersmith • Sherpherd's Bush.

À l'est

Spitalfields, Brick Lane et Whitechapel • Shoreditch et Hoxton.

Pimlico

Le quartier est plus célèbre pour son musée que pour sa vie nocturne. Principalement des pubs locaux. Nous en avons sélectionné quelques-uns.

■ **MORPETH ARMS. 58, Millbank, SW1** ✆ **(020) 7834 6442 – Tube : Pimlico.** *Ouvert du lundi au samedi de 11h à 23h et le dimanche de 12h à 22h30.* Ce pub construit en 1845 a gardé son style d'origine. Idéal pour faire une pause après une visite à la Tate Britain. Le Morpeth Arms a même son fantôme : un prisonnier qui se serait échappé de la prison de Millbank (qui se trouvait à l'emplacement du Tate Britain avant que ce dernier ne soit édifié) et qui errerait depuis dans les passages souterrains du pub...

■ **GALLERY. 1, Lupus street, SW1** ✆ **(020) 7821 7573 – Tube : Pimliclo.** *Ouvert du lundi au vendredi de 11h à 23h, le samedi de 12h à 23h et le dimanche de 12h à 22h30.* Pub modernisé accueillant aussi bien les touristes sortant de la Tate que des businessmen en pause déjeuner. Un autre endroit agréable pour se rafraîchir après la visite du musée.

Leicester Square et Piccadilly Circus

Vous n'aurez que l'embarras du choix parmi les nombreux pubs et bars que compte le quartier. Cependant, c'est très touristique et, à peut-être quelques exceptions près, ne vous attendez pas à découvrir ici la « branchitude » londonienne.

■ **BRB. 32, Gerrard Street, W1** ✆ **(020) 7494 1482 – Tube : Leicester Square.** *Ouvert du lundi au samedi de 12h à 23h et le dimanche de 12h à 22h30.* BRB a cela de remarquable qu'il s'agit du premier et unique endroit sur Gerrard Street à ne pas être un restaurant ou un magasin chinois. Bar moderne servant bières (à la pression ou en bouteille) et cocktails. La salle à l'arrière a un côté « industriel-disco » avec ses tuyaux apparents et sa boule à facettes (on peut la réserver pour des soirées privées). Si vous avez un creux, le menu propose des pizzas au feu de bois.

■ **JEWEL. 4-6, Glasshouse street, W1** ✆ **(020) 7439 4990.** *Ouvert du lundi au samedi de 16h à 1h et de 16h à 23h le dimanche.* Le Jewel a ouvert ses portes en 2002 et s'est aujourd'hui fait une place de choix sur la scène des bars londoniens. Le Jewel pourrait être classé parmi les bars « chics », tout en restant abordable. La clientèle est stylée mais pas snob et le décor excentrique chic, à la limite du kitsch est très original. L'établissement est divisé en 3 bars (celui à l'étage n'est pas toujours ouvert) décorés dans des styles différents. Le soir, il y a souvent un chanteur live. Une excellente adresse pour passer une soirée entre amis en sirotant l'un des délicieux cocktails.

■ **SALISBURY. 90, St Martin's Lane WC2** ✆ **(020) 7836 5863 – Tube : Leicester square.** *Ouvert du lundi au samedi de 11h à 23h et le dimanche de 12h à 22h30.* Très beau pub victorien, survivant d'une autre époque. Ambiance « cosy » la journée et « crowdy » le soir lorsque la foule arrive. Si vous avez un petit creux, la carte propose un choix de plats traditionnels et modernes.

■ **SPORTS CAFE. 80, Haymarket, SW1** ✆ **(020) 78398300 – www.thesportscafé.com –** **Tube : Piccadilly Circus.** *Ouvert de 12h à 3h du lundi au samedi et de 12h à 22h30 dimanche. Happy Hour de 15h à 19h du lundi au vendredi. Entrée £ 3 après 23h du lundi au jeudi et £ 5 après 23h vendredi et samedi.* Avec ses photos de sportifs et ses T-shirts dédicacés accrochés aux murs, le « Sports Café » est, comme son nom l'indique, le temple des amateurs de sports. Il est bien sûr équipé d'écrans géants et, mieux vaut arriver tôt les soirs de match car la file est souvent longue. Après, les matchs, ambiance « beuverie » assurée. Il y a également une piste de danse.

■ **WAXY O'CONNORS. 14-16, Rupert Street, W1** ✆ **(020) 7287 0255 – Tube : Piccadilly Circus ou Leicester Square.** *Ouvert du lundi au vendredi de 12h à 23h, le samedi de 11h à 23h et le dimanche de 12h à 22h30.* Un immense pub irlandais (le plus grand du monde, paraît-il) au décor excentrique et gothique. Originalité : un arbre a été planté au milieu du pub. Toujours énormément de monde, spécialement les vendredi et samedi soirs.

Soho

Touristique à souhait. Cependant, Soho, quartier gay de Londres, reste l'un des meilleurs endroits pour passer une bonne soirée.

■ **BAR ITALIA. 22, Frith Street, W1** ✆ **(020) 7437 45 20 – Tube : Leicester Square ou Tottenham Court Road.** *Ouvert du lundi au samedi 24h/24 et le dimanche jusqu'à 4h du matin.* Adresse culte de Soho pour prendre un café à toute heure du jour... et de la nuit. Faisant partie des rares bars ouverts tard à Londres, il est fréquenté par la clientèle des boîtes de nuit situées tout autour. Plus la nuit avance, plus il y a de monde. En fait, ce n'est un bar que de nom puisqu'on n'y sert pas d'alcool : les discussions et les décisions de fin de nuit se font autour d'un expresso ou d'un cappuccino (en plus, il est bon !). Si vous avez un petit creux au milieu de la nuit, Bar Italia sert des sandwichs et des pâtes bon marché.

■ **CAFE BOHEME. 13-17, Old Compton street, W1** ✆ **(020) 7734 0623 – Tube : Leicester Square ou Piccadilly Circus.** Enclave hétéro dans Soho, le Café Bohème, avec son look de petite brasserie française est stylé sans être intimidant ou prétentieux. La clientèle est un joyeux mélange de jeunes, de vieux, d'hétéros, d'homos… Le bar offre un bon choix de vins et il est également possible d'y manger. Soirée jazz le dimanche.

■ **COACH & HORSES. 29, Greek Street, W1** ✆ **(020) 7437 5920 – Tube : Leicester Square ou Piccadilly Circus.** *Ouvert du lundi au samedi de 11h à 23h et le dimanche de 12h à 22h30.* Une institution à Soho. De bonnes bières quoiqu'un peu chères, mais si vous venez avant 16h, une pinte ne vous coûtera qu'aux alentours de £ 2. Les « house spirits » sont quant à eux très bon marché (£ 2,80 pour une double mesure).

■ **THE DOG HOUSE. 187, Wardour Street, W1** ✆ **(020) 7434 2116 – Tube : Tottenham Court Road ou Oxford Circus.** *Ouvert du lundi au vendredi de 17h à 23h et le samedi de 18h à 23h.* Un bar que l'on peut facilement manquer si on ne fait pas attention à la petite enseigne sur la porte. Les murs sont bleus, verts et rouges et on peut se relaxer dans des sortes d'alcôves. Généralement bondé les vendredi et samedi soirs. Attention, au cas où vous auriez décidé de vous mettre sur votre trente-et-un, les cravates sont interdites.

■ **THE FRENCH HOUSE. 49, Dean Street, W1** ✆ **(020) 7437 2799 – Tube : Leicester Square.** *Ouvert du lundi au samedi de 12h à 23h et le dimanche de 12h à 22h30.* Ce pub français était autrefois dirigé par un certain Gaston Berlemont, qui prit sa retraite le 14 juillet 1989 après 45 ans de service. La French House, qui existe depuis 1936, fut un lieu de rencontre de la Résistance française à Londres pendant la Seconde Guerre mondiale. De Gaulle lui-même venait y prendre un p'tit rouge. Les murs sont tapissés de photos des grands personnages de cette époque et l'ambiance intéressante qui y règne est due au mélange de cultures anglaise et française. On y sert du vin, du pastis, mais très peu de bière, et sur la porte le mot « Poussez » est écrit en français. On y rencontre toujours quelques vieux sympathisants de la Résistance. Un bon restaurant se trouve à l'étage.

■ **THE O'BAR. 83-85, Wardour Street, W1** ✆ **(020) 7437 3490 – Tube : Piccadilly Circus ou Leicester Square.** *Ouvert du lundi au jeudi de 17h à 3h, vendredi et samedi de 16h à 3h et le dimanche de 16h à 22h30.* Un endroit particulièrement dynamique des nuits londoniennes. Le O'Bar compte trois étages. Ambiance boîte de nuit au sous-sol avec DJ aux platines, tandis que le premier étage est plus cosy. Happy Hour de 17h à 20h. Entrée payante pour les hommes les soirs de week-ends (£ 3-£ 5). Le bar est bondé les week-ends. Si vous n'êtes pas prêts à faire la queue sur le trottoir pour y entrer, l'après-midi est plus calme et redevient un lieu sympa où prendre un verre. Dommage que les deux gorilles à l'entrée soient aussi antipathiques.

■ **OLD COFFEE HOUSE. 49, Beak Street, W1** ✆ **(020) 7437 2197 – Tube : Piccadilly Circus.** *Ouvert du lundi au samedi de 11h à 23h et le dimanche de 12h à 22h30.* Par les froides soirées d'hiver, vous apprécierez l'ambiance détendue et chaleureuse de ce pub. Assis près de la cheminée dans une salle baignée de lumière orangée, vous passerez des heures à regarder les centaines d'objets suspendus au plafond ou accrochés aux murs. Contrairement à ce que le nom pourrait laisser entendre, l'endroit sert plus de bière que de café.

Mayfair et Saint James

Dans ce quartier, les bars sont très chics et les prix en fonction.

■ **CHE. 23, Saint James Street, SW1** ✆ **(020) 7747 9380 – Tube : Green Park.** *Ouvert du lundi au vendredi de 11h à 23h et le samedi de 17h à 23h.* Bar à cigares branché, Che attire une clientèle plutôt jeune et aisée. Plus de 70 cigares différents et une belle liste de cocktails.

■ **CLARIDGE'S BAR. Claridge's Hotel, 49, Brook Street, W1** ✆ **(020) 7629 8860 – Tube : Bond Street.** *Ouvert du lundi au samedi de 12h à 1h du matin et le dimanche de 16h à minuit. Veste et cravate obligatoires.* Prendre le thé dans un grand hôtel est une tradition à laquelle il faut sacrifier au moins une fois. Au bar grands crus de vins, whisky et champagne.

■ **GUINEA. 30, W1 Bruton Place** ✆ **(020) 7409 1728 – Tube : Green Park.** *Ouvert de 11h à 23h du lundi au samedi et de 12h à 22h30 dimanche.* Un pub très populaire auprès de la clientèle des bureaux du quartier. Bonnes bières (Young's).

■ **ZETA BAR. 35, Hertford Street, W1** ✆ **(020) 7208 4067 – www.zeta-bar.com – Tube :
Green Park ou Hyde Park corner.** *Ouvert de 16h à 1h du matin les lundi et mardi, de 16h à 3h du
matin les mercredi et jeudi, de 17h à 3h du matin le samedi, et de 20h à 1h du matin le dimanche.*
Excellent bar à cocktail, si bien sûr vous êtes prêt à payer le prix. Plutôt calme en semaine avec une
clientèle B. C. B. G. souvent en voyage d'affaires (Zeta bar dépend du Hilton situé juste à côté), le
bar s'anime le week-end, avec une clientèle toujours BCBG mais plus jeune et plus fun. Très bonne
musique house le samedi où la piste de danse est souvent pleine. Sans avoir besoin de se mettre
en costume-cravate, mieux vaut être élégant pour rentrer.

■ **WINDOWS. Hilton Hotel, Park Lane, W1** ✆ **(020) 74938000 – Tube : Green Park ou Hyde
Park corner.** *Ouvert du lundi au jeudi de 12h à 2h, le vendredi de 12h à 3h, le samedi de 17h30 à
3h et le dimanche de 12h à 22h.* Situé au 28e étage de l'hôtel Hilton, ce bar aux immenses fenêtres
vous offre une vue panoramique imprenable sur la ville. Absolument magnifique au coucher du
soleil. C'est d'ailleurs à peu près la seule bonne raison de se rendre au Windows où les boissons
sont absolument hors de prix (vous payez la vue !). Dress code : élégant.

Marylebone et Baker Street

A proximité du musée Madame Tussaud, étonnamment, les bars du quartier attirent plus les locaux
que les touristes. Un quartier agréable pour aller boire un verre.

■ **BARLEY MOW. 8, Dorset Street, W1** ✆ **(020) 7935 7318 – Tube : Baker Street.** *Ouvert
du lundi au samedi de 11h à 23h.* Un pub vieux de plus de 200 ans (1791), établi à l'époque où
Marylebone n'était encore qu'un village. Une des caractéristiques de ce pub, ce sont les box lambrissés de pin situés à côté du bar (plus récents que le pub, ils datent de 1890, quand ces petits
espaces privés étaient à la mode). Un bon pub pour se mêler à la population locale.

■ **DUSK. 79, Marylebone Hign Street, W1** ✆ **(020) 7486 5746 – Tube : Baker Street.** *Ouvert
du lundi au samedi de 10h à 23h et le dimanche de 10h à 22h30.* Récemment transformé, ce bar
design (le premier du quartier) offre un bon choix de vins (au verre et à la bouteille) et de cocktails
ainsi que de la bière blanche.

Bloomsbury, St Giles et Fitzrovia

Moins touristique que Soho, cette zone assez large compte quelques bars sympas.

■ **AKA. 18, West Central Street, WC1** ✆ **(020) 7836 0110 – www.aka.london.com – Tube :
Holborn.** *Ouvert du mardi au vendredi de 18h à 3h du matin ; samedi de 19h à 7h et dimanche de 19h
à 1h du matin. Happy Hour du mardi au vendredi de 18h à 19h30.* Tous les clubbeurs londoniens se
sont rendus au moins une fois à AKA. Ce DJ bar, ouvert depuis 6 ans, est toujours l'un des endroits
les plus courus du moment. Il faut dire qu'il a plusieurs avantages pour lui : un excellent sound
system, une clientèle jeune, un dance floor mais également la possibilité de s'asseoir, d'excellents
cocktails et surtout, l'avantage de rester ouvert jusqu'à une heure tardive même en semaine.

■ **BRADLEY'S SPANIH BAR. 42-44 Hanway Street, W1** ✆ **(020) 7636 0359 – Tube :
Tottenham Court road.** *Ouvert de 12h à 23h du lundi au samedi et de 15h à 22h30 dimanche.* Bar
populaire d'inspiration espagnole. La clientèle est on ne peut plus relax et la musique d'un vieux
juke-box résonne sur les deux étages que compte le bar.

■ **EAGLE BAR DINER. 3-5 Rathbone Place, W1** ✆ **(020) 7637 1418 – www.eaglebardiner.
com – Tube : Tottenham Court Road.** *Ouvert de 8h à 23h du lundi au vendredi, de 10h à 23h
samedi et de 11h à 19h dimanche.* Ce bar d'inspiration américaine offre un service pour chaque
heure de la journée : petit-déjeuner, déjeuner, dîner, plus une bonne sélection de cocktails.
Le menu tourne principalement autour de viandes grillées et de burgers. Un fast food de luxe… et
apparemment le concept a du succès.

■ **MUSEUM TAVERN. 49, Great Russell Street, WC1** ✆ **(020) 7242 8987 – Tube : Holborn.**
Ouvert du lundi au samedi de 12h à 23h et le dimanche de 12h à 22h30. Juste à coté du British
Museum, un beau pub victorien tout en longueur. George Orwell et Karl Marx y avaient leurs
habitudes.

■ **MASH. 19-21 Great Portland Street, W1** ✆ **(020) 7637 5555. Tube : Oxford Circus.** *Ouvert
de 7h30 à 2h du lundi au vendredi et de 12h à 2h samedi.* Bar spacieux moderne avec des touches
rétro style 60's. Un endroit où l'on vient aussi bien pour un petit-déjeuner que pour un dîner ou
un simple verre au bar (qui a l'avantage de rester ouvert jusqu'à 2h du matin). Cuisine moderne
d'inspiration européenne.

Covent Garden

Très touristique. Cependant si vous vous écartez un peu de la piazza centrale, vous trouverez quelques pubs ou cafés plus « authentiques ».

■ **CROSS KEYS. 31, Endel Street, WC2** ✆ **(020) 7836 5185 – Tube : Covent Garden.** *Ouvert du lundi au samedi de 11h à 23h et le dimanche de 12h à 22h30.* A l'écart du Covent Garden touristique, un petit pub à la façade fleurie et à la décoration intérieure originale, style « bric-à-brac » : objets de toutes sortes suspendus au plafond, peintures, photos. Cela doit s'expliquer par le fait que le propriétaire du pub est un ancien antiquaire. En tout cas, cela contribue à rendre l'endroit vraiment charmant et chaleureux.

■ **FREUD. 198, Shaftesbury avenue, WC2** ✆ **020-7240-9933 – Tube : Covent Garden ou Tottenham Court Road.** *Ouvert du lundi au samedi de 11h à 23h et le dimanche de 12h à 22h30.* Un petit bar-café-galerie au style bohème. Attention, descendre les escaliers est déjà dangereux en temps normal ; après avoir bu quelques verres de trop, cela devient carrément suicidaire.

■ **LAMB AND FLAG. 33, Rose Street, WC2** ✆ **(020) 7497 9504 – Tube : Covent Garden.** *Ouvert du lundi au jeudi de 11h à 23h, les vendredis et samedis de 11h à 22h45 et le dimanche de 12h à 22h30.* C'est l'un des plus vieux pubs de Londres. Au XVIIe siècle, le poète Dryden l'avait surnommé « Le Seau de Sang » à cause des bagarres fréquentes qui se déroulaient dans la ruelle d'à côté, et dont il fut un soir la victime. On peut l'imaginer sans peine, car ce pub est coincé au milieu de plusieurs ruelles qui devaient être faiblement éclairées à l'époque. Aujourd'hui, on s'y retrouvera entouré d'une foule de Londoniens buvant leur bière en toute tranquillité… Les buveurs débordent sur la rue car l'intérieur est un peu petit et l'ambiance générale est à la détente. Un des meilleurs pubs du centre de Londres.

Strand et Holborn

Alors que le quartier se fait peu à peu envahir par les chaînes de pubs et de bars, il conserve quelques pubs traditionnels, certainement parmi les plus beaux de Londres.

■ **GORDON'S WINE BAR. 47, Villiers Street, WC2** ✆ **(020) 7930 1408 – Tube : Embankment ou Charing Cross.** *Ouvert du lundi au samedi de 11h à 23h et le dimanche de 12h à 22h.* Un beau bar à vins dans une cave voûtée éclairée à la seule lumière des bougies. Il y a toujours beaucoup de monde et il est rare de pouvoir trouver une table, mais s'il fait beau vous pouvez emmener votre bouteille dans le petit parc à côté. L'endroit a accueilli des hôtes célèbres : Laurence Olivier et Vivien Leigh quand ils jouaient au théâtre du coin et Rudyard Kipling qui y a rédigé certaines de ses œuvres.

■ **LAMB. 94, Lamb's Conduit street, WC1** ✆ **(020) 7405 0713 – Tube : Russel Square.** *Ouvert de 11h à 23h du lundi au samedi et de 12h à 16h puis de 19h à 22h30 le dimanche.* Malgré l'agneau sur l'enseigne, le pub et la rue furent en fait nommés d'après le philanthrope William Lamb. Ce pub a été construit en 1577 puis redécoré durant l'ère victorienne et a aujourd'hui conservé cette décoration traditionnelle, mélange de tons rouges et verts, avec un bar en acajou, vitres en verre gravé et des miroirs.

■ **NA ZDROWIE. 11, Little Turnstile, WC1** ✆ **(020) 7831 9679 – Tube : Holborn.** *Ouvert du lundi au vendredi de 12h30 à 23h et samedi de 18h à 23h.* Ce petit bar moderne offre plus de 50 vodkas aromatisées authentiques ainsi qu'une sélection de bières d'Europe de l'Est. Clientèle de jeunes expatriés polonais et locaux.

■ **PRINCESS LOUISE. 208, High Holborn, WC1** ✆ **(020) 7405 8816 – Tube : Holborn.** *Ouvert du lundi au vendredi de 11h à 23h, le samedi de 12h à 23h et le dimanche de 12h à 18h.* Construit en 1872 et portant le nom de la quatrième fille de la reine Victoria, le Princess Louise a la réputation d'être un des plus beaux pubs de Londres. Le décor intérieur que l'on peut voir aujourd'hui (miroirs et bois sculpté) date de 1891. On y brasse et vend des bières maison, qui varient selon les saisons.

■ **YE OLDE MITRE. 1, Ely Court, Ely Place, EC1** ✆ **(020) 7405 4751 – Tube : Chancery Lane.** *Ouvert du lundi au vendredi de 11h à 23h. N'accepte pas les cartes de crédit.* Un des pubs historiques de Londres, dissimulé au fond d'une petite cour. Le premier Mitre datait de 1546 et était le lieu de rassemblement des domestiques de l'archevêque de Ely dont le palais était situé aux alentours. Olivier Cromwell le transforma en prison, puis en hôpital durant la guerre civile. Le bâtiment actuel date de 1772 et possède un très beau décor avec ses murs lambrissés de bois et ses bas plafonds. Tout le charme d'un vieux pub anglais…

Clerkenwell et Farringdon

Un des quartiers les plus à la mode de la capitale. Plein de nouveaux bars branchés ainsi que de pubs sympas.

■ **THE CROWN TAVERN. 43, Clerkenwell Green, EC1** ✆ **(020) 7253 4973 – Tube : Farringdon.** *Ouvert du lundi au vendredi de 11h à 23h et le dimanche de 12h à 23h.* Un pub superbe, très bien situé et proposant de la vraie bière pression.

■ **EAGLE. 159, Farringdon Road, EC1** ✆ **(020) 7837 1353.** *Ouvert du lundi au samedi de 12h à 23h et dimanche de 12h à 17h.* Eagle fut l'un des premiers gastropubs au Royaume-Uni. Le menu n'est pas imprimé et change donc tous les jours selon l'inspiration du chef. Très bon choix de bières blondes et de real ales.

■ **FLUID. 40, Charterhouse Street, EC1** ✆ **(020) 7253 3444 – www.fluidbar.com – Tube : Farrigdon ou Barbican.** *Ouvert du lundi au mercredi de 12h à 00h, le jeudi de 12h à 2h et le vendredi et samedi de 19h à 2h du matin. Entrée : £ 5 après 22h les vendredis et samedis. Happy Hour de 17h à 19h du lundi au vendredi.* Dans un décor japonais moderne, ce bar sur deux étages accueille une clientèle jeune et branchée qui vient se détendre après le boulot ou avant de sortir en boîte. L'ambiance est cool, tout comme la musique jazz, électro, trip-hop… Confortablement installé dans un sofa à siroter un martini ou une bière japonaise accompagnée de quelques sushis vous pourriez avoir envie d'y rester la soirée entière…

■ **FOX AND ANCHOR. 115, Charterhouse Street, EC1** ✆ **(020) 7253 5075 – Tube : Farringdon ou Barbican.** *Ouvert du lundi au vendredi de 7h à 23h.* Un excellent vieux pub, datant de 1898. Le personnel est très amical et on peut prendre son petit-déjeuner à partir de 7h.

■ **THE HOPE. 94, Cowcross Street, EC1** ✆ **(020) 7250 1442 – Tube : Farringdon.** *Ouvert du lundi au vendredi de 6h à 21h.* Ce pub ouvre très tôt pour les employés du marché, Smithfield Market. La décoration intérieure est pleine de charme avec ses chandeliers et ses vieilles photos sépia de Londres.

■ **JERUSALEM TAVERN. 55, Britton Street, EC1** ✆ **(020) 7490 4281 – Tube : Barbican ou Farringdon.** *Ouvert du lundi au vendredi de 11h à 23h.* Le Jerusalem Tavern est un bel exemple d'un phénomène assez courant à Londres : le pub itinérant. Il n'était, en effet, pas inhabituel pour les propriétaires d'un pub, quand ils devaient s'installer ailleurs, de garder le nom de leur pub (et la clientèle si possible…). On peut retracer l'existence du Jerusalem Tavern à Clerkenwell au XIVᵉ siècle. Pendant des siècles, il occupa un espace dans Saint John's Gate (cette porte médiévale existe toujours ; c'est tout ce qu'il subsiste du prieuré, Saint John's Priory, établi par les chevaliers de Saint-Jean-de-Jérusalem). Le Jerusalem Tavern est, de nos jours, situé dans une belle maison de Britton Street datant de 1720. Un simple café pendant longtemps, mais l'endroit a été récemment racheté par les brasseries Saint-Peter qui ont tenu à y recréer l'atmosphère d'une « Coffee House » du XVIIIᵉ siècle (petites pièces éclairées à la bougie et mobilier en chêne). En plus le Jerusalem Tavern propose un très vaste choix de bières.

La City

Après 23h et le week-end, la City est une zone morte et vous aurez beaucoup de mal à y trouver un endroit encore ouvert. Sinon, en semaine, la clientèle est surtout composée de gens qui travaillent dans le quartier ; si l'ambiance yuppie vous plaît…

■ **NYLON. 1 Addle Street, EC2** ✆ **(020) 7600 7771 – Tube : St-Paul's ou Moorgate.** *Ouvert du lundi au mercredi de 16h30 à 23h, de 16h30 à 2h du matin les jeudi et vendredi, et de 16h30 à 3h du matin le samedi.* Un des rares bars de la city possédant une « late licence » lui permettant de rester ouvert après 00h. Le décor design de Nylon contraste avec les pubs du quartier. Cependant la clientèle est, elle, typique de la City avec une majorité de banquiers sortant du bureau.

■ **RISING SUN. 61, Carter Lane, EC4** ✆ **(020) 7248 4544 – Tube : St-Paul's.** *Ouvert du lundi au vendredi de 11h à 23h.* Un pub coloré au style traditionnel mais à l'ambiance plus sympathique que la plupart des établissements du quartier. Guinness à la pression. Sert également une bonne cuisine thaïe.

■ **YE OLDE CHESHIRE CHEESE. 145, Fleet Street, City, EC4** ✆ **(020) 7353 6170 – Tube : Blackfriars.** *Ouvert du lundi au vendredi de 11h30 à 23h, le samedi de 12h à 23h et le dimanche de 12h à 14h30.* Très connu pour les discussions animées qui s'y déroulaient, ce pub a jadis accueilli Samuel Johnson, Dickens, Voltaire et Arthur Conan Doyle. À l'époque où Fleet Street était encore la

« Rue de la Presse », le Cheshire Cheese était un repaire de journalistes. On en rencontre toujours, ainsi que des avocats, qui en ont fait leur cantine. Le plancher en bois est recouvert de sciure, les plafonds sont bas, et l'atmosphère reste toujours aussi chaude. Plats typiquement british.

Saint John's Wood et Maida Vale

■ **PRINCE ALFRED. 5A, Formosa Street, W9** ✆ **(020) 7286 3287 – Tube : Warwick Avenue.** *Ouvert du lundi au samedi de 11h à 23h et le dimanche de 12h à 22h30.* Un magnifique pub victorien. Malgré son ancienneté (1862), le Prince Alfred dégage une atmosphère plutôt moderne. Outre les bières, le bar sert une bonne variété de vins européens, californiens, chiliens et australiens. L'ancienne salle de billard à l'arrière a été transformée en un restaurant cher, élégant et aéré avec une verrière (Formosa Dining Room).

■ **WARWICK CASTLE. 6, Warwick Place, W9** ✆ **(020) 7432 1331 – Tube : Warwick Avenue.** *Ouvert du lundi au samedi de 12h à 23h et le dimanche de 12h à 22h30.* Un pub charmant près du canal. En hiver vous pouvez profiter du feu de cheminée dans la salle du fond. En été vous prendrez votre verre dans la rue comme la population locale.

Hampstead

■ **FREEMASONS ARMS. 32, Downshire Hill, NW3** ✆ **(020) 7433 6811 – Tube : Hampstead.** *Ouvert du lundi au samedi de 12h à 23h et le dimanche de 12h à 21h30.* Un grand pub assez moderne, juste à côté de Hampstead Heath. Souvent bondé, à la clientèle variée mais plutôt bruyante. On y vient surtout pour son gigantesque jardin qui s'étale sur plusieurs niveaux, agrémentés de terrasses discrètes. Très agréable pour boire un verre après une longue promenade sur le Heath. Ambiance décontractée.

■ **SPANIARD'S INN. Spaniard's Road, NW3** ✆ **(020) 8731 6571 – Tube : Hampstead.** *Ouvert du lundi au samedi de 11h à 23h et le dimanche de 12h à 22h30.* Le nom évoque les histoires de flibustiers et les romans d'aventures, mais il tire son origine du fait que l'ambassadeur d'Espagne à la cour de James Ier y avait élu domicile. Construit en 1585, ses murs sont lambrissés de chêne, et les plafonds très bas. On le dit hanté par le spectre d'une « dame grise », ce qui n'a pas empêché Dick Turpin, Byron, Shelley, Dickens et Keats de venir y chercher l'inspiration au fond d'un verre…

Camden

En général, Camden, on adore ou on déteste. C'est touristique, c'est jeune, c'est bruyant. Mais c'est chaleureux, pas trop cher et le choix est large. Camden reste certainement l'un des meilleurs endroits où sortir tant que vous n'êtes pas familier avec les lieux plus alternatifs de la nuit londonienne. A Camden, mieux vaut sortir tôt car les endroits ouverts après minuit ne sont pas légion. Ambiance bar et pub, plus que boîte de nuit.

■ **BAR RISA.11, East Yard, Camden Lock, NW1** ✆ **(020) 7428 5929 – Tube : Camden Town.** *Ouvert de 11h à 23h du lundi au samedi, de 12h à 22h30 le dimanche. Happy Hour de 16h à 19h du lundi au vendredi.* Un pub moderne avec des couleurs vives, des chaises design, un espace mezzanine et, surtout, une grande terrasse dominant Camden Lock, bien agréable en été. Les jours ensoleillés, la jeunesse locale et les touristes revenant du marché viennent boire un verre au bord du canal et à l'écart de la circulation et des voitures. Le week-end c'est, comme partout à Camden, plein à craquer.

■ **BARTOK. 78-79, Chalk Farm Road, NW1** ✆ **(020) 7916 0595 – Tube : Chalk Farm.** *Ouvert de 17h à 00h du lundi au jeudi, de 17h à 1h du matin le vendredi, de 12h à 1h le samedi, et de 12h à 00h le dimanche. Happy hour toute la journée du lundi au jeudi et de 17h à 20h du lundi au jeudi.* Ambiance relax, un peu à l'écart de la foule de Camden. Eclairage tamisé, confortables canapés et atmosphère reposante, on vient ici plus pour boire un verre et discuter plus que pour vraiment faire la fête. Musique classique en fond, souvent mixée avec du jazz, de l'électro ou de la world music par d'excellents DJs.

■ **BAR GANSA. 2, Inverness Street, NW1** ✆ **(020) 7267 8909 – Tube : Camden Town.** *Ouvert du lundi au mercredi de 10h à 00h, du jeudi au samedi de 10h à 1h du matin et le dimanche de 10h à 23h.* Bar très populaire du quartier. A partir de 21h, c'est plein à craquer d'une clientèle jeune et cosmopolite. Le cadre est haut en couleur, avec ses murs peints dans le style des céramiques andalouses et le personnel est très sympathique. Les tables sont si rapprochées que vous aurez également souvent l'occasion de sympathiser avec vos voisins. Grand choix de bières, cocktails et vins (bon vin rouge espagnol). Offre également une bonne sélection de tapas à des prix raisonnables.

■ **BAR VYNIL. 6, Inverness Street, NW1** ✆ **(020) 7681 7898 – Tube : Camden Town.** *Ouvert de 11h à 23h du lundi au samedi, et de 12h à 22h30 le dimanche.* L'un des bars les plus branchés de Camden. Bar Vynil abrite un magasin de disques au sous-sol et des DJs y mixent quasiment en permanence. La clientèle donc plutôt techno mais les non-fêtards apprécieront certainement l'ambiance cool de ce bar. Le week-end ça peut devenir très animé.

■ **CROWN & GOOSE. 100, Arlington Road, NW1** ✆ **(020) 7485 8008 – Tube : Camden Town.** *Ouvert du lundi au samedi de 11h à 23h et le dimanche de 12h à 11h30.* Si vous n'aimez pas l'ambiance enfumée des pubs, vous apprécierez celui-ci. L'atmosphère y est accueillante, il y fait clair et les gens sont sympathiques des deux côtés du bar. L'étage supérieur est aménagé en salon, avec des petites tables et des fauteuils confortables. La cuisine est simple et de bonne qualité (hamburgers, salades).

■ **THE WORLD'S END. 174, Camden High Street, NW1** ✆ **(020) 7482 1932 – www.theworlds end.co.uk – Tube : Camden Town.** *Ouvert de 11h à 23h (12h-22h30 le dimanche).* Situé juste en face du métro Camden Town, on ne peut pas le rater. Cependant ne donnez jamais rendez-vous à quelqu'un au World's End, vous risqueriez de ne jamais le trouver. C'est certainement le plus grand pub de Londres, étalé sur le même étage mais avec plusieurs bars et énormément de monde (ce pub peut contenir jusqu'à 1 000 personnes). Cependant, n'hésitez pas à pénétrer dans ce labyrinthe. Il s'agit d'un incontournable de Camden et l'ambiance y est sympathique et bon enfant. Au sous-sol, le club l'Underworld, avec pas mal de concerts (punk, rock, métal…) et des soirées clubbing presque tous les soirs (vendredi, soirée 80's).

Islington

Excellente alternative aux bars du centre, Islington est l'un des lieux où ça bouge vraiment le soir.

■ **ALBION. 10, Tornhill road, N1** ✆ **(020) 76077450 – Tube : Angel ou Highbury & Islington.** *Ouvert du lundi au samedi de 11h à 23h et le dimanche de 12h à 10h30.* Un pub local sans prétention, plutôt familial. Son grand intérêt consiste en un très joli beer garden où il fait bon prendre un verre les après-midi ensoleillées. On oublierait presque qu'on est à Londres…

■ **BIERODROME. 173-174 Upper Street, N1 1XS** ✆ **(020) 7226 5835 – Tube : Highbury & Islington.** Ce bar fait partie d'une chaîne qui possède 5 bars-restaurants à Londres, tous dédiés à la bière et la gastronomie belge. La sélection de bières est énorme (plus de 200) : blondes, brunes, blanches, fruitées… il y en a pour tous les goûts. Sert également les traditionnels plats de moules accompagnés de frites ainsi que d'autres spécialités du plat pays.

■ **CAMDEN HEAD. 2, Camden Walk, N1** ✆ **(020) 7359 0851 – Tube : Angel.** *Ouvert du lundi au samedi de 11h à 23h et le dimanche de 12h à 22h30.* Un magnifique pub victorien intact (un des rares pubs dont la rénovation dans les années 1960 a été intelligemment accomplie) au milieu des magasins d'antiquités de Camden Passage.

■ **CUBA LIBRE. 72, Upper St, Islington Green, N1** ✆ **(020) 7354 9998 – Tube : Angel.** Ambiance cubaine chaleureuse, plein de cocktails au rhum à des prix raisonnables, Cuba Libre est un excellent endroit pour une soirée entre amis. Par contre, la nourriture n'est pas vraiment à la hauteur… mais pour le prix, on ne peut pas espérer beaucoup plus.

■ **EMBASSY. 119, Essex Road, N1** ✆ **(020) 7359 7882 – Tube : Angel ou Highbury & Islington.** *Ouvert du lundi au jeudi de 17h à 23h, vendredi et samedi de 17h à 1h du matin et le dimanche de 17h à 22h30. Entrée £ 3 le week-end après 22h.* Certainement le DJ bar le plus branché du quartier, l'Embassy maintient son succès depuis plusieurs années. Pourtant, rien de prétentieux ici. Le décor est simple et les prix sont abordables. L'ambiance, plutôt cosy en semaine, devient carrément bondée le week-end.

■ **THE NARROW BOAT. 119, Saint Peter Street, N1** ✆ **(020) 7288 9821 – Tube : Angel.** *Ouvert du lundi au samedi de 12h à 23h et le dimanche de 12h à 22h30.* L'endroit, peu connu, est situé dans une rue typiquement géorgienne, juste à côté d'un canal invisible de la rue. D'ailleurs, la plupart des gens en ignorent l'existence. L'intérieur est simple et un peu petit, mais la porte du fond donne accès à une terrasse d'où l'on peut apercevoir quelques péniches et des entrepôts. Une bonne adresse quand la foule d'Islington vous fatigue. Vaut la peine qu'on s'y arrête, ne serait-ce que pour constater qu'il y a effectivement un canal.

South Bank et Southwark

La plupart des établissements de ce quartier sont de bons vieux pubs traditionnels qui semblent exister depuis toujours.

■ **GEORGE INN. 77, Borough High Street, SE1** ✆ **(020) 7407 2056 – Tube : Borough ou London Bridge.** *Ouvert du lundi au samedi de 11h à 23h et le dimanche de 12h à 22h30.* Ce vieux pub authentique, caché dans une cour, date de 1676. C'est la seule « taverne à galeries » de la ville. Les galeries sont effectivement charmantes et permettent d'imaginer l'aspect de Londres au XVIIᵉ siècle. À l'intérieur, le Old Bar est le plus joli, avec son plancher inégal, sa grande cheminée et sa table de billard. À l'étage se trouve un restaurant typiquement anglais. Le George est souvent évoqué dans les livres de Dickens et la tradition littéraire continue pendant les mois d'été au cours desquels les pièces de Shakespeare sont jouées en plein air. Agréable et intime le week-end, quand les hommes d'affaires ont regagné leurs lointaines banlieues. Frénétique et bruyant en semaine.

■ **ROYAL OAK. 44, Tabard Street, SE1** ✆ **(020) 7357 7173 – Tube : Borough ou London Bridge.** *Ouvert du lundi au vendredi de 11h30 à 23h.* Un vrai pub traditionnel datant de l'époque victorienne. Récemment rénové, le Royal Oak a retrouvé toute sa splendeur. Il offre une excellente sélection de bières ainsi qu'une vraie nourriture de pub, bonne et sans prétention.

Notting Hill

Ambiance bohème chic. Un quartier agréable pour aller prendre un verre la journée ou le soir (attention la plupart des bars ferment tôt). Pas mal de gastropubs et quelques excellents bars à cocktails.

■ **COW. 89, Westbourne Park Road, W2** ✆ **(020) 7221 5400 – Tube : Royal Oak ou Westbourne Park.** *Ouvert du lundi au samedi de 12h à 23h et le dimanche de 12h à 22h30.* Très bonne sélection de bières irlandaises, de whiskys, de vins et de champagne dans ce pub qui rencontre un beau succès auprès des habitants de Notting Hill. Si vous avez un petit creux, la spécialité du Cow, ce sont les fruits de mer.

■ **ECLIPSE. 186, Kensington Park Road, W11** ✆ **(020) 7792 2063 – Tube : Ladbroke Grove.** *Ouvert du lundi au vendredi de 5h à 00h, le samedi de 13h à 00h et le dimanche de 13h à 22h30.* Ce petit bar au décor design possède une très belle sélection de cocktails ainsi qu'un excellent sound system. La clientèle est plutôt jeune et aisée. En effet, ce n'est pas donné !

■ **ELECTRIC BRASSERIE. 191, Portobello Road, W11** ✆ **(020) 7908 9696 – Tube : Ladbroke Grove.** *Ouvert de 11h à 23h du lundi au samedi et de 12h à 22h30 le dimanche.* Juste à côté de l'Electric cinema, ce bar-restaurant assez « smart » est un endroit agréable pour faire une pause après avoir fait les puces de Portobello. Si vous trouvez de la place, la terrasse donnant sur la rue est idéale pour observer la foule passer tout en prenant un café ou en sirotant l'un des délicieux cocktails. Si vous êtes venu seul, attrapez un des journaux mis à disposition des clients.

■ **THE MARKET. 240A, Portobello Road, W11** ✆ **(020) 7229 6472 – Tube : Ladbroke Grove ou Notting Hill Gate.** *Ouvert du lundi au samedi de 11h à 23h et le dimanche de 12h à 22h30.* La décoration d'inspiration vénitienne (miroirs et chandeliers) et le feu de cheminée font de ce bar un endroit accueillant et chaud (au propre comme au figuré).

■ **PHARMACY. 150, Notting Hill Gate, W11** ✆ **(020) 7221 2442 – www.pharmacylondon. com – Tube : Notting Hill Gate.** *Ouvert du lundi au jeudi de 12h à 1h du matin, les vendredi et samedi de 12h à 2h du matin et le dimanche de 12h à 00h.* Il ne reste plus grand-chose du design d'origine de Damien Hirst (jeune artiste contemporain anglais) dans ce bar au thème pharmaceutique (comme son nom l'indique). Adieu le blanc un peu trop clinique, bonjour les couleurs… Bières, vins et longue liste de cocktails.

■ **WESTBOURNE. 101, Westbourne Park Villas, W2** ✆ **(020) 7221 1332 – Tube : Royal Oak ou Westbourne Park.** *Ouvert lundi de 17h à 23h, du mardi au vendredi de 12h à 23h, samedi de 11h à 23h et dimanche de 12h à 22h30.* Un pub agréable fréquenté les gens des médias du quartier. En été, vous apprécierez la grande terrasse.

Kensington

Quelques pubs agréables fréquentés surtout par les gens du quartier.

■ **CHURCHILL ARMS. 119, Kensington Church Street, W8** ✆ **(020) 77274242. Tube : Notting Hill Gate.** *Ouvert du lundi au samedi de 11h à 23h et le dimanche de 12h à 22h30.* Outre les nombreux objets à la mémoire de Winston Churchill, ce pub contient également un véritable bric-à-brac, avec des pots de chambre, lanternes et sacs de golf suspendus au plafond. Cette déco originale et son atmosphère chaleureuse en ont fait un favori des locaux et des touristes.

■ **SCARSDALE. 23a, Edwardes Square, W8** ✆ **(020) 8937 1811 – Tube : High Street Kensington.** *Ouvert du lundi au samedi de 12h à 23h et le dimanche de 12h à 22h30.* Façade fleurie en été, feu de cheminée en hiver face au grand bar et aux tables en bois ciré. Profitez du feu durant la journée car le soir il y a trop de monde. En été, les quelques tables devant la porte ne suffisent jamais à satisfaire les nombreux clients. Le Scarsdale se trouve à l'extrême pointe d'un beau square édouardien très distingué, construit en 1811-19 par un Français, Louis Leon Changeur, apparemment pour loger les officiers de Napoléon au cas où ils réussiraient à envahir la Grande-Bretagne. A l'origine le Scarsdale Arms était un bar à vins pour officiers. Il se dégage en tout cas, une sacrée atmosphère…

■ **WINDSOR CASTLE. 114, Campden Hill Road, W8** ✆ **(020) 7243 9551 – Tube : Notting Hill Gate ou High Street Kensington.** *Ouvert du lundi au samedi de 12h à 23h et le dimanche de 12h à 22h30.* Un pub cosy, surtout connu pour son grand jardin, plus grand que le pub lui-même, entouré d'un mur et pourvu de son propre bar. Une aubaine en été, mais on est loin d'être les seuls à y avoir pensé. Il vaut mieux arriver entre 18h et 19h (ou même plus tôt) pour être sûr de pouvoir s'asseoir. Après, il vaudra mieux ne pas lâcher prise !

South Kensington et Knightsbridge

Difficile de trouver un bar sympa à Knighsbridge. Voici une sélection, entre les plus traditionnel et le plus chic.

■ **BUNCH OF GRAPES. 207, Brompton Road, SW3** ✆ **(020) 7589 4944 – Tube : South Kensington ou Knightsbridge.** *Ouvert du lundi au samedi de 11h à 23h et le dimanche de 12h à 22h30.* Un pub très cosy et très anglais, du plus beau style victorien : raisins en bois sculpté et écrans séparant les bars afin de faciliter les conversations intimes… D'autant plus que le « bas peuple », accoudé au comptoir, a une fâcheuse tendance à tendre une oreille indiscrète (n'oubliez pas que les pubs étaient à l'origine des endroits élitistes et que la séparation des classes était très marquée). Il y a eu un pub à cet emplacement depuis le XVIIIᵉ siècle. L'extérieur du pub tel qu'on peut le voir maintenant date de 1844. La décoration intérieure est un peu plus récente (1875). Bien sombre, avec son petit bar intime tout au fond, ses snacks chauds copieux et son choix de bières campagnardes, le Bunch of Grapes s'anime surtout à partir de 18h, signe que les employés de bureau du coin ont fini leur journée, que les musées de South Kensington ont fermé leurs portes ou encore que le shopping chez Harrods a donné soif.

■ **MANDARIN BAR. Mandarin Oriental Hyde Park, 66 Knightsbridge, SW1** ✆ **(020) 7235 2000 – Tube : Knightsbridge.** *Ouvert du lundi au samedi de 11h à 2h et le dimanche de 11h à 22h30.* Un bar chic dans un hôtel tout aussi chic. Si vous êtes prêt à payer le prix, faites un détour par ce bar design et coloré qui offre une bonne sélection de cocktails et de bar-snacks. Alors qu'en semaine, le Mandarin est plutôt calme et attire en majorité les gens de l'hôtel, il s'anime le week-end jusqu'à devenir parfois bondé.

Clapham

Entre pubs et bars branchés, le choix est immense. Clapham est l'un des endroits les plus animés de Londres (dommage que ce soit un peu loin).

■ **ARCH 365 15-16, Lendal Terrace, SW4** ✆ **(020) 7720 7343 – Tube : Clapham Nord.** *Ouvert de 17h à 23h du lundi au jeudi, de 16h à 00h vendredi et samedi et de 16h à 22h30 dimanche.* Situé sous une arche du chemin de fer, ce petit bar aux murs de briques sans la moindre prétention est un bon endroit pour une boire bière entre amis, confortablement installé dans l'un des canapés en cuir rouge à l'entrée. Il y a également un billard et un mini-foot. Ambiance assez masculine.

■ **BREAD AND ROSES. 68, Clapham Manor Street, SW4** ✆ **(020) 7498 1779 – Tube : Clapham Common ou Clapham North.** *Ouvert de 12h à 23h du lundi au samedi et de 12h à 22h30 le dimanche.* Ce pub appartient à la Worker's Beer Company qui approvisionne en bière la plupart des grands festivals de music au Royaume-Uni. Le Bread and Roses est moderne et lumineux et les barmaids sont très sympathiques. Un pub agréable, plutôt familial la journée, et qui offre une bonne sélection de bières (real ale, belge, tchèque…). Il y a également souvent des comédies, de la poésie ou des débats politiques dont le programme est affiché sur un tableau à côté du bar.

■ **PRINCE OF WALES.** 38, Old Town, SW4 ✆ **(020) 7720 8265 – Tube : Clapham Common.** *Ouvert de 17h à 23h du lundi au vendredi, de 13h à 23h le samedi, et de 13h à 22h30 le dimanche. N'accepte pas les cartes de crédit.* A l'écart des sentiers touristiques mais à cinq minutes de la ribambelle de restos de Clapham High Street, un pub de quartier très sympathique. Mais on ne peut vraiment pas le qualifier de pub « typique ». Ici, la déco est carrément kitsch mais tellement originale… Pendent au plafond entre autres une planche à voile, des panneaux de la route français, des enseignes lumineuses, une lampe à pétrole, des paniers en osier, le tout recouvert d'une bonne couche de poussière authentique. N'hésitez pas à y faire un tour si vous êtes dans le quartier et ne voulez pas vous ruiner dans l'un des bars à cocktails.

■ **SAND.** 156, Clapham Park Road, SW4 ✆ **(020) 7622 3022 – Tube : Clapham Common ou Brixton.** *Ouvert du lundi au samedi de 17h à 2h du matin et le dimanche de 17h à 1h. Entrée £ 5 après 21h vendredi et samedi.* Un style arabo-oriental chic, des poufs en cuir, des bougies, un sablier géant… pas de doute, Sand a réussi sa déco. En plus les cocktails et les snacks sont bons et il y a un DJ tous les soirs. Ambiance plutôt cosy et relax en semaine, beaucoup de monde les week-ends, après la fermeture des pubs.

■ **SO. UK.** 165, Clapham High Street, SW4 (7622 4004) **– Tube : Clapham Common ou Clapham North.** *Ouvert de 17h à 00h du lundi au mercredi, de 17h à 1h jeudi, de 17h à 2h vendredi et samedi et de 12h à 00h dimanche.* Ce bar appartient à l'actrice Leslie Ash et à l'ancien footballeur Lee Chapman. Décoré dans un style marocain chic, c'est l'un des bars les plus branchés (et les plus chers) du quartier. Cependant, la clientèle reste celle de Clapham, bien loin du m'as-tu-vu du West End. L'ambiance est sympa et, comme il y a beaucoup de monde, et que l'on se bouscule un peu dans ce bar tout en longueur, on sympathise facilement. Quand nous y sommes allés, le DJ passait de l'électro-jazz à un volume sonore parfaitement acceptable pour pouvoir tenir une conversation.

Brixton

Surtout ne vous arrêtez pas à l'ambiance un peu glauque de la station de métro. Depuis une dizaine d'années, Brixton est devenu l'un des lieux branchés de la nuit londonienne. Clientèle éclectique, excellent DJ bars, tout ça bien loin de la prétention du centre…

■ **BRIXTONIAN HAVANA CLUB.** 11, Beehive Place, SW9 ✆ **(020) 7924 9262 – Tube : Brixton.** *Ouvert mardi et mercredi de 12h à 1h du matin, du jeudi au samedi de 12h à 2h du matin et le dimanche de 16h à 23h. Happy Hour de 17h30 à 19h30 du lundi au vendredi. Entrée payante après 22h : jeudi (£ 3), vendredi et samedi (£ 5).* Un bar-resto caraïbéen coloré. Nombreux cocktails à bases de rhum (mojitos, caipirinhas…) et d'excellents plats exotiques. Le week-ends, des Dj's viennent jouer et l'atmosphère devient presque clubbing. Excellente ambiance.

■ **BUG BAR.** The Crypt, St Matthew's Church, Brixton Hill, SW2 ✆ **(020) 7738 3366 – www. bugbar.co.uk – Tube : Brixton (prendre à gauche à la sortie du métro et continuer tout droit, vous apercevrez l'église au carrefour).** *Ouvert de 20h à 1h jeudi, de 20h à 3h du matin les vendredi et samedi, de 20h à 2h le dimanche. Entrée payante après 21h (£ 3 à £ 6).* Ouvert en 1997, le Bug Bar se loge dans la crypte de l'église Saint-Matthieu mais, à part quelques éléments du mobilier et le plafond voûté, la ressemblance s'arrête là. Le bar a été récemment rénové, c'est moderne et très cosy et on y passe toujours plus de temps que prévu. Pas de bière à la pression mais plein de bières bouteilles et une carte de cocktails. Il y a également un restaurant juste à côté dont certains plats sont servis au bar. Concerts le jeudi.

■ **DOGSTAR.** 389, Coldharbour Lane, SW9 ✆ **(020) 7733 7515 – www.dogstarbar.co.uk –** *Ouvert de 12h à 2h du lundi au mercredi et le dimanche, de 12h à 2h30 du jeudi et de 12h à 4h du matin les vendredi et samedi. Entrée payante (£ 4 à £ 7) les vendredi et samedi soir (le vendredi £ 4 à partir de 22h et £ 6 après 23h ; le samedi £ 4 à partir de 21h, £ 5 de 22h à 23h et £ 7 après 23h).* Le Dogstar entretient la légende d'avoir été le lieu de naissance de la jungle. Le week-end, le bar est toujours plein à craquer d'une foule jeune et plutôt branchée mais absolument pas prétentieuse. C'est nettement plus calme en semaine et c'est une bonne adresse pour venir bruncher le dimanche. A l'étage, le Dogstar club qui passe de la house et de la techno. Attendez-vous à faire la queue dehors si vous n'êtes pas V.I.P.

■ **FRIDGE BAR. 1, Town Hall Parade, SW2** ✆ **(020) 7326 5100 – Tube : Brixton.** *Ouvert de 19h à 2h du lundi au jeudi, de 19h à 4h le vendredi, de 18h à 4h le samedi et de 20h à 3h du matin le dimanche. Entrée payante le week-end.* Ce lieu de débauche légendaire se remplit tous les week-ends, d'une foule de jeunes hommes et femmes de toutes races et toutes tendances sexuelles confondues. L'ambiance est souvent très bonne. En semaine, c'est plus calme, mais vous devriez passer un bon moment quand même. Dress code : pas de basket le week-end.

Shoreditch, Hoxton et Spitalfields

LE quartier branché de Londres en ce moment. Plein de DJ bars, avec d'excellents cocktails, une déco design et originale et une clientèle ultra-cool.

■ **BLUU. 1, Hoxton Square, N** ✆ **(020) 7613 2793 – Tube : Old street.** *Ouvert de 11h à 23h30 du lundi au jeudi, de 10h à 00h vendredi et samedi et de 11h à 22h30 dimanche.* Un bar agréable et stylé, mélange de moderne et de rétro (lampes style années 60 et chaises en cuir). Bluu peut sembler un peu froid au premier abord. Mais installez-vous confortablement, une bière ou un cocktail à la main et vous vous sentirez vite à l'aise. S'y rendre plutôt en semaine ; il y a moins de monde et la clientèle est plus cool.

■ **CANTALOUPE. 35, Charlotte Road, EC2** ✆ **(020) 7613 4411 – www.cantaloupe.co.uk – Tube : Old Street.** *Ouvert du lundi au vendredi de 11h à 00h, le samedi de 12h à 00h et le dimanche de 12h à 23h30.* Ce sont des bars comme Cantaloupe qui ont permis à Shoreditch de devenir le nouveau quartier branché de Londres. L'endroit est vaste, avec des banquettes autour du bar et un restaurant au fond. On trouve également un assez grand choix de vins et de bières.

■ **HOXTON BAR & KITCHEN. 2-4, Hoxton Square, N1** ✆ **(020) 7613 0709 – Tube : Old Street.** *Ouvert du lundi au samedi de 11h à 00h et le dimanche de 12h à 22h30.* Un bunker en béton recon-verti en bar branché, on ne peut voir ça qu'à Shoreditch !

■ **SHOREDITCH ELECTRICITY SHOWROOMS. 39A, Hoxton Square, N1 – Tube : Old Street.** *Ouvert de 12h à 00h du lundi au jeudi, de 12h à 1h du matin les vendredis et samedis et le diman-che de 12h à 00h.* Un endroit dont le succès ne se dément pas. De plus, la queue pour y entrer n'est plus aussi monstrueuse qu'elle pouvait l'être il y a seulement un an. Et l'on a aujourd'hui de grandes chances de trouver une place assise. Shoreditch Electricity Showrooms a aussi perdu un peu de son attitude « poseuse ». Bref, ce bar n'est peut-être plus à la pointe de la « branchitude » de Shoreditch, mais ce n'est peut-être pas plus mal.

■ **T BAR AND RESTAURANT. 56 Shoreditch High Street, E1** ✆ **(020) 7729 2973.** Un nouveau venu dans le quartier. T Bar, situé dans un ancien entrepôt reconverti, offre un immense espace au style industriel moderne et assez dénudé. Un petit espace aux lumières tamisées et sofas rouges offre cependant une atmosphère plus cosy. Fréquenté par une clientèle mixte et branchée sans être prétentieuse, ce bar reflète parfaitement l'atmosphère de Shoreditch. Bonne sélection de vins au verre et de cocktails ainsi que de la bière à la pression et une nourriture plus que décente. Bref, un excellent endroit pour passer une bonne soirée !

■ **VIBE BAR. Old Truman Brewery, 91-96, Brick Lane, E1** ✆ **(020) 7377 2899 – www.vibe-bar.co.uk – Tube : Aldgate ou Aldgate East.** *Ouvert du lundi au jeudi de 11h à 23h30, les vendredi et samedi de 11h à 1h du matin et le dimanche de 11h à 22h30.* Bar-club branché en plein cœur du quartier indien de Brick Lane. Cour extérieure idéale pour un après-midi ensoleillé.

■ **WENLOCK ARMS. 26, Wenlock Road, N1** ✆ **(020) 7608 3406 – Tube : Old Street.** *Ouvert du lundi au samedi de 12h à 23h et le dimanche de 12h à 22h30.* Un pub très populaire proposant une bonne sélection de bières anglaises (Black Sheep, Timothy Tailor…) et de bières belges et un vrai bon cidre. Egalement bon sandwichs et Cornish pasties (des sortes de pâtés fourrés à la viande, spécialité des Cornouailles). Souvent bondé.

Boîtes de nuit

West End

■ **CAFE DE PARIS. 3, Coventry Street, W1** ✆ **(020) 7734 7700 – Tube : Leicester Square.** Musique pop, disco et house pour clientèle chic dans un décor élégant (salle de danse des années 1920 rénovée). Venez habillé plutôt « smart » (pas de jeans). Soirée R'n'B les vendredis.

■ **BAR RUMBA. 36 Shaftesbury Avenue, London W1 – Tube : Piccadilly Circus** ✆ **(020) 7287 6933-** Fax : 207 287 27 14 – **www.barrumba.co.uk** – *Ferme à 3h du matin du lundi au jeudi, à 4h le vendredi et samedi et à 1h le dimanche. Tarifs : de £ 3 à £ 10 selon la soirée. Avis aux futés : l'entrée est presque toujours moins chère (voire gratuite) avant 10h.* Quel que soit le jour de la semaine, ce petit club central vous garantit de bons moments avec une sono à la qualité impressionnante. Le Bar Rumba fait partie des immanquables de la vie nocturne londonienne. Il est de ces clubs qui font la légende d'un Londres festif, aux soirées hétéroclites et de qualité sans le côté snob et m'as-tu-vu… Bref, voici un lieu où l'on ne va pas parce qu'il faut y être mais parce qu'on s'y sent bien. Le Bar Rumba est l'une des adresses les plus « sûres » pour ne pas se planter quand on vient faire la fête dans une ville étrangère. Même les clubbers les plus blasés retrouveront l'enthousiasme et la spontanéité de leurs 20 ans. Lundi, THIS (That's How It Is), excellente soirée qui vient de fêter ses dix ans, offre un mix éclectique d'acid jazz, drum'n'bass et hip-hop.

■ **HEAVEN UNDER THE ARCHES. Villiers Street, WC2** ✆ **(020) 7930 2 (020)** – **www.heaven-london.com** – **Tube : Charing Cross.** *Ouvert de 22h30 à 3h les lundi et mercredi, de 22h30 à 3h le vendredi, de 22h à 5h le samedi.* Un des clubs les plus connus de Londres. Club gay à l'origine, Heaven attire aujourd'hui une foule mixte *(Voir Clubs gays pour plus de détails).*

■ **THE END. 18, West central Street, WC1** ✆ **(020) 7419 9199 – Tube : Holborn.** *Ouvert du lundi au mercredi de 22h à 3h, de 22h à 4h jeudi, de 22h à 5h vendredi et de 21h30 à 6h samedi.* Club au décor industriel, The End offre une musique de qualité plutôt Underground. Le type de musique (house, drum'n'bass, disco…) varie selon les soirs. Vérifiez dans *Time Out.*

Clerkenwell

■ **FABRIC. 77a, Charterhouse Street, EC1** ✆ **(020) 7336 8898 – www.fabriclondon.com – Tube : Farringdon.** *Ouvert vendredi de 21h30 à 5h, samedi de 22h à 7h et dimanche (soirée DTPM) de 22h à 5h du matin. Entrée : £ 10-£ 15.* Un des meilleurs clubs (si pas LE meilleur) à Londres. Pour les fans de techno, trois salles pouvant contenir jusque 2 500 personnes ! Ne manquez pas de vous rendre sur le « balcon », un peu difficile à trouver dans le labyrinthe des escaliers. De là, vous pourrez observer la foule qui danse en bas face à l'écran géant qui projette des images psychédéliques. Clientèle très mixte, plutôt branchée mais habillée relax. Le club accueille régulièrement des Djs célèbres et la musique est toujours excellente. La soirée DTPM du dimanche, fréquentée aussi bien par les gays que par les hétéros, est incontournable pour les fêtards.

■ **TURNMILLS. 63, Clerkenwell Road, EC1** ✆ **(020) 7250 3409 – www.turnmills.co.uk – Tube : Farringdon.** *Ouvert mardi de 18h à 00h, vendredi de 10h30 à 7h30 et samedi de 21h à 5h.* Cette institution trance et house accueille régulièrement des Dj's de réputation internationale.

Camden

■ **CAMDEN PALACE. Camden High Street, NW1** ✆ **09062 100 200 – Tube : Mornington Crescent.** Au début des années 80 (au temps de la « new wave »), le Camden Palace (un ancien théâtre reconverti en boîte) était LA boîte de Londres. Aujourd'hui il a perdu ce titre depuis longtemps, mais reste néanmoins très populaire. En général, la musique est une mixture commerciale de garage, de house et de funk qui répond à tous les goûts. Il propose parfois des concerts – c'est ici que Prince a décidé de faire un concert impromptu après l'un de ses grands shows au Hammersmith Odeon.

King's Cross, Saint Pancras et Euston

■ **THE SCALA. 278, Pentonville Road, N1** ✆ **(020) 7833 2022 – www.scala-london.co.uk – Tube : King's Cross.** House et Hip-Hop dans un ancien cinéma reconverti en boîte (le cinéma fut fermé après avoir programmé le film *Orange mécanique* de Kubrick qui était à l'époque interdit en Angleterre). Egalement des concerts de musique indie.

■ **THE CROSS. Goods Way Depot, York Way N1** ✆ **(020) 7837 0828 – Tube : King's Cross/St Pancras.** *Ouvert vendredi et samedi de 22h30 à 5h et dimanche de 22h30 à 4h.* Situé sous les arcades de York Way, The Cross est l'un des lieux avant-gardistes de Londres. Le dernier dimanche de chaque mois, soirée Vertigo pour laquelle viennent mixer de nombreux Dj's italiens.

■ **EGG. 5-13 Vale Royal (perpendiculaire à York Way), N1** ✆ **(020) 7428 7574.** *Ouvert de 22h à 5h vendredi et samedi.* Un des derniers venus dans le paysage des clubs londoniens, Egg compte trois salles et deux terrasses et est fréquenté par une clientèle mixte gay et hétéro. Le thème musical des soirées change tous les week-ends. Navette gratuite depuis King's Cross après 23h.

Lambeth

■ **MINISTRY OF SOUND. 103, Gaunt Street, SE1** ✆ **(020) 7378 6528 – www.ministryofsound. co.uk – Tube : Elephant & Castle.** *Ouvert de 22h30 à 6h du matin le vendredi, et de 00h à 9h le samedi.* Club de renommée internationale, le Ministry possède de loin la meilleure sono de la ville. Et si cela ne vous suffit pas, le spectacle laser vous hypnotisera. Pour les clubbeurs invétérés qui veulent s'en prendre plein les yeux et les oreilles. L'heure de gloire du Ministry of Sound est cependant passée et s'il attire toujours une foule énorme, les vrais « branchés » lui préfèrent des clubs plus undergrounds.

Brixton

■ **FRIDGE. Town Hall Parade, Brixton Hill, SW2** ✆ **(020) 7326 5100 – www.fridge.co.uk – Tube : Brixton.** *Ouvert de 21h à 2h30 du lundi au jeudi et le dimanche et de 22h à 6h vendredi et samedi.* Club très populaire, ni trop grand, ni trop petit, à l'ambiance métissée. Grande diversité de soirées (salsa, reggae, punk…). Mais les week-ends sont plutôt trance et hard house.

■ **DOGSTAR. 389, Coldharbour Lane, SW9** ✆ **(020) 7733 7515 – www.dogstarbar.co.uk – Tube : Brixton.** *Ouvert de 21h à 3h vendredi et samedi.* Situé au-dessus du Dogstar bar, ce club house attire tous les week-ends une foule nombreuse. Ambiance décontractée.

■ **MASS. St Matthew's Church, SW2** ✆ **(020) 7 738 7875 – www.mass-club.com –** *Ouvert de 22h à 2h le mercredi, de 22h à 3h le samedi, de 22h à 5h30 samedi et de 13h à 19h dimanche.* Ce club est situé sous l'église St Matthew. Soirée R'n'B et reggae les vendredis (attention pas de baskets ou casquettes), hip-hop et Drum'n'bass les samedis.

Notting Hill

■ **NOTTING HILL ARTS CLUB. 21, Notting Hill Gate, W11** ✆ **(020) 7460 4459 – Tube : Notting Hill Gate.** *Ouvert de 18h à 1h du mardi au jeudi, de 18h à 2h vendredi et samedi et de 16h à 23h dimanche.* Funk, jazz, disco, soul, house, garage.

Kensington

■ **ROOF GARDENS. 99, Kensington High Street, W8** ✆ **(020) 7368 3999 – www.roofgardens. com – Tube : High Street Kensington.** *Ouvert jeudi et samedi de 22h à 3h du matin.* Il faut en principe en être membre pour pouvoir entrer, mais on peut toujours tenter sa chance : parfois ça marche, et ça vaut la peine pour le cadre. Connaissez-vous beaucoup de boîtes qui peuvent se vanter d'avoir des flamants roses se promenant parmi les arbres sur le toit d'un immeuble, en plein centre de la capitale ? Il n'y en qu'une, le Roof Gardens, entourée de jardins superbes, de ruisseaux, d'allées arborées et fleuries qui dominent Kensington, Chelsea et Knightsbridge. Le cadre mis à part, le Roof Gardens ne sera pas au goût de tout le monde. La clientèle est plutôt âgée, snob… et très riche.

Shoreditch et Hoxton

■ **333. 333, Old Street, EC1** ✆ **(020) 7739 5949 – Tube : Old Street.** *Ouvert de 22h à 5h vendredi, de 22h à 4h samedi et dimanche.* Au cœur du quartier branché de Shoreditch, une boîte absolument pas précieuse, fréquentée par une clientèle mixte et offrant de la bonne musique. Trois niveaux, brekbeats, funk et techno au sous-sol.

Londres gay

La scène gay londonienne a toujours compté parmi les plus animées de la planète. Mais ces dernières années, celle-ci s'est étendue et diversifiée à une vitesse impressionnante.

Avec plusieurs centaines de bars, pubs, clubs, saunas et autres établissements gays, quelles que soient vos préférences musicales, vestimentaires ou sexuelles, vous trouverez sans aucun doute ce que vous cherchez. Soho, malgré toutes ces années, est resté l'épicentre de la vie gay à Londres. Certains pourront trouver le lieu trop commercial ou touristique, mais l'ambiance y est restée unique.

D'autres quartiers comme Islington, Clapham, Vauxhall ou le quartier afro-caraïbéen de Brixton ont également une scène gay qui se développe, bien que beaucoup plus discrète. Camden Town compte aussi quelques bars sympas pour prendre un verre après un tour sur le célèbre marché.

Mais comme les soirées bougent beaucoup, le mieux est de jeter un œil dans les revues gratuites *Pink Paper*, *Boyz* ou *G3* (pour les filles), disponibles dans la plupart des bars gays.

La période estivale accueille les plus grandes manifestations gays londoniennes : le mardi gras (Gay Pride) en juillet ainsi que la Soho Pride, début août.

Bars et pubs
Piccadilly Circus et Leicester Square

■ **ADMIRAL DUNCAN. 54, Old Compton Street, W1** ✆ **(020) 7437 5300 – Tube : Leicester Square/Piccadilly Circus.** *Ouvert de 11h à 23h du lundi au samedi et de 12h à 22h30 le dimanche.* L'Admiral Duncan est un vieux de la vieille à Soho. En 1999, ce pub fut victime d'un attentat dirigé contre la communauté homosexuelle qui fit trois morts. Mais depuis, il fut reconstruit plus ou moins de la même manière, avec sa célèbre façade rose et mauve et a retrouvé sa clientèle. Celle-ci a généralement de la trentaine à la cinquantaine, plutôt jeans que costume. L'Admiral Duncan pratique réellement des prix de pub, ce qui est rare à Soho.

■ **BAR CODE. 3-4, Archer Street, W1** ✆ **(020) 7734 3342 – Tube : Leicester Square ou Piccadilly Circus.** *Ouvert du lundi au vendredi de 16h à 1h, le samedi de 15h à 1h et le dimanche de 15h à 22h30. Entrée : £ 3 après 23h vendredi et samedi. Happy Hour de 17h à 19h tous les jours.* Bar gay populaire en fin de soirée. Sur deux étages, le Bar Code est un endroit où l'on discute tranquillement d'un côté pendant que l'on danse d'un autre. L'étage attire une clientèle d'hommes d'un certain âge alors que le sous-sol est plus jeune et plus mixte. L'endroit est assez « cruisey ».

■ **CANDY BAR. 4 Carisle Street, W1** ✆ **(020) 7494 4041 – www.candybar.easynet.co.uk – Tube : Tottenham Court Road.** *Ouvert de 17h à 23h30 du lundi au jeudi et le dimanche, de 17h à 2h vendredi et samedi. Happy Hour de 17h à 19h du lundi au vendredi.* Le plus célèbre et le meilleur bar lesbien de la capitale. Candy Bar fut le premier bar lesbien de Londres ouvert sept jours sur sept et attire aujourd'hui tous les soirs une clientèle féminine nombreuse et hétéroclite. Il y a deux bars et une piste de danse au sous-sol. Le style de musique change tous les jours, donc renseignez-vous. Egalement soirées karaoké et strip-tease. Les hommes ne sont acceptés qu'à condition d'être accompagnés d'une fille (et franchement, on n'en voit pas beaucoup).

■ **COMPTON OF SOHO. 53-57, Old Compton Street, W1** ✆ **(020) 7479 7961 – www.comptons-of-soho.com – Tube : Leicester Square ou Piccadilly Circus.** *Ouvert du lundi au samedi de 12h à 23h et le dimanche de 12h à 22h30.* Le plus ancien bar gay de Soho, une institution locale. Ce bar attire une foule nombreuse et de tous âges. L'étage, où la musique est plus forte, attire une clientèle plus jeune, souvent venue en groupe, alors que le rez-de-chaussée, plus calme, concentre de nombreux célibataires à la recherche d'une rencontre.

■ **FIRST OUT CAFE-BAR. 52, St Giles High Street, WC2** ✆ **(020) 7240 8042 – Tube : Leicester Square.** *Ouvert du lundi au samedi de 10h à 23h, le dimanche de 11h à 22h30.* Ce fut le premier resto végétarien pour gays et lesbiennes. Ambiance sympa, sans prétention. Expos d'art régulièrement. Soirée filles le vendredi de 20h à 23h.

■ **FREEDOM. 60-66, Wardour Street, W1** ✆ **(020) 7734 0071 – Tube : Piccadilly Circus ou Leicester square.** *Ouvert de 12h à 00h du lundi au mercredi, de 12h à 2h du matin le jeudi, de 12h à 3h les vendredi et samedi et de 14h à 22h30 le dimanche. Entrée £ 3 après 23h du lundi au jeudi et le dimanche, £ 5 à £ 10 après 22h le vendredi et le samedi.* Freedom était, il y a peu de temps encore, le bar gay le plus branché de Soho. Ce n'est peut-être plus le cas aujourd'hui, mais ça bouge toujours aussi bien. Relativement tranquille la journée, ça devient très animé le soir. Une foule jeune, mixte et « polysexuelle » vient ici pour faire la fête et danser.

■ **G-A-Y BAR. 30 Old Compton Street.** Un des derniers arrivés sur Old Compton Street. G-A-Y bar est le petit frère des soirées G-A-Y à l'Astoria (vous pouvez d'ailleurs y acheter les tickets à l'avance). Les murs sont recouverts de nombreux écrans vidéos où vous pourrez sélectionner vos clips pop préférés. Ambiance jeune, bruyante et… très gay.

■ **KU BAR. 75, Charing Cross Road, W1** ✆ **(020) 7437 4303 – www.ku-bar.co.uk – Tube : Leicester Square.** *Ouvert du lundi au samedi de 12h à 23h, le dimanche de 13h à 22h30.* Bar jeune et toujours blindé. Cocktails en happy hour de 13h à 19h et toute la journée le lundi, jeudi et dimanche.

■ **RUPERT STREET. 50, Rupert Street, W1** ✆ **(020) 7292 7141 – Tube : Piccadilly Circus.** *Ouvert de 12h à 23h du lundi au samedi, de 12h à 22h30 le dimanche. Cuisine ouverte de 12h à 18h.* Café la journée, bar le soir, le Rupert Street attire une clientèle branchée des deux sexes. Ambiance plutôt relax, on n'y vient pas vraiment pour draguer, plutôt pour boire un verre et discuter

■ **THE YARD. 57, Ruppert Street, W1** ℰ **(020) 7437 2652 – Tube : Piccadilly Circus.** *Ouvert de 14h à 23h du lundi au samedi.* Atmosphère relax et clientèle mixte et cosmopolite. C'est plein à craquer en été même si le bar est très grand, et en plus il y a une terrasse.

■ **VILLAGE SOHO. 81, Wardour Street, W1** ℰ **(020) 7434 2124 – Tube : Piccadilly Circus ou Leicester square.** *Ouvert du lundi au samedi de 16h à 1h du matin. Et le dimanche de 16h à 22h30.* Un bar gay où se mélangent la communauté homosexuelle, des couples hétéros, des touristes, des professionnels se relaxant après une dure journée de travail… bref, un endroit ouvert et sympa. Le soir, le Village se remplit d'une foule jeune et festive à majorité plutôt masculine. Le bar au sous-sol est généralement plus calme avec tables basses, bougies et ambiance tamisée. L'endroit est aussi réputé pour toujours choisir du staff mignon derrière le bar.

■ **WEST CENTRAL. 29-30, Lisle Street, WC2** ℰ **(020) 7479 7981 – Tube : Leicester Square.** *Pub ouvert de 14h à 23h (22h30 le dimanche). Club ouvert de 22h30 jusqu'à 3 du matin les vendredi et samedi (entrée : £ 3). Bar théâtre de 17h à 23h.* C'est très grand et très animé et ça se passe sur trois étages. Pub au rez-de-chaussée, club au sous-sol et bar théâtre au premier. Bref, il y a toujours du monde et c'est toujours la fête. Un vidéo juke-box diffuse des clips sur des écrans.

Covent Garden et Leicester Square

■ **BOX. 32-34, Monmouth Street, WC2** ℰ **(020) 7240 5828 – Tube : Leicester Square/Covent Garden.** *Café ouvert de 11h à 17h du lundi au samedi, de 12h à 18h le dimanche. Bar ouvert de 17h à 23h du lundi au samedi, de 18h à 22h30 le dimanche.* Café-bar très classe qui attire du beau monde, aussi bien hommes que femmes, gays et hétéros. On peut aussi bien boire un cocktail qu'un café ou bien manger (jusqu'à 17h) et le bar expose régulièrement des peintures sur ses murs. Luminosité, déco sympa et même une miniterrasse pour sortir ses lunettes de soleil.

■ **BRIEF ENCOUNTER. 42, St Martin's Lane, WC2** ℰ **(020) 7557 9851 – Tube : Leicester Square.** *Ouvert du lundi au samedi de 11h à 23h, le dimanche de 12h à 22h30.* Pub de rencontre à la clientèle plutôt masculine.

Camden

■ **BLACK CAP. 171, Camden High Street, NW1** ℰ **(020) 7428 2721 – Tube : Camden Town.** *Ouvert de 12h à 2h du lundi au jeudi, de 12h à 3h vendredi et samedi, de 12h à 1h le dimanche. On peut manger de 12h à 18h.* A la fois pub et club au sous-sol. Musique forte et ambiance festive côté club. Plus intime et plus calme de côté bar avec également une petite terrasse à l'étage. L'ambiance est plutôt à la pinte qu'au cocktail, avec machines à sous et écran pour les matchs. Il y également des spectacles cabaret (assez réputés) et des concerts régulièrement.

Clubs

Beaucoup de bars cités dans la rubrique « Pubs et bars » ont aussi une salle réservée au clubbing. Dans cette rubrique-ci, nous avons principalement recensé les grosses soirées gay organisées dans des clubs gays ou mixtes.

Farringdon

■ **DTPM @ FABRIC. 77A, Chaterhouse Street, EC1** ℰ **(020) 7439 9009 – www.dtpm. net – Tube : Farringdon.** Soirée incontournable du dimanche soir à la Fabric. Trois salles avec trois musiques différentes, un paradis pour les clubbeurs. La réputation de cette soirée gay est telle qu'elle est devenue une des favorites chez les hétéros également. Alors que l'un des dance-floors est plein de jeunes hommes musclés et torse nu, l'autre attire une foule mixte qui se déchaîne au son de la techno et des percussions. Ambiance un peu trop « défonce » mais la musique (house, techno) est excellente.

Vauxhall

■ **VAUXHALL TAVERN. 372, Kennington Lane, SE11.** ℰ **(020) 7582 0833 – Tube : Vauxhall.** *Ouvert les week-ends uniquement.* Un établissement gay qui depuis longtemps anime les nuits du sud de Londres, dans une ambiance plus alternative que celle des grands clubs du centre. Tous les samedis de 21h à 2h a lieu la réputée soirée « Duckie ». Une foule de tous âges et de tous styles vient s'éclater sur la musique électro, années 80, indie… Extravagance et ambiance assurées.

West end

■ **G.A.Y. London Astoria, 157-165, Charing Cross Road, WC2** ℰ **(020) 7734 6963 – www. g-a-y.co.uk –** *Tube : Tottenham Court Road. Les lundi, jeudi, vendredi et samedi (susceptible de* *changer, renseignez-vous).* Les soirées G-A-Y de l'Astoria (également salle de concerts) sont très populaires et le public est jeune, mixte, sympa et sans prétention. Ambiance festive et souvent pas mal de drague. Musique années 1980 le vendredi. La soirée du samedi est l'une des plus importantes de la nuit gay et lesbienne londonienne. Vous pouvez acheter vos tickets à l'avance au G-A-Y Bar (30 Old Compton Street), tous les jours de 12h à 00h et le samedi au Ku Bar (75, Charing Cross Road). Cela vous permettra d'éviter les files (très utile le samedi !).

■ **HEAVEN, UNDER THE ARCHES. Villiers Street, WC2** ✆ **(020) 7930 2 (020) – www.heaven-london.com – Tube : Charing Cross.** *Ouvert de 22h30 à 3h les lundi et mercredi, de 22h30 à 3h le vendredi, de 22h à 5h le samedi. Entrée : £ 4-£ 6 le lundi et mercredi, £ 12 le samedi, variable le vendredi selon les soirées.* La plus grande et la plus connue des boîtes gays londoniennes, Heaven attire aujourd'hui une foule mixte. Trois dance floors avec des musiques différentes. Le programme change selon les soirées, vérifiez sur le site internet ou dans *Time Out.* Les soirées house du samedi sont très commerciales. Il y a généralement des réductions sur le prix de l'entrée si vous possédez un flyer. Vous les trouverez dans la plupart des bars gays et dans la presse gay.

■ **GHETTO. 5-6, Falconberg Court, W1** ✆ **(020) 7287 3726 – www.ghetto-london.co.uk – Tube : Tottenham Court Road.** *Ouvert du lundi au jeudi de 22h à 3h, vendredi et samedi de 22h30 à 4h30.* Un des clubs gay les plus réputés de la ville. Musique house et électro avec également des soirées métal-punk le lundi et indie le jeudi.

Brixton

■ **SUBSTATION SOUTH. 9, Brighton Terrace, SW9** ✆ **(020) 7737 2095 – Tube : Brixton.** *Les soirées commencent à 22h.* Club très « drague », surtout en semaine (soirée sous-vêtements « Y-Front » le lundi). L'ambiance est un peu plus dance le samedi (soirée house) et le dimanche (indie).

Concerts pop, rock, jazz, world

Westminster et Whithehall

■ **ICA. Nash House, The Mall, SW1** ✆ **(020) 7930 3647 – www.ica.org.uk – Tube : Charing Cross ou Piccadilly Circus.** Quand l'Institut d'art contemporain (Institute of Contemporary Art – ICA) organise des concerts (généralement le week-end), cela donne un habile et fascinant mélange de musique, de danse et d'arts visuels (films, photos). Citons par exemple les soirées « Name the Golem », un voyage musical et visuel à travers la culture juive grâce à des artistes du monde entier (environ tous les deux mois). Le ICA dispose aussi d'un bar.

Soho

■ **RONNIE SCOTT'S. 47, Frith Street, W1** ✆ **(020) 7439 0747 – Tube : Leicester Square.** *Ouvert du lundi au samedi de 20h30 à 3h du matin. Entrée : £ 15. Réductions étudiantes du lundi au mercredi.* Ce club légendaire (fondé par le saxophoniste Ronnie Scott) attire depuis 33 ans les grands noms internationaux du jazz. L'ambiance est bonne, la salle intime, et l'excellente qualité du son contribue à sa renommée. Il vaut mieux réserver à l'avance pour s'assurer d'avoir une table, car lorsque des grands noms s'y produisent, la boîte est pleine à craquer, même en semaine. Pour les fans de jazz, une soirée chez Ronnie Scott's est une occasion à ne pas rater.

Fitzrovia

■ **THE ASTORIA. 157, Charing Cross Road, WC2** ✆ **(020) 7434 0403 – Tube : Tottenham Court Road.** Salle de concerts assez réputée à Londres (c'est un ancien théâtre avec balcon). De nombreux groupes s'y produisent (hip-hop, rock). Les vendredis et samedis, la salle se transforme en club.

■ **BORDERLINE. Orange Yard, Manette Street, off Charing Cross Road, W1** ✆ **(020) 7734 2095 – www.borderline.co.uk – Tube : Tottenham Court Road.** L'endroit n'est pas facile à trouver, mais vous y verrez peut-être avant tout le monde les futurs grands noms de la scène musicale anglaise… Les programmes ici sont souvent de bonne qualité. L'ambiance est chaude, le public jeune et la salle s'électrise lorsqu'elle fait le plein. Les dates auxquelles tous les groupes importants ont joué ici depuis 1988 sont inscrites sur les murs de l'escalier : les Sugarcubes en novembre 1988, les premiers concerts londoniens de Texas et de Lenny Kravitz, en passant par Jesus Jones, REM, Psychedelic Furs, Mighty Lemon Drops, Was Not Was, Grapes of Wrath, Kirsty McColl, Airhead, et des centaines d'autres. La liste est impressionnante et vaut le détour.

■ **MEAN FIDDLER. 165, Charing Cross Road, W1** ✆ **(020) 7434 9592 – Tube : Tottenham Court Road.** Pour découvrir avant tout le monde les groupes anglais de demain.

■ **METRO BAR. 19-23, Oxford Street, W1** ✆ **(020) 7437 0964 – Tube : Tottenham Court Road.** Une autre bonne adresse pour écouter des groupes encore inconnus du grand public.

■ **100 CLUB. 100, Oxford Street, W1** ✆ **(020) 7636 0933 – Tube : Tottenham Court Road.** Petit bar à jazz en sous-sol, chaleureux et convivial. Spécialiste du jazz traditionnel, le 100 Club accueille aussi des ensembles de jazz moderne, de rythm'n'blues, de blues tout court ou de swing. Un cadre et une ambiance agréables, bien que l'endroit soit souvent très plein le week-end.

Covent Garden

■ **AFRICA CENTRE. 38, King Street, WC2** ✆ **(020) 7836 1976 – www.africacentre.org. uk – Tube : Covent Garden.** Authentique musique africaine dans une ambiance électrique.

City

■ **BARBICAN CENTRE. Silk Street, EC2** ✆ **(020) 7382 7000 – www.barbican.org.uk – Tube : Barbican.** Outre les concerts de musique classique, le Barbican se spécialise de plus en plus dans la world music (Talvin Singh, Musafir) et organise aussi d'originaux événements culturels mélangeant musique et arts visuels tels que le concert du groupe Asian Dub Foundation accompagnant la projection du film *La Haine* de Matthieu Kassovitz.

Camden

■ **BARFLY AT THE MONARCH. 49, Chalk Farm Road, NW1** ✆ **(020) 7691 4246 – Tube : Chalk Farm.** Pub au décor plutôt rudimentaire où se produisent des groupes débutants (rock, musique indie).

■ **BULL & GATE. 389, Kentish Town Road, NW5** ✆ **(020) 7485 5358 – Tube : Kentish Town.** Derrière le pub du même nom se cache une salle un peu sordide où passent tantôt des groupes de rock indie géniaux, tantôt des groupes nullissimes – c'est tout ou rien. La salle n'a aucun charme mais lorsqu'un bon groupe se produit, l'expérience est mémorable. Comme l'espace est petit, la musique fait craquer les murs et ça déménage. On en sort sourd mais revigoré, en ayant l'impression d'avoir participé à quelque chose d'unique. Dans ce QG de la musique alternative et des groupes débutants, on a parfois droit à cinq groupes différents en une soirée. Renseignez-vous pour savoir qui va jouer et n'y allez qu'à coup sûr, car le Bull and Gate est sinistre quand il n'y a personne. La rubrique « Music » de *Time Out* publie régulièrement une liste des groupes les plus intéressants de la scène musicale londonienne. Si l'un d'eux joue au Bull, vous pouvez tenter votre chance.

■ **DINGWALLS. Camden Lock, Camden High Street, NW1** ✆ **(020) (020) 7267 1577 – Tube : Camden Town.** Musique indie et représentations théâtrales le week-end (les Jongleurs – www. jongleurs.com).

■ **DUBLIN CASTLE. 94, Parkway, NW1** ✆ **(020) 7485 1773 – Tube : Camden Town.** Un petit pub enfumé où sont programmés des concerts rock, blues, ska et soul. On dit que des groupes célèbres viennent souvent s'y entraîner incognito avant un concert important. Le groupe Madness y a fait ses débuts. Attention aux oreilles, le son est tonitruant !

■ **THE FORUM. 9-17, Highgate Road, NW5** ✆ **(020) 7344 0044 – Tube : Kentish Town.** Les groupes qui y jouent sont toujours d'un très bon calibre et la salle continue d'être l'une des préférées des Londoniens et la meilleure du nord de la capitale. On ne se marche pas sur les pieds quand on danse, les consommations ne sont pas trop chères, l'acoustique est bonne et on peut s'asseoir à des tables au balcon.

■ **THE JAZZ CAFE. 5, Parkway, NW1** ✆ **(020) 7916 6060 – www.jazzcafe.co.uk – Tube : Camden Town.** Anciennement situé à Stoke Newington, le Jazz Café a connu un tel succès qu'il s'est agrandi et a déménagé à Camden. C'est un peu dommage, car il a perdu son côté intime et insolite. Néanmoins, c'est toujours un endroit sympathique et souvent plein à craquer de jeunes gens modernes, amateurs de jazz ou de blues.

■ **UNDERWORLD. 174, Camden High Street, NW1** ✆ **(020) 7482 1932 – Tube : Camden Town.** Le nom ne fait pas allusion aux enfers : c'est un clin d'œil au World's End (le bout du monde), le pub juste à côté. The Underworld est dirigé par l'une des plus grandes brasseries anglaises, qui a su astucieusement aménager ce sous-sol spacieux. Le bar est grand, donc vous n'y attendrez pas trop longtemps votre bière, et la salle de concerts a été – intelligemment – séparée du bar. On peut y passer sa soirée à siroter une pinte sous les plafonds bas, face à une série d'affiches de concerts collées pêle-mêle sur les murs, tout en écoutant la musique. Si l'Enfer était comme ça, ce serait un plaisir que de se faire damner...

Islington

■ **THE GARAGE. 20-22, Highbury Corner, N5** ✆ **(020) 7607 1818/(020) 7344 0044 – Tube : Highbury & Islington.** Musique indie dans une salle intime.

King's Cross, Saint Pancras et Euston

■ **WATER RATS. 328, Grays Inn Road, WC1** ✆ **(020) 7436 7211 – Tube : King's Cross.** Salle pour groupes débutants.

South Bank

■ **SOUTH BANK CENTRE. South Bank, SE1** ✆ **(020) 7960 4242 – www.sbc.org.uk – Tube : Waterloo.** Les trois salles de concerts du South Bank Centre (Royal Festival Hall, Queen Elizabeth Hall, Purcell Room) n'accueillent pas seulement de la musique classique mais aussi du jazz et de la world music.

Brixton

■ **BRIXTON ACADEMY. 211, Stockwell Road, SW9** ✆ **0870-771 2000 – Tube : Brixton.** L'une des principales venues de la capitale, l'Academy accueille 4 000 personnes tout en sachant garder une ambiance vivante et agréable. Le plancher de cet immense hall victorien est en pente, ce qui fait qu'on peut voir la scène même du fond de la salle. Plusieurs grands noms s'y produisent, mais aussi des groupes assez novateurs de reggae, de rock indie, de rap...

Shepherd's Bush

■ **SHEPHERD'S BUSH EMPIRE. Sherpherd's Bush Green, W12** ✆ **(020) 8740 7474 – Tube : Shepherd's Bush.** Encore un ancien théâtre avec balcon reconverti en salle de concerts. Accueille plutôt des artistes confirmés.

Spitalfields et Brick Lane

■ **93FT EAST. 150, Brick Lane, E1** ✆ **(020) 72473293 – Tube : Aldgate East.** En plein cœur du quartier indien de Brick Lane, un endroit branché qui réunit une salle de concerts et un club.

Shoreditch et Hoxton

■ **CARGO. Kingsland Viaduct, 83, Rivington Street, EC2** ✆ **(020) 7739 3440 – www.cargo-london.co.uk – Tube : Old Street.** Grande salle très courue dans laquelle DJ's et groupes proposent toutes sortes de musiques, de la funky à la techno en passant par la world music. Bar pour rafraîchissements et snacks.

Concerts de musique classique

Westminster et Whitehall

■ **SAINT JOHN'S. Smith Square, SW1** ✆ **(020) 7222 1061 – www.sjss.org.uk – Tube : Westminster.** Musique de chambre et récitals dans cette église baroque derrière l'abbaye de Westminster.

Kensington

■ **ROYAL ALBERT HALL. Kensington Gore, Métro : South Kensington (10 min), Gloucester Rd (11 min), Knightsbridge (13 min)** ✆ **(020) 7 589 8212, réservation de tickets** ✆ **(020) 7589 8212.** Il s'agit d'une des plus anciennes salles de concerts du monde. Depuis son inauguration en mars 1871, le Royal Albert Hall a accueilli plus de 150 000 concerts dans son Auditorium. Le hall fut construit à proximité du lieu de l'Exposition universelle de 1852. Son succès est tel qu'il est affectueusement surnommé « The Nation's Village Hall ». Chaque été depuis 1941, il organise les Proms depuis le bombardement du Queen's Hall. Il est aussi un lieu de passage obligé pour tous les grands concerts de musique classique, de rock, les grandes conférences, les bals, ballets, opéras ou encore les récitations de poésie. Il a même accueilli le Cirque du Soleil.

On voit même s'y dérouler des compétitions sportives comme de la boxe, de la lutte ou encore des compétitions de tennis.

■ **SAINT MARTIN-IN-THE-FIELDS. Trafalgar Square, WC2** ✆ **(020) 7839 8362 – www. stmartin-in-the-fields.org – Métro : Charing Cross.** L'église au coin de Trafalgar Square est connue pour ses beaux concerts de musique classique éclairés à la bougie (c'est parfois la très réputée académie de Saint-Martin-in-the-Fields qui joue).

Mayfair

■ **WIGMORE HALL. 36, Wigmore Street, W1** ✆ **(020) 7935 2141 – www.wigmore-hall.org uk – Tube : Bond Street.** Wigmore Hall, qui jouit d'une très bonne acoustique, est particulièrement renommé pour ses concerts de musique de chambre et ses récitals.

City

■ **BARBICAN CENTRE. Silk Street, EC2** ✆ **(020) 7382 7000 – www.barbican.org.uk – Tube : Barbican.** Le Barbican Centre réunit le London Symphony Orchestra et le English Chamber Orchestra.

South Bank et Southwark

■ **SOUTH BANK CENTRE. South Bank, SE1** ✆ **(020) 7960 4242 – www.sbc.org.uk – Tube : Waterloo.** Trois salles de concerts : Royal Festival Hall (orchestres), Queen Elizabeth Hall (orchestres de chambre) et Purcell Room (musique de chambre et récitals).

■ **ROYAL ALBERT HALL. Kensington Gore, SW7** ✆ **(020) 7589 8212 – www.royalalberthall. com – Tube : South Kensington.**

Opéra

Leicester Square

■ **ENGLISH NATIONAL OPERA. The London Coliseum, Saint Martin's Lane, WC2** ✆ **(020) 77632 8300 – www.eno.org – Tube : Leicester Square ou Charing Cross.** Moins conservateur et moins cher que le Royal Opera House (les places commencent à £ 5).

Covent Garden

■ **ROYAL OPERA HOUSE. Bow Street, WC2** ✆ **(020) 7304 4000 – www.royaloperahouse. org – Tube : Covent Garden.** Dans un bâtiment complètement refait à neuf récemment (notamment le magnifique hall en verre et fer forgé – ouvert au public tous les jours entre 10h et 15h), grands classiques du répertoire en version originale.

Théâtres

Westminster et Whitehall

■ **ICA. Nash House, The Mall, SW1** ✆ **(020) 7930 3647 – www.ica.org.uk – Tube : Charing Cross ou Piccadilly Circus.** L'Institut d'art contemporain propose des spectacles très avant-gardistes (mélange d'art visuel, d'expression corporelle, d'expression du langage).

À ne pas manquer : les Proms

La grande tradition au Royal Albert Hall entre juillet et septembre de chaque année, ce sont les Henry Wood Promenade Concerts, plus connus sous le nom de Proms. Une vrai fête pour les amoureux de musique classique : des concerts ont lieu chaque jour et le grand concert de clôture est retransmis à Hyde Park. Pour les concerts quotidiens, les places debout coûtent £ 3 et vous devez vous présenter le jour même du concert pour les obtenir.

Le festival 2006 se déroulera du 14 juillet au 9 septembre.

▶ **Pour en savoir plus sur le programmme et les réservations :** www.bbc.co.uk/proms

Les comédies musicales du West End

Le West End est tout particulièrement connu pour ses nombreuses comédies musicales. Leur succès ne se dément pas : certaines tiennent l'affiche plusieurs années comme *Chicago* à l'Adelphi Theatre (l'histoire de deux meurtrières du temps de la prohibition. Un film avec Renee Zellweger, Catherine Zeta Jones et Richard Gere en a été tiré début 2003), *Les Misérables* au Queens Theatre sur Shaftesbury Avenue ou encore *The Lion King* au Lyceum. Consulter *Time Out* pour obtenir des informations sur les comédies musicales qui se jouent à Londres.

Places de théâtre à demi-tarif. Half Price Ticket Booth à Leicester Square (dans Clocktower Building au sud du square) propose des places à demi-tarif pour la plupart des spectacles du West End (£ 2,50 de commission par ticket). Vous devez acheter vos places le jour même de la représentation. Achat limité à 4 tickets par personne. Paiement en liquide et par carte (chèques et traveller's chèques ne sont pas acceptés). Ouvert du lundi au samedi de 10h à 19h et le dimanche de 12h à 15h30. Informations sur le www.tkts.co.uk

Covent Garden

■ **DONMAR WAREHOUSE. Thomas Neal's, Ealham Street, WC2 ✆ (020) 7369 1732 – www. theambassadors.com – Tube : Covent Garden.** Dirigé par Sam Mendes, le réalisateur de *American Beauty*. Au programme nouveautés et classiques. Nicole Kidman y a fait ses débuts sur la scène londonienne.

City

■ **BARBICAN CENTRE. Silk Street, EC2 ✆ (020) 7382 7000 – www.barbican.org.uk – Tube : Barbican.** Outre la musique classique, contemporaine, les expositions et les films, le centre culturel du Barbican propose également des pièces de théâtre. Deux salles : le Barbican Theatre et le Pit. Grande variété des pièces proposées.

Regent's Park et Primrose Hill

■ **OPEN AIR THEATRE. Regent's Park, Inner Circle, NW1 ✆ (020) 7486 2431 – www.open-air-theatre.org.uk – Tube : Baker Street.** *Ouvert de juin à septembre.* Au centre de Regent's Park, dans le jardin des Roses, ce théâtre en plein air donne essentiellement des représentations de pièces de Shakespeare. Même si votre anglais n'est pas bon, vous ne pourrez rester insensible au Songe d'une nuit d'été…

Hampstead

■ **HAMPSTEAD THEATRE. Swiss Cottage Centre, Avenue Road, NW3 ✆ (020) 7722 9301 – www.hampstead-theatre.co.uk – Tube : Swiss Cottage.** Théâtre assez prestigieux dont les productions finissent souvent par être jouées dans les théâtres du West End. John Malkovich y a joué.

Islington

■ **ALMEIDA. Almeida Street, N1 ✆ (020) 7359 4404 – Tube : Highbury & Islington ou Angel.** Un théâtre réputé qui a réussi à attirer ces dernières années plusieurs stars du cinéma (Juliette Binoche, Ralph Fiennes, Kevin Spacey). Pièces contemporaines et classiques.

■ **KING'S HEAD THEATRE. 115, Upper Street, N1 ✆ (020) 7226 1916 – Tube : Highbury & Islington ou Angel.** Le King's Head est le plus vieux et le plus célèbre des « pub-théâtres » londoniens, formule idéale pour cumuler spectacle et convivialité. La programmation y est de qualité, de nombreuses pièces y ont été jouées avant d'être programmées dans le West End. Spectacles le 12h et le soir.

Kilburn

■ **TRICYCLE. 269, Kilburn High Road, NW6 ✆ (020) 7328 1900 – Tube : Kilburn.** Pièces contemporaines traitant essentiellement des problèmes rencontrés par les communautés irlandaise et noire (les deux communautés d'immigrés de Kilburn). Egalement représentations du répertoire classique. Le Tricycle a aussi un cinéma et un café/bar à disposition.

South Bank et Southwark

■ **ROYAL NATIONAL THEATRE. South Bank, SE1** ✆ **(020) 7452 3000 – Tube : Waterloo.** Ce vaste complexe (dont l'acteur Laurence Olivier fut le premier directeur) comprend trois théâtres : the Olivier, the Lyttelton et the Cottesloe. La programmation est variée et de qualité : comédies musicales, pièces classiques, spectacles avant-gardistes…

■ **SHAKESPEARE'S GLOBE THEATRE. New Globe Walk, SE1** ✆ **(020) 7902 1500 – www. shakespeares-globe.org – Tube : Southwark, Blackfriars ou London Bridge.** *Ouvert de la mi-mai à la mi-septembre. Places debout : £ 5. Places assises : entre £ 10 et £ 25.* Au XVIIe siècle, de nombreuses pièces de Shakespeare furent jouées pour la première fois au Globe Theatre. Trois siècles plus tard, ce théâtre a été fidèlement reconstruit sur le modèle de l'ancien. L'endroit ressemble à une grosse chaumière (c'est d'ailleurs le premier toit en chaume construit dans le centre de Londres depuis le Grand Incendie de 1666) et il s'agit de théâtre à ciel ouvert : seuls la scène et les sièges au balcon sont couverts, mais cela ne décourage pas certains spectateurs de se tenir debout, parfois sous la pluie (mais les capuches en plastique sont gracieusement fournies et les tickets sont moins chers). L'illusion est complète lors des représentations de pièces de Shakespeare à la mode élisabéthaine (programme sur demande). Il y a aussi des adaptations plus modernes des pièces de Shakespeare (*MacBeth* version jazzy par exemple…).

■ **YOUNG VIC. The Cut, SE1** ✆ **(020) 7928 6363 – www.youngvic.org – Tube : Waterloo ou Southwark.** Représentations shakespeariennes mais aussi productions plus marginales.

Hammersmith

■ **RIVERSIDE STUDIOS. Crisp Road, W6** ✆ **(020) 8237 1111 – www.riversidestudios.co.uk – Tube : Hammersmith.** Petites productions de bonne qualité. Egalement un cinéma.

Cafés-théâtres

Au Centre : Piccadilly

■ **COMEDY STORE. 1a, Oxendon Street, SW1** ✆ **(020) 7344 0234 – www.thecomedystore. co.uk – Tube : Piccadilly Circus.** *Un spectacle à 20h du lundi au jeudi et le dimanche (parfois fermé le lundi). Deux spectacles à 20h et 00h les vendredi et samedi.* Improvisation les mercredi et dimanche.

Au nord : Saint John's Wood et Maida Vale

■ **CANAL CAFE THEATRE. The Bridge House, Delamere Terrace, W2** ✆ **(020) 7289 6054 – Tube : Warwick Avenue.** *Ouvert du jeudi au dimanche.* Au-dessus du pub se trouve le café-théâtre (au programme improvisation entre autres).

À l'est : Shoreditch et Hoxton

■ **COMEDY CAFE. 66, Rivington Street, EC2** ✆ **(020) 7739 5706 – www.comedycafe.fsnet. co.uk – Tube : Old Street.** *Ouvert du mercredi au samedi.* La devanture colorée donne le ton de ce sympathique café-théâtre. Les comédiens les plus connus se produisent en fin de semaine. C'est souvent très drôle. En plus, c'est gratuit le mercredi pour venir voir les petits jeunes qui débutent. On peut également dîner (hamburgers, salades).

Cinémas

Westminster et Whitehall

■ **ICA CINEMA. Nash House, The Mall, SW1** ✆ **(020) 7930 3647 – www.ica.org.uk – Tube : Charing Cross ou Piccadilly Circus.** L'Institut d'art contemporain abrite deux cinémas à la programmation originale, plutôt « avant-garde ». La garantie de voir des films que vous n'aurez pas l'occasion de voir ailleurs dont quelques « ovnis cinématographiques »…

Leicester Square

■ **ODEON LEICESTER SQUARE. 22-24, Leicester Square, WC2** ✆ **0870-5050 007 – www. odeon.co.uk – Tube : Leicester Square.** Le plus grand cinéma de Londres. Lieu de prédilection pour les avant-premières très « show-biz ». La programmation se limite aux grandes productions hollywoodiennes.

■ **ODEON WARDOUR STREET. Swiss Centre, Wardour Street, WC2** ✆ **0870-5050 007 – Tube : Leicester Square.** A Chinatown, un autre cinéma de la chaîne Odeon, mais de taille plus raisonnable et à la programmation plus intéressante (films indépendants, européens, asiatiques).

■ **PRINCE CHARLES. 2-7, Leicester Place, WC2** ✆ **(020) 7494 3654 – Tube : Leicester Square.** Un petit cinéma bien connu des Londoniens pour ses tout petits prix (les places coûtent entre £ 2,50 et £ 3,50) et sa programmation, mélange de films classiques, nouveautés et « films cultes » (The Sound of Music y passe régulièrement…).

Soho

■ **CURZON SOHO. 93-107, Shaftesbury Avenue, W1** ✆ **(020) 7439 4805 – www.curzon. net – Tube : Leicester Square ou Piccadilly Circus.** Un des meilleurs cinémas d'art et d'essai de Londres qui propose les dernières nouveautés mais aussi les grands classiques du cinéma mondial. En plus le cadre est vraiment agréable et accueillant avec un café et un bar en bas où prendre un verre avant ou après la séance (on ne peut aller au bar que muni d'un billet pour un film alors qu'on peut accéder librement au café, situé juste à l'entrée du cinéma). Le Curzon Soho est également le lieu d'accueil de nombreux festivals : le Festival gay et lesbien, le Festival du film allemand, le Festival du film international.

■ **THE OTHER CINEMA. 11, Rupert Street, W1** ✆ **(020) 7437 0757 – www.picturehouse-cinemas.co.uk – Tube : Piccadilly Circus.** Il y a encore peu de temps The Other Cinema s'appelait The Metro. Ce nouveau nom reflète mieux la philosophie du lieu : présenter des films différents. Attendez-vous donc à du cinéma d'auteur en provenance du monde entier…

Notting Hill

■ **ELECTRIC CINEMA. 191 Portobello Road, Notting Hill London W11** ✆ **(020) 7908 9696 – www.electriccinema.co.uk –** Le plus vieux cinéma de Londres, construit en 1910. Il a été récemment restauré et son unique salle a presque repris l'allure qu'elle avait au début du XXᵉ siècle. L'avantage incontestable de ce cinéma, c'est le confort. Avec des fauteuils en cuir extrêmement larges, des repose-pieds et des petites tables pour poser les boissons (le bar sert bière, cocktails et champagne), on se croirait dans son salon. Il y a même des sofas à deux places. Par contre, le prix est élevé : £ 12,50 (£ 7,50 dimanche matin et lundi).

City

■ **BARBICAN CENTRE. Silk Street, EC2** ✆ **(020) 7382 7000 – www.barbican.org.uk – Tube : Barbican.** Grandes productions, films d'auteur et classiques sont à l'affiche de ce grand centre culturel. Le Barbican invite parfois des réalisateurs pour parler de leur film après la projection. Le Barbican organise également le Festival du film australien chaque année.

Hampstead

■ **EVERYMAN HAMPSTEAD. 5, Hollybush Vale, NW3** ✆ **0870-0664 777 – www.everyman cinema.com – Tube : Hampstead.** Le plus ancien cinéma d'art et d'essai de Londres qui assure toujours une bonne programmation entre nouveautés et grands films classiques.

Kilburn

■ **TRICYCLE CINEMA. 269, Kilburn High Road, NW6** ✆ **(020) 7328 1900 – Tube : Kilburn.** Grandes productions et films plus confidentiels sont à l'affiche du Tricycle qui est également réputé pour son théâtre.

South Bank et Southwark

■ **BFI LONDON IMAX CINEMA. South Bank, SE1** ✆ **(020) 7902 1234 – www.bfi.org.uk – Tube : Waterloo.** C'est le plus grand écran en Europe projetant des films en 2D ou 3D. La technique, c'est bien beau, malheureusement la qualité des films n'est pas toujours au rendez-vous…

■ **NATIONAL FILM THEATRE. South Bank, SE1** ✆ **(020) 7928 3232 – www.bfi.org.uk/nft – Tube : Waterloo.** Le lieu de prédilection des cinéphiles. Réputé comme une des meilleures cinémathèques mondiales, le National Film Theatre offre une programmation éclectique et exigeante.

Le NFT organise chaque année des rétrospectives sur un grand réalisateur du cinéma mondial (Godard, Bergman, etc.). Pour un snack ou un verre avant ou après un film, il y a un café. Quand il fait beau, la terrasse à l'extérieur est agréable avec les bouquinistes juste en face.

South Kensington

■ **CINE LUMIERE. 17, Queensberry Place, SW7** ✆ **(020) 7073 1350 – Tube : South Kensington.** Le cinéma de l'Institut culturel français. La majorité des films présentés sont français (mais pas seulement) : dernières nouveautés et grands classiques. Réalisateurs et acteurs français sont régulièrement invités pour parler de leurs œuvres.

Hammersmith

■ **RIVERSIDE STUDIOS. Crisp Road, W6** ✆ **(020) 8237 1111 – www.riversidestudios.co.uk – Tube : Hammersmith.** Comme son nom l'indique, ce cinéma se trouve en bord de rivière, ce qui en fait tout le charme (il s'agit en fait d'un ancien studio de cinéma reconverti en salle de cinéma et théâtre). Programmation intéressante et thématique (système du « double bill » : deux films par un même réalisateur ou sur un thème commun). Egalement un théâtre.

■ POINTS D'INTÉRÊT ■

▶ **London Pass.** Disponible au British Visitor Center, ce pass vous donne accès à de nombreuses attractions de la capitale ainsi que des réductions sur les visites guidées, dans des restaurants, cinémas. Le London Pass est vendu pour 1 (£27), 2 (£42), 3 (£52) ou 6 (£72) jours.

Westminster et Whitehall

▶ **Principales stations de métro : Wesminster, Saint James Park, Charing Cross.** Avec les quartiers de Westminster et Whitehall (quartier entre Westminster et Trafalgar Square), c'est au cœur du Londres politique, royal et religieux que l'on se trouve. C'est Edouard le Confesseur (qui régna de 1042 à 1066) qui, le premier, établit sa cour à Westminster afin de pouvoir superviser la construction de l'abbaye de Westminster. Après son règne, le centre du pouvoir royal et religieux resta dans le quartier. Big Ben et les maisons du Parlement trônent sur ce royaume d'hommes politiques et de « civil servants » (fonctionnaires). Ils sont partout à Whitehall, le long du Victoria Embankment ou de Saint James's Park, dissimulés à l'abri des rues qui courent derrière Millbank, ou, peut-être, en train de contempler la vue de Westminster Bridge (chère à Monet et à Wordsworth), l'une des plus belles de la capitale. De l'autre côté du Parliament Square, Whitehall monte vers Trafalgar Square en passant par les grands bâtiments d'Etat : le ministère de l'Intérieur, New Scotland Yard, le ministère des Affaires étrangères et, bien sûr, Downing Street, la résidence du Premier ministre. A l'ombre de ces bâtiments austères fleurit le joli parc de Queen Anne's Gate, et, cachés dans les ruelles, quelques pubs et cafés servent de rares passants ou touristes égarés à la recherche de Buckingham Palace…

La vie nocturne de Westminster est inexistante, mais une simple promenade de nuit dans le quartier sera fabuleuse. Les bâtiments sont doucement éclairés, le parc reste ouvert toute la nuit, le silence règne au centre de la ville et c'est là qu'on peut réellement sentir tout le poids de l'histoire de ce vénérable pays.

Sites et monuments

■ **WESTMINSTER ABBEY. Parliament Square, SW1** ✆ **020-7222 5152 – www.westminster-abbey.org – Tube : Saint James Park ou Westminster.** *Ouvert du lundi au vendredi de 9h à 15h45 (19h le mercredi) et le samedi de 9h à 13h45. Entrée : adultes : 7,50 £, étudiants et enfants de 11 à 16 ans : £ 5, gratuit pour les enfants de moins de 11 ans.* Depuis le couronnement de Guillaume le Conquérant en 1066, tous les monarques d'Angleterre y sont venus se faire couronner (à l'excep-

Dix incontournables

Big Ben • Houses of Parliament • Abbaye de Westminster • Buckingham Palace • British Museum • National Gallery • Piccadilly Circus et Soho • Tower Bridge • La Tour de Londres • Camden Market.

tion d'Edouard V et Edouard VIII), un bon nombre s'y sont mariés et d'autres y sont enterrés, près des tombes ou des monuments commémoratifs des personnages les plus illustres de l'histoire britannique. Le fondateur de l'abbaye, au XIᵉ siècle fut le roi saxon Edouard le Confesseur. L'abbaye fut consacrée quelques semaines avant sa mort et il y fut enterré. Canonisé au XIIᵉ siècle, sa tombe attirait de nombreux pèlerins.

Mais l'abbaye que vous pouvez voir aujourd'hui n'est pas l'Eglise originelle, construite au XIᵉ siècle, qui fut détruite pour faire place à l'abbaye actuelle. Celle-ci fut bâtie au XIIIᵉ siècle, sous le règne d'Henri III, grand admirateur d'Edouard le Confesseur. Le roi était proche de la cour française et certains éléments de l'abbaye sont clairement inspirés du style gothique français. Celle-ci fut ensuite complétée au XVIᵉ par Henri VII qui y fit notamment ajouter la chapelle en 1519.

L'abbaye est donc un bel exemple de mélange de styles architecturaux. On y distingue nettement les trois phases du gothique anglais : le Early English (primitif), le Decorated (flamboyant) et le Perpendicular. Les grandes restaurations du XIXᵉ siècle ont malheureusement supprimé de nombreux éléments médiévaux, mais on peut encore apercevoir, dans la partie est de l'abbaye, les détails fabuleux du style gothique perpendiculaire de la chapelle d'Henry VII.

▶ **Le monastère,** lié au palais de Westminster, fut sauvé de la destruction au XVIᵉ siècle, lors de la dissolution des monastères après la création de l'Eglise anglicane par Henri VIII, par ses accointances royales. En 1540, le roi le transforma en cathédrale. Il redevint un monastère pour une courte période sous le règne de Mary Tudor, qui réintroduisit le catholicisme en 1556. Lorsque l'Eglise protestante anglicane (Church of England) fut instaurée de façon permanente sous le règne d'Elisabeth Iʳᵉ, celle-ci accorda à l'abbaye le statut « d'église indépendante » de l'archevêché de Canterbury, qu'elle conserve encore aujourd'hui.

Elisabeth Iʳᵉ est enterrée dans l'aile nord de la chapelle Henry VII. Elle partage sa tombe avec sa demi-sœur et rivale détestée, Mary Tudor alias « Bloody Mary ». Le trône du couronnement (Coronation Chair), qui date de 1296, est placé devant la chapelle d'Henri VII. C'est sur ce trône de chêne que furent couronnés les souverains depuis Edouard II. Sous ce siège se trouvait la pierre de Scone, pierre mystique écossaise rapportée en 1297 par Edouard Iᵉʳ. Selon la légende, la présence de cette pierre est indispensable au couronnement des rois écossais. Elle assista certainement à celui de Macbeth, au IXᵉ siècle.

En 1950, elle fut dérobée par des nationalistes écossais avant d'être retrouvée un an plus tard. Mais en 1996, le gouvernement anglais décida de la rendre au gouvernement écossais et la pierre se trouve aujourd'hui au château d'Edimbourg

Le monument à la mémoire de Sir Winston Churchill se trouve à l'entrée de l'abbaye, devant la tombe du Soldat inconnu. Parmi les nombreux monuments commémoratifs, on remarquera ceux d'Isaac Newton, de Charles Darwin et des compositeurs Henry Purcell, Benjamin Britten et Edward Elgar. Le célèbre Poet's Corner (Coin des poètes), situé dans le transept sud de l'abbaye, abrite les tombeaux ou les monuments dédiés à Chaucer, Tennyson, Browning, Milton, Blake, Ben Jonson, Spenser, Keats, Shelley, Byron, Dylan Thomas, T. S. Eliot, W. H. Auden, Lewis Carroll et, bien sûr, Dickens et Shakespeare.

▶ **Pour se rendre à la Chapter House ou au musée,** il faut passer par les cloîtres reconstruits après un incendie en 1298. Le cloître normand, à l'extrême est, est le plus ancien vestige de l'abbaye d'Edouard le Confesseur. Il débouche sur l'école de Westminster fondée par Elisabeth Iʳᵉ, l'une des quatre grandes écoles privées du pays (l'entrée est interdite au public).

■ **LE PALAIS DE WESTMINSTER,** qui abrite les « Houses of Parliament » est le monument phare de Londres. Il fut à l'origine construit au XIᵉ siècle par Edouard le Confesseur. Guillaume le Roux, fils de Guillaume le Conquérant, perpétua la tradition en faisant construire Westminster Hall, entre 1097 et 1099. Lorsqu'ils souhaitaient augmenter les impôts, les rois médiévaux y convoquaient la noblesse, d'où le nom de « House of Lords ». Les bourgeois représentant les intérêts de leurs villes se réunirent à leur tour, à partir de 1265, dans la « House of Commons ». Depuis cette époque, la monarchie ne peut gouverner qu'avec l'accord des Lords (nobles) et des Commons (Tiers Etat).

Au XVIᵉ siècle, le roi Henry VIII s'installa dans le palais de Whitehall, tout près de Westminster, qui devint le quartier du Parlement et des cours royales de justice. Le roi Charles Iᵉʳ y fut condamné à mort en 1649 pour avoir tenté d'accroître les pouvoirs de la monarchie au détriment de ceux du Parlement. Il fut le premier et seul monarque anglais à être exécuté publiquement.

En 1834, un incendie détruisit le palais médiéval de Westminster, dont il ne reste aujourd'hui que le splendide Westminster Hall, à la toiture de chêne, la crypte du XIIIᵉ siècle et le cloître de la chapelle Saint-Stephen. L'édifice actuel date de 1840. Les deux architectes – Charles Barry et Augustus Pugin – sont morts pendant sa construction. Trois kilomètres de couloirs et une centaine d'escaliers vous conduisent à travers un millier de pièces, parmi lesquelles la Chambre des lords et la Chambre des communes.

Ce gigantesque édifice néogothique qui domine la Tamise est devenu le symbole de l'Angleterre et de sa démocratie. Le Parlement est constitué du monarque, des lords et des commons. Aujourd'hui ce sont les commons qui détiennent le pouvoir réel, le monarque ayant depuis longtemps été dépossédé de tout pouvoir politique. C'est à la Chambre des communes que sont discutées les propositions de lois. Les lords doivent entériner celles-ci. En cas de désaccord, ils ne peuvent que retarder leur application pendant un an. La Chambre des lords reste cependant la plus haute cour d'appel de l'Angleterre. Si les membres des commons sont élus pour cinq ans, les lords sont nommés à vie et sont anoblis par la même occasion. Aujourd'hui, les pairies accordées ne sont plus transmissibles. Pleurons donc sur les enfants de la baronne Thatcher, qui ne seront pas automatiquement membres de la Chambre des lords.

La Chambre des commons a été reconstruite après le Blitz, dans un décor plus simple que celui de la Chambre des lords. Elle est cependant plus animée (même si, en cherchant bien, vous y apercevrez certainement quelques assoupis). Les membres de la majorité occupent les bancs d'un côté de la salle, et l'opposition s'assoit de l'autre. Aucun d'entre eux n'est censé franchir les lignes rouges tracées au milieu de la salle, dont l'écart est équivalent de la longueur de deux épées mises bout à bout. Ce qui n'empêche pas les mots de fuser d'un côté à l'autre. Et, voir ces respectables députés se chamailler et se huer les uns les autres devient parfois risible. Le Cabinet (les ministres) prend place au premier rang, face au Shadow Cabinet, les « ministres » de l'opposition. Les hommes politiques mineurs s'assoient tout au fond, d'où leur surnom de Backbenchers.

■ **BIG BEN.** L'horloge la plus célèbre du monde. Elle se trouve à l'extérieur des Houses of Parliament. Ce surnom lui vient de Sir Benjamin Hall, commissaire des travaux lorsque la tour a été achevée en 1958. Tous les 31 décembre à minuit, son carillon – retransmis à la radio et à la télé – résonne jusqu'à Trafalgar Square, où se réunissent des milliers de réveillonneurs.

■ **HOUSES OF PARLIAMENT. Parliament Square, Westminster, SW1** ✆ **020-7219 4272 – www.parliament.uk – Tube : Westminster.** *House of Commons : les débats commencent à 14h30 le lundi, 11h30 mardi, mercredi et jeudi et dès 9h30 le vendredi (attention la Chambre ne siège pas tous les vendredis). House of Lords : les débats commencent à 14h30 du lundi au mercredi et à 11h jeudi et vendredi (mais la Chambre ne siège pas tous les vendredis).* Il est possible d'assister aux débats depuis la galerie des visiteurs. Pour cela, vous pouvez faire la file devant l'entrée Saint Stephen's, mais l'attente est longue, surtout dans l'après-midi. Pour éviter de faire la file, vous pouvez demander un billet à l'avance (cela peut prendre jusqu'à huit semaines). Il faut demander l'autorisation, soit à un Member of Parliament (député), pour les résidents en Grande-Bretagne, soit à son consulat ou à son ambassade pour les non-résidents. Pour une visite guidée, il faut également demander à l'avance une autorisation à un MP ou à son ambassade. De juillet à septembre, lorsque le Parlement ne siège pas, des visites guidées sans besoin d'autorisation sont organisées. Les heures sont variables. Renseignez-vous par téléphone ou sur Internet : www.parliament.uk

Les contrôles de sécurité à l'intérieur des Houses of Parliament seront certainement renforcés très prochainement après l'intrusion récente de manifestants dans la House of Common. En septembre 2004, en pleine session parlementaire, alors que les députés s'apprêtaient à voter une loi interdisant la chasse à courre, cinq militants pro chasse ont fait irruption dans la salle au milieu des MP. L'incident s'est terminé sans violence mais, en pleine période d'alerte au terrorisme, ça ne fait pas très bonne impression…

Il faut dire que, malgré les portails détecteurs de métaux et la fouille des sacs à l'entrée, le système de sécurité des Houses of Parliament est plutôt désuet. L'endroit échappe totalement au contrôle de Scotland Yard. La sécurité est donc assurée, depuis six siècles, par des gardes en costume traditionnel (queue-de-pie, haut-de-chausse, souliers vernis et sabre). Ceux-ci ont même le droit de donner des ordres à la Police qui, par exemple, n'a pas le droit de pénétrer dans la Chambre des communes. Mais on peut se demander si le respect des traditions ne devient pas aujourd'hui dangereusement archaïque.

■ **BANQUETING HOUSE. Whitehall, SW1** ✆ **020-7839 8918 – www.hrp.org.uk – Tube : Westminster ou Charing Cross.** *Ouvert du lundi au samedi de 10h à 17h. Entrée : £ 4.* Dernier vestige du palais de Whitehall (résidence des rois d'Angleterre aux XVIe et XVIIe siècles), la Banqueting House survécut à l'incendie de 1698. On l'oublie souvent, mais c'est l'un des plus grands trésors architecturaux de la ville.

Construite par Inigo Jones entre 1619 et 1622, c'est un exemple superbe de ce que les Anglais appellent le style palladien (d'après le nom de l'architecte Palladio), un style proche de celui de la Renaissance italienne, ce qui à l'époque était totalement nouveau.

On festoya dans Banqueting House jusqu'en 1634, date à laquelle Charles Ier demanda à Rubens de peindre une fresque au plafond (fresque à la gloire de la dynastie Stuart). On craignit alors que la fumée ne dégrade la peinture et on partit faire la fête ailleurs. Rubens reçut pour émoluments une pension et le titre de chevalier. C'est devant la Banqueting House que Charles Iᵉʳ fut décapité. Le jour de son exécution, une fraîche journée d'hiver, le roi enfila deux chemises afin de ne pas trembler et passer pour un lâche. Olivier Cromwell s'installa au palais en 1651 et y mourut en 1658.

Au XVIIIᵉ siècle, la Banqueting House fut utilisée comme Chapelle Royale, puis comme musée de l'Armée de 1890 à 1964. Aujourd'hui, elle accueille occasionnellement des réceptions ou des concerts.

■ **10, DOWNING STREET.** Dans cette rue perpendiculaire à Whitehall, au numéro 10, se trouve la résidence officielle du Premier ministre. Cette adresse abrite le bureau des Premiers ministres anglais depuis 1732 et est également devenue leur résidence en 1902 lorsque la maison fut rénovée. Tony Blair, quant à lui, a brisé la tradition et habite en fait au numéro 11 qui se prêtait mieux à sa jeune famille. Depuis les années Thatcher, l'accès à Downing Street est interdit aux visiteurs.

■ **HORSE GUARDS PARADE. Whitehall, SW1 – Tube : Westminster.** Le succès de ce bâtiment du XVIIIᵉ siècle est dû à la présence de deux Royal Horse Guards. Ils ont pour mission de garder le porche de l'entrée, sans sourire ni s'adresser au public qui s'agite autour d'eux. Signalons que la patience des chevaux est tout aussi admirable. La relève de la garde (qui attire moins de monde que celle de Buckingham Palace) a lieu à 11h du lundi au samedi, et à 10h le dimanche. La nouvelle garde quitte Hyde Park et passe par Hyde Park Corner, Constitution Hill et The Mall.

■ **TRAFALGAR SQUARE.** Si l'on devait donner un centre à Londres, ce serait très probablement Trafalgar Square. Outre sa situation centrale, la place est également le lieu de rassemblement lors de toute manifestation, célébration d'une victoire sportive ou politique ou encore pour célébrer le Nouvel an. Depuis quelques années, les fontaines sont ce jour-là recouvertes de plaques destinées à éviter que les foules ne se jettent à l'eau pour fêter l'événement comme c'était autrefois la coutume.

Même la nuit, Trafalgar Square ne se désemplit jamais de sa foule de passants puisque c'est par là que convergent la plupart des bus de nuit et, donc, de nombreux noctambules.

La journée par contre, ce sont les pigeons qui surpassent en nombre les passants. Cependant, Ken Livingstone, le maire de la ville, dès le début de son premier mandat, prononça l'interdiction de nourrir les volatiles sur le square, ce qui diminua considérablement leur nombre. Le maire décida également de transformer en piétonnier l'espace entre Trafalgar Square et la National Gallery, rendant ainsi le square aux piétons et l'embellissant considérablement.

Trafalgar est le nom d'un cap espagnol proche de la ville de Cadix qui a été rendu célèbre par la décisive victoire maritime des forces britanniques dirigées par l'amiral Nelson sur la flotte impériale napoléonienne, en 1805, grâce à de nouvelles tactiques qui révolutionnèrent le combat naval. C'est pour fêter cet événement historique que l'on construisit, de 1829 à 1841, Trafalgar Square. C'est l'architecte John Nash qui en dessina les plans, mais il mourut avant que les travaux ne soient terminés. Au milieu de la place se trouve la colonne qui représente l'amiral Nelson. Haute de 51 m, elle trône au milieu de cette place depuis 1843. Les sculptures de sa base furent coulées dans le bronze des canons capturés.

Au nord du square se trouve la National Gallery (voir Musées) et au nord-est Saint Martin-in-the-Fields (voir « Edifices religieux »). Trafalgar Square se situe à l'intersection des plus importants quartiers de la ville : le centre royal à l'ouest par le Mall, le centre politique de Westminster au sud par Whitehall, et les centres de divertissement du West End et de Covent Garden au nord.

Édifices religieux

■ **SAINT JOHN'S. Smith's Square** ✆ **020-7222 1061 – Tube : Westminster.** Dans le petit quartier résidentiel de Smith's Square, l'église baroque de Saint-John (1728), où des concerts ont lieu à 12h et le soir. Le décor n'a guère changé, et les maisons géorgiennes (1714-1837) servent encore de lieu de tournage aux comédies dramatiques.

■ **SAINT MARGARET** ✆ **020-7222 5152 – Tube : Westminster.** *Ouvert du lundi au vendredi de 9h30 à 15h45 et le samedi de 9h30 à 13h45. Entrée gratuite.* La pièce majeure de cette église, datant de 1523, est le vitrail commémorant le mariage de Henri VIII et de Catherine d'Aragon (la première de ses six femmes). Churchill y célébra son mariage avec Clementine Hozier en 1908.

■ **SAINT MARTIN-IN-THE-FIELDS. Trafalgar Square, WC2** ✆ **020-7766 1100 – www.stmartin-in-the-fields.org – Tube : Charing Cross.** *Ouvert du lundi au dimanche de 10h à 18h.* Eglise construite en 1726, œuvre de l'architecte James Gibb. L'église qui se tenait sur le site auparavant avait été construite en dehors de la City, dans les champs (« in the fields »), d'où son nom. Des concerts de musique classique y sont régulièrement organisés.

Musées

■ **NATIONAL GALLERY. Trafalgar Square** ✆ **020-7747 2885 – www.nationalgallery.org. uk – Tube : Charing Cross.** *Ouverte tous les jours de 10h à 18h (21h le mercredi). Entrée gratuite, sauf pour les expositions temporaires. Des visites guidées gratuites (en anglais) sont organisées tous les jours à 11h30 et 14h30 (visite supplémentaire le mercredi à 18h30). Des audio guides sont également disponibles à l'entrée. Ceux-ci vous commenteront en détails une trentaine de peintures, parmi les plus importantes que compte le musée. Le montant de la donation pour ceux-ci est laissé à l'appréciation du public...* Ce bâtiment néoclassique au nord de Trafalgar Square abrite plus de 2 000 toiles, réparties dans quatre ailes. Ce n'est pas tant la quantité que la variété des œuvres présentées qui impressionnent : chefs-d'œuvre italiens (Botticelli, Raphaël, Michel-Ange, Léonard de Vinci), espagnols (El Greco, Velazquez, Goya), anglais (Hogarth, Gainsborough, Turner), français (Le Lorrain, Poussin, Watteau, les Impressionistes), des Rembrandt, Van Gogh etc. Pour vous faciliter la visite, celles-ci ont été classées par ordre chronologique (de 1250 à 1500, de 1500 à 1600, de 1600 à 1700 et de 1700 à 1900). Les salles du musée sont grandes et les toiles sont espacées, ce qui vous permettra de les observer de près à votre guise malgré la foule de visiteurs que la galerie attire chaque jour. La National Gallery abrite les œuvres des plus grands maîtres internationaux, cependant, si vous voulez voir les œuvres des artistes britanniques, rendez-vous plutôt à la Tate Britain.

■ **NATIONAL PORTRAIT GALLERY. Saint Martin's Place, WC2** ✆ **020-7306 0055 – www.npg. org.uk – Tube : Charing Cross ou Leicester Square.** *Ouvert du lundi au dimanche de 10h à 18h et les jeudis et vendredis de 10h à 21h. Entrée gratuite.* Ce musée, fondé en 1856, possède une superbe collection de portraits – tableaux, bustes ou photographies de grandes figures historiques anglaises – organisée chronologiquement. Grâce aux écouteurs distribués gratuitement (une petite donation est toujours la bienvenue) à l'entrée, vous pourrez savoir qui représente chacun des portraits et même, entendre la voix de certains des personnages.

Pimlico et Victoria

▶ **Principales stations de métro : Pimlico, Victoria.** Pimlico appartenait entièrement à la plus riche des familles britanniques, les Grosvenor, qui reçurent en 1874 le titre de ducs de Westminster. Au cours des années 1830, les Grosvenor développèrent simultanément Pimlico et Belgravia sous la direction de l'architecte Thomas Cubitt. Les maisons géorgiennes furent bâties sur des terre-pleins, la terre provenant des excavations du chantier des quais de Saint-Elizabeth, dirigé par Cubitt. Une grande partie de Londres repose en effet sur des marais asséchés au sous-sol argileux. Seuls les endroits surélevés et construits sur des remblais (pour canaliser l'eau) sont relativement secs. Le quartier de Pimlico est moins chic que son voisin Belgravia mais c'est dans l'ensemble un quartier résidentiel, agréable à habiter (avec ses belles maisons géorgiennes), proche du centre, très vert et qui abrite un grand musée londonien : le Tate Britain.

Le quartier autour de la gare Victoria, totalement dépourvu de charme ne donne pas envie de s'y attarder. Certains y passeront peut-être la nuit car le quartier compte de nombreux hôtels (relativement bon marché mais de qualité souvent médiocre). A part cela, l'endroit ne présente pas grand intérêt, sauf l'étonnante cathédrale de Westminster (à ne pas confondre avec l'abbaye de Westminster).

Édifice religieux

■ **WESTMINSTER CATHEDRAL. Victoria Street SW1** ✆ **020 7798 9055 – www.westminster-cathedral.org.uk – Tube : Victoria.** Cette cathédrale détonne un peu dans le paysage londonien avec son style néobyzantin (un mélange de brique rouge et de pierre blanche). Inaugurée en 1903, elle occupe le site de l'ancienne prison du comté de Middlesex et a été construite sur le modèle de Sainte-Sophie d'Istanbul. C'est le siège de l'Eglise catholique de Grande-Bretagne. L'intérieur

---

Musées gratuits à Londres

Depuis la fin de l'année 2001, l'entrée aux collections permanentes de onze grands musées londoniens est gratuite : The British Museum, The National Gallery, The Natural History Museum, The Imperial War Museum, The National Portrait Gallery, Tate Britain, Tate Modern, The Victoria & Albert Museum, The Museum of London, The Museum of Science and Industry, The Wallace Collection. Bien sûr, cela n'empêche pas de faire une petite donation...

Tate to Tate ferry

Pendant les heures d'ouverture des galeries, des bateaux circulent régulièrement (environ toutes les 40 min) entre les deux Tate avec un arrêt au London Eye. Tickets : £ 3,40 ou £ 2,30 (si vous possédez une Travelcard), Day £ 3,40.

---

n'est pas complètement terminé (d'où le plafond qui est resté nu) mais les chapelles et les colonnes richement décorées d'or, de rouge terre et de vert donnent à la cathédrale toute sa dimension. Une petite place devant l'entrée principale permet de prendre du recul pour admirer cet édifice original.

Musée

■ **TATE BRITAIN. Millbank, SW1** ✆ **020-7887 8008 – www.tate.org.uk – Tube : Pimlico.** *Ouvert tous les jours (sauf les 24, 25 et 26 décembre) de 10h à 17h50. Entrée gratuite, sauf pour les grandes expositions itinérantes.* La Tate Gallery fut fondée par sir Henry Tate, magnat du sucre, en 1897. Depuis l'ouverture à Bankside du Tate Modern en 2000, consacré lui exclusivement à l'art moderne, elle a été renommée Tate Britain et couvre l'art britannique de 1500 à 2000. Vous serez ainsi sûr de découvrir à la Tate Britain les œuvres des plus célèbres artistes anglais tels Hogarth, Gainsborough, et bien évidemment Turner (la Tate Britain possède la plus grande collection de Turner au monde). La Tate Britain est aussi connue pour ses nombreuses peintures du mouvement préraphaélite : un groupement artistique formé en 1848 qui souhaitait revenir aux méthodes des peintres avant la période Renaissance (avant Raphaël, d'où leur nom).

Le Tate Britain accueille également d'excellentes expositions temporaires et organise le Turner Prize, la prestigieuse et souvent controversée compétition d'art moderne.

Piccadilly

La fontaine où trône la statue connue sous le nom de « Eros » est le lieu de prédilection pour se donner rendez-vous à Piccadilly Circus.

La statue ne représente pas, contrairement à ce que l'on pourrait croire, le dieu de l'Amour mais l'ange de la charité chrétienne, en hommage au duc de Shaftesbury qui lutta contre le travail des enfants. Elle fut très critiquée lors de son inauguration, à tel point que le sculpteur sir Alfred Gilbert prit une retraite anticipée. Bien que l'esthétique de ce monument d'Art nouveau soit très discutable, elle est aujourd'hui devenue un symbole de la ville.

Principale station de métro : Piccadilly Circus. Tout le monde a entendu parler de Piccadilly Circus. Pourtant cette place centrale de Londres n'a rien de particulièrement remarquable. On est surtout frappé par le flot de voitures et la marée humaine. Mieux vaut s'y rendre le soir quand les néons lumineux embrasent le ciel (enfin ce n'est pas le Times Square de New York non plus !). La première publicité lumineuse fut installée à Piccadilly aux alentours de 1890. Celle-ci vantait les mérites de Bovril et de Schweppes. Après avoir jeté un coup d'œil sur la place, aventurez-vous plutôt dans les alentours de Piccadilly Circus.

Musées

■ **ROCK CIRCUS THE LONDON PAVILION. 1, Piccadilly Circus, W1** ✆ **0870 400 3030 – Tube : Picadilly Circus.** *Ouvert tous les jours de 10h à 17h30. Fermé le 25 décembre. Entrée : adulte : £ 8,25, étudiant : £ 7,25, enfant : £ 6,25.* La version pop rock du célèbre musée de Madame Tussaud. Sa façade donne sur Piccadilly Circus. Une collection de personnages de cire grandeur nature, depuis Elvis et les Beatles jusqu'aux Spice Girls, à visiter avec des écouteurs qui racontent leurs histoires et font entendre leurs chansons. Il y a même une section dédiée aux stars mortes jeunes, ayant vécu à cent à l'heure. Un peu glauque, Kurt Cobain et compagnie. Mais après tout, l'art de Madame Tussaud consistait à mouler dans la cire des visages de morts.

▶ **Regent Street,** qui remonte de Piccadilly Circus jusqu'à Oxford Circus, fut à l'origine dessinée par John Nash en 1812. A l'origine une rue de magasins de luxe, elle est aujourd'hui surtout envahie par les grandes chaînes de magasins comme Gap, Zara, Mango, etc. A découvrir sur Regent Street : Hamley's, le plus grand magasin de jouets au monde.

■ **THE ROYAL ACADEMY OF ARTS. Burlington House, Piccadilly, W1** ✆ **020-7300 8000 – www.royalacademy.org.uk – Tube : Piccadilly Circus ou Green Park.** *Ouvert du samedi au jeudi de 10h à 18h et le vendredi de 10h à 22h. Dernière admission 30 min avant la fermeture.* La Royal Academy, qui accueille les grandes expositions itinérantes et abrite également une petite collection permanente, est logée dans un petit palais, Burlington House (bâti par le comte de Burlington en 1715), tout près de Piccadilly et auquel on accède par un passage voûté. Depuis qu'il est devenu propriété de l'Etat en 1853, le musée a été le siège de diverses institutions scientifiques ou académiques. Aujourd'hui, le bâtiment principal est occupé par la Royal Academy, et les annexes par des sociétés savantes.

Burlington House est flanquée d'édifices remarquables. D'un côté l'Albany, une résidence géorgienne construite à l'origine pour lord Melbourne puis divisée en appartements où ont vécu de grandes figures littéraires telles que Lord Byron, Aldous Huxley ou encore Graham Greene. De l'autre coté de Burlington House, Burlington Arcade, sans doute la plus belle galerie marchande de Londres, avec ses façades géorgiennes d'origine. Pour l'anecdote, elle fut construite en 1819 par lord Cavendish, alors propriétaire de Burlington House, pour empêcher les passants de jeter des ordures dans son jardin.

Mayfair et Saint James

▶ **Principales stations de métro : Bond Street, Marble Arch, Green Park.** Situés côte à côte, Mayfair et Saint James sont les quartiers chics où vivent les très riches et les aristocrates.

Mayfair est l'un des quartiers de Londres les plus faciles à délimiter : il occupe un territoire compris entre Piccadilly, Oxford Street, Regent Street et Park Lane. Mayfair tire son nom de la fête du May Day (le 1er mai). Il devint un quartier très prisé des aristocrates à partir du XVIIIᵉ siècle. Les deux grands propriétaires terriens de cette époque, les Grosvenor et les Berkeley, firent construire de magnifiques squares à leurs noms. Aujourd'hui, Mayfair est certainement le quartier le plus cher de Londres et ses nombreux bars, restaurants chics et clubs de membres attirent une clientèle prête à dépenser sans compter.

Saint James, la petite enclave entre Piccadilly et The Mall, fut établie vers 1670 près de Saint James's Palace.

Un ensemble de résidences royales et aristocratiques, de clubs privés pour gentlemen et de boutiques chics, Saint James demeure un endroit élitiste et fermé où peu de Londoniens s'aventurent. Jermyn Street, rue parallèle à Piccadilly, fut pendant longtemps avec Saville Row (voir dans Mayfair) l'endroit où les gentlemen anglais s'habillaient.

Pall Mall, rue connue pour ses clubs privés, tient son nom étrange du jeu italien « pallo a maglio », une sorte de croquet auquel Charles II s'adonnait. A l'ouest de Pall Mall se tient Saint James's Palace construit sur le site d'un hôpital pour lépreux par Henry VIII. Quand le palais de Whitehall brûla dans un incendie en 1698, Saint James devint la résidence royale.

A part la porte en brique rouge de style Tudor (qui donne sur Saint James Street), le reste du palais a été entièrement réaménagé par l'architecte John Nash. Saint James's Palace, où réside le prince Charles, n'est pas ouvert au public.

Sites et monuments

■ **BUCKINGHAM PALACE. Buckingham Palace Road, SW1** ✆ **020 7839 1377 – www.royal. gov.uk – Tube : Saint James's Park.** *Entrée : adulte £ 12, enfant £ 6.* Jusqu'en 1762, quand George III l'acheta, « Buck House » était le domicile des ducs de Buckingham. George IV s'offrit en 1825 les services de l'architecte John Nash, pour en faire un « palais digne d'un roi ». Si ce n'est pas Versailles, c'est néanmoins la résidence royale officielle depuis 1837, date à laquelle la reine Victoria est montée sur le trône et quitta le palais de Saint James pour Buckingham. Le palais fut réaménagé par Aston Webb en 1913. Aujourd'hui, le palais de la reine Elisabeth II compte 660 pièces et 18 ha de parcs et de jardins. Si l'étendard flotte au-dessus de l'entrée, c'est que la reine est au palais.

La Queen's Gallery a récemment été ouverte au public : l'occasion de voir une partie de la collection d'œuvres d'art de la reine (qui est trois fois plus grande que celle de la National Gallery !). La statue de la reine Victoria trône devant l'entrée du palais et regarde en direction de The Mall, la grande avenue bordée d'arbres, longeant Saint James Park et reliant Buckingham Palace à Trafalgar Square.

■ **RELEVE DE LA GARDE. Devant Buckingham Palace, SW1.** *De mai à août, tous les jours à 11h30, tous les deux jours le reste de l'année.* C'est la cérémonie la plus célèbre de Londres – mis à part les couronnements, mariages et anniversaires royaux. Cinq régiments de fantassins de la garde, sanglés dans leurs caractéristiques tuniques rouges et coiffés des fameux bonnets à poils

Shopping

On vient surtout aux alentours de Mayfair pour le shopping sur Oxford Street et sur Bond Street. Oxford Street, toujours envahie par la foule (spécialement le samedi, sans parler des semaines précédant Noël), oscille entre chaîne de magasins (les habituels Zara, H & M, Gap, etc.) et grands magasins tels que John Lewis, Debenhams et Selfridges, un incroyable bâtiment au style édouardien ouvert en 1909 par le millionnaire américain Gordon Selfridge.

▶ **Bond Street,** qui se divise en Old Bond Street et New Bond Street, est plus calme et abrite surtout des boutiques de luxe telles que Chanel, Prada, Versace, etc. Les galeries d'art et salles de vente aux enchères (Sotheby's entre autres) abondent également sur Bond Street. Ne manquez pas les statues de Churchill et Roosevelt en pleine discussion sur un banc…

▶ **Saville Row** est connue pour être la rue des grands tailleurs pour hommes (ainsi que l'ancien emplacement du quartier général des Beatles, Apple).

▶ **Shepherd market** est un petit passage où sont installés aujourd'hui cafés et restaurants. A l'origine, c'est à cet endroit que la fête du 1er mai avait lieu jusqu'à son interdiction au milieu du XVIIIe siècle pour cause de débauche.

sont chargés de la protection royale. La relève se fait en musique et au rythme des bottes martelant le sol. Il vaut mieux y arriver bien avant 11h30, sinon vous ne verrez rien. La cérémonie (qui dure 30 minutes) n'a pas lieu en cas de grosse averse ou à certaines dates de l'année.

■ **SAINT JAME'S PALACE. Cleveland Row – Tube : Green Park.** *Saint James Palace est fermé au public.* Le corps de garde de style Tudor est tout ce qu'il reste du bâtiment original, construit par Henry VIII. Le Palais fut la résidence des souverains britanniques pendant plus de trois siècles. Il a également abrité de nombreux membres de la famille royale et le Prince Charles et ses fils y habitaient jusqu'à l'an dernier. Ils ont aujourd'hui déménagé à côté, dans Clarence House, ancienne résidence de la Reine mère.

Parcs et squares

■ **SAINT JAMES'S PARK. Tube : Saint James's Park, Westminster.** *Ouvert tous les jours 24h/24.* Charmant et situé juste en face de Buckingham Palace, ce premier parc royal a été créé par Henry VIII en 1536. Charles II l'ouvrit au public en 1662. On pouvait laisser calèches et coches sur The Mall, puis aller admirer les volières qui avait été installées à la demande du souverain le long d'une allée au sud que l'on appelle Birdcage Walk. John Nash est l'auteur de l'aspect actuel du parc, puisqu'il le remodela en 1828.

Le lac abonde en oiseaux aquatiques divers, y compris des pélicans. On y trouve toujours beaucoup de touristes, des fonctionnaires qui travaillent à Whitehall, et parfois quelques hommes politiques fatigués par les débats parlementaires.

En été, des orchestres jouent pour le plaisir de tous. Les vues qu'offre le pont enjambant le lac sont un régal pour les yeux : d'un côté Buckingham Palace à travers les arbres, et de l'autre la splendeur de Whitehall et du Horse Guards.

■ **GREEN PARK, TUBE GREEN PARK.** Un beau parc londonien avec des arbres, de grandes pelouses et, en été, des chaises pour prendre le soleil. Durant la Seconde Guerre mondiale, Green Park servit de potager aux Londoniens.

Il y également trois grands squares à Mayfair :

■ **HANOVER SQUARE.** Baptisé en l'honneur de la nouvelle dynastie régnante allemande, les Hanovre, fut édifié en 1717.

■ **BERKELEY SQUARE.** S'y dressent des arbres vieux de 200 ans, il fut construit en 1730.

■ **QUANT À GROSVENOR SQUARE.** Il était connu sous le nom de « Little America » pendant la Seconde Guerre mondiale car Roosevelt dirigea les opérations du débarquement allié en Normandie depuis le numéro 20. La présence américaine est d'ailleurs toujours très forte à Grosvenor Square entre la statue de Roosevelt et l'ambassade américaine.

Marylebone et Baker Street

▶ **Principales stations de métro : Marylebone, Baker Street, Bond Street.** Au nord d'Oxford Street, le quartier de Marylebone, autrefois un village connu sous le nom de Saint Mary-by-the-Bourne. Au XVIIIe siècle, les deux grands propriétaires terriens, les Portland et les Portman, firent construire des rues et squares dans le style géorgien. Marylebone a cependant réussi à conserver jusqu'à aujourd'hui un aspect villageois, spécialement autour de Marylebone High Street.

Baker Street sera toujours associée à Sherlock Holmes (c'est dans Baker Street que Conan Doyle avait domicilié le célèbre détective). Sherlock Holmes a beau être un personnage de fiction et Conan Doyle n'avoir jamais vécu à Baker Street, l'industrie du tourisme londonien n'a pas manqué d'y créer un « lieu de pèlerinage » : le Sherlock Holmes Museum. C'est également dans le quartier que se trouvent deux des musées les plus touristiques de Londres : Madame Tussaud et le London Planetarium.

Enfin il faut savoir que Baker Street est l'une des plus anciennes stations de métro de Londres (la première ligne de métro ouverte en 1863 allait de Paddington à Farringdon Street et passait par Baker Street). Allez sur le quai de la Circle Line ou de la Hammersmith & City Line pour voir à quoi Baker Street ressemblait à ses débuts.

Monument

■ **MARYLEBONE STATION.** Elle n'est pas facile à trouver (elle se trouve sur Melcombe Street), mais c'est une ravissante petite gare de style victorien en fer forgé.

Édifice religieux

■ **SAINT MARYLEBONE CHURCH. Marylebone Road, W1 – Tube : Baker Street.** Une église construite en 1813 à laquelle il est un peu difficile de prêter attention tant la circulation sur Marylebone Road est intense. C'est ici que le poète Robert Browning épousa en secret Elizabeth Barrett en 1846. Un café végétarien dans la crypte.

Musées

■ **MADAME TUSSAUD. Marylebone Road, W1** ✆ **0870-400 3000 – www.madame-tussauds. co.uk – Tube : Baker Street.** *Ouvert du lundi au vendredi de 9h à 17h30 et le week-end de 9h30 à 17h30. Le prix d'entrée varie selon le jour et l'heure d'arrivée (réductions en semaine à partir de 17h et le week-end à partir de 15h). Adulte : de £ 12 à £ 22, Enfants (5 à 15 ans) : de £ 7 à £ 16. Gratuit pour les enfants de moins de 5 ans. Ticket combiné avec l'entrée pour le London Planetarium. Les files à l'entrée du Madame Tussaud sont souvent très longues. Pour éviter la foule, visiter plutôt le musée en début de matinée ou en fin d'après-midi et, conseil d'ami, achetez le billet à l'avance. Vous gagnerez beaucoup de temps !* Musée de cire comparable au musée Grévin à Paris, le Madame Tussaud est l'une des attractions les plus touristiques de Londres. Le musée attire chaque année près de 3 millions de visiteurs. Pourtant, même si la visite est agréable (surtout si vous êtes accompagné d'enfants), il faut reconnaître que c'est cher et qu'il y a quand même d'autres musées à visiter en priorité à Londres ! Mais savez-vous qui était Madame Tussaud ? Il s'agissait d'une Française, dont le nom réel était Marie Grosholtz, ayant échappé à la guillotine et ayant émigré à Londres en 1802 avec dans sa besace moulages en cire d'aristocrates guillotinés…

■ **LONDON PLANETARIUM. Marylebone Road, W1** ✆ **0870-400 3000 – www.madame-tussauds.co.uk – Tube : Baker Street.** *Ouvert du lundi au vendredi de 11h30 à 17h et les samedis, dimanches et vacances scolaires de 10h à 17h. Ticket combiné avec entrée pour Madame Tussaud.* Les planètes, les voyages dans l'espace, les images du télescope Hubble, un auditorium, etc.

■ **SHERLOCK HOLMES MUSEUM. 239, Baker Street, NW1** ✆ **020 7935 8866 – Tube : Baker Street.** *Ouvert tous les jours de 9h30 à 17h30.* Sherlock Holmes, le célèbre héros des romans de sir Arthur Conan Doyle n'a jamais existé en chair et en os. Mais, l'adresse du détective dans les romans était le 221b, Baker Street, une rue qui, elle, existe vraiment. C'est donc là qu'a été créé le musée Sherlock Holmes. Enfin presque, car même s'il est inscrit 221b à l'entrée, le musée se trouve en fait au numéro 239 (le vrai 221b abrite une agence Abbey National).

Le musée s'inspire des détails des romans de Conan Doyle. Pas d'objets historiques donc mais une atmosphère subtile comme celle décrite dans les livres avec des indices laissés dans toutes les pièces. On pourrait presque penser que le détective a réellement vécu là-bas. D'ailleurs, encore aujourd'hui, des lettres lui sont envoyées quotidiennement à cette adresse.

■ **WALLACE COLLECTION. Hertford House, Manchester Square, W1** ✆ **020-7563 9500 – www.the-wallace-collection.org.uk – Tube : Bond Street.** *Ouvert tous les jours de 10h à 17h.*

Fermé les 24, 25 et 26 décembre. Entrée gratuite. Il s'agit d'une ancienne collection privée, rassemblée par les troisième et quatrième marquis de Hertford ainsi que par le fils naturel de ce dernier, sir Richard Wallace. La belle demeure de style français leur ayant appartenu et où est exposée la collection vaut à elle seule le détour. Le magnifique escalier fut construit à l'origine pour la Banque royale de Paris avant d'être acheté en 1874 par Richard Wallace et transporté ici.

En 1897, la veuve de sir Richard fit don à la nation de toute la collection. Les œuvres, exposées au rez-de-chaussée et au premier étage du palais, constituent un ensemble plutôt éclectique, mélange de beaux-arts et d'arts appliqués (meubles, céramiques, horloges, armes et armures européennes ou orientales). Les peintures du XVIIe siècle hollandais et du XVIIIe siècle français sont particulièrement bien représentées, dans un fonds qui compte aussi de nombreuses œuvres italiennes et anglaises. Parmi les peintres les plus célèbres que cette collection permet d'admirer, citons Rembrandt, De Hooch, Watteau, Boucher, Philippe de Champaigne, Fragonard (*Les hasards heureux de l'escarpolette*), Rubens (*Paysage à l'arc-en-ciel*), Velasquez, Hals (*Le cavalier rieur*), Canaletto, Gainsborough, le Titien, Bonnard… A noter aussi, la collection de porcelaines de Sèvres, de Majolique et de Limoges, ainsi que la plus importante collection d'armes et d'armures après celle de la Tour de Londres.

Hyde Park et Kensington Gardens

▶ **Principales stations de métro : Hyde Park Corner, Marble Arch, Lancaster Gate.**

■ **MÉMORIAL DIANA.** En juillet 2004, un mémorial à la mémoire de la Princesse de Galles, décédée en 1997 a été construit à Hyde Park, près du Palais de Kensington. Pas de statue ou de plaque commémorative, mais une fontaine d'allure très moderne, dessinée par l'architecte américaine Kathryn Gustafson. Celle-ci consiste en un grand cercle de granite blanc où l'eau s'écoule sur différentes textures censées représenter la vie de Diana avec des passages calmes et des passages turbulents.

■ **HYDEPARK.** *Ouvert tous les jours de 5h30 à 00h.* C'est le plus grand parc de Londres (Kensington Gardens et Hyde Park à eux deux ont une circonférence de 7,5 km), le plus connu, et le préféré des promeneurs londoniens, surtout le dimanche. C'est Henry VIII qui acheta le terrain à l'Eglise en 1536 pour y chasser. Hyde Park fut ouvert au public par Jacques Ier et devint un lieu de rassemblement à la mode sous Charles II. Il accueillit l'Exposition universelle de 1851 et, pendant la Seconde Guerre mondiale fut transformé en champs de pommes de terre. Aujourd'hui, Hyde Park est le « poumon de Londres » et les Londoniens aiment venir s'y promener le week-end en famille ou même en semaine, pendant l'heure du déjeuner pour un pique-nique. A l'heure de la sieste, ils y somnolent dans les transats qui bordent le lac Serpentine. Du milieu du parc on ne peut ni voir la ville ni entendre ses bruits. Votre séjour à Londres coïncidera peut-être avec l'un des grands concerts gratuits donnés au cœur de Hyde Park.

▶ **Le Coin des orateurs (Speakers'corner),** situé à l'extrémité nord-est de Hyde Park, près de Marble Arch est une véritable institution londonienne. En 1866, 150 000 personnes se réunirent à cet endroit pour protester contre une nouvelle loi autorisant le commerce le dimanche. La police tenta de disperser ce rassemblement illégal. Cela créa d'importantes émeutes dans la ville. C'est à la suite de ces événements que le Coin des orateurs fut créé. N'importe qui a ici le droit de haranguer les foules sans autorisation préalable (tant que les propos ne sont pas obscènes et ne menacent pas l'ordre public). Intégristes de tout poil viennent y vociférer leurs convictions. Les propos sont principalement religieux mais, de temps en temps, on peut aussi entendre les doléances d'un mari lassé de sa femme, ou les délires d'un doux allumé… Le « spectacle », qui a généralement lieu le dimanche, attire toujours les badauds.

Si vous avez quelque chose sur le cœur, et si votre anglais est suffisamment bon, vous pouvez toujours tenter votre chance. Il paraît que ça soulage…

■ **KENSINGTON GARDENS.** Il se fond dans Hyde Park pour former un immense espace vert. Appartenant jadis aux jardins du Kensington Palace, ce parc est celui des enfants. J.-M. Barrie a immortalisé dans *Peter Pan* les jeunes filles au pair qui y promènent les enfants de la bourgeoisie. Rien n'a changé sauf que l'on croisera aussi sur son chemin les fans de Diana en pèlerinage à Kensington Palace (résidence achetée par le roi William en 1689) où la princesse vécut jusqu'à sa mort en 1997.

Au sud de Kensington Gardens se dresse le Albert Memorial construit en 1876 par George Gilbert Scott à la mémoire du prince Albert (l'époux de la reine Victoria mourut de la typhoïde en 1861) et qui fait face au Royal Albert Hall, célèbre salle de concerts où ont lieu les Proms chaque année (se reporter à la section Concerts de musique classique).

■ **MARBLE ARCH,** situé à la pointe nord-est du parc, est un lieu chargé d'histoire. C'est en effet là que se trouvaient les « tyburn gallows », site des exécutions publiques jusqu'en 1783. 50 000 personnes y perdirent la vie. L'arche elle-même, œuvre de John Nash en 1828, était à l'origine située devant Buckingham Palace avant d'être placée à l'entrée de Hyde Park. C'est de ce côté de Hyde Park que vous trouverez le fameux « Speakers'Corner ».

Leicester Square

▶ **Principale station de métro : Leicester Square.** Leicester Square était autrefois le jardin de la résidence de Robert Sidney, duc de Leicester et ambassadeur en France entre 1636 et 1641. Il fut converti en jardin public en 1874. Leicester Square est aujourd'hui sans grand intérêt, et attire surtout des touristes et des jeunes Anglais attirés par les immenses salles de cinéma (dominées par le cinéma hollywoodien) et les gigantesques boîtes de nuit un peu racoleuses (l'endroit est spécialement animé les vendredi et samedi soirs).

■ **CHINATOWN.** A deux pas de Leicester Square, le quartier chinois, connu pour ses nombreux restaurants (spécialement sur Gerrard Street et Lisle Street). Le quartier s'anime tout particulièrement lors des célébrations du Nouvel an chinois (vers la fin janvier – début février).

Les premiers immigrés chinois à Londres étaient des marins arrivant par les bateaux de l'East India Company aux XVIIIe et XIXe siècles. Après la Seconde Guerre mondiale, ce sont surtout des réfugiés cantonnais (après l'explosion du communisme en Chine) qui arrivèrent à Londres. Ces derniers profitèrent des bas loyers de l'après-guerre pour acheter autour de Gerrard Street et y installer restaurants et ateliers. La dernière vague d'immigration a eu lieu en 1997 quand Hong-Kong est retournée entre les mains de la Chine après 99 années de protectorat anglais.

Édifice religieux

■ **NOTRE-DAME DE FRANCE. Leicester Place, W1. Tube : Leicester Square.** Peu de gens remarquent cette église catholique française cachée dans une petite rue donnant sur Leicester Square. Il s'agit d'une petite église circulaire dont l'intérêt principal est la fresque murale peinte par Jean Cocteau en 1960.

Soho

▶ **Principales stations de métro : Piccadilly Circus, Tottenham Court Road, Oxford Circus.** Le nom « Soho » viendrait, paraît-il, du son que criaient les chasseurs à l'époque où l'endroit était encore un terrain de chasse. Au XVIIe siècle, les aristocrates y faisaient construire leurs résidences. Au XVIIIe siècle, Soho devint le refuge des pauvres et des immigrés et les aristocrates partirent s'établir à Mayfair.

Soho accueillit aussi de nombreux artistes et intellectuels : Mozart, Wagner, Marx, Rimbaud, Verlaine. Ce sont ensuite surtout les clubs de jazz dans les années 1950 et les clubs de rock dans les années 1960 (ainsi que Carnaby Street, temple de la mode des « Swinging Sixties ») qui ont fait la réputation de Soho.

Dans les années 1970, c'était le quartier chaud et un peu louche de Londres, avec ses clubs de strip-tease, ses librairies porno et ses peep-shows (on peut encore apercevoir de nos jours quelques « vestiges » de cette époque, essentiellement à l'ouest de Wardour Street).

Les années 1990 ont vu renaître Soho : quartier gay autour de Old Compton Street, restaurants et bars branchés font de Soho un lieu de prédilection pour sortir le soir. Wardour Street est le siège de l'industrie cinématographique et télévisuelle tandis que Berwick Street accueille toujours un marché de fruits et légumes au milieu de bons petits magasins indépendants de disques (rock, soul, reggae, disques d'occasion). Toute cela contribue à en faire un quartier très vivant, au mélange de genres (et de gens) fascinant.

▶ **Délimitation.** Soho fait partie de ces endroits dont on entend toujours parler et dont on ne sait jamais exactement où il commence et où il finit. On peut dire que Soho est délimité par Oxford Street au nord, Shaftesbury Avenue au sud, Regent Street à l'ouest et Charing Cross Road à l'est et s'articule principalement autour de Old Compton Street, Greek Street, Frith Street, Soho Square, Dean Street et Wardour Street.

Édifice religieux

L'église protestante française sur Soho Square nous rappelle que parmi les immigrés à Soho se trouvaient les Huguenots français fuyant les persécutions sous le régime de Louis XIV. C'est la seule qui reste parmi les 23 églises huguenotes de Londres.

Square

■ **SOHO SQUARE.** Seule oasis de verdure dans Soho qui était à l'origine un endroit chic où les aristocrates possédaient des résidences.

Fitzrovia

▶ **Principales stations de métro : Goodge Street ou Tottenham Court Road.** Fitzrovia est la continuation de Soho, en un peu moins animé quand même…

Balades

▶ **Charlotte Street** est surtout connue pour ses nombreux restaurants.

▶ **Tottenham Court Road** ne présente pas grand intérêt, sauf si vous envisagez de faire des achats d'équipement électrique, hi-fi ou ordinateurs.

Squares

■ **FITZROY SQUARE. Le seul square de Fitzrovia.** Sa construction commença en 1790 et il eut Virginia Woolf comme célèbre résidente.

Édifice religieux

■ **ALL SAINTS. Margaret Street, W1.** Petite église construite par William Butterfield en 1850 et décorée de marbre de couleur et de peintures du mouvement préraphaélite.

Bloomsbury

▶ **Principale station de métro : Russell Square.** Bloomsbury doit sa renommée au mouvement artistique et littéraire qui domina la vie intellectuelle anglaise au début du XXe siècle. Les membres du groupe de Bloomsbury comprenaient Virginia Woolf, John Maynard Keynes ou encore Lytton Strachey. Ils entretenaient des rapports complexes, transcendant les différences sexuelles, sinon les barrières de classe. Bloomsbury tient son nom de ses propriétaires terriens à l'époque médiévale, les Blemunds. L'endroit est ensuite passé entre les mains de la famille Russell puis celles du duc de Bedford, et le quartier se développa autour de Bedford Square, l'un des rares ensembles architecturaux homogènes à être demeuré intact jusqu'à nos jours. C'est avant tout connu pour le British Museum que l'on vient à Bloomsbury, mais vous pourrez vous aérer en découvrant ses nombreux squares.

Musées

■ **BRITISH MUSEUM. Great Russell Street, WC1** ✆ 020-7323 8000 – www.thebritish museum.ac.uk – **Tube : Russell Square ou Holborn.** *Ouvert du lundi, mardi, mercredi, samedi et dimanche de 10h à 17h30 et les jeudi et vendredi de 10h à 20h30. Entrée gratuite (donation de £ 2 ou £ 3 conseillée).* Que peut-on dire de l'un des plus grands musées du monde ? Le British Museum attire plus de 6 millions de visiteurs par an. Et soyons francs : le butin est encore plus riche qu'au Louvre. Lorsque la Grande-Bretagne régnait sur les mers, elle a fait main basse sur les trésors du monde entier : momies égyptiennes, frises du Parthénon (Elgin Marbles), antiquités grecques, romaines, asiatiques, polynésiennes, africaines par salles entières, sans compter l'art médiéval… Des merveilles à n'en plus finir. Dire qu'on ne peut admirer toute la collection en une visite est un euphémisme : une vie entière n'y suffirait pas. Le British Museum rassemble plus de 4 millions d'objets exposés dans départements différents. Le musée est réactualisé tous les jours. Différentes pièces sont exhibées, des expositions temporaires sont installées et la collection s'agrandit également au fur et à mesure que de nouvelles découvertes archéologiques sont faites. Il fut fondé en 1753, lorsque sir Hans Sloane vendit sa collection à l'Etat pour £ 20 000. On y ajouta la Cottonian Library, puis la collection de la famille Harley (les comtes d'Oxford). Le département des sciences naturelles a été transféré au Natural History Museum de South Kensington en 1881. Afin de financer l'entretien, la restauration et la protection de sa considérable collection – de 6 à 7 millions d'objets –, on a un moment envisagé d'en faire payer l'accès. L'idée a soulevé un tel tollé qu'elle a vite été abandonnée. Les visiteurs peuvent donc toujours admirer gratuitement les trésors du British Museum.

Le British Museum est tellement grand qu'il est impossible de tout voir en un jour. Bien sûr, vous pouvez vous promener dans les différentes salles en jetant un simple coup d'œil mais vous risquez de ne pas retenir grand-chose de la visite. Des visites guidées ont également lieu quotidiennement à 10h30, 13h et 15h (durée 90 min. Prix : adultes : £ 8, enfants, étudiants, seniors : £ 5)

Si vous décidez de faire la visite seul, le mieux est certainement de déterminer avant d'entrer ce que vous voulez voir et de vous diriger ensuite directement vers les pièces où se trouvent ces objets. Pour ne pas perdre trop de temps, il est vivement conseillé d'acheter un plan (£ 2) du musée. Toutes les explications sur les œuvres exposées étant en anglais, un guide audio en français (£ 3,5), disponible à l'entrée, peut également s'avérer utile.

■ **DICKENS'HOUSE. 48, Doughty Street, WC1** ✆ **020-7405 2127 – www.dickensmuseum. com – Tube : Russell Square.** *Ouvert du lundi au samedi de 10h à 17h et dimanche de 11h à 17h (dernière admission 16h30). Entrée : £ 5.* La maison où Dickens vécut deux ans et rédigea *Oliver Twist*. On peut y voir lettres, manuscrits, livres et portraits.

Square

■ **Le plus beau square de Bloomsbury est BEDFORD SQUARE,** construit en 1770 par la famille Russell. C'est un parfait exemple de l'architecture symétrique du XVIIIe siècle. Le plus grand est Russell Square. Malheureusement il reste peu de traces de son architecture géorgienne d'origine. Gordon Square fut un temps le centre du groupe de Bloomsbury. Une plaque bleue au n° 50 commémore d'ailleurs leur souvenir. Quant à Tavistock Square, il fut édifié par Thomas Cubitt au début du XIXe siècle. La maison au n° 52, où Virginia Woolf rédigea ses plus célèbres romans (*To the lighthouse, Mrs Dalloway, Orlando, The Waves*) n'existe plus.

Covent Garden

▶ **Principale station de métro : Covent Garden.** Covent Garden est l'un des endroits les plus animés et les plus touristiques de la capitale. Le quartier n'est pas grand, bordé par High Holborn au nord, The Strand au sud, Leicester Square à l'ouest et Kingsway à l'est. Il est centré autour du marché couvert et de Long Acre, l'artère principale. C'est cependant dans les petites rues autour que l'on peut échapper à la foule et encore trouver l'esprit alternatif qui animait Covent Garden dans les années 1960-70 et qui a tendance à disparaître au profit d'une atmosphère de plus en plus commerciale. Le quartier tient son nom d'un ancien jardin de couvent qui appartenait jadis, comme presque tous les terrains situés entre Westminster et la City, à l'abbaye de Westminster. Autrefois s'y tenait le marché aux fruits, aux légumes et aux fleurs le plus important de Londres. Ces halles, un ensemble imposant d'édifices palladiens (néoclassiques), furent aménagées autour d'une piazza par Inigo Jones en 1670, à la demande du propriétaire, le duc de Bedford.

Autrefois, Covent Garden était l'un des rares endroits de Londres où l'on pouvait boire à 4h du matin. Les pubs ouvraient à 3h30 pour les mandataires et les manutentionnaires. Une foule bigarrée d'ivrognes, de beau linge venant s'encanailler, de hippies défoncés, de travestis, de prostituées, de criminels, de junkies, se mêlait aux travailleurs des halles. Le quartier, peu attrayant, mais aux loyers modiques, attirait les artistes ainsi que les studios de répétition de danse ou de théâtre.

Au cours des années 1970, les halles furent transférées au sud du fleuve, à Nine Elms. Les édifices furent un moment menacés de démolition. C'est leur attrait touristique qui les a sauvés. Aujourd'hui, on y trouve surtout des restaurants et des magasins.

Le spectacle a toujours fait partie de la tradition du quartier et draine aujourd'hui un flux continu d'artistes de rue, de festivals et de concerts que l'on peut voir ou entendre sur la piazza.

Il y a longtemps qu'on ne vend plus de légumes aux halles de Covent Garden. Le marché central est aujourd'hui réputé pour ses objets artisanaux, tout comme le Jubilee Market, marché couvert, l'est pour ses vêtements et ses bijoux.

Parmi les boutiques permanentes, vous trouverez des magasins spécialisés : thé, chocolat, ours en peluche, accessoires d'astrologie et bougies. La mode n'a pas attendu longtemps pour montrer le bout de son nez. Quelques stylistes branchés, tels Paul Smith, Nicole Fahri ou Agnès B., ont désormais pignon sur rue dans Floral Street.

Monument

■ **FREEMASON'S HALL. Great Queen Street, WC2** ✆ **020-7831 9811 – www.grand-lodge. org – Tube : Covent Garden.** *Ouvert du lundi au vendredi de 10h à 17h et de 10 à 13h le samedi. Entrée gratuite. Il est possible de voir le Grand Temple par visite guidée seulement : du lundi au vendredi de 11h à 16h.* Au cœur de Londres se trouve un énorme bâtiment, tout gris, qui abrite le quartier général de la Grande Loge Unie d'Angleterre, le corps directeur de la franc-maçonnerie anglaise et galloise et aussi bizarre que cela puisse paraître, il est possible de le visiter ! Construit en 1931, en remplacement d'un bâtiment de 1776, il fut financé par des dons privés et considéré comme un mémorial pour les soldats et civils tués pendant la Première Guerre mondiale. Il est possible de faire le tour des 19 loges, de la bibliothèque et du musée en une heure sans avoir besoin de connaître le mot de passe ou comment serrer une main à la manière franc-maçonnique. Il s'agit d'un énorme bâtiment tapi à l'angle de Wild Street et de Great Queen Street, dont le mystère reste voilé au rez-de-chaussée par une façade aveugle. Ce bâtiment fut construit en souvenir des francs-maçons morts pendant la Première Guerre mondiale. Fatigué de marcher ? Vous pourrez faire une halte dans l'un des innombrables cafés, bars, restaurants, pubs ou salons de thé du coin.

Musées

■ **LONDON TRANSPORT MUSEUM. Covent Garden Piazza, WC2** ✆ **020-7379 6344 – www. ltmuseum.co.uk – Tube : Covent Garden.** *Ouvert du samedi au jeudi de 10h à 18h et le vendredi de 11h à 18h (dernière admission 17h15). Entrée : £ 5,95.* C'est dans l'ancien marché aux fleurs que le musée du Transport a pris ses quartiers. Au programme, des vieux bus, trains, etc. Egalement des procédés interactifs qui amuseront les enfants.

■ **THEATRE MUSEUM. Russell Street, WC2** ✆ **020- 7943 4700 – www.theatremuseum.org. uk – Tube : Covent Garden.** *Ouvert du mardi au dimanche de 10h à 18h.* Dans l'autre partie de l'ancien marché aux fleurs se trouve le musée du Théâtre, qui abrite la collection théâtrale du Victoria and Albert Museum (trois siècles d'objets en tout genre : costumes, photographies, lettres, marionnettes).

The Strand and Holborn

▶ **Principales stations de métro : Charing Cross, Holborn, Chancery Lane, Temple.** The Strand est l'artère principale reliant Westminster à la City. Ce fut pendant longtemps une avenue importante de Londres, célèbre pour ses imposantes résidences situées au bord de la Tamise. A la fin du XIXe siècle The Strand était également réputée pour ses théâtres et ses salles de music-hall. Il reste encore de nos jours des théâtres où sont jouées pièces et comédies musicales, mais The Strand a perdu de sa splendeur. L'avenue ne longe plus la Tamise depuis qu'un quai, Victoria Embankment, a été construit entre 1868 et 1874 afin d'améliorer la circulation et permettre une extension du métro. Les résidences aristocratiques en bord de rivière ont disparu. Sommerset House est le seul de ces palais à avoir survécu et demeure l'attraction principale de The Strand. Cet élégant édifice abrite aujourd'hui des collections d'art.

Holborn est situé juste entre le quartier royal et politique de Westminster et le centre financier de la city. Depuis le XIIIe siècle, Holborn est le quartier des avocats. C'est le centre historique du droit anglais. C'est là que se trouvent les Inns of Court (collège des avocats du barreau).

Monuments

■ **ROYAL COURTS OF JUSTICE, 460 the Strand** ✆ **020 7936 6000.** *Ouvert du lundi au vendredi de 9h à 16h30.* Cour de justice pour les affaires civiles (les affaires pénales sont jugées à The Old Bailey qui se trouve dans la City). Imposant bâtiment de style néogothique construit vers 1870 et que l'on doit à l'architecte George Edmund Street.

■ **INNS OF COURT.** Il y a quatre Inns of Court où les Barristers (avocats du barreau) se doivent d'étudier : Inner Temple (King's Bench walk), Middle Temple (Middle Temple lane), Lincoln's Inn (Lincoln's Inn Field) et Gray's Inn (Gray's Inn road). En Angleterre, les avocats sont divisés en deux confréries distinctes : les Solicitors qui travaillent directement avec les clients, rédigent leurs contrats, leurs testaments… et les Barristers qui sont reçus au barreau. Ces derniers portent les traditionnelles perruques blanches et eux seuls sont habilités à défendre ou à poursuivre les accusés et à plaider devant la cour. Depuis le XIIIe siècle, les Inns of Court contrôlent sévèrement l'admission au barreau anglais et ceux qui souhaitent devenir Barrister doivent encore de nos jours étudier à l'une des quatre Inns of Court. Le système en place s'apparente en fait à une sorte de patronage dans la mesure où il est difficile de devenir Barrister sans un réseau de bons contacts. Ces institutions vénérables et traditionalistes sont construites autour d'une cour centrale, sur le modèle des collèges d'Oxford et de Cambridge.

Les Inns of Court constituent un ensemble de passages, de cours et de pelouses au charme indéniable. Lincoln's Inn (ouverte du lundi au vendredi de 9h à 18h) est la plus ancienne des Inns of Court et certainement la plus belle avec sa Tudor gatehouse et sa chapelle datant de 1623.

De toutes les Inns of Court, Lincoln's Inn est celle qui a été la moins touchée par les bombardements de la Seconde Guerre mondiale. Des personnages célèbres comme Thomas More, Oliver Cromwell et Margaret Thatcher y ont étudié. Lincoln's Inn Field, le plus grand square de Londres, fut édifié en 1640.

Édifices religieux

■ **SAINT-MARY-LE-STRAND. The Strand, WC2.** *Ouvert du lundi au vendredi de 11h à 16h.* Jolie petite église de style baroque datant de 1724, signée par l'architecte James Gibbs.

■ **TEMPLE CHURCH.** *Ouvert du mercredi au vendredi de 11h à 16h, de 11h à 14h30 le samedi et de 12h45 à 14h45 le dimanche.* Située près de Inner Temple et de Middle temple cette église a été construite en 1185 par les Templiers, rénovée en 1682 par Christopher Wren et endommagée par les bombardements de la Seconde Guerre mondiale. L'église circulaire d'origine est cependant toujours là.

Musées

■ **SOMERSET HOUSE. The Strand, WC2 – www.somerset-house.org.uk – Tube : Temple (fermé le dimanche), Covent Garden, Charing Cross ou Enbankment.** *Ouvert tous les jours de 10h à 18h.* L'actuelle Somerset House (un élégant bâtiment à quatre ailes avec une cour intérieure) a été édifiée en 1776 par William Chambers. Mais avant cela Somerset House a été, au gré des modifications architecturales, un palais Tudor puis le premier palais Renaissance d'Angleterre. Il fut un temps un palais royal (James Ier y organisait des bals masqués ; plus tard la reine Henrietta Maria y avait sa cour). Avant que Victoria Embankment ne soit construit, on pouvait accéder à Somerset House par bateau. Une très intéressante exposition à King's Barge House (entrée du côté de la grande arche) retrace l'évolution de Somerset House à travers les siècles et montre une de ces barques qui permettaient de naviguer sur la Tamise et d'accoster à Somerset House. Aujourd'hui Somerset House abrite d'intéressantes collections d'art : la collection permanente de pré et post impressionnistes du Courtauld Institute, les objets décoratifs en or et argent de la Gilbert Collection et les œuvres d'art russe des Hermitage Rooms. Des concerts ont également lieu dans la cour intérieure.

■ **INSTITUT COURTAULD. Somerset House, the Strand, WC2** ✆ **020 7848 2526 – www. courtauld.ac.uk** – *Ouvert tous les jours de 10h à 18h (Fermé les 25 et 26 décembre). Entrée : £ 5, gratuit le lundi de 12h à 14h.* Cette galerie, moins connue et par conséquent moins encombrée que les grands musées, vaut vraiment le détour. Elle est située à l'intérieur de la Somerset House, à droite quand vous entrez. Des œuvres des plus grands maîtres, principalement impressionnistes et post-impressionnistes, y sont exposées. La collection compte des Monet, Manet, Matisse, Gauguin, Van Gogh, Cézanne, Rubens, Boticelli, Toulouse-Lautrec…

■ **SIR JOHN SOANE MUSEUM. 13 Lincoln's Inn Fields** ✆ **020 7405 2107 – www.soane. org – Tube : Holborn.** *Ouvert du mardi au samedi, de 10h à 17h (entrée gratuite) ainsi que le premier mardi de chaque mois de 18h à 21h. Certaines parties du musée sont alors éclairées à la bougie. Visite guidée chaque samedi à 14h30 (£ 3).* Sir John Soane (1753-1837) fut l'architecte de la Bank of England. Mais il était aussi un passionné d'art et d'antiquités qu'il entreposait dans sa maison. Le musée abrite sa collection, acquise entre 1780 à sa mort. Celle-ci comprend aussi bien des antiquités égyptiennes ou médiévales que des peintures de Turner ou encore The Rake's Progress (la carrière du roué), une série de caricatures de William Hogarth sur les bas-fonds londoniens à la fin du XVIIIe siècle. Une véritable caverne d'Ali Baba pleine de surprises…

Clerkenwell

▶ **Principale station de métro : Farringdon.** Clerkenwell doit son nom aux moines qui venaient s'y approvisionner en eau (Clerk's Well, le puits des clercs). Clerkenwell était réputé pour la qualité de ses eaux et, au XVIIe siècle, le village devint une cure thermale à la mode.

Parce qu'il était jadis situé à l'extérieur de l'enceinte de la ville, et donc moins surveillé par la police, le quartier de Clerkenwell Green a toujours été le foyer de mouvements révolutionnaires. Durant la Révolte des paysans de 1381, c'est ici que Wat Tyler et les insurgés se réunirent afin de présenter leurs revendications au roi Richard II. Mais Wat Tyler fut assassiné par le Lord Mayor et la révolte fut matée. C'est ici également, dans la taverne Bull's Head de Jerusalem Passage, où se réunissaient les jacobins anglais, qu'est née la Glorieuse Révolution de 1688 qui porta le Hollandais Guillaume d'Orange sur le trône anglais. Au cours du XIXe siècle, d'immenses meetings populaires eurent lieu à Clerkenwell Green : plus de 100 000 personnes se réunirent à Spa Fields en 1816. En 1838, c'est à Clerkenwell que revinrent les premiers martyrs de Tolpuddle (ceux-ci avaient participé à une révolte paysanne en Angleterre en 1830 et avaient été déportés), après avoir purgé leurs peines dans les bagnes d'Australie. Garibaldi y rencontra la communauté italienne en 1864. C'est encore dans ce quartier que se réunissait l'Internationale prolétaire, sous l'égide de Karl Marx. Et Lénine habita le quartier au début du XXe siècle. On peut visiter son bureau à la Marx Memorial Library.

Au XIXe siècle la population de Clerkenwell tripla, en partie à cause de l'immigration irlandaise et italienne et surtout grâce à la révolution industrielle durant laquelle brasseries et distilleries s'installèrent dans le quartier.

Mais les eaux furent alors infectées par le choléra et Clerkenwell devint un quartier insalubre dont la mauvaise réputation n'avait alors rien à envier à l'East End.

Longtemps délaissé par les promoteurs, Clerkenwell connaît aujourd'hui les joies de la rénovation et est devenu un des lieux à la mode. Artistes et personnalités du spectacle s'y installent, donnant une nouvelle vitalité au quartier. Il ne faut pas se fier à l'aspect un peu désolé des rues désertes à la nuit tombée, cet ancien quartier industriel est en pleine mutation. De nombreux entrepôts ont été transformés en ateliers de création, de plus en plus de bars et restaurants branchés ouvrent et même de grands journaux (*The Guardian, The Observer*) ont désormais leur siège autour de Farringdon Road.

Balades

■ **LITTLE ITALY.** Il n'y a plus tellement d'Italiens dans cette petite enclave entre Clerkenwell Road, Rosebery Avenue et Farringdon Road, mais à une époque artisans, musiciens, restaurateurs et réfugiés politiques italiens y avaient élu domicile. Les premiers immigrés italiens arrivèrent à Clerkenwell au XIXe siècle et c'est entre les-deux-guerres mondiales qu'ils étaient le plus nombreux (environ 10 000).

■ **EXMOUTH MARKET.** Quelques stands tiennent encore debout dans cette petite rue piétonnière, mais ce sont surtout les bars et restaurants branchés qui ont désormais pris le dessus.

Sites et monuments

■ **CHARTERHOUSE.** A l'origine Charterhouse était un monastère (fondé en 1371) mais il n'en reste presque rien. Le bâtiment que l'on peut voir désormais est une demeure construite à l'époque Tudor. Charterhouse est le plus souvent associée à une célèbre école privée, bien que celle-ci ait déménagé dans le Surrey depuis 1872. Visites guidées seulement.

■ **SAINT JOHN'S GATE.** La porte médiévale est tout ce qu'il subsiste du prieuré Saint John, établi par les chevaliers de Saint-Jean-de-Jérusalem. Fondé à Jérusalem avant la première croisade, l'ordre des Hospitaliers de Saint-Jean devint un ordre religieux indépendant en 1113. La mission des chevaliers de Saint-Jean, comme celle des Templiers, était de défendre la Terre sainte. Lorsque le dernier territoire chrétien fut perdu, en 1291, les chevaliers s'installèrent à Chypre, puis à Rhodes, où ils régnèrent jusqu'en 1522. En 1530, ils conquièrent Malte où ils demeurèrent jusqu'à ce que Napoléon les chasse en 1798. L'ordre obtint alors la permission d'établir son prieuré dans la City of London, et reçut de vastes propriétés dans ce qui était alors la banlieue de Clerkenwell. Le premier prieuré de Saint-Jean fut détruit au cours de la révolte paysanne de 1381. Puis Henry VIII supprima l'ordre. L'édifice actuel de Saint John's Gate date de 1504. Il a successivement accueilli le maître des Réjouissances d'Elisabeth Ire, les bureaux du *Gentleman's Magazine* au XVIIIe siècle, et le pub Old Jerusalem Tavern. Pour l'anecdote, il abrita même au XVIIIe siècle un café tenu par le père de William Hogarth (le fameux peintre) où l'on parlait latin.

L'ordre fut rétabli en Grande-Bretagne par des chevaliers français en 1831, et reçut en 1888 une charte royale qui en fit un ordre royal britannique de chevalerie. Celui-ci gère toujours le service ambulancier Saint-John.

Il y a un petit musée qui possède de belles œuvres d'art ainsi que divers objets se rapportant à l'ordre – c'est la plus importante collection du genre après celle de Malte. Il existe également un musée consacré au service ambulancier et à l'hôpital.

■ **MARX MEMORIAL LIBRARY. 37a, Clerkenwell Green, EC1** ✆ **020-7253 1485 – www.marx memoriallibrary.sageweb.co.uk – Tube : Farringdon.** *Ouvert aux visiteurs du lundi au jeudi de 13h à 14h.* Témoin du passé radical du quartier. Lénine a eu un bureau ici de 1902 à 1903 d'où il publia 17 éditions du journal bolchevique Iskra. Ce bureau a été maintenu tel qu'il était à l'époque et est encore visité.

La bibliothèque elle-même fut ouverte en 1933 pour le 50e anniversaire de la mort de Karl Marx. Elle rassemble une belle collection d'ouvrages sur l'histoire du marxisme, du socialisme et des mouvements sociaux. Vous pouvez jeter un coup d'œil mais pour utiliser la bibliothèque et emprunter ses livres, vous devrez en devenir membre (£ 9 pour un an).

City

▶ **Principales stations de métro : Monument, Bank, Saint Paul's, Barbican, Tower Hill, Aldgate, Liverpool Street.** La City est le lieu où Londres a commencé. C'est là que les Romains établirent une ville fortifiée il y a 2 000 ans. La City s'étend de Smithfield et Barbican au nord, jusqu'aux rives de la Tamise au sud et de Temple à l'ouest jusqu'à la Tour de Londres à l'est. Jusqu'au XVIIIe siècle, la City était Londres. Les autres quartiers périphériques n'étant que des villages ou des petites villes voisines. Alors que la ville se développait, la City en resta longtemps le centre. Mais elle perdit peu à peu ce statut au fur et à mesure que l'ouest londonien s'est développé.

Bien que la City ait été presque entièrement détruite par le Grand Incendie de 1666, il reste encore quelques précieux vestiges de l'époque romaine et de l'époque médiévale.

Le quartier est aujourd'hui une sorte de fouillis architectural mélangeant sites historiques, reconstructions d'après-guerre (le Barbican Centre en est l'illustration la plus parlante) et tours modernes abritant des banques d'affaires.

C'est d'ailleurs surtout comme grand centre financier que la City est connue de nos jours. C'est là que se trouvent la Banque d'Angleterre qui contrôle les finances du pays et le Stock Exchange qui fait et détruit des fortunes tous les jours.

La City accueille chaque jour de la semaine plus de 300 000 travailleurs (alors qu'elle ne compte qu'environ 8 000 habitants). Le week-end, lorsque les banques et les bureaux sont fermés, le quartier prend des allures de ville fantôme.

Même si vous avez en horreur la Bourse et les yuppies, n'hésitez pas à passer par la City qui renferme des trésors historiques à ne pas manquer (cathédrale Saint-Paul, Tour de Londres, etc.).

Sites et monuments

■ **BARBICAN CENTRE. Barbican Centre. Silk Street, EC2** ✆ **020-7382 7000 – www.barbican. org.uk – Tube : Barbican.** Le Barbican est un ensemble résidentiel construit dans les années 1970 sur un site complètement détruit par les bombardements de la Seconde Guerre mondiale. Il abrite également un centre culturel très actif : cinéma, théâtre, salles de concert, expositions, etc. L'architecture brutale du Barbican (immenses tours de béton) ne plaira cependant pas à tout le monde…

■ **GUILDHALL. Aldermanbury, EC2** ✆ **020-7606 3030 – Tube : Bank.** *Ouvert du lundi au samedi de 10h à 17h.* Le premier Guildhall fut bâti au XVe siècle et son porche d'origine a été conservé jusqu'à nos jours. La façade, construite en 1789, est une curieuse variation sur l'utilisation d'éléments architecturaux issus de l'époque des bâtisseurs de cathédrales. Le Guildhall est, depuis plusieurs siècles, à la fois le Parlement et l'hôtel de ville de la Cité (The City of London Corporation). Les sheriffs de Londres sont encore élus chaque année au cours d'une antique cérémonie florale, destinée à conjurer les risques de peste. Bien que modestement dissimulé au fond d'une cour, ce bâtiment était au Moyen Age le siège d'un pouvoir énorme, détenu par les diverses corporations de Londres, sur tout ce qui concernait le commerce. A l'intérieur, on découvrira les statues de Wellington, de Nelson et de plusieurs illustres Premiers ministres anglais. La crypte date du XVe siècle, mais on peut rarement la visiter.

The Guildhall abrite également le Clock Museum, le plus vieux musée d'horlogerie du monde. Celui-ci possède une collection commencée par les membres d'une corporation d'horlogers en 1631. Parmi les pièces remarquables, la montre en forme de crâne de Mary Queen of Scots, et une montre astronomique qui aurait appartenu à Isaac Newton.

■ **MONUMENT. Monument Street, EC3** ✆ **020-7626 2717 – Tube : Monument.** *Ouvert tous les jours de 9h30 à 17h. Entrée : adultes : £ 2 ; moins de 15 ans : £ 1.* Un monument qui s'appelle simplement « Monument » – quoi de plus naturel ? Ceux qui n'ont pas eu le courage de gravir les marches menant à la coupole de Saint-Paul auront une seconde chance de voir Londres, du sommet du Monument. Un monument, certes, mais en quel honneur ? Il commémore le grand incendie de Londres de 1666, qui commença à deux pas d'ici, chez un boulanger de Pudding Lane. Ce matin-là, le délicat lord Mayor de Londres n'était pas trop inquiet : « La pisse d'une femme pourrait l'éteindre », aurait-il déclaré. Quatre jours plus tard, l'incendie avait dévasté 174,4 hectares, détruisant 13 000 maisons et 89 églises. Le centre de Londres était anéanti, ce qui mit fin du même coup à la peste qui ravageait la ville depuis 1665. Christopher Wren, qui reconstruisit la plupart des grands sites brûlés, éleva une colonne de 60,6 m de haut : c'est la distance qui séparait le Monument de la malheureuse boulangerie. Du sommet de ses 311 marches, vous pourrez voir la Tamise et Tower Bridge et le HMS Belfast.

■ **THE OLD BAILEY. Old Bailey, EC4** ✆ **020-7248 3277 – Tube : Saint Paul's.** *Ouvert du lundi au vendredi de 10h30 à 13h et de 14h à 16h.* C'est la plus célèbre cour d'assises du pays où ont lieu les plus grands procès. The Old Bailey a été construit sur l'emplacement de l'ancienne prison de Newgate, qui fut l'une des plus terribles de son temps. Sur le toit, une épée dans une main et une balance dans l'autre, l'allégorique statue de la Justice regarde en direction de la place de Grève, où avaient lieu jadis les exécutions. Si de grands procès médiatisés se déroulent pendant votre séjour, il faudra faire la queue à l'avance, tout comme autrefois quand les foules venaient assister aux exécutions.

■ **TOWER BRIDGE. EC1** ✆ **020-7403 3761 – www.towerbridge.org.uk – Tube : Tower Hill.** *Passerelle et musée ouverts tous les jours de 9h30 à 18h. Entrée pour le musée : adulte : £ 5,50 ; étudiant : £ 4,25 ; enfants de moins de 16 ans : £ 3.* Ce pont, le plus spectaculaire de la Tamise, symbolise Londres à tel point que certains le confondent avec le London Bridge. Construit en 1894, le Tower Bridge est équipé d'un système d'ouverture à bascule révolutionnaire pour l'époque. Il peut en l'espace de quelques minutes laisser passer les grands bateaux. Les tours gothiques ne sont pas uniquement décoratives : elles abritent la machinerie à vapeur, datant de l'ère victorienne, qui actionnait le pont basculant (depuis 1976, c'est un moteur électrique qui le remplace). Les Anglais adorent raconter l'histoire de ce milliardaire américain qui voulait acheter le London Bridge pour l'installer dans son parc d'attractions en Arizona. Comme aucune de ses lettres ne mentionnaient jamais le véritable nom du Tower Bridge, les négociations se déroulèrent sans qu'il s'aperçoive de sa méprise. On peut imaginer sa déception quand les premières pierres arrivèrent aux Etats-Unis. Il avait effectivement acheté le London Bridge, un pont tout à fait ordinaire du XIXe siècle !

Le vrai Tower Bridge est donc toujours en place et s'ouvre encore régulièrement, surtout en été. On peut en visiter la salle de contrôle sur la rive sud du fleuve. Pour ceux que ça intéresse, la Tower Bridge Exhibition vous apprendra tous les détails de l'histoire et du mécanisme du pont. Vous aurez également accès à l'impressionnant moteur à vapeur qui actionnait son ouverture. Le musée présente également un autre intérêt : en montant sur la passerelle supérieure, vous aurez une vue magnifique sur la Tamise et ses rives.

■ **TOWER OF LONDON. Tower Hill, EC1** ✆ **0870-7566060 – Tube : Tower Hill.** *Ouvert de mars à octobre, du mardi au samedi de 9h à 17h et les dimanche et lundi de 10h à 17h ; de novembre à février du mardi au samedi de 9h à 16h et les dimanche et lundi de 10h à 16h. Dernière admission une heure avant la fermeture. Entrée : adultes £ 13,50 ; étudiants : £ 10, enfants de moins de 15 ans : £ 9.* C'est l'un des monuments les plus populaires de Londres (environ 2 millions de visiteurs chaque année). La Tour de Londres évoque l'histoire sinistre et sanglante du passé britannique. Elle fut construite au XIe siècle par Guillaume le Conquérant pour assurer la sécurité de la capitale, mais surtout afin d'imposer le respect au peuple anglais. Le palais d'origine, construit en bois, ne résista pas au temps, contrairement à la White Tower (tour Blanche), bâtie en 1077, qui servit jusqu'au XVIIe siècle de résidence royale et de forteresse.

Entourée d'un fossé de 3,60 m de large, d'une enceinte impénétrable commandée par 12 tours et d'une barbacane qui protégeaient les ponts-levis, la tour était une prison idéale. Elle en a d'ailleurs largement donné la preuve. Les bourreaux ne chômèrent pas lors de la guerre des Deux-Roses, ni sous le règne d'Henry VIII, dont deux des six femmes furent décapitées ici.

Cette forteresse médiévale est composée de tours et de bâtiments datant de siècles différents. La plus ancienne, la tour Blanche, héberge les collections d'armes et d'armures, dont une salle spécialisée dans les armures de tournoi. La chapelle de Saint-John, au deuxième étage, est la plus vieille église de Londres (environ 1080).

La Bloody Tower (tour Sanglante) hérita de ce nom après que les deux fils d'Edouard IV, âgés de 10 et 13 ans, y disparurent en 1483. Ceux-ci auraient été assassinés sur ordre de leur oncle, Richard de Gloucester (qui devint par la suite le Richard III immortalisé par Shakespeare) pour empêcher qu'ils puissent un jour prétendre au trône. En bas de Saint Thomas'Tower, la fameuse Traitors'Gate (porte des Traîtres) donne sur la Tamise. Les prisonniers y entraient pour ne plus jamais en sortir. Beauchamp Tower, souvent utilisée comme prison, garde encore sur ses murs les graffitis des détenus. La Tower est toujours gardée par les Yeomen Warders, connus aussi sous le nom de Beefeaters, qui portent encore l'uniforme bleu de l'époque Tudor. Lors des commémorations, ils endossent un costume similaire, mais écarlate, très prisé des touristes.

La tour ne sert plus de prison depuis un siècle, bien que le nazi Rudolf Hess ait été incarcéré dans la Gaoler's House (la maison du Geôlier) en mai 1941. L'endroit reste cependant une forteresse pour les inestimables Crown Jewels (Joyaux de la Couronne).

La plupart des anciens bijoux furent fondus ou vendus par Cromwell. Les pièces les plus anciennes de la collection ne datent donc que de la Restauration. L'« Imperial State Crown », fabriquée en 1838 pour la reine Victoria, ne contient pas moins de 3 000 pierres précieuses, dont un énorme rubis porté par Henry V à la bataille d'Azincourt. La couronne de la reine mère est ornée du fabuleux diamant Kohinoor (109 carats) et le « Royal Sceptre » est surmonté du plus gros diamant jamais taillé au monde (516,5 carats). On dit que ce diamant fut envoyé en Angleterre par la poste, car c'était le meilleur moyen de ne pas attirer l'attention…

▶ **Chaque jour à la Tour de Londres a lieu la cérémonie des Clés.** Depuis 700 ans, le rituel n'a pas changé. A 21h50 pile, le Chief Yeoman Warder en grande tenue, un bougeoir dans une main et les clés de la Tour dans l'autre, se rend à la Traitors Gate où l'attend une escorte de gardes. L'un d'eux tient le bougeoir pendant que le Chief ferme le portail. Ils procèdent ainsi au portail de chaque tour. Enfin ils se dirigent vers la Bloody Tower où le gardien crie :

« Qui va là ? » – « Les clés. »

« Quelles clés ? » – « Les clés de la reine Elisabeth. »

On leur octroie alors le droit de passer. Quand la garde principale le salue, le Chief répond « God Save the Queen ». Il dépose ensuite les clés à la Queen's House pendant qu'on sonne la retraite. Ce spectacle suranné n'est pas sans évoquer une pièce de Shakespeare, dont la représentation aurait lieu en plein air et afficherait complet depuis pas mal d'années. Pour assister à la cérémonie des clés (c'est gratuit), il faut écrire bien à l'avance au Resident Governor, Queen's House, HM Tower of London, EC3N 4AB, en précisant votre nom, la date souhaitée et le nombre de personnes (pas plus de 7). Joignez une enveloppe timbrée ou un coupon international de réponse. Les Beefeaters organisent des visites guidées gratuites toutes les demi-heures : point de départ Byward Tower. La relève de la garde a lieu à 11h30 tous les jours de mai à septembre, et tous les deux jours le reste de l'année.

Édifices religieux

■ **ALL HALLOWS-BY-THE-TOWER. Byward St, EC3** ✆ **020-7481 2928 – Tube : Tower Hill.** *Ouvert du lundi au vendredi de 9h à 17h45 et le samedi et dimanche de 10h à 17h. Entrée gratuite.* Cette jolie église est la seule à Londres qui porte encore des traces d'architecture saxonne. C'est de là que Samuel Pepy a observé la progression du Grand Incendie qu'il a relatée dans son Journal. Mais si elle a résisté aux flammes, All Hallows-by-the-Tower a été très endommagée par les bombardements du Blitz et dut être reconstruite. Cependant la tour en brique, les murs extérieurs et le porche saxons sont toujours debout.

■ **BEVIS MARKS SYNAGOGUE. Bevis Marks** ✆ **020-7626 1274 – Tube : Aldgate.** *Ouvert du lundi au mercredi 11h à 13h, vendredi de 11h à 13h et dimanche de 10h30 à 12h30. Visites guidées sur rendez-vous (£ 2).* Il s'agit de la plus vieille synagogue de Grande-Bretagne : elle fut construite en 1701 par des Juifs espagnols et portugais ayant fui l'Inquisition. L'existence d'une population juive à Londres remonte cependant à beaucoup plus tôt dans l'histoire. Les Juifs, venus de France avec Guillaume le Conquérant en 1066, furent expulsés par Edouard Ier en 1278. Les Juifs espagnols et portugais, fuyant l'Inquisition, commencèrent à s'établir en Grande-Bretagne à partir de 1540, mais cachèrent leur foi jusqu'en 1656 quand Oliver Cromwell autorisa la pratique du culte juif. Les réticences envers les juifs demeurant cependant encore très fortes à l'époque, la synagogue fut édifiée au fond d'une cour de façon à ne pas être visible depuis la rue principale.

Elle fut disposée sur le modèle de la synagogue d'Amsterdam (où de nombreux Juifs espagnols et portugais s'étaient réfugiés initialement) mais l'architecture est inspirée du style Christopher Wren. De nos jours, 40 mariages par an y sont encore célébrés.

■ **SAINT-BARTHOLOMEW-THE-GREAT. Smithfield, EC1** ✆ **020-7606 5171 – Tube : Farringdon ou Barbican.** *Ouvert de 8h30 à 16h00 du mardi au vendredi, de 10h30 à 13h le samedi et le dimanche, pour les offices, de 8h30 à 13h et de 14h30 à 20h.* Au fond d'une petite ruelle se cache la plus vieille église de Londres. Bien qu'elle ait été coupée en deux lors de la Dissolution et « restaurée » à l'époque victorienne, Saint-Bartholomew est toujours la plus belle église de l'époque normande. Edifiée en 1123, elle est dédiée à un saint qui périt écorché vivant. Justice poétique, l'église est proche du plus vieil hôpital de Londres qui porte le même nom, Saint Bartholomew's Hospital, également connu sous le nom de Saint Bart's. Au sommet de sa gloire, au XIVe siècle, Saint-Bartholomew était plus vaste que certaines cathédrales (notamment celles de Bristol ou de Chester). Bien qu'elle ait été considérablement modifiée, reconstruite, amputée et agrandie, elle reste l'une des églises les plus belles et les plus évocatrices de Londres. Pour y entrer, on doit traverser une enceinte à colombages : c'est la façade d'origine. Pour l'anecdote, sachez que certaines scènes des films *Shakespeare in Love* et *Quatre mariages et un enterrement* ont été tournées à Saint-Bartholomew-the-Great.

■ **SAINT PAUL'S CATHEDRAL. City, EC4** ✆ **020-7236 4128 – www.stpauls.co.uk – Tube : Saint Paul's.** *Ouvert du lundi au samedi de 8h30 à 16h. Entrée : adulte £ 7, moins de 16 ans : £ 3.* Chef-d'œuvre de l'architecte sir Christopher Wren, la cathédrale Saint-Paul s'élève majestueusement au-dessus du désordre architectural de la City. C'est la cinquième cathédrale bâtie sur ce site, après que la précédente eut été ravagée par les flammes lors du Grand Incendie de Londres en 1666. Commencée en 1675, sa construction fut achevée en 1710, alors que l'architecte avait près de 80 ans. Les deux premiers plans proposés par Christopher Wren furent refusés. Ce n'est que le troisième dessin qui reçut finalement l'approbation du clergé et du roi. Mais, au fur et à mesure que la construction avançait, Wren reçut l'autorisation d'y apporter quelques modifications. L'architecte, prudent, dressa également des échafaudages tout autour des travaux afin que personne ne puisse voir.

Le plan de base, en forme de croix, est celui d'une cathédrale gothique, mais l'architecture s'inspire de la Renaissance italienne et du baroque. Sa magnifique coupole, la première construite dans la capitale, et dont les parois intérieures sont ornées de huit fresques retraçant la vie de saint Paul, domine encore l'horizon londonien. On peut y monter par un escalier interminable conduisant aux galeries.

▶ **La « Whispering Gallery » (galerie des Murmures)** est la plus populaire car, malgré ses 34 mètres de large, on peut y coller l'oreille contre son mur et entendre les mots chuchotés de l'autre côté. Il vous faudra grimper près de 400 marches pour atteindre la « Stone Gallery », mais la vue à 360° sur Londres en vaut la peine !

▶ **La crypte,** aussi vaste que la surface au sol de la cathédrale, recèle les tombes de plusieurs grands personnages de l'histoire britannique. Wellington y est hébergé, ainsi que Nelson, dont la tombe est ornée d'une seule couronne sculptée dans le bois du mât de L'Orient, vaisseau français détruit à la bataille d'Aboukir.

▶ **Dans le « Coin des Peintres »** se trouvent les tombes de Turner, Reynolds et Lawrence, ainsi que des monuments dédiés à Constable, Van Dyck et William Blake. Sir Christopher Wren lui-même repose dans cette crypte. L'épitaphe sur sa tombe sont les mots prononcés par le fils de l'architecte lorsque, à sa mort, on se demandait s'il fallait ériger un monument à sa gloire : « Si vous cherchez un monument, regardez autour de vous. »

Musée

■ **MUSEUM OF LONDON. London Wall, EC2** ✆ **020-7600 3699 – www.museum-london.org. uk – Tube : Saint Paul's.** *Ouvert du lundi au samedi de 10h à 17h50 et le dimanche de 12h à 17h50. Entrée gratuite.* Musée qui retrace d'une façon très vivante l'histoire de Londres, de 250 000 avant J.-C. jusqu'à nos jours. Il s'agit du plus grand musée d'Histoire urbaine au monde. De la fenêtre, on a une impressionnante vue sur une partie des fortifications romaines qui entouraient autrefois la City (London Wall). Pour parvenir à ce musée, mieux vaut descendre à la station Saint Paul's. Il est un peu difficile à trouver, mais des panneaux à la sortie du métro vous indiquent le chemin. Prenez l'escalier le plus proche (c'est indiqué) jusqu'au premier étage.

Le Musée de Londres montre un quart de million d'années d'histoire de Londres et l'histoire de plus de sept millions des Londonniens. La collection présente plus d'un million d'objets présentés dans différentes galeries historiques : Londres avant Londres (avant la construction de la ville et la vie autour de la Tamise), le Londres romain, le Londres médiéval, Londres sous les Tudor et les Stuart (1485 - 1666), le XVIIIe siècle et la ville sous son aspect international (1789 - 1914). Vous pourrez aussi visiter des expositions temporaires de peinture ou de design.

Knighsbridge

▶ **Principale station de métro : Knightsbridge.** Il y a longtemps, Knightsbridge était un village connu pour sa population interlope et pour les nombreux duels qui s'y déroulaient. Son nom, qui signifie « pont des Chevaliers », fait référence à un grand duel qui opposa deux d'entre eux en plein milieu d'un pont. Au XVIIIe siècle, le village s'enrichit de maisons bourgeoises et fut rattaché à la ville. Le quartier n'est pas grand mais il comprend la plus grande densité de magasins chics après Mayfair, dont le prestigieux Harrods (Voir rubrique Shopping). Pour de nombreux touristes la seule raison est d'ailleurs la visite du célèbre grand magasin. Celui-ci reçoit environ 30 000 visiteurs par jour.

C'est dans Sloane Street, qui descend vers Chelsea, que se sont établies les boutiques de designer : Kenzo, Gucci, Armani, Prada, Christian Lacroix et l'étonnant magasin de Katherine Hamnett avec ses aquariums et sculptures exposés dans la vitrine. Quartier chic du shopping, Knightsbridge l'est également pour ses restaurants comme pour ses pubs B. C. B. G. autour de Walton Street. Là, les grands immeubles de brique rouge cèdent la place à des maisons particulières en stuc blanc, resplendissantes d'opulence.

Kensington

▶ **Principales stations de métro : High Street Kensington, Holland Park.** Le très respectable quartier de Kensington est bordé par Notting Hill Gate au nord, Cromwell Road au sud, Holland Park et Earl's Court Road à l'ouest et Kensington Gardens et Gloucester Road à l'est.

Quant au Royal Borough (arrondissement) de Kensington Palace, longtemps résidence principale de la famille royale avant Buckingham Palace et lieu de naissance de la reine Victoria, ses rues ont accueilli toutes les familles avides de proximité royale, comme en témoigne la Millionaire's Row (rue des Millionnaires) de Kensington Palace Gardens avec ses imposants hôtels particuliers de l'époque victorienne.

Le quartier se développa vers la fin du XVIIᵉ siècle autour de Kensington Square, où les courtisans de Guillaume III étaient venus s'installer. La Grande Exposition de 1851 donna encore plus de cachet au quartier. Aujourd'hui, Kensington est chic, cher et densément peuplé. On y vient essentiellement pour le shopping sur High Street Kensington ou pour prendre un bol d'air à Holland Park.

Balade

High Street Kensington, artère principale du quartier, est dominée d'un côté par l'église de style néogothique Saint-Mary-Abbots (construite par l'architecte George Gilbert Scott) et de l'autre par deux grands bâtiments Art déco (qui abritaient autrefois deux grands magasins, Derry et Tom & Barkers, disparus depuis longtemps). High Street Kensington est une longue rue commerçante où l'on peut trouver toutes les grandes chaînes de magasins. Plus tranquille, Kensington Church Street, avec ses petites boutiques et ses antiquaires élégants, contourne doucement Campden Hill avant de déboucher sur Notting Hill Gate. Derrière ces deux artères, le « village » de Kensington, Hillgate Village, s'étale sur une colline pleine de charme. C'est le domaine des petits cottages de couleurs pastel, des pubs aux façades fleuries et d'innombrables petits restaurants intimes.

Parc et square

■ **KENSINGTON SQUARE.** Derrière High Street Kensington se dissimule un des plus jolis et paisibles squares londoniens : Kensington Square. Edifié en 1685, il bénéficia de l'arrivée de la royauté à Kensington Palace. Le square devint alors une adresse à la mode pour les courtisans. Au XIXᵉ siècle les courtisans cédèrent leur place aux artistes et écrivains, comme en atteste le nombre de « blue plaques » (Voir encadré). Aujourd'hui Kensington Square est un havre de paix, idéal pour échapper à l'agitation de High Street Kensington.

■ **HOLLAND PARK.** Pas très grand, mais considéré comme l'un des plus beaux parcs de Londres, il était autrefois le jardin de Holland House (la maison de campagne d'un gentilhomme, construite en 1606) qui fut presque entièrement détruite pendant le Blitz. Seule une aile en a réchappé. Une partie de cette aile abrite aujourd'hui une auberge de jeunesse. Les jardins sont toujours très beaux et le nord du parc est une forêt. Vous y croiserez des lapins, des écureuils et des canards, mais surtout des paons. Holland Park s'est aussi permis quelques excentricités : des sculptures modernes éparpillées aux quatre coins du parc et Kyoto Garden, un petit jardin aménagé à la japonaise.

South Kensington

▶ **Principale station de métro : South Kensington.** South Ken (comme disent certains Londoniens) est un quartier chic et bourgeois qui a grandi autour de trois musées importants : le Victoria & Albert Museum, le Science Museum et le Natural History Museum.

C'est grâce à l'argent récolté lors de l'Exposition universelle de 1851 que le prince Albert (le mari de la reine Victoria) acheta des terres à South Kensington pour y établir musées et institutions. Malheureusement pour lui, il mourut de la typhoïde avant de voir son projet réalisé.

South Kensington, c'est aussi la plus grande concentration francophone de Londres, avec la présence du consulat français, du lycée Charles-de-Gaulle, de l'Institut français et du cinéma Lumière sans compter la librairie et les nombreux bistrots. Bref, on a parfois l'impression d'entendre plus parler français qu'anglais !

Au coin de Fulham Road et de Pelham Street se dresse le bâtiment Michelin, superbe architecture Art déco, où est aujourd'hui installé un grand restaurant.

Musées

■ **NATURAL HISTORY MUSEUM. Cromwell Road, South Kensington, SW7** ℭ **020-7942 5011 – www.nhm.ac.uk – Tube : South Kensington.** *Ouvert du lundi au samedi de 10h à 17h30, le dimanche de 11h à 17h30.* Le plus beau musée de Londres en terme d'architecture. Construit par Alfred Waterhouse entre 1873 et 1880, c'est un bel exemple d'architecture néogothique. Dans la première galerie, celle de la Vie, après avoir été accueillis par de charmants squelettes de dinosaures, vous aurez le choix entre le département des baleines, celui de l'histoire de l'évolution darwinienne, la découverte des mammifères... Le tout accompagné d'explications interactives originales.

Ne manquez pas la galerie de la Terre (Earth Gallery), qui contient notamment une magnifique collection de roches et pierres précieuses. Prenez ensuite l'escalator jusqu'à l'étage supérieur où vous seront expliqués les tremblements de terre et les différentes modifications de la surface de la Terre.

■ **SCIENCE MUSEUM. Exhibition Road, South Kensington, SW7** ℭ **0870 870 4771 – www. sciencemuseum.org.uk – Tube : South Kensington.** *Ouvert du lundi au dimanche de 10h à 18h.* Caché derrière une imposante et solennelle façade, le Science Museum est surtout connu pour ses expositions « grand public », toujours très appréciées des enfants. Réparti sur plusieurs étages, il célèbre intelligemment les innovations et les exploits de la science des deux derniers siècles.

Parmi les thèmes abordés : l'« Exploration », avec ses vaisseaux spatiaux et ses sous-marins, la section médicale qui reconstitue l'histoire de la médecine, la galerie aéronautique où sont exposés des modèles grandeur nature d'avions comme le Spitfire ou le Vicker's Vimy, qui a effectué la première traversée de l'Atlantique. C'est la science dans toute sa splendeur, rendue amusante et accessible à tous.

■ **VICTORIA & ALBERT MUSEUM. Cromwell Road, South Kensington, SW7** ℭ **020-7942 2000 – www.vam.ac.uk – Tube : South Kensington.** *Ouvert lundi, mardi et du jeudi au dimanche de 10h à 17h45 et le mercredi de 10h à 22h. Entrée gratuite.* Ce musée enchanteur abrite l'une des plus grandes collections d'art décoratif et de design du monde. Avec ses quelque 11 kilomètres de galeries pleines à craquer, il est en quelque sorte le grenier à souvenirs de l'Empire britannique.

La liste des différentes catégories d'objets conservés est à elle seule d'une longueur stupéfiante. On y trouve tout, depuis les plus anciens témoignages de l'art chinois jusqu'au modèle Nike de l'année. C'est ici que l'on pourra voir la plus grande collection de livres d'art de la planète, la plus grande collection d'art indien hors de l'Inde (merci la colonisation !), la meilleure collection de sculptures italiennes de la Renaissance hors de l'Italie – avec deux Donatello et deux pleins murs de Della Robbia – les plus belles laques japonaises hors du Japon, des moulages de plâtre de tous les chefs-d'œuvre de la sculpture, dont le *David* de Michel-Ange, des robes du XVIIe siècle, la collection nationale d'argenterie, la plus grande collection de tableaux de Constable... L'inventaire est inépuisable. Dans la nouvelle aile consacrée au XXe siècle, on expose même les plus récentes créations des stylistes.

Il y a deux sortes de galeries. La première, « Art et Design », regroupe différentes catégories d'objets – sculpture, ameublement, argenterie, bijoux – de même origine ou de même époque. La seconde, « Materials and Techniques », rassemble les objets par techniques artistiques – peintures européennes ou céramiques islamiques, par exemple.

Lors de sa création en 1852, le musée était consacré aux produits manufacturés ; il se transforma ensuite en musée des Arts décoratifs, auquel était rattachée une école de design qui devint par la suite le Royal College of Art. Puis, en 1857 et avec l'appui du prince Albert, le musée s'installa à South Kensington. Son premier directeur fut Henry Cole, qui a récemment donné son nom à une nouvelle aile. Au fur et à mesure des dépôts et des donations, les collections devinrent si imposantes – les cartons de Raphaël offerts par la reine, ou la collection complète de l'India Office – qu'elles dépassèrent rapidement les capacités du bâtiment d'origine. La reine Victoria posa la première pierre de l'actuel musée, rebaptisé Victoria and Albert. Les nouveaux édifices, construits par Aston Webb, furent achevés en 1909.

Notting Hill

▶ **Principales stations de métro : Notting Hill Gate, Ladbroke Grove.** Notting Hill est devenu beaucoup plus touristique depuis le film *Coup de foudre à Notting Hill* avec Hugh Grant et Julia Roberts. Mais oubliez la vision un peu trop carte postale anglaise que donnait le film et venez découvrir un quartier à la fois populaire, multiculturel et depuis quelques années de plus en plus chic et à la mode.

L'endroit, qui s'appelait autrefois Notting Dell, était à l'origine un quartier rural insalubre d'où partait un chemin conduisant à la ferme de Portobello. Ce chemin devint un marché important, et lorsque le quartier se développa, Portobello Road conserva ses étals et ses colporteurs. Des rues en forme de croissants de lune (crescents) furent tracées plus à l'ouest, le long desquelles s'élevèrent d'imposantes villas entourées de vastes jardins communs.

Notting Hill fut l'un des premiers quartiers à accueillir dans les années 1950 les immigrés originaires des Antilles britanniques. Les communautés portugaise, italienne et espagnole y sont également présentes. Depuis quelques années, certains coins de Notting Hill (plutôt au sud) se sont embourgeoisés et on ne compte plus les bars et restaurants à la mode assaillis par de jeunes professionnels (travaillant de préférence dans les médias).

L'intérêt principal du quartier reste Portobello Market (antiquités, fruits et légumes, fringues, etc.), qui attire beaucoup de monde le samedi. Jetez un coup d'œil à l'Electric cinéma, au numéro 195 sur Portobello road (Voir chapitre « Cinémas » de la rubrique « Sorties »).

Et bien sûr, si vous avez la chance d'être à Londres le dernier week-end d'août, ne manquez pas le Notting Hill Carnival, un énorme et populaire festival, originaire des Caraïbes, qui attire chaque année plus d'un million de personnes qui viennent voir défiler chars et costumes et faire la fête pendant trois jours.

Chelsea

▶ **Principale station de métro : Sloane Square.** Petit village de pêcheurs jusqu'au XVIᵉ siècle, Chelsea commença à se développer quand Thomas More s'y installa en 1520, bientôt suivi par Henry VIII. Mais c'est surtout dans les années 1960 que Chelsea devint internationalement connu. Le quartier devint le bastion du « Swinging London ». A cette époque, Chelsea était un quartier un peu bohème où habitaient de nombreux artistes, et King's Road était un des hauts lieux de la mode. Pendant les années punks, Chelsea a fait un retour sur les devants de la scène et les Sex Pistols y ont résidé. Aujourd'hui Chelsea est redevenu un quartier calme et ses belles demeures attirent les nantis.

Balades

Le centre névralgique du quartier est Sloane Square, où se trouve le Royal Court Theatre, qui fut l'une des locomotives des Swinging Sixties. De là part **King's Road** (le chemin du Roi) dont le tracé date de l'époque du règne de Charles II, lorsque ce dernier la fit construire afin de pouvoir se rendre au palais de Hampton Court. King's Road ne fut ouvert au public qu'en 1830. Au cours des années 1960 et 1970, King's Road regorgeait de boutiques, de salons de coiffure, de pubs et de cafés à la mode. Pour la première fois dans l'histoire, cette mode était créée par des membres jeunes et talentueux de la classe moyenne, ou même de la classe ouvrière. Tous les samedis, on assistait à un véritable défilé de mode, un happening où tous pouvaient parader. Les créations les plus excentriques naissaient de l'imagination fertile des étudiants du Slade College of Art ou du Royal College of Art du Victoria & Albert Museum, non loin de là, dans South Kensington. Mary Quant, créatrice de la fameuse minijupe, fut la première à installer une boutique dans ce lieu mythique des années 1960. Mais Chelsea évolua avec son temps. Les hippies puis les mouvements punks en prirent possession à leur tour, bientôt suivis par les yuppies et les BCBG branchés de l'époque thatchérienne dont il reste des traces encore aujourd'hui : boutiques luxueuses, magasins d'antiquités…

Non loin de King's Road, de petites rues tranquilles abritent des maisons d'artisans à présent très recherchées, et des pubs de quartier jadis fréquentés par Oscar Wilde, Dante Gabriel Rossetti, Thomas Carlyle, Turner, Bertrand Russel, George Eliot, Henry James, Jack London et, plus récemment, par Mick Jagger ou les Sex Pistols…

Aujourd'hui, King's Road, à trois exceptions près, est occupée par des chaînes de magasins qu'on retrouve partout en Grande-Bretagne et en Europe.

Seul le Royal Chelsea Hospital, bâti par Wren sous Charles II, demeure intact. C'est ici que sont logés les Chelsea Pensioners, ces militaires retraités qu'on peut voir déambuler dans le coin ou accoudés à un comptoir de pub. Le King's Road des Sixties est mort et le swinging Chelsea enterré… Les boutiques de décoration intérieure ont remplacé les magasins de mode avant-gardistes… bref Chelsea s'est embourgeoisé.

Face à Chelsea, de l'autre côté de la Tamise se dressent les quatre cheminées blanches de Battersea Power Station. Cette imposante centrale électrique, que les amateurs de Pink Floyd reconnaîtront (elle figurait sur la pochette d'un de leurs albums), fut construite par Giles Gilbert Scott en 1933 et fermée en 1983. Il reste à décider à quelles fins elle sera employée maintenant… Quant à Battersea Park, il longe la Tamise et est surtout connu pour sa pagode, édifiée en 1985 par des bouddhistes japonais.

Bayswater et Paddington

▸ **Principales stations de métro : Bayswater, Queensway, Lancaster Gate, Paddington.**
Situé au nord de Hyde Park, le quartier de Bayswater a commencé à se développer au début du
XIXe siècle, notamment avec la construction de la gare de Paddington (construite par Brunel en
1851). Bayswater est de nos jours un quartier essentiellement résidentiel avec ses nombreuses
maisons, squares et petits passages (mews). C'est aussi un endroit où l'on trouve beaucoup d'hôtels. Queensway, la rue principale de Bayswater, est très cosmopolite et accueille de nombreux
commerces et restaurants grecs, arabes, malais, iraniens, chinois (c'est d'ailleurs la plus grande
concentration de restaurants chinois après Chinatown). Le quartier voisin de Paddington est lui
beaucoup plus populaire, tandis que Edgware Road est essentiellement le quartier de la communauté arabe avec ses nombreux restaurants (notamment libanais) et ses boutiques où l'on peut
acheter produits alimentaires (boucheries halal), journaux ou vidéos arabes.

Saint John's Wood et Maida Vale

▸ **Principales stations de métro : Saint John's Wood, Maida Vale, Warwick Avenue.** Situé au
nord-ouest de Londres, Saint John's Wood est un quartier chic et résidentiel construit au XIXe siècle
par des promoteurs qui espéraient y attirer une clientèle riche (cela a très bien marché). C'est à
Saint John's Wood que se trouve Abbey Road, rue mythique située près du studio d'enregistrement
des Beatles.

Bien sûr vous n'échapperez pas aux fans prenant la pose sur le passage piétonnier comme les « Fab
Four » sur la célèbre pochette de disque… Paul McCartney habite toujours dans le quartier.

Maida Vale est délimité au sud par Regent's Canal, sur lequel se trouve le bassin de Little Venice. La
comparaison avec Venise est un peu exagérée, mais les canaux de Londres ont un charme indéniable,
à découvrir à pied ou en bateau. Vous pouvez emprunter Regent's Canal depuis Little Venice pour
remonter jusqu'à Camden Market, c'est une belle balade (et ça vous évitera de prendre le métro!).

Regent's Park et Primrose Hill

▸ **Principales stations de métro : Camden Town, Chalk Farm, Baker Street, Regent's Park,
Great Portland Street.** Certainement le plus élégant des parcs londoniens. C'est sous le règne du
Prince Régent (futur George IV) que le parc se développa. Celui-ci demanda à son architecte, John
Nash (qui construisit également le Pavillon de Brighton), de bâtir des rangées de maisons formant
terrasse, de style néoclassique.

Nash conçut également les édifices de Regent Street et les hôtels particuliers entourant Regent's
Park, afin d'attirer des personnes de qualité dans le quartier. L'immense projet de Nash pour le parc
ne fut jamais complètement réalisé, faute d'argent.

Beaucoup a quand même été accompli. Le parc abrite entre autres le London Zoo (fondé en 1826) et
un théâtre à ciel ouvert où sont données des représentations des pièces de Shakespeare (Open-Air
Theatre). A l'ouest du parc, on peut apercevoir à l'horizon la coupole et les minarets de la mosquée
centrale de Londres.

Primrose Hill, situé juste au nord de Regent's Park et un peu en hauteur, dispose d'une très belle
vue sur Londres. Ce quartier résidentiel chic a depuis longtemps attiré les personnalités du monde
littéraire et artistique (H. G. Wells, Ted Hughes, Sylvia Plath, Engels, etc.).

▸ **Orientation dans Regent's Park.** Regent's Park est immense et est entouré de plusieurs stations de métro, les unes dans le nord de Londres (Camden Town, Chalk Farm) et les autres plus
centrales (Baker Street, Regent's Park, Great Portland Street). A vous de choisir où vous voulez
vous rendre dans le parc (le London Zoo par exemple est au nord du parc ; les stations de métro les
plus proches sont donc Camden Town et Chalk Farm).

Hampstead

▸ **Principale station de métro : Hampstead.** Il est parfois difficile de croire qu'Hampstead fait
toujours partie de Londres tant l'endroit a conservé son aspect villageois. Entre les ruelles escarpées, les maisons style cottage et l'immense lande de verdure qu'est Hampstead Heath, c'est
un vrai bol d'air qui vous attend ! Au XVIIIe siècle Hampstead n'était qu'un village, réputé pour la
pureté de ses sources et il devint donc un lieu à la mode pour les cures thermales (le nom de la rue
piétonnière, Flask Walk, remonte d'ailleurs à cette époque : on y vendait des bouteilles d'eau de
Hampstead, aux vertus apparemment curatives).

Hampstead devint plus tard le lieu de prédilection des artistes et intellectuels (John Keats, Piet Mondrian, George Orwell, Sigmund Freud). De nos jours Hampstead accueille toujours de nombreuses personnalités du monde des arts ou des médias et fait partie de ces quartiers de Londres où les maisons atteignent des prix vertigineux. Mais à la différence des plus snobs Kensington ou Mayfair, Hampstead demeure un endroit chaleureux et pittoresque où il fait bon se promener.

Balade

L'artère principale de Hampstead, High Street, offre une multitude de choix entre chaînes de magasins, boutiques haut de gamme, cafés et restaurants. Et puis, promenez-vous au hasard des ruelles tortueuses, c'est le meilleur moyen de profiter de Hampstead…

Musées

▪ **FREUD MUSEUM. 20 Maresfield Gardens, NW3** ✆ **020 7435 2002 – www.freud.org. uk – Tube : Finchley Road.** *Ouvert du mercredi au dimanche de 12h à 17h. Entrée : adultes £ 5, étudiants £ 2, gratuit pour les enfants de moins de 12 ans.* Ce musée est situé dans la maison que Sigmund Freud occupa en 1938 après s'être enfui d'Autriche pour échapper aux nazis. Il y vécut 18 mois, jusqu'à sa mort en 1939. En ces lieux, Freud écrivit entre autres *Malaise dans la civilisation*. Sa fille Anna resta dans la maison jusqu'en 1986 et souhaitait que, à sa mort, celle-ci soit transformée en musée. C'est chose faite. La visite est centrée autour de la bibliothèque, avec les ouvrages utilisés par Freud et son bureau. Elle comprend une belle collection d'antiquités, soit plus de deux mille objets qui appartenaient au psychiatre. On peut bien sûr voir le célèbre canapé, recouvert d'une couverture iranienne. En effet, les Freud avaient emporté tous leurs meubles et toutes leurs affaires avec eux quand ils partirent à Londres et tentèrent de recréer exactement leur intérieur viennois.

▪ **KEATS'HOUSE. Wentworth place, Keats Grove, NW3** ✆ **020-7435 2062 – www.keats house.org.uk – Tube : Hampstead.** *Entrée : £ 3. Ouvert du lundi au dimanche de 12h à 17h (16h de novembre à mars).* En se promenant dans le délicieux quartier de Hampstead, qui vit toujours à l'heure de son passé littéraire, on peut pousser jusqu'à la maison du grand poète romantique John Keats (1795-1821), dont la vie fut aussi courte que l'œuvre fut riche. C'est ici qu'il a passé ses deux dernières années, rongé par la tuberculose et qu'il a écrit ses vers les plus célèbres. Sa maison est un monument dédié au bonheur (il y tomba amoureux de Fanny Brawne, « la fille d'à côté »), chanté dans *Ode to a Nightingale*. Vous trouverez ici une collection importante de manuscrits, de livres annotés, de lettres et d'autres souvenirs de la vie du poète, son lit, la bague de fiançailles que Fanny continua à porter jusqu'à sa mort… Pour les romantiques impénitents.

▪ **KENWOOD HOUSE. Hampstead Lane, NW3** ✆ **020-8348 1268 – Tube : Highgate.** *Ouvert d'avril à septembre tous les jours de 10h à 18h, en octobre de 10h à 17h et de novembre à mars de 10h à 16h. Entrée gratuite.* Lorsqu'on se promène sur Hampstead Heath, on aperçoit Kenwood House, énorme hôtel particulier datant du XVIIIe siècle et ayant appartenu au comte de Mansfield. En 1925, le dernier comte d'Iveagh la sauva des promoteurs immobiliers. Il mourut à peine deux ans plus tard, léguant aux Londoniens sa maison et tout ce qu'elle contenait : une collection d'œuvres d'art du XVIIIe siècle, en particulier des toiles de maîtres britanniques (Gainsborough, Reynolds, Turner, Romney…), quelques Rembrandt, dont l'un des fameux autoportraits, ainsi que des œuvres de Van Dyck, Vermeer, Guardi et Boucher. Kenwood House est également réputée pour les concerts de musique classique qui y ont lieu en plein air tous les étés.

▪ **HIGHGATE CEMETERY. Swain's Lane, N6** ✆ **020-8340 1834 – Tube : Highgate ou Archway.** *Le cimetière est divisé en deux parties. La partie est, est ouverte tous les jours de 10h à 17h d'avril à octobre et de 10h à 16h de novembre à mars. La partie ouest, elle, ne peut se voir que par visite guidée. Les visites ont lieu à 14h en semaine (sauf en décembre, janvier et février) et toutes les heures de 11h à 16h (15h en hiver) les week-ends. Prix : £ 3.* Tant que vous êtes à Hamstead, il serait dommage de ne pas pousser la promenade un peu plus au nord pour découvrir le magnifique cimetière victorien : Highgate Cemetery. Le plus célèbre et le plus beau des cimetières londoniens. C'est un peu l'équivalent du Père Lachaise à Paris, la tombe de Jim Morrison en moins et celle de Karl Marx en plus. La partie ouest du cimetière est la plus belle et la plus sauvage. L'endroit idéal pour une promenade romantique dans la nature, au milieu des tombes ornées et des anges de pierre. La partie est du cimetière est moins impressionnante mais vous pouvez vous y promener librement et c'est là que vous verrez la tombe de Karl Marx. Les cimetières publics à Londres datent de l'époque victorienne. Le premier fut établi à Kensal Green dans le nord-ouest de Londres en 1827. Highgate Cemetery ouvrit en 1839. Les cimetières publics prirent le relais des cimetières paroissiaux londoniens lorsque ces derniers, situés en plein cœur de la ville et pleins à craquer commencèrent à mettre en péril la santé des habitants.

Parcs et squares

Hampstead Heath, c'est la campagne au beau milieu de Londres ! Cet immense espace vert est aussi vaste que varié : parc, forêt ou encore colline verdoyante où les familles s'amusent en jouant au cerf-volant, Hampstead Heath c'est tout cela à la fois. Mais attention il est très facile de s'y perdre…

En été, la baignade est permise dans les trois étangs d'Hampstead Heat. L'un réservé aux hommes, l'autre aux femmes et le troisième est mixte. Les Londoniens apprécient beaucoup venir s'y relaxer entre amis, bronzer et faire quelques brasses (attention, il faut être relativement bon nageur). Un bon moyen d'oublier le stress de la ville !

Camden

▶ **Principale station de métro : Camden Town.** Du temps de la reine Victoria, Camden était un quartier pauvre et insalubre. Il a ensuite été au début du XXe siècle le refuge d'artistes, notamment avec le Camden Town Group créé en 1911 par Walter Sickert et auquel Lucien Freud et Frank Auerbach participèrent plus tard. Camden est de nos jours surtout connu pour son marché et ses pubs qui donnent leur chance à des groupes de rock encore inconnus. Vous y apercevrez peut-être aussi les derniers punks de Londres…

■ **MARCHÉ.** On trouve de tout à Camden Market, du pire au meilleur : cuir bon marché, bijoux de pacotille, chaussures démentes, fringues d'occasion, disques, livres, délicats objets d'artisanat, intéressante mode ethnique, etc. Jusque dans les années 1970 le marché ne couvrait que Inverness Street (un marché de fruits et légumes depuis le XIXe siècle). Camden Market s'étend maintenant de Camden High Street à Chalk Farm Road avec un joli marché couvert près de l'écluse.

Certains stands et boutiques restent ouverts en semaine mais c'est le week-end (particulièrement le dimanche) que le marché s'anime vraiment et qu'il attire le plus de visiteurs (100 000 visiteurs chaque week-end). Camden Market est presque un village à lui seul, où l'excentricité règne en maître…

Punks en quête d'un nouveau piercing, famille BCBG à la recherche d'un nouveau meuble antique original, jeunes gothiques à l'allure macabre se côtoient entre les étals. Dans cet immense bric à brac se vendent des objets venus des quatre coins du monde. Certains magasins à la décoration psychédélique et dont les vendeurs semblent tout droit sortis d'un film futuriste pourraient même appartenir à une autre planète (ne pas manquer le Dogstar sur Camden Lock). A la vue de certains vêtements dans les vitrines, vous vous demanderez « qui peut bien porter ça ? ». Mais un coup d'œil à la foule environnante vous rappellera qu'à Londres rien, ou presque, ne choque.

Pour s'échapper, rien de mieux qu'une balade le long de Regent's Canal. La partie la plus agréable se situe entre Camden et Little Venice (et passe par le zoo de Londres). Vous ferez peut-être la balade en péniche.

Musée et attractions

■ **THE JEWISH MUSEUM. 129, Albert Street, NW1** ✆ **020-7284 1997 – www.jewishmuseum. org.uk – Tube : Camden Town.** *Ouvert du lundi au jeudi de 10h à 16h et le dimanche de 10h à 17h. Entrée : adulte £ 3,50, enfants et étudiants £ 1,50.* Pour en apprendre plus sur l'histoire de la communauté juive de Grande-Bretagne et pour voir les trésors de la Grande Synagogue de Londres détruite par les bombardements allemands en 1941.

■ **LE ZOO DE LONDRES. Regent's park, NW1** ✆ **020 7722 3333 – www.londonzoo.co.uk – Tube : Camden Town/Baker Street.** *Bus 274 entre Camden et Baker Street via London zoo. Vous pouvez également vous rendre au zoo en empruntant l'une des péniches qui partent de Little Venice ou de Camden. Ouvert tous les jours sauf le 25 décembre, de 10h à 16h de novembre à mars et de 10h à 17h30 d'avril à octobre. Entrée : adulte : £ 13, enfant : £ 9,75, gratuit pour les enfants de moins de 3 ans. Comptez un minimum de 3h pour la visite.* Construit en 1828, le zoo de Londres est l'un des plus vieux zoos au monde. Il est situé au milieu de Regent's Park, ce qui lui offre un superbe cadre, et participe à un programme de recherche et de conservation des espèces. Ainsi, il abrite plus de cent espèces en voie de disparition.

Islington

▶ **Principales stations de métro : Highbury & Islington, Angel.** Le village d'Islington était l'une des retraites champêtres d'Henri VIII, qui venait y pratiquer le tir à l'arc. Les riches marchands de la capitale y bâtirent ensuite leurs résidences secondaires. En 1756, les artères de New Road, puis de Marylebone, Euston et Pentonville Road furent tracées jusqu'à Angel, un pub si célèbre qu'il donna son nom au quartier.

L'Irlandais Oliver Goldsmith, pamphlétaire, poète, romancier et dramaturge, contemporain de Voltaire et Diderot, s'installa à Canonbury House en 1762. A cette époque, Islington commençait déjà à perdre son aspect villageois. L'écrivain romantique Charles Lamb (1775-1834) vécut à Colebrook Cottage avec sa sœur Mary qui, malgré son déséquilibre mental – elle tua leur mère et blessa leur père lors d'une crise de folie – rédigea avec lui plusieurs ouvrages pour enfants. Leur maison se trouve au 64, Duncan Terrace, à l'angle de la station de tube Angel.

George Orwell (*La Ferme des animaux*, 1984) et Evelyn Waugh (*Retour à Brideshead, Officier et Gentleman, Scoop*) vécurent tous deux dans Canonbury Street. Depuis quelques années Islington est le lieu de prédilection d'une certaine bourgeoisie de gauche libérale. Tony Blair y vivait avant de devenir Premier ministre et de déménager au 10, Downing Street.

Tout le quartier de Islington (qui est immense) n'a cependant pas bénéficié de cet embourgeoisement et il reste l'un des boroughs les plus pauvres d'Angleterre. Upper Street et ses alentours reflètent quand même bien cette évolution « bobo » avec ses théâtres (les planches de l'Almeida ont accueilli, entre autres, Juliette Binoche, Ralph Fiennes, Kevin Spacey), ses cafés et restaurants proposant de la cuisine du monde entier. En somme, une bonne alternative au centre de Londres pour sortir le soir !

Balades

Vous serez sûr de trouver quelque chose à faire sur Upper Street (shopping, cafés, restaurants, etc.), la longue artère principale, qui traverse Islington de la station de métro Highbury & Islington à la station de métro Angel. Pour un peu plus de quiétude, un petit tour dans Camden Passage (à ne pas confondre avec Camden Market) s'impose : un charmant petit parcours de rues étroites où sont installés des magasins d'antiquités.

Parcs et squares

Contrairement au reste de Londres, les espaces verts ne sont pas légion à Islington. Il y a le minuscule Islington Green, non loin de Upper Street. Le plus grand espace vert de Islington est Highbury Fields. C'est là que plus de 200 000 personnes se réfugièrent en 1666 pour échapper au Grand Incendie de Londres. Le quartier résidentiel autour de Liverpool Road vaut le détour pour ses beaux squares géorgiens et victoriens (Cloudesley Square et Myddelton Square au style géorgien avec des églises à l'architecture néogothique, Milner Square au style victorien ou encore Lonsdale Square avec ses maisons au style Tudor).

King's Cross, Saint Pancras et Euston

▶ **Principales stations de métro : King's Cross, Euston, Euston Square.** Le quartier autour de King's Cross est un quartier un peu « chaud » (entre drogue et prostitution) et il faut reconnaître qu'une balade dans le coin n'a rien de spécialement agréable entre l'infernale circulation de voitures, une concentration de bâtiments modernes assez hideux et les travaux pour la construction de la nouvelle ligne Eurostar. Pourtant il serait extrêmement dommage de ne pas s'y arrêter pour visiter la plus belle gare de Londres : Saint Pancras qui domine sa rivale King's Cross. A quelques minutes de marche, la gare Euston ne présente pas de grand intérêt architectural (l'architecture néoclassique d'origine fut détruite dans les années 1960 en dépit de nombreuses protestations) mais Drummond Street, située derrière la gare, est truffée de restaurants indiens authentiques, simples et bon marché. La présence de tant de gares dans un périmètre aussi restreint s'explique par la féroce compétition à laquelle se livraient les différentes compagnies de train au XIXe siècle.

Musées

■ **BRITISH LIBRARY. 96, Euston Road, NW1** © **0870 444 1500.** *La bibliothèque est ouverte au public lundi, mercredi, jeudi et vendredi de 9h30 à 18h, le mardi de 9h30 à 20h, le samedi de 9h30 à 17h et dimanche et jours fériés de 11 à 17h. Entrée gratuite.* La British Library, qui se trouvait au sein du British Museum depuis 1850, a déménagé en 1998 dans ce tout nouveau bâtiment de brique rouge près de Saint Pancras. Son rôle est de recueillir chaque texte publié en Angleterre. Elle abrite également de nombreux autres livres et manuscrits historiques. Elle compte 325 km de rayonnages et pas moins de 12 millions de livres. L'occasion de voir des documents historiques comme la *Magna Carta* ou la *Bible* de Gutenberg ainsi que des documents littéraires comme les œuvres complètes de Shakespeare datant de 1623 ou encore la copie (écrite à la main et illustrée) d'*Alice au pays des merveilles* que Lewis Carroll donna à Alice Liddell, la petite fille qui lui inspira son plus célèbre livre. Les salles de lecture ne sont pas ouvertes au public (elles sont réservées aux chercheurs).

■ **LA GARE DE SAINT PANCRAS.** La plus belle et la plus majestueuse des gares londoniennes. Elle domine de son imposante architecture sa rivale King's Cross qui paraît bien austère et pathétique à côté. Il faut dire que l'un des enjeux de la construction de Saint Pancras était précisément de concurrencer King's Cross. Cependant, avec les énormes travaux de rénovation en cours pour accueillir l'Eurostar qui arrivera ici en 2007, la gare est recouverte de bâches et d'échafaudages et il est difficile d'en apprécier pleinement la beauté. Saint Pancras est l'un des plus bels exemples du Gothic Revival (néogothique), ce mouvement d'architecture du XIXᵉ siècle dont l'autre modèle flamboyant est le Parlement à Westminster. Avec ses tours qui se dressent vers le ciel comme des clochers, ses guichets qui ressemblent à des confessionnaux et ses fenêtres en forme de vitraux, Saint Pancras n'a rien d'une gare traditionnelle et anonyme. Il paraîtrait d'ailleurs qu'au début plusieurs passagers manquèrent leur train, pensant que le bâtiment devant lequel ils se trouvaient était une église et non une gare.

■ **LONDON NECROPOLIS STATION.** Au 121, Westminster Bridge se tenait une étrange station de train d'où ne partaient que des trains sans retour. La London Necropolis Station fut en effet construite en 1854 pour transporter les cadavres des victimes de la terrible épidémie de choléra qui toucha Londres (jusque 50 morts par jour) jusqu'au cimetière de Brookwood dans le Surrey. La London Necropolis Station d'origine fut détruite en 1900 pour permettre l'extension de la station de Waterloo.

South Bank et Southwark

▶ **Principales stations de métro : Waterloo, Blackfriars, Southwark.** South Bank, nom donné au quai qui court de Westminster Bridge à Blackfriars Bridge, doit sa renaissance au Festival of Britain en 1951 qui, pour redonner le moral à la population en ces temps difficiles d'après-guerre, fut organisé sur la rive sud de la Tamise, quartier de Londres alors complètement à l'abandon. Le succès du Festival of Britain donna ainsi naissance au South Bank Centre, un grand centre culturel très actif même si son architecture de béton un peu brutale ne peut vraiment séduire.

Attraction

■ **LONDON EYE** ✆ **0870 5000 600.** *Ouvert de 9h30 à 20h (22h pendant les mois d'été). Prix : adulte : £ 11,50 ; enfant de moins de 15 ans : £ 5,75. La file d'attente peut atteindre deux heures, il est donc conseillé de réserver à l'avance.* L'immense roue, située le long de la Tamise, derrière la gare de Waterloo est le British Airways London Eye. Construite en 1999 à l'occasion du Millenium (passage à l'an 2000), elle fut ouverte au public en février 2000. Elle transporte aujourd'hui environ 15 000 passagers par jour.

Les pièces de l'ouvrage, qui mesure 135 mètres de diamètre ont été assemblées dans différents pays d'Europe et amenée sur la Tamise par bateau. La roue compte 32 nacelles qui peuvent chacune contenir 25 passagers. Elle met 30 minutes pour faire un tour complet, qui vous laissera tout le temps d'admirer le paysage. Par temps clair, il est possible de voir à 40 kilomètres à la ronde. Un commentaire diffusé dans la nacelle vous aidera à identifier les différents bâtiments et sites que vous apercevez.

La roue devait normalement être démontée en 2005 mais, vu le succès qu'elle rencontre, il y a de grandes chances pour qu'elle reste encore longtemps.

Musées

■ **DALI UNIVERSE. County Hall, Riverside Building, SE1** ✆ **020 7620 2420 – www.dali universe.com – Tube : Waterloo.** *Ouvert tous les jours (sauf le 25 décembre) de 10h à 18h30, dernière admission 17h30. Entrée : adultes : £ 9 ; étudiants : £ 7,50 ; enfants de 8 à 16 ans : £ 5,50 ; enfants de 4 à 7 ans : £ 3,50.* Ouverte en 2000, cette Galerie du sud de la Tamise est entièrement consacrée aux œuvres de Dali. C'est même la plus grande collection d'œuvres de l'artiste. Elle renferme plus de 500 œuvres dont 45 sculptures. Parmi elles, le célèbre sofa rouge en forme de bouche ainsi que l'un des Téléphone-homard. L'expo s'organise autour de trois thèmes : rêves et fantaisies, sensualité et féminité, et religion et mythologie. La deuxième partie de l'expo est constituée d'illustrations que le génie surréaliste avait faites pour la Bible, ou encore pour les œuvres du marquis de Sade, Don Quichotte, Casanova. Que vous soyez fan de Dali ou simple curieux, ce musée ne devrait pas vous laisser insensible.

■ **SAATCHI GALLERY. COUNTY HALL. Westminster Bridge Road, SE1** ✆ **020-7823 2363 – www.saatchi-gallery.co.uk – Tube : Waterloo ou Westminster.** *Ouvert du dimanche au jeudi de 10h à 20h, vendredi et samedi de 10h à 22h. Prix : adulte : 8,75 ; étudiant : 6,75.* Charles Saatchi, dans sa galerie de Boundary Road ouverte en 1982 a commencé à exposer les œuvres de jeunes artistes contemporains anglais et internationaux. Outre le fait de lancer la carrière de ces artistes, le succès fut tel qu'ils ont défini un nouveau courant d'art contemporain, le Young British Art, qui plaça Londres à la pointe de la scène artistique ces dix dernières années.

Aujourd'hui, la Saatchi Gallery alimente un peu moins la controverse, mais continue d'exposer de jeunes talents, aux œuvres souvent décalées.

■ **LONDON AQUARIUM. County Hall, SE1** ✆ **020 7967 8000 – www.londonaquarium.co.uk – Tube : Westminster ou Waterloo.** *Prix : adulte £ 9,75 ; étudiant £ 7.50 ; enfant 6,25 (réductions hors saison). Ouvert tous les jours de 10h à 18h, dernière entrée à 17h.* L'Aquarium de Londres est l'un des plus grands d'Europe et abrite plus de 350 espèces d'animaux marins. Bien que le prix d'entrée soit un peu élevé, l'Aquarium peut offrir une bonne alternative, un jour de pluie, à la visite des musées, surtout si l'on est accompagné d'enfants. L'attraction principale est le bassin géant qui abrite les requins et les raies. A côté de celui-ci, d'autres aquariums plus petits présentent différents environnements aquatiques et les poissons et animaux marins qui y vivent. La reconstitution d'une barrière de corail est très réussie. Et vous apprendrez d'où viennent toutes les espèces qui remplissent les aquariums dans les foyers européens…

Southwark, qui s'étend de Blackfriars Bridge à London Bridge, a une histoire qui remonte très loin. Du temps des Romains, c'était le quartier des bordels. A l'époque des Tudors et des Stuarts c'était le quartier du théâtre (Shakespeare) et des prostituées. Au XIXᵉ siècle, il devint le quartier industriel avec la construction d'entrepôts et d'usines. Aujourd'hui il reste peu de traces de l'époque préindustrielle de Southwark. Le quartier s'est récemment développé avec l'ouverture du grand musée d'Art moderne, le Tate Modern et le Millenium Bridge, un pont piétonnier qui relie le Tate Modern à la cathédrale Saint-Paul sur l'autre rive.

Édifice religieux

■ **SOUTWARK CATHEDRAL. Montague Clare, SE1** ✆ **020-7367 6700 – Tube : London Bridge ou Southwark.** *Ouvert du lundi au vendredi de 7h30 à 18h et le week-end et jours fériés de 8h30 à 18h. Entrée gratuite (donation suggérée).* Cette splendide cathédrale est pratiquement masquée par les arbres, le chemin de fer et les hauts bâtiments qui l'entourent. C'est pourtant l'un des plus beaux exemples de l'architecture gothique anglaise. Plusieurs fois reconstruite et restaurée, elle est sans doute plus ancienne que la fameuse abbaye de Westminster.

Musées

■ **IMPERIAL WAR MUSEUM. Lambeth Road, Lambeth, SE1** ✆ **020-7416 5000 – www.iwm. org.uk – Tube : Lambeth North ou Elephant & Castle.** *Ouvert tous les jours de 10h à 18h. Entrée gratuite. (Pas à South Bank proprement dit, mais juste à côté, derrière Westminster Bridge, dans le quartier de Lambeth).* Que trouve-t-on dans un musée de la guerre ? Des tanks dans le hall, quatre avions de combat suspendus au plafond par des câbles, des sous-marins nains, un bus utilisé lors de la Première Guerre mondiale pour convoyer au combat les troupes britanniques, le premier où le roi George V ait jamais mis les pieds… Mais il n'y a pas que de la quincaillerie dans ce musée. Les tableaux, surtout ceux représentant la Grande Guerre, sont vraiment impressionnants. Expositions temporaires également.

■ **TATE MODERN. Bankside, SW1** ✆ **020-7887 8008 – Tube : Southwark ou Blackfriars.** *Ouvert du lundi au dimanche de 10h à 18h. Nocturnes vendredi et samedi jusqu'à 22h. Entrée gratuite pour les collections permanentes.* Une visite à la Tate Modern s'impose, ne serait-ce que pour le bâtiment dans lequel le nouveau grand musée d'Art moderne londonien se trouve (ouvert depuis 2000). C'est dans une ancienne centrale électrique que la Tate Modern a élu domicile. Celle-ci fut rénovée par les architectes suisses Maurice Herzorg et Pierre de Meuron qui ont conservé la cheminée centrale, utilisé le « Turbine Hall », immense et impressionnant hall d'entrée et rehaussé le bâtiment de deux étages de verre, lui donnant son style si particulier.

Dans ce décor original, la Tate Moderne abrite une magnifique collection d'art contemporain, incluant des œuvres de Picasso, Matisse, Duchamp, Braque, Warhol… Les collections permanentes sont organisées de façon thématique : environnement, vie, histoire, corps, etc. De nombreuses expositions temporaires sont également organisées.

Tate to Tate ferry

▶ **Tickets** : £ 3,40 ou £ 2,30 (si vous possédez une Travelcard), Day £ 3,40. Pendant les heures d'ouverture des galeries, des bateaux circulent régulièrement (environ toutes les 40 min) entre les deux Tate avec un arrêt au London Eye.

On peut désormais rejoindre la cathédrale Saint Paul's sur l'autre rive grâce au Millenium Bridge. Cet élégant pont, construit pour les célébrations du passage à l'an 2000, n'a rouvert qu'en février 2002 après maintes vérifications techniques pour s'assurer qu'il ne vacillait plus.

■ **THE LONDON DUNGEON. Tooley Street, SE1** © **020 7403 0606 – www.thedungeons. com – Tube/BR : London Bridge.** *Ouvert tous les jours de 10h30 et jusqu'à 17h30 d'octobre à mars, de 10h à 18h30 d'avril à septembre (dernière admission une heure avant). Fermé le 25 décembre. Entrée : adulte :£ 13,95 ; étudiant : £ 11,25 ; enfant :£ 9,95. Déconseillé aux petits enfants ou aux personnes trop émotives.* Assassins, tortures, meurtres, tous les éléments les plus sordides et les plus sanglants de l'histoire de Londres sont ici rassemblés. Les tableaux mettent en scène des personnages grandeur nature, la gorge tranchée, brûlés au fer rouge, ou encore décapités. Des méthodes les plus rudimentaires à la chaise électrique, vous apprendrez tout sur l'art des exécutions et de la torture. L'ingéniosité macabre de certaines méthodes est d'ailleurs impressionnante. On se promène dans le noir de scène en scène, dans une ambiance insistante de film d'horreur appuyée de fumigènes et de cris de douleur qui retentissent. Le musée est cependant plus horrifiant qu'effrayant.

Les célébrités londoniennes sont bien sûr à l'honneur avec le fameux Henri VIII, meurtrier de ses nombreuses épouses exécutées de l'autre côté du fleuve à Tower Bridge. Vous pourrez ainsi entendre les dernières paroles d'Anne Boleyn sur l'échafaud. Pour encore plus d'hémoglobine, Jack l'Eventreur entouré de ces victimes éventrées est une des « stars » du Dungeon. Enfin, l'illustration du Grand Incendie de 1666 est la dernière nouveauté.

Balades

▶ **Le grand bâtiment au regard noir de l'autre côté de la Tamise est le County Hall.** Il marque le début de la South Bank (rive Sud). Son opposition aux maisons du Parlement est non seulement géographique mais aussi historique.

C'est ici que fut établi le London County Council – le « gouvernement » de la capitale, devenu en 1965 le GLC (Greater London Council), sorte d'hôtel de ville version londonienne, dont la seule évocation était capable de plonger Maggie Thatcher dans des paroxysmes de rage. D'autant plus que les Londoniens élisaient avec constance un gouvernement radical et militant et que la personnalité de son chef de file, Ken Livingstone, n'avait rien à envier à celle de la Dame de fer. Rempli « d'extrémistes » et militants de la loony left (gauche cinglée), le County Hall était devenu une réelle et véritable provocation. C'est alors qu'elle proclama, en 1986, l'abolition du GLC, mettant fin aux fêtes dans les jardins du South Bank, aux festivals d'art lesbien ainsi qu'aux facilités de logement pour les démunis. Le County Hall abrite désormais la Saatchi Gallery, le musée Dali, un aquarium et deux hôtels. Ken Livingstone, maire de Londres depuis 2000, travaille dans un tout nouvel hôtel de ville près de Tower Bridge, le City Hall.

Evidemment vous ne pourrez échapper au London Eye, cette immense roue installée pour les célébrations du Millenium.

▶ **De Westminster Bridge à Waterloo Bridge** (ce dernier est surnommé le « Ladies Bridge », le pont des Femmes, étant le résultat du travail d'une main-d'œuvre exclusivement féminine pendant la Seconde Guerre mondiale), les quais sont réservés aux piétons. Les Londoniens en profitent, les bouquinistes et les marchands de glaces aussi. Tandis que les allées en béton résonnent du bruit des skate-boards, adolescents et citadins se promènent.

Les murs tachés de suie de la South Bank cachent en fait une oasis de culture : c'est le South Bank Centre. Le Royal National Theatre, le National Film Theatre, la Hayward Gallery, et le Royal Festival Hall à la merveilleuse acoustique en font tous partie.

▶ **A l'est du National Theatre,** la rive sud a fait l'objet d'ambitieux projets de développement. Une promenade a été aménagée, de Gabriel's Warf (d'anciens garages reconvertis en petites boutiques d'artisanat, restaurants et cafés sur une petite place colorée et vivante) à Tower Bridge, permettant d'avoir une vue impressionnante sur la City (rive opposée). Sur votre chemin vous ne pourrez manquer l'Oxo Tower dont les multiples transformations sont plutôt intéressantes. L'Oxo Tower était à l'origine d'une centrale électrique qui fut achetée dans les années 1920 par une entreprise de concentré de viande.

Dans les années 1930, l'entreprise fit construire une tour qui comportait l'inscription illuminée de leur plus célèbre produit : OXO. L'industrie s'effondra et dans les années 1970 seuls les efforts de la communauté locale purent sauver l'Oxo Tower d'une inévitable destruction. Des travaux de restauration transformèrent l'Oxo Tower en un ensemble d'appartements, galeries, magasins, cafés et restaurants (dont le fameux Oxo Tower Restaurant tout en haut de la tour).

▶ **Une fois dépassé Blackfriars Bridge,** c'est à Bankside et Southwark que l'on arrive. La réouverture du Shakespeare Globe Theatre, sur le modèle du théâtre où plusieurs pièces de Shakespeare avaient été jouées pour la première fois, Southwark Cathedral, Borough Market (le meilleur marché de fruits et légumes de la ville) et le Tate Modern constituent de bonnes raisons de visiter le coin.

Greenwich

▶ **Principale station (sur la Docklands Light Railway – DLR) : Greenwich.**

▶ **Des bateaux partent tous les jours de la jetée de Charing Cross** sur les quais de la Tamise, en face de la station Charing Cross ; ou encore de Tower Pier, près de la tour de Londres ✆ 020-7987 1185. Ils vous déposeront à la jetée de Greenwich, en face du Cutty Sark. Les bateaux partent de mai à octobre toutes les demi-heures de 11h15 à 17h15 et de novembre à avril toutes les demi-heures de 11h45 à 16h45. De Charing Cross à Greenwich, le trajet dure environ 45 minutes. Au départ de Tower Pier, le trajet est de 30 minutes.

▶ **Des bateaux partent aussi de Westminster Pier** (✆ 020-7930 4097) pour aller à Greenwich. Le trajet dure environ 55 minutes. De janvier à février chaque heure de 11h30 à 16h30, de mars à octobre toutes les 40 minutes de 11h40 à 16h20, d'avril à août toutes les demi-heures de 11h30 à 17h/18h, de septembre à octobre toutes les demi-heures de 11h30 à 17h et de novembre à décembre toutes les 40 minutes de 11h40 à 16h20.

■ **GREENWICH TIC. Pepys House, 2, Cutty Sark Gardens, SE10** ✆ **0870 608 2000 – www. greenwich.gov.uk** – *Ouvert de 10h à 17h tous les jours sauf les 25 et 26 décembre.* Il pourront également vous renseigner sur les visites guidées qui partent tous les jours du centre de Greenwich à 12h15 et 14h15 (£ 4-£ 3).

Greenwich, situé en bordure de la Tamise est un endroit très agréable avec une atmosphère villageoise. Un petit marché couvert, un joli port, un parc royal avec le fameux observatoire où passe le méridien de Greenwich, et de beaux bâtiments à l'architecture classique sont quelques-uns des trésors qui font que le quartier mérite qu'on y reste une journée. Greenwich figure d'ailleurs, depuis, 1997, sur la liste du patrimoine mondial de l'Humanité établie par l'Unesco. Le nom de la circonscription londonienne de Greenwich proviendrait soit du terme anglo-saxon signifiant « village vert », soit du danois désignant une « étendue verte ».

C'est ici qu'Alfege, archevêque de Canterbury, fut assassiné par les Danois en 1012, lorsqu'il refusa qu'on paie une rançon pour sauver sa vie. Greenwich est devenue propriété de la Couronne en 1530, mais les monarques en avaient déjà fait leur retraite campagnarde depuis plusieurs siècles. Si vous y allez le week-end, vous profiterez également des marchés d'artisanat et d'antiquités.

Édifice religieux

■ **SAINT ALFEGE. Greenwich Church Street, SE10** ✆ **020-8853 0687.** *Entrée gratuite. Ouvert de 10h à 16h du lundi au samedi et 12h à 16h le dimanche.* L'église Saint-Alfege fut reconstruite en 1714 par l'architecte baroque Nicholas Hawksmoor, assistant de Christopher Wren. Endommagée par les bombardements allemands, elle a été restaurée en 1953. Son emplacement est réputé être celui où fut assassiné l'Archevêque Alfege par les Viking en 1012. Le compositeur médiéval Thomas Tallis et le Général James Wolfe sont enterrés ici.

Sites et monuments

■ **CUTTY SARK. Cutty Sark Gardens, King William Walk, SE10** ✆ **020-8858 3445 – www. cuttysark.org.uk** – *Visite du lundi au dimanche de 10h à 17h. Entrée : £ 3,95 (adulte), £ 2,95 (enfant et étudiant).* Seul survivant de son époque, le Cutty Sark est le dernier des clippers qui dominèrent le trafic maritime au XIXe siècle. Construit en 1869, il fut pendant un temps le voilier le plus rapide au monde ! Il transportait entre autres du thé de Chine en Angleterre et fut le dernier grand clipper à voile à effectuer ce trajet. Il fut finalement mis en cale sèche en 1954. La visite du *Cutty Sark* vous apprendra beaucoup sur le commerce international au XIXe siècle.

■ **GYPSY MOTH IV. Dry dock, Cutty Sark Gardens, King William Walk, SE10** ✆ **020-8858 3445.** Le navire avec lequel sir Francis Chichester fit, à l'âge de 64 ans, le tour du monde en solitaire en 1966-1967. Il passa 226 jours sur le voilier et fut anobli pour son exploit par la reine Elisabeth II. Le bateau n'est malheureusement pas accessible au public.

■ **FOOT TUNNEL.** L'entrée du Foot Tunnel se trouve dans le bâtiment circulaire en brique surmonté d'un dôme en verre au bord de la Tamise. Ce tunnel fut construit en 1920 pour permettre aux ouvriers de Greenwich de rejoindre les Docks sans devoir emprunter un ferry. La traversée à pied prend environ 30 min. Déconseillé aux claustrophobes.

■ **OLD ROYAL NAVAL COLLEGE. King William Walk, SE10** ℭ **020-8269 4791 – www.green wichfoundation.org.uk** – *Ouvert du lundi au samedi de 10h à 17h et le dimanche de 12h à 17h. Entrée gratuite pour le Painted Hall et la chapelle. Visite guidée £ 4.* Ce bâtiment a une longue histoire architecturale. La première aile fut construite par John Webb, le neveu et assistant d'Inigo Jones, dans les années 1660 à la demande de Charles II qui voulait un nouveau palais, mais l'argent vint à manquer au bout de cinq ans. Le roi Guillaume III et la reine Marie décidèrent de le transformer en un hôpital pour les marins blessés. La construction du bâtiment fut confiée à Christopher Wren et achevée par Hawksmoor puis par Vanbrugh. Les peintures sur le plafond et sur les murs de la grande salle (Painted Hall) ont été réalisées par Sir James Thornhill entre 1707 and 1726. La chapelle a été restaurée par James Stuart après un incendie en 1779. Le Royal Naval College s'installa dans le bâtiment en 1873. Le Old Royal Naval College abrite désormais l'université de Greenwich et le Trinity College of Music.

■ **QUEEN'S HOUSE. Romney Road, SE10** ℭ **020-8312 6565.** *Ouvert du lundi au dimanche de 10h à 18h (17h en hiver). Entrée gratuite.* Palais construit par Inigo Jones en 1616, c'est un des premiers bâtiments d'architecture néoclassique en Angleterre. C'est Anne du Danemark, épouse de Jacques Ier, qui chargea l'architecte d'élever l'édifice. Cependant il ne fut pas achevé jusqu'en 1635 et c'est la reine Henrietta Maria, épouse de Charles Ier, qui fut la première à l'occuper. Plusieurs éléments ont depuis été modifiés mais le style palladien est toujours parfaitement visible. A l'intérieur malheureusement, une grande partie du mobilier a été remplacée par des copies.

■ **ROYAL OBSERVATORY. Greenwich Park, SE10** ℭ **020-8312 6565 – www.rog.nmm.ac.uk –** *Ouvert du lundi au dimanche de 10h à 17h (18h du 2 juin au 9 septembre). Entrée gratuite.* C'est en 1675 que Wren et Hawksmoor entreprirent la construction du Royal Observatory, institution scientifique commandée par Charles II afin que l'astronome John Flamsteed puisse observer le ciel. L'Octogon Room en est un des rares exemples d'architecture intérieure par Christopher Wren. C'est au Royal Observatory que se trouve le méridien de Greenwich : un tracé au sol vous indique sa position et vous pourrez l'enfourcher pour avoir un pied dans chaque hémisphère ! Afin de remédier à la confusion dans la navigation qui résultait des différents systèmes nationaux de mesure de la longitude, on décida en 1884 que le méridien traversant le Royal Observatory de Greenwich correspondrait au méridien 0, à partir duquel toutes les distances seraient mesurées d'est en ouest dans un angle de 180° chacun. (Il faut toutefois préciser que, grâce aux satellites, des calculs récents faits par les Américains ont situé le méridien un peu plus à l'est que le tracé !). Le parc royal qui entoure le Royal Observatory fut en partie dessiné par Le Notre, à qui l'on doit également les jardins de Versailles.

■ **MILLENIUM DOME. www.millennium-dome.com** – Le Millenium Dome a ouvert ses portes le 1er janvier 2000. Construit sur le tracé du méridien de Greenwich, ce bâtiment à l'allure futuriste était l'un des plus ambitieux de toute l'histoire de Londres. Le projet a coûté 760 millions de livres. Cependant, les expositions qu'il accueillit ne parvinrent pas à séduire le public et le bâtiment attira seulement 6,5 millions de visiteurs, soit moins de la moitié du nombre espéré. Devant ce manque de succès et le coût de l'entretien du dôme, celui-ci fut fermé un an après son ouverture. Mais, même une fois le bâtiment vide, l'entretien de celui-ci coûte la modique somme de 100 000 livres par semaine. Et la plupart de cet argent venant de la poche des contribuables, cela ne rend pas le Dôme plus populaire. Le maire de Londres, Ken Livingstone vient cependant de donner son accord pour la reconversion du bâtiment en un centre sportif et de divertissement pouvant accueillir 20 000 personnes.

■ **GREENWICH MARKET. College Approach, SE10.** *Ouvert de 7h30 à 17h30 le jeudi et de 9h30 à 17h30 vendredi, samedi et dimanche.* Un marché couvert à l'ambiance relaxe sur lequel il fait bon déambuler. Antiquités les jeudi et vendredi. Mais c'est le week-end que le marché s'anime vraiment. On y trouve de l'artisanat, des jouets en bois, des vêtements de designer… et plein de petits stands de nourriture.

Musées

■ **FAN MUSEUM. 12, Crooms Hill, SE10** ℭ **020-8305 1441 – www.fan-museum.org** – *Ouvert du mardi au samedi de 11h à 17h (16h30 en hiver) et le dimanche de 12h à 17h (16h30 en hiver). Fermé le lundi. Entrée : £ 3,50 (adulte), £ 2,50 (étudiant), gratuit pour les enfants de moins de 7 ans.* Le Fan Museum occupe, dans le village, deux hôtels particuliers de style géorgien. Il s'agit du seul musée au monde entièrement consacré aux éventails et à leur fabrication. Sa collection, qui compte plus de 2 000 pièces, est exposée dans un décor du XVIIIe siècle.

■ **NATIONAL MARITIME MUSEUM. Romney Road, SE10** ✆ **020-8312 6565 – www.nmm. ac.uk –** *Ouvert du lundi au dimanche de 10h à 17h (18h du 2 juin au 9 septembre). Entrée gratuite.* Tout sur l'histoire maritime britannique. Large collection de bateaux, cartes, uniformes, etc.

Spitalfields, Brick Lane et Whitechapel

▶ **Principales stations de métro : Liverpool Street, Aldgate, Aldgate East, Whitechapel.** L'East End (qui couvre la zone juste à l'est de la City) est une partie de Londres absolument fascinante, multiculturelle et chargée d'histoire.

L'East End est depuis longtemps une terre d'accueil pour les immigrés de toute origine. Les premiers réfugiés furent à la fin du XVIIe siècle des Huguenots français qui fuyaient les persécutions subies par les protestants en France (le terme anglais « refugee », venant du français « réfugié », a d'ailleurs intégré la langue anglaise à cette époque-là).

C'est la famine de la pomme de terre qui poussa ensuite de nombreux Irlandais à émigrer à Londres dans les années 1840-1850. A la fin du XIXe siècle l'East End connut une vague d'immigration juive en provenance de Pologne et de Russie. Il y avait plusieurs raisons à l'arrivée de ces populations en Angleterre : les conditions miséreuses dans lesquelles ils vivaient dans leur pays, la famine et les pogroms. C'est à cette période qu'on se réfère quand on parle de l'East End juif. Dans les années 1960 ce sont surtout des immigrés du Bengale qui s'installèrent autour de Brick Lane et le quartier, parfois surnommé « Banglatown » regorge aujourd'hui de restaurants indiens. (Brick Lane, de Monica Ali est un excellent livre sur la vie de la communauté bangladaise dans le quartier). Mais, depuis quelques années, l'East End a entamé, une fois de plus une nouvelle mutation.

Longtemps laissé à l'écart de l'agitation de la capitale et habité par une population à faible revenu, il voit peu à peu ses habitants rajeunir et ses rues s'animer. Les bars et restaurants branchés pullulent. Les bombardements de la Seconde Guerre mondiale ont beaucoup détruit ce quartier mais il reste ici et là des traces de son riche passé. Si proche des tours des banques d'affaires de la City et si différent… L'East End a une âme, à vous de la découvrir…

Balade

▶ **Whitechapel Road** est l'artère principale de l'East End où se dresse l'imposante mosquée de l'Est de Londres. Whitechapel est bien aussi tristement célèbre pour les meurtres sanglants commis par Jack l'Eventreur entre août et novembre 1888.

Lieux chargés d'histoire

L'East End ou la capacité à s'adapter à toutes les situations.

■ **L'EDIFICE RELIGIEUX A L'ANGLE DE FOURNIER STREET ET BRICK LANE** est bien représentatif de l'évolution de l'East End. Ce fut un temple protestant du temps des Huguenots, une synagogue du temps de l'East End juif et c'est maintenant une mosquée !

■ **19, PRINCELET STREET, E1** ✆ **020-7247 0971 – Tube : Liverpool Street.** De l'extérieur, 19 Princelet Street ne semble être qu'une maison parmi d'autres et on ne soupçonne pas les trésors qu'elle renferme. Maison géorgienne construite en 1719, 19 Princelet Street devint le refuge d'une famille française huguenote en 1744. Les Huguenots durent leur intégration à la société anglaise notamment grâce à leur talent pour les métiers du textile. Ils importèrent en Angleterre leur savoir-faire de couturier et de tisserand. D'ailleurs si vous levez les yeux au 19 Princelet Street, vous

Jack L'Éventreur

Le 31 août 1888, le corps mutilé d'une prostituée fut découvert dans une ruelle sombre du quartier populaire de Withechapel, dans l'East End londonien. Le mois suivant, une autre prostituée est retrouvée morte, mutilée de la même façon. La panique s'empara du quartier. Peu après, la police reçut une lettre dont l'auteur affirmait être le meurtrier des jeunes femmes. Celle-ci était signée « Jack the Ripper » (Jack l'Eventreur). L'enquête menée par Scotand Yard n'aboutit à aucun résultat et, au cours des deux mois suivants, trois autres prostituées furent assassinées. Après cela, le tueur ne se manifesta plus jamais. Trois personnes, dont le neveu de la reine Victoria, furent soupçonnées mais, faute de preuves, aucune d'elles ne fut arrêtée. L'identité de « Jack l'Eventreur », demeure toujours un mystère ce qui contribua au mythe. Aujourd'hui encore, cette histoire sordide continue d'inspirer de nombreux livres et films.

verrez au-dessus de la porte une bobine, qui indique qu'il s'agissait de la maison d'un tisserand (les Ogier tissaient la soie). En 1869 la communauté juive édifia une synagogue au 19 Princelet Street, à l'emplacement du jardin où les enfants de la famille Ogier jouaient autrefois. La synagogue est toujours là et il est extraordinaire de passer la porte de cette petite maison en apparence anonyme et d'y trouver un tel édifice religieux…

C'est au-dessus de cette synagogue que se trouvait la chambre de David Rodinsky (personnage central du fascinant livre par Rachel Lichtenstein et Ian Sinclair : *Rodinsky's room*).

Aujourd'hui 19 Princelet Street se tient en plein cœur du quartier indien de Brick Lane et le Spitalfields Centre – qui se bat pour sauver ce lieu chargé d'histoire –, réussit grâce à une excellente exposition à laquelle ont participé des écoliers du quartier, à dresser le portrait des différents immigrés de l'East End qui ont fait de Londres la société multiculturelle qu'elle est aujourd'hui. Mais le 19 Princelet Street est en danger : le bâtiment, après des années d'abandon, est dans un état assez délabré et nécessite 3 millions de livres pour être complètement rénové. Le Spitalfields Centre espère en faire un musée de l'Immigration, dans le même esprit que ce que New York a fait à Ellis Island. Pour l'instant, l'endroit n'est ouvert que quelques jours par an (renseignez-vous par téléphone).

■ **MAISON DE DENNIS SEVERS. 18, Foldgate Street, E1** ✆ **020-7247 4013 (entre 9h30 et 15h) – www.dennissevershouse.co.uk – Tube : Liverpool Street.** *Ouvert les premier et troisième dimanches du mois entre 14h et 17h (£ 8) et les lundis suivant les premier et troisième dimanches entre 12h et 14h (£ 5). Tous les lundis soir visite à la bougie (£ 12, réservation obligatoire).* C'est à un véritable voyage dans le temps qu'une visite au 18 Folgate Street vous invite. Le créateur de cette maison s'appelait Dennis Severs. Jusqu'à sa mort, en 1999, cet Américain vivait dans le même décor que celui que vous verrez, sans électricité ou confort moderne, certainement à peu près de la même manière que les habitants du XVIIIe siècle. Dennis Severs recréa cette atmosphère pour son propre plaisir bien sûr, mais également pour celui d'offrir aux visiteurs une expérience exceptionnelle. Le simple fait de passer la lourde porte d'entrée donne l'impression de plonger à l'intérieur d'un tableau. Ce tableau, c'est celui de la vie d'une famille de tisserands huguenots au XVIIe siècle : les Jervis. Vous vous promenez ainsi dans la dizaine de pièces éclairées à la bougie que compte la maison et observez. Tout a été recréé dans le moindre détail : mobilier et objets d'époque mais aussi objets personnels, lettres, portraits… On s'y croirait ! Mais la maison de Dennis Severs n'est pas un simple musée qui rassemblerait des antiquités. Ici, tous les sens sont mis à l'épreuve. Vous entendez des bruits, des murmures à peine perceptibles, vous humez des odeurs de cuisson. Les cendres sont encore fumantes dans l'âtre de la cheminée, les tasses de thé posées sur la table ne sont qu'à moitié vides… comme si les habitants de la maison vivaient toujours là et venaient à peine de quitter la pièce dans laquelle vous entrez. Au point qu'on se sent presque indiscret de pénétrer ainsi dans leur intimité. Alors attention ne touchez à rien et surtout Chut…

L'East End, ce sont aussi de nombreux marchés colorés où il fait bon flâner. (Retrouvez-les en détails au chapitre Marchés de la rubrique « Shopping »)

■ **LE MARCHE DE PETTICOAT LANE** se tient tous les dimanches depuis 200 ans. Les Huguenots y vendaient des jupons (petticoats) qui ont ainsi donné leur nom au marché et à la rue. A l'époque victorienne, les autorités, jugeant l'évocation des dessous féminins choquante, renommèrent la rue… Middlesex Street ! Mais le nom original est resté et on parle toujours de Petticoat Lane Market.

■ **SPITALFIELDS MARKET** (qui tient son nom des champs de l'hôpital « hospital fields »). Ce marché, fondé par Charles II en 1682 est situé sur Commercial Street. Sous le règne d'Elisabeth Ire ce lieu était célèbre pour les duels qui y avaient lieu. C'est également ici que fut retrouvée la première victime de Jack l'Eventreur. Mais en 1991, ce qui était devenu le plus grand marché aux légumes de Londres fut déplacé à Leydon, dans la banlieue est. Cependant, un marché couvert a toujours lieu sur l'ancien site et celui-ci est certainement, à l'heure actuelle, le marché le plus branché de Londres. On y trouve des vêtements originaux, créations de jeunes designers, des bijoux, des objets de décorations… et également plein de boutiques, cafés et restaurants sympas.

■ **BRICK LANE MARKET,** qui a lieu le dimanche matin, est connu pour être un « vrai » marché aux puces, à la différence de Camden ou Portobello plus snob et chers. Bref, un vrai bric-à-brac où l'on peut trouver tout ce que l'on veut (si on se donne la peine de bien chercher). Un mélange de vélos, de fruits et légumes, d'aliments pour animaux, de surplus de l'armée, de baskets, de produits surgelés, de vestes en cuir. On y trouve aussi plein de musiques à des prix défiant toute concurrence. Le marché, devient de plus en plus « tendance » et les jeunes artistes et « bobos » de la capitale s'y mêlent à la population locale. Une mixité ethnique et culturelle, représentative de l'East End, qui fait tout le charme de ce marché. N'hésitez pas à vous promener également dans les rues alentours.

▶ **Proche de Bricklane,** se trouve Columbia Road et son célèbre marché aux fleurs.

Édifice religieux

■ **CHRIST CHURCH.** Spitafields Market est dominé par une imposante église blanche construite entre 1714 et 1729. Longtemps laissée à l'abandon, elle est maintenant en cours de rénovation.

Musées

■ **BETHNAL GREEN MUSEUM OF CHILDHOOD. Cambridge Heath Road, E2** ✆ **020-8980 2415 – Tube : Bethnal Green.** *Ouvert tous les jours de 10h à 17h50 (sauf le vendredi). Entrée gratuite.* Le musée contient la splendide collection de poupées, maisons de poupées, jouets, marionnettes, jeux et costumes du Victoria and Albert Museum. Sa pièce maîtresse est un théâtre de marionnettes vénitien du XVIIIe siècle. L'atelier d'art, organisé tous les samedis matins, est gratuit : il suffit de s'y rendre pour y participer.

■ **WHITECHAPEL ART GALLERY. 80-82, Whitechapel High Street, E1** ✆ **020-7522 7878 – www.whitechapel.org –** *Tube : Aldgate East. Ouvert du mardi au dimanche de 11 à 18h et le jeudi de 11h à 21h. Entrée gratuite.* Belle galerie d'art contemporain (photo, peinture, sculpture). Egalement des projections de films d'art et essai.

Shoreditch et Hoxton

▶ **Principales stations de métro : Old Street, Shoreditch.** Au XVIe siècle, le quartier autour de Shoreditch et Hoxton était consacré au divertissement avec le premier théâtre public établi en 1576. Il y a encore peu de temps Shoreditch/Hoxton était un endroit peu fréquentable faits d'entrepôts et de boîtes de strip-tease. Mais Londres ne cesse jamais de se renouveler et Shoreditch/Hoxton est le nouveau coin branché de Londres grâce aux nombreux artistes et designers qui s'y sont installés. Les anciens entrepôts sont devenus des ateliers, des galeries d'art ou des bars/restaurants. Pour les dernières tendances avant-gardistes londoniennes, c'est à Shoreditch qu'il faut donc se rendre.

Musée

■ **GEFFRYE MUSEUM. Kingsland Road, E2** ✆ **020-7739 9893 – www.geffrye-museum.org. uk –** *Ouvert du mardi au samedi de 10h à 17h et le dimanche de 12h à 17h. Entrée gratuite.* Le Geffrye Museum montre le changement de style dans la décoration d'intérieur anglaise. Vous déambulez ainsi dans une série de pièces décorées chacune selon le style d'une époque différente, de 1600 à nos jours. Comme les pièces sont classées par ordre chronologique, c'est un peu comme traverser une machine à remonter le temps.

Docklands

▶ **Principales stations de métro : Tower Hill, Tower Gateway, Canary Wharf.** Du temps de l'Empire britannique, Londres était le plus grand port du monde. Au XVIIIe siècle, pour faire face à l'augmentation constante du trafic des navires des docks furent construits à l'est de Londres. Rapidement, ceux-ci s'étendirent à plusieurs kilomètres de la Tamise. A la fin du XVIIIe siècle, ils accueillaient près de 4 000 bateaux par an, la plupart en provenance des colonies. Chaque dock s'occupait d'un chargement précis : rhum, thé, caoutchouc... Mais après la Seconde Guerre mondiale, touchés par les bombardements du Blitz et suite au déclin de l'Empire britannique, les docks de Londres tombèrent peu à peu en désuétude. De plus, les bateaux devenant de plus en plus grands, ceux-ci nécessitaient des eaux plus profondes que celles du port de Londres. Les uns après les autres, ils cessèrent d'être utilisés, jusqu'à leur fermeture définitive en 1982.

Mais sous le gouvernement Thatcher, les docks connurent une seconde vie. En 1981, leur réhabilitation fut confiée à la London Docklands Development Corporation. Celle-ci encouragea l'implantation dans le quartier de logements et de bureaux, l'objectif étant de faire des Docklands un nouveau centre financier. Le Docklands Light Railway fut construit. Ce train entièrement automatisé traverse les Docklands et les relie au reste de Londres et à Greenwich. Mais celui-ci, pourtant tant apprécié des touristes, fut un peu le symbole du mauvais départ que prit ce projet de redéveloppement. En effet, celui-ci n'aurait pas pu suffire à l'afflux de travailleurs que pouvaient contenir les nouvelles tours au look futuriste, construites par la suite. Mais l'extension de la Jubilee line résoudra plus tard ce problème.

Cependant, les Docklands furent très touchés durant la récession des années 1990. Les bureaux se vidèrent, de nombreux employés perdirent leur emploi. Aujourd'hui, les Docklands semblent se relever de cette période difficile. Les entreprises s'y réinstallent et les rédactions du Telegraph et de l'Independent ont transféré leur siège dans la Tour de Canary Wharf, y amenant une foule de journalistes. Bars et restaurants commencent à se faire plus nombreux et, preuve évidente du développement du quartier, les loyers ne cessent d'augmenter. N'hésitez pas à faire un tour dans ce Londres futuriste et en même temps chargé d'histoire. S'il fait beau, les rayons de soleil qui se reflètent dans le verre des tours et sur l'eau des bassins donnent à l'endroit une atmosphère particulière.

■ **LA TOUR DE CANARY WHARF,** haute de 244 m, est à ce jour le plus haut bâtiment de Londres.

■ **CANARY WHARF TUBE STATION,** dessinée par l'architecte Norman Foster, vaut elle aussi un coup d'œil.

■ Quant à **SAINT KATHARINE'S DOCKS (tout près de Tower Bridge),** il s'agit d'une sorte de luxueuse marina où se croisent voiliers et vieux navires.

■ JEUX, LOISIRS ET SPORTS ■

Londres est riche en activités sportives de tout genre. Voici un résumé non exhaustif des sports pouvant être pratiqués ou auxquels vous pouvez assister dans la capitale. Pour de plus amples renseignements, consultez les pages sportives du magazine hebdomadaire *Time Out* ou le guide annuel « *Sport, Health & Fitness* » de *Time Out* (£8,99).

Courses d'aviron

■ **THE BOAT RACE. Sur la Tamise de Putney à Mortlake** ℂ **01992 505306 – www.the boatrace.org** – Courses d'aviron entre les équipes d'Oxford et de Cambridge en mars. Les universités de Cambridge et d'Oxford s'affrontent sur la Tamise lors de cette compétition sportive, doublée d'une réunion mondaine. Le départ a lieu à Putney, l'arrivée à Mortlake. Malgré la foule, vous aurez une bonne vue de la course sur les ponts ou devant les pubs.

Courses de chevaux

■ **ASCOT. High Street, Ascot, Berks** ℂ **01344 622211 – www.ascot.co.uk – Train : Ascot.** *Entrée de £6 (Silver Ring) à £13 (Grandstand).* Les fameuses courses d'Ascot avec le « Royal meeting » en juin où les bibis des ladies rivalisent d'extravagance.

■ **EPSOM DOWNS, Surrey** ℂ **01372 726311 – www.epsomderby.co.uk – Train : Epsom.** *Entrée de £10/£14 (Grandstand) à £17/£18 (Queen's Stand).* La course du Derby en juin est mondialement célèbre et responsable de millions de paris, et de quelques attaques cardiaques.

Danse

■ **DANCEWORKS. 16, Balderton Street, W1** ℂ **020-7629 6183 – www. danceworks.co.uk – Tube : Bond Street.** *Abonnement à la journée : £4. Abonnement au mois : £40. Abonnement à l'année : £120.* Un bon choix de cours de danse : ballet, jazz, claquettes… Egalement cours d'aérobic, yoga, arts martiaux.

■ **PINEAPPLE DANCE STUDIOS. 7, Langley Street, WC2** ℂ **020-7836 4004 – www.pineapple. uk.com – Tube : Covent Garden.** *Abonnement à la journée : £2 jusqu'à 16h30, £4 après 16h30. Abonnement au mois : £20. Abonnement à l'année : £120 + les tarifs des cours à payer directement aux profs : entre £4,50 et £7.* Très connu, le Pineapple, fondé en 1979 par Debbie Moore, reste un cours sérieux et très professionnel. Les cours couvrent plusieurs disciplines, du ballet au jazz et de la danse du ventre à la danse indienne.

Équitation

■ **HYDE PARK STABLES. 63, Bathurst Mews, off Bathurst Street, W2** ℂ **020-7723 2813 – www. hydeparkstables.com – Tube : Lancaster Gate.** *Prix : £35/£39 par heure. Dix leçons : £300.* Pour perpétuer la célèbre tradition des chevaux de Hyde Park, vous pouvez longer la fameuse Rotten Row, où les belles dames du XIXe siècle se promenaient à cheval en se laissant conter fleurette.

Les sorties durent une heure. Tout l'équipement nécessaire est fourni par les écuries, il vous suffira simplement de venir avec de bonnes chaussures ou des bottes, et en pantalon. Le groupe (composé de cavaliers de même niveau) est toujours accompagné, et les débutants sont les bienvenus.

Football

Les stades sont toujours aussi combles dans le pays et dans la capitale, bien que les places soient de plus en plus chères. Il y a plusieurs clubs londoniens dont quelques-uns sont en première division. Voici les plus connus :

■ **ARSENAL.** Arsenal Stadium, Avenell Road, N5 ✆ 020-7704 4000 – www.arsenal.com – Tube : Arsenal. *Billets entre £21 et £39.*

■ **CHELSEA.** Stamford Bridge, Fulham Road, SW6 ✆ 020-7386 7799 – www.chelseafc.co.uk – Tube : Fulham Broadway. *Billets entre £26 et £40.*

■ **FULHAM.** Craven Cottage, Stevenage Road, SW6 ✆ 020-7893 8383 – www.fulhamfc.co.uk – Tube : Putney Bridge. *Billets entre £22 et £26.*

■ **TOTTENHAM HOTSPUR.** White Hart Lane, Bill Nicholson Way, High Road, N17 ✆ 08700 112222 – www.spurs.co.uk – Train : White Hart Lane. *Billets entre £27 et £55.*

■ **WEST HAM UNITED.** Boleyn Ground, Green Street, E13 ✆ 020-8548 2700 – www.whufc. com – Tube : Upton Park. *Billets entre £16 et £46.*

Golf

Il y a souvent du monde sur les quelques terrains de golf publics autour de la capitale, surtout le soir et le week-end et il vaut mieux essayer de réserver à l'avance. Les terrains suivants sont facilement accessibles par les transports en commun.

■ **DULWICH & SYDENHAM HILL. Grange Lane, College Road, SE21** ✆ **020-8693 3961 – Train : West Dulwich.** *Ouvert tous les jours de 8h jusqu'au crépuscule. Abonnement entre £25 et £35.* Très beau court de golf (collines, arbres) avec une vue splendide sur Londres. Pour joueurs confirmés.

■ **RICHMOND PARK. Roehampton Gate, Richmond Park, Priory Lane, SW15** ✆ **020-8876 3205 – www.gcm.com – Tube : Richmond.** *Ouvert tous les jours de 7h jusqu'au crépuscule. Abonnement entre £16 et £19.* Deux terrains dans un très joli cadre. L'un des meilleurs terrains publics.

Tennis

Londres n'a pas de rivale en matière de courts de tennis en plein air et publics. Situés en général à l'intérieur de l'un des nombreux parcs, ils sont bon marché et informels : personne ne vous demande de jouer comme Agassi. Les riverains ont tendance à les réserver longtemps à l'avance, mais le tennisman occasionnel peut être mis sur une liste d'attente. Si vous évitez les week-ends, l'attente sera de courte durée. Vous pouvez toujours vous renseigner auprès du kiosque à tennis. Parmi les centaines de courts dispersés aux quatre coins de la capitale, nous vous indiquons ceux dont l'accès est facile. Bien évidemment Londres est aussi célèbre pour le tournoi de Wimbledon.

■ **BATTERSEA PARK. Battersea Park Road, SW11** ✆ **020-8871 7542 – Train : Battersea Park.** *Ouvert du lundi au vendredi de 8h à 22h30, le samedi de 9h à 21h30 et le dimanche de 9h à 20h30. Prix : £5 de l'heure.* Ce grand centre comprend 19 courts en plein air. La plupart sont éclairés le soir.

■ **WIMBLEDON ALL ENGLAND LAWN TENNIS CLUB. PO Box 98, Church Road, SW19** ✆ **020-8944 1066/020-8946 2244 – www.wimbledon.org – Tube : Southfields.** L'un des tournois de tennis les plus célèbres du monde, mais aussi l'une des mondanités les plus courues d'Angleterre. Le tournoi dure deux semaines, généralement de la fin juin au début juillet. Des billets sont tirés au sort parmi les demandes envoyées entre le 1er août et le 31 décembre de l'année précédente. Postez une enveloppe timbrée à votre nom à l'adresse ci-dessus pour recevoir le formulaire de demande (résultats en février). Si vous ne faites pas partie des heureux élus, vous devrez faire la queue aux aurores. Le site donne la liste complète des tarifs des entrées.

Patinoires extérieures temporaires

En décembre et jusqu'à la mi-janvier, des patinoires sont installées près de certains monuments historiques : Marble Arch et Somerset House (Web : www.somerset-house.org.uk/icerink). Le cadre et les illuminations de Noël contribuent à créer une expérience de patinage assez unique.

■ SHOPPING ■

Qui ne penserait à faire son shopping à Londres ? Le shopping est l'un des passe-temps favoris des Londoniens. Et on les comprend. Qui ne ferait pas pareil avec un tel choix offert ? Impossible de faire cent mètres sans tomber sur une boutique qui offre mille choses originales et tentantes. On dit souvent d'ailleurs que si vous ne pouvez pas trouver un article à Londres, c'est probablement qu'il n'existe pas. C'est peut-être un peu exagéré, mais ce n'est pas loin de la vérité.

Un costume élégant ou un petit paquet de thé, des spécialités culinaires du monde entier, des Doc Martens vertes ou une écharpe de soie, une antiquité chinée au marché, un pull en cachemire écossais, un tee-shirt Westwood ou une assiette Wedgwood… Renommée pour son prêt-à-porter masculin, ses pulls en laine, sa porcelaine, ses antiquités, ses disques et ses fringues branchées, la capitale anglaise est une mine de bonnes affaires pour le « shopper » invétéré et l'amateur de lèche-vitrines.

Le système des chaînes est très courant, et dès qu'un magasin est à la mode, il est immédiatement cloné dans les rues achalandées. Ces magasins s'appellent communément High Street Stores, la High Street étant la « grande rue » commerciale. Vous vous rendrez vite compte que dans ces rues, les enseignes ne diffèrent pas tellement de celles que l'on trouve en France. Mais la différence ici se trouve dans le choix proposé par ces magasins. Londres, c'est aussi plein de petites boutiques de jeunes créateurs, des friperies pour les fans de vêtements rétro, des magasins spécialisés dans tout et n'importe quoi et des marchés, véritables paradis pour l'amateur de shopping. Les Londoniens sont aussi beaucoup plus extravagants que les Français. Vous trouverez donc pléthore de fringues originales voire complètement démentes. A vous de voir si vous oserez les porter une fois rentré au pays…

Grands magasins

Les Department Stores (grands magasins) ont toujours fait partie des habitudes de consommation du monde anglo-saxon, surtout à Londres où ils sont très nombreux.

La plupart sont dans Oxford Street, dans le West End. Mais Knightsbridge ne serait pas Knightsbridge sans Harrods.

La plupart de ces grands magasins, aujourd'hui de véritables institutions, ont des origines fort modestes. Harrods était une petite épicerie, Fortnum et Masons ne tenaient qu'un stand d'épicerie coincé sur le seuil d'un pas-de-porte, John Lewis vivotait dans une mercerie minable… Bien qu'aujourd'hui ils soient devenus gigantesques, ils n'en subissent pas moins les dures lois de la concurrence : innovation et évolution. Selfridges a ainsi ouvert un Food Hall, Harvey Nichols est sur le point d'en faire autant, et Debenhams a dû rénover son look. Si l'hostilité entre eux est permanente, c'est à la période des soldes que la guerre éclate. Pour le plus grand bonheur des consommateurs, bien entendu.

■ **HARRODS. 87-135, Brompton Road, SW1** © **020-7730 1234 – www.harrods.com – Tube : Knightsbridge.** *Ouvert du lundi au samedi de 10h à 19h.* Le roi des Stores, peut-être le plus connu au monde, Harrods a fondé sa réputation sur le luxe et le chic, associés au charme et au service british. Harrods a fêté récemment ses 150 ans. Pour l'anecdote, les escalators du magasin, construits en 1898, furent les premiers au monde. Le propriétaire actuel est l'Egyptien Mohammed Al Fayed (père de Dodi, fiancé de la princesse Diana qui mourut avec elle dans un accident de voiture sous le pont de l'Alma en 1997). Chez Harrods, la devise c'est « Omnia omnibus ubique » (Tout, pour tout le monde, partout).

Harrods fournit la reine Elisabeth. Les jours où sa Majesté fait ses courses, le magasin est à son entière disposition. Elle ne vient qu'après la fermeture, à l'heure où le public n'est plus qu'un bruyant souvenir. Voilà le sens du « By Appointment to HM Queen Elisabeth II » imprimé sur les sacs Harrods, juste en dessous des armes royales…

Ne manquez pas le rayon nourriture, sans aucun doute le plus impressionnant. Les rayons jouet et porcelaine sont également très beaux, tandis que les extravagances du rayon consacré aux accessoires pour animaux vous amusera certainement.

Voyageurs hivernaux, sachez que Noël ne serait pas Noël sans la silhouette de Harrods illuminé par des milliers d'ampoules blanches.

■ **DEBENHAMS. 334-348, Oxford Street, W1** © **020-7580 3000 – www.debenhams.co.uk – Tube : Oxford Circus.** *Ouvert les lundi et mardi de 9h30 à 19h, le mercredi de 10h à 20h, le jeudi de 9h30 à 21h, le vendredi de 9h30 à 20h, le samedi de 9h à 20h et le dimanche de 12h à 18.* Un classique. Cependant, Debehams essaie de suivre les dernières tendances. Après avoir refait sa façade, le magasin a lancé récemment une ligne de créations de designer faite spécialement pour Debenhams.

■ **FORTNUM & MASON. 181, Piccadilly, W1** ✆ **020-7734 8040 – www. fortnumandmason. co.uk – Tube : Green Park ou Piccadilly Circus.** *Ouvert du lundi au samedi de 10h à 18h30.* Depuis de nombreuses années, ce magasin est réputé pour son rayon d'alimentation. On y trouve aussi bien les classiques de la gastronomie anglaise que des produits étrangers en tout genre. C'est du pur spectacle et le magasin est à la hauteur de sa réputation. Clientèle très chic. Pas étonnant vu le prix !

■ **HARVEY NICHOLS. 109-125, Knightsbridge, SW1** ✆ **020-7235 5000 – www.harveynichols. com – Tube : Knightsbridge.** *Ouvert les lundis, mardis et samedis de 10h à 19h, les mercredis et vendredis de 10h à 20h et le dimanche de 12h à 18h.* « Harvey Nicks », comme on le surnomme familièrement est le temple de la haute couture ; tous les plus grands noms s'y trouvent, à des prix bien sûr tout à fait inabordables.

■ **LIBERTY. 210-220, Regent Street, W1** ✆ **020-7734 1234 – www.liberty.com – Tube : Oxford Circus.** *Ouvert du lundi au mercredi de 10h à 18h30, le jeudi de 10h à 20h et les vendredis et samedis de 10h à 19h.* Vu de l'extérieur, le Liberty est impressionnant, avec sa façade blanche décorée de poutres, extrêmement chic. L'intérieur est tout aussi élégant. Le magasin principal se divise en étages à balcon en bois ; le décor vu d'en haut est digne d'un château avec ses tapisseries et ses riches étoffes à tous les étages. C'est ici qu'on trouve le vrai style British, autant dans le service que dans le choix d'articles proposés et contrairement à ce que le cadre pourrait faire penser, ce n'est pas du tout démodé.

■ **SELFRIDGES. 400, Oxford Street, W1** ✆ **0870-837 7377 – www.selfridges.com – Tube : Bond Street.** *Ouvert du lundi au mercredi de 10h à 19h, les jeudi et vendredi de 10h à 20h, le samedi de 9h30 à 19h et le dimanche de 12h à 18h.* C'est le grand magasin le plus chic d'Oxford Street, et les touristes en raffolent. La mode y est bien représentée, avec des stands de designers. Ce n'est pas bon marché, mais la qualité est toujours excellente. Pour les jeunes, Miss Selfridges est un département énorme qui suit la mode d'aussi près que possible, mais à des prix abordables. Si vous n'avez pas le temps d'aller jusqu'à Knightsbridge, Selfridges a toutes les chances de vous satisfaire. Le vrai joyau du magasin est son Food Hall, remarquablement organisé (voir « Panier Gourmand »).

■ **JOHN LEWIS. 278-306, Oxford Street, W1** ✆ **020-7629 7711 – www.johnlewis.co.uk – Tube : Oxford Circus.** *Ouvert les lundis, mardis, mercredis, vendredis et samedis de 9h à 19h et le jeudi de 9h30 à 20h.* L'une des meilleures adresses de la capitale dans de nombreux domaines : la vaisselle, les articles de cuisine, le linge, la literie, les tissus et la mercerie en général. Dans le cas peu probable où vous arriveriez à trouver le même article moins cher ailleurs, la maison vous rembourserait la différence.

■ **MARKS & SPENCERS. 458, Oxford Street, Marble Arch, W1** ✆ **020-7935 7954 (nombreuses autres succursales à Londres et en Grande-Bretagne) – www.marksandspencer. co.uk – Tube : Marble Arch.** *Ouvert du lundi au vendredi de 9h à 21h, le samedi de 8h30 à 19h30.* Si la marchandise des Department Stores les plus élégants vous paraît trop chère, venez chez « Marks'n'Sparks ». On y trouve de tout. Il y a encore peu de temps Marks & Spencer broyait du noir et voyait ses clients déserter les magasins.

Depuis à peu près deux ans cependant, cette enseigne a retrouvé le chemin du succès grâce aux initiatives d'un nouveau management et des vêtements plus branchés (jetez un coup d'œil à la lingerie, souvent originale). La nouvelle collection de vêtements, Per Una, qui copie les tendances des podiums et les met très vite en magasin, a rajeuni la clientèle. M & S est également et à juste titre réputé pour son rayon alimentation.

Les boutiques insolites

■ **KITE STORE. 48, Neal Street, WC2.** Boutique entièrement consacrée aux cerfs-volants. Il y en a de toutes les tailles et de tous les modèles.

■ **SPYMASTER. 3 Portman Square, London W1** ✆ **020 7486 3885 – www.spymaster. co.uk – Tube : Marble Arch.** La boutique du parfait agent secret. Des gadgets sophistiqués à faire pâlir James Bond d'envie.

■ **JANE ASHER PARTY CAKE & SUGARCRAFT. 22-24 Cale Street, SW3 – Tube : South Kensington ou Sloane Square.** Toutes les formes de gâteaux que vous pouvez imaginer. Les commandes pour un gâteau particulier doivent être passées de 10 à 15 jours à l'avance.

Shopping mode d'emploi

Que ramener de Londres?

▶ **Porcelaine.** La porcelaine anglaise a toujours été réputée et vous trouverez à Londres un grand choix d'objets anciens et nouveaux.

▶ **Antiquités.** Les Anglais aiment les antiquités (il suffit pour en juger de voir le nombre d'émissions télévisées consacrées à ce sujet). Londres abrite des salles de ventes mondialement connues, des magasins spécialisés et des marchés où il fait bon fouiner à la recherche de LA trouvaille. Les amateurs de « vieilles choses » trouveront sans aucun doute leur bonheur.

▶ **Disques.** Aucune nation n'achète autant de disques par personne et par an que l'Angleterre. Outre les grands magasins où le choix est immense, Londres est également réputée pour ses boutiques de disques d'occasions, de vinyles ou spécialisés dans un type de musique. Peut-être la chance de dénicher la rareté que vous cherchiez depuis des années… En plus, c'est souvent moins cher qu'en France.

▶ **Vêtements.** Entre les boutiques d'Oxford Street et les fringues branchées des jeunes designers de l'East End, sans oublier les costumes pour hommes sur mesure « so british » et les fripes rétro du marché de Portobello, vous n'aurez que l'embarras du choix. Du plus classique au plus extravagant, quel que soit votre budget ou votre style, vous trouverez sans aucun doute de quoi refaire votre garde-robe.

▶ **Burberry.** Quoi de plus anglais que le traditionnel et tellement élégant imperméable Burberry accompagné du parapluie assorti. Bien sûr, ce n'est pas donné, mais vous trouverez à Londres un magasin Burberry qui vend les collections de l'année précédente à prix d'usines. Excellentes affaires et en plus, c'est indémodable…

▶ **Bijoux fantaisie.** Les boutiques et les marchés regorgent de bagues, bracelets, colliers originaux. Pour ceux que ça intéresse, vous trouverez également tous les modèles de piercing imaginables.

▶ **Thés.** Le thé est la boisson nationale et même les plus petits supermarchés ont un rayon bien fourni. Vous trouverez également des boutiques spécialisées offrant des thés du monde entier et tous les accessoires nécessaires à la fameuse « cérémonie ».

▶ **Livres.** La capitale offre un choix incroyable de livres nouveaux et surtout anciens ainsi que plein de librairies spécialisées dans des thèmes divers. Parfait si vous lisez l'anglais ou pour les collectionneurs…

▶ **Mobilier.** Que vous soyez plutôt meubles antiques ou dernière tendance du design, vous trouverez sans aucun doute ce qui vous plaît. Et si vous ne voulez pas vous faire livrer de grosses pièces, vous pouvez toujours vous rabattre sur les petits objets de décorations.

Shopping à Londres.

Où trouver quoi ?

▶ **Oxford Street et Regents Street.** Des boutiques à n'en plus finir avec également le célèbre « Department Store » Selfridges. L'embarras du choix donc, même si ce n'est pas là que vous trouverez des articles vraiment originaux et vous devrez également affronter la foule.

▶ **High Street Kensington.** Bonne alternative à Oxford Street. Vous y trouverez les mêmes classiques chaînes de magasins et quelques boutiques branchées.

▶ **King's Road.** Bien que King's Road ne soit plus aussi tendance que dans les années 1960, c'est encore un des hauts lieux du shopping londonien. Shopping branché, designers et compagnie.

▶ **Bond Street et Sloane Street.** Tous les grands couturiers : Chanel, Gucci, Hermès, Versace… Nicola Fahri, Stella McCartney et Vivienne Westwood ont également leurs boutiques dans ces quartiers.

▶ **Knightsbridge.** Quartier chic qui, entre autres boutiques de luxe, abrite les mythiques Department Stores : Harrods, Harvey Nichols…

▶ **Carnaby Street.** Si Carnaby Street était dans les années 1960 et 1970 LA rue branchée de Londres, aujourd'hui cette époque est révolue et la plupart des boutiques ressemblent plus à des attrape-touristes.

▶ **Saville Row et Jermyn Street.** C'est là que s'habillent les gentlemen anglais pour leurs costumes sur mesure et leurs chemises. Toute l'élégance british…

▶ **Antiquités.** Chelsea, Antiquarius Antique Center, le marché le plus connu est celui de Portobello Road mais vous ferez de meilleures affaires à Camden passage et Bermondsey Market.

▶ **Disques.** Camden et Brixton Markets ainsi que Berwick Street (entre Oxford Street et Soho) pour les vinyles.

▶ **Camden Market.** CDs, fringues, bijoux et accessoires en tout genre. Camden Market vaut le détour aussi bien pour l'ambiance que pour ce qu'on y vend.

▶ **Portobello Market.** Antiquités, fripes, bijoux…

▶ **Spitalfield Market.** Objets de déco, bijoux et créations de jeunes designers. Le marché branché du moment.

▶ **Charing Cross Road.** C'est là que se trouvent la plupart des meilleures librairies de Londres.

▶ **Tottenham Court Road.** Si vous cherchez des appareils électroniques et informatiques (souvent un peu moins chers qu'en France), c'est là qu'il faut se rendre.

▶ **Denmark Street.** Paradis pour les musiciens. On y trouve tous les instruments de musique ainsi que des partitions et des livres consacrés à la musique.

Londres, magasin de vêtements.

■ **CANDLE SHOP. 50 New Kings Road, Fulham** ℰ **020 7736 0740 – Tube : Parsons Green.** *Ouvert du lundi au samedi de 10h à 18h.* Magasin entièrement dédié aux bougies. Il y en a de toutes les formes, de toutes les couleurs et de toutes les tailles. Une idée de cadeau originale.

■ **ANYTHING LEFT-HANDED. 57, Brewer Street, W1** ℰ **020-7437 3910 – www.anythingleft-handed.co.uk – Tube : Piccadilly Circus.** *Ouvert de 10h à 17h30 du lundi au samedi.* Il n'y a qu'à Londres que l'on voit ça. Magasin dédié aux gauchers. Articles pratiques et rigolos dans tous les domaines de la vie quotidienne.

■ **CYBER DOG. The Stables. Chalk Farm Road, NW1** ℰ **020 7482 2842 – www.cyberdog. co.uk –** Un magasin de vêtements psychédéliques délirants où la musique techno résonne à fond. Il y a même des T-shirts dont le logo, alimenté par une petite batterie, clignote. Idéal pour se faire remarquer en boîte.

■ **DR HARRIS. 29, ST James Street, SW1** ℰ **020-7930 3915 – Tube : Green Park.** Pharmacie et parfumerie depuis 1790, Dr Harris offre plein de produits et accessoires pour les soins du corps, classiques ou originaux. Parmi les articles célèbres, le gel Crystal pour les yeux (destiné à dégonfler les yeux bouffis par le manque de sommeil ou les abus de la veille) ainsi qu'une potion magique « anti-gueule de bois », DR Harris Pick Me Up. A essayer !

■ **ANN SUMMERS. 79, Wardour Street, W1** ℰ **020-7434 2475 – www.annsummers.com – Tube : Piccadilly Circus.** *Ouvert de 10h à 23h du lundi au samedi, de 11h à 22h le dimanche.* Sex-shop grand public. Ici, pas de gêne, on s'y rend en couple, entre copains ou entre copines et c'est plutôt rigolo. Principalement de la lingerie avec les traditionnels PVC, cuir, dentelles rouges mais rien de trop mauvais goût. Egalement de nombreux gadgets. **Nombreuses autres adresses :** 155, Charing Cross Road. & 26, Brewer Street. & 127A, Queensway.

Panier gourmand

Grands magasins

■ **FORTNUM & MASON. 181, Piccadilly, W1** ℰ **020-7734 8040 – www.fortnumandmason. co.uk – Tube : Green Park.** *Ouvert du lundi au samedi de 10h à 18h30 et le dimanche de 11h à 16h.* Voilà plus de deux siècles que William Fortnum et Hugh Mason ont ouvert leur petite épicerie, devenue depuis l'un des magasins les plus chics et les plus exotiques du monde. Fortnum's (le nom de Mason disparaît dans l'appellation familière) est le royaume des produits provenant des quatre coins du monde. Leur Christmas Pudding est le meilleur du pays. Et il ne faut pas oublier le thé, bien sûr, dont la diversité fait l'orgueil de la maison. Autrefois, la maison tenait la liste de toutes les principales villes du monde et réservait à chacune d'elles le thé qui s'harmonisait le mieux avec l'eau locale. Aujourd'hui, si vous apportez un échantillon de votre eau – de source ou de robinet – Fortnum's vous conseillera le thé adéquat. Plus british…

■ **HARRODS FOOD HALLS. Harrods, 87-135, Brompton Road, SW1** ℰ **020-7730 1234 – www. harrods.com – Tube : Knightsbridge.** *Ouvert du lundi au samedi de 10h à 19h.* Il n'y a rien de mieux dans le genre. Tels les sons de la flûte d'un charmeur de serpents, ses fumets vous guideront infailliblement vers ce paradis de la gourmandise haut de gamme. Inchangé depuis 1886, le cadre est exceptionnel avec ses mosaïques et ses plafonds magnifiques (surtout dans le Meat Hall). Les rayons sont divisés en sections : viande, volaille, charcuterie, fruit, confiserie, boulangerie, poisson, épicerie, fleur, vin et alcool. Le service et la qualité sont irréprochables, le choix illimité, et les prix à la hauteur de l'établissement. Harrods vend tout ce qui se mange : si vous ne trouvez pas votre bonheur, ils vous le commanderont sans sourciller. Qualité, donc, et profusion, mais aussi présentation artistique : le poisson, par exemple, est arrangé de manière à composer une véritable sculpture – une sirène ou un phare… L'endroit est fascinant, et vous pourrez faire une halte chez le glacier, au café ou dans le bar à vins.

■ **SELFRIDGES FOOD HALLS. 400, Oxford Street, W1** ℰ **0870-837 7377 – www.selfridges. com – Tube : Marble Arch ou Bond Street.** *Ouvert du lundi au vendredi de 10h à 20h, le samedi de 9h30 à 20h et le dimanche de 12h à 18h.* Bien moins chers que chez Harrods ou Fortnum's, les Food Halls de Selfridges proposent une vaste sélection de produits et c'est un plaisir que d'y venir faire ses courses. Les produits sont groupés par petits îlots et l'on peut facilement trouver la section que l'on cherche. Outre les comptoirs traditionnels de viandes, poissons, fromages… Le magasin propose également un rayon casher, une boulangerie et des pâtes fraîches maison.

Acheter Futé

Les soldes (The Sales)

Les soldes ont lieu deux fois par an : début janvier (en fait maintenant dès le 27 décembre) et fin juin. Le grand événement commence habituellement un samedi (sauf chez Harrods) et dure deux à trois semaines.

Encore récemment, les Anglais arrivaient des quatre coins du pays avec tente et sac de couchage pour faire la queue la veille du jour d'ouverture. De mémoire de ménagère, les soldes de Harrods restent les plus émouvantes et les plus palpitantes.

Inutile d'aller faire ses courses la veille de cet événement biannuel, car les rayons ressemblent aux rues d'une ville assiégée se préparant à subir l'assaut que donneront à l'aube les meutes barbares. Sûr de son écrasante supériorité, Harrods ne commence jamais ses soldes le même jour que ses concurrents, mais attend toujours le mercredi suivant. L'établissement perd alors de son caractère élitiste et s'avance à la rencontre du peuple. Les cabines d'essayage deviennent communes, des centaines d'extra sont engagés pour aider le personnel permanent, et les quais de Knightsbridge Tube évoquent une fourmilière.

Les Charity shops

Ils vendent de tout mais plus particulièrement des vêtements, chaussures et accessoires et des CD, des cassettes ainsi qu'un peu de déco pour la maison. Tout est de seconde main, donc déjà porté ou utilisé mais propre et en bon état. Ils revendent ce que leur donnent les Londoniens à des prix très attractifs et reversent les bénéfices à des associations caritatives. Bien sûr, il faut fouiller mais parfois, vous pouvez faire d'excellentes trouvailles… C'est également très pratique si par exemple vous avez oublié d'emporter un pull ou un parapluie…

Designers à prix réduits

■ **BURBERRY FACTORY SHOP. 29-53 Chatham Place, E9** ✆ **020-8985 3344.** *Ouvert du lundi au vendredi de 11h à 18h, samedi de 10h à 17h et dimanche de 11h à 17h.* Les articles de la célèbre marque à prix d'usine.

■ **DESIGNER BARGAINS. 29, Kensington Church Street, W8** ✆ **020-7795 6777 – Tube : High Street Kensington.** *Ouvert du lundi au samedi de 10h à 18h.* L'endroit pour trouver des invendus de designers à moindre frais.

■ **PANDORA. 16-22, Cheval Place, SW7** ✆ **020-7589 5289 – Tube : Knightsbridge.** *Ouvert du lundi au samedi de 9h à 18h.* Pandora est sans doute le dépôt-vente « designer » le plus grand, en tout cas le plus connu de Londres.

■ **HARVEST.136, King's Road, SW3** ✆ **020 7581 9245 – Tube : Sloane Square.** *Ouvert de 10h à 19h, le dimanche de 12h à 18h.* Excellente et originale sélection de couturiers, principalement français et italiens. Au sous-sol vous sont proposés, à prix fortement réduits, les modèles invendus de la saison passée.

■ **JOSEPH SALE SHOP. 53, King's Road, SW3** ✆ **020 7730 7562 – Tube : Sloane Square.** *Ouvert de 10h30 à 18h du lundi au samedi (19h le mercredi), le dimanche de 12h à 17h.* Des fringues de créateurs à prix soldés (jusqu'à 80 % de réduction !).

■ **PAUL SMITH. 23, Avery Row, W1** ✆ **020 7493 1287 – Tube : Bond Street.** *Ouvert de 10h à 18h du lundi au samedi, le jeudi jusqu'à 19h.* Dans cette boutique, vous trouverez les invendus des collections précédentes du grand couturier. Ça vaut le détour !

Boutiques

■ **ARIGATO JAPANESE SUPERMARKET. 48-50, Brewer Street, W1** ℰ **020-7287 1722 – Tube : Piccadilly Circus.** *Ouvert du lundi au samedi de 10h à 21h et le dimanche de 11h à 20h. Accepte les paiements par carte pour des montants supérieurs à £ 15.* Un magasin de produits alimentaires japonais en plein cœur de Soho.

■ **ATHENIAN GROCERY. 16A, Moscow Road, W2** ℰ **020-7229 6280 – Tube : Bayswater.** *Ouvert du lundi au samedi de 8h30 à 19h et le dimanche de 8h30 à 13h.* Depuis 50 ans la même famille gère cette boutique de spécialités grecques (feta, olives). Les fruits et légumes sont en provenance de Chypre.

■ **COMPTOIR GASCON. 61-63, Charterhouse Street, EC1** ℰ **020-7608 0851 – Tube : Farringdon.** *Ouvert du lundi au vendredi de 8h à 20h et le samedi de 9h à 18h.* Spécialités du Sud-Ouest par la même équipe derrière le très bon restaurant Club Gascon.

■ **FRESH & WILD. 69-75, Brewer Street, W1** ℰ **020-7434 3179 – www.freshandwild. com – Tube : Piccadilly Circus.** *Ouvert du lundi au vendredi de 7h30 à 21h, le samedi de 9h à 20h et le dimanche de 11h30 à 18h30.* Un agréable magasin de produits bio. En bas, fruits et légumes, sandwichs, salades, gâteaux, chocolat et un bar pour prendre de bons jus de fruits (smoothies), cafés et plats chauds (pâtes, légumes, etc.). En haut, un supermarché d'alimentation et de bien-être (vitamines, huiles essentielles). Il existe plusieurs branches à Londres (Camden, Old Street, Westbourne Grove).

■ **LA FROMAGERIE. 30, Highbury Park, N5** ℰ **020-7359 7440 – www.lafromagerie.co.uk – Tube : Highbury & Islington.** *Ouvert le lundi de 10h30 à 19h30, du mardi au vendredi de 9h30 à 19h30, le samedi de 9h30 à 19h et le dimanche de 10h à 17h.* Très bons fromages mais aussi panettone, salamis, saucisses, jambon, tous en provenance de petits producteurs français et italiens. Les pâtes et gâteaux sont faits maison. Une deuxième boutique s'est ouverte à Marelybone fin 2002 (2-4, Moxton Street, W1 ℰ 020-7935 0341 – Tube : Marelybone).

■ **A GOLD TRADITIONAL FOOD OF BRITAIN. 42, Brushfield Street, E1** ℰ **020-7247 2487 – Tube : Liverpool Street.** *Ouvert du lundi au vendredi de 11h à 20h et le samedi de 11h à 18h.* Que des produits britanniques ! Fromages, saucisses (Cumberland sausages), gâteaux du pays de Galles.

■ **LINA STORES. 18, Brewer Street, W1** ℰ **020-7437 6482 – Tube : Piccadilly Circus.** *Ouvert du lundi au vendredi de 9h à 18h30 et le samedi de 9h à 17h30.* En plein cœur de Soho, une boutique italienne qui propose d'excellentes pâtes fraîches faites maison quotidiennement.

■ **JAPAN CENTRE. 212, Piccadilly, W1** ℰ **020-7434 4218 – www.japancentre.com – Tube : Piccadilly Circus.** *Ouvert du lundi au samedi de 9h30 à 21h et le samedi de 11h à 19h.* Comme un petit Tokyo en plein centre de Londres. Outre une librairie, une agence de voyages, un centre d'informations et un petit bar servant des snacks, soupes et sushis, le Japan Centre dispose d'un petit supermarché en bas. Saké, bières, nouilles, riz, soupes, gâteaux et bonbons en provenance du Japon. Le lieu est surtout fréquenté par des Japonais, étudiants ou expatriés à Londres, ce qui est toujours bon signe.

■ **LOON FUNG SUPERMARKET. 42-44, Gerrard Street, Soho, W1** ℰ **020-7437 7179 – Tube : Leicester Square.** *Ouvert tous les jours de 10h à 20h. Cartes de crédit non acceptées.* Au cœur du petit Chinatown londonien, Loon Fung est le plus ancien et le plus grand supermarché chinois du coin. A profusion, tous les ingrédients imaginables, ainsi que certains qu'on préférerait ne pas imaginer... On peut s'approvisionner en ustensiles de cuisine chinois, mais le stock principal est composé de conserves, de sauces, d'alcools et de thés.

■ **NEAL'S YARD DAIRY. 17, Short's Gardens, WC2** ℰ **020-7240 5700 – Tube : Covent Garden.** *Ouvert du lundi au samedi de 9h à 19h.* La crèmerie des fromages anglais par excellence, l'une des dernières à se fournir dans des fermes britanniques et irlandaises, dont elle affine les produits dans ses caves. Pour découvrir les fromages anglais, vieux cheddar (mûri pendant 18 mois), cheshire (doux et friable), double gloucester, duckett's caerphilly (doux et savoureux) ou blue stilton, bonchester (fromage écossais à croûte, au lait cru moulé à la louche) ou encore tyning (fromage de brebis riche et parfumé). La maison est plus qu'heureuse de vous laisser goûter et de vous conseiller. Oubliez vos préjugés : le fromage anglais est bon !

■ **NEAL'S YARD BAKERY. 6, Neal's Yard Place, WC2** ✆ **020- 7836 5199 – Tube : Covent Garden.** *Ouvert du lundi au samedi de 10h30 à 17h. N'accepte pas les paiements par cartes.* Sur la charmante petite place de Neal's Yard, une boulangerie qui propose pain bio et produits végétariens. Les gâteaux sont bons.

■ **PAXTON & WHITEFIELD. 93, Jermyn Street, SW1** ✆ **020-7930 0259 – www.cheese mongers.co.uk** – *Tube : Green Park ou Piccadilly Circus. Ouvert du lundi au samedi de 9h30 à 18h.* Une bonne fromagerie dans la très chic rue Jermyn Street.

■ **R. GARCIA & SONS. 248-250, Portobello Road, W11** ✆ **020-7221 6119 – Tube : Ladbroke Grove.** *Ouvert du mardi au samedi de 8h30 à 18h.* Victuailles (jambon, chorizo, fromages) et vins espagnols.

■ **RIPPON CHEESE STORES. 26, Upper Tachbrook Street, Victoria, SW1** ✆ **020-7931 0628 – Tube : Victoria.** *Ouvert du lundi au samedi de 8h à 17h15.* Excellente sélection de fromages, anglais et continentaux, et des spécialités originales comme le pecorino aux truffes.

■ **TAJ STORES. 112-114, Brick Lane, East End, E1** ✆ **020-7377 0061 – Tube : Aldgate East.** *Ouvert tous les jours de 9h à 21h. Principales cartes de crédits acceptées.* C'est dans cette rue que se trouve la plus forte concentration de restaurants indiens de Londres. Le supermarché est gigantesque, et vend tout ce qu'il faut pour réussir un curry : épices, poudre de curry, cardamome, cannelle, mélanges pour faire des chapatis, des popadums… N'hésitez pas à essayer leurs chutneys. Le Taj Stores est fréquenté régulièrement par la communauté indienne. C'est bon signe.

■ **TAWANA ORIENTAL SUPERMARKET. 16-20, Chepstow Road, Notting Hill, W2** ✆ **020-7221 6316 – Tube : Notting Hill Gate.** *Ouvert tous les jours de 9h30 à 20h. Cartes de crédit non acceptées.* C'est un petit coin de Thaïlande (avec un crochet par les Philippines et la Chine) que cette adresse où sont entassés jusqu'au plafond 12 sortes de piments thaïlandais, 20 variétés de sauce de poisson, des crevettes sous toutes leurs formes, des épices et des herbes à profusion. Tawana est le fournisseur d'un grand nombre des restaurants thaïlandais.

Thés et cafés

■ **DRURY TEA & COFFEE COMPANY. 3, New Row, WC2** ✆ **020-7836 1960 – www.drury. uk.com** – **Tube : Leicester Square ou Covent Garden.** *Ouvert du lundi au vendredi de 8h à 18h et le samedi de 11h à 17h.* Boutique de thés établie depuis 1936. Aujourd'hui tenue par les fils et les petits-fils des frères italiens qui avaient fondé ce commerce. Thé par paquets, café à la livre.

■ **H. R. HIGGINS. 79, Duke Street W1** ✆ **020-7629 3913 – www.hrhiggins.co.uk** – **Tube : Bond Street.** *Ouvert du lundi au vendredi de 9h30 à 17h30 et le samedi de 10h à 17h.* C'est LE MEILLEUR magasin de torréfaction de Londres. Situé à l'origine dans South Molton Street, le magasin a déménagé il y a quelques années, en se dotant d'un département thé. Higgins possède de nombreuses variétés de Darjeelings. C'est le fournisseur officiel de la reine.

■ **MONMOUTH COFFEE HOUSE. 27, Monmouth Street, WC2** ✆ **020-7379 3516 – Tube : Covent Garden.** *Ouvert du lundi au samedi de 9h à 18h30.* Une brûlerie absolument extraordinaire, où l'on vend des fèves crues ou torréfiées à la commande, en gros et au détail. Parmi les spécialités : Excelso colombien de Medellín ; Kenya ou Organique (biologique) du Brésil. Une petite salle de dégustation permet de goûter des échantillons de thé et de café.

■ **THE TEA HOUSE. 15, Neal Street, WC2** ✆ **020-7240 7539 – Tube : Covent Garden.** *Ouvert le lundi, mardi, mercredi, vendredi et samedi de 10h à 19h, le jeudi de 10h à 19h30 et le dimanche de 12h à 18h.* De premier abord, on pourrait croire à un attrape-touristes, mais en fait cette petite boutique, dont les effluves qui se répandent dans Neal Street vous attirent irrémédiablement, propose un vaste et excellent choix de thés, du plus classique (English Breakfast, Darjeeling, Earl Grey) au plus original (noix de coco, menthe et chocolat, miel, thé de Noël). Egalement une large gamme de théières, boîtes à thé, confitures et biscuits à des prix réalistes.

Vins et spiritueux

■ **THE BEER SHOP. 14, Pitfield Street, N1** ✆ **020-7739 3701 – www.pitfieldbeershop.co.uk** – **Tube : Old Street.** *Ouvert du lundi au vendredi de 11h à 19h et le samedi de 10h à 16h.* Peut-être la plus grande sélection de bières au monde. Toutes les bières anglaises en tonnelets de 36 et 72 pints mais aussi de 144 pints. Vous trouverez également des bières en bouteille en provenance du monde entier. Brassage bio, bières de raisin et de malt, et Dieu sait combien de sortes de bières belges. Sans oublier les pichets, chopes ou torchons…

▪ **CORNEY & BARROW. 194, Kensington Park Road, W11** ✆ **020-7221 5122 – Tube : Ladbroke Grove.** *Ouvert du lundi au vendredi de 10h30 à 21h et le samedi de 9h30 à 20h.* Bonne sélection de bières et vins à emporter dans les restaurants ne possédant pas de licence.

▪ **JUSTERINI & BROOKS. 61, Saint James's Street, SW1** ✆ **020-7493 8721 – Tube : Green Park.** *Ouvert du lundi au vendredi de 9h à 19h.* Etablis en 1749, Justerini & Brooks sont parmi les plus anciens marchands de vins de Londres. Dès 1799, ils sont devenus fournisseurs officiels de la famille royale (« By Appointment… »). Ils sont connus dans le monde entier pour le J & B Rare Scotch Whisky, un mélange que la maison créa au moment de l'abolition de la prohibition aux Etats-Unis. A Londres, ils sont aussi renommés pour leur caves de vins en provenance du monde entier, mais surtout pour leurs bordeaux. En ce moment, Justerini est en plein travaux de rénovation et il semblerait que le magasin veuille se concentrer sur la vente par catalogue. A suivre…

▪ **NICOLAS. 8 New Row, London WC2N** ✆ **020 7580 1622 – www.nicolas.co.uk – Tube : Covent Garden.** *Ouvert du lundi au vendredi de 10h à 19h30.* Il y a une vingtaine de magasins « Nicolas » à Londres. Grande sélection de vins et de champagnes français ainsi que d'alcools.

▪ **ODDBINS. 135, Camden High Street, NW1** ✆ **020-7284 24 67 – www.oddbins.com – Tube : Camden Town.** *Ouvert du lundi au samedi de 10h à 18h30.* Vous en trouverez toujours un dans votre quartier. Un grand choix de vins français et une étonnante sélection provenant de Nouvelle-Zélande, de Californie, de l'Amérique du Sud, d'Australie.

Antiquités

Avant tout, il faut savoir où acheter : magasins, marchés, foires ou ventes aux enchères. Pour les collectionneurs débutants, les nombreux marchés de la capitale sont un excellent point de départ. Pour les chineurs avertis, quelques magazines mensuels d'antiquités donnent la liste des auctions (ventes aux enchères) et des foires du mois.

Voici une liste des marchés réputés pour leur grand choix d'antiquités, ainsi que le nom de quelques magasins particulièrement bien fournis dans leur spécialité.

Salles de ventes

▪ **CHRISTIE'S.** 8, King Street, SW1 ✆ 020-7839 9060 – www.christies.com – Tube : Green Park

▪ **SOTHEBY'S.** 34-35, New Bond Street, W1 ✆ 020-7293 5000 – www.sothebys.com – Tube : Bond Street.

▪ **PHILIPS.** 101, New Bond Street, W1 ✆ 020-7629 6602 – www.philipsauctions.com – Tube : Bond Street.

▪ **BONHAMS.** Montpelier Street, SW7 ✆ 020-7393 3900 – www.bonhams.com – Tube : Knightsbridge.

Marchés

Flânez sur Kensington Church Street (Tube : High Street Kensington ou Notting Hill Gate) ; vous y trouverez de nombreuses boutiques d'antiquités de qualité : New Century Antiques, Haslam & Whiteway, Paul Reeves (arts décoratifs du XIXᵉ siècle), Jeanette Hayhurst (verrerie XVIIIᵉ siècle et époque édouardienne), John Jesse (Art nouveau et Art déco), etc.

▪ **BERMONDSEY ANTIQUE MARKET.** Connu aussi sous le nom de New Caledonian Market, il se tient tous les vendredis de 4h à 14h. La manière la plus pittoresque d'atteindre ce marché est de traverser Tower Bridge, puis de continuer le long de Bermondsey Street jusqu'aux premiers entrepôts d'antiquités, des bâtiments énormes remplis de tableaux et de meubles. Toujours animé et vivant, à l'intersection de Bermondsey Street et Long Lane, SE1 (Tube : Tower Hill ou London Bridge), ce marché triangulaire abrite quelque 250 stands serrés les uns contre les autres. Arrivez tôt pour marchander porcelaine, montres, briquets, argenterie et bijoux. N'accepte pas les paiements par cartes.

▪ **ISLINGTON MARKET. Upper Street et Essex Road, N1, près de la station de métro Angel.** Certains stands acceptent les cartes de crédit. La variété est grande, du minuscule stand d'antiquités à l'immense magasin de meubles anciens inabordables. Remontez la rue principale jusqu'à ce qu'elle se divise en Upper Street à gauche et Essex Road à droite. Vous trouverez des magasins intéressants dans chacune de ces rues, dont certains sont à peine visibles entre un restaurant et une papeterie.

Le plus attirant reste de toute façon Camden Passage, un ensemble de petites rues pittoresques où sont installés de nombreux magasins, ainsi qu'un marché de plus de 300 stands ouvert le mercredi, le jeudi et le samedi (8h30-15h). Les meilleures affaires se font à l'aurore, à l'heure où les marchands chinent. Camden Passage peut paraître cher, mais les articles sont souvent introuvables ailleurs.

■ **PORTOBELLO ROAD MARKET. Portobello Road, W10** ✆ **W11 – www.portobelloroad. co.uk – Tube : Ladbroke Grove ou Notting Hill Gate.** Certains stands acceptent les cartes de crédit. Ce quartier est non seulement connu pour ses galeries d'art et ses boutiques de fripes, mais également pour ses antiquaires. Plusieurs marchés s'y tiennent tout au long de la semaine (voir rubrique « Marchés »), mais c'est le samedi de 5h30 à 17h que les antiquités sont à l'honneur. Seul le hasard ou un œil particulièrement exercé vous mettront en présence d'une pièce rare. Vous y verrez surtout de la brocante et des objets de porcelaine, bijoux, argenterie… Plus touristique que propice aux bonnes affaires, le quartier reste sympathique et mérite le détour.

Marchés couverts

■ **ALFIE'S ANTIQUE MARKET. 13-25, Church Street, NW8** ✆ **020-7723 6066 – www.eal-fies.com – Tube : Edgware Road ou Marylebone.** *Ouvert du mardi au samedi de 10h à 18h. Certains stands acceptent les cartes de crédit.* Immense marché d'antiquités de Londres. Chopes commémoratives, articles de sport, bagages en cuir, vieux presse-papiers, poterie Staffordshire victorienne et téléphones des années 1960… Chez Alfies, on ratisse large. Ce marché se veut « le marché d'antiquités le moins connu et le plus apprécié de Londres ». De l'extérieur, on dirait un petit entrepôt poussiéreux. A l'intérieur on se croirait dans la caverne d'Ali Baba. Un labyrinthe de plus de 370 stands vous égare sur 5 étages (des plans sont disponibles). Au milieu de cette mine de trésors se cache un café-restaurant, Alfie's Café (bravo si vous le trouvez !).

Si votre soif d'antiquités est inextinguible, vous pourrez encore chiner dans Church Street. Un marché quotidien d'alimentation et de fringues – de quoi vous occuper tout un après-midi.

■ **ANTIQUARIUS. 131-141, Kings Road, Chelsea, SW3** ✆ **020-7351 5353 – Tube : Sloane Square, puis prendre le bus 22, 19 ou 11. Descendre à Chelsea Town Hall.** *Ouvert du lundi au samedi de 10h à 18h. Certains stands acceptent les cartes de crédit.* Antiquarius fait partie d'une chaîne de marchés d'antiquités appartenant aux Atlantic Antiques Centres, fondés en 1970. A l'origine, il s'agissait de regrouper le plus de spécialistes possible sous un même toit, au centre d'un quartier de magasins et de restaurants chics. Environ 130 stands proposent des articles de collection, des livres anciens, des luminaires, de la verrerie ou des articles de cuir. Vous entendrez les derniers potins du business dans le petit café du fond.

■ **GRAYS ANTIQUE MARKET & GRAYS IN THE MEWS. 58, Davies Street et 1-7, Davies Mews, West End, W1** ✆ **020-7629 7034 – www.egrays.co.uk/www.emews.co.uk – Tube : Bond Street.** *Ouvert du lundi au vendredi de 10h à 18h. Certains stands acceptent les cartes de crédit.* Grays occupe deux magnifiques immeubles victoriens dont les innombrables fenêtres laissent entrer des flots de lumière. Il propose des articles de collection sélectionnés et souvent assez chers. Les amateurs prospères se laisseront tenter par des montres à monture en diamants, des bracelets ou des bagues du début du siècle. Si tout est ici dûment expertisé (on ne risque pas de se faire fourguer un John Smith pour un Lalique), les prix restent quand même excessifs. Mais c'est ici qu'on trouve la meilleure sélection de bijoux anciens.

■ **LONDON SILVER VAULTS. Chancery House, 53-64, Chancery Lane, WC2** ✆ **020-7242 3844 – Tube : Chancery Lane.** *Ouvert du lundi au vendredi de 9h à 17h30 et le samedi de 9h à 13h30. Certains marchands acceptent les cartes de crédit.* Construites en 1883, ces chambres fortes sont enterrées à 42 pieds sous terre, derrière des portes en acier de 15 pouces d'épaisseur – pas étonnant qu'elles n'aient jamais été dévalisées. Plus de 40 marchands, au professionnalisme irréprochable, proposent surtout des pièces en argent (anciennes et modernes) mais également des bijoux et des articles en or.

Retrouvez en pages 4 et 5 la carte générale de la Grande-Bretagne

Bijoux

■ **EC ONE. 41, Exmouth Market** ✆ **020-7713 6185.** *Ouvert du lundi au vendredi de 10h à 18h et le samedi de 10h30 à 18h.* Une trentaine de créateurs vendent ici leurs bijoux, d'inspiration ultra contemporaine. Si vous le souhaitez, ils dessineront pour vous un modèle unique.

Cadeaux

■ **ANYTHING LEFT-HANDED. 57, Brewer Street, W1** ✆ **020-7437 3910 – www.anythingleft-handed.co.uk – Tube : Piccadilly Circus.** *Ouvert du lundi au vendredi de 10h à 18h et le samedi de 10h à 17h.* Pour les gauchers ! Du plus pratique (ciseaux, ouvre-boîtes) à l'éducatif (livres d'écriture pour les enfants).

■ **MUJI. 157, Kensington High Street, W8** ✆ **020-7376 2484 – www.muji.co.jp – Tube : High Street Kensington.** *Ouvert du lundi au mercredi de 10h30 à 19h, les jeudis et vendredis de 10h à 19h30, le samedi de 10h à 19h et le dimanche de à 12h à 18h.* Un magasin inclassable, car Muji propose un peu de tout, sa spécialité consistant à ne jamais vendre des produits de marque. Ce concept original vient tout droit du pays producteur des marques les plus vendues au monde, le Japon. D'ailleurs muji signifierait « pas d'objets de marque » en japonais... Donc, ni marque ni griffe pour des objets fabriqués à partir de matériaux naturels ou recyclés. L'idée attire une large clientèle, prête à payer un peu plus cher pour un produit anonyme : l'antithèse même des années 1980... Vous y trouverez des carnets et de la papeterie, des boîtes en alu de toutes les tailles, quelques vêtements monochromes très simples, des bonbons et biscuits japonais, des articles de cuisine. Chez Muji, les articles ne portent qu'une sobre étiquette japonaise avec un code barre et un prix. Ce raffinement n'est pas donné, et sans doute pourriez-vous découvrir la même chose ailleurs, moins cher, en prenant le temps. Mais cela en vaut-il l'effort ? Puisque tout est déjà ici...

■ **PAST TIMES. 155, Regent Street, W1** ✆ **020-7734 3728 – www.past-times.com – Tube : Oxford Circus.** *Ouvert du lundi au mercredi, les vendredis et samedis de 9h30 à 19h, le jeudi de 9h30 à 20h et le dimanche de 11h à 18h.* Objets à thème historique ou nostalgique : Art nouveau, époque victorienne, enfance, etc.

■ **WILDE ONES. 283, King's Road, SW3** ✆ **020-7376 7982 – www.wildeones.com – Tube : Sloane Square.** *Ouvert du lundi au vendredi de 10h à 18h, le samedi de 10h à 19h et le dimanche de 12h à 18h.* Bijoux, poteries, huiles essentielles, encens, cartes de tarot. On est en plein Swinging London psychédélique !

Centres commerciaux

■ **ONE SHOPPING CENTRE. 21, Parkfield Street, N1** ✆ **020-7359 2674 – www.n1islington.co.uk – Tube : Angel.** *Ouvert du lundi au samedi de 10h à 19h et le dimanche de 11h à 17h.* Nouveau centre commercial avec 20 boutiques (d'autres sont également en prévision). Marques habituelles et un cinéma (9 salles).

■ **PLAZA SHOPPING CENTRE. 120, Oxford Street, W1** ✆ **020-7637 8811 – www.plaza-oxfordst.com – Tube : Oxford Circus.** 34 magasins au centre de Londres.

■ **THOMAS NEAL CENTRE. 29-41, Earlham Street, WC2** ✆ **020-72404741 – Tube : Covent Garden.** *Ouvert du lundi au vendredi de 10h à 19h et le dimanche de 12h à 18h.* Un total de 25 magasins réunis dans ce centre commercial tout près de Covent Garden. Plusieurs boutiques de streetwear, surf, skateboard.

■ **WHITELEY'S. 151, Queensway, W2** ✆ **020-7229 8844 – www.whiteleys.com –** *Ouvert du lundi au samedi de 10h à 20h et le dimanche de 12h à 18h.* Ce grand magasin reconverti n'a conservé de sa précédente existence que son grand escalier et son dôme central en verre. C'est aéré et très spacieux, tout en restant à l'échelle humaine. Les deux étages de boutiques sont plutôt chics sans être très chers, et on y trouve aussi des marques comme Oasis, Body Shop, Kookaï.

Supermarchés

■ **SAINSBURY'S. 3-11, Southampton Road, WC2** ✆ **020-786 4316 – www.sainsburys.com – Tube : Covent Garden.** *Ouvert du lundi au samedi de 6h à 00h et le dimanche de 12h à 18h.* Nombreux autres magasins dans Londres.

■ **TESCO METRO. 311, Oxford Street, W1** ✆ **020-7530 8400 – www.tesco.com – Tube : Bond Street.** *Ouvert du lundi au samedi de 8h à 00h et le dimanche de 10h à 18h.* Nombreux autres magasins dans Londres.

■ **WAITROSE. 98-101, Marelybone High Street, W1** ✆ **020-7935 4787 – www.waitrose. com – Tube : Baker Street.** *Ouvert du lundi au samedi de 8h30 à 21h et le dimanche de 11h à 17h.* Un supermarché plus chic que les deux précédents. Les prix sont plus élevés.

Chaussures

■ **BUFFALO BOOTS. 65-7, Neal Street, WC2** ✆ **020-7379 1051 – www.buffalo-boots.com – Tube : Covent Garden.** *Ouvert du lundi au samedi de 10h30 à 19h et le dimanche de 12h à 17h.* Aujourd'hui, la marque Buffalo ne se limite plus aux chaussures types échasses avec les énormes semelles. Plein de modèles différents et plutôt sympas.

■ **CHURCH'S SHOES. 201, Regent Street, W1** ✆ **020-7734 2438 – www.church-footware. com – Tube : Oxford Circus.** *Ouvert du lundi au mercredi, les vendredis et samedis de 10h à 18h30, le jeudi de 10h à 19h30 et le dimanche de 12h à 18h.* Nec plus ultra de la chaussure masculine, Church's n'a pas de rival en matière de qualité et d'élégance. Les prix commencent à £ 150. Il existe des modèles féminins, mais ce n'est pas son point fort.

■ **DR MARTEN DEPARTMENT STORE. 1-4, King Street, WC2** ✆ **020-7497 1460 – www.drmartens. com – Tube : Covent Garden.** *Ouvert du lundi au mercredi, les vendredis et samedis de 10h à 19h, le jeudi de 10h à 20h et le dimanche de 12h à 18h.* Des Docs, encore des Docs et toujours des Docs ! Les trois étages du magasin regorgent des célèbres chaussures, basses ou montantes, à carreaux, à pois, imitation croco… Compter £ 50 en moyenne.

■ **LK BENNETT. 130, Long Acre, WC2** ✆ **020-7379 1710 – www.lkbennett.com – Tube : Covent Garden.** *Ouvert du lundi au mercredi, les vendredis et samedis de 10h30 à 19h30, le jeudi de 10h30 à 20h et le dimanche de 11h à 18h.* Chaussures, mules et bottes très féminines, généralement assez pointues. Les modèles commencent aux alentours de £ 70.

■ **OFFICE. 57, Neal Street, WC2** ✆ **0207379 1896 – www.officelondon.co.uk – Tube : Covent Garden.** *Ouvert du lundi au mercredi, les vendredis et samedis de 10h à 19h30, le jeudi de 10h à 20h et le dimanche de 12h à 18h.* Les femmes ont l'embarras du choix entre chaussures plates, modèles pointus, espadrilles, ballerines ou bottes. Pour les hommes, des chaussures de marque Office ou des marques comme Paul Smith, Kickers et Timberland. Egalement une bonne sélection de chaussures de sport : Adidas, Converse, Puma, etc. Les petits prix font que la boutique est généralement prise d'assaut le week-end.

■ **PIED A TERRE. 19, South Molton Street, W1** ✆ **020-7493 3637 – www.heshoestudio.com – Tube : Bond Street.** *Ouvert du lundi au mercredi, les vendredis et samedis de 9h à 19h, le jeudi de 9h à 20h et le dimanche de 12h à 18h.* De jolies chaussures, de bonne qualité, fabriquées pour la plupart en Italie. Le cuir est souple, le daim est doux, et les modèles sont souvent très originaux, agrémentés de détails discrets, d'une ligne délicate et féminine. Comptez £ 70-£ 80.

■ **SHELLYS. 266-270, Regent Street, W1** ✆ **020-7287 0939 – www.shellys.co.uk – Tube : Oxford Circus.** *Ouvert du lundi au mercredi, les vendredis et samedis de 10h à 19h, le jeudi de 10h à 20h et le dimanche de 12h à 18h.* Cette marque fabrique depuis longtemps des modèles originaux pour homme ou femme, et suit de près la jeune création londonienne.

Électronique et informatique

Aucune boutique n'est à recommander en particulier, mais pour tout ce qui concerne l'électronique (des composants aux grands équipements commerciaux), les commerces spécialisés sont concentrés sur Edgware Road, au nord de la bretelle de Paddington, entre Bell Street et Church Street ; et sur Tottenham Court Road, entre Oxford Street et Goodge Street.

Jeux, gadgets et magie

■ **BENJAMIN POLLOCK'S TOYSHOP. 44, The Market, Covent Garden, WC2** ✆ **020-7379 7866 – www.pollocks-coventgarden.co.uk – Tube : Covent Garden.** *Ouvert du lundi au samedi de 10h30 à 18h et le dimanche de 11h à 16h.* Boutique de jouets traditionnels. Poupées russes, marionnettes, figurines de carton à découper à la plus grande joie des tout-petits… et des plus grands !

■ **GAMES WORKSHOP. The Plaza. 116-128, Oxford Street, W1** ℂ **020-7436 0839 – www. games-workshop.com – Tube : Oxford Circus.** *Ouvert du lundi au mercredi, les vendredis et samedis de 10h à 19h, le jeudi de 10h à 20h et le dimanche de 12h à 18h.* Spécialiste des jeux de rôle et de science-fiction style « Wargames ». Toutes les figurines, peintures, bouquins sont disponibles pour satisfaire leurs grands enfants de clients.

■ **HAMLEYS. 188-196, Regent Street, W1** ℂ **0870-333 2455 – www.hamleys.com – Tube : Oxford Circus.** *Ouvert du lundi au vendredi de 10h à 20h, le samedi de 9h30 à 20h et le dimanche de 12h à 18h.* Un paradis pour les enfants. Des jouets et des jeux sur cinq étages. Magique pour les petits et les grands.

■ **INTERNATIONAL MAGIC STUDIO. 89, Clerkenwell Road, Clerkenwell, EC1** ℂ **020-7405 7324 – www.internationalmagic.com – Tube : Chancery Lane ou Farringdon.** *Ouvert du lundi au vendredi de 11h30 à 18h et le samedi de 11h30 à 16h.* Une véritable caverne d'Ali Baba pour illusionnistes, débutants ou confirmés.

■ **ORCS NEST. 6, Earlham Street, WC2** ℂ **020-7379 4254 – www.orcsnest.com – Tube : Covent Garden ou Leicester Square.** *Ouvert du lundi au mercredi, les vendredi et samedi de 11h à 18h et le jeudi de 11h à 19h.* Des jeux imaginatifs, et tout ce qui va avec : pièces, modèles réduits, tableaux, mais aussi périodiques et livres sur le sujet. Egalement tout ce qu'il faut pour le jeu de rôles *Donjons et Dragons*.

Librairies

Londres ne manque pas de librairies. Il y a bien sûr les chaînes telles que Books etc. ou Waterstones, où vous aurez un vaste choix de livres, et les éditions les plus récentes. Pour les achats plus spécifiques ou les bouquins rares, il existe aussi des tas de petites librairies spécialisées.

Depuis plusieurs décennies, Charing Cross Road (Tube : Tottenham Court Road ou Leicester Square) est le quartier des librairies. Jadis, Collets y tenait plusieurs magasins, dont un consacré exclusivement aux Penguin Books. A la librairie Calder & Boyers, les éditeurs John Calder et Marion Boyers accueillaient en personne les clients. Poètes et écrivains s'y donnaient rendez-vous pour discuter, draguer les touristes, bouquiner dans l'immense collection de littérature et de livres d'art, ou tout simplement échanger les derniers potins. Malheureusement aujourd'hui de nombreux bouquinistes ont été chassés par le boom immobilier du quartier et seuls Zwemmers et Foyles ont survécu à cette époque héroïque. Cependant, Charing Cross Road abrite toujours les meilleures librairies de Londres et si vous recherchez un bouquin en particulier ou si vous vous intéressez à un thème précis, c'est là qu'il faut chercher.

Le numéro 84 de Charing Cross Road a été rendu célèbre par un livre, dont furent tirés une pièce, puis un film et enfin une comédie musicale. L'intrigue était basée sur la correspondance d'un libraire et d'une cliente américaine qui ne se rencontraient jamais. Lors du triste dénouement, le héros annonçait la disparition de la librairie, qui devait faire place à un nouveau lotissement. L'auteur n'était pas loin de la vérité car, si l'immeuble où se trouvait la fameuse librairie est toujours debout, il abrite aujourd'hui un pub et les pompes à bière ont remplacé les étagères de livres…

■ **AL HODA. 76-78, Charing Cross Road, WC2** ℂ **020-7240 8381 – www.alhodnet.com – Tube : Leicester Square.** *Ouvert tous les jours de 10h à 18h.* Editeur et distributeur de livres sur l'art et la culture islamiques.

■ **ANY AMOUNT OF BOOKS. 56, Charing Cross Road, WC2** ℂ **020-7836 3697 – www.any amountofbooks.com – Tube : Leicester Square.** *Ouvert du lundi au samedi de 10h30 à 21h30 et le dimanche de 11h30 à 19h30.* Beaucoup de livres, braderie au sous-sol avec livres à £ 1.

■ **BLACKWELL'S. 100, Charing Cross Road, WC2** ℂ **020-7292 5100 – www.blackwell. co.uk – Tube : Tottenham Court Road.** *Ouvert du lundi au samedi de 9h30 à 20h et le dimanche de 12h à 18h.* Une branche de la fameuse librairie universitaire d'Oxford. Beaucoup de choix et personnel efficace.

■ **BOOKS ETC. 23-26, Piccadilly, W1** ℂ **020-7437 7399 – www.books.co.uk – Tube : Piccadilly Circus ou Green Park.** *Ouvert du lundi au samedi de 9h30 à 20h et le dimanche de 12h à 18h.* Une librairie conviviale.

■ **BOOKS FOR COOKS. 4, Blenheim Crescent, W11** ℂ **020-7221 1992 – www.booksforcooks. com – Tube : Ladbroke Grove.** *Ouvert du mardi au samedi de 10h à 18h.* Tous les livres de cuisine du monde. La libraire fait tester les recettes de ses livres dans la cuisine de son restaurant (voir la section Restaurants).

■ **BORDERS BOOKS & MUSIC. 203, Oxford Street, W1** ✆ **020-7292 1600 – www.borders. com – Tube : Oxford Circus.** *Ouvert du lundi au samedi de 8h à 23h et le dimanche de 12h à 18h.* Livres importés des Etats-Unis que vous ne trouverez pas ailleurs. Egalement un choix éclectique de magazines.

■ **CINEMA BOOKSHOP. 13-14, Great Russell Street, WC1** ✆ **020-7637 0206 – Tube : Tottenham Court Road.** *Ouvert du lundi au samedi de 10h30 à 17h30.* Tout sur le cinéma : de la biographie d'acteurs ou de réalisateurs jusqu'aux sujets les plus techniques, des livres épuisés ou difficilement trouvables, ainsi que des photos de tournage, des affiches et d'autres souvenirs.

■ **THE EUROPEAN BOOKSHOP. 5, Warwick Street, W1** ✆ **020-7734 5259 – www.esb.co.uk – Tube : Piccadilly Circus.** *Ouvert du lundi au samedi de 9h30 à 18h.* Bonne boutique de livres en diverses langues européennes.

■ **THE FRENCH BOOKSHOP. 28, Bute Street, SW7** ✆ **020-7584 2840 – www.frenchbookshop. com – Tube : South Kensington.** *Ouvert du lundi au vendredi de 8h30 à 18h et le samedi de 10h à 17h.* Classiques de la littérature française ainsi que les dernières nouveautés.

■ **FOYLES. 113-119, Charing Cross Road, WC2** ✆ **020-7437 5660 – www.foyles.com – Tube : Tottenham Court Road.** *Ouvert du lundi au samedi de 9h30 à 20h et le dimanche de 12h à 18h.* Cinq étages de livres, pour l'une des plus vastes librairies du monde. Elle l'était encore plus lorsqu'elle occupait également les quatre étages de l'immeuble d'en face, aujourd'hui loués à la concurrence. La section « voyages » est l'une des mieux fournies de Londres et une grande sélection de publications en langues étrangères est proposée au 2e étage. Foyles abrite désormais *Silver Moon Women's Bookshop* (livres sur, pour et par des femmes) au 3e étage. Mieux vaut vous armer de patience, il est parfois difficile de trouver ce que l'on veut.

■ **GAY'S THE WORD. 66, Marchmont Street, WC1** ✆ **020-7278 7654 – www.gaystheword. co.uk – Tube : Russell Square.** *Ouvert du lundi au samedi de 10h à 18h30 et le dimanche de 14h à 18h.* La librairie de la communauté gay et lesbienne londonienne.

■ **GOSH ! 39, Great Russell Street, WC1** ✆ **020-7636 1011 – Tube : Tottenham Court Road.** *Ouvert les lundis, mercredis, samedis et dimanches de 10h à 18h et les jeudis et vendredis de 10h à 19h.* Tout l'univers de la B. D., des dizaines, voire des centaines de revues introuvables en France. Accueil sympa.

■ **HELTER SKELTER. 4, Denmark Street, WC2** ✆ **020-7836 1151 – www.skelter.demon. co.uk – Tube : Tottenham Court Road.** *Ouvert du lundi au vendredi de 10h à 19h et le samedi de 10h à 18h.* La meilleure boutique pour acheter des livres sur la musique.

■ **HENRY PORDES BOOKS. 58-60, Charing Cross Road, WC2** ✆ **020-7836 9031.** *Ouvert du lundi au samedi de 10h à 19h.* Livres d'occasion et éditions rares. On y trouve de tout : art, photographie, biographie, cinéma, histoire militaire et navale, design, décoration, publicité, etc.

■ **MOTOR BOOKS. 33 & 36, Saint Martin's Court, WC2** ✆ **020-7836 5376 – www.motorbooks. co.uk – Tube : Leicester Square ou Charing Cross.** *Ouvert du lundi au mercredi et vendredi de 9h30 à 18h, le jeudi de 9h30 à 19h et le samedi de 10h30 à 17h30.* LE spécialiste des livres, des périodiques et des cassettes vidéo consacrés aux voitures et à la course automobile, mais aussi aux chemins de fer, aux locomotives, à l'aviation et à l'histoire militaire.

■ **MURDER ONE. 71-3, Charing Cross Road, WC2** ✆ **020-7734 3483 – www.murderone. co.uk – Tube : Leicester Square.** *Ouvert du lundi au mercredi de 10h à 19h et du jeudi au samedi de 10h à 20h.* Ecrivain et éditeur, Maxim Jakubowski gère cette boutique dédiée aux crimes, mystères, science-fiction et horreur.

■ **SHIPLEY. 70, Charing Cross Road, WC2** ✆ **020-7836 4872 – www.artbook.co.uk – Tube : Leicester Square.** *Ouvert du lundi au samedi de 10h à 18h.* Livres d'art dans tous les domaines, depuis l'architecture jusqu'aux catalogues d'expositions.

■ **SILVER MOON WOMEN'S BOOKSHOP. 3e étage de Foyles, 113-119, Charing Cross Road, WC2** ✆ **020-7437 5660 – Tube : Tottenham Court Road.** *Ouvert du lundi au samedi de 9h30 à 20h et le dimanche de 12h à 18h.* La librairie des femmes.

■ **SPORTSPAGE. Caxton Walk, 94-96, Charing Cross Road, WC2** ✆ **020-7240 9604 – www. sportspages.co.uk – Tube : Leicester Square ou Tottenham Court Road.** *Ouvert du lundi au samedi de 9h30 à 19h.* Livres, périodiques, cassettes vidéo et cartes postales sur le sport (football, cricket, rugby, hockey, etc.).

■ **THE TRAVEL BOOKSHOP.** 13, Blenheim Crescent, W 11 ✆ 020-7229 5260 – www.the travelbookshop.co.uk – Tube : Ladbroke Grove. *Ouvert lundi, mercredi, vendredi et samedi de 10h à 18h, le jeudi de 10h à 20h et le dimanche de 12h à 17h.* Dans cette librairie pour globe-trotters, le service est personnalisé, attentif et avisé. Excellente collection de guides. Si l'ouvrage recherché n'est pas là, on vous le commandera, qu'il soit récent ou ancien.

■ **WATERSTONE'S.** 203-206, Piccadilly, W1 ✆ 020-7851 2400 – www.waterstones.co.uk – Tube : Piccadilly Circus. *Ouvert du lundi au samedi de 10h à 23h et le dimanche de 12h à 18h.* Librairie préférée des Anglais, Waterstone's est à présent une grande chaîne de magasins établie dans les principales villes du pays. Un de leurs points forts : les rencontres avec des auteurs et les lectures d'œuvres en cours. Un bon choix de livres, à feuilleter dans une ambiance détendue. Les vendeurs connaissent leur catalogue et ne vous harcèleront jamais. Littérature, fiction, poésie, théâtre, cuisine, art, voyages, religion, géographie, architecture, biographies et cuisine ne sont que quelques-unes des sections proposées. Le Waterstone's de Piccadilly est immense et dispose en plus d'un café en bas et d'un bar en haut pour faire une pause entre deux recherches.

■ **ZWEMMER.** 72, Charing Cross Road, WC2 ✆ 020-7240 4158 – www.zwemmer.com – Tube : Leicester Square. *Ouvert les lundis, mercredis et vendredis de 10h à 18h30, le jeudi de 10h à 20h et le samedi de 10h à 18h.* Il existe plusieurs branches Zwemmer, celle-là est consacrée aux livres sur le design et l'architecture.

Lingerie

■ **AGENT PROVOCATEUR.** 6, Broadwick Street, W1 ✆ 020 7439 0229 – Tube : Oxford Circus/ Tottenham Court Road. Le fils de Vivienne Westwood et sa femme sont fans de sous-vêtements. Ils en ont fait leur affaire avec audace. Tout est permis, mais tout est joli même si ce n'est pas toujours très classique.

Marchés

Une fois habitués aux prix pratiqués dans le West End, South Kensington, Knightsbridge, Kensington, Chelsea et autres quartiers chic, foncez sur les marchés en plein air. Vous y ferez de meilleures affaires et trouverez parfois une marchandise plus intéressante.

La gamme des fringues à la mode étant plus restreinte qu'il y a vingt ans, il faudra vous armer de courage pour dénicher quelque chose de vraiment extravagant.

■ **BERWICK STREET MARKET.** Berwick Street & Rupert Street, W1 – Tube : Piccadilly Circus. *Ouvert du lundi au samedi de 8h à 18h.* En plein cœur de Soho, un des plus authentiques marchés de fruits et légumes de Londres.

■ **BOROUGH MARKET.** Borough High Street, Bedale Street, Stoney Street et Winchester Walk, SE1 – www.boroughmarket.org.uk – Tube : London Bridge. *Ouvert le vendredi de 12h à 18h et le samedi de 9h à 19h.* Le meilleur marché de nourriture de Londres : fruits, légumes. fromages, jambon, saucisses… de quoi préparer un vrai festin ! Principalement des produits bio. Egalement des produits exotiques.

■ **BRICK LANE MARKET.** Brick Lane, E1 & E2 – Tube : Liverpool Street ou Aldgate East. *Ouvert tous les dimanches de 8h à 13h.* Un vrai marché de l'East End, relativement peu fré-quenté par les touristes (pas pour longtemps), spécialiste des brocantes et des meubles. Certains Londoniens affirment qu'on n'y trouve jamais de bonnes affaires, tandis que d'autres réussissent à meubler une maison entière avec les trésors dénichés ici. Il faut être doué dans l'art de chiner et venir très tôt le matin, avant 10h. Pour ceux qui veulent simplement regarder, Brick Lane offre le spectacle intéressant d'un Londres populaire. Une matinée ici ne serait jamais complète sans un déjeuner dans l'une des innombrables Curry houses (une grande part de la population est bangladeshi), ou un bagel (sorte de petit pain en forme d'anneau) dans l'un des rares Bagel bars authentiques de la capitale.

■ **BRIXTON MARKET.** Electric Avenue, Market Row, Granville Arcade, Reliance Arcade. *Ouvert du lundi au samedi de 8h à 18h (15h le mercredi). Marché partiellement couvert.* Le marché de Brixton reflète parfaitement ce quartier cosmopolite. On y trouve aussi bien de la nourriture (fruits exotiques, épices, viande…) que des vêtements de seconde main, du bric-à-brac, des perruques ou encore des CD-roms de reggae.

■ **CAMDEN. Tube : Camden Town.** Camden déborde de marchés différents, eux-mêmes débordant les uns sur les autres. Il est préférable d'y aller tôt pendant le week-end (surtout le dimanche), si vous avez le courage de vous lever...

■ **CAMDEN MARKET. Camden High Street, NW1.** *Ouvert du jeudi au dimanche de 9h à 17h30. Stands de fripes.* Les trottoirs de Camden High Street, entre Camden Market et Camden Lock, deviennent le week-end un prolongement de ces deux marchés.

■ **CAMDEN LOCK MARKET. Camden Lock Place, NW1.** *Ouvert du mardi au dimanche de 10h à 18h.* Pour profiter du cadre – au bord d'un canal aux péniches colorées, avec ses vieux pavés et ses saules pleureurs dont les branches tombent délicatement sur l'écluse – il faut venir en semaine, quand le marché n'a pas lieu. Car, le week-end, une foule incroyablement dense envahit les passerelles, non pas pour le pittoresque du décor mais dans l'espoir de trouver quelque chose à se mettre sur le dos la semaine suivante. Camden Lock est le nom que l'on donne à l'écluse elle-même ainsi qu'au marché couvert de style victorien qui borde le canal. Ce bâtiment de trois étages, avec ses volutes en fer forgé, ses carrelages, sa grande verrière et son charme fin XIXe siècle, est d'autant plus surprenant qu'il s'agit d'une construction récente. Les boutiques sont ouvertes en permanence, et on y trouve des articles un peu plus chics que ceux des stands qui entourent l'écluse. Le marché lui-même est un dédale de stands avec une préférence pour l'artisanat ethnique et jeune. Vêtements, tapis, poteries, chapeaux faits main, bijoux, jouets en bois, bougies, sacs et horloges...

■ **THE STABLES MARKET. Chalk Farm Road, NW1.** *Ouvert le week-end de 8h à 18h.* Après la bousculade du Lock, l'activité sur Chalk Farm Road semble se calmer. Puis on arrive à l'intersection de Hartland Road où se trouve l'entrée du Stables Market, dissimulé derrière un mur et considéré comme l'un des plus vieux bâtiments de Camden. C'est le royaume de la brocante, dans une ambiance de bazar. Antiquités, tapis, meubles en pin, fripes. Pour les petits creux, c'est au Stables qu'il faut aller. D'abord parce que tous les troquets autour du Lock sont bondés, mais aussi pour les nombreux stands : pizza, take-away chinois, falafels...

■ **CAMDEN CANAL MARKET. Chalkfarm Road, NW1.** *Ouvert le week-end de 10h à 18h.* Situé de l'autre côté de la rue, en face de Camden Lock, ce marché longe le bord du canal à l'est. Il est couvert et s'il ne portait pas un autre nom, on penserait simplement qu'il s'agit de la suite du Canmden Lock Market. Bouquins, articles égyptiens, disques, briquets et stands de chiromancie. Plus bas de gamme et attrape-touristes que Camden Lock Market.

■ **INVERNESS STREET MARKET.** *Ouvert du lundi au samedi de 8h à 18h.* Petit marché traditionnel, intéressant aussi pour les habitants du quartier. Fruits, légumes, fleurs, fromages et bazar général.

■ **GREENWICH MARKET. College Approach, SE10.** *Ouvert de 7h30 à 17h30 le jeudi et de 9h30 à 17h30 vendredi, samedi et dimanche.* Un marché couvert à l'ambiance relax sur lequel il fait bon déambuler. Antiquités les jeudi et vendredi. Mais c'est le week-end que le marché s'anime vraiment. Artisanat, jouets en bois, vêtements de designer... et plein de petits stands pour se régaler.

■ **PETTICOAT LANE MARKET. Autour de Middlesex Street, E1 – Tube : Aldgate, Aldgate East, Liverpool Street.** *Ouvert le dimanche de 9h à 14h, sauf le dimanche de Pâques.* Comme il n'est ouvert qu'une matinée par semaine, on s'y bouscule encore plus qu'aux Puces de Clignancourt. Il faut essayer d'y aller tôt le matin. Des dizaines de stands y vendent tous à peu près les mêmes choses, surtout des vêtements bon marché, du cuir et de l'électronique.

■ **PORTOBELLO ROAD MARKET. Portobello Road, Golbourne Road, W10 & W11.** Encore une série de marchés au centre de Notting Hill. Les stands sont ouverts à 100 % le samedi et l'endroit est bondé. Le vendredi est calme, mais les boutiques d'antiquités sont fermées. La foule atteint rarement la densité de celle de Camden et le samedi, quelques heures suffisent pour faire le tour des lieux.

Au sud (côté Notting Hill), les antiquités, au milieu le marché général de vêtements, bazar et au nord (vers le tube Ladbroke Grove) c'est le domaine des fripes et de la brocante. L'atmosphère change au fur et à mesure que l'on progresse vers le nord, ce qui est tout à fait caractéristique de la diversité du quartier que vous êtes en train de traverser.

De l'intersection avec Westbourne Grove jusqu'à Colville Terrace, c'est le marché d'antiquités. *Ouvert le samedi de 4h à 18h* (voir la section Antiquités)

De l'intersection avec Colville Terrace jusqu'à Thorpe Close, c'est le General Market – Tube : Notting Hill Gate. *Ouvert du lundi au mercredi de 8h à 18h, le jeudi de 9h à 13h et les vendredis* *et samedis de 7h à 19h.* Les habitants du quartier sont les seuls habitués de ce marché aux fruits, légumes, produits de ménage, etc., très semblable au marché de Barbès. Ici, les familles sont originaires des Caraïbes ou de l'Inde, et dans les boutiques indiennes, les écharpes en soie (de £1 à £2) flottent comme des étendards.

De Thorpe Close jusqu'à Goldbourne Road – Tube : Ladbroke Grove. *Ouvert vendredi et samedi de 7h à 15h.* C'est peut-être la partie la plus intéressante de la rue. Si vous êtes venu par Notting Hill, vous risquez d'être épuisé avant d'y arriver. Arrêtez-vous donc en milieu de trajet pour reprendre des forces dans l'un des innombrables cafés mentionnés dans la rubrique ad hoc. Ici, on est bel et bien dans le Grove, quartier des Antillais et des Jamaïcains. Contrairement au marché d'antiquités, où une bonne affaire est plutôt rare, en cherchant bien on risque de trouver son bonheur : des fripes, des vieux jeans, des vêtements des années 1920, des bijoux, des chaussures branchées, des fringues africaines et antillaises… Les boutiques du fond, juste avant la hideuse bretelle du Westway, cachent parfois de très bonnes affaires. Des musiciens de reggae jouent souvent dans le square.

■ **SHEPERD'S BUSH MARKET. Goldhawk Road, W12 – Tube : Goldhawk Road ou Shepherd's Bush.** Juste avant Shepherd's Bush, dans un passage qui donne sur la Goldhawk Road, le long de la ligne de tube Hammersmith Line, entre les stations Shepherd's Bush (sur Uxbridge Road) et Goldshawk Road. *Ouvert du lundi au mercredi de 9h30 à 17h, les jeudis, vendredis et samedis de 9h30 à 14h30.* Une petite arche en fer forgé annonce l'entrée de ce marché peu touristique du Bush. Vous êtes ici au cœur d'un métissage de l'Afrique, des Antilles, de l'Inde et de l'Angleterre ouvrière. Les articles kitsch foisonnent, ainsi que les tissus pas chers, ou les ingrédients culinaires asiatiques et antillais. Certains considèrent ce marché comme l'une des meilleures adresses pour les épices indiennes. Les jours les plus animés sont les vendredi et samedi. L'influence africaine se fait particulièrement sentir dans les boutiques de Goldshawk Road, où l'on trouve des tissus cirés et des batiks brillamment colorés.

■ **SPITALFIELDS MARKET. Commercial Street, E1 – Tube : Liverpool Street.** *Ouvert de 9h30 à 17h. Marché bio vendredi et samedi. Marché général dimanche.* Objets de décoration, bougies, vêtements d'occasion, CD, livres. Egalement un bon marché de produits bio (fruits, légumes, pains, gâteaux). Stands de nourriture toute la semaine (crêpes, nouilles, falafels, etc.).

Mode

Chic et créateurs

■ **BROWNS. 23-27, South Molton Street, W1** ✆ **020-7514 0000 – www.brownsfashion. com – Tube : Bond Street.** *Ouvert du lundi au mercredi, les vendredis et samedis de 10h à 18h30 et le jeudi de 10h à 19h.* Temple de la haute couture, Browns propose un choix étendu de collections de couturiers anglais et internationaux pour le « beau linge » londonien. Etabli en 1970, son nom est désormais inséparable de la charmante South Molton Street, rue piétonne à côté de Bond Street. On y trouvera tous les grands « designer » et les petits nouveaux.

■ **BURBERRY. 21-3, New Bond Street, W1** ✆ **020-7839 5222 – www.burberry.com – Tube : Bond Street.** *Ouvert du lundi au mercredi et les vendredis et samedis de 10h à 19h et le jeudi de 12h à 18h.* Thomas Burberry a ouvert son premier magasin en 1856. Depuis, son nom est devenu synonyme d'imperméables de qualité. Au début, ses articles s'appelaient « gabardines » mais comme le roi Edouard avait l'habitude de dire « Apportez-moi mon Burberry », le nom du tailleur s'est substitué au produit qu'il fabriquait. A l'origine, Burberry faisait des articles de sport. Son tissu extraordinaire, qui laissait entrer l'air mais pas la pluie, fut utilisé par l'expédition du capitaine Scott au pôle Sud, puis porté par sir John Alcock lors du premier vol transatlantique.

Pendant la guerre des Boers, au début du siècle, les officiers se sont mis à porter des manteaux Burberry, qui par la suite sont devenus réglementaires. Mais ce sont les combats de tranchée de la Première Guerre mondiale qui ont vu naître le fameux Trench Coat, avec ses épaulettes et anneaux qui facilitaient le port de l'équipement des officiers. Plus de 500 000 Trench équipèrent ces officiers, qui continuèrent à les porter en temps de paix, donnant naissance à une demande sans cesse croissante du public. Burberry est revenu à la mode depuis quelques années grâce à un nouveau management et à des campagnes de publicité remarquées.

■ **BURBERRY FACTORY SHOP. 29-53, Chatham Place, E9** ✆ **020-8985 3344 – Train : Hackney Central.** *Ouvert du lundi au vendredi de 11h à 18h, le samedi de 10h à 16h et le dimanche de 11h à 17h.* Un peu excentré sans doute, mais vaut le détour : vous trouverez là tous les articles Burberry à prix d'usine.

■ **MARGARET HOWELL. 29, Beauchamp Place, SW3** ✆ **020-7584 2462 – Tube : Knightsbridge.** *Ouvert du lundi au samedi de 10h à 18h.* Margaret Howell utilise des tissus résolument british pour sa ligne de vêtements hommes et femmes : tweed, lin, velours côtelé et laine de Shetland. Son point fort : une ligne de vêtements aussi traditionnels que le blazer, le trench, la chemise safari, adaptée au goût du jour...

■ **NICOLE FARHI. 158, New Bond Street, W1** ✆ **020-7499 8368 – Tube : Bond Street.** Nicole Kidman est une fidèle cliente de cette créatrice franco-algérienne basée à Londres.

■ **STELLA MCCARTNEY. 30, Bruton Street, W1** ✆ **020-7518 3100 – Tube : Green Park.** Les créations de la fille du célèbre Beatle.

■ **MULBERRY. 41-2, New Bond Street, W1** ✆ **020-7493 3900 – www.mulberry-england. co.uk – Tube : Bond Street.** *Ouvert du lundi au mercredi, les vendredis et samedis de 10h à 18h et le jeudi de10h à 19h.* La bonne réputation de Mulberry est due à la qualité de ses accessoires : sacs à main, porte-monnaie, ceintures et bagages, articles en cuir élégants et pratiques, d'un style traditionnellement anglais. Il en va de même pour la collection de prêt-à-porter masculin et féminin, un parfait look british.

■ **VIVIENNE WESTWOOD. 6, Davies Street** ✆ **0207629 3757 – Tube : Bond Street.** La femme qui habilla les Sex-Pistols. Ses créations sont toujours aussi originales.

■ **ANTONI & ALISON. 34, Roseberry avenue, EC1** ✆ **020-7833 2002 – www.antoniandalison. co.uk – Tube : Farringdon.** *Ouvert de 10h30 à 18h30 du lundi au vendredi et de 12h à 16h samedi.* Dans cette boutique, le principe est simple. Vous choisissez un T-shirt ainsi qu'un des nombreux logos offerts et ils vous mettent les deux ensemble (compter environ £ 50). Hyper tendance...

Prêt-à-porter

Parmi les chaînes de prêt-à-porter, vous retrouverez beaucoup de magasins présents en France, mais ce qui fait la différence ici, c'est l'étendue du choix offert.

■ **FRENCH CONNECTION. 396, Oxford Street, W1** ✆ **020-7629 7766 – www.frenchconnec tion.com – Tube : Bon Street.** *Ouvert du lundi au mercredi, les vendredi et samedi de 10h à 20h, le jeudi de 10h à 21h et le dimanche de 12h à 18h.* Plus cher que les autres chaînes de magasins, mais on paie pour la qualité. Pantalons, robes, manteaux sans oublier les fameux tee-shirts ornés de l'inscription FCUK (French Connection UK)... Pas très subtil...

■ **GAP. 30-31, Long Acre, WC2** ✆ **020-7379 0779 – www.gap.com – Tube : Covent Garden.** *Ouvert du lundi au samedi de 10h à 19h30 et le dimanche de 11h à 18h.* Gap a connu des jours meilleurs mais les clients viennent toujours pour des articles tels que tee-shirts, pulls, jeans.

■ **H & M. 261-271, Regent Street, W1** ✆ **020-7493 4004 – www.hm.com – Tube : Oxford Circus.** *Ouvert du lundi au mercredi de 10h à 19h, le jeudi de 10h à 20h, les vendredi et samedi de 10h à 19h et le dimanche de 10h à 18h.* Cette chaîne suédoise très populaire est implantée à peu près partout en Europe maintenant. Son domaine : des vêtements vraiment pas chers, directement inspirés des collections des podiums, mis très rapidement en magasin et renouvelés très régulière-ment. H & M attire ainsi une clientèle diversifiée : adolescents, fashion victims ou tout simplement tous ceux qui ont envie d'ajouter quelques accessoires à la mode à leur garde-robe. Bien sûr à des prix pareils, la coupe laisse parfois à désirer et ça ne vous durera peut-être pas des années, mais les modes passent vite, et vous n'aurez peut-être pas envie de les porter l'année prochaine... Les points forts de H & M sont définitivement les accessoires et les fringues cool. Pas vraiment le magasin où chercher un tailleur ou une robe élégante.

■ **HOBBS. 84-88, King's Road, SW3** ✆ **020-7581 2914 – Tube : Sloane Square.** *Ouvert les lundi, mardi et du jeudi au samedi de 10h à 19h et le mercredi de 10h à 19h30.* Des vêtements classiques d'un style jeune ? Chez Hobbs, c'est possible. Les coupes sont toujours impeccables et seules les étoffes nobles – lin, coton ou laine – sont utilisées. Le magasin vend aussi des chaussu-res fabriquées en Italie, assorties à la ligne de vêtements. Ce classicisme n'est pas donné : compter dans les £ 60 pour une jupe, £ 80 pour un pantalon et £ 150 et plus pour les vestes et manteaux.

■ **JIGSAW. 126-7, New Bond Street, W1** ✆ **020- 7491 4484 – www.jigsaw-online.com – Tube : Bond Street.** *Ouvert du lundi au mercredi, les vendredi et samedi de 10h à 18h30, le jeudi de 10h à 19h30 et le dimanche de 12h à 18h.* Un mélange de vêtements classiques et contemporains est proposé dans les boutiques Jigsaw. Les tissus utilisés sont, pour la plupart, des matières naturelles (lin, coton, laine, soie), dans des couleurs que Jigsaw ne choisit pas forcément en fonction de la mode. Jigsaw incline plutôt pour des couleurs chaudes telles que le prune ou le rouge brun ou des couleurs classiques (noir, gris, blanc, beige). Les modèles sont beaux, féminins, élégants et très bien coupés. Bien évidemment les prix sont plus élevés que dans les autres chaînes de magasins mais ce sont des vêtements dont vous ne vous lasserez pas. Un tailleur coûte environ £ 150, un manteau £ 200, les petits hauts commencent à £ 40, les pantalons à £ 60 et pour une robe imprimée, vous débourserez près de £70.

■ **LAURA ASHLEY. 256-8, Regent Street, W1** ✆ **020-7437 9760 – www.lauraashley.com – Tube : Oxford Circus.** *Ouvert les lundi et mardi de 10h à 18h30, les mercredis et vendredis de 10h à 19h, le jeudi de 10h à 20h, le samedi de 9h30 à 19h et le dimanche de 12h à 18h.* Les motifs floraux éclatants de couleurs – grosses fleurs, petites fleurs, rubans et dentelles – de Laura Ashley feront de vous une sage héroïne romantique. Quelques modèles sont traditionnels, d'autres plus à la mode, mais tous les articles portent toujours l'inimitable griffe Laura Ashley. Parfait pour les jeunes filles en fleur de 13 ans. La maison est également spécialisée dans les tissus d'ameublement, qui sauront transformer votre petite pièce du fond en une véritable chambre de maison de campagne anglaise. Les motifs sont tellement renommés que les Anglais parlent de tissus « style Laura Ashley ». Naturellement, cette renommée justifie les prix élevés.

■ **MISS SELFRIDGE. 36-8, Great Castle Street, W1 (entrée dans Oxford Street)** ✆ **020-7927 0214 – www.miss-selfridge.net – Tube : Oxford Circus.** Encore un magasin qui propose les dernières tendances de la mode à des prix minimes.

■ **MONSOON. 5, James Street, WC2** ✆ **020-7379 3623 – www.monsoon.co.uk – Tube : Covent Garden.** *Ouvert du lundi au samedi de 10h à 20h et le dimanche de 11h à 18h.* Depuis toujours, les tissus de chez Monsoon évoquent les anciennes colonies de l'Empire britannique. Les motifs ethniques constituent la base des coordonnés et des robes de sa collection. Vous pourrez marier les vêtements avec un grand nombre d'accessoires : boucles d'oreilles, bracelets indiens, écharpes en chiffon…

■ **NEXT. 15-7, Long Acre, WC2** ✆ **020-7420 8280 – www.next.co.uk – Tube : Covent Garden.** *Ouvert du lundi au mercredi et le vendredi de 10h30 à 20h, le jeudi de 10h30 à 21h, le samedi de 10h30 à 19h30 et le dimanche de 12h à 18h.* Conçue au début des années 1980 pour répondre aux besoins de la career woman londonienne, Next a rapidement pris de gigantesques proportions et étendu ses activités aux vêtements pour hommes, à la décoration d'intérieur, aux chaussures et accessoires. Il a su s'adapter aux exigences vestimentaires de la femme moderne : des vêtements pratiques que l'on peut aussi bien porter le jour au bureau, que le soir même en y ajoutant quelques accessoires maison. Le style est plutôt classique pour la majorité des articles (tailleurs, jupes, pantalons). Quelques articles suivent cependant les tendances de la mode (petits hauts). Comptez £ 100 pour un tailleur, £ 40-£ 50 le pantalon, £ 30-£ 40 la jupe, £ 20 pour les petits hauts.

■ **OASIS. 13, James Street, WC2** ✆ **020-7240 7445 – www.oasis-stores.com – Tube : Covent Garden.** *Ouvert du lundi au mercredi, les vendredis et samedis de 10h à 19h, le jeudi de 10h à 20h et le dimanche de 12h à 18h.* La mode des podiums à des prix raisonnables. Le point fort d'Oasis : sacs, chaussures et bijoux pas chers.

■ **TOP SHOP. 36-8, Great Castle Street, W1 (entrée sur Oxford Street)** ✆ **020-7636 7700 – www.topshop.co.uk – Tube : Oxford Circus.** *Ouvert du lundi au mercredi, les vendredis et samedis de 9h à 20h, le jeudi de 9h à 21h et le dimanche de 12h à 18h.* Top Shop est si gigantesque que même une « ado accro de la fringue » peut y passer une journée sans tout voir. C'est donc le royaume des lycéennes, même si quelques mamies de 25 ans s'y risquent parfois. Attendez-vous à des copies des dernières tendances de la mode à tout petits prix et qui ne dureront probablement pas plus d'une saison. Depuis quelques temps Top Shop a aussi gagné le cœur des rédacteurs de mode et des fashion victims grâce à ses collaborations avec des designers tels que Sophia Kokosalaki, Markus Lupger ou Clement Ribeiro. Bien sûr la qualité n'est pas aussi grande que les modèles originaux mais avec des articles à moins de £ 40, les accros de la mode ne vont pas se plaindre.

■ **WAREHOUSE. 24, Long Acre, WC2** ✆ **020-7240 8242 – www.warehousefashion.com – Tube : Covent Garden.** *Ouvert du lundi au mercredi, les vendredis et samedis de 10h à 19h, le jeudi de 10h à 20h et le dimanche de 12h à 18h.* La ligne de vêtements de Warehouse, plébiscitée par les 18-35 ans, suit la mode et les prix sont raisonnables (*de £ 20 à £ 40 pour les jupes et pantalons, de £ 25 à £ 35 la chemise*).

■ **ZARA. 118, Regent Street, W1** ✆ **020-7534 9500 – www.zara.com – Tube : Oxford Circus ou Piccadilly Circus.** *Ouvert du lundi au mercredi, les vendredis et samedis de 10h à 19h, le jeudi de 10h à 20h et le dimanche de 12h à 18h.* Rien ne semble arrêter cette chaîne espagnole qui propose de tout (des copies des dernières tendances de la mode à des modèles plus classiques) pour tout le monde (ados, fashion victims, femmes d'affaire). Il est intéressant de constater la différence dans le style des vêtements proposés selon l'emplacement du magasin : les magasins du centre ciblent plutôt les très jeunes Anglaises tandis que le Zara de High Street Kensington regorge de modèles plus élégants.

Rétro – Occases

■ **THE ANTIQUE CLOTHING SHOP. 282, Portobello Road, W10** ✆ **020-8964 4830 – Tube : Ladbroke Grove.** *Ouvert les vendredi et samedi de 9h à 18h.* Blazers, redingotes, dentelles victoriennes : tout pour agrémenter vos tenues modernes d'une petite touche rétro.

■ **CENCI. 31, Monmouth Street, WC2** ✆ **020-7836 1400 – Tube : Covent Garden.** *Ouvert du lundi au samedi de 11h à 18h.* Le temple des vêtements rétro italiens des années 1950 et 1960. L'aménagement du rez-de-chaussée rappelle les boutiques pour hommes à l'ancienne, avec ses vitrines et ses grandes commodes en bois à tiroirs dans lesquelles est rangée la marchandise. Le directeur, Massimo, achète tout son stock à Florence. Difficile de sélectionner quelques articles dans les rayons qui en contiennent des milliers – vestes, costumes, robes, pulls, chemises, écharpes en soie, gants, chapeaux, sacs – le tout à des prix raisonnables.

■ **CORNUCOPIA. 12, Upper Tachbrook Street, SW1** ✆ **020-7828 5752 – Tube : Victoria.** *Ouvert tous les jours de 11h à 18h.* Stock de vêtements des années 1920 aux années 1940. Choix divin de robes de soirée en satin, en chiffon ou en soie, toutes somptueuses. Outre les chemisiers et robes habituelles, on peut acheter de la lingerie, des chapeaux des années 1940 et des tas d'accessoires : broches anciennes et sacs à main. A porter avec panache.

■ **DESIGNER BARGAINS. 29, Kensington Church Street, W8** ✆ **020-7795 6777 – Tube : High Street Kensington.** *Ouvert du lundi au samedi de 10h à 18h.* L'endroit pour trouver des invendus de designer à moindre frais : £ 80 pour une jupe Prada ou £ 200 pour un costume Gucci.

■ **PANDORA. 16-22, Cheval Place, SW7** ✆ **020-7589 5289 – Tube : Knightsbridge.** *Ouvert du lundi au samedi de 9h à 18h.* Pandora est sans doute le dépôt-vente « designer » le plus grand, et en tout cas le plus connu de Londres. Tout y est en bon état (parfois jamais porté), et provient généralement de grandes marques : Armani, Valentino et beaucoup d'autres. Par exemple, une robe du soir extravagante à £ 225 au lieu de £ 999. Pandora suit les saisons comme tous les grands magasins et les modèles n'ont jamais plus de deux ans.

■ **POP BOUTIQUE. 6, Monmouth Street, WC2** ✆ **020-7497 5262 – www.pop-boutique. com – Tube : Covent Garden ou Leicester Square.** *Ouvert du lundi au samedi de 11h à 19h et le dimanche de 12h à 17h.* Kitch et sympa, Pop Boutique propose des vêtements et accessoires des années 1950 et 1960.

■ **295 PORTOBELLO ROAD. 295, Portobello Road, W10 (pas de téléphone) – Tube : Ladbroke Grove.** *Ouvert les vendredi et samedi de 8h30 à 17h. Cartes de crédit non acceptées.* Une toute petite boutique bourrée de vêtements des années 1930-1970, où presque tout coûte moins de £ 20. C'est tout au bout de Portobello Road, mais cela vaut le détour, surtout si l'on a l'intention de se rendre au marché du samedi.

Streetwear

■ **URBAN OUTFITTERS. 36-38, Kensington High Street, W8** ✆ **0207 761 1001 – www.urban outfitters.com – Tube : High Street Kensington.** *Ouvert de 10h à 19h du lundi au mercredi, le vendredi et le samedi, jusqu'à 20h le jeudi et de 12h à 18h le dimanche.* Seul représentant européen du célèbre magasin américain. Quatre niveaux spacieux pour un shopping ultra branché. Marques françaises comme Antoine et Lili ou Les Petites mais aussi la panoplie qui fait craquer les Japonaises : Hello Kitty. Deux marques spécifiques au magasin : Hybrid et WIP. Les prix sont incroyablement chers mais les articles d'excellente qualité et d'un design original. Plusieurs rayons déco du couvre-lit au brûle-parfum en passant par la boîte à outils, le tout à la dernière mode. Espace librairie avec de nombreux périodiques musicaux et mode. Section disques où l'on peut faire enregistrer ses morceaux préférés sur un CD. Petit café à ne pas négliger car c'est le genre d'endroit qui vous retient pendant plusieurs heures tellement le lieu est grand et la disposition invite à farfouiller. A l'étage, quelques articles soldés en permanence. Dommage qu'en traversant l'océan les prix aient tellement gonflé.

Statue de Guillaume le Conquérant, devant le Parlement

> Vue sur la Tamise

> Vue de la Tamise

> Trafalgar Square, fontaine en été

> Little Venice

> La Tamise

> Tower Bridge

> Pub

> Greenwich, boutique d'antiquités

> Kensington station

> Shopping

> Parapluies

■ **LA 1. 33, Kensington Church Street, W8** ✆ **020 7938 1352 – Tube : High Street Kensington.** Toutes les marques traditionnelles de pantalons, T-shirts, sacs, chaussures. Mention spéciale au rayon féminin. **Il y a également un LA1 au 17, Chalk Farm Road,** près de Camden Market.

■ **THOMAS NEAL CENTRE. 37, Earlham Street, WC2 – Tube : Covent Garden.** Galerie marchande dont pratiquement tous les magasins sont des enseignes de streetwear : Quiksilver, High Jinks (plus de 100 marques différentes !), Mambo…

■ **BOND INTERNATIONAL. 17, Newburgh Street, W1** ✆ **020-7437 0079 – www.bond international.com – Tube : Oxford Circus.** *Ouvert du lundi au samedi de 10h30 à 18h.* Boutique de fringues branchées où les jeunes professionnels de l'industrie média de Soho font leurs achats. Tee-shirts à £ 30, chemises £ 50 et accessoires £ 15.

■ **NOTHING. 230, Portobello Road, W11** ✆ **020-7221 2910 – www.nothingshop.co.uk – Tube : Ladbroke Grove.** *Ouvert du lundi au vendredi de 11h à 19h et le samedi de 10h30 à 18h30.* Ligne de vêtements branchés pour femmes.

Sur mesure

L'English Gentleman éduqué à Eton, Cambridge ou Oxford, et qui hante les couloirs du ministère des Affaires étrangères ou les bureaux cossus de la City, a son tailleur de Saville Row, son hatmaker, son shirtmaker de Jermyn Street et son club privé interdit aux femmes à Saint Jame's. Ce monde est quasiment impénétrable à ceux qui ne sont pas bien nés. Si une petite étude vous tente, passez par Mayfair et Saint Jame's, vous pourrez y observer de nombreux spécimens d'English Gentlemen. Saville Row est une rue légendaire où chaque tailleur a son style particulier et sa clientèle propre. Ne dit-on pas que le choix du tailleur révèle l'homme ? Un costume sur mesure coûte ici une petite fortune mais dure toute une vie. Tous les établissements vendent également des modèles de prêt-à-porter.

Le royaume des chemises se trouve au sud de Piccadilly à Jermyn Street. La plupart de ceux qui commandent des chemises sur mesure le font parce qu'ils trouvent que les chemises standard ne sont pas confortables. Si les tailles standard vous satisfont, inutile de dépenser plus pour un modèle fait sur mesure, car la qualité ne sera pas forcément meilleure. D'autant plus qu'il faut généralement les commander par lot de quatre ou six. Tous les bons magasins de Jermyn Street vendent de nombreux modèles de chemises prêt-à-porter d'une qualité exemplaire.

■ **GIEVES & HAWKES. 1, Saville Row, W1** ✆ **020-7434 2001 – www.gievesandhawkes. com – Tube : Piccadilly Circus.** *Ouvert du lundi au jeudi de 9h30 à 18h30, le vendredi de 9h à 18h et le samedi de 10h à 18h.* C'est le plus ouvert des tailleurs (d'ailleurs, on peut voir à l'intérieur à travers ses vitrines). A l'origine, c'était une fabrique de vêtements militaires. Puis le vent a tourné, Napoléon a été défait et les soldats démobilisés. Gieves & Hawkes n'habillé tout ce petit monde de costumes civils. Nelson et Wellington ont été leurs clients bien avant Bob Geldof…

■ **HENRY POOLE & CO. 15, Saville Row, W1** ✆ **020-7734 5985 – www.henrypoole.com – Tube : Piccadilly Circus.** *Ouvert du lundi au vendredi de 9h à 17h15.* Fondé en 1806, Henry Poole peut s'enorgueillir de ses célèbres clients : Dickens, Benjamin Disraeli, Winston Churchill… Les Américains les ont aujourd'hui remplacés, mais le style reste toujours très anglais.

■ **H. HUNTSMAN** ✆ **SONS.11, Saville Row, W1** ✆ **020-7734 7441 – www.h-huntsman. com – Tube : Piccadilly Circus.** *Ouvert du lundi au vendredi de 9h à 17h30.* H. Huntsman & Sons ressemble plus à un club privé qu'à un tailleur. La réputation de cette maison est enviée par tous ses concurrents. Ses prix sont les plus élevés et il faut attendre six mois avant de recevoir sa commande.

■ **TURNBULL & ASSER. 71-72, Jermyn Street, SW1** ✆ **020-7808 3000 – www.turnbull andasser.com – Tube : Green Park.** *Ouvert du lundi au vendredi de 9h à 18h et le samedi de 9h30 à 18h.* Fondée en 1885, cette boutique au décor opulent propose plus de 400 tissus différents. Le prince Charles y achète ses chemises, comme Chaplin, Picasso et Churchill avant lui. Une chemise à Turnbull & Asser vous coûtera entre £ 120 et £ 175 et il faut en commander un minimum de six.

Musique

Grands magasins

Il y aura toujours des grincheux pour prétendre que l'on ne trouve pas des raretés dans ces véritables usines à musique. C'est exact, mais le choix est néanmoins immense.

■ **H.M.V. 150, Oxford Street, W1** ✆ 020-7631 3423 – www.hmv.co.uk – **Tube : Bond Street.** *Ouvert du lundi au mercredi et du vendredi au samedi de 9 h à 20h, le jeudi de 9 h à 21h et le dimanche de 12 h à 18h.* L'une des meilleures adresses de Londres pour l'étendue des titres.

■ **TOWER RECORDS. 1, Piccadilly Circus, W1** ✆ 020-7439 2500 – www.towerrecords. co.uk – **Tube : Piccadilly Circus.** *Ouvert les lundis et samedis de 8h30 à 00h, du mardi au vendredi de 9 h à 00h et le dimanche de 12 h à 18h.* Un très grand choix de disques (rock, jazz, blues et classique), deux étages, un sous-sol, quelques livres (rock et humour).

■ **VIRGIN MEGASTORE. 14-16, Oxford Street, W1** ✆ 020-7631 1234 – www.virgin.com – **Tube : Tottenham Court Road.** *Ouvert du lundi au samedi de 9h30 à 21h30 et le dimanche de 12 h à 18h.* Des rayons de CD impressionnants et beaucoup de produits dérivés (livres, jeux vidéo…). On peut regretter que le marketing ait pris le pas sur les choix purement artistiques.

Disques d'occasion

■ **CHEAPO-CHEAPO RECORDS. 53, Rupert Street, W1** ✆ 020-7437 8272 – **Tube : Piccadilly Circus.** *Ouvert du lundi au samedi de 11 h à 22h.* Trois étages de disques, surtout de la soul des sixties, mais également du jazz et du classique. Une adresse de référence pour les disques d'occasion, l'endroit où il est possible de dénicher LA rareté recherchée depuis des lustres. Prix dérisoires.

■ **SHAKEDOWN. 24, Inverness Street, NW1** ✆ 020-7284 2402 – www.netsounds.com – **Tube : Camden Town.** *Ouvert du mardi au samedi de 11 h à 19h et le dimanche de 12 h à 18h.* Pour les fans de rock et de métal (post 60's).

■ **RECKLESS RECORDS. 26 & 30, Berwick Street, W1** ✆ 020-7434 3362 – www.reckless. co.uk – **Tube : Oxford Circus.** *Ouvert tous les jours de 10 h à 19h.* House, techno, hip-hop et garage dominent, mais aussi du rock, métal, indie (en vinyle et en CD). Il existe un autre magasin à Camden, plus spécialisé dans la dance, la soul et le jazz.

■ **STAND OUT COLLECTORS RECORDS. 2, Blenheim Crescent, W11** ✆ 020-7727 8406 – **Tube : Ladbroke Grove ou Westbourne Park.** Ouvert seulement les vendredi et samedi de 10h30 à 18h30, mais vaut le détour pour ses bonnes occasions et ses disques rares. Rock, blues, folk.

■ **STEVE'S SOUND. 20A, Newport Court, WC2** ✆ 020-7437 4638 – **Tube : Leicester Square.** *Ouvert du lundi au samedi de 10h30 à 20h et le dimanche de 12 h à 19h30.* En face de la sortie du métro, dans une rue perpendiculaire, Steve's Sound propose des disques, K7, vidéos et CD d'occasion. Pas vraiment de raretés, mais des rayons bien fournis pour les titres rock les plus courants. Bons prix.

Musique classique

■ **BARBICAN MUSIC SHOP. Cromwell Tower, Silk Street, EC2** ✆ 020-7588 9242 – www. chimesmusic.com – **Tube : Barbican ou Moorgate.** *Ouvert du lundi au vendredi de 9 h à 17h30 et le samedi de 9 h à 16h.* CD et cassettes de musique classique, mais également des partitions et du papier à musique.

■ **HAROLD MOORES RECORDS** ✆ **VIDEO. 2, Great Marlborough Street, W1** ✆ 020-7437 1576 – www.hmrecords.co.uk – **Tube : Oxford Circus.** *Ouvert du lundi au samedi de 10 h à 18h30 et le dimanche de 12 h à 18h30.* L'un des plus prestigieux magasins de musique classique et d'opéra.

Jazz

■ **HONEST JOHN. 276-278, Portobello Road, W10** ✆ 020-8969 9822 – **Tube : Ladbroke Grove.** *Ouvert du lundi au samedi de 10 h à 18h. Tout au bout de Portobello Road.* Le stock de disques d'occasion de jazz se fait peu à peu submerger par la musique africaine, jamaïcaine et ska, mais c'est encore l'une des meilleures collections de disques de la ville. A noter que la boutique a monté un label de réédition d'obscurs et sublimes disques reggae roots, présentés avec des packaging soignés et notices très complètes.

■ **MOLE JAZZ. 311, Gray's Inn Road, WC1** ✆ 020-7278 8623 – www.molejazz.com – **Tube : King's Cross.** *Ouvert du lundi au jeudi de 10 h à 18h et le vendredi de 10 h à 19h30.* Toute la gamme de musique jazz est représentée à Mole Jazz : jazz de la côte Ouest, be-bop, chanteurs tels que Ella Fitzgerald, latin jazz, fusion. Quelques offres spéciales.

World music et reggae

■ **DADDY COOL. 12, Berwick Street, W1** ℭ 020-7437 3535 – www.daddykoolrecords.com – **Tube : Oxford Circus.** *Ouvert du lundi au samedi de 10h30 à 18h30.* Reggae et ska. Personnel efficace pour vous guider dans vos choix. Une référence depuis 20 ans.

■ **STERN'S MUSIC. 293, Euston Road, NW1** ℭ 020-7387 5550 – www.sternsmusic.com – **Tube : Warren Street.** *Ouvert du lundi au samedi de 10h30 à 18h30.* Principalement de la musique africaine, mais aussi de la musique d'Amérique centrale, du folk européen, du reggae, etc.

Musique indépendante (indie) et éclectique

■ **RHYTHM RECORDS. 281, Camden High Street, NW1** ℭ 020-7267 0123 – **Tube : Camden Town.** *Ouvert du lundi au vendredi de 10h30 à 19h et les samedi et dimanche de 10h30 à 19h30.* Au sous-sol de ce magasin, qui ne paie pas de mine, une importante collection de disques dans les styles les plus variés : psychedelic punk américain (années 1960 aux années 1980) ; pop, blues et british beat des sixties ; ska, reggae et raggamuffin ; un grand choix de musique jazz et soul américaine. Il y a autant de vinyles que de CD, autant de rééditions que de collections.

■ **ROUGH TRADE. 16, Neal's Yard, WC2** ℭ 020-7240 0105 – www.roughtrade.com – **Tube : Covent Garden. Autre adresse : 130, Talbot Road, W11** ℭ 020-7229 8541 – **Tube : Ladbroke Grove.** *Ouvert du lundi au samedi de 10h à 18h30 et le dimanche de 13h à 17h.* Rough Trade s'est spécialisé dans la musique indépendante (indie) anglaise et américaine, le hardcore, la musique industrielle et le punk, avec une bonne sélection de musique expérimentale et de jazz d'avant-garde également. C'est un peu l'archétype de ce que tout magasin de musique londonien devrait être.

■ **SELECTADISC. 34-5, Berwick Street, W1** ℭ 020-7734 3297 – **Tube : Oxford Circus ou Tottenham Court Road.** *Ouvert du lundi au samedi de 9h30 à 19h.* Indie, rock, house, techno, drum'n'bass.

■ **SISTER RAY. 94, Berwick Street, W1** ℭ 020-7287 8385 – www.sisterray.co.uk – **Tube : Piccadilly Circus ou Oxford Circus.** *Ouvert du lundi au samedi de 9h30 à 20h et le dimanche de 11h à 17h.* Indie, dance et techno.

▶ **Avis aux « vinylovores » et autres chasseurs de disques, Berwick Street,** rue coincée entre Oxford Street, Soho et ses alentours, est très bien fournie en disquaires de tous poils. Allez donc y faire un petit saut, il y a des chances que vous trouviez votre bonheur.

Hip-Hop

■ **MR. BONGO. 44, Poland Street, W1V 3DA** ℭ 020 7287 1887 – www.mrbongo.com – info@mrbongo.com – **Tube : Oxford Circus.** La référence depuis près de 15 ans en matière de hip-hop et de musique sud-américaine. Non content d'être un magasin de disques très qualitatif, avec de nombreux inédits et raretés, Mr. Bongo a ouvert récemment un magasin à Tokyo et gère un petit label avec rééditions, sorties de nouveautés underground, etc.

Soul et dance

■ **CITY SOUNDS. 5, Kirby Street, EC1** ℭ 020-7405 5454 – www.city-sounds.co.uk – **Tube : Chancery lane.** *Ouvert du lundi au jeudi et le samedi de 10h à 18h et le vendredi de 10h à 18h30.* City Sounds est l'un des premiers disquaires à s'être spécialisé dans la dance. Il reste encore une référence dans ce domaine, notamment pour les imports.

■ **FLYING RECORDS. 94, Dean Street, W1** ℭ 020-7734 0172 – www.flyingrecords.com – **Tube : Tottenham Court Road.** *Ouvert du lundi au samedi de 11h à 19h.* Les spécialités de ce magasin à la pointe de la dance music : broken beat, detroit, deep house. Egalement des rééditions de soul et disco.

■ **SOUNDS OF THE UNIVERSE. 7, Broadwick Street, W1** ℭ 020-7494 2004 – www.sounds oftheuniverse.com – **Tube : Tottenham Court Road.** *Ouvert du lundi au vendredi de 11h30 à 19h et le samedi de 12h à 18h30.* Techno et dance font bon ménage avec reggae, funk, jazz, indie, hip-hop et latin music.

Instruments de musique et partitions

Londres est le passage obligé pour tout musicien digne de ce nom. On trouve des magasins d'instruments un peu partout, mais c'est à Denmark Street (Tube : Tottenham Court Road) qu'on croise un nombre incroyable de magasins de guitares.

Denmark Street, petite rue étroite reliant Charing Cross Road à Saint Giles High Street, est sans doute l'une des artères londoniennes qui a le moins changé au cours des vingt dernières années, du moins en apparence. C'est ici, dans l'ancien centre névralgique de la musique populaire anglaise, que Brian Epstein essaya de promouvoir, sans succès, l'obscur groupe de musiciens qu'il venait de découvrir à Liverpool. Aujourd'hui, la plupart des survivants de l'industrie pop des Sixties ont été rachetés par les multinationales. Le temps est révolu où les compositeurs de chansons travaillaient à la chaîne dans les officines de leurs geôliers, petits éditeurs de musique populaire. Mais les magasins d'instruments sont toujours fidèles au poste, avec leurs rangées de guitares électriques en vitrine, sirènes silencieuses et tentatrices appelant les stars de demain à tenter leur chance… Les guitares de marques légendaires sont accrochées au plafond comme des jambons, chacune portant le nom de la rockstar qui les a rendues célèbres… Tous les vendeurs sont des musiciens experts, prêts à enseigner les vieilles ficelles du métier et les nouveaux accords aux aspirants rockstars. Alors amusez-vous : essayez-les tous !

■ **ALL FLUTES PLUS. 60-61, Warren Street, W1** ✆ **020-7388 8438 – www.allflutesplus. co.uk – Tube : Warren Street.** *Ouvert du lundi au vendredi de 10h à 18h et le samedi de 10h à 16h30.* Des flûtes pour les professionnels et les novices. Partitions, CD, livres, service de location pour les étudiants et service de réparation sont également à disposition.

■ **ANDY'S GUITAR CENTRE & WORKSHOP. 27, Denmark Street, WC2** ✆ **020-7916 5080 – www.andysguitarnet.com – Tube : Tottenham Court.** *Ouvert du lundi au mercredi de 10h à 19h, du jeudi au samedi de 10h à 21h et le dimanche de 12h30 à 18h30.* Ici, on ne se contente pas de vendre des guitares : on les fabrique et on les répare. Un petit côté musée du rock avec ses guitares signées par des stars de la musique qui ornent les murs.

■ **HANKS GUITARS. 24, Denmark Street, WC2** ✆ **020-7240 7696 – www.wom.co.uk – Tube : Tottenham Court.** *Ouvert du lundi au samedi de 10h à 18h.* Les spécialistes incontestés des guitares de marque Martins et Yamahas. Egalement des mandolines et ukulélés d'occasion.

■ **J P GUIVIER. 99, Mortimer Street, W1** ✆ **020-7580 2560 – Tube : Oxford Circus.** *Ouvert du lundi au vendredi de 9h à 18h et le samedi de 10h à 16h.* Boutique réputée pour ses violons et violoncelles. Partitions, accessoires et service de réparation sont également disponibles.

■ **MACARI'S. 92-94, Charing Cross Road, WC2** ✆ **020-7836 9149 – www.macaris.co.uk – Tube : Tottenham Court Road.** *Ouvert du lundi au samedi de 10h30 à 17h30.* Une grande gamme d'instruments musicaux, dont une grande sélection de guitares (électriques, semi-acoustiques, mandolines) et de très beaux saxos.

■ **RAY MAN. 54, Chalk Farm Road, NW1** ✆ **020-7692 6261 – Tube : Camden Town ou Chalk Farm.** *Ouvert tous les jours de 10h à 18h.* Instruments de musique chinois, indiens, africains, japonais, indonésiens… Un magasin unique !

■ **ROCKER'S. 5, Denmark Street, WC2** ✆ **020-7240 2610 – Tube : Tottenham Court Road.** *Ouvert du lundi au samedi de 10h à 19h et le dimanche de 11h à 17h.* Vente, révision, entretien et réparation de guitares. Guitares électriques (Fender, Gibson) et guitares acoustiques.

■ **ROSE-MORRIS MUSIC STORES. 10-11, Denmark Street, WC2** ✆ **020-7836 0991 – www. rosemorrisproaudio.co.uk – Tube : Tottenham Court Road.** *Ouvert les lundis, mercredis et vendredis de 10h à 18h30, le mardi de 11h à 18h30 et le samedi de 10h à 18h.* Guitares électriques et acoustiques, sonos, synthétiseurs, équipement pour studios privés. Un magasin géant (6 étages).

Partitions

■ **ARGENT'S. 20, Denmark Street, WC2** ✆ **020-7379 3384 – Tube : Tottenham Court Road.** *Ouvert du lundi au vendredi de 9h à 18h et le samedi de 10h à 18h.* Pas moins de trois étages bourrés à craquer de partitions.

■ **BOOSEY & HAWKES. 295, Regent Street, W1** ✆ **020-7580 2060 – www.boosey.com/ musicshop – Tube : Oxford Circus.** *Ouvert du lundi au vendredi de 9h30 à 18h et le samedi de 10h à 17h.* L'éditeur de choix des partitions classiques. Egalement partitions de rock, folk et pop.

Parapluies

■ **JAMES SMITH** ✆ **SONS. 53, New Oxford Street, WC1** ✆ **020-7836 4731 – www.james-smith.co.uk – Tube : Holborn ou Tottenham Court Road.** *Ouvert du lundi au vendredi de 9h30 à*

17h25 et le samedi de 10h à 17h25. Fondée en 1830, James Smith est le meilleur magasin de parapluies de Londres, donc de la planète. Vaste sélection d'élégants parapluies avec des manches en bois de pommier, d'érable, de frêne, de cerisier, de rose, de jonc… Sans oublier les cannes en tous genres, à tous les prix, depuis les bâtons de berger jusqu'aux cannes d'ébène à pommeau d'argent. Ceci n'étant qu'un aperçu de tout ce que vous trouverez dans cette institution prévictorienne.

■ **SWAINE. Adeney, Brigg. 54, Saint James's Street, SW1** ℰ **020-7409 7277 – Tube : Green Park.** *Ouvert du lundi au samedi de 10h à 18h.* Certains assurent qu'un gentleman ne peut acheter son parapluie nulle part ailleurs. Mis à part les nombreux modèles présentés, il existe également un service de parapluies sur mesure. Après en avoir choisi la taille, la couleur et la matière, un artisan en sculptera le manche selon vos souhaits.

Porcelaine et céramique

■ **CERAMICA BLUE. 10, Blenheim Crescent, Portobello Road, W11** ℰ **020-7727 0288 – www. ceramicablue.co.uk – Tube : Ladbroke Grove.** *Ouvert le lundi de 11h à 17h et du mardi au samedi de 10h à 18h30.* Céramiques peintes à la main par des tas d'artistes différents. Bols en provenance d'Italie (£ 25-£ 45).

■ **POT LUCK. 84, Columbia Road, E2** ℰ **020-7722 6892 – Tube : Old Street.** *Ouvert le vendredi de 10h à 15h et le dimanche de 8h à 14h30.* Cette boutique n'est ouverte que deux jours par semaine mais le concept est intéressant : de belles céramiques à petits prix (théières chinoises pour £ 6,95 et service à thé pour £ 9,99). Céramiques anglaise et italienne.

■ **REJECT CHINA SHOP. 183, Brompton Road, SW3** ℰ **020-7581 0739 – www.tableware. uk.com – Tube : Kinghtsbridge.** *Ouvert les lundi, mardi, jeudi et samedi de 9h à 18h, le mercredi de 9h à 19h et le dimanche de 12h à 18h.* Le Reject China Shop regorge de bonnes affaires. Ne vous fiez pas à son nom : ce magasin ne propose pas que des articles de rebut, et les défauts sont souvent imperceptibles. La majorité des articles sont en parfait état, et coûtent en général de 20 à 30 % moins cher qu'ailleurs. Toutes les grandes marques sont représentées : Wedgewood, Spode, Royal Doulton, Royal Grafton, Portmeirion… Certains des articles présentés sont quand même très kitsch comme les assiettes avec l'effigie de la reine mère…

Santé, hygiène et beauté

■ **THE BODY SHOP. 374, Oxford Street, W1** ℰ **020-7409 7868 – www.the-body-shop.com – Tube : Bond Street.** *Ouvert du lundi au mercredi et le samedi de 9h à 20h, les jeudis et vendredis de 9h à 21h, et le dimanche de 10h à 19h.* On trouve un peu partout à Londres les magasins d'Anita Rodick réputés pour leur éthique (pas d'expérimentation sur les animaux, protection de l'environnement). Une grande sélection de produits pour l'hygiène (gel douche, bain moussant, shampoing), la beauté (maquillage, crèmes pour le visage et le corps) et le bien-être (huiles pour massage). Il existe une gamme de produits pour hommes.

■ **BOOTS. 73, Piccadilly, W1** ℰ **020-7409 2982 – www.wellbeing.com – Tube : Piccadilly Circus.** Les magasins Boots firent leur apparition en 1849. Aujourd'hui on en trouve à tous les coins de rues et c'est bien pratique ! Il s'agit d'un magasin hybride : principalement une pharmacie et une parapharmacie (produits d'hygiène et maquillage – beaucoup de marques présentes, du plus simple au plus haut de gamme), Boots propose aussi un service de développement photo et un rayon de snacks (sandwichs, salades, barres de chocolat). Boots a développé ses propres gammes de produits d'hygiène-beauté (Botanics, la gamme méditerranéenne) et de maquillage (N° 7) qui sont de bonne qualité.

■ **CULPEPER. 21, Bruton Street, Berkeley Square, W1** ℰ **020-7629 4559 – www.culpeper. co.uk – Tube : Bond Street.** *Ouvert du lundi au vendredi de 9h30 à 18h et le samedi de 10h à 17h.* Le magasin a été fondé en 1927 par Mrs. C. F. Leyel, qui lui a donné le nom de Nicholas Culpeper (1616-1652) à qui l'on doit d'avoir dressé l'inventaire des herbes médicinales anglaises. Potions, huiles essentielles, nourriture bio.

■ **NEAL'S YARD REMEDIES. 15, Neal's Yard, WC2** ℰ **020-7379 7222 – www.nealsyard remedies.com – Tube : Covent Garden.** *Ouvert du lundi au samedi de 10h à 19h et le dimanche de 11h à 18h.* Remèdes naturels et herbes médicinales, mais également des cosmétiques naturels, des produits pour le bain, des huiles essentielles, des gélules aux plantes et des produits diététiques.

■ **NELSON PHARMACY. 73, Duke Street, Grosvenor Square, W1** ✆ **020-7629 3118 – www. anelson.co.uk – Tube : Bond Street.** *Ouvert du lundi au vendredi de 9h à 17h30 et le samedi de 9h à 16h.* Un célèbre spécialiste de l'homéopathie.

Sports

■ **LILLYWHITES. 24-36, Lower Regent Street, SW1** ✆ **0870-3339 6000 – Tube : Piccadilly Circus.** *Ouvert du lundi au samedi de 10h à 21h et le dimanche de 12h à 18h.* Tout ce qu'il faut pour le cricket, le football, le golf et le tennis.

■ **YHA ADVENTURE SHOP. 152-60, Wardour Street, W1** ✆ **020-7836 8541 – www.yha adventure.com – Tube : Oxford Circus ou Tottenham Court Road.** *Ouvert les lundis, mardis et vendredis de 10h à 19h, le mercredi de 10h30 à 19h, le samedi de 10h à 18h et le dimanche de 12h à 18h.* Tout pour le camping et la randonnée. Une gamme complète de tentes, sacs à dos, sacs de couchage, vêtements pour les temps froids ou humides, casseroles, trousses de premiers soins, cartes, boussoles…

Made in Britain

■ **BRITISH SPORTS. 157, Praed Street, W2** ✆ **020-7402 7511 – Tube : Paddington.** *Ouvert du lundi au samedi de 9h à 18h.* Si une soirée au pub à jouer aux fléchettes (darts) vous tente, venez acheter tout ce dont vous avez besoin chez British Sports.

■ **FARLOW'S OF PALL MALL. 5, Pall Mall, SW1** ✆ **020-7839 2423 – www.farlows.co.uk – Tube : Piccadilly Circus.** *Ouvert le lundi de 9h30 à 18h, du mardi au vendredi de 9h à 18h et le samedi de 10h à 17h.* Farlow's est établi depuis 160 ans et propose des articles de pêche et vêtements pour week-ends pluvieux à la campagne, très britanniques. Articles de Barbour.

Tabac

■ **G. SMITH** ✆ **SONS. 74, Charing Cross Road, WC2** ✆ **020-7836 7422 – Tube : Leicester Square ou Tottenham Court Road.** *Ouvert du lundi au vendredi de 9h à 18h et le samedi de 9h30 à 17h30 et le dimanche de 11h à 17h.* Ce temple britannique du tabac à priser date de 1869 (c'était la première boutique à ouvrir dans Charing Cross Road). On y fabrique encore 40 mélanges de tabacs et d'aromates pour les nez délicats. Smith est un vrai marchand de tabac, avec sa propre gamme de tabacs à pipe et de superbes pipes.

■ **SEGAR** ✆ **SNUFF PARLOUR. 27A The Market, Covent Garden, WC2** ✆ **020-7836 8345 – Tube : Covent Garden.** *Ouvert du lundi au samedi de 10h30 à 19h et le dimanche de 11h à 17h.* Cette boutique offre une bonne sélection de cigarettes, de cigares et de tabacs à pipe, plus une gamme de pipes et de briquets. Le mélange de tabacs maison est très apprécié. Ils proposent même leur propre marque de cigarettes : Covent cigarettes.

■ LES ENVIRONS DE LONDRES ■

Londres est une ville énorme, très peuplée, trop bruyante pour certains. Une excursion dans ses environs, d'un week-end, d'une journée ou de juste quelques heures, sera l'occasion d'un bol d'air salutaire. C'est la raison d'être de ce chapitre qui vous présente quelques-uns des sites les plus intéressants en dehors de la ville.

Si vous visitez Londres en été, quelques jours à Brighton, la station balnéaire préférée des Londoniens seront les bienvenus.

La compagnie de bus Visitor Sightseeing organise des tours en français.

■ **VISITOR SIGHTSEEING. Departure Lounge, Royal National Hotel, Bedford Way, WC1** ✆ **020-7636 7175 – www.visitorsightseeing.co.uk** – Visite de Stonehenge, Bath, Oxford, Stratford-upon-Avon, Canterbury, Windsor, Leeds Castle, Hampton Court, entre autres. Les excursions peuvent également s'organiser depuis l'office de tourisme de Londres (1, Regent Street).

Les prix des billets de trains sont très variables selon le jour et l'heure à laquelle vous partez et selon que vous effectuez le retour dans la journée ou pas.

Ils peuvent varier du simple au double. Se renseigner dans une gare ou appeler la National Rail au
✆ 08457 48 49 50 voire surfer sur leur site internet : www.nationalrail.co.uk

Sauf indication contraire, les prix des bus sont donnés dans l'hypothèse où vous passez au moins
une nuit sur le lieu de l'excursion. Si vous effectuez le retour dans la journée, vous bénéficiez
généralement d'une réduction.

DULWICH

Les peintures de la Dulwich Picture Gallery valent le détour. Cette verte et résidentielle banlieue
londonienne est du reste à seulement 15 minutes du centre de la capitale.

On profitera d'une belle vue sur Londres puisque Dulwich se trouve sur une petite colline. Dulwich
Picture Gallery est la plus ancienne galerie de peintures d'Angleterre. Son fonds, pratiquement inchangé
depuis le début du XIXᵉ siècle, a été créé à partir de quelques collections privées. Rassemblé à l'origine
par le marchand Noel Desenfans, il devait servir de base à la collection royale polonaise.

Lors de la partition, en 1811, de la Pologne, il fut racheté par le peintre sir Francis Bourgeois, qui
offrit 371 tableaux au musée. Celui-ci est situé dans une charmante vieille banlieue londonienne
bâtie autour du Alleyn's College of God's Gift, une école fondée en 1626 par l'un des tout premiers
acteurs shakespeariens, Edward Alleyn – qui fit fortune grâce à son monopole sur les combats d'ours
et de taureaux. L'édifice, œuvre de l'architecte et collectionneur réputé Sir John Soane (1811), est
situé en face de Dulwich Park, sur le terrain du célèbre Dulwich College.

Le musée possède une importante collection de peintres paysagistes hollandais et de peintures de
genre. Une salle est consacrée à Gainsborough mais on peut y voir aussi des tableaux de Rembrandt,
Reynolds, Rubens, Reni, Watteau, Murillo, Van Dyck, Lawrence, Canaletto, Piero de Cosimo, Raphaël
et Tiepolo. Le musée vient d'être rénové et agrandi.

Transports

■ **TRAIN.** Prendre le train depuis la gare Victoria ou la gare de London Bridge. S'arrêter aux stations West Dulwich ou North Dulwich (15 minutes de trajet).

Pratique

■ **DULWICH PICTURE GALLERY. Gallery Road, Dulwich Village, SE21** ✆ **020-8693 5254 –**
www.dulwichpicturegallery.org.uk – *Ouvert du mardi au vendredi de 10h à 17h et les samedi et
dimanche de 11h à 17h. Fermé le lundi. Entrée : £ 4. Gratuit pour les étudiants et les enfants. Tarifs
spéciaux pour les expositions temporaires.*

HAMPTON COURT PALACE

Imposant château, mélange de styles Tudor (avec son architecture de brique rouge) et baroque,
Hampton Court Palace est toujours associé au roi Henry VIII. Il ne s'agissait pourtant pas à l'origine
d'un palais royal mais de la demeure du cardinal Wolsey, chancelier du roi. Lorsque ce dernier
s'opposa à la réforme de l'Eglise, Henry VIII lui confisqua son château.

Hampton Court Palace a subi plusieurs changements au cours des siècles. Henry VIII l'agrandit en y
ajoutant The Great Hall, la chapelle royale et les cuisines. A la fin du XVIIᵉ siècle, le roi Guillaume III et sa
femme Mary demandèrent à l'architecte Christopher Wren de procéder à quelques remaniements.

Prévoir une bonne journée pour la visite complète des lieux. Profiter des magnifiques jardins pour
se perdre dans ce labyrinthe (maze).

Transports

■ **TRAIN.** Prendre le train depuis la gare de Waterloo jusqu'à la station Hampton Court (30 minutes
de trajet).

■ **BATEAU.** On peut aller à Hampton Court en bateau depuis le pont de Westminster. Option intéressante si vous avez vraiment du temps, car la traversée dure 2h.

■ **WESTMINSTER PASSENGER SERVICES ASSOCIATION. Westminster Pier Victoria
Embankment, SW1** ✆ **020-7930 2062 – www.wpsa.co.uk** – Départ de Westminster à 11h.
Retour de Hampton Court à 17h. Aller simple : £ 12 (adulte), £ 6 (enfant). Aller/retour : £ 18
(adulte), £ 9 (enfant).

Pratique

■ **HAMPTON COURT PALACE. East Moseley, Surrey, KT8** ✆ **0870-752 7777 – www.hrp.org. uk** – *Ouvert du 27 octobre au 29 mars le lundi de 10h15 à 16h30, du mardi au dimanche de 9h30 à 16h30 (dernière admission à 15h45) et du 30 mars au 26 octobre le lundi de 10h15 à 18h, du mardi au dimanche de 9h30 à 18h (dernière admission à 17h15). Fermé du 24 au 26 décembre. Entrée : £ 11 (adulte), £ 8,25 (étudiant), £ 7,25 (enfant).*

■ **TOURIST INFORMATION CENTRE** ✆ 020-8781 9500.

RICHMOND ET KEW GARDENS

Richmond est une bourgade verte et agréable, idéale pour échapper au bruit et à la fureur du centre de Londres. Vous profiterez d'une bucolique promenade le long de la Tamise ou dans Richmond Park, le plus grand des parcs royaux, qui héberge des cerfs et des daims. Dotée également d'un petit centre-ville animé, rempli de boutiques et de cafés.

Juste à côté de Richmond, les jardins botaniques de Kew sont d'une beauté exceptionnelle et l'endroit est idéal pour un pique-nique. Plantés en 1759, ils couvrent plus de 120 ha et contiennent des milliers de variétés de plantes, de fleurs, d'arbres…

Leurs immenses serres victoriennes sont particulièrement impressionnantes. Elles abritent des variétés rarissimes de plantes tropicales. La Palm House contient toutes les variétés connues de palmiers, tandis que le Water Lily House offre une collection superbe de nénuphars divers, y compris des variétés géantes dont aurait raffolé Monet.

Kew est également l'un des plus grands centres de recherches botaniques au monde. Kew Gardens recèle de trésors : une pagode et des changements de paysages étonnants (forêt de conifères, forêt de feuillus, lac, jardins aménagés). Le jardin est très beau au printemps quand les rhododendrons sont en fleurs, (on assiste alors à une véritable explosion de couleurs) ou à l'époque des bluebells : ce ne sont alors que champs de fleurs bleues à perte de vue.

Transports

■ **METRO.** Prendre la District Line jusqu'aux stations de métro Richmond et Kew Gardens.

■ **TRAIN.** Prendre la ligne Silverlink jusqu'aux stations Richmond et Kew Gardens.

■ **BATEAU.** On peut aller à Richmond et à Kew Gardens en bateau depuis le pont de Westminster. Mais cette option n'est intéressante que si vous avez vraiment du temps devant vous car la traversée dure deux heures.

■ **WESTMINSTER PASSENGER SERVICES ASSOCIATION.** Westminster Pier Victoria Embankment, SW1 ✆ 020-7930 2062 – www.wpsa.co.uk

▶ **Pour Richmond :** départ de Westminster à 11h. Retour de Richmond à 17h. Aller simple : £ 10,50 (adulte), £ 5,25 (enfant). Aller/retour : £ 16,50 (adulte), £ 8,25 (enfant).

▶ **Pour Kew Gardens :** départ de Westminster à 11h. Retour de Kew à 17h30. Aller simple : £ 9 (adulte), £ 4,50 (enfant). Aller/retour : £ 15 (adulte), £ 7,50 (enfant).

Pratique

■ **ROYAL BOTANIC GARDENS. Kew, Richmond, Surrey, TW9** ✆ **020-8332 5655 – www.kew. org.uk** – *Ouvert de novembre à janvier de 9h30 à 16h, de février à mars de 9h30 à 17h30, d'avril à août du lundi au vendredi de 9h30 à 18h30 et le week-end de 9h30 à 19h, de septembre à octobre de 9h30 à 18h. Entrée : £ 8,50 (adulte), £ 6 (étudiant), gratuit pour les enfants de moins de 16 ans accompagnés.*

WINDSOR CASTLE

Construit il y a 900 ans par Guillaume le Conquérant, à 40 kilomètres de Londres, pour en défendre l'accès ouest, le château de Windsor est depuis le XIᵉ siècle une résidence royale. Aujourd'hui encore, la famille royale l'utilise pour les week-ends. Windsor Castle est l'un des derniers grands châteaux médiévaux mais ses différents occupants y ont successivement apporté des modifications : cloître, porte Henry VII, chapelle Saint-George fondée par le roi Edward en 1475… La visite des appartements royaux, s'ils sont inoccupés, vous permettra d'admirer de splendides tapisseries ainsi que des tableaux de maîtres, notamment Rubens et Van Dyck. Cette partie du château a été ravagée lors de l'incendie de 1992. Depuis, les meilleurs artisans de Grande-Bretagne ont travaillé à sa restauration, et le travail accompli est superbe. Tant que vous êtes à Windsor, profitez-en pour faire un tour à Eton College, la plus prestigieuse des « public schools » (contrairement à ce que son nom indique, une école privée) qui fut fondée en 1440 par Henry VI.

Transports

■ **TRAIN.** Prendre le train depuis la gare de Waterloo ou la gare de Paddington (30 ou 45 minutes de trajet).

Pratique

■ **ROYAL WINDSOR INFORMATION CENTRE. 24 High Street, SL4** ✆ **01753 743900 – www. windsor.gov.uk** – *Ouvert d'octobre à mars du lundi au vendredi de 10h à 16h, le samedi de 10h à 17h, le dimanche de 10h à 16h ; d'avril à juin du lundi au vendredi de 10h à 17h, le samedi de 10h à 17h, le dimanche de 10h à 17h ; de juillet à août du lundi au vendredi de 10h à 17h30, le samedi de 10h à 17h30, le dimanche de 10h à 17h et en septembre du lundi au vendredi de 10h à 17h, le samedi de 10h à 17h et le dimanche de 10h à 16h.*

Points d'intérêt

■ **ETON COLLEGE** ✆ **01753 671177 – www.etoncollege.com** – *Visite libre :* £ *3,80 (adulte),* £ *3 (moins de 15 ans). Visite guidée (1 heure) :* £ *4,90 (adulte),* £ *4 (moins de 15 ans), gratuit pour les enfants de moins de 8 ans. Les tours partent généralement à 1h15 et 15h15. Se renseigner pour les heures d'ouverture, variables.*

■ **WINDSOR CASTLE. www.royal.gov.uk** – *Ouvert de mars à octobre de 9h45 à 17h15 (dernière admission à 16h) et de novembre à février de 9h45 à 16h15 (dernière admission à 15h). Entrée :* £ *12 (adulte),* £ *5 (étudiant),* £ *3 (moins de 17 ans), gratuit pour les enfants de moins de 5 ans.*

Le Sud-Est

Le Sud-Est

Hampshire, Surrey, Sussex (East and West), Kent, Norfolk, Suffolk, Essex, Cambridgeshire, Buckinghamshire, Oxfordshire, Berkshire, Bedfordshire, Hertfordshire. Le « jardin de l'Angleterre » est l'une des plus belles régions du pays, verdoyante à souhait, traversée par d'immenses champs de houblon et ponctuée de villages aux cottages élégants. On y élève des moutons, et on extrait un peu de houille. Harmonie, calme, douceur de vivre, richesses historiques ont ouvert la voie au tourisme. Cependant, l'ancienne ville romaine de Rochester est très industrialisée. De nombreux hommes d'affaires et directeurs d'entreprises se sont installés dans les belles demeures du Kent, ce qui en fait l'une des campagnes les plus chères de toute l'Angleterre. Si Guillaume le Conquérant y a laissé son empreinte, le fantôme qui hante la région n'est-il pas celui de Thomas Becket, archevêque de Canterbury, assassiné sur les marches de son autel, puis canonisé ? Des pèlerins ont sillonné le Kent pendant près de trois siècles, ce qui a contribué à faire de ce « jardin » une terre d'accueil aux habitants particulièrement chaleureux. Bien que traversé par les continentaux qui se rendent au Royaume-Uni autrement qu'en avion – comme Louis Blériot – le Kent est presque toujours dédaigné, Douvres restant un point sur la carte, une courte étape où l'on guette les panneaux indiquant l'A20 ou la M20 en direction de Londres. Quel dommage ! A ceux épris de vieilles pierres, le Kent offre les défenses redoutables d'une région déjà pressentie par les Romains comme voie de passage à défendre. Port de l'Angleterre, Douvres et son imposant château, les murailles de Deal, Fort Amherst sont autant de lieux chargés d'histoire et du génie des architectes militaires. Sans parler des murailles naturelles, les superbes falaises blanches que des sentiers bordés d'une végétation fleurie permettent de sillonner.

L'histoire a laissé dans le Kent d'autres marques, l'esprit de Dickens hante Rochester ou la station balnéaire de Broadstairs ; Turner et Van Gogh, eux, affectionnaient Ramsgate, aujourd'hui devenu un port de plaisance couru. H.-G. Wells était un habitué de la célèbre Leas Promenade, à Folkestone. Le Kent abrite en outre la ville de Canterbury, et son incontournable cathédrale, chère au cœur des fidèles anglicans.

Les immanquables du Sud-Est

▶ **Douvres :** les remparts de son château, les falaises blanches : la perfide Albion tire son nom de leur couleur : alba (« blanc » en latin).

▶ **Cathédrale de Canterbury :** superbe nef, vitraux splendides, lieu de l'assassinat de Thomas Becket.

▶ **Leeds Castle :** à quelques kilomètres au sud de Maidstone. Henri VIII et Anne Boleyn affectionnaient ce monument du IXe siècle, pur joyau d'architecture médiévale dressé au milieu d'une pièce d'eau entourée d'un parc de 200 hectares.

▶ **Brighton et le Royal Pavillion :** Brighton est la station balnéaire préférée des Londoniens. Une ville vivante, à la fois branchée et bohème, idéale pour faire la fête en bord de mer. C'est également à Brighton que se trouve le Royal Pavillion, un palais somptueusement kitsch, résultat des fantaisies de l'architecte John Nash.

▶ **Ramsgate, Broadstairs et Margate :** un triangle de trois stations balnéaires aux plages de sable où l'ombre de Dickens attend le visiteur.

▶ **Cambridge et Oxford :** les deux villes universitaires historiques de l'Angleterre dont les annuelles joutes sportives tiennent tout le pays en haleine. Amateurs d'architecture, d'esprit estudiantin ou d'inaltérable tradition, vous ne pourrez résister au charme éternel de ces deux cités.

▶ **Norwich :** la capitale du Northfolk. Une ville dont la réussite économique s'accompagne de la conservation de son passé architectural. Le nombre d'églises au kilomètre carré y est impressionnant.

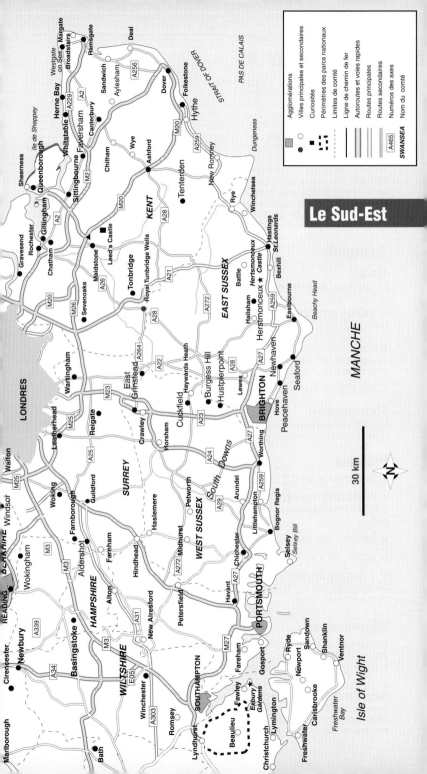

Le Sud-Est

■ CANTERBURY ■

35 000 habitants. Canterbury est célèbre pour sa cathédrale, siège de l'Eglise anglicane, située à l'intérieur de l'enceinte médiévale entourant la ville. Fondée par les Romains, la ville est devenue le berceau du christianisme anglais grâce à saint Augustin, qui créa l'épiscopat de Canterbury en 597. Rome envoya Augustin à Canterbury en 597, afin de réintroduire le christianisme dans l'Angleterre du Sud. A partir de là, l'archevêché de Canterbury prit une indépendance religieuse et politique de plus en plus importante. Quand Henri II Plantagenêt nomma archevêque son précieux ministre, Thomas Becket, celui-ci lui déclara : « Vous me haïrez bientôt autant que vous m'aimez car vous vous arrogez, dans les affaires de l'Eglise, une autorité que je n'accepte pas. Il faut que l'archevêque de Canterbury offense Dieu ou le roi ». Becket choisit d'éviter le conflit avec Dieu et s'en prit au roi. Il fut assassiné sur les marches de l'autel en 1170. Durant trois siècles, les pèlerins ont afflué sur la tombe de saint Thomas, jusqu'à la démolition de l'abbaye sous Henri VIII. Ainsi, dans ses contes de Canterbury, véritable chronique sociale de l'Angleterre de la fin du XVIIIe siècle, Chaucer imagine un groupe de ces pèlerins qui, pour tromper l'ennui du long voyage, racontent chacun deux histoires. La meilleure sera récompensée par un plantureux souper.

Transports

Train

Prendre le train depuis la gare de Victoria, la gare de Charing Cross ou la gare de Waterloo (1h30 ou 2h de trajet).

■ **GARES FAST STATION** (au bout de Castle Street) ou **WEST STATION** (au bout de Saint Dunstan's Street) ✆ (01227) 455511.

Car

La compagnie National Express met à disposition des cars devant la gare Victoria (2h de trajet) ✆ 08705 808080. Prix aller-retour dans la journée : £11.

■ **BUS STATION.** Saint George's Lane, au bout de Saint George's Street ✆ (01227) 63482.

Stationnement

La vieille ville est interdite aux voitures. Il faudra donc vous garer dans l'un des parkings payants prévus en dehors du centre (Long Term).

Pratique

▶ **Indicatif téléphonique :** (01227).

■ **CANTERBURY TOURIST INFORMATION CENTRE. 34, St Margaret's Street** ✆ **(01227) 766567 – www.canterbury.co.uk –** Se procurer « Places to visit », une brochure gratuite sur le Kent.

■ **BANQUES.** Elles sont nombreuses et pratiquent toutes le change.

■ **POLICE.** Old Dover Road ✆ (01227) 762055.

■ **2 CENTRES INTERNET.** Sur Burgate Street, et l'autre, se situe dans la bibliothèque de Canterbury (18 High Street). On la reconnaît aisément avec sa girouette et sa façade. *Ouverture 9h30 à 18h toute l'année.*

Hébergement

■ **CAMPING ET CARAVANING CLUB SITE BEKESBOURNE LANE. 2,4 km à l'est** ✆ **(01227) 463216.** *A partir de £9,50 pour deux personnes et une tente.* Une situation idéale pour visiter le Kent et la côte. Un terrain de camping familial et tranquille.

■ **CANTERBURY YOUTH HOSTEL. Ellerslie 54 New Dover Road** ✆ **(01227) 462911 – Fax : (01227) 470752 – canterbury@yha.org.uk –** *Adulte : à partir de £16,40, moins de 18 ans : à partir de £12,50.* Dortoirs et chambres privées dans une grande maison victorienne située à moins de 2 km du centre. Un confort appréciable pour des prix très avantageux. En période estivale, pensez à réserver.

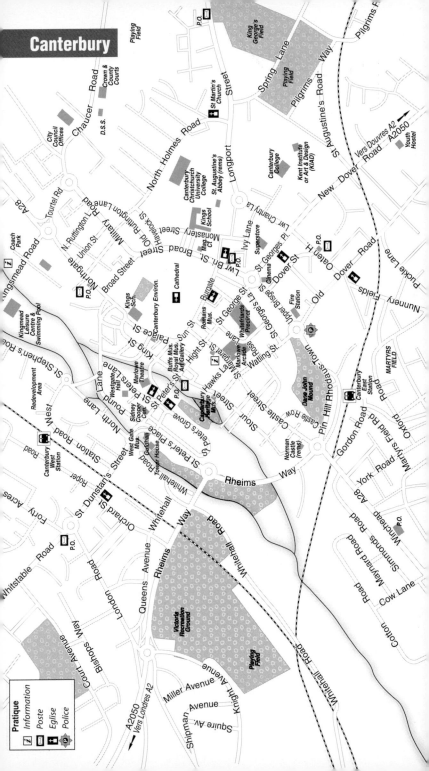

■ **CHERWOOD B & B.** 64 New Dover Road ℰ (01227) 451712 – Fax : (01227) 478232. *Simple :* *£30 et double : £50.* Un B & B aux chambres tout confort ! A proximité de la route principale certes, mais tout de même relativement bien isolée des nuisances sonores.

■ **CATHEDRAL GATE HOTEL.** 36 Burgate ℰ (01227) 464381 – Fax : (01227) 462800 – www. cathgate.co.uk – *Chambre simple de £26 à £60, double de £50 à £90 (£2 par jour de parking).* Un hôtel confortable, avec la télévision dans chacune d'elles avec salle de bain pour certaines, d'autre sans. Demander de préférence celles avec vue sur la cathédrale, située à 200 m de l'hôtel. Le bâtiment date de 1438 et jouxte la Christ Church Gate, une splendide porte Tudor. L'accueil est très chaleureux. Les propriétaires adorent leur région et vous prodigueront de bons conseils. Parking à 7 min de l'hôtel.

■ **THE TUDOR HOUSE.** 6 Best Lane, au bout de High St Clean ℰ (01227) 765650. *Chambre simple de £25 à £35, double : de £40 à £55.* Comme dans la plupart des hôtels de cette catégorie, les chambres sont pourvues d'un poste de télévision, d'une salle de bains, mais pas pour toutes… Situation très centrale. Ambiance familiale et vélos à louer.

■ **KINGSBRIDGE VILLA.** En face de Tudor House. 15 Best Lane ℰ (01227) 766415 – Fax : (01227) 766415 – Info@canterburyguesthouse.com – *Simple : de £25 à £40 double : de £40 à £70, famille : £60-£80.* Un hôtel sans grande prétention, mais qui présente l'énorme avantage d'être situé à côté de la rue principale : High Street. Egalement un restaurant italien au rez-de-chaussée.

■ **EBURY HOTEL.** New Dover Road ℰ (01227) 768433 – Fax : (01227) 459187 – info@ebury-hotel.co.uk – *Chambre simple à partir de £65, double à partir de £75.* Egalement des chambres familiales. Légèrement excentré, un agréable établissement familial, aux chambres et salons fort confortables. Un atout à ne pas négliger : la piscine couverte et le jacuzzi. Une halte de choix pour se retirer du brouhaha touristique de Canterbury.

■ **THE ORIEL LODGE.** 3 Queens Avenue ℰ (01227) 462845 – Fax : (01227) 462845 – info@oriel-lodge.co.uk – *Appartements pour une, deux ou trois personnes. A partir de £200 la semaine. Possibilité également de louer pour un week-end. Pas d'animaux et pas d'enfants en dessous de 6 ans.* Très bien situé puisque près du centre-ville, dans une charmante maison de caractère entièrement entretenue.

■ **CHARNWOOD BED & BREAKFAST.** 64 New Dover road ℰ (01227) 451712 – Fax : (01227) 478232 – charnwood.bb@btinternet.com – *Single : £30-£40 ; double : £45-£50.*

Restaurants

Beaucoup de restaurants proposent de déjeuner ou dîner dans un jardin et derrière l'entrée principale.

■ **CAESARS RESTAURANT.** 46 Saint Peter's Street ℰ (01227) 456833. *Ouvert de 11h30 à 22h30. Comptez £5 par personne.* La devanture est ornée de colonnes romaines, les banquettes de tapisseries de style médiéval… La cuisine est un peu plus sobre que le décor : salade, steaks hachés.

■ **CANTERBURY RESTAURANT.** 5-9 Burgate Street. *Prix : £10 pour un menu.* Pub assez gigantesque avec des machines à sous (so british). Au fond du restaurant. Il propose un large choix de bières et de menus variés végétariens. Il est reconnaissable à sa devanture bleu nuit, se mettre dans un des box et siroter tranquillement sa bière.

■ **CANTERBURY HOTEL.** 71 New Dover Road ℰ (01227) 450551. *Menu : £22.* Les locaux le surnomment « the brown pub ». Couplé à un restaurant français. Assez de ces plats à la sauce à la menthe ? Optez alors pour « la bonne cuisine » et sa galette au caviar d'aubergines, ou le foie gras de canard mi-cuit aux raisins pochés et au miel, les gambas rôties au petit salé et à la sauce de légumes nouveaux. Une ambassade française en quelque sorte, aux portes de Canterbury.

■ **POPPINS.** 52 St Peters Street ℰ (01227) 769301. Petit restaurant marrant, il prend les euros. Pour manger une glace maison ou des pancakes. Des menus : entrée, plat, dessert pour moins de £5 et des espressos à £0,80. Moins cher que le Starbucks.

■ **Juste à côté : LE ZIZZI (sic !).** 53 St Peters Street ℰ (01227) 764463. *Pizzas entre £5 et £7.* C'est un restaurant italien à la décoration soignée. On nous fait comprendre dès l'entrée que c'est de l'italien avec les bouteilles de vino dans leurs gangues en osier. Un peu l'usine le midi et le soir.

Sortir

Le magazine gratuit *What, Where & When,* vous donnera le programme détaillé des événements. Disponible à l'office de tourisme.

■ **GULBENKIAN THEATRE.** University of Kent, à l'ouest de la ville ✆ (01227) 769075.

■ **MARLOWE THEATRE.** 37 Palace Street ✆ (01227) 455600.

Manifestations

▶ **Fin juin : Stour Music Festival,** Boughton Aluph Church, près d'Ashford (dix jours consacrés à la musique Renaissance et baroque). Renseignements à l'office du tourisme : Lower High Street, Ashford ✆ (01227) 37311.

▶ **Mi-octobre : festival de Canterbury (musique, théâtre, danse, opéra)** ✆ **(01227) 452853.** Concerts dans la cathédrale. Programme disponible à l'office du tourisme.

Points d'intérêt

■ **CANTERBURY CATHEDRAL** ✆ **(01227) 762862 – www.canterbury-cathedral.org** – *Ouvert du lundi au samedi de 9h à 17h en hiver et de 9h à 18h en été, le dimanche de 12h à 14h30 et de 16h30 à 17h30. Entrée : £3,50 (adulte), £2,50 (enfant).* L'église consacrée à saint Augustin fut détruite dans un incendie en 1067 et une première cathédrale fut érigée à sa place en 1070. L'édifice actuel, érigé entre 1070 et 1503, est un mélange de plusieurs styles architecturaux : la crypte romane qui demeure l'unique vestige de la cathédrale de 1070, et les styles gothique et perpendiculaire. Les marches qui mènent à la crypte furent, en 1170, le lieu de l'assassinat de l'archevêque Thomas Becket par les chevaliers d'Henry II.

On peut également voir dans la cathédrale les tombeaux d'Edward, le prince noir, héros de la guerre de Cent Ans, d'Henri IV et de Jeanne de Navarre, surmontés de leurs gisants.

Lors de votre visite, ne négligez pas les fresques de la chapelle Saint Gabriel (XIIe siècle), les vitraux de la chapelle de la Trinité qui retracent la vie de saint Thamas Beckett (XIIIe siècle), l'horloge dans le transept, la mosaïque et les écussons incurvés dans le sol derrière l'autel.

La nuit, lorsque la cathédrale illuminée brille de tous ses feux, on entend parfois les résonances d'un orgue, notes fantômes qui semblent venues de nulle part. On peut goûter la majesté et la magnificence du lieu saint et se promener vers la King's School, un lieu superbe restauré au XIXe siècle, où étudia, entre autres, Somerset Maugham. Le jardin est planté d'acacias noueux, dont l'écorce est marquée comme sur les images un peu naïves du jardin d'Eden. Et, tout autour, les bancs portent chacun une date : ils sont installés à la mémoire des disparus. On peut y écouter de la musique, méditer ou… pique-niquer !

■ **SAINT AUGUSTIN'S ABBEY.** *Visite de 9h30 à 18h, 16h en hiver.* Ruines de l'église bâtie en 597. Tombe de saint Augustin et lieu de sépulture de divers rois saxons.

■ **EASTBRIDGE HOSPITAL. The Hospital of Saint Thomas the Martyr, 21 High Street.** *Ouvert de 10h à 17h.* Construit à l'origine pour héberger les pèlerins, cet édifice du XIIe siècle est aujourd'hui transformé en maison de retraite. On visite l'entrée, la chapelle des morts, la crypte qui servait également de dortoir (douze personnes pouvaient y dormir) et le réfectoire. A admirer, la fresque du réfectoire, qui date du début du XIIIe siècle. L'endroit est tranquille et émouvant.

■ **MUSEUM OF CANTERBURY.** *Ouvert de 10h30 à 16h du lundi au samedi et également le diman-che, de juin à septembre de 13h30 à 16h. Entrée : £3,20.* C'est le musée de la ville, qui retrace 2 000 ans d'histoire de cette cité marchande romaine, devenue capitale saxonne puis capitale spirituelle de l'Angleterre, et enfin haut lieu de pèlerinage, avant de se tourner vers le tourisme. Il a été récemment agrandi et refait à neuf et présente aujourd'hui de nombreuses attractions interactives.

■ **THE CANTERBURY TALES. St Margaret's Street** ✆ **(01227) 454888.** *Ouvert tous les jours de 9h30 à 16h30, 17h30 en été. Adulte : £6,50, enfant : £3,25.* Ce musée de cire évoque la vie à l'époque de Chaucer. L'audiovisuel, très présent, invite à la lecture interactive des fameux *Contes de Canterbury.* Assez médiéval avec ses chevaliers, ses gueux et ses lépreux ! A visiter en famille.

■ **BURGATE LANE.** Tout petit jardin qui jouxte la Catholic Church of Canterbury, il peut faire l'objet d'un pique-nique. L'église est minuscule, lilliputienne, charmante.

Geoffrey Chaucer (1343-1400) est célèbre pour ses *Contes de Canterbury,* souvent considéré comme le premier vrai ouvrage de littérature anglaise. Il entama la composition de cette œuvre inachevée, en 1387. Ce recueil comporte 21 contes narrés dans des styles différents par des pèlerins en route vers la cathédrale de Canturbéry et qui tentent de rompre la monotonie du voyage. Les *Canterbury Tales* furent édités pour la première fois en 1478. Chaucer est mort le 25 octobre 1400. Il est enterré à l'abbaye de Westminster, et il fut le premier occupant du Coin des Poètes.

■ **WESTGATE GARDEN.** Très agréable promenade le long de la rivière Stour.

■ **BUTTERMARKET PLACE**. On pourra y admirer de vieilles maisons à poutres apparentes telles que l'on peut les voir en Alsace.

Shopping

■ **WHITTARD TEA-COFFEE. Best Lane et High Street.** Le paradis de la théière : en forme de réveille-matin, de radiateur surmonté d'un chat allongé, de table à thé avec tartelettes et chaussons aux pommes, de machine à coudre, de bureau avec tiroirs… Environ £30. Tasses à thé et café complètement folles, peut faire l'objet d'un cadeau. Thés exotiques et traditionnels. L'établissement fait également office de salon de thé, pour goûter avant d'acheter !

■ **Entre St Peter's Street et St Peter's Grove carte… COMPACT SOLUTION RICHARDS RECORDS :** choix de CD et vinyles. Beaucoup de metal, un peu de pop-rock mais les albums ne sont pas chers £7 (ceux qui ont plus de 6 mois).

■ RAMSGATE ■

38 000 habitants. En 597, saint Augustin y débarque avec 40 moines de Rome pour réintroduire la chrétienté en Angleterre et devient le premier archevêque de Canterbury. Jane Austen, Charles Dickens, Turner et Van Gogh ont visité la ville, qui est l'extrême pointe est de la côte anglaise : « S'il n'y a aucun être humain que tu n'aimes suffisamment, aime la ville dans laquelle tu vis… J'aime Paris et Londres, bien que je reste un enfant des pins et de la plage de Ramsgate ». (*Lettre de Van Gogh à Théo,* 1876).

Pour le voyageur qui arrive d'Ostende ou de Dunkerque à la porte du Kent, c'est une station balnéaire venteuse et un peu démodée qui l'attend, une halte avant le « jardin » de l'Angleterre. Le centre-ville abrite certaines maisons dont les briques ont subi l'altération et l'érosion éolienne et des embruns. Charmant. C'est ici, lors de la construction du port en 1797, qu'on utilisa pour la première fois la cloche à plongeurs. La ville se targue également d'avoir eu la plus vieille brasserie du pays, Thompson Wotton.

La rue principale, Harbour Street, compte une surprenante concentration de « charities shops ».

Transports

■ **GARE. WILFRED ROAD** ✆ **0345-489450.** Trains directs de Victoria Station.

■ **FERRY. Holyman Sally Ferries** ✆ **(01843) 589329.** Ramsgate-Dunkerque en 1h15.

Pratique

▶ **Indicatif téléphonique :** (01843).

■ **OFFICE DU TOURISME.** York Street. *Ouvert du lundi au vendredi de 9h15 à 16h15 et de 10h à 16h45 le samedi.*

■ **BANQUES.** Lloyd's sur Queen Street, Midland Bank sur High Street.

■ **POLICE** ✆ (01843) 231055.

■ **HOPITAL** ✆ (01843) 225544.

■ **POSTE.** 42 High Street ✆ (01843) 591348.

Hébergement

■ **EASTWOOD GUEST-HOUSE. 28 Augusta Road** ✆ **(01843) 591505.** *Double standard : £35, avec salle de bains : £40.* A 10 minutes à pied du centre, maison victorienne donnant dans une rue calme.

■ **SAN CLUB HOTEL. Victoria Parade, East Cliff** ✆ **(01843) 592345 – Reservation@sancluhotel. co.uk – sancluhotel@lineone.net –** *Chambre simple : £50, double avec salle de bains : £80. Compter moins de £10 pour le déjeuner.* Hôtel classé de style victorien, vue sur mer. A proximité du terminal de ferry.

■ **PEGWELL BAY HOTEL. (A 5 min du port de Ramsgate) 81 Pegwell Road** ✆ **(01843) 599590 – Pegwell@thorleytaverns.com –** *Chambre simple : £26, double avec douche : £60.* Curieux hôtel, avec une devanture peinte en vert et blanc jaune. On ne pourra pas faire moins bruyant à Ramsgate, à part les locaux qui débarquent pour boire l'après-midi. La nuit, le vent de mer viendra tout juste caresser les fenêtres.

Restaurants – Salon de thé

Vous trouverez de nombreux pubs et restaurants près de la marina.

■ **CHURCH HILL COFFEE-SHOP. 1 Church Hill** ✆ **(01843) 588344.** *Ouvert de 9h à 16h du mardi au samedi.* Salades, sandwichs sucrés salés et gâteaux appétissants à petits prix. Le rendez-vous favori des vieilles dames du coin.

■ **CORBY'S. 20 York Street (à côté de l'office de tourisme).** Un café style Belle Epoque, effort sur la déco en façade, pâtisseries faites maison. On y viendrait presque en imaginant Miss Marple, l'héroïne d'Agatha Christie, sirotant son thé, le petit doigt en l'air.

Sortir

■ **THE CHURCHILL TAVERN. The Paragon, West Cliff** ✆ **(01843) 587862.** Bières, vins au verre et snacks dans un cadre campagnard (outils de ferme, murets en briquette). Animations presque tous les soirs en saison.

■ **GRANVILLE THEATRE. Victoria Parade** ✆ **(01843) 591750.** Spectacles et cinéma en même temps.

■ **CINEMA :** Victoria Parade ✆ (01843) 591750.

Manifestations

▶ **Fin juin, pendant une semaine :** festival Dickens à Broadstairs, petite ville voisine. Dickens y séjourna pour y écrire David Copperfield (musée Dickens à Broadstairs ✆ 862224. Visite : £2, ouvert de 10h à 16h).

▶ **En saison, tous les mercredis :** feu d'artifice dans la Viking Bay.

Points d'intérêt

■ **MARITIME MUSEUM. Pier Yard** ✆ **(01843) 587765.** *Ouvert de Pâques à septembre du lundi au vendredi de 9h30 à 16h30 et le samedi de 14h à 17h. Ouvert d'octobre à Pâques du lundi au vendredi de 9h30 à 16h30.* Trois navires sont présentés sur cale sèche pour retracer l'histoire maritime de la région.

■ **VIKING SHIP HUGIN. Sandwich Road, Pegwell Bay.** Le bateau commémore l'invasion viking de 449 après J.-C.

■ **MODEL VILLAGE. West Cliff** ✆ **(01843) 592543.** *Ouvert dès 9h30.* Village miniature avec des maisons de campagne anglaises. Il y en a dans presque toutes les villes touristiques, visitez-en un ! Les enfants apprécieront.

Loisirs

■ **RAMSGATE SWIMMING CENTRE-FITNESS STUDIO. Newington Road** ✆ **(01843) 593754.** Piscine couverte et gymnase.

■ **RAMSGATE BOWLS CLUB. Prince Edward Promenade, West Cliff** ✆ **(01843) 594940.** *Compter £3 par personne. Ouvert dès 10h.* Inscrivez-vous auprès du Captain W. Martin pour une partie de boules anglaises, avec quatre woods (boules) et des chaussures à semelles lisses…

◼ MARGATE ◼

Margate fut l'une des premières stations balnéaires anglaises. Sa plage de sable fin et sa proximité avec Londres en firent un lieu très populaire à l'époque géorgienne et victorienne. Elle est toujours très fréquentée aujourd'hui, même si elle a perdu beaucoup de son élégance passée.

Pratique

▶ **Indicatif téléphonique :** (01843).

◼ **OFFICE DU TOURISME. 12-13 The Parade** ✆ **(01843) 583334 – Fax : (01843) 292019.** *Ouvert de 9h à 17h du lundi au vendredi et de 9h à 16h samedi et dimanche.*

Hébergement

◼ **YOUTH HOSTEL. Beachcomber Hotel, 3-4 Royal Esplanade, Westbrook Bay** ✆ **(01843) 221616 – Fax : (01843) 221616 – margate@yha.org.uk –** *Ouvert de mi-avril à fin octobre. En dehors de ces dates, téléphonez à l'avance, il se peut que l'on vous accepte quand même. La réception est ouverte de 8h à 10h et de 17h à 22h. L'hôtel ferme ses portes à 23h. Arrêt de bus Royal Sea Bathing Hospital. En voiture, prendre l'A 28 en quittant le centre-ville. Après un demi-mile et un vieil hôpital, prendre à droite vers Royal Esplanade. Compter £12,50 pour un adulte, £9 pour les moins de 18 ans.* Chambres familiales à peine plus chères. Salon télévision, cuisine en libre-service, garage à vélos, téléphone et fax, réduction pour les billets de ferry, informations touristiques.

◼ **FLORENCE COURT PRIVATE HOTEL. 18 Surrey Rd, Cliftonville** ✆ **(01843) 221439 – Fax : (01843) 221439.** *Singles à partir de £20, doubles à partir de £35. Egalement des triples. Parking gratuit.* Un petit hôtel familial central et confortable.

Sortir

◼ **TOM THUMB THEATRE. Eastern Esplanade** ✆ **(01843) 221791.** Connu pour être le plus petit théâtre de Grande-Bretagne.

◼ **DREAMLAND CINEMA COMPLEXE. All Saints Avenue.** Cinéma.

Points d'intérêt

On se rend surtout à Margate se détendre en famille, profiter de sa plage et de ses nombreux cafés et restaurants. Cependant, pour les accros de la visite, voici quelques sites plus ou moins dignes d'intérêts.

◼ **SHELL GROTTO. Grotto Hill, Cliftonville** ✆ **(01843) 220008.** *Ouvert tous les jours de Pâques à octobre de 10h à 17h.* Peut-être la seule attraction de la ville qui vaille vraiment le détour. Dans une grotte souterraine, divisée en plusieurs salles, vous y découvrirez des mosaïques de coquillages probablement vieilles de plus de 2 000 ans.

◼ **MARGATE CAVES. Northdown Road, Cliftonville** ✆ **(01843) 220139.** Grottes utilisées comme cachettes, notamment par les contrebandiers. Pas vraiment d'intérêt.

◼ **DRAPERS WINDMILL. St Peters Footpath, sur College Road.** *Ouvert le dimanche de Pâques, puis de mai à septembre le dimanche de 14h30 à 17h. Ouvert le jeudi de 18h30 à 20h en juillet et en août.* Moulin construit en 1845, toujours en état de fonctionnement.

◼ **TUDOR HOUSE. King Street.** Maison de bois du XVIe siècle. On ne peut visiter l'intérieur, mais l'extérieur vaut le coup d'œil.

Loisirs

■ **BOWLING.** Addington Street ✆ (01843) 291010.

■ **HARTSDOWN LEISURE CENTRE AND INDOOR SWIMMING POOL. Hartsdown Road** ✆ **(01843) 226221.** Salle de fitness et piscine couverte.

■ **BROADSTAIRS** ■

Au XIXᵉ siècle, devant la popularité grandissante de Margate, Broadstairs devint une alternative pour les vacanciers. La ville est aujourd'hui mieux préservée que sa voisine et sa plage est également plus belle. Charles Dickens se rendait régulièrement en vacances à Broadstairs et aujourd'hui encore, le passage de ce vacancier célèbre est rappelé un peu partout dans la ville.

Pratique

■ **OFFICE DU TOURISME. 6B High Street** ✆ **(01843) 862242 – Fax : (01843) 865650.** *Ouvert du lundi au vendredi de 9h à 17h toute l'année et le samedi de 9h30 à 17h de mars à septembre.*

Hébergement

■ **YOUTH HOSTEL. Thistle Lodge, 3 Osborne Road** ✆ **(01843) 604121 – Fax : (01843) 604121 – broadstairs@yha.org.uk –** *A 2 miles au nord de Ramsgate, sur la côte ; une fois à Broadstairs, tourner à gauche en s'éloignant de la mer, passer sous le pont de chemin de fer et tourner à gauche au feu. Ouvert tous les jours du 23 mars au 16 novembre, de 7h30 à 10h et de 16h à 23h. Adulte : £12,50, enfants de moins de 18 ans : £8. Dortoirs et chambres familiales à 3, 4, 5 ou 6 personnes.*

■ **CINTRA HOTEL. 24 Victoria Parade** ✆ **(01843) 862253 – Fax : (01843) 869503 – www. cintrahotel.co.uk –** *Chambres de £28 à £37 selon la saison. Ouvert toute l'année.* Des chambres qui présentent toutes le confort moderne et avec une petite touche en plus de la maîtresse de maison. Un petit-déjeuner délicieux.

Sortir

■ **PAVILION THEATRE. Harbour Street** ✆ **(01843) 865726.** Spectacles réguliers.

■ **CINEMA WINDSOR. Harbour Street.**

Manifestation

▶ **Juin : festival Dickens.** Événements en tout genre, principalement des représentations théâtrales ou musicales.

Points d'intérêt

■ **BLEAK HOUSE. Fort Road** ✆ **(01843) 862224.** *Ouvert de mi-mars à novembre de 10h à 18h, et de juillet à septembre de 10h à 21h.* La maison où Charles Dickens a écrit *David Copperfield*. Les pièces sont décorées comme elles l'auraient été au XIXᵉ siècle.

■ **DICKENS HOUSE MUSEUM. Victoria Parade** ✆ **(01843) 862853.** *Ouvert de Pâques à mi-octobre, tous les jours de 14h30 à 17h30.*

■ **CRAMPTON TOWER MUSEUM. High Street** ✆ **(01843) 864446.** *Ouvert de Pâques à septembre, tous les jours, de 14h à 17h.* Musée du chemin de fer et des transports.

■ **MUSEE WATERLOO. Crow Hill** ✆ **(01843) 865044.** *Ouvert à Pâques et de juillet à fin septembre de 13h à 17h30.* Le musée de la bataille de Waterloo. Des uniformes aux tactiques en passant par les armes et équipements ainsi qu'un modèle réduit de la bataille avec 20 000 miniatures.

■ **EAST NORTHDOWN FARM AND GARDENS. George Hill Road, Kingsgate** ✆ **(01843) 862060.** *Ouvert de juin à septembre de 14h à 17h.* Une ferme et ses jardins sur 1 hectare en bordure de mer, qui existe depuis 500 ans. Un paradis pour les amateurs de potagers qui peuvent acheter de quoi confectionner leur propre jardin en bénéficiant des conseils du propriétaire, diplômé d'Oxford en jardinage. Egalement un élevage de quelques animaux de ferme qui ravira les enfants.

■ **BOTANY BAY.** Très belle plage avec des rochers découpés par l'érosion.

■ DE CANTERBURY À LA CÔTE ■

Prendre à l'est, l'A257 en direction de Wingham. Sur cet itinéraire, de petites routes transversales mènent à des villages typiques dont la campagne anglaise abonde et qu'il serait dommage d'ignorer. A quelques kilomètres de Canterbury, Littlebourne est un ravissant petit bourg aux cottages et aux maisons caractéristiques du Kent : profils arrondis sous un toit de chaume ou de tuiles. Dans le même genre, Wickhambreaux, où l'on sculpte le chaume. Puis, à mi-chemin entre Canterbury et Sandwich, Wingham, prisé des amateurs d'antiquités : brocantes et antiquaires fleurissent à chaque coin de rue.

SANDWICH

Petite ville (37 000 habitants) située au nord de Deal, à 12 km au sud de Ramsgate, une des stations balnéaires à la pointe nord-est du Kent. Sandwich est l'un des fameux « cinq ports » qui, au Moyen Age, devaient fournir une flotte au roi en temps de guerre ; ce qui permit notamment à l'armée d'embarquer pour envahir la France… Une balade s'impose dans cette ville, dont l'existence remonte aux Saxons : Guildhall, construit sous le règne d'Elisabeth I ; Strand Street, avec ses vieilles maisons à colombages ; The Pilgrims, deux maisons du XIVe siècle ; Saint Peter's Street, ancienne prison médiévale ; l'église Saint Mary's, édifiée par les Normands, et l'église Saint Clement, datant des Saxons, reconstruite et dotée, par la suite, d'une tour romane. Une pause lunch est à envisager à l'auberge Saint Bartholemew's, qui date de 1190 (*compter £7*), avant de visiter, à 1,5 km de là, le Richborough Castle. Il fut construit pour se protéger des invasions par les Romains, qui y érigèrent ensuite un arc de triomphe en marbre pour célébrer une victoire. Les Saxons reprirent l'emplacement en y apportant leur propre système de défense. La visite des ruines peut s'accompagner de celle d'un musée, qui réunit une partie des objets exhumés sur le site : poteries, bijoux, objets usuels, épingles… Un curieux mélange romain-saxon.

Il est difficile de trouver un bon hébergement à Sandwich. Tout y est très cher. Le choix s'effectue entre un hôtel grand luxe et une chambre sans confort au-dessus d'un pub. La saison touristique va de mai à septembre. Mais, tout au long de l'année, la vie semble s'arrêter très tôt, dès 14h30 le mercredi, jour de fermeture des magasins.

Pour Deal, emprunter l'A258.

Pratique

■ **OFFICE DU TOURISME.** New Street ✆ (01304) 613565. *Ouvert de mai à septembre de 11h à 15h.*

■ DE DEAL À ROCHESTER ■

Prendre la « Class A Road » A258 jusqu'à Ringwould, puis la « Primary Route » A20 direction Folkestone au sud. Emprunter ensuite l'autoroute M20 ou l'A20 jusqu'à la ville d'Ashford. Prendre ensuite vers le nord-est l'A28 jusqu'à la hauteur de Wye, puis continuer sur Chilham.

L'A252 permettra ensuite d'arriver à Charing où l'on retrouvera l'A20. Direction Lenham, pour atteindre Leeds Castle avant de remonter sur Maidstone puis Rochester.

La route qui passe par Ringwould est magnifique, elle plonge soudain dans un bois et s'offre une descente spectaculaire sur Dover. Continuer l'A20 jusqu'à Folkestone ou bien se résoudre à emprunter l'autoroute jusqu'à Ashford, solution peu attrayante, mais qui aura le mérite de mener jusqu'à Wye. On aperçoit quelques fermes surmontées de hauts toits coniques : ce sont les greniers à houblon qui jalonnent toute la région du Kent.

DEAL

26 000 habitants. La ville est dotée d'un château et de belles demeures du XVIIIe siècle. Station balnéaire, sa pleine saison dure donc de juin à septembre. En dehors de cette période, la ville est un peu somnolente, pour ne pas dire endormie, hôtels et pubs sont fermés.

Transports

■ **GARE.** Queen Street, direction Londres et Ramsgate.

■ **BUS.** South Street, direction Canterbury, Sandwich, Dover, Folkestone.

Pratique

▶ **Indicatif téléphonique :** (01304).

■ **OFFICE DU TOURISME. Town Hall** ✆ **(01304) 369576.** *Ouvert du lundi au vendredi toute l'année, et le samedi l'été.*

■ **BANQUES.** Plusieurs banques dans High Street.

■ **POLICE.** Au carrefour entre London Road et Sandwich Road.

▶ **Les magasins sont fermés** le jeudi après-midi.

Hébergement

■ **KING'S HEAD. Upper Street Kingsdown** ✆ **(01304) 368311 – www.kingsheaddeal.co.uk –** *Single de £40 à £48,50, double de £56 à £60. Face à la mer.* Un lieu on ne peut plus traditionnel. La première licence du pub au rez-de-chaussée a été délivrée en 1732, c'est dire ! Bien que situées au-dessus du pub, les chambres sont calmes et chacune dispose d'une salle de bains. L'accueil est chaleureux. Demander une chambre face à la mer.

■ **GUILDFORD HOUSE HOTEL. 49 Beach Street** ✆ **(01304) 375015.** *Chambre simple à partir de £28, double à partir de £40.* Situé en bord de mer, près du centre-ville, cet hôtel dispose d'un bar privé pour les résidents. Les chiens sont acceptés, ce qui est assez rare. Sept chambres sur onze sont en-suite.

■ **HARDICOT GUEST-HOUSE. Kingsdown Road, Walmer Deal** ✆ **(01304) 73867 – guestboss@talk21.com –** *Chambre simple à partir de £26, double à partir de £48.* Calme, confortable, cette agréable maison victorienne offre une superbe vue sur la mer. Pour les adeptes de la pêche, du golf ou de la marche.

■ **DUNKERLEYS RESTAURANT & HOTEL. 19 Beach Street** ✆ **(01304) 375016 – Fax : (01304) 380187 – dunkerleysofdeal@binternet.com –** Hotel très bien entretenu, cadre baroque, les prix sont assez élevés tout de même en haute saison (*compter £50 à £85 par personne par nuit*). Près de la plage, il sert du poisson frais et est connu pour ses préparations de langoustes. A déguster le soir après une journée de farniente sur la plage.

Sortir

■ **ASTOR THEATRE. Market Street.** *Ne fonctionne que l'été.* Tournées nationales.

Manifestation

▶ **Fin juin. Deal Regatta Week.** Une semaine d'activités liées à la mer : manifestations nautiques, carnaval avec défilé dans les rues, spectacles. Renseignements à l'office du tourisme.

Points d'intérêt

■ **DEAL CASTLE** ✆ **(01304) 372726.** *Entrée : adulte : £3,50 ; enfant : 1,80 (gratuit en dessous de 5 ans). Ouvert d'avril à septembre, tous les jours de 10h à 18h.* L'architecture du château, très originale, présente des fortifications semi-circulaires, disposées en rosaces, qui sont encore plus belles vues d'avion. Henri VIII, le bâtisseur, lorsqu'il en ordonna la construction, se souciait peu de l'esthétique de l'édifice. Il venait de rompre définitivement avec Rome et de se proclamer chef de l'Eglise anglicane. Il redoutait une invasion française ou espagnole. D'où l'édification de trois châteaux, « Castles in the down », à Sandown, Walmer et Deal (ce dernier étant le plus important), avec les matériaux provenant des monastères, abbayes, églises catholiques fermées et détruites. Les jardins, les fortifications et l'intérieur du château se visitent. On peut y voir notamment les appartements du duc de Wellington ainsi que les fameuses « Wellington's Boots », bottes de pluie dont il fut l'inventeur.

■ **HIGH STREET.** Anciennement Lower Street parce qu'inondée régulièrement par la mer, elle fut le théâtre de la fameuse histoire d'Ambrose Gwinett, devenue légende et sujet d'une pièce de théâtre : accusé de meurtre, condamné à la pendaison, Gwinett s'enfuit et se réfugia à La Havane où il devint gardien de prison, pour trouver, parmi les détenus, l'homme qu'il était censé avoir assassiné… A Deal, tout le monde connaît l'histoire de cet homme. N'hésitez pas à vous la faire raconter.

Loisirs

■ **TENNIS.** Important club sur Park Avenue.

■ **TROPICAL INDOOR SEASIDE (Tides). Victoria Park, Park Avenue** ✆ **(01304) 373399.** L'équivalent des Centerparc français.

ROCHESTER

57 000 habitants. Les Romains, les Normands et bien plus tard Dickens ont, chacun à sa manière, contribué à la renommée de la ville. Suivons les traces de leur passage, sans oublier l'estuaire de la Medway River qui, un temps, vit voguer Francis Drake ou le tristement célèbre amiral Nelson – en voyant les choses de notre côté de la Manche. Suivons à Rochester les traces de ces noms illustres. La traversée de la ville se fait par High Street, Station Road.

Transports

■ **GARE.** Chatham, New Avenue Road, ou Strood, Station Road.

■ **BUS** ✆ (01634) 832666.

Pratique

▶ **Indicatif téléphonique :** (01634).

■ **OFFICE DU TOURISME. 95 Hight Street** ✆ (01634) 843666.

■ **BANQUES.** Middland Bank et Lloyd Bank sur High Street.

■ **POLICE. King Street, entre Cazeneuve Street et Union Street** ✆ (01634) 827055.

■ **INTERNET. A la Public Library sur Northgate Road. City Way** ✆ **(01634) 830644.** Accès gratuit à Internet.

Hébergement

Le logement est cher. Il vaut mieux avoir recours aux B & B ou à une guesthouse. D'une manière générale, il vaut mieux choisir un B & B sur High Street car tous les commerces sont proches. Se parquer vers Northgate Blue Boar Lane.

■ **YHA MEDWAY. Capstone Road** ✆ **(01634) 400788.** *Prendre la direction du ski centre. Dortoirs à partir de £12,50.* En dehors de la ville.

■ **GORDON HOUSE HOTEL. 91 High Street** ✆ **(01634) 831000 – www.gordonhousehotel. net –** *Simple : £60 et double : £70.* Idéalement placé dans le cœur de Rochester historique puisqu'il est en face de la rue principale et jouxte la cathédrale.

■ **KING'S HEAD HOTEL. 58, High Street** ✆ **(01634) 831103.** *Simple : £ 35 et double : £ 50.* Situé entre la cathédrale et le château d'un côté, la rue commerçante de l'autre, l'hôtel est idéal pour visiter la ville. Il propose des chambres tout à fait correctes. Parking à proximité.

■ **MEDWAY MANOR HOTEL. 14-16 New Road** ✆ **(01634) 847985 – Fax : (01634) 832430.** *Simple £50 à £75 et double £66 à £105.* Très grand hôtel et malgré sa façade un peu austère, il sait se faire apprécier pour une halte entre Londres, la toute proche East Anglia ou le Sud de l'Angleterre.

Restaurants – Cafés

■ **MR TOPE'S. 60, High Street** ✆ **(01634) 845270.** *Environ £13.* Lumières tamisées, excellent accueil, cuisine anglaise élégante.

■ **KING'S HEAD HOTEL. 58, High Street** ✆ **(01634) 842709.** *Compter £15.* Les amateurs de viande sont attendus au grill.

■ **PATISSERIE-BOULANGERIE. 89 High Street.** Typiquement anglaise : des beignets glacés au sucre et au chocolat. D'autres, un peu plus originaux en Apple Pie ou Raspberry Pie (framboise) tous délicieux. A déguster avec un thé Earl Grey au fond du magasin.

■ **ADVENTURE CAFE. 64 High Street** ✆ **(01634) 40440 – info@adventure-cafe.com –** C'est un nouveau genre de café importé tout droit d'Australie. On y entre pour boire un thé ou un café dans un décor très « nature et découverte », et l'on part avec un voyage sous le bras ou une expérience sportive et extrême : enfermé dans une sphère en plastique qui vous fera dévaler les pentes de la colline la plus proche (£35) ou quelques sauts à l'élastique pour £65. Sportifs de tous niveaux, Richard le propriétaire vous accueillera à bras ouverts.

■ **CAFE EON @ INTERNET. 32 High Street.** En plus d'être un cyber, la sélection des cafés est impressionnante, il y en a 50 différents, et 40 sortes de thés.

Sortir

■ **QUEEN'S CHARLOTTE, 159, High Street.** Un pub qui propose un concert tous les samedis soir.

Manifestations

▶ **Mai-juin : Dickens Festival** (le costume victorien est de rigueur durant quatre jours ; défilé et bal, son et lumière).

▶ **Juin : River Festival** (sports nautiques, régates, spectacles le long de la rivière).

▶ **Juillet : Medway Festival** (une semaine sportive avec carnaval).

▶ **Août : Open Air Concerts** (musique jazz et classique dans les jardins du château).

▶ **Août : Norman Rochester** (reconstitutions de tournois du temps des Normands pendant un week-end entier).

▶ **Décembre :** Dickensian Christmas (fête costumée, chanteurs, musiciens et animations de rue).

▶ **Le marché aux puces organise des ventes aux enchères,** « auction sale », presque toutes les semaines. Consulter les dates à l'office du tourisme.

Points d'intérêt

■ **ROCHESTER CASTLE** ✆ **(01634) 402276.** *Ouvert de 10h à 17h tous les jours de Pâques à fin octobre, et 10h à 15h le reste de l'année. Adulte £4 ; étudiant/enfant £3.* Cette construction militaire typiquement normande, imposant carré initialement en bois, fut intégralement reconstruite en pierre vers 1088. Le roi John réussit à en démolir une partie au cours du siège de 1215. Le château a néanmoins encore de très beaux restes !

■ **ROCHESTER CATHEDRAL.** *De 8h à 18h (17h le samedi).* Consacrée en 604, sous Ethelbert, roi de Kent, la cathédrale fut, comme la plupart des monuments de la région, reconstruite vers 1080. Un projet de restructuration au XIIIe siècle n'ayant pas abouti faute d'argent, l'édifice a conservé son pur style roman. L'orgue est sculpté, le plafond est de bois, la crypte est de style gothique. Silence et beauté de la pierre invitent au recueillement.

Shopping

■ **CANDY BAR. 76 High Street.** Grand choix de confitures et de chutneys improbables (£2), une affaire ! Des spicy hot chutney à l'abricot, mais il y a mieux : de la confiture épicée aux algues, miam ! Une étape incontournable dans le Rochester gastronomique.

■ CHÂTEAU DE LEEDS ■

Leeds Castle semble tout droit sorti d'un conte de fées et certains prétendent qu'il s'agit d'un des plus jolis châteaux au monde. D'abord construit entièrement en bois, en 857, il a été reconstruit par les Normands en 1170. A partir du XIIIe siècle, il devint un palais royal avec l'arrivée d'Edouard Ier, bien qu'il revienne réellement à Henri VIII de l'avoir fait entrer dans le domaine royal. Ce château a la particularité d'avoir été construit sur deux petites îles au milieu d'un lac naturel. Il héberge aujourd'hui une splendide collection de peintures impressionnistes, de meubles français et anglais, ainsi que des tapisseries. Un parc de 200 hectares l'entoure. En vous y promenant, vous y découvrirez de nombreuses curiosités : un labyrinthe, une grotte, une volière…

Transports

■ **TRAIN.** Prendre le train depuis la gare de Victoria ou la gare de Charing Cross (1h30 de trajet). S'arrêter à la gare de Bearsted et prendre un bus jusqu'à Leeds Castle. Acheter un billet combiné avec le train, le transport en bus et l'entrée au château.

■ **CAR.** La compagnie National Express met à disposition des cars devant la gare Victoria (1h30 de trajet) ℭ 08705 808080. Prix aller-retour dans la journée : £19.

Pratique

■ **LEEDS CASTLE. Maidstone, Kent, ME17** ℭ **01622 765400 – www.leeds-castle.com –** *Ouvert entre avril et octobre de 10h à 17h et entre novembre et mars de 10h à 15h. Entrée (varie selon la saison) : entre £9 et £12,50 (adulte), £8 et £11 (étudiant), £6,50 et £9 (enfant).*

■ **A voir également, WHITBREAD HOP FARM,** près de Paddock Wood (de Maidstone, prendre vers l'ouest l'A26, jusqu'à Wateringbury, puis la B2015 vers le sud). C'est un des plus fameux Hop Gardens du Kent, soit une plantation de houblon. Vous y verrez des champs entiers de plantes grimpantes, organisés autour des Oast Houses, ou séchoirs à houblon. Ceux de Whitbread Hop Farm ont été aménagés et méritent le détour. La fabrication de la bière, en outre, n'aura plus de secrets pour vous.

▶ **Si vous visitez le château de Leeds un mardi ou un samedi matin,** passez jeter un coup d'œil au marché de Maidstone, la ville voisine. C'est un des plus populaires du Kent.

Dans les environs
Chilham

En arrivant à Chilham, il faut patienter à un feu alternatif pour traverser un pont antique. La pente raide débouche sur une ravissante petite place entourée de maisons à colombages abritant des antiquaires, des salons de thé et un pub, face au château dont il ne reste plus que le donjon. La fauconnerie du château vaut le détour. Cette réserve d'oiseaux de proie propose plusieurs démonstrations par jour. Le parc également, vaut le coup d'œil : il a été conçu par l'un des plus grands, Capability Brown lui-même. Faites ensuite un petit tour à l'église Saint Mary's pour admirer ses vitraux transversaux.

Wye

Ce village étape, construit sur un plateau, offre une vue panoramique sur la campagne environnante. Les maisons sont pour la plupart décorées d'une mosaïque de briques au premier étage. Près d'un collège vénérable (1447), avec pelouse verte et petite fontaine, trônent deux églises, la catholique et l'anglicane. Curieusement, le chœur de cette dernière a été repeint en noir, gris, blanc et doré.

L'environnement du site, un parking, deux banques et un pub affichant une plaque de « routier », ne s'harmonise guère avec ces témoins d'un âge révolu, mais un tel contraste n'est-il pas le symbole même de l'Angleterre monarchique ?

■ DOUVRES (Dover) ■

Douvres, premier port voyageur d'Europe, est quasiment la première étape obligatoire lorsqu'on arrive en Angleterre par bateau (même si la traversée de la Manche peut s'effectuer en empruntant d'autres ports).

De la mer, et même de Calais par beau temps, on peut admirer ses célèbres falaises blanches. « Hellfire Corner » est un réseau de tunnels avec notamment un « balcon » taillé dans la falaise, donnant sur la Manche, et cher au cœur des Anglais puisque c'est d'ici que Churchill a organisé le débarquement des Alliés en Normandie.

Le Channel Tunnel débouche à Folkestone, soit à quelques kilomètres à l'ouest de Douvres par l'A20.

Transports

■ **TRAIN.** Plus de 40 trains par jour relient Londres (stations de Victoria et Charing Cross) à Dover Priory (1h45 de trajet). Possibilité de jonction avec les embarcadères des liaisons maritimes.

■ **CAR.** La compagnie National Express met à disposition des cars devant la gare Victoria (1h30 de trajet) ℭ 08705 808080.

Pratique

▶ **Indicatif téléphonique :** (01304).

■ **OFFICE DU TOURISME. Townwall Street, Dover CT16 1JR** ✆ **(01304) 205108**. *Ouvert tous les jours de 10h à 18h.*.

■ **POSTE.** Biggin Street.

■ **HOPITAL. Buckland Hospital. Coombe Valley Road** ✆ **(01304) 201624.** *Tous les jours de 8h à 22h.*

Hébergement

■ **CAMPING HAWTHORN FARM.** Martin Hill ✆ (01304) 852658. *Ouvert de mars à octobre. Depuis Douvres, suivre l'A258 sur environ 6 kilomètres vers le nord.*

■ **DOVER CENTRAL YOUTH HOSTEL. 306 London Road** ✆ **(01304) 201314 – Fax : (01304) 202236.** *A partir de £16. Ouvert de 13h à 23h.* Auberge de jeunesse située dans bâtisse géorgienne. Propre avec une soixantaine de lits en dortoir et quelques chambres doubles. Choix de cinq breakfasts différents.

■ **AMANDA GUEST-HOUSE. 4 Harold Street Dover CT16 1SF** ✆ **(01304) 2011711 – pageant@port-of-dover.com –** *£18 à £23 par personne.* Dans une maison victorienne non loin du château de Douvres, cette guesthouse propose trois chambres. Les enfants sont les bienvenus. Ambiance décontractée. Non-fumeur.

■ **MAISON DIEU. 89 Maison Dieu Road** ✆ **(01304) 20 40 33 – Fax : (01304) 24 28 16.** *Single : £22, double : £32- £42, triple : £52.* Chambres larges et confortables, avec ou sans salle de bains. Très bien situé. A partir de £68 pour les chambres simples et de £88 pour les doubles.

■ **THE CHURCHILL. Dower Waterfront, Dover CT17 9BP** ✆ **(01304) 203633 – Fax : (01304) 216320 – enquiries@churchill-hotel.com –** Située à quelques pas du centre de Douvres, c'est une adresse confortable, bénéficiant de 3 couronnes (les équivalents anglais de nos étoiles en France), ce qui la range parmi les meilleures adresses de la ville. Le bâtiment de style Régence est élégant et offre la vue sur la mer et le port de Douvres. Les 68 chambres disposent des programmes TV du satellite. Les chambres sont merveilleusement bien équipées, le petit-déjeuner se prend dans une grande salle très sympathique. Si on réserve suffisamment longtemps à l'avance, ils peuvent laisser le lit à baldaquin !

Restaurants

■ **THE MARQUIS OF GRANBY. The Alkham Valley Road, Alkham** ✆ **(01304) 822945.** *Ouvert du lundi au vendredi de 11h à 15h et de 18h à 23h, samedi de 11h à 23h et dimanche de midi à 22h30.* Pub-restaurant traditionnel qui sert du poisson frais.

■ **THE OLD LANTERN INN. The Street, Martin** ✆ **(01304) 52276.** *Ouvert du lundi au samedi de 11h à 15h et de 18h à 23h, et le dimanche de midi à 22h30 (15h en hiver).* A 5 minutes en voiture de Douvres, ce restaurant est situé dans une vieille maison en briquette entourée d'un grand jardin, avec une aire de jeux pour enfants. Cuisine traditionnelle de pub avec quelques influences étrangères (curry, lasagne…). Très agréable par beau temps.

■ **« C'EST LA VIE ». 80-81, Biggin Street** ✆ **(01304) 207050.** *Tout à £2 ou £3.* Petit café mignon comme tout à tout petit prix : large choix de sandwichs préparés maison et des patates curry.

Points d'intérêt

■ **DOVER CASTLE** ✆ **(01304) 211067.** *Ouvert tous les jours de 10h à 18h d'avril à septembre (18h30 en juillet et août), de 10h à 17h en octobre, de 10h à 16h du jeudi au lundi de novembre à janvier et de 10h à 16h tous les jours en février et mars. Entrée : adulte : £8,50 ; enfant : £3,50.* Un des châteaux les plus impressionnants de Grande-Bretagne, le château de Douvres offre également une superbe vue sur la Manche. A l'origine, édifié sur une colline par les Saxons, il a été ensuite amélioré par Guillaume le Conquérant. Mais c'est surtout Henri II qui reconstruisit les fortifications au XIIe siècle, donnant aux château son allure actuelle. Aujourd'hui, l'ensemble réunit des styles variés d'architecture militaire. La forteresse possède deux entrées, dont une, creusée fin du XVIIIe siècle, Canon's Gate. Le donjon et la tour octogonale constituaient de redoutables postes de guet.

■ **THE WHITE CLIFFS EXPERIENCE. York Street** ✆ **(01304) 214566.** *Ouvert toute l'année, sauf à Noël, de 10h à 19h30. Entrée : £3,50 (prix réduits pour les personnes âgées et les familles). Prévoir au moins 2h30 pour la visite qui comprend celle, gratuite, du musée de Douvres.* Ce musée de cire, animé par une technologie de pointe, retrace 6 000 ans d'histoire des « blanches falaises » : les invasions successives (romaine, saxonne, danoise, normande), les guerres franco-anglaises (Hastings est tout proche), les conflits avec Napoléon, tous les grands événements jusqu'en 1944. Une parfaite introduction historique et sociologique à un voyage découverte de l'Angleterre.

■ **THE PINES GARDEN.** *Ouvert tous les jours de 10h à 17h. Adulte : £1, enfant : £0,25.* Il s'agit d'un magnifique jardin de promenade sur plusieurs hectares, avec des spécimens de pins magnifiques, un lac, une cascade et un jardin de marécage. La vue, privilégiée, donne sur la falaise.
Le sentier des North Downs offre une vue magnifique sur les falaises blanches de Douvres, jusqu'à Shakespeare Cliff.

■ **LIBRAIRIE HOOKED ON BOOKS. 15 High Street.** Livres d'occasion.

■ **FOLKESTONE** ■

Le Shuttle vous déposera à moins de 10 km de Folkestone, alors attardez-vous un peu, le temps de visiter la ville ou de profiter des plages. Prenez aussi le Leas Cliff Lift, qui vous emmènera en haut des falaises de Folkestone.

Pratique

▶ **Indicatif téléphonique :** (01303).

■ **OFFICE DU TOURISME. Harbour Street** ✆ **(01303) 258594.** *Ouvert toute l'année.*

■ **HOPITAL. The Royal Victoria Hospital. Radnor Park Avenue** ✆ **(01303) 850202.** *Ouvert de 9h à 18h tous les jours.*

Hébergement

■ **CHANDOS GUEST-HOUSE. 77 Cheriton Road** ✆ **(01303) 270 723 – Fax : (01303) 272 073 – www.chandosguesthouse.com** – *De £17,50 (formule bed only) à £22,50 (grande chambre et demi-pension) par personne.* Un très bon rapport qualité-prix.

■ **THE HORSESHOE PRIVATE HOTEL. 29 Westbourne Gardens** ✆ **(01303) 258643.** *Ouvert toute l'année. De £19 à £23 par personne pour une chambre avec télévision.* Bar, parking. Réduction pour les plus de 65 ans.

■ **HARBOURSIDE. 14 Wear Bay Road** ✆ **(01303) 256528 – Fax : (01303) 241299.** *Ouvert toute l'année. De £35 pour les chambres simples à £60 pour les doubles.* Certaines des chambres ont un nom de peintre : Dali, Monet... Avec certaines reproductions de leurs peintures.

■ **LANGHORNE GARDEN HOTEL. The Leas** ✆ **(01303) 257233 – Fax : (01303) 242760 – res@langhorne.co.uk** – *Compter de £28,50 à £30 par personne. Toutes les chambres disposent d'une salle de bains et d'une télévision.* Bar, restaurant. Cartes de crédit acceptées.

■ **THE CLIFTON HOTEL. The Leas** ✆ **(01303) 851231 – Fax : (01303) 851231.** *Ouvert toute l'année. Compter de £33 à £40 par personne. Toutes les chambres (elles sont au nombre de 79) ont une salle de bains, la télévision et le téléphone.* Certaines ont une vue magnifique sur le Channel. Salon, bar, restaurant. Style traditionnel victorien.

Restaurants

■ **BOATING POOL RESTAURANT. Rotunda Amusement Park, The Seafront** ✆ **(01303) 245655.** Bar, snacks, déjeuners.

■ **CHARLOTTE EMILY'S. 2-4 The Old High Street** ✆ **(01303) 220732.** *Ouvert de 9h à 18h.* Sert des thés et des repas traditionnels anglais.

■ **LUCIANO PIZZERIA TRAVOLACALOLA. 60 Tontine Street** ✆ **(01303) 256163.** Restaurant italien.

■ **NICOLA'S LA GALLERIA. 5-7 The Crescent** ✆ **(01303) 252717.** Cuisine continentale.

Sortir

- **LEAS CLIFF HALL. The Leas** ✆ **(01303) 258594.** Spectacles variés.

- **SILVER SCREEN CINEMA. Guildhall Street** ✆ (01303) 221230.

- **LEAS PAVILION.** Bowling.

Manifestations

▶ **Le premier dimanche du mois :** grande fête des antiquaires et des collectionneurs.

▶ **Début mai :** festival de danse.

▶ **Mi-juin :** reconstitution de la bataille napoléonienne.

▶ **Mi-août :** carnaval.

▶ **Fin août :** fête vénitienne à Hythe.

▶ **Début septembre :** festival de Shepway.

▶ **Fin septembre :** festival de Littérature.

Points d'intérêt

- **METROPOLE ARTS CENTRE.** Lieu des événements culturels majeurs.

- **ROWLAND'S CONFECTIONARY. 17 The Old High Street** ✆ **(01303) 254723.** Une usine de sucre d'orge à visiter.

- **MARTELLO TOWER VISITOR CENTRE. Old High Street. The East Cliff** ✆ (01303) 242113.

Shopping

- **EVEGATE CRAFT CENTRE. Evegate, près d'Ashford** ✆ **(01303) 812334.** On peut voir les ateliers en fonctionnement des tourneurs sur bois, des potiers, orfèvres et encadreurs.

- **HILLTOP SPINNING AND WEAVING CENTRE. Unit 1, Hope Farm, Gibbons Brook, off Swan Lane, Sellindge** ✆ **(01303) 814442.** Pourquoi ne pas apprendre le tissage à la main, ou apprendre à filer ? Une occasion amusante.

- **SHELL SHOP AND CRYSTAL CAVE. Fishmarket, The Harbour** ✆ **(01303) 251321.** Vente de coquillages et de minéraux.

- **ANTIQUITES.** Sandgate, à côté de Folkestone, est renommée pour ses antiquités de toutes sortes.

Loisirs

- **PORT LYMPNE WILD ANIMAL PARK. Lympne, près de Hythe** ✆ **(01303) 264647.** Parc de protection d'espèces en voie d'extinction : tigres, lions de l'Atlas, gorilles, rhinocéros noirs, éléphants d'Asie…

- **ROTUNDA AMUSEMENT PARK. The Seafront** ✆ **(01303) 245245.** Un parc d'attractions au bord de la mer qui possède toutes sortes de manèges et distractions.

- **PLAGES.** Les plages de Littlestone, Saint Marys Bay et Dymchurch sont en sable, celles de Hythe et Sandgate aussi. Marine Walk à Folkestone est en galets.

Dans les environs

- **MCFARLANE BUTTERFLY FARM. A260, Swingfield** ✆ **(01303) 844244.** Les papillons volent en liberté dans la serre dans laquelle vous vous promenez…

- **ROMNEY. Hythe and Dymchurch Railway. New Romney Station, New Romney** ✆ **(01797) 362353.** Le plus petit chemin de fer à vapeur public du monde parcourt 22 km de villages traditionnels.

- **KENT BATTLE OF BRITAIN MUSEUM. Hawkinge Aerodrome, Hawkinge** ✆ **(01303) 893140.** Avions, armes, uniformes de pilotes qui s'écrasèrent en 1940.

- **LYMPNE CASTLE. Lympne** ✆ (01303) 267571.

■ RYE ■

Sur une petite colline de calcaire, se dresse cette jolie ville médiévale, aux rues étroites pavées, autrefois presque totalement entourée par la mer. Accordée à l'abbaye de Fécamp au XIe siècle, Rye revint à Henri III en 1247. Son apogée se situe au XIVe siècle et elle devient un « Cinque Port », un des cinq ports royaux autonomes exemptés de taxe qui construisent des navires pour la défense du royaume. Elle sera pillée en 1377 par les Français. Au XVIIIe siècle, elle est un grand centre de contrebande de vin et de laine avec des tunnels secrets. Pour le shopping, testez ses potiers et ses artistes réputés.

Transports

■ **GARE** ✆ (01797) 84950.

■ **TAXI** ✆ (01797) 225548.

Pratique

▶ **Indicatif téléphonique :** (01797).

■ **OFFICE DU TOURISME. The Heritage Centre, Strand Quay** ✆ **226696.** *Ouvert tous les jours en été.* Personnel très aimable. On peut louer un guide portatif pour faire le tour de la ville (adulte : £2, enfant : £1).

■ **POLICE** ✆ (01797) 222112.

■ **HOPITAL** ✆ (01797) 755255.

■ **BANQUES.** NatWest.

Hébergement

■ **AVIEMORE GUEST-HOUSE. 28 Fishmarket Road** ✆/**Fax : (01797) 223052 – aviemore@lineone.net.** – *Compter £16 à £22 par personne en B & B. A 3 minutes du centre historique, 4 chambres standards et 4 avec salle de bains. Parking.*

■ **STRAND HOUSE. A Winchelsea, près de Rye** ✆ **(01797) 226276 – Fax : (01797) 224806 – strandhouse@winchelsea98.fsnet.co.uk –** *Compter de £27 à £30 par personne en B & B.* Chambres confortables dans une charmante maison du XVe siècle, à la façade décorée de poutres en chêne. L'hiver, feu de cheminée. Parking.

■ **THE WINDMILL. A une minute à pied du centre-ville, près d'un ancien moulin. Off Ferry road, Rye** ✆ **(01797) 224027 – Fax : (01797) 227212.** *Au pied de la rivière Tillingham, B & B de £25 à £35 (prix par personne par nuit).*

■ **BROOMHILL LODGE** ✆ **(01797) 280421 – Fax : (01797) 280402.** *Compter £48 par personne en B & B.* Chambres en suites et télévision dans une « Country House » du XIXe siècle classée aux Monuments historiques. A deux kilomètres du centre de Rye. Parking et restaurant.

Restaurants

■ **THE GANDHI TANDOORI. 32-34 Cinque Ports Street** ✆ **(01797) 223091.** *Ouvert tous les jours de 12h à 14h30 et de 18h à 23h30.* Sur place ou à emporter, une saveur indienne ou du Bangladesh.

■ **THE OLD FORGE RESTAURANT. 24, Wish Street** ✆ **(01797) 223227.** *Ouvert du mardi au samedi de 12h30 à 14h et de 18h30 à 22h.* Comme son nom l'indique, sa décoration se compose d'outils de forgeron. Poissons et grillades simples.

Manifestations

▶ **Début août :** week-end médiéval.

▶ **Septembre :** festival de la ville.

Points d'intérêt

■ **TOWN MODEL. The Heritage Centre, Strand Quay** ✆ **(01797) 226696.** Le prix décroît avec l'affluence. Un film de 20 minutes vous raconte l'histoire de la ville sur un modèle réduit. Bien fait et vivant. En français si vous le demandez.

■ **LAMB HOUSE. WEST STREET.** *Ouvert d'avril à octobre, le mercredi et le samedi, de 14h à 18h. Adulte : £2,20, enfant : £1,10.* Maison de l'auteur américain Henry James, où il écrivit *L'Ambassadeur.*

■ **YPRES TOWER.** Ce fut à la fois un château et une prison.

■ **MERMAID STREET ET LANDGATE.** Dans cette rue, Mermaid Inn était le point de ralliement de la bande de contrebandiers de Hawkhurst. La porte cochère Landgate fut construite en 1329 par Edouard III et faisait à l'époque partie d'une ceinture de fortifications.

■ **THE RYE EXPERIENCE. Strand Quay Rye** ✆ **(01797) 226696.** *Adulte : £2,50, enfant : £1.* L'histoire de Rye racontée au-dessus d'une maquette de la ville du XIXᵉ siècle avec son et lumière.

Dans les environs

■ **WINCHELSEA. Sortir au sud de Rye par l'A259, le long de la voie ferrée.** Un peu moins fréquentée que Rye et dans le même genre. C'est comme si le temps s'était arrêté au XIIIᵉ siècle…

■ ROYAL TUNBRIDGE WELLS ■

C'est Edouard VII qui a accordé à la ville le titre « Royal » en 1909, mais la Cour allait depuis le XVIIᵉ siècle dans cette ville d'eau quand on découvrit la Chalybeate Spring. Daniel Defoe et la reine Victoria, enfant, y vinrent. Un « dipper » y distribue toujours l'eau à la louche. Un Bath en miniature.

Transports – Pratique

■ **GARE** ✆ 0345-484950.

▶ **Indicatif téléphonique :** (01892).

■ **OFFICE DU TOURISME.** The Pantiles ✆ (01892) 515645.

Manifestations

▶ **Fin mai :** festival.

▶ **Début août :** défilé en costume.

▶ **Août :** théâtre de rue.

▶ **Fin août :** course de chaises à porteurs.

Points d'intérêt

■ **THE PANTILES.** Rue commerçante à colonnades.

■ **CHALYBEATE SPRING & BATH HOUSE.** L'eau ferrugineuse de la source est distribuée ici.

■ **CORN EXCHANGE.** Cet ancien théâtre propose un voyage dans la Tunbridge Wells géorgienne (1740) : diligence, bal aux chandelles, ragots des dames de la Cour… animé par des personnages, des sons, des odeurs !

■ **HIGH STREET ET MOUNT SION. Grove Park.** Empruntez Frog Lane pour remonter d'une zone commerciale très animée vers un parc tranquille.

■ **CAVERLEY PARK.** 19 demeures bourgeoises ainsi qu'un ensemble de magasins avec des colonnades en arc de cercle.

■ **MOUNT EPHRAIM.** Maisons de famille et hôtels du XIXᵉ siècle. Au bout de la rue, The Chalet fabriquait de la marqueterie.

Dans les environs

■ **HEVER CASTLE. Edenbridge** ✆ **(01732) 865224.** *Ouvert tous les jours du 1ᵉʳ mars au 30 novembre. Les jardins ouvrent à 11h, le château de 12h à 17h (16 heures en hiver). Pour le château et les jardins : adulte : £8,40 et enfant : £4,60. Sortir de Royal Tunbridge Wells par l'ouest par l'A264 (East Grinstead) et tourner à droite sur la B2188. Tourner à gauche sur la B2027 direction Edenbridge.* L'histoire du château commence en 1270. Anne Boleyn, mère d'Elisabeth Iʳᵉ y passa son enfance. Quelques belles pièces : le salon, la chambre d'Henri VIII. Le milliardaire qui racheta le château en 1903 y ajouta une collection de maisons miniatures et un jardin (noter le labyrinthe d'ifs). Se renseigner pour les événements spéciaux.

■ BATTLE ■

6 000 habitants. Une petite ville historique, où l'on vit agréablement avec les vestiges du passé. Nommée ainsi pour ses combats sanglants entre Normands et Saxons. Son abbaye a été peinte par Turner et la toile serait censée être bourrée de références à la mort du roi Harold et à la défaite des Saxons.

Transports

■ **GARE** ✆ 0345-484950.

■ **BUS** ✆ (01634) 832666.

Pratique

▶ **Indicatif téléphonique :** (01424).

■ **OFFICE DU TOURISME.** 88 High Street ✆ (01424) 773721.

■ **BANQUES.** Barclay's, Midland Bank et Lloyd's sur High Street.

■ **POLICE.** High Street ✆ (01424) 772356.

■ **POSTE.** High Street ✆ (01424) 772048.

Hébergement – Restaurants

■ **THE CHEQUERS'INN. Lower Lake, à 2 kilomètres de l'abbaye** ✆ **(01424) 772088.** *Chambre simple : £18, double : £34.*

■ **CROWHURST PARK CAMPING** ✆ **(01424) 773344.** *Ouvert de mars à octobre. Compter £12 par nuit.* Camping dans les jardins d'un manoir du XVIIᵉ siècle. Piscine intérieure, restaurant, terrain de jeux, boutique.

■ **PILGRIMS REST'TEAROOMS.** High Street.

■ **BLACKSMITHS RESTAURANT. 43 High Street** ✆ **(01424) 773200.** Bon marché.

■ **THE ABBEY HOTEL. The green Battle** ✆ **(01424) 772755.** Dans un pub au cœur de la ville (£27 et £32).

■ **BELL COTTAGE. Vine hall Street, Roberts Bridge** ✆ **(01580) 881164 – Fax : (01580) 880519.** *Chambres de £20 à £25.* Dans un petit cottage du XVIIᵉ siècle un peu excentré mais les chambres sont correctes et pas très chères. L'accueil est chaleureux.

John « Mad Jack » Fuller (1757-1834)

Ce riche propriétaire de terres, membre du Parlement, mécène, ayant pour amis J.M.W. Turner et Sir Walter Scott, a construit cinq « follies » près de Brightling : le Pain de Sucre pour gagner un pari, son mausolée la Pyramide, l'Aiguille pour consacrer la victoire de Wellington, la Rotonde et la Tour. Pour les voir, prendre de Battle la B 2096 direction Heathfield, Brightling sera sur votre droite.

Manifestations

▶ **Fin mai :** fête médiévale.

▶ **Fin juin :** la vie dans un village saxon recréée par une troupe de professionnels près de l'abbaye. Artisanat, tournoi de tir, raid viking.

▶ **Début août :** spectacle de fauconnerie.

Points d'intérêt

■ **BATTLE ABBEY. High Street** ✆ **(01424) 773792.** *Ouvert tous les jours de 10h à 18h de début avril à septembre, sinon de 10h à 16h. Adulte : £4,30, étudiant : £2,60, enfant : £1,80.* Ruines de l'abbaye, exposition sur la vie médiévale, audiotour et reconstitution vidéo de la bataille de Hastings de 1066, quand Harold le Saxon fut battu par Guillaume le Conquérant.

■ **BUCKLEY'S YESTERDAY WORLD. High Street** ✆ **(01424) 775378.** *Ouvert tous les jours, de 10h à 18h en saison. Salon de thé à l'intérieur.* Tout le quotidien anglais de 1850 à 1950 reconstitué sous vos yeux : boutiques, cuisines, épiceries, gares… et même la reine Victoria ! Pour les nostalgiques du passé. Les objets, tous authentiques, ont été rassemblés par la fondatrice Anne Buckley. A la mercerie, on vendait des releveurs de jupes pour monter les marches ! Le quincaillier vendait les premiers extincteurs (grenades de feu), des boules de verre bleu contenant un liquide chimique.

Dans les environs

■ **BODIAM CASTLE. Robertsbridge** ✆ **(01580) 830436.** *Ouvert tous les jours, de 10h à 18h de février à novembre, et de 10h à 16h sinon (fermeture le lundi). Adulte : £3, enfant : £1,50. Parking payant, boutique, salon de thé. De Battle, prendre l'A21 direction Londres. Sortir à Bodiam.* Un château de conte de fées qui se reflète dans l'eau… Il fut construit en 1385 par Sir Edward Dalyngrigge, et son architecture s'inspire de celle des châteaux français de l'époque, qu'il avait vue pendant la guerre de Cent Ans. Le château devait servir à se protéger des Français venant du sud par la rivière Rother. Une vidéo intéressante explique comment enfiler son armure. Fin juin, il y a des concerts de jazz en plein air.

■ HASTINGS ■

83 000 habitants. Du fait de ses nombreux dépôts de fer dans le sol, l'endroit fut vite occupé par des campements mésolithiques, puis utilisé par les Romains. Une tribu barbare, les « Haestingas », s'y installe, d'où le nom de la ville.

Après la Grande Tempête de 1287, la ville sera attaquée à plusieurs reprises par les Français au XIVe siècle. C'est un des Cinque Ports, dont le Lord Warden est la reine mère. Comme Rossetti, vous pourrez flâner dans les « twittens », ces ruelles étroites du Sussex, et aussi acheter du poisson frais dans les « Net Huts ».

Transports

■ **GARE** ✆ (01732) 770111.

■ **BUS** ✆ (0345) 581457.

■ **LOCATION DE VOITURES.** Ford ✆ (01424) 422727 – Peugeot ✆ (01424) 431276.

Pratique

▶ **Indicatif téléphonique :** (01424).

■ **OFFICE DU TOURISME. Queens Square Priory Meadow ou au Fishmarket** ✆ **(01424) 781111.** *Old Town de 8h30 à 18h15 du lundi au vendredi, 9h à 17h le samedi et 10h à 16h30 le dimanche.* Réservations de train, car, ferry, shuttle, Hoverspeed.

■ **BANQUES.** Lloyd's, Wellington Place (ouverte le samedi matin).

■ **POLICE.** Bohemia Road ✆ (01424) 425 000.

- **PHARMACIE.** Boots, Queens Road.

- **COURS D'ANGLAIS. EF** ✆ (01424) 436352.

- **POSTE.** Cambridge Road.

Hébergement

- **HASTINGS YOUTH HOSTEL. Guestling Hall, Rye Road, Guestling** ✆ **(01424) 812373.** *Prendre le bus 711 à la mairie de Hastings et descendre à Guestling, après le White Hart Beefeater, sur l'A259. L'hôtel est en bas de la côte à gauche. Fermé le dimanche hors saison. Sept dortoirs coquets de 8 personnes. Sanitaires neufs.* Bon petit-déjeuner au choix. Dîner possible.

Beaucoup de B & B à prix modérés dans Cambridge Gardens, mais éviter Apollo Guest House (rose!).

- **CHATSWORTH HOTEL.** mail@chatsworthhotel.com

- **CARLISLE PARADE** ✆ **(01424) 720188.** *De £22 à £40 par personne. Réduction à partir de trois nuits.* Au bord de la mer, près du vieux centre. Près de 50 chambres agréables avec salle de bains.

- **GRAND HOTEL. Grand Parade, St Leonards** ✆**/Fax : (01424) 428510.** *De £15 à £50.* L'hôtel est sur le front de mer, beaucoup, de chambres. Pratique puisque l'hôtel est à côté des attractions pour les enfants.

Restaurants

- **PORTERS WINE BAR. 56 High Street** ✆ **(01424) 427000.** *Ouvert tous les jours. Compter de £4 à £6 pour un plat principal.* Orchestre de jazz deux fois par semaine dans ce bar à vins.

- **THE DINING ROOM. 63 GEORGE STREET** ✆ **(01424) 434960.** *Fermé le mardi. Dîner dès 19 heures.* Plus chic, compter de £15 à £20 (*menu à £15*).

Sortir

- **DENNIES. 49 Priory Street** ✆ **(01424) 428560.** *Discothèque ouverte du jeudi au samedi.*

- **THE ANCHOR INN. 13 George Street.** Animations le soir.

- **THE CROWN INN. 66 All Saints Street.** Musique le soir.

- **WHITE ROCK THEATRE** ✆ (01424) 781000.

Manifestations

▶ **Mi-juillet : festival de la bière.** Trois jours pour tester 30 sortes de bière en écoutant jazz, blues, country…

▶ **Début août : semaine de la vieille ville de Hastings.** Défilés.

▶ **Début septembre :** concours des crieurs de rue.

▶ **14 octobre : commémoration de la bataille de Hastings.** Tournois de tir à l'arc, feu de joie, lever du drapeau de Guillaume le Conquérant, concerts…

Points d'intérêt

- **WEST HILL CLIFF RAILWAY.** *Ouvert de 10h à 17h30 en été, de 11h à 16h en hiver, fermé en janvier. Adulte : £0,70, enfant : £0,40. Départ de George Street vers le château et les caves de Saint Clement.* C'est un funiculaire qui a fêté son centenaire en 2003.

- **HASTINGS CASTLE. Castle Hill Road, West Hill.** *Adulte : £3,20, étudiant : £2,20, enfant : £2,10.* Le premier château normand en Angleterre. Beau panorama. Spectacle audiovisuel « 1066 Story » toute l'année à partir de 10 heures.

■ **SMUGGLERS ADVENTURE. Saint Clement's Caves** ✆ **(01424) 422964.** *Adulte : £4,20, étudiant : £3,50, enfant : £2,70. Ouvert tous les jours de 10h à 17h30 de Pâques à septembre, sinon de 11h à 16h30.* Pour se représenter l'époque de la contrebande. A son apogée, 40 000 personnes y étaient impliquées !

■ **SEA LIFE CENTRE. Rock-a-Nore Road** ✆ **(01424) 718776.** *Ouvert tous les jours de 10h à 17h. Adulte : £4,75, enfant : £3,50. Parking.* Ces centres de la mer existent tout le long de la côte sud, il est agréable d'en visiter un, surtout quand il y a, chose originale, une nursery d'hippocampes.

■ **HASTINGS EMBROIDERY. Town Hall** ✆ **(01424) 781111.** *Ouvert du lundi au vendredi, de 10h à 16h30 de mai à septembre et de 11h30 à 15h d'octobre à avril. Compter £1,50.* 74 mètres de broderie vous racontent 81 événements marquants de l'histoire d'Angleterre, de 1066 à 1966 ! Captivant et instructif.

Loisirs

■ **CHAMBERS PLAY CENTRE.** *Pour les enfants. White Rock Gardens jusqu'à 12 ans. De 9h30 à 18h, £4,75 et gratuit pour les adultes.* Pendant que les enfants se défoulent dans la piscine à balles de plastique, les parents peuvent prendre le café à côté.

Dans les environs

■ **PEVENSEY CASTLE (1066 Country). Informations à l'office du tourisme saisonnier, Castle Cottage** ✆ **(01323) 761444.** En 1066, le duc Guillaume de Normandie amerrit dans la baie de Pevensey. C'est une région productrice de vins : Leeford Vineyards à Whatlington, Sedlescombe Vineyards.

▶ **Un camping local. Bay View Caravan & Camping Park. Old Martello Road, Pevensey Bay** ✆ (01323) 768688.

Herstmonceux Castle

■ **HAILSHAM** ✆ **(01323) 833816.** *Ouvert tous les jours de 10h à 18h d'avril à novembre (fermeture à 17h dès novembre).* Construit au XVe siècle par Sir Roger de Fiennes, ce fut un des premiers châteaux en briques et il ne cessa d'être amélioré jusqu'en 1708, quand son propriétaire, criblé de dettes, le vendit pour £38 000. Les contrebandiers utilisèrent un temps la ruine comme repaire, puis le château fut enfin rénové. Aujourd'hui, il appartient à la Queens University du Canada. Sa silhouette somptueuse se reflète parfaitement dans le lac, au milieu du parc. C'est un spectacle à ne pas rater par beau temps. A la mi-juin, il y a un concert et un feu d'artifice au château, ainsi qu'un festival fin août. Salon de thé, aire de jeux pour enfants. Au village voisin, vous pourrez acheter un « trug », panier traditionnel de jardinage du Sussex en lanières de bois, inventé par la famille Smith.

Hébergement – Restaurant

■ **SUNDIAL RESTAURANT. Gardner Street Herstmonceux. Hailsham** ✆ **(01323) 832217.** C'est tout simplement un des meilleurs restaurants de cuisine française entre Paris et Londres. Et quoi de plus normal quand le patron est français. Après avoir longtemps officiés en Suisse, Vincent Rongier et son épouse irlandaise, Mary, se sont installés il y a quelque temps de l'autre côté du Channel. Dans une ambiance de club anglais, agrémenté de musique française, vous passerez des moments délicieux au Sundial. Dans votre assiette, vous dégusterez le meilleur de la cuisine française. Vincent, grand amateur de vin à la cave impressionnante, saura toujours vous conseiller le vin qui se mariera le mieux à votre plat.

Le patron et sa femme vous proposent de rester pour la nuit dans la vaste chambre d'hôte, tout confort (petit salon, très grande salle de bains), qu'ils vous proposent. Il est conseillé de réserver.

Point d'intérêt

■ **BATEMAN'S BURWASH** ✆ **(01435) 882302.** *Ouvert d'avril à novembre, sauf le jeudi et le vendredi, de 11h à 17h30. Adulte : £4,50, enfant : £2,25. A quelques kilomètres au nord-ouest de Battle sur l'A265. Boutique, salon de thé, parking gratuit.* Voici le joli manoir de Rudyard Kipling, qui y résida de 1902 à sa mort, en 1936. Il y écrivit notamment son poème *If (Si)*. Les pièces ont été restaurées comme au début du XXe siècle, et il y a des illustrations du Livre de la jungle, des mémoires de Kipling en Inde… Sa Rolls-Royce est restée là, comme si elle l'attendait encore.

■ BEXHILL-ON-SEA ■

Sur l'A259 entre Hastings et Eastbourne. A 2 heures en train ou en car de Londres par la gare Victoria. Guillaume de Normandie la brûla complètement quand il y passa pour aller à Battle. En 1902, s'y déroula le premier rallye international en Angleterre. Un coup d'œil à The Old Town recrée l'ambiance du IXe siècle avec l'église Saint Peter, puis celle des années 1800, quand les troupes de George III attendirent de s'embarquer pour combattre Napoléon.

Pratique

▶ **Indicatif téléphonique :** (01424).

■ **OFFICE DU TOURISME. 51 Marina** ✆ **(01424) 732208.** *Ouvert tous les jours en été de 9h30 à 17h du lundi au mardi et de 10h à 16h le samedi.*

■ **PISCINE.** Penland Road ✆ (01424) 846245.

■ **BANQUES.** Barclay's, Lloyd's, Midland et Natwest sur la Devonshire Road, TSB sur la Saint Leonards Road.

■ **POLICE.** Cantelupe Road ✆ (01424) 732999. Pharmacie. Boots, 14 Devonshire Road.

■ **JOURS DE MARCHE.** Mardi, vendredi, samedi.

Attention. Certaines boutiques ferment plus tôt le mercredi (early closing).

Hébergement

■ **PARK LODGE HOTEL. 16 Egerton Road** ✆ **(01424) 216547 – Fax : (01424) 217460.** *Compter environ £22 par personne en B & B.* Atmosphère sympathique, près du bord de mer et du centre. Un petit hôtel blanc aux stores bleus. Réductions hors saison et pour des séjours de trois nuits ou plus.

■ **AROSA HOTEL. 6 Albert Road** ✆ **(01424) 212574 – info@arosahotel.co.uk** – *Compter de £20 à £25 par personne en B & B.* Un petit hôtel (neuf chambres seulement, toutes avec salle de bains). Réduction en semaine. Ouvert toute l'année et notamment pendant les vacances de Noël.

■ **DUNSELMA HOTEL. 25 Marina** ✆ **(01424) 734144 – Stay@dunselma.co.uk** – Compter de £20 à £35 par personne en B & B pour une chambre en bord de mer (supplément), parfois avec balcon et télévision.

■ **THE NORTHERN HOTEL. Sea Road** ✆ **(01424) 212836 – Fax : (01424) 213036 – reception@nothern.co.uk** – *Compter entre £34 et £40 par personne en B & B.* Toutes les chambres (il y en a 20) ont une salle de bains, une télévision, un téléphone. Deux restaurants (*compter entre £10 et £20 à la carte*) et un bar.

■ **KLOOFS CARAVAN PARK. Sandhurst Lane, Whydown** ✆ **(01424) 842839.** Camping caravaning au calme, dans un joli cadre.

■ **COBBS HILL FARM. Watermill Lane** ✆ (01424) 842839.

Restaurants

■ **THE CONTINENTAL. 43 Marina** ✆ **(01424) 210145.** *Ouvert du lundi au samedi de 9h à 22h.*

■ **THE BELL HOTEL. Church Street** ✆ (01424) 219654.

■ **THE WALNUTTREE. High Street** ✆ **(01424) 223797.** En-cas et boissons.

Manifestations

▶ **Juillet :** pièces de théâtre en plein air.

▶ **Début août :** régate de voile.

Points d'intérêt

Les cottages typiques et la Wealdon House (XVe siècle), ainsi qu'un tour dans les Colonnades seront toujours agréables.

■ **DE LA WARR PAVILION** ✆ **(01224) 212022.** *Ouvert tous les jours de 10h à 23h.* Le duc De La Warr fut maire de Bexhill de 1932 à 1934 et voulut construire un « palais pour le peuple ». Il chargea Erich Mendelsohn, un architecte allemand, de le réaliser. De fait, ce musée-bar-café-théâtre est un bâtiment moderne et esthétique.

■ **BEXHILL MUSEUM** ✆ **(01424) 211769.** *Ouvert de 10h à 17h du mardi au vendredi, et de 14h à 17h le samedi et dimanche. Fermé le lundi. Adulte : £1, enfant accompagné : gratuit.* Un musée d'histoire naturelle, de géologie et d'archéologie, avec des dinosaures et le premier à être découvert : le terrible Iguanodon.

■ **COSTUME MUSEUM** ✆ **(01424) 210045.** Costumes et objets d'intérieur antiques.

Loisirs

■ **RAVENSIDE RETAIL. Leisure Park** ✆ **(01424) 731508.** Piscine, sauna, solarium, salle de fitness.

Shopping

■ **THE CANE TREE. 38 Western Road** ✆ **(01424) 731185.** Meubles, paniers et objets en osier.

Dans les environs

■ **LITTLE COMMON.** Un passé de contrebande : la famille Gilham importait de l'alcool de contrebande la nuit et était une famille de charpentiers le jour. Elle possédait deux bateaux, le Long Boat et le Princess Charlotte. Les Gilham habitaient au Peach Cottage et ils se réunissaient au Wheatsheaf Inn, qui existe encore aujourd'hui.

▌ **Une petite marche de Cooden Beach à Norman's Bay** est agréable.

■ EASTBOURNE ■

88 000 habitants. Plage de sable. Célèbre dans les années 1920 pour les trois « B » : Bathing, Bands et Buses, Eastbourne fut très touchée par les bombes de la Deuxième Guerre mondiale. Au Grand Hotel séjournèrent Harold Pinter et Debussy.

Transports

■ **GARE.** Terminus Road ✆ (0345) 484950.

■ **BUS** ✆ (01323) 416416 – (01323) 641315.

Pratique

▌ **Indicatif téléphonique :** (01323).

■ **OFFICE DU TOURISME.** Cornfield Road ✆ (01323) 411400.

■ **POLICE.** Grove Road ✆ (01323) 412299.

■ **POSTE.** 3 Upperton Road ✆ 0345-223344.

Hébergement

■ **CHERRY TREE HOTEL. 15 Silverdale Road** ✆ **(01323) 722406 – Fax : (01323) 648838 – anncherrytree@aol.com –** *Compter £28 à £38 par personne en B & B pour une des 10 chambres avec salle de bains et télévision.* Calme résidence edwardienne proche du centre. Dîner possible.

■ **CHATSWORTH HOTEL. Grand Parade** ✆ **(01323) 411016 – Fax : (01323) 643270 – stay@chatsworth-hotel.com –** *Compter de £38 à £58 par personne en B & B pour une chambre avec salle de bains.* Bon standing. Réductions possibles pour des séjours.

Restaurant

■ **DOWNLAND HOTEL. 37 Lewes Road** ✆ **(01323) 732689.** *Ouvert du mardi au samedi de 18h30 à 21h.* Cuisine anglaise moderne, menu végétarien.

Sortir

■ **THEATRE** ✆ (01323) 412000.

■ **CINEMA** ✆ (01323) 470071 ou (01323) 731441.

Manifestations

▶ **Fin août :** festival du vin anglais et de la nourriture régionale, tournoi de tennis du Sud de l'Angleterre.

Points d'intérêt

■ **MARCHES : vers Winchester en suivant la South Downsway.** Vous pourrez voir des tumuli datant de l'âge de bronze. Des brochures sur ce sujet se trouvent à l'office de tourisme.

Shopping

■ **COOPERS'MAGIC. 18 Cornfield Road** ✆ **(01323) 431795.** Farces et attrapes anglaises : le bizarre (weird) est ici à l'honneur. A voir.

■ BRIGHTON ET HOVE ■

Située à seulement 80 km de Londres, Brighton est LA station balnéaire des Londoniens. Pendant les mois d'été, bon nombre d'entre eux vont évacuer le stress de la semaine et se faire bronzer sur les plages de Brighton. Bien que de taille relativement modeste, Brighton, ville étudiante et touristique compte de nombreux bars et clubs ainsi qu'un importante communauté gay. Et, la scène culturelle y est également très variée.

En fait, on pourrait considérer Brighton comme un mini-Londres « les pieds dans l'eau », en version plus cool. En mai, pendant le Brighton festival, la ville accueille des spectacles de musique, danse, théâtre, cirque… ainsi qu'une grande parade le 1er mai.

Histoire

La réputation festive de Brighton remonte au début du XIXe siècle, lorsque le futur roi George IV, amateur de musique et de festins, y fit construire un pavillon pour inviter ses amis et faire d'immenses fêtes décadentes. En 1841, avec l'ouverture de la ligne de chemin de fer Londres-Brighton, il était alors possible de rejoindre la côte en 1h45 min pour la somme de 40 p. La station balnéaire devint la favorite des Londoniens.

A l'époque déjà, Brighton avait la réputation d'une ville très animée bien que un peu trop « dévergondée ». Ville bohème, elle accueillait de nombreux artistes et écrivains. Mais, après-guerre Brighton était plutôt mal famée. C'est en partie cette image louche qui en fit une ville de prédilection pour la communauté homosexuelle qui était, à l'époque, encore persécutée par la loi. Petit à petit, Brighton s'est développée puis embourgeoisée et de nombreux restaurants et bars branchés s'y sont installés. Les artistes sont restés, la communauté gay également. Et Brighton est aujourd'hui une ville qui bouge tout en semblant bien loin du stress de Londres. Elle plaît généralement beaucoup aux Londoniens, certains abandonnant même définitivement la capitale pour le charme de Brighton.

Pratique

▶ **Indicatif téléphonique :** (01273).

■ **OFFICE DE TOURISME** ✆ **0906 711 22 55 – www.visitbrighton.com –** *Ouvert du lundi au vendredi de 9h à 17h, samedi de 10h à 17h et dimanche de 10h à 16h.* Toutes les informations utiles sur les lieux à visiter ainsi que des plans de la ville et quelques coupons de réduction, notamment sur les entrées au Pavillon et au Sea Life Center.

■ **BANQUES.** Bureau American Express, 82 North Street ✆ (01273) 203766.

■ **POLICE** ✆ (01273) 606744.

■ **HOPITAL** ✆ (01273) 696955.

> ## Incontournable : le Royal Pavilion
> Faire une balade en amoureux sur le front de mer, au charme romantique et cosy. Sortir dans l'un des nombreux clubs de la ville.

■ **VISITES GUIDEES EN BUS** ✆ **(01789) 294466.** *Adulte : £6,50 ; enfant : £2,50.* Plusieurs arrêts, dont un en face de la gare des bus sur Grand Junction.

■ **TOUR DU PORT. Marina Water Tours** ✆ **(01273) 818237 – www.watertours.co.uk** – *Adulte : £7, enfant : £3.*

Transports

Comment s'y rendre ?

■ **TRAIN.** Prendre le train depuis la gare de Victoria. Un train toute les demi-heures de 9h à 23h30 du lundi au samedi et un toutes les heures le dimanche. (1h de trajet). Prix aller-retour : £21 (£16 : retour dans la journée).

D'autres trains (Thameslinks), un peu plus lents, partent de King's Cross, Blackfriars et London Bridge.

■ **CAR.** La compagnie National Express met à disposition des cars, toutes les heures, devant la gare Victoria (1h50 de trajet) ✆ 08705 808080. Prix aller-retour : environ £15,00.

Se déplacer

Brighton n'est pas très étendue et l'on peut facilement se rendre à pied d'un endroit à l'autre. Cependant, si vous vous déplacez beaucoup, les distances risquent de vous paraître plus longues et vous en aurez certainement marre de marcher.

▶ **Les taxis** sont nombreux et une course dans le centre-ville vous coûtera environ £3.

▶ **Il y a également des bus** mais si vous ne connaissez pas bien leur trajet, vous risquez de perdre pas mal de temps. Un trajet coûte £1,30. Pour deux personnes, c'est presque le prix d'un taxi.

▶ **Sinon, la meilleure solution, surtout en été, reste certainement la location de vélos.** S'adresser à Sunrise Bicycles, juste en dessous du West Pier.

■ **GARE** ✆ (0345) 484950.

■ **BUS** ✆ (01273) 674881 – (01273) 886200.

■ **TAXI** ✆ (01273) 204060

Les quartiers

▶ **The Lanes.** Perdez-vous dans ce dédale de petites ruelles, au centre de Brighton. Vous y trouverez des petites boutiques originales et de nombreux restaurants. N'hésitez pas à poursuivre plus au nord jusqu'à North Laine. Le quartier a un peu moins de charme mais il est beaucoup moins touristique et c'est aussi l'un des plus branchés de Brighton avec ses nombreux bars, restaurants et boutiques de designers.

▶ **Kemp Town.** Situé entre Brighton Pier et la Marina, Kemp Town a des allures de village et est pourtant l'un des quartiers les plus animés de Brighton. C'est également là que sont localisés la plupart des clubs gays de la ville ainsi que la plage naturiste.

▶ **Hove.** Accolée à Brighton, Hove en est le prolongement. Bien que plus calme, la ville compte de nombreux hôtels et restaurants à une dizaine de minutes de marche seulement du centre de Brighton.

▶ **Palace Pier ou Brighton Pier.** On s'y rend pour boire un verre, pour manger des Fish and Chips et des sucettes ou simplement pour se promener. Brighton Pier est toujours plein d'animation. Egalement des jeux pour les enfants et un trampoline.

▶ **Les plages.** Les plages (de gravier) de Brighton, désertées en hiver, se repeuplent rapidement dès que les premiers rayons de soleil apparaissent. Bordées de nombreux cafés, fish and chips, discothèques, manèges pour les enfants, terrains de volley et basket, elles deviennent alors le centre d'activité de la ville. En été, des stands de bijoux, pantalons thaïs, sarongs s'installent le long de la plage principale, West Beach, située entre les deux Piers. Pour un peu plus de tranquillité, Black Rock, en face de Kemp Town, est moins peuplée que les autres plages.

▶ **Plage nudiste.** Entre la Marina et la plaine de jeu Peter Pan, à 15 minutes à pied du village gay. Surtout fréquentée par la communauté gay.

Hébergement

■ **AUBERGE DE JEUNESSE. Patcham Place, London road, Brighton** ✆ **08707-705724 – Fax :** **08707-705725 – Brighton@yha.org.uk** – *YHA à 5 km du centre. Prix : £16 en dortoir, plus cher pour les chambres doubles.* Sans doute le plus pratique pour ne pas payer ses nuits trop cher. L'hôtel est bien fait, bien situé, le bus permet de rejoindre le centre. Attention toutefois au couvre-feu. On peut prendre son petit-déjeuner là-bas.

■ **WALKABOUT HOSTEL. 79 West Street** ✆ **(01273) 770232.** *Dortoirs à £14.* Une très bonne adresse. La cuisine et les sanitaires sont bien sûr en commun. Mais un petit dîner polyglotte avec la jeunesse déjantée est toujours agréable.

■ **ALVIA HOTEL. 36 Upper Rock Gardens, Kemp Town** ✆ **(01273) 682939 – www.alviahotel.** **co.uk** – *Chambres doubles à partir de £50. Chambre triple avec patio de £90 à £150. Accès Internet.* Les chambres sont simples mais stylées et l'accueil est sympathique.

■ **BLANCH HOUSE. 17, Atlingworth st, Kemp Town** ✆ **(01273) 603504 – www.blanchhouse.** **co.uk** – *Double : à partir de £125.* Cet hôtel est tout simplement incroyable ! Chacune des chambres est décorée sur un thème particulier (Inde, Maroc, rococo…). Chacune d'entre elles est somptueuse d'extravagance. Dans un style plus minimaliste, la suite White avec son jacuzzi qui trône en face du lit immense n'en est pas moins impressionnante. Excellents restaurant et bar à cocktails, tous deux ouverts au public et attirant une clientèle branchée plutôt aisée.

■ **BRIGHTON HOUSE HOTEL. 52 Regency square** ✆ **+44 (0)1273 323282 – E-mail : enquiri** **es@brightonhousehotel.co.uk – www.brightonhousehotel.co.uk** – *B&B de 14 chambres non fumeur, prix à partir de 35£ pour une chambre simple et 45£ pour une chambre double.* Idéalement situé au cœur de Brighton dans un square en bordure de la plage, le Brighton Hotel House est à 5 minutes à pied du shopping center et du centre de conférence. Le petit déjeuner continental à volonté est inclus dans le prix, il vous ravira et vous mettra de bonne humeur pour commencer la journée. Les chambres sont propres et ont toutes leur propre salle de bain, ainsi qu'une télé et une bouilloire avec café et thé à discrétion. Si vous venez en voiture, un parking est proche de l'hôtel. Les propriétaires sont très accueillants, de plus, ils parlent de nombreuses langues européennes y compris le français.

■ **OLD SHIP HOTEL. Kings road** ✆ **(01273) 329001.** *Double : à partir de £160.* Construit en 1559, cet hôtel 4-étoiles serait, paraît-il, le plus ancien de la ville. Il a été récemment rénové et modernisé.

■ **THE GRAND. Kings Road** ✆ **(01273) 224300 – www.grandbrighton.co.uk –** *Double :*
à partir de £110. En 1983, l'IRA tenta d'assassiner Margaret Thatcher et son cabinet en plaçant une
bombe dans l'hôtel. Celui-ci a aujourd'hui retrouvé sa splendeur d'autrefois. Les chambres sont
luxueuses et spacieuses. The Grand offre tous les services que l'on peut attendre d'un hôtel de
cette catégorie : piscine, sauna, fitness… Mais compte tenu de la taille de l'hôtel, ne pas s'attendre
à un service personnalisé.

■ **ORIENTAL HOTEL. 9, oriental Place** ✆ **(01273) 205050 – info@orientalhotel.co.uk –**
Simples (salle de bains commune à l'étage) : £35, doubles à partir de £60. Et pour £20 de plus, ils
posent un matelas supplémentaire au sol. Tenu par une bande d'amis extrêmement sympathiques,
ce petit hôtel boutique fut un véritable coup de cœur. L'atmosphère est à la fois relax et branchée
et, à peine arrivé, on se sent vite complètement à l'aise. Les chambres sont lumineuses et aérées
et chacune décorée dans un style. La plupart des meubles ont été fabriqués artisanalement et,
sur les murs, sont exposées les œuvres d'artistes locaux. Si vous ne pouvez plus vous passer de
la magnifique peinture qui trône en face de votre lit, pas de problème, elles sont toutes à vendre.
Excellent petits-déjeuners anglais, continental et végétarien.

■ **NEW EUROPE HOTEL. 31-32 Marine Parade** ✆ **(01273) 624462 – Fax : (01273) 624575 –**
www.neweuropehotel.co.uk – *Compter £25-£30 par personne.* Situé au cœur du quartier gay,
en face de la plage, New Europe est le plus grand hôtel gay et lesbien de Brighton. L'accueil est
sympathique et les chambres, bien que simples, sont confortables. Toutes disposent d'une salle
de bain privée, télévision, téléphone et beaucoup ont vue sur la mer. L'hôtel abrite deux bars : le
Legends, un café moderne avec vue sur la mer qui attire beaucoup de monde et reste ouvert très
tard pour les résidents, et le Schwarz, un club ouvert le week-end, exclusivement pour hommes.

■ **NEW STEINE HOTEL. 12a New Steine, Kemp Town** ✆ **(01273) 681546 – www.newsteine-**
hotel.com – *Simple : £25 à £39 ; double : £49 à £05 ; triple : £69 à £120. Excellent petit-déjeuner*
inclus (il y a même des crêpes !). Cet hôtel, tenu par des Français, est décoré dans un style anglais
classique et a été récemment refait à neuf. Toutes les chambres sont équipées de salle de bains,
télévision et prise Internet pour les ordinateurs portables. Au sous-sol, le restaurant ouvert au
public offre une cuisine française traditionnelle. Hervé, le patron possède également un autre hôtel
dans la même rue : le Gulliver. Les tarifs sont les mêmes.

■ **PELIROCCO HOTEL. 10 Regency Square** ✆ **(01273) 327055 – Fax : (01273) 733845 –**
info@hotelpelirocco.co.uk – *Simple :£50-60 ; double : 90-140.* L'hôtel de référence quand les DJ
descendent à Brighton. Et pour cause, les chambres sont équipées de chaînes stéréos et certaines
de consoles de jeux. Les chambres se déclinent sur différents thèmes musicaux.

Restaurants

■ **MURASAKI. 115 Dyke road, North Laine** ✆ **(01273) 326 231.** *Compter entre £10 et £18*
par personne. Fermé le lundi. Ce restaurant japonais offre, outre un choix de sushis et sashimis,
différents plats chauds de viande, de poisson ou de légumes ainsi que des nouilles et des soupes.
Parfait pour s'initier à la cuisine japonaise. Le mieux est certainement de commander plusieurs fois,
par petites quantités. Les serveuses sont très sympathiques.

■ **REGENCY. 131, Kings Road** ✆ **(01273) 325014 – www.theregencyrestaurant.co.uk –** *Ouvert*
tous les jours de 8h à 23h. Plats principaux de £5,25 à £12,35. A deux pas de la plage, le Regency a
la réputation de servir le meilleur poisson de la ville. Ils font également des petits-déjeuners.

■ **GINGERMAN. 21a, Norfolk square, Hove** ✆ **(01273) 326688.** *Ouvert du mardi au samedi de*
12h30 à 14h et de 19h à 22h. Compter environ £35 par personne avec vin. Cuisine anglaise contemporaine. Le chef utilise les produits de saison et le menu change régulièrement. Gingerman est
l'un des restaurants les plus réputés de Brighton, donc souvent complet.

■ **SAUCY. 8, Church road, Hove** ✆ **(01273) 324080.** *Fermé dimanche soir.* Un peu moins cher
que le précédent, ce restaurant offre également une cuisine anglaise contemporaine inventive.

■ **CASA DON CARLOS. 5, Union Street** ✆ **(01273) 327177.** *Ouvert du lundi au vendredi de 12h*
à 15h et de 18h à 23h et le week-end non stop de 12h à 23h. Dans ce restaurant typiquement
espagnol, vous dégusterez un assortiment de tapas accompagnés d'une carafe de sangria. Si vous
êtes plusieurs, commandez chacun deux ou trois tapas différents et partagez le tout. C'est bon et
les prix sont raisonnables (la plupart des tapas coûtent entre £3 et £5).

Good for health !

Vous remarquerez rapidement, à Brighton, que les habitants sont très sensibles à une « bonne hygiène de vie ». Le nombre de restaurants précisant que tous leurs produits sont bio est impressionnant. Et le pourcentage de restaurants végétariens est également énorme. Il paraît d'ailleurs qu'environ 30 % de la population de Brighton est végétarienne. Pas étonnant que tous les restaurants proposent une option végétarienne et la plupart des hôtels un petit-déjeuner végétarien. Brighton est également un des centres de thérapies « alternatives ». Les centres d'acupuncture, homéopathie, médecine chinoise sont très nombreux. Vous vous essaierez au massage thaï ou indien, au yoga ou encore à la méditation.

■ **BOMBAY ALOO. 39, Ship Street** ✆ **(01273) 776038.** *Buffet à volonté à £4,95.* Cuisine indienne végétarienne (encore un !). Très populaire.

■ **TERRE A TERRE. 71, East Street, The Lanes** ✆ **(01273) 729051.** *Ouvert mardi et mercredi de 18h à 22h30, jeudi et vendredi de 12h à 15h et de 18h à 22h30 et samedi et dimanche nonstop de 12h à 22h30. Il est fortement conseillé de réserver. Comptez de £20 à £30 par personne.* Si vous ne mangez qu'une seule fois au restaurant à Brighton, vous devriez essayer le Terre à Terre. Ce restaurant offre de la haute cuisine végétarienne. Le choix est large, les ingrédients originaux, la présentation est incroyable et, surtout, c'est délicieux ! Le personnel, qui connaît parfaitement son menu, pourra vous conseiller et vous expliquer tout ce que vous voulez savoir sur les plats, les ingrédients ou encore les vins (végétariens également). Même si vous n'êtes pas végétarien, n'hésitez pas à tenter l'expérience, vous pourriez même avoir envie de « vous convertir ».

■ **CAFE RIO. Au bout de New Road.** *£6 avec une boisson.* On y mange sur le pouce, en terrasse quand le soleil a rendez-vous avec Brighton, ou, quand le temps ne le permet pas à l'intérieur sur un carrelage à Damier blanc et noir glacé. Au menu, un large choix d'ingrédients pour composer ses salades.

■ **LE ROCK OLA. Au bout de Tidy Street.** Un bar sans prétention et très US. Elvis n'est pas mort puisqu'on lui voue un culte ici. On se signera en passant religieusement devant la niche qui abrite une de ses effigies. Trônent aussi les portraits et les bustes des Kiss, toujours aussi peinturlurés. Un juke-box des années 1950 en parfait état diffuse des tubes du King ou de Jimmy Hendrix. On y mange pour trois fois rien. Essayer à tout prix le crumble à la pomme et aux myrtilles.

▶ **Sinon, essayez un délicieux cookie au chocolat ou au gingembre chez Ben's Cookies,** une chaîne qui les vend au poids, également à Bath, Bristol, Oxford…

Sortir

Demandez une brochure *What's on* dans les bars des hôtels pour avoir un listing exhaustif des événements à Brighton.

Pubs

■ **THE BRIGHTON TAVERN. 100, Gloucester Road, North Laine** ✆ **(01273) 680365 – www. brightontavern.com –** Un pub très populaire, à l'atmosphère très sympa. Brighton Tavern, est également très fréquenté par la communauté gay et lesbienne. Il y a aussi un Beer Garden, idéal pour les beaux jours.

■ **EARTH AND STARS. 46 Windsor St, North Laine, Brighton.** Dans ce pub écologique, tout est bio. De la nourriture à la bière en passant par les T-shirts que portent les barmen. Bien sûr, ils recyclent les déchets et ont fait une demande pour installer un panneau solaire. A part ça, l'ambiance est relax et sympathique et la nourriture simple est très bonne.

■ **GRAND CENTRAL. 29-30 Surrey St** ✆ **(01273) 32 90 86.** Pub situé en face de la gare où vous casserez la croûte dans un patio les jours ensoleillés, avant de reprendre votre train.

■ **THE GEORGE. 5, Trafalgar Street, North Laine.** *Compter environ 10 livres par personne avec une boisson.* Un pub végétarien sympa pour déjeuner ou prendre un verre. Le menu est varié, offrant aussi bien les traditionnelles saucisses anglaises (végétariennes) accompagnées de purées que des burgers (toujours végétariens), des nachos ou encore des plats d'influence orientale.

Bars

■ **FORTUNE OF WAR. King's Road Arches.** *Près du West Pier, descendre les escaliers qui mènent à la plage.* Sans doute un des bars les plus réussis de Brighton. Le week-end, toute la plage est bondée et discutaille, une bière à la main. L'intérieur est aménagé comme un vaisseau qui aurait trop écumé les mers et serait venu s'échouer sur la plage. La proue s'allonge dans les tréfonds du bar. A la poupe, des fenêtres éclairent les tables dont le vernis se craquelle. Le samedi soir, le Fortune est plein à craquer et avec deux bières dans chaque main, on aurait presque le mal de mer.

■ **KOBA. 135, Western Road, Montpellier** ✆ **(01273) 720059 – www.kobauk.com –** *Ouvert tous les soirs de 17h à 23h (22h30 le dimanche).* Ce tout petit bar à l'allure chic et branchée est peut-être l'un des meilleurs de la ville. La liste de cocktails est variée et inventive, le service professionnel et sympathique (bien qu'un peu lent). Plutôt calme en semaine, il se remplit les week-ends. L'atmosphère est alors beaucoup plus animée mais on peut s'y sentir à l'étroit.

■ **SUMO. 9-12 Middle Street, Brighton.** *Ouvert du lundi au mercredi de 12h à 23h, du jeudi au samedi de 12h à 1h et dimanche de midi à 22h30. Entrée : £2-£4.* Bar branché du centre-ville au décor design combinant des tons gris, blanc et orange. DJ les week-ends.

Clubs

■ **AUDIO. 10 Marinade Parade, Kemp Town – www.audiobrighton.com –** *Fermé le lundi. Entrée : £2-£10.* Dernier-né de la scène clubbing de Brighton, l'Audio s'y est déjà imposé comme l'une des meilleures boîtes de la ville. La musique est principalement house et dance avec parfois du hip-hop dans le bar en bas.

■ **CASABLANCA. 2 Middle Street, the Lanes.** *Fermé le dimanche. Entrée payante le week-end : £3-£7.* Certainement pas le meilleur club de Brighton mais l'un des plus populaires. La musique est principalement jazz et funk avec un peu de disco et de salsa.

■ **CONCORDE. 2, Madeira Shelter Hall, Madeira Drive, Kemp Town – www.concorde2. co.uk –** *Fermé le dimanche. Entrée : £6-£20.* Réputé être le meilleur club de la ville, Concorde 2 accueille régulièrement des groupes et des DJ célèbres. Vérifier le programme des soirées.

■ **THE OCEAN ROOMS. 1 Morley Street, Brighton – www.oceanrooms.co.uk –** *Fermé le dimanche. Entrée £3-£8.* Construit sur trois niveaux, ce club fait partie des immanquables de la nuit à Brighton. Excellent son.

■ **FUNKY BUDDHA LOUNGE. 169, Kings Road Arches – www.funkybuddha.co.uk –** *Fermé le dimanche. Entrée £3-£4.* Situé au bord de la plage, sous les arcades de Kings Road, ce petit club au design original et à l'atmosphère plutôt intime et relax est l'un des plus réputés de Brighton. La musique varie selon les soirées : soul, funk, house, electro…

■ **THE BEACH. 171, Kings Road Arches – www.thebeachbrighton.co.uk –** *Fermé le dimanche. Entrée £2-£10.* Voisin du précédent, The Beach est très populaire. Le style de musique varie selon les nuits. Excellentes soirées Drum'n'Bass.

Brighton gay

Brighton est une ville très « gay friendly » et l'importante communauté homosexuelle est visible dans toute la ville ainsi que dans nombre de ses bars et clubs. Cependant, le vrai quartier gay se trouve à Kemp Town, autour de St Jame's Street et Old Steine.

Bars

■ **SCHWARZ BAR. 31-32, Marine Parade** ✆ **(0) 1 273 62 44 62.** *Ouvert vendredi et samedi de 22h à 2h. En dessous de l'hôtel New Europe.* Un bar exclusivement pour hommes. Dress code : cuir, latex, uniforme. Atmosphère très drague. Egalement un billard.

■ **CANDY BAR. 33, St James Street, Brighton** ✆ **(0) 1273 622424.** *Ouvert du lundi au jeudi de 17h à 2h, vendredi et samedi de 17h à 3h et dimanche de 17h à 12h30.* Ce bar lesbien appartient au même propriétaire que le Candy Bar londonien. Et l'ambiance y est tout aussi chaude. Comme son homonyme londonien, il est ouvert sept jours sur sept et attire tous les soirs une clientèle féminine nombreuse et hétéroclite. Les karaokés du mardi sont particulièrement populaires.

■ **THE BRIGHTON TAVERN. 100, Gloucester Road, North Laine.** Voir « Sortir – Bars ».

Clubs

■ **CLUB FUK. St James's Street.** Un club gay et lesbien (*ouverture à 23h*), très prisé puisque situé dans le quartier homosexuel de la ville. La journée, on le reconnaît à sa façade par le rideau de feuilles de chanvres tressées (mais fausses) et ses « rainbows flags ». Le patron, Freddie, sait offrir un café aux clients venus discuter des dernières tendances de la mode, de la musique. L'arrière-boutique propose divers « ustensiles » sexuels. Sensibles s'abstenir.

■ **REVENGE. 32-34 Old Steine** ✆ **(0) 1273 606064.** Le plus grand club gay de Brighton (et l'un des plus grands du Royaume-Uni en dehors de Londres). Sur deux étages, Revenge attire une foule jeune et assez mixte (la réputation de ces soirées s'est répandue même chez les hétéros). Les soirées « Lollipop » du vendredi, animées par des drag queens attirent particulièrement beaucoup de monde.

❱ **Wild Fruit One-Nighters @ Creation. West Street** ✆ **(0) 1273 327083 – www.wildfruit. co.uk** – *Le premier dimanche du mois.* Cette soirée est une institution gay à Brighton. Trois dance-floors et plus de 1 000 personnes. Musique house.

Sauna

■ **BRIGHTON OASIS. 75-76, Grand Parade** ✆ **(0) 1 273 68 99 66 – www.oasissauna.co.uk –** *Ouvert du lundi au jeudi de midi à minuit, vendredi et samedi de midi à 7h du matin, dimanche de midi à minuit. Entrée : de £8 à £13. Week-end Pass : £20.* Un sauna assez grand et très « classe », décoré sur un thème égyptien. Comprend : piscine, 2 saunas secs, hammam, jacuzzi, cabines, darkroom, slings, solarium, salle vidéo, massages, bar avec restauration.

Manifestations

❱ **Mai : Brighton Festival.** Spectacles de musique, danse, théâtre, cirque… et une grande parade le 1er mai.

❱ **Mi-juin :** Dance Parade.

❱ **Août :** Brighton Pride.

Points d'intérêt

■ **ROYAL PAVILION** ✆ **(01273) 290900 – www.royalpavilion.org.uk –** *Ouvert de 10h à 18h de juin à septembre et de 10h à 17h d'octobre à mai. Entrée adulte : £5,95, Enfant : £3,50 Visites guidées tous les jours à 11h30 et 14h30 (£1,50).* Ce bâtiment somptueux à l'allure de palais indien

---

Le Festival d'opéra de Glyndebourne

Située à environ au nord-est 17 km de Brighton, Glyndebourne est célèbre pour son festival d'opéra qui a lieu chaque année de mai à août. En 2006, il se déroulera du 19 mai au 27 août. Ce festival de réputation mondiale est un détour obligé pour tout amateur du genre ! Glyndebourne est un domaine campagnard à côté de Lewes en East Sussex. C'est la propriété de John Christie depuis 1920, qui est aussi l'heureux propriétaire d'une la société fabriquant des orgues, Hill & Beard LTD. C'est pourquoi il fit construire dans sa maison une salle spéciale pour contenir un instrument de taille importante, le plus grand qui ne se trouve pas dans une cathédrale. La passion de Christie's pour la musique l'a ammené à organiser régulièrement des soirée d'opéra dans cet salle. Il y rencontra même sa future femme Audrey Mildmay, une chanteur professionnelle. C'est pendant leur lune de miel qu'ils décidèrent d'organiser ensemble un festival dans un nouvel auditorium de 300 place construit pour l'occasion. La première eut lieu le 28 May 1934. Le premier théâtre fut aggrandie, et depuis le début des années 90 il est placé dans un bâtiment adjacent où se trouvent aussi des restaurants, des magasins et autres services. Etant donné le succès de l'événement, en 1994 Christie construit un nouvel auditorium de 1200 places.

Pour en savoir plus sur la programmation et réserver :

■ **GLYNDEBOURNE. PO Box 2624, Lewes, East Sussex, BN8 5UW** ✆ **(01273) 812 321 – Fax : (01273) 812 783 – www.glyndebourne.com** – *Possibilité de réserver vos tickets à partir du 10 avril.*

est sans aucun doute l'un des plus impressionnants d'Angleterre. Alors qu'il était encore un prince, le futur roi George IV acquit le bâtiment, à l'époque une simple ferme. Le prince l'agrandit et en fit une villa classique. George IV se rendait régulièrement dans cette résidence de Brighton où il donnait d'immenses réceptions. Mais ce n'est qu'une fois George devenu prince régent que les choses prirent des proportions énormes. Il demanda alors à l'architecte John Nash d'en faire un immense palais d'inspiration indienne, l'Asie étant à l'époque très à la mode. Les travaux se déroulèrent de 1815 à 1822. Surtout, ne manquez pas de visiter l'intérieur du Pavillon. On se croirait dans un palais des Mille et Une Nuits ultra kitsch. Colonnes, rampes d'escalier en bambou, tringles à rideaux en serpents de mer, cheminée gigantesque surmontée de palmiers dorés, meubles laqués, sculptés, incrustés de nacre… Les palmiers de la grande cuisine s'accordent avec les dragons du papier peint de la salle de musique, où a joué Rossini. Le lustre de la salle de banquet est extravagant! Chaque pièce est plus surprenante que la précédente. La salle des banquets et la salle de musique sont particulièrement étonnantes. Si ce n'est pas du meilleur goût, on ne peut s'empêcher d'ouvrir grand les yeux et de s'émerveiller devant l'imagination débordante d'un décorateur et d'un architecte qui ont su pousser la fantaisie à son paroxysme.

■ **SEALIFE CENTER. Marinade Parade, Brighton** ✆ **(01273) 604234 – www.sealife.co.uk –** *Ouvert tous les jours de 10h à 17h. Entrée : adulte : £7,95, enfant : £4,95.* Le Sealife Center a ouvert ses portes en 1872. Il s'agissait à l'époque du plus grand aquarium au monde. Celui-ci contenait 450 000 litres d'eau. En 1967, le Sealife Center accueillit des dauphins. Ceux-ci devinrent rapidement une attraction très populaire. Mais, dans les années 80, de nombreuses manifestations eurent lieu contre le maintien de dauphins en captivité. Finalement, le Parlement anglais bannit leur utilisation dans les spectacles de dolphinarium. Après une période de réadaptation, ils furent relâchés aux îles Turks et Caicos.

Aujourd'hui, le Sea Life Center de Brighton n'abrite donc plus de dauphins, mais il compte de nombreux autres pensionnaires dont de superbes poissons multicolores mais aussi des tortues de mer, des poulpes, des requins, des raies… Les enfants apprécieront particulièrement. L'attraction principale du centre est un tunnel de verre qui passe au milieu d'un aquarium géant où nagent tortues et requins.

■ **BRIGHTON MUSEUM AND ART GALLERY. Church Street** ✆ **(01273) 290900.** *Ouvert du lundi au samedi de 10h à 17h et dimanche de 14h à 17h. Entrée gratuite.* Collection d'objets Art déco et Art nouveau, de peintures et de découvertes archéologiques.

■ **WEST PIER.** Cette construction (ou plutôt ce qu'il en reste) a plus de 130 ans. C'est en 1866 que le West Pier fut construit, juste pour permettre au gens de se promener. Il accueillit ensuite un théâtre et une salle de concert. Fermé en 1975 pour des raisons de sécurité, il se dégrada peu à peu et fut finalement détruit en 2002 par une tempête et deux incendies successifs. Depuis, il attend toujours une peu probable restauration, le dernier projet venant d'être abandonné à cause de son coût trop élevé. Qu'on le trouve charmant ou hideux, le Pier est l'un des symboles de Brighton.

Sports et loisirs

Sports nautiques

■ **HOVE LAGOON. Kingsway, Hove** ✆ **(01273) 428442 – www.hovelagoon.co.uk –** Certainement le meilleur club si vous êtes débutant. Des enseignants qualifiés vous apprennent les bases du surf, kitesurf, voile, planche à voile ou encore du kayak.

■ **BOOST (Kitesurf). Victoria Terrasse, Kingsway, Hove** ✆ (01273) 721100 – www.boost sports.com

■ **NEILSON ACTIVE HOLIDAYS (voile). Lockview, Brighton Marina** ✆ (01273) 666 064 – www. neilson.com

Théâtre – Cinéma

■ **CINEMA DUKE OF YORK.** Les films hollywoodiens n'y passent que trop peu et c'est tant mieux. Demander le programme à l'office du tourisme. Hors plan, continuer et marcher sur West Street, Queens road, Survey Street jusqu'à Preston Circus.

■ **THEATRE ROYAL** ✆ (01273) 328488.

Shopping

Londres sans Big Ben, c'est comme Brighton sans ses disquaires. A Brighton pour quelques heures ou quelques jours ? Trois petits tours dans les boutiques de la ville s'imposent, chacune a un style bien différent des autres. Norman Cook – Fat Boy Slim – a commencé là-bas, derrière le comptoir de Rounder Records par exemple. Pour dénicher une galette introuvable ailleurs, pas de secrets : chercher et fouiner encore et encore. Les plus gros disquaires ont posé leurs bacs dans North Lane.

■ **EDGEWORLD. Kensington Gardens.** Expert et extrême, très hétéroclite dans ses sélections : Garage, Hip-Hop, Battledrake Noise (on invente rien !). Vinyles de £3,50 à £10. Si la musique de fond vous plaît, inutile de demander si vous pouvez l'acheter : ce sont probablement les propres compositions du propriétaire. Il les pense invendables. Des petits labels sont présents ! « Fat Cat », par exemple qui produit Sigùr Ros et Mùm. Ici, les Islandais sont appréciés quand ils ne sont pas adorés.

■ **WAX FACTOR. Trafalgar Street, il fait aussi libraire.** Des CD pas trop vieux pour moins de £6.

■ **URBAN RECORDS. Gardner Streets.** *De £5 à £10.* Grand choix de vinyles. Leur sélection se retranche dans leur spécialisation pointue. Des bootlegs remixés, morceaux enregistrés live et à la sauce d'un DJ différent rediffusés… in live. On peut alors imaginer des enregistrements infinis.

▶ **Dans The Lanes, sur Brighton Square, une place minuscule qui concentre deux disquaires** dont Rounder Records avec son panel impressionnant de CD à £6 On y trouve vraiment des perles. Possibilité d'écouter avant d'acheter.

■ **HOCUS POCUS. Gardner Street :** on est accueilli avec de la musique ésotérique et une forte odeur d'encens. Ici, on vend toutes sortes de choses : des boules de cristal, des encens rares et précieux, des bougies multicolores et des grimoires pour incantations maléfiques… Brrrrrr !

Dans les environs

■ **DOMAINE DE PETWORTH.** *Ouvert de Pâques à la mi-octobre, les lundis, mercredis, jeudis de 14h à 18h. Le parc est ouvert toute l'année.* Le domaine date de 1309, mais le château actuel prit forme en 1688, sous la direction de Charles Seymour, sixième duc de Somerset, qui décida de reconstruire le berceau ancestral de la famille Percy, dont il était devenu le maître par son mariage. Les travaux durèrent jusqu'en 1693. Il en résulte un magnifique château que ne dépare ni le mobilier ni les tableaux. La dominante est le XVIIe siècle, mais les maîtres successifs du domaine ont chacun su y apporter leur marque, afin de contribuer à la splendeur du lieu. En particulier, la Turner Room, également appelée « The Red Room », est entièrement consacrée au peintre qui, dans les années 1830, était un visiteur régulier de Petworth. A cette même époque fut construite la North Gallery, dédiée à Turner, Gainsborough, Reynolds, Fuseli… Autre point fort de la visite : le parc avec le lac et le jardin d'agrément.

■ CHICHESTER ■

26 000 habitants. La cathédrale vaut le détour : il s'agit d'un des plus vieux édifices normands du pays. Marché.

Pratique

▶ **Indicatif téléphonique :** (01243).

■ **OFFICE DU TOURISME. 29a South Street** ✆ **(01243) 775888 – Fax : (01243) 539449.** *Ouvert toute l'année du lundi au samedi de 9h15 à 17h15. Ouvert le dimanche l'été de 10h à 16h.*

■ **TOUR DE BATEAU AU DEPART D'ITCHENOR (quitter Chichester par l'A27).** Adulte : £4, enfant : £1,50 (se renseigner sur les autres croisières).

Hébergement

■ **LITTEN HOUSE. 148 St Pancras** ✆ **(01243) 774503 – Fax : (01243) 539187 – victoria@littenho.demon.co.uk** *– Ouvert toute l'année. Compter de £22 à £27 par personne en B & B. Chambres doubles avec télévision. Grande maison avec jardin proche du centre.*

■ **ENCORE. 11 Clydesdale Avenue** ✆ **(01243) 528271.** *Ouvert toute l'année. Compter entre £23 à £30 par personne en B & B.* A 3 minutes à pied du centre, deux chambres avec télévision. Parking.

■ **THE SHIP HOTEL. North Street** ✆ **(01243) 778000 – Fax : (01243) 778000 – bookings@shiphotel.com –** *Ouvert toute l'année. Compter £79 pour les chambres simples et £99 pour les doubles. Proche du Festival Theatre.* Les 36 chambres sont équipées de salles de bains et de télévisions. Parking.

■ **HOUGHTON BRIDGE CARAVAN PARK. Amberley, West Arundel** ✆ **(01798) 831558.** *Ouvert d'avril à octobre.* Sur la rive de la rivière Arun, un camping caravaning qui propose également des caravanes à louer, un salon de thé et des croisières sur des bateaux.

■ **GOODWOOD RACECOURSE CARAVAN PARK. Goodwood Racecourse, Singleton** ✆ **(01243) 774486.** *Ouvert de mai à mi-septembre.* Tout près de Goodwood House, et à 4 miles de la cathédrale de la ville.

Restaurant

■ **SHEPHERD'S TEA ROOMS. 35 Little London** ✆ **(01243) 774761.** Déjeuners et thés.

Sortir

■ **CINEMA.** New Park Road ✆ (01243) 786650.

Manifestations

▶ **Fin juillet : festival annuel de théâtre.** Se renseigner sur les dates exactes à l'office du tourisme.

▶ **Juillet :** festivités locales.

▶ **Août :** festival de Guitare.

Points d'intérêt

■ **WEALD AND DOWNLAND OPEN AIR MUSEUM. Singleton** ✆ **(01243) 811348.** *Ouvert tous les jours de mars à octobre de 10h30 à 17h, et les samedis, dimanches et mercredis de novembre à février de 10h30 à 16h.* A 6 miles au nord de Chichester par l'A286. Quarante bâtiments historiques du Moyen Age : moulin, ferme, ateliers… le concept de musée en plein air et grandeur nature est intéressant et vivant.

■ **CATHEDRALE** ✆ **(01243) 782595.** *Visites guidées de Pâques à octobre du lundi au samedi à 11h et à 14h15.* Sculptures intéressantes et chefs-d'œuvre du XXᵉ siècle.

■ **WEST DEAN GARDENS** ✆ **(01243) 818210.** *Entrée payante. Ouvert tous les jours de mars à octobre de 11h à 17h.* Jardin d'ornement, verger et beau potager. Arboretum.

■ **PALLANT HOUSE. 9 North Pallant** ✆ **(01243) 774557.** *Ouvert toute l'année du mardi au samedi de 10h à 17h15. Entrée payante.* Un marchand de vin utilisa l'héritage de sa femme pour construire cette maison, qui recrée l'atmosphère des dernières années du règne de la reine Victoria. Belle collection de peintures et de meubles.

Dans les environs

■ **FISHBOURNE ROMAN PALACE. Salthill Road, Fishbourne** ✆ **(01243) 785859.** *Ouvert tous les jours de février à décembre à partir de 10h, sinon seulement le dimanche (10h à 16h) ; fermeture à 17h de mars à juillet et de septembre à octobre, à 18h en août et à 16h en novembre et décembre. Adulte : £3,80, enfant : £1,80.* Quitter Chichester par l'A259 vers l'ouest, puis bifurquer rapidement vers Portsmouth par l'A27. Fishbourne se trouve à 1,5 mile de Chichester. Parking, boutique, rafraîchissements. Les Romains avaient installé une base militaire puis un palais pour un roi celte au Iᵉʳ siècle après J.-C. Vous pourrez voir vingt sols différents en mosaïque (noter Cupidon sur un dauphin), ainsi que l'histoire du site et le jardin romain recréé. Il y a encore des fouilles archéologiques sur le site même. Renseignez-vous pour les soirées et les événements artistiques ponctuels.

■ **ARUNDEL. Wildfowl Wetlands Trust. Mill Road** ✆ **(01903) 883355.** *Ouvert tous les jours de 9h30 à 17h30 l'été et de 3h30 à 16h30 l'hiver. Parking, aire de pique-nique. Restaurant et salon de thé, boutique.* Centre d'observation des oiseaux migrateurs et canards en tout genre. On peut les nourrir à la main et observer les plus sauvages dans des cachettes.

■ MAR PORTSMOUTH ET SOUTHSEA ■

190 000 habitants. C'est le deuxième port d'Angleterre en volume. Portsmouth reste très marquée par son passé maritime. Malgré la place qu'elle occupe aujourd'hui, Portsmouth ne possède plus l'influence de jadis.

Transports

■ **GARE** ✆ (01705) 229393.

■ **BUS.** Market Parade ✆ (01705) 498894.

■ **FERRY** ✆ (01705) 524551 – (01705) 482868. Vers la France : PO ✆ (0990) 980980 ou Brittany Ferries ✆ (0990) 360360.

Pratique

▶ **Indicatif téléphonique :** (01705).

■ **OFFICE DU TOURISME. The Hard** ✆ **(01705) 826722.** S'informer sur les visites guidées à pied et en bus de la ville. Un Pass peut être acheté pour visiter toutes les attractions du port.

■ **BANQUES. Sur Palmerton Road et Commercial Road.** Bureau American Express : 110 Commercial Road ✆ (01705) 865865.

■ **POLICE** ✆ (01705) 839333.

■ **HOPITAL. Milton Road** ✆ (01705) 822331.

■ **TOUR DU PORT. Waterbus** ✆ (01705) 739459.

Hébergement

■ **HARBOURSIDE HOTEL. 13-14, Wear Bay Road Portsmouth** ✆ **(01303) 256528.** *Camping ouvert de mars à octobre.*

■ **PORTSMOUTH YOUTH HOSTEL. Wymering Manor, Old Wymering Lane, Cosham** ✆ **(01705) 375661.** *Prix : £11 pour les dortoirs et £20 pour une chambre double. De la station de police, prendre la Medina Road, et continuer tout droit. Prendre la septième à droite. L'hôtel est face à l'église.*

■ **SOUTHSEA BACKPACKERS LODGE. 4 Florence Road, Southsea** ✆ **(01705) 832495 – (01705) 22963.** *Compter £11 par personne en dortoirs. Ouvert toute l'année.*

Les personnages de Portsmouth

▶ **Charles Dickens (1812-1870).** De son vrai nom Charles John Huffam, le romancier anglais le plus célèbre du XIXᵉ siècle est né au 393 Old Commercial Road, désormais transformé en musée.

▶ **Sir Arthur Conan Doyle (1859-1930).** En 1882, il établit sa pratique médicale au 1 Bush Villas, Elm Grove. C'est là qu'il écrit *Une étude en rouge,* la première nouvelle où apparaît Sherlock Holmes. Il s'inspira de l'un de ses pairs, le docteur James Watson, pour ses romans. Conan Doyle devint plus tard capitaine du Club de cricket de Portsmouth.

▶ **Rudyard Kipling (1865-1936).** Renvoyé d'Inde par ses parents pour le sauver du choléra, il vécut de six à douze ans à Southsea. Il appela Lorne Lodge la « maison de la désolation », car la propriétaire et son fils le traitaient cruellement. Sa semi-cécité vint en partie du fait qu'il lisait dans cette maison mal éclairée.

▶ **Horatio Nelson (1758-1805).** Le 14 septembre 1805, Lord Nelson quitta Portsmouth sur le HMS Victory pour se battre contre la flotte franco-espagnole lors de la bataille de Trafalgar. Il avait dit adieu à sa sœur favorite, Mrs Matcham, qui habitait Pembroke Road. Sa maison s'appelle désormais « Trafalgar House » et la statue de Nelson se trouve dans les Pembroke Gardens.

■ **ALBATROSS GUEST-HOUSE. 51 Waverley Road, Southsea** ✆ *023-9282-8325. Prix : £15 à £25 pour les chambres simples de £35 à £55 pour les doubles.* Ann Baker propose des chambres bien décorées avec salle de bains et télévision câblée. Heures de petit-déjeuner flexibles pour les ferries tôt le matin. Réductions en basse saison. Cartes de crédit acceptées. Vue sur un petit parc. Proche du port et des navires historiques.

■ **MARRIOTT HOTEL. North Harbour, Portsmouth** ✆ **(02392) 383151 – Fax : (02392) 388701 – fiona.radford@marriotthotels.co.uk** – *Compter entre £44 et £60 par personne en B & B.* L'hôtel Marriott de Portsmouth n'est situé qu'à quelques encablures de la Marina de Port Solent où de nombreux restaurants offrent une vue magnifique sur le petit port. De surcroît, la réputation du Mariott n'est plus à faire. Le personnel est discret, loin d'être envahissant et l'atmosphère qui se dégage du grand hall rappelle le luxe raffiné des grands hôtels. Les 170 chambres et les salles de bains sont spacieuses, élégamment décorées (tons pastel) et offrent toutes les commodités imaginables (minibar). Le petit-déjeuner, servi dans le grand hall, frôle la perfection.

■ **THE SALLY PORT INN. 57-58 High Street, Old Portsmouth** ✆ **(02392) 821860 – Fax : (02392) 821293.** *Simple de £37 à £45, double de £55 à £65. Au cœur du centre-ville.* La bâtisse a été construite « sur cadre » et a les poutres du même bois que ceux des navires de guerre du début du XIXe siècle. L'encadrement des portes est voilé, la vieillesse et le travail du bois aidant. Ce qui la rend touchante et pittoresque.

Restaurants

Des restaurants de toutes nationalités : tex-mex, chinois, indien, thaï sont concentrés sur Palmerton Road, Albert Road et Osbourne Road à Southsea.

Sortir

■ **KINGS THEATRE. Albert Road** ✆ (01705) 828282.

■ **NEW THEATRE ROYAL. Guildhall Walk** ✆ (01705) 864611.

■ **THE AIRBALLOON. 598 Mile End Road** ✆ **(01705) 655802.** Musique celtique du jeudi au samedi.

■ **THE CONTENTED PIG. 249 Fratton Road** ✆ **(01705) 821949.** Musique tous les soirs, sauf les mardis.

■ **CINEMA :** Commercial Road ✆ (01705) 823538 ou London Road ✆ (01705) 661539 ou High Street ✆ (01705) 376635.

Manifestations

▶ **Début mai :** procession solennelle du Lord Maire.

▶ **Début août :** Portsmouth Southsea Show.

▶ **Fin août : Navy Days.** Les années paires à Portsmouth et les années impaires à Plymouth. Visites de navires modernes de guerre. Festival de cerfs-volants. Dockyard Festival : reconstitution de la bataille de Trafalgar.

▶ **Mi-septembre : Crafts of the Sea.** Artisanat de la mer : nœuds, bateaux en bouteilles…

Points d'intérêt

■ **PORTSMOUTH HISTORIS DOCKYARD. The Hard** ✆ **(02392) 861512.** *Entrée : £17,50.*

■ **MARY ROSE.** De l'époque d'Henri VIII, elle sombra en 1545 lors d'une bataille franco-anglaise avec 700 hommes à son bord. Sa coque luisante en chêne fut restaurée, et le quai en 1545 est reconstitué : objets quotidiens, canons…

■ **HMS VICTORY.** Vaisseau amiral de Nelson restauré comme il était en 1805. Les rideaux du lit de Nelson étaient brodés par sa maîtresse, Emma Hamilton ! Le *HMS Victory* avait 800 hommes à son bord quand il gagna contre le Redoutable. Trois heures après la victoire, Nelson mourait, touché par un boulet de canon.

■ **HMS WARRIOR.** Ce cuirassé victorien de 1860, avec 700 hommes à bord, fut le premier cuirassé au monde. Il avait quatre ponts et avançait à la vapeur et à la voile.

Les trois navires peuvent être visités de 10h à 17h30 de mars à octobre, et de 10h à 17h de novembre à février. Informations ✆ *(01705) 861512.*

■ ISLE OF WIGHT (Île de Wight) ■

Wight est située à 8 km (5 miles) de la côte anglaise. Pour s'y rendre, il faut compter entre 10 minutes et une heure de traversée, selon le moyen de transport choisi. L'île mesure 13 miles (20 km) du nord au sud et 23 miles (36 km) dans sa largeur est-ouest. Avec ses falaises de craie blanche et ses mouillages abrités, ses forêts, les ruines romantiques de son château, avec ses landes, ses vélos, ses jardins, ses innombrables boutiques de thé, ses B & B, Wight évoque une Angleterre miniature. Non seulement cernée par l'eau, comme il se doit, mais habitée par le souvenir de ce que l'Angleterre offre de plus singulièrement anglais : l'ère victorienne.

De fait, la reine Victoria vint régulièrement s'y reposer durant son long règne.

Le poète Lord Alfred Tennyson vécut pendant près de 40 ans près de Freshwater Bay, à Farringford House, dans la partie occidentale de l'île, appelée aujourd'hui le « Poet's Corner ». « Notre coin est, selon moi, et de loin, la partie la plus intéressante de toute l'île, écrivait Tennyson. Ici, l'air qui descend des Downs [dans le langage local, une down signifie une colline] vaut, selon un ami, six pences la pinte ». (L'ami n'était autre que Yeats…).

Un monument se dresse à l'extrémité de Wight au sommet du Tennyson Down. Farringford est aujourd'hui un hôtel, mais le cabinet de travail de Tennyson a été religieusement préservé. Au large, émergent trois blocs de craie blancs comme des icebergs : « The Needle ». Ces « aiguilles » (la quatrième s'est effondrée en 1764), sont les vestiges de la ligne de falaises qui reliait Wight au continent. A la pointe, la plage d'Alun Bay Cliffs offre une particularité rarissime : son sable est supposé contenir les cinq couleurs fondamentales (phénomène d'autant mieux repérables quand il pleut), et l'on y a répertorié pas moins de douze types d'ombres !

L'Ouest de Wight est la patrie privilégiée des marcheurs. Pour découvrir ces plateaux spectaculaires, il faut démarrer à Freshwater, point d'arrivée des ferries et principale étape du « Tennyson Trail ». Ce parcours balisé de 15 miles (24 km) permet de longer sur un sentier blanc la crête des falaises. Enivrant et impressionnant. Ce bout du monde constitue aussi la meilleure partie des 60 miles (96 km) du Costal Path Walk qui ceinture l'île.

Il reste encore des églises au toit de chaume, près de palmiers qui poussent grâce à un climat doux. L'est de l'île reste (un peu) plus sauvage.

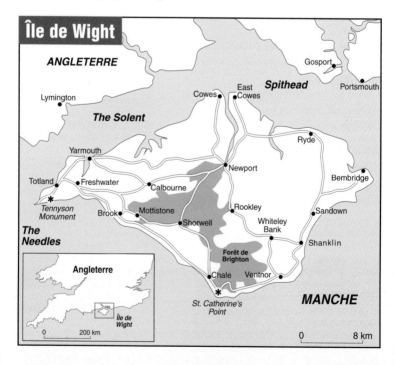

Près du fort Victoria, essayez le tearoom : deux parasols, deux tables presque les pieds dans l'eau, un coin idyllique… Quant aux amoureux du vélo, c'est l'idéal ! Demandez à l'office du tourisme sa petite brochure « Cycle Route Round the Island », qui décrit des itinéraires à vélo dans l'île.

Transports

Crossing the Bar, l'un des poèmes favoris des Anglais, fut composé par Tennyson pendant la traversée du Solent, le bras de mer qui sépare l'île du continent, à bord du bateau qui reliait Lymington à Yarmouth et faisait escale à Freshwater Bay House. Cet itinéraire existe toujours, c'est celui que nous recommandons. La traversée pour Wight se fait en ferry, catamaran, hydroglisseur, Hovercraft. Des départs ont lieu de Portsmouth et Southsea (arrivée Ryde), Southampton (arrivée Cowes).

■ **TRAIN.** Ligne Ryde-Shanklin ✆ (01983) 562492.

■ **FERRY.** La compagnie Wightlink propose Lymington-Yarmouth toutes les 30 minutes de 6h à 21h30 d'avril à décembre (la traversée dure environ 30 minutes), Portsmouth-Fishborne et Portsmouth Pier-Ryde Pier ✆ 08705-827744. Les ferries Red Funnel relient Southampton à East Cowes ✆ (01703) 330333. Pour les piétons seulement, Hovertravel rejoint Ryde de Southsea ✆ (01983) 811000.

■ **BUS. Southern Vectis** ✆ **(01983) 827005.** Un Rover ticket permet de faire le tour de l'île à souhait pendant 1, 2, 7 ou 28 jours. De fréquentes navettes relient les principales curiosités.

Pratique

▶ **Indicatif téléphonique :** (01983).

■ **POLICE** ✆ (01983) 528000.

BRIGHTSTONE

Un des hauts lieux de la contrebande du XIIIe au XVIIIe siècle. James Buckett, l'un des plus fameux contrebandiers, repenti après cinq ans de service obligatoire dans la Navy, crée une équipe de gardes côtiers. Des fouilles archéologiques sont en cours dans une ferme de Military Road, car on a retrouvé le squelette fossilisé d'un dinosaure herbivore.

FRESHWATER

Colwell Bay est une belle plage de sable.

■ **Eviter Alun Bay, trop touristique à cause du THE NEEDLES PLEASURE PARK** ✆ **(01983) 752401,** (*ouvert de Pâques à octobre de 10h à 17h*), à part peut-être pour prendre un funiculaire et se rapprocher des Needles.

■ **HEATHFIELD FARM CAMPING SITE.** Heathfield Road, Freshwater. *Ouvert de mai à septembre. Environ £5 par nuit.* Près de 60 emplacements près du village, dans un endroit calme. Sanitaires modernes.

MOTTISTONE

On raconte que, près de l'église, une tombe familiale était utilisée pour cacher des fûts de brandy passés en contrebande !

SUD DE L'ÎLE

Turner a dessiné Orchard Bay. Tennyson, Dickens, Keats et Swinburne l'ont immortalisée dans leurs écrits. Les falaises culminent à 700 pieds et datent de la dernière ère glaciaire. Dans le village de Saint Lawrence, l'église fait 20 pieds sur 12 pieds (environ 6 m x 3 m) : la porte nord est si basse qu'un prêtre est mort de s'être assommé, un dimanche, en se dépêchant pour le service !

WIGHT WEST

■ **THE NEEDLES OLD BATTERY** ✆ **(01983) 754772.** *Ouvert d'avril à octobre, du dimanche au jeudi de 10h30 à 17h. Ouvert le week-end de Pâques et tous les jours en juillet et en août. Adulte : £2,40, enfant : £1,20. A l'ouest de la baie de Freshwater et de la baie d'Alum, sur la B3322.* Ce fort fut construit en 1860 pour se protéger de la menace d'une invasion française : deux canons pointent vers la mer. De là, un tunnel souterrain mène à un point de vue spectaculaire sur les aiguilles. Salon de thé et boutique.

Hébergement

■ **FRENCHMAN'S COVE COUNTRY HOTEL. Old Road, Totland Bay** ✆ **(01983) 292508.** *Ouvert toute l'année. Compter £18 par personne par nuit en B & B.* Grand jardin, restaurant. Bar chic avec feu de bois l'hiver.

■ **SENTRY HEAD HOTEL. Madeira Road, Totland Bay** ✆/**Fax : (01983) 753212 – eng@sentry_ mead.co.uk.** *Ouvert toute l'année. Compter entre £45 par personne par nuit en B & B.* Belle villa à 2 minutes de la baie. Un ensemble de 14 chambres avec salle de bains, télévision, bar et radio. Joli salon. Jardins et terrasse. Parking.

COWES

Transports

West Cowes et East Cowes sont séparés par la rivière Medina et reliés par un ferry. East Cowes était un chantier naval important : on y construisit des destroyers, des sous-marins, des bateaux de sauvetage Saunders-Roe et le Bluebird de sir Malcolm Campbell, qui battit le record de vitesse en 1936.

■ **GARE ROUTIÈRE.** 32 High Street.

■ **LOCATION DE VELOS. Offshore Sports, Birmingham Road** ✆ (01983) 290514, Solent Self Drive, The Arcade ✆ (01983) 282050.

Pratique

▶ **Indicatif téléphonique :** (01983).

■ **OFFICE DU TOURISME.** The Arcade, Fountain Quay ✆ (01983) 291914.

■ **BANQUES.** Lloyd's, Midland Bank et Natwest sur High Street.

■ **POSTE.** High Street ✆ (01983) 299120.

■ **CLINIQUE.** Cowes Medical Centre, Consort Road ✆ (01983) 295251.

▶ **Attention !** Les boutiques ferment plus tôt le mercredi.

Hébergement – Restaurants

■ **NEW HOLMWOOD HOTEL. Egypt Point. Queens Road** ✆ **(01983) 292508 – Fax : (01983) 295020 – net@newholmwoodhotel.co.uk –** *Compter entre £90 pour 2 nuits par personne en B & B.* Hôtel luxueux et moderne sur Egypt Point. Très belle vue panoramique sur le Solent. Piscine et restaurant.

■ **FOLLY INN. Whippingham, East Cowes** ✆ **(01983) 297171.** Poisson pêché localement, « marmite de l'équipage » appétissante… Musique jeudi, samedi et dimanche.

Sortir

■ **TRINITY THEATRE.** The Grove ✆ (01983) 295229.

Manifestations

▶ **Fin mai :** course en yacht du tour de l'île.

▶ **Fin août :** course internationale offshore et festival de la ville.

Point d'intérêt

■ **OSBORNE HOUSE** ✆ **(01983) 200022.** *Ouvert tous les jours d'avril à fin septembre de 10h à 17h. Billet maison et jardins : adulte : £6, étudiant : £4,50, enfant : £3, couple avec trois enfants : £15. Bus numéro 4 de Ryde ou bus numéro 5 de Newport.* A un mile au sud-est de East Cowes, cette villa de style italien avec ses deux tours renferme les appartements royaux du prince Albert et de la reine Victoria, où elle décéda en 1901. La Nursery est restée telle qu'elle était en 1870. Le roi et la reine allaient se promener tous les jours dans les jardins, même par mauvais temps.

RYDE

30 000 habitants. Entre Henri VIII et Elisabeth II, la British Navy se rassemblait à Spithead pour la revue royale de la flotte. C'est également de là que partirent les Alliés pour débarquer en Normandie. Le carnaval se déroule fin août et les régates fin mai (à la rame) et fin juillet.

Pratique

- **OFFICE DU TOURISME** ✆ (01983) 562905.

- **BANQUES.** Lloyd's et Midland Bank sur Union Street.

- **PHARMACIE.** Boots, High Street ✆ (01983) 562280.

- **JOURS DE MARCHE.** Mercredi et jeudi.

- **DOCTEUR.** 14 Esplanade ✆ (01983) 611611.

- **POSTE.** High Street ✆ (01983) 562207.

- **SUPERMARCHES. Gateway. Tesco, Brading Road.** *Ouvert du lundi au samedi de 8h à 22h de mai à septembre.*

▶ **Attention!** Les boutiques ferment plus tôt le jeudi.

Hébergement

- **YELF'S. Union Street Ryde** ✆ **(01983) 564062 – Fax : (01983) 563937. Deux nuits pour £65 par personne – manager@yelfshotel.com –** Le plus ancien relais de coche de l'île. Il comprend un restaurant immense, charmant et le dimanche, la spécialité : rôti pour tout le monde avec ou sans sauce à la menthe.

- **SEAHAVEN HOTEL 36 St Thomas Street** ✆ **(01983) 563069 – www.seaheavenhotel. com –** *Deux nuits pour £44 par personne.* Juste à côté de la jetée et des boutiques. Sans doute un des moins chers du coin.

Sortir

- **PATSY'S NIGHTCLUB** ✆ (01983) 966645

- **THE BALCONY BAR** ✆ (01983) 617070.

- **RYDE THEATRE.** Lind Street ✆ (01983) 568099

- **AQUA THEATRE.** Brading Road ✆ (01983) 811333.

Loisirs

- **AUTOVOGUE.** High Street ✆ (01983) 812989 – Battersby. Hill Street ✆ (01983) 562039. *Location de vélos.*

- **PISCINE.** Esplanade ✆ (01983) 563656.

- **PATINOIRE.** Ryde Arena, Quay Road ✆ (01983) 615155.

- **TENNIS** ✆ (01983) 821000.

SANDOWN

Belle plage. Le fort abrite le zoo. Le carnaval se déroule fin juillet et le défilé fin août.

Pratique

- **OFFICE DU TOURISME.** High Street ✆ (01983) 813818.

- **BANQUES.** Lloyd's, Midland Bank et Natwest sur High Street.

- **PHARMACIE.** Boots, High Street ✆ (01983) 403897.

- **CLINIQUE.** Medical Centre, Melville Street ✆ (01983) 402464.

- **JOURS DE MARCHE.** Lundi et dimanche.

- **POSTE** ✆ (01983) 406441.

Hébergement

■ **YOUTH HOSTEL. The Firs, Fitzroy Street** ✆ **(01983) 402651 – Fax : (01983) 403565.** *Prix : £11. Ouvert d'avril à septembre.*

■ **GRANGE HALL HOTEL. Grange Road** ✆ **1983-403531 – Fax : (01983) 402922 – grangehall@c4.com –** *Ouvert de mars à octobre. Compter £33 par personne par nuit.* Chambre avec salle de bains et télévision, au calme, pas trop loin du centre. Vue sur la baie de Sandown. Bar et restaurant

■ **ROOFTREE HOTEL. 26 Broadway** ✆ **(01983) 403175 – Fax : (01983) 407354 – Rooftree@netguides.com –** *Compter £24 par personne en B & B. Ouvert toute l'année. Compter £20 par personne par nuit.* A 5 minutes de la plage et du centre, 9 chambres non-fumeurs avec salle de bains. Week-ends spéciaux hors saison pour les gourmets, se renseigner à la réception.

■ **THE REGENT. Esplanade** ✆ **(01983) 403219.** *£35 par nuit et par personne. Toutes les chambres sont en suites.* Cet hôtel face à la mer propose le « continental breakfast » à £4. Tout simplement délicieux.

Sortir

■ **THE JOLLY SAILOR. Culver Parade** ✆ **(01983) 406622.** Animations presque tous les soirs.

■ **SANDOWN BREWERY STILLROOM. Saint Johns Road** ✆ **041983-03848.** « Pub à saucisses ». A voir !

■ **CINÉMAS.** Picturedrome ✆ (01983) 527169 – Screen De Luxe ✆ (01983) 404050.

■ **COLONEL BOGEYS. Fort Street.** Discothèque.

■ **THÉÂTRE PAVILION.** Sandown Pier ✆ (01983) 402295.

Manifestation

▶ **Début août :** régate à Sandown Bay.

Points d'intérêt

■ **SANCTUAIRE DES TIGRES DE JACK CORNEY. Yaverland's Seafront** ✆ **(01983) 403883.** *Ouvert de 10h à 17h de février à Pâques, de 10h à 18h de Pâques à novembre, fermé de décembre à février. Adulte : £4,95, enfant : £3,95. De Sandown, prendre la B3395 et tourner à droite quand vous serez face à la mer. Le parking se trouve à gauche de la route, le zoo à droite. Bus numéro 1 et 22 de Sandown.* Serpents et tous les types de fauves : tigres, panthères noires, léopards, pumas.

■ **PISCINE. Broadway** ✆ (01983) 405594.

SHANKLIN

8 000 habitants. La ville fut occupée par les Romains au IIIe siècle, des moines normands de l'abbaye de Tiron construisent le Priory de Saint Cross. En 1100, Henri Ier accède au trône et donne l'île à Richard de Redvers, dont le fils construisit le château de Carisbrooke. Mais en 1377, une invasion franco-espagnole détruit entièrement Newport. La ville a longtemps été une ville de marché, où s'échangeaient beurre, maïs et bestiaux. Newport connut la célébrité avec Lord Louis Mountbatten, qui fut gouverneur de l'île toute sa vie. Pendant la Seconde Guerre mondiale, on y cacha le réservoir Pluto (Pipe Line Under The Ocean) : Pluto devait pomper du pétrole à travers la Manche pour approvisionner les troupes alliées après le Débarquement.

La procession se déroule début août, les régates d'aviron fin mai et fin août dans la plus longue baie en sable de l'île. Le vieux village (Old Village) a gardé ses cottages en chaume.

Transports

■ **OFFSHORE SPORTS. Orchardleigh Road** ✆ **(01983) 866269.** Location de vélos.

Location de voitures

■ **SOUTH WIGHT RENTALS** ✆ (01983) 864263

■ **WILTON SELF DRIVE CAR HIRE** ✆ (01983) 864414

■ **IOW SELF-DRIVE** ✆ (01983) 402321.

Pratique

- **OFFICE DU TOURISME.** 67 High Street ✆ (01983) 862942.

- **BANQUES.** Barclay's, Midland Bank et Natwest sur High Street – Lloyd's sur Regent Street.

- **PHARMACIE.** Boots, High Street ✆ (01983) 862058.

- **CLINIQUE.** Group Medical Practice, Carter Road ✆ (01983) 862000.

- **POSTE.** Regent Street ✆ (01983) 862364.

▶ **Attention !** Les boutiques ferment plus tôt le mercredi.

Hébergement

- **HAMBLEDON HOTEL. Queens Road, Shanklin** ✆ **(01983) 862403.** Est réputé être un hôtel pour marcheurs. On y organise des séjours (3 nuits) avec randonnées quotidiennes de 10 km à 15 km. Un autre hôtel, le Brookside Forge, à Freshwater, permet le même type de détente.

- **NINHAM COUNTRY HOLIDAYS. Ninham** ✆ **(01983) 864243 – lwg@ninham-holidays. co.uk –** *Ouvert de mai à septembre. Environ £8 par nuit. 88 emplacements. Piscine extérieure chauffée. Pêche possible.*

- **THE CHESTNUT HOTEL** ✆ **(01983) 862162 – Fax : (01983) 862162.** L'hôtel de la Châtaigne ! Super B & B confortable et nickel. Sue et Terry sont discrets et attentionnés.

Restaurants

- **THE BEDFORD LODGE HOTEL. Old Village** ✆ **(01983) 862416.** Animations le week-end, barbecue par beau temps, la spécialité est l'entrecôte Janine (sauce au vin, échalotes, herbes et champignons).

- **COTTAGE RESTAURANT. 6-8 Eastcliff Road** ✆ **(01983) 862504.** Les spécialités sont les quenelles de sole dans une sauce au homard et le porc amandino sauté aux abricots et aux amandes.

- **THE CRAB INN. 94, High Street. Old Village** ✆ **(01983) 862363.** *£4 à £8 pour un menu.* Pub du XVIIIe siècle qui sert salades et sandwichs au crabe frais.

- **GOD'S PROVIDENCE HOUSE. 12, Saint Thomas Square** ✆ **(01983) 522085.** Ainsi nommée car ses habitants survécurent à la Grande Peste, cette maison abrite un restaurant où sont servis plats végétariens, tartes et steaks puddings maisons.

- **THE WHEATSHEAF HOTEL. Saint Thomas Square** ✆ **(01983) 523865.** Quinze chambres dans un hôtel vieux de trois siècles, et un restaurant qui propose aussi de tentants plats épicés.

Sortir

- **HOLLERS HOTEL. Old Village** ✆ **(01983) 862764.** Discothèque.

- **SAM & KEATS INN. Osborne Road** ✆ **(01983) 862660.** Discothèque.

- **SHANKLIN THEATRE. Steephill Road** ✆ (01983) 862739.

Points d'intérêt

▶ **Un ravin profond « Chine »** sépare le haut de la falaise de la plage.

▶ **Keats séjourna au Cottage Eglantine (76 High Street)** pour y écrire des poèmes, dont le célèbre *Endymion :* « A thing of beauty is a joy forever ».

▶ **L'Américain Henri Longfellow vécut au Lovely Little Crab Inn** et y rédigea l'inscription sur la fontaine :

« O traveller, stay thy weary feet ;
Drink of this fountain, pure and sweet ;
It flows for rich and poor the same.
Then go thy way, remembering still
The wayside well beneath the hill,
The cup of water in His name. »

Loisirs

- ■ **PISCINE.** Clifftops Hotel, Park Road ✆ (01983) 863262.

VENTNOR

C'est l'endroit le plus chaud de l'île, avec un climat qui rappelle la Méditerranée. Le docteur Sir James Clark en vanta les avantages pour la santé dans un monographe, ce qui contribua à renforcer l'attrait de l'endroit. La ville est construite en terrasses et la plage est belle.

Pratique

- ■ **OFFICE DU TOURISME** ✆ (01983) 853625.

Hébergement – Restaurants

- ■ **THE HILLSIDE PRIVATE HOTEL. 151 Mitchell Avenue** ✆ **(01983) 852271 – Fax : (01983) 852271 – guide@hillside-hotel.co.uk –** *Compter £40 par personne et par nuit.* Le plus vieil hôtel de la ville, construit en 1801 et entouré de deux hectares de pelouses et jardins. Douze chambres. Vue sur la mer. Restaurant et bar.

- ■ **THE MILL BAY INN. Esplanade** ✆ **(01983) 852892.** Crabes et homards fraîchement pêchés.

- ■ **ROYAL HOTEL. Belgrave Road** ✆ **(01983) 852186.** Leur spécialité est le poulet farci au bacon et aux poireaux sauce madère. Prendre le café dans un de leurs beaux salons.

Sortir

- ■ **THE SPYGLASS INN. Esplanade** ✆ **(01983) 855338.** Musique le soir dans ce pub. Spécialisé en fruits de mer, surtout araignées et crabes. Pour les puristes des huîtres, moules… plat à environ £6.

Points d'intérêt

- ■ **VENTNOR BOTANIC GARDEN** ✆ **(01983) 822397.** *Bus numéros 16, 16B, 17, 31.* Ce superbe parc de 22 hectares présente des jardins de toutes les latitudes : terrasse méditerranéenne, rive australienne, herbes aromatiques, collection américaine, hémisphère Sud.

NEWPORT

18 500 habitants. La capitale de l'île.

Pratique

- ■ **OFFICE DU TOURISME. South Street** ✆ (01983) 525450.

- ■ **HOPITAL** ✆ (01983) 524081.

Sortir

- ■ **CINEMA.** Picturedome.

Point d'intérêt

- ■ **CARISBROOKE CASTLE** ✆ **(01983) 522107.** *Ouvert tous les jours de 10h à 18h d'avril à fin octobre et de 10h à 16h du 1er novembre au 31 mars. Bus 9C, 7A, 7B ou 7C de Newport. Adulte : £4, étudiant : £3, couple avec enfants : £10. Tour audio intéressant.* Au XIIIe siècle, Lady Isabella de Redvers devint à 25 ans la maîtresse de ce château. Elle régna sur L'île de Wight pendant les trente années suivantes. Elle agrandit et embellit le château et innova en utilisant du verre pour les fenêtres. Puis le château devint une forteresse royale et la prison de Charles Ier vers 1650, qui essaya en vain de s'en échapper. Il resta même coincé entre les barreaux lors d'une tentative ! Pour le touriste, les ânes continuent de faire tourner une roue pour pomper l'eau du puits (Wellhouse).

- ■ **NEWPORT ROMAN VILLA** ✆ **(01983) 529720.** *Ouvert tous les jours de Pâques à octobre de 10h à 17h.*

YARMOUTH

C'est là que vous arriverez en ferry de Lymington Pier. Les Français l'ont pillé à deux reprises (1377 et 1524). Henri VIII y a fait bâtir un petit château. Aujourd'hui, c'est un petit port de plaisance.

Pratique

- **OFFICE DU TOURISME** ✆ (01983) 760015.

- **BANQUES.** Lloyd's, The Square ✆ (01983) 523912.

- **MEDECIN.** Dr. Walker, Station Road ✆ (01983) 760434.

- **MARCHE.** Le mercredi matin.

- **POSTE.** Quay Street ✆ (01983) 760255.

▶ **Attention !** Les boutiques ferment plus tôt le mercredi.

Restaurant

- **GOSSIPS CAFE. The Square** ✆ **(01983) 760646.** *Ouvert de 7h30 à 17h30.* Petit-déjeuner, petits creux : cream tea et pommes de terre en robe des champs.

Loisirs

- **ISLE CYCLE HIRE. The Square** ✆ **(01983) 760219.** Location de vélos.

■ SOUTHAMPTON ■

200 000 habitants. Depuis la fin de la Seconde Guerre mondiale, date de sa reconstruction, Southampton, au riche passé historique, a pris des allures de cité industrielle. Situé dans un vaste estuaire, son port fut l'un des plus actifs durant le Moyen Age dans le domaine commercial et militaire. Henri V partit d'ici en 1415 pour remporter la bataille d'Azincourt, achevant ainsi la conquête normande. Aujourd'hui, de nombreux vestiges de l'époque médiévale (fortifications, maisons, jardins, abbayes) font le bonheur de ceux qui aiment prendre le temps de musarder. Le *Mayflower* et le *Titanic* partirent vers le Nouveau Monde de Southampton.

Transports

- **GARE.** Railway Station, Central Station, Southampton ✆ 229393.

- **FERRY. Stena Sealink, Dock Gate 4** ✆ **223973.** Ferries à destination de Cherbourg.

- **BUS.** Bus station, Kingsway Road.

- **TAXI.** ATS ✆ 222222.

Location de voitures

- **HERTZ, RENT A CAR.** 10 Gate Western Docks, West Bay Road, Southampton ✆ 638437.

Location de vélos

- **FREEWHEEL.** 126 High Street, Southampton ✆ 336635.

Pratique

▶ **Indicatif téléphonique :** (02380).

- **OFFICE DU TOURISME** ✆ **(02380) 833333.** Tourist Information Centre, Above Bar Precinct (prendre Civic Center Road).

- **POLICE.** Civic Center ✆ (02380) 581111.

- **PHARMACIE.** 55 Bedford Place.

■ **HOPITAL.** Southampton General Hospital, Tremona Road, Shirley Southampton ✆ (02380) 777222.

■ **POSTE.** Poste Office, High Street, Southampton.

■ **BANQUE/CHANGE.** Dans High Street et Above Bar Street, vous trouverez distributeurs et bureaux de change.

Hébergement

■ **NOVOTEL.** 1 West Quay Road ✆ (02380) 330550 – Fax : (02380) 222158 – h1073@accor-hotels.com – *A partir de £75 par personne.* La qualité et l'exigence que prônent les membres du Novotel de Southampton vous satisferont. Piscine, sauna et jacuzzi viendront agrémenter votre passage dans cet hôtel où vous aurez au préalable réservé. Novotel, c'est l'assurance d'avoir un lit confortable et une chambre propre. Le petit-déjeuner traditionnel est de qualité.

■ **THE STAR HOTEL.** 26 High Street ✆ (02380) 339939 – Fax : (02380) 335291 – www.star hotel.co.uk – *Chambre simple : £42 environ, double : £48, suite : £60.* Cet hôtel de 43 chambres, qui accueillit la duchesse de Kent et la princesse Victoria en 1831, se trouve en plein cœur de la vieille ville. Il offre un maximum de confort pour un prix raisonnable.

Restaurants

■ **THE KING RUFUS. Eling Hill, Totton** ✆ (02380) 868899. *Repas à partir de £10.* Alan et Marilyn Betts vous attendent dans leur maison victorienne où vous y apprécierez une cuisine anglaise traditionnelle ainsi que certaines spécialités maison, comme le filet de porc sauce au poivre et cidre ou le bœuf rôti sauce radis noir. Dimanche, menu typique (Sunday Roast).

■ **GEORGES RESTAURANT. 1 Saint Michaels Street** ✆ (02380) 223749. *Repas à partir de £9.* Dans un décor banal, Georges, Grec bedonnant, accueille ses clients à bras ouverts et leur fait goûter ses spécialités grecques mais aussi italiennes et françaises. Prix très compétitifs mais ambiance parfois un peu triste.

■ **OLD ORLEANS. Unit 29, Town Guay** ✆ (02380) 231733. Dans une atmosphère enfumée et un cadre qui rappelle la Louisiane, vous seront servies des spécialités cajuns (traditionnel jambalaya) et créoles (mais pas exclusivement). L'accueil est plus qu'agréable mais la musique est parfois un peu forte. Pour l'anecdote, lors de l'ouverture, il y a six ans, l'établissement a reçu le maire de la Nouvelle-Orléans qui, pour l'occasion, a remis aux propriétaires une médaille.

■ **LOS MARINOS WATERFRONT. Suite 9, Canute's Pavilion. Ocean Village** ✆ (02380) 335045. *Repas de £25 à £28 environ.* Sur le front de mer, ce restaurant espagnol assez smart propose des spécialités du pays et nombre de plats à base de poisson. Attention, les portions sont très, très copieuses. Carte fournie pour les végétariens. Tout se passe dans la joie et la bonne humeur, les serveurs se font des farces.

Points d'intérêt

■ **BALADES autour de la vieille ville** ✆ (01962) 635904. *Côté ouest, du 12 juin au 24 septembre tous les jours à 10h30, le reste de l'année le lundi à 10h30. Côté est, du 12 juin au 24 septembre tous les jours à 14h30, le reste de l'année le mardi à 10h30.* A partir de Bargate, une des anciennes portes érigées au XIIᵉ siècle, est organisée une visite gratuite autour des fortifications et des monuments historiques de la ville. C'est d'autant plus intéressant (même pour les non anglophones) que certains endroits ne sont accessibles que si l'on est accompagné d'un guide.

■ **SOUTHAMPTON CITY ART GALLERY. Northguild, Commercial Road** ✆ (01962) 632601. *Ouvert le lundi de 14h à 17h, mardi, mercredi et vendredi de 10h à 17h, le jeudi de 10h à 20h et le samedi de 10h à 16h. Entrée gratuite.* Musée très intéressant pour son mélange des genres (peinture, sculpture, poterie) et des époques. On appréciera la beauté typique d'Allegretto Nuzzi représentant le couronnement de la Vierge. A voir également, les tableaux expressionnistes dont quelques-uns sont français (Bonnard, Renoir). Le bâtiment abrite une bibliothèque ainsi qu'une cafétéria design au rez-de-chaussée.

■ **MARITIME MUSEUM. Woolhouse, Town Quay Road** ℰ **(01962) 635904.** *Adulte : £1,50, enfant : £0,75. Ouvert du lundi au samedi de 10h à 17h.* Cette bâtisse du XIVᵉ siècle servait autrefois d'entrepôt de laine (wool house). Transformée en musée, elle retrace l'âge d'or des lignes transatlantiques et expose une reproduction du *Titanic,* parti de Southampton pour son premier et dernier voyage.

■ **TUDOR HOUSE MUSEUM. Bugle Street** ℰ **(01962) 635904.** *Ouvert de 10h à 17h. Gratuit.* La vie quotidienne des gens à Southampton à travers les siècles. La maison, construite aux environs de 1495, abrite dans sa cour intérieure un magnifique jardin du XVIᵉ siècle (Knott Garden).

■ **ARCHEOLOGY MUSEUM. God's house Tower, Winckle Street** ℰ **(01962) 635904.** *Mêmes prix et mêmes horaires que le Maritime Museum.* Dans cette fortification qui abritait un canon ainsi que la réserve de poudre à canon de la ville, s'est installé le Musée archéologique où l'on trouve bon nombre de découvertes romaines, saxonnes et médiévales.

■ **MARWELL ZOOLOGICAL PARK** ℰ **(01962) 777407.** *Ouvert tous les jours de l'année de 10h à 18h (ou 16h en été). De Southampton, prendre la M27 vers l'est direction Londres.* Un zoo à l'anglaise et un centre de protection de la faune mondiale, où les animaux et les visiteurs ont de l'espace. Animaux de la jungle, de la savane, du désert, des pôles, des forêts tropicales et des climats tempérés. Parking gratuit, aire de jeux pour enfants, aire de pique-nique, boutique.

Dans les environs

A Southampton, prendre la direction Lyndhurst, puis, après 2 km, tourner à droite vers Dibden Purlieu. Prendre ensuite sur la droite la route indiquée Eling Tide Hill. Reprendre l'A 326 vers Fawley. Juste avant Fawley, prendre à gauche la direction d'Exbury, puis Will Top. Vous arrivez sur la B3054, il faudra alors prendre à gauche vers Beaulieu, puis cap sur Lyndhurst et Christchurch. 4 km à peine et une route croisera la vôtre : Ornemental Drive.

■ **ELING TIDE HILL.** Ce moulin, dont la roue se trouve sous la maison, fonctionne grâce à la marée. C'est l'un des rares en Europe en état de marche et capable de moudre selon des méthodes traditionnelles. Visite guidée possible.

■ **PALACE HOUSE.** Construite sur les fondations de la conciergerie de l'abbaye, elle appartient depuis 450 ans à la famille des Montagu. Une exposition retrace des scènes de la vie à l'époque victorienne. Ce vaste complexe abrite aussi le musée national de l'automobile. Entrée payante.

■ **ORNEMENTAL DRIVE.** Sur cette petite route, se trouve la ferme Bolderwood où sont soignés et nourris les daims mal en point. De là, s'étend un superbe panorama sur la New Forest.

■ **RHINEFIELD ORNEMENTAL DRIVE.** De l'autre côté de l'A35, vous pourrez pique-niquer dans des lieux aménagés puis vous promener dans les bois sur des sentiers balisés.

Lyndhurst

Petite ville pittoresque qui accueille souvent marchés aux puces et brocantes. Attention, rues très embouteillées.

■ **BROADLANDS ROMSEY. Renseignements** ℰ **(01794) 518885.** *Ouvert tous les jours de mi-juin à début septembre, de 12h à 16h. Entrée : £6. Gratuit pour les enfants de moins de 12 ans. Parking gratuit. Salon de thé, boutique et aire de pique-nique. Quitter Southampton par la M27 vers l'ouest et tourner sur l'A3057 direction Bromsey.* Actuellement gérée par le petit-fils de Lord Mountbatten, LE personnage qui décolonisa l'Empire britannique des Indes. la propriété de Broadlands vous rappellera tous les hommes d'Etat qui y ont séjourné. Elle fut conçue et réalisée par Capability Brown, et la salle à manger jaune ou la chambre bleue « Wedgwood » vous surprendront… L'exposition Mountbatten retrace les trois carrières de cet homme : le marin, l'homme d'Etat et le commandeur. Une visite très classique, mais au bon sens du terme. Pêche à la truite et au saumon possible dans la rivière Test.

■ **ORNEMENTAL DRIVE.** Sur cette petite route, se trouve la ferme Bolderwood où sont soignés et nourris les daims mal en point. De là, s'étend un superbe panorama sur la New Forest.

■ **RHINEFIELD ORNEMENTAL DRIVE.** De l'autre côté de l'A35, vous pourrez pique-niquer dans des lieux aménagés puis vous promener dans les bois sur des sentiers balisés.

■ **NEW FOREST** ■

Située aux portes de Southampton, la New Forest s'étend sur pas moins de 265 km². Ici règnent les animaux en liberté : moutons, chevaux et poneys gambadent allégrement dans la bruyère violacée, en toute tranquillité. Ce ne fut pas toujours le cas puisque, il y a fort longtemps, Guillaume le Conquérant avait choisi ce lieu comme réserve royale afin d'y pêcher et chasser.

Pratique

▶ **Indicatif téléphonique :** (01703).

■ **OFFICE DU TOURISME. High Street, Lyndhurst** ✆ **(01703) 282269.** Regarder l'exposition sur la New Forest et son histoire (Main Car Park dès 10h).

Points d'intérêt

■ **BEAULIEU (prononcez à l'anglaise Biouliu)** ✆ **(01590) 612123.** *Ouvert tous les jours de 10h à 17h, ou plus tard en saison.* Visitez pour commencer le Palace House, maison des Montagu depuis 1538, puis les ruines de l'abbaye, fondée en 1204 par trente moines de Cîteaux, et détruite sous le règne d'Henri VIII.

Dans un des vestiges, une exposition retrace la vie quotidienne des moines et présente une maquette de l'abbaye de l'époque. Mais surtout ne ratez pas le National Motor Museum, où 250 voitures de légende vous attendent, les plus originales, celles qui ont fait les records de vitesse… Attraction « Time Trail » pour les enfants.

■ **EXBURY GARDENS. Fawley** ✆ **(01703) 891203.** *Ouvert tous les jours d'avril à octobre, de 10h à 17h30. Près de Southampton.* 100 hectares de jardins magnifiques et des expositions florales de toute beauté, notamment l'été. C'est d'ailleurs aussi beau en automne ! Jardin de rocaille, jardins de roses et d'iris, prairie de jonquilles, bruyère, étangs… Centre d'horticulture, boutique, salon de thé, parking gratuit.

■ **ROCKBOURNE ROMAN VILLA. Rockbourne près de Fordingbridge** ✆ **(01725) 518541.** *Ouvert de Pâques à septembre de 12h à 18h, et dès 10h30 en juillet, en août, et tous les week-ends de l'année.* Découverte en 1943, la villa et ses bijoux, poteries et mosaïques est ouverte au public.

Shopping

■ **NEW FOREST CIDER. Littlemead, Pound Lane, Burley** ✆ **(01425) 403589.** *Près de Ringwood.* Cidre fait à l'ancienne. Fait aussi B & B.

■ **NEW FOREST WINE. Holly Bush Vineyard, A337, Brockenhurst** ✆ **(01590) 622246.** *A un mile au sud de Brockenhurst.* Trois hectares de vignobles à l'anglaise… Le vin est mis en bouteille sur le lieu même.

Loisirs

La New Forest est une région idéale pour se déplacer à vélo.

■ **ISLAND SHOP. Brookley Road, Brockenhurst** ✆ **(01703) 624204.** *Près de la gare.* Ouverte toute l'année, cette boutique propose des vélos, des tandems, des casques, des sièges pour enfants et des boîtes à outils. Réparation et vente.

■ **A.A. BIKE HIRE NEW FOREST. Fern Glen, Gosport Lane, Lyndhurst** ✆ **(01703) 283349.** *Près de l'office du tourisme.* Même matériel et prestations que ci-dessus.

■ **BURLEY BIKE HIRE. Village Centre, Burley** ✆ **(01425) 403584.** *Ouvert dès 10h, fermé le mercredi. Accès direct à la forêt depuis le village de Burley.*

■ **LEPE COUNTRY PARK** ✆ **(01703) 899108.** *Parking payant, toilettes et restaurant.* Face à l'île de Wight, le parc offre des plages de sable, des aires de jeux pour enfants, des aires de pique-nique et des randonnées.

■ **NATURE QUEST NEW FOREST. Ashurst** ✆ **(01703) 292408.** *Ouvert tous les jours à partir de 10h. Près de Lyndhurst.* Des postes d'observation dissimulés permettent de voir les renards, putois, daims… sans être vu ! Restaurant et boutique.

■ **NEW FOREST WATER PARK. Près de Fordingbridge** ✆ **(01425) 656868.** *Ouvert les week-ends en avril et en octobre, du mercredi au dimanche en mai et tous les jours de mai à septembre. Horaires d'ouverture : 10h-19h (ou à la tombée de la nuit). Prendre l'A 338 et sortir à 2 miles au sud de Fordingbridge.* Idéal pour apprendre le ski nautique ou le jet-ski !

■ **NEW FOREST OWL SANCTUARY. Crow Lane, Crow, près de Ringwood** ✆ **(01425) 476487.** *Ouvert de mars à novembre, de 10h à 17h tous les jours, ouvert de novembre à mars les week-ends et pour Noël.* Centre de protection et de sauvetage des chouettes. Spectacles tous les jours en intérieur et en extérieur, « hôpital » pour chouettes. Ce centre ne fonctionne qu'avec des donations privées. Parking, salon.

■ WINCHESTER ■

31 100 habitants. Les Romains avaient construit une importante cité sur la rivière Itchen, appelée Venta Belgarium. De nombreux vestiges de ce passé latin ont été exhumés, environ 6 000 habitants de la région ont trouvé, qui un sol de mosaïque, qui des objets, qui des installations de chauffage à air chaud…

Le roi de Wessex, Alfred le Grand, fit de Winchester sa capitale. En 1043, Edouard Ier Confesseur y fut couronné et Guillaume le Conquérant, après sa victoire, y fit construire un palais. Les souverains continuèrent à séjourner dans la ville régulièrement durant tout le Moyen Age, époque marquée par un essor commercial important, dû au commerce de la laine et aux métiers s'y rapportant.

Insensiblement, Londres commença cependant à prendre de l'importance, jusqu'à devenir capitale au XVIe siècle. Parmi les souvenirs historiques de Winchester, la ville chérit entre tous, la table ronde des chevaliers du roi Arthur, provenant du château de Camelot.

Transports

■ **BUS.** Broadway ✆ (01256) 85 23 52. Bus information ✆ (01256) 46 45 01.

■ **TRAIN.** Winchester se trouve sur la ligne Londres-Waterloo-Southampton/Poole.

■ **GARE.** Stockbridge Road ✆ (01703) 229 393.

■ **PARKING.** Si vous laissez votre voiture au parking à la sortie 10 de l'autoroute M3 (ou à la sortie 9 de la M3 nord), vous prendrez un bus jusqu'au centre-ville (5 minutes de trajet) et ensuite tous les bus de la ville toute la journée pour £1.

Toutes les 15 minutes, les bus font la navette entre le parking et le centre-ville (et retour) du lundi au vendredi de 7h30 à 18h30 et de 7h30 à 18h le samedi. Très pratique mais très utilisé, arrivez tôt. Sinon, essayez le parking Chesil Multi-Storey (£2 la journée).

Cathédrale de Winchester.

Pratique

▶ **Indicatif téléphonique :** (01962).

■ **OFFICE DU TOURISME. Guildhall, Broadway Winchester** ✆ **(01962) 840500 – Fax : (01962) 841365.** *Ouvert du lundi au samedi, de 10h à 18h d'octobre à mai et de 11h à 14h le dimanche de juin à septembre.* Se renseigner sur les visites guidées.

■ **POSTE.** Middle Brook Street.

■ **BANQUES. Midland, Lloyd's, Barclay's, réunies dans High Street.** Possibilité de change à l'office du tourisme.

■ **POLICE. North Walls** ✆ (01962) 868100.

■ **HOPITAL** ✆ (01962) 863535.

■ **MARCHE.** Mercredi, jeudi, vendredi, samedi face à l'office du tourisme.

■ **INTERNET A LA PUBLIC LIBRARY.** *Elle ouvre de lundi à vendredi de 9h30 à 19h et le samedi de 9h30 à 16h.*

Hébergement

■ **YOUTH HOSTEL. The City Mill. 1 Water Lane** ✆ **(01962) 853723.** *Compter £9 pour une nuit en dortoir.* Dans un ancien moulin à eau où on l'entend ruisseler sous les lattes du plancher pendant la nuit… Ce qui couvre quand même un peu les ronflements. Ouvert d'avril à septembre. Réservation obligatoire.

■ **ROYAL HOTEL. Saint Peter Street** ✆ **(01962) 840840 – Fax : (01962) 841582.** *Par personne, en demi-pension, entre £39 et £50. Pour une semaine, entre £276 et £346.* Tout proche du quartier piéton et animé de la ville, de la cathédrale et des hauts lieux historiques, cet hôtel est ouvert toute l'année. Demeure privée au milieu du XVIe siècle, il a servi de résidence à un évêque, a abrité un couvent bénédictin et n'est un hôtel que depuis 1857. Récemment agrandi et rénové, il offre tout le confort souhaitable. La salle à manger s'ouvre largement sur un très agréable jardin où l'on peut se restaurer ou simplement paresser aux beaux jours. Les propriétaires, Tony et Pamela Smith, soignent les détails de chaque chambre : chocolats sur l'oreiller, peignoirs de bain, panier de fruits, carafe de sherry. Demandez la Clyde Room avec vue sur le jardin et petit salon, plus intime que la suite « lune de miel » avec son lit à baldaquin.

■ **THE WYKEHAM ARMS. 75 Kingsgate Street** ✆ **(01962) 853834.** *Simple £50 à £99 et double £90 à £120.* Construit en 1760, à deux pas de la cathédrale et du collège, le bâtiment s'appelait autrefois « The Fleur de Lys » mais fut rebaptisé pour des raisons patriotiques pendant la guerre napoléonienne au profit de William Wykeham, fondateur du collège de Winchester. Les chambres, situées au-dessus du pub, bénéficient d'une excellente isolation. Chacune est décorée différemment, elles sont confortables et ont du caractère. L'établissement est décoré avec beaucoup de goût – des livres partout, des gravures – par Gaeme et Anne Jameson, les propriétaires.

■ **HOTEL DU VIN. Southgate Street** ✆ **(01962) 841414 – Fax : (01962) 842458. info@winchester.hotelduvin.com – www.hotelduvin.com** – *Double : £105. Suite : £185.* Un concept fulgurant en Grande-Bretagne et assurément parti pour durer sous un nom simpliste pour nous autres francophones se cache le prétendu raffinement français. Ce qui aurait pu se révéler une grossière caricature bien franchouillarde est en fait une pure réussite. Chacune des 23 chambres porte un nom qui claque, un nom qui fera rêver les oenophiles : la chambre Veuve Clicquot, Taittinger, Roederer, chacune ayant sa particularité et une décoration exemplaire. La cave fait honneur au nom même de l'hôtel : plus de 900 différents propriétaires y figurent, les Français bien sûr mais aussi les Italiens, les Chiliens, les Californiens et Australiens. Si la carte impressionne, la cave recèle quelques secrets non listés comme des Romanées Conti et Roederer Cristal 90 à demander discrètement au sommelier.

Camping

■ **RIVER PARK LEISURE CENTER. Gordon Road** ✆ **(01962) 869525.** *Ouvert de juin à septembre. Compter de £6 à £9 pour la nuit.* Les caravanes ne sont pas autorisées.

Restaurants

■ **THE WYKEHAM ARMS. 75 Kingsgate Street.** Déjà cité comme hôtel, l'établissement propose plusieurs salles de restaurant où l'on déguste une cuisine appétissante. Les menus sont variés et changent tous les jours en fonction des produits locaux. L'été, on peut déjeuner dans le jardin. L'hiver, on reste bien au chaud devant de petites tables de bois, entre les gravures, les livres et les tableaux. A côté de chaque table, on trouve une petite cagnotte où l'on peut déposer une aumône destinée à la paroisse de la cathédrale. L'endroit abrite également l'une des Public Houses les plus anciennes de la ville. On vient y déguster des « real ales », tandis qu'un feu de cheminée réchauffe à lui seul les deux bars en hiver. L'établissement « coup de cœur » de la ville. Il est d'ailleurs recommandé par la plupart des guides britanniques !

■ **LE LOCH FYNE. Jewry Street.** *Menus de £7 à £15.* Le restaurant du poisson, à toutes les sauces, accommodé à toutes les spécialités culinaires. Internationales, de la bouillabaisse au sushi. Dorade, thon, saumon et haddock.

■ **THE EXCHANGE. Au coin de High Street et Southgate Street.** *Petit-déjeuner à £5 et curry vert Thaï (pour changer) à £6.* Un pub aux tons pastel, d'une grande luminosité quand le soleil daigne pointer le bout de son nez. Sur les hauteurs de Winchester, c'est un bar de choix même si l'intérieur n'est pas des plus raffinés, il est toujours agréable d'y boire sa pinte à l'intérieur ou l'extérieur, attablé sur des bancs et chaises dignes de la rusticité montagnarde des Alpes françaises.

■ **GOD BEGOT HOUSE. 101 High Street.** *Menu environ £7.* Restaurant italien antipasti, pasta et les incontournables pizzas. Pas mieux quand le soleil daigne pointer le bout de son nez sur Winchester.

Sortir

■ **ROYAL OAK. High Street (à côté de God Begot House)** ✆ **(01962) 842701.** L'un des plus anciens pubs de la ville, très réputé. La bière est excellente. Des concerts de jazz ont lieu régulièrement le lundi et le jeudi.

■ **THEATRE ROYAL. Jewry Street.** Tournées nationales. Le théâtre, de style edwardien, est très fréquenté. Il propose par ailleurs des projections de films, organise des animations, des ballets et concerts dans le Great Hall et divers spectacles.

■ **THE SCREEN. Southgate Street** ✆ **(01962) 877007.** Cinéma. Moins cher avant 18h.

Manifestations

▶ **Un festival différent se déroule chaque année.** Se renseigner à l'office du tourisme.

▶ **La traditionnelle célébration du 5 novembre,** appelée Bonfire ou nuit de Guy Fawkes (qui tenta de mettre le feu au Parlement, le 5 novembre 1605) est particulièrement spectaculaire à Winchester. Elle se déroule le samedi le plus proche du 5.

▶ **Concerts et récitals tout au long de l'année.** Un programme de musique classique est donné à la cathédrale. Calendrier à l'office du tourisme ou directement à la cathédrale ✆ (01962) 853137.

Points d'intérêt

Voici quelques endroits pittoresques de la vieille ville. Au cœur de la ville se trouve la cathédrale ✆ (01962) 866854. Elle a 900 ans et abrite la tombe de Jane Austen. Autour d'elle se trouve le Close, où vivaient les moines bénédictins. Pilgrim's Hall date du XIVe siècle.

▶ **Dans College Street, on peut admirer la Jane Austen's House.** La grande romancière passa à Winchester les dernières semaines de sa vie et y termina son dernier roman, *Persuasion.* Elle est décédée le 18 juillet 1817 et repose dans la cathédrale. Aujourd'hui, la maison est une habitation privée fermée au public. Les admirateurs de Jane Austen pourront cependant aller à la rencontre de leur auteur, à Chawton, à 12 miles à l'est de Winchester, où elle vécut de 1809 à 1817. *Ouvert tous les jours d'avril à octobre, du mercredi au dimanche en novembre, décembre et mars, le week-end seulement en janvier et février.*

▷ **Si vous continuez vers l'ouest, vous pourrez voir Kingsgate,** porte de la ville à laquelle est accolée l'église Saint Swithun, et, tout à côté, Cheyney Court, l'ancienne maison de l'abbé. Descendez sur College Street pour voir Winchester College, la plus ancienne école de Grande-Bretagne.

▷ **Partez alors soit vers l'extérieur de la ville, vers l'hopital Saint Cross, soit vers le centre, dans High Street.** C'est en descendant cette rue que l'on trouve les merveilles de Winchester : le Grand Hall (Great Hall), le Buttercross (XIIIe siècle), le Victorian Guildhall, qui abrite l'office du tourisme. Continuez en passant la statue en bronze d'Alfred The Great (il prit Winchester comme capitale), et vers le pont de la ville (City Bridge).

▷ **De mai à octobre, possibilité de visiter la ville à pied avec les Blue Badge Guides.** La promenade dure 90 minutes environ et les départs se font à partir du Tourist Info Centre. Adulte : £2, enfant : £0,50. Tous les détails au TIC ✆ (01962) 840500.

■ **THE GREAT HALL. Castle Avenue** ✆ **(01962) 846476.** *Ouvert tous les jours de 10h à 17h, et de 10h à 16h les week-ends en hiver. Entrée gratuite.* Ce hall du XIIIe siècle est tout ce qui reste du château de Winchester. C'était là qu'était accrochée la Table ronde pendant plus de 600 ans (la table accrochée n'en est qu'une reproduction).

■ **CITONS ÉGALEMENT LES MUSÉES MILITAIRES** de Winchester pour les passionnés : The Light Infantru Museum (exposition sur la chute du mur de Berlin et la guerre du Golfe), The King's Royal Hussars Museum (guerre de Crimée), The Gurkha Museum (soldats népalais, régiment d'élite de la British Indian Army, toujours présents au sein de l'armée de Sa Majesté), The Royal Hampshire Regiment Museum, The Royal Green Jacket Museum (exposition sur la bataille de Waterloo).

■ **THE BROOKS EXPERIENCE. Lower Parking Level, The Brooks Shopping Centre** ✆ **(01962) 849030.** *Ouvert tous les jours de 9h à 17h30. Gratuit.* Reconstitution de la vie quotidienne romaine à Winchester.

■ **WOLVESEY CASTLE. College Street** ✆ **(01962) 854766.** *Ouvert d'avril à octobre de 10h à 18h (ou à la tombée de la nuit) tous les jours. Adulte : £1,50, enfant : £0,80.* Maison du Winchester Bishop, elle abrita le mariage de Philippe d'Espagne et de Mary Tudor en 1554.

■ **WINCHESTER CATHEDRAL.** L'une des plus anciennes cathédrales du monde, dont la construction remonte au XIe siècle. Derrière le maître-autel, la sculpture du Christ en croix est une copie du XIXe siècle, d'après l'original du XIIIe siècle. Dans la Lady Chapel, des peintures murales réalisées entre 1498 et 1524 représentent des miracles attribués à la Vierge Marie. Il s'agit de copies sur bois recouvrant et protégeant les originaux trop fragiles. A l'entrée de la chapelle, s'élève curieusement une statue de la Pucelle, offerte par un donateur américain en 1920, sur les lieux mêmes de la sépulture du cardinal Henri de Beaufort, l'un des accusateurs de Jeanne d'Arc. A remarquer encore, le plus ancien carrelage d'Angleterre (1230), derrière le maître-autel.

Pour récolter de l'argent afin d'entretenir et de restaurer la cathédrale, des scribes bénévoles proposent des signets, des cartes de vœux, des ex-libris en caractères gothiques, italiques… personnalisés à votre nom, d'après les motifs médiévaux… £1,50 à £2,50.

■ **WINCHESTER COLLEGE.** *Ouvert d'avril à septembre, du lundi au samedi de 10h à 13h et 14h à 17h. Visite guidée à 11h, 14h, 15h15. Entrée : £2,50, enfant : £1,50.* L'une des plus anciennes Public Schools d'Angleterre, puisqu'elle fut fondée en 1382 par l'évêque de Winchester, William de Wykeham. De taille réduite, les bâtiments (XIVe siècle), ainsi que la pelouse, sont pleins de charme ! La chapelle se visite également, de préférence en fin d'après-midi, quand le soleil éclaire le vitrail derrière le maître-autel.

■ **GREAT HALL & ROUND TABLE.** *Ouvert de 10h à 17h, de novembre à février, de 10h à 16h. Entrée gratuite.* Le Grand Hall est un vestige du château d'Henri III, bâti entre 1222 et 1235. Le mur oriental faisait partie des fortifications du château précédemment construit par Guillaume le Conquérant. Accrochée à cette paroi trône la fameuse Table ronde du roi Arthur et de ses chevaliers. D'après de récentes études, elle fut construite entre 1250 et 1280. Une chronique du XVe siècle mentionne déjà la table accrochée au mur à Winchester. Elle ne fut peinte que sous Henri VIII. Le portrait du roi Arthur serait en fait celui d'Henri VIII (coloré de vert et de blanc et agrémenté de la rose des Tudor à l'occasion de la visite de Charles V en 1522). La table fut restaurée en 1789 et continue de dominer le Great Hall.

■ **WINCHESTER HERITAGE CENTER. 30-32 Upper Brook Street.** *Ouvert de Pâques à octobre du mardi au samedi de 10h30 à 16h30.* Près de 2 000 ans d'histoire de Winchester. Une exposition et un montage audiovisuel vous fourniront toutes les informations concernant la ville. Une agréable façon de prendre contact avec la cité des rois.

■ GATE ■

Pratique

▶ **Indicatif téléphonique :** (01843).

■ **OFFICE DU TOURISME.** 22 High Street ✆ (01843) 220241 – Fax : (01843) 230099.

Hébergement

■ **YOUTH HOSTEL. Beachcomber Hotel, 3-4 Royal Esplanade, Westbrook Bay** ✆ **(01843) 221616.** *Ouvert du 14 juillet au 1er novembre. La réception est ouverte de 7h30 à 10h et de 17h à 23h. Compter £9,40 pour un adulte, £6,30 pour les moins de 18 ans. Arrêt de bus Royal Sea Bathing Hospital. En voiture, prendre l'A 28 en quittant le centre-ville. Après un demi-mile et un vieil hôpital, prendre à droite vers Royal Esplanade.* Dortoirs ou chambres familiales à peine plus chères. Salon télévision, cuisine en libre-service, garage à vélos, téléphone et fax, réduction pour les billets de ferry, informations touristiques.

Sortir

■ **DREAMLAND CINEMA COMPLEXE. All Saints Avenue.** Cinéma.

■ **SALMESTONE GRANGE. Nash Road** ✆ **(01843) 226909.** *Ouvert toute l'année, mais sur rendez-vous seulement.* Visite d'une ferme monastique et de sa chapelle. Organisation de banquets médiévaux.

■ **TOM THUMB THEATRE. Eastern Esplanade** ✆ **(01843) 221791.** Connu pour être le plus petit théâtre de Grande-Bretagne.

Points d'intérêt

■ **DRAPERS WINDMILL. Saint Peters Footpath, sur College Road.** *Ouvert à Pâques, puis de mai à septembre le dimanche de 14h30 à 17h. Ouvert le jeudi de 18h30 à 20h en juillet et en août.* Moulin en état de fonctionnement.

■ **MARGATE CAVES. Northdown Road, Cliftonville** ✆ **(01843) 220139.** Grottes utilisées comme cachettes, notamment par les contrebandiers.

■ **SHELL GROTTO. Grotto Hill, Cliftonville** ✆ **(01843) 220008.** *Ouvert tous les jours de Pâques à octobre de 10h à 17h.* Des mosaïques de coquillages dans une grotte souterraine.

■ **ROWLANDS ROCK SHOPPE. The Parade** ✆ **(01843) 231672.** Visite d'une usine de confiserie traditionnelle.

■ **TUDOR HOUSE. King Street.** Maison de bois du XVIe siècle, qu'on ne peut visiter, mais l'extérieur vaut le coup d'œil.

Loisirs

■ **BOWLING. Addington Avenue** ✆ (01843) 291010.

■ **HARTSDOWN LEISURE CENTRE AND INDOOR SWIMMING POOL. Hartsdown Road** ✆ **(01843) 226221.** Salle de fitness et piscine couverte.

■ **DREAMLAND THEME PARK. Marine Terrace** ✆ **(01843) 227011.** *Ouvert tous les jours d'avril à octobre de 10h30 à 18h.* Manèges de toutes sortes.

East Anglia

Les paysages de l'East Anglia sont, à l'image de cette région, à la fois agricoles, portuaires, touristiques et historiques. C'est une contrée surprenante. Si Cambridge est, en quelque sorte, la capitale intellectuelle de l'est de l'Angleterre, Norwich en est le plus important centre culturel. La poésie et l'art sont aussi présents côté campagne, en particulier entre Colchester et Ipswich, village où John Constable, le grand paysagiste anglais, puisa son inspiration. Mais on ne saurait oublier Peterborough, dont la population a pratiquement doublé au cours du XXe siècle en raison de son développement économique, ni manquer d'évoquer King's Lynn, ancienne région marécageuse. Son fort et ses quais rappellent curieusement la Hollande. La côte qui borde le nord de l'East Anglia est d'ailleurs surnommée : Hollande anglaise.

■ DE ROCHESTER À COLCHESTER ■

Emprunter l'A2 puis l'A282, direction Dartford, le tunnel de Dartford (droit de passage £0,80), la M25, embranchement n° 28. Prenez l'A12 en direction du nord, Chelmsford puis Colchester. Au sortir de Rochester, prenez le pont en direction de Dartford. La route passe par un tunnel. Suivez-la, sinon, vous risquez de tourner en rond pendant des heures. Le trajet ne présente pas grand intérêt :

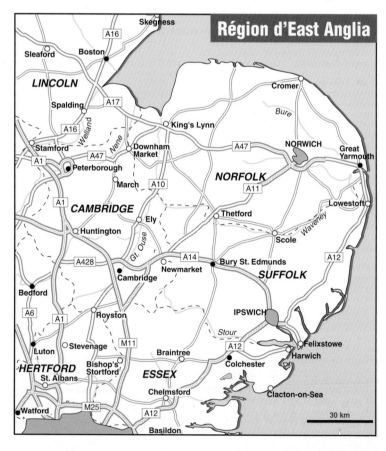

Région d'East Anglia

la circulation est intense et les lignes droites sont interrompues par des carrefours qui vous obligent à ralentir tous les 5 km à 10 km, rendant les dépassements difficiles.

Chelmsford, ancienne ville romaine, sera une étape idéale pour une pause déjeuner ou thé, avec visite de la Saint Mary's Church, avant de gagner Colchester, à 24 km de là.

■ COLCHESTER ■

80 000 habitants. Colchester fut la première ville d'Angleterre à être « romanisée ». C'était exactement en 44 après J.-C. C'est aujourd'hui un site archéologique ainsi qu'une ville prospère (commerce des tissus), dont la beauté tient autant aux vestiges du Moyen Age qu'à la présence de nombreuses maisons géorgiennes. On se trouve ici à moins d'une centaine de kilomètres de Londres.

Transports

■ **GARE.** North Station, North Hill ✆ (01206) 564117.

■ **BUS STATION.** Queen Street ✆ (01206) 168306.

Pratique

▶ **Indicatif téléphonique :** (01206).

■ **OFFICE DU TOURISME.** 1 Queen Street ✆ (01206) 282920 – Fax : (01206) 767964.

■ **BANQUES.** Lloyd's, Midland, National Westminster, Barclay's sur High Street et Culver Street.

■ **POLICE.** Butt Road ✆ (01206) 162212.

Hébergement

■ **GLADWINS FARM. Harper's Hill, Nayland** ✆ **(01206) 262261 – Fax : (01206) 263001.** *Selon la période de l'année, la nuit pour 3 personnes coûte entre £120 et £150. En haute saison, la réservation doit commencer un samedi.* Ce sont d'agréables cottages datant du XVe siècle, aujourd'hui rénovés. Sur 9 hectares d'une campagne magnifique, vous pourrez pêcher, monter à cheval ou jouer au tennis.

■ **SCHEREGATE HOTEL. 36, Osborne Street** ✆ **(01206) 573034 – Fax : (01206) 541561.** *Chambre simple de £25 à £35, double de £40 à £50.* Ce superbe bâtiment du XVe siècle a un peu de mal à se mettre à l'heure de la modernité et ne dispose, pour 26 chambres, que de 5 salles de bains, toutes communes.

■ **PEVERIL HOTEL. 51 North Hill** ✆**/Fax : (01206) 574001.** *Chambre simple de £28 à £45, double de £40 à £52.* Cet hôtel familial offre un accueil sympathique et chaleureux. Les chambres (salles de bains communes) sont pourvues de la télévision et d'une bouilloire pour le thé ou le café. Possibilité de parking.

■ **THE RED LION HOTEL. 43, High Street** ✆ **(01206) 577986 – Fax : (01206) 57807 – redlion@redlionhotel.fsnet.co.uk – info@brook-hotels.co.uk –** *Compter entre £30 et £50 par personne en B & B.* Ce bâtiment de style Tudor date de 1470. Il fut transformé en hôtel en 1500 ; c'est le plus ancien hôtel de l'est de l'Angleterre. Le confort, la discrétion, l'ambiance feutrée, typiquement anglaise, promettent un séjour des plus agréables dans l'une des 22 chambres de l'hôtel.

Restaurants

■ **RED LION HOTEL. 43 High Street.** *Compter environ £22.* Cuisine anglaise traditionnelle à déguster dans un cadre « Tudor ». Mais avant, faites un petit tour dans le salon pour prendre l'apéritif dans de grands verres à pied en cristal, installé dans de moelleux fauteuils en velours sous les poutres apparentes. LE restaurant de la ville !

■ **THE GEORGE HOTEL. Carver's Room, 116 High Street.** *Compter environ £12.* Ambiance plus détendue qu'au Red Lion, pour un dîner tout à fait convenable.

■ **WIG & PEN. 2 NORTH HILL.** *Compter environ £16.* Colchester est tout près de la mer. Il ne faut pas manquer de goûter aux fruits de mer et poissons, spécialités de ce restaurant.

■ **THE WAREHOUSE BRASSERIE. 12 Chapel Street North** ✆ **(01206) 765656.** *Compter environ £8.* Restaurant végétarien.

Sortir

■ **HIPPODROME. Entre East Stockwell Street et Maidenburgh Street.** Toute la ville se retrouve dans cette discothèque le vendredi et le samedi soir. Un mélange détonnant de jeunes et de moins jeunes.

■ **HOLE IN THE WALL.** Ce pub, toujours bondé, est essentiellement fréquenté par des artistes et des étudiants. Pour participer à une conversation animée.

■ **CINEMA :** Odeon, Culver Street.

■ **THEATRE :** Mercury, Bakern Hill.

Manifestations

▶ **Dernier samedi de juillet :** carnaval (semaine commerciale).

▶ **Série de concerts à la Colchester Institute School of Music :** classique, jazz, musique indienne, selon le programme. Renseignements ✆ (01206) 761660.

Points d'intérêt

■ **COLCHESTER CASTLE.** *Ouvert du lundi au samedi de 10h à 17h, le dimanche de 14h à 17h.* D'origine normande, le château de Colchester a été construit en 1080, sur l'emplacement d'un ancien temple romain dont il ne reste rien. Il renferme aujourd'hui toute une collection de poteries, d'armes, de mosaïques, d'objets romains et saxons, produits des fouilles réalisées à Colchester et dans ses alentours. Quelques vestiges du XVe siècle, des livres des XIIe, XIIIe et XIVe siècles, complètent le Musée archéologique. Le jardin est abondamment fleuri de rosiers et de magnolias.

■ **TRINITY MUSEUM.** *Ouvert du lundi au samedi, de 10h à 13h et de 14h à 17h.* Le musée retrace la vie quotidienne, citadine et rurale, à Colchester et dans sa région au cours des deux cents dernières années.

■ **CLOCK MUSEUM.** *Ouvert d'avril à octobre, de 10h à 13h et de 14h à 17h, fermé le dimanche.* Pour remettre les pendules à l'heure dans cette superbe maison du XVe siècle… Une manière originale et agréable de voir passer le temps !

■ **LA VIEILLE VILLE.** Une promenade à rebours du temps entre les maisons antiques et vénérables, les plus récentes et les plus nombreuses datant du XVIIIe siècle.

■ IPSWICH ■

Vous êtes dans une des plus vieilles villes du Royaume-Uni. Que ce soit le fameux Great White Horse Hotel dans Tavern Street, décrit par Dickens dans *Les aventures de Mr Pickwick*, ou bien Ancient House, dans Butter Market, qui date de 1567, ce sont les maisons qui font le charme (si contesté) d'Ipswich. A l'angle de Butter Street et de Saint Stephen's Street, au bout de Dial Lane, un curieux immeuble, occupé par une librairie, offre une admirable façade sculptée aux armes de la couronne d'Angleterre, « Dieu et mon Droit ». Sous chacune de ses quatre fenêtres figure un personnage ou un animal symbolisant un continent (seule l'Océanie n'est pas représentée).

▶ **Ipswich possède une douzaine d'églises, dont quatre méritent le coup d'œil :** Saint Mary-le-Tower, Saint Lawrence's, Saint Stephen's, Saint Peter's. En 1526, Thomas Wolsey, ministre de Henri VIII, originaire de la ville, avait créé un collège dans cette ville prospère, la Wolsey's Gateway, dont Turret Lane reste le seul souvenir. Les amateurs de peinture feront un crochet par la Wolsey Art Gallery où les attendent, entre autres, quelques beaux Gainsborough.

Après Yoxford, jolie petite ville à traverser, la mer n'est plus très loin, à quelques kilomètres à peine de Lowestoft. Dès lors, les stations balnéaires vont se succéder sur la côte, animées par des quartiers de docks, des plages et des châteaux. Great Yarmouth, l'une d'entre elles, offre en sus une étonnante quantité de manèges le long de la promenade du front de mer. Partout les attractions dominent, avec en première place, la Pleasure Beach, parc destiné aux touristes de 7 à 77 ans.

▶ **De Ipswich à Norwich.** Emprunter l'A12 vers le nord, l'A1214 jusqu'à l'embranchement Yoxford. Continuer, par l'A12, toujours vers le nord, en direction de Lowestoft, puis de Great Yarmouth. A partir de là, c'est l'A47 qui vous permettra de gagner la ville de Norwich, située à l'ouest de la côte que vous venez de longer. L'itinéraire emprunte une succession de routes à une ou deux voies.

■ NORWICH ■

122 000 habitants. Capitale de la province d'East Anglia, Norwich est un lieu d'effervescence culturelle, riche de ses festivals, de ses théâtres et salles de concerts ainsi que de ses nombreuses églises médiévales. Depuis une dizaine d'années, Norwich redécouvre son patrimoine et remet en valeur son architecture urbaine. La ville, qui accueillit des réfugiés néerlandais, fit autrefois fortune dans le filage de la laine et son commerce. On construisit, à l'époque, beaucoup d'églises qui aujourd'hui accueillent des activités très diverses : un marché aux puces, une librairie, un restaurant. Au XIXᵉ siècle, la ville accentua son essor en se lançant dans les assurances, le commerce de la moutarde, et surtout l'industrie de la bière : on y compte, aujourd'hui, pas moins de 26 brasseries. La devise de la ville n'est-elle pas « un pub pour chaque jour de l'année, et une église pour chaque dimanche ? ».

Transports

■ **GARE.** Thorpe Station, renseignements ✆ (01603).610 381.

■ **BUS.** Surrey Street ✆ (01603).761 212.

■ **AEROPORT** ✆ (01603).411 923.

Pratique

▶ **Indicatif téléphonique :** (01603).

■ **INFORMATIONS GÉNÉRALES** ✆ (01603) 613613.

■ **OFFICE DU TOURISME. The Forum** ✆ **(01603) 666071 – Fax : (01603) 765389.** *Adulte : £2,25, enfant : £1.* Il propose des visites guidées à thème d'environ 1h30, au départ de la mairie.

■ **BANQUES. Midland Bank, Prince of Wales Road. Barclay's Bank, Anglia Square.** Les banques se trouvent dans le quartier piéton de Bridgstreet.

■ **POLICE. Bethel Street** ✆ (01603) 621212.

■ **POSTE. Saint Stephen's Street** ✆ (01603) 220278.

Hébergement

Se loger à Norwich coûte cher… mais moins cher qu'à Cambridge. Et en été, les prix augmentent. Les budgets restreints préféreront la solution en chambre universitaire :

■ **NORWICH CITY COLLEGE. Southwell Lodge, Ipswich Road** ✆ (01603) 773091 – ic@ccn. ac.uk

■ **UNIVERSITY OF EAST ANGLIA. Earlham Road** ✆ **(01603) 593271 – conference. services@uea.ac.uk** – *Mars, avril, juillet-septembre.*

■ **Ou essayer une des deux YMCA DE NORWICH. YMCA. 48, Saint Giles Street, Norwich NR21LP** ✆ **(01603) 620269 – jdnorymca@aol.com** – *Chambre simple : £11, double : £7. Petit-déjeuner : £1,80. Douches. Draps fournis.*

■ **YMCA. 61, Bethel Street, Norwich NR21NR** ✆ (01603) 625982. *Chambre simple uniquement £11. Douches, draps et serviettes fournis.* Apporter son matériel, couteau, fourchettes et le nécessaire pour cuisiner.

■ **THE ABBEY HOTEL. 16, Stracey Road, Thorpe Road** ✆ **(01603) 612915.** *Chambre simple à environ £20, double à £40. Salle de bains et toilettes communes.* A deux pas du centre-ville, juste derrière la cathédrale, l'hôtel est très fréquenté. Cet établissement étant recommandé pour son excellent rapport qualité/prix, il faut réserver.

■ **ANNESLEY HOTEL HOUSE. 6, Newmarket Road Norwich NR2 2LA** ✆ **(01603) 624553 – Fax : (01603) 621577 – Annesleyhouse@bestwestern.co.uk** – *Chambre simple de £50 à £90, double de £80 à £110 avec petit-déjeuner dans une serre immense dans le style d'un jardin d'hivers. Ouvert à Noël.* La maison, de la fin du XIXᵉ siècle, offre téléphone, TV, thé et café, salon à la disposition des résidents. Parking.

■ **THE STATION HOTEL. 5-7, Riverside Road** ✆ **(01603) 611064.** *Pour une chambre simple de £30 à £37, double de £40 à £55.* Une vraie halte reposante : les chambres confortables et bien meublées, le service attentif et personnalisé vous feront vous sentir « soigné ».

■ **THE GEORGIAN HOUSE HOTEL. 32-34, Unthank Road** ✆ **(01603) 615655 – Fax : (01603) 765689 – reception@georgian-hotel.co.uk –** *Chambre simple : £64 et compter £82 à £90 pour une chambre double.* Très près du centre de Norwich. L'accueil est soigné, l'endroit est tenu par un couple de propriétaires qui sait s'occuper de sa clientèle.

■ **THE MAID'S HEAD HOTEL. 1275, Tombland, Norwich Norfolk NR3 1LB** ✆ **(01603) 209955 – Fax : (01603) 613688 – maidshead@corushotels.com –** *Pour une chambre simple de £49 à £92, double de £98 à £145.* Ancienne auberge, relais de diligence, à deux pas de la cathédrale. Toutes les chambres sont en suite avec télévision, presse à pantalons, sèche-cheveux, téléphone direct.

■ **EDMAR LODGE. 64, Earlham Road Norwich NR2 3DF** ✆ **(01603) 615599 – mail@edmarlodge. co.uk –** *Chambre simple de £30 à £40, double de £40 à £44.* A dix minutes à pied du centre-ville. Quatre chambres, dont deux en suite. Enfants acceptés. Télévision, thé ou café dans les chambres. Menus végétariens sur demande. Chauffage, parking, jardin. Propose des séjours groupés pour la période de Noël.

Camping

■ **LAKENHAM CAMP SITE. Martineau Lane** ✆ **(01603) 620060.** *Ouvert de fin mars à mi-septembre. Quitter Norwich par la Queens Road vers Bracondale, prendre à droite vers Lowestoft et la première à gauche.* Il y a 50 emplacements.

Restaurants

■ **THE WAFFLE HOUSE. 39, Saint Giles Street** ✆ **(01603) 612790.** *Compter £22.* Restaurant sympa, de la charcuterie surtout, mais les produits sont frais.

■ **PEDRO'S RESTAURANT. Chapelfield Gardens** ✆ **(01603) 614725.** *Compter £16.* Une adresse honnête pour les familiers de la nourriture mexicaine.

■ **THE BRITON'S ARMS. 9 Elm Hill** ✆ **(01603) 623367.** *Compter environ £17.* Cuisine traditionnelle anglaise (ou tout simplement un thé) dans une maison à colombages du XVᵉ siècle.

■ **EGLISE DE SAINT ANDREW'S AND BLACKFRIARS'HALL** ✆ **(01603) 614971.** *Entrée payante, entre £2 et £3,50 en fonction des musiciens.* Pour ceux qui veulent un lunch un peu original, l'endroit propose tout au long de l'année des Lunch Stops Organ Recitals qui flattent l'estomac (café, sandwich) en chatouillant l'oreille (concert d'orgue). Ces Anglais !

Sortir

■ **THE KING OF HEARTS. 7-15, Fye Bridge Street** ✆ **(01603) 766129.** *Fermé le dimanche.* Musique, poésie, expositions temporaires. Passez prendre un café et détaillez leur programme.

■ **NORWICH ART CENTER. Reeves Yard, Saint Benedict's Street** ✆ **(01603) 666071.** Théâtre, musique, expositions.

■ **FESTIVAL HOUSE. Saint Andrew's Street.** Musique rock et jazz.

Cinémas

■ **CINEMA CITY.** Saint Andrew's Street.

■ **CANNON CINEMA.** 82 Prince of Wales Road.

Pubs

■ **ADAM & EVE. 17 Bishopgate** ✆ **(01603) 667423.** De bons petits plats dans le plus vieux pub de la ville, puisqu'il date de 1249.

■ **ANCHOR QUAY. 6 Coslany Square** ✆ **(01603) 618410.** *Repas servis de 12h à 14h30 et de 17h30 à 22h30, du lundi au vendredi.* Un pub où jauger l'ambiance du quartier.

Manifestations

▶ **Mi-octobre : Norfolk and Norwich Festival** ✆ **(01603) 764764.** Pendant dix jours, opéra, musique de chambre, jazz, cinéma.

▶ **Music at Saint George's Church :** un dimanche par mois, d'avril à décembre, concert classique, récital, ensemble vocal.

▶ **Fin novembre : Norwich Jazz Festival.** Norwich Arts Center Reeves Yard, St Benedict's Street (✆ (01603) 660352. 16e édition en 1998 de cette semaine du jazz.)

Points d'intérêt

■ **NORWICH CATHEDRAL** ✆ **(01603) 764385.** *Ouverture tous les jours de 7h30 à 19h en été et de 7h30 à 18h en hiver.* Sa construction remonte au XIe siècle et la majeure partie de son architecture est romane. Près du maître-autel, en un magnifique jeu de perspective, les lignes de l'orgue s'harmonisent avec la voûte élancée. A gauche du chœur, dont les boiseries datent du XIIIe siècle, « l'Epingham Window », vitrail consacré à Sir Thomas Epingham, mort à Azincourt. Des miroirs sont mis à la disposition des visiteurs pour qu'ils puissent admirer les clefs de voûte sans risque de torticolis. Le cloître à deux étages (1297-1425), à droite de l'autel, présente également des voûtes de toute beauté. La cathédrale possède sa propre école de chant, qui s'illustre chaque jour durant la messe. Pour entendre la chorale de la cathédrale, venez assister à l'Evensong, à 17h15 du lundi au vendredi, pendant l'année scolaire et à 15h30 les samedis et dimanches. La chorale, qui part souvent en tournée à l'étranger, ne chante pas pendant les vacances. Par ailleurs, de nombreux concerts ont lieu dans la cathédrale.

■ **NORWICH CASTLE** ✆ **(01603) 223624 – www.norfolk.gov.uk/tourism/museums –** *Ouvert tous les jours de 10h à 17h, le dimanche de 14h à 17h.* Construit par Henri Ier, entre 1120 et 1130, il domine toute la ville et les environs et a de quoi dissuader tout attaquant potentiel. La vue imprenable permettait, à la moindre alerte, de mettre aussitôt l'huile sur le feu et de s'armer de projectiles. En dépit de l'aspect a priori peu accueillant du château, la construction est agrémentée d'arcades romanes sur ses quatre façades. Outre la Twinning Teapot Gallery : une impressionnante collection de théières (depuis le début du XVIIIe siècle, de toutes les formes et de tous les styles, romantique, rococo, victorien…). Le château abrite aujourd'hui une exposition archéologique permanente, un musée d'histoire naturelle, des expositions temporaires et un musée d'art contemporain. Il accueille également de nombreuses conférences.

■ **LA CATHÉDRALE CATHOLIQUE, SAINT JOHN THE BAPTIST.** Construite à partir de 1892, et ouverte en 1910, elle offre un superbe exemple de renaissance de l'art du XIIIe siècle. Herbert de Losigna fonda Saint Peter Mancroft (1430-1455), la plus belle église de la ville, souvent prise pour la cathédrale par les touristes à cause de son emplacement si proche du centre. C'est en fin de journée, quand le soleil vient illuminer l'autel que l'église est la plus belle.

■ **DRAGON HALL, KING'S STREET.** *Ouvert de 10h à 16h, du lundi au samedi d'avril à octobre et de 10h à 16h du lundi au vendredi, de novembre à mars.* Maison médiévale de marchand. On projette d'en faire un centre pour la préservation du patrimoine de la ville.

■ **SAINSBURY CENTRE FOR VISUAL ARTS** ✆ **(01603) 56060.** *Ouvert de 12h à 17h du mardi au dimanche, toute l'année.* Situé sur le campus de l'université d'East Anglia (UEA), il regroupe des peintures et sculptures d'Asie et d'Afrique… Avec restaurant et bar. Le mur extérieur de défense a été construit entre 1297 et 1334. On en voit encore quelques morceaux quand on fait le tour de la ville. Mesurant 20 pieds (7 m) de haut sur 2 miles et demi (4 km), et comprenant 12 portes, cette défense faisait de Norwich une ville parfaitement imprenable, entre son mur où tout était contrôlé, et le château qui dominait la région.

■ **LA VIEILLE VILLE.** Découvrez à pied Elm Hill, une délicieuse venelle qui s'étend de Wensum Street à Bank Lain, bordée de quelques arbres, à la chaussée ancienne, pavée de gros cailloux arrondis et irréguliers. A droite en montant, The Bear Shop, une boutique minuscule, expose des nounours de toutes les tailles, de toutes les couleurs, avec ou sans rubans, collerettes, couvre-chefs…

■ **THE JULIAN CENTER. Saint Julian Church, Rouen Road.** *Ouvert du lundi au samedi, de 11h à 15h.* Un musée a été dédié à la célébrité locale : Julian, femme écrivain mystique (1342-1429).

Dans les environs

■ **BLICKLING HALL** ✆ **(01263) 733084. A 1,5 km d'Aylsham sur la B1354.** *Ouvert de 13h à 17h les mardis, jeudis, vendredis, samedis et dimanches. De fin mars à fin octobre, de 12h à 17h.*

■ **MANNINGTON HALL GARDENS. Saxthrope.** *A 29 km direction nord-ouest de Norwich sur la B1149. Ouvert de 12h à 17h, d'avril à octobre. De mai à août, entre 11h et 17h du mercredi au vendredi.* De splendides jardins, avec plus de 30 km de sentiers balisés. La collection de roses est impressionnante.

■ DE NORWICH À CAMBRIDGE ■

Prendre l'A140 au sud en direction de Tasburgh. Continuer sur Yaxley puis, à Needham Market, ne pas rater l'embranchement de la route B1078 en direction de Barking, ensuite Chelsworth – la route s'appelle maintenant B1115. La continuer jusqu'à Little Waldingfield, puis Sudbury. Remonter l'A134, passer Long Melford puis bifurquer pour emprunter l'A1141, direction Cross Green et redescendre vers Lavenham. Remonter ensuite l'A134, vers le nord, et à Bury Saint Edmunds, se diriger vers l'est, par l'A45 vers New Market, puis Cambridge.

Une mare encombrée d'herbes folles, interdite d'accès par une barrière vermoulue. Un petit bois bosselé de chemins creux. Un arbre, doré par la lumière éclatante, sur fond d'habits verts. Des bosquets argentés ou émeraude, qui n'attendent que la touche rouge du maître. Autant de scènes champêtres chères à Constable, le plus anglais des peintres, originaire de la région. Vous venez de rouler dans un paysage du maître, ou plutôt de faire défiler, au gré de votre fantaisie, une suite de « sujets » chers à tous les amateurs de peinture anglaise. N'hésitez pas à faire des haltes entre Long Melford et Lavenham et à emprunter les petites routes non répertoriées sur les cartes. Perdez-vous dans la campagne ! Une multitude de sentiers pédestres (public footpath), parfaitement balisés, vous remettront sur le droit chemin. Vous découvrirez des champs, des parcs, des jardins et des bois, ferez une pause sur un banc en admirant les collines dans le lointain…

Retour à la civilisation avec Bury Saint Edmunds, pour goûter au charme d'une ancienne petite cité, bâtie autour de l'abbaye et du tombeau de Saint Edmunds. Roi d'East Anglia, il termina décapité par l'envahisseur danois pour avoir refusé d'abjurer la foi chrétienne. La légende raconte qu'une voix, répétant « Je suis là, je suis là… », guida les pas des soldats qui découvrirent la tête du martyr. Ils la découvrirent entre les pattes d'un loup. Cette scène est représentée sur l'emblème de la ville.

La construction de l'abbaye date de 1510-1539. Son plafond est de bois peint. Les jardins qui l'entourent sont superbes. Tout près de là, Saint Mary's Church abrite la tombe de Marie d'Angleterre, reine de France, dernière épouse de Louis XII. Un salon de thé permet de se reposer.

■ CAMBRIDGE ■

Enserrée dans la région des « Fens », anciennes terres marécageuses, aujourd'hui devenues terres agricoles fertiles, la ville est surpeuplée d'étudiants qui sont de vrais dangers à vélo – ils sont chez eux, n'est-ce pas ? Cambridge accueille de nombreuses universités qui sont autant de châteaux dotés de chapelles, agrémentés de pelouses soignées. Faire ses études à Cambridge, symbole de la « Upper class », est un rêve qu'entretiennent la plupart des grands romanciers anglais. Tels Thomas Gray ou E.-M. Forster, revenus habiter leur collège après être devenus célèbres. Une attitude qui est loin d'être celle d'un Tom Sharpe, lequel en publiant *Porter House*, aurait fait plus que jeter un pavé dans la mare. Certains l'accusent de s'être méthodiquement employé à ridiculiser toute l'institution des universités anglaises.

L'université a été fondée en 1209 par quelques étudiants d'Oxford ayant dû fuir leur ville à la suite d'affrontements avec le peuple (town us gown). Cambridge était un endroit sûr, car on pouvait y traverser les fens (marécages) sans s'embourber. Depuis peu, l'entrée des universités est payante (environ £2) ce qui est censé assurer au visiteur un peu de sérénité (se dire qu'il y avait plus d'affluence quand c'était gratuit).

Transports

■ **GARE. Station Road** ✆ **(01223) 311999.** Un peu en dehors de la ville, aucun des Colleges, propriétaires des terres, n'en ayant voulu dans le centre.

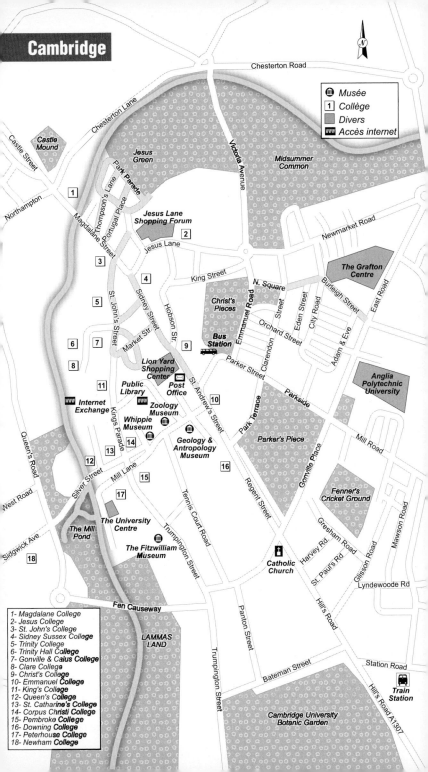

Cambridge

🏛	Musée
1	Collège
�	Divers
ᴡᴡᴡ	Accès internet

Chesterton Road

Castle Street

Castle Mound

Chesterton Lane

Jesus Green

Park Parade

Thompson's Lane

Portugal Place

Magdalene Street

Northampton

Victoria Avenue

Midsummer Common

1

3

Jesus Lane Shopping Forum

2

Jesus Lane

Newmarket Road

4

King Street

N. Square

The Grafton Centre

Burleigh Street

East Road

5

St. John's Street

Sidney Street

Hobson Str.

Christ's Pieces

Emmanuel Road

Street

Eden Street

City Road

Adam & Eve

6 **7**

Market Str.

9

Bus Station

Orchard Street

Clarendon

8

11

Lion Yard Shopping Center

Public Library

Post Office

St. Andrew's Street

Parker Street

Parkside

Anglia Polytechnic University

Internet Exchange

Kings Parade

Zoology Museum

10

Parkside

Whippie Museum

14

13

Geology & Antropology Museum

Parker's Piece

Park Terrace

Gonville Place

Mill Road

12

Silver Street

Mill Lane

15

16

Regent Street

Fenner's Cricket Ground

Mawson Road

Queen's Road

West Road

17

The University Centre

Tennis Court Road

The Mill Pond

The Fitzwilliam Museum

Trumpington Street

Gresham Road

Harvey Rd.

St. Paul's Rd.

Glisson Road

Sidgwick Ave.

18

Catholic Church

Hill's Road

Lyndewoode Rd

Fen Causeway

LAMMAS LAND

Trumpington Street

Panton Street

Bateman Street

Station Road

Hill's Road A1307

Train Station

Cambridge University Botanic Garden

1- Magdalane College
2- Jesus College
3- St. John's College
4- Sidney Sussex College
5- Trinity College
6- Trinity Hall College
7- Gonville & Caius College
8- Clare College
9- Christ's College
10- Emmanuel College
11- King's College
12- Queen's College
13- St. Catharine's College
14- Corpus Christi College
15- Pembroke College
16- Downing College
17- Peterhouse College
18- Newham College

■ **DRUMMER STREET STATION** ✆ **(01223) 460711.** Dans le centre, derrière Christ's College. Cambridge Coach Services.

■ **TAXI.** Railway Station 24h/24 ou Bus Station de 7h à 2h.

Location de vélos

Ici, si vous voulez faire comme tout le monde, roulez à vélo ! Il y en a partout, sur les routes, dans les rues piétonnes, sur les trottoirs. Il faut dire que la ville est quotidiennement emboutéillée à partir de 16 heures.

■ **UNIVERSITY CYCLE.** 9 Victoria Avenue ✆ (01223) 355517.

■ **MIKE'S BIKE.** 28 Mills Road ✆ (01223) 312591.

■ **GEOFF'S BIKE HIRE.** 65 Devonshire Road ✆ (01223) 65629. *Ouvert toute la semaine.*

▶ **Circulation :** éviter l'automobile. Cambridge Centre se traverse à pied en une demi-heure.

Pratique

▶ **Indicatif téléphonique :** (01223).

■ **POLICE. Parkside** ✆ (01223) 358966 ou 999.

■ **KINGS HEDGES ROAD. Cambridge CB4 4PQ** ✆ **(01223) 236333 – Fax : (01223) 236457.** Des prix intéressants.

■ **OFFICE DU TOURISME. Wheeler Street** ✆ **(01223) 322640 – Fax : (01223) 457588.** *Ouverture lundi vendredi de 10h à 17h30 le samedi de 10h à 17h, et le dimanche de 11h à 17h.*

■ **BANQUES.** Sur Market Hill : Midland et Barclay's – sur Regent Street et St Andrew's Street : HFC, Lloyds, Midland, National Westminster, TSB.

■ **ALLIANCE FRANÇAISE. 15, Norfolk Street, Cambridge CB2 1LD** ✆ (01223) 561854 – Fax : (01223) 560230.

■ **POSTE. 9-11 St Andrew's Street** ✆ (01223) 351212.

■ **INTERNET EXCHANGE. St Mary's Passage.** Payant £1 de l'heure pour les étudiants sinon, £1 par quart d'heure. Gratuit à la Public Library mais elle n'est pas ouverte le dimanche.

■ **MARCHÉ.** Le dimanche sur Market Hill.

Improve your english

L'anglais de Cambridge a fait ses preuves, pourquoi ne pas profiter de votre séjour pour vous y remettre ? Il existe diverses possibilités de cours, qui attendent vos bonnes résolutions !

■ **CAMBRIDGE ACADEMY OF ENGLISH. High Street, Girton** ✆ **(01223) 277230 – Fax : (01223) 277606.** *Les prix dépendent du nombre d'heures choisi et du type d'inscription.* On accepte dans cette maison sérieuse des étudiants de tous les niveaux, débutants, universitaires confirmés ou commerciaux à la recherche d'un perfectionnement de l'anglais des affaires. Les cours se font en petits groupes de dix élèves. Possibilité de loger en famille non loin des collèges.

Hébergement

Il est difficile de se loger à bon marché. Les hôtels du centre-ville sont chers. Des chambres chez l'habitant sont disponibles de juillet à septembre. Elles sont occupées le reste de l'année par les étudiants. Demandez la liste à l'office du tourisme, Accommodation Service.

■ **YMCA QUEEN ANNE HOUSE. Gonville Place, CB1 1ND** ✆ (01223) 356998.

■ **YHA. 97 Tenison Road, CB1 2AN** ✆ **(01223) 354601 – Fax : (01223) 312780 – Cambridge@yha.org.uk** – *Chambre double à partir de £25. En dortoir £12.* Par contre il est vraiment impératif de réserver vu la cadence infernale, voire même « industrielle » du lieu.

■ **LENSFIELD HOTEL. 53, Lensfield Road, CB2 1EN** ✆ **(01223) 355017 – Fax : (01223) 312022.** *Chambre simple de £55 à £85, double à £95, familiale entre £120 et £130.* L'ambiance cosy du Lensfield, installé depuis 1955, vous séduira. L'hôtel est à cinq minutes du centre-ville. Certaines chambres sont un peu petites, indiquez vos préférences.

■ **HAMILTON HOTEL. 156-158, Chesterton Road** ✆ **(01223) 365664 – Fax : (01223) 314866.** *Simple de £25 à £50 et double de £45 à £70, famille : £65.* A un peu plus d'un kilomètre du centre-ville, ce petit hôtel de charme récemment rénové présente tous les atouts pour un séjour agréable au calme. La plupart des chambres sont en suite. Un bar est proposé aux résidents exclusivement.

■ **ARUNDEL HOUSE HOTEL. 53, Chesterton Road** ✆ **(01223) 367701 – Fax : (01223) 367721 – info@arundelhousehotels.co.uk** – *Simple de £75 à £95 et double de £45 à £120, famille : £110. Vous pouvez également y prendre vos repas midi et soir entre £9 et £15.* Bien situé, à 10 minutes du centre historique, avec vue sur la rivière Cam, cet hôtel date du XIXe siècle. Le confort de ses chambres justifie parfaitement ses trois couronnes. Possibilité de parking.

■ **ASHLEY HOTEL. 74, Chesterton Road** ✆ **(01223) 350059 – Fax : (01223) 350900.** *Simple de £49 à £79 et double de £59 à £79.* Cet établissement appartient aux mêmes propriétaires que le précédent. De taille plus réduite, donc à l'ambiance plus intime, il ne propose que des suites.

■ **SLEEPERZ** ✆ **(01223) 304050 – Fax : (01223) 357286 – info@sleeperz.com** – *Simple de £30 à £35, double de £45 à £55, triple : £65.* Très simple et proche de la gare. Les chambres ressemblent à s'y méprendre à des cabines de bateau. Pures, fraîches et bon marché.

■ **LE CROWNE PLAZA. Downing Street** ✆ **(01223) 464466 – Fax : (01223) 464440. www. cambridge.crowneplazza.com** – Idéalement situé au cœur de la ville : hôtel de luxe 4-étoiles propose un gymnase et un solarium. Pour une personne : £99 et oui, tout se paie, surtout le luxe. Pour se faire plaisir, la suite à £375.

■ **AUBERGE DE JEUNESSE DE SAFRON WALDEN.** Pour ceux qui n'ont vraiment plus un rond en poche, préférer l'auberge de jeunesse de Safron Walden à 20 min en voiture de Cambridge : depuis le tronçon nord de la M11, prendre la jonction 9 puis embrancher sur l'A11 prendre la B184 jusqu'à Saffron Walden. Depuis le tronçon sud, M11 puis jonction 10, ensuite A505 et la B184 jusqu'au village.

■ **YHA SAFFRON WALDEN** ✆ **(01799) 523227 – Fax : (01799) 520840.** *Prix : £13,50 avec petit-déjeuner.* Situé dans la plus vieille maison du village, XIVe siècle, elle a eu divers usages dont celui de stocker le précieux safran. Le grand dortoir, magnifique, servait à stocker le malt et safran.

Restaurants

▶ **Important :** dans les restaurants indiens de Mill Road, pensez à demander vos plats « mild », manger « hot » serait risquer l'asphyxie. Sinon, il y a possibilité de s'asseoir dans un pub et, certains jours, de manger très correctement pour £4 ou £5. Les horaires sont variables d'un pub à l'autre.

■ **THE CLARENDON ARMS, 35 Clarendon Street** ✆ **(01223) 313937.** Impossible d'y manger chaud le dimanche.

■ **AUNTIES TEA SHOP. 1, St Mary's Passage** ✆ **(01223) 315641.** *Ouvert de 9h à 18h, entre 12h et 17h30 le dimanche. Compter £11 pour un déjeuner, entre £4 et £5 pour un thé.* C'est un salon de thé, mais on peut aussi commander des sandwichs bizarres comme une baguette chaude avec du brie et du bacon. Les Anglais sont passés maîtres dans l'art du fooding : mélanger les influences culinaires de tous les pays pour goûter des saveurs vraiment inattendues.

■ **TATTIES SUR HOBSON STREET.** On y passe, on y mange et lorsque l'on passe sa commande, le serveur vous appelle par votre prénom pour venir vous servir. Etrange et inhabituel. Au menu : un plat assez curieux décliné à une dizaine de manières différentes. Une patate au four au milieu d'une assiette avec sa peau agrémentée par-dessus de fromage et de curry, du poulet, du jambon. Curieuse montagne pas très glamour de cette accumulation d'ingrédients dans son assiette. A essayer £5 !

■ **LE CAFE ROUGE. 24 Magdalene Street.** *Menus à partir de £12.* Très franchouillard avec ses galettes au crabe et ses moules dans un resto reluisant. On ne peut pas le louper avec sa façade rouge sang.

■ **THE COPPER KETTLE. 4 King's Parade.** *Ouvert de 8h30 à 17h30.* Rien que pour la vue ! Face à King's College, ce restaurant-salon de thé propose sandwichs, thé, scones appétissants, mais il est bondé en été. Vous risquez donc de faire la queue assez longtemps et d'attendre pour être servi ! Goûtez aux pâtisseries maison aux baies diverses.

■ **THE ANCHOR. Silver Street** ✆ **(01223) 353554.** Une bonne ambiance à cette adresse fréquentée en majorité par des étudiants. Avec la possibilité de louer des « punts » les étudiants proposent d'ailleurs leurs services. Tant qu'il y a du choix, le marchandage est toujours possible !

■ **THE ORCHARD TEA GARDEN. 45 Mill Way, Grantchester** ✆ **(01223) 845788.** *Creamtea £25 maximum, ouvert toute l'année.* C'est un classique ! Le English Cream tea est réputé, et l'esprit de Virginia Woolf, de Lord Byron ou de Rupert Brooke hantent les lieux. Installez-vous au milieu du foin, à l'ombre des pommiers… c'est magique.

■ **NADIA'S. 11 St John Street.** Tout est fait maison ! Les pâtisseries succulentes sont exposées en vitrine. Muesli aux céréales et raisins, une couche d'abricots confits et des marshmallows avec noisettes et chocolat. Délicieux, mais attention aux calories ! Un bon encas très riche à emporter.

Sortir

■ **KING STREET RUN. King Street.** Ce pub estudiantin est peut-être un peu bruyant, il faut bien que jeunesse se passe !

■ **PICKEREL. Magdalene Street** ✆ **(01223) 355068.** Ce pub, le plus vieux de la ville a 600 ans. Typique, il est fréquenté par une clientèle d'habitués qui se mêlent aux touristes, puisque c'est une étape quasi obligatoire lors de toute visite de la ville. Bières locales.

Cinémas – Théâtre

■ **ARTS CINEMA. Market Passage** ✆ (01223) 352001 ou (01223) 324133.

■ **CINEMA ARTS PICTURE HOUSE. 38-39 St Andrews Street** ✆ **(01223) 504444 – www.** **picturehouse.co.uk – (pour les programmes).** LE cinéma indépendant. Une ribambelle de films récents et non « mainstream » : des films de Ozon, des rétrospectives Truffaut et d'autres de réalisateurs iraniens, russes, anglais, japonais (pour les mangas ou du Kurosawa). Tous les ans en juillet a lieu le festival du film à Cambridge. Envie de se faire une toile ? Ce cinéma est la pierre angulaire des films de qualité à Cambridge.

■ **ARTS THEATRE. 3 Road Floor Sydney Sussex** ✆ **(01223) 355246.** Créations et relecture des bonnes vieilles pièces de Shakespeare. Les étudiants peuvent y monter des spectacles.

Manifestations

▶ **Pour le programme trimestriel** des concerts, théâtre, cinéma… demandez *Entertainment for everyone in Cambridge* à l'office du tourisme (gratuit).

▶ **Février :** Rag Week Jazz dans la rue, dans les pubs, etc.

▶ **Mars :** Boat Race sur la Cam.

▶ **Juin :** May Week (fête de fin d'année scolaire : concerts, théâtre, courses d'aviron… sans doute les dix jours les plus animés de l'année. Beaucoup de touristes !) May Balls, £50 l'entrée, tenue de soirée exigée…

▶ **Juillet :** Cambridge Folk Festival, qu'on dit être le plus grand d'Europe. Cherry Hinton Hall (danses et musique folkloriques dans toute la ville). « Summer in the City » Shakespeare Festival.

▶ **Fin juillet :** festival de musique et de théâtre. Programme à l'office du tourisme.

Points d'intérêt

■ **CAMBRIDGE ALL SAINTS. Jesus Lane.** Toute jeune église construite au XIXe siècle, si l'extérieur ne vous dit rien, l'intérieur est une merveille de minutie : des fresques rouge sang où sont déclinées des phrases en latin ou en vieil anglais. La charpente est, elle aussi, admirable puisque proéminente et constituée en bois.

■ **LES COLLÈGES.** On rêve d'une ambiance début de siècle avec les « dieux » aux gilets éclatants, l'air arrogant, déambulant fièrement sur les pelouses. On s'imagine retrouver l'Angleterre des années 1920, celle de Forster et d'Evelyn Waugh, quand les collèges étaient réservés à l'élite et n'étaient pas mixtes. Cette époque est bien révolue. Touristes et étudiants se mêlent aujourd'hui à tel point dans la ville qu'on les distingue à peine les uns des autres. Partout, on bute sur des interdictions : impossible de marcher sur le gazon, d'emprunter une allée, de visiter de nombreux endroits. Sur la Cam, nulle trace de course d'aviron. Seules des barques vides attendent. Si le charme n'est pas vraiment au rendez-vous au niveau géographie humaine (où sont passés Marlowe, Byron, Tennyson, Wordsworth ?), les collèges sont toujours là, immuables, avec leurs pierres chargées de mémoire. Une bonne façon de visiter l'intérieur des collèges est de s'y rendre pendant l'office du soir, Evening Song, et ensuite d'aller flâner dans les jardins. Un truc qui ne fonctionnera que si vous êtes moins de quatre personnes. Les chorales des collèges se produisent le soir vers 17h30, dans leurs chapelles respectives. Celle de Saint John's ne chante pas le mardi. Une fois par an, vers la mi-juillet, les chorales de King's College et Saint John's College se regroupent.

■ **PETERHOUSE. Trumpigton Street.** Le plus ancien, fondé en 1284 par Hugh de Balsam, évêque d'Ely. Il a été rénové en grand au XVIIIᵉ siècle. De Trumpington Street, levez les yeux sur le bâtiment de droite, vous verrez la plaque d'acier que le poète Thomas Gray avait fait installer pour sortir en cas d'incendie. Des potaches ont un jour simulé une alarme d'incendie… et l'ingénieux écrivain s'est précipité dans un baquet d'eau froide ! Furieux, le poète a transporté ses pénates à Pembroke College.

■ **PEMBROKE. Trumpigton Street.** Les plus beaux jardins. La première des chapelles est la première construite par Sir Christopher Wren.

■ **KING'S COLLEGE.** *Ouvert de 9h30 à 16h30. Entrée : £3.50.* Le plus célèbre et peut-être le plus beau. Dans sa superbe chapelle se trouve L'Adoration des mages, de Rubens.

■ **TRINITY COLLEGE. Saint John's Street.** Fondé par Henri VIII. Sa bibliothèque est celle de Sir Christopher Wren.

■ **CORPUS CHRISTI. Trumpigton Street.** Superbe architecture médiévale.

Des circuits commentés sont organisés par l'office du tourisme. *Compter £2,50.*

■ **THE ROUND CHURCH.** Construite en 1130, sur le modèle de l'église du Saint-Sépulcre de Jérusalem, elle est de style roman, c'est l'une des cinq églises rondes d'Angleterre.

■ **FITZWILLIAM MUSEUM. Trumpington Street.** Un petit Louvre à lui tout seul : salles égyptiennes, romaines, grecques ; peinture italienne et vénitienne ; peinture hollandaise du XVIIᵉ siècle ; autoportrait de Rembrandt ; paysages de Van Gogh ; peinture flamande des XVIᵉ et XVIIᵉ siècles (Van Dyck, Van Heeskerck, Bruegel le Jeune, Tristan). Mardi au samedi de 10h à 19h et le dimanche de 14h15 à 17h.

Shopping

■ **ALL SAINTS CRAFT MARKET. Trinity Street.** *Le samedi en avril, mai, octobre et novembre, le vendredi et le samedi en juin, le jeudi, vendredi et samedi en juillet et août, et tous les dimanches en décembre.* Un marché d'artisanat où l'on trouve de bonnes idées de cadeaux britanniques : peaux de mouton, bougies aux formes fabuleuses…

■ **STREET WAYS MUSIC. 76 King Street.** Hip Hop, techno, Dub House, on déniche des 33 T et 45 T intéressants dans cette boutique !

■ **THE MAGIC SHOP. 29 Magdalene Street.** Un magasin de faces et attrapes. Qui a dit que l'humour anglais était incompréhensible ? Des masques de Tony Blair, Thatcher, Poutine et la reine Elizabeth. Une guitare électrique ainsi qu'une banane géante gonflables et l'inénarrable coussin péteur. Des heures de rire en perspective.

■ **CULT. 6-7 Bridge Street** ✆ **(01223) 315550.** Un magasin qui expose la tendance hype vestimentaire : des treillis peints en rose, des T-shirts siglés Cult, des tongs Union Jack et le tout dans un déluge de décibels. Quelques perles à dénicher et ramener en France.

▶ **Sur St John et Trinity Street : deux énormes librairies** qui comprennent un stock impressionnant de livres, du dernier Harry Potter jusqu'au roman de Sartre traduit en anglais (aïe, ça fait toujours aussi mal). Indispensable pour progresser en anglais.

Dans les environs

Le trafic est très dense pour sortir de Cambridge. Tout comme pour y circuler d'ailleurs ! Entre les vélos que l'on quitte, les camions que l'on retrouve sur les routes principales et les éventuels travaux, il est courant de mettre 25 minutes pour s'extirper de la ville. Essayez donc cet itinéraire, un peu plus long mais moins chargé : prenez l'A1303 direction Stow Cum, puis la route secondaire B1102 direction Burwell. Juste avant Fordham, rejoignez l'A142, dite à grande circulation, puis l'A10, direction Denny End, Chittering, Stretham, Ely.

■ ELY ■

10 500 habitants. Toute proche de Cambridge, Ely ne souffre en rien de l'énorme attraction qu'exerce sa voisine sur les touristes. Sa cathédrale est l'une des plus belles d'Angleterre, curieux mélange d'époques architecturales, que certains appellent le « vaisseau des Fens ». Ajoutez-y l'ombre de Cromwell qui plane sourdement et vous comprendrez cette petite ville jouit d'une personnalité bien à elle.

Transports

■ **GARE.** Station Road.

Pratique

▶ **Indicatif téléphonique :** (01353).

■ **OFFICE DU TOURISME.** Oliver Cromwell's House, 29 Saint Mary's Street ✆ (01353) 662062 – Fax : (01353) 668518. *Ouvert de 10h à 17h30 en été et en basse saison de 11h à 16h.*

■ **POLICE.** Nutholt Lane.

▶ **Fermeture des commerces.** Les magasins sont fermés le mardi.

Hébergement

■ **LAMB HOTEL. 2, Lynn Road** ✆ **(01353) 663574.** *Chambre simple de £70 à £80, double £80.* En y pénétrant et en plus de la gentillesse du personnel, on est tout de suite séduit par le flegme de ce petit hôtel. Un bar privé minuscule avec au plafond une verrière composée de vitraux plus ou moins sophistiqués qui fait office de puits de lumière. Un scotch à la main, c'est magique !

■ **B & B POSTHOUSE. 12 Egremont Street** ✆ **(01353) 667184 – nora@covell.fsbusiness. co.uk –** Une jolie maison plein de charme. On ne peut pas faire plus simple : maîtresse de maison attentionnée et délicate, les chambres sont minuscules, mais on pourrait se croire retombé en enfance. On reconnaît la maison à l'Union Jack, le drapeau britannique délavé qui flotte mollement ou bout d'un mat. Seul ou à deux, les prix sont les mêmes : £20 par personne.

■ **B & B LONGFIELDS. 29 Longfields** ✆ **(01353) 663020 – davidrigley@onetel.net.uk –** *£20 à £30 à 5 min du centre, le parking est derrière la maison.* Les chambres sont spacieuses, propres et décorées d'un papier peint rose très kitsch. Toutes les chambres sont équipées d'un réfrigérateur pour stocker une ou plusieurs Lagers.

Restaurants

■ **THE MINSTER TAVERN. Minster Place** ✆ **(01353) 652900.** *Restaurant entre 11h et 14h. Compter £10. Le soir, pub uniquement.* Une halte idéale pour ceux qui veulent manger rapidement un bon plat chaud en hiver et une salade en été, le tout cuisiné maison.

■ **TEA FOR TWO. Au bout de High Street.** Pour prendre son breakfast à 16h ou tout simplement un brunch à toute heure de la journée. Restaurant à 2 étages tout petit, tout mignon.

■ **DOMINIQUE'S. 8 Saint Mary's Street** ✆ **(01353) 665011.** *Ouvert tous les jours de 10h à 18h. Compter £17.* Cette maison ancienne, qui fait face à celle d'Oliver Cromwell, attire par son côté pimpant et son crépi bien blanc. Elle est très renommée. Salon de thé, déjeuner, excellentes pâtisseries maison.

■ **THE OLD FIRE ENGINE HOUSE** ✆ **(01353) 662582.** *Compter £18 pour un repas complet (vin non compris).* Juste en face de l'office du tourisme, sur le chemin de la cathédrale, un restaurantgalerie d'art, logé dans un bâtiment du XVIIIᵉ siècle. Abrité entre ses murs la caserne des pompiers d'Ely, d'où son nom. Cuisine anglaise traditionnelle, recettes et produits de la région. Le samedi et le dimanche soir, il est conseillé de réserver. Thé servi l'après-midi dans le jardin.

■ **PIZZA EXPRESS. High Street en direction du marché d'Ely.** *Pizzas de £5 à £7.* Soit disant une des plus vieilles pizzerias du pays (1965). Essayer la Pizza Prince Charles !

Sortir

■ **MALTING CINEMA ELY.** Ship Lane, au bout de Broad Street.

■ **THE CUTTER INN. Annesdale.** Le pub se transforme certains soirs en discothèque. Avec ses tables dehors, c'est le rendez-vous du Tout-Ely.

■ **CONCERTS A LA CATHEDRALE.** Programmation régulière. Les chorales de Cambridge s'y produisent chacune une fois l'an.

Points d'intérêt

■ **ELY'S CATHEDRAL.** *L'entrée est payante, sauf pendant les offices : £4,80, étudiant : £4,20.* Elle a été fondée par Sainte Etheldreda, reine saxonne, en 637, puis détruite par les Danois en 870, et refondée en une communauté de bénédictins en 970. Mais la construction de la cathédrale proprement dite commença en 1083, sous les ordres de l'abbé Siméon. Elle fut terminée en 1189. Des ajouts eurent lieu jusqu'en 1400. Visitez the Octagon, datant de 1322. Cette tour octogonale, conçue d'après les plans d'Alan of Walshingham, fut construite pour remplacer la tour romane effondrée. Voyez également The Prior's Door, aux décorations scandinaves datant de 1130-1170, et The Lady Chapel, de 1349, la plus grande d'Angleterre. Les bâtiments monastiques ne sont pas non plus à négliger.

■ **OLIVER CROMWELL'S HOUSE.** *Ouvert du 1ᵉʳ mai au 30 septembre, tous les jours de 10h à 18h, du 1ᵉʳ octobre au 30 avril, du lundi au samedi de 10h à 15h15. Adulte : £3,50.* Entre 1636 et 1647, Cromwell et sa famille firent de longs séjours dans cette confortable demeure d'Ely. La visite débute dans la salle des dîmes, avec un montage audiovisuel retraçant la vie d'Oliver Cromwell, et se poursuit par la cuisine et le parloir. Les pièces sont ornées de boiseries anciennes. On vous laissera entendre que même si sa tête est enterrée quelque part à Sydney Sussex College, Cambridge, c'est là qu'est son cœur !

▶ **Des visites guidées à thème sont proposées par l'office du tourisme.** Nous avons retenu l'itinéraire des « Local Pubs » et celui des « Ghosts and Haunted Places », qui ne manquent pas d'humour.

■ **ST ETHELDREDA'S ROMAN CATHOLIC CHURCH. Egremont Street.** Etheldreda vécut au VIIᵉ siècle, fille du roi de l'East Anglia, elle se maria à deux princes. Jurant qu'elle resterait vierge, elle fonda un monastère (dans cette même église) et meurt à 49 ans d'un cancer. Quand sa tombe fut découverte en 695, son corps devint une relique sacrée et placée dans l'église. Aujourd'hui, il n'en reste plus que la main, conservée dans une niche à gauche de la nef. Son apparence fait un peu penser aux tissus humains et membres découverts en Egypte dans les tombeaux. Un côté un peu voyeur et macabre mais c'est tout le folklore d'Ely.

■ **LE MARCHE D'ELY :** le premier et le troisième samedi du mois, les fermiers se retrouvent vers High Street pour vendre leurs produits. Achetez bio : œufs, cidres et jus de pomme. Sinon, marché tous les jeudis.

■ PETERBOROUGH ■

102 500 habitants. Très ancienne cité (son monastère a été fondé en 655), Peterborough est aussi une ville dynamique, dont la population a pratiquement doublé en l'espace d'un siècle, grâce notamment à son centre sidérurgique. Un voyage entre tradition et modernité qui ne manque pas d'intérêt. La population très métissée a des origines ethniques très diverses.

Transports

■ **GARE.** Station Road ✆ 63111.

■ **BUS.** Queen's Gate ✆ 40471.

Pratique

▶ **Indicatif téléphonique :** (01733).

■ **OFFICE DU TOURISME.** 3 Minster Precincts ✆ (01733) 452336 – Fax : (01733) 452353.

■ **BANQUES.** Church Street et Cathedral Square.

■ **INTERNET.** Disponible gratuitement à la Central Library de 9h à 19h tous les jours, sauf le samedi de 9h à 18h, fermé le dimanche.

■ **POLICE.** Thrope Wood ✆ 63232.

Hébergement

Les hôtels sont rares dans le centre-ville.

■ **ARAGON HOUSE. 75-77, London Road** ✆ **(01733) 63718 – mail@aragonhouse.co.uk –** *Chambre simple : £35, double : £50.* Jim et Sue, qui adorent la France (ils y passent toutes leurs vacances), vous réserveront un excellent accueil, surtout si vous vous recommandez du *Petit Futé*. Evitez les chambres sur rue, car la circulation est intense jusqu'à 23h.

■ **BUTTERFLY HOTEL. Thorpe Meadows, au bout de Long Thorpe Park Way** ✆ **(01733) 564240 – Fax : (01733) 565538 – peterbutterfly@lineone.net –** *Compter £55 la chambre simple, entre £52 et £62 la double, demi-pension environ £65.* Le bâtiment a beau être moderne, il a du cachet et offre tout le confort nécessaire à un séjour des plus relaxants. La devise de la maison est Home from Home, « comme chez soi ». Un ensemble de 25 jolies chambres.

■ **HOTEL FORMULE 1. Boongate** ✆ **(01733) 894400.** Près du centre-ville, pas loin d'une discothèque. Endroit calme. Tarifs abordables conformes à cette enseigne du groupe Accor.

■ **BULL HOTEL WEST GATE** ✆ **(01733) 561364 – Fax : (01733) 557304 – info@bull-hotel-peterborough.com –** *A partir de £60 la nuit en chambre double.* A seulement 200 m de la gare, cet ancien abri à coches est devenu un hôtel très confortable dans le centre-ville. L'entrée paraît massive et un peu austère, mais les chambres sont silencieuses à souhait.

■ **GREAT NORTHERN HOTEL** ✆ **(01733) 552331 – Fax : (01733) 566411 – www.greatnorthern hotel.co.uk –** *Double : £130.* Il sait faire oublier la gare toute proche et plutôt moche car il est aménagé dans une bâtisse d'un style pension coloniale victorienne. Aéré, les portes en chêne et pierres blanches sont ouvertes pendant l'été. Magnifique, tout simplement.

Restaurants

■ **THE BOAT HOUSE. Thorpe Meadows, Thorpe Road.** *Compter £10.* Après une journée de tourisme, une halte reconstituante pour déguster un pudding ou du roast-beef.

■ **MEGABITE CAFE. 48 Westgate.** Celui-là, on l'a retenu pour le nom ! Rien de grandiose si ce n'est sa large sélection de menus végétariens.

■ **ABDULLAH'S. 34 Long Causeway.** On y mange sur le pouce un curry végétarien. Essayer le briani and rice, un délice avec le chutney à la mangue. Typique et représentatif de cette ville multiculturelle.

Sortir

■ **H.-G. WELL'S.** En face de Cross Street, juste avant de rentrer dans le centre commercial Queensgate. Pub gay qui rend hommage à l'écrivain du XIXᵉ siècle surtout connu pour *La machine à remonter le temps* (*The Time Machine*) ou *La guerre des mondes*. Très beau pub décoré de maquettes de sous-marins et d'autres machines infernales sorties de son imagination. C'est un bar qui porte discrètement le Rainbow flag donc gay friendly. Une scène y est aménagée dans un coin avec strass et paillettes ainsi qu'une boule à facettes pour des nuits « Queer » ou karaoké. Une référence dans la vie nocturne de Peterborough.

■ **WEYWARD FROY. Bridge Street.** Le bar à vin le plus fréquenté de la ville. On s'y raconte les derniers potins, surtout le week-end où il est bondé. En semaine, on s'y rend plutôt en couple pour boire un verre avant de dîner.

■ **LE QUEENSGATE.** Grand centre commercial très (trop) bruyant où la population se retrouve le week-end pour boire un café ou tout simplement s'abriter quand arrive la pluie, souvent présente.

■ **MUSWELLS. Broadway.** Bar à vin.

■ **CINEMA. Showcase Cinema, Mallory Road** ✆ (01733) 555636.

Loisirs

La ville offre de nombreuses possibilités sportives : tennis, piscine, golf, billard, badminton, ainsi qu'une superbe patinoire, fierté locale.

■ **EAST OF ENGLAND ICE RINK.** Mallard Road Bretton ✆ (01733) 260222.

■ **KEY FERRY. The Embankment :** excursions en bateau. Samedi et dimanche de mai à octobre.

Manifestations

▶ **Juillet :** Cathedral Festival (une semaine musicale, qui finit par un défilé costumé).

■ **THE KEY THEATRE. Embankment Road** ✆ **(01733) 52439.** Toute l'année, une programmation dynamique, productions locales en alternance avec des tournées régionales ou nationales de spectacles londoniens. Tous les mois, parution du *Key Times,* journal gratuit de théâtre. On peut se le procurer à l'office du tourisme.

Points d'intérêt

■ **CATHEDRALE.** De style roman (1200-1210), elle se distingue par son plafond de bois peint de losanges dans lesquels figurent des portraits de rois, d'archevêques ou de saints (1220).

Derrière le sanctuaire, se trouve la pierre « Hedda », sculpture saxonne de 780. La cathédrale abrite aussi la tombe de Catherine d'Aragon, première femme d'Henri VIII et mère de Marie Tudor. La dépouille de Marie Stuart y a trouvé asile entre 1587 et 1612, avant d'être transférée à Westminster.

■ **MUSEUM & ART GALLERY à Piestgate.** Musée d'archéologie, exposition permanente d'objets fabriqués par des soldats français de l'armée napoléonienne prisonniers à Norman Cross.

■ **OXFORD** ■

170 000 habitants. Lieu de savoir depuis plus de 800 ans et synonyme de prestige universitaire, Oxford offre un ensemble de bâtiments dont la construction s'est échelonnée sur une période de plusieurs siècles. Dès le Xᵉ siècle, Salerne, Pavie, Bologne et Paris avaient des écoles d'enseignement supérieur où des élèves venus de toute l'Europe apprenaient le droit civil, le droit canon, le latin, la philosophie, la médecine, les mathématiques et, à Paris, la dialectique. En Angleterre, l'illettrisme régnait à peu près partout, y compris au sein du clergé. D'où la création, en 1133, d'une école supérieure avec pour but premier de former des clercs plus instruits. Le choix d'Oxford se fit tout naturellement : la ville était l'une des plus importantes du royaume, avec de grands maîtres y enseignaient dans les églises ou organisaient des lectures publiques devant un auditoire composé des clercs les plus instruits d'Angleterre. Oxford devint une véritable ville universitaire lorsque Henri II ordonna aux clercs anglais de rentrer de Paris. Oxford reste aussi, avec Manchester une des villes qui connaît un véritable renouveau de leur scène culturelle, notamment en matière musicale : les Supergrass y ont usé leurs fonds de culotte ainsi que Hurricane#1 et Unbelievable Truth, groupe mené par Andrew Yorke, petit frère du chanteur de Radiohead.

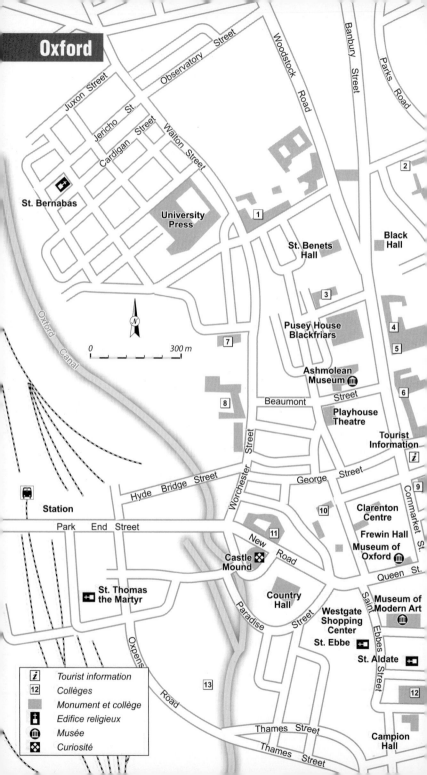

Oxford

St. Bernabas

Juxon Street

Jericho St.

Observatory Street

Cardigan Street

Walton Street

Woodstock Road

Banbury Street

Parks Road

University Press

1

2

St. Benets Hall

Black Hall

3

Pusey House Blackfriars

4

5

6

7

N

0   300 m

Ashmolean Museum

Beaumont Street

8

Playhouse Theatre

Oxford Canal

Tourist Information

i

George Street

Worchester Street

9

Cornmarket St.

10

Clarenton Centre

Hyde Bridge Street

Station

11

Frewin Hall

Museum of Oxford

Park End Street

New Road

Castle Mound

St. Thomas the Martyr

Country Hall

Paradise Street

Westgate Shopping Center

St. Ebbe

Queen St.

Museum of Modern Art

Saint Ebbes Street

St. Aldate

12

Oxpens Road

13

Campion Hall

Thames Street

Thames Street

Légende

i	Tourist information
12	Collèges
	Monument et collège
	Edifice religieux
	Musée
	Curiosité

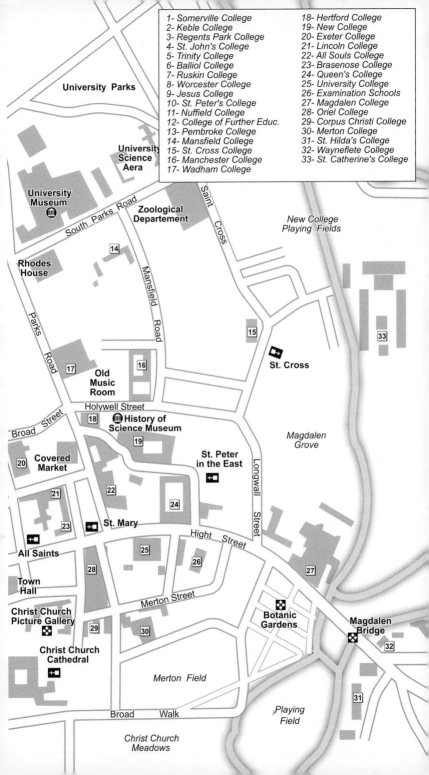

University Parks

1- Somerville College
2- Keble College
3- Regents Park College
4- St. John's College
5- Trinity College
6- Balliol College
7- Ruskin College
8- Worcester College
9- Jesus College
10- St. Peter's College
11- Nuffield College
12- College of Further Educ.
13- Pembroke College
14- Mansfield College
15- St. Cross College
16- Manchester College
17- Wadham College

18- Hertford College
19- New College
20- Exeter College
21- Lincoln College
22- All Souls College
23- Brasenose College
24- Queen's College
25- University College
26- Examination Schools
27- Magdalen College
28- Oriel College
29- Corpus Christi College
30- Merton College
31- St. Hilda's College
32- Wayneflete College
33- St. Catherine's College

University Science Aera

University Museum

Zoological Departement

South Parks Road

Saint Cross

New College Playing Fields

Rhodes House

Parks Road

Mansfield Road

St. Cross

33

Old Music Room

Holywell Street

History of Science Museum

St. Peter in the East

Magdalen Grove

Broad Street

Covered Market

St. Mary

Hight Street

Longwall Street

All Saints

Town Hall

Merton Street

Christ Church Picture Gallery

Botanic Gardens

Magdalen Bridge

Christ Church Cathedral

Merton Field

Broad Walk

Playing Field

Christ Church Meadows

Transports

■ **TRAIN.** Prendre le train depuis la gare de Paddington (1h de trajet).

■ **CAR.** Une option moins chère que le train mais qui prend un peu plus de temps. Des cars (London Express X90 ou Oxford Tube) stationnés devant la gare Victoria font le trajet jusqu'à Oxford 24h/24 (entre 1h30 et 2h de trajet). Toutes les 20 minutes durant la journée, toutes les heures le soir et la nuit.

■ **OXFORD BUS COMPANY (London Express)** ✆ (01865) 785400 – www.oxfordbus.co.uk – Prix aller-retour dans la journée : adulte : £12, enfant : £3 (£6 samedi).

■ **STAGECOACH (Oxford Tube)** ✆ (01865) 772250 – www.stagecoach-oxford.co.uk – Prix aller/ retour dans la journée : adulte : £11, étudiant : £8, enfant : £5,50.

▶ **La ville est ouverte aux véhicules,** mais il est extrêmement difficile de s'y garer.

Pratique

▶ **Indicatif téléphonique :** (01865).

■ **TOURIST INFORMATION CENTRE.** The Old School, Gloucester Green, OX1 ✆ (01865) 726871 – tic@oxford.gov.uk – www.visitoxford.org – *Ouvert du lundi au samedi de 9h30 à 17h et le dimanche (en été) de 10h à 15h30.* Souvent bondée, on fait la queue très souvent en période estivale. Beaucoup de brochures mais attention, elles ne sont pas toutes gratuites. Possibilité de se faire réserver une chambre dans un hôtel de la ville ou des environs. Demander les brochures « this month in Oxford » et « August in Oxford », véritable récapitulatif de tout ce qu'on peut trouver dans Oxford, des idées de shopping, de concerts, des séances dans les cinémas…

■ **BANQUES.** Midland Bank, Lloyd's, Queen Street. National Westminster, Barclay's : Cornmarket Street.

■ **POLICE.** 57 Saint Aldates Street ✆ 266 000.

■ **INTERNET. A la Public Library.** *Du lundi au jeudi de 9h15 à 19h et le vendredi samedi de 9h15 à 17h. Fermé le dimanche.* Monter au deuxième étage. Sinon, il y a un Internet center sur Gloucester Green (Plan) et High Street (Mices).

Hébergement

Se loger dans Oxford même coûte cher, environ £45 par personne, voire beaucoup plus en période scolaire. Les chambres chez l'habitant sont habitées par les étudiants qui louent au mois, la plupart sont à 20 minutes en autobus du centre-ville. Quant aux guesthouses, elles sont également éloignées du centre.

Ou quand tout commence un vendredi…

En 1991, un petit groupe de pop composé de Ed O'Brian, Phil Selway, Colin Greenwood et un certain Thom Yorke, se produit dans un des bars de la ville. Leur nom : « On a Friday » (ils avaient l'habitude de répéter le vendredi) tout de suite, ceux qui pensaient que l'âge d'or du Rock était mort ravalent leurs opinions : ce chanteur à la voix si épurée et aux apparences d'oisillon tombé du nid signe le lendemain avec Parlophone, une des plus grosses maisons de disques d'outre-manche.

En 1992, « On a Friday » change de nom et, en hommage aux Talking Heads, groupe phare des années 1980, les membres du groupe deviennent Radiohead. Ils le resteront. Les albums s'enchaînent : *Pablo Honey, The Bends, Ok Computer* (toujours cité comme figurant dans le top 5 des meilleurs albums de tous les temps) *Kid A, Amnesiac* et dernièrement *Hail to the thief.* Les générations précédentes avaient leurs *White Album* ou *Revolver* des Beatles, il faudra désormais compter avec Thom Yorke et ses acolytes. Le renouvellement des étudiants à Oxford étant trop important, peu de personnes peuvent encore dire « j'y étais ».

Si aux Beatles on associe Liverpool, aux Radiohead c'est désormais Oxford. Des uniformes et des coutumes universitaires sans doute trop ostentatoires est née une musique, un mélange de rock et (désormais) d'electro, musique résolument moderne qui elle, ne dissocie ni le cœur ni l'âme.

■ **AUBERGE DE JEUNESSE.** 32 Jack Straw's Lane ✆ (01865) 762997 – Fax : (01865) 69402. *Entre £6,15 et £9,10 par personne.*

■ **OLD PARSONAGE HOTEL.** 1 Banbury Road ✆ (01865) 310210 – Fax : (01865) 311262 – www.oxford-hotels-restaurants.co.uk – *Chambre simple à £120, double à £150.* Cette bâtisse datant du XIVᵉ siècle a abrité aussi bien des royalistes durant la guerre civile que le célèbre Oscar Wilde. Modernisées avec goût, afin de combiner le charme ancien et le confort d'aujourd'hui, les chambres sont meublées et décorées indépendamment les unes des autres. Raffinement, élégance du détail, rien n'est laissé au hasard, y compris les éclairages, doux sans être insuffisants. L'établissement est situé derrière l'église Saint Gilles, entre Somerville College et Keble College, au cœur de la ville sans tout à fait y être, à l'abri derrière ses hauts murs et ses lourdes portes médiévales.

■ **THE OLD BANK.** 92-94 High Street ✆ (01865) 799599 – Fax : (01865) 799598 – www. oxford-hotels-restaurants.co.uk – *Chambre double à partir de £155.* Le Old Bank attise d'abord la curiosité des visiteurs. Car, comme son nom l'indique, le bâtiment n'a pas toujours accueilli un hôtel. Sobriété, hauts plafonds et faible sentiment de chaleur caractérisent généralement les vieilles banques. Mais la transformation est surprenante. Le Old Bank possède une véritable atmosphère, réellement chaleureuse et empreinte d'histoire. Les vieilles pierres dévoilent le luxe que vient renforcer une décoration exceptionnelle. Les tableaux proviennent des étudiants en art de l'université d'Oxford et le restaurant où ils sont exposés est devenu un endroit très prisé du tout-Oxford. Les chambres dégagent une clarté enivrante et surprennent par la chatoyante originalité de leur décoration. A ne pas rater.

■ **EASTGATE HOTEL.** 73 High Street ✆ 0870-4008201. *Chambre simple : £85, double : £110. Petit-déjeuner : £8. Tarif week-end : £72 par personne et par nuit (minimum 2 nuits, avec un dimanche).* Bénéficiant d'un parking, d'une situation calme, voire retirée, bien qu'en plein centre de la ville, le Eastgate Hotel offre un confort plus standardisé. Les boiseries de la salle à manger sont un très agréable décor, propre à ouvrir l'appétit. Toutes les chambres sont en suite, dotées de télévision, radio, bouilloire, etc.

■ **CAMPING.** Oxford Camping International. 426 Abingdon Road ✆ (01865) 246551. *Ouvert toute l'année.*

Restaurants – Pubs

■ **UNIVERSITY CHURCH COFFEE SHOP.** High Street. *Déjeuner, environ £6.* Dans le décor gothique de l'université (XIVᵉ siècle), ce libre-service appétissant propose une cuisine simple et fraîche, réalisée sur place et sans odeur.

■ **BROWNS BAR.** Woodstock Road. Grand restaurant très aéré avec ses plantes vertes qui bougent délicatement avec le vent. Une référence en matière culinaire puisque leur spécialité est le steak cuisiné aux champignons et à la Guiness. Pas très ragoûtant ? C'est pourtant délicieux. Compter £13 pour un menu.

■ **ROSIE LEE.** 51 High Street. *Déjeuner et dîner, compter £10. Afternoon tea.* Dentelles, tables rondes, cadres aux murs. L'ambiance est cosy, douce et tranquille.

■ **JUICE IT.** Dans le Covered Market. *Entre £2,50 et £3.* De vrais sandwichs baguettes ! Plutôt rares, mais la véritable originalité de ce restaurant est de pouvoir commander un cocktail de fruits (comme son nom l'indique) agrémenté à sa façon. A essayer donc : Pomme gingembre, citron, poire, ananas, carotte, kiwi. Inutile de préciser que tout est bio.

■ **THE JERICHO.** 56 Walton Street. Au départ, un pub sans prétention, assez excentré de l'agitation du centre. Sa salle de concert a permis à Radiohead de signer sur leur label actuel. Le pub, aujourd'hui se pare de couleurs criardes et vives. Des poufs sont à la disposition des clients, un juke-box propose les meilleurs titres « indies » et les bières sont vraiment peu chères. Encore une fois, excentré mais pas trop, la proximité du cinéma indépendant en fait aussi un atout.

■ **BEAT.** Sur Little Clarendon Street. C'est un café branché loin du (parfois trop) touristique centre d'Oxford. Ce fut le lieu où les groupies des « têtes de Radio » se retrouvaient. Les temps ont changé, peu de personnes peuvent encore rendre compte de cette période. Le premier tube du groupe, Creep laissait augurer, à juste titre, une influence majeure et prépondérante dans le rock. De ces temps révolus, il ne reste plus qu'un cocktail du même nom. Etrange, mais à essayer.

Sortir

■ **MUSIC AT OXFORD. Cumnor Hill** ✆ **(01865) 864056.** *Places de £10 à £22, selon le programme.* Concerts de musique classique et de jazz toute l'année au Town Hall et au Sheldonian Theater. Programme sur demande.

■ **APPOLLO THEATRE. George Street** ✆ **(01865) 244544.** *Places de £8 à £40 selon les spectacles.* Théâtre, danse, comédies musicales, opéras (Welsh National Opera, Glyndebourne Touring Opera).

▶ **A votre disposition à l'office du tourisme,** *The Month in Oxford,* brochure gratuite réunissant toutes les informations concernant l'activité culturelle de la ville pour le mois.

Manifestations

▶ **Troisième semaine de mai :** courses d'aviron intercollèges, du mercredi au samedi. Traditionnellement pour célébrer la cinquième semaine du Trinity Term.

Points d'intérêt

Certains collèges sont ouverts au public. Nous en mentionnons ici quelques-uns. Mais vous en trouverez une liste complète des collèges d'Oxford est à votre disposition à l'office du tourisme. Elle indique la situation des bâtiments, leurs heures d'ouverture et le prix d'entrée. Des visites guidées de la ville sont d'ailleurs organisées quotidiennement au départ de l'office du tourisme.

Vous pourrez aussi, comme à Cambridge, faire du punting (balade en barque).

■ **CHRIST CHURCH COLLEGE ET CATHÉDRALE** ✆ **(01865) 276150.** *Ouvert du lundi au samedi de 9h à 17h et le dimanche de 13h à 17h. Entrée : adulte £4, étudiant et enfant £3.* Christchurch est certainement le plus célèbre de tous les collèges d'Oxford. Sa construction date de 1546 et a été ordonnée par Henri VIII. C'est le plus grand et sans doute le plus beau collège de la ville. Son dôme du XVIIᵉ siècle renferme jalousement une cloche du nom de Great Tom qui sonne 101 coups chaque soir, lesquels annonçaient autrefois la fermeture des portes des collèges. Dans la cour principale, surnommée Tom Quad, on remarquera le grand hall et son célèbre escalier. Fondée en 1525, la chapelle du collège est également la cathédrale d'Oxford, la plus petite cathédrale d'Angleterre. Elle a inspiré à Lewis Caroll, qui y était professeur, l'écriture d'*Alice aux pays des merveilles.* Plusieurs scènes des films *Harry Potter* y ont également été tournées.

■ **MAGDALEN COLLEGE. High Street** ✆ **(01865) 276000.** *Ouvert de 12h à 18h de juillet à septembre et de 13h à 18h d'octobre à juin. Entrée : adulte £3 ; enfant et étudiant : £2.* Magdalen College, au bord de la rivière, est reconnaissable à sa belle tour du XVᵉ siècle d'où tous les 1ᵉʳ mai à 6h du matin, une chorale chante un hymne eucharistique du XVIIᵉ siècle, tandis que les étudiants se retrouvent en bas sur le pont après une nuit de festivités. C'est aussi le seul collège à renfermer en son sein un parc avec des daims.

■ **MERTON COLLEGE. Merton Street** ✆ **(01865) 276310.** *Ouvert du lundi au vendredi de 14h à 16h et le week-end de 10h à 16h. Entrée gratuite.* Situé dans une charmante rue pavée, Merton Collège fut fondé en 1264.

■ **UNIVERSITY COLLEGE.** *Ouvert de 14h à 17h.* Le poète Shelley en fut renvoyé pour athéisme. Il n'empêche qu'une statue lui est aujourd'hui dédiée, quoiqu'un voile pudique soit jeté sur le motif de son expulsion : un pamphlet intitulé *La Nécessité de l'athéisme.* Si le collège date de 1249, les bâtiments actuels sont surtout du XVIIᵉ siècle, dans un style Renaissance ou gothique.

■ **MUSEE D'OXFORD. St Aldate's** ✆ **(01865) 815559.** *Ouvert du mardi au vendredi de 10h à 16h, le samedi de 10h à 17h et le dimanche de 12h à 16h. Entrée : adulte £2 ; étudiant : £1,50 ; enfant £0,50.* Musée consacré à l'histoire de la ville et de l'Université d'Oxford.

■ **CARFAX TOWER.** Très belle vue sur la ville, l'occasion d'un excellent premier aperçu. La tour, située au cœur de la ville et du quartier des collèges, date du XIVᵉ siècle.

■ **BODLEIAN LIBRARY.** La bibliothèque la plus importante d'Oxford, qui contient six millions d'ouvrages. Sir Thomas Bodley en construisit la première aile en 1602.

■ **ASHMOLEAN MUSEUM.** *Fermé le lundi, ouvre de 10h à 17h le mardi et le samedi et de 14h à 17h.* Fondé en 1683, ce fut le premier musée ouvert au public en Angleterre. Il renferme une splendide collection de tableaux de Léonard de Vinci, Raphaël, Michel-Ange, Rembrandt, Constable, sans oublier les préraphaélites.

■ **CAST GALLERY.** Voisine du Ashmolean Museum, elle expose 250 statues grecques.

■ **THE OXFORD STORY.** *Entrée : £3,75*. Ce musée de cire animé retrace les 800 ans d'histoire de la ville. Images, bruits, odeurs du passé… Une heure pour découvrir Oxford à travers les âges.

■ **BOTANIC GARDEN.** Fondé en 1621, c'est le plus ancien « jardin d'enseignement » du royaume. On y étudiait les plantes d'utilité médicinale et scientifique. La roseraie est dédiée aux chercheurs et aux découvreurs de la pénicilline.

Shopping

■ **THE OXFORD COLLECTION. 1 Golden Cross.** Dans une boutique beige bois et marine, sur fond de musique classique, foulards de soie, trousses de toutes tailles et pour tous usages, sweat-shirts, carnets d'adresses aux armes d'Oxford. Des cadeaux de très bon goût, à tous les prix, vendus avec le sourire.

■ **BLACKWELL BOOKSHOPS. Broad Street.** Plusieurs boutiques. Plus qu'une librairie, une véritable institution. Chaque magasin a une spécialité : littérature enfantine, livre de poche, musique, art…

■ **OXFORD UNIVERSITY PRESS BOOKSHOP. 116 High Street** ✆ **(01865) 242913.** Ce vénérable magasin d'édition, créé en 1671, publie les parutions de l'université, des livres spécialisés, d'érudition ou d'initiation scolaires ou parascolaires. 19 000 titres au catalogue. Le seul bouquiniste de covered market aux lunettes à doubles foyers est un amoureux de sa boutique : omniprésence de la « Penguin collection », l'équivalent de notre livre de poche, édité sur du mauvais papier et, ici, peu cher (autour de £2 ou £3 le bouquin). Tout ou presque est d'occasion : on peut aussi tomber sur des perles (rétrospective des œuvres de Molière de 1830 pour £85 en français s'il vous plaît!) et plus généralement des livres classés et jugés « très vieille Angleterre ». A voir donc, pour ceux qui ne sont pas allergiques à la poussière.

■ **VINMAG. COM. High Street (en face de University College).** Le coup de cœur. Pour qu'un souvenir d'Oxford ne soit pas estampillé Oxford University. T-shirts délirants de The A Team (Agence tout risque) mais aussi de Steve McQueen, Audrey Hepburn, Hitchcock, *La planète des singes, Scarface* et bien d'autres. Des affiches de films plus tout jeunes, surtout italiens (vive les westerns spaghetti). Le must : des figurines type G.I. Joe ou Musclor, de grands personnages religieux, où Jésus côtoie Moïse (vendu avec sa table des dix commandements) et Sigmund Freud qui est d'un réalisme saisissant en poupée. Autres trouvailles : des faux oscars, des paquets de mouchoir « Che » ou camouflage. Ce bazar où l'on a rendez-vous avec l'improbable est une étape incontournable pour dénicher LE souvenir introuvable partout ailleurs.

■ **MASSIVE. Près de Gloucester Green.** Le shop pour vinyles. Très gros choix de disques : on peut aussi mixer sur place de la techno européenne, de l'Acid Techno, du Funk, Hard Dance, Dub, R'n'B, et encore la liste n'est pas exhaustive. Tout y est, même les valises « massives » rembourrées pour ne rien casser de son matériel.

Loisirs

■ **THE ZODIAC. Sur Cowley Road.** Certains groupes locaux s'y produisent encore. Voir à l'office du tourisme quels sont les groupes programmés. Dans la même rue, une boutique d'instruments : guitares, basses, platines, mélodicas… Des instruments pointus, pour musiciens chevronnés. On y croise parfois, aux dires des vendeurs, les membres de Radiohead, qui font une pause salvatrice avant d'enchaîner sur une tournée ou un enregistrement.

■ **CINEMA. 57 Walton Street.** Pour les programmes voir le site Internet : www.picturehouses. co.uk – Un très bon cinéma indépendant et pas très cher comparé aux autres à Londres.

■ **Se faire faire la barbe ? COVERED MARKET.** Un rêve devenu réalité, le luxe ultime : se faire raser la barbe par un barbier en se remémorant la scène du *Dictateur* de Chaplin. Un luxe qui se paie. C'est cher : £6,50.

Retrouvez en pages 4 et 5 la carte générale de la Grande-Bretagne

■ WOODSTOCK ■

A 8 miles au nord d'Oxford, une petite ville au cœur des Cotswolds. Henri II y a souvent séjourné avec sa maîtresse. Il reste de cette ville encore une atmosphère de l'époque. La spécialité de la ville : les gants et la maroquinerie.

Transports

- ■ **BUS.** Thames Transit ✆ (01865) 772250.

- ■ **CAR.** National Express ✆ 0990-808080.

- ■ **TAXI** ✆ (01993) 811448.

Pratique

- ▶ **Indicatif téléphonique :** (01993).

- ■ **OFFICE DU TOURISME. Park Street** ✆ **(01993) 813276.** L'Office offre la possibilité de réserver sa chambre dans un hôtel de la ville.

- ■ **MÉDECIN.** Woodstock Surgery. Park Lane ✆ (01993) 811452.

- ■ **HOPITAL A HEADINGTON** ✆ (01993) 741166.

- ■ **POLICE (temps partiel).** Hensington Road ✆ (01993) 813499.

- ■ **PHARMACIE.** High Street ✆ (01993) 811492.

- ■ **POSTE.** Park Street ✆ (01993) 811420.

- ■ **BANQUES.** Barclays sur Park Street.

Hébergement

- ■ **HAMILTON HOUSE. 43 Hill Rise, Old Woodstock** ✆ **(01993) 812206.** Un B & B qui donne sur Blenheim Park. Toutes les chambres ont une salle de bains et une télévision couleur.

- ■ **REGENT GUEST-HOUSE. 46 Oxford Street** ✆ **(01993) 811004.** Un B & B dont toutes les chambres ont une salle de bains et une télévision couleur. Quelques chambres ont un lit à baldaquin. Parking.

- ■ **THE CROWN INN. 31 Market Street** ✆ **(01993) 811117.** *Simple : £50, double : £60.* Un relais du XVIIIe siècle transformé en pub qui fait aussi hôtel. Huit chambres, dont certaines avec salle de bains. Bar et restaurant.

- ■ **THE FEATHERS HOTEL. Market Street, Woodstock** ✆ **(01993) 812291 – enquiries@feathers. co.uk –** *De £135 à £185 pour les petites doubles.* Voilà un autre hôtel qui vaut le détour, son jardin tranquille pour l'été et sa fontaine aident à se plonger dans l'indolence et le flegme britannique autour d'un brandy. Pour les chambres et pour deux personnes demander impérativement la n° 54 (Partridge) une toute petite maison à charpente apparente à peine à deux mètres du sol. L'intérieur est mignon à croquer et antiquo-victorien.

- ■ **MACDONALD BEAR HOTEL. Park Street** ✆ **(0870) 830 4812 (de Grande-Bretagne uniquement) / (01506) 815 142 (de l'étranger) – Fax : (01993) 813380 – www.bearhotelwoodstock. co.uk –** *Simple : £140, double : £160.* Certaines chambres sont moins chères : se renseigner à l'avance est impératif. On dit que Liz Taylor et Richard Burton y passaient des séjours en amoureux. Encore un relais de coche du XIIIe siècle qui restera sans doute comme un des plus beaux de la région. Massif, tout en pierre, les chambres qui donnent sur le parking sont assez calmes et donnent une nette intimité à ce lieu. D'autres chambres sont dans une aile séparée et l'on doit sortir par le parking pour prendre son petit-déjeuner.

- ■ **KING'S ARMS HOTEL. 19 Market Street, Woodstock** ✆ **(01993) 813636 – Fax : (01993) 813737 – enquiries@kings-woodstock.fsnet.co.uk –** *Simple de £70 à £100 les doubles de £110 à £150.* Un maître mot : zen. La propriétaire a voulu absolument se démarquer de ses concurrents locaux, dans un style carrément japonisant. Les chambres sont réduites à leurs plus simples fonctions : un lit, des tables de chevet et une télévision. Le mobilier est massif et les murs d'un blanc immaculé. Belle réussite : « Je trouve mes chambres assez masculines » avance la propriétaire. Le restaurant est tenu par un chef français qui propose une carte surprenante qui met l'eau à la bouche : du chèvre avec sa crème au basilic, sa coriandre et une salsa de tomates. Les plats sonnent tous méditerranéens. Un hôtel qui se fait incontournable à Woodstock pour des prix très corrects.

Restaurants

■ **HARRIET'S. High Street** ✆ **(01993) 811231.** Pâtisserie et salon de thé.

■ **BAR TREACLE. 59 Oxford Street** ✆ **(01993) 813582.** Pub qui sert des repas midi et soir dans une ambiance authentique : bougies, poutres apparentes…

■ **THE BLACK PRINCE. 2 Manor Road, Old Woodstock** ✆ **(01993) 811530.** Pub près d'une rivière qui fait aussi restaurant. Parking.

Manifestations

▶ **Mai :** fête de l'artisanat à Blenheim.

▶ **Juin :** feu d'artifice et carnaval.

▶ **Août : journée du maire.** Un faux maire est élu puis jeté à l'eau pour remémorer le temps où l'on se moquait allégrement de certains maires…

▶ **Septembre :** concours hippique à Blenheim.

Points d'intérêt

Partez de Hope House pour arriver dans Oxford Street, puis Market Street, le cœur de la ville. Passez le Bear Hotel, une auberge datant du Moyen Age, pour arriver à l'église Saint Magdalene. Garrett House et Fletcher's House se trouvent à proximité. Enfin, Park Street vous mènera à Blenheim Park (noter l'arche).

■ **WOODSTOCK MUSEUM. Park Street** ✆ **(01993) 811456.** *Ouvert tous les jours en été, fermé le lundi en hiver.* Le musée retrace l'histoire de la ville et de ses environs, ainsi que son artisanat d'époque.

■ **ROUSHAM HOUSE AND GARDENS** ✆ **(01869) 347110.** *Ouvert le mercredi et le dimanche.* Une maison du XVIIe siècle et ses jardins.

■ **BLENHEIM PALACE, Woodstock** ✆ **(01993) 811325.** *Ouvert tous les jours de mi-mars à fin octobre de 10h30 à 17h30.* C'est ici qu'a vécu le duc de Marlborough, qui gagna contre les Français en 1704 la bataille de Blenheim, et c'est ici qu'est né Winston Churchill (une exposition retrace sa vie à travers ses objets quotidiens). Le jardin a été dessiné par Capability Brown. Restaurant, buffet, cafétéria et boutique.

Shopping

■ **ANTIQUAIRES :** sur Market Place et dans Oxford Street.

■ **SCANDINAVIAN GIFT SHOP AND COIFFURE OF COPENHAGEN. 17 High Street** ✆ **(01993) 812333.** Que ce soit pour une coupe de cheveux ou un cadeau, un air du Nord de l'Europe.

▶ **Gants sur Market Place** en cuir, en laine ou en daim compter £50. **Des chapeaux** aussi dont la magnifique casquette à rebords de Sherlock Holmes.

Loisirs

■ **PISCINE.** En saison à Shipton Road ✆ (01993) 811785 ou piscine couverte ouverte toute l'année à Oxford Road, Kidlington ✆ (01865) 376368.

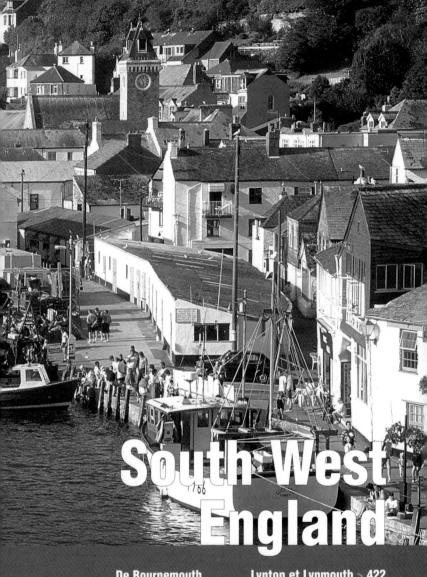

South West England

South West England

Avon, Wiltshire, Somerset, Dorset, Devon et Cornouailles… La longue péninsule qui constitue le Sud-Ouest de l'Angleterre révèle ses merveilleux paysages naturels aux regards des nombreux touristes. Le parc national d'Exmoor, où s'ébattent en liberté poneys sauvages et cerfs, est couvert de bruyères et de landes ancestrales. Dartmoor, plus au sud, surprend par sa taille et ses étonnants paysages inhabités. Tous deux méritent d'être visités tant l'atmosphère qu'ils dégagent diffère.

Quant aux Cornouailles, ses paysages maritimes sont grandioses tant sur la Manche que sur l'Océan.

Revenu dans les terres, le voyageur ne peut quitter l'Angleterre sans passer par Stonehenge, le site mégalithique le plus célèbre du monde. Vieux de 5 000 ans mais construit à travers différentes périodes, Stonehenge impose le respect. Le doute qui subsiste quant à la technique employée pour mettre sur pied un tel édifice renforce le sentiment troublant qui sommeille en nous.

Enfin, les grandes villes (Salisbury, Bath, Wells…) offrent des possibilités de découvertes culturelles remarquables.

■ DE BOURNEMOUTH À PLYMOUTH ■

BOURNEMOUTH

155 000 habitants. En 1810, la femme du capitaine Lewis Tregonwell tombe amoureuse du climat sain de la région du Dorset et s'y installe avec son mari. Aujourd'hui, Bournemouth est devenue une station balnéaire au succès croissant et aux jardins soignés. La longue plage, qui s'étend de Hengistbury Head à Poole Harbour représente un attrait majeur. La station balnéaire par excellence : si Brighton se distingue par ses pubs et sa vie alternative, Bournemouth reste la station familiale où les jeunes couples s'y prélassent tandis que leurs enfants mangent une glace ou sont à la plage. Ses pins le long de la côte lui donnent un petit air de Bretagne, qui rappelle un peu La Baule-les-Pins.

Avec deux millions de visiteurs par an, Bournemouth emploie 8 000 personnes dans le tourisme !

Transports

■ **BUS.** La compagnie National Express assure la liaison avec Londres et Oxford.

■ **TRAIN.** Train toutes les demi-heures depuis/vers London Waterloo (2h). GARE. Holdenhurst Road ✆ (01202) 292474.

■ **FERRY** ✆ (01202) 429119.

■ **LOCATION DE VELOS** ✆ (01202) 315855.

Les immanquables du Sud-Ouest

▶ **Déambulez dans les rues de Bath** et admirez les chefs-d'œuvre d'architecture de style Régence.

▶ **Plongez dans le monde des druides à Stonehenge,** la plus grande structure préhistorique d'Europe, datant du néolithique et de l'âge de bronze.

▶ **Passez un week-end à Bristol,** ville étudiante qui a vu naître Tricky, Beth Gibbons de Portishead et Massive Attack.

▶ **Prenez votre temps pour explorer la région des Cornouailles** et ses charmants petits villages de pêcheurs (Saint Yves, Polperro…).

▶ **Appréciez la nature sauvage du parc national de Dartmoor.**

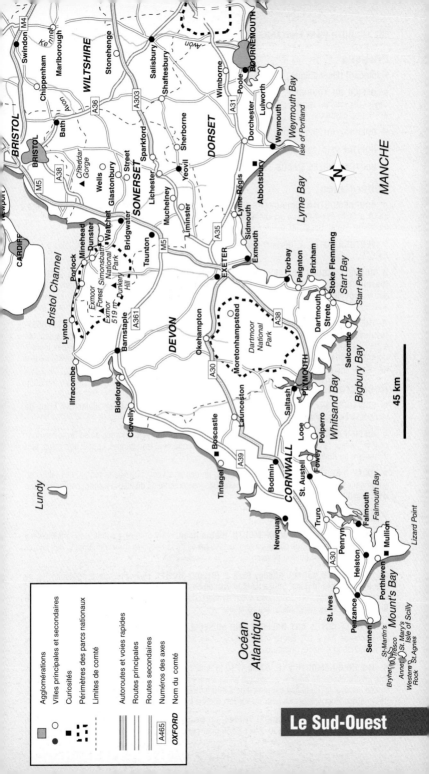

Le Sud-Ouest

Pratique

▶ **Indicatif téléphonique :** (01202).

■ **OFFICE DU TOURISME. Westover Road** ✆ **(01202) 451700 – www.bournemouth.com –** *Ouvert du lundi au samedi de 9h30 à 17h30 et le dimanche de 10h30 à 17h de mai à septembre.* Brochures payantes.

■ **POLICE** ✆ (01202) 552099.

■ **HOPITAL** ✆ (01202) 303626.

■ **VISITES GUIDEES EN BUS.** Friday Guide ✆ (01789) 294466.

Hébergement

■ **BOURNEMOUTH BACKPACKERS. 3 Frances Road** ✆ **(01202) 299491 – info@backpackers. co.uk** – *Prix : £11 à £15 en dortoir. A moins de 5 min du centre et de la gare.* On peut louer un vélo à côté de l'hôtel. Spécialité du lieu : pas de couvre-feu et ouvert 24h/24.

■ **VENTURA HOTEL. 1, Herbert Road** ✆ **(01202) 761265.** *Bed and Breakfast. Doubles à partir de £45.*

■ **RUSSELL COURT HOTEL. Bath Road** ✆ **(01202) 295819 – Fax : (01202) 293457 – russelcrt@aol.com** – *Doubles à partir de £75.* Un hôtel qui se révèle providentiel quand tous les autres sont pleins, les chambres simples sont petites, voire carrément étriquées, mais les doubles sont de tailles confortables et vastes. Possibilité de demander une chambre avec vue sur la mer.

■ **THE ROYAL EXETER HOTEL. Exeter Road** ✆ **(01202) 438000 – Fax : (01202) 297963 – royalexeterhotel@aol.com** – *A partir de £80 pour une chambre double.* Seulement à deux minutes à pied de la plage et de la jetée. Cet hôtel du XIXᵉ siècle est idéal pour résider quelques jours à Bournemouth, la proximité de la plage étant un de ses atouts principaux. Il est nouvellement couplé au « Cube », un restaurant plutôt design et branché de Bournemouth.

Restaurants

■ **EDWARDS. Sur Exeter's Crescent en terrasse.** *Compter £12 pour un menu.* Bon choix de viandes, très anglais avec ses frites à toutes les sauces.

■ **UN FISH AND CHIPS. Sur old Christ Chursh Road.** Les couleurs criardes de sa façade annoncent la couleur : pas plus pittoresque, moderne et étrangement traditionnel. Le fish and chips, plat du pauvre au Royaume-Uni.

■ **DAISY O'BRIEN'S. Sur Old Christ Church.** Un des plus vieux pubs de la région. Les tables en ont pris un sacré coup, le vernis se craquelle. Des instruments de distillerie trônent comme vestige d'un passé révolu.

Points d'intérêt

■ **LA CATHEDRALE DE BOURNEMOUTH. Hinton Road.** Mary Shelley, l'auteur de *Frankenstein* y est enterrée. Sur le parvis quelques tombes des héros de la Seconde Guerre mondiale, des pilotes de la Royal Air Force pour la plupart.

■ **THE SHELLEY ROOMS. Shelley Park** ✆ **(01202) 303571.** *Ouvert du mardi au dimanche, de 14h à 17h. Entrée gratuite.* Située dans le Boscombe Manor, l'exposition retrace la vie, l'œuvre et les amis de Shelley vers 1822, peu avant sa mort. Une petite bibliothèque sur Shelley est à votre disposition si vous savez (bien) lire l'anglais.

■ **RUSSELL-COTES ART GALLERY AND MUSEUM. Russell-Cotes Road.** *Ouvert du mardi au dimanche de 10h à 17h. Entrée gratuite.* Belle collection d'art, composée entre autres de peintures victoriennes et d'objets orientaux.

■ **THE BOURNEMOUTH EYE.** *Adulte : £10 et enfant : £6. Dans le parc de Lower Gardens.* Dans une montgolfière, on admire le paysage jusqu'à voir l'île de Wight, Poole et New Forest. Une expérience incroyable. Le ballon est rempli de 6 000 mètres cubes d'hélium et s'élève à une hauteur de 150 mètres. Pour vaincre sa peur du vertige, il n'y a pas meilleur moyen.

■ **ILE DE BROWNSEA** ✆ **(01202) 707744.** On trouve facilement en saison un ferry partant de Bornemouth ✆ (01202) 558550. Prix : £7,50 pour cette petite île de 500 hectares appartenant au

National Trust. En 1907, lord Baden Powell y installa le premier camp scout. Ses plages tranquilles, ses sentiers de marche et ses belles vues côtières sont séduisants. Le rare écureuil roux y vit. Le café Villano permettra une halte pour un snack et un thé.

Shopping

■ **DORSET CRAFT GALLERIES. 93 Belle Vue Road** ✆ **(01202) 429644.** Se renseigner sur les fréquentes démonstrations d'artisanat (poterie, gravure, aquarelle, enluminure…).

■ **ENIGMA. 100, Old Christ Church Road.** Le temple de l'ésotérisme : des bougies aux différentes essences, une grande sélection de divers encens, des livres sur le dalaï-lama et sa façon de voir la vie, des bouddhas divers et surtout des CD pour méditer, comme le chant des baleines.

POOLE

135 000 habitants. Ancien port médiéval, Poole a conservé un vieux quai resté très charmant malgré l'afflux touristique. De nombreux entrepôts sont alignés le long du quai qui offre une vue sur l'une des plus grandes baies du monde.

Pratique

▶ **Indicatif téléphonique :** (01202).

■ **OFFICE DU TOURISME. The Quay** ✆ **(01202) 253253.** Propose parfois des billets combinés pour plusieurs attractions.

Manifestations

▶ **Roman Legion Week-end :** fin juillet, une légion romaine s'installe à Upton Country Park et met en marche les catapultes.

▶ **Novembre :** une tisseuse, un cordonnier, un moine et un cuisinier du Moyen Age montrent leur savoir-faire au musée Csaplen's Court, High Street.

Points d'intérêt

■ **WATERFRONT MUSEUM. 4 High Street** ✆ **(01202) 683138.** *Ouvert tous les jours de 10h (midi le dimanche) jusqu'à 17h d'avril à octobre et jusqu'à 15h de novembre à mars.* L'histoire de la ville depuis l'occupation romaine aux contrebandiers en passant par le Moyen Age et le premier camp scout à l'île de Brownsea.

■ **POOLE POTTERY MUSEUM & FACTORY TOUR. The Quay** ✆ **(01202) 666200.** *Ouvert toute l'année du lundi au samedi de 9h30 à 15h30 (dernier tour). Visite : £3,50.* Processus de production et histoire artistique de la fabrique depuis 1873.

Loisirs

■ **TOWER PARK** ✆ **(01202) 723671.** *A 2 miles au nord-est de Poole. Parking gratuit.* Toboggans aquatiques, jeux pour les plus petits, 10 salles de cinéma, jeu de pistolet laser grandeur nature, discothèque, bowling et restaurants dans un grand centre de divertissement couvert.

■ **THE DORSET COAST PATH.** Ce sentier de randonnée débute à Poole et suit toute la côte sud du Dorset jusqu'à Lyme Regis. Les randonneurs mettraient en moyenne 5 jours pour le faire en entier, temps de visite compté. Les plus beaux endroits sont Durdle Door, Lulworth Fossil Forest et Old Harry Rocks vers Lulworth, puis le Golden Cap et Charmouth (fossiles) près de Bridport.

■ **PÊCHE.** Partir une demi-journée en mer sur une bateau de pêche est une activité très populaire à Poole. Renseignements : Poole Sea Angling Centre (en face de l'office de tourisme) ✆ (01202) 676597 ou Sea Fishing sur le Quay ✆ (01202) 679666.

Dans les environs

■ **COMPTON ACRES. Canford Cliffs** ✆ **(01202) 700778.** *Ouvert toute l'année de mars à octobre de 10h à 18h (ou à la tombée de la nuit). Adulte : £5,95, enfant : £3,95 (£2 pour tout le monde en hiver).* Superbes jardins, réputé être l'un des plus beaux d'Europe, dans un parc orné de sculptures en marbre et en bronze. Noter le jardin japonais et son pavillon rouge, construit spécialement par des Japonais. Parking gratuit et vente de plantes toute l'année.

LULWORTH

Les deux villages de West Lulworth et East Lulworth mènent à Lulworth Cove, une crique calme et sublime. Près de là, vous découvrirez Durdle Door, une arche naturelle somptueuse creusée dans la falaise.

Pratique

▶ **Indicatif téléphonique :** (01929).

■ **OFFICE DU TOURISME ET MUSEE. Heritage Centre.** Près de Stair Hole.

Transports

▶ **En voiture,** partir de Weymouth et prendre la Wareham Road. Tourner à droite de l'A352 à Owermoigne.

■ **BUS.** Le bus 103 circule entre Dorchester et Lulworth Cove cinq fois par jour du lundi au samedi (40 minutes).

Hébergement

■ **DURDLE DOOR Caravan Park** ✆ **(01929) 400200.** Camping caravaning situé au-dessus de Durdle Door.

■ **LULWORTH COVE YHA HOSTEL. School Lane, West Lulworth** ✆ **0870 770 5940.** *Ouvert de mars à octobre. Adulte : £11 ; enfant : £8.*

Point d'intérêt

■ **LULWORTH CASTLE AND PARK. East Lulworth, Wareham** ✆ **(01929) 400510.** *Ouvert tous les jours de l'année, ouvert de 10h à 18h d'avril à fin octobre et de 10h à 16h de novembre à mars.* La tour de ce manoir de chasse du XVIIe siècle offre une belle vue sur la région.

Dans les environs

S'arrêter à East Chaldon, mignon petit village. A pied, explorer Stair Hole, Saint Oswald's Bay ou Man O'War Cove et Durdle Door (l'Etretat de la région des Purbecks, à 6 km à pied de East Chaldon). Lulworth Cove est une crique protégée de la mer, d'un bleu sublime par beau temps.

Plus à l'est, marcher dans la Fossil Forest, qui donne sur la mer.

WEYMOUTH

46 000 habitants. Une station balnéaire typiquement anglaise, avec plage de sable fin, promenades à dos d'âne, pédalos et, surtout, une foule de touristes dès que le soleil montre le bout du nez. C'est au XIXe siècle que George III fit des bains de mer une cure à la mode contre les maladies nerveuses, déclenchant ainsi une affluence saisonnière vers les villes côtières et le début du tourisme. Une statue à sa gloire s'élève dans la ville.

Le Wessex est le pays de Thomas Hardy (1840-1928), qui naquit près de Dorchester et vécut à Londres comme architecte puis à Weymouth à « Max Gate », maison qu'il avait lui-même dessinée.

Transports

■ **TRAIN.** Liaison toutes les heures avec Londres via Dorchester, Bournemouth et Southampton. Egalement des trains pour Bath et Bristol.

■ **BUS.** National Express relie Weymouth à Londres une fois par jour. Egalement des bus locaux pour Dorchester.

Pratique

▶ **Indicatif téléphonique :** (01305).

■ **OFFICE DU TOURISME** ✆ **(01305) 785747.** The Esplanade.

■ **POLICE. Dorchester Road** ✆ (01305) 251212.

■ **HOPITAL. Melcombe Avenue** ✆ (01305) 760022.

■ **PHARMACIE. Unichem, King Street** ✆ (01305) 786073.

> L'abbaye de Sweetheart, Dumfries and Galloway en Ecosse

> La côte de Boscastle dans les Cornouailles

ans les Cornouailles

■ **JOUR DE MARCHE :** le jeudi.

Attention ! Les boutiques ferment plus tôt le mercredi.

Hébergement

■ **CHANDLERS HOTEL. 4 Westerhall Raod** ✆ **(01305) 771341 – Fax : (01305) 830122 – www. chandlershotel.com** – *Doubles à partir de £70*. Hôtel victorien à 100 m du bord de mer, les chambres ont selon disponibilité, un jacuzzi.

Sortir

▶ **Nombreux pubs dans Hope Square** (Excise House, The Galley Bistro, The Dorset Ale House) et le long de l'esplanade.

■ **O'FLANNIGAN'S. Westham Road** ✆ **(01305) 778098.** Musique deux à trois fois par semaine.

Manifestations

▶ **Début mai :** festival international de Cerfs-volants.

▶ **Fin mai :** fête de l'huître.

▶ **Début juin :** festival de Jazz.

▶ **Mi-juin :** fête internationale militaire des Vétérans.

Points d'intérêt

■ **SEALIFE PARK. Preston Road** ✆ **(01305) 788255.** Aquarium abritant notamment des requins et des pieuvres. Bien pour les enfants.

■ **THE NOTHE FORT. Barrack Road** ✆ **(01305) 787243.** *Ouvert de 10h30 à 17h du 18 mai au 21 eptembre, sinon le dimanche uniquement de 14h à 16h. Adulte : £3,50 ; enfant : £1.* Superbes remparts et canons encore visibles. Les 70 chambres du fort expliquent les 2 000 ans d'histoire du site et la vie des soldats qui y vivaient.

■ **WEYMOUTH MUSEUM. Timewalk and Brewers Quay** ✆ **(01305) 777622.** *Ouvert tous les jours de 10h à 17h. Entrée gratuite*. Histoire maritime de la ville.

■ **DEEP SEA ADVENTURE. 9 Custom House Quay, Old Harbour** ✆ **(01305) 760690.** *Ouvert de 9h30 à 20h l'été et de 9h30 à 19h l'hiver. Adulte : £3,75 ; enfant : £2,75.* Pour tout savoir sur l'exploration sous-marine et ses exploits, ainsi que l'histoire du Titanic. Bien adapté pour les enfants.

Les brasseries du Dorset

Devenish

A Weymouth depuis 1252, la brasserie ferma un an du fait des bombardements allemands en 1941. Rachetée par Greenalls Inns, elle est aujourd'hui fermée.

Palmer's

En 1794, la famille Gundry fonde la brasserie à Bridport, au confluent des rivières Asker et Brit. On peut encore la visiter d'avril à octobre. Demander à Palmer's Wine Store, près de la brasserie.

Hall & Woodhouse

En 1777, Charles Hall obtient un contrat d'approvisionnement de bière Ansty pour le camp militaire à Weymouth. C'est devenu une société anonyme qui a déménagé à Blandford Saint Mary.

Eldridge Pope

En 1837, Sarah et Charles Eldridge fondent une brasserie à Dorchester. Après la mort de Charles, Sarah utilise le chemin de fer qui vint à Dorchester en 1847. Les Pope prirent une partie du capital en 1870. C'est la bière la plus forte d'Angleterre (cf. *Livre des records*).

SHERBORNE

9 500 habitants. Magnifique petit village, assez préservé des touristes étrangers. Nombreuses constructions médiévales et splendide abbaye.

Pratique

▶ **Indicatif téléphonique :** (01935).

■ **OFFICE DU TOURISME.** 3, Tilton Court, Digby Road ✆ (01935) 815341.

Hébergement – Restaurants

■ **THE OLD VICARAGE. Sherborne Road, Milborne Port** ✆ **(01963) 251117 – Fax : (01963) 251515 – www.milborneport.freeserve.co.uk –** *A partir de £68 pour une chambre double.* En 1896, Sir William Wedlicot succomba au caprice du petit dernier, futur curé de sa paroisse, et lui construisit cette magnifique bâtisse de style gothique. Offrant une vue unique sur l'arrière-pays, ce manoir impose sa force et son caractère. Les propriétaires, Jorgen (Allemagne) et Anthony (Hong-Kong) ont su créer un univers chaleureux et attirant à travers une décoration extrêmement variée. Anciens restaurateurs londoniens, ils vous proposent leurs spécialités chaque week-end. A ne pas manquer.

■ **THE THREE WISHES. 78, Cheap Street** ✆ **(01935) 817777.** *Ouvert de 9h à 17h et de 11h à 16h le dimanche.* Sandwichs, plats et pâtisseries typiquement anglais. Tout est fait maison, les plats sont frais et rapidement servis. Salon très populaire auprès des Anglais qui viennent goûter aux délicieuses pâtisseries de Mme Khingar. Ne manquez pas le stodger aux raisins, spécialité locale.

Points d'intérêt

■ **ABBAYE DE SHERBORNE** ✆ **(01935) 815191.** *Ouvert de 8h30 à 18h en été et 16h en hiver.* A l'origine une église saxonne, elle devint une abbaye bénédictine en 998 et fut ensuite largement agrandie et décorée. Il s'agit d'un des plus beaux exemples de style gothique perpendiculaire du pays. La caractéristique la plus marquante de l'abbaye reste ses magnifiques voûtes en éventail, propres à l'Angleterre. Celle qui surplombe le chœur est la plus ancienne grande voûte construite en Angleterre.

■ **SHERBORNE CASTLE** ✆ **(01935) 813182.** *Ouvert de Pâques à septembre les mardi jeudi, et dimanche de 11h à 16h30 et le samedi de 14h30 à 16h30. Entrée : £5,75.* Construit en 1594 par Sir Walter Raleigh, le château devint ensuite la propriété de la famille Digby en 1617 et le resta jusqu'à nos jours.

■ **SHERBORNE OLD CASTLE** ✆ **(01935) 812730.** *Ouvert tous les jours d'avril à octobre de 10h à 18h ou à la tombée de la nuit ; de novembre à mars, ouvert du mercredi au dimanche, de 10h à 13h et de 14h à 16h. Adulte : £230 ; enfant : £1,20. Près de Yeovil. Pour s'y rendre, quitter Weymouth vers Dorchester et Yeovil par l'A37, puis s'orienter vers Shaftesbury sur l'A30.* Seules quelques ruines imposantes rendent compte de ce qui dut être, au XIIe siècle, un chef-d'œuvre massif. Devenu la propriété de sir Walter Raleigh, il fut très abîmé pendant la guerre civile de 1645, ayant été assiégé par Cromwell pendant 16 jours.

DORCHESTER

La ville où vécut l'écrivain Thomas Hardy.

Pratique

▶ **Indicatif téléphonique :** (01305).

■ **OFFICE DU TOURISME. Unit 11, Antelope Walk** ✆ **(01305) 267992.** *Ouvert du lundi au samedi de 9h à 17h et le dimanche de 10h à 15h de mai à septembre et du lundi au samedi de 9h à 16h d'octobre à avril.*

Points d'intérêt

■ **THE KEEP MILITARY MUSEUM. The Keep, Bridport Road** ✆ **(01305) 264066 – www.keep militarymuseum.org –** *Ouvert du lundi au samedi de 9h30 à 17h ainsi que le dimanche de 10h à 16h en juillet et août uniquement. Adulte : £3,50 ; enfant : £2,50.* Infanterie, cavalerie, artillerie du

Devon et du Dorset : uniformes, armes et médailles racontent la vie de ces troupes. Belle vue sur Dorchester depuis le fort.

■ **THE DINOSAUR MUSEUM.** Icen Way ℰ **(01305) 269880 – www.thedinosaurmuseum. com –** *Ouvert tous les jours de 9h30 à 17h30. Fermé à 16h30 de novembre à mars. Entrée : adulte : £6 ; enfant : £4,50.* Le seul musée de Grande-Bretagne consacré uniquement aux dinosaures. On peut les voir, les toucher (modèles grandeur nature !). Pour les plus jeunes et ceux que Jurassic Park a fascinés.

■ **DORSET COUNTY MUSEUM.** High West Street ℰ **(01305) 262735 – www.dorsetcounty museum.org –** *Ouvert du lundi au samedi de 10h à 17h ainsi que le dimanche de juillet à septembre. Entrée £5/£4.* Toute l'histoire du Dorset, depuis les dinosaures jusqu'à l'époque victorienne en passant par les Romains et Thomas Hardy...

■ **NEW BARN FIELD CENTRE.** Bardford Peverell ℰ **(01305) 267463.** *Ouvert au mois d'août uniquement, tous les jours de 10h à 17h. Entrée : £3,50/£2.* Exposition sur la vie quotidienne et sur les outils qu'on utilisait à l'âge de fer. Boutique et restaurant. Pour s'y rendre, sortir de Dorchester par l'A37 vers Yeovil. Tourner à gauche vers Bradford Peverell.

Dans les environs

■ **CRICKET ST THOMAS.** Chard ℰ 0891-884501. *Ouvert tous les jours de 10h à 18h en été et de 10h à 16h30 en hiver.* Manoir et jardins, lions de mer, animaux exotiques, jeux d'extérieur pour les enfants et attractions. Quitter Dorchester vers l'ouest. Tourner à droite à Bridport direction Ilminster et passer dans Crewkerne par l'A356. Tourner à gauche sur l'A30.

■ **MILL HOUSE CIDER MUSEUM.** Owermoigne ℰ **(01305) 852220.** *Ouvert tous les jours de 9h à 17h.* Un musée vivant et en fonctionnement, avec des presses originales qui ont été restaurées. Prendre l'A352 jusqu'à Owermoigne, puis tourner à gauche direction Crossways.

■ **KINGSTON MAURWARD GARDENS.** Dorchester. *Ouvert tous les jours de 10h à 17h30. Adulte : £4, enfant : £2,50 (entrée pour les jardins, la ferme aux animaux).* Environ 17 hectares de jardins (anglais) s'étendent autour de la rivière Frome. Des terrasses en pierre et des balustrades créent une multitude de jardins intimes. Beau terrain de croquet. Une petite ferme se trouve à proximité pour les plus jeunes, ainsi qu'un « Nature Trail », ou circuit aventure, qui permet de découvrir les différentes espèces de plantes et essences d'arbres.

■ **ATHELHAMPTON HOUSE AND GARDENS** ℰ **(01305) 848363.** *Situé sur l'A35, à l'est de Dorchester, près de Puddletown. Parking gratuit. Se renseigner sur les événements comme le festival floral et la fête artisanale. Ouvert du 1er mars au 1er novembre du dimanche au jeudi, de 10h30 à 17h. Entrée £8, gratuit pour les enfants.* La maison datant du XVe siècle présente sa bibliothèque, son grand hall, a King's Room... Le jardin est à l'égal de la maison, avec une pelouse bordée d'ifs pyramidaux, des fontaines, des collections florales suivant les saisons...

▶ **Au nord, le géant de Cerne Abbas** à l'appareil génital proéminent et turgescent, prendre la route A352. Il fait 60 m de haut, son origine est méconnue.

LYME REGIS

Ce n'est pas seulement un joli petit port et une charmante station balnéaire de style Régence. Historiquement, la ville remonte à l'époque saxonne. En 774, un roi saxon accorda des terres à l'église de Sherbone, afin que les moines puissent récolter le sel marin. En 1284, la ville reçut la première charte royale, document au bas duquel Edouard Ier apposa sa signature, offrant ainsi à Lyme Regis son premier titre de gloire.

A travers les siècles, la ville attira de nombreuses personnalités : Jane Austen, la grande romancière du XVIIIe siècle, après deux séjours à Lyme Regis, utilisa son cadre pour l'un de ses plus célèbres romans, *Persuasion*. Henri Fielding s'inspira de la belle Sarah Andrews, qu'il connut à Lyme Regis (suffisamment intimement pour provoquer un beau scandale) pour créer le personnage de Sophie, héroïne de son roman *Tom Jones*. Plus récemment, John Fowles, pour l'adaptation cinématographique de son roman *La maîtresse du lieutenant français*, situe à Lyme Regis les amours de Meryl Streep et Jeremy Irons. Les figurants furent recrutés sur place, parmi les habitants... Décidément, Lyme Regis est un ravissant petit port et une délicieuse station balnéaire !

Pratique

▶ **Indicatif téléphonique :** (01297)

■ **OFFICE DU TOURISME.** Guildhall Cottage, Church Street ✆ (01297) 442 138.

SIDMOUTH

Ancienne station balnéaire très en vogue au XIXᵉ siècle, Sidmouth est aujourd'hui célèbre pour son festival des arts traditionnels. Le front de mer est agréable, Sidmouth compte de nombreux bâtiments classés et est entouré de très jolis villages.

Pratique

▶ **Indicatif téléphonique :** (01297).

■ **OFFICE DU TOURISME. Swimming Pool Building, Ham Lane** ✆ **(01395) 516441.** *Ouvert de Pâques à octobre de 10h à 17h tous les jours, en hiver de 10h à 16h.*

Hébergement

Lors du Folk Festival, un camping est installé en dehors de la ville, avec des navettes qui font le trajet.

■ **SALCOMBE REGIS CAMPING AND CARAVAN PARK, Sidmouth** ✆ **(01395) 514303.** *Ouvert de mars à octobre. Prix : £7,95 à £13,50 pour une tente occupée par deux personnes.* Certains emplacements ont une vue sur la mer.

■ **THE RED LION INN. Fore Street. Sidbury** ✆ **(01395) 597313.** *A partir de £18 par personne.* B & B familial dans une auberge datant du XVIIᵉ siècle. Egalement un bon pub-restaurant.

■ **CANTERBURY GUEST HOUSE** ✆ **(01395) 513373.** *A partir de £18 par personne.* A 400 m de la mer, un B & B dont certaines chambres ont une salle de bains. Parking.

■ **THE ROYAL YORK FAULKNER HOTEL. Esplanade** ✆ **(01395) 513043.** *A partir de £33 par personne. Deux bars, restaurant.* Toutes les chambres ont une salle de bains et une télévision, la plupart offrent la vue sur mer. L'hôtel abrite également un centre de loisirs comprenant un sauna, un solarium et un jacuzzi. Piscine intérieure chauffée gratuite.

■ **SALSTON MANOR HOTEL. Ottery St Mary** ✆ **(01404) 815581 – www.salstonhotel.co.uk –** *Chambres simples à partir de £80 et doubles à partir de £110.* Le Salston Manor Hotel offre la sérénité et la quiétude que lui a apportées son siècle d'existence. Offrant une vue impériale sur le jardin et la campagne environnante, le vieil hôtel est un havre de tranquillité. Certes, la décoration des chambres n'est pas reluisante, mais les lits n'en sont pas moins confortables. Par ailleurs la grande piscine est chauffée par effet de serre et les deux courts de squash sont prêts à relever les défis des sportifs.

Points d'intérêt

■ **SIDMOUTH MUSEUM. Hoppe Cottage.** *Ouvert de Pâques à octobre le dimanche et le lundi de 14h à 16h30 et du mardi au samedi de 10h à 12h30 et de 14h à 16h30.* Artisanat et histoire locale.

■ **NORMAN LOCKYER OBSERVATORY & JAMES LOCKYER PLANETARIUM. Salcombe Hill** ✆ **(01395) 597941.** Un des rares observatoires de Grande-Bretagne ouverts au public. Se renseigner sur le programme à l'office du tourisme avant d'y aller.

Manifestations

▶ **Fin mai :** course de petits voiliers.

▶ **Début août :** festival international des arts traditionnels (Folk Festival). Considéré comme une des meilleurs festivals du genre dans le pays. Plus d'une semaine de concerts et spectacles.

▶ **Fin août :** régates, feu d'artifice.

▶ **Début septembre :** carnaval.

Villages des environs

Branscombe possède des rues étroites pleines de charmes et une plage agréable. Vous pouvez, depuis Branscombe, vous rendre à **Beer** par un chemin pédestre qui longe la côte. Plus au nord, **Ottery Saint Mary** possède une église magnifique construite au XIVe siècle par l'évêque Grandisson. N'hésitez pas à vous perdre dans les rues de ces jolis petits villages.

EXMOUTH

32 000 habitants. Exmouth est une station balnéaire où l'on se rend en famille. Sur le front de mer, la rangée de maisons géorgiennes fait face à une plage agréable. Nombreuses balades intéressantes.

Pratique

▶ **Indicatif téléphonique :** (01395).

■ **OFFICE DU TOURISME.** Alexandra Terrace ✆ (01395) 222299.

■ **HOPITAL** ✆ (01395).225566 ou 273401.

■ **POLICE.** Chapel Street.

■ **CROISIERES. Stuart Line au départ d'Exmouth et de Topsham ✆ (01395) 222114 – www. stuartlinecruises.co.uk –** Egalement pêche au maquereau ou en pleine mer.

Hébergement

■ **WEBBERS FARM CARAVAN PARK. Castle Lane, Woodbury** ✆ (01395) 232276. *Compter de £11 à £16, une tente pour 2.* Emplacements pour tentes et caravanes avec de superbes vues sur la rivière Exe.

■ **BLENHEIM GUESTHOUSE. 39 Morton Road** ✆ (01395) 223123. *A partir de £18 par personne en B & B.* Certaines chambres de la maison jaune et bleue ont une salle de bains, toutes ont une télévision.

■ **THE BARN HOTEL. 4 Foxholes Hill** ✆ (01395) 224411. *Compter de £35 à £47 par personne en B & B.* Hôtel à 200 m de la plage. La plupart des chambres offrent vue sur la mer et toutes disposent d'une salle de bains, d'une télévision et d'un téléphone ainsi que d'un séchoir à cheveux. Terrasse, piscine, green. Les chambres sont non-fumeurs.

■ **THE DEVONCOURT HOTEL. 16 Douglas Avenue** ✆ (01395) 272277 – Fax : (01395) 269315. *Simple : £65 et double : £95.* Hôtel situé dans des jardins tropicaux, avec vue sur la côte. Piscines intérieure et extérieure, sauna, hammam, jacuzzi, solarium, tennis, billard. Chaque chambre a une salle de bains et télévision câblée, réveil, téléphone. Nouvellement rénové, avec ses jardins tropicaux à proximité, c'est un hôtel de choix dans la région.

Restaurant

■ **SUE'S PANTRY COFFEESHOP. 21, Rolle Street. Exmouth** ✆ (01395) 222833. *Ouvert de 8h à 17h30.* Ce petit restaurant est un endroit incontournable pour les Anglais qui viennent pour le lunch, le dîner mais aussi pour prendre une bonne tasse de thé. Les plats servis sont typiques et faits maison. Les pâtisseries sont délicieuses.

Manifestations

▶ **Juillet :** semaine du carnaval.

▶ **Début août :** tournoi de boules.

▶ **Mi-septembre :** show automnal par le club des jardiniers.

▶ **Mi-novembre :** parade illuminée.

Points d'intérêt

■ **LITTLEHAM CHURCH. Littleham Village.** *Ouvert tous les jours jusqu'à la tombée de la nuit.* Une étrange église, dont la nef joint la tour et l'église originelle. Belle aile nord.

■ **A LA RONDE** ✆ (01395) 265514. **A deux miles au nord d'Exmouth, sur l'A376.** *Ouvert d'avril à octobre de 10h30 à 17h, fermé vendredi et samedi. Adulte : £4,50, enfant : £2,20.* Une maison à 16 côtés ! Construite en 1796 par deux sœurs, Jane et Mary Parminter, cette drôle de maison surplombe l'estuaire de l'Exe. La décoration est d'époque : plumes, coquillages, algues, sable et verre.

Dans les environs

■ **BICTON PARK & PLEASURE GARDENS. East Budleigh** ✆ **(01395) 568465.** *Ouvert de Pâques à octobre, de 10h à 18h, ouvert seulement le week-end en hiver. Entrée £5,95/£4,95. Quitter Exmouth vers Budleigh Salterton par la B3178, puis aller vers Newton Poppleford.* Cette attraction rassemble des attractions pour les jeunes et les moins jeunes (train fantôme, aires de jeux, intérieur et extérieur, karting, musée du train) et des jardins : Palm House, jardin italien… Une agréable combinaison pour les jours de beau temps.

■ **POWDERHAM CASTLE.** *Ouvert tous les jours d'avril à octobre de 10h à 17h30, fermé le samedi. Adulte : £7,45, enfant : £4,10.* Le château qui servit pour le tournage du film *Les Vestiges du jour.* Le plus intéressant reste la façon dont il est meublé, qui donne vraiment l'impression d'un lieu vivant : la chambre de musique, le grand hall sont dans l'état dans lequel ils étaient lorsque les Courtenay y habitaient. Le château fut commencé en 1390, mais il subit des modifications jusqu'en 1794. Jardin agréable.

TORQUAY

Torbay se targue d'ailleurs d'être la « Riviera » d'Angleterre. Bon, il ne faut pas exagérer, mais c'est vrai qu'il y a des points communs avec la Côte d'Azur : une marina où s'entassent des bateaux à voile comme des vedettes, une palmeraie conséquente un peu partout dans la ville, des retraités plus que présents et des touristes aux ostentatoires lunettes de soleil… Les rues principales comme Union Street et Fleet Street n'ont pas grand intérêt, bondées et pleines de fast-foods. Seules les hauteurs de Torquay peuvent, par les petites villas et des ruelles tranquilles faire l'affaire pour une balade. On n'oubliera pas que cette ville, par trop dénaturée, est le berceau de LA dame du crime, Agatha Christie.

Pratique

▶ **Indicatif téléphonique :** (01803).

■ **OFFICE DU TOURISME.** Vaughan Parade ✆ 297428. *Ouvert de 9h30 à 18h en semaine et de 10h à 18h le dimanche.*

■ **POLICE.** South Street ✆ (01803) 841312.

■ **HOPITAL.** Lawes Bridge ✆ (01803) 614567.

Transports

Bus

La plupart des bus, dont ceux pour Plymouth et Paignton partent devant le Pavilion.

■ **BUS TRAVEL INFORMATION** ✆ (01803) 613226.

Train

■ **BRITISH RAIL** ✆ (01752) 221300

■ **TORQUAY MARINA** ✆ (01803) 214624.

Location de voitures

■ **EUROPCAR** ✆ (01803) 211194.

Hébergement

■ **GARLIESTON HOTEL. 5 Bridge Road, Torquay** ✆ **(01803) 294050.** *Single : £19,50. Double : £25.* Un des meilleurs rapports qualité/prix de la Riviera britannique, avec breakfast et télévision dans les chambres (nombreuses chaînes).

■ **THE LIVERMEAD HOUSE, Sea Front** ✆ **(01803) 294361 – Fax : (01803) 200758 – www. livermeadhouse.co.uk –** *Chambre double entre £55 et £80.* Tout ce qu'il y a de plus classique en bordure de mer. On aimerait trouver sur notre Riviera à nous plus d'établissements de ce standing, à ces mêmes prix. Tout confort, piscine, squash, sauna et solarium.

■ **THE ROSELAND. Warren Road, Torquay** ✆ **(01803) 213829 – Fax : (01803) 291266.** *Entre £25 et £34.* La vue panoramique est véritablement merveilleuse. L'établissement, confortable et élégant, offre toute la gamme de prestations conformes à sa catégorie.

■ **ATLANTIS HOTEL. 68 Belgrave Road** ✆ **(01803) 292917 – www.atlantishoteltorquay. co.uk –** Simon et Steph tiennent cet hôtel aux prix plus qu'abordables : £20 à £30 par personne et par nuit. Selon la chambre. Elles sont spacieuses et claires.

■ **TORCROFT HOTEL. 28-30 Crof Road** ✆ **(01803) 298292 – Fax : (01803) 291799.** *Prix : £27 à £37 prix par personne et par nuit.* Dans une villa victorienne et sa palmeraie en contrebas, à 250 m de la plage et des boutiques, elle est ouverte toute l'année. Le parking dispose de places permanentes.

Restaurants

■ **VAULTS CELLAR. 23 Victoria Parade, Torquay** ✆ **(01803) 380288.** Bien sûr du poisson, mais cuisiné à la française. On peut accompagner son déjeuner de vin blanc, puisque le restaurant possède une cave remarquable.

■ **HOGSHEAD. High Union Street.** Pour manger rapidement. Cuisine de style hispanique.

■ **WETHERSPOON. Strand Torwoo Street.** Sans doute le pub qui a le plus de personnalité à Torquay, malgré la présence de clients à casquettes et touristes bavarois aux chaussettes blanches montantes jusqu'aux genoux. Un pub énorme.

Sortir

■ **BABBACOMBE MODEL VILLAGE. Hampton Avenue** ✆ **(01803) 328669.** *Ouvert tous les jours de Pâques à septembre de 9h à 22h, du 1er au 31 octobre de 10h à 21h et de novembre à Pâques de 9h à la nuit tombée. Entrée : £6,90/£4,20.* Villes, villages et paysages anglais en miniature, animations (trains, chute d'eau…) et illuminations à la nuit tombante. Plaisir assuré pour petits et grands !

■ **THE RIVIERA INTERNATIONAL CENTRE. Chestnut Avenue** ✆ **(01803) 299992.** Le vrai centre de loisirs, avec restaurant, bar, coffee shop, jeux pour les enfants.

■ **PRINCESS THEATRE** ✆ (01803) 290290.

Manifestations

▶ **Juin :** festival de Danse de la Riviera anglaise. Demander le programme à l'office du tourisme.

▶ **Juillet :** carnaval de Torbay.

Points d'intérêt

■ **TORRE ABBEY. The Kings Drive** ✆ **(01803) 293593.** *Ouvert tous les jours de Pâques à octobre de 9h30 à 18h. Adulte £3/enfant £1,50.* Le plus beau bâtiment ancien de Torquay. Superbe collection de peintures, meubles et antiquités.

■ **TORQUAY MUSEUM. Babbacombe Road** ✆ **(01803) 293975.** *Ouvert du lundi au vendredi de 10h à 16h45, le samedi de Pâques à octobre, aux mêmes horaires et le dimanche, de 13h30 à 16h45.* Pour partager la vie des habitants de Torquay à travers les âges. A voir, également, une exposition sur la vie d'Agatha Christie.

■ **KENTS CAVERN. Wellswood** ✆ **(01803) 294059.** *Ouvert toute l'année, 7j/7.* Le site archéologique le plus ancien de Grande-Bretagne. Les caves, uniques en leur genre, datent de 2 millions d'années.

■ **BYGONES. Fore Street, St Marychurch** ✆ **(01803) 326108.** *Ouvert tous les jours de 10h à 22h l'été, de 10h à 18h l'hiver et de 10h à 14h de novembre à février. Adulte : £4,50 ; enfant : £3.* Revivez les scènes du passé : la boutique de jouets, la tranchée de la Première Guerre mondiale, le salon d'antan… Montez dans un train à vapeur et pilotez-le…

■ **MARCHÉ COUVERT DE MARKET STREET,** en montant la rue sur la gauche. Des halles victoriennes d'un style Art nouveau plus que dépouillé, où se concentrent divers charcutiers et poissonniers.

PAIGNTON

Une station balnéaire qui mériterait sans doute une plus grande considération de la part des habitants de Torquay. Si elle est moins belle et moins charmante, la plage, le long de laquelle s'entassent plusieurs petits cabanons multicolores, est accessible directement depuis la station. Un côté vieille Angleterre de la Belle Epoque. Le centre-ville, par contre, est quasiment dépourvu d'intérêt : aux machines à sous succèdent les jeux vidéos et vendeurs de frites dont les odeurs de friture rendent parfois l'atmosphère pestilentielle. On pourra préférer le parc avec des toboggans pour les enfants et ses vieillards sans âge qui, seuls ou à plusieurs, regardent nonchalamment la vie passer.

Pratique

▶ **Indicatif téléphonique :** (01803).

■ **POLICE.** Southfield Road ✆ (01803) 841312.

■ **OFFICE DU TOURISME.** *Du lundi au samedi de 9h30 à 18h et le dimanche de 10h à 18h.*

Transports

Les gares ferroviaires et routières sont proches l'une de l'autre, près de Sands Road. Bus

■ **BUS TRAVEL INFORMATION** ✆ (01803) 613226.

■ **BRITISH RAIL** ✆ (01752) 221300.

■ **TRAINS A VAPEUR** ✆ **(01803) 555872 – www.paignton-steamrailway.co.uk –** Relient Paignton à Kingswear. Possibilité ensuite de se rendre à Dartmouth en ferry (6 minutes de traversée).

Hébergement

Les hôtels se concentrent sur le front de mer.

■ **CHERWOOD HOTEL. 26 Garfield Road** ✆ **(01803) 556515 – www.cherwood-hotel.co.uk –** *Compter de £20 à £25 par personne, selon la saison, pour des chambres avec salle de bains.* L'hôtel se trouve à 75 m de la plage et comprend un bar et un salon.

■ **ST WEONARDS PRIVATE HOTEL. 12 Kernou Road** ✆ **(01803) 558842.** *De £20 à £25 par personne.* Petit hôtel où l'accueil est aimable. Réductions pour les seniors, les week-ends, le milieu de semaine et les périodes hors saison. Le patron parle français.

■ **SEAWAYS HOTEL. 30 Sands road** ✆ **(01803) 551093 – Fax : (01803) 551167 – seawayshotel@aol.com –** Toujours sur le front de mer, offre un accueil chaleureux et une proximité de la mer à des prix très compétitifs *(de £21 à £27 par personne et par nuit).*

■ **MEADOWFIELD HOTEL. Preston Down Road** ✆ **(01803) 5222987 – www.meadowfield hotel.co.uk –** *De £22,50 à £25 par personne.* Leur devise : « assez grand pour être à l'aise, assez petit pour que l'on puisse prendre soin de soi ». Parfait pour être chouchouté.

Restaurant

■ **BACKSTAGE BISTRO. 29 Hyde Road, Paignton** ✆ **(01803) 522544.** Le menu présente une diversité intéressante, les amateurs de cuisine portugaise, de poisson, de pâtes ou même les végétariens devraient trouver ici de quoi les satisfaire. Le chef n'utilise que des produits frais, pêchés, plantés ou élevés dans la région.

Sortir

■ **PALACE AVENUE THEATRE** ✆ (01803) 558367.

■ **TORBAY PICTURE HOUSE** ✆ (01803) 559544.

Manifestation

▶ **Festival Theatre** ✆ (01803) 558641.

▶ **Août :** régates de voile.

Points d'intérêt

■ **OLDWAY MANSION.** Cette maison appartenait à la famille Singer, qui fit fortune grâce aux machines à coudre.

■ **PAIGNTON ZOO. Totnes Road** ✆ **(01803) 527936.** *Ouvert tous les jours à partir de 10h.* Un des plus grands zoos de Grande-Bretagne. Installé dans un magnifique jardin botanique, il regroupe plus de 1 300 animaux, dont certains en voie de disparition.

■ **PAIGNTON DARTMOUTH STEAM RAILWAY. Queen's Park Station** ✆ **(01803) 555872.** *D'avril à octobre.* Dans la grande tradition de l'Ouest, promenade en train le long de la côte de Torbay, de Paignton à Churston.

Loisirs

■ **SHIPWRECK ISLAND, Quaywest Beach Resort** ✆ **(01803) 555550.** Un ensemble pour la détente, constitué de toboggans aquatiques.

BRIXHAM

En 1850, c'était le plus grand port de pêche d'Angleterre. En 1688, Guillaume d'Orange y débarqua pour se faire couronner sous le nom de Guillaume III. C'est maintenant une grande marina. La réserve de Berry Head procure un panorama spectaculaire.

Pratique

▶ **Indicatif téléphonique :** (01803).

■ **OFFICE DU TOURISME.** Old Market House, The Quay ✆ (01803) 852861.

Hébergement – Restaurant

■ **THE BERRYHEAD HOTEL. Berryhead Road** ✆ **(01803) 853225 – stay@berryheadhotel. com –** *De £45 à £72 par personne.* L'hôtel offre un magnifique panorama au cœur du parc national, à peu de distance à pied de Brixham.

■ **RANSCOMBE HOUSE HOTEL. Ranscombe Road** ✆ **(01803) 882337.** *De £25 à £35. Chambres avec salle de bains.* L'hôtel, situé à 300 m du port, comprend un bar et un parking. Demander une vue sur Torbay.

Sir Francis Drake (1541-1596)

Navigateur. Fils d'un prédicateur protestant, Francis Drake commença sa carrière à l'âge de 25 ans, en commandant un navire négrier. Après un coup de main audacieux – et fructueux – contre le port de Nombre de Dios au Panama, il décida de revenir dans le Pacifique cinq ans plus tard et de se mettre à son compte (avec l'accord tacite de la Couronne britannique, alors en paix avec l'Espagne).

Il réunit quelques navires et cinquante hommes et appareilla, en décembre 1577, pour le premier voyage autour du monde, d'ouest en est, réalisé par un Anglais, non sans avoir entre-temps pillé pour son plus grand profit ports et galions espagnols du Pacifique. Cet exploit légendaire le rendit célèbre et il fut anobli par la reine Elisabeth. Une fois la guerre avec l'Espagne déclarée, en 1585, il partit ravager les colonies espagnoles des Caraïbes, mais cette fois avec des moyens beaucoup plus importants, une escadre de 29 navires.

Comme l'Invincible Armada était en cours de formation dans le port de Cadix, il alla l'attaquer en 1587, puis prit une part décisive aux différentes opérations navales qui virent, en 1588, la défaite complète de la flotte espagnole dans la Manche et, par conséquent, la victoire de l'Angleterre protestante face à la politique de Philippe II. La fin de vie de Drake fut, par contre, marquée par deux échecs : le premier, l'année suivante devant Lisbonne en raison d'un manque de coordination avec les troupes prévues pour le débarquement, et le second, en 1595, aux Antilles sous Porto Rico, dont les fortifications avaient été entre-temps renforcées.

Atteint de dysenterie, Drake mourut en 1596 au Panama, à Porto Bello, et son corps fut immergé.

Manifestations

▶ **Printemps :** Heritage Festival.

▶ **Août :** régates de voile.

Points d'intérêt

■ **BRIXHAM MUSEUM. King Street.** Ce musée retrace l'histoire de la plus vieille cité de la Riviera, de l'âge de pierre à nos jours, avec comme fil conducteur, l'activité maritime de la ville.

■ **THE GOLDEN HIND.** Dans le port de Brixham, ce bateau est une réplique grandeur nature de celui de Sir Francis Drake.

■ **CHURSTON COVE.** Cette plage, ou plutôt cette crique, est difficile à trouver, donc moins surpeuplée. De plus, elle est à l'abri du vent et entourée de verdure. Plage de galets.

Loisirs

■ **CAYMAN GOLF. Churston.** Un nouveau concept du golf : celui-ci est accessible à tous les niveaux, car on joue avec une « Cayman Ball » et un « Shubie Club ».

DARTMOUTH

5 500 habitants. Plus que le semblant de riviera britannique de Torbay, la petite ville de Dartmouth retient toute notre attention. Les plages sont ici très belles et les maisons du XVᵉ siècle ainsi que les antiquaires complètent le charme de la ville. Darmouth se trouve à l'embouchure de la rivière Dart, qui est navigable sur 8 miles jusqu'à Totnes. Elle a servi de port pendant neuf siècles, mais il ne reste aujourd'hui de ce passé que le Britannia Royal Naval College et la régate annuelle. Dartmouth est une station balnéaire très prisée des Anglais qui apprécient son doux climat et le nombre de jours d'ensoleillement. Blackpool Sands, la plage la plus célèbre du coin, est prise d'assaut l'été.

N'hésitez pas à vous éloigner vers des plages moins fréquentées, en particulier, celles qui sont situées vers le sud sur la A379 : immenses et d'une pureté incomparable.

Transports

■ **TRAINS A VAPEUR** ✆ **(01803) 555872 – www.paignton-steamrailway.co.uk –** Relient Kingswear à Paignton. Pour vous rendre à Kingswear, empruntez le ferry (6 minutes de traversée).

■ **FERRY.** Vous pouvez rejoindre Dartmouth en bateau depuis Kingswear ou Totnes. River Link ✆ (01803) 834488 – Site Internet : www.riverlink.co.uk –

■ **MINI-CROISIERES.** Croisière de découverte de la côte, vers Totnes ou croisière le soir. The Red Cruisers. 4 Broadstone ✆ (01803) 832109.

Pratique

▶ **Indicatif téléphonique :** (01803).

■ **OFFICE DU TOURISME.** Mayors Avenue ✆ (01803) 834224 – Fax : (01803) 835631.

■ **INTERNET** sur Newcomen Road à la Public Library.

Hébergement

■ **CAPTAIN'S HOUSE. 18, Clarence Street** ✆ **(01803) 834694.** *Environ £30 par personne.* Un B & B dans une maison géorgienne classée et située au centre-ville.

■ **BROWNS HOTEL. 27-29 Victoria Road** ✆ **(01803) 832572.** *Doubles à partir de £120.* Des chambres claires et récemment redécorées dans un style moderne, en retrait de l'agitation du port. Une bonne étape avant les Cornouailles. Le restaurant à côté est spécialisé dans les tapas.

■ **THE STROKE LODGE. Stroke Fleming Dartmouth** ✆ **(01803) 770523 – mail@strokelodge. co.uk –** *Single : £58 ; double, à partir de £8.* Très bien situé avec une piscine et des bassins intérieurs et extérieurs, un spa, un sauna et un court de tennis (pour les plus sportifs d'entre vous).

■ **A Dittisham, à quelques kilomètres de Dartmouth : FINGAL'S.** Old Coombe ✆ (01803) 722398 – Fax : (01803) 722401 – www.fingals.co.uk – *Chambre double : de £80 à £135 selon la saison.* On n'entre pas au Fingal's comme dans un hôtel, mais plutôt comme dans un moulin. L'endroit respire le luxe raffiné des magnifiques cottages anglais, mais offre une liberté singulière à ses occupants. Ici, chacun se sert au bar, s'emploie à améliorer son lift sur le terrain gazonné ou se détend dans la magnifique petite piscine mais personne ne se tient derrière pour porter le verre, les balles ou la serviette. On pourrait se croire chez soi. La décoration assure une convivialité sans pareil, la salle de billard est magnifique. Seule restriction : se présenter au dîner à la grande table tous ensemble pour faire tendre la convivialité jusqu'au seuil de l'amitié.

Restaurants

■ **KENDRICK'S. 29 Fairfax Place** ✆ (01803) 832328. Petit restaurant bon marché en plein centre-ville. Idéal pour le déjeuner. Les plats sont frais, copieux et d'un très bon rapport qualité/prix. Le service est rapide et le patron a su créer une ambiance chaleureuse. Le restaurant est souvent rempli. Il doit son succès à sa simplicité et à une carte fournie.

■ **SALON DE THE sur Anzac Street.** Sans prétention, les locaux y viennent prendre leur thé Earl Grey avec du lait. Typique, la façade se passe de superflu et d'artifices. Très « genuine ».

Manifestations

▶ **Fin août :** régates.

Points d'intérêt

■ **NEWCOMEN ENGINE HOUSE AND VISITOR CENTRE. Mayors Avenue** ✆ (01803) 834224. En 1712, Thomas Newcomen inventa une machine à vapeur qui devait inspirer la machine à vapeur atmosphérique responsable de la révolution industrielle.

■ **DARTMOUTH CASTLE. Castle Road** ✆ (01803) 833588. *Ouvert d'avril à septembre de 10h à 18h, de 10h à 16h en octobre, et de 10h à 16h, sauf les lundis et mardis de novembre à mars. Entrée : adulte £3,50/enfant £1,80.* Le château date du XVe siècle, il fut bâti pour défendre la côte (et les marchands, qui craignaient des représailles de leurs concurrents) grâce à ses canons imposants. Il fut réutilisé pendant la Seconde Guerre mondiale. Superbes vues sur la côte. En face, Kingswear Castle, visitez au moins l'un des deux ! Se renseigner sur les événements qui ont lieu au château toute l'année.

Shopping

■ **CUNDELLS.** Sur le port, vers le boat float (petite marina fermée), une épicerie qui étale ses fromages anglais comme français, des cheddars fumés aux côtés de bries, des produits du terroir et des confitures estampillées et labellisées Cundells (abricot à l'armagnac) et des chutneys incroyables. Les sandwichs sont délicieux puisque préparés avec les produits de la maison, tous frais.

Dans les environs

■ **SALCOMBE.** Magnifique petit village typiquement british. Les Anglais assez fortunés aiment s'y rendre durant les vacances et les longs week-ends. La petite rue principale est charmante et comporte de nombreux magasins. Au bout du village, la plage est très agréable. Si vous continuez en direction de l'auberge de jeunesse, vous arriverez à un sentier qui longe les falaises. Ne manquez pas cette balade parmi les moutons, elle offre un point de vue fabuleux sur la mer et sur de petites criques. On se croirait en Corse.

PLYMOUTH

250 000 habitants. Haut lieu de la marine anglaise. Drake, Cook et Darwin partirent jadis de Plymouth pour entreprendre leurs célèbres escapades en mer. Près du phare, une plaque commémorative en mémoire des premiers immigrants vers le nouveau monde (1620) : la Mayflower Stone and Steps. Plymouth Hoe représente le cœur de la vieille ville. La légende veut que Sir Francis Drake y attendait patiemment l'Invincible Armada en terminant sa partie de boules. Pour les détails, adressez-vous aux autochtones, ils vous conteront fièrement l'histoire entière…

Pratique

▶ **Indicatif téléphonique :** (01752).

■ **OFFICE DU TOURISME. Island House, 9, The Barbican** ℰ **(01752) 264849 – www.visit plymouth.co.uk –** *Ouvert de 9h à 17h du lundi au samedi et de 10h à 16h le dimanche de mai à septembre, et de 9h à 17h du lundi au vendredi et de 10h à 16h le samedi d'octobre à avril.*

■ **INTERNET.** Carp Internet Cafe. 32, Franfort Gate. *Du lundi au samedi de 9h à 17h.*

Transports

■ **BUS.** National Express dessert de nombreuses villes du pays dont Londres (5h). Bus régional n° X38 pour Exeter. Plymouth City Bus ℰ (01752) 222221.

■ **TRAIN.** Liaison directe pour Londres (3h30) et Bristol (2h). La route pour Exeter qui longe l'estuaire de la rivière Exe est très belle. Plymouth National Rail Enquiry Office ℰ 08457 484950.

■ **VOYAGE TOURISTIQUE EN TRAIN. Tam Valley Line** ℰ (01392) 476338. *Du lundi au samedi, trajets Plymouth-Gunnislake.*

■ **MINI-CROISIERES. Plymouth Boat Cruises partant de Phoenix Wharf** ℰ **(01752) 822797.** Tamar Cruising partant de Mayflower Steps ℰ (01752) 822105.

■ **PARKING LONGUE DUREE EN SEMAINE.** Utiliser le système Park Ride en se garant à Coypool ou à Milehouse, puis en prenant le bus jusqu'au centre-ville.

Hébergement

■ **BACKPACKER'S GUEST-HOUSE. 172 Citadel Road, The Hoe** ℰ **(01752) 225158 – Fax : (01752) 207847 – plymback@hotmail.com –** *A partir de £10 en dortoir. Egalement des chambres privées.* Au milieu de Plymouth, dans les hauteurs. Ça change des Youth Hostels qui deviennent en fait de moins en moins fréquentés par les jeunes tant leurs règles sont pesantes. Ici, même système, mais on n'a pas l'impression que la politique de la maison est un mélange d'aromathérapie et de stalinisme, ouf ! La clientèle est jeune, très cosmopolite, et l'atmosphère relax.

■ **WEST WINDS. Citadel Road** ℰ **(01752) 601777.** *Single : £28 ; double : £40 sans salle de bains, £45 avec.* Un B & B correct et bon marché.

■ **BRITTANY GUEST HOUSE. 28, Athenaeum** ℰ **(01752) 262247.** *Chambres doubles avec douche ou salle de bains : £36/£38. Parking privé.* Un charmant B & B situé au centre-ville.

■ **THE GRAND HOTEL. Elliot Street, The Hoe** ℰ **(01752) 661195 – Fax : (01752) 600653.** *Simple à partir de £90, double à partir de £100.* Construit en 1879, le Grand Hôtel dévoile immédiatement ses charmes hérités de l'époque victorienne. Imposant, il arbore fièrement ses énormes colonnes, symboles d'une puissance passée. A deux pas du phare, il offre une vue unique (lorsque le temps le permet) sur le front de mer. Les quelques chambres avec balcon vous combleront allégrement lors des douces soirées d'été (ça arrive). La décoration est classique mais agréable. Le restaurant propose également une belle vue sur la mer. Petit-déjeuner traditionnel à ne pas rater.

Restaurants

Toutes les chaînes de restaurants sont présentes dans le centre-ville vers Armada Way.

■ **THE STEAK AND OMELETTE. 116-118 Cornwall Street** ℰ **(01752) 669162.** *Ouvert tous les jours de 11h30 à 23h30.* Bonne adresse mais fréquemment bondée. Nombreuses variétés de viandes et d'omelettes (comme le nom l'indique). Le Scotch Steak est fameux. Les plats sont copieux, le rapport qualité-prix est bon et l'atmosphère est presque chaleureuse.

■ **THE TRADING HOUSE. 8 Parade, The Barbican** ℰ **(01752) 257345.** Un restaurant situé, comme la plupart, vers le port. La cuisine est bonne, bien que sans trop de surprise (poisson, steaks, mais également des tapas). Egalement un petit stock de vins à ne pas bouder et des bonnes bières aussi.

■ **SEAFOOD & PASTA. 10 Quay Road, Barbican, Plymouth** ℰ **(01752) 260717.** Un restaurant qui pourrait être presque méditerranéen. Comme son nom l'indique, beaucoup de poissons et de fruits de mer. A agrémenter d'un plat singulier pour Plymouth : la ratatouille.

■ **TANNERS RESTAURANT. Prysten House, Finewell Street** ✆ **(01752) 252001.** *Menu à £12,50 (2 plats) et à £15 (3 plats) le midi et à £24 et £30 le soir.* Un restaurant situé dans la plus vieille maison de la ville. Très bonne cuisine contemporaine.

Sortir

Plymouth possède cinq théâtres.

■ **THEATRE ROYAL** ✆ (01752) 267222.

■ **PLYMOUTH PAVILIONS** ✆ **(01752) 229922.** Pour les concerts et événements sportifs.

■ **DRUM THEATRE** ✆ **(01752) 267222.** Moins grand.

■ **THE ATHENAEUM THEATRE** ✆ **(01752) 266104.** Pour le théâtre amateur.

■ **THE BARBICAN THEATRE** ✆ **(01752) 267131.** Pour les œuvres originales.

Cinémas

■ **DRAKE ODEON** ✆ (01752) 668825.

■ **MGM CINEMA** ✆ (01752) 225553.

■ **PLYMOUTH ARTS CENTRE** ✆ **(01752) 660060.** Pour les films d'art et d'essai.

Manifestations

▶ **Mi-mai :** journée du maire.

▶ **Mi-juillet :** défilé de bateaux vikings sur la rivière Tamar.

▶ **Mi-août :** festival de musique.

▶ **Fin août :** jours de la Navy.

▶ **Mi-novembre :** illumination des rues pour Noël.

Points d'intérêt

■ **PLYMOUTH HOE.** La Promenade qui offre de très belles vue sur la baie de Plymouth.

■ **THE BARBICAN.** La partie historique du port, où l'on peut visiter Elizabethan House, ancienne maison d'un capitaine de navire, et les Mayflower Steps (d'où sont partis les passagers qui embarquèrent sur le Mayflower, pour les Etats-Unis, en 1620).

■ **PLYMOUTH DOME & SMEATON'S TOWER** ✆ **(01752) 600608.** *The Saefront. Ouvert tous les jours à partir de 9h. Ticket combiné : Adulte : £6,50, enfant : £4. Plymouth Dome seulement : £4,75/£3,25.* Toute l'histoire de Plymouth : Francis Drake, Thomas Cook et le Mayflower, les paquebots de luxe, la destruction du port pendant la Seconde Guerre mondiale, le pilotage d'un navire par satellite et radar... Très bien fait. La visite au phare Smeaton Tower (*ouvert de Pâques à octobre de 10h30 à 16h30*) complète la découverte.

■ **THE ROYAL CITADEL** ✆ **(01752) 775841.** *Visites guidées de mai à fin septembre à 14h et 15h30 tous les jours.* Forteresse du XVIIᵉ siècle. Visitez également la chapelle royale de Sainte Katherine.

■ **THE MERCHANT'S HOUSE MUSEUM. 33, St Andrews Street** ✆ **(01752) 264878.** L'histoire des gens de Plymouth et de leur vie quotidienne.

■ **PLYMOUTH GIN. Blackfriars Distillery, 60 Southside Street** ✆ **(01752) 667062.** *Visite de la distillerie tous les jours de Pâques à fin octobre, du lundi au samedi à partir de 10h30.*

■ **MOUNT EDGCUMBE HOUSE. Country Park. Cremyll, Torpoint** ✆ **(01752) 822236.** *Ouvert d'avril à octobre du dimanche au jeudi de 11h à 16h30. Entrée : adulte : £4,50 ; enfant : £3,50.* Prendre le ferry de Plymouth (qui traverse la rivière Tamar) ou le Torpoint Ferry, qui évitent des détours par la terre ferme. La maison renferme surtout de très belles œuvres d'art (peintures de Reynolds, tapisseries, porcelaines). Le parc comprend le Earl's Garden, créé pour contenir de superbes et rares essences, ainsi que des constructions dispersées (Thomson's Seat, Milton's Temple, The Folly, The Arch) qui créent des perspectives et des jardins à la française, américains, néo-zélandais et anglais. Ne pas rater l'orangerie, ni le jardin italien (et la fontaine aux sirènes !).

■ **PLYMOUTH AQUARIUM** ✆ **(01752) 633333.** *Ouvert tous les jours de mars à octobre de 10h à 17h, et de novembre à février de 10h à 16h en semaine, et de 10h à 17h le week-end. Entrée : adulte : £8,25 ; enfant : £5,25.* Assistez aux repas des poissons et apprenez l'importance de la recherche dans la sauvegarde du milieu marin.

Shopping

▶ **Quelques petites boutiques intéressantes** se trouvent dans The Barbican.

▶ **Au milieu du port, une grande halle couverte** présente des pièces de la verrerie de Paignton. Quelques belles pièces : des verres à pied originaux, des vases aux formes généreuses voire cal-lipyges. Une idée de cadeau : un décanteur à vin évasé vers le bas, spécialement conçu pour lui assurer une grande stabilité lorsque les bateaux ont trop de gîte.

Loisirs

■ **KITLEY CAVES AND COUNTRY PARK. Yeamplton** ✆ **(01752) 880885.** *Ouvert tous les jours de 10h à 17h30 de mai à fin octobre.* Quitter Plymouth par l'A379 vers l'est direction Kingsbridge, et tour-ner à droite avant Yeamplton en suivant les panneaux « National Shire Horse Centre ». Un ensemble de grottes souterraines et d'aires forestières préservées. Parking, boutique, aire de jeux.

Dans les environs

■ **DARTMOOR WILDLIFE PARK. Sparkwell Village** ✆ **(01752) 837209 – www.dartmoorwild-dlife.co.uk –** A 5 km de Plymouth, un zoo et centre de protection des espèces animales en voie d'extinction : lions, tigres, jaguars, pumas, ours, loups et reptiles. Spectacle de faucons deux fois par jour. Restaurant, boutique et parking.

■ **DARTMOOR FOREST.** Les fanatiques des aventures de Sherlock Holmes ne manqueront pas de s'y rendre, ne serait-ce que pour découvrir le décor naturel de l'énigme du *Chien des Baskerville*. Des kilomètres de lande inhabitée, quelques maisons isolées, la route étroite traverse une campa-gne sans fin ; la solitude est impressionnante.

■ LES ÎLES ANGLO-NORMANDES ■

Jersey et Guernesey sont des endroits très courus en saison et les week-ends, notamment en raison de leur climat très doux, aussi les apprécierez-vous mieux en dehors de ces périodes. Ce sont des îles à la fois anglaises et françaises, qui gardent leur caractère propre et qui ne se réduisent ni à l'un ni à l'autre. Les îles sont des zones franches gouvernées par des « State Assemblies » élues, et non par le gouvernement anglais. Elles ont également leur propre monnaie. On y parle anglais, entre un dialecte « Jerriais » et un français de Jersey ; (quoique la suzeraineté de la reine d'Angleterre soit reconnue) les aléas de l'histoire ont laissé beaucoup de noms français.

JERSEY

La plus grande et la plus populaire des îles anglo-normandes. Près de 85 000 habitants se répartissent sur 45 miles carrés. Si vous ne ramenez pas de pull « Jersey » (qu'on ne fabrique plus que pour les touristes), vous pourrez tester le Black Butter, une conserve de pommes, d'épices et de cidre, ou les Merveilles (Jersey Wonders), sorte de beignets.

Pratique

■ **OFFICE DU TOURISME.** Liberation Square ✆ (01534) 500800 – www.jersey.com

Points d'intérêt

■ **ELIZABETH CASTLE :** à Saint-Hélier, la capitale de l'île. On peut y aller à marée basse ou prendre un ferry.

■ **THE HERMITAGE :** à Saint-Hélier, une petite chapelle a été construite pour célébrer saint Hélier, qui vécut ici en ermite.

■ **JERSEY ZOO :** les Augrès Manor, Trinity. Un espace magnifique pour voir des animaux dans leur habitat recréé.

Îles anglo-normandes

FRANCE

CHERBOURG
Valognes
Barneville-Carteret
La Haye-du-Puits
Lessay
Coutances

Passage de la Déroute

AURIGNY
(Alderney)

HERM

SERCQ (Sark)

GUERNESEY
B. de la Jaonneuse
Lihou Island
Pointe de Pleinmont
Pointe St Martin
ST PETER PORT

les Ecréhous

JERSEY
C. Grosnez
B. de St Ouen
Pointe de la Rocque
ST HELIER

les Minquiers

ÎLES ANGLO-NORMANDES
(Royaume-Uni)

CHANNEL ISLANDS

Roches Douvres

Barnouïc

2°

3°

49°

Altitude
(en mètres)

100
0
50

Estran
Frontières
Route principale
Route secondaire

10 km

ANGLETERRE
ÎLES ANGLO-NORMANDES
FRANCE

GUERNESEY

Moins fréquentée que sa voisine et aussi agréable. Paysages magnifiques.

Points d'intérêt

■ **SAINT PETER PORT.** Ville charmante, avec ses allées pavées et tortueuses, le port et son centre animé. Bonnes marches à faire sur les falaises, avec la possibilité d'apercevoir des oiseaux rares. Eglise, château et musée intéressants. Candie Gardens méritent un détour pour les jardins et les serres.

■ **A SAINT ANDREWS,** visitez enfin le German Military Underground Hospital, que les Allemands firent creuser à des prisonniers pendant la Seconde Guerre mondiale.

■ LES CORNOUAILLES ■

Région pointant dans l'Atlantique, à l'extrême Sud-Ouest de l'Angleterre, les Cornouailles ont de multiples aspects à offrir au visiteur. De grandes plages de sable, des villages de pêcheurs, des châteaux en ruine perchés sur des falaises, de grandes étendues vertes où broutent vaches et moutons, ainsi qu'un important héritage celtique que vous découvrirez au détour des chemins… Que vous soyez adepte de vacances en famille au bord de mer, de longues randonnées solitaires dans la nature, ou encore de surf, chacun trouvera ici ce qu'il cherche. Et, si la région a su développer ses attractions touristiques, il est encore possible d'y éviter les foules et de partir à la découverte de paysages magnifiques et d'une nature encore préservée.

■ **OFFICE DE TOURISME DE CORNOUAILLES. Pydar House, Pydar Street, Truro** ✆ (01872) 322 900 – Fax (01872) 322 895 – www.cornwalltouristboard.co.uk

LOOE

L'été, Looe a un côté de petit port provençal, avec ses ruelles bordées de jolies maisons aux façades colorées. Au bord du port, des pêcheurs de tous âges s'essaient avec des lignes souvent improvisées. Il y a également une plage de sable très fréquentée en été. Il règne au village une atmosphère très bon enfant.

Cette ville de Cornouailles en comprend en fait deux : East Looe et West Looe, qui sont reliées par un pont datant de l'époque victorienne. Looe a un passé de petit port de pêche ainsi que de commerce de la pierre et du cuivre. Les navires de Looe étaient réputés : en 1347, 20 navires partis de Looe prirent part au siège de Calais, et d'autres bateaux furent utilisés contre l'Armada espagnole.

Pratique

▶ **Indicatif téléphonique :** (01503).

■ **OFFICE DU TOURISME. The Guildhall, Fore Street, East Looe** ✆ **(01503) 262072 –** **looetic@btconnect.com** – *Ouvert de 10h à 17h du lundi au samedi et de 14h à 17h le dimanche d'avril à septembre ; de 10h à 14h du lundi au vendredi d'octobre à mars.*

■ **SOUTH EAST CORNWALL DISCOVERY CENTER.** Mill Pool, West Loe ✆ (01503) 262777

■ **BANQUES.** Lloyd's sur Fore Street et Midland sur Higher Market Street.

Les immanquables de Cornouailles

▶ **St Michael's Mount,** réplique du Mont Saint-Michel.

▶ **Les serres magnifiques d'Eden Project.**

▶ **Le petit village de Saint Yves,** repaire des pêcheurs et des artistes.

▶ **Tintagel et les ruines du château du roi Arthur.**

▶ **Land's End** et ses magnifiques paysages aux allures de bout du monde.

- **POLICE.** Station Road, East Looe ✆ (01503) 262233.

- **DOCTEURS.** Looe Health Centre, Station Road.

- **PHARMACIE.** Boots, Fore Street ✆ (01503) 262980.

Hébergement

- **TALLAND BARTON CARAVAN PARK. Talland Bay** ✆ **(01503) 272429.** *Camping. Ouvert d'avril à octobre.* Entre Looe et Polperro, petit terrain au calme, près de la plage de Talland.

- **FIELDHEAD HOTEL. Portuan Road, Hannafore** ✆ **(01503) 262689.** *Fermé en janvier. Environ £30 par personne.* Cet hôtel donne sur la baie et possède une piscine extérieure chauffée, un restaurant au calme et un parking. Réductions en basse saison.

- **KILLARNEY HOTEL. Shutta Road, East Looe** ✆ **(01503) 262307.** *Ouvert toute l'année. A partir de £23 par personne. Réduction pour les enfants et les séjours en semaine.* Vue panoramique sur le port et terrasse pour prendre le soleil. Parking.

- **KLYMIARVEN HOTEL. Barbican Hill** ✆ **(01503) 262333.** *Fermé en décembre et janvier. De £39 à £55 par personne selon la saison. Réductions en basse saison et pour les enfants.* Vue sur le port, piscine extérieure chauffée. Restaurant et parking.

Restaurants

- **CORNISH BAKEHOUSE. Fore Street.** Des pâtisseries salées, des tourtes et des rouleaux de pâte pâtissière autour d'une saucisse. Pour le sucré, des fudges préparés maison aux fruits et aux noisettes, au chocolat et à la menthe ou rhum raisin chocolat.

- **THE GOLDEN GUINEA. Fore Street, East Looe** ✆ **(01503) 262780.** Un très vieux restaurant ouvert dès le XVIIe siècle. Au menu, des assiettes copieuses de riz et poulet au curry, des fishs and chips bien sûr, mais aussi ses œufs mayo et son cocktail de crevettes. Bon marché.

- **TRAWLERS. Buller Quay, East Looe** ✆ **(01503) 263593.** *Ouvert tous les jours de juillet à septembre, fermé le dimanche hors saison.* Ce restaurant sert du poisson et des crustacés frais. Les prix sont assez élevés.

- **THE SMUGGLERS COTT. Middle Street Market.** Pour se dégager trente secondes de l'agitation de Fore Street. Excellents poissons.

Manifestations

▶ **Début juin :** régate d'anciens voiliers pendant la semaine du boucanier. Vous pourrez participer à la grande course des Cornouailles en raft !

▶ **Dernière semaine de juillet :** carnaval.

Points d'intérêt

- **EAST LOOE.** Encore aujourd'hui, est un labyrinthe de rues étroites, tandis qu'à West Looe, on peut voir le Jolly Sailor Inn, datant du XVIe siècle et la Saint Nicolas Church.

- **L'ILE DE LOOE.** *Prendre le bateau de Dave Gardner à East Looe Quay, devant le Banjo Beach Shop.* Cette île appartenait autrefois à l'abbaye de Glastonbury, et il reste quelques cellules monastiques.

- **SANCTUAIRE DES SINGES** ✆ **(01503) 262532.** *Ouvert d'avril à septembre, du dimanche au jeudi. Quitter Looe par la Plymouth Road. Tourner à gauche sur la B3253 et aller tout droit.* On y élève des singes d'Amazonie en voie de disparition, qu'on peut voir dans les arbres et les jardins.

Shopping

- **THE LEATHER AND SHEEPSKIN SHOP. Higher Market Street, East Looe.** Articles en cuir et peau de mouton.

Loisirs

- **LOOE MOUNTAIN BIKE HIRE. The Mill Pool** ✆ **(01503) 263871.** Location de V. T. T.

Spécialités culinaires

De nombreuses spécialités régionales sont exportées ou copiées dans toute l'Angleterre.

▶ **La plus connue (que vous vous devez impérativement de goûter lors d'un séjour en Cornouailles) est la Cornish Pasty,** sorte de feuilleté fourré à la viande, aux herbes et fromage, ou avec toutes sortes d'ingrédients. Vous en trouverez partout. C'est plutôt bon, pas cher et bourratif. Parfait pour un repas sur le pouce.

▶ **Les glaces de Cornouailles (Cornish Ice Cream),** faites avec de la crème fraîche locale sont également très réputées ainsi que la Clotted Cream, sorte de crème fraîche tellement épaisse qu'à la cuillère y tient debout. Cette dernière est utilisée pour le « cream tea » thé à la crème. On notera également l'abondance de poissons, crabes et langoustes, proximité de la mer oblige. Ici, même les pubs servent d'excellents fruits de mer.

▶ **Enfin, comme dessert, essayez le gâteau au safran (saffron cake) :** sorte de pain au safran, épices et fruits confits. Le safran a toujours été très utilisé dans la cuisine des Cornouailles depuis que les Phéniciens ont commencé à le troquer contre du fer blanc.

POLPERRO

Polperro est certainement l'un des plus beaux villages de Cornouailles. Malgré l'affluence de touristes, ce petit port de pêche logé au fond d'une vallée a gardé un caractère typique. Des ruelles tortueuses bordées de cottages colorés, une maison sur pilotis, des ponts romain et saxon, Polperro est plein de surprises que vous découvrirez en vous éloignant un peu de Fore Street, la rue principale.

Outre la pêche, Polperro fut également un haut lieu de la contrebande. En effet, avant la construction de la New Road (1845), le village était assez isolée. Zephaniah Job était le chef de la bande, il possédait également le port et la banque de la ville. La contrebande s'appelait le « fair trade », le commerce équitable ! Toute cette histoire vous sera contée à l'Héritage Museum.

Pratique

▶ **Indicatif téléphonique :** (01503).

▶ **Il n'y a pas d'office du tourisme à Polperro.** Mais vous pourrez obtenir des informations et de la documentation (disponible en français) à l'Heritage Museum.

▶ **Parking.** La ville est très longiligne et offre peu de places pour se garer (pour ne pas dire aucune). Un grand parking (payant) se trouve sur les hauteurs du village, à environ dix minutes de marche du port. Des Land-Rover font la navette régulièrement (£1 l'aller-retour).

Hébergement

■ **CLAREMONT HOTEL. The Coombes** ✆ **(01503) 272241.** Ouvert toute l'année. De £60 à £72 pour une chambre double. Près du port, chambres avec salle de bains et télévision. L'hôtel possède un restaurant de fruits de mer et un parking privé.

Restaurants

■ **OLD MILL. Mill Hill** ✆ **(01503) 272362.** Un vieux pub agréable. Egalement un restaurant séparé.

■ **NELSONS'RESTAURANT. Saxon Bridge** ✆ **(01503) 272366.** Spécialité de poissons et de fruits de mer.

Points d'intérêt

■ **LE PORT.** N'hésitez pas à vous écarter de la rue principale où s'agglutinent tous les touristes et promenez-vous dans les petites ruelles sur les côtés du port. Vous y verrez quelques jolis cottages de pêcheurs vraiment typiques.

■ **HERITAGE MUSEUM. The Warren.** Ouvert de 10h à 17h ou 18h tous les jours de Pâques à octobre. Entrée : adulte £1,60 ; enfant £0,50. Un petit musée qui raconte l'histoire du village, de ses pêcheurs et de ses contrebandiers. Pas mal fait.

Shopping

■ **JOAN THE WAD.** 3 Fore Street ℅ **(01503) 262975.** Un spécialiste du folklore des Cornouailles.

■ **CORNISH GOODIES. Fore Street.** Permet de faire quelques emplettes avec des mugs aux superbes couleurs locales et des fudges à manger sur place ou à emporter.

Dans les environs

Polperro est un bon point de départ pour une marche vers les villages de Talland à l'est et Lansallos à l'ouest. Ces deux villages donnent sur une crique, autrefois propices à la contrebande. A Talland, découvrez sa plage de sable.

FOWEY

Encore un adorable petit port, typique des Cornouailles. Par beau temps, la crique fait plus penser à un lac magnifique où les goélettes et optimists s'escriment sur l'eau. Installez-vous à la terrasse d'un pub, avec une pinte de bière ou de cidre Cornish, et contemplez. Les idées préconçues s'écroulent quant aux petits ports mornes anglais. Image d'Epinal !

Pratique

▶ **Indicatif téléphonique :** (01726).

■ **OFFICE DU TOURISME.** 5, South Street (près de l'église) ℅ **(01726) 833616 – Fax (01726) 834939 – www.fowey.co.uk –** *Ouvert du lundi au vendredi de 9h30 à 17h30, samedi de 9h30 à 17h et dimanche de 10h à 17h.*

Hébergement

Vous trouverez également quelques hôtels et B & B le long de l'esplanade, notamment le Fowey Hotel, The Well House, ou aussi une auberge, The Ship Inn.

■ **YOUTH HOSTEL GOLANT** ℅ **(01726) 833507.** *Ouvert de mars à octobre. Prix : £14.* A quelques kilomètres de Fowey, dans le charmant village de Golant. Suivre la direction de Saint-Austell. Très bien situé mais grands dortoirs.

■ **GLOBE POSTING HOUSE HOTEL.** 19 Fore Street ℅ **(01726) 833322 – Theglobefowey@yahoo. fr –** *A partir de £20 par personne.* Un hôtel de famille directement au centre de Fowey. On aura compris que pour ce prix-là, il vaut mieux réserver à l'avance.

■ **THE GALLEON INN.** 12 Fore Street ℅ **(01726) 833014.** *Simple de £30 à £45 et double de £45 à £75.* On y accède par une petite galerie mignonne comme tout. Les clients du bar, eux papotent tranquillement au bord de la rivière. Demander une chambre avec vue sur l'eau.

■ **MARINA HOTEL.** Esplanade ℅ **(01726) 83315 – Marina. hotel@dial.pipex.com –** *A partir de £50 par personne.* Grande et belle vue sur l'estuaire de la Fowey. La plupart des chambres donnent sur la rivière et certaines ont un balcon. Un adorable hôtel, très bien décoré et franchement bien situé.

■ **OLD QUAY HOUSE HOTEL.** 28 Fore Street ℅ **(01726) 833302 – Info@theoldquayhouse. co.uk –** *Single à partir de £130, double à partir de £150.* Un hôtel de luxe, dans le centre de Fowey. Chacune des 12 chambres est décorée individuellement et avec goût. Egalement un restaurant au bord de l'eau.

Restaurant – Pub

■ **KING OF PRUSSIA. Town Quay.** Un pub avec vue sur le port et l'estuaire. Nourriture simple et bonne. Egalement des chambres, avec des vues tout aussi belles.

Points d'intérêt

■ **FOWEY MARINE AQUARIUM.** *Adulte : £1,50, enfant : £1. Ouvert de Pâques jusqu'à fin septembre.* L'aquarium est établi à Fowey depuis plus de 50 ans et abrite les différents poissons qui peuplent la rivière près de Fowey. On peut également y voir des poulpes, des écrevisses, des crabes et des congres.

■ **NOAH'S ARK.** Sur la face nord de Fore Street, un des plus vieux bâtiments de Fowey, épargné par l'incendie de 1457. A l'origine il s'agissait de la maison et de l'entrepôt d'un riche marchand. Il abrite aujourd'hui un fleuriste et un dentiste.

■ **EGLISE SAINT FIMBARRUS.** L'église actuelle date du XVe siècle. Elle fut reconstruite après avoir été détruite par les Français en 1457.

■ **SAINT CATHERINE CASTLE.** Ce château construit sous le règne d'Henri VIII et situé en haut d'une falaise sur les hauteurs du village, est aujourd'hui en ruines. De là, vous aurez une très belle vue sur l'estuaire.

Balades

Fowey est un bon point de départ pour des balades à pied. Le Hall Walk, notamment, est une promenade d'environ 6 km autour de l'estuaire, en passant par les villages de Bodinnick et Polruan (particulièrement charmants). Pour vous y rendre, vous devrez emprunter un des ferries qui traversent la rivière. Ceux-ci partent du nord de la ville, à proximité du parking. Pour plus de renseignements, s'adresser à l'office du tourisme.

Shopping

■ **JOLLY JACK'S. 24 Fore Street.** Une épicerie encore très locale. Des produits du terroir, et d'autres plus exotiques comme des dattes et piments séchés. Il fait aussi fromagerie avec des marques françaises comme anglaises. Certains affichent fièrement « non pasteurisé ». Enfin une préservation du goût avec fromages au lait cru.

Dans les environs

■ **POLRUAN.** Un joli petit village de pêcheurs situé de l'autre côté de la rivière. Des ferries de passagers font la navette depuis Whitehouse Beach, au sud de Fowey. Pour les voitures, empruntez les ferries qui partent à proximité du parking au nord de la ville. Ceux-ci arrivent à Bodinnick, d'où vous pourrez rejoindre Polruan.

■ **THE LOST GARDENS OF HELIGAN. Pentewan, Saint Austell ✆ (01726) 844157.** *Adulte : £7,50, enfant : £4. Ouvert toute l'année de 10h à 17h en hiver et 18h en été. Dernière entrée 1h30 avant la fermeture.* Ces magnifiques jardins datant de l'époque victorienne ont longtemps été laissés à l'abandon avant d'être restaurés. Ils ont aujourd'hui retrouvé leur beauté d'antan. Entre les arbres et plantes de tous pays qu'ils abritent, vous traverserez différentes atmosphères, dont une jungle tropicale et une « vallée perdue » où les fleurs entourent lac et étangs…

■ **EDEN PROJECT. Bodelva, Saint Austell ✆ (01726) 811911.** *Ouvert tous les jours de 10h à 18h d'avril à octobre et de 10h à 16h30 de novembre à mars. Dernière entrée 1h30 avant la fermeture. Certains jours, principalement en été, des spectacles ont lieu sur le site, qui ferme alors plus tard. Adulte : £12,50 ; étudiant £6 ; enfant £5.* Les plus grandes serres au monde ! Deux immenses dômes (10 m de haut) abritent des plantes des quatre coins du monde, reflétant la diversité de la végétation de la planète. Dans le plus grand des dômes, au climat chaud et humide, vous découvrirez les plantes et arbres des régions tropicales, tandis que dans le plus petit se trouvent la végétation des régions méditerranéennes ainsi que de Californie et d'Afrique du Sud. Au milieu des oliviers et des plantes de la garrigue, des couleurs et odeurs de vacances… Tout cela est arrangé d'une manière très attractive et de nombreuses explications sur les plantes et les régions dans lesquelles elles poussent sont fournies. En dehors des dômes, l'ensemble du site est également magnifique : un immense parterre de plantes et de fleurs multicolores. En saison, il est préférable d'arriver tôt sur le site pour éviter les foules.

FALMOUTH

Falmouth est une ville portuaire, assez importante pour la Cornouailles et très touristique. Donc moins intéressante pour ceux qui sont épris de nature pure… Cependant, ses plages environnantes sont belles et son château est le plus grand de la région. C'est aussi un bon point de départ pour remonter la rivière Fal. Falmouth est une ville portuaire, aujourd'hui encore.

Transports

■ **BUS.** National Express assure la liaison avec Londres et Penzance.

■ **TRAIN.** Train pour Truro toutes les deux heures du lundi au samedi.

Pratique

▶ **Indicatif téléphonique :** (01326).

■ **OFFICE DU TOURISME.** 11 Market Strand, Prince of Wales Pier ✆ **(01326) 312300 – Fax :** **(01326) 313457 – www.go-cornwall.com** – *Ouvert tous les jours de 9h30 à 17h30 et l'hiver de 10h30 à 16h30.*

■ **POSTE.** The Moor.

Hébergement

■ **FALMOUTH LODGE BACKPACKER'S HOSTEL.** 9, Gylliygvas Terrace ✆ **(01326) 319 996.** *Auberge de jeunesse. Dortoirs et chambres individuelles. Cuisine, salle TV, accès Internet. A partir de £14 par personne.*

■ **ROSEMULLION.** Gyllyngvase Hill, Falmouth ✆ **(01326) 314690.** *Compter de £17 à £20 par personne. Enfants non acceptés.* Dans une maison aux poutres apparentes, treize chambres avec salle de bains et télévision. Vue sur mer et balcons pour certaines chambres. Parking.

■ **RATHGOWRY HOTEL.** Gyllyngvase Hill, Gyllyngvase Beach ✆ **(01326) 313482.** Un hôtel de charme à 60 m de la plage de sable. Toutes les chambres ont une salle de bains et certaines donnent sur la mer. Egalement un restaurant le soir.

■ **THE MEMBLY HALL HOTEL.** Cliff Road ✆ **(01326) 312869.** *A partir de £30 par personne.* Chambres avec salle de bains, dont certaines ont vue sur la mer. Fier d'appartenir à une famille d'hôteliers depuis 1954, isolé et loin de tout, cet hôtel est parfait pour un séjour reposant et pour explorer les environs.

Restaurants

Vous trouverez de nombreux restaurants et pubs sur le quai et dans Church Street.

Sortir

■ **THE PRINCESS PAVILION.** Melvill Road ✆ **(01326) 311277.** Théâtre.

Points d'intérêt

■ **PENDENNIS CASTLE.** *Adulte : £4,60 ; enfant : £2,30.* Le plus grand château de Cornouailles, construit sous le règne d'Henri VIII pour défendre la côté sud des attaques françaises et espagnoles. Très bien conservé. Ses 450 ans d'histoire sont contés au Discovery Center. Depuis les remparts, vous aurez une vue magnifique.

■ **SAINT MAWES CASTLE.** *Adulte : £3,20 ; enfant : £2,40. En face du précédent.* Il fut construit à la même époque et est également très bien préservé. Vue superbe. Ferry pour St Mawes depuis le Prince of Wales pier.

■ **NATIONAL MARITIME MUSEUM CORNWALL.** Discovery Quay ✆ **(01326) 313388.** *Ouvert tous les jours de 10h à 17h. Adulte : £6,50 ; enfant : £4,30.* Musée de la Marine Cornwall. C'est un musée interactif sur plusieurs niveaux qui raconte donc l'histoire maritime de la région et abrite une collection de voiliers du monde entier.

■ **FALMOUTH ART GALLERY.** Municipal Buildings, The Moor Falmouth ✆ **(01326) 313863 – Falag@uknetworks.co.uk** – Galerie d'art.

■ **FOX ROSEHILL GARDENS.** Un jardin où des bananiers poussent en plein air !

■ **KING'S PIPE.** Cette cheminée de brique était autrefois utilisée pour brûler du tabac de contrebande.

Loisirs

■ **PLAGES.** Falmouth possède quatre plages principales : Gyllyngvase, Castle, Swanpool et Meanporth.

■ **SHIPS & CASTLES LEISURE POOL** ✆ **(01326) 212129.** Près du château de Pendennis. Une piscine avec toboggans aquatiques, jacuzzi, salle de fitness. Restaurant.

■ **SURF. Falmouth Surf School.** Pourquoi ne pas profiter de son séjour à Falmouth pour apprendre à surfer ? Les instructeurs sont compétents, qualifiés et sympathiques, les transports sont gratuits et inclus dans leurs tarifs et l'équipement est fourni. Des ristournes pour les étudiants sont possibles. Pour des cours d'une demi-journée : £25 de 9h à 13h ou de 14h à 17h. Une journée à £40 permettra de perfectionner son « canard ». Le week-end avec logement compris est à £70. C'est une école réputée et ils tiennent le monopole sur la région ✆ (01326) 212144 – webbquayboy@aol.com

Dans les environs

■ **ROSELAND PENINSULA.** De jolis paysages et charmants villages de pêcheurs (Portloe, St Mawes, St Just-in-Roseland…). Belles promenades.

LIZARD PENINSULA

Il s'agit de la partie la plus méridionale de l'Angleterre. Contrairement à d'autres zones des Cornouailles, la péninsule Lizard est encore préservée et conserve une apparence très « nature ». Elle abrite de nombreuses espèces de plantes rares, ainsi qu'une roche particulière, de couleur verdâtre, connue sous le nom de « serpentine rock ». On peut également parfois voir des dauphins, des petits requins et des phoques sur la côte.

Très belles randonnées à faire dans la région, notamment sur le South West Coast Path, qui longe la côte. L'automne est la meilleure saison pour observer les oiseaux migrateurs.

Pratique

▶ **Indicatif téléphonique :** (01326).

■ **OFFICE DU TOURISME.** A Helston, la ville principale de la péninsule. **79, Meneage Street** ✆ **(01326) 565431 – Fax: (01326) 572803 – www.go-cornwall.com** – *Ouvert du lundi au vendredi de 10h à 13h et de 14h à 16h30 et le samedi de 10h à 13h.*

Transports

■ **BUS.** Truronian buses ✆ (01872) 273453 – www.truronian.co.uk.

Le bus n°T1 relie Truro au village Lizard, via Helston environ toutes les heures.

Le n° T4 roule entre Heslton et Falmouth via Gweek (Seal Center) et Trebah.

Hébergement

■ **MULLION HOLIDAY PARK. Ruan Minor, Mullion** ✆ **(01392) 447447.** Un camping caravaning avec deux piscines chauffées, à l'intérieur et à l'extérieur, un sauna et un solarium, des jeux pour les enfants et des soirées animées.

■ **LIZARD YOUTH HOSTEL. Lizard Point** ✆ **(01326) 291145.** *Prix : £14.* Auberge de jeunesse située au cap Lizard, juste à côté du phare, en bordure de falaise.

■ **COVERACK YOUTH HOSTEL. Parc Behan, School Hill, Coverack** ✆ **0870 770 5780.** *Auberge de jeunesse. Prix : £12,50.* Superbement située en bordure de mer. Magnifiques vues.

■ **PARC CRES. 15 Laflouder Fields, Mullion** ✆ **(01326) 240653.** *A partir de £22 par personne.* Trois chambres (dont une avec salle de bains) avec vue sur la mer. Parking. Près du village de Mullion.

■ **THE POLURRIAN. Pollurrian Road, Mullion** ✆ **(01326) 240421 – www.polurrianhotel.com** – *De £65 à £125 par personne.* Superbe hôtel (prix en conséquence) situé sur une péninsule de rêve, qui donne sur la falaise, et qui surplombe les eaux vertes.

Points d'intérêt

■ **LIZARD POINT.** Le point le plus au sud de l'Angleterre. De là partent des chemins qui longent la côte. Il y a également un phare du XVIIIe siècle qui peut se visiter (£2,50). C'est au cap Lizard que se juge l'arrivée lors des tentatives de record de traversée de l'Atlantique (dont le départ a lieu de New York) A 1 km de là, au village Lizard, vous trouverez des magasins de souvenirs ainsi que des endroits où loger et se restaurer. Juste à côté du parking, le pub Top house propose une nourriture variée et très bonne.

■ **KYNANCE COVE.** Une belle plage de sable, sauvage, encastrée aux bas des falaises. En été, l'eau est turquoise. Vous apercevrez ici de beaux exemple de serpentine rock.

■ **MULLION.** Village situé à l'intérieur des terres. Un point de départ pour explorer les plages de Polurrian et Podhu, plages de sable, populaires chez les surfeurs. Egalement une belle église des XVe et XVIe siècles.

■ **RIVIÈRE HELFORD.** Au nord de la péninsule. Des vallées, une rivière bordée de chênes, des hameaux, des petites criques, les paysages contrastent ici avec ceux du reste de la péninsule. C'est également ici que vous découvrirez la Frenchman's creek, rendue célèbre par l'écrivain Daphné Du Maurier.

■ **NATIONAL SEAL SANCTUARY.** Gweek ✆ (01326) 221361. *Ouvert de 9h à 17h (18h en été). Adulte : £9,95 ; enfant : £5,50.* Ce centre s'occupe des phoques blessés, malades ou orphelins découverts dans la région. Ils sont ici soignés et suivent une phase de réhabilitation avant d'être relâchés. Les enfants adoreront.

■ **TREBAH GARDEN** ✆ (01326) 250448. *Ouvert tous les jours de 10h30 à 17h. Entrée : £5,50/£3 (moitié prix de novembre à février).* « Les jardins des rêves ». Très beaux jardins de plantes tropicales, merveilleusement situés dans un ravin qui aboutit sur une plage privée.

PENZANCE

Penzance est la ville la plus importante du Sud-Ouest des Cornouailles. Elle s'étend autour de Mount's Bay (la baie du Mont St Michael's). C'est une ville agréable, à l'atmosphère décontractée, où il fait bon se balader. Penzance possède de beaux exemples d'architecture géorgienne ainsi qu'un marché couvert de style victorien. Le soir, la ville est étonnamment animée.

Transports

■ **BUS.** National Express relie Penzance à Londres, Bristol, Exeter, Newquay et St Yves.

Pour Land's End, empruntez les bus n° 1, 1A ou 1B (environ un bus toutes les heures en semaine, un peu moins souvent le week-end).

■ **TRAIN.** Plusieurs liaisons directes journalières avec Londres Paddington et quelques trains pour St Yves.

■ **LOCATION DE VELOS. GEOFF'S BIKES.** Victoria Place ✆ (01736) 63665 ou Blewett and Pender, Albert Street ✆ (01736) 64157.

Pratique

▶ **Indicatif téléphonique :** (01736).

■ **OFFICE DU TOURISME.** Station Road ✆ (01736) 362207 – Fax (01736) 363600 – www. go-cornwall.com – *Ouvert de mai à septembre de 9h à 18h du lundi au samedi et le dimanche de 10h à 13h ; d'octobre à avril de 9h à 18h du lundi au vendredi et de 10h à 13h le samedi.*

■ **INTERNET** à la Central Library sur Morrab Road 9h30 à 18h du lundi au vendredi. Et de 9h30 à 16h le samedi.

Hébergement

Ne pas oublier de réserver pour les périodes de juillet et août.

■ **PENZANCE YOUTH HOSTEL. Castle Horneck, Alverton** ✆ 0870 770 5992. *Prix : £14. Bus n° 5B, 6B, 10B depuis la gare.* Auberge de jeunesse située en dehors de la ville.

■ **THE BLUE DOLPHIN. Alexandra road** ✆ (01736) 363836. *Prix : £13-£14.* Encore une fois une auberge où il fait bon descendre. Souvent bondée (pensez à réserver quelques jours à l'avance). Elle est très propre et même si les plus âgés sont les bienvenus, elle conserve une clientèle de jeunes backpackers.

■ **SUNNY BANK HOTEL. Seaview Hill, Sennen** ✆ (01736) 871278. *Ouvert toute l'année. A partir de £18 par personne en B & B.* Jolie maison aux stores rouges. Certaines chambres ont une salle de bains. Parking et dîner possible. Salon de télévision.

■ **WYMERING GUEST-HOUSE. 15 Regent Square** ✆ **(01736) 362126 – Pam@wymering. com** – *Environ £20 par personne*. Dans un quartier très Régence à deux minutes à pied du centre-ville et du front de mer. La propriétaire saura vous chouchouter et vous préparer un itinéraire pour le lendemain.

■ **HOTEL MINALTO. Alexandra Road** ✆ **(01736) 362923.** *Prix : £22,50 à £30 par personne.* *Certaines chambres ont une salle de bains. Salon de télévision, bar, dîner possible.* Près du centre de Penzance. Parking.

■ **GLENCREE PRIVATE HOTEL. 2 Mennaye Road** ✆ **(01736) 362026.** *A partir de £20 par personne.* Des chambres avec vue sur la mer, salle de bains, et lit à baldaquin.

Restaurants

■ **BAR COCO'S. 13, Chapel Street** ✆ **(01736) 350222.** *Ouvert de 10h à 23h30.* Un bar tapas à l'ambiance cool. Personnel sympathique et tapas (*£5-£6*), originaux et très bons. Musique live certains soirs. Une très bonne adresse, pour manger ou juste pour boire un verre.

■ **ADMIRAL BENBOW. 46, Chapel Street** ✆ **(01736) 363448.** Un pub qui sert de très bons poissons et fruits de mer. Bon choix pour les végétariens également.

■ **TURK'S HEAD. 49, Chapel Street** ✆ **(01736) 363093.** Une autre bonne adresse pour les produits de la mer.

■ **THE TERRACE. 15 Market Jew Street** ✆ **(01736) 364604.** Des sandwichs aux produits frais et des jus de fruit 100 % bio associés à des mélanges curieux et détonants comme banane-myrtille.

■ **NICK'S RESTAURANT. 5 Alverton Street** ✆ **(01736) 363814.** Les vieux retraités qui ont sans doute connu la guerre s'y rejoignent pour parler du passé et des matchs de cricket. Une clientèle d'habitués en fait. Au menu : du crabe en gratin, du poulet façon cajun (délicieux) et poulet frit avec ses frites arrosées de vinaigre (pour faire plus classique).

Sortir

■ **CINEMA THE SAVOY,** Causewayhead ✆ (01736) 63330.

■ **PENLEE PARK OPEN AIR THEATRE.** L'été seulement.

■ **ACORN THEATRE** ✆ **(01736) 65520.** Théâtre et salle de spectacle.

Manifestation

▶ **Fin juin : Golowan Festival.** On fête la Saint-Jean d'une façon celte en dansant la danse du serpent.

Points d'intérêt

■ **CHAPEL STREET.** Quelques beaux exemples d'architecture géorgienne et Régence. En haut de la rue se trouve l'Egyptian House, une maison du XIXe siècle dont la façade, avec ses décorations « égyptiennes », est très originale. En face, se trouve l'Union Hotel, un bâtiment du XVIIe siècle. C'est de là que fut annoncée en premier la victoire de Trafalgar et la mort de l'Amiral Nelson, en 1805.

■ **LIGHTHOUSE CENTER. Wharf Road** ✆ **(01736) 360077.** Musée sur l'histoire des phares et leur rôle.

■ **PENLEE HOUSE GALLERY & MUSEUM. Morrab Road** ✆ **(01736) 363625.** *Ouvert d'avril à septembre de 10h à 17h et d'octobre à mars de 10h30 à 16h30. Entrée : £2.* Collection de peinture de la « Newlyn School », un mouvement artistique qui se développa dans la région au XIXe siècle.

■ **CORNWALL GEOLOGICAL MUSEUM. Saint Johns Hall** ✆ **(01736) 332400.** *Ouvert d'avril à septembre de 10h à 16h30. Fermé le dimanche.* Musée de géologie locale.

Dans les environs

■ **MOUSEHOLE.** Un charmant petit village de pêcheur à quelques kilomètres au sud-ouest de Penzance. Il est malheureusement souvent envahi par les touristes. Mieux vaut visiter tôt le matin ou dans la soirée. Bus n° 5A, 5B, 6A et 6B depuis Penzance.

■ **LAND'S END.** Cap Land's End est le point le plus à l'Ouest de l'Angleterre. Magnifiques vues sur l'Atlantique.

Vous y trouverez également un parc à thème (ouvert tous les jours de 10h à 16h ; accès à toutes les attractions : adultes : £12,95, enfant : £6,95) qui rassemble diverses attractions interactives sur l'histoire maritime de la région. Honnêtement, pas génial. Les enfants apprécieront peut-être (mais malheureusement la plupart des attractions sont en anglais uniquement). Ce parc d'attractions a cependant le mérite d'employer plus de 250 personnes dans une région où le chômage est un problème majeur. Cependant, si vous n'êtes pas intéressé, vous n'avez pas besoin de payer pour traverser le parc. De l'autre côté, la nature est encore intacte. N'hésitez pas à emprunter les chemins de randonnées qui partent de là ; la côte à cet endroit est certainement l'une des plus belles du pays. Bus n° 1, 1A et 1C depuis Penzance (1h de trajet).

■ **MINACK THEATRE. Porthcurno** ✆ **(01736) 810181/471 – www.minack.com** – *Ouvert d'avril à septembre de 9h30 à 17h et de novembre à mars de 10h à 16h. Adulte : £2,50, moins de 16 ans : £1, moins de 12 ans : gratuit.* Un magnifique théâtre en plein air, situé sur les falaise, au-dessus de la baie de Porthcurno. Sa construction commença en 1930 et c'est une demoiselle anglaise infatigable, Miss Cade, qui en acheva la plus grosse partie. Il accueille encore des représentations en été. Remarquez que le dossier de chaque siège porte l'inscription d'une œuvre : *Le Marchand de Venise, Alice au pays des merveilles...* Bus n° 1 depuis Penzance. S'arrêter à Porthcurno.

MARAZION

C'est là que se trouve Saint Michael's Mount, réplique du Mont Saint-Michel.

Très belle plage pour la planche à voile et la voile, avec un vent fort qui a attiré plusieurs championnats nationaux et internationaux.

Transports

■ **BUS.** Emprunter le bus n° 2 depuis Penzance. Celui-ci continue jusque Falmouth.

Hébergement

■ **GLENLEIGH HOTEL. Higher Fore St, Marazion** ✆ **(01736) 710308 – glenleigh. marazion@eclipse.co.uk** – *Ouvert de mars à octobre. A partir de £25 par personne.* Toutes les chambres ont une salle de bains et une télévision. Salon. Parking.

■ **CHYMORVAH PRIVATE HOTEL. Turnpike Road, Marazion** ✆ **(01736) 710497.** *Ouvert toute l'année. A partir de £32 par personne en B & B.* Superbe vue sur le Mont Saint Michael's. Toutes les chambres disposent d'une salle de bains, téléphone et télévision. Parking.

■ **GODOLPHIN. West End, Marazion,** ✆ **(01736) 710202 – Fax : (01736) 710171 – enquiries@godolphinarms.co.uk – www.godolphinarms.co.uk** – *De £35 à £65 par personne.* Un hôtel vraiment bien situé, juste en face de St Michael's Mount. Les chambres sont toutes en suite, colorées et agréablement décorées et la plupart ont magnifique vue sur le mont. Le personnel est très serviable. Egalement un restaurant qui sert une très bonne cuisine et où vous mangerez en contemplant la baie et le mont.

Point d'intérêt

■ **SAINT MICHAEL'S MOUNT** ✆ **(01736) 710507 – www.stmichaelsmount.co.uk** – *Ouvert de 10h30 à 17h30 (dernière admission 16h45) tous les jours sauf samedi d'avril à octobre et les lundi, mercredi et vendredi en hiver (si le temps le permet). Adulte : £5,50, enfant : £2,75.* Dès le Ve siècle, une église fut construite sur cet îlot, coupé du reste des terres lorsque la marée est haute, après que des pêcheurs y ont eu une vision de saint Michael. Aujourd'hui, c'est une abbaye gothique qui y trône. La ressemblance avec le Mont St Michel est frappante. Et pour cause... Au XIe siècle, Edouard le Confesseur donna le Mont St Michael aux moines bénédictins qui avaient construit l'abbaye du Mont St-Michel. Ils y construisirent donc une abbaye sur le modèle de cette dernière. Au Moyen-Age, les pèlerins affluaient sur le mont bénédictin. Il servit également d'abri au duc d'Oxford lors de la guerre des Roses, et fut assiégé 26 semaines.

A marée basse, vous vous y rendrez à pied par un chemin de granite. A marée haute, des bateaux font le navette entre la plage et le Mont.

SAINT JUST IN PENWITH

A l'époque victorienne ce village était un centre de l'industrie du cuivre et de l'étain. Dans la région, vous découvrirez de nombreuses traces de ce passé minier. Il y a également de belles promenades à faire dans la région, le long de la côte.

Dans les environs

■ **GEEVOR TIN MINE** ✆ **(01736) 788662. Pendeen** ✆ **(01736) 788662.** *Ouvert de 9h à 17h (15h en hiver). Entrée : adulte £7 ; enfant £4,50.* Cette mine fut fermée en 1990. Elle est depuis ouverte au visiteurs. On vous fournit le casque. Claustrophobes s'abstenir. Prévoyez des vêtements qui ne craignent pas grand-chose. Il y a également un musée qui expose, raconte l'histoire de la mine et la vie des mineurs. L'équipement des mineurs et une série de photographies de ceux qui ne voyaient le jour que le soir y sont exposées.

■ **MORRAB GARDENS et surtout PENLEE MEMORIAL GARDENS AND MUSEUM (7 hectares de jardins magnifiques).** Egalement Saint Anthony Gardens et Trengwainton Garden (belle vue sur la baie).

ÎLES SCILLY

Cet archipel d'îles, situé à environ 50 km de la côte semble sortir d'une autre époque. Ici, on prend encore le temps de vivre. L'agriculture traditionnelle et la pêche sont les principales sources de revenu, outre le tourisme. Et même ce dernier est bien loin du tourisme de masse et n'a pas défiguré les paysages. Des vestiges préhistoriques, des fleurs sauvages, des plages de sable blanc sont quelques-uns des attraits de ces îles. De plus, les îles Scilly sont réchauffées par le Gulf Stream et bénéficient donc un climat clément. Un véritable havre de paix.

■ **AVION. Isles of Scilly Skybus** ✆ **0845 710 5555 – www.ios-travel.co.uk –** Vols depuis Newquay (30 min) et Land's End (15 min). Environ £90-£100 pour un aller-retour.

■ **BATEAU.** Compter 2h30 de traversée au départ de Penzance pour Saint-Mary (£35 aller-retour). Informations ✆ 0845 710 5555 ou au Travel Centre, Quay Street, Penzance – www.ios-travel. co.uk

Saint-Mary

C'est la plus grande des îles et l'office du tourisme se trouve à Porthcressa Bank. On peut visiter le musée, le fort, le château, afin de se laisser gagner par l'ambiance insulaire. Belle falaise de Peninnis Head.

Saint-Martin

De belles plages et une belle vue de Chapel Down.

Bryher

Ile plus sauvage, avec des plages de sable fin et des fleurs sauvages à Rushy Bay.

Tresco

Les jardins de l'abbaye sont réputés pour leurs richesses botaniques.

Saint-Agnes

C'est l'île la plus isolée, là où se trouve le phare.

SAINT-IVES

11 000 habitants. Depuis le XIXᵉ siècle, Saint-Ives est un immense centre artistique. On va même jusqu'à le qualifier de deuxième centre artistique du monde. Non seulement Saint-Ives a eu son école de peinture, mais les artistes contemporains le fréquentent encore assidûment et y exposent dans Old Mariner's Church ou dans les nombreuses galeries de la ville. En 1993, une Tate Gallery, petite sœur de la Tate londonienne, a ouvert ici. L'effervescence artistique se double du charme touristique de la station balnéaire : plages, petites rues bordées de maisons du XVIIIᵉ siècle, joli port et une certaine ambiance. Saint-Ives est construite en deux parties et sur deux collines, d'un côté, le village des pêcheurs, de l'autre, celui des artistes. Mais ici, les artistes ont des allures de marins et les marins des allures d'artistes.

Ne manquez pas de flâner à travers les petites rues du quartier pêcheur, au départ du port. Vous y découvrirez des maisons anciennes fraîchement repeintes et comprendrez mieux l'attirance magique que ce lieu exerce sur les artistes (peut-être même en verrez-vous certains travailler).

Transports

■ **TRAIN.** Possibilité de rejoindre la ligne principale Londres Penzance en changent à St Erth. La gare se situe au bout de Tregenna Hill ✆ (01736) 795908.

■ **BUS.** National Express assure la liaison avec Londres, Penzance, Newquay, Truro et Plymouth. Le bus n° 15 se rend à Land's End via St Just (3 bus par jour).

■ **LOCATION DE VELOS.** Fore Street ✆ (01736) 796560.

Pratique

▶ **Indicatif téléphonique :** (01736).

■ **OFFICE DU TOURISME.** The Guidhall. **Street an Pol** ✆ **(01736) 796297 – Fax: (01736) 798309 – www.go-cornwall.com –** *Ouvert de Pâques à septembre du lundi au vendredi de 9h à 18h et le dimanche de 10h à 13h (16h en juillet et août) ; d'octobre à Pâques de 9h à 17h du lundi au vendredi et de 10h à 13h le samedi.*

■ **BANQUES.** Barclay's : Tregenna Hill ou Lloyd's ou Midland : High Street.

■ **POLICE.** Wills Lane ✆ (01736) 795305.

■ **PHARMACIE.** JP Barker, Saint EIA Street ✆ (01736) 795094.

Hébergement

■ **SAINT IVES BACKPACKERS. Lower Stennack** ✆ **(01736) 799444.** *Auberge de jeunesse. Accès Internet. Location de vélos. Prix : £12 par personne.*

■ **PORTHMINSTER HOTEL. The Terrace** ✆ **(01736) 795221 – Fax : (01736) 797043.** *A partir de £51 par personne en chambre double avec petit-déjeuner et dîner. Des tarifs séjours sont pratiqués, selon la saison.* Construit en bord de mer, en haut d'une falaise, le Porthminster jouit d'une vue superbe. Le jardin a un accès direct et privé à la mer. Toutes les chambres sont en suite, vastes et confortables. L'hôtel dispose de piscines intérieure et extérieure, d'un sauna, d'une salle de musculation, d'un salon de coiffure, d'une salle de bal, d'un salon, d'un bar... Les prix sont largement justifiés.

■ **PEDN-OLVA HOTEL. Porthminster Beach** ✆ **(01736) 796222.** *A partir de £146 pour une chambre double.* Très belle vue sur la mer. Quelques chambres avec balcon. L'hôtel, construit sur le site d'une ancienne mine de cuivre, est situé dans la partie « haute » de la ville et du fort, c'est-à-dire les quartiers les plus typiques et les plus anciens de Saint Ives. Terrasse avec piscine.

Restaurants

■ **THE CORNISH PASTY BAKERY. The Slipway, Wharf Road** ✆ **(01736) 799034.** *Sur le port.* Grand choix de « pasties », faites maison et fourrées à différents ingrédients. Vous trouverez de nombreux autres magasins vendant des Cornish Pasties à travers la ville.

■ **COBBLESTONES COFFEE HOUSE. Saint Andrew's Street** ✆ **(01736) 797800.** *Salades, pies, pâtisserie, afternoon tea, compter environ £4. En été, ouvert tous les jours, de 10h à 22h.* La salle du premier étage, sans doute plus calme, offre une très jolie vue sur la baie et le port, si on se penche un peu ! Aux murs, exposition d'artistes locaux. Pour le respect des toiles et de la cuisine, l'établissement est réservé aux non-fumeurs. Quant à la desserte, elle expose de délicieux gâteaux maison. Egalement, des plats végétariens. Excellent accueil.

■ **SLOOP INN. The Wharf** ✆ **(01736) 796584.** Un pub situé dans un bâtiment du XIVe siècle et qui expose les œuvres d'artistes locaux. Belle terrasse sur le port.

■ **TIDES CAFE. 6 The Digey** ✆ **(01736) 799600.** Dans une salle très méridionale qui donne dans une rue claire très grecque, on déguste des plats au thym avec de la ratatouille et du carpaccio de thon. Parfait pour déjeuner alors que la canicule règne dehors.

■ **ALBA. Old Lifeboat House. The Wharf** ✆ **(01736) 797222.** *Plats principaux £13-£17.* Un endroit agréable, avec de grandes fenêtres donnant sur le port et une bonne cuisine de style moderne. Au rez-de-chaussée, le Harbour Kitchen est un café, moins cher, qui bénéficie du même chef et offre également de très bons plats de poissons ainsi que des snacks.

Sortir

■ **CINEMA THE ROYAL.** Gabriel Street ✆ (01736) 796843.

Manifestation

▶ **Septembre :** le festival de Saint Ives célèbre le passé musical et artistique de la ville. C'est l'occasion pour certains artistes locaux d'ouvrir ateliers et galeries au public.

Points d'intérêt

■ **BARBARA HEPWORTH MUSEUM. Au bout de Fore Street, près de la Parish Church.** *Ouvert de mars à octobre de 10h à 17h ; de novembre à février de 10h à 16h. Adulte : £4,50 ; enfant : £2,25.* Barbara Hepworth est l'un des grands noms de la sculpture abstraite. Elle vécu à St Ives de 1949 jusqu'à sa mort en 1975. Son atelier a été conservé tel qu'il était à l'époque et le musée expose plusieurs dizaines de ses sculptures, en bois, pierre ou bronze. Un adorable jardin abrite les plus grandes œuvres.

■ **TATE SAINT IVES. Porthmeor Beach** ✆ **(01736) 796226. Fax : (01736) 796226.** *Ouvert de mars à octobre de 10h à 17h ; de novembre à février de 10h à 16h. Entrée £5,50.* La Tate Saint-Ives, petite sœur des Tate londoniennes, fut inaugurée par le prince Charles, en juin 1993. La collection est petite, mais de qualité, présentant les œuvres des artistes de la ville ou de la région des Cornouailles, dont Ben Nicholson et Barbara Hepworth. Egalement des expositions temporaires d'artistes contemporains, avec régulièrement des œuvres empruntées à la Tate Modern de Londres. Le musée comprend plusieurs étages et les galeries sont longées par des baies vitrées avec vue sur la plage et la mer. Chaque salle a choisi un thème précis. Restaurant en haut du musée avec vue sur la baie.

■ **SAINT-IVES SOCIETY OF ARTISTS. Old Mariner's Church, Norway Squaren.** *Ouvert du lundi au samedi, de 10h à 17h30. Fermé en décembre janvier et février.* Fondée en 1927, la société a attiré de nombreux artistes : Arnesby Brown, Stanhope Forbes, Moffat Lidner sont du nombre. Elle s'est installée dans les murs de la Old Mariner's Church en 1945 et continue de recevoir tous les artistes britanniques contemporains. Des expositions ont lieu en permanence. Le grand principe de la société est de travailler en plein air. Elle jouit d'ailleurs d'une vue sur le port, source d'inspiration sans cesse renouvelée pour les artistes.

▶ **Les dizaines de galeries de Saint Ives sont à explorer.** La plupart se trouvent dans Fore Street, mais quelques-unes sont dans les ruelles près de la Old Mariner's Church (liste à l'office du tourisme).

■ **PLAGES.** A Saint Ives, jolies et grandes plages de sables. Porthmeor Beach, longue de 700 m, juste en face de la Tate Gallery est la favorite des surfeurs.

Shopping

■ **THE CORNISH WOOLEN CO. 34 Fore Street.** Temps gris ou soirées fraîches : de bonnes excuses pour faire une halte dans ce minuscule magasin de chandails. Les lainages proviennent des filatures de Cornouailles. Le modèle est unique, en côte anglaise, c'est le bon vieux classique, de toutes les couleurs pour £15 à £30.

■ **CORNISH STONE CO. Tregenna Place.** Les sols de Cornouailles étant réputés pour leurs mines de pierres semi-précieuses, cette bijouterie offre un grand choix de montures de styles celte ou anglais, classique ou contemporain. Depuis 80 ans, on taille, griffe, broche… l'opale de Galles du Sud, le jade de Chine, la pierre de lune de Ceylan, l'agate de Cornouailles, ou encore l'hématite de Cumbrie (au sud de l'Ecosse).

■ **HALZPHRON HERB FARM. 62 Fore Street.** Pour les plus natures. Cette boutique fait dans les plantes médicinales et le culinaire. Des produits bio pour la ménopause, pour maigrir mais aussi des vinaigrettes tout droit sorties de leur ferme en Cornouailles. Goûter au moins l'une d'elles. Succulentes.

NEWQUAY

Le paradis des surfeurs. De belles plages, plein de bars remplis de jeunes, des attractions familiales, Newquay est une station balnéaire animée qui en ravira plus d'un, que ce soit pour des vacances en famille ou entre amis. Par contre, si vous êtes en Cornouailles pour le calme et la nature, passez votre chemin, Newquay n'est pas pour vous.

Transports

■ **BUS.** La compagnie National Express assure la liaison avec Londres, Plymouth, Exeter, Penzance et Saint Ives.

■ **TRAIN.** Possibilité de rejoindre la ligne Londres-Penzance via Par (4 trains par jour).

Pratique

▶ **Indicatif téléphonique :** (01637).

■ **OFFICE DU TOURISME. Marcus Hill** ✆ **(01637) 854020.** *Ouvert de fin mai à mi-septembre du lundi au samedi de 9h30 à 17h30 et le dimanche de 10h à 14h30 ; de mi-septembre à fin mai du lundi au vendredi de 9h30 à 16h30 et le samedi de 9h30 à 12h30.*

■ **INTERNET.** Tad & Nick's Talk'n'Surf. 72, Fore Street ✆ (01637) 874868. *Ouvert tous les jours de 10h à 18h.*

■ **LOCATION DE SURFS. Fistral Surf Co. Beacon Road** ✆ **(01637) 850808, ou Cliff Road.** *Ouvert de 9h à 18h tous les jours.*

Hébergement

■ **ST CHRISTOPHER'S INN. 35 Fore Street** ✆ **(01637) 859111.** *A partir de £13 par personne, petit-déjeuner inclus.* Auberge de jeunesse bien située, avec vue sur le port et à proximité des plages. Très fréquenté par les surfeurs. Bonne ambiance.

■ **NEWQUAY INTERNATIONAL BACKPACKERS. 69-73 Tower Road** ✆ **(01637) 879366.** *A partir de £11 par personne.* Auberge de jeunesse très bien équipée (TV, vidéo, cuisine, accès Internet et même un sauna).

■ **ROCKPOOL COTTAGE. 92 Fore Street** ✆ **(01637) 870 848 – 07971594485 – enquiries@ro ckpoolcottage.co.uk – www.rockpoolcottage.co.uk –** *Ouvert de Pâques à Noël. De £21 à £28 par personne.* Un Bed and Breakfast familial. Craig, le propriétaire est un ancien champion de surf et connaît les plages comme sa poche. Petit-déjeuner servi au lit. Animaux admis.

Restaurants

■ **LIFEBUOY CAFÉ. Lower Tower Road** ✆ **(01637) 878076.** Petit-déjeuner servi toute la journée ainsi que d'autres plats bon marché.

■ **FINN'S. The Old Boat House. South Quay Hill** ✆ **(01637) 874062.** Superbement situé. Excellents poissons. Prix assez élevés.

Sortir

■ **RED LION. North Quay Hill** ✆ **(01637) 872195.** Bar. Le rendez-vous des surfeurs.

■ **SAILORS. Fore Street** ✆ **(01637) 872838.** Bar-club. Musique house commerciale.

■ **KOOLA. Beach Road** ✆ **(01637) 873415.** Un bar relativement branché qui passe de la musique plus « underground » que les autres établissements de la ville.

PADSTOW

Important port de pêche, situé dans l'estuaire de la rivière Camel, le village de Padstow a conservé un aspect « cosy », avec ses ruelles bordées de jolis cottages de pierre et ses petits bateaux amarrés dans le port. Padstow est également réputée pour être la capitale culinaire de Cornouailles, pour ses restaurants de poisson.

Pratique

▶ **Indicatif téléphonique :** (01840).

■ **OFFICE DU TOURISME.** Red Brick Building, North Quay ✆ (01840) 533449 – Fax (01841) 532356 – www.padstowlive.com

Hébergement

■ **TREGEA HOTEL. 16-18 High Street ✆ (01841) 532 455 – enquiries@tregea.co.uk – www. tregea.co.uk –** *Double : à partir de £90.* Un petit hôtel confortable à l'atmosphère familiale.

Restaurants

■ **SEAFOOD RESTAURANT. Riverside ✆ (01841) 532700.** Restaurant du célèbre chef Rick Stein. Un des meilleurs restaurants de poissons et de fruits de mer du pays. Les prix sont en conséquence (*compter environ £30 pour un plat principal*). Il faut parfois réserver plusieurs mois à l'avance.

■ **ST PETRO'S BISTRO. 4, New Street ✆ (01841) 532700.** Egalement un restaurant de Rick Stein, avec une version allégée (et un peu moins cher) du menu du Seafood Restaurant.

■ **OLD CUSTOM HOUSE. South Quay ✆ (01841) 532359.** Pub. La nourriture n'a rien d'exceptionnel, mais vous casserez la croûte pour pas trop cher. Egalement un restaurant de poissons (Pescadou), juste à côté, au menu plus élaboré. L'établissement propose également des chambres (£100 pour une double).

Manifestation

▶ **Padstow May Day Festival.** Le 1er mai ou le 2 si le 1er tombe un dimanche. Cette fête, dont la tradition remonte à plusieurs siècles, était à l'origine un rite de fertilité. A cette occasion, la ville est décorée, ses habitants s'habillent tout de blanc et l'Obby Oss, un homme déguisé en un genre de cheval sauvage, parcourt les rues du village en dansant.

Point d'intérêt

■ **PRIDEAUX PLACE ✆ (01841) 532411.** *Plusieurs visites guidées par jour de mai à octobre et pour Pâques. Adulte £6,50 ; enfant £2.* Ce manoir de style élisabéthain fut construit au XVIe siècle par la famille Prideaux-Brune, descendants supposés de Guillaume le Conquérant, qui y habite encore aujourd'hui. Son intérieur richement décoré, avec de magnifiques plafonds, en a fait le lieu de nombreux tournages de films d'époque.

TINTAGEL

Le village de Tintagel, envahi de touristes et de boutiques de souvenirs, ne laisse pas présager le spectacle grandiose qu'il cache. Un peu en dehors du village, depuis les ruines du château, vous aurez une vue magnifique sur la mer et les falaises.

Pratique

▶ **Indicatif téléphonique :** (01840).

■ **OFFICE DU TOURISME. Bossiney Road ✆ (01840) 779084 – www.tintagelweb.co.uk –** *Ouvert tous les jours de 10h à 17h (16h en hiver).*

Hébergement

■ **AUBERGE DE JEUNESSE (Youth Hostel). Dunderhole Point ✆ 0870-7706068.** *Ouvert d'avril à septembre. Prix : £11par personne.* Situé en haut d'une falaise, belles vues.

Fermes dans les environs

■ **LOWER TRESMORN FARM. Crackington Haven, Bude ✆ (01840) 230667.** *Ouvert toute l'année. A partir de £25 par personne.* A 5 minutes à pied de la côte. Maison médiévale isolée.

■ **TREVADLOCK FARM. Trevadlock ✆ (01566) 782239 – www.trevadlock.co.uk –** *Compter £28-£30 par personne.* Deux chambres d'hôtes dans une ferme au Sur de Launceston. Les chambres sont agréables et les propriétaires de la ferme sont sympathiques et serviables. Excellent petit-déjeuner avec les produits de la ferme. Bon point de départ pour explorer les environs.

Point d'intérêt

■ **TINTAGEL CASTLE.** *Adulte : £3,90 ; enfant : £2,90. De 10h à 18h d'avril à septembre, de 10h à 17h en octobre et de 10h à 16h de novembre à mars.* Le château est invisible de la route, pour l'atteindre, vous devrez garer votre voiture et emprunter un long sentier qui débouche sur une crique, la mer et les falaises. C'est en haut de ces falaises que se trouvent les ruines du château où, selon la légende, le roi Arthur serait né. Mais ici, le spectacle se mérite. Il faut alors traverser un pont en bois et grimper une série de marches très irrégulières pour accéder aux ruines. De là, une vue vraiment magnifique. Le berceau d'Arthur, vert comme l'herbe, bleu comme la mer, conserve une pureté vivifiée par les vents et les marées. L'ambiance est au merveilleux, l'atmosphère réveille en chacun le chevalier qui somnole.

En été, le lieu est hélas surpeuplé par les touristes. Mais vous en percevrez le charme en y restant une soirée, pour contempler le spectacle avec le coucher du soleil…

BOSCASTLE

Village de pêcheur, coincé au fond d'un ravin, et construit autour d'un adorable port naturel. Encore une fois, mieux vaut s'y rendre tôt le matin ou dans la soirée pour éviter l'afflux de visiteurs.

▦ DARTMOOR NATIONAL PARK ▦

La lande sauvage donne au visiteur du Dartmoor NP l'impression d'être le premier à fouler un sol vierge de toute présence humaine. La légende raconte qu'en certains endroits, personne n'a posé le pied depuis plus de 10 000 ans. Certains endroits sont en effet très touristiques tandis que d'autres restent délaissés, comme oubliés des touristes. Entre les poneys sauvages qui vivent en liberté depuis le XXe siècle et les busards à la recherche de proies, le Dartmoor NP offre des possibilités de randonnées presque intarissables. Les activités possibles dans la Dartmoor Forest (marche à pied, bicyclette, pêche, canoë, escalade) se pratiquent à la belle saison. Les offices du tourisme sont donc fermés l'hiver et la région hiberne. Pour préparer vos circuits pédestres, procurez-vous une « Ordnance Map » (sorte de carte d'état-major établie sur les entraînements militaires), elles sont très précises. Les sols dangereux y sont indiqués, ainsi que les zones de brouillard, le relief. Partout on vous recommandera, à plus forte raison si vous êtes seul, de laisser à votre hôtel ou à l'office du tourisme l'itinéraire que vous comptez suivre, au cas où. Le comté est toujours habité par un monstre légendaire, qui surgit des marécages, un peu comme dans le roman de Conan Doyle.

■ **POUR EN SAVOIR PLUS :** www.dartmoor-npa.gov.uk

▦ EXETER ▦

106 000 habitants. Construite par les Celtes, occupée successivement par les Romains puis par les Saxons. Entourée de remparts, la ville fut attaquée par les Vikings, puis par les Danois. Elle réussit tant bien que mal à se reconstruire après chaque invasion et, en 1068, elle ne capitula devant Guillaume le Conquérant qu'après plusieurs mois de siège. Durant la dernière guerre, Exeter fut en partie démolie par les raids aériens allemands. Fort heureusement, la cathédrale n'a guère souffert des bombardements. Et, contrairement à d'autres cités ayant subi le même sort, la ville a été reconstruite dans un souci d'harmonie mariant l'ancien et le nouveau.

Edouard le Confesseur

L'héritier des rois saxons, Edouard le Confesseur, fit transférer l'évêché de Devon et de Cornouailles à Exeter. Elevé en Normandie et cousin de Guillaume le Conquérant, Edouard le Confesseur est le bâtisseur de l'abbaye de Westminster. Son biographe le décrit comme un homme très doux, un peu naïf et d'une grande piété. Il avait fait vœu de chasteté et resta sans descendance. Quoiqu'il n'ait pas légiféré de manière notable, ses successeurs durent faire le serment de respecter les « lois d'Edouard ». En effet, dernier roi anglo-saxon, il était resté très populaire et symbolisait une Angleterre libre et indépendante. Les rois normands essayèrent ainsi de se faire accepter par une population récalcitrante.

Transports

■ **AEROPORT. Clyst Honiton** ✆ **(01392) 367433 – www.exeter-airport.co.uk** – Vols pour Dublin et les îles anglo-normandes.

■ **BUS.** National Express relie Exeter à de nombreuses grandes villes dont Londres (4h30), Bristol (2h) et Birmingham (4h).

Le bus n° X38 se rend à Plymouth.

Liaison directe avec Londres Paddington toutes les heures environ (2h30 de trajet). Egalement un train par heure pour Bristol depuis Exeter St Davids.

■ **VISITE EN CAR DE TOURISME. Central Railway Station, Queen Street** ✆ **(01392) 233010.** De juin à septembre, la réservation n'est pas nécessaire.

■ **CAPITAL TAXIS.** Little Castle Street ✆ (01392) 433433.

■ **AVIS RENT A CAR. 29 Marsh Green Road Marsh Barton** ✆ (01392) 59713.

▶ **Visiter Exeter avec un vélo ou même par les moyens fluviaux** se révèle être une idée judicieuse puisque le centre-ville est fermé aux voitures. Se renseigner au Quay House, Visitor Centre 46 The Quay.

Pratique

▶ **Indicatif téléphonique :** (01392).

■ **OFFICE DU TOURISME. Civic Centre, Paris Street** ✆ **(01392) 265700 – www.exeter.gov. uk/tourism** – *Ouvert du lundi au samedi, de 9h à 13h et de 14h à 17h.*

■ **BANQUES.** Midland, Barclay, Lloyd, dans High Street.

■ **POLICE.** Heavitree Road ✆ (01392) 52101.

■ **POSTE.** Bedford Street ✆ (01392) 53122.

■ **SANTE.** Exeter Health Autorithy, Dean Clark House, Southernay East ✆ (01392) 406135.

■ **INTERNET** à la Public Library de 9h30 à 19h du lundi au vendredi, sauf mercredi de 10h à 17h et le samedi de 9h30 à 16h.

Visites guidées

■ **REDCOAT GUIDES :** du 1er avril au 31 octobre, visites guidées à pied. Environ 90 minutes, horaires disponibles à l'office du tourisme. Elles sont gratuites, effectuées par les « Redcoat » guides :

▶ **Le Royal Clarence Hotel** pour les visites du centre-ville.

▶ **Quay House** pour les visites des quais.

Hébergement

■ **AUBERGE DE JEUNESSE. 47 Countess Wear Road** ✆ **(01392) 873329.** *Prix entre £9,15 et £12,25 avec le petit-déjeuner.* Possibilité d'y prendre ses repas.

■ **CLOCK TOWER HOTEL. 16 New North Road** ✆ **(01392) 424545 – Fax : (01392) 218445 – www.clocktowerhotel.co.uk –** *Chambre simple à £35 environ, double de £27,50 à £31 par personne, chambre familiale £65, petit-déjeuner compris.* La façade est quasiment cachée par un cèdre élégant. Cet établissement, où vous serez accueilli avec le sourire, offre un excellent rapport qualité/prix. Il est très proche du centre-ville. Le bar est ouvert aux résidents.

■ **HOTEL MAURICE. 5 Bystock Terrace** ✆ **(01392) 213079 – hotel.maurice@eclipse.co.uk –** *Chambre simple à partir de £17, double à partir de £28.* L'accueil de cet hôtel, situé sur une petite place retirée, bien que très proche du centre-ville, est un peu froid. Parking en face.

■ **PARK VIEW HOTEL. 8 Howell Road** ✆ **(01392) 271772.** *De £26 à £38 simple et £22,50 à £27,5 double : prix par personne et par nuit.* A quelques minutes à pied du centre-ville (par Queen Street), l'hôtel est calme et possède un parking privé. Le petit-déjeuner se prend dans la salle à manger et l'on peut admirer par la fenêtre le charmant spectacle des oiseaux s'ébattant dans un petit jardin.

■ **B & B « THE EDWARDIAN ».** 30-32 Heavitree Road, Exeter ℰ **(01392) 276102 et (01392) 254699 – michael@edwardianexeter.co.uk** – *De £30 à £40, en B & B £48. Kay Rattenbury.* Jolie décoration.

■ **ROYAL CLARENCE HOTEL. Cathedral Yard** ℰ **(01392) 319955 – Fax : (01392) 439423.** *Compter £72 à £114, et £60 en B & B prix par personne et par nuit.* Construit au XIVᵉ siècle, l'hôtel donne sur la cathédrale. Outre la vue splendide, sa qualité vient de la décoration individuelle de chacune de ses 56 chambres, toutes en suites. Tudor, Georgian, Regency ou Victorian, les meubles sont d'époque. Ma préférence va à la suite au lit à baldaquin… Il paraît d'ailleurs que les Français l'apprécient particulièrement !

Restaurants

■ **COOLING'S WINE BAR.** 11 Gandy Street ℰ **(01392) 434184.** Pour dîner ou juste pour prendre un verre. Tables rondes, nappes à carreaux, carrelage… On se croirait presque dans un restaurant de Brooklyn, si les arches, les vitrines à petits carreaux et le comptoir en bois ancien ne venaient nous détromper. L'ambiance est un peu bruyante, mais chaleureuse. Bon marché.

■ **SAFFRON SANDWICHES. South Street.** On compose son sandwich soi-même pour moins de £3 et avec des produits bio de surcroît.

■ **THE THAÏ ORCHID (en face de la cathédrale)** ℰ **(01392) 214215.** *Menus à environ £20.* Un restaurant thaï qui propose des menus portant le nom de grandes villes de Thaïlande : Chiang Mai, Ayyuthaya, Bangkok… Du Khao Phat (riz frit avec de l'œuf) et l'inimitable Thom Yam Kung (soupe épicée avec de la crevette et de la citronnelle). Une véritable petite ambassade asiatique à Exeter.

Sortir

■ **SHIP INN. 1-3 Saint Martin's Lane** ℰ **(01392) 272040.** L'auberge peut se targuer d'être un lieu historique, puisque Sir Francis Drake, grand militant élisabéthain, y fit de fréquents séjours en 1587 et l'évoque dans ses mémoires. Durant la guerre civile de 1644, elle abrita d'autres héros… Au mur, trônent les portraits des capitaines de la flotte d'Elisabeth Ire. Pour prendre un verre, par curiosité.

■ **ODEON CINEMA Sidwell Street** ℰ **(01392) 932458.** Quatre salles.

■ **NORTHCOTT THEATRE** ℰ **(01392) 54853. Stocker Road (à proximité de l'université).** Compagnies professionnelles, tournées nationales.

■ **BANFIELD THEATRE Banfield Road** ℰ **(01392) 70891.** Compagnies locales, amateurs ou professionnels.

Manifestation

▶ **Fin juin/début juillet :** Exeter Festival (toutes disciplines confondues).

Points d'intérêt

■ **EXETER CATHEDRAL** ℰ **(01392) 214219.** *La semaine de 7h30 à 18h30 et le samedi de 7h30 à 17h.* De style gothique flamboyant, la cathédrale Saint-Pierre a été bâtie sur les fondations d'un ancien monastère, détruit puis reconstruit à deux reprises. L'actuelle cathédrale fut érigée entre les XIIᵉ et XIIIᵉ siècles. Elle s'enorgueillit de posséder la plus longue voûte gothique du monde, aux sculptures remarquables. Sur la septième clef de voûte est représenté le meurtre de saint Thomas Becket. Au nord de la nef, d'autres sculptures : douze anges jouent chacun d'un instrument médiéval, au-dessus de la grande arcade. Dans le chœur se dresse un trône épiscopal en chêne qui date du Moyen Age. Les bancs sont recouverts de coussins brodés retraçant l'histoire d'Exeter. La plus belle vue extérieure est celle de la façade ouest, abondamment sculptée d'apôtres et de prophètes. Au-dessus s'élèvent les deux tours romanes, parties les plus anciennes de la cathédrale.

■ **SAINT NICHOLAS PRIORY. Forest Street** ℰ **(01392) 265858.** *Lundi, mercredi et samedi de 14h à 16h30. Ouvert de Pâques à octobre. Entrée : £1,25.* Cette aile d'un prieuré bénédictin, construit sur l'ordre de Guillaume le Conquérant, était à l'époque réservée aux hôtes de passage. Puis à l'époque élisabéthaine, la maison devint la propriété d'un riche marchand. Le Guest Hall date du XVᵉ siècle, le mobilier est d'époque. On peut admirer la crypte romane et, dans le jardin, une croix celtique du VIIᵉ siècle.

■ **ROYAL ALBERT MEMORIAL MUSEUM AND ART GALLERY. Queen Street** ✆ **(01392) 265858.** *Entrée libre, du lundi au samedi de 10h à 17h.* Musée d'histoire naturelle, département d'histoire locale et d'archéologie. Expositions temporaires d'artistes anglais.

■ **UNDERGROUND PASSAGES. High Street** ✆ **(01392) 265887.** Ces souterrains médiévaux servaient autrefois à alimenter la ville en eau. Les passages étant très étroits, les visiteurs souffrant de claustrophobie sont avertis dès l'entrée qu'ils risquent de ne pas se sentir très à l'aise durant la visite. Ils sont malheureusement fermés jusqu'à l'automne 2007.

■ **EXETER PHOENIX. Bradninch Place (au bout de Gandy Street).** Les beaux-arts d'Exeter : l'entrée est surplombée par un phénix d'acier, fait de récupération. L'effet est saisissant et sous un aspect mi-cartoon mi-science-fiction, l'intérieur n'en est que plus atypique. Les quelques salles ouvertes au public donnent un aperçu des œuvres réalisées par les étudiants : des happenings filmés, des travaux photos, des peintures, des sculptures ou même la réalisation d'ensembles haute couture. Disons-le : un vivier d'artistes qui mériteraient pour certains de percer. Le café dans les salles du fond y est convivial, les artistes y côtoient les serveurs à dreadlocks et l'on marche sur une œuvre d'art : le plancher est composé de feuilles de romans, de partitions, de photos, toutes protégées par une mince couche de résine « artefacts d'une société en perdition » selon l'artiste.

■ **GUILDHALL** ✆ **(01392) 265500.** *Ouvert selon les manifestations, se renseigner au Centre d'information. Entrée gratuite.* Situé dans High Street, Guildhall est l'un des plus anciens bâtiments municipaux d'Angleterre, puisqu'il date de 1330. A admirer, dans le grand hall, la charpente du XVᵉ siècle.

■ **ROUGEMONT HOUSE MUSEUM.** *Ouvert tous les jours sauf le dimanche de 10h30 à 17h30.* Ce musée, consacré aux costumes, s'abrite dans une élégante demeure Régence. La collection va de la période géorgienne aux années 1950.

■ CLOVELLY ■

En arrivant à Clovelly, rien ne laisse présager de ce que l'on va découvrir : le chemin conduit obligatoirement au parking du Clovelly Center qui vous délivre les billets et vous propose un montage audiovisuel sur le lieu. Mais le plus beau reste à voir : Clovelly est un village de pêcheurs construit vers 1740 et entièrement préservé. Le quai date du XIVᵉ siècle. L'été, Clovelly est envahi de touristes, il vaut donc mieux le découvrir au printemps ou en automne pour s'imprégner de son ambiance si particulière, si fragile et si difficile à capter entre deux cars de visiteurs guidés. Restez une nuit si vous le pouvez, le village redevient agréable après 18h…

Transports

■ **LAND ROVER SERVICE :** un service de Land-Rover permet de faire la navette entre le port et le haut du village.

Pratique

▶ **Indicatif téléphonique :** (01237).

■ **VISITOR CENTER.** A l'entrée du village ✆ (01237) 431781.

Hébergement – Restaurants

■ **RED LION HOTEL. The Quay** ✆ **(01237) 431 237.** *B & B situé en bas du village. Chambre double à partir de £46,50.* Egalement un restaurant.

■ **NEW INN. High Street** ✆ **(01237) 431303.** B & B situé dans un vieux pub traditionnel. Cependant les chambres sont modernes et confortables. Restauration traditionnelle de pub. Un peu moins cher que le Red Lion.

Points d'intérêt

Si vous vous garez au Clovelly Centre, vous obtiendrez un billet groupé pour le parking, le Fisherman's Cottage et l'exposition Kingsley (adulte : £4,50 ; enfant de 7 à 16 ans :£3). Profitez-en pour regarder le film sur l'histoire du village à l'Audio-Visual Theatre.

■ **FISHERMAN'S COTTAGE.** Une maison de pêcheur de la fin du XIXᵉ siècle reconstituée avec ses objets… Le port a été reconstitué comme il l'était au XIVe siècle. Des bateaux emmènent à Lundy Island.

■ **KINGSLEY EXHIBITION.** L'auteur de *Westward Ho* a vécu dans cette maison, où l'on vous raconte l'histoire de sa vie.

■ BIDEFORD ■

Surnommée « la petite ville blanche », Bideford se trouve au pied de la rivière Torridge. Tous les mardis se déroule le marché au bétail pour maintenir la tradition. A marée basse, une drôle de carte postale : un pont relie les deux côtés de la ville. Une fois les eaux retirées, elle a l'air d'une bourgade qui serait sur les bords de la mer d'Aral. Complètement asséchée ! Tout juste si l'on ne voit pas les poissons sauter.

Bideford s'enorgueillit d'une rue (High Street) ascendante et vivante comme la rue des Martyrs à Paris. Des épiciers, charcutiers et boulangers sont installés de part et d'autre de la rue. Il ne manque plus que l'odeur des crémeries.

Pratique

▶ **Indicatif téléphonique :** (01237).

■ **OFFICE DU TOURISME. The Quay, Kingsley Road** ✆ **(01237) 477676.** Sur le côté gauche est imbriquée… notre célèbre boîte aux lettres jaunes où l'on postera ses cartes, une larme à l'œil. C'est le cadeau d'une ville française pour le jumelage de Bideford.

■ **INTERNET :** à la bibliothèque en face du pont. Accès gratuit.

Hébergement

■ **SMYTHAM MANOR. Great Torrington** ✆ **(01805) 622110.** *Compter entre £20 et £30 par personne en B & B.* Joli manoir près des jardins Rosemoor. Bar, restaurant, salon. Piscine extérieure chauffée.

■ **THE MOUNT HOTEL. Northdown Road** ✆ **(01237) 473748.** *Ouvert toute l'année. Compter entre £26 à £31 par personne en B & B. Chambres avec salle de bains.* Salon, bar, jardin, parking.

■ **THE SEAGATE HOTEL. The Quay, Appledore** ✆ **(01237) 472589.** *Compter entre £25 à £40 par personne en B & B.* Situé sur le quai. Toutes les chambres sont équipées d'une salle de bains et d'une télévision. Bar, restaurant. Parking.

■ **THE ORCHARD HILL HOTEL. Orchard Hill** ✆ **(01237) 472872.** *Compter entre £26 et £33 par personne en B & B. Salle de bains et télévision.* Jardin, vue sur l'estuaire. Parking.

■ **YEOLDON HOUSE AND RESTAURANT. Durrant Lane, Northam** ✆ **(01237) 474400.** *Chambre double de £95 à £110.* Maison de campagne avec vue sur la rivière Torridge. Chambres avec salle de bains, télévision et décoration chaque fois différente. Certaines disposent d'un lit à baldaquin.

Restaurants

■ **RIVERSFORD HOTEL AND RESTAURANT. Limers Lane** ✆ **(01237) 474239.** Spécialité de poissons frais.

■ **HOOPS INN. Horns Cross** ✆ **(01237) 451222.** Auberge à l'ancienne avec un toit en chaume.

■ **QUIGLEY'S PUB. Bridge Land Street.** Il arbore la petite harpe irlandaise caractéristique des Guinness. Une espèce d'ambassade irlandaise sur les quais. A la question en quoi le petit-déjeuner irlandais se distingue-t-il du petit-déjeuner anglais ? On pourrait répondre « ce sont les mêmes menus traditionnels mais… agrémentés d'une Guinness ». A 8h du mat', c'est vraiment pour les inconditionnels.

■ **TAVERN IN THE PORT. Church Walk.** Pub qui se révèle être une halte intéressante : des pintes à £1, à peine. De quoi être frais comme un gardon le lendemain.

■ **TREATS. The Quay.** Pas loin du parking et de l'office du tourisme, un café et salon de thé tout simple pour siroter sa boisson chaude lorsque la pluie revient.

Manifestations

▶ **Fin mai :** festival Westward Ho !

▶ **Fin juillet :** régates de voile.

▶ **Mi-août :** « festival de la folie » et fête de l'eau.

▶ **Début septembre :** carnaval.

▶ **Mi-septembre :** régates.

Dans les environs

■ **HARTLAND ABBEY** ✆ **(01237) 441264/234 – Fax : (01884) 861137.** *Ouvert tous les jours de 14h à 17h30, seulement en pleine saison (sinon se renseigner à l'avance). Près de Bideford. Quitter Hartland vers Hartland Quay.* Fondée en 1157, cette abbaye fut donnée par Henri VIII à William Abbott, « sergeant » de sa cave royale. Ses descendants y vivent encore ! Beau jardin.

■ ILFRACOMBE ■

10 000 habitants. L'une des stations balnéaires les plus populaires du Devon. La petite ville dégage une atmosphère bourgeoise que les jolies maisons de la période victorienne ne viennent pas contredire. Le port est niché au milieu des falaises. Victorienne ? Pas tout à fait, sur le port ou High Street, des balcons en fer forgé ou en bois de couleurs vives et éclatantes viennent apporter une touche de sud des Etats-Unis. La crique, elle, avec son sable de couleur gris noir, n'est pas très belle. Seule l'eau est remarquable : par temps clair, elle se révèle être d'une grande pureté. Dans plusieurs des boutiques (sur la « Promenade » notamment), les achats des gourmands sont déjà faits : des pots de miel mélangés aux noisettes, noix ou amandes, des abricots ou des noix de cajou. Sinon, sur le port, les meilleurs fudges de la région, voire du pays.

Transports

■ **LOCATION DE VELOS. Tarka Trail Cycle Hire, Railway Station, Barnstaple** ✆ **(01271) 24202.** *Ouvert de mi-mars à octobre de 9h à 17h tous les jours.*

■ **MINI-CROISIERES.** Devonia Belle Coastal Cruises ✆ (01271) 862299.

Pratique

▶ **Indicatif téléphonique :** (01237).

■ **OFFICE DU TOURISME. The Promenade** ✆ **(01271) 863001.** En descendant, vers la crique, ce sont les trois petites tours assez laides qui émergent du parking dans un style très centrale nucléaire.

■ **BANQUES.** Barclay's, 136 High Street – Lloyd's, 109 High Street – Natwest, 135 High Street.

■ **HOPITAL** ✆ (01271) 863448.

■ **POSTE** ✆ (01271) 862401.

Hébergement

■ **OCEAN BACKPACKERS** ✆ **(01271) 867835 – www.oceanbackpackers.co.uk –** *Elle fait dos à l'Eglise. Le personnel est vraiment jeune et décontracté. Compter £9-£12 en dortoir. Egalement des chambres doubles pour £15-£16 par personne.* L'auberge est proche de tous les commerces, idéal pour faire quelques courses et se préparer un dîner conséquent le soir.

■ **INGLEWOOD HOUSE. Highfield Road** ✆ **(01271) 867098.** *Compter de £12,50 à £16 par personne en B & B.* Certaines chambres sont équipées d'une salle de bains et/ou ont la vue sur la mer.

■ **TRACY HOUSE HOTEL. 4 Belmont Road** ✆ **(01271) 863933.** *Prix : £23 à £26 par personne et par nuit.* A cinq minutes à pied du bord de mer, une ancienne et agréable maison. Toutes les chambres ont une salle de bains, une télévision couleur, un téléphone. Grand jardin. Parking.

■ **THE EPCHRIS HOTEL. Torrs Park** ✆ **(01271) 862751.** *Prix : £24,50 à £27,50. Réduction pour les enfants, les seniors, ainsi que pendant les saisons creuses.* Bel hôtel installé dans un hectare de jardins surplombant la ville. Toutes les chambres ont une salle de bains et une télévision. Salon, bar. Piscine extérieure et golf de l'hôtel. Aire de jeux pour les enfants.

■ **GROSVENOR HOTEL. Wilder Road** ✆ **(01271) 863426.** *Compter de £28 à £32 par personne en B & B.* Animations tous les soirs dans une grande salle de bal. Toutes les chambres ont une salle de bains, une télévision et un téléphone. Parking. Restaurant. Se renseigner sur toutes les formules spéciales et les réductions possibles suivant la période.

■ **DEDES HOTEL. 1-3 The promenade** ✆ **(01271) 862545 – Fax : (01271) 862234.** *De £19 à £25.* Hôtel qui surplombe cette « promenade des Anglais » et l'embouchure de Bristol. Ils ont leur propre pub et le label « Relais routier ». Une référence !

Restaurants

Sur St James Place, ne pas oublier les « traditional pasty ». Les vendeurs de glaces peuvent se bousculer. Tout est fait maison, alors pourquoi ne pas se priver. Essayer les glaces menthe-chocolat. En plus d'être rafraîchissantes, les copeaux de chocolat avoisinent la taille de tablettes !

■ **GOLDEN BAY.** Une pergola et ses plantes grimpantes, les plats, eux, sont anglais et classiques : fish and chips, et roast meat. En dessert, un banana split ou pêche melba ?

■ **FOXHUNTERS INN. West Down** ✆ **(01271) 863757.** Un pub classique.

■ **THE ILFRACOMBE CARLTON. Runnacleave Road** ✆ **(01271) 862446.** *Comptez £15 pour le « dinner ».* Restaurant et animations tous les soirs.

Sortir

■ **PAVILION THEATRE** ✆ **(01271) 862228.** Spectacles.

Manifestations

▶ **Début juin :** fête victorienne.

▶ **Fin août :** carnaval d'une semaine.

Points d'intérêt

■ **WILDLIFE AND DINOSAUR PARK. Combe Martin** ✆ **(01271) 882486.** *Ouvert tous les jours de Pâques à novembre, à partir de 10h. Adulte : £12 ; enfant : £7.* Parc animalier. Vous pourrez assister aux repas des otaries, des racoons ou encore des lions de mer. Spectacles de faucons. Léopard des neiges, faucon pèlerin, aigle européen, python, mais aussi, dans le même parc, 14 dinosaures, grandeur nature et animés (tyrannosaure, ptérodactyles, vélociraptors…) : à chaque passionné son animal ! Pour s'y rendre, quitter Ilfracombe vers l'est. Parking gratuit.

■ **ILFRACOMBE MUSEUM & BRASS RUBBING CENTRE. Wilder Road** ✆ **(01271) 863541.** *Ouvert d'avril à octobre tous les jours de 10h à 17h30 ; ouvert de novembre à mars de 10h à 12h30 du lundi au samedi.* L'histoire d'Ilfracombe illustrée par des photos, des minéraux, des cartes, des peintures, des costumes.

■ **WATERMOUTH CASTLE** ✆ **(01271) 863879.** *Sur l'A399 en quittant Ilfracombre vers Combe Martin.* Rendez-vous ensuite à Watermouth Cove, un joli petit port naturel.

■ **RUNNYMEDE GARDENS et SOUTHERN SLOPES,** de beaux jardins au cœur d'Ilfracombe.

Shopping

■ **THE OLD CORN MILL & POTTERY. Hele Bay** ✆ **(01271) 863185.** *Ouvert de Pâques à octobre de 10h à 17h.* Moulin à eau du XVᵉ siècle et artiste potier. Parking gratuit.

■ **DARTINGTON CRYSTAL. Great Torrington** ✆ **(01805) 623797.** *Ouvert du lundi au samedi de 9h30 à 17h et le dimanche de 10h30 à 16h30.* Visites de l'usine de fabrication du cristal (se renseigner sur les jours et les heures). Restaurant, parking, boutique.

■ **BOUTIQUE DE FUDGES sur 12 The Quay.** A peine entré, on est saisi par cette odeur forte et douce du caramel en train de fondre. Sur la gauche, comme à l'ancienne, le fudge refroidit sur une plaque de marbre.

Loisirs

■ **PISCINE : Hillsborough Road** ✆ **(01271) 864480.** Piscine, sauna, solarium.

■ LYNTON ET LYNMOUTH ■

1 000 habitants. Situé sur une falaise, Lynton domine un paysage splendide : la mer et les collines. En bas des falaises, se trouve Lynmouth, station jumelle de Lynton, avec son joli petit port sur le canal de Bristol. Les deux villages sont un enchevêtrement de ruelles escarpées, qu'il faut grimper ou dévaler, et de chemins qui conduisent à des points de vue, Ici, point de constructions modernes : les plus récentes datent de la fin du XIXe siècle.

L'endroit est très fréquenté en été, pour le bord de mer mais aussi pour les nombreux circuits pédestres qu'offre l'Exmoor Forest toute proche. Si Lynmouth, la ville d'en bas, est plus fréquentée, Lynton, la ville d'en haut, est peuplée d'habitués, fidèles et contemplatifs : les fleurs, les arbres, le ciel, la mer suffisent ici au bonheur. Mais partout, l'ambiance est plutôt bon enfant et souriante.

Transports

■ **TRAIN.** La gare la plus proche est à Barnstaple (20 km).

■ **BUS.** Correspondance avec Lynton. Egalement des bus (n° 309 et 310) pour Barnstaple.

■ **CLIFF RAILWAY** ✆ **(01598) 75348.** Ce funiculaire de 300 m de long relie les deux villes de Lynton et Lynmouth et existe depuis 1890. C'est l'un des deux derniers systèmes de ce genre au monde, car le wagon passager est contrebalancé par un ballast de 700 gallons d'eau (environ 175 litres). En montant à pic la forte pente, vous verrez peu à peu le superbe panorama se détacher : la mer bleue, la côte verte dentelée… et sans effort !

Pratique

▶ **Indicatif téléphonique :** (01598).

■ **OFFICE DU TOURISME.** Lee Road. *Ouvert de 10h30 à 13h en hiver, toute la journée en été.*

■ **BANQUES.** Lloyd's, Lee Road.

■ **POLICE.** Civic Center, Barnstaple ✆ (01271) 73101.

Hébergement

■ **AUBERGE DE JEUNESSE : Lynbridge** ✆ **(01598) 53237 – Fax : (01598) 53305.** *Prix : £11. Ouvert tous les jours en juillet et août. Le reste de l'année, téléphonez pour vérifier.*

■ **THE SEAWOOD HOTEL. North Walk** ✆ **(01598) 752272.** *Double : de £75 à £85. Single : £42,50.* Situé dans une maison rose, avec vue imprenable sur la mer, cet hôtel, simple et confortable, a été construit en 1848. Shelley avait l'habitude de se promener sur le chemin qui longe l'hôtel, vers la célèbre « Valley of Rocks ». Les chambres sont régulièrement refaites, l'ensemble a une allure pimpante.

■ **HEWITTS HOTEL. North Walk** ✆ **(01598) 752293 – Fax : (01598) 752489.** *Chambre simple de £65 à £95, double : à partir de £65, tarif dégressif pour plusieurs nuits. Le prix inclut la chambre, le thé du matin et le petit-déjeuner.* La vue surplombant la mer est magnifique et le jardin parfaitement entretenu, abondamment fleuri d'hortensias. Depuis 1890, la décoration et le mobilier sont demeurés scrupuleusement en l'état, selon les vœux du premier propriétaire (preuves photographiques à l'appui !). Le hall est grand, un peu austère, avec boiseries, tapis rouge sombre, et dans un coin, un piano dont les résidents peuvent jouer. Un immense escalier mène aux chambres, éclairées de vitres peintes de style victorien. L'accueil est chaleureux et discret.

Restaurant

■ **HEWITTS HOTEL. North Walk.** *Compter £15 environ pour le déjeuner, £25 pour le dîner.* Le restaurant est à l'image de l'hôtel et la cuisine recherchée, d'inspiration française, se mélange savamment aux traditions anglaises : le crumble et le Yorkshire pudding voisinent avec le « médaillon of pork », le « ragoût of salmon », le « soufflet trout ». La carte des vins offre une sélection de vins français, argentins, allemands…

Sortir

■ **CROWN HOTEL. Sinaï Hill.** Le pub, ouvert depuis 1760, propose des concerts tous les samedis.

■ **GLOBE. Queen Street.** On peut y jouer au billard.

■ **WOODY BAJ.** Tous les jeudis, folk music, chanteurs, musiciens.

Manifestations

▶ **2e quinzaine de juillet et 2e quinzaine d'août :** Minehead and Exmoor Festival (manifestations multiples et variées, concerts, défilés dans les rues. Les programmes sont largement détaillés dans la presse locale ou à l'office du tourisme).

Loisirs

■ **LYNTON AND LYNMOUTH BOWLS CLUB** est un club de boules très dynamique qui organise des tournois tous les mois de mai à août. Certains sont ouverts à tous (renseignements à l'office du tourisme).

■ PARC NATIONAL D'EXMOOR ■

▶ **www.exmoor-nationalpark.gov.uk** – Le parc national d'Exmoor (697 km²) offre au regard une infinie diversité de faune et de flore. De la lande, de la bruyère sombre, des forêts denses et habitées, où il n'est pas rare de rencontrer des daims au cours d'une randonnée. Les landes sont parcourues par des poneys, des perdrix et des troupeaux de moutons dispersés.

La nature à elle seule constitue le principal intérêt touristique du lieu. Au cours de vos randonnées, avec un peu de chance, vous pourrez croiser des cerfs (les seuls d'Angleterre). Ils ont été introduits au XIIIe siècle pour servir de terrain de chasse au roi. Vous rencontrerez sûrement des poneys sauvages d'Exmoor, dont la race serait la plus proche des chevaux préhistoriques. Dans le ciel, les oiseaux de proie abondent. Les nombreuses rivières font la part belle aux pêcheurs (renseignements à l'office du tourisme : le permis de pêche est obligatoire). Et les amateurs de randonnées à cheval trouveront leur bonheur auprès des nombreux centres équestres de la région où l'on peut louer des chevaux à la journée. Côté mer, des excursions en bateau sont organisées au départ des ports de la côte. Des cartes de sentiers pédestres sont à votre disposition à l'Office. Suffisamment détaillées, elles vous indiquent les vieilles églises ou les vestiges préhistoriques le long des itinéraires.

Dans les environs

Accédez à l'embouchure de l'Heddon par voie pédestre pour découvrir un paysage accidenté grandiose. Plus à l'est, la vallée des Rocks présente également des paysages naturels fantastiques. Visitez l'église de Culbone, la plus petite d'Angleterre et Porlock, un village du XIIIe siècle dont les petites rues étroites entretiennent un charme authentique.

EXFORD

Point de départ des longues parties de chasse à courre, lorsque celles-ci étaient encore autorisées, Exford est entièrement tourné vers le tourisme. Le village possède une atmosphère montagnarde. L'air y est pur et on se sent comme au bout du monde. L'histoire et la tradition jouent un rôle important.

Hébergement

■ **CROWN HOTEL** ✆ **(01643) 831554 – Fax : (01643) 831665 – www.crownhotelexmoor. co.uk** – *A partir de £49,50 par personne en chambre double. Petit-déjeuner compris.* L'atmosphère qui se dégage du Crown Hotel est presque montagnarde. Tel un refuge, niché au beau milieu du parc national d'Exmoor, il exalte avec fierté le calme et la sérénité des grands espaces. Le jardin court le long d'un ruisseau, les écuries vous invitent à vous perdre dans les méandres des longs sentiers battus. Le salon et le restaurant fleurent bon l'enivrante douceur des soirées apaisantes. Enfin, après tant de péripéties, un détour par l'une des 17 chambres que propose l'hôtel vous plongera dans une quiétude absolue.

DUNKERY BEACON

Le point culminant d'Exmoor (520 m). De nombreuses randonnées autour de Dunkery Beacon vous permettent de l'admirer.

MINEHEAD

Depuis le XVe siècle, Minehead a été un port de pêche, puis de commerce de laine. Elle est maintenant une adorable station balnéaire investie par les touristes britanniques l'été. La petite ville se targue de souvent gagner les concours floraux nationaux, et de fait, les paniers de fleurs s'amoncellent sur la rue principale. C'est sur The Parade que se concentrent la plupart des boutiques, des Bed and Breakfast… et des touristes. Minehead se trouve au cœur des 265 miles carrés du parc national d'Exmoor, qui était réservé pour les chasses royales au daim (il en reste un millier). La nature y est encore reine, avec des poneys sauvages, des renards, des castors et 243 espèces d'oiseaux. Les saumons et les truites sont nombreux dans les rivières Exe et Barle. La ville idéale avant de commencer à explorer toutes les richesses des petits villages du Somerset, une étape avant ou après Bath et Lynton. Le village de Winsford Hill en particulier est typique (il a sept ponts !), ainsi que celui de Withypool.

Transports

■ **LOCATION DE VOITURES. DEREK MERSON. North Road** ✆ (01643) 702345.

■ **GARAGE. Mart Road** ✆ (01643) 702020. Garage Volkswagen.

■ **PORT.** Les bateaux « Waverley » (à vapeur) et « Balmoral » s'arrêtent à l'adorable port de Minehead pour proposer des excursions vers Ilfracombe, Cardiff, l'île de Lundy (renseignez-vous sur la promenade).

■ **WEST SOMERSET RAILWAY. The Station** ✆ **(01643) 707650/704996.** Si vous avez la nostalgie des trains à vapeur, vous pouvez en prendre un de Minehead à Bishops Lydeard. Les 10 gares ont été chacune restaurées, avec des musées, des moteurs et des wagons exposés : arrêtez-vous à Dunster, Blue Anchor Bay, Washford, Watchet… Une bonne façon de découvrir les petits villages du Somerset. Un wagon-restaurant circule d'avril à octobre, la journée et certains soirs (réservations ✆ (01984) 623873).

Pratique

▶ **Indicatif téléphonique :** (01643).

■ **OFFICE DU TOURISME. 17 Friday Street** ✆ **(01643) 702624.** *Ouvert du lundi au samedi de 9h à 17h en hiver et jusqu'à 17h en été, et le dimanche matin en saison.* Réservations de B & B et d'hôtels dans toute la Grande-Bretagne, bureau de change. Personnel accueillant et toujours prêt à aider.

■ **POLICE. Townsend Road** ✆ (01823) 363566.

■ **PHARMACIE. Boots, 7 The Parade** ✆ (01643) 702004.

■ **HOPITAL. Minigead Hospital** ✆ (01643) 707251.

■ **POSTE. The Avenue** ✆ (01643) 702151.

■ **BANQUES.** Barclay's, Lloyd's et Natwest sur la Parade, Midland sur Wellington Square.

Hébergement

■ **MINEHEAD & EXMOOR CARAVAN PARK. Porlock Road** ✆ (01643) 703074.

■ **MINEHEAD CAMPING & CARAVANING CLUB SITE. Hill Road, North Hill** ✆ (01643) 704138.

■ **AUBERGE DE JEUNESSE. Alcombe Combe, Alcombe** ✆ **(01643) 702595.** *Prix : £11.*

■ **KILDARE LODGE. Townsend Road** ✆ **(01643) 702009.** Chambres très correctes avec salle de bains, bar dans un B & B à 200 m de la rue principale.

■ **THE DORCHESTER HOTEL. The Avenue** ✆ **(01643) 702052 – Rooms@dorchester-mine head.com –** *Compter £30 par personne.* Les deux propriétaires Mike et Lynda parlent français. Tout est fait pour le bien-être des clients : une salle à manger conviviale et un living confortable face au jardin. Un havre de paix.

■ **KENELLA HOUSE. 7 Tregenwell Road** ✆ **(01643) 703128.** *Prix : £25 à £25 prix par personne.* Dans une rue perpendiculaire à The Avenue, tout le confort moderne et près de tout : plage et centre-ville. Les propriétaires peuvent préparer des repas à emporter.

Restaurants

■ **THE OLD SHIP AGROUND. Quay Street, The Harbour** ✆ **(01643) 70287.** Pub-restaurant. Egalement des chambres.

■ **BRITANNIA INN. 1 Manor Road, Alcombe** ✆ **(01643) 702384.** Pub et restaurant. Jardin l'été.

■ **THE MULLIONS. 43 The Avenue.** Parfait pour prendre le breakfast. Toast, bacon, champignons, tomates. Rien ne manque, on ne peut pas faire plus traditionnel.

■ **THE HAIRY DOG (Le Chien Poilu). The Avenue.** Immense restaurant qui sert une cuisine simple mais bonne et plutôt bon marché. Le week-end, peut être souvent bondé surtout pendant les matchs de la ligue anglaise retransmis sur rétroprojecteurs. Egalement une plaine de jeux pour les enfants.

Sortir

■ **ODEON. The Seafront** ✆ **(01643) 703331.** Cinéma.

■ **THE REGAL THEATRE. The Avenue** ✆ **(01643) 70643.** Spectacles.

■ **BLENHEIM GARDENS.** Concerts tous les week-ends d'été dans ce jardin.

Manifestation

▶ **Début mai :** un étrange défilé cérémonial se déroule avec des « chevaux de bois » (Hobby Horse) dans les rues de Minehead. On fait également des libations (Wassailing), adressées aux pommiers des vergers pour leur assurer une bonne récolte.

Points d'intérêt

■ **SAINT MICHAEL'S CHURCH.** Petite église en haut de la ville, sur la colline ouest. Juste en face Church Steps est la partie typique de la ville : ruelles pavées, cottages en chaume…

■ **NORTH HILL.** La colline ouest de la ville a de superbes panoramas à offrir, avec vue sur la côte galloise par beau temps. En saison, les ajoncs, les bruyères et les genêts de la lande vous séduiront.

■ **LA WEST SOMMERSET RAILWAY STATION** où d'anciens trains à vapeur attendent leurs clients pour manger dans des compartiments restaurés ou bien faire un tour. Les locomotives ressemblent à s'y méprendre à celle d'Harry Potter. Direction Hogwarts !

Shopping

■ **SAMARKAND. 40 The Avenue.** Une boutique spéciale, un peu New Age avec des vêtements tissés du monde entier, des bougies parfumées et des essences de parfums, ainsi que toutes sortes de cadeaux.

Loisirs

Découvrez les activités proposées par le West Somerset Booking Office ✆ (01643) 702396, qui se trouve sur le front de mer.

■ **WEST SOMERSET SPORTS CENTRE :** tennis, cricket, squash, hockey.

■ **PLAGE DE SABLE :** à Blue Anchor Bay notamment. Roches géologiques intéressantes.

■ **BUTLIN'S SOMERSET WORLD. The Seafront. Près du bord de mer.** *Ouvert de 10h à 24h.* Petit fête foraine permanente où l'on paye un forfait à l'entrée, puis pour chaque attraction.

■ **AQUASPLASH LEISURE POOL. Seaward Way** ✆ **(01643) 708000.** *Ouvert tous les jours.* Piscine à vagues avec toboggan, jacuzzi. Centre de fitness. Accès spécial pour les handicapés. Cafétéria.

■ **MARCHE.** A Minehead débute le sentier de randonnée South West Coastal Path, qui est le plus long de Grande-Bretagne.

■ GLASTONBURY ■

9 500 habitants. Glastonbury fait partie de la région des Mendips. La plaine du Somerset étant autrefois inondée, le Tor (la colline de Glastonbury surmontée d'une tour) était un point de repère et de refuge. La légende raconte qu'après la Crucifixion, Joseph d'Arimatie aurait apporté à Glastonbury le Graal, rempli du sang du Christ. Depuis, Glastonbury est devenu un centre majeur de pèlerinage. C'est également un haut lieu de la mythologie celtique identifié à Avalon. C'est là que reposerait le couple royal Arthur et Guenièvre. Une seule chose est sûre : vers – 500, il y eut bien un monastère celte.

Aujourd'hui, « Glasto » est prisé par les néohippies qui vendent leurs objets improbables et variés (des chapeaux de farfadets ou des pipeaux de lutins) à des prix modiques. High Street est rempli de boutiques bio, contre les tests sur animaux et sans OGM. Un vrai bonheur. On le voit, le temple de l'ésotérisme, du flower-power et du New Age (et de ce qu'il en reste) n'est pas mort en Grande-Bretagne. Eté comme hivers, des jeunes gens à la barbe frisant celle des Sikhs, torses nus et arborant un seul pantalon de bure errent dans la ville.

Transports

■ **BUS.** National Express relie Glastonbury à Londres une fois par jour (environ 4h de trajet). Egalement une liaison avec Bristol et Bath.

Il n'y a pas de gare à Glastonbury.

Pratique

▶ **Indicatif téléphonique :** (01458).

■ **OFFICE DU TOURISME. 9 High Street** ✆ **(01458) 832954.** Dans le bâtiment d'un tribunal du XVe siècle.

■ **POSTE** sur High Street.

■ **POLICE** ✆ (01823) 337911.

■ **BANQUES.** Barclay's, Lloyd et Midland sur High Street – Natwest sur Market Place.

■ **MEDECINS.** Glastonbury Surgery, Faversham Lane ✆ (01458) 833666.

■ **MARCHE :** le mardi, près de l'église Saint John.

Hébergement

■ **CAMPING. SHWELL FARM HOUSE. Ashwell Lane** ✆ **(01823) 832313.** *Ouvert toute l'année, chiens acceptés. Près de 80 emplacements.* En dépannage.

■ **HE BACKPACKERS. 4 Market Place** ✆ **(01458) 833353 – Glastonbury@backpackers-online.com** – *Dortoirs à £12, chambre double : £30 (£35 avec salle de bains). Très central. Il n'y a pas de couvre-feu. Ne pas oublier de donner sa clé avant de partir : ils prennent une caution. On revient (avec ou sans alcool dans le sang) sans trop de problème, mais ne pas oublier le code la porte d'entrée. Egalement un café très sympa.*

■ **GEORGE & PILGRIMS HOTEL. 1 High Street** ✆ **(01823) 831146.** *Simple à partir de £55, double à partir de £65.* Cet hôtel abritait déjà les pèlerins au XIVe siècle. Certaines chambres ont des lits à baldaquin. Fait aussi restaurant et pub.

■ **THE KING WILLIAM. 19 Market Place** ✆ **(01458) 831473.** *Trois chambres : doubles de £45 à £55 ; triple de £65 à £75.* En haut d'un pub qui donne sur la petite place (où les hippies sont encore et toujours là). Les chambres sont bon marché, sans plus.

■ **THE WHO'D A THOUGHT IT. 17 Northload Street** ✆ **(01823) 834460.** *Compter environ £60 pour une double.* Hôtel-pub situé en plein centre-ville. Chambres confortables avec salle de bains.

Restaurants

Les végétariens seront ravis par le choix offert. Quant aux autres, ils pourraient même avoir du mal à trouver un steak à se mettre sous la dent.

■ **BURNS THE BREAD. 14 High Street** ✆ **(01823) 831532.** Boulangerie qui, contrairement à son nom, ne brûle pas le pain !

■ **THE MITRE INN. 27 Benedict Street** ✆ **(01823) 831203.** Pub.

Glastonbury Festival

C'est simplement le plus grand, le meilleur et le plus célèbre des festivals rock à travers le monde. Glastonbujry se tient habituellement chaque année fin juin. Mais il n'aura pas lieu en 2006.

■ **THE BLUE NOTE CAFE. 4 High Street.** Un café très jazzy, décoré avec des pointures en matière de jazz. Portraits de bluesmen divers. De quoi boire un verre et s'isoler de la folie « hippiesque » de Glasto.

■ **RAINBOW'S END. 17a, High Street** ℭ **(01823) 833896.** *Ouvert de 10h à 16h tous les jours.* Très bonne cuisine végétarienne. Bon marché.

■ **Le GEORGE & PILGRIMS et THE WHO'D A THOUGHT IT** (voir « Hébergement ») servent également une nourriture simple et correcte.

Manifestations

▶ **Fin juin :** pèlerinage à l'abbaye.

▶ **Début août :** festival de la Danse.

▶ **Mi-août :** concerts de musique classique à l'abbaye.

▶ **Début septembre :** son et lumière à l'abbaye.

▶ **Mi-novembre :** carnaval illuminé.

Points d'intérêt

■ **ABBAYE. Magdalene Street** ℭ **(01458) 832267.** *Ouverte toute l'année, tous les jours, de 9h30 (9h de juin à août) à 18h (ou à la tombée de la nuit). Adulte : £2,50 ; enfant : £1.* C'est le plus vieux sanctuaire chrétien de Grande-Bretagne. Le Holy Thorn Tree fleurirait deux fois par an. Un incendie eut raison de l'édifice en 1184. Le monastère, qu'on avait reconstruit, fut abandonné en 1539. Une mention spéciale pour la cuisine de l'abbé Dunstan (saint Dunstan fut abbé de 940 à 956), Abbot's Kitchen, spécialement bien conservée.

■ **CHALICE WELL.** Source d'origine druidique. En y cachant le Graal, Joseph d'Arimatie lui aurait donné un pouvoir guérisseur.

■ **LAKE VILLAGE MUSEUM. The Tribunal, 9 High Street** ℭ **(01458) 832954.** *Ouvert tous les jours.* Le musée retrace la vie à l'âge de fer à Glastonbury d'après les objets retrouvés.

■ **MAN MYTH MAGIC. 6 Magdalene Street.** Bâtons de pèlerins et glaives de chevaliers (tout du moins en reproductions). Des illuminés de toutes sortes marchandent leur bague magique.

Shopping

■ **DRAPERS FACTORY SHOP. Chilkwell Street** ℭ **(01823) 831118.** De typiques mules fourrées en peau de mouton.

■ **MORLANDS FACTORY SHOP. Sur l'A39 vers Street** ℭ **(01458) 935042.** *Ouvert du lundi au samedi de 9h30 à 17h30.* Tapis, jouets, cuirs, et chapeaux, chaussures et manteaux en peau de mouton.

■ **THE WHOLE FOOD STORE. 29 High Street.** Comment se guérir soi-même, se faire plaisir avec de l'orge et avec des produits bio-friendly. Mais ce qui est naturel est cher. Parfois vraiment très cher.

◼ WELLS ◼

10 000 habitants. La plus petite « city » de Grande-Bretagne : en effet, Wells serait une « town » si elle n'avait pas de cathédrale ! Le Vicar's Close est la plus vieille rue médiévale d'Europe encore complète. Le nom de la ville (qui signifie « puits ») vient de la source Saint Andrew, qui se déverse dans un lac près du Bishop's Palace. Wells se trouve en outre dans une des plus belles régions rurales de Grande-Bretagne, le Somerset. Elle se trouve au carrefour de Bath (à 21 miles par l'A39), de Cheddar (à 8 miles par l'A371) et de Glastonbury (à 6 miles par l'A39). Les rigoles sont encore d'actualité et longent les trottoirs. Attention où vous mettez vos pieds quand il pleut.

Pratique

▶ **Indicatif téléphonique :** (01749).

◼ **OFFICE DU TOURISME. Town Hall, Market Place** ✆ **(01749) 672552.** *Ouvert tous les jours de 9h30 à 17h30 d'avril à octobre, et de 10h à 16h de novembre à mars.* Vend des tickets réduits pour Cheddar et Longleat.

◼ **BANQUES.** Barclays et Midland sur Market Place, Lloyd's et Natwest sur High Street.

◼ **MARCHE.** Le mercredi et le samedi.

◼ **HOPITAL.** Wells & District Cottage Hospital. Saint Thomas Street ✆ (01749) 673154.

◼ **POLICE.** Glastonbury Road ✆ (01749) 673481.

◼ **POSTE.** Market Place.

Attention. Certaines boutiques ferment à 13h le mercredi (early closing).

Transports

◼ **BUS.** National Express assure la liaison avec Londres une fois par jour (4h de trajet). La gare routière se situe au bout de High Street, à l'ouest de la ville.

Nombreux bus locaux également n° 376 et 976 pour Bristol, n° 173 et 773 pour Bath et n° 163 pour Glastonbury. Ces bus partent environ toutes les heures.

◼ **TAXI** ✆ (01749) 670200.

Hébergement

◼ **BEKYNTON HOUSE. 7 Saint Thomas Street** ✆ **(01749) 672222 – www.bekyntonhouse. com –** *A partir de £25 par personne.* Dans le centre-ville. Chambres avec télévision.

◼ **INFIELD HOUSE. 36 Portway** ✆ **0845-1304645 – infieldhouse@talk21.com –** *Prix : £27 par personne. Réductions pour des séjours de trois nuits et plus.* Dans une jolie maison victorienne proche du centre. Chambres non-fumeurs avec salle de bains. Breakfast copieux. Parking privé.

◼ **BERYL. Hawkers Lane. A un mile du centre** ✆ **(01749) 678738 – stay@bryl-wells. co.uk –** *A partir de £35.* Petit manoir de dix chambres, toutes avec salle de bains, dans un parc de 7 hectares de verdure. Belles vues sur la région.

◼ **THE ANCIENT GATE HOUSE HOTEL. Sadler Street** ✆ **(01749) 672029 – Fax : (01749) 670319.** *Simple : £67,50 et double : £82,50.* Un hôtel exceptionnel de par son architecture. Un gigantesque escalier par palier en spirale, un puits de lumière au plafond, une odeur de tapisserie desséchée et de vieux meubles. Si leurs chambres simples sont étriquées et ridicules, les chambres doubles sont réellement dignes d'intérêt avec des lits faits et taillés dans de lourdes pièces de chêne.

Restaurants

◼ **RIVERSIDE RESTAURANT. Coxley** ✆ **(01749) 672100.** *Fermé le lundi. Menu et carte traditionnels, mais bons.* Essayez les desserts et les spécialités du jour.

◼ **THE FOUNTAIN INN & BOXERS RESTAURANT. 1 Saint Thomas Street** ✆ **(01749) 672317.** La journée, on va au pub au rez-de-chaussée ; le soir, on monte d'un étage pour un restaurant au sens français du terme, avec des plats plus recherchés.

◼ **THE GOOD EARTH. 4 Priory Road** ✆ **(01749) 678600.** *Fermé le dimanche.* Café végétarien.

Déjeuners simples avec des produits biologiques. Boutique de produits « naturels » à côté.

■ **CLOISTER RESTAURANT. Wells Cathedral West Cloister** ℂ **(01749) 676543.** *Ouvert de 10h à 17h du lundi au samedi, et de 14h à 17h le dimanche.* Snacks et déjeuners.

■ **RAJAH RESTAURANT AND TAKE AWAY. 5A Queen Street** ℂ **(01749) 673978.** Cuisine indienne. On y mange correctement et pour pas cher. Nombreuses options végétariennes.

■ **KINGS HEAD. Au croisement de High Street et Union Street.** Belle devanture et insigne travaillée. Pour boire un verre dans un des nombreux recoins du bar avec ou sans un Cornish pasty (pâté de Cornouailles) acheté à côté. Le dimanche, l'ambiance est « chill out » avec l'électro qui passe en fond.

■ **WEST CORNWALL PASTY. Sadler Street.** Ils sont fiers d'avoir gagné le concours du meilleur pasty (pâté). En tout cas, opter pour le Guinness Pasty, inhabituel et goûteux.

■ **LE CAFE BLEU. Heritage courtyard, Sadler Street** ℂ **(01749) 677772.** Une déco minimaliste et intense. Des tons pastel chaleureux, le calme d'une cour intérieure avec ses plantes luxuriantes. Assurément un endroit de charme, de choix pour les locaux qui s'y rendent pour avaler leur café ou leur thé. Des petits-déjeuners à £4, des ciabbattas à la feta, aux tomates et aux poivrons. Le mobilier est en ferraille dans un style assurément parigot. Une paresse toute méditerranéenne s'est emparée de ces lieux : on aime, on ose, on adore !

Sortir

■ **CINEMAS :** Princes Road.

■ **THEATRE :** Little Theatre, Chamberlain Street.

Manifestations

▶ **Fin juillet :** concerts devant la cathédrale : Music Extravaganza.

▶ **Mi-août :** Priddy Sheep Fair à Priddy, la fête du mouton dans les environs de Wells.

▶ **Début septembre :** fête nationale du jardinage amateur.

▶ **Fin octobre :** festival de la Littérature.

▶ **Deuxième vendredi de novembre :** plus de cent chars défilent pour la parade électrique.

Points d'intérêt

■ **CATHEDRALE.** *Pour y arriver, passez par le Penniless Porch, le porche des Sans-le-Sou.* Ce chef-d'œuvre gothique date du XIIe siècle. Une fois entré, on admire sa magnifique nef et sa bibliothèque du XVe siècle, une Chapter House octogonale qui renferme des expositions (ouvert de Pâques à septembre, du lundi au vendredi). De l'extérieur, on peut contempler le West Front, qui représente le dernier jugement et qui est deux fois plus large que haut ! Voir également l'horloge astronomique (XIVe siècle), qui s'anime d'un combat de chevaliers tous les quarts d'heure. Pour plus d'informations sur les concerts ℂ (01749) 674483 .

■ **BISHOP'S PALACE.** A l'origine, il date du XIIIe siècle, même s'il a été remodifié par la suite. Le Bishop de Bath et Wells habite encore aujourd'hui dans l'aile nord. Noter les beaux jardins et les essences d'arbres : Ginkgo, amandier noir, Indian Bean et Holm Oak. Les cygnes ont été dressés à tirer la cloche quand ils ont faim ! Les visiteurs sont invités à ne les nourrir qu'avec du pain complet et bis, mais pas de pain blanc…

▶ **Passez près de la Gatehouse (XVIe siècle),** de laquelle on jetait de la poix sur les assaillants.

Loisirs

▶ **Golf, pêche :** près de la gare routière.

Shopping

■ **CONFISERIES. The House at Fudge Corner. 2 High Street.** Beaucoup de fait maison ici, les fudges, bien entendu, et des pâtisseries qui invitent les papilles gustatives rien qu'en les regardant.

Dans les environs

■ **WOOKEY HOLE CAVES AND PAPERMILL.** *Ouvert de 10h à 17h en été et de 10h30 à 16h30 en hiver. Adultes : £9,90 ; enfant : £7,50.* A 3 km au nord de Wells, une série de grottes naturelles creusées par la rivière Axe. L'une d'entre elles abrite un lac. Vous y verrez également des stalactites et stalagmites. L'une d'elles, dont la forme ressemble à une sorcière, est à l'origine de la légende d'une sorcière changée en pierre qui vous sera sans aucun doute contée. Visites guidées.

Pour les amoureux du passé, le Papermill propose la reconstitution d'une arcade (Old Penny Arcade), où l'on vend encore des vieux pence. Un film montre la fabrication du papier à l'ancienne. Il y a également un musée d'archéologie présentant des objets découverts dans les grottes et le Magical Mirror Maze, un labyrinthe de miroirs déformants qui enchantera les plus jeunes.

■ **POINT DE VUE :** Deer Leap. L'A371 emmène à l'ouest de Wells, puis on sort à Wookey Hole, on traverse le village et on tourne à droite. Gorge puis superbe panorama. Aire de pique-nique, parking.

■ **RANDONNEES INTERESSANTES** sur la West Mendip Way, de Wells à Weston-Super-Mare (25 miles).

■ CHEDDAR ■

Réputée pour sa magnifique gorge. Il y a 100 000 ans, des hommes s'installaient déjà à Cheddar, laissant des traces de leurs campements, de leurs cimetières et de leurs outils en silex : la gorge était un point de repère pratique et un refuge sûr. Puis à l'époque romaine, on y construisit des fermes et une villa. Vers le IXe siècle, l'endroit devint un centre religieux et une forêt royale, réservée pour la chasse du roi Edmond. Les gorges ne firent la renommée du village qu'à partir du XVIIIe siècle, car auparavant le village était réputé pour le fromage et les fraises.

▶ **Pour se rendre à Cheddar,** quitter Glastonbury par l'A39 jusqu'à Wells. Puis prendre l'A371, et sortir à Cheddar (la B3135). De la M5, prendre de même l'A371, puis la B3135.

Transports

■ **BUS.** Les n° 126 et 826 se rendent à Weston-super-Mare et Wells.

Pratique

▶ **Indicatif téléphonique :** (01934).

■ **OFFICE DU TOURISME** ✆ **(01934) 744071.** *Ouvert tous les jours de Pâques à novembre.*

■ **MEDECINS.** Health Centre ✆ (01934) 742061.

■ **BANQUES.** Natwest et Lloyd's.

▶ **Attention !** La plupart des boutiques ferment à 13h le mercredi.

Hébergement

■ **CHURCH FARM CARAVAN AND CAMPING PARK. Church Street** ✆ **(01934) 743048.** *Ouvert de mars à octobre.* Emplacements pour tentes et caravanes. On peut aussi louer des caravanes.

Le cheddar

Le célèbre fromage cheddar anglais a acquis sa notoriété grâce aux touristes, venus visiter les gorges de Cheddar qui en ramenait un peu chez eux. Aujourd'hui, par extension, le « cheddar » est devenu le nom donné à tous ces fromages typiquement anglais, à pâte mi-dure, dont la couleur va du jaune clair à l'orange. Le cheddar n'a pas vraiment bonne réputation et il est vrai que celui vendu en supermarché est rarement très bon. Mais le cheddar produit artisanalement peut être délicieux.

■ **BROADWAY HOUSE CARAVAN. Camping Park** ✆ **(01934) 742610.** *Ouvert de mars à fin novembre.* Piscine chauffée, boutique, laverie, bar et aire de jeux pour enfants. A un mile de la gorge de Cheddar. L'été, programme d'activités proposé avec supplément.

■ **YOUTH HOSTEL. Hill Field.** *Prix : £12,50/£8 la nuit.* Beaucoup de lits en permanence. Possibilité de prendre le petit-déjeuner et un dîner à des prix modiques. Situé à environ 1,5 km des grottes.

■ **THE BATH ARMS HOTEL. Bath Street** ✆ **(01934) 742425 – www.batharmshotel.co.uk –** *Single : à partir de £25 ; double à partir de £45.* Chambres avec ou sans salle de bains. Salon, restaurant, jardin, aire de jeux pour enfants.

Restaurants

■ **THE WISHING WELL TEA ROOMS** ✆ **(01934) 742142.** Essayez donc un « cream tea », la spécialité de la région !

■ **EDELWEISS RESTAURANT. The Cliffs** ✆ **(01934) 742347.** *Près du pont, au fond de la gorge.* Snacks et plats chauds toute la journée.

■ **CHEDDAR COTTAGE. Union Street** ✆ **(01934) 742331.** *Ouvert tous les jours de 12h à 14h30 et de 17h30 à 23h.* Restaurant indien tandoori. Fait aussi des plats à emporter.

Points d'intérêt

■ **CHEDDAR CAVES AND GORGE** ✆ **(01934) 742343 – www.cheddarcaves.co.uk –** *Adulte £10,90 ; enfant £7,90.* Evidemment, c'est l'attraction principale. La gorge est vraiment impressionnante et le ticket donne accès aux différentes grottes, musée (qui abrite un squelette humain vieux de 40 000 ans) et autres attractions (naturelles ou non). En été, il y a vraiment foule. Il est donc préférable de s'y rendre hors saison pour vraiment apprécier la beauté de l'endroit.

■ **THE CHEDDAR GORGE CHEESE CO. The Cliffs** ✆ **(01934) 742810.** *Ouvert de 10h à 16h de mars à octobre, et de 10h à 18h de mai à septembre. Tourner à gauche au fond de la gorge.* L'occasion ou jamais de visiter un musée d'artisanat « en action » : on vous explique comment faire le cheddar (authentique), comment faire les tonneaux (barrel making), comment filer et broder. Spécialement bien étudié pour les enfants.

■ BRISTOL ■

400 000 habitants. Bristol est la ville la plus importante du Sud-Ouest de l'Angleterre. Une ville moderne que son importante population étudiante contribue à faire bouger tant sur le plan de la vie nocturne que des arts. Bristol est d'ailleurs le creuset du Trip-Hop, où Tricky, Beth Gibbons de Portishead (qui est aussi le nom d'une station balnéaire) et Massive Attack ont commencé à mixer et sortir ces sons si typiques, si fiévreux.

A l'origine, la ville se développa grâce à son port. En 1497, c'est de Bristol que partit John Cabot pour la traversée qui lui fera découvrir New Foundland, le Groenland. Dès lors, Bristol devient le premier port de commerce anglais vers l'Atlantique. Devenue une grande ville commerçante, elle participe à la traite des esclaves au XVIIᵉ siècle. Lors de la Seconde Révolution industrielle, la ville joue un rôle économique majeur en produisant les paquebots à vapeur. Durement bombardée durant la Seconde Guerre mondiale, Bristol a été entièrement reconstruite après 1945… dans un style à l'esthétique plus que douteuse, typique de l'après-guerre. Cependant, certains des vieux bâtiments sont encore debout, les anciens docks ont été restaurés, et de nouveaux bâtiments modernes de style avant-gardiste se sont élevés, faisant de Bristol une ville plutôt charmante.

Pratique

▶ **Indicatif téléphonique :** 0117.

■ **OFFICE DU TOURISME. The annexe, Wildscreen walk, Harbourside** ✆ **(01179) 260767 / +44 (0) 870 444 0654 (de l'étranger) – www.visitbristol.co.uk –** *Ouvert de 10h à 18h tous les jours de mars à octobre ; de 10h à 17h du lundi au samedi et le dimanche de 11h à 16h de novembre à février. Situé au cœur de la ville.*

■ **POSTE.** The Galleries, Union Street.

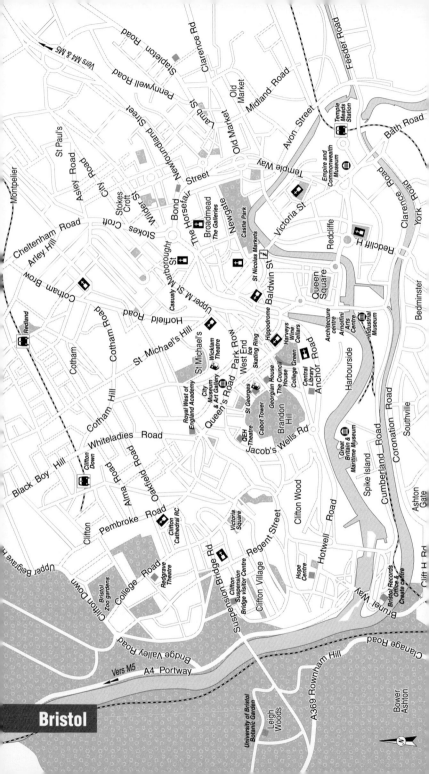

■ **POLICE** ✆ (0117) 9277777.

■ **HOPITAL.** St Michaels Hospital ✆ (0117) 9215411.

■ **INTERNET A LA CENTRAL LIBRARY. Deanery Road.** *Lundi, mardi, jeudi de 9h30 à 19h30 mercredi vendredi samedi de 9h30 à 17h seulement pour 30 min mais c'est gratuit.*

■ **BRISTOL NETSGATES CAFE.** 51 Broad Street ✆ (0117) 9074000.

Transports

■ **AVION. Bristol International Airport** ✆ **0870 1282747 – Site Internet : www.bristolairport. co.uk –** Vols nationaux et internationaux.

■ **BUS.** National Express relia Bristol à plusieurs grandes villes du pays dont Londres (2h30, £15) et Cardiff (1h15, £6). La gare routière se trouve sur Marlborough Street.
La ville est bien desservie par les bus locaux et bénéficie également d'un service de Night Bus. Les bus n° 8 et 9 se rendent à Clifton depuis St Augustine's Parade et Temple Meads.

■ **TRAIN.** Un train pour Londres Paddington environ toutes les demi-heures (moins de 2h de trajet) et un tous les quart d'heure pour Bath (20 min de trajet). Egalement des trains pour Cardiff, Oxford et Birmingham. La plupart des trains desservent les deux gares de Bristol (Temple Meads et Parkway).

■ **FERRY. Tour du port.** Bristol Ferry Boat ✆ (0117) 9273416 – Site Internet : www.bristolferry-boat.co.uk

Hébergement

■ **YOUTH HOSTEL. Hayman House, 14 Narrow Quay** ✆ **(0117) 9221659.** *Adulte : £18 ; enfant : £13.*

■ **BRISTOL BACKPACKERS. 17 St Stephen's Street** ✆ **(0117) 9257900 – www.backpackers. co.uk –** *En dortoir à £14 la nuit.* Accès Internet. Bar.

■ **KENSINGTON HILL GUEST-HOUSE. 578 Bath Road Brislington** ✆ **(0117) 9776566.** *Single à partir de £25 ; double à partir de £40.*

■ **VICTORIA SQUARE. Victoria Square** ✆ **(01179) 973 9058.** *Single : de £59 à £94 ; double : de £75 à £114.* Bed and Breakfast situé dans un quartier calme à Clifton Village. Belles chambres simples et doubles, toutes avec salle de bains et télévision.

■ **HOTEL DU VIN. The Sugar House. Narrow Lewins Mead** ✆ **(0117) 9355577.** *Simple et double de £120 à £150.* Comme à Winchester et Birmingham, un hôtel où chaque chambre est désignée par un nom de grand vin.

■ **THE BRIGSTOW HOTEL. Welsh Back** ✆ **(01179) 291030 – Fax : (01179) 292030 – Brigstow@fullers.co.uk –** *Double à partir de £85 le week-end et £130 en semaine.* En face des barges, les chambres sont merveilleusement bien décorées et équipées : minibar et TV à écran plasma dans la salle de bains s'il vous plaît !

■ **UN PENTHOUSE qui domine le floating harbour. FLAT 7 LANDMARK COURT, Caledonian road** ✆ **(01308) 897 457 – alisondavies21@hotmail.com –** *Jusqu'à 6 personnes et £600 par semaine.* En plus, il est au cœur de la ville. Des grandes baies vitrées pour voir (et être vu). A louer.

Restaurants

Vous trouverez de nombreux restaurants proposant toutes sortes de cuisine sur Park Street.

■ **DOUBLE DUTCH PANCAKES. 45-47 Baldwin Street** ✆ **(0117) 9290433.** *Ouvert du lundi au samedi de 12h à 15h.* Excellents pancakes à la néerlandaise !

■ **CAFFE ANNA. 57 Baldwin Street** ✆ **(07900) 673764.** Un café où l'on compose soi-même son sandwich, sa salade servie avec une délicieuse tranche de pain maison. A remarquer : leur petite collection de poupées gigognes.

■ **LAS IGUANAS. 10 St Nicholes Street** ✆ **(0117) 9276233.** Restaurant mexicain.

■ **CHILLI'S. 39 Park Street** ✆ **(0117) 9499884.** *Menu autour de £15.* Un des meilleurs restaurants indiens de la région. Il en est fier et il le montre : des coupures de presse ornent sa vitrine.

■ **BEIJING BISTRO. 72 Park Street** ✆ **(0117) 373 2708.** Restaurant asiatique moderne. Les Phat Thaïs sont à tomber : on presse son citron sur les pâtes et on mange avec ou sans les baguettes. Les yeux fermés, on est transporté en Asie du Sud-Est. Peu cher, la qualité et les plats sont conséquents et copieux.

■ **PARK AVENUE. 1 Park Avenue** ✆ **(01179) 250890.** Un restaurant très éclairé, très ventilé, très farniente. Une mezzanine et un choix de repas intéressant (comme le délicieux tiramisu en dessert).

■ **THE GLASS BOAT. Welsh Back by Bristol Bridge** ✆ **(0117) 9290704.** Un restaurant sur une péniche. Parfait pour un dîner romantique. Assez cher, mais propose des menus intéressants le midi.

Manifestations

▶ **Fin juillet :** festival de musique de Bristol.

▶ **Fin septembre :** festival international de cerfs-volants et Flower Show à Durdham Downs.

Points d'intérêt

■ **SS GREAT BRITAIN** ✆ **(0117) 9260680.** *Ouvert tous les jours de 10h à 17h30 (16h30 en hiver). Entrée : £6,50.* Le premier des grands bateaux à vapeur et le plus grand bateau du monde à l'époque. Ce paquebot de luxe allait à New York et Melbourne et fut utilisé pour transporter des troupes en Crimée et en Inde. Sa coque contient 60 000 rivets ! L'entrée se fait par le Maritime Heritage Center. (Great Western Dockyard, Gas Ferry Road ✆ (0117) 927 9856).

■ **CITY MUSEUM AND ART GALLERY. Queen's Road** ✆ **(0117) 922 3571.** *Ouvert tous les jours.* Collection de découvertes archéologiques, de céramiques ainsi que de peintures anglaises et françaises. Très beau bâtiment édouardien baroque.

■ **BRISTOL INDUSTRIAL MUSEUM. Princes Wharf, Wapping Road** ✆ **(0117) 9231470.** *Ouvert de 10h à 17h du samedi au mercredi.* Histoire des transports et de l'industrie.

■ **BRITISH EMPIRE & COMMONWEALTH MUSEUM. Clock Tower Yard** ✆ **(0117) 925 4980. www.empiremuseum.co.uk** – *Ouvert de 10h à 17h. Adulte : £6,50 ; enfant : £3,95.* Ou comment exposer la grandeur (!) de l'ex-empire britannique et la glorification des anciennes colonies. Pourrait-on un jour voir un musée de cette sorte en France ? On en doute, franchement décalé.

■ **SAINT MARY REDCLIFFE. 10 Redcliffe Parade West.** *Ouvert tous les jours jusqu'à 20h en été et 17h30 en hiver.* Eglise médiévale gothique au joli carillon.

■ **BRISTOL ZOO GARDENS. Clifton** ✆ **(0117) 9738951.** *Ouvert de 9h à 17h30 en été et de 9h à 16h30 en hiver. Adulte : 9,70 ; enfant : £6,20.*

■ **CLIFTON SUSPENSION BRIDGE.** Ce pont impressionnant, haut de 75 m, fut dessiné par Brunel. Il fut construit entre 1836 et 1864.

▶ **Promenez-vous également dans les environs,** dans la banlieue de Clifton qui abrite de magnifiques exemples d'architecture géorgienne.

▶ **Pas loin de là, possibilité de faire un tour en montgolfière.** Bristol Balloons ✆ (0117) 963858 ou West Country Balloons ✆ (01275) 858830. Départs d'Ashton Court Estate, à moins d'un kilomètre du pont.

Shopping

■ **ANN MUSTY JEWELLER. 9 All Saints Lane, Saint Nicholas Market** ✆ **(0117) 226530.** Petite bijouterie mais quelques bijoux beaux et modernes.

■ **RITE. 6 Perry Road.** Le temple du kitsch et du culte voué aux stars décédées. Des coussins Audrey Hepburn, Marylin Monroe et des sacs à main Elvis Presley.

■ **HEAVEN ON EARTH. 18 Upper Maudlin Street.** Ce magasin est spécialisé dans les images pieuses, les vierges statufiées et des christs aux yeux clignotants. Sacrilège. Des figurines à coller sur le manche de son arme à feu pour un style très « Roméo et Juliette ».

Dans les environs

■ **BERKELEY CASTLE.** Berkeley ✆ **(01453) 810332.** *Ouvert d'avril à septembre, en avril de 11h à 16h du mardi au samedi et de 14h à 17h le dimanche ; ouvert seulement le dimanche en octobre de 14h à 17h ; ouvert également le week-end de Pâques. Adulte : £7,50, enfant : £3,50 (entrée château et jardins).* Même Shakespeare a mentionné ce château ! L'histoire de Berkeley Castle, construit en 1117, commence avec la réunion des barons de l'Ouest qui forcèrent le roi John à signer la Magna Carta à Runnymede, puis avec le meurtre d'Edouard II en 1327 et le siège de Cromwell en 1645 (il y fit d'ailleurs une brèche qu'il est légalement interdit de réparer). Noter l'argenterie des Berkeley et quelques somptueux appartements. Le château donne l'impression d'être toujours habité, ce qui est très évocateur. Ferme aux papillons à côté.

■ BATH ■

85 000 habitants. Bath est l'une des plus jolies villes d'Angleterre. C'est la présence d'une source d'eau chaude aux propriétés curatives qui est à l'origine de la réputation de cette ville. Les Romains, grands amateurs de cures, y avaient déjà construit des thermes il y a environ 2000 ans. Les Saxons s'y sont ensuite installés et, au Moyen Age, les filatures de laine ont fait de Bath un centre économique doté d'un hôpital où l'on soignait les rhumatismes. Bath connut ensuite une période de déclin jusqu'au XVIIIᵉ siècle, lorsque les cures thermales sont redevenues à la mode et que la haute société anglaise se devait alors d'aller y prendre les eaux. C'est à cette époque là également que les architectes John Woods père et fils firent construire The Circle et The Royal Crescent, ensemble de belles maisons dans le plus pur style géorgien.

Dans la ville actuelle, les trois influences, romaine, médiévale et géorgienne s'intègrent harmonieusement. Bath regorge de chefs-d'œuvre architecturaux et de joyaux cachés qui ont inspiré de nombreux artistes, écrivains, architectes, acteurs et musiciens (Jane Austen, Dickens, Walter Scott, Gainsborough, Peter Gabriel…).

Quand on ne connaît pas Bath, il est surprenant et déconcertant de pénétrer dans la ville. Lorsqu'on dit « ville de Grande-Bretagne », on pense (pas souvent à tort) : briques rouges, cathédrales majestueuses et grises et pelouses à n'en plus finir. Bath a su mélanger toutes les influences et se révèle, pour nous autres latins, une ville à laquelle on s'attache rapidement. Du soleil, des touristes qui parlent fort, des « gelati » et on se retrouve transporté à Rome. A ceci près : on roule à gauche et il est toujours « tea time » à 17h.

Les anciens bains ont été restaurés et sont aujourd'hui encore en activité, pour le plus grand bonheur des amateurs de thalasso.

Transports

■ **TRAIN.** Train environ toutes les heures pour Londres Paddington (1h30 ou 2h de trajet) ainsi que de nombreux trains pour Bristol (20 min).

■ **CAR.** La compagnie National Express (✆ 08705 808080) fait régulièrement la liaison avec Londres (£15, 3h30 de trajet). Egalement des cars pour Manchester et Oxford.

Pour Bristol, empruntez le bus n° X39, 339 ou 332. Il en passe plusieurs par heure. Info au bureau de la gare des bus (Manvers Street ✆ (01225) 464446), ouvert du lundi au samedi de 8h à 17h30.

■ **LOCATION DE VÉLOS.** Avon Valley Cyclery. Derrière la gare ✆ (01225) 461880.

Pratique

▶ **Indicatif téléphonique :** (01225).

■ **OFFICE DU TOURISME. Abbey Churchy**ard ✆ **(01225) 460722 – www.visitbath.co.uk –** *Ouvert du lundi au samedi de 9h30 à 17h (18h de mai à septembre) et le dimanche de 10h à 16h.*

■ **BANQUES.** Lloyd's, TSB, Barclay's, toutes dans Milsom Street.

■ **POLICE.** Manvers Street ✆ (01225) 444343.

■ **INTERNET.** Plusieurs cafés Internet sur Manvers Street.

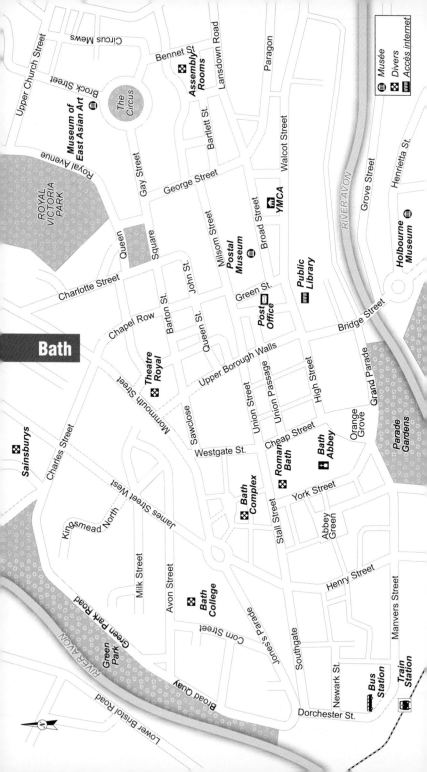

Hébergement

■ **BATH BACKPACKERS HOTEL. 13 Pierre Pont Street** ✆ **(01225) 446787.** *Auberge de jeunesse.* Ici, les chambres des dortoirs ont un nom de style musical. Pour les garçons, au rez-de-chaussée, c'est Rock et l'on pourra dormir dans un lit Rolling Stones, Radiohead, Pink Floyd ou Pearl Jam. Bonne Idée. Les murs aussi sont décorés. Ils ont leur propre bar et un petit débit de boisson dans un caveau. Une des meilleures auberges d'Angleterre, en centre-ville qui plus est. £12 pour les dortoirs.

■ **BATH YHA HOSTEL. Bathwick Hill** ✆ **(01225) 465674 – Fax : (01225) 482947.** *Prix : adulte £12,50/£8. Auberge de jeunesse officielle.* Pratique : la réception ouvre à 7h30 le matin. Située sur une colline, à environ 1 km du centre (pour les fainéants, le bus n° 18 passe par là).

■ **YMCA. International House, Broad Street Place** ✆ **(01225) 325900.** *Compter £12 en dortoir et £16-18 par personne en chambre privée. Petit-déjeuner inclus. Réduction à partir de deux nuits.* Auberge de jeunesse au calme mais pourtant, en plein cœur de la ville. Les chambres individuelles sont très bien, surtout si vous réservez à l'avance. Demandez une chambre à l'avant : la vue sublime sur Bath vous enchantera, bien plus que celle de certains hôtels plus chers.

■ **HENRY GUEST-HOUSE. 6 Henry Street** ✆ **(01225) 424052.** *Chambre double à partir de £40.* Prix modique pour le quartier. La gare n'est pas loin, mais il n'y a aucune nuisance sonore !

■ **PARADE PARK. 8-10 North Parade** ✆ **(01225) 463384 – www.paradepark.co.uk –** *Single £38/£50, double £55/£75.* Une maison géorgienne construite par John Wood en 1740 et située au cœur de Bath. Chambres non-fumeur avec ou sans salle de bains.

■ **WENTWORTH HOTEL. 106, Bloomfield Road** ✆ **(01225) 339193 – Fax : (01225) 310460.** *Chambre double à partir de £80.* Le Wentworth est situé dans une grande et vieille bâtisse dont certaines chambres possèdent encore leurs poutres d'origine. Le cachet ancien contribue au charme de ce petit hôtel très agréable. La salle à manger est spacieuse et élégamment décorée. Certaines chambres possèdent leur propre salon, ce qui ne manque pas de plaire aux visiteurs. Le Wentworth est à 5 minutes en voiture du centre-ville. Parking privé.

■ **THE BATH SPA HOTEL. Sydney Road** ✆ **0870-4008222 – Fax : (01225) 444006 – www. bathspahotel.com –** *Chambre simple à partir de £125 et chambre double à partir de £180.* Dans la plus pure tradition hôtelière et plus un conformisme sans égal, le Bath Spa Hotel enchantera amateurs de Brandy de tous âges. Le jardin, d'un raffinement très british, offre un caractère certain à un hôtel néanmoins très strict. Ici, porter ses bagages relève de l'hérésie. Cependant, salons et restaurants dégagent une atmosphère chaleureuse tandis que l'aile détente (piscine, jacuzzi, sauna…) ne peut que réjouir les visiteurs. Les chambres, d'une élégante sobriété, vous emmèneront vers les étoiles (5 au total).

■ **LUCKNAM PARK. Colerne, Nr Bath** ✆ **(01225) 742777 – Fax : (01225) 743536 – Reservations@lucknampark.co.uk – www.lucknampark.co.uk –** *Chambre double à partir de £235.* Lucknam Park ne se dévoile que progressivement. Une longue allée, bordée de chênes centenaires, vous entraîne à travers des pâturages où chevaux et poneys se délassent en paix. Puis, peu à peu, avec une majesté imposante, le vieux manoir se découvre et offre la sérénité et le respect de ses trois siècles d'existence. Dès lors, la magie commence à opérer. Salon et restaurant exaltent le poète qui sommeille en chacun de nous. Terrasses et jardins insufflent un repos d'une extraordinaire douceur, tandis que les chambres semblent tout droit sorties du songe d'une nuit d'été. Cet établissement fait partie du groupe Relais & Châteaux.

Restaurants – Pubs

■ **CHANDOS DELI. George Street.** Huile d'olive et citron et des fruits et légumes qui marinent depuis longtemps déjà dans différentes jarres, dans différentes liqueurs ou huiles. Pourquoi ne pas y manger un morceau et faire honneur à une cuisine d'influence italienne ?

■ **CRYSTAL PALACE. 10-11. Abbey Green.** Un pub agréable qui sert une très bonne cuisine. Ils ont leur propre petite cour intérieure où l'on peut manger pour environ Prix : £8. Grand choix de vins aussi.

■ **DEMUTHS RESTAURANT. North Parade** ✆ **(01225) 446059.** Très bon restaurant végétarien. Même les kebabs et les tajines sont sans viande. Les salles, en particulier celle du fond à droite sont assez kitsch mais adorables.

■ **EASTERN EYE. 8, Quiet Street** ✆ **(01225) 422323.** Magnifique intérieur de style géorgien qui vaut à lui seul le détour. Heureusement, la nourriture est bonne aussi. Cuisine indienne.

■ **THE WALRUS AND CARPENTER. 28, Barton Street** ✆ **(01225) 314864.** Un resto très populaire qui sert une cuisine « maison ». Steaks, burgers… et pleins d'options végétariennes.

■ **THE PUMP ROOM. Abbey Churchyard** ✆ **(01225) 444477.** *Ouvert de 9h30 à 17h30.* Situé juste à côté des thermes. Idéal pour le petit-déjeuner ou l'« afternoon tea ». Une fontaine vous permettra également de goûter à l'eau des thermes.

■ **JUICE. 36 Monmouth Street.** Pas d'alcools ici, que des jus de fruits. La carotte y tient aussi une place de choix. On peut ajouter du jus de pomme avec du jus d'orange et de gingembre. Requinquant.

Sortir

■ **THE OLD GREEN TREE HOUSE. Green Street.** Sans doute le plus petit pub de la région. Très convivial, on s'entend tous parler et ce n'est pas plus mal. Personne n'a rien à cacher. C'est une clientèle d'habitués qui vient ici.

■ **HAT AND FEATHER. 14, London Street** ✆ **(01225) 425672.** Un pub qui attire une clientèle « alternative » et accueille régulièrement des DJ. Beaucoup de monde le soir.

■ **THE GEORGE. Mill Lane** ✆ **(01225) 425079.** Un agréable pub situé au bord du canal, à un bon quart d'heure de marche du centre.

■ **THE BATH TAP. 19, St James Parade** ✆ **(01225) 404344.** Le bar gay de Bath. Clientèle mixte, atmosphère relax.

■ **THEATRE ROYAL. Sawclose** ✆ **(01225) 448844 – www.theatreroyal.org.uk –** Productions locales et nationales.

Manifestations

Procurez-vous auprès de l'office du tourisme, la brochure gratuite *Bath Events,* programme mensuel des festivités locales, ou le *This Month in Bath,* plus complet : arts, sports, etc.

▶ **Février-Mars.** Festival de Littérature – www.bathlit.org.uk

▶ **Fin mai-début juin.** Bath International Music Festival – www.bathmusicfest.org.uk – Durant trois semaines, musique classique, jazz et world music.

▶ **Fin mai-début juin.** Bath Fringe Festival. Théâtre, danse, concerts. Pour en savoir plus : www.bathfringe.co.uk

Points d'intérêt

■ **ROMAN BATHS. Les thermes romains. Abbey Church Yard** ✆ **(01225) 477784 – www. romanbaths.co.uk –** *Ouvert en janvier, février, novembre et décembre de 9h à 16h30 ; de mars à juin et en septembre et octobre de 9h à 17h et en juillet et août de 9h à 21h. Entrée : adulte £9,50 ; enfant £5, 30.* Des guides audio vous permettront de faire la visite à votre rythme, en apprenant tout sur l'histoire des thermes. L'entrée se fait par ce qui était le bain principal, une salle pompeuse à lourdes colonnes de marbre qui finissent par une explosion de motifs travaillés. On passe ensuite dans plusieurs salles et terrasses, situées sous le sol.

Lors de l'occupation romaine, la ville avait été baptisée Aquae Sulis. Sulis était la déesse celtique de la source d'eau chaude. Selon les Romains, elle ressemblait à Minerve. Sous la Pump Room, vous verrez d'ailleurs les ruines d'un temple qui était dédié aux deux divinités. La source sacrée recevait les offrandes. Les eaux à différentes températures qui emplissaient les bains et les piscines des thermes, étaient considérées comme propices à soigner les maux des Romains. A l'époque, il y avait déjà un système de chauffage et un ingénieux système de circulation pour les eaux usées avait déjà été mis en œuvre. Pas fous ces Romains ! La fréquentation d'Aquae Sulis dura jusqu'au départ des Romains.

Au XIIe siècle, on construisit les thermes du roi (King's Bath) autour de la source et, à nouveau, on vint s'y baigner. Au XVIIIe siècle, on ne se baignait plus mais on venait boire l'eau minérale et la Pump Room fut construite à cet usage. C'est vers 1880 que les vestiges des thermes romains furent découverts et exhumés. Aujourd'hui encore, l'eau aux propriétés si curatives, à laquelle vous pourrez goûter, continue de couler de la source à une température constante de 46,5 °C.

▶ **Vous pourrez également prendre les eaux aux Thermae Bath Spa** ✆ **(01225) 477051 – www.thermaebathspa.com** – *Prix : £19 les deux heures.*

■ **BATH ABBEY.** *Ouvert du lundi au samedi de 9h à 18h de Pâques à octobre et jusqu'à 16h30 le reste de l'année ainsi que le dimanche après-midi.* Splendide abbaye gothique, rénovée par Henry VII et construite sur le site d'un monastère saxon qui fut le lieu de couronnement d'Edgar, premier roi d'Angleterre en 973. L'abbaye a fait l'objet d'une restauration soignée et a retrouvé sa splendeur d'origine et les couleurs vibrantes de ses voûtes en éventail.

Son édification, qui débuta en 1499, fut interrompue et reprise en 1609, d'où un mélange de plusieurs styles. Sous le règne d'Elisabeth Iʳᵉ, on surnomma l'abbaye la « lanterne de l'Ouest », en hommage à ses immenses vitraux : derrière le maître-autel, 56 scènes illustrent la vie du Christ, à l'extrémité ouest, des épisodes de l'Ancien Testament.

■ **ROYAL CRESCENT ET LE CIRQUE.** Situé au bout de Gay Street, le Cirque (The Circus) est le chef-d'œuvre de l'architecte John Wood (le père). Il s'agit de 30 maisons alignées en cercle. De célèbres personnages y ont élu domicile : au hasard, on peut lire sur des plaques commémoratives les noms du peintre Gainsborough, du politicien William Pitt, ou de l'écrivain David Livingstone.

Brock Street relie le Cirque au Royal Crescent. Dessiné par John Wood (le fils), et construit entre 1767 et 1774, le Royal Crescent fut la gloire de Bath à l'époque géorgienne.

Le n° 1 Royal Crescent, superbe maison de style palladien, a été restaurée et redécorée dans un style typique du XVIIIᵉ siècle. Cela vaut le coup d'œil pour se faire une idée de la manière dont vivait les gens à Bath à cette époque.

■ **THE MUSEUM OF EAST ASIAN ART. 12 Benett Street** ✆ **(01225) 464640.** *Ouvert d'avril à octobre Entrée de 10h à 17h de mardi à samedi. Le dimanche, de 12h à 17h. Entrée : £3,50.* Plusieurs pièces, souvent superbes sont exposées. Laques chinoises, poteries travaillées, bronzes…

■ **AMERICAN MUSEUM AND GARDENS. Claverton Manor** ✆ **(01225) 460503.** *Ouvert de mi-mars à fin octobre tous les jours, sauf le lundi, de 12h à 17h. Prix : £6,50 pour l'entrée maison et jardins.* Une exposition américaine : patchwork, art populaire indigène, taverne du Massachusetts, chambre décorée au stencil, salle à manger des années 1830 décorée dans le style grec… Salon de thé. Se renseigner sur les événements spéciaux tout au long de l'année à l'office du tourisme.

■ **HOLBURNE MUSEUM OF ARTS. Great Pulteney Street** ✆ **(01225) 466669.** *Ouvert du mardi au samedi de 10h à 17h, dimanche de 11h à 17h.* Le musée abrite entre autres des tableaux de Gainsborough, Reynolds, Stubbs, des bronzes de la Renaissance italienne, une collection de faïences et de vaisselle d'or et d'argent.

Cathédrale de Bath.

■ **ASSEMBLY ROOM & MUSEUM OF COSTUME. Bennet Street** ℂ **(01225) 477789.** *Ouvert tous les jours 11h à 17h (16h en hiver). Entrée £6,25.* Le musée du costume de Bath regroupe des collections anciennes et contemporaines. Chaque année, un accessoire et une robe sont retenus par le conservateur du musée pour symboliser la mode de l'année. Karl Lagerfeld y occupe une place de choix.

▶ **On n'oubliera pas d'explorer les jardins de la ville :** Green Park, Henrietta Park, Royal Victoria Park, dominé par le Royal Crescent. Depuis Parade Gardens, on a une vue superbe sur l'Avon qui s'écoule au pied de la ville, les péniches, un escalier dégringolant vers la rivière…

■ **BIZARRE BATH.** *Prix : £5.* Une balade humoristique autour des monuments de Bath. Un conteur se dresse au milieu de la foule et déclame ses textes. Marrant, bien fait mais il faut comprendre l'anglais. Ça commence tous les soirs au Huntsman Inn, North Parade Passage à 20h.

Dans les environs

■ **BOWOOD HOUSE CALNE** ℂ **(01249) 812102.** *Ouvert toute l'année de 11h à 17h30 l'été et de 11h à 16h30 l'hiver.* La propriété cumule un château, bel exemple d'architecture du XVIIIe siècle (orangerie, salons et chambres, bibliothèque, chapelle, galerie des costumes et des sculptures) avec un jardin de rhododendrons (de fin avril à mi-juin), un très beau parc (noter le temple dorique) et un terrain de jeux géant pour les enfants. Il y en aura donc pour tous les goûts !

■ **CASTLE COMBE.** Magnifique petit village, le plus beau d'Angleterre selon ses habitants. Les vieilles maisons en pierre donnent un cachet authentique à un village calme et très charmant. Vaut le détour.

■ **SALISBURY** ■

35 400 habitants. Au carrefour de trois rivières, l'Avon, la Bourne et la Nadder, évêché depuis le XIIIe siècle, Salisbury, capitale du Wiltshire, a connu son heure de gloire à l'époque médiévale. La construction de la cathédrale attira une population considérable et, en 1227, Henri III apposa son sceau au bas d'une charte accordée à Salisbury. Elle permettait aux corporations d'artisans et de marchands de s'établir et d'exercer leur commerce, en particulier celui de la laine.

Aujourd'hui, vous visiterez une bien séduisante petite ville, à l'architecture médiévale, avec des rues étroites, des voies piétonnes, des pelouses, des colombages et surtout, sa magnifique cathédrale. Celle-ci inspira à plusieurs reprises John Constable : un tableau se trouve à Londres, à la Tate Gallery, un deuxième à la Frick Collection de New York. Il en existe même un troisième, resté au stade d'ébauche, il fait partie d'une collection privée anglaise.

Transports

■ **TRAIN.** Deux lignes principales passent par Salisbury : une qui va de Londres à Exeter (environ un train toutes les heures) et l'autre de Portsmouth ou Brighton à Bristol via Southhampton et Bath. La gare se trouve sur South Western Road ℂ (01722) 327273.

■ **BUS.** National Express dessert Londres, Bath et Bristol.

■ **LOCATION DE VOITURES.** Renseignements à l'office de tourisme.

■ **LOCATION DE VELOS.** Stonehenge Cycles, 86-88 Fisherton Street ℂ (01722) 334915.

Pratique

▶ **Indicatif téléphonique :** (01722).

■ **OFFICE DU TOURISME. Fish Row, dans le Guildhall, derrière Market Square** ℂ **(01722) 334956 – www.visitsalisbury.com –** *Heures d'ouverture : le lundi de 9h30 à 17h, du mardi au samedi, de 9h30 à 19h30 et le dimanche de 11h à 17h.* Organise des visites à pied de la ville.

■ **BANQUES.** Midland, Lloyd's, Market Square. TSB : Catherine Street. Barclay's : à l'angle de High Street et de Bridge Street. Possibilité de change à l'Office du tourisme.

■ **POLICE. Wilton Road** ℂ 411444.

■ **POSTE.** 56, High Street.

■ **CABINET MEDICAL. 72, Endless Street** ✆ 336441.

Hébergement

■ **AUBERGE DE JEUNESSE. Millford Hill House, Millford Hill** ✆ **(01722) 327572 – Fax : (01722) 330446 – salisbury@yha.org.uk –** *Lit en dortoir adulte : £16 ; enfant : £12,50.* Egalement quelques chambres privées.

■ **LEENA'S GUESTHOUSE. Castle Road** ✆ **(01722) 335419.** *Single : à partir de £28 ; double : £59.* Un agréable Bed & Breakfast familial.

■ **BYWAYS HOUSE. 31, Fowlers Road** ✆ **(01722) 328364.** *Single à partir de £39, double à partir de £55.* Une maison victorienne située dans un quartier calme mais central.

■ **THE NEW INN. 41-43 New Street** ✆ **(01722) 326662.** *Pour une chambre simple, compter entre £37 et £60, une double de £50 à £70, petit-déjeuner compris. Pour dîner, £11 environ. En juillet et août, il est préférable de réserver quelques jours à l'avance.* Dans le centre-ville, une splendide maison du XVe siècle, au-dessus d'un pub-restaurant, réservé exclusivement aux non-fumeurs. Les chambres d'hôtes sont toutes avec salle de bains. Vous serez très agréablement accueilli dans cet établissement confortable, au cadre superbe, et où une alléchante odeur de cuisine vous ouvrira l'appétit. Parking payant à proximité.

■ **THE WHITE HART. St John Street** ✆ **(0)870 4008125 – Fax : (01722) 412761 – www.white hart-salisbury.co.uk –** *Chambre double à partir de £110.* Les colonnes de l'imposante façade du White Hart dévoilent une partie des richesses que le visiteur découvrira en franchissant la porte. Le salon et le restaurant vous entraînent dans une ambiance feutrée, classique mais chaleureuse. Le jardin exprime une sorte d'apaisement, offrant des soirées d'une incroyable douceur. Les chambres sont spacieuses et très bien isolées. La décoration, assez simple, renforce l'effet de clarté et de profondeur. Le petit-déjeuner frôle la perfection.

■ **THE RED LION HOTEL. 4 Milford Street** ✆ **(01722) 323334 – Fax : (01722) 257756 – www. theredlion.co.uk –** *Chambre simple avec petit-déjeuner : à partir de £87,50 et chambre double : à partir de £108. Parking privé.* L'aile sud de l'hôtel date du XIIIe siècle. Dans l'une des chambres, le mur porte des signatures et une date : 1693. C'est dire si la maison a du caractère et si l'on est loin du luxe aseptisé des chaînes d'hôtels ! L'établissement est également très fier de ses horloges, dont l'une, dit-on, a été ramenée vers 1588 par des prisonniers capturés par l'armée espagnole. Le reste de l'établissement date de la fin du XVIIe siècle. L'ancienneté des bâtiments et du mobilier n'empêche pas le confort et les quelques détails modernes sont les bienvenus. Les chambres sont magnifiques et certaines (les lits à baldaquin) doivent être réservées quelques semaines à l'avance.

Restaurants

■ **REEVE THE BAKER. 61 Silver Street** ✆ **(01722) 322050.** Tea room. Cette boulangerie-pâtisserie est surmontée, au premier étage, d'un salon de thé. Salles fumeurs et non-fumeurs. La spécialité de la maison, le « stonehage tea » : scones au fromage, strudel aux pommes et café. Vous pouvez également avaler sur le pouce salade ou pizza.

■ **THE WIG & QUILL.** Bar-pub qui jouxte le palais de justice. Le Wig est la perruque de crin qui couvre la tête des avocats à la cour. Si le pub est à côté, on se demande comment fait la cour pour rester impartiale après quelques pintes.

■ **HARPER'S. Market Square. 7 Ox Row** ✆ **(01722) 333118.** *Plats principaux entre £8,50 et £13.* Cet accueillant restaurant, situé à l'étage, est meublé de tables rondes et de chaises cannées. Il donne sur la place du marché, et le mardi à midi, il vaut mieux choisir une table au fond de la salle. La cuisine est faite par le patron, Adrian Harper.

■ **LXIX. 69, New Street** ✆ **(01722) 340000.** LXIX (prononcez 69) est un restaurant élégant situé à proximité de la cathédrale. Cuisine anglaise moderne. Probablement le restaurant le plus cher de la ville (environ £40 par personne) mais certainement le meilleur également. Le Bistro, situé juste à côté est moins cher et plus relax.

Sortir

■ **ODEON CINEMA.** New Canal.

Manifestations

▶ **Fin avril :** Célébration de saint Georges.

▶ **Deux premières semaines de mai :** Salisbury Festival, musique, théâtre et autres manifestations culturelles autour d'un thème. Renseignements auprès de l'office du tourisme.

Points d'intérêt

■ **SALISBURY'S CATHEDRAL** ✆ **(01722) 328726.** *Entrée : £3,50.* Une des plus belles cathédrales de Grande-Bretagne. Elle fut construite entre 1220 et 1258, dans le style gothique primitif anglais. Le cloître, la salle capitulaire, la tour et la flèche ne furent véritablement achevés que 500 ans plus tard. Le plafond de la nef porte de superbes peintures. Derrière l'autel, vous admirerez les perspectives très construites, aux lignes pures, parfaitement équilibrées. Les arcs sont peints de vert ou de rouge, ce qui accentue leur aspect élancé, les colonnes de marbre noir rythment la beauté des proportions. Dans le cloître, deux cèdres s'épanouissent, protégés par les galeries de pierre. Le soir, des éclairages se faufilent à travers leurs aiguilles, renvoyant une lumière douce et légèrement verte sur les murs gris pâle, sous le clocher… Que Constable a eu raison de peindre cette cathédrale, mais que n'a-t-il aussi peint le cloître ! A voir également, la plus ancienne horloge d'Angleterre encore en état de fonctionnement.

■ **CATHEDRAL CLOSE.** L'enceinte de la cathédrale, construite en 1333, est la plus large et la plus belle d'Angleterre. Il s'agit d'un ensemble de pelouses et de vieux bâtiments. Aujourd'hui encore, l'enceinte est fermée tous les soirs et les résidents possèdent chacun leur clé. Plusieurs des bâtiments à l'intérieur méritent d'être visités :

■ **SALISBURY AND SOUTH WILTSHIRE MUSEUM. The King's House, 65 The Close** ✆ **(01722) 332151.** *Ouvert toute l'année, du lundi au samedi de 10h à 17h, et le dimanche de 14h à 17h en juillet et en août seulement.* Les collections présentent des objets des premiers hommes, des Saxons, des Romains, ainsi que des arts et traditions populaires.

■ **MOMPESSON HOUSE. Choristers'Green, The Close** ✆ **(01722) 335659.** *Ouvert d'avril à octobre du samedi au mercredi de 11h à 17h.* Située dans l'enceinte de la cathédrale. Construite en 1701, sous le règne de la reine Anne. Très beau bâtiment avec de magnifiques plafonds et un escalier en chêne somptueux. Collection de verres du XVIIIe siècle, jolis meubles.

■ **MALMESBURY HOUSE. 15 The Close** ✆ **(01722) 327027.** *Ouvert de mars à novembre. Visite sur rendez-vous.* Si la construction débuta au XIIIe siècle, elle fut complétée aux XVe et XVIIIe siècles. Noter l'élévation ouest réalisée par Christopher Wren. Le duc de Malmesbury fut le premier à habiter ici. Si vous aimez le style rococo.

■ **THE WARDROBE. The Royal Gloucestershire, Berkshire and Wiltshire Regiment Museum. 58 The Close** ✆ **(01722) 414536.** *Ouvert de 10h à 16h30 tous les jours d'avril à octobre, et du mardi au dimanche en novembre, février et mars.* Très beau bâtiment du XIIIe siècle. Pour les amateurs, le musée militaire présente l'histoire de ces trois régiments depuis 1743.

■ **THE GUILDHALL.** Construit en 1795, il trône majestueusement dans le centre-ville, sur Market Place. C'est sur cette place que des marchés eurent lieu depuis le XIIe siècle. Aujourd'hui encore, un marché se tient ici tous les mardi et samedi.

▶ **En face du guildhall se trouvent deux très belles maisons médiévales.** Juste derrière la place, sur Fish Row, vous verrez d'autres vieilles bâtisses qui valent le coup d'œil. Remarquez également Poultry Cross, la croix gothique du XVe siècle à Market Place et le Council House (XVIIIe siècle).

Shopping

■ **MACE & NAIRN. 89 Crane Street** ✆ **(01722) 336903.** *Ouvert du lundi au samedi de 9h à 13h et de 14h à 17h.* Boutique spécialisée dans les broderies et le patchwork.

Dans les environs

■ **OLD SARUM CASTLE** ✆ **(01722) 335398.** *Ouvert de 10h à 18h d'avril à septembre, et de 10h à 16h d'octobre à mars. Entrée : £2.* Le premier site de Salisbury, habité dès l'âge de fer. Il reste les ruines d'un château et d'une cathédrale. Site à l'époque battu par les vents et d'une désolation toute lunaire.

■ **STONEHENGE** ✆ **(01722) 624715 – www.english-heritage.org.uk/stonehenge – www. stonehenge.org.uk** – *Ouvert toute l'année. De la mi-mars à mai tous les jours de 9h30 à 18h, de juin à août tous les jours de 9h à 19h, de septembre à la mi-octobre tous les jours de 9h30 à 18h, de la mi-octobre à la fin octobre tous les jours de 9h30 à 17h, de novembre à la mi-mars de 9h30 à 16h (fermé du 24 au 26 décembre et le 1er janvier). Dernière entrée 30 minutes avant la fermeture. Entrée : £ 5,20 (adulte), £ 2,60 (enfant). De Salisbury, prendre l'A345 en direction de Amesbury, puis l'A303 en direction de Stonehenge, l'A344 direction Stonehenge. Rejoindre l'A303, direction Andover, puis l'A34 jusqu'à Winchester. En bus : prendre le n° 3. Mieux vaut se rendre sur le site dès l'ouverture, pour profiter du soleil matinal et éviter la circulation, tant routière que piétonne.* Stonehenge reçoit 700 000 visiteurs par an. Les immenses monolithes qui ont fait la réputation du site de Stonehenge se dressent au-dessus de la plaine de Salisbury. D'un poids d'environ 50 tonnes chacun, ces blocs de roche disposés en cercle formaient le sanctuaire religieux d'une civilisation de l'âge de bronze. Le site a ensuite été utilisé par différents cultes. Créé il y a plus de 3 500 ans, il conserve aujourd'hui tous ses mystères. On s'interroge encore sur les raisons pour lesquelles ces énormes monolithes ont été ainsi disposés, et sur les techniques employées pour leur déplacement.

L'histoire de Stonehenge remonte à environ 5 000 ans : ce lieu de culte et d'inhumation néolithique était alors composé d'une enceinte et d'un remblai. « Les pierres bleues », venues des montagnes du Sud-Ouest du pays de Galles, datent de la reconstruction du site, environ 2 000 ans avant J.-C. Puis le temple actuel fut érigé et les pierres bleues réaménagées au centre d'un cercle d'immenses pierres, venues celles-là des Malborough Downs, à environ 30 kilomètres au nord de Stonehenge. Si le site est devenu un lieu de cérémonie druidique, les druides n'en furent pas les bâtisseurs. Leur religion est contemporaine des écrivains classiques, en particulier latins, qui la décrivirent. Or, Stonehenge existait déjà depuis au moins 2 000 ans. Les druides célébraient traditionnellement leur culte dans des clairières, au cœur des forêts. En revanche, il est certain qu'ils ont hérité de connaissances – astronomiques entre autres – des bâtisseurs de Stonehenge. Ces secrets furent transmis de bouche à oreille de druides par le biais d'interminables poèmes bardiques appris par cœur : aucune forme d'écriture datant de cette époque n'a été découverte en Grande-Bretagne.

Le site de Stonehenge reste un lieu merveilleux, pur et impressionnant. Le solstice d'été continue d'y attirer les foules, séduites par la mystique ou simplement par la beauté du soleil se levant sur les vestiges de la civilisation celte. Ce peuple aux origines mythiques est vraisemblablement indo-européen ; son apparition en Europe remonte au premier millénaire avant J.-C.

L'écrivain grec Ephoros décrit les Celtes comme faisant partie des quatre civilisations barbares les plus remarquables, avec les Libyens, les Perses et les Scythes. Réputés curieux, intellectuels, créatifs et réfractaires à tout système organisé (l'idée même d'un Etat unique leur était proprement inconcevable), ils ont ébranlé tous les Etats de l'Antiquité, sans pour autant en créer un eux-mêmes.

Leur forme littéraire favorite fut la poésie, transmise oralement. Ce peuple brutal fit paradoxalement preuve d'un grand raffinement artistique, que ce soit dans ses bijoux, dans ses statues ou dans d'autres formes de création.

Pays de Galles

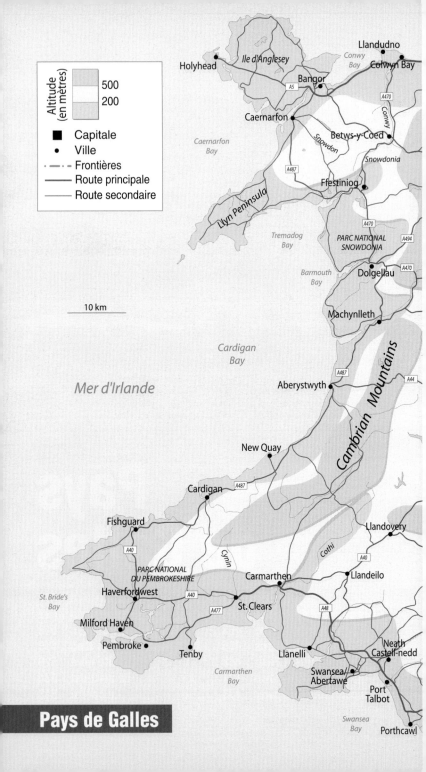

Pays de Galles

Pays de Galles

C'est un gigantesque nid de verdure, un écrin à châteaux, avec des paysages exceptionnels. Et une campagne préservée, immense et vallonnée, ce qui la différencie de celle du reste du Royaume-Uni. Le pays de Galles, alliance de beauté et de mystère est la destination idéale pour tout voyageur épris de grands espaces et de vraie nature !

La campagne de la campagne anglaise, c'est ici. Sauvage, le pays de Galles est l'un des plus superbes joyaux de la couronne. L'expression conviendrait plutôt pour flatter une colonie lointaine, exotique. Eh bien nous y sommes, au pays de Galles, loin de tout, à la fois en géographie physique, avec cette personnalité des terres galloises, et en géographie humaine : car si les Gallois peuvent aujourd'hui se considérer comme des sujets de Sa Majesté, annexer ce remuant voisin de l'Ouest ne fut pas chose facile pour les Britanniques. Ni dans les faits (historiques) ni dans les esprits. Ledit joyau n'a pas été serti facilement : un peu partout, les nombreux châteaux des deux belligérants sont toujours là pour attester le passé remuant de cette région.

Certes, au cours des siècles, la langue gaélique (le gallois) s'était un peu perdue, mais en quelques années, elle a su redevenir un instrument clé de la recherche d'identité communautaire. Quant à la toponymie galloise, elle était toujours restée, et c'est d'abord elle qui vous fera pénétrer un monde aux consonances étranges, voire étrangères. Avec un seul cousinage possible, et il est français : notre bon vieux breton…

Cette colonisation linguistique presque réussie a pu se doubler d'un échange de population : au lendemain de la Seconde Guerre, quand les mineurs gallois du Sud se sont retrouvés, avec le « meilleur charbon du monde » sur les bras, dont plus personne ne voulait, ils ont dû se résigner à quitter le pays ; et faire plus tard le constat que les Britanniques avaient, entre-temps, jeté leur dévolu sur les fermes de leurs ancêtres d'avant la révolution industrielle. Elles sont devenues des résidences secondaires… A cause de cet exode, le Gallois d'aujourd'hui aime à se rassembler autour de ses traditions. Ici, l'été sera la période idéale pour découvrir les gens. Les Eisteddfods constitueront d'excellentes occasions pour le voyageur continental de célébrer la nature en compagnie de spécialistes… dont la tradition écologique remonte au temps des druides.

Géo-économie

Le pays de Galles jouit d'un climat océanique, doux et humide. Ce massif ancien offre un paysage de hauts plateaux (depuis toujours régions d'élevage) dominés par de petits massifs rocheux dont les plus élevés, au nord, sont ceux de Snowdon (1 085 m) et du Cader Idris (892 m). Au-dessus de 300 m, les arbres font place aux landes et aux tourbières.

Le Sud du pays recèle un important gisement houiller. La côte sud, aux florissantes cultures maraîchères et fruitières, est également, fortement industrialisée autour des ports charbonniers de Swansea, Cardiff et Newport, avec une industrie métallurgique maintenant spécialisée dans la fabrication du fer-blanc et dans les métaux non ferreux. Quant à Milford Haven, c'est le plus grand port pétrolier du Royaume-Uni.

Le pays de Galles en bref

▶ **Nom :** Cymru en gallois, Wales en anglais.

▶ **Capitale :** Cardiff.

▶ **Superficie :** 256 km de long sur 96 de large, 20 720 km².

▶ **Langues officielles :** gallois et anglais.

▶ **Sport national :** le rugby.

▶ **Drapeau :** un dragon rouge sur fond vert et blanc.

▶ **Population :** 3 millions d'habitants.

Le drapeau gallois

Le pays de Galles est le seul territoire, avec le Bouthan, à faire figurer un dragon sur son drapeau officiel, symbole de courage et de résistance. La légende veut qu'un dragon rouge, représentant le peuple gallois, gagna un féroce combat qui l'opposait à un dragon blanc, symbole des Saxons. De cette héroïque bataille naquit la devise du pays de Galles : « Le dragon rouge montrera la voie ». Le fond du drapeau est constitué de deux bandes horizontales blanche et verte, couleurs qui rappellent celles de la maison des Tudor. Ce drapeau fut adopté par le pays de Galles en 1959.

Histoire

Occupé par les Celtes, le pays de Galles ne fut pas vraiment transformé par la civilisation romaine ni par l'évangélisation (Ve siècle). Divisé en petits royaumes concurrents, il eut à subir par la suite de fréquents assauts des envahisseurs anglo-saxons.

Au XIIIe siècle, le pays connut un semblant d'unification sous le roi Llewelyn, dont le petit-fils fut reconnu par Henri III comme prince de Galles (1267). Mais quinze ans plus tard, Edouard Ier annexait le royaume, et c'est dorénavant à l'héritier du trône d'Angleterre (en l'occurrence le futur Edouard II) qu'échut le titre de prince de Galles (1301).

Au cours des deux siècles suivants, les Gallois, fort attachés à leur civilisation celtique, se révoltèrent à de nombreuses reprises. Cependant, sous les Tudor, et par le biais d'alliances familiales, leur résistance faiblit, et le XVIe siècle vit la signature des actes d'Union qui intégraient le pays de Galles à l'Angleterre.

Depuis, ils sont unis par une même histoire politique, en dépit de forts particularismes culturels gallois et d'un courant autonomiste qui n'a pas totalement disparu.

Lexique gallois

Bien que le gallois soit une langue à part entière, exactement comme le breton (mais plus vivante que le breton puisqu'on la parle presque partout au pays de Galles), vous ne vous trouverez cependant jamais face à un problème linguistique insurmontable. Tout le monde y parle anglais, les brochures et la signalisation routière sont toujours dans les deux langues. Si vous décidez de vous mettre au gallois, c'est plutôt la prononciation, parfois déroutante, qui va poser quelques problèmes.

▶ **Bore da** . . . . .bonjour

▶ **Dydd da** . . . . bonne journée !

▶ **Noswaith da** . . . . .bonsoir

▶ **Nos da** . . . . .bonne nuit

▶ **Croeso i Gymru** . . . . bienvenue au pays de Galles !

▶ **Sut mae ?** . . . . Comment ça va ?

▶ **Hwyl** . . . . Santé !

▶ **Da** . . . . .bien

Se rendre au pays de Galles

■ **AVION.** Amsterdam, Bruxelles, Paris et Dublin sont reliées à Cardiff. Par British Air, des vols tous les jours sauf le samedi, départ Roissy 1.

■ **ROUTE.** En partant de Londres, emprunter l'autoroute M4 qui passe par le Sud du pays de Galles via Bristol. Du Nord de l'Angleterre, l'autoroute M6 puis bifurquer à la hauteur désirée, voie express A55 au nord, ou autoroute M5 ou M50 en fonction de l'itinéraire choisi.

■ **TRAIN.** De Londres à Cardiff, un peu moins de deux heures, et trois heures pour Swansea. De Paris, un aller simple en seconde classe coûte un peu plus de 152 €. Avec un changement à Londres, prévoir trois-quarts d'heure entre Waterloo et Paddington, trains toutes les heures. Le Nord du pays de Galles est desservi par la gare d'Euston à Londres.

A noter, British Rail propose des lignes panoramiques qu'il est intéressant d'essayer, surtout si vous disposez du BritRail Flexipass acheté à l'étranger. D'autres petites lignes privées vous permettent de découvrir les paysages du pays de Galles. Elles offrent des avantages si vous achetez des billets forfaits. Réseau des Vallées ✆ (01222) 228000.

▶ **WELSH POOL LLANFAIR CAEREINION (billet « Wanderer »).** The Station, Llanfair Caereinion, Powys SY216BR ✆ (01938) 810441.

■ **BATEAU.** Plusieurs compagnies proposent des liaisons quotidiennes avec l'Irlande. Si vous venez de Dublin, le pays de Galles constitue une excellente transition avant de gagner la Grande-Bretagne.

▶ **STENA SEALINK RESERVATIONS** ✆ (08705) 707070.

▶ **SWANSEA CORK FERRIES** ✆ (01792) 456116.

Les immanquables du pays de Galles

▶ **The Royal National Eisteddfod,** soit la plus grande manifestation folk d'Europe. Elle se déplace chaque été vers une ville galloise différente. Prévoyez votre itinéraire pour la croiser.

▶ **Cardiff,** toute jeune capitale européenne, et pourtant l'un des plus anciens sites habités d'Occident. Après la mystérieuse époque de ses dolmens, Cardiff a vu passer Romains, Vikings, Normands, etc. La révolution industrielle a, elle aussi, laissé des marques de son passage, principalement architecturales. A voir absolument, l'étonnante richesse du National Museum qui saura séduire notamment les amateurs des impressionnistes français. Si la ville est célèbre dans le monde entier pour les qualités de ses redoutables équipes de rugby, elle est également un des fleurons du style architectural Victorien, grâce notamment à l'architecte William Burges, Viollet-le-Duc local. Par ailleurs, une des conséquences du goût prononcé des Gallois pour la musique, un goût qui remonte aux temps des bardes, a été la création de l'Opéra national gallois de la BBC ou le National Orchestra of Wales, qui combleront les oreilles exigeantes. Cardiff est réputée aussi pour les prix bas pratiqués par ses magasins.

▶ **Bodnant Garden, Erddig, Powis Castle, Dyffryn Gardens :** ils comptent parmi les plus beaux jardins du Royaume-Uni. Ici, depuis le XVIIIe siècle, d'habiles paysagistes s'essaient avec succès à rivaliser avec la nature. A visiter absolument.

▶ **Brecon Beacons National Park.** De magnifiques paysages de montagne. Vous randonnerez peut-être sur les sentiers qui mènent au sommet du Pen y Fan, 886 m ! Sinon, vous attendent forêts, arbres rares, lacs, landes, troupeaux de moutons éparpillés dans une nature superbe. Sans parler des traces d'un passé riche, préhistorique, romain ou médiéval. Un chemin de fer en permet une visite agréable. Pêche et voile possibles.

▶ **Snowdonia National Park.** Les alpinistes britanniques s'y retrouvent. Yr Wyddfa est le plus haut sommet de Grande-Bretagne, trônant à 1 085 m au-dessus de la mer toute proche. Par beau temps, les plages de sable sont d'agréables points de chute. Le paysage est profondément marqué par la présence de la forêt et de l'eau, lacs et cascades y abondent. Ici encore, possibilité d'excursions en empruntant l'une des lignes de chemin de fer privées, autrefois utilisées par les mineurs d'ardoise, ou l'une des lignes panoramiques de British Rail.

▶ **Pembrokeshire National Park.** le dernier-né des espaces préservés britanniques. Avec cette particularité d'être principalement côtier, il s'étend sur 288 km de littoral. Si vous empruntez un des chemins qui longent la côte, les rangées de falaises au nord, la proximité de réserves d'oiseaux et de phoques, le vent, les criques découpées sur la lande, vous laisseront des souvenirs émerveillés. La petite ville de St David's et sa cathédrale, ou les bains de mer de Tenby méritent également que l'on s'y intéresse.

▶ **Swansea.** Ses 162 000 habitants n'oublient pas que leur ville est le berceau du poète Dylan Thomas et tout est organisé pour que ça se sache ! Entre campagne, mer et culture, la ville peut constituer une étape intelligente, ne serait-ce que par sa proximité avec le National Parc. Les baies de Swansea, Mumbles et Gower sont réputées.

■ CARDIFF ■

Avec 318 000 habitants, Cardiff regroupe un dixième de la population totale du pays de Galles. Cardiff, nommée capitale du pays de Galles il y a 50 ans, vous réserve beaucoup de surprises : de beaux musées, une baie très moderne, une vie nocturne trépidante… Pourtant, au début du XVIIIe siècle, la ville n'était qu'un petit village assoupi. Cardiff connut un boom pendant la révolution industrielle grâce à l'exportation de charbon : jusqu'à 13 millions de tonnes de charbon partaient depuis le port en 1913. Cardiff était alors le plus grand exportateur de charbon au monde. Cette prédominance économique cessa et donna lieu quelques années plus tard à une place politique essentielle. En 1955, la ville devint la capitale du pays de Galles.

Aujourd'hui, la capitale la plus jeune d'Europe est en pleine expansion. Témoin de la modernisation de la ville : le Millenium Stadium, monstre majestueux en plein centre-ville, qui marque d'une empreinte indélébile la passion du peuple gallois pour le rugby. Le Millenium Centre, qui a ouvert ses portes en novembre 2004, montre la modernisation de la ville ainsi que la passion galloise pour la musique et le théâtre.

Pour vous promener le long de la mer ou faire du shopping dans des galeries modernes, ne ratez pas Cardiff Bay, le quartier maritime récemment réhabilité. Dans le centre de Cardiff, il fait bon se balader sous les arbres du quartier piétonnier, accompagné du son des cornemuses d'un des nombreux groupes qui jouent dans Queen Street. Les parcs autour du château sont un véritable bol d'oxygène.

En été, dans le quartier des cafés entre Mill Lane et Mary's Street les tables sont dehors. Mélange de styles et de cultures, ambiance jeune voire très jeune, surtout durant l'année scolaire où le centre-ville et les pubs sont peuplés d'étudiants anglais et gallois. Cardiff se porte bien : on y est gallois et fier de l'être, on cultive ses traditions tout en s'adaptant au modernisme.

Transports

Avion

L'aéroport est situé à une vingtaine de kilomètres au sud de l'agglomération. Les bus n° X95 et X91 relient l'aéroport à la ville du lundi au samedi, et le X5 le dimanche pour £3. La station du bus est visible depuis la sortie de l'aéroport.

Train

A 2h de la gare de Paddington-Londres, (A-R : entre £40 et £100 selon la période et les horaires), les trains nationaux desservent la gare principale de Cardiff (Cardiff Central). La gare de Queen Street, à l'extrémité est de la ville, offre des services locaux seulement.

■ **GARE.** Cardiff Central Station, Wood Street (dans le centre).

Bus

Il est très facile de se déplacer à Cardiff, les bus orange (les mêmes qu'à Londres mais en orange) desservent toute la ville et les environs.

Les bus à partir de Victoria-Londres arrivent à la station de bus au sud-ouest du centre-ville, à côté du Millenium Stadium. C'est ici que l'on prend tous les bus locaux : les Cardiff Bus, Bws Caerdydd (les mêmes bus à deux étages qu'à Londres mais orange !), régionaux et nationaux, les National Express.

Les immanquables de Cardiff

▶ **Visiter le grand château,** œuvre d'un Gallois excentrique.

▶ **Se promener à Cardiff Bay,** le port, récemment restauré.

▶ **Sortir le soir** dans les bars branchés de Mill Lane.

▶ **Assister à un match de rugby** dans le Millenium stadium.

▶ **Se rendre au musée en plein air de Saint Fagans,** qui retrace la vie des ancêtres des Gallois.

▶ **Pour tous les horaires,** appeler le numéro national ✆ (0870) 608 2 608.

▶ **Pour les bus de la ville de Cardiff,** vous pouvez vous procurer un pass à l'office de tourisme qui vous donne droit au transport illimité et à des très nombreuses réductions. £7 pour 1 journée, £11 pour 2 jours et £15 pour 3. On se procure le pass au centre d'informations touristiques.

Voiture

A 234 km de Londres par la M4, sortie 32, l'A470 vous mène jusqu'au centre-ville.

Pratique

▶ **Indicatif téléphonique :** 01222 ou 02920.

■ **TOURIST INFORMATION CENTRE. The Old Library. The Hayes. Dans les rues piétonnes du centre-ville** ✆ **(02920) 227 281 – www.visitcardiff.info –** *Ouvert du lundi au samedi de 10h à 18h et le dimanche de 10h à 16h.* On y trouve de nombreuses brochures sur les endroits à visiter, et l'hébergement. On peut faire vos réservations d'hôtels et vous donner un bon plan de la ville. C'est ici que vous procurerez un exemplaire de Buzz! Le magazine de l'actualité culturelle à Cardiff. Accès à Internet : £1,50 pour 20 min.

■ **BANQUES.** Lloyd's, Barclay's, Midland, TSB, National Westminster, American Express : Queen Street.

■ **COMMISSARIAT CENTRAL DE CARDIFF** ✆ (02920) 222 211. City hall Road dans Cathay's Park.

Cybercafés

■ **TOURIST INFORMATION CENTER.** Voir ci-dessus. Quelques ordinateurs avec une bonne connexion à Internet : £1,50 les 20 min.

■ **BIBLIOTHEQUE MUNICIPALE. Frederick Street** ✆ **(02920) 382 116.** On accède gratuitement aux ordinateurs et à Internet.

Hébergement

Les hôtels, guesthouses et Bed & Breakfast sont répartis, à l'est, en ville sur Newport Road, et à l'ouest, côté château et Bute Park. Des hôtels aussi dans Cardiff Bay et notamment le très luxueux St Davids Hotel. Depuis 1999, année durant laquelle Cardiff a accueilli la Coupe du monde de rugby, de nombreuses chaînes d'hôtels se sont développées, au grand désespoir des B & B familiaux implantés depuis longtemps. Les soirs de match de rugby ou de foot, il est difficile de se loger et les hôtels augmentent leurs prix. Pour les B & B, préférez Cathedral Road, qui longe Bute Park et la rivière Taff. Cette longue rue est tranquille et particulièrement agréable. On met 5 min pour y arriver du centre-ville en suivant le « Taff Trail », un petit chemin qui passe derrière les maisons et qui longe la rivière Taff jusqu'à Bute Park et au château. Il y en a pour tous les genres : de la guesthouse pour voyageurs et étudiants à l'hôtel 3 étoiles. Pour la plupart, il s'agit de « family business ». C'est côté pair, avec verdure et terrain de rugby, qu'il est le plus agréable de résider.

Bien et pas cher

■ **CARDIFF BACKPACKERS. 98 Neville Street. Riverside** ✆ **(02920) 345 577 – info@cardiffbackpacker.com –** *Prix £16 en dortoir et £38 la chambre double.* Auberge de luxe avec cuisine bien équipée, accès à Internet, bar, informations sur la ville et ses environs. Le must : la superbe terrasse sur le toit avec un hamac. Située dans le quartier de Riverside, juste en bas de Cathedral Road, on accède facilement au centre-ville, à pied. Vous n'aurez aucun mal à repérer l'auberge : elle est violette avec des fenêtres jaunes ! Un bon plan : l'épicerie-restaurant indien de l'autre côté de la rue fait de bons plats à emporter.

■ **AUBERGE DE JEUNESSE. 2 Wedal road, Roath Park** ✆ **(02920) 462 303 – Fax : (02920) 464 571 – cardiff@yha.org.uk –** *68 lits.* Réception toute la journée. On y accède en bus avec le 29 ou 29 B en environ 20 min. A 3 km du centre de la ville, près de Roath Park, un des nombreux parcs de la ville, dans le quartier étudiant. £14,50 pour les détenteurs de la carte de la fédération, £16,50 pour les autres. Petit parking disponible. A partir de l'autoroute M4, prendre l'A48 jusqu'à la sortie de l'A470. Prendre la première à gauche au rond-point, suivre Whitechurch Road jusqu'au tournant à gauche vers Fairoak Road. Suivre la route vers le rond-point. Prendre la gauche vers Wedal Road, l'auberge est sur la droite.

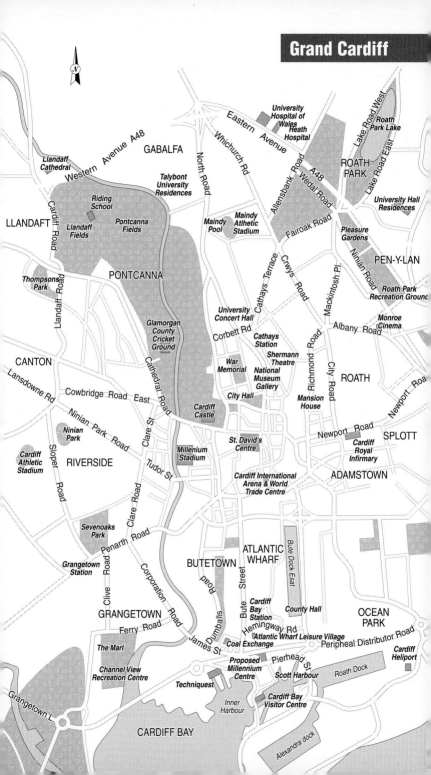

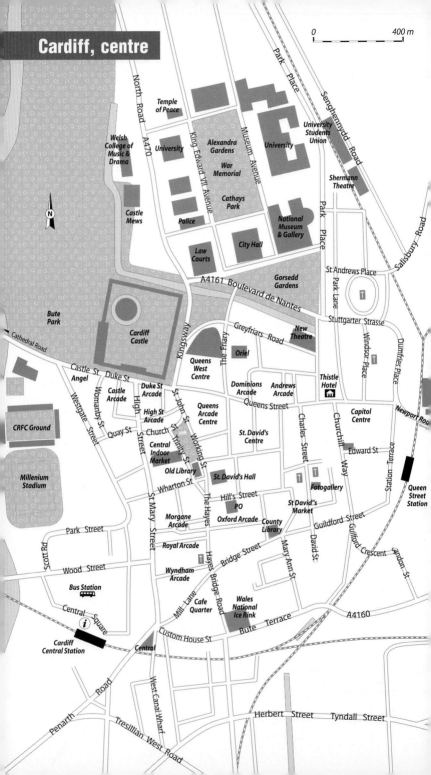

Cardiff, centre

0   400 m

Park Place

Senghennydd Road

Salisbury Road

North Road

A470

Temple of Peace

King Edward VII Avenue

Museum Avenue

Welsh College of Music & Drama

University

Alexandra Gardens

War Memorial

University

University Students Union

Shermann Theatre

Castle Mews

Police

Cathays Park

National Museum & Gallery

Park Place

St Andrews Place

Park Lane

Dumfries Place

Castle St

Law Courts

City Hall

Gorsedd Gardens

A4161 Boulevard de Nantes

Stuttgarter Strasse

Windsor Place

Bute Park

Cardiff Castle

Kingsway

The Friary

Greyfriars Road

New Theatre

Oriel

Thistle Hotel

Cathedral Road

Castle St

Angel

Duke St

Queens West Centre

Dominions Arcade

Andrews Arcade

Queens Street

Capitol Centre

Newport Rog

Castle Arcade

Duke St Arcade

High St Arcade

St John St

Queens Arcade Centre

St. David's Centre

Charles Street

Churchill Way

Edward St

Station Terrace

CRFC Ground

Westgate Street

Womanby St

High St

Quay St

Church

St Trinity St

Working St

St. David's Hall

Queen Street Station

Central Indoor Market

Old Library

St David's Market

Wharton St

Hill's Street

PO

Fotogallery

Millenium Stadium

St Mary Street

The Hayes

Morgane Arcade

Oxford Arcade

County Library

St David''s Market

Guildford Street

Guilford Crescent

Sandon St

Park Street

Scott Rd

Royal Arcade

Bridge Street

Mary Ann St

David St

Wood Street

Wyndham Arcade

Hayes Bridge Road

Bus Station

Central Square

Cafe Quarter

Mill Lane

Wales National Ice Rink

Bute Terrace

A4160

Cardiff Central Station

Central

Custom House St

Penarth Road

West Canal Wharf

Tresillian West Road

Herbert Street

Tyndall Street

■ **UNIVERSITY OF WALES. Residence and Catering Section. Southgate House, Bevan Place. 8 Park Place** ✆ **(02920) 874 702.** *A partir de £18,50. Ouvert de mi-juin à mi-septembre.*

Confort ou charme

■ **PRESTE GAARDEN HOTEL. 181 Cathedral Road** ✆ **(02920) 228 607 – Fax : (02920) 374 805 – www.cosycardiffhotel.co.uk – stay@cosycardiffhotel.co.uk –** *Chambre simple de £30 à £33, double de £44 à £50, familiale £64. 10 chambres dont 3 simples.* Cet hôtel tenu par John et Sarah, un couple très sympathique, était à l'origine un consulat norvégien doublé d'une mission de marins. « Preste Gaarden » signifie en norvégien « The house in the garden where the priest lives », soit la maison dans le jardin où vit le prêtre. Preste Gaarden était en effet pendant longtemps la demeure du prêtre norvégien qui faisait aussi office d'ambassadeur ! L'établissement est d'un excellent rapport qualité-prix. L'accueil est charmant et John s'enhardit à vous faire la conversation en français.

■ **THE TOWN HOUSE HOTEL. 70 Cathedral Road** ✆ **(02920) 239 399 – Fax : (02920) 223 214 – www.thetownhousecardiff.co.uk –** *Chambre simple £45, double £55.* Magnifique B & B plein de charme, arrangé avec beaucoup de goût, moquette moelleuse partout, porcelaine et peintures au mur. Les chambres sont toutes impeccablement propres et chaleureuses. On prend son petit-déjeuner au salon Breakfast autour d'une grande table en compagnie des autres hôtes de la maison.

■ **ANNEDD LON GUEST HOUSE** ✆ **(02920) 223 349 – Fax : (02920) 640 885.** *A partir de £30 la chambre simple et £50 la double.* Couleurs chaudes dans toutes les pièces, complétées par un accueil gallois chaleureux !

■ **THE BIG SLEEP HOTEL. Bute Terrace** ✆ **(02920) 636 363 – Fax : (02920) 636 364 – www. thebigsleephotel.com –** *Chambre simple et double à partir de £45, penthouse et executive suite £ 99.* Hôtel branché avec des rideaux en moquette, des tables en Formica, des couleurs pastel. On se croirait dans les années 1960, sans pour autant tomber dans la ringardise. Pour les plus branchés, le penthouse vaut vraiment un détour. Le bar, tout rouge, pourrait servir de décor pour un nouvel épisode d'*Austin Powers*. Le tout est parrainé par John Malkovich, en photo dans de nombreuses chambres et dans les locaux communs.

Luxe

■ **LINCOLN HOUSE HOTEL. 118 Cathedral Road** ✆ **(02920) 395 558 – Fax : (02920) 230 53 – www.lincolnhotel.co.uk – reservations@lincolnhotel.co.uk –** *Chambre simple à partir de £50, double à partir de £65.* Deux maisons jumelles victoriennes qui offrent 20 chambres vastes toutes équipées d'une salle de bains privée, télévision, bureau, téléphone. Les deux chambres avec un lit à baldaquin ont un charme très particulier. Les vitraux sont authentiques, le bar flambant neuf. Tout y est confort et élégance feutrée. C'est un véritable plaisir. Classé 3 couronnes.

■ **THISTLE HOTEL. Park Place** ✆ **0870 333 9157 – Fax : 0870 333 9257 – www.thistle hotels.com/cardiff – Cardiff@Thistle.co.uk –** Un haut lieu historique dans lequel se tenaient les réunions des députés gallois avant la construction de l'assemblée à Cardiff bay. On peut encore visiter la salle où se tenaient ses fameuses réunions. Les chambres sont dans un style british très traditionnel, chaleureuses et cosy. Les studios avec une cuisine et un bureau sont bien pratiques pour des longs séjours. Nelson Mandela qui séjourna à Thistle donna son nom à une de leur suite.

Restaurants

La ville compte un grand nombre de restaurants aux cuisines venues de tous les horizons. Le soir, on peut se diriger vers le nord, quartier de St John Church et dans d'autres pubs du côté de New Theatre. Ce petit centre-ville constitue la vieille ville aux rues pavées, avec ses monuments et ravira le photographe. Plus au sud, ne ratez pas les pubs très animés de Mill Lane et la galerie de la Old Brewery, l'ancienne brasserie reconvertie en quelques restaurants servant une cuisine internationale.

À côté du château

■ **CAFE EUROPA. 25 Castle Street** ✆ **(0290) 2066.** *Ouvert tous les jours de 8h à 20h du lundi au mercredi, de 8h à 23h du mercredi au samedi et de 11h à 18h le dimanche.* On vient ici pour grignoter des sandwichs (*£2,90 à £3,90*), prendre une salade bio et finir par un thé ou un café issus du commerce équitable. Des expositions et des concerts sont organisés dans ce café très hétéroclite.

■ **CAFE MINUET. Castle Arcade.** Petit restaurant italien, aux prix très sages dans lequel on mange des pâtes en écoutant de la musique classique.

■ **CELTIC CAULDRON RESTAURANT. 47-49 Castel Arcade** ✆ **(02920) 387 185 – Fax : (02920) 708 853.** *Ouvert de 8h30 à 21h (18h en hiver) de 11h à 16h le dimanche.* Face au château, sous les arcades, le Celtic Cauldron est un café/take-away. Tout frais sortis du four et exposés en vitrine, les home made cheese cakes, carot cake, blackberry and apple pies vous mettent en appétit. Mais, avant de penser au dessert, on peut aussi déguster quelques-unes des recettes galloises traditionnelles pas chères. Au menu : Glamorgan sausages (fromage, oignons, herbes, œufs, pelures de pain brun, le tout roulé et frit), Welsh rarebits (fromage grillé), laverbread (plat à base d'algues, à goûter). Et si vous avez un peu traîné au lit ce matin, le Celtic Cauldron offre des petits-déjeuners toute la journée à £4.

■ **CARDIFF CASTLE WELSH BANQUET** ✆ **(02920) 878 100 – cardiffcastle@cardiff.gov. uk –** Le château de Cardiff accueille groupes et touristes pour de « véritables soirées médiévales ». On y mange comme à l'époque entouré de musiciens en costume qui jouent de la harpe et autres instruments traditionnels. Appeler pour réserver. Possibilité aussi de prendre le thé l'après-midi dans un petit salon.

■ **GARLANDS COFFEE SHOP. 4 Duke Street Arcade.** Juste en face du château, dans une galerie marchande victorienne, l'ambiance est confidentielle : peintures en faux bois, cheminée en trompe-l'œil et chaises cannées. Sandwichs, salades, plateau de fromages, thé.

Dans le quartier de Mill Lane et de Old Brewery quarter

L'animation sur les terrasses dans ce quartier est à son comble pendant les douces soirées d'été et de printemps. On y mange des plats venus du monde entier : espagnols, thaïlandais et gallois aussi, bien sûr !

■ **THE YARD. Entrée par St Mary's Street ou par la galerie de Brewery Quarter** ✆ **(02920) 227 577.** *Ouvert tous les jours de 11h à 1h du matin. A la carte, £15.* Cette ancienne brasserie a été reconvertie en un grand pub qui offre une très bonne carte. On y trouve du welsh rarebit (fromage fondu sur du pain), des grandes salades, des sandwichs, du poisson. La spécialité de la maison sont les « fire and sticks », des morceaux de viande, de poissons et de légumes grillés. Les bières pression viennent tout droit de la brasserie de The Yard, située à côté.

■ **LAS IGUANAS. 8 Mill Lane** ✆ **(02920) 226 373.** Pour plus d'exotisme, choisissez ce restaurant mexicain qui sert les grands classiques : tacos, fajitas… Grandes portions pour des prix plutôt corrects.

■ **LA BRASSERIE. St Mary's Street (au bout de Mill Lane, prendre à droite)** ✆ **(02920) 372 164.** Lieu très animé avec une bonne sélection de bons petits plats bien de chez nous. Prix abordables.

Rues piétonnes du centre

Dans les rues piétonnes du centre-ville, on trouve quelques restaurants, avec terrasses en été.

■ **FONTANA DE TREVI ET TOPO GIGIO PIZZERIA. 11-12 Church Street** ✆ **(02920) 344 794.** *Pizza £10, plats à partir de £13. Ouvert tous les jours de 12h à 23h.* Deux restaurants à succès tenus par le même propriétaire, Toni Venditto. Ambiance ritale assurée, pizzas authentiques. Ce sont les restaurants italiens préférés des habitants de Cardiff.

■ **GIO'S CIAO CIAO. 38 The Hayes** ✆ **(02920) 220 077.** *Fermé le dimanche.* Petit restaurant italien traditionnel. Prix très corrects.

Pontcanna

Dans ce quartier résidentiel, au nord de Cardiff, de très bonnes adresses fréquentées par les locaux essentiellement.

■ **LE GALLOIS/Y CYMRU. 6-8 Romilly Crescent, Canton** ✆ **(02920) 341 264.** Restaurant sophistiqué tenu par des Français avec, comme son nom l'indique, un menu franco-gallois. Les habitants de Cardiff ne manqueront pas de vous demander ce que vous en pensez, si vous êtes français.

■ **CIBO. 83 Pontcanna Street** ✆ **(02920) 232 226.** Encore un restaurant italien ! Les prix ici sont plus raisonnables que dans le centre et on y mange aussi bien. Les plats de pâtes sont tous autour de £8-£10. Outre les classiques, on déguste des pâtes aux tomates-cerises, avec des petits piments, des anchois et des câpres ou avec des tomates, du porc fumé, des piments…

Sortir

Le meilleur moyen de savoir ce qui se passe en ville (sorties, concerts, musique, etc.) est de se procurer *Buzz*, le magazine gratuit de la vie culturelle et noctambule de Cardiff. Difficile à se procurer, vous le trouverez dans les pubs ou peut-être à l'office de tourisme.

Cafés et bars

■ **CAPSULE. Charles Street.** Chic et trendy mais néanmoins assez décontracté. On y vient pour boire un café, manger une pizza ou une assiette de pâtes et surtout pour les petites expos d'œuvres d'artistes locaux.

■ **NEW ORLEANS. 18-19 Church Street** ✆ **(02920) 222 078.** Café-bar sympa pour manger tex-mex ou boire un verre. Le New Orleans fait partie d'une chaîne de pubs très confortables, où jeunes et familles semblent se côtoyer dans la plus grande harmonie. C'est un peu l'usine mais pas trop cher.

■ **THE NEW YORK DAILY. High Street Arcade** ✆ **(02920) 388 388.** *Prix modiques.* La carte, très fournie, ne contient pas moins d'une cinquantaine de plats. L'endroit ne contient qu'une très longue table où des étudiants boivent leur thé en lisant le journal. Il s'agit, en fait, d'un take-away.

Pubs

Pubs irlandais, pubs de quartiers... Il y en a à tous les coins de rue dans le pays, avec différents styles et clientèles. On s'y retrouve pour regarder le match de foot, de rugby, et même un des multiples soaps anglais. Le vendredi, c'est le jour culte du pub. Rendez-vous directement après le boulot avec les collègues, on boit debout dans la rue ou sur le trottoir. La « tradition » veut que l'on ne reste jamais plus d'une heure dans le même pub, on prend une pint et hop... puis on passe au suivant. C'est le fameux Pub Crawl !

■ **CITY ARMS. Quay Street.** Assez jeune, étudiants mais pas seulement. On joue de la musique du coin, Manic Street Preachers et Super Furry Animals. Beau pub en bois, plutôt rustique.

■ **MOCHYNDU. Sophia Close. Sophia Gardens.** *Après Cathedral Road.* Des plats traditionnels comme le Cawl et l'agneau rôti figurent au menu. Panneaux de bois sur les murs et véranda donnent une bonne ambiance à ce pub, un peu en dehors du centre-ville.

■ **SAM'S BAR. St Mary's Street/Mill Lane.** Une ambiance détendue, étudiante et baskets. Dans le quartier des cafés, bien pour commencer la soirée, avec happy hour de 17h à 20h. Bon éventail de musique.

■ **BRANNIGANS. Park Place** ✆ **(02920) 377 021.** *Ouvert de 11h à 1h. Entrée : £1 ou £2, sauf le mardi pour un concert d'un groupe local.* Immense pub genre usine qui offre concerts et soirées à thèmes... Tous les vendredis soir, soirée « Pop Show » avec toutes les boissons à £1,5. Il faut aimer la musique forte, être debout coincé une bière à la main, cerné par des étudiants gallois – surtout le lundi : soirée étudiante.

■ **THE KINGS CROSS. Mill Lane.** C'est le pub gay de Cardiff, ambiance techno surtout le dimanche pour la soirée Aftershock.

■ **METROPOLIS. 60 Charles Street** ✆ **(01222) 344 300.** Resto-bar dans le quartier des théâtres, plus calme que Scrum ou Brannigans. De grands fauteuils bleus et mauves, des toiles au mur et expositions de photos. Plutôt classe et « trendy ». Bonne liste de 78 vins.

■ **SCRUM FIVE. 2 Park Place (face au Brannigans).** C'est la même population que son voisin, bar branché où se retrouvent les jeunes étudiants ; c'est aussi le Q. G. des rugbymen du coin.

■ **METROS. Baker's Row** ✆ **(02920) 371 549.** *Ouvert jusqu'à 3h le week-end. Entrée entre £1 et £3.* La musique indie, baggy beats c'est ici, pour des bières pas chères à £1,50.

Clubs

■ **PHILHARMONIC. St Mary's Street.** « The Philly », comme on l'appelle plus communément, a l'avantage de fermer vraiment très tard. En perte de vitesse depuis quelques années, mais toujours un must ! Trois étages avec des styles de musique différents : house, garage. Entrée entre £2 et £3. Réputé depuis des années pour être le point de rendez-vous des étudiants en médecine, le pub est récemment devenu un club (licence jusqu'à 2h du matin). Mais l'ancienne clientèle estudiantine du « Philly » a été dérobée par les toutes jeunes boîtes installées de part et d'autre du pub, rendant les soirées dans le Philly un peu plus calmes.

■ **LIFE. St Mary's Street.** C'est ici qu'il faut aller pour draguer à Cardiff !

■ **LIQUID CLUB. St Mary's Street.** Immense complexe entre Walkabout et le Philharmonic. Gigantesque, projections de diapos et trompe-l'œil sur les murs.

■ **CLWB IFOR BACH. On le surnomme le Welsh Club. Womanby Street** ✆ **(02920) 232 199.** Beaucoup de « galloisants » et de musique galloise live mais aussi des gigues et jam sessions… Le prix d'entrée varie avec le show.

■ **TOUCAN CLUB. 95-97 St Mary's Street** ✆ **(02920) 372 212.** Bons concerts live assez régulièrement. Musique ethnique, galloise, reggae, un peu de tout en fait… et en plus de qualité.

■ **BARFLY. Kingsway** ✆ **(02920) 396 589.** Ici aussi on vient pour danser sur de la bonne musique live : rock, musique indie, électro…

Manifestations

▶ **Les matches de rugby** sont des manifestations internationales, mais avant tout d'intérêt local… La ville s'anime et l'ambiance monte dès octobre !

En ce qui concerne les festivités annuelles :

▶ **Deuxième quinzaine de septembre :** The Cardiff Festival of Music. Vous y croiserez plus facilement Tom Jones que U2. Normal il est du coin.

▶ **Novembre et décembre :** International Festival of Music.

▶ **Mars :** la ville fête avec faste la Saint-David.

▶ **Dernière semaine de juillet et les deux premières d'août :** Cardiff Summer Festival. C'est le plus grand festival gratuit d'Europe : spectacles de rue, carnaval, feux d'artifice, défilé costumé… The Welsh Proms est l'événement majeur du festival de l'été.

Points d'intérêt

■ **CARDIFF CASTLE. Castle Street** ✆ **(02920) 878 100 – Fax : (02920) 231 417 – cardiffcastle@ cardiff.gov.uk –** *Ouvert de 9h30 à 18h (dernière visite guidée à 17h) de mars à octobre, de 9h30 à 17h (dernière visite guidée à 15h15) de novembre à février. Entrée : £6, £3,70 pour les enfants. Moitié prix pour une visite du jardin seulement.* A l'origine de ce trésor architectural, il y a un fort romain construit il y a plus de 2 000 ans. Les Romains avaient érigé, sur ce point de verdure, des fortifications pour faire de Cardiff une base navale et un comptoir commercial. Au XIe siècle, après avoir envahi la région, les Normands utilisèrent les murs romains comme fondations pour construire leur propre forteresse. Et enfin, après avoir changé plusieurs fois de propriétaires, le château de Cardiff devint, au XVIIIe siècle, la propriété de la famille la plus connue au pays de Galles, la famille Bute. A la fin du XIXe siècle, le 3e marquis de Bute, réputé comme étant l'homme le plus riche d'Europe à l'époque, réinvente le château de Cardiff avec l'aide de l'architecte William Burges. L'association de ces deux hommes, un jeune homme polyglotte passionné de sciences naturelles et un architecte extravagant amoureux de Moyen Age, conduira à la création d'un château qui détonne de tous ceux que l'on peut voir aux environs. Style emprunt de caractéristiques médiévales avec abondance d'or, de framboise et de bleu canard, mélange des genres, inscriptions en grec, hébreux, latin. Partout s'étalent des peintures murales, des figures médiévales aux allures mi-naïves mi-alanguies chères aux artistes victoriens. La nursery dont les murs dallés illustrent 30 contes pour enfants, de « Robin des bois » à « La Belle au bois dormant », est une merveille. A chaque pièce, un style différent, du patio, pâle copie de Pompéi, au salon d'hiver, une seule constante : la répétition d'images et de peintures de perroquet, animal fétiche de Burges. Seule la salle à manger turque fait preuve d'un peu de sobriété : ses fenêtres étroites sont encore obstruées par des moucharabiehs que l'on éclaire par un jeu de reflets de lumière dans des boules de cristal, exclusivement par beau temps, en particulier de juillet à début septembre. L'atmosphère de cette petite pièce octogonale est encore alourdie par le parfum que dégage le bois de santal des murs et des fenêtres… Il arrive qu'on organise un banquet médiéval en soirée, une façon amusante de s'imprégner d'histoire. On regrette le passage éclair du tour guidé de 45 min qui ne laisse pas vraiment le temps d'apprécier les détails et les images, ni l'atmosphère des lieux. Quant au parc, paons et canards s'y baladent autours des transats mis à disposition des touristes. La tour normande offre un panorama intéressant sur la ville et la taille du parc laisse deviner l'importance du fort normand qui s'y trouvait.

■ **NATIONAL MUSEUM OF WALES. Cathays Park** ✆ **(02920) 397 951 – post@nmgw.ac.uk –** *Ouvert du mardi au dimanche de 10h à 17h. Entrée libre.* Au début des années 1990, le musée a fait l'objet d'une restauration sérieuse. Aujourd'hui, le musée compte un département botanique, zoologique et géologique avec l'ambition de présenter la genèse du paysage gallois. Plusieurs ailes sont consacrées à l'archéologie, l'histoire et l'industrie galloise. Mais l'intérêt principal du National Museum de Cardiff, c'est sa très riche collection d'œuvres d'art venues du monde entier. L'école italienne est bien représentée, avec Botticelli ou Tiepolo. Viennent ensuite Turner, Gainsborough pour le cachet local. Enfin, une collection impressionniste intéressante ; *La Pluie sur Auvers* de Van Gogh, peint quelques semaines avant sa mort, Cézanne, *Les Parisiennes* de Renoir, Pissaro, Sisley ou encore Boudin, Braque, Derain, Vlaminck. Max Ernst et Magritte témoignent de l'éclectisme du bon goût des conservateurs. La section sculpture n'est pas en reste puisqu'une copie du Baiser de Rodin et quelques originaux du sculpteur y trônent. La visite est un vrai enchantement.

■ **MILLENIUM STADIUM** ✆ **(02920) 822 228.** *Visite du stade tous les jours en entrant du côté de Gate 3, Westgate. Adulte £5, enfant £2,50.* La visite passe par le terrain, les vestiaires, les loges V. I. P. et finit par la boutique de souvenirs ! Maison spirituelle du rugby au pays de Galles, en cen-tre-ville, une toute nouvelle construction dont les Gallois de Cardiff sont très fiers. Il peut accueillir plus de 72 000 visiteurs.

■ **NATIONAL SPORTS CENTRE FOR WALES.** C'est en plein centre, il suffit de traverser Westgate Street pour voir apparaître l'outil le plus solide de la cohésion nationale galloise, le National Rugby Stadium. L'objet est plus connu des commentateurs sportifs du monde entier sous l'appellation de « Arms Park ».

Shopping

▶ **Sur Queen's Arcades et Queen's Street,** la concentration de magasins ravira ceux que le Marks & Spencer, un peu en retrait, n'aurait pas satisfaits. Pour un achat de dernière minute, Cardiff possède son Virgin Megastore et une ambassade de la chaîne Boots.

▶ **Les arcades, High Street Arcade on Duke, Street Arcade,** regorgent de boutiques de vête-ments farfelus.

Loisirs

■ **CHAPTER ARTS CENTRE. Market Road, Canton** ✆ **(02920) 30 440 – www.chapter.org** – Ce centre artistique comprend 3 cinémas, 3 galeries d'art et 1 théâtre qui abrite 2 compagnies. C'est l'un des plus grands centres artistiques du Royaume-Uni, avec une programmation plutôt moderne. La mode, chez les Anglo-Saxons, est aux comédies musicales façon Broadway, et la ville accueille souvent des troupes londoniennes qui rôdent ici leurs nouveautés.

■ **WALLACE NATIONAL ICE RING** ✆ **(02920) 3971 98.** *De £3,50 à £4,50.* A proximité de la gare de chemin de fer, au sud du Rugby Stadium. Les Cardiff Devils s'entraînent sur cette grande patinoire et les rencontres sont très attendues.

Salles de spectacles

■ **THE MILLENIUM CENTRE.** Voir « Cardiff Bay ».

■ **THE NEW THEATRE. Park Place** ✆ **(02920) 878 889.** *Ouvert de 10h à 18h et jusqu'à 20h les soirs de représentation pour acheter les tickets sur place – www.newtheatrecardiff.co.uk – Prix des places : de £6 à £160.* Large gamme de représentations : on passe des pièces de théâtre aux comédies musicales et aux ballets. Certains spectacles sont en langue étrangère ou en gallois mais toujours surtitrés. Sarah Bernhardt, Laurel et Hardy ainsi qu'Anna Pavlova font partie des célébrités internationales ayant foulé les planches de cet illustre théâtre.

■ **SAINT DAVID'S HALL. The Hayes** ✆ **(02920) 878 444.** Près de 2 000 places pour recevoir des conférences et des concerts, du jazz à l'opéra.

■ **SHERMAN THEATRE. Senghennydd Road** ✆ **(02920) 646 900.** La Sherman Theatre Company présente un répertoire anglais classique ainsi que des pièces en gallois. Beaucoup de thèmes gallois.

Cinéma

■ **CHAPTER ARTS CENTRE.** Market Road. Canton ✆ (02920) 304 400.

■ **STER CENTURY.** Millenium Plaza ✆ 0870 767 2676

■ **UGC.** Mary Ann street ✆ 0870 907 0739

■ LES ENVIRONS DE CARDIFF ■

CARDIFF BAY

Cardiff Bay est le port de Cardiff. En pleine expansion, les bâtiments neufs poussent de partout, chaînes d'hôtels, cafés, bars, etc. On a voulu transformer les docks populaires en une ville-nouvelle stylée au détriment de la simplicité et de l'authenticité. Le coin devient touristique, au point que la Norvegian Church s'est transformée en restaurant-café-théâtre-pub. Où iront-ils, ces marins qui y priaient une clope au bec? C'est aussi un pôle politique important car c'est à Cardiff Bay que se trouve l'Assemblée nationale du pays de Galles.

Transports – Pratique

■ **TRANSPORTS.** Accès par le bus n° 7 ou 8, ou à à pied, à une demi-heure du centre-ville.

■ **TOURISM INFORMATION CENTER** ✆ (02920) 463 833.

Hébergement

■ **THE SAINT DAVID'S HOTEL AND SPA.** Havannah Street ✆ **(02920) 454 045 – Fax : (02929) 487 056 – www.thestdavidshotel.com – thestdavidshotel@rfhotels.com –** *A partir de £170 la chambre simple et entre £205 et £ 500 la chambre double.* Nouvel hôtel 5-étoiles à Cardiff Bay, dont les habitants de la ville sont très fiers! Vous le reconnaîtrez par la drôle de voile qu'il a sur le toit et son aspect très moderne avec une structure en verre. Beaucoup de chambres donnent sur le port de Cardiff. L'attrait principal de l'hôtel est son spa : jacuzzi, piscine, sauna et possibilités de soins comme des massages ou des bains d'algues… Sympa, non?

Restaurants

A Cardiff Bay, il y en a pour tous les goûts mais pas forcément pour tous les budgets! C'est très à la mode d'aller manger là-bas et les restaurants en profitent souvent pour augmenter leurs prix.

■ **IZAKAYA JAPANESE TAVERN** ✆ **(02920) 492 939.** *A partir de £17 le plat.* Restaurant japonais traditionnel : on peut manger par terre, dans des petites alcôves où il faut retirer ses chaussures. Outre les traditionnels sushis et brochettes, on peut manger du thon grillé, des plats de riz sauté…

■ **BOSPHORUS. 31 Mermaid Quay** ✆ **(02920) 487 477.** *Ouvert tous les jours midi et soir.* Le seul restaurant turc de Cardiff dans un superbe bâtiment du XVIIIe siècle situé sur la jetée. On choisit entre des plats turcs classiques comme les mezze en entrée ou des viandes et poissons marinés puis grillés.

Points d'intérêt

■ **MILLENIUM CENTRE** ✆ **(02920) 0870 492 000 – www.wmc.org.uk –** Le Centre d'arts de Cardiff Bay se veut être une des plus grandes scènes d'Europe ainsi qu'un haut lieu de promotion de la vie artistique. Depuis son ouverture en novembre 2004, le Ballet national du pays de Galles ainsi que l'agence de la promotion de la littérature galloise y tiennent leurs répétitions et réunions. Le Millenium Centre attire tous types de public puisque chacune de ses différentes salles de spectacles a un programme différent et des tickets à des prix raisonnables.

■ **TECHNIC QUEST. Bute Street** ✆ **(02920) 475 475.** *Prix : £6,75 ou £4,65 pour les enfants.* C'est le plus grand centre d'attractions scientifiques de Grande-Bretagne. Et ce qu'on fait de mieux dans le genre hologramme.

■ **GALERIES D'ART.** Plusieurs galeries d'art et d'artisanat dans Cardiff Bay qui organisent des expositions temporaires. Citons notamment **Butetown History and Arts Centre.** 5 Dock Chambers. Bute Street ✆ (02920) 256 757 – www.bhac.org – et **Craft in the Bay.** The flourish. Lloyd George Avenue ✆ (02920) 484 611 – www.makersguidinwales.org.uk

■ **LLANDAFF CATHEDRAL. Cathedral Green** ✆ **(02920) 564 554.** Edifiée au VIe siècle par saint Teilo, puis rebâtie entre le XIIe et le XIIIe siècle, la cathédrale de Llandaff à quelques kilomètres du centre a subi de gros dommages durant la Seconde Guerre mondiale. Elle a été restaurée et enrichie d'une statue du Christ en majesté, signée Epstein. Un mélange des styles de l'histoire qui n'est pas sans un certain charme. Les gargouilles aux visages humains sont bien différentes de celles de Notre-Dame.

Les environs de Cardiff

A l'extrémité de la cathédrale, la magnifique chapelle de la Vierge, Lady Chapel, où sont inscrits sur les parois les noms gallois de plus d'une vingtaine de fleurs qui tirent leur nom de la Vierge Marie.

■ **WELSH FOLK MUSEUM. Saint Fagans** ✆ **(02920) 573 500.** *Entrée libre. Ouvert tous les jours de 10 h à 17 h. A partir de Cardiff : bus n° 32 à prendre à la station de bus derrière la gare centrale (£2,50 A/R). Environ 2 départs par heure.* A quelques miles de Cardiff, le musée de la Vie galloise est un des rares musées d'Europe à ciel ouvert. Il s'agit plutôt d'un grand parc à la végétation abondante, forêt, cascades et petit pont de bois… Créé en 1947, le musée regroupe une cinquantaine de bâtisses, vieilles fermes, maisons, boutiques typiquement galloises, de l'époque des Celtes à nos jours ! C'est un véritable voyage dans le passé et dans le quotidien des Gallois, riches ou pauvres, des siècles passés. Les maisons ont été reconstruites pierre après pierre et meublées comme si ses habitants venaient de quitter les lieux. Fermes, boutiques, ateliers, magasins gallois, tels qu'ils existaient au XVe siècle. Tandis que les étables, porcheries, poulaillers, écuries sont peuplées d'animaux, la boulangerie, la tannerie, la poterie sont toujours exploitées par des artisans. On peut y acheter de la farine et du pain. Le musée de la Vie rurale au pays de Galles est situé dans le parc du château de Saint Fagans, Elizabethan Manor House, construit en 1580. Le mobilier y est admirable, en particulier les fauteuils ouvragés du hall et les boiseries. Au premier étage, la galerie est habillée de tapisseries anglaises du XVIIe siècle (tissées à Mortake, près de Londres) qui illustrent l'histoire de Callisto et de Diane d'après *Les Métamorphoses,* d'Ovide. Selon les pièces, le mobilier change d'époque et offre un panorama splendide des styles à travers les âges. Le tout baigne dans une harmonie tranquille et de très bon goût, face à un jardin typique du début XVIIIe siècle, s'étalant en terrasses jusqu'à la rivière et en labyrinthe côté intérieur. Pour bien finir la journée, le pub ? « The Plymouth Arms » face au château est un endroit agréable pour commencer la soirée, avec un grand jardin orné de tables et bancs en bois.

■ **CASTELL COCH.** *Ouvert du 1er avril au 31 mars de 9h30 à 17h, du 1er juin au 30 septembre de 9h30 à 18h, en octobre de 9h30 à 17h, et du 1er novembre au 31 mars de 9h30 à 16h du lundi au samedi et 11h à 16h le dimanche. Entrée : £3 et £2,50 pour les enfants. Accès à partir du Cardiff bus n° 136.* A 6 km au nord de Llandaff, près du village de Tongwynlais se situe Castell Coch avec ses toits pointus. Au milieu des bois, au sommet d'une colline, Castell Coch est le fruit d'une lubie de l'architecte Burges qui a transformé ces ruines d'une bâtisse du XIIIe siècle en un château féerique digne des plus beaux films de Walt Disney.

NEWPORT

Troisième plus grande ville du pays de Galles, Newport ne présente pas d'intérêt touristique majeur. Attention : ne pas confondre avec le village de Newport dans le Pembrokeshire qui lui, est très pittoresque ! Aujourd'hui, on vient à Newport pour des rendez-vous d'affaires ou bien l'on traverse la ville pour se rendre dans ses environs qui regorgent de sites très intéressants.

Point d'intérêt

■ **THE TRANSPORTER BRIDGE.** *Ouvert de 8h à 20h de mai à septembre et de 8h à 18h d'octobre à avril. Prix : 50 p pour les automobiles, gratuit pour les piétons et cycliste.* Au lieu de traverser le pont en roulant ou en marchant sur le pont, on monte sur une plate-forme traînée sous le pont !

CAERLEON

A 5 km de Newport. Ancienne ville de garnison romaine, où la deuxième légion d'Augustin résidait en 75 après J.-C. Ils y sont restés 200 ans. Aujourd'hui, la ville regorge de vestiges romains à visiter : les thermes et bains romains, les campements mais surtout l'amphithéâtre, le seul aussi bien conservé en Grande-Bretagne. Il paraît que c'est ici que le roi Arthur aurait tenu ses conseils, ce serait la fameuse « table ronde » des chevaliers arthuriens.

Points d'intérêt

■ **AMPHITHEATRE ET BARAQUEMENTS** ✆ **(01633) 422 518.** *Entrée libre.* Le seul amphithéâtre préservé en Grande-Bretagne, recouvert par l'herbe, 6 000 spectateurs s'asseyaient il y a 2 000 ans pour assister à des combats de gladiateurs, des jeux…

■ **BAINS ROMAINS. High Street** ✆ **(01633) 430 567.** *Ouvert de novembre à mars, de 9h30 à 16h, d'avril à octobre à 9h30 à 18h30. Prix : £2.*

■ **LE MUSEE DE LA LEGION** regroupe toute l'histoire romaine du village. *Entrée libre.*

CAERPHILLY

▶ **Internet : www.caerphilly.gov.uk/visiting –** Caerphilly, ville industrielle à 15 km de Cardiff, est connue pour son fromage crémeux ! D'ailleurs le grand festival annuel de Caerphilly, fin juillet, s'appelle « Big Cheese » (« grand fromage »). Pour l'occasion, les pelouses du château ouvrent le soir et accueillent jusqu'à 80 000 personnes venues voir les shows avec les faucons, les spectacles, la fête foraine, les stands de produits locaux (nourriture et artisanat…). Le reste de l'année, on vient visiter 2 attractions majeures : le château et Llancaiach Fawr manor.

Points d'intérêt

■ **CAERPHILLY CASTLE.** *Ouvert en avril, mai et octobre de 9h30 à 17h, de juin à septembre de 9h30 à 18h et de novembre à mars de 9h30 à 16h. Pour les adultes : £3, pour les enfants : £2,50.* Deuxième plus grand château d'Europe, Caerphilly Castle est l'exemple même du parfait château du Moyen Age : tours crénelés, pont-levis, donjons… Construit sur les restes d'un fort romain et sur les ruines d'un fort normand, le château fut édifié au XIIIe siècle dans un but défensif : se protéger des foudres de Llywelyn le Grand. Mais celui-ci parvint à en détruire une grande partie. Les Anglais s'empressèrent de le reconstruire. Après avoir conquis le pays de Galles, ils ne virent plus Caerphilly comme une forteresse à but défensif. Pendant la guerre civile, Cromwell fit exploser les tours ! Depuis, les murs extérieurs du château gardent une certaine tenue mais on ne peut en dire autant pour l'intérieur…

■ **LLANCAIACH FAWR MANOR** ✆ **(01443) 412 248.** *Ouvert en semaine de 10h à 17h et le week-end de 10h à 18h. Prix d'entrée : £5 par adulte, £3,50 tarif réduit.* Un fabuleux voyage à travers le temps qui permet de mieux comprendre l'histoire de la Grande-Bretagne, de façon très ludique. Peu de panneaux d'expositions mais des figurants qui rejouent la guerre civile de 1645 qui opposa royalistes et parlementaires. Les figurants vous expliquent les mœurs et coutumes de ce siècle : costumes, folklore…

■ LA VALLÉE DE LA WYE ■

Premier avant-goût gallois : c'est l'entrée principale du sud du pays de Galles via l'autoroute M4 depuis Bristol ou Londres, puis prendre direction nord vers Chepstow et Monmouth. La route suit la rivière et on pénètre dans la campagne galloise ! On n'y entre pas de plain-pied puisque la vallée de la Wye, le Monmouthshire, est certainement la région la plus anglaise. La vallée ne fut reconnue comme territoire gallois qu'en 1974. Deux grandes villes : Chepstow et Monmouth, qui ne présentent pas beaucoup d'intérêt contrairement aux nombreux monuments historiques dont recèle la vallée : l'abbaye de Tintern, une abbaye cistercienne en ruine, les trois châteaux normands, Skenfrith, Grosmont et White Castles.

DE CHEPSTOW À MONMOUTH

■ **TINTERN ABBAYE. A 8 km au nord de Chepstow, à la frontière anglo-galloise.** *Ouvert d'avril à octobre de 9h30 à 18h30, et de novembre à mars du lundi à samedi, de 9h30 à 16h. Entrée : £2,20.* Une des trois abbayes cisterciennes du pays de Galles qui a inspiré de nombreux peintres et poètes. Construite en 1131, l'abbaye fut jusqu'à 1536 le lieu de prières de moines cisterciens venus directement de Normandie. Les moines étaient de véritables agriculteurs et fermiers qui subvenaient à leurs propres besoins. Après la dissolution de l'ordre des Cisterciens, l'abbaye fut abandonnée et beaucoup des constructions sont devenues des ruines ne laissant qu'amas de pierres. Si l'abbaye est encore là aujourd'hui, c'est surtout parce qu'elle était isolée et qu'il n'y avait pas de villages avoisinants dont les habitants auraient pu piller les pierres. Il reste de l'abbaye l'église gothique, les ruines des quartiers domestiques, le hall des novices.

Les immanquables de la vallée de la Wye

▶ **Explorer l'abbaye cistercienne de Tintern,** à côté de Chepstow.

▶ **Parcourir la route qui relie Skenfrith, Grosmont et White Castle,** trois châteaux construits par les Normands pour se protéger des Anglais.

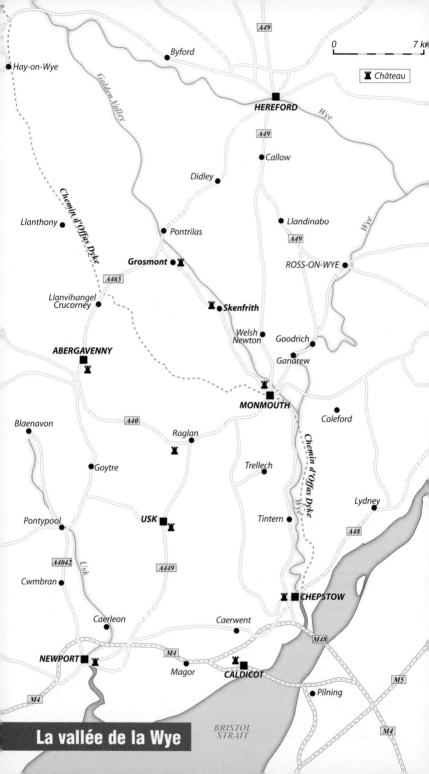

La vallée de la Wye

NORD DE MONMOUTH, les trois châteaux

Une fois arrivés en Galles du Sud, les Normands construisirent une ceinture de châteaux grandioses pour protéger leurs territoires récemment acquis. Véritables forteresses qui dominent la vallée de la Wye. Une route parcourt les sites de trois de ces géants de pierres : Skenfrith, Grosmont, White Castle, tous construits au XIe siècle dans un rayon de 12 km au nord de la ville de Monmouth. La grandeur de ces bâtisses démontre l'importance pour les Normands de protéger des Anglais leurs territoires. En 1201, les trois châteaux furent présentés par le roi Jean à Hubert de Burgh qui ramena cette nouvelle technologie architecturale sur le continent. A travers les siècles, les trois châteaux sont devenus des demeures plus que des forteresses militaires. En 1902, les châteaux ont été vendus par le duc de Beaufort à trois propriétaires différents. C'était la première fois depuis 1138 qu'ils en changeaient. On peut y accéder à pied et en voiture.

■ **WHITE CASTLE – CASTELL GWYN.** *Ouvert de mai à septembre de 10h à 17h, £2. A 12 km au sud de Raglan et à 9 km d'Abergavenny. A la sortie du village de Llantilio Crossenny.* C'est peut-être la plus impressionnante de ces forteresses, dont le profil menaçant se dessine à l'horizon.

■ **SKENFRITH CASTLE.** *Accès libre. A 10 km au sud de White Castle, le long de la rivière Monnow, au bord du petit village de Skenfrith.* Château du XIIIe siècle, moins spectaculaire que White Castle mais les alentours du château qui se reflète dans la rivière sont très pittoresques.

■ **GROSMONT CASTLE.** *Accès libre. A 7 km de Skenfrith, sur la frontière anglaise, au-dessus du petit village de Grosmont.* C'est celui qui est le plus en ruine, on y accède par un petit pont de bois érigé au-dessus des douves asséchées.

■ BRECON BEACONS ■

■ **THE NATIONAL SHOWCAVES CENTRE FOR WALES** ✆ **01639-730284 – info@showcaves. co.uk –** *Ouvert du 1er avril au 31 octobre à partir de 10h. Adulte : £8, enfant : £4,25.* Le parc national des Brecon Beacons est un véritable paradis pour les randonneurs. Lacs, rivières, murets de pierres recouverts de l'omniprésente mousse verte et spongieuse, collines à perte de vue qui se teintent d'ocre et de violet à l'automne, paysages paisibles peuplés de quelques villageois, chevaux sauvages et beaucoup, beaucoup de moutons… Un patchwork de champs et de pâturages, de nature protégée, qui s'étendent sur 1 344 km² : une émeraude dans le cœur du pays de Galles qui ressemble beaucoup à l'Irlande. La brume descend parfois très vite sur les collines de Brecons Beacons, et il est impressionnant d'assister à cette tombée du rideau qui se lève quelques mètres plus loin pour laisser place à un soleil éclatant. A l'extrême Ouest se trouvent la forêt de Fawr et la montagne noire, à ne pas confondre avec le massif des Montagnes Noires qui s'étend à l'est de la ville de Brecon jusqu'à la frontière anglaise. Au pied de ces montagnes, dans le nord des Brecons Beacons, il y a le charmant village de Hay-on-Wye, capitale des librairies de livres d'occasion.

BRECON – ABERHONDDU

La plus grande ville du parc national de Brecon Beacons. C'est ici que se retrouvent familles et promeneurs amoureux des Brecon Beacons, adeptes de la marche et du vélo. Brecon constitue une halte excellente où passer quelques jours de détente. On approche de Pen y Fan, le point culminant du sud du pays de Galles à 886 m. En cas de mauvais temps, vous pourrez toujours vous rabattre sur l'excellente offre culturelle de cette petite ville : deux musées, une cathédrale, un théâtre de qualité et un cinéma indépendant !

Transports

■ **BUS.** Un bon service de bus dessert les environs les plus isolés dans le parc des Brecon Beacons à partir de Brecon. Aux dernières nouvelles l'arrêt se trouve devant la poste mais il a tendance à changer souvent ! Pour les horaires, téléphoner au numéro national ✆ 0870 608 2 608 ou demander à l'office de tourisme.

Pour Cardiff : bus direct avec National Express ou bien avec les bus locaux, plus fréquents mais il faut changer à Merthyr.

Pratique

▶ **Indicatif téléphonique :** 01874.

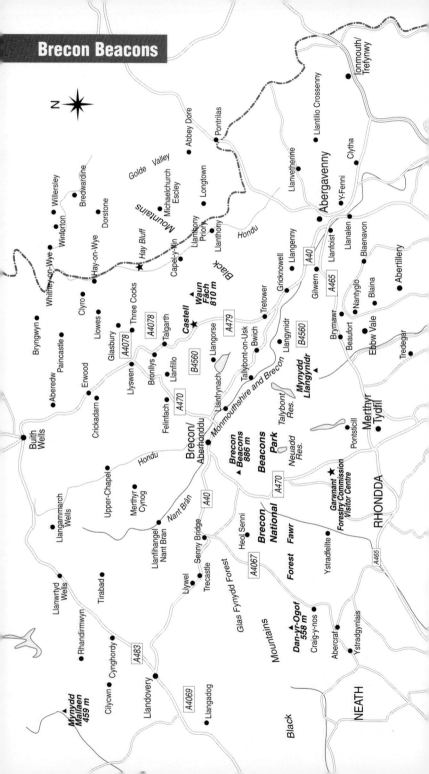

■ **TOURIST INFORMATION CENTRE. Cattle Market Park** ✆ **(01874) 622 485.** Face au super-marché. C'est une véritable mine d'informations, tant sur la ville que sur le parc naturel : réservations d'hébergement, chemins de randonnées, coordonnées de fermes qui louent des chevaux, horaires des bus locaux…

■ **INTERNET. 10 Lion Street** ✆ **(01874) 624 942.** *Ouvert tous les jours sauf le dimanche de 10h à 17h. £1,25 le quart d'heure et £5 l'heure, réduction pour les étudiants.* L'ancien YMCA est converti en café Internet. La connexion est rapide et vous trouverez un poste libre sans problème.

Hébergement

Beaucoup de possibilités d'hébergement en ville, à tous les prix. Pour ce qui est des auberges de jeunesse, souvent complètes en été, il en existe deux près de Brecon.

■ **AUBERGE DE JEUNESSE, LLWYN-Y-CELYN. Libanus** ✆ **(01874) 624 461 – Fax : (01874) 625 916 – llwywycelyn@yha.org.uk –** *Prix : £7,80 pour les moins de 18 ans, £10,60 pour les adultes. Près de 40 lits.* Vieille ferme isolée dans la campagne, sur la route de Merthyr. Pratique pour accéder à Pen y Fan et à la réserve naturelle de Craig Gerrig. Fermée en décembre. On peut y accéder en bus depuis Brecon.

■ **AUBERGE DE JEUNESSE. Tyn-y-Caeau. Groesffordd** ✆ **(01874) 665 270 – Fax : (01874) 665 278 – tynycaeau@yha.org.uk –** *Prix : £7 pour les moins de 18 ans et £10,35 pour les adultes. A partir de l'A40, suivre les signes de Llanfrynach, l'auberge est à 700 m au nord de Groesffordd.* Près du lac de Llangorse. Sans voiture, il faudra marcher pendant 5 km depuis Brecon !

Confort ou charme

■ **THE GRANGE GUEST HOUSE. 22 The Watton** ✆ **(01874) 624 038 – www.thegrange.co.uk –** *Prix : de £25 à £28 la simple et de £40 à £46 la double.* John, Ian and Maryl accueillent leurs hôtes dans ce Bed and Breakfast où l'on s'y sent comme chez soi. Les chambres sont très confortables, les petites tables dans le jardin permettent de profiter du beau temps. Les propriétaires s'efforcent d'être respectueux de l'environnement en triant les déchets, en utilisant des ampoules à faible consommation d'énergie… Ils peuvent vous conseiller de bons restaurants et connaissent Brecon et ses environs sur le bout des doigts.

Luxe

■ **THE CASTLE OF BRECON HOTEL. Castle Square** ✆ **(01874) 624 611 – Fax : (01874) 623 737 – www.breconcastle.co.uk –** *Prix : chambre simple de £77 à £97, chambre double de £65 à £135.* Au XVIIe siècle, les ruines du château furent utilisées pour construire un relais de diligence. Deux siècles plus tard, le lieu fut transformé en hôtel. Aujourd'hui, outre cet aspect historique, les vues sur le parc naturel sont spectaculaires. Les chambres sont décorées à la « British » : papier peint fleuri, gravures de chasse, lit à baldaquin…

Restaurants

Si l'offre d'hébergement est excellente à Brecon, on ne peut pas en dire autant pour les lieux où se restaurer. La journée, des petits cafés offrent de quoi faire un repas simple. Le soir, il faut aller manger au restaurant du théâtre ou prendre sa voiture pour aller quelques kilomètres plus loin.

Manifestation

▶ **Festival de jazz – www.breconjazz.net –** *Prix : £40 le pass pour le week-end qui donne accès à la grande majorité des concerts.* Le deuxième week-end d'août, Brecon accueille 50 000 personnes venues du monde entier pour apprécier son festival de jazz. Il est organisé de façon à ce que les moins initiés puissent découvrir le style de jazz qui leur plaise. Chaque scène garde en effet le même style tout au long du week-end. Les plus grands musiciens du monde viennent jouer au Brecon jazz.

Points d'intérêt

■ **LA CATHEDRALE. Priory Hill** ✆ **(01874) 623 857.** *Ouverte tous les jours de 8h30 à 18h.* Superbe cathédrale gothique, avec des vitraux à couper le souffle. Les Celtes furent les premiers à prier au sommet de cette colline. Vinrent ensuite les Normands. Les fonts baptismaux à l'intérieur de l'édifice témoignent de leur passage. L'extérieur du bâtiment, assez austère, contraste avec un intérieur coloré par la lumière des vitraux et la finesse du pan de bois sculpté qui se trouve dans la nef.

■ **BRECKNOCK MUSEUM AND ART GALLERY. Captain's Walk** ✆ **(01874) 624 121 – brecknock. museum@powys.gov.uk** – *Ouvert de 10h à 17h du lundi au vendredi, de 10h à 13h et de 14h à 17h le samedi et de 12h à 17h le dimanche.* Le musée, situé dans l'ancienne cour d'assises, retrace l'histoire de Brecon et de ses environs, de la préhistoire à nos jours. Le rez-de-chaussée consacré à la vie agricole abrite la reconstitution d'un foyer rural et d'une salle de classe. Belle collection de Lovespoons (littéralement : cuillère d'amour. La tradition veut que l'amoureux offre cette cuillère en bois sculpté à sa bien aimée pour lui faire part de ses sentiments). Au premier étage, un film et des objets portent sur la préhistoire. Au deuxième étage, reconstitution d'un tribunal d'assises, avec sons et lumières ! Les vitrines de cet étage illustrent les changements du XIXᵉ et XXᵉ siècles : développement des banques, de la médecine, des transports… Belles diapositives de Brecon au début du siècle. Au rez-de-chaussée, les animaux empaillés constituent les pièces maîtresses du musée de la Vie naturelle.

■ **LE MUSEE DU REGIMENT ROYAL DU PAYS DE GALLES** ✆ **(01674) 613 310.** *Ouvert tous les jours d'avril à septembre et en semaine d'octobre à mars. Horaires : de 9h à 17h. Dernière entrée à 4h15. Prix : £3.* Ce musée explique la vie militaire de la région de Brecon qui conserve, aujourd'hui encore une importante garnison. Des reconstitutions de batailles ainsi qu'un film sont consacrés à la guerre des Zoulous : un exploit gallois puisque les 140 soldats gallois réussirent à se défendre contre 4 000 guerriers zoulous ! Vaste collection de médailles et d'armes à feu.

Dans les environs

■ **MOUNTAIN CENTRE. Libanus** ✆ **(01874) 623 366 – www.breconbeacons.org** – *Bien indiqué sur la route qui part de Brecon. Sept trajets par jour en bus, direction Merthyr, 15 min. Il faut ensuite marcher près d'une demi-heure.* Ce centre, tenu par les gardes forestiers, distribue des informations sur les randonnées et la nature alentour. Il y a un coin réservé à la lecture des brochures et des livres mis à votre disposition gracieusement. La cafétéria – tenue par un chef qui a travaillé au restaurant de la tour Eiffel à Paris – propose des plats locaux comme le Pen-Y-Fan Pasty ou le Beacon Bake pour £5 environ.

■ **PEN-Y-FAN.** Les ascensions de Brecon Beacons les plus populaires sont celles du point culminant Pen-y-Fan (872 m) et son voisin Corn Du. Un sentier de 2-3 km relie les deux pics au départ de Pont ar Daf, à moins d'un kilomètre du pub Storey Arms sur l'A470, entre Brecon et Merthyr Tyfdil.

■ **BIG PIT. Blaenafon. A une vingtaine de kilomètres de Brecon** ✆ **(01495) 790 311 – www. nmgw.ac.uk** – *Ouvert tous les jours, à partir de 9h30. La dernière visite de la mine démarre à 15h30. Entrée libre. Il faut compter près de 3h pour découvrir Big Pit, le musée de la Mine.* On ne peut faire l'impasse sur Big Pit si l'on veut comprendre le passé du pays de Galles, la solidarité des mines et la place de la Grande-Bretagne dans la révolution industrielle. N'hésitez surtout pas à discuter avec les gardiens de salles : avant la fermeture de cette grande mine, ils y extrayaient le charbon ! La visite de Big Pit est passionnante. On commence par descendre dans la mine elle-même où l'on reste pendant près d'une heure. Mieux vaut ne pas être claustrophobe pour se balader dans ces longs tunnels ! A la sortie, une reconstitution de machines illustre un commentaire sur les techniques utilisées pour l'extraction de charbon. Puis, pour finir, on visite l'énorme bloc de douches collectives et une exposition permanente sur l'histoire des mines.

FFOREST FAWR

Au sud-ouest de Brecon et de l'A40, entre l'A4067 et l'A470. Fforest Fawr, qui signifie la « Grande Forêt » (bien qu'il ne s'agisse pas vraiment d'une forêt mais plutôt d'une grande étendue de collines vallonnées), est une autre destination privilégiée des amoureux de la nature. Le long des sentiers, rivières, torrents et cascades abreuvent ce paysage un peu lunaire.

Le village le plus intéressant de cette région, Ystradfellte, un petit hameau de fermes avec une église et un pub, le New Inn, très populaire, et un bon point de départ pour les randonneurs. Au sud du village, Porth-yr-Ogof, la cave du cheval blanc, où les eaux claires de la rivière Mellte se jettent dans un trou creusé dans la roche. A partir de là, un sentier continue sur un kilomètre vers les cascades de Sgwd Clun-Gwyn suivies de deux autres cascades tout aussi spectaculaires dont celle de Sgwd yr Eira, la cascade de la neige.

THE BLACK MOUNTAINS

Massif situé à l'extrémité orientale du pays de Galles formé de plusieurs pics, les plus hauts des Brecon Beacons, à commencer par Pen-y-Fan (872 m) au sud de la ville de Brecon. Les Montagnes noires, plus dépeuplées que n'importe quel autre endroit dans le Parc, offrent les promenades les plus exaltantes du Sud du pays de Galles le long de petits villages et d'églises isolées. Les promenades les plus populaires sont celles autour de Llanthony priory, Pen Cerrig-celch, Table mountain et Sugar Loaf entre Llanthony et la ville d'Abergavenny.

Les quelques villes dans les Montagnes noires qui méritent le détour : Llangorse, au sud de Brecon, est surtout connue pour son lac Llyn Syfaddan, entouré de roseaux et de nénuphars. En été, beaucoup d'activités sont organisées à Gilfach farm ✆ (01874) 658 272. Possibilité de faire des parcours du combattant, des balades à cheval, de l'escalade…

HAY ON WYE – Y GEELI

C'est la ville des livres, connue partout en Grande-Bretagne pour ses multiples librairies. Livres d'occasion, livres gallois, cherchez et vous trouverez tout ce que vous voulez ! C'est le paradis des bibliophiles depuis que Richard Booth y a ouvert la première librairie de livres d'occasion en 1961. Aujourd'hui on en compte plus de 30 ! Tous les endroits de la ville sont consacrés aux livres, même l'ancien cinéma. C'est donc tout naturellement que la ville accueille, la dernière semaine de mai, le Festival de Littérature qui attire des foules venues de toute la Grande-Bretagne. Durant cette semaine, la ville, déjà très belle, s'illumine ! A ne pas manquer !

Richard Booth, qui s'est autoproclamé « Roi de Hay », a donné une ambiance particulière à la ville. Dans les années 1960, il avait instauré un passeport pour les habitants… De cette époque reste une volonté de détachement vis-à-vis des institutions anglaises et galloises : l'office de tourisme n'est pas rattaché au réseau national, certains hôtels refusent d'être classés par le Welsh Tourist Board ! Pour en savoir plus sur les convictions de Richard Booth et ses revendications autonomistes, découvrez son site Internet : www.richardbooth.demon.co.uk

Transports – Pratique

▶ **Indicatif téléphonique :** 01497.

■ **BUS.** L'arrêt de bus se situe dans Oxford Road, près de l'office du tourisme. On arrive à Hay en prenant le n° 39 ou le n° 40 depuis Brecon. Durée : 1h40. Cinq trajets par jour en semaine, deux le dimanche. Ces deux bus conduisent jusqu'à Hereford, à la frontière avec l'Angleterre.

■ **TOURISM INFORMATION CENTRE.** The Car Park, dans le Craft Gallery ✆ (01497) 820 144. Accès à Internet.

■ **POSSIBILITE DE LOUER DES VELOS,** des canoës à Paddles & Pedals, 15 Castle Street ✆ (01497) 820 604. Prix : £20 la demi-journée, £30 la journée.

Hébergement

Beaucoup d'endroits où dormir à Hay, tous plus charmants les uns que les autres. Durant le festival, réservez bien à l'avance.

■ **AUBERGE DE JEUNESSE.** L'adresse la moins chère est l'auberge de jeunesse située à l'extérieur de la ville. Voir « Capel-y-Finn »

Confort ou charme

■ **OXFORD COTTAGE. Oxford road** ✆ **(01497) 820 008 – www.oxfordcottage.co.uk** – *Prix : £20 par personne.* Ce charmant petit cottage met à votre disposition une cuisine commune dans laquelle vous préparez votre petit-déjeuner et éventuellement vos autres repas. Les chambres sont bien décorées et la salle de bains commune dispose d'une immense baignoire.

■ **TINTO GUEST HOUSE. Broad Street** ✆ **(01497) 820 590 – Fax : (01497) 820 590 – www.tinto house.co.uk** – *Prix : £25 par personne.* Cette guesthouse tenue par un monsieur très francophile dispose de 4 belles chambres et d'un jardin très fleuri qui donne sur la rivière. La chambre dans le jardin possède son propre salon. Murs aux couleurs chaudes. Belle porcelaine au petit-déjeuner.

Luxe

■ **THE SWAN AT HAY HOTEL. Church Street** ✆ **(01497) 821 188 – Fax : (01497) 821 424 – www.swanathay.co.uk – info@swanathay.co.uk** – *Prix : à partir de £65 la chambre simple et £85 la double. Petit-déjeuner très copieux inclus.* Hôtel le plus ancien de Hay qui servit de relais de diligence au début du siècle. C'est un bon exemple de style Georgien. Beau jardin dans lequel on peut manger ou prendre un café quand le temps le permet. Le restaurant s'est spécialisé dans la cuisine galloise.

Restaurants

Beaucoup d'endroits où bien manger à Hay. Voici quelques suggestions.

■ **KILVERT COURT INN, Bull Ring** ✆ **(01497) 821 042 – www.kilverts.co.uk** – *Prix : £13 le plat, copieux.* Une des meilleures adresses gastronomiques en ville. Ambiance chaleureuse avec un menu qui change de l'ordinaire et des prix tout à fait corrects.

■ **THE PEAR TREE. 6 Church Street** ✆ **(01497) 820 777.** *Fermé le dimanche et le lundi. Prix : £13 le plat.* Le menu, qui varie toutes les semaines, s'inspire de goûts et d'épices venus du monde entier. Le service est excellent. Pour boire votre café en fin de repas, privilégiez la salle avec la cheminée.

■ **SEVEN STARS. Broad Street** ✆ **(01497) 820 886 – bookings@seven-stars.fsnet.co.uk** – *Ouvert tous les jours de 12h à 14h et de 18h30 à 21h30 sauf le dimanche soir.* Cuisine qui reste assez simple mais de très bonne qualité. C'est probablement une des adresses préférées des habitants de Hay.

■ **THREE TUNS. Bridge Street.** *Ouvert tous les jours de 13h à 15h et de 19h à 23h.* C'est le bâtiment le plus ancien de Hay après le château. A l'intérieur, les murs sont recouverts de panneaux de bois foncé. Veiller à ne pas vous cogner la tête, les plafonds sont bas ! Lucy, la propriétaire, une femme absolument charmante vous racontera au coin du poêle comment elle a reconnu des braqueurs de trains qui ont cherché à trouver refuge dans son pub ! Ne ratez pas la loterie du samedi soir, une institution locale. Les bénéfices vont aux bonnes œuvres. L'année dernière, ils ont pu offrir de nouveaux lits à l'hôpital !

Manifestation

▶ **Festival de Littérature** qui attire les libraires et les amoureux de livre de toute la Grande-Bretagne pour une semaine de fête, dans une ambiance bon enfant. Dernier week-end de juin ✆ (01497) 821 217.

Points d'intérêt

■ **LES LIBRAIRIES D'OCCASION.** Si vous aimez les livres, vous serez ravis : une des meilleures librairies de la ville est celle de Richard Booth, qui fut le premier à s'installer comme libraire spécialisé dans les livres d'occasion en ville, en 1961. Depuis, cette petite industrie a attiré beaucoup de ses congénères – plus de 30 – transformant Hay en capitale mondiale du livre d'occasion. Il y a aujourd'hui un million de livres en vente à Hay ! Un petit feuillet gratuit, le *Hay-on-Wye Bookseller & Printsellers Leaflet* détaille toutes les librairies de la ville et leurs spécialisations ; vous vous le procurerez à l'office de tourisme.

Voici un petit florilège de ce que vous verrez en ville :

■ **HAY CASTLE (BOOKS BOOTH)** ✆ **(01497) 820 503.** *Ouvert tous les jours.* Dans les ruines du château et même dans le jardin, des livres sur la photo, les Indiens d'Amérique du Nord, sur le cinéma… Le cadre est surréaliste ! Si l'envie vous prend d'aller acheter des livres après les horaires habituels de fermeture, pas de problème : une petite boîte récolte le fruit de vos achats à toutes heures du jour et de la nuit.

■ **HAY CINEMA BOOKSHOP.** Dans l'ancien cinéma de la ville sur Church Street, qui est bien sûr spécialisé dans les livres sur le cinéma.

■ **RICHARD BOOTH'S BOOKS. 44 Lion Street.** La librairie la plus grande, avec un nombre infini de livres…

■ **ROSE'S BOOKS. 14 Broad Street.** Spécialisée dans les livres pour enfants.

■ **TOM'S RECORDS. 13 Castle Street.** *Ouvert tous les jours.* Pour changer des livres… ici, ce sont les disques qui les remplacent, par milliers : 33 tours, CD, blues, jazz, reggae…

■ **PROMENADES A PIED OU EN VELO.** Les Blacks Moutains dans les environs de Hay offrent des randonnées pédestres ou cyclistes assez faciles. L'office de tourisme vend un petit feuillet avec des idées de balades pour 20 p. Le Offa's Dyke trail qui relie Chepstow à Prestatyn passe par Hay. On le rejoint en dessous du pont. A l'origine, ce chemin fut la barrière construite par le roi Offa de Mercia pour séparer le pays de Galles de l'Angleterre.

Si vous disposez de peu de temps, vous poursuivrez la rivière jusqu'à Warren, une petite plage très fréquentée en été.

CAPEL-Y-FFIN

Les deux chapelles de Capel-y-Ffin donnent au hameau une atmosphère très « recueillie ». La première située sur la route principale, un endroit à ne pas manquer. Sous des cèdres vieux de centaines d'années, le vieux cimetière encadre l'église pleine de charme. Une inscription inscrite au-dessus de la porte principale incite le visiteur à lever les yeux vers les collines avoisinantes « I will lift up mine eyes unto the hills from whence cometh my help ». Traduction : « Je lèverai mes yeux vers les collines d'où me viendra l'aide ».

C'est un village très agréable et si vous décidez d'y rester pour découvrir les alentours, il y a une excellente auberge de jeunesse. Vous y rencontrerez beaucoup de jeunes venus marcher dans les Brecon Beacons.

Hébergement

■ **YOUTH HOSTEL. Capel-y-Fin** ✆ **01873-890650.** *38 lits. Adulte : £7,35, moins de 18 ans : £5,15.* Vieille ferme, ambiance rustique. Accès : quitter l'A465, à Llanfihangel Crucorney, suivre la direction de Llanthony, puis Capel-y-Fin. L'auberge est à environ 2 km au nord du village.

■ SWANSEA – ABERTAWE ■

On entre ici dans la patrie de Dylan Thomas, le célèbre poète gallois. Swansea, plus calme et authentique que Cardiff, garde l'entrée de la péninsule de Gower, 45 km de côtes et de plages paradisiaques, un véritable trésor dont le Nord est encore assez bien préservé du tourisme. Le moyen le plus rapide de se rendre à Swansea est de partir de Cardiff par l'autoroute de la M4, trajet de 1h/1h30 et 50 min par le train.

Abertawe est le nom gallois de Swansea, qui désigne la ville comme étant l'embouchure (aber) de la rivière Tawe. Le nom anglais Swansea viendrait du viking et semble indiquer que Swansea était à l'origine un campement prénormand au Xe siècle. Aujourd'hui Swansea est une ville dynamique, un lieu de foisonnement artistique comme ses musées, galeries et sa scène musicale en témoignent. On apprécie aussi la relative propreté de sa grande plage et de ses eaux dans lesquelles on peut se baigner sans risque.

Swansea a connu un fort développement pendant la révolution industrielle. Les bateaux partaient du port, chargés de cuivre et plus tard de métaux lourds. La splendeur de l'hôtel Morgans témoigne du passé prestigieux de la ville : construit en 1902, le bâtiment abritait à l'époque les bureaux de l'administration portuaire. Mais, après la Seconde Guerre mondiale, Swansea eut à subir un déclin sévère. Pour se reconvertir, dans les années 1970, la ville se spécialisa dans les nouvelles technologies. La rénovation du quartier à l'est de la ville prouve la capacité de modernisation de Swansea. Cette zone abritera prochainement un musée sur l'industrie, et des galeries d'art contemporain.

Bref, une ville qui invite aux flâneries dans le quartier maritime ou dans les allées du marché couvert. Plusieurs musées, comme le Waterfront Museum, le centre d'égyptologie ou le musée de la Ville (le plus ancien du pays de Galles) valent vraiment le coup. En plus, l'entrée est gratuite ! Pour profiter au mieux de la richesse de la vie culturelle, procurez-vous le *What's on,* magazine gratuit, distribué un peu partout en ville.

Transports

■ **GARE. High Street Station.** A 10 min de la gare routière, au nord de la ville. Trains pour la gare de Paddington à Londres (3h), via Reading. On peut se rendre également à Manchester, Birmingham, Portsmouth... Pour plus de renseignements, contacter ✆ (0875) 48 4950.

■ **BUS.** La gare de bus et de cars se trouve à l'extérieur du grand centre commercial, en face de l'office du tourisme. On accède à toutes les villes principales du pays de Galles. Navette toutes les heures pour Cardiff (1h). En réservant bien à l'avance sur Internet (www.megabus.com) on peut prendre un billet pour £1 pour Londres !

Un service de bus assure des trajets réguliers dans tout Swansea, l'université et le quartier des Mumbles. Il est très facile et rapide de se déplacer à Swansea, la plupart des sites sont accessibles à pied.

■ **BATEAUX. Swansea-Cork ferry** ✆ **(01792) 456 116.** Pour ceux qui veulent se rendre en Irlande.

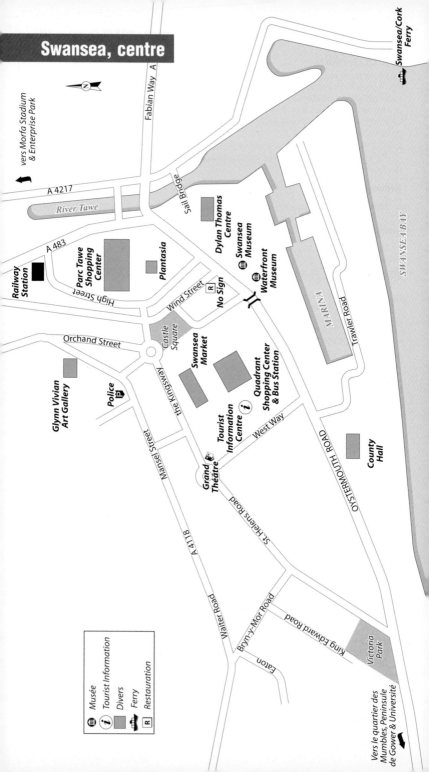

Swansea, centre

vers Morfa Stadium
& Enterprise Park

A 4217

River Tawe

Fabian Way A

Swansea/Cork
Ferry

Sail Bridge

A 483

Railway
Station

High Street

Parc Tawe
Shopping Center

Plantasia

Dylan Thomas
Centre

Swansea
Museum

Waterfront
Museum

SWANSEA BAY

MARINA

Trawler Road

Orchand Street

Wind Street

R
No Sign

Castle
Square

Glynn Vivian
Art Gallery

Police

Mansel Street

the Kingsway

Swansea
Market

Quadrant
Shopping Center
& Bus Station

OYSTERMOUTH ROAD

West Way

County
Hall

Tourist
Information
Centre *i*

Grand
Théâtre

St. Helens Road

A 4118

Waiter Road

Bryn-y-Mor Road

King Edward Road

Eaton

Victoria
Park

Vers le quartier des
Mumbles, Peninsule
de Gower & Université

Musée
Tourist Information
Divers
Ferry
Restauration

R

Pratique

▶ **Indicatif téléphonique :** (01792).

■ **TOURISM INFORMATION CENTRE. Plymouth Street** ✆ **(01792) 468 321 – www.visitswansea bay.com –** *Ouvert tous les jours de 9h30 à 17h30 et le dimanche de 10h à 16h.* Très bon centre d'informations pour les visites de Swansea et de la péninsule de Gower.

Hébergement

Bien et pas cher

■ **HARLTON. 89 King Edward Road. Brynmill** ✆ **(01792) 466 938 – www.harltonguesthouse. co.uk –** Une des adresses les moins chers de Swansea, si l'on exclut les hôtels d'Oystermouth Road qui sont en mauvais état. Harlton figure parmi l'une des meilleurs adresses de sa catégorie.

Confort ou charme

■ **THE GROSVENOR HOUSE. Mirador Crescent** ✆ **(01792) 461 522 – www.ct6.com/ grosvenor – grosvenor@ct6.com –** *A partir de £25 par personne.* B & B très confortable mais la décoration laisse un peu à désirer : moquettes et rideaux avec des fleurs très foncés, dans les tons marron…

■ **CRESCENT GUEST HOUSE. 132 Eaton Crescent** ✆ **(01792) 466 814 – www.crescentguest house.co.uk –** *A partir de £25 par personne.* Elégante maison edwardienne. Certaines chambres ont vue sur mer.

■ **THE WHITE HOUSE HOTEL. 4 Nyanza Terrace** ✆ **(01792) 473 856 – www.thewhitehouse-hotel.co.uk – reception@thewhitehousehotel.co.uk –** *A partir de £33 par personne.* Petit hôtel très fleuri, réputé aussi pour son restaurant.

Luxe

■ **MORGANS. Somerset Place** ✆ **(01792) 484 848 – www.morganshotel.co.uk –** *A partir de £100 la chambre double.* Ancien bâtiment de l'administration du port de Swansea, Morgans est sans aucun doute un des plus beaux hôtels du pays de Galles. Les chambres ont toutes leur propre style et un charme fou. Pour ceux qui n'ont pas les moyens d'y passer la nuit, allez jeter un coup d'œil au hall, lui aussi superbe.

Restaurants

■ **LE RENDEZ-VOUS. ST MARY'S STREET.** Une des adresses les moins chères de la ville : entrée + plat à £5. Et en plus on y mange bien ! On choisit ses plats sur une carte qui mélange cuisine européenne et asiatique.

■ **HANSONS. Pilot house Wharf. Maritime Quarter** ✆ **(01792) 466 200.** Ce petit restaurant est difficile à trouver mais le détour vaut le coup. D'abord, parce que vous découvrirez les quelques bateaux de pêche qui subsistent à Swansea mais aussi parce qu'on y mange délicieusement bien. Plats autour de £15. Pour y arriver, aller tout au bout de la marina, en restant sur le quai en face du musée maritime.

Wind Street

Pour dîner ou aller boire un verre, l'endroit le plus à la mode, pour tous les âges, est Wind Street, traditionnellement le sentier du vin, bordé de commerçants de vins et d'alcools. Voilà une petite sélection des meilleures adresses.

■ **THE NO SIGN WINE BAR. 50 Wind Street** ✆ **465 300.** *Ouvert de 12h à 22h.* Depuis 1690, le No Sign Wine Bar est une taverne réputée pour son vin. Dylan Thomas, qui travaillait à quelques pas, était un client régulier. Il mentionne le « Wine Vaults » (ancien nom du No Sign) dans ses écrits. Aujourd'hui, la tradition est restée et l'accueil chaleureux n'a pas changé. C'est un endroit plein de charme, dont la salle s'étend sur différents niveaux, avec des petits recoins intimes. Et pendant que vous y êtes, goûtez quelques-unes de leurs délicieuses tapas !

■ **BELLA NAPOLI** ✆ **(01792) 644 611.** Délicieux plats de pâtes autour de £8 servis avec un grand sourire !

■ **LA BRASERIA** ✆ **(01792) 469 683.** Les azulejos à l'entrée ne trahissent pas : bons plats méditerranéens à l'intérieur.

Sortir

Si vraiment vous ne souhaitez pas boire un verre dans Wind Street, les bières les moins chères de Swansea sont servies au Potter's Wheel, sur King's way. Dans cette rue, on va danser à Jumping Jack's et à Flair's.

Spectacles

■ **GRAND THEATRE. Singleton Street** ✆ **(01792) 475 715.** Deux scènes dans ce théâtre très réputé. La grande salle est réservée à des pièces assez légères et accueille régulièrement l'Opéra national du pays de Galles. Une petite salle, qui reçoit jusqu'à 100 personnes, est le lieu d'expression d'artistes sur leur lancée.

■ **TALIESIN. Dans le musée d'Egyptologie de l'université** ✆ **(01792) 602 060.** La scène la plus avant-gardiste de Swansea. Théâtre et aussi cinéma.

■ **THEATRE DYLAN THOMAS. Gloucester Place** ✆ **(01792) 473 238.** Théâtre géré par des bénévoles et qui reçoit des troupes semi-professionnelles.

Manifestations

Les manifestations culturelles organisées à Swansea.

▶ **Août :** Swansea Summer Show.

▶ **Juillet et août :** festival de Musique de Swansea. Festival d'été Dylan Thomas (1914-1953). Pour le calendrier des dates et réservations, voir le site www.swanseabayfestival.net

Points d'intérêt

■ **WATERFRONT MUSEUM. Dans le quartier maritime – www.waterfrontmuseum.co.uk –** *Entrée libre.* Mise en avant du passé industriel du pays de Galles et explications des conséquences de la révolution industrielle sur la terre et sur les hommes. Les responsables promettent que ce très grand musée sera ludique et plaira à tous, quel que soit l'âge.

■ **THE EGYPT CENTRE. Dans l'université, à la sortie de Singleton parc.** *Entrée libre. Ouvert du mardi au samedi de 10h à 16h.* Fascinante collection de bijoux, statues, poteries de l'époque des pharaons. A la collection s'ajoute une équipe de volontaires sympathiques qui vous feront toucher certaines des pièces du musée ou vous montreront comment fabriquer une momie… Le samedi, le musée est confié à de jeunes volontaires qui ont entre 9 et 16 ans. Ce sont eux qui gèrent tout le musée, de la caisse à la boutique de souvenirs et qui vous donnent des explications sur les vitrines… Etonnant !

■ **DYLAN THOMAS CENTRE. Somerset Place (derrière Morgans) – www.dylanthomas.org –** *Ouvert du mardi au dimanche de 10h à 16h30.* Grand centre d'exposition permanente sur la vie et l'œuvre de Dylan Thomas : lettres, films, panneaux explicatifs permettent d'en savoir plus sur le célèbre auteur de Swansea, le poète maudit gallois (1914-1953). C'est surtout Swansea, the « ugly lovely town » et les vertes années de son adolescence que le poète Dylan Thomas aimait à scander. Souvenirs de ces jeunes années, de sa tante Ann chez qui il passe ses vacances et qui lui inspire sa nouvelle *Portrait of the Artist as a Young Dog.* Mais c'est à partir de sa relation tumultueuse avec sa femme Caitlin épousée en 1937 qui marque le début d'une histoire d'amour traversée de nombreux orages, que la carrière de Thomas s'envole mais pas sa fortune ! Il écrit des poèmes et des pièces, notamment *Under Milk Wood,* adaptée à l'écran avec Richard Burton. L'alcool, les excès, les scandales et les tournées conduiront le poète à une mort subite à New York en 1953.

■ **ENVIRONMENT CENTRE. Pier Street (derrière les bureaux de l'Evening Post, adjacents Morgans).** *Ouvert du lundi au vendredi de 10h à 16h. Entrée libre.* Le jardin organique et les expositions temporaires nous rappellent l'importance de notre environnement. La cafétéria utilise des produits issus du commerce équitable.

■ **SWANSEA MUSEUM. Victoria Road – www.swanseaheritage.net** – *Entrée libre. Ouvert tous les jours de 10h à 17h. Fermé le lundi.* Une promenade à travers les âges, du géologique à l'historique. Une très belle collection de céramiques des XVIIIe et XIXe siècles et une momie égyptienne.

■ **PLANTASIA. Jardin tropical. Parc Tawe, West Glamorgan.** *Ouvert de 10h à 17h sauf le lundi.* Pour une balade au milieu de la flore tropicale dans une serre qui comprend 5 000 plantes différentes, fréquentée aussi par de petites bêtes sympathiques.

■ **GLYNN VIVIAN ART GALLERY. Alexandra Road – www.glynnviviangallery.org** – Des expositions d'art, une boutique, et le savoir-faire d'artistes gallois.

■ **LE MARCHE COUVERT DE SWANSEA.** Vaut aussi une visite. Plus de 100 commerçants, produits locaux, produits frais, poissons, laverbread !

■ **MUMBLES – MWMBWLS.** The Mumbles/Mwmbwls est un quartier à l'ouest de la ville de Swansea, plus tranquille, plus authentique. Il consiste en une longue allée de maisons, d'hôtels et de pubs, face à la mer. Le nom de Mumbles vient du français « mamelles » à cause de deux petites îles jumelles en face de la pointe des Mumbles qui rappellent cette partie de l'anatomie féminine. Cet ancien village de pêcheurs est devenu un quartier chic dans lequel beaucoup d'habitants de Swansea rêvent de s'offrir une maison. C'est un endroit agréable, où il faut aller flâner dans les galeries d'art, dont une s'est spécialisée dans les lovespoons (cuillères d'amour, que l'on offre traditionnellement à sa fiancée). On y dîne bien et on y trouve de bons B & B. Une tradition, le Mumbles Mile, veut que l'on aille boire une pinte dans chaque bar de Oystermouth Road !

■ LA PÉNINSULE DE GOWER – GWYR ■

Vues sous un ciel clément, les plages de Gower nous dissuaderaient presque de passer 12h dans un avion pour gagner les tropiques. Même par temps gallois et sous la pluie, la côte de Gower justifie la randonnée, les plages sont magnifiques. Près de 45 km de côtes de pure beauté, protégées par le National Trust. Des forts de l'âge de pierre, des dolmens et plusieurs ruines de château témoignent de l'attractivité de cette péninsule depuis toujours. On y accède à partir des Mumbles.

▶ **Pour plus d'informations :** www.exploregower.com

Transports

L'accès à Gower se fait par route seulement puisqu'il n'y a aucun chemin ferré sur la péninsule. Seuls deux bus desservent les villes de Gower : Mumbles/Pennard/Oxwich/Port, Enyon/Rhossili/Pen-Clawdd puis au nord Gower/Llanrhidian/Weobley Castle/Llangenrith… Conduire le long des routes de Gower ne présente aucun problème, à part peut-être quelques embouteillages aux alentours des plages et des lieux touristiques. Mieux vaut opter pour un vélo parfois pour bénéficier du paysage.

Plages

Les trois premières que l'on rencontre en sortant de Swansea sont de véritables paradis cachés. Langland Bay, Caswell Bay sont les plages familiales de Swansea avec un parking, des magasins, et un accès facile. Alors que Three Cliffs Bay est beaucoup plus sauvage. Dominée par Pennard Castle, Three Cliffs Bay est une longue plage de sable fin, entourée de falaises, un pur plaisir. Difficile d'accès, puisqu'il faut descendre par un petit chemin à travers les buissons de la falaise à partir du parking de Southgate (environ 10 minutes), il n'y a jamais grand monde sur le sable à part peut-être un troupeau de chevaux sauvages qui se fait dorer au soleil, quand il y en a !

OXWICH

■ **LA RESERVE NATIONALE D'OXWICH** ✆ (01792) 390359. *Ouvert d'avril à fin septembre, de 10h à 17h.* C'est un paysage étonnant que forme la réserve nationale d'Oxwich Burrows, grande étendue de sel et de marais près de Penrice Castle. Accès à partir de l'A4118. Un peu plus loin près du village, la plage de Slate Sands est un agréable endroit où lézarder. Très populaire. Dominée par le château d'Oxwich, superbe ruine d'un ancien manoir de l'époque Tudor construit pour accueillir, avec beaucoup d'élégance, la noblesse du XVIe siècle. A côté, le pigeonnier, plutôt bien conservé avec ses centaines de trous.

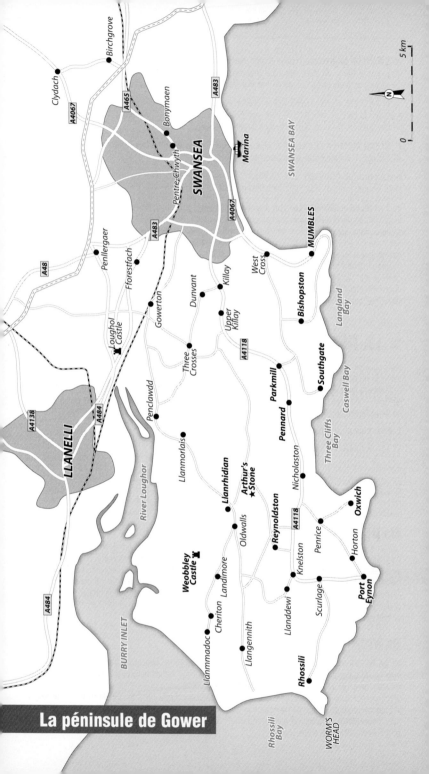

La péninsule de Gower

PORT EYNON

Petit village bondé de touristes dont le pub favori, The Ship Inn, recrée une ambiance parfaite de taverne de pirates ! Point de départ de nombreuses randonnées le long de la côte où l'on peut admirer les grottes que la mer a creusées dans la falaise. Entre autres, la grotte « Culver Hole » créée par l'homme et jadis utilisée par les contrebandiers. En continuant sur le sentier côtier, on tombe sur Paviland Cave, où un squelette datant de l'âge de pierre fut retrouvé en 1823.

Hébergement

Si vous décidez de passer un peu de temps à explorer les alentours, l'auberge de jeunesse est une très bonne adresse.

■ **AUBERGE DE JEUNESSE. Ancienne station de sauvetage. Port Eynon. Old Lifeboat House. Depuis le pays de Galles** ✆ **(0870) 770 5998, depuis l'étranger** ✆ **(01792) 391 794 – porteynon@yha.org.uk –** *Un ensemble de 30 lits. Prix : £9 pour les moins de 18 ans, £12 pour les adultes.* Aménagée dans la vieille station de sauvetage victorienne, en plein sur la plage. Quelques chambres doubles.

RHOSSILI et WORMS'HEAD

Rhossili Bay, un cadre époustouflant, est à la pointe de la péninsule. Devant nous s'étire Worms'head, du nordique « orm », dragon. C'est certainement comme cela que ce petit appendice terrestre apparut aux Vikings alors qu'ils débarquèrent sur les côtes galloises. Promenade très agréable à partir du minuscule hameau de Rhossili jusqu'à la pointe à travers les verts pâturages et les moutons, sur un sentier qui longe la falaise.

D'ici, on a une vue fantastique sur la baie de Rhossili juste en dessous. Longue plage qui s'étend à perte de vue. A marée basse, vous distinguerez peut-être un morceau de bois sortir du sable, c'est en fait le haut du mat d'un bateau échoué ! Il y a en effet des épaves partout le long des côtes de Gower, et du sud du pays de Galles en général.

ARTHUR'S STONE

C'est certainement le site de dolmens le plus connu du pays de Galles. Situé sur le point culminant de Gower, une colline entre Reynolstone et Llanrhidian, on y accède à partir de la B4271. Le site, pas vraiment visible à partir de la route, se trouve à droite. Vous ne pouvez pas le rater, il y a généralement plusieurs voitures arrêtées. La vue est imprenable, on voit les côtes est et ouest de Gower.

Arthur's Stone, c'est une énorme pierre qui repose sur six autres recouvrant un ruisseau. Installation de l'aube des temps puisqu'on date le site autour de 4 000 avant J.-C. Site important pour les Celtes, une ligne droite imaginaire relie Arthur's Stone jusqu'aux ruines de Penmaen, les terres à 5 km de là, en passant par de nombreux autres sites anciens !

■ PEMBROKESHIRE ■

Le Carmarthenshire, région à l'extrême ouest du sud du pays de Galles à quelques kilomètres de Swansea, attire des milliers de touristes chaque année qui viennent tous visiter son parc naturel : le Pembrokeshire. Le Pembrokeshire, c'est 299 km de côtes classées au patrimoine national pour leur beauté. Le Pembrokeshire regorge de plages aussi belles que diversifiées, 50 en tout, certainement les plus belles de Grande-Bretagne, eau translucide et sable fin doré. Mais le Pembrokeshire, c'est aussi des îles, des petits ports charmants et des paysages magnifiques peuplés de ruines et de vieilles forteresses normandes, bref une terre riche d'histoire et de légendes.

Les différents sentiers qui longent les côtes et les falaises donnent lieu à plusieurs marathons mais sont surtout connus pour leur beauté. Nombreux sont ceux qui, sac sur le dos, effectuent la complète randonnée de presque 300 km d'Amroth jusqu'à Cardigan. C'est une occasion unique d'admirer le paysage et les différents oiseaux qui nichent dans les falaises (manchots, macareux, etc.) et traverser d'agréables villages. Au centre du parc national du Pembrokeshire, les « collines bleues » de Preseli Hills, dont les rochers et cailloux aux reflets bleus ont été utilisés depuis des millénaires pour des sites mortuaires. C'est d'ici que viennent les lourds dolmens de Stonehenge dans le Somerset. Comment les hommes de l'époque ont-ils bien pu les transporter depuis Preseli Hills ? Cela reste un mystère.

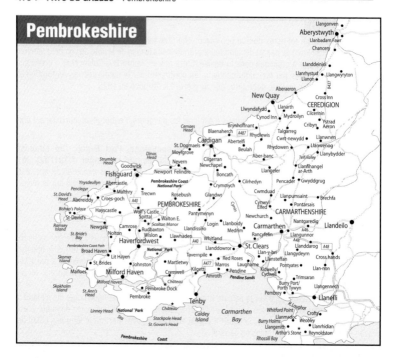

CARMARTHEN – CAERFYRDDIN

La plus grande ville de l'ouest du pays de Galles, ville de marché qui comprend 60 pubs pour 15 000 habitants. L'ambiance est galloise mais un peu glauque. Bref, aucune raison en particulier de s'attarder dans la ville. Une légende pourtant est attachée à ces lieux qui auraient vu la naissance de Merlin l'Enchanteur, Myrddin en gallois.

Transports

■ **GARE :** sur le côté sud de la ville, passé le pont.

■ **BUS :** la station de bus se situe sur Blue Street

Pratique

▌ **Indicatif téléphonique :** 01267.

■ **TOURISM INFORMATION OFFICE** ✆ **(01267) 231 557. Lammas Street près de Crimea Monument.** *Ouvert de Pâques à octobre tous les jours de 9h30 à 17h30 et de novembre à Pâques de 10h30 à 16h30.*

Hébergement

■ **BEAUCOUP DE B & B ET D'HÔTELS en ville notamment sur Lammas Street.** Vous trouverez entre autres les pubs **The Drower's Arms** ✆ (01267) 237 646 ou **The Boar's Head** ✆ (01267) 222 789, un des plus grands « coach inn » de la ville. Quant aux B & B, le **Y Dderwen Fach,** 98 Priory Street ✆ (01267) 234 193, et **Old Priory Guesthouse,** 20 Priory Street ✆ (01267) 237 471.

Restaurant

■ **THE BLUE BOAR. Water Street.** Carte traditionnelle. Assiettes bien remplies à un prix très correct.

Sortir

■ **BOAR'S HEAD. Lammas Street.** Une bonne adresse pour écouter de la musique live.

Manifestation

▶ **Le Carmarthen Festival, qui a lieu fin juin et début juillet,** anime les rues de Carmarthen avec de la musique, de l'art, de la poésie et de la danse.

Points d'intérêt

■ **LE MARCHE COUVERT** est sympathique, on y trouve des bouquins d'occasion, des épices, des antiquités, un peu de tout… Les jours de marché sont le mercredi et le samedi.

▶ **Au nord-est de la ville, à partir de Priory Road, un amphithéâtre romain** découvert dans les années 1960. Loin d'être aussi grandiose que les ruines de Caerleon…

Dans les environs

■ **NATIONAL BOTANIC GARDEN. Sur l'A48 en direction de Cross Hands ✆ (01558) 667 148 – www.gardenofwales.org.uk –** *Ouvert tous les jours. Du 1er avril au 30 octobre de 10h à 18h, du 31 octobre au 30 mars de 10h à 16h30. Entrée : £7.* Les amateurs de jardin ne peuvent pas manquer le nouveau Jardin botanique du pays de Galles, qui figure sur le haut de la liste des plus beaux jardins de Grande-Bretagne. Ses jardins à thèmes, ses espèces rares voire en voie d'extinction ou encore celles ressuscitées du passé enchanteront même ceux qui n'ont pas la main verte ! Une immense serre, un labyrinthe et un jardin japonais sont sans aucun doute les grandes fiertés du parc.

LAUGHARNE – TALACHARN

Entre Carmarthen et Tenby, à l'entrée du Pembrokeshire, au bord de l'estuaire de la rivière Taf. Le poète Dylan Thomas vécut pendant 15 ans dans ce village où il est d'ailleurs enterré. Un petit chemin mène au « Boat House », la maison dans laquelle il vécut avec ses 3 enfants et sa femme Caitlin durant les dernières années de sa vie, et qui, par la suite, fut transformée en musée. Pour y accéder, on passe devant le petit garage où il a écrit une grande partie de ses poèmes. Vue splendide sur l'estuaire, on comprend mieux d'où le poète puisait son inspiration. Rien n'a changé dans la maison accrochée à la falaise, ni le bleu des murs ni le désordre de la pièce. Le village, par lui-même, est charmant, avec ses cottages de toutes les couleurs bien caractéristiques du sud du pays de Galles. Au bord de la mer, le château de Laugharne, du XIIe siècle, reste irrésistiblement grandiose.

Hébergement

Les Bed and Breakfast, assez nombreux compte tenu de la taille du village, sont de très bonne qualité.

■ **COACH HOUSE. Market Lane ✆ (01994) 427 992.** *Prix : £35 la chambre simple, £50 la double.* Anciennes étables du château converties en B & B. On se sent vraiment chez soi. Quelques murs ont été peints par un artiste local, ami des propriétaires. Il a représenté les magnifiques vues sur l'estuaire. Les invités disposent de tout le rez-de-chaussée, petit salon inclus. On peut y écouter de la musique, regarder des films… Depuis le jardin, les vues sur l'estuaire sont superbes.

■ **SWAN COTTAGE. Gosport Street ✆ (01994) 427 409.** *A partir de £60 la chambre double.* Adorable petit cottage avec des vues sur l'estuaire.

■ **CORS. Newbridge Road ✆ (01994) 240 421.** *A partir de £70 la chambre double.* Un peu en retrait du village. Vous serez étonné par l'exubérance du jardin. Egalement un restaurant.

Restaurants

Pour déjeuner, les deux salons de thé sur la place offrent de bons snacks à partir de £4.

■ **STABLE DOOR WINE BAR. 3 Market Lane ✆ (01994) 427 777.** Restaurant ouvert le soir seulement, situé dans une vieille étable restaurée. Vous apprécierez le petit jardin qui donne sur l'estuaire du Towy, avec une petite porte menant aux très anciennes et très romantiques ruines du château.

■ **BROWN'S HOUSE PUB.** Voir « Hébergement ». Vieux pub où Dylan Thomas venait puiser son inspiration, un verre à la main. Aujourd'hui, c'est là que les locaux se réunissent à toute heure du jour ou de la nuit. Le pub appartient lui aussi à Neil Morrissey !

■ **THE NEW THREE MARINERS PUB.** Superbe pub où il fait bon boire un coup au coin du feu. Devinez qui en est l'heureux propriétaire ? Neil Morrissey !

Points d'intérêt

■ **DYLAN THOMAS BOAT HOUSE** ✆ **(01994) 427 420.** *Ouvert toute l'année de 10h à 18h tous les jours. Entrée £3, tarif réduit £2,25.* Sur le chemin, on passe devant le petit garage où le poète écrivait, en regardant la mer par la fenêtre. Vous y découvrirez un émouvant bazar de plumes et livres, inchangé depuis la mort de Thomas en 1953. Dans la maison, on entend les poèmes récités par Dylan Thomas qui furent diffusés à la radio. A l'étage, une vidéo retrace la vie de l'artiste en donnant la parole à divers auteurs. Depuis les tables du salon de thé au rez-de-chaussée, on peut passer des heures à contempler la vue sur l'estuaire.

■ **LAUGHARNE CASTLE** ✆ **(01994) 427 906.** *Ouvert de mai à fin septembre tous les jours de 10h à 17h. Prix : £2,75.* Face à la rivière Taf, construit au XIIe siècle, puis transformé en une luxueuse demeure par sir John Perrot, le supposé fils illégitime d'Henri VIII et demi-frère d'Elizabeth Ire. En 1644, durant la guerre civile, le château fut pris par les partisans de Cromwell. Aujourd'hui, il n'est plus que ruines romantiques entourées par des cèdres séculaires.

TENBY – DINBYCH-Y-PYSGOD

Tenby, autrefois une ville fortifiée, est aujourd'hui une station balnéaire très à la mode. La ville est en effet entourée de deux magnifiques plages de sable fin, dont celle du Sud, South Beach, qui s'étend jusqu'à Penally, un village avoisinant.

Tenby, autrefois appelée « petit fort aux poissons » à cause du fort qui surplombe le port, est une ville colorée aux nombreuses ruelles qui descendent de la vieille ville emmurée jusqu'au port bordé de façades aux multiples couleurs, jaune, bleu, rose.

En été, les rues du centre-ville sont fermées aux voitures et les terrasses de café reprennent leur droit. En face de Tenby, l'île de Caldey/Ynys Pyr était autrefois un des lieux saints fréquentés par les moines celtes. Aujourd'hui, on y trouve un monastère cistercien. Possibilité de s'y rendre en bateau.

Transports

■ **GARE.** A l'ouest de la ville, sur Warren Street.

■ **BUS REGIONAUX ET NATIONAUX.** Les bus partent de Upper Park Road, à côté du grand parking et vous laissent à South Parade, le long des murs de la ville.

■ **TENBY CYCLES. 16 A The Norton** ✆ **(01834) 845 573.** *A partir de £12 la journée de location.* Locations de vélos.

Pratique

▶ **Indicatif téléphonique :** 01834.

« Little England Beyond Wales »

C'est l'autre nom de la région de Landsker Line, certainement à cause de son caractère très anglais. Depuis l'arrivée des Normands au pays de Galles, et après eux les Vikings, de nombreux châteaux ont été construits aux 4 coins du Pembrokeshire. Cette partie du pays de Galles avec ses plages de sable doré et ses prairies vertes ont toujours attiré les envahisseurs saxons reléguant ainsi les Celtes gallois au nord de la région.

Le long de la frontière invisible de cette terre promise se dressent 16 châteaux. Les noms de villes et villages sont d'un côté très gallois et de l'autre très anglais. De la même façon, les stations balnéaires du sud du Pembrokeshire attirent de nombreux touristes anglo-saxons et le Nord, plus sauvage, attire des voyageurs celtes ou européens. Cela va même jusqu'à se répercuter sur la vie politique galloise : le Plaid Cymru remporte tous les votes dans le nord du Pembrokeshire, alors que les unionistes contrôlent les alentours de Tenby et Pembroke.

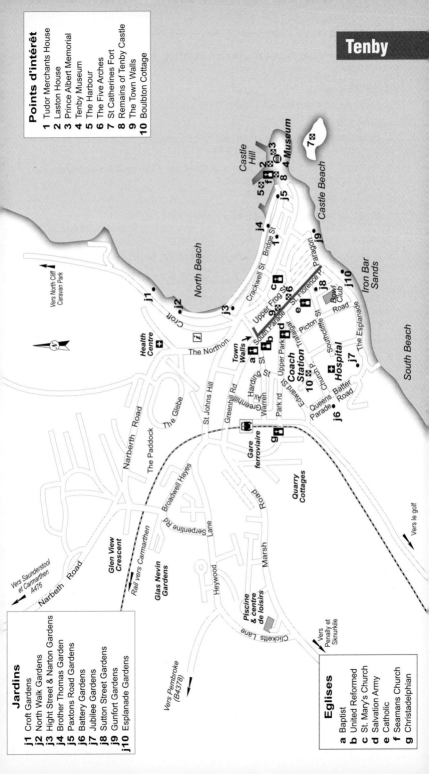

Tenby

Points d'intérêt

1. Tudor Merchants House
2. Laston House
3. Prince Albert Memorial
4. Tenby Museum
5. The Harbour
6. The Five Arches
7. St Catherines Fort
8. Remains of Tenby Castle
9. The Town Walls
10. Boulbton Cottage

Jardins

- j1 Croft Gardens
- j2 North Walk Gardens
- j3 Hight Street & Narton Gardens
- j4 Brother Thomas Garden
- j5 Paxtons Road Gardens
- j6 Battery Gardens
- j7 Jubilee Gardens
- j8 Sutton Street Gardens
- j9 Gunfort Gardens
- j10 Esplanade Gardens

Eglises

- a Baptist
- b United Reformed
- c St. Mary's Church
- d Salvation Army
- e Catholic
- f Seamans Church
- g Christadelphian

Castle Hill

Castle Beach

North Beach

Iron Bar Sands

South Beach

Vers North Cliff Caravan Park

Vers Saunderstool et Carmarthen A476

Narbeth Road

Glen View Crescent

Glas Nevin Gardens

Vers Pembroke (B4378)

Piscine & centre de loisirs

Clicketts Lane

Vers Penally et Sknurkile

Quarry Cottages

Vers le golf

Gare ferroviaire

Coach Station

Hospital

Health Centre

Town Walls

The Northon

St Johns Hill

Greenhill Rd

The Glebe

The Paddock

Broadwell Hayes

Serpentine Rd

Heywood Lane

Marsh Road

Rail vers Carmarthen

Crackwell St

Bridge St

Upper Frog St

South Parade

Harding St

Warren St

Edward St

Park rd

Queens Parade

Church St

Southcliffe St

Picton St

St Florence Tr

Paragon

Bowl Club

The Esplanade

Battery Road

Croft

■ **TOURISM INFORMATION CENTER** ✆ **(01834) 842 402/4.** *Ouvert de 10h à 17h30, jusqu'à 20h en juillet-août.*

Hébergement

La plupart des hôtels sont localisés au sud de la ville, le long de la plus grande plage.

Bien et pas cher

■ **MEADOW FARM. Northcliff** ✆ **(01834) 844 829.** *Camping au nord de la ville, site semi-officiel fermé d'octobre à mars. A partir de £6 par adulte.*

■ **TREFALUN PARK. Devonshire Drive** ✆ **(01646) 651 514 – www.trefalunpark.co.uk –** *A 5 km de Tenby.* Grand camping bien équipé.

Confort ou charme

■ **BOULSTON COTTAGE. 29 Trafalgar Road** ✆ **(01834) 843 289.** *Prix : £17 à £22 par personne.* C'est probablement l'adresse la moins chère de la ville. Excellent rapport qualité/prix. Accueil chaleureux.

■ **GLENTHORNE GUESTHOUSE. 9 Deer Park** ✆ **(01834) 842 300 – jeffandkaren80@hotmail. com** – *Prix : entre £20 et £26 par personne.* A quelques mètres de la plage, petit B & B charmant, tout en fleurs et couleurs, réputé pour son excellente qualité.

■ **BRAMBLES LODGE. Penally, petit village à 2 km de Tenby** ✆ **(01834) 842 393 – www. tenbyguesthouse.co.uk – sparksemail@tiscali.co.uk** – *Prix entre £21 et £26 par personne.* A quelques mètres du sentier côtier pour les marcheurs. Possibilité d'y dîner.

Luxe

■ **HEYWOOD MOUNT HOTEL ET SPA. Heywood Lane** ✆ **(01834) 842 087 – www.heywood-mount.co.uk – reception@heywoodmount.co.uk** – *Entre £42 et £65 par personne. Hors saison, l'hôtel fait de bons prix pour les petits séjours.* Bel hôtel très tranquille avec piscine, sauna et jacuzzi. Quelques chambres ont un lit à baldaquin, construit par des charpentiers gallois.

■ **ATLANTIC HOTEL. The Esplanade** ✆ **(01834) 842 881 – www.atlantic-hotel.uk.com – enquiries@atlantic-hotel.uk.com** – *Entre £45 et £70 par personne.* Vues magnifiques sur la grande plage de Tenby depuis cet hôtel de luxe.

Restaurants

Les endroits où manger et se désaltérer en ville.

■ **PLANTAGENET. Quay Hill** ✆ **(01834) 842 350.** *Comptez autour de £18 le plat principal.* Un décor fantastique et charmant dans la plus vieille maison de la ville accolée à la maison marchande Tudor. A l'intérieur, une vieille cheminée hollandaise du XIIIe siècle. Outre cet intérieur d'époque charmant, la cuisine y est délicieuse.

■ **THE MEWS. Upper Frog Street.** *Entre £10 et £15 le plat.* Restaurant très réputé dans la ville pour la qualité de ses plats et en particulier pour le poisson. Possibilité de manger dehors dans la cour chauffée.

Pour déjeuner ou prendre un thé

■ **BALI HI. Upper Frog Street.** Délicieux sandwichs à moins de £2 dans ce petit salon de thé. De l'extérieur, il ne paye pas de mine mais c'est un des meilleurs endroits de la ville pour un en-cas pas cher.

■ **CAFE 25. Tudor Square.** Grande variété de sandwichs, paninis et ciabbatas de qualité.

■ **CERAMICS CAFE. Crackwell.** Belle vue sur le port depuis ce petit café où l'on peut également peindre une tasse et la remporter chez soi.

Pubs

■ **BAY TREE. Tudor Square.** *Ouvert tous les jours midi et soir.* Très beau pub tout en bois avec des bouquets de fleurs séchées suspendus aux murs. Ciabbatas pour moins de £5 et de bons plats copieux pour des prix raisonnables.

■ **THE COACH & HORSES. Upper Frog Street.** Pub à l'ambiance et à la décoration sympathiques et originales qui s'est spécialisé dans la cuisine thaïe. Ambiance jeune et animée.

■ **BUCCANNEER. Tudor Square.** Quelle ambiance dans ce pub, que ce soit à l'intérieur ou sur la terrasse ! En plus, on y mange bien !

Manifestations

▶ **Tenby Arts Festival :** la troisième semaine de septembre.

▶ **Pembroke Fish Week :** la dernière semaine de juin, le poisson est à l'honneur et donne lieu à de nombreuses festivités.

Points d'intérêt

■ **QUAY HILL qui descend jusqu'au port est bordée des plus vieilles maisons de la ville dont la maison marchande Tudor, Bridge Street** ✆ **(01834) 842 279.** *Ouvert d'avril à septembre de 10h à 17h. Entrée : £2.* Dans ce décor particulièrement bien reconstitué, vous vous retrouvez en plein XVe siècle chez un riche marchand. Meubles et bibelots d'époque.

■ **ST MARY'S CHURCH.** Entre Saint George's Street et Tudor Square, la plus grande église du pays de Galles datant du XVe siècle.

■ **CALDEY ISLAND/YNIS PYR.** A 5 km de la côte, cette île accueillit des moines celtes au VIe siècle, remplacés au XIIe siècle par des bénédictins de Saint Dogmaël qui y fondèrent un prieuré, puis elle fut finalement rachetée par des cisterciens. Les 20 moines qui y vivent aujourd'hui suivent des règles très strictes : 7 prières par jour dont la première à 3h du matin ! Ils produisent de délicieux chocolats et des parfums à base des fleurs de Caldey Island. Des bateaux partent pour l'île de Tenby tous les quarts d'heure en été. Aller-retour environ £8. On achète les tickets sur Castle Square. Sur l'île on peut visiter la chapelle de Saint-David et le monastère, mais surtout une très vieille croix celte sur laquelle se trouve une inscription en ogham, vieil alphabet irlandais du VIe siècle.

■ **FROG STREET** où sont situés beaucoup de petits artisans, magasins d'art, de babioles. Un peu plus loin dans la vieille ville, il fait bon flâner et admirer ses murs anciens. Beaucoup de petites allées médiévales toujours intactes.

■ **TENBY MUSEUM. Castle Hill** ✆ **(01834) 842 809.** *Ouvert tous les jours de 10h à 17h d'avril à décembre et du lundi au vendredi de 10h à 17h de décembre à avril.* Le musée, situé dans une aile du château ouvrit ses portes en 1878. On y découvre l'histoire sociale et maritime du Pembrokeshire ainsi que des éléments sur la géologie et l'archéologie de la région.

■ **PROMENADES.** On rejoint facilement le Pembrokeshire Coastal Path depuis Tenby. Il est agréable de le suivre jusqu'à Saundersfoot d'où l'on peut prendre un bus qui rejoint Tenby (toutes les 30 min).

Loisirs

■ **CINEMA. Royal Playhouse, White Lion Street** ✆ **(01834) 842 244.** On y projette essentiellement les grosses productions américaines et britanniques.

PEMBROKE – PENFRO

C'est une vieille ville qui n'a rien de particulier. Traversée par une longue rue principale bordée de maisons victoriennes, la ville est entourée de remparts, vestiges de son passé moyenâgeux. C'est surtout aux alentours de Pembroke qu'il faut se déplacer, notamment pour aller voir le magnifique village de Carew avec son château hanté et le monastère de Lamphey.

Hébergement

Il y a différents petits hôtels en ville, parmi lequel :

■ **THE COACH HOUSE HOTEL. 116 Main Street** ✆ **(01646) 684 602 – sally@lucky8313.fslife. co.uk** – *Entre £50 et £70 par personne.* Petit hôtel traditionnel situé sur la rue principale.

Restaurants

Quelques bonnes adresses où manger :

■ **KING'S ARMS HOTEL. Main Street.** Pour des plats de pub traditionnels.

■ **WOODHOUSE RESTAURANT** ✆ **(01646) 687 140.** Une soirée un peu plus sophistiquée.

Sortir

Il y a une douzaine de pubs à Pembroke, le meilleur étant **The Old Cross Saws** sur Hamilton Terrace.

Point d'intérêt

■ **CHATEAU DE PEMBROKESHIRE.** *Ouvert d'avril à septembre de 9h30 à 18h et d'octobre à mars de 10h à 16h. Entrée à £2,50.* Le château de Pembroke est l'un des nombreux châteaux construits par les Normands dans le sud du pays de Galles pour combattre et assujettir les Celtes. La fortification édifiée au sommet d'une colline au bord de l'eau constituait une forteresse imprenable. Il n'est d'ailleurs jamais tombé sous le contrôle des Gallois. Pembroke est donc devenue la capitale de « Little England beyond Wales ». En 1452, Henry VI donne la propriété du château à Jasper Tudor. Aujourd'hui encore, le château dégage une puissance, une atmosphère de crainte. Les tours sont encore intactes, on passe de larges pièces aux poutres de chêne à des corridors sombres et biscornus… Les meubles ne sont plus là mais l'ambiance a subsisté.

Dans les environs

■ **LAMPHEY. Bishop Palace-Llandyfai.** A trois kilomètres à l'est de Pembroke, le village de Lamphey-Llandyfai et au nord du village, on peut visiter les ruines de Bishop Palace, sorte de maison de campagne des évêques de Saint-David datant du XIIIe siècle. Ruines sous l'apparence de crypte, perdues dans la mousse verte et la brume… qui témoignent bien de l'opulence dans laquelle vivaient ces saints hommes.

CAREW – CAERIW

A quelques kilomètres au nord entre Tenby et Pembroke sur l'A477, Carew est une petite localité magnifiquement romantique, avec un lac, un vieux moulin français, le seul à être resté intact au pays de Galles, ainsi qu'une croix celte en pierre – une des plus anciennes du pays de Galles – et un petit pont de pierre. Sans oublier le magnifique château de Carew, qui a l'originalité d'être hanté !

■ **CHATEAU DE CAREW** ✆ **01646-651782.** Le tour du château est très bien organisé avec une brochure explicative, qui vous guide tout au long de votre promenade. Quant à Carew Castle, c'est probablement un des plus étranges et fascinants châteaux du sud du pays de Galles. Construit entre 1280 et 1310, il fut considérablement agrandi au XVe siècle comme en témoignent ses fenêtres style Tudor. La caissière à l'entrée ne manquera pas de vous parler des nombreux visiteurs qui ont vu les fantômes de Sir Roland Rhys, un des locataires du château et de son singe, venus hanter la tour nord-ouest où ils habitaient. Selon la légende, lord Rhys fut mystérieusement assassiné une nuit après avoir refusé la main de sa fille à un soupirant qui le maudit. On retrouva à ses côtés le corps du singe mort aussi ! Une ambiance très mystique, donc très celte ! En faisant le tour du lac par le chemin, vous arriverez au moulin français, toujours en activité et dont vous visiterez les différents étages. Les explications audio sont un peu archaïques mais très précises. Une bonne occasion de comprendre dans tous ses détails le fonctionnement d'un tel édifice.

LE PARC NATIONAL DU PEMBROKESHIRE

Il y a une dizaine de parcs nationaux en Angleterre et au pays de Galles. Celui du Pembrokeshire, listé en 1952, est, contrairement aux autres, essentiellement côtier et maritime. Le départ du sentier pédestre du parc commence à Amroth, petit village sur l'A477, jusqu'à Saint Dogmaël, près de Cardigan, au nord du Pembrokeshire. Il se fait en 3 différentes sections côtières : d'Amroth à Milford Haven, le long de falaises découpées, le second, le plus tranquille, traverse des prairies et l'estuaire de Daugleddau au sud d'Haverfordwest puis la troisième section qui va jusqu'à Saint Bride's Bay. Les endroits les plus beaux, aux paysages les plus impressionnants, se situent autour de la ville de Saint David's et des Marloes, de Saint Bride's Bay, de Manorbier à la petite chapelle dans les falaises de Saint Govan, près de Bosherston. Pour des informations précises, pour réserver des hôtels et acquérir de plans, rendez-vous à l'office du tourisme de Saint David's car il sert aussi de centre d'informations sur le parc national du Pembrokeshire. Un film et des panneaux d'exposition retracent sa géologie et décrivent la richesse de sa faune. Pour une information au jour le jour, le journal gratuit, *Coast to Coast* largement distribué, fournit de bonnes pistes sur les événements locaux de la semaine.

Sentier de Pembroke à Angle : Manorbier – Maenorbÿr

■ **YHA MANORBIER** ℭ **(0870) 770 5954 – manorbier@yha.org.uk** – *Ouvert de janvier à octobre. Prix : £8,40 pour les moins de 18 ans. Adultes : £11,85.* Bâtiment moderne et spacieux. Vous y trouverez beaucoup de surfeurs puisque la plage de Manorbier est idéale pour ce genre de sports, comme celle Freshwater West, un peu plus loin sur la côte.

■ **POINTS D'INTERET.** *Ouvert de 10h30 à 17h30, tous les jours d'avril à septembre. Entrée à £2,50.* Les ruines du château fortifié de Manorbier donnant sur la baie transporteront même les moins imaginatifs en plein roman de cape et d'épée.

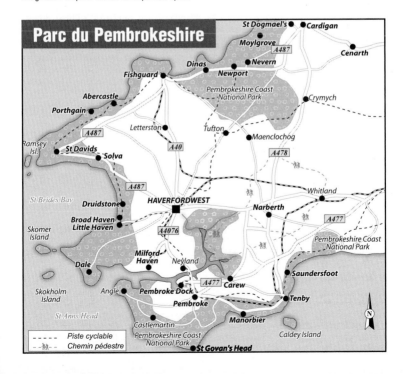

Excursion : sentier côtier de Manorbier à Saint Govan

Ce n'est qu'une section seulement du long sentier qui relie Amroth à Cardigan mais c'est une portion très agréable qui donne sur des vues imprenables et traverse des paysages et des bâtiments anciens magnifiques. Il faut bien toute la journée pour effectuer la randonnée : Stackpole, petit port rocheux, est le coin idéal pour commencer une longue randonnée sur les falaises, jusqu'à une des plus jolies plages de Grande-Bretagne, Barafundle beach, extrêmement populaire mais pas trop peuplée car il faut bien 20 minutes pour y accéder. Sable blanc, vagues turquoises, lorsque le soleil est au rendez-vous, c'est le paradis. En continuant le long du sentier, on passe au-dessus des nombreuses grottes où se nichent toutes sortes d'oiseaux, guillemots, macareux.

Plus loin sur le sentier côtier, on arrive ensuite aux environs du village de Bosherston où surgit Saint Govan's Chapel. Nichée au creux de deux falaises, battue par les vagues, on découvre en descendant les marches de pierre, une étrange chapelle vieille de 800 ans au moins. C'est un endroit magique, certains vont jusqu'à dire que sous les rochers qui entourent la chapelle se trouve le trésor des chevaliers de la Table Ronde, d'autres prétendent que des pirates y auraient caché une cloche en or qui sonne lorsque l'orage éclate.

On passe aussi Bosherston Pools. Des marais artificiels sous les bois couverts de nénuphars blancs. A ne pas rater en juin lorsque les nénuphars fleurissent. Accessible à pied, on peut se garer au parking un peu plus haut. 5 minutes de marche environ.

HAVERFORDWEST – HWLFFORDD

Cette vieille ville construite autour du château fut un port commercial très important aux XVIe et XVIIe siècles, comme en témoigne l'architecture sophistiquée d'Haverfordwest. Mais malgré tout cela, la ville n'a aucun intérêt. Castle Street est la rue la plus importante, et un sentier monte jusqu'au château qui se résume à quelques ruines du XIIIe siècle. Comme la plupart des villes de marché de la région, la chose la plus intéressante à faire est de se balader dans le marché couvert (ouvert du lundi au samedi), près de Old Bridge et dans la rue commerciale de Market Street, dans laquelle se serrent beaucoup de petites boutiques artisanales…

Hébergement

■ **Des hôtels B & B pas trop chers en ville, notamment THE GREENWAYS GUEST HOUSE, Shoals Hook Lane** ✆ **(01437) 762 345.** *Comptez £25 par personne.*

■ **Si vous cherchez un établissement plus haut de gamme, rendez-vous au COUNTY HOTEL,** petit hôtel 3-étoiles, situé sur Salutation Square. Il vous en coûtera environ £35 par personne ✆ (01437) 762 144.

Restaurants

■ **Pour manger, L'HOTEL MARINERS,** Mariners Square offre de bons plats typiques de pub anglais.

■ **Un peu plus cher, THE CARMARTHEN ARMS,** près de la gare.

Dans les environs

■ **CRESSWELL QUAY.** Petit hameau perdu derrière les arbres au bord d'un des méandres de l'estuaire de Claddau. Sur le Landsker Trail, à trois kilomètres du début du sentier.

DE DALE À SAINT DAVID'S

Dale, village au bord de la mer, protégé par de lourdes falaises, où les sports de voile vont bon train surtout dès que l'on approche la pointe de Saint Anne's, exposée au vent. Tout est fait pour les sportifs. En bord de mer, un grand magasin loue planches à voile, combinaisons et organise des sorties en bateaux.

■ **WEST WALES WINDSURFING & SAILINGS** ✆ (01646) 636 642.

En approchant de la péninsule de Marloes, dont la plage est un véritable joyau que les habitants du coin mettent un point d'honneur à garder toujours propre, et de Martins Haven, on change de paysage : côtes plus sauvages et petits hameaux. Les randonnées dans le coin offrent des points de vue extraordinaires du haut des falaises déchiquetées sous la mer translucide. C'est certainement une des promenades les plus transcendantes dans le coin. De Martins Haven on peut prendre le ferry vers Skomer Island, paradis pour les amoureux d'oiseaux. Au début de l'été, les cormorans, les macareux, nourrissent leurs petits, les becs pleins de poissons, et n'ont pas du tout peur des touristes voyeurs. Avec de la chance, on peut aussi apercevoir des tortues d'eau, des phoques et même parfois des dauphins. Départs à 10h, 11h et 12h, du mardi au dimanche. Environ £6 pour un adulte, £3 pour les étudiants ! ✆ (01646) 601 636 – Fax : (01646) 601 061. Un tour complet de l'île et d'autres îles avoisinantes comme Grassholm, Skokholm est organisé par une autre compagnie ✆ (01646) 603 109. Prix : adultes £20, £10 pour les enfants.

SOLVA – SOLFACH

Petit port sur la route de Saint David's. Renommé jadis pour le transport et l'exploitation de chaux et de charbon brûlés dans des « fours » circulaires que l'on peut toujours admirer sur le port. Les agriculteurs venaient y prendre leur cargaison nécessaire pour fertiliser leurs champs. L'été, il y a un monde fou dans ce petit village qui abrite de nombreuses galeries d'art de qualité. Beaucoup d'œuvres ont été réalisées par des artistes locaux.

Hébergement – Restaurants

■ **AUBERGE DE JEUNESSE. Penycwm, Whitehouse, Penycwm, Havordforest** ✆ **0870 770 5988 – penycwm@yha.org.uk** – *Ouvert de mars à octobre. Prix de £6,75 à £9,80.* A 3 km de Solva, auberge sympathique et confortable. Via l'A487 de Newgale à Solva. A Penycwm, prendre la route en direction du nord, vers Letterston/Mathry et suivre les signes vers l'auberge.

■ **HARBOUR HOUSE HOTEL & FAYRE CLIPPER** ✆ **(01437) 720 013.** Le pub est rempli tous les soirs et, en été, après avoir fait les boutiques d'artisanat le long de la rue, vous y viendrez aussi…

■ **OLD PRINTING HOUSE. 20 Main Street** ✆ **(01437) 721 603.** *Chambre double à partir de £27 par personne.* Petit salon de thé adorable avec une grande cheminée et de bons gâteaux. Les trois chambres de ce cottage sont très soignées et décorées avec goût.

■ **DANS LES ENVIRONS, UNE AUTRE AUBERGE DE JEUNESSE dans l'agréable village de Broad Haven** ✆ **0870 7705728 – broadhaven@yha.org.uk** – *Un total de 75 lits. Prix : £8,40 pour les moins de 18 ans, £11,80 pour les adultes.* Auberge de jeunesse moderne au bord de la plage.

SAINT DAVID'S – TYDDEWI

C'est la capitale spirituelle et ecclésiastique du pays de Galles, du nom du saint patron du pays. On dit que deux pèlerinages à Saint David's vaut un pèlerinage à Rome ! Ville très visitée et très animée, connue pour sa magnifique cathédrale édifiée à la gloire de saint David. Elle date de 1176 et l'intérieur est très impressionnant, à tous les niveaux ! Le plafond en chêne et les peintures qui l'ornent sont une belle réussite. Ville avec une imposante histoire, elle repose sur le flanc de la colline qui domine la vallée, à l'endroit où, au Vᵉ siècle, prêchait saint David. L'endroit est également agréable pour se balader entre les nombreux vieux monuments, les galeries d'art et les terrasses de cafés.

Pratique

▶ **Indicatif téléphonique :** 01437.

■ **TOURIST INFORMATION CENTRE. High Street** ✆ **(01437) 720 392.** *Ouvert tous les jours. Fermé le dimanche d'octobre à Pâques.* Vaste centre d'informations sur St David's et sur le parc naturel du Pembrokeshire.

Hébergement

■ **AUBERGE DE JEUNESSE. Llaethdy, Whitesands, à 3 km de St David's** ✆ **0870 770 6042.** Dans une ancienne ferme, très proche de la plage.

■ **Y GORLAN. 77 Nun Street** ✆ **(01437) 720 837.** *A partir de £30 par personne.* Belle vue depuis le salon.

■ **ALANDALE GUEST HOUSE. 43 Nun Street** ✆ **(01437) 720 404.** *Prix : A partir de £30 par personne.* Petite maison victorienne avec de très jolies chambres. B & B sympathique.

■ **WARPOOL COURT HOTEL. A côté de la cathédrale, sur la route de St Nons** ✆ **(01437) 720 300 – www.warpoolcourthotel.com – warpool@entreprise.net –** *A partir de £90 la chambre simple, £140 la double.* Jadis l'école de la chorale de la cathédrale, Warpool est aujourd'hui l'hôtel le plus luxueux de St David's. Le jardin est très élégant. Les vues sur la mer, depuis certaines chambres sont époustouflantes.

Points d'intérêt

■ **SAINT DAVID'S CATHEDRAL.** *Entrée (donation conseillée par la cathédrale) : £2.* Grandiose, magnifique édifice en pierres mauves et dont le plafond est en chêne sculpté, la cathédrale fut construite au XIVᵉ siècle par l'évêque de Gower qui la voyait comme sa future tombe. La cathédrale et la chapelle recèlent encore mille autres trésors, on y trouve les tombes de saint Caradoc, Iorwerth, et Anselm de la Grace.

■ **THE BISHOP'S PALACE** ✆ **(01437) 720 517.** *Ouvert toute l'année, de 9h30 à 17h, sauf en été de 9h30 à 18h. Prix : £2,50 pour les adultes, tarif réduit £2.* Tout proche de la cathédrale. Datant des XIIIᵉ et XIVᵉ siècles, ce bâtiment, jadis un palace, aujourd'hui en ruine, n'en reste pas moins impressionnant. Il témoigne de l'importance de cette étape sur la route de Saint-Jacques-de-Compostelle et du nombre de pèlerins qui se rendaient à Saint David's.

■ **RAMSLEY ISLAND CRUISES. Réservations dans l'un des nombreux bureaux qui parsèment la ville** ✆ **0800 854 367 – www.ramseyisland.co.uk –** Découverte de caves, observation de phoques et d'oiseaux migrateurs, autour de l'île de Ramsey (1h15, £14). A bord du Viking Pioneer, départs pour Grassholm d'où l'on peut parfois apercevoir des dauphins et des baleines (4h, £30).

PORTHGAIN

Un coup de cœur, petit hameau coincé dans les rochers qui fut jadis un petit port actif au XIXᵉ, exportant de l'ardoise des mines, du granite et des briques. La vieille fabrique de briques rouges qui surplombe la crique témoigne de cette époque oubliée. C'est ici que se trouve le meilleur pub de toute la région, connu partout, les habitants font souvent plusieurs kilomètres pour venir y manger le dimanche après-midi, sur la terrasse.

The Sloop Inn, un vieux pub du XVIIIᵉ tout de pierres est une adresse à ne pas rater ! On y mange excellemment et pas cher, la vue sur le petit port est un délice et l'ambiance super ! Seul hic : la queue est longue aussitôt que la cuisine ouvre ses portes !

PRESELI HILLS – MYNYDD PRESELI

Dans le Pembrokeshire surtout connu pour ses côtes, le centre de la région est parfois ignoré à tort. Le parc de Preseli Hills, les « collines bleues », au nord du Pembrokshire, entre la côte et la B4313 et l'A478, est depuis toujours une contrée mythique et mystique. Les Celtes croyaient que dans cette région rocheuse se trouvait, quelque part dans les collines, l'entrée du « monde souterrain ». Les roches aux reflets bleus de Preseli Hills, les « Blue Stones » sont à l'origine du cercle de Stonehenge dans le Somerset. Il y a plus de 4 000 ans, ces énormes rochers furent transportés à mains d'homme – on ne sait toujours pas comment – de cette région jusqu'à la plaine de Salisbury en Angleterre. Terres anciennes, Preseli Hills est parsemé de sites préhistoriques, dolmens et cercles de pierres, des roches bleues, qui selon la légende sont si dures qu'elles traversent les siècles sans altération.

Balade

La côte qui relie Strumble Head à Saint Dogmaël est la partie la plus sauvage et la plus isolée du circuit. Il est rare de croiser un autre randonneur sur le chemin pédestre qui longe les falaises. Aussi il n'est pas étonnant que les Français aient choisi ce point tactique, à Carregwastad Point (près de Fishguard) pour lancer une dernière tentative d'invasion de l'île en 1797, dernière invasion en date dans l'histoire britannique. Sans succès bien sûr, une tapisserie pleine d'humour, exposée dans la ville de Fishguard, retrace avec beaucoup les détails de cette tentative française échouée.

FISHGUARD

Petite bourgade perdue au milieu du pays de Galles. Pourtant la côte n'est pas loin, on y passe, on ne s'y arrête que pour le pub ou comme point de chute pour faire des balades le long de la côte, dans les environs. Mieux vaut séjourner dans le vieux port bordé de maisons colorées. Vous y trouverez un pub fantastique : The Ship Inn, vieux de 300 ans, au plafond en bois très bas, avec porte d'entrée coulissante. C'est ici que fut tourné en 1971 le film *Under Milk wood,* adaptation d'une pièce de Dylan Thomas sur la vie des pêcheurs, avec Richard Burton, lui-même originaire du pays de Galles !

Transports – Pratique

■ **BUS.** Le bus n° 404 qui passe par Fishguard part de Newport, traverse Dinas, Abercastell, et va jusqu'à St David's. Le n° 405 va jusqu'à Cardigan. Le n° 411 passe par Solva et Haverfordwest pour se diriger jusqu'à St David's aussi.

■ **TRAINS.** Gare à côté du départ du ferry, à Goodwick, à 2 km de Fishguard. Départs pour Milford Haven, Pembroke Dock, Carmarthen, Swansea, Cardiff.

■ **DEPARTS POUR L'IRLANDE : STENA LINE** ✆ **0875 755 7553.** 1h40 sur les ferries extra-rapides, 3h30 sur les autres, pour aller à Rosslare. Six départs par jour. Les prix sont très variables. A partir de £12 l'aller-retour dans la journée.

■ **TOURIST INFORMATION CENTRE. Sur la place centrale.** *En juin, juillet et août ouvre tous les jours de 10h à 17h30 ; de 10h à 17h septembre, octobre ; 10h à 16h en mars, avril, mai et fermé le dimanche de novembre à mars.*

Hébergement

■ **HAMILTON GUEST HOUSE AND BACKPACKERS LODGE. Hamilton Road. A 1 min de l'office de tourisme** ✆ (01348) 874 797 – www.hamiltonbackpackers.co.uk – *Chambre double à partir de £15 par personne, en dortoir : £12.* Un des meilleurs accueils vous attend à l'auberge de Steve qui fera tout son possible pour que vous y passiez un excellent séjour. Vélos, cuisine, magnétoscope et même un sauna… tout est mis à votre disposition pour que vous vous sentiez chez vous.

■ **MORAWEL GUEST HOUSE. Glyn y Mel. Lower Fishguard** ✆ (01348) 873 366. *£30 la chambre simple, £50 la double.* Andrew et Theresa seront ravis de vous accueillir dans cette guesthouse qu'ils viennent d'ouvrir.

■ **MANOR HOUSE HOTEL. Main Street** ✆ (01348) 873 260. *Prix : £38 la chambre simple, de £60 à £70 la double.* Petit hôtel superbe dont les chambres sont personnalisées avec les œuvres d'art que les propriétaires ont rapportées de leurs nombreux séjours aux 4 coins du monde. Les résidents peuvent y manger très bien pour £17 (plat + dessert).

Restaurants

■ **THE ORANGE TREE. 21 High Street** ✆ (01348) 875 500. *A partir de £1,50.* De délicieux sandwichs à emporter pour votre randonnée le long du Coastal Path.

■ **THE ROYAL OAK. Sur la place principale dans Upper Fishguard.** C'est dans ce pub que fut signé le traité de paix après l'invasion ratée des Français. On peut même voir la table où le traité aurait été signé !

■ **ANNIE FRANCIS CAFFI POBYDD. Sur le rond point, dans le centre.** Joli petit salon de thé qui sert en juillet et en août un excellent choix de poissons.

■ **THE TAJ MAHAL. 22 High Street** ✆ (01348) 874 593. *Ouvert tous les jours de 17h à 23h30.* Si vous vous lassez de la cuisine britannique, essayez un bon curry pour £8 !

Point d'intérêt

■ **LA TAPISSERIE BRODWAITH. Saint Mary's Church Hall.** *Sur la place principale* ✆ *01348-873484. Ouvert de 10h à 17h en semaine, 14h à 17h le dimanche. Adulte : £2, enfant : £0,50.* Cette tapisserie créée en 1997 sur le modèle de celle de Bayeux, retrace les événements qui eurent lieu lors de la dernière « tentative » d'invasion française sur le territoire britannique en 1797. La tapisserie illustre l'arrivée de l'armée française constituée de trois bateaux de 1 400 soldats recrutés dans les prisons de France et menés par un Américain, colonel William Tate, qui désirait se venger des Anglais. C'est donc en débarquant le 22 février 1797 sur la plage de Carreg Wastad, près de Fishguard, ici au pays de Galles, que les Français pensaient conquérir la Grande-Bretagne ! Erreur ! Tate et ses hommes furent boutés hors de l'Île en trois jours ! Un échec cuisant dont tout le monde vous parlera ici, surtout si vous êtes français !

Dans les environs

■ **CASTELL HENLLYS. Sur l'A487 entre Cardigan et Newport** ✆ **(01239) 891 319 – www. castellhenllys.com – celts@castellhenllys.com –** *Ouvert de Pâques à novembre tous les jours de 10h à 17h. Adultes £2,80, étudiants £1,90.* Reconstitution fascinante d'un fort de l'âge de fer, sur le site même où des archéologues font des fouilles depuis des années. Dans chacune des maisons rondes au toit de chaume, les intérieurs sont reconstitués, à partir des spéculations des archéologues. Il ne reste que très peu d'informations sur la vie des hommes de l'âge de fer. Dans les maisons, des guides en train de faire du pain ou de filer de la laine racontent avec passion ce que l'on pense savoir sur cette époque. Beaucoup de découvertes sur les techniques et les savoirs de l'âge de fer ont été faites au cours de la construction du site. Les archéologues ont tenu à ce que l'on évite toute utilisation de machinerie moderne pour le construire, ayant pour but de n'utiliser que ce que l'homme de l'âge de fer possédait en vue de comprendre comment il a pu édifier de telles habitations. A vous couper le souffle !

■ **LLANWNDA CHURCH. En direction de Goodwick à partir de Fishguard.** Magnifique petit coin de paradis sauvage en haut de la falaise surplombant Fishguard. Dans la chapelle où les soldats français de la dernière invasion ont trouvé refuge, on distingue au plafond sur de très vieilles poutres un visage sculpté dans le bois, probablement un prêtre ou un moine. La sacristie et la pierre de l'église ont été volées par un soldat français qui a par la suite tenté de revendre le tout à Carmarthen. Bon point de départ pour une promenade le long de la côte jusqu'à Carmaeg Wasta Point, 9 km aller-retour. Jusqu'à Strumble Head, 18 km aller-retour.

NEWPORT – TREFDRAETH

Plus agréable que Fishguard, Newport, ville de petite taille, est située sur les bords de l'estuaire d'Afon Nyfer, où l'on peut se balader surtout lorsque la mer se retire ne laissant qu'une énorme étendue de sable. Une drôle de fête anime les rues de la ville chaque année à Newport, dont le nom « beating the bounds », veut dire : le maire s'en va battre les frontières de la ville à cheval !

Hébergement – Restaurant

■ **TYCANOL FARM CAMPING BARN. Tyanol Farm** ✆ **(01239) 820 264.** *Sur l'A487 en direction de Fishguard.* On peut loger dans l'étable aménagée pour £8 ou camper pour £5 dans cette ferme donnant sur la mer.

■ **AUBERGE DE JEUNESSE. Lower Street.** *£12 par adulte, £9 pour les moins de 18 ans.* Auberge de jeunesse dans le cœur de Newport située dans une belle maison en ardoise.

■ **LE CNAPAN (le cnapan est un sport supposé être l'ancêtre du rugby). East Street** ✆ **(01239) 820 575 – Fax : (01239) 820 878 – www.online-holidays.net/cnapan – cnapan@online-holi-day.net –** *Chambre à partir de £35 par personne. Menu à partir de £24.* Restaurant familial très chic et distingué qui offre un accueil extrêmement courtois. Le menu est original et la nourriture délicieuse : poisson frais, canard et légumes organiques à profusion, chocolats avec le café. On peut boire un apéritif dans le lounge avant de passer à table.

Points d'intérêt

Il y a une jolie promenade à faire à partir de l'église de Newport : le mont Carn Ingli, au-dessus de Newport, au cœur de Preseli hills. Selon la légende, le Celte saint Brynach (Ve siècle), aurait vécu sur mont Carn Ingli une vie d'ermite, nourri « spirituellement » par les anges, d'où le nom Carn Ingli dérivé de Engylion, la « montagne des anges ». Si le temps le veut bien, on peut voir l'Irlande du sommet du mont.

■ **PEINTRE IRAN.** *De Newport à Nevern, prendre l'A 487 sur un kilomètre et demi, suivre la direction pour Brynberian. Tourner plus loin sur la droite, sur une petite route étroite et faire 3 kilomètres. Puis suivre les panneaux jusqu'à un tout petit parking et marcher 100 m.* Cercle de pierres dans un champ qui domine la vallée, trois pierres supportent un rocher long de 5 m et dont on pense qu'il pèse 16 tonnes. Il s'agit d'une ancienne chambre mortuaire datant de 3500 avant J.-C. Un des plus beaux phénomènes du genre. On ne sait toujours pas comment les hommes de la période mégalithique ont bien pu rassembler et soulever tout cela ! Impressionnant !

■ **CARREG GOETAN.** Chambre funéraire d'Arthur. A un kilomètre à l'ouest de Newport, A487. Groupe de pierres levées datant de l'ère néolithique, situé dans la vallée de la rivière Nyfer.

NEVERN

Un lieu considéré comme très important par les chefs de Cemais, des Celtes gallois. Nevern était aussi un lieu de passage du pèlerinage allant jusqu'à Saint David's. Il y a d'ailleurs toujours une croix des pèlerins sur le chemin qui monte la colline. Le village fut par la suite la base des Normands. Après leur départ pour Newport, l'importance de Nevern s'est réduite considérablement. C'est aujourd'hui un village très agréable au bord de l'estuaire, où se mêlent ruisseau, forêt et fleurs. Devant l'église, une étrange construction jadis très commune mais aujourd'hui presque disparue au pays de Galles, « the Mounting Block », sorte de petit escalier qui monte et descend et ne conduit nulle part et qui permettait aux nouveaux mariés d'enfourcher leurs chevaux, suivis par les invités.

Point d'intérêt

■ **EGLISE DE SAINT BRYNACH.** *Entrée libre.* Magnifique église cachée par les cyprès et les ifs, au bord d'un ruisseau. Il y réside une atmosphère magique. La tour principale date du VIe siècle, construite par les Normands alors que le reste de l'édifice date du XVe siècle. Les chefs celtes et les prêtres étaient de statut égal et la coutume voulait que le chef donne au prêtre un morceau de terre ayant comme frontière un ruisseau ou autre cours d'eau, pour y construire une église. C'est le cas à Nevern.

Dans l'église se trouve le « Vitalianus Stone » (une tablette datant du Ve siècle, et comportant des inscriptions en ogham, vieil alphabet celte d'origine irlandaise, et en latin).

En sortant de l'église, une croix celte date du VIe siècle, souvent décrite comme étant une des plus belles croix du pays de Galles, égalée seulement par celle de Carew et celle de Flintshire. Sur ses côtés, sont sculptées les fameuses lignes entrelacées, symboles de l'éternité. Dans la cour de l'église, parmi les nombreux arbres, vous trouverez peut-être le « Bleeding Yew Tree », l'if, qui, selon la légende, saigne chaque jour depuis que la main coupée d'un homme y a été clouée.

CARDIGAN

Jadis un port important du pays, avec un lien direct vers les Etats-Unis, Cardigan est aujourd'hui une ville commerçante avec un marché couvert de qualité et une rue principale avec de belles vitrines. Il y a une profusion de petits cafés où s'arrêter pour le déjeuner. Au sud de la rivière Teifi se trouve l'Heritage Center qui retrace le passé industriel et l'activité commerciale de cet ancien port.

Hébergement

■ **AUBERGE DE JEUNESSE. YHA Poppit Sands** ✆ **08707-7059960 – Poppit@yha.org.uk.** *£12,50 en dortoir.*

■ **THE HIGHBURY. High Street** ✆ **(01239) 613 403.** *A partir de £18 la chambre simple, £35 la double.* Excellent rapport qualité prix pour ce B & B soigné, décoré avec charme. Accueil excellent. Il vaut vraiment le coup de s'échapper des sentiers touristiques pour ce genre d'adresse !

Point d'intérêt

■ **CHATEAU DE CILGERRAN** ✆ **(01239) 615 136.** *En cours de restauration. Accès par l'A478 et l'A484.* Du château construit en 1120 par William Marshall le jeune, il ne reste que deux massives tours qui s'élèvent au-dessus d'une gorge de la rivière Teifi. En 1176, le tout premier Eisteddfod eut lieu dans ce château et attira plus de 30 000 visiteurs !

Dans les environs

■ **CENARTH,** petit village à 13 km de Cardigan qui abrite le **Centre national des coracles** (*ouvert de Pâques à octobre, tous les jours de 10h à 18h et du jeudi au dimanche de 11h à 16h en novembre et décembre, £2* ✆ *(01239) 710 980*). Le coracle, c'est un bateau rond comme une demi-noix de coco dont les Celtes se servaient pour pêcher. Aujourd'hui, ce type de bateau est toujours utilisé par les pêcheurs aux alentours de Cenarth. Et des excursions sont organisées pour les touristes.

NEWQUAY

▶ **Internet : www.new-quay.com –** Joli petit village de bord de mer, où l'on vient surtout pour observer les phoques et les dauphins. Au dernier recensement, 4 000 phoques et plus d'une centaine de dauphins avaient élu domicile dans la baie de Cardigan. L'été, entre 200 et 300 dauphins suivent des bancs de maquereaux qui les entraînent de l'Irlande jusqu'aux côtes galloises du Carmarthenshire.

En saison, des promenades en bateau partent très régulièrement pour aller les trouver. A Newport même, on se promène sur une longue plage de sable fin, qui commence après le club nautique. Pour une visite plus culturelle, suivez les traces du célèbre poète Dylan Thomas qui vécut à Newport en 1944/45.

Transports – Pratique

■ **TRANSPORTS.** En été, du lundi au samedi, bus toutes les heures pour Aberythwyth et Cardigan.

■ **TOURIST INFORMATION CENTRE.** *De juin à août ouvert tous les jours de 10h à 18h. De Pâques à fin octobre ouvert de 10h à 17h sauf le samedi.*

Hébergement

■ **MOORINGS. Glanmor Terrace** ✆ **(01544) 556 0375.** *Double à partir de £50.* Petit B & B agréable, avec des chambres fleuries et de très belles vues. En face de la plage centrale (qu'il vaut mieux éviter en été car elle devient assez bondée!).

■ **BRYNARFOR HOTEL. Newroad** ✆ **(01545) 561 204 – www.brynarfor.co.uk – enq@brynarfor. co.uk** – *Double à partir de £70.* Un peu en hauteur de la ville, petit hôtel coquet. Possibilité d'y dîner.

Restaurant

■ **THE HUNGRY TROUT. Glanmor Terrace.** *Fermé le lundi et le mardi. Les autres jours, ouvert de 10h à 21h.* Petit restaurant face à la plage au menu varié : soupes, salades, poissons… Il est reconnu comme un des meilleurs endroits où manger à Newport.

Point d'intérêt

■ **PROMENADES EN MER** ✆ **(01545) 560 032/800.** Embarquements au bout de la jetée, à marée haute. Traversées d'une ou deux heures. Puisque le principal attrait de Newquay est sa faune marine, autant partir en mer!

■ SNOWDONIA ■

Le parc national de Snowdonia offre certains des paysages les plus époustouflants du pays. Montagnes majestueuses, lacs, vallées boisées et plages de sable fin… 1 450 km^2 de nature protégée qui s'étendent du sud de Conwy jusqu'à Machynlleth, avec comme point culminant le mont Snowdon ou Eryri, haut de 1 085 m et situé à seulement 11 km de la mer. La particularité de cette région est donc la diversité de son paysage : plages et montagnes, landes, lacs, rivières, forêts… En 1998, le National Trust – équivalent de la Caisse nationale des monuments et des sites – a créé le Snowdonia National Park Authority et soutient une campagne visant à l'achat et la conservation de terres exploitables sur les pentes du Snowdon. Cette opération évaluée à 4 millions de livres sterling a bénéficié du grand coup de pouce de l'acteur Anthony Hopkins, originaire de Snowdonia, pour la collecte des fonds.

Les immanquables de Snowdonia

■ **CADER IDRIS.** Montagne imposante de 892 m qui est considérée comme la porte d'entrée du parc national de Snowdonia.

■ **BEDDGELERT.** Probablement le village le plus pittoresque de Snowdonia, avec une rivière qui coule en son centre. On raconte que Gelert, le chien fidèle du prince Llywelyn y aurait été enterré, Beddglert signifiant « tombe de Gelert ».

■ **BETWS-Y-COED.** Village niché dans les montagnes, dominé par la superbe cascade de Swallow Falls, enjambée par Pont-y-Pair, le pont du chaudron.

La ville des trekkers, Llanberis, au pied du mont Snowdon, entourée de deux grands lacs.

■ **LE LAC DE BALA/LLYN TEGID.** Le plus grand lac naturel du pays de Galles, long de 6 km, au pied des montagnes.

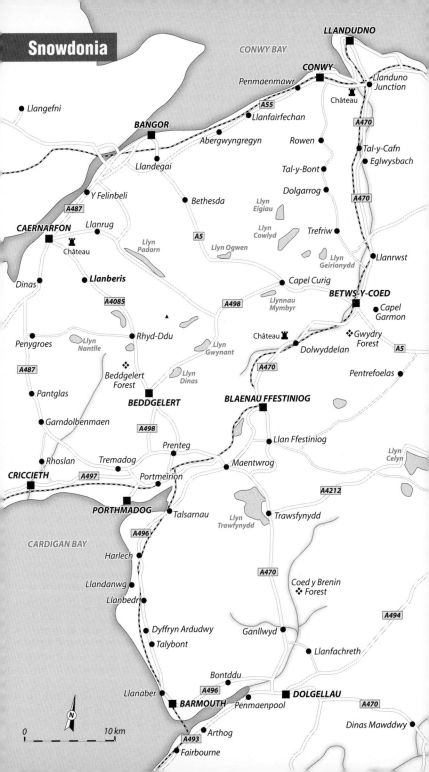

Transports

■ **VOITURE**. Cette région du pays de Galles est extrêmement bien desservie. L'autoroute M56 et l'A55 en provenance du nord-ouest vous amènent directement au cœur de Snowdonia. La M6, M5 et M1 sont aussi d'excellentes liaisons à partir des Midlands (Angleterre).

■ **TRAIN**. C'est certainement le meilleur moyen de voyager dans la région. C'est du moins celui qui offre une vue imprenable sur de magnifiques paysages difficiles d'accès. Les départs se font à partir de Shrewsbury – Midlands – jusqu'à Machynlleth où le « Cambrian Coaster », le petit train qui suit la côte, prend le relais, jusqu'à Barmouth, Harlech, et Pwllheli. L'itinéraire est magnifique.

Les trains desservent également le littoral nord du pays de Galles, jusqu'à Conwy et Bangor. Pour plus de renseignements ✆ (0870) 608 2 608.

■ **BUS**. Des bus desservent régulièrement les principales villes de la région, Llandudno, Bangor, Caernarfon et Porthmadog en partance de Londres et Manchester. Au sein du parc de Snowdonia, les services de bus sont assez réguliers et le minibus « Sherpa » relie les villes à la fréquence toutes les heures heure ou les deux heures.

■ **AVION**. Les aéroports de Manchester et Birmingham sont à moins de 2 h par autoroute ou voie ferroviaire.

AUTOUR DE CADERIDRIS

Toute la côte du parc de Snowdonia est dominée par la chaîne de Cader Idris, un massif constitué de cinq pics et haut de 892 m, où, selon la légende, repose le géant Idris. Avec un peu d'imagination, on peut même distinguer son profil le long des rochers. On y découvre de magnifiques vallées formées dans les roches par d'anciens glaciers, le plus large étant « Cwm Gadiar » aussi appelé « la chaise d'Idris » à cause de sa forme de coupole renversée. Vous la verrez de la route. Encore une légende : les Gallois prétendent que si on y passe une nuit entière, on en ressort soit fou soit poète. Au sud de Cader Idris, se trouve la vallée de Dyfi, la plus verte vallée d'Europe !

ABERDOVEY – ABERDYFI

Jadis un port très important de la côte galloise, c'est aujourd'hui une station balnéaire qui accueille beaucoup de touristes l'été. Bordée de maisons victoriennes, la ville n'offre cependant pas beaucoup de choses à voir ni à faire, à part peut-être se baigner quand la météo le veut bien !

Hébergement

■ **BRODAWEL**. Tywyn Road ✆ (01654) 767 347 – www.brodawel-aberdovey.co.uk – *A 1,5 km, au nord de la ville. Prix par personne : entre £28 et £32.* Délicieuse maison victorienne à 2 min de la plage, près du golf. 4 étoiles.

■ **TREFEDDIAN HOTEL** ✆ (01654) 767 213 – www.trefwales.com – enquiries@trefwales. com – *A partir de £55 par personne.* Hôtel 4-étoiles, le grand luxe. Face à la mer, piscine intérieure chauffée, billard, tennis !

Dans les environs

▶ **A 5 km au nord d'Aberdyfi, Tywyn** est un petit village idéal pied-à-terre pour explorer les alentours, les vallées de Talyllyn et de Dysynni. Sur High Street, dans l'église normande de Saint Cadfan (ouvert de 9h à 17h). On peut admirer sur la pierre un des plus anciens exemples d'écriture galloise (650 avant J.-C). L'autre attraction de la ville est le petit train, le « Talyllyn narrow-gauge railway », qui traverse les montagnes et les gorges des environs à destination de Nant Gwernol. Jadis utilisé pour transporter des charges d'ardoises, le train effectue aujourd'hui un circuit de 2 heures à 20 km/h (£7,50 aller-retour). Ça vaut le coup de descendre du train et de vous promener à travers les forêts et vallées de la région. S'arrêter à Dolgoch Falls, c'est, paraît-il, la plus belle randonnée.

DOLGELLAU

Prononcer « Dolgethlay ». Ville grise en plein cœur du pays gallois, c'est ici que Owain Glyndwr a formé en 1404 un parlement gallois durant lequel il a signé acte d'allégeance au roi de France, Charles VI, afin de lutter contre les Anglais. Bon pied-à-terre pour explorer les environs de Cader Idris à l'estuaire de Mawddach.

Transports – Pratique

Il n'y a pas de gare à Dolgellau mais de nombreux bus qui vont jusqu'au lac Bala, Barmouth et Machynlleth à partir de Eldon Square.

▶ **Indicatif téléphonique :** 01341.

■ **TOURIST INFORMATION CENTRE. Eldon Square** ✆ **(01341) 422 888.** *Ouvert de 9h30 à 17h30.*

■ **GREEN STYLES. Smithfield Street** ✆ **(01341) 423 332.** *Prix : £18 la journée.* Locations de vélos.

Hébergement

■ **AUBERGE DE JEUNESSE KINGS. Penmaenpool** ✆ **(01341) 241 287.** *A 5 km de Dolgellau. Suivre la direction de Tywyn, sur l'A493. Tourner à gauche à la hauteur de Abergwynant Bridge, monter la côte jusqu'à l'auberge. Prix : £7 pour les moins de 18 ans, £10 pour les adultes.* Grande maison au bord de la rivière avec une vue saisissante sur Cader Idris.

■ **GWELAFON. Cae Deintur** ✆ **(01341) 422 634.** *Entre £22 et £25 par personne.* Accueil familial et vues panoramiques sur la ville et les montagnes.

■ **ABER COTTAGE. Smithfield Street** ✆ **(01341) 422 460.** *£27 par personne.* Très joli petit B & B ou l'on se sent vraiment chez soi. Une des chambres dispose de son petit salon privé. Dentelles et petits nounours sur les rebords des fenêtres créent une ambiance très cosy sans tomber dans le kitsch. On prend son petit-déjeuner dans l'adorable salon de thé, décoré de bric et de broc.

■ **ROYAL SHIP HOTEL. Queens Square** ✆ **(01341) 4222 209.** *Chambre simple à partir de £47, double de £70.* En plein cœur de la ville, sur la place principale, ancien relais de diligence construit en 1813 et réputé pour sa bonne table. Le pub de l'hôtel est aussi particulièrement apprécié des jeunes.

Restaurants

■ **Y SOSPAN. Queen's Square. Llys Owain** ✆ **(01341) 423 174.** *Ouvert midi et soir.* Très bon restaurant et salon de thé. Le bâtiment date de 1606 et était jadis une maison de correction. Pour aller rejoindre le restaurant au premier étage, il faut passer par l'ancienne porte de la prison !

■ **ABER COTTAGE.** *Voir dans « Hébergement ».* Petit salon de thé très chaleureux avec un bon choix de gâteaux, de déjeuners et parfois même de dîners. Tout ça fait maison, bien sûr !

■ **DYLANWAD DA RESTAURANT. 2 Ffos y Felin** ✆ **(01341) 422 870.** Petit restaurant familial, plats mijotés dans une ambiance relax !

■ **THE UNICORN INN. Smithfield Square** ✆ **(01341) 422 742.** Ancien cottage à l'intérieur magnifique, bibelots, atmosphère détendue autour d'une bonne table et de bons repas.

Points d'intérêt

Il y a de très belles promenades à faire à partir de Dolgellau, à pied ou en vélo.

▶ **On accède au sentier qui mène au sommet de Cader Idris, à partir du parking Ty Nant.** Le chemin, qui s'appelle « Pony Path » fait 10 km de long et à l'avantage d'être circulaire. Le dénivelé est de 690 m.

▶ **Pour une randonnée plus plate, préférez le Mawddach Trail,** qui suit la rivière jusqu'à Barmouth (15 km aller, possibilité de retour en bus). Après le terrain de rugby, on traverse une forêt. En longeant l'estuaire, on profite réellement de toute la beauté de cette randonnée. Il vaut mieux se procurer le plan à l'office de tourisme car le chemin n'est pas très bien signalé.

BARMOUTH – ABERMAW

Barmouth, qui fleurissait jadis par son activité navale, est aujourd'hui une charmante petite station balnéaire située à l'estuaire de la rivière Mawddach, entre la chaîne de Cader Idris et « The Harlech Dome », le plus vieux rocher du Royaume-Uni. C'est aussi le point de départ de la célèbre course « The Three Peaks Race », qui consiste en l'ascension des trois plus grands sommets britanniques, Snowdon au pays de Galles, Ben Nevis en Ecosse et Scafell Pike en Angleterre. La meilleure approche de Barmouth, c'est d'arriver par le train sur le pont qui survole l'estuaire de la rivière Mawddach.

En voiture, la route de Dolgellau à Barmouth est une des plus pittoresques, encadrée par Cadair Idris et les plaines de l'estuaire où se mêlent rivières et pâturages.

Transports – Pratique

▶ **Indicatif téléphonique :** 01341.

■ **TRANSPORTS.** Barmouth se trouve sur la ligne de train Pwellhi, Aberystwyth. Bus n° 94 pour Dolgellau (20 min) et Bala ; n° 38 pour Llanbedr (15 min).

■ **TOURISM INFORMATION CENTRE** ✆ (01341) 280 787 – www.barmouth-wales.co.uk – *Dans la gare. Ouvert de mars à octobre de 10h à 13h et de 14h à 18h tous les jours.*

■ **BIRMINGHAM GARAGE. Church Street** ✆ (01341) 280 644. *Prix : £10 la journée. Ouvert tous les jours sauf le dimanche de 8h à 18h.* Locations de vélos.

Hébergement

■ **WAVECREST HOTEL. 8 Marine Parade** ✆ (01341) 280 330. *Ouvert d'avril à octobre. Prix : de £25 à £30 par personne.* C'est le synonyme même de l'accueil gallois, géré depuis 25 ans par Eric et Shelagh Jarman. Wavecrest, c'est un peu comme à la maison ! Shelagh est une cuisinière hors pair, une véritable amoureuse de l'art culinaire et de la France. Quant à Eric, il sera ravi de vous offrir un verre d'un de ses nombreux whiskies ou de porto, tout en vous parlant avec passion de la région. Allez-y de la part du *Petit Futé.*

■ **SUNRAY. The Quay** ✆ (01341) 280 985 – www.sunrayguesthouse.com – *Chambre double à £50.* Joli B & B avec de belles vues sur le petit port depuis les chambres, le salon et la cuisine. Décoration assez sobre et sur le thème de la mer.

■ **BRYN MELYN HOTEL. Panorama Road** ✆ (01341) 280 556 – Fax : (01341) 280 342. *A partir de £35 par personne.* En hauteur, ce B & B confortable et traditionnel offre une vue formidable sur l'estuaire et les montagnes ! Pratique si l'on veut aller marcher.

Restaurants

■ **THE LOBSTER POND. Sur le quai du petit port** ✆ (01341) 281 234. *Ouvert de Pâques à septembre. A emporter seulement.* Crabe cuit et dépecé à £4 et homard vivant à £20 le kilo.

■ **THE INDIAN CLIPPER. 2 Church Street** ✆ (01341) 280 252. *Ouvert tous les jours de l'été de 18h à 22h, seulement du jeudi au samedi en hiver.* Restaurant indien Balti qui fait aussi take-away. Réputé pour sa bonne cuisine.

■ **WAVECREST.** *Voir plus haut. £17 le menu. Face à la mer, sur la marina.* Au menu, que des produits locaux mitonnés avec amour : bœuf gallois, mouton, saumon sauvage, glace faite maison, soupe au cresson et à l'anis, c'est un pur délice pour un prix très raisonnable. Il est impératif de réserver.

■ **TAL-Y-DON. High Street** ✆ (01341) 280 508. On peut aller manger dans ce pub agréable tous les jours, midi et soir. On y trouve, entre autres, de l'agneau gallois et du poisson péché localement.

Sortir

Vous trouverez de nombreux pubs accueillants dans la ville. Le plus populaire reste **The Last Inn.** Sur le port à l'entrée de la ville ✆ (01341) 280 530. Face au pont. Intérieur plein de caractère avec une décoration digne des pubs de port. Toujours rempli des jeunes du coin. Repas servis jusqu'à 21h.

Manifestations

▶ **Three Peak Race. Pour tous renseignements** ✆ (01341) 280 298. Généralement le dernier week-end de juin mais la date varie un peu en fonction des marées. La course démarre par une épreuve en mer entre Barmouth et Caernarfon.

▶ **Festival de la marche : mi-septembre.** Pour tous renseignements, appeler l'office du tourisme. Plus de 25 randonnées différentes pour ce festival qui dure huit jours.

The National Trust

■ **THE NATIONAL TRUST FOR PLACES OF HISTORICAL INTEREST AND NATIONAL BEAUTY.** (Association nationale pour les endroits d'intérêt historique et de beauté naturelle). Elle vit de cotisations, de dons et de legs. Sa mission est de préserver le patrimoine naturel tout en respectant les gens qui y vivent. Le trust est aujourd'hui propriétaire de plus de 248 000 ha de terrain en Grande-Bretagne, de 900 km de côtes et de 200 monuments historiques.

Points d'intérêt

■ **MUSEE DE L'EPAVE. Sur le petit port.** Ouvert depuis peu, ce petit musée a pour vocation de mettre en valeur une cloche en bronze retrouvée par des plongeurs locaux. On pense que le navire aurait échoué lors d'une tempête en 1709 !

■ **DINAS OLEU (Forteresse de lumière).** C'est le premier terrain à être devenu la propriété du National Trust en 1895 et les habitants de Barmouth en sont très fiers, ils ne manqueront pas de vous en parler. D'en haut, on peut admirer la baie de Cardigan, les collines de Caernarfon, et même Bardsey Island. Le sentier longe la falaise sur 5 km et offre un panorama impressionnant sur la ville, l'estuaire et Cadair Idris. On y accède par un chemin face au magasin Woolworth sur High Street. Une fois passées les grilles en fer, vous tomberez nez à nez avec « the French man's grave » où est enterré un Français ayant vécu à Barmouth, un grand ami de Victor Hugo paraît-il.

■ **LE CHEMIN CYCLISTE DE BARMOUTH A DOLGELLAU.** Route de 13 km, bien signalée, qui commence par la traversée du viaduc de Barmouth, et suit le vieux chemin de fer avant d'arriver dans le centre de Dolgellau. Il est agréable de s'arrêter, en chemin, au pub George III à Penmaenpool qui donne sur l'estuaire.

■ **POSSIBILITE D'ALLER PECHER EN MER AVEC VIKING BOAT** ✆ **(01341) 281 537 – Port 07776 176 670.** *Départs du petit port de pêche. La traversée de 2h coûte £8, celle de 8h £25.*

■ **THE PANORAMA WALK.** Pour les moins courageux, Panorama Walk a l'avantage de mener à un beau point de vue à seulement quelques mètres de la rue principale. Une dizaine de minutes et hop… Le début du sentier commence à la fin de Porkington Terrace.

■ **CHEMIN DE FER DE BARMOUTH A FAIRBOURNE** ✆ **(01341) 250 362 – www.fairbourne railway.com –** Le chemin de fer installé au siècle dernier pour les riches vacanciers anglais est aujourd'hui toujours en service et c'est l'occasion de faire une belle balade. Il passe par le pont au-dessus de l'estuaire et relie Barmouth à Fairbourne. Prix : £6,40. Fonctionne de début mai à fin septembre. On peut accéder à la gare en voiture par l'A493. Autre alternative : un ferry part régulièrement depuis le petit port. (£2,50 par adulte pour une traversée qui dure moins de 20 min ✆ (017951) 290 838.) On peut aussi opter pour la promenade à pied puisqu'il y a un passage piéton sur le pont. C'est un circuit magnifique de 7 km avec des vues imprenables sur l'estuaire et les montagnes. Péage de 30 p pour traverser le pont en direction de la gare de Morfa Mawddach, puis le chemin suit la route jusqu'à un sentier de randonnée qui traverse des collines boisées pour terminer à Fairbourne.

L'or royal de Mawddach

Depuis le XIIe siècle, de l'or a été avidement cherché dans les alentours de l'estuaire et la rivière Mawddach, mais c'est seulement au XVIe siècle que des quantités importantes – en tout cas alléchantes – ont été trouvées. Au XIXe, la fièvre jaune envahit les alentours et plusieurs mines commencent à être exploitées. Certaines sont toujours en activité. Une des plus célèbres et des plus grandes mines est celle de Clogau, à Bont Ddu (prononcer Bon thee) qui a produit en trois ans £40 000 d'or. Vous pouvez tenter votre chance, pas besoin de licence pour passer au crible la rivière ! Pour l'anecdote, l'or de Mawddach est le seul à être utilisé pour faire les alliances de la famille royale. My god !

HARLECH

1 500 habitants. Petit ville accrochée aux rochers comme son nom l'indique, « rocher brut » ; la principale attraction est le château, bâti au XIIIe siècle, au sommet d'un escarpement rocheux, autrefois battu par les vagues. Au XVe siècle, pendant la guerre des Roses, il fut le théâtre d'un siège mémorable. La vue sur les environs est saisissante.

Transports

■ **BUS** n° 38 à Barmouth-Blaenau Ffestiniog en passant par Harlech.

■ **TRAIN** sur la ligne Pwellhi-Aberyswyth.

Pratique

▶ **Indicatif téléphonique :** 01766.

■ **TOURISM OFFICE INFORMATION. Llys-y-Craig** ✆ **(01766) 780 658**. *Ouvert de 10 à 18h de Pâques à octobre*

Hébergement

■ **AUBERGE DE JEUNESSE DE LLANBEDR. Plas Newydd. Llanbedr** ✆ **(01341) 241 287 – 0870 770 5926**. *Ouvert d'avril à octobre. Surtout des dortoirs de 3-4. Prix : Adulte : £11, moins de 18 ans : £7,50. A 1 km de la gare de Llanbedr, on peut y accéder par le bus n° 38 Barmouth-Blaenau Ffestiniog. Sur l'A496, près du pont de pierre.* Auberge de jeunesse près des plages et du château d'Harlech.

■ **ARUNDEL B & B. High Street** ✆ **(01766) 780 637.** Un des meilleurs B & B d'Harlech, tant au niveau du prix, que de la qualité des chambres et des vues sur le château.

■ **CASTLE HOTEL. Castle Square** ✆ **(01766) 780 529 – www.harlechcastlehotel.co.uk –** *A partir de £25 par personne.* Hôtel immanquable puisqu'il se trouve juste en face du château d'Harlech ! On en déduit que les vues depuis certaines chambres sont à vous couper le souffle ! Les chambres de cette maison blanche de style victorien répondent à toutes les exigences en termes de confort.

■ **GWRACH YNYS COUNTRY GUEST HOUSE. Talsarnau, petit village au nord de Harlech** ✆ **(01766) 780 742 – www.gwrachynys.co.uk – snow@gwrachynys.co.uk –** *Entre £25 et £30 par personne.* Petit manoir à quelques kilomètres d'Harlech dans un cadre champêtre idéal pour les amoureux de la nature.

Restaurants

■ **THE CEMLYN RESTAURANT. High Street** ✆ **(01766) 780 637.** Une cuisine fine et de qualité, avec, en prime, une vue sur le château et la côte maritime. Le midi, déjeuners légers, l'après-midi d'excellents thés et cafés et le soir des plats plus raffinés.

■ **THE PLS CAFE. High Street** ✆ **(01766) 780 204.** *Fermé en janvier.* Une cuisine sans prétention, une terrasse intérieure et un jardin qui donne sur le château et la côte.

■ **BWTRI BACH DELICATESSEN COFFEE SHOP. High Street** ✆ **(01766) 780 425.** Il ouvre assez tôt alors on vient y prendre son petit-déjeuner avant d'aller au boulot.

Points d'intérêt

■ **HARLECH CASTLE** ✆ **(01766) 780 552.** *Ouvert de 9h30 à 17h d'avril à mai, octobre de 9h30 à 17h, de juin à fin septembre de 9h30 à 18h, de novembre à mars de 9h30 à 16h Entrée : £3 pour les adultes et £2,50 pour les enfants.* Construit au XIIIe siècle, le château se situe à un endroit très stratégique : il domine le village et la mer du haut du rocher et fait partie de la chaîne de châteaux construits par Edward Ier pour assurer ses nouvelles conquêtes. Owain Glyn Dwr, une figure importante de l'histoire du pays de Galles, a capturé le château en 1404 et l'a habité pendant cinq ans, faisant d'Harlech la capitale du pays de Galles. Les vues sont magnifiques, on distingue au loin Tremadog Bay et les montagnes.

Dans les environs

■ **CAVERNES DE LLANFAIR** ✆ **(01766) 780 247.** *Sur l'A496, à 2 km au sud d'Harlech, ouvert de Pâques à septembre, 10h à 17h, et de 11h à 16h en octobre. Prix : £3,10 pour les adultes, £2,10 par enfant.* Ancienne mine d'ardoise creusée à mains d'homme sous la lumière des bougies. Il y a toujours une atmosphère particulière dans ces grottes dont une des salles est aussi vaste qu'une cathédrale.

BEDDGELERT

Ce charmant village, perdu dans la montagne et traversé par la rivière Glaslyn, repose au pied du mont Snowdon. Le nom du village qui signifie la « tombe de Gelert », le fidèle chien du Prince Llywelyn le Grand. La légende raconte que celui-ci aurait tué son chien par erreur pensant qu'il avait dévoré son fils. Une véritable tragédie galloise. La terre est également riche de légendes à propos de Merlin et du roi Arthur. Base pour des randonnées vers le mont Snowdon, 3 des 6 sentiers qui conduisent au sommet commencent juste à côté de Beddgelert. Traversé par un cours d'eau, on ne peut qu'apprécier le charme pittoresque de Beggelert.

Transports – Pratique

■ **TRANSPORTS.** Le service Sherpa (bus locaux du parc de Snowdonia) fonctionne de mai à septembre. Il permet d'accéder au pied des sentiers de randonnées. Pendant toute l'année, des bus desservent assez régulièrement Caernarfon et Porthmadog.

■ **TOURIST INFORMATION CENTRE – www.beddgelerttourism.com –** *Ouvert tous les jours de 9h30 à 17h30. Accès payant à Internet.* Exposition permanente sur la faune et la flore du parc national de Snowdonia.

■ **ARGENT.** Attention : il n'y a pas de distributeur automatique de billets à Beddgelert. Le plus proche est à Porthmadog.

Hébergement

■ **SNOWDON RANGER HOSTEL. Rhyd Ddu** ✆ **0870 770 6038 depuis le pays de Galles.** *Depuis l'étranger* ✆ *00 44 1286 650 391. Prix : £10,80 par adulte, £7,40 pour les moins de 18 ans. De la place pour 67 personnes. Ouvert toute l'année. Possibilité d'y accéder de mai à septembre en bus depuis Beggelert, S4, 10 min. Grande cuisine.*

■ **BRYN DINAS BUNK HOUSE. Nangwynant** ✆ **(01766) 890 234.** *A quelques kilomètres du village sur l'A498.* Au pied de Watkin Walk, un des sentiers qui mènent au sommet de Snowdon. Dortoirs en maison et cabines en bois en extérieur, possibilité de faire sa propre cuisine.

■ **COLWYN GUEST HOUSE. Face à la rivière** ✆ **(01766) 890 276.** *Chambre de £20 à £23 par personne.* Bâtisse datant de 1700, qui donne sur la rivière Glaslyn. Accueil charmant, feu de cheminée, poutres en bois. Rustique.

■ **TON Y GRAIG GUEST HOUSE. Sur la rue principale** ✆ **(01766) 890 310 – www.plastany graig.co.uk – ay.b@virgin.net –** *Prix : à partir de £25 par personne.* Le petit bar donne directement sur la rivière. Les chambres sont très coquettes. La patronne connaît vraiment bien l'histoire du village et de ses environs. N'hésitez pas à l'interroger !

■ **SYGUN FAWR COUNTRY HOUSE & RESTAURANT** ✆ **(01766) 890 258 – www.sygunfawr. co.uk – sygunfawr@aol.com –** *Prendre l'A498 en direction de Capel Curig puis une allée sur la droite, bien signalée. A partir de £34 par personne.* Petit manoir de campagne, construit en 1644, qui est aujourd'hui très confortable et chaleureux : grande salle à manger avec des tables en bois, chambres colorées, avec des poutres imposantes... Les dîners proposés aux invités et aux non-résidents sont élaborés et goûteux (£18 le menu).

■ **TANRONNEN INN. Sur la rue principale** ✆ **(01766) 890 347 – Fax : (01766) 890 606.** *Chambre simple £50, double £90.* C'est le grand luxe au Tanronnen : moquettes ultra-moelleuses, petit intérieur bien douillet, chambres en-suite, télévision, téléphone, avec vue sur la rivière ou le parc. Le Tanronnen est aussi réputé pour sa bonne cuisine.

Campings

■ **BEDDGELERT FOREST CARAVAN & CAMPSITE** ✆ **(01766) 890 288.** *A 1,5 km au nord de Beddgelert sur l'A4085.* Dans la forêt, 300 places dans ce grand complexe avec tout ce qu'il faut dans un cadre de rêve.

■ **CAE DU CAMPSITE. Beddgelert** ✆ **(01766) 890 345.** *Sur l'A498.* C'est le camping le plus près du village, il est traversé par la rivière Glaslyn.

Restaurants

■ **RIVER GARDEN RESTAURANT. Sur la rue principale** ✆ **(01766) 890 551 – www.river garder.fsnet.co.uk –** *Cuisine simple et de qualité avec des plats à £7.* Spécialités galloises comme la tarte à l'agneau et aux poireaux. Possibilité de dormir dans les chambres à l'étage pour £25 par personne.

■ **GLASLYN ICE CREAM AND PIZZA.** Les habitants de Beggelert sont très fiers de leur glacier qui fait ses propres produits. Il accepte toutes les suggestions pour élaborer de nouvelles recettes. Aujourd'hui, il a plus de 25 parfums à vous proposer.

Point d'intérêt

■ **TOMBE DU CHIEN GELERT.** *Accès libre. Suivre la rivière et traverser le champ.* Sous les arbres se trouve la supposée tombe du chien, une plaque rappelle la légende qui raconte que : lorsque Llywelyn est rentré de voyage, son fidèle chien, Gelert, l'accueille la gueule en sang. Ne voyant pas son fils nouveau-né dans le berceau, le guerrier fou de rage en déduit que son fidèle chien a dévoré le nourrisson et le transperce de son épée. Au même moment, un cri s'élève des buissons où l'enfant gît sain et sauf, près du cadavre d'un loup tué par… Gelert ! Pris de remords, le prince Llywelyn a érigé une tombe pour son chien mort. Ce n'est pas grandiose, une simple pierre. La véritable origine du nom semble cependant venir du nom Celert, un saint du VIe siècle qui aurait vécu dans les environs. Il n'y a pas grand-chose à voir mais la promenade d'une dizaine de minutes est agréable.

Dans les environs

■ **DINAS EMRYS ET LLYN DINAS.** Dinas Emrys est une colline boisée à plus d'1 km du village, sur l'A498. C'est ici que, selon la légende, Merlin (Myrddin) aurait prédit au prince gallois Vortigern la défaite du pays de Galles contre l'Angleterre, puis sa reconquête après avoir eu une vision d'une bataille entre deux dragons, un rouge (pays de Galles) et un blanc (Angleterre). Juste en face se situe le lac de Llyn Dinas, aussi associé à Merlin. On raconte que le véritable trône de la Grande-Bretagne est enfoui dans le lac et attend qu'un jeune homme monte sur un certain rocher pour ressurgir. Vous pouvez toujours tenter le coup, sait-on jamais. Une autre légende prétend qu'Exca-libur a été jetée dans ce lac et que les chevaliers de la Table ronde vivent dans une cave adjacente. Ils sortiront quand le pays aura besoin d'eux pour le défendre ! Tout cela est dominé par le mont Yr Aran haut de 2 451 pieds. Un beau voyage dans la nature et dans les légendes celtes.

■ **MINES DE CUIVRE DE SYGUN. Sur la route de Capel Curig** ✆ **(01766) 890 564.** *Ouvert toute l'année. Entrée payante £5.* Visite guidée (45 min) qui vous emmène dans les bas-fonds de l'héritage gallois, dans ces mines de cuivre, d'abord exploités par les Romains. La voix d'un mineur virtuel vous accompagne dans la descente des multiples étages.

Sentiers à partir de Beddgelert

Beddgelert est au pied du mont le plus haut du pays de Galles, le Snowdon. Plusieurs sentiers vous mèneront au sommet : tous font 6 km de long, approximativement 3h pour atteindre le sommet. Les plans et indications précis pour ces 3 randonnées sont en vente à l'office du tourisme. Ils peuvent aider mais les indications colorées sur le chemin suffisent pour ne pas se perdre et atteindre le sommet.

▶ **Snowdon Ranger Path sur la face sud de Snowdon,** au départ de l'auberge de jeu-nesse de Snowdon Rangers, au bord du lac Lln Cwellyn, à 7 km au nord-ouest de Beddgelert. Ce chemin, assez facile, est conseillé aux randonneurs peu expérimentés. Il à l'avantage d'être moins fréquenté que le Llanberis path, la randonnée facile au départ de Llanberis.

▶ **The Watkin Path** démarre à Bethania Bridge, à 4 ou 5 km au nord-est de Beddgelert, sur l'A498. Le sentier commence sous les chênes. Il faut monter jusqu'au chemin de fer aban-donné et un peu plus loin passer la mine de Snowdon Slate Works jusqu'au Gladstone Rock. Un chemin étroit zigzague à gauche, puis l'ascension commence.

▶ **Une promenade vous entraîne depuis Beddgelert jusqu'aux gorges d'Aberglaslyn,** (6 km, 2h30) en passant par les mines de cuivre. Le chemin monte jusqu'à Cwm Bychan. Prendre la rive droite de la rivière, passer la tombe de Gelert, enjamber le pont jusqu'au chemin de fer abandonné qui vous mènera jusqu'à Pont Aberglaslyn. Suivez le nord une fois passé la fin du chemin de fer. Il vous reste 3 km avant les mines de cuivre. Une fois là, il suffit de suivre la rive gauche de la rivière Glaslyn jusqu'aux gorges.

CAERNARFON

Ville fortifiée qui trouve ses origines à l'époque romaine. Située sur la rive droite de la rivière Seiont, face à la mer, ou plutôt au bras de mer Menai Strait. Le centre-ville, intramuros, est plein de charme. On se balade avec plaisir dans les rues étroites du centre, au pied de l'impressionnant château de Caernarfon. C'est dans ce bastion du nationalisme gallois que Charles fut investi comme prince de Galles en 1969, symbole de l'impérialisme britannique. C'est paradoxalement dans cette ville que le parti nationaliste gallois fait le plus de partisans.

Transports

Pas de gare, mais un bon service de bus sur la place Y Maes (Castle Square).

■ **LES BUS 5/5X** assurent la liaison entre la ville et Bangor. Ces bus vont jusqu'à Conwy et Llandudno. Fréquence : toutes les 20 min la semaine et toutes les heures le dimanche. On peut facilement prendre un bus pour Porthmadog, Aberystwyth, la péninsule de Llyn.

Pratique

▶ **Indicatif téléphonique :** 01286.

■ **TOURIST INFORMATION CENTRE. Oriel Pendeitsh, Castle Street** ✆ **(01286) 672 232.** *Ouvert de 10h à 17h en hiver et de 9h30 à 17h30 de Pâques à septembre.* Face à l'entrée principale du château.

Hébergement

■ **TOTTERS. 2 High Street** ✆ **(01286) 672 963.** *Demandez Bob ou Henry. Prix en dortoirs : £13.* Auberge de jeunesse indépendante, à 2 min du château, et à 30 m de la mer. On peut voir le soleil se coucher dans l'arche adjacente. C'est ce qu'il y a de moins cher en ville, dortoirs pour 6 (30 places). Propre et sympathique, Totters fait l'unanimité. Petit-déjeuner compris : céréales et toasts.

■ **MENAI VIEW. North Road** ✆ **(01286) 674 602.** *Prix : £25 par personne.* Agréable guesthouse qui comme son nom l'indique donne sur Menai Strait.

■ **BRYNHYFRYD. St David Road** ✆ **(01286) 673 840.** *Prix : £25 par personne.* B & B sympathique et bien situé. Demandez la chambre avec la terrasse privée sur le toit. Le jardin est particulièrement fleuri.

■ **BRYN EISTEDDFOD HOTEL. Clynnog Farm** ✆ **(01286) 660 431.** *A 20 min en voiture ou avec le bus 12 direction Pwellehi. A partir de £25 par personne.* Petit hôtel de campagne avec une vue splendide depuis le bar, qui donne sur les champs et la mer. Les chambres sont spacieuses. Possibilité d'y dîner. Cuisine simple à partir d'aliments de qualité pour £17 le menu. Base idéale pour explorer les environs. En plus, Carole, la maîtresse de maison, parle français.

■ **CELTIC ROYAL HOTEL. Stryd Bangor** ✆ **(01286) 674 477.** *Prix : simple à partir de £50, double de £80.* Grand hôtel de luxe avec plus de 100 chambres, sauna, piscine, fitness…

Campings

La région regorge de campings :

■ **CADNANT VALLEY CARAVAN PARK** ✆ **(01286) 673 196.** *A 20 min du centre sur la route de Llanberis, l'A4086.*

■ **BRYN GLOCH CARAVAN AND CAMPING PARK. Betws Garmon.** *A quelques kilomètres de Caernarfon, sur l'A4085 sur la route vers Beddgelert. Prix : £8-9.* Près de la rivière Gwyrfai, ce parc de 28 ha offre modernité et luxe (minigolf, salle de jeux…) ; pour ceux qui aiment !

Restaurants

■ **STONES BISTRO. 4 Hole in the Wall Street** ✆ **(01286) 671 152.** *Ouvert de 18h30 à 23h.* La spécialité de ce restaurant situé dans une maison vieille de 300 ans est le mouton et l'agneau gallois ! Très bon.

■ **THE FLOATING RESTAURANT. Sur la mer, à côté du château.** Prix très raisonnables et magnifique vue sur l'île d'Anglesey, depuis le restaurant flottant !

■ **THE BLACK BOY INN. Northgate Street** ✆ **(01286) 673 023.** Certainement le plus vieux bâtiment de la ville, c'est aussi le pub le plus pittoresque. Décoration digne d'une salle des curiosités. C'est ici que l'on rencontre tous les locaux et marins pêcheurs qui seront ravis de se moquer des Anglais avec vous ! Le pub tire son nom de Jack, un esclave noir capturé en Afrique et qui a atterri à Caernarfon au milieu du XVIIIe siècle. C'était probablement la première personne de couleur à être vue au pays de Galles. Il a même épousé une Galloise et ils ont eu 7 enfants. On y mange aussi très bien : au menu, bœuf cuit dans la Guinness, et des petits-déjeuners servis toute la journée pour £4,50. Vraiment, ça vaut le coup d'y passer.

Sortir

■ **ANGLESEY PUB. Sur la promenade qui donne sur la mer, à côté du château.** Grand pub qui attire les jeunes de la ville. Un quizz y est organisé tous les jeudis soirs. Un bon moyen pour rencontrer les locaux ! Mais attention, les questions portent beaucoup sur la culture british, alors préparez-vous !

■ **MEDI. Dans la ville fortifiée.** Ce bar-restaurant reste ouvert le samedi soir jusqu'à 1h. Piste de danse sympa. C'est ici que se réunissent les jeunes quand les bars ferment.

Point d'intérêt

■ **CAERNARFON CASTLE** ✆ **(01286) 677 617.** *Ouvert en avril et en mai de 9h30 à 17h, du 1er juin au 30 septembre de 9h30 à 18h, en octobre de 9h30 à 17h et du 1er novembre au 31 mars de 9h30 à 16h. Entrée payante : £4,50 pour les adultes, £3,50 tarif réduit.* Un des châteaux les mieux conservés du pays de Galles, immense et majestueux face à la mer, c'est un voyage dans le temps ! Endroit stratégique et politique, c'est ici qu'a eu lieu en 1969 l'investiture du candidat à la couronne, Charles, comme prince de Galles. Depuis 1282, date de la victoire des Anglais sur Llywelyn le Grand, le dernier prince « gallois », le titre de prince de Galles est devenu celui de l'aspirant à la couronne britannique, investi soit à Windsor Castle ou Westminster Abbaye à Londres. Cette coutume et ce titre remontent à Edouard Ier d'Angleterre, qui avait promis aux Gallois de leur donner un prince natif de Galles et ne parlant pas l'anglais. Edouard II, né à Caernarfon, ne parlait ni l'anglais ni le gallois… Il faudra attendre 1911 pour que Lloyd Georges, Premier ministre gallois, exige que l'investiture se fasse au pays de Galles, à Caernarfon. Au château de Caernarfon est exposé le trône spécialement conçu pour l'occasion, ainsi qu'un spécimen de chaise et de tout ce qui fut fabriqué pour la cérémonie (conçu et réalisé au pays de Galles, cela va sans dire !). Le château fut construit en 1283 par Edward Ier, pour consolider son avancée militaire mais aussi pour en faire sa royale demeure et son siège politique. Edward (ou Edouard in french) voulait faire du château un mélange de style, associant les murs de Constantinople et la grandeur romaine. Tours jumelles, tours polygonales, la forteresse accueille aussi le musée du Régiment royal des fusiliers, premier régiment du pays de Galles.

LLANBERIS

C'est le village des montagnards par excellence. Perchée sur le flan de la montagne la plus haute du pays de Galles et de l'Angleterre, le mont Snowdon, Llanberis offre tout un éventail de paysages, allant de la forêt, des deux lacs au mont Snowdon, il n'y a pas de temps pour s'ennuyer.

Transports

■ **SERVICE LOCAL DE BUS.** Bus n° 77 de Bangor, 88 de Caernarfon, ou le Sherpa l'été n° S1. On les prend sur la route principale, High Street près du Tourism Information Center.

■ **TRAIN.** De la gare, on prend le train pour aller au sommet de Snowdonia.

Pratique

▶ **Indicatif téléphonique :** 01286.

■ **TOURIST INFORMATION CENTRE** ✆ **(01286) 870 765. 41b High Street.** *Ouvert de Pâques à septembre tous les jours de 10h à 17h. De mercredi à dimanche de 10h à 16h en hiver.*

■ **LOCATION DE VELOS. 60 High Street** ✆ **(01286) 871 892 – sales@energycycles.com –** *Location de V. T. C. pour £22 par jour, tandem £30.* Vous trouverez d'excellentes informations sur les promenades à faire dans la région (en français si vous le souhaitez) et sur les autres activités sportives à faire dans le coin.

Hébergement

Le choix d'hôtels et d'auberges de jeunesse en ville et dans les environs est vaste. Llanberis est une ville de passage bien équipée pour recevoir touristes et adeptes de l'escalade.

■ **LLANBERIS AUBERGE DE JEUNESSE. Llwyn Celyn.** *Prix : £9 pour les moins de 18 ans, £12 pour les adultes. 60 lits (il faut au moins ça pour tous ces randonneurs !).* En haut du village, dans la forêt, à environ 1 km de la station de bus. Sur High Street prendre direction Capel Coch Road, (au niveau du magasin Spar au coin), garder la gauche dans la fourchette.

■ **PETE EAT'S. High Street** ✆ **(01286) 870 358.** *Prix : £12 en dortoir, £30 la chambre double.* Auberge qui devient très connue dans le coin car l'ambiance est vraiment très sympa. Mais Pete, le propriétaire, favorise les groupes pour la location de dortoirs. Si vous voyagez en individuel, essayez mais il est plus difficile de trouver un lit !

■ **GALLT Y GLYN HOTEL. Caernarfon Road** ✆ **(01286) 870 370.** *Prix : £22,50 par personne. Petit-déjeuner au départ des randonnées et thé et biscuits à l'arrivée.* Ambiance chaleureuse et décontractée au pied des sentiers pour le mont Snowdon.

■ **EWR FAIR HOTEL. High Street** ✆ **(01286) 872 400 – www.erwfair.com – erwfair@fsmail. com –** *Prix par personne : à partir de £24.* Maison du XIXe siècle en ardoise grise, typique de la région. On trouve tout dans ce B & B du centre de Llanberis : bar, accès à Internet, TV en couleur dans toutes les chambres…

■ **BRON-Y-GRAIG. Capel Coch Road** ✆ **(01286) 872 073.** *Prix par personne : entre £26 et £28.* Charmante maison victorienne à quelques pas de la gare pour le petit train qui monte au sommet de Snowdonia. Jardin fleuri et soigné. B & B 4 étoiles.

■ **MAESTEG. High Street** ✆ **(01286) 871 187 – hilarymaesteg@hotmail.com –** *Prix par personne : à partir de £19.* B & B dont la devanture ne paye vraiment pas de mine. Mais il reste plein de ressources : il sert de clinique d'aromathérapie (soigner par l'odorat) et les tenanciers sont guides de montagne. Possibilité d'arranger des randonnées avec eux.

■ **ROYAL VICTORIA HOTEL – QUALITY SNOWDONIA HOTEL** ✆ **(01286) 810 253 – www.royal-victoria-hotel.co.uk – info@royalvictoria.fsnet.co.uk –** *Entre £30 et £55 par personne.* C'est l'hôtel haut de gamme de Llanberis, plus de 100 chambres avec salle de bains, 2 restaurants, 2 bars. Patron très sympathique qui accueille des clients du monde entier. Beaucoup de clients reviennent, c'est bon signe.

Restaurants

■ **PETE'S EATS. 40 High Street** ✆ **(01286) 870 358.** *Ouvert tous les jours de 8h à 20h mais souvent jusqu'à plus tard.* Dans le genre cantine des locaux, sympathique, vous ne trouverez pas mieux. Les murs sont placardés avec des photos de randonneurs et de montagnards, c'est le Q. G. des passionnés d'escalades. Toutes les bonnes infos. En ce qui concerne la nourriture, c'est bon et pas cher, encore une autre raison d'y aller. Accès à Internet et à de bonnes cartes pour préparer ses randonnées.

■ **O'BISTRO. 43-45 Stryd Fawr** ✆ **(01286) 871 278.** *Prix : un repas avec 2 plats : £24, 3 plats : £26.* Renommé dans toute la région pour ses mets pleins d'originalité (champignons farcis aux noisettes, soupe d'avocat, etc.), l'établissement, qui fut jadis la bibliothèque de la ville, varie régulièrement ses menus. Saumon, crevettes, melon au cointreau, tiramisu… On y mange très bien.

Points d'intérêt

■ **CHATEAU DE DOLBADARN.** Les ruines du château de Dolbadarn à l'entrée de la ville nous rappellent que Llywelyn le Grand fut au XIIIᵉ siècle le maître de ce lieu très stratégique : le passage de Beris entre les deux lacs Llyn Padarn et Llyn Beris. Accès libre. Heureusement, parce qu'il ne reste pas grand-chose à voir.

■ **SNOWDON MOUNTAIN RAILWAY** ✆ 0870 458 0033 – **www.snowdonrailway.co.uk** – *Tous les jours de mi-mars à la première semaine de novembre (sous réserve de bonnes conditions climatiques). Prix : £18. Les trains n'ont pas vraiment d'horaire fixe. S'il y a plus de 25 passagers, le départ du premier train a lieu à 9h (8h30 en août) et circule jusqu'à la fin de l'après-midi.* Ce train, construit en 1896, monte un dénivelé de 957 m sur plus de 7 km, jusqu'au sommet de Snowdon. Tous les sportifs le snobent bien sûr. Au sommet, se trouvent café et un bazar un peu décevant, dommage mais tourisme oblige ! Il y a même une poste, la plus élevée de Grande-Bretagne. L'aller-retour dure 2h30. Réservation conseillée en été. Achat à la gare.

■ **LLANBERIS LAKE RAILWAY** – **www.lake-railway.co.uk** – *Ouvert de mi-mars à fin octobre, ouvert tous les jours en juillet et août, de dimanche à samedi les autres mois. Prix dégressifs selon le nombre de personne. Adulte seul : £8,50.* Une promenade de 40 min dans un train tiré par une authentique locomotive à vapeur qui servait jadis à transporter l'ardoise jusqu'à Menai Strait. Le circuit longe les deux lacs jumeaux, Llyn Beris et Llyn Padarn. Le train part de la station de Padarn Country Park et s'arrête Cei Llydan sur les bords du lac.

Les sentiers qui mènent au sommet de Snowdon

Différents sentiers de randonnées mènent au sommet de Snowdon. Certains sont plus ou moins faciles. Un conseil que les gens du coin vous rappelleront sans doute : Snowdon est bien connu pour ses soudains changements de climat et ses brouillards venants de nulle part. Il n'est pas très conseillé de s'éloigner des sentiers.

▶ **Llanberis Path,** c'est la randonnée censée être la plus facile, snobée par les « vrais trekkers » qui la considèrent comme pas assez intéressante, c'est aussi la plus longue (7 km jusqu'au sommet, 1 000 m de dénivelé, environ 4h de marche aller-retour). Ce sentier attire en revanche des nuées de randonneurs l'été. On suit la ligne de chemin de fer, le Snowdon Mountain Railway, parfois très bruyant. Le sentier commence en face de l'hôtel Le Royal Victoria. Passé « Clogwyn Du'r Arddu », la « falaise noire », on se trouve nez à nez avec les ruines des étables où les mules se reposaient. Puis on passe Bwlch Glas, le « passage vert », avec le « Finger Stone », c'est à ce niveau que les sentiers de Snowdon Ranger Path (voir Beddgelert) et trois autres sentiers en partance de Pen-y-Pass se rejoignent.

▶ **The Miners'Track,** le sentier des mineurs (6 km jusqu'au sommet, 2h30) commence à Pen-y-Pass, à partir du sud du parking, le sentier passe par l'ancienne mine de cuivre Cwm Dyli. Après le lac, ça monte un peu plus jusqu'à la jonction avec Llanberis Path.

▶ **Pig Track.** Le très cailouteux Pig track (5 km jusqu'au sommet, 2h30) est plus court et plus raide que le Miners'Track. Au départ du parking de Pen-y-Pass, à la sortie ouest, jusqu'à Bwlch y Moch, le « passage des cochons » d'où le sentier tire son nom. Continuer jusqu'à la jonction avec Llanberis path.

▶ **Snowdon Horseshoe** est la randonnée la plus « sérieuse » (12 km et 5 à 7h pour atteindre le sommet), le chemin vous conduit grâce à des petits sentiers accrochés sur des falaises plutôt abruptes, parfois périlleuses. La randonnée zigzague autour de vallées formées par des glaciers, comme Glaslyn et Llydaw. Attention, certains passages du circuit ne sont pas faciles : à même la roche, au bord du précipice. Tous les ans, plusieurs personnes se retrouvent coincées en montagne, incapables de bouger. En hiver, il faut un équipement minimum, crampon, piolet ! Le sentier suit le Pig Track (voir au-dessus) jusqu'à Bwlch y Moch, puis dériver sur la droite vers Crib Goch.

NANT GWYNANT

Passage étroit entre deux massifs de Snowdonia, sur la route Pen-y-Pass, à 8 km de Llanberis. Magnifique point de départ pour de longues randonnées. L'auberge de jeunesse Pen-y-Pass est l'une des plus réputées et plus sympas du coin.

■ **AUBERGE DE JEUNESSE PEN-Y-PASS** ✆ 0870 770 5990. **Depuis l'étranger** ✆ 00 44 1286 870 428 – **penypass@yha.org.uk** – *Prix : £9 moins de 18 ans, £12 adulte.* Grande maison située au pied de la « randonnée des Mineurs », the « Miners Track », qui mène au sommet de Snowdon et qui était déjà utilisé par des randonneurs du monde entier au début du siècle. Malgré ses 84 lits, il vaut mieux réserver. Accessible par le bus Sherpa 95 sur la ligne Caernarfon et Llanberis. En voiture, suivre Llanberis sur l'A4086.

BETWS-Y-COED

700 habitants. Véritable station de randonnées, pratique pour explorer le parc naturel de Snowdonia. Betws-y-Coed (prononcer Betous-ar-Coyd) est le rendez-vous des marcheurs et des cyclistes tout terrain. En été et au printemps, ils déambulent en nombre dans les quelques rues de ce petit village. On peut y acheter tout le matériel nécessaire pour une randonnée et pour camper. La rivière court parallèlement à une rangée de maisons construites pour observer les tourbillons. C'est un foisonnement d'arbres et de montagnes qui cachent, au bout de leurs sentiers, un lac, un point de vue, une vallée, des chutes d'eau… Et toujours, partout, dissimulée sous les fougères et les bruyères, cette mousse épaisse et souple, douce au promeneur, tendre au dormeur, la mousse des contes de fées, celle qui soulage la tête des poètes. Néanmoins, la circulation assez dense de voitures et piétons trouble ce village qui pourrait être si paisible.

Transports

■ **GARE.** La gare de Betws-y-Coed donne sur la pelouse du parc en centre-ville, à quelques mètres de l'office du tourisme. La gare est sur la Conwy Valley line qui relie Llandudno à Blaenau Ffestiniog.

■ **BUS.** Arrêt derrière la gare. Bus pour Conwy, Llandudno, Llanberis, Llangollen.

Pratique

▶ **Indicatif téléphonique :** 01690.

■ **OFFICE DU TOURISME. Visitor Center, à côté de la gare Royal Oak Stables** ✆ **(01690) 710 426.** Organise des marches en été.

■ **BANQUE.** HSBC ouvert les matins seulement et bureau de change dans l'épicerie devant la grande pelouse.

■ **LOCATION DE VELOS. Beics Betws, rue parallèle à la rue principale** ✆ **(01690) 710 766.** *Prix : £5 l'heure ou £18 la journée.* Le propriétaire du magasin organise et accompagne des promenades en vélos.

Hébergement

Il y a un très bon choix d'hôtels et d'hébergements en ville mais les établissements sont très fréquentés. Mieux vaut réserver un peu à l'avance. Autre conseil : les hôtels sur la rue principale sont assez bruyants. Des endroits plus agréables sont à découvrir à quelques minutes de là.

■ **SUMMER HILL GUEST HOUSE. Coedcynhellir Road** ✆ **(01690) 710 306.** *A partir de £18 par personne. Prix très raisonnables.* Politique très stricte vis-à-vis des fumeurs : ceux qui sentent le tabac ne rentrent pas ! Vrai repère de randonneurs qui profitent de la nature et se moquent un peu de la décoration de leur auberge en rentrant d'une longue marche.

■ **TAN DINAS. Coedcynhellir Road** ✆ **(01690) 710 635.** *Prix : £26 par personne.* A 500 m du centre du village, au-dessus de la vallée, une vue magnifique, pour un tête-à-tête avec les arbres. Bain d'oxygène assuré. Vaste collection de casettes vidéos dont la célèbre série *The Prisoner.*

■ **THE ROYAL OAK FARM** ✆ **(01690) 710 60.** *Juste derrière l'office de tourisme, en prenant un petit sentier privé puis en longeant la rivière. A partir de £23 par personne.* Jolie maison avec des roses sur le mur. Intérieur coquet.

■ **SWALLOW FALLS HOTEL. Face aux cascades** ✆ **(01690) 710 796 – www.swallowfalls hotel.co.uk** *– Pour y accéder bus S2 et S19 à partir de Betws.* Ce grand complexe vient d'ouvrir une auberge de jeunesse et un camping en plus de l'hôtel initial. L'auberge (£12 par personne) est vraiment sympa, avec une cuisine bien équipée. Le reste ne vaut pas tant le coup.

Campings

■ **CAMPING RIVERSIDE CARAVAN PARK** ✆ **(01690) 710 310.** *Derrière la gare. Environ £6 par personne.*

■ **BODNANT CARAVAN PARK. Nebo Road, Llanrwst** ✆ **(01492) 640 248.** *A quelques kilomètres de Llanberis. Prix : £9 pour 1 tente et 2 personnes.*

Restaurants

■ **BARA TAN LAN BREAD. Sur la rue principale.** *A partir de £0,85 le feuilleté.* Dans ce libre-service, la cuisine est faite sur place tout comme la pâtisserie. Salade, plat chaud (du jour), thé, gâteaux.

■ **SPAR. En haut de la rue principale.** L'épicerie fait de bons sandwichs, très appréciés des randonneurs.

■ **TY GWYN. A 1 km du centre ville** ✆ **(01492) 710 383.** *Environ £18 par personne.* Cet ancien relais de diligence, situé juste avant l'entrée du village, propose une cuisine traditionnelle galloise et britannique très appréciée des gens du coin. Décoration sympa faite de bric et de broc.

Sortir

Pour les amateurs de pubs, rendez-vous à Llanrwst, à quelques kilomètres de Betws-y-Coed. Les bières y sont brassées localement, et les samedis et dimanches soirs animés.

Points d'intérêt

Betws-y-Coed se trouve au centre d'une région riche de sites, de ruines romaines, de villages, de forêts et de lacs. Le Snowdonia National Park est l'un des coins touristiques les plus populaires du pays de Galles. Outre de nombreux circuits pédestres (pour marcheurs confirmés ou non), la région propose des promenades d'une variété infinie : un lac, une cascade, des vestiges de thermes romains, un point de vue panoramique, des vallées, les ruines d'un château du temps des guerres contre Edouard Ier d'Angleterre… La liste est longue. Au hasard, on citera Conway Falls, Swallow Falls, ou l'impressionnant Fairy Glenn, qui porte bien son qualificatif de « féerique ».

■ **SWALLOW FALLS. A 3 km à l'ouest de Betws-y-Coed, sur l'A5 vers Capel Curig.** C'est un des sites les plus visités de la région. Magnifique point de vue. £1 l'entrée !

■ **TY HYLL.** *Ouvert tous les jours de 9h30 à 17h, de Pâques à octobre.* Passé Swallow Falls, face de la rivière Llugwy, on tombe nez à nez avec « The Ugly House » qui, comme son nom l'indique (« la maison laide »), ressemble plus à un tas de pierre qu'à une maison. La raison serait qu'à une époque toute construction édifiée en un jour serait exonérée d'impôts ! Ce fut jadis une halte pour les fermiers irlandais qui conduisaient leur bétail au marché.

■ **ITINÉRAIRE DE LLYN ELSI, AUTOUR DU LAC.** *Environ 2h. Plan disponible à l'office de tourisme dans un pack de 13 marches (£2).* Depuis la rue principale, gravir la colline entre St Marys Church et Cotswalds Camping Shop. Longer le bungalow à votre droite le long de Forestry Road. Tourner à droite sur la Forestry Road. Vous verrez des panneaux de signalisation avec de la peinture soit blanche soit bleue. Suivez les blancs et ils vous conduiront autour du lac et vous permettront de redescendre jusqu'à Betws. La première partie est assez raide mais le chemin est bien signalé et facile à suivre.

Shopping

■ **ANNA DAVIES. Près du Royal Oak Hotel.** Magasin de spécialités galloises. Vous y trouverez tout ce que vous voulez rapporter à la maison comme souvenir : pulls, laverbread… une véritable caverne d'Ali Baba avec des prix pas toujours raisonnables. Ouvert tous les jours.

LLANRWST

Il fait bon s'écarter de la route tracée (A470) pour s'égarer et rejoindre, par des chemins détournés, la petite ville de Llanrwst. La route secondaire, B5106, est plus pittoresque. Petit village moins connu que Betws-y-Coed, dans la vallée de Conwy, qui possède de très jolies chapelles. Bien galloise, toute de gris bâtie et de blanc peinte, très animée les jours de marché, elle est entourée par une rivière, des collines, un pont étroit… Les vendredis et samedis, c'est en chantant – en solo, en canon, souvent en chœur – qu'on termine la semaine, la main sur la pinte de bière locale. Ce village fut jadis le centre le plus important de laine. Marchés le mercredi et le vendredi.

CAPEL GARMON

A 2 km de Betws.

■ **THE WHITE HORSE INN** ✆ **(01690) 710 271.** *Entre £44 et £55 la chambre.* Vieux de 400 ans, The White Horse est connu comme le loup blanc dans toute la région. Peinture blanche et fleurs. On y dîne très bien et l'ambiance du bar est sympathique.

Point d'intérêt

On peut visiter le **site funéraire** datant de l'ère néolithique construit entre 2500 et 1900 avant J.-C. Il s'agit seulement de quelques pierres mais l'atmosphère est particulière. A 1 km du village Capel Garmon, à travers les champs, le site est indiqué. Accès libre.

TREFRIW

Au nord de Betws-y-Coed, on trouve Trefriw, un village où foisonnent les Bed & Breakfast et les salons de thé, sur le chemin des thermes romains (à la sortie du village). Trefriw est la base idéale pour explorer les 11 lacs de la vallée au-dessus du village. Le lac de Crafnant est le plus beau, on peut y pêcher des truites. Geirionydd, berceau de nombreuses légendes arthuriennes, est aujourd'hui utilisé comme base de loisirs où l'on s'exerce à de nombreux sports. La route qui mène au lac de Cowlyd offre des vues extraordinaires. Une très belle balade.

Llanrhychwyn Church est l'église la plus ancienne du pays de Galles, perdue dans la forêt au-dessus du village. Très pittoresque.

■ **TREFRIW WOOLLEN MILLS** ✆ **(01492) 640 462.** *Ouvert de Pâques à octobre du lundi au vendredi de 10h à 17h.* Le pays de Galles est réputé pour sa laine et pour tout ce qui en découle : tissus, couvertures, vêtements, accessoires. Chaque fabrique a ses motifs particuliers à forte inspiration celte. Presque toutes ont un magasin ouvert au public. Le long des routes, on trouve souvent des indications fléchées qui y conduisent. La boutique de Trefriw Woollen Mills est en plein centre du village : tissus, vestes, manteaux (entre £50 et £70 la pièce), jupes en kit (tissus, doublures, fermetures à glissière) de £6 à £12 et surtout des coupons à partir de £3.

DE BETWS-Y-COED À BLAENAU FFESTINIOG :
la vallée de la Lledr

La rivière coule sous les pins, bordée de mousse recouvrant pierres et vieux bois d'un tapis vert épais et moelleux. A tout moment, on s'attend à voir des êtres magiques au cœur de cette terre de mystères et de légendes. Et quand la brume s'abat comme un rideau sur ce spectacle, on ne sait plus ce qui est rêve ou réalité. Ce n'est pas étonnant que cette région inspire tant l'imagination de ces habitants. Découvrir ce petit morceau de nature, c'est faire un voyage bien plus loin qu'on ne le pense.

Hébergement

■ **AUBERGE DE JEUNESSE INDEPENDANTE DE LLEDR.** Pont-y-Pant ✆ (01690) 750 202. *Bus Clippa n° 84. Sur l'A470, au nord-ouest de Dolwyddelan. Tourner à gauche à partir de la gare de Pont-y-Pant le long de la route, puis à gauche, traverser le pont et à gauche. Prix : £11 pour adulte, £9 pour les moins de 18 ans.*

Point d'intérêt

■ **DOLWYDDELAN CASTLE.** *Ouvert d'avril à fin septembre tous les jours de 9h30 à 18h30 et du 1ᵉʳ octobre au 31 mars du lundi au samedi de 9h30 à 16h et le dimanche de 11h à 16h. Prix : £2 pour les adultes, £1,50 tarif réduit.* A quelques minutes en voiture, on rejoint les ruines du château de Dolwyddelan. Ses pierres ont vu naître le prince Llywelyn ap Iorwerth, (grand-père de Llywelyn le Grand) celui-là même qui s'est rendu maître de Shrewsbury, en 1215 puis en 1232, et vainquit l'armée anglaise.

Jardins

La tradition veut qu'Epicure ait été le premier Grec à avoir possédé un jardin. Il ne s'agissait naturellement pas d'un potager, mais d'un jardin d'agrément. Autrement dit, un espace aménagé pour son seul plaisir par l'homme, cette machine à penser son rapport avec le grand mystère, vous savez, Nature… Culture ? Même si la chose était assez exceptionnelle pour que l'Histoire s'en empare. C'est que l'art des jardins n'a pas, dans l'Antiquité, marqué outre mesure nos ancêtres urbanistes. Il a fallu qu'Alexandre passe par l'Orient pour que la mode des jardins soit lancée. Dix-sept siècles plus tard, Le Nôtre est, de ce côté-ci de la Manche, considéré comme le père des jardins dits « à la française », mais en Grande-Bretagne on parle encore, avec plus d'humilité, de « jardins anglo-chinois ». En visitant les uns et les autres, ce sont peut-être nos deux mentalités qu'on comparera, avec d'un côté le jardin régulier, et de l'autre le jardin paysager ou naturel. Le Royaume-Uni foisonne de ces agréables espaces. Voyez où vont vos préférences.

BLAENAU FFESTINIOG

Le nom du village signifie « la tête de la vallée de Ffesiniog ». Ici, c'est le royaume de l'ardoise. Du gris à perte de vue, des montagnes creusées, de véritables galeries sous nos pieds, des piles d'ardoises sur tous les flancs de collines, c'est la région des « gueules noires ». Il est impératif de visiter une de ces mines pour bien comprendre les Gallois et leur culture. Des conditions de vie exécrables mais aussi une grande fierté pour ce métier souvent exercé de père en fils. Beaucoup de mines sont aujourd'hui fermées mais l'industrie est toujours active. Deux mines sont toujours en activité : Llechwedd Slate Mines et Goddfa Ganol Slate Mine, la plus grande mine d'ardoise du monde ! Beaucoup de visiteurs viennent à Blaenau en prenant le petit train touristique, visitent une mine d'ardoise et repartent. Ce type de visite éclair est assez justifiée au vu du nombre limité de points d'intérêt de Blaenau et de l'ambiance un peu triste (taux de chômage assez élevé, temps souvent nuageux…)

Hébergement

Blaenau Ffestiniog n'est pas une ville où l'on s'attarde ce qui explique le choix limité d'hôtels.

■ **ISALLT. Church Street** ✆ **(01766) 832 488 – www.isallt.co.uk – freearsc@aol.com –** *A partir de £18 par personne.* B & B central dans Blaenau. Maison victorienne en ardoise grise. Le prix est très raisonnable pour des chambres qui ont toutes leur propre salle de bains.

■ **TY CLWB. The Square. Llan Ffestiniog, à quelques kilomètres de Blaenau** ✆ **(01766) 762 658 – www.tyclwb.co.uk – tyclwb@talk21.com –** *Entre £20 et £26 par personne.* Vieille bâtisse du XVIIIe siècle située au milieu des collines dans un village paisible. Accueil chaleureux. Très bon rapport qualité/prix.

Restaurant

■ **ABBEY ARMS HOTEL. Llan Ffestiniog** ✆ **(01766) 762 444.** Pub qui fait aussi de la bonne nourriture et de la bière. Quelques chambres sont disponibles aussi.

Sortir

■ **THE MANOD. High Street. Blaenau Ffestiniog** ✆ **(01766) 830 346.** Une très bonne sélection de bières et surtout de real ale (bière brassée de façon artisanale qui, par sa fermentation, produit son propre gaz).

Points d'intérêt

Des mines, des mines et encore des mines. Déconseillées aux claustrophobes et aux frileux. Prévoyez un pull-over.

■ **LLECHWEDD SLATE CAVERNS – www.llechwedd.co.uk –** *Ouverte de mars à septembre, tous les jours de 10h à 17h15, et d'octobre à février de 10h à 16h15.* Il y a deux circuits, un tour guidé sur le « miner's underground tramway », un train jadis utilisé pour remonter et descendre les mineurs à la mine. L'autre tour, « Deep Mine », plus complet, plus long et plus profond, vous raconte, en son et lumière, les conditions de vie des mineurs à plusieurs mètres de profondeur. Travail à la lumière des bougies dans des grottes vastes comme une église, au bord de lacs souterrains. Très impressionnant ! C'est un voyage au cœur de la culture et de l'histoire du pays de Galles. Impératif pour bien se rendre compte des conditions de travail difficiles des mineurs gallois. *Prix : £5,95 pour 1 tour, £9,15 pour les deux tours.*

■ **GLODDFA GANOL SLATE MINE.** *Ouvert de mi-juillet à août, tous les jours sauf le samedi, de 10h à 17h30. De Pâques à mi-juillet, septembre et octobre, de lundi à vendredi de 10h à 17h30. Entrée à £5.* Plus au calme pour visiter les mines (vous n'êtes pas minutés), ce sont les mines d'ardoise les plus grandes du monde. Et oui ! Paysages désertiques, lunaires. La mine est toujours en activité mais on creuse à ciel ouvert. A la surface, vous pouvez aussi visiter les Quarrymen's cottages, une série de maisons, répliques fidèles des habitations des mineurs, décorées selon trois périodes : 1885, la Première Guerre mondiale et la Seconde Guerre mondiale.

■ **FFESTINIOG RAILWAY.** Voir Porthmadog.

BANGOR

C'est la plus grande ville du nord du pays de Galles (12 500 habitants), connue pour ses deux ponts qui traversent Menai Strait et relient la terre à l'île d'Anglesey, le Menai Suspension Bridge, le pont suspendu et Britannia Bridge. Ville universitaire bondée l'hiver, désertique l'été, c'est aussi un bastion du nationalisme gallois, ce qui peut poser quelques tensions avec la population étudiante en majorité anglaise.

Transports

La gare est un point de passage obligé de tous les trains en direction de Holyhead et de l'Irlande. A partir de la gare, la rue principale Deiniol Road, qui devient Garth Road, va jusqu'à la jetée sur le bord de mer.

Pratique

▶ **Indicatif téléphonique :** 01248.

■ **TOURISM INFORMATION CENTRE. Town Hall** ✆ **(01248) 352 786.** *Ouvert d'avril à septembre de 10h à 18h et en octobre vendredi et samedi de 10h à 16h.*

Hébergement – Restaurants

Il n'y a pas un grand choix d'hôtels. Vous trouverez la plupart des B & B en bord de mer sur Garth Road.

■ **AUBERGE DE JEUNESSE. Tan-y-Bryn. Depuis le pays de Galles** ✆ **0870 770 05686. Depuis l'étranger** ✆ **00 44 1248 353 536.** *Prix : £12 pour les adultes, £8,70 pour les moins de 18 ans. A droite, sur l'A56, bus n° 6 ou 7 sur Garth Road.* Petit château un peu en retrait. L'auberge peut être bondée et très bruyante, billard, jeux électroniques.

■ **UNIVERSITE DE BANGOR (PENDANT LES VACANCES SCOLAIRES)** ✆ **(01248) 388 399 – www.welcomebangor.co.uk – info@welcomebangor.co.uk –** *Pour les groupes d'un minimum de 6 personnes seulement. Entre £20 et £23 la nuit par personne.* Possibilité d'obtenir des chambres à l'université de Bangor pendant les vacances scolaires. Beaux logements universitaires où l'on a également accès aux installations sportives.

■ **ERYL MOR HOTEL. 2 Upper Garth Road** ✆ **(01248) 353 789 – www.erylmorhotel.co.uk –** *Entre £22 et £35 par personne.* Belle bâtisse avec une verrière qui a une vue superbe sur la jetée et Menai Bridge.

■ **FAT CAT CAFE BAR. 161 High Street** ✆ **(01248) 370 445.** Un menu alléchant pour le prix en a fait un des endroits favoris des étudiants. Pâtes à l'italienne, burgers maison…

Sortir

■ **O'SHEA'S BAR. High Street** ✆ **(01248) 372 800.** Pub irlandais comme on les aime avec des trèfles aux murs et de la Guinness qui coule à flot.

■ **THE VICTORIA HOTEL. Telford Street. Menai Bridge.** De l'autre côté du pont, c'est ici que vous aurez une chance d'écouter de la musique live.

Points d'intérêt

Il n'y a rien d'extraordinaire à Bangor. Vous pouvez toujours aller jeter un coup d'œil sur la jetée qui s'avance jusqu'à mi-chemin vers l'île d'Anglesey. La Victorian Pier, construite en 1896, vient juste d'être restaurée et possède un seul pavillon de jeux contrairement aux autres jetées du pays qui plient sous le poids des machines à sous. Suivre Garth Road jusqu'à la plage puis se diriger vers Conwy. 15 min de marche. 50 p pour aller sur la jetée.

■ **Et s'il pleut, il reste le BANGOR MUSEUM AND ART GALLERY. Ffordd Gwynedd.** *Ouvert de mardi à vendredi, 12h30 à 16h30. Samedi de 10h30 à 16h30. Libre accès.* Un petit tour dans l'histoire locale, salle d'archéologie.

Dans les environs

■ **PENRHYN CASTLE. A 2 km à l'est de Bangor, au-dessus de Port Penrhyn.** *Ouvert en juillet et en août du mercredi au lundi de 11h à 17h et de mars à juin et septembre et octobre du mercredi au lundi de 12h à 17h. Entrée : £7. £5 pour les jardins seulement.* Construit par les mineurs avec l'argent de la mine, pour le bénéfice de leur patron, ce petit palace avec ses 300 salles est considéré par le Gallois comme une marque d'oppression des riches patrons anglais. Néanmoins, rien que pour la grandeur du château et son excellent état de conservation, une petite visite vaut bien le coup.

■ LA PÉNINSULE DE LLYN ■

Les paysages de la péninsule de Llyn sont très différents de ceux du reste du pays de Galles, la montagne se fond dans la mer formant des baies et des falaises magnifiques. Depuis longtemps, cette région a attiré l'homme. On trouve beaucoup d'anciens campements de l'âge de fer, des tombes néolithiques, des cercles de pierres et des dolmens qui datent de milliers d'années avant J.-C. C'est une des régions du pays de Galles dont l'histoire remonte le plus loin dans le temps.

PORTMEIRION

Portmeirion est un village aux allures de carton-pâte, chef-d'œuvre de l'artiste gallois sir Clough Williams Ellis qui voulait réaliser son village idéal sur une côte romantique et prouver que « l'aménagement d'un site naturellement beau n'impliquait pas forcément de le détruire ». A 8 km seulement de Porthmadog, dans le pays de Gwynedd, ancien royaume de ses ancêtres, il aménagea la péninsule d'Aber Lâ en village italien, ouvrage de toute une vie, puisqu'il y consacra un demi-siècle (1926-1976). Le résultat est un village irréel, entouré d'un paysage magique, dans une région de mythes et de légendes (au large de la péninsule de Llyn, on aperçoit l'île sacrée d'Enlli).

Outre l'architecture, sir Clough s'est appliqué à reconstituer la flore méditerranéenne. Si, en hiver, sous la neige, dans le silence immaculé, le village italien est peut-être encore plus merveilleux, en été, les buissons sont chargés de fleurs au dégradé de blanc et de rose, du plus vif au pastel, comme les arbres d'un Noël estival. En mai et juin, par centaines, rhododendrons, camélias et magnolias ceinturent des sentiers secrets qui semblent s'égarer et pourtant savent parfaitement trouver leur chemin vers la plage et le quai. Tout au bout de ce quai, sur l'estuaire de Traeth Bach, un bateau de pierre, baptisé *Les Amis réunis*.

Mais Portmeirion, c'est aussi le décor d'un des feuilletons les plus énigmatiques de l'histoire des séries anglaises. Pour ceux à qui ne disent rien les formules « Bonjour chez vous ! » et « Je ne suis pas un numéro ! », c'est-à-dire pour tous ceux qui n'ont vu aucun des 17 épisodes de la série culte *Le Prisonnier*, Portmeirion restera décidément une bien curieuse destination : un village né du rêve fou d'un architecte visionnaire, chef-d'œuvre d'un urbaniste compagnon, et le fruit d'un défi à savoir qu'un bâtisseur apprenne à s'adapter à la nature tout en l'adaptant à lui. Pour les autres, les fans, une excursion en face de l'estuaire de Traeth Bach, sur la baie de Tremadog, est un véritable pèlerinage. Ici, les haut-parleurs diffusent en boucle l'inquiétante musique du feuilleton, tandis que dans la salle du Town Hall, des épisodes sont diffusés et parfois certaines scènes comme la « partie d'échecs » – avec des pièces humaines – sont fidèlement reconstituées. L'ambiance des lieux est assurée par un très actif fan-club. Lors du désormais traditionnel rassemblement d'août, on confie à un fan le rôle du « numéro 6 » (tenu dans le feuilleton par son auteur et réalisateur Patrick Mac Gohan) : le village reconstitué peut donc revivre, car comme les amateurs le savent, seule la présence du numéro 6 permet la cohésion de cette microsociété et la survie du village.

Le village est renommé pour sa porcelaine fine. La fille de sir Clough commença la production en 1960. Les pièces ne sont plus fabriquées dans le village mais continuent à porter son nom.

Les bâtiments de Portmeirion ont été convertis soit en boutiques qui vendent cette porcelaine, ou en glacier, en galerie d'art, en magasin de produits dérivés de la série *Le Prisonnier*... soit en chambres du grand hôtel de luxe, conçu évidemment par Sir Clough.

Les immanquables de Llyn

▶ **Acheter de la porcelaine à Portmeirion,** village unique dessiné par Sir Clough, artiste gallois un peu loufoque !

▶ **Prendre un thé à la galerie d'art de Llanbedrog,** située dans une vieille maison gothique.

▶ **Partir de l'église d'Aberdaron pour réaliser un pèlerinage** sur l'île de Bardsey.

▶ **Déjeuner au centre de langue galloise de Nant Gwrtheyrn,** un ancien village de mineurs, au bout du monde !

▶ **Explorer le château de Beaumaris,** le dernier édifié par Edward I.

▶ **Saluer les macareux,** en prenant un bateau au départ de Beaumaris.

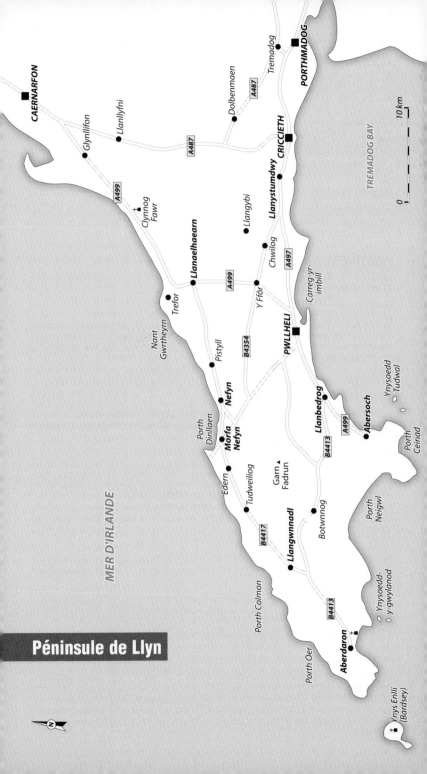

Péninsule de Llyn

Transports

A 8 km de Porthmadog. Le bus n° 98 y va directement depuis Porthmadog mais circule peu. Il est possible de prendre le n° 1 jusqu'à Minnford et de finir la route à pied (10-15 min de marche dans les sous-bois).

Pratique

■ **PRIX D'ENTRÉE.** Il faut payer pour rentrer dans Portmeirion. Ce droit d'entrée est censé permettre la préservation des lieux. Il s'élève à £5,50. Les grilles du village ouvrent de 9h30 à 17h30 tous les jours.

■ **INFORMATIONS TOURISTIQUES :** www. portmeirion-village.com

Hébergement

■ **PORTMEIRION HOTEL** ✆ (01766) 770 000. Cet hôtel mythique est évidemment très luxueux. Les chambres sont dispersées partout dans le village et chacune est décorée selon un thème différent. A partir de £135 la nuit par personne !

PORTHMADOG

On vient à Porthmadog essentiellement pour y passer la nuit avant de se rendre à Portmeirion ou à Blaenau Ffestiniog.

Transports

■ **TRAIN.** Il y a deux gares à Porthmadog : la gare principale au nord de High Street, et Harbour Station celle qui dessert Ffestiniog, près du port. Le train Ffestiniog Railway ✆ (01766) 516 000 propose un trajet sur 20 km à l'intérieur du Snowdonia Park et vous fait découvrir des paysages inaccessibles de la route.

Pratique

▶ **Indicatif téléphonique :** 01766.

■ **TOURIST INFORMATION CENTRE. Y Ganoflan, High Street** ✆ (01766) 512 981. *Ouvert de Pâques à octobre tous les jours de 9h30 à 17h30. D'octobre à Pâques ouvert de 9h à 17h et fermé le mercredi.*

Hébergement

■ **SNOWDON BACKPACKERS. Lawrence House, Church Street** ✆ (01766) 515 354 – snowdon@backpackers.fsnet.co.uk – *Tremadog. Suivre direction Caernarfon sur l'A487, à 1 km après le passage à niveau de la gare de Portmadog, sur la droite à l'entrée du village. Prix en dortoir : à partir de £12,50. Petit-déjeuner compris.* Auberge de jeunesse de luxe, au passé plus que prestigieux puisque c'est la maison qui a vu la naissance du célèbre Lawrence d'Arabie en 1888. C'est le grand confort pour les routards : télévision, une salle avec accès à Internet, et tout ça proche de la forêt, des champs… Attention, réserver impérativement à l'avance.

■ **TREFORRIS. Garth Road, Porthmadog** ✆ (01766) 512 853. *Prix à partir de £19 par personne. Prendre Bank Place à partir de High Street, Garth Road est sur la gauche.* Maison victorienne avec vue sur le port. Quatre chambres.

■ **BRON AFON. Borth y Guest** ✆ (01766) 513918. *Village à 1 km de Porthmadog. Prix à partir de £25 par personne.* A quelques minutes de la plage, en haut du village, au fond d'un cul-de-sac, ce B & B au pied de l'eau est un véritable petit havre de paix. Très bon rapport qualité/prix.

■ **YR HEN FECWS. 16 Lombard Street** ✆ (01766) 514 625. *Prix à partir de £27,50 par personne.* Dans une petite maison, derrière le stade, ce petit hôtel fait aussi restaurant. Dans les chambres, la décoration est assez sobre et les belles pierres apparentes leur donnent beaucoup de cachet.

■ **THE ROYAL SPORTSMAN HOTEL. 131 High Street** ✆ (01766) 512 015 – www.royalsports man.co.uk – enquiries@royalsportsman.co.uk – *Prix : chambre simple à partir de £42, double à partir de £60.* Hôtel le plus confortable de Porthmadog. Grandes chambres avec des lits moelleux, des dessus-de-lit fleuris… Les propriétaires, un couple italo-roumain, sont très attachés à la qualité de l'accueil dans l'hôtel et seront aux petits soins pour être sûrs que vous passiez un bon séjour.

Campings

■ **BLACK ROCK SANDS. Morfa Bychan** ☏ **(01766) 513 919.** *Prix : £10 à £15 par tente.* Derrière les dunes de la plage de Black Rock, machine à laver et lave-vaisselle disponible.

■ **TYDDYN LLWYN. Black Rock** ☏ **(01766) 512 205.** Sur une verte colline, au milieu des moutons. A 15 min à pied de la route de Morfa Bychan en suivant Bank Place.

Restaurants

■ **THE MARINER CAFE. 10 Cornhill. Sur les docks** ☏ **(01766) 512 569.** *Ouvert tous les jours de 9h30 à 21h30.* Petit restaurant qui cuisine des poissons locaux. Bonne soupe de poissons (£4). Possibilité de déguster du crabe et du homard à des prix très corrects. On peut manger dedans ou sur une petite table qui donne sur les docks.

■ **ON YRHEM FECWS.** *Voir « Hébergement ».* Ouvert tous les soirs sauf le dimanche. Prix : £15. Très beau cadre, avec de belles boiseries. En plus, on y mange très bien. Quelques exemples d'intitulés de plats prouvant toute la richesse du menu : canard à l'orange ou porc avec des raisins, des pommes et du calvados.

■ **Y LLONG-THE SHIP. Lombard street.** *Ouvert tous les jours de 12h à 20h30. Prix : £6 le plat.* Pub et restaurant très vaste, de style campagnard.

Sortir

■ **THE STATION-INN** est sans hésitation le pub favori des jeunes, avec une bonne sélection de bières.

■ **Pour écouter de la musique live,** choisir The Ship & Castle ou The Australian Inn.

■ **Quant au CLWB CHWARAEON MADOG,** c'est le Q. G. de l'équipe de rugby de Porthmadog. Pour des nuits plus qu'agitées.

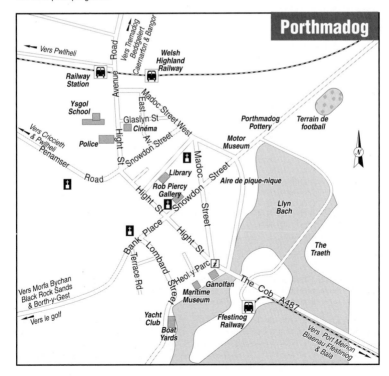

Points d'intérêt

■ **LE MUSEE DE LA MARINE. Derrière l'office du tourisme, sur les quais.** *Ouvert en juin, juillet et août de 11h à 17h. Prix : £1.* Petit musée qui retrace l'histoire de la construction de bateaux dans la région. Porthamdog était en effet le port d'où partait l'ardoise (extraite à Blaenau Ffestiniog pour être vendue en Europe ou aux Etats-Unis). Les voiliers allaient également chercher du sel en Espagne pour l'amener en Amérique du Nord. La construction de navires battit son plein jusqu'à l'invention de la locomotive. Si le musée est calme, le guichetier peut vous faire une visite guidée, si vous le lui demandez gentiment !

■ **FFESTINIOG RAILWAY** ✆ **(01766) 516 024.** La seconde attraction de la ville est le chemin de fer ralliant Porthmadog, aux mines de Blaenau Ffestiniog. Le Ffestiniog Railway, ouvert toute l'année, effectue de 4 à 10 départs par jour. Prix du ticket : £14 aller-retour et £28 le ticket famille (2 adultes et 2 enfants). La ligne est l'une des plus pittoresques des « narrow-gorge railways » au pays de Galles. A travers des gorges étroites, sur le flanc de la montagne, la locomotive à vapeur traverse des paysages aussi fantastiques que diverses jusqu'aux vallées grises des mines de Blaenau Ffestiniog. Un voyage à ne pas rater. Pour la description de Blaenau Ffestiniog, voir chapitre Snowdonia.

Dans les environs

■ **BORTH-Y-GUEST.** Petit village de pêche, à 2 km au sud de Porthmadog, balade et relaxation sur le port.

■ **MORFA BYCHAN.** A 5 km de Porthmadog, la plage de Black Rock Sands est l'endroit idéal pour aller se baigner dans le coin. Du sable fin doré, un peu dommage que la plage soit bordée de caravanes. Le bus n° 96 vous y emmène à partir de Porthmadog.

CRICCIETH

Petite ville au bord de mer, dominée par le château de Criccieth. Station balnéaire très prisée au début du siècle par les familles anglaises. Seul vestige de cette époque : la rangée de maisons victoriennes qui borde la côte. La ville est aujourd'hui beaucoup plus calme et offre de très bons endroits pour se loger et manger.

Transports

■ **DES BUS « NATIONAL EXPRESS »** desservent la ville en provenance du nord du pays de Galles. De nombreuses liaisons entre la ville et Porthmadog, Pwllheli, démarrent sur Y Maes, le square dans le centre-ville. Environ un par heure.

Pratique

▶ **Indicatif téléphonique :** 01766

■ **TOURIST INFORMATION OFFICE.** 30 Stryd Fawr. *Ouvert de 10h30 à 18h30.*

Hébergement

■ **CAMPING. Eisteddfa. A 1 km de Criccieh, à Pentrefelin** ✆ **(01766) 522 696.** *Prix : £8 pour la tente.*

■ **Y RHOSLYN. 8 Marine Terrace** ✆ **(01766) 522 685 – pete@rhoslyn.demon.co.uk –** *A partir de £25.* Face à la mer, tout près du château. Six chambres dont deux en-suite. Bon marché.

■ **THE LION HOTEL. Y Maes** ✆ **(01766) 523 075.** *Environ 45 chambres. Prix : entre £55 et £62,50 la double.* C'est aussi un pub très apprécié avec un jardin où il fait bon boire sa bière en écoutant de la musique live.

■ **CEFN UCHAF FARM GUEST HOUSE. GarndolBenmaen** ✆ **(01766) 530 239 – www.cefnuchaf. com – cefnuchaf@btinternet.com –** *A 6 km de Criccieth. A partir de £30 par personne.* Maison dans une jolie ferme. Chambres agréables avec mobilier en bois et draps fleuris sur les lits.

■ **BRON EIFION. A 1 km du village, sur l'A497 en sortant de Criccieth** ✆ **(01766) 522 385.** *A partir de £55 par personne.* C'est le luxe absolu dans cette très grande maison de campagne très proche de Criccieth : dans le salon, canapés rouges, lustres, cheminées et boiseries invitent à des après-midi lecture en cas de pluie. S'il fait beau, vous ne manquerez pas de vous promener dans les superbes jardins, à la française.

Restaurants

■ **CASTELL TEA ROOM. En face du château.** *Ouvert de Pâques à octobre, tous les jours de 11h à 17h. Sandwich pour £3 et bara brith pour £1,20.* Très joli petit salon de thé qui, comme en témoigne le vitrail dans la pièce à l'entrée fut autrefois une boulangerie.

■ **CADWALADER'S. Castle Street.** Ici, on fabrique la crème glacée sous vos yeux. Il faut savoir que Criccieth est le berceau de cette marque de glace bien galloise.

Manifestations

▶ **Criccieth accueille la 3e semaine de juin un très bon festival de jazz et de musique classique.** Certains des concerts se déroulent dans une petite chapelle du XIXe siècle : Capel Celfyddyd.

Point d'intérêt

■ **CHATEAU DE CRICCIETH.** *Ouvert de 10h à 18h de début juin à fin septembre et de 10h à 17h le reste de l'année. Entrée : £2,50 pour 1 adulte, £1,80 tarif réduit.* Endroit stratégique, le château situé sur un rocher face à la mer, dominant Tremadog Bay, a été construit par Llywelyn le Grand. Ce château est bien différent des autres : il se serait peut être même inspiré d'un château anglais pour faire les plans ! Il fut édifié probablement entre 1230 et 1240, puis pris par le roi anglais Edward Ier en 1283 afin d'asseoir ses nouvelles acquisitions sur le territoire gallois. Ce dernier fortifia considérablement le château. Il adapta les tours au lancer de catapultes. Il faudra attendre plus d'un siècle pour qu'il retombe dans des mains galloises, celles du héros mythique, Owain Glyn Dwr, qui s'empare du château en 1404 lors de la révolution galloise. Les ruines du château ont attiré de nombreux artistes dont le peintre J. M. W. Turner.

LLANYSTUMDWY

A quelques pas de Criccieth, ce petit village abrite non seulement une chapelle construite par sir Clough mais aussi le cottage dans lequel grandit Lloyd George, qui fut Premier ministre de 1916 à 1922. Vous pouvez effectuer une très belle promenade en partant de la tombe de Llyod George – elle aussi dessinée par sir Clough – et en longeant le cours d'eau.

■ **LLYODD GEORGE MUSEUM ✆ (01766) 522 071.** *De juillet à septembre ouvert tous les jours de 10h30 à 17h, le reste de l'année fermé le week-end. Prix : £3 pour un adulte, £2 tarif réduit.* La visite du musée est assez longue. Elle commence par un film qui retrace la vie de Llyod George. Puis des panneaux relatent son œuvre politique, sa vie de famille… Les vitrines présentent des objets qui lui appartenaient comme l'énorme crayon à papier qui lui servit pour écrire ses mémoires ! Ensuite, un guide du musée vous conduit dans le cottage dans lequel il fut élevé par sa mère et son oncle. Au rez-de-chaussée, l'atelier de cordonnerie de son oncle et la salle à manger dans laquelle Llyod George faisait ses devoirs. A l'étage, la chambre où il dormait avec son frère, sa mère et sa sœur. On peut ensuite aller se recueillir sur sa tombe, à quelques mètres de là.

PWLLHELI

Prononcer « Pouthelli ». Cette petite ville, dont le nom signifie « mare d'eau salée », constitue une halte agréable si vous passez par-là. C'est le terminus de la ligne de chemin de fer et des bus. Le mercredi, c'est le jour du marché : on peut acheter toutes sortes de produits locaux, notamment du maquereau, du bar… et toutes autres spécialités du coin. C'est dans cette ville que fut fondé Plaid Cymru, le Parti nationaliste gallois, en août 1925, dans l'actuel Pet Shop (animalerie !).

Pratique

■ **TOURIST INFORMATION CENTRE. Station Square.** *Ouvert d'avril à octobre tous les jours de 10h à 18h et de novembre à mars du lundi au mercredi ainsi que vendredi et samedi de 10h30 à 16h30.* C'est un des offices principaux sur Llyn. On peut s'y procurer et visionner l'excellent CD-ROM réalisé sur la péninsule par Gwyn Jones (£6).

Restaurants

■ **PENLAN FAWR. Penlan Street ✆ (01758) 612 864.** *Autour de £7.* Le plus ancien pub de la ville, construit en 1600. Aujourd'hui, on y mange de bons pubs lunch comme des lasagnes ou des spares ribs.

Llyod George (1863-1945)

Elevé dans une famille modeste et encouragé très jeune par son oncle à réussir ses études, Llyod George fut un homme de loi brillant. Il se fit remarquer pour son éloquence dans les cours de justice comme homme libéral à tendance radicale et défenseur du faible. A 25 ans, il était à la tête des ligues locales pour les réformes urbaines et rurales et le mouvement ouvrier du pays de Galles. Il fut élu député libéral de Caernarfon peu d'années après. A Westminster, il était connu pour sa défense du pays de Galles et son refus du libéralisme. Ce qui le rendit célèbre sur la scène politique britannique fut son soutien aux Boers pendant la guerre qui les opposaient à la Grande-Bretagne. Ministre de la Justice en 1908, il lança un programme de réformes sociales et notamment un système de retraite vieillesse. En 1909, il introduit le célèbre « budget du peuple », véritable guerre contre la pauvreté qui taxait aux riches pour subvenir aux besoins des plus déshérités. Il s'attaqua ensuite à une réforme des institutions britanniques : après une difficile campagne auprès de l'opinion publique britannique, il réussit à diminuer le pouvoir de la Chambre des lords.

Nommé Premier ministre pendant la Première Guerre mondiale, il fit preuve de l'éloquence, de la persuasion et des compétences d'organisation nécessaires pour conduire son pays à la victoire. Une fois la paix signée, il dut faire face à de lourdes crises en Grande-Bretagne : Irlande, agitation sociale dans l'industrie, difficultés économiques. Incapable de résoudre la crise économique et de nationaliser les mines, il démissionna de son poste de Premier ministre et se retira de la vie politique. Néanmoins, même dans l'ombre, il influença la vie politique. Par exemple, il poussa à la démission de Chamberlain qui céda sa place à Churchill. Mais, après 1922, il consacra une large partie de son temps à la culture de fruits et s'avéra être un excellent apiculteur et éleveur de cochons !

■ **TARO DEG. 17 Lon Dywod** ✆ **(01758) 701 271.** *Sandwichs avec de la salade à partir de £3,25, soupe à £3.* Café très moderne qui sert des déjeuners et des snacks à base de produits locaux.

■ **PLAS BODEGROES. A 1,5 km à l'ouest de la ville, sur l'A497, en direction de Nefyn.** *Comptez autour de £38 le menu.* Un des meilleurs restaurants de toute la péninsule se cache dans cette maison de campagne, un peu à l'extérieur de la ville. Au menu : tagliatelles aux fruits de mer, agneau avec du couscous légèrement aromatisé à la mente… Le restaurant dispose de quelques chambres.

Points d'intérêt

■ **DEPART POUR BARDSEY ISLAND. A la marina** ✆ **(01758) 740 899 – 07815 717 241.** Trois trajets sont organisés à partir de Pwellhi : l'un part à 10h et retourne à Pwllheli en début d'après-midi (*£18*). Il ne vous dépose pas sur l'île mais vous en fait faire le tour. L'après-midi, départ à 13h30, arrêt et retour à 17h30 (*£28*). Le soir, départ à 18h15 pour admirer le coucher du soleil (*£22*).

■ **PLAGE DE PWLLHELI.** Grande plage de sable. La promenade qui longe les dunes semble parfois un peu hantée en raison de la longue rangée d'immeubles assez lugubres qui la borde.

LLANBEDROG

Le village de Llanbedrog, qui tient son nom de saint Pedrog, se situe sur le flanc de la montagne « Myndd Tir y Cwmwd ». Un sentier vous emmènera au sommet du mont d'où l'on bénéficie d'un très beau point de vue. C'est aussi là où se trouve « the tin man », l'homme de fer, une sculpture moderne d'un homme tourné vers Snowdonia. Autre attraction : Plas Glyn-y-Weddw, une vieille maison gothique qui est aujourd'hui un centre d'exposition ainsi qu'un centre de formation à l'écriture. Le salon de thé adjacent sert de très bons repas.

Hébergement

■ **TREMFAN HALL** ✆ **(01758) 740 863.** *Entre Pwllheli et Llanbedrog, sur l'A499. Prix : chambre double à partir de £50.* Superbe petit manoir dans la campagne. Lit à baldaquin, couvre-lit en dentelles… On peut même y dîner si l'on ne veut pas prendre sa voiture pour se rendre à Llanbedrog.

Restaurants

■ **LE SALON DE THE DE PLAS GLYN-Y-WEDDW (galerie d'art).** *Voir dans « Points d'intérêt ».* Dans une grande verrerie, possibilité de bien manger ou de boire un thé. Le cadre est absolument ravissant.

■ **THE GALLEY/Y GALI** ✆ **(01758) 740 730.** *Ouvert de 11h jusqu'à tard.* On y mange des plats venus de partout : pizza, paella, curry... On vient surtout quand il fait beau car la terrasse surplombe la grande plage. Pour y accéder, prendre la direction « beach » après la station essence avant de rentrer dans le village.

Points d'intérêt

■ **PLAS GLYN-Y-WEDDW** ✆ **(01758) 740 763 – www.oriel.org.uk –** *Ouvert tous les jours de 11h à 17h. Fermé le mardi sauf juillet-août. £2,50.* Superbe manoir victorien avec des influences gothiques, bâti par lady Elizabeth Love Jones Parry afin d'abriter sa collection de tableaux. C'est aujourd'hui un grand espace d'expositions. On peut de temps en temps croiser le fantôme de lady Elizabeth qui hanterait toujours les lieux. Le manoir fut ouvert au public en 1896, par une famille de Cardiff, nouvellement propriétaire des lieux. A l'époque, il était rallié à Pwllheli par un tramway et le public venait y assister à des concerts, des spectacles de danse. Dans les années 1970, le manoir fut acquit par une artiste galloise, Gwyneth ap Tomos et son mari. Aujourd'hui, outre les expositions, on peut y suivre des cours d'art, tout en restant dans le château pour manger et dormir. Pour voir le programme et les prix, aller sur le site Internet.

■ **LA PLAGE DE LLANBEDROG** appartient au National Trust, gage de propreté.

Dans les environs

▶ **Sur la route de Llanbedrog à Abersoch, vous trouverez « Castell March »,** un petit château qui date du XVIIᵉ siècle. La légende raconte que le propriétaire du château, le roi March, un des chevaliers d'Arthur, avait des oreilles de cheval qu'il tentait désespérément de cacher (*March* signifie « cheval » en gallois) et tuait quiconque les voyait, puis enterrait les pauvres victimes dans les marais alentours !

ABERSOCH

Ambiance complètement différente à Abersoch, ancien village de pêche, qui est maintenant une ville prisée par les touristes et les propriétaires de yacht. Beaucoup de régates sont organisées à partir du port et cela donne un petit air de croisette à cette ville du nord du pays de Galles. Les magasins spécialisés surf sont partout et les terrasses des cafés sont peuplées de jeunes branchés prêts à s'essayer sur les vagues. Si vous êtes très « pêche », vous ne serez pas déçu non plus, les eaux des environs pullulent de poissons et il y a possibilité d'aller sur les petites îles de Saint Tudwal pour pêcher.

■ **TRANSPORTS.** Des bus viennent régulièrement en provenance de Pwllheli jusqu'au centre d'Abersoch où se trouve le Tourist Information ✆ (01758) 712 929 – www.abersoch.co.uk Si vous voulez continuer jusqu'à Aberdaron, il faut prendre le service en direction de Pwllheli jusqu'à Llanbedrog et changer pour le bus n° 17.

Points d'intérêt

Il est très agréable de se balader sur le port surtout à marée haute, et sur la plage qui est certainement la plus populaire du coin donc souvent prise d'assaut. Si vous cherchez la tranquillité, à quelques kilomètres de là, il y a un endroit plus calme, Porth Neigwl « Hell's Mouth », ou la Bouche du Diable, une plage qui s'étend sur 5 km, réputée pour être une des meilleures plages de surf du pays. Attention, la mer à cet endroit est rendue redoutable par les lames de fond.

■ **POSSIBILITE DE LOUER DES PLANCHES DE SURF A OFFAXIS.** Glanafon Garage, à côté du Riverside Hotel ✆ (01758) 713407 – www.offaxis.co.uk

ABERDARON

Paradis aux maisons blanches, on est enfin à la pointe de la péninsule de Llyn. Aberdaron est un petit hameau de pêche perché au-dessus de la mer et traversé par la rivière Daron. Ambiance paisible et paysage charmant. Petites rues le long de la mer. Le village semble ne pas avoir beaucoup changé depuis le VIᵉ siècle, lorsqu'il était la dernière étape du pèlerinage vers Bardsey Island.

La poste a été dessinée par l'architecte de la région, sir Clough, qui est à l'origine du village italien de Portmeirion plus loin sur la côte. Aujourd'hui, on peut encore s'adresser à l'équipe de la petite église de St Hywyn's pour effectuer des pèlerinages sur l'île de Bardsey.

■ **INFORMATIONS TOURSITIQUES :** www.aberdatonlink.co.uk

Hébergement

■ **SHIP HOTEL** ✆ (01758) 760 204 – Fax : (01758) 760 385. *Chambre à double £60.* B & B familial.

■ **TY NEWYDD HOTEL** ✆ (01758) 760 207 – Fax : (01758) 760 205. *Prix : £40 à £45 pour une chambre simple, £65 à £70 pour les chambres doubles.* Accès direct à la plage.

Camping

■ **CAERAU. Aberdaron** ✆ (01758) 760 237. *Prix : £7/tente/jour.* Camping à la pointe du pays de Galles, près des plages et des commerces. Très moderne.

Restaurants

■ **Y GEGIN FAWR.** Petit pub près de la rivière, sur l'emplacement d'une pierre du XIVe siècle, « Y Gegin Fawr » signifiant « grande cuisine », et qui était jadis le point de ralliement des pèlerins avant que ceux-ci ne traversent la mer pour l'île de Bardsey. C'est maintenant un café très agréable rempli de porcelaine. Crabe et homard selon la saison.

■ **JUSTE EN FACE, ILE BLAS CAFE.** Doté d'une terrasse qui donne sur la rivière. Ouvert jusqu'à 20h, on peut y manger du crabe, des falafels, un peu de tout. Take-away disponible aussi. Bon marché.

Points d'intérêt

■ **ST HYWYN'S CHURCH.** Cette église près de l'eau date du VIe siècle. Des Saxons, soldats du prince gallois du XIIe siècle, Gryffydd ap Rhys, ainsi que les soldats de Cromwell pendant la guerre civile, y auraient trouvé refuge. C'est de cette église que partent aujourd'hui encore les expéditions religieuses vers l'île de Bardsey. Pour plus de renseignements consultez www.st-hywyn.org.uk

■ **UN SENTIER TRES AGREABLE** part d'Aberdaron le long de la côte qui fait partie du National Trust, vers Pen-y-Cil. Sur le chemin, à environ moins de 2 km, se trouve un village fortifié de l'âge de fer, « Castell Odo », le premier à avoir été découvert sur la péninsule.

■ **MYNYDD MAWR.** Une balade sympa : suivre le chemin jusqu'à la pointe du pays de Galles, « Mynydd Mawr », d'où on peut voir l'île de Barsey. On s'y rend en voiture ou à pied. Prendre la route qui sort d'Aberdaron et se garer après le passage à bétail. Le sentier vous mène jusqu'au bout de la pointe.

■ **YNYS ENLLI BARDSEY** ✆ (01758) 760 667 – www.enlli.org – *20 min de bateau, 3h sur l'île. Prix : £20 par adulte, £10 pour les enfants.*

ILE DE BARDSEY – YNYS ENLII

A 2 km de la pointe, l'île aux vingt mille saints (un certain nombre de moines y sont en effet enterrés) fut pendant très longtemps une destination sainte parce que c'est là que saint Dyfrig succomba. Saint Cadfan y fonda un monastère au VIe siècle. Un dicton prétend que trois visites à Bardsey valent un pèlerinage à Rome ! Il est aujourd'hui encore possible de descendre sur l'île qui est devenue une réserve naturelle d'oiseaux dont les macareux à bec rouge. Des tours en bateau sont organisés à partir d'Aberdaron ou de Pwllheli. C'est un excellent moyen d'y observer les nombreuses espèces d'oiseaux qui y nichent.

PORTH OER OU WHISTLING SANDS

Sur la route au nord d'Aberdaron. Plage dont le nom, « le sable qui siffle », intrigue beaucoup les touristes, il paraît que le sable fait un drôle de bruit lorsque l'on marche dessus (bof), c'est paraît-il à cause de sa haute teneur en quartz. Avec de l'imagination on entend bien quelque chose mais certainement pas des sifflements. A part cela, c'est une petite crique isolée et cachée très agréable.

NEFYN ET LE VILLAGE DES GÉANTS TRE'R CEIRI

Le Nord de la péninsule de Llyn est beaucoup moins peuplé que le Sud. Des quelques petits villages sur la côte, Nefyn est le plus important. Les deux villages adjacents, Morfa Nefyn et Porth Dinllaen, ont raté leur heure de gloire en 1839, lorsqu'ils ont perdu le concours désignant la ville-terminus du ferry pour aller en Irlande. Ces villages n'en sont pas moins d'agréables destinations. La longue plage de Porth Dinllaen a donc été épargnée, il y fait bon flâner. Face à la mer, le Ty Coch, le pub le plus connu du coin, est décoré de barques et de filets au plafond. Au bar, il y a des pickled eggs, des œufs conservés au vinaigre. Bref, le temps s'écoule lentement dans ce hameau préservé du monde moderne. Ce n'est pas une mince affaire pour y accéder puisqu'il faut traverser le golfe sur les falaises ou suivre la plage à partir de Morfa Nefyn.

■ **A 6 KM AU NORD DE NEFYN SE TROUVE TRE'R CEIRI, « le village des géants » :** il s'agit en fait de dolmens et de vestiges d'un important campement de l'âge de fer. La vue y est fantastique. Assez difficile à trouver : prendre la direction vers Trefor, Tre'r Ceiri sur le mont Yr Eifl se trouve au pied de Llanaelhaearn. Un sentier pédestre vous y amènera.

■ **ÉGLISE DE ST BEUNO DE CLYNNOG FAWR.** Encore un point de passage du pèlerinage vers l'île de Bardsey. C'est là que saint Beuno a fondé sa chapelle en 616. C'est une petite église magnifique, qui n'a pas changé depuis des siècles. Dehors, l'herbe monte jusqu'aux genoux et recouvre à moitié les croix celtes. Derrière les portes, des fleurs séchées aux murs, une odeur d'encens, de la paille jonchant le sol : un petit bijou.

NANT GWRTHEYRN WELS LANGUAGE AND HERITAGE CENTRE

✆ (01758) 750 334 – www.nantgwrtheyrn.org – Petit paradis perdu, quelques maisons dans un site naturel et historique extraordinaire logent les touristes mais aussi les élèves des cours de gallois du centre culturel. Nant Gwrtheyrn fut autrefois habité par les ouvriers qui travaillaient dans la mine de granite, toute proche. Ils désertèrent les lieux quand la mine ferma. Leurs habitations ont été restaurées et ouvrent leurs portes aux visiteurs. La chapelle, très bien restaurée, abrite une exposition permanente sur la langue et la culture galloise.

▶ **Pour les renseignements sur les cours de gallois,** pour débutants ou intermédiaire, 5 ou 12 jours de cours intensifs (exemple de prix : 5 jours de cours en pension complète £350, mais, aucune obligation de dormir ou de manger là) et pour les renseignements sur les autres activités culturelles (pastels, peinture sur soie) aller sur leur site Internet.

■ **CAFFI MEINIR** ✆ (01758) 750 442. Le pub de Nant Gwrtheyrn change de menu tous les jours, selon les envies du chef. Prière de le prévenir à l'avance de votre arrivée, sinon vous n'aurez peut-être rien à manger. Ouvert midi et soir. Vue extraordinaire sur la baie.

■ L'ÎLE D'ANGLESEY YNYS MON ■

Mam Cymru, « la mère du pays de Galles », l'île d'Anglesey, terre fertile, était jadis considérée comme le grenier du pays de Galles. Outre cette réputation, l'île d'Anglesey est riche d'histoire et de paysages paradisiaques. Ce sont certainement les 190 km de côtes et de plages qui font de l'île d'Anglesey une véritable merveille. Etendues de sables blancs de Llanddywyn ou de Red Wharf Bay, petites baies intimistes de Moelfre et Porth Swtan. Et si vous cherchez une plage familiale avec cafés et jeux, il y a la plage de Benllech ou celle de Cemaes. Sans oublier Trearddur Bay ou Rhosneigr pour les surfeurs. Mais outre les plaisirs de la mer, Anglesey est emplie de légendes et de sites historiques. Dolmens, chambres funéraires, cercles de pierres et autres vestiges d'un temps passé sont parsemés un peu partout sur l'île. Parmi eux, Llys Rhosyr, près de Newport, la cour d'un puissant prince gallois.

Les immanquables d'Anglesey

▶ **Surfer sur les vagues** de Rhosneigr ou de Wharf Bay.

▶ **Plonger dans le passé** en découvrant les dolmens de Llys Rhosyr.

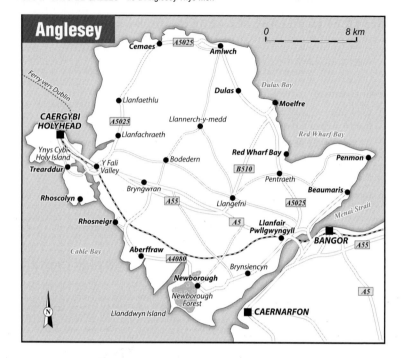

L'industrie florissante fait aussi partie du patrimoine de l'île d'Anglesey avec les plus grandes mines de cuivre dans le monde à Parys Mountain. Témoin de ce passé, le village Porth Wen et les ruines des fours, si souvent utilisés pour cuire les briques et les porcelaines d'Anglesey.

Transports

■ **VOITURE.** L'A5 vous amène de Londres jusqu'à Holyhead, au nord de l'île d'Anglesey, en passant par le Menai Bridge au sud de Bangor.

■ **TRAIN.** Bangor et Holyhead sont sur la voie de chemin de fer, Bangor est à 3h30 de Londres et à 2h de Manchester. Pour plus d'information Virgin Trains ✆ 0845 222 333. Pour Crewe, au centre de l'Angleterre, s'adresser à First North Western ✆ 08457 000125.

■ **BATEAU.** Holyhead est la porte de sortie vers l'Irlande, des bateaux rapides vous y amènent en 99 min. Renseignements : Stena Line pour se rendre à Dublin ou Dun Laoghaire ✆ 08705 000 125, Irish Ferries pour Dublin ✆ 08705 329 129.

■ **BUS.** L'île est correctement desservie par des bus nationaux et locaux.

BEAUMARIS

C'est encore une histoire de château. Beaumaris Castle, principale attraction de la ville, est le dernier château construit par Edward Ier, château bien conservé, entouré d'eau. Le but du roi anglais était d'évincer les Gallois et d'attirer ses compatriotes pour en faire une colonie anglaise. Une chose est sûre la ville grouille de touristes. Pas étonnant : rues piétonnières, cottages colorés, pubs pittoresques et la mer. Beaumaris constitue une bonne base pour explorer l'île d'Anglesey.

Transports

Pas de gare, pas de bus longue distance, mais un service régulier jusqu'à Bangor (bus n° 53, 57 et 58) toutes les demi-heures.

Pratique

▶ **Indicatif téléphonique :** 01248

■ **TOURIST INFORMATION CENTRE. Castle Street.** *Ouvert tous les jours de 10h à 16h.* Petit office de tourisme, tenu par des volontaires.

Hébergement

■ **KINGSBRIDGE CARAVAN AND CAMPING PARK. Llanfaes** ✆ **(01248) 490 636.** *Prix : £10. A 10 min de la ville.* Très bien équipé.

■ **TYDDYN GOBLET. Brynsiencyn** ✆ **(01248) 430 296.** *Sur l'A480 en direction de Newborough. Prix par personne : entre £18 et £20.* Beau Bed & Breakfast dans cette ferme de caractère. Très calme.

■ **MOUNTFIELD GUEST HOUSE. Mounfield** ✆ **(01248) 810 380.** *Prix : simple à partir de £35, double £60.* Grande maison blanc et vert un peu isolée, après le château. Les chambres de ce B & B très soignées ont des vues sur la mer à couper le souffle. Le patron est sympa et souriant.

■ **BISHOPSGATE HOUSE HOTEL. Castle Street** ✆ **(01248) 810 302 – www.bishopsgatehousehotel.co.uk –** *Chambre simple à partir de £50, double de £76. Menu à partir de £17.* Maison géorgienne très élégante construite autour de 1760, une des plus belles de Castle Street. A l'intérieur, antiquités et bibelots. Chambres spacieuses. Le restaurant est aussi très populaire dans le coin. Bonne sélection de vins.

■ **YE OLD BULLS HEAD INN. Castle Street** ✆ **(01248) 810 329 – www.bullsheadinn.co.uk – info@bullsheadinn.co.uk –** *Prix par personne : à partir de £46.* Hôtel au passé prestigieux puisqu'il a servi de base au général Mytton pendant la guerre civile et accueilli Dr Johnson et Charles Dickens. Il reste une très bonne adresse.

Restaurants

■ **BOULANGERIE BAKERS AND CONFECTIONERS – POBYDDA MELYSYDD. Margaret Street.** *Ouvert tous les jours de 8h à 17h sauf le dimanche et le mercredi après-midi.* Adorable petite boulangerie de quartier qui remonte à 1892. Ne pas rater les feuilletés salés et les custard tarts.

■ **THE GEORGE AND DRAGON. Church Street** ✆ **(01248) 810 491.** Selon la tradition, le pub aurait été construit en 1410 durant la révolte d'Owain Glyndwr mais il est plus probable qu'il date de l'ère élisabéthaine. En 1970, le bâtiment montrait quelques signes de vieillesse et durant la rénovation du toit de superbes fresques murales furent découvertes, représentant entre autres deux diables à cornes, la Passion du Christ… Elles sont aujourd'hui toujours visibles. Il suffit de demander pour les voir. C'est un pub de caractère. Côté assiette : correct.

■ **YE OLDE THE BULLS HEAD INN. Restaurant et brasserie** ✆ **(01248) 810 329.** *Ouvert le soir seulement et fermé le dimanche.* Les deux sont très réputés dans tout le pays de Galles. Dans la brasserie, cuisine aux influences méditerranéennes, comme les raviolis au prosciutto avec des tomates séchées. Cadre très moderne dans cet hôtel ancien. Ouvert tous les jours midi et soir. Le restaurant est très haut de gamme, avec un menu à £30. Les plats à base de produits de la mer, comme les coquilles Saint-Jacques à l'orange et au basilic, sont excellents.

■ **THE SAILORS RETURN. Church Street.** Charmant petit pub « cosy » et intimiste. C'est comme à la maison et les plats sont succulents !

■ **BEAU'S TEA ROOM. Castle Street.** *Ouvert tous les jours de 10h à 17h.* Salon de thé très agréable avec des déjeuners à des prix raisonnables.

Shopping

■ **COLE & CO. Little Lane** ✆ **(01248) 811 391 – www.coleandco.com – coleandco@virgin. net –** *Ouvert tous les jours de 10h à 17h.* Liz Cole avait toujours rêvé d'avoir une boutique dans laquelle elle exposerait les beaux objets venus du monde entier. C'est chose faite ! Des boules de céramiques avec des plumes de pintade fabriquées par une coopérative de femmes en Afrique du Sud aux bijoux en argent faits main dans le pays de Galles, tout est adorable et à des prix plutôt sages !

Points d'intérêt

Il est agréable de déambuler tout simplement le long des rues de cette petite station balnéaire, parcourir les magasins d'antiquités et, bien sûr, visiter le château de Beaumaris.

■ **BEAUMARIS CASTLE** ✆ **(01248) 810 361.** *Ouvert tous les jours 9h30 à 18h. Entrée : £3 ticket adulte, £2,50 tarif réduit.* Dernier château de la ceinture de fer érigée par Edward Ier, pour contenir les Gallois, le château de Beaumaris n'est pas totalement achevé mais très bien conservé, entouré d'eau. Le château de Beaumaris répond à la technique de « walls within walls », « des murs dans les murs », pour le rendre encore plus invincible bien qu'il n'ait jamais connu de bataille. Allez faire la promenade pour vous imprégner un peu plus de l'atmosphère et admirer la vue.

■ **BEAUMARIS GAOL. Steeple Lane** ✆ **(01248) 810 921.** *Ouvert de Pâques à septembre, tous les jours de 10h30 à 17h. Entrée de £2,30.* Considérée comme une prison modèle à l'époque de sa création en 1829, la prison de Beaumaris, c'était le grand luxe : toilettes dans chaque cellule, de l'eau courante, une infirmerie et parfois le chauffage ! Les portes s'ouvrent et vous voilà projetés dans l'univers carcéral du XIXe siècle. Retour dans le passé qui donne des frissons dans le dos. Instruments de torture et noms des prisonniers gravés sur les murs des cellules nous rappellent le sort de ces hommes qui n'étaient pas toujours de dangereux criminels. En 1840, Gaynor Jones fut condamné à un mois de travaux forcés pour avoir volé un peu de lait. Les femmes prisonnières, séparées des hommes, faisaient la cuisine et avaient parfois le droit de bercer leurs enfants nés intra-muros. Bref, on se balade à travers les pièces, témoins d'une époque beaucoup plus lugubre.

■ **BEAUMARIS COURT** ✆ **(01248) 811 691.** *Ouvert de Pâques à septembre de 10h30 à 17h. Prix : £3,50.* La cour de justice de Beaumaris construite en 1614 a été transformée en musée de la justice. Une salle d'audience est reconstituée, ce qui permet de montrer de façon très pédagogique l'organisation d'un procès.

■ **MUSEUM OF CHILDHOOD MEMORIES. 1 Castle Street** ✆ **(01248) 712 498.** *Ouvert de Pâques au 1er novembre tous les jours de 10h30 à 17h30 et le dimanche de 12h à 17h30. Prix d'entrée : £3,50.* Robert Brown ouvrit son premier musée en 1973, à Menai Bridge, afin d'exposer sa collection de tirelires qui commençait à encombrer son grenier. Depuis, il a récolté de nombreuses pièces au cours de voyages, de brocantes, d'échanges… Une radio qui date de 1920 fonctionne encore, ainsi que des phonographes d'Edison. Les enfants de moins de 5 ans ont droit à un tour sur un vieux cheval à bascule.

Dans les environs

■ **PUFFIN ISLAND, « l'île aux macareux ». Puffin Island Cruises** ✆ **(01248) 810 251.** *Tous les jours en juillet et août, seulement le week-end le reste de l'année.* C'est une attraction très populaire. Il s'agit d'aller visiter l'île au nord de Beaumaris, peuplé de ces oiseaux à l'apparence si particulière et au bec rouge. Attention, les départs varient sur le nombre de réservations et sur la météo, il vaut mieux appeler et réserver avant. En mai-juin, l'escapade est d'autant plus intéressante que les macareux qui peuplent l'île par milliers nourrissent leurs oisillons. Et ils n'ont pas du tout peur. On achète des billets au kiosque Puffin Island Cruises près de la jetée. Prix : Adulte £5, £4 pour les moins de 15 ans, une heure de croisière avec commentaire pour observer certaines des 12 espèces d'oiseaux : cormorans, guillemots, macareux, parfois même des phoques.

■ **PENMON PIORE/YNYS SEIRIOL. A 6 km au nord-est de Beaumaris.** *Accès libre.* C'est un des plus anciens monastères d'Anglesey. Seule l'église, en bon état, est toujours utilisée. Il faut d'ailleurs rentrer dans une propriété privée pour y accéder. A côté, on peut visiter le prieuré et le pigeonnier du monastère. Ce dernier date de 1600 et abritait 2 000 oiseaux. Les bâtiments contiennent de nombreux trésors architecturaux et historiques listés et expliqués par une notice à l'intérieur de l'église. Ce site fut choisi pour construire l'église d'abord pour sa beauté mais aussi pour la proximité du puits, St Seiriol's Well. On peut s'y rendre par le chemin derrière l'église ou le sentier à l'opposé du pigeonnier. Il est également possible de prendre la route privée, sur 3 km (£2 pour les voitures, gratuit pour les piétons) et d'aller observer Puffin Island les jours de beau temps. Une très belle balade.

LLANFAIR PG

C'est une des villes les plus connues du pays de Galles, non pour sa beauté ni pour son histoire mais simplement pour son nom, le plus long du pays de galles et certainement du Royaume-Uni entier : Llanfaipwllgwyngyllgogerychwyrndrobwllllandysiliogogogoch.

La traduction littérale décrit l'emplacement du village : « Eglise de Sainte Mary dans le creux des noisetiers blancs près du torrent et de l'église de Saint Tysilio près de la caverne rouge » ! Impressionnant. C'est un tailleur qui eut cette idée originale afin d'attirer des touristes. Malheureusement, le nom complet de la ville à l'entrée de la gare est la seule attraction des lieux.

Dans les environs

■ **PLAS NEWYDD. La maison du marquis d'Anglesey** © **(01248) 714 795.** *Bus n° 42 de Bangor. Ouvert d'avril à novembre de midi à 17h, de mardi à vendredi, dernière admission à 16h30. Le jardin est ouvert de 11h à 17h30. Entrée : £4,70 pour un adulte, £2,50 pour un enfant.* Très classe ! Maison du XVIIIe siècle, propriété du marquis d'Anglesey située sur les bords de Menai Strait, à 3 km de Llanfair PG. A l'intérieur, hall style gothique, peintures, trompe-l'œil, enfin tout ce que l'on trouve dans un petit palace.

■ **BRYN CELLI DDU.** *Accès libre. A 2 km au sud de Llanfair pg. Prendre le bus n° 42 qui s'arrête à 1 km du lieu.* C'est un des sites préhistoriques les mieux conservés de l'île, le « Mont de la Chambre Sombre » fut construit par les habitants de l'île, il y a 4 000 ans. Cercle de pierres et dolmen forment une petite hutte souterraine.

■ **LE ZOO MARITIME D'ANGLESEY. Anglesey Sea Zoo** © **(01248) 430 411 – www.angleseyseazoo.co.uk** – *A plus de 10 km de Llanfair PG sur la route de Newborough. Ouvert de mi-février à novembre tous les jours de 10h à 18h. Prix : £4,50.* Musée très bien fait pour rendre les choses authentiques. Des conditions réelles ont été recréées, « under the pier », des vagues, un bassin où l'on peut toucher et caresser à sa guise les créatures de la mer, étoiles, crabes, etc. Un bassin de méduses, requins, raies. Le décor intérieur du musée est extrêmement bien agencé, on se croirait presque dans une épave authentique à Vingt mille lieues sous la mer !

NEWBOROUGH

Plus connue pour ses dunes, les Newborough Warren, et ses pins corses, la ville de Newborough n'offre que très peu d'intérêt. Il vaut mieux se rendre dans la réserve naturelle. On y accède en passant par un petit péage (£2 par voiture). Du parking partent deux belles balades bien fléchées, d'une heure, l'autre de deux heures.

ABERFFRAW

Très joli village au bord de la mer. Avant d'y arriver, on traverse une grande étendue de sable. A l'intérieur de l'église du village, St Beuno's Church, se trouve une arche normande, censée provenir du palace du prince de Gwynedd.

CHURCH IN THE SEA

■ **PORTH CWYFAN. A 1 km du village.** C'est un endroit magique fréquenté uniquement par les oiseaux. Herbes hautes, tombes anciennes recouvertes par la mousse, une petite église sur un îlot au milieu des flots presque abandonnée mais pas tout à fait, « l'église dans la mer » est un petit joyau de poésie. On y accède quand la mer est à marée basse.

CABLE BAY

■ **PORTH TRECASTELL.** A 3 km au nord-ouest d'Aberffraw, c'était le terminus du câble télégraphique vers l'Irlande, d'où le nom de la baie ! Le paradis des surfeurs, longue plage de sable fin très populaire.

C'est aussi ici que se trouve Barclodiad-y-Gawres Burial Chamber. Une autre des nombreuses chambres funéraires préhistoriques. Celle-ci a la particularité d'avoir des incisions sur ses pierres, des zigzags, des spirales et des losanges. Il est probable que ces dessins primitifs soient une représentation de la déesse mère. Pour visiter l'intérieur de la chambre, se munir d'une torche et demander les clés à Llys Llewelyn, le centre d'héritage d'Aberffraw.

RHOSNEIGR

Petite station balnéaire où les vacanciers anglais aiment à se détendre. Parfois un peu surpeuplée en été avec pas mal de surfeurs. La rivière Crigylli, qui traverse le village, était autrefois le domaine de « wreckers of Crigyll », des pirates rendus célèbres pour pousser de nombreux navires contre les rochers. Ils ont été jugés à Beaumaris en 1741, et condamnés à mort par pendaison.

■ **FUNSPORT (pour louer un surf ou une planche à voile). Sur la plage** ✆ **(01407) 810 889 – www.funsport.fsnet.co.uk –** Le site Internet donne des infos utiles sur la ville et sur le championnat de Grande-Bretagne de Kite Surf, organisé par le surf shop. Prix : £20 la journée de planche à voile, £15 la combinaison, fortement conseillée !

Camping

■ **TY HEN** ✆ (01407) 810 331. *Entre £5 et £10.*

HOLYHEAD – CAERGYBI ET HOLY ISLAND

Holy Island (Ynys Gybi) fait la fierté des habitants d'Anglesey, la beauté des lieux est renommée dans toute l'île. Promenades superbes le long des falaises de South Stack. Holyhead, la capitale de la petite île, est le terminal d'où les ferries partent pour l'Irlande. Il n'y a pas grand-chose à faire ici, si ce n'est se balader dans « the Breakwater Country Park », le long de Beach Road, et arpenter les chemins au hasard des vieilles usines de briques, des fours, le long des falaises. Ou peut-être St Cybi's Parish Church qui date du XIVe siècle, située sur les ruines d'un fort romain.

Transports

■ **FERRIES POUR L'IRLANDE.** A destination de Dublin et Dun Laoghaire. Deux options : la traversée traditionnelle (3h30) ou les catamarans, beaucoup plus rapides (1h30).

■ **STENA LINE** ✆ 08705 421 126 – **www.stenaline.co.uk –** Départs pour Dublin et Dun Laoghaire.

■ **IRISH FERRIES** ✆ 08705 329 129 – **www.irishferriers.com –** Seulement pour Dublin.

Pratique

◗ **Indicatif téléphonique :** 01407

■ **TOURISM INFORMATION CENTRE** ✆ **(01407) 762 622.** *Ouvert de 10h à 18h.* A la gare, de même que tous les départs en bus locaux et National Express.

Hébergement

■ **HENDRE. Porth-y-Felin** ✆ **(01407) 762 929 – rita@yr-hendre.freeserve.co.uk –** *A 3 min du terminal de ferry. Chambre de £30 à £32,50.* Face au parc, Hendre est une maison calme qui accueille des touristes depuis 15 ans.

■ **MONRAVON GUEST HOUSE. Porth-y-Felin** ✆ **(01407) 762 944 – len@monravon.freeserve. co.uk –** *Prix entre £15 et £27,50 par personne.* Petit hôtel à 2 min des terminaux de train et de ferry.

■ **NORTH STACK HOUSE. Holyhead Mountain** ✆ **(01407) 769 715.** *Prix à partir de £25.* Ancien établissement de météo signalant l'arrivée du brouillard. C'est aujourd'hui un endroit idéal sur les falaises pour observer les oiseaux.

■ **THE SEVENTY NINE INN. 79 Market Street** ✆ **(01407) 763 939.** Selon les gens du coin, ce serait la meilleure adresse. Une très bonne raison de faire une halte pour se désaltérer et savourer des bons petits plats avec les autochtones. Discussions animées en perspective.

Sortir

■ **THE WHITE EAGLE** ✆ **(01407) 860 267.** Pas facile à trouver mais le pub vaut la peine de chercher. Il tire son nom de son ancien proprio, un Polonais qui a servi dans l'armée de l'air de son pays comme officier. L'atmosphère est très agréable et vous serez très bien reçu. Avec en prime des très bonnes bières real ale et une cuisine. Pour y accéder : prendre Trearddur Bay, l'A5 jusqu'au Four Mile Bridge, puis tourner à gauche. La route vous emmène jusqu'au village de Rhoscolyn et tournez tout de suite à gauche avant l'église.

Dans les environs

Au nord de la ville se trouvent les montagnes de Holyhead. « Mynydd Twr », dont le sommet est le lieu d'un ancien village préhistorique, Caer-y-Twr, accès libre, prendre le bus n° 22, ou en voiture jusqu'au parking de South Stack/Ynys Lawd, à 3 km à l'ouest de Holyhead.

■ **RHOSCOLYN ET TREADDUR BAY.** Deux très belles plages juste à quelques kilomètres de Holyhead, Rhoscolyn et Treaddur Bay, où sont pratiqués pêche sous-marine, planche à voile et ski aquatique.

■ **RHOSCOLYN.** Près de l'église fondée ici au VIe siècle par saint Gwenfaen, il y a un puits censé avoir des pouvoirs curatifs ! Et un peu plus loin, Bwa Gwyn (l'arche blanche), en l'honneur de Tyger, un chien qui en 1817 sauva un équipage de 4 marins d'un naufrage. Après avoir traîné le matelot et le capitaine jusqu'à la plage, le chien est tombé raide, mort de fatigue.

CEMAES

Petite ville sans attrait particulier. Le port est ce qu'il y a de plus intéressant avec peut-être Llanbadrig Church, une des deux églises consacrées à saint Patrick. Selon la légende, le saint patron d'Irlande s'est échoué sur la petite île près de la côte et a trouvé abri dans la grotte juste au-dessous de l'église.

Points d'intérêt

Cinq plages autour de Cemmaes, toutes plus agréables les unes que les autres.

■ **OGOF Y MARCH GLAS.** « Grotte de cheval bleu » appelée ainsi suite à un incident qui eut lieu au XVIIIe siècle. Un jeune homme qui venait de se disputer avec sa famille prit son cheval gris bleu et galopa le long de la falaise. Plouf, il tomba ! Seul le chapeau du jeune homme fut retrouvé et la carcasse du cheval s'échoua au pied de la grotte !

PORTH WEN

Une baie très séduisante, grande étendue de sable blanc et fin, mais très difficile d'accès. C'est pourquoi vous n'y rencontrerez pas grand monde. Ça vaut le coup de faire un peu de marche !

AMLWCH

Petit village de pêcheur qui jouxte Parys Mountain (Mynydd Parys), la plus grande mine de cuivre du monde ! Le minerai a été utilisé depuis des milliers d'années, à commencer par les tribus celtes du pays de Galles, puis par les Romains. On peut les visiter en prenant le chemin à partir du parking sur la B5111, à 2 km au sud de la ville.

DULAS

Jadis port de pêche très actif, avec des constructions de briques, et de navires du XIXe siècle. Une petite île, Ynys Dulas, un abri pour les phoques qui peuvent parfois être vus.

A quelques pas du village, un petit coin de paradis, Traeth Yr Ora, une plage cachée de tous, presque inaccessible. Pour être un peu tranquille.

MOELFRE

Village de pêcheurs et plage de galets. C'est ici le territoire des naufrages et des bateaux échoués. Une ancre près de la plage rappelle les nombreux hommes morts en mer. Parce que des naufrages dans le coin, il y en a eu ! Un des plus connus est celui du « Royal Charter » qui retournait d'Australie vers Liverpool, en 1859, et qui coula, causant la mort de 400 hommes. Résultats : beaucoup d'or au fond de la baie, 39 survivants seulement. Beaucoup pensent que le trésor est encore sous les eaux. On dit même que les belles maisons du front de mer auraient été payées avec l'or des naufragés.

Points d'intérêt

■ **LLIGWY BURIAL CHAMBRE.** Une tombe de l'âge de bronze à 1 km du village sur un petit chemin menant hors du village. Un peu plus loin, Din Lligwy Village, ruines d'un ancien village. Les murs des huttes sont toujours visibles. Dans le champ d'à côté, Capel Lligwy, les ruines d'une chapelle du XIVe siècle.

RED WHARF BAY

Longue plage dorée très populaire chez les habitants d'Anglesey et deux bons restaurants où manger.

Restaurants

■ **SHIP INN** ✆ **(01248) 852 568.** *Ouvert tous les jours le midi et le soir. Compter £13.* Menu assez élaboré dans ce pub à la décoration marine très sympa. Un exemple de plat du jour : épaule d'agneau avec pommes de terre d'Anglesey et sauce aux framboises.

■ **THE OLD BOAT HOUSE ET QUARTERDECK RESTAURANT** ✆ **(01248) 852 731.** Le pub du Old Boat House sert des plats bien meilleurs que la moyenne. On peut y manger tout au long de la journée. Le restaurant – quant à lui – n'ouvre que le soir et propose des plats très colorés comme les coquilles Saint-Jacques aux épinards et à la rouille !

■ LA CÔTE NORD ■

A part les quelques villes les plus à l'ouest de la côte qui conservent une atmosphère bien galloise, le reste de la côte, notamment près de la frontière anglaise, n'est que suite de villes de bord de mer glauques, clinquantes, où se mêlent machines à sous bruyantes, manèges et foires, longues avenues où les voitures s'agglutinent et des plages qui n'ont absolument rien à voir avec le reste du pays de Galles. Bref, c'est la border line du pays gallois. Aucune raison d'y aller. Seules Conwy et Llandudno sont appréciables. Le long de la rivière Dee, dans les terres, des paysages magnifiques et un esprit bien gallois dans cette région de mineurs.

CONWAY OU CONWY

12 200 habitants. L'un des fiefs du roi anglais Edouard Ier. Il fit construire un village « royal », entouré de remparts, pour abriter les commerçants anglais qui, vivement encouragés par le roi, souhaitaient venir s'établir au pays de Galles. Ils devaient service le roi et constituaient donc une armée auxiliaire des régiments royaux en cas d'attaque galloise. Aujourd'hui, la ville attire un nombre grandissant de touristes qui viennent visiter le célèbre château fortifié. A l'estuaire de la rivière Conwy, la ville s'est beaucoup améliorée ces dernières années, un tunnel allège la circulation en ville, les rues sont devenues

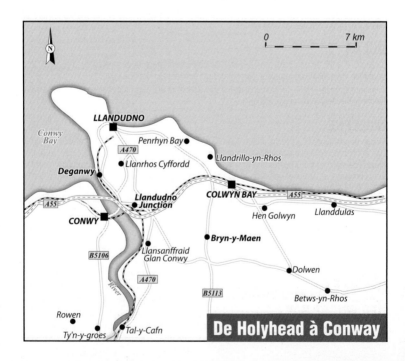

De Holyhead à Conway

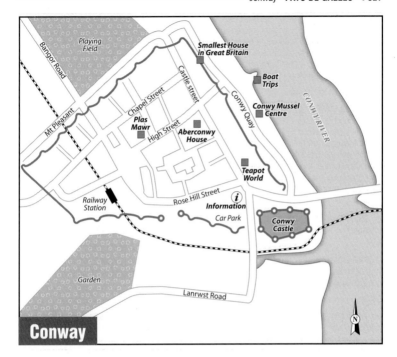

Conway

piétonnes, pavées. Il est agréable de se promener le long de ces rues, bordées par d'anciennes maisons, des pubs aux noms les plus farfelus les uns que les autres, des cottages de différentes couleurs. Ne pas confondre Conwy avec Colwyn Bay, station balnéaire à 8 km au nord-ouest.

Transports

■ **GARE.** Conwy a sa propre gare mais il faut souvent changer à Llandudno Junction, à 1 km, de l'autre côté de la rivière. On peut y accéder en train. Pour les directions de Chester ou Holyhead, Betws-y-Coed, Blaenau Ffestiniog.

■ **BUS NATIONAL EXPRESS.** Ils partent des murs du château sur Town Ditch Road. Les bus locaux en direction de Bangor, Betws-y-Coed et Llandudno se prennent sur Lancaster Square ou Castle Street.

Pratique

▶ **Indicatif téléphonique :** 01492.

■ **OFFICE DU TOURISME. Conwy Castle Visitor Center (dans le château)** ✆ **(01492) 592 248.** Mêmes horaires d'ouverture que le château.

■ **BANQUES.** Midland, Lancaster Square. Barclay's, High Street. National Westminster, Castle Street.

■ **POLICE.** Lancaster Square ✆ (01492) 492 222.

Hébergement

Bien et pas cher

■ **AUBERGE DE JEUNESSE CONWY. Larkhill, Sychant Pass Road** ✆ **(01492) 593 571 – Conwy@yha.org.uk** – *Prix : adulte : £13,50, £9,20 pour les moins de 18 ans.* Auberge agréable, spacieuse avec une vue sur le château. Un total de 80 lits et certaines chambres avec douches.

Réception toute la journée. Télévision, jeux, Internet… Dans la salle à manger, qui offre des vues splendides, de bons repas faits maison à des prix très raisonnables. Prendre la seconde sortie pour Conwy sur l'A547. Suivre le centre-ville et les murs de la ville, tourner à droite vers Mount Pleasant, puis à droite encore à la jonction au sommet de la montée. L'auberge est sur la gauche à quelques mètres. A pied, suivre Bangor Road jusqu'aux remparts. Puis tourner à gauche dans Mount Pleasant. Une fois au carrefour, à gauche et marcher pendant 5 bonnes minutes.

Confort ou charme

▪ **LLYS LLEWELYN HOTEL. Mount Pleasant** ✆ **(01492) 593 257.** *Prix : £22 par personne.* Situé à 2 min à pied du centre-ville, l'hôtel est juste de l'autre côté des remparts. L'accueil y est excellent. Certaines chambres donnent sur le château, illuminé le soir. Il y a quelques années, la reine est venue inaugurer un tunnel qui détourne une grande partie de la circulation. A cette occasion, Sa Royale Majesté s'est désaltérée d'un cocktail gin vermouth, dans un verre qui reposait sur une table dénichée en toute hâte chez un antiquaire local. Notre hôte l'a acquise et exposée, en ayant soin d'y visser une plaque de cuivre commémorant l'événement : un argument de plus pour visiter sa salle à manger. Parking dans le jardin. L'été et durant le festival de Llangollen, il vaut mieux réserver quelques jours à l'avance.

▪ **THE SWAN COTTAGE. 18 Berry Street** ✆ **(01492) 596 840.** *Prix par personne : £18.* Accueil charmant et vue sur la mer, en particulier depuis la chambre du dernier étage. En plein centre-ville.

▪ **THE TOWN HOUSE. Rose Hill Street** ✆ **(01492) 596 454.** *Prix : simple £30, double £45.* Les propriétaires ont converti leur demeure victorienne en un petit hôtel confortable. Bien placé, vue sur le château.

Luxe

▪ **THE CASTLE HOTEL. High Street** ✆ **(01492) 592 324 – www.castlewales.co.uk –** *Prix par personne : de £60 à £100.* Hôtel de luxe, fascinant, dont la construction remonte au XVIe siècle. Il a toujours été très fréquenté puisque Conwy se trouve sur l'axe Londres – Holyhead donc aussi l'Irlande et les Etats-Unis. Les chambres sont impeccables. Les deux suites sont vraiment royales. Mais le plus impressionnant, ce sont les peintures qui ornent les murs de l'entrée, du bar et du restaurant. Il semblerait que le peintre britannique John Dawson Watson paya son séjour à l'hôtel en tableaux ! Possibilité d'y dîner (voir restaurants).

Restaurants

▪ **ARCHWAYS FISH AND CHIPS. Bangor Road.** *Sur place ou à emporter. Moins de £5.* D'une propreté remarquable. C'est le meilleur endroit pour manger du poisson pas cher dans ce village de pêcheurs !

▪ **TOWN HOUSE RESTAURANT. 2 High Street** ✆ **(01492) 596 436.** *Déjeuner à £8, dîner entre £15 et £25.* Le choix de poissons varie tous les jours en fonction de ce que le chef trouve sur le marché. Cuisine qui plaît aux locaux pour sa simplicité. D'autres plats, plus épicés, ont été influencés par les voyages du chef.

▪ **BISTROT CONWY. Chapel Street, dans une petite cour à droite en montant la rue** ✆ **(01492) 596 326.** *Entre £12,50 et £16 le plat. Ouvert tous les jours sauf le lundi de 18h30 à 21h.* Modernisation réussie de recettes galloises traditionnelles comme le steak aux huîtres, adaptation des huîtres au steak !

▪ **SHAKESPEARE RESTAURANT. Castle Hotel. High Street.** *Prix à partir de £14 le plat. Ouvert tous les soirs de 19h à 21h30.* Un bon exemple de la nouvelle cuisine galloise, sous la surveillance du manager de « l'équipe culinaire galloise », un groupe de chefs qui se veulent les garants d'une cuisine galloise de qualité. Les tableaux de John Dawson Watson et le service contribuent à ce supplément d'âme qui règne ici. Le pub attenant sert également de bons plats et de la bière brassée à quelques centaines de mètres de là !

▪ **THE GROES INN. Tyn-y-Groes-Gwgnedd** ✆ **(01492) 650 545.** *De Conwy, prendre la B5106 en direction de Betws-y-Coed.* Située à 5 km de Conwy, cette ravissante auberge du XVe siècle, entourée d'un jardin avec des tables offre une excellente cuisine. La licence du pub date de 1573, on dit que c'est le premier pub du pays de Galles. Tout le monde vous en parlera dans la région. Mieux vaut réserver.

> Wells dans le Kent

> Boscastle dans les Cornouailles

> Llyn Gwynant Snowdonia, paysage

Un cottage dans le Kent

Tea rooms

■ **ANNA'S. Tea Room & Cafe House. 9 Castle Street.** Un salon de thé tout ce qu'il y a de plus traditionnel avec nappes fleuries et de bons déjeuners. Au-dessus du Conwy Outdoor Shop.

■ **PEN Y BRYN. Lancaster Square** ✆ **(01492) 596 445.** Au centre de la ville, en 1575, on construisit cette adorable petite maison qui est aujourd'hui l'emplacement d'un salon de thé très british, dentelles et porcelaine, afternoon tea avec scones et marmalade. Si un Lapsang Suchong, un café kenyan, costaricien ou old java vous tente à 17h, le salon de thé maison sera à même de répondre à toutes vos exigences.

Manifestation

A Conwy, la saison culturelle commence en mars et s'achève en septembre.

▶ **Première semaine d'août : Conwy Festival.** Toutes les disciplines artistiques y sont représentées. Le point fort de la semaine est une pièce de Shakespeare jouée dans la cour du château. Pour les programmes, s'adresser à l'office du tourisme, qui les fournit à partir du mois de mai.

Points d'intérêt

■ **CONWY CASTLE** ✆ **(01492) 592 358.** *Ouvert tous les jours en octobre de 9h30 à 17h, du 1er novembre au 31 mars de 9h30 à 16h du lundi au samedi et de 11h à 16h le dimanche. Du 1er avril au 31 mai tous les jours de 9h30 à 17h et du 1er juin au 30 septembre de 9h30 à 18h. Prix : adulte : £3,75, tarif réduit : £3,25.* Construit entre 1283 et 1287 par Edouard Ier d'Angleterre, Conwy Castle est l'un des très nombreux châteaux commandés par le roi durant sa conquête du pays de Galles. Il n'aura fallu que 4 ans et l'aide de 1 500 ouvriers pour édifier cette forteresse de 8 tours et les remparts. A l'époque, le château était blanchi à la chaux. Il hébergeait les nobles dans les tours et les soldats qui dormaient dans ce qui fut la grande salle en bas. Les premiers priaient dans la petite chapelle d'une des tours, qui est restée en assez bon état, les seconds dans l'église dont on aperçoit les restes depuis la salle commune. En temps de paix, il ne fallait pas plus de 30 soldats pour protéger le château car il était construit de telle façon que l'ennemi ne puisse entrer. En suivant une des visites guidées, quotidiennes en été, vous aurez la chance d'en découvrir plus sur la richesse de ce château. Neils, le guide du dimanche, rend la visite particulièrement vivante.

■ **PLAS MAWR HOUSE. High Street** ✆ **(01492) 580 167.** *Fermé tous les lundis. Ouvert d'avril à fin mai et en septembre de 9h30 à 17h, du 1er juin au 31 août, de 9h30 à 18h, en octobre ouvert de 9h30 à 16h. Fermé du 1er novembre au 31 mars. Entrée : £4,50. Tarif réduit : £3,50.* Un des meilleurs exemples d'édifice elizabétain. Une grande maison marchande du XVIe siècle, surmontée d'une tour d'où l'on peut voir toute la ville. Les murs sont blanchis à la chaux. Le mobilier d'époque réserve des surprises, notamment un meuble à pain et fromage qui servait aussi de cabinet pour enfermer les enfants punis. Des trous ayant été prévus pour permettre aux victuailles de mieux se conserver, les enfants pouvaient respirer et avoir un peu de lumière. Les adultes étaient ainsi assurés de leur tranquillité... A remarquer aussi, les cheminées dont les linteaux sont abondamment sculptés. Aujourd'hui, Plas Mawr House héberge la Royal Cambrian Academy of Art et des expositions temporaires d'artistes contemporains gallois y sont organisées.

Les trois règles d'un château Edouardien

Le roi Edouard Ier édifia une boucle de château dans le nord du pays de Galles : Caerphilly, Criccieth, Caernarfon, Denbigh, Beaumaris, Flint et Harlech ! Le but initial de ces châteaux est exclusivement défensif selon les trois règles suivantes :

▶ **Une source d'eau potable doit préexister à la construction.** En cas de siège, un puits s'avère bien entendu indispensable ;

▶ **Ils doivent se situer au bord d'un fleuve ou de la mer.** Cela permet le ravitaillement en cas de siège. Les Gallois ne possédaient pas de marine, contrairement aux Anglais ;

▶ **Les constructions sont en pierre afin de résister aux attaques.** De plus, les châteaux étaient tous blanchis à la chaux sauf Caernarfon.

■ **LES TROIS PONTS PARALLELES.** Le plus impressionnant est de savoir qu'il y a une 4e route pour accéder à Conwy. Mais celle-là est souterraine ! Le pont suspendu est le premier à avoir été construit, en 1822 par Thomas Telford. Le but était d'ouvrir un chemin aux diligences qui se rendaient à Holyhead. Le second dans le temps est le pont couvert, édifié en 1849 et réservé aux trains de la ligne Llandudno -Bangor. La route, utilisée à partir de 1951, servit aux automobiles et aux camions. Mais la structure de la ville ne permettait pas une forte circulation de poids lourds, ce qui justifie l'existence du tunnel !

■ **ABERCONWY HOUSE. A l'angle de High Street et de Castle Street.** *Ouvert du 27 mars au 31 octobre de 11h à 17h, sauf le mardi. Entrée £2,50 -£1,20.* La plus ancienne maison marchande de la ville qui date de 1300. A l'intérieur, une exposition d'antiquités romaines. La petite maison a tout vu en sept siècles, elle fut tour à tour boulangerie, magasin d'antiquités, maison de capitaine et hôtel. Elle a aussi survécu à de nombreuses catastrophes et quelques feux.

■ **THE SMALLEST HOUSE.** *Ouverte de juin à octobre de 10h à 18h et de juillet à août de 10h à 17h. Entrée 75 p.* Sur le quai, la plus petite maison d'Angleterre attire l'œil par sa couleur rouge vif. Elle date du XIVe siècle et fut habitée jusqu'en mai 1900 par un pêcheur qui mesurait 1,80 m ! Il fut expulsé après que la maison fut déclarée inhabitable en raison de sa trop petite taille. Il décida alors, avec le propriétaire des lieux, d'aller mesurer les autres petites maisons de Grande-Bretagne. A la fin de leur voyage, ils avaient la preuve que la leur était la plus petite. Elle figure depuis dans le livre *Guinness des records !*

■ **TEAPORT WORLD. Conwy's Teapot Museum and Shop. Castle Street** ✆ **(01492) 593 429/596 533.** *Ouvert d'avril à septembre de 10h à 17h30, de 11h à 17h30 le dimanche.* Si vous avez une tendresse particulière pour les théières, vous serez ravi, il y en a pour tous les goûts, de toutes les formes et toutes les couleurs ! 300 ans de théières, du milieu du XVIIIe siècle à nos jours. Quand la théière devient objet d'art. Excentricité au rendez-vous.

■ **LA JUNGLE DES PAPILLONS « BUTTERFLY JUNGLE »** ✆ **(01492) 593 149.** *Ouvert d'avril à septembre de 10h à 17h30. Octobre : de 10h à 15h30. Entrée : £3,75.* Une jungle tropicale au cœur du pays de Galles. Ça n'existe pas ? Eh bien si. On se balade dans une maison-serre où toutes sortes d'oiseaux et de papillons exotiques butinent en toute liberté. Pour ceux qui veulent se reposer les yeux des châteaux et des églises.

■ **PROMENADES EN MER.** Depuis le quai, trois types de promenades sont proposées. Queen Victoria vous amène, selon la marée, vers Llandudno ou Snowdonia (30 min, £3,50). Un autre bateau organise une promenade commentée sur la faune marine (1h). Vous pouvez également réserver une partie de pêche (£8 par personne la demi-journée). Pour des renseignements et tickets pour toutes ces activités ; rendez vous au kiosque, sur le quai.

■ **CONWY VISITOR CENTER. Rosehill Street.** Un film de 20 min et une exposition retracent la vie de Conwy depuis 800 ans.

▶ **Au hasard des pas, on explore la ville,** les remparts dans Bangor Street qui vous conduisent sur le quai par une balade le long du port en regardant les bateaux amarrés deux à deux au ponton. Ils donnent l'impression de se suivre. En remontant dans la ville, au cœur de la cité, St Mary Church veille sur ses paroissiens depuis la fin du XIIIe siècle. Elle fut construite sur les vestiges d'une ancienne abbaye gothique, avec des fonts baptismaux et un chœur du XVe siècle.

Dans les environs

■ **BODNANT GARDENS. De Conwy, prendre l'A470, direction Bodnant, Llanrwst, Betws-y-Coed. Bodnant Garden. Tal-Y-Cafn, Colwyn Bay** ✆ **(01492) 650 460 – www.bodnantgarden. co.uk –** *A quelques kilomètres de Conwy, à côté du village Tal-y-Cafn. Ouvert du 15 mars au 31 octobre, de 10h à 17h, dernière admission à 16h30. Entrée : £5, 50 enfants £2,75.* Mai, juin et juillet sont les plus beaux mois pour se promener dans ces 80 acres de jardin, lorsque les rhododendrons et les multiples arbustes sont en fleurs. C'est un des plus beaux jardins du pays, où tout a été pensé pour rendre la promenade agréable et pleine de surprises. Les teintes des corolles ont été sélectionnées et harmonisées avec soin, dans un souci d'élégance où la culture ne nuit pas à la nature. C'est le jardin anglais par excellence. Terrasses nénuphars, jardin sauvage, cascades. On est bien loin de la rigidité de nos jardins à la française. En automne, le paysage change de ton et la lumière latérale rend l'atmosphère irréelle et magique. Si le parc est moins fleuri, les feuillages, en revanche, s'illuminent et l'ensemble gagne en charme flamboyant et écarlate. Tandis que l'entretien des jardins de Bodnant monopolise en permanence l'attention de dizaines de jardiniers, la nature, elle, sait parfaitement s'en passer.

ROWEN

Une auberge de jeunesse intimiste et perdue dans la campagne, un pub de village moquetté où tout le monde se connaît et où l'on ne reste pas très longtemps un étranger, des grands éclats de rires, des paysages magnifiques, une forêt de chênes et des gens accueillants. Vous êtes arrivé au petit hameau de Rowen.

■ **TRANSPORTS.** Bus n° 19A pour Conwy toutes les deux heures.

■ **AUBERGE DE JEUNESSE DE ROWEN. Rhiw Farm** ✆ **0870 770 6113.** *Un total de 24 lits, ouvert à partir de 17h, prix : £9,50 adulte, £7 moins de 18 ans.* Vieille ferme galloise récemment rénovée. Très propre et accueillante. Une grande cheminée dans la petite salle commune rend l'endroit encore plus chaleureux, feu de bois à volonté. Le seul inconvénient de l'auberge est le passage obligé par la pente de 25 % du chemin du village, ça grimpe raide ! 10 min pour descendre. Trois quarts d'heures pour remonter ! Même en voiture c'est impressionnant. S'il vous prend l'envie d'aller boire un coup à l'excellent pub Ty Gwyn, en bas au village, prenez un briquet ou une torche car il n'y a pas de lumière le long du chemin de l'auberge. Dans la nuit noire, on peut se perdre dans les chemins de campagne.

ABER FALLS

A 14 km à l'ouest de Conwy sur l'A55. Au niveau de l'Aber Falls Hotel, un sentier s'enfonce vers les cascades de la rivière Aber qui peuvent être extrêmement modestes l'été. Le chemin traverse une agréable forêt de chênes jusqu'à un parking d'où différents sentiers démarrent.

LLANDUDNO, « The Queen of Welsh Resort »

Une villégiature très victorienne et très anglaise : longues avenues, front de mer bâti d'hôtels, qui bénéficient tous d'une vue imprenable sur la mer. Un ponton, une promenade en bois avec pavillons, des boutiques bleu et blanc créent une atmosphère très XIXe siècle. Il y traîne un petit air de gloire et grandeur périmées, avec des devantures d'hôtels jadis prestigieux. La ville est très appréciée par les retraités anglais.

Transports

■ **GARE.** Trains directs en provenance et direction de Chester, avec un changement à Llandudno Junction pour Bangor, Betws-y-Coed. Direct pour Holyhead.

■ **BUS.** Bus locaux pour les principales villes du Nord s'arrêtent à Mostyn Street.

Pratique

▶ **Indicatif téléphonique :** 01492

■ **TOURISM INFORMATION CENTRE. 1-2 Chapel Street** ✆ **(01492) 876 413.** *Ouvert de Pâques à septembre, tous les jours de 9h à 17h30. De 9h à 17h d'octobre à Pâques, sauf le dimanche.*

Hébergement

30 % des lits d'hôtels, B & B et hostel du pays de Galles sont concentrés à Llandudno. Donc, pas de problème pour trouver de quoi dormir… La plupart des hôtels sur la Promenade ne sont pas en très bon état et vraiment chers. Mieux vaut se diriger vers les petites rues en ville, derrière la plage, pour trouver un endroit plus sympathique.

■ **LLANDUDNO HOSTEL. 14 Charlton Street** ✆ **(01492) 877 430.** *Prix : £13 le lit.* Dortoirs impeccables dans cette auberge sympa tenue par une femme très sérieuse.

■ **GUEST HOUSE BRYN ARTHUR. Tabor Hill** ✆ **(01492) 876 278.** *Prix : simple à partir de £25, double £20 par personne.* Vue dégagée sur toute la plage et la ville depuis une jolie terrasse. Chambres très agréables ainsi qu'une belle salle à manger. Possibilité d'y dîner.

■ **CRICKLEIGH HOUSE. 39 Llyod Street** ✆ **(01492) 877 744 – www.crickleighhouse. com –** *Prix : simple à partir de £35, double de £55.* B & B de caractère avec des grandes chambres et des lits à baldaquin.

■ **SEFTON COURT HOTEL. 49 Church Walks** ✆ **(01492) 875 235 – www.seftoncourt-hotel. co.uk –** *Prix : simple à partir de £27, double de £26 par personne.* Un peu en hauteur de la ville, vous pouvez apercevoir la baie. Bon accueil et chambres impeccables.

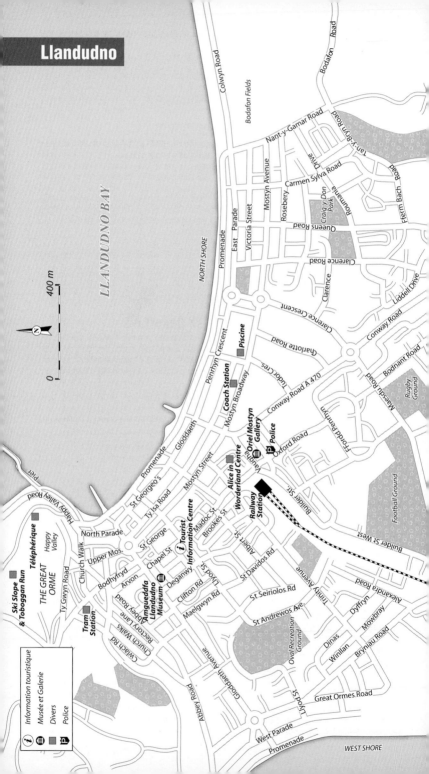

Llandudno

LLANDUDNO BAY

NORTH SHORE

400 m

N

THE GREAT ORME

Ski Slope & Toboggan Run
Téléphérique
Happy Valley

Tram Station

Pier
Happy Valley Road
Ty Gwyn Road

Church Walk
Upper Mos.
North Parade
Bodhyfryd
Arvon
Cwlach Rd
Church Walks
Rectory Road
Abbey Road

Promenade
St George's St
Ty Isa Road
St George
Chapel St
Deganwy
Clifton Rd
Maelgwyn Rd
Gloddaeth Avenue

Gloddaeth St
Mostyn Street
Madoc St.
Brookes St.
Llwyd St.
Albert St.

i *Tourist Information Centre*

Amgueddfa Llandudno Museum

Alice in Wonderland Centre

Railway Station

Oriel Mostyn Gallery

P *Police*

Penrhyn Crescent
Tudor Cres.
Coach Station
Mostyn Broadway
Piscine

Conway Road A 470
Mostyn Avenue
Charlotte Road
Oxford Road
Vaughan St.
Builder St.
Builder St. West

St Davidos Rd
St Seiriolos Rd
St Andrewos Ave.
Trinity Avenue
Alexandra Road
Oval Recreation Ground
Dinas
Winllan
Bryniau Road
Mowbray
Dyffryn
Great Ormes Road
West Parade
Promenade

WEST SHORE

Colwyn Road
Bodafon Road
Bodafon Fields
Nant-y-Gamar Road
Tan-y-Bryn Road
Mostyn Avenue
Carmen Sylva Road
Rosebery
Craig-y-Don Park
Romania
Bonant Road
East Parade
Victoria Street
Queens Road
Clarence Road
Clarence Crescent
Conway Road
Liddell Drive
Ffordd Penrhyn
Maesdu Road
Rugby Ground
Football Ground
Ffordd Bach Road
Promenade

■ **LIGHT HOUSE, MARINE DRIVE. Great Orme's Head. Marine Drive** ✆ **(01492) 876 819 –** **www.lighthouse-llandudno.co.uk –** *Prix : à partir de £65 par personne.* Petit château accroché au flanc d'abruptes falaises. A 370 pieds au-dessus de la mer d'Irlande, la vue est plus que magnifique, elle est imprenable. L'intérieur est confortable et les promenades à pied sous le vent entre les « deux mers » sont un enchantement. C'est un des endroits les plus inhabituels où dormir au pays de Galles.

■ **EMPIRE HOTEL. Church Walks** ✆ **(01492) 860 791 – www.empirehotel.co.uk –** *Prix : simple à partir de £50, double de £70.* Deux piscines, un salon Chesterfield et de vieilles baignoires donnent beaucoup de caractère à cet hôtel très luxueux dans un genre Art déco.

Restaurant

■ **RICHARD'S BISTROT. 7 Church Walks** ✆ **(01492) 875 315.** *Ouvert à partir de 17h30 jusqu'à tard du mardi au samedi. Prix : £25.* Cuisine réputée dans ce restaurant éclairé à la bougie. Le poisson vient du marché du coin. Plats copieux. Réservez à l'avance car sa renommée est grande.

Sortir

■ **WASHINGTON BISTROT. Clarence Street.** Très beau pub, avec une table de billard. Fréquenté principalement par les locaux.

Points d'intérêt

La principale attraction de cette station balnéaire est l'ascension du Great Orme, pic haut de 679 pieds, qui surplombe la ville que l'on peut gravir à pied, en tramway ou, encore plus facile, en téléphérique ! Autre élément touristique, le révérend Charles Lutwidge Dodgson aurait passé de nombreux étés à Llandudno, durant lesquels ce monsieur, plus connu sous le nom de Lewis Carroll, aurait écrit son *Alice au pays des merveilles.* L'imagination populaire locale en a déduit que le pays des merveilles était Llandudno. D'où un parc d'attractions. Le soir, quand tout est illuminé, le lieu devient magique.

■ **ALICE IN WONDERLAND CENTRE. The Rabbit Hole : 3-4 Trinity Square – www.wonderland. co.uk – alice@wonderland.co.uk –** A Llandudno, l'essence des aventures incroyables d'Alice a été capturée, avec des tableaux de l'histoire de Wonderland. Les personnages sont grandeur nature et on peut expérimenter les aventures d'Alice en écoutant des extraits superbement narrés (grâce à des écouteurs ; cassettes disponibles en français). Lewis Carroll a-t-il vraiment passé ses vacances à Llandudno ? Même dans la ville galloise les avis sont partagés. Mais pour citer un de ses habitants « même s'il n'est jamais venu c'est tellement plus charmant d'y croire ». Une chose est sûre, c'est que la petite Alice Liddell qui lui a inspiré le personnage d'Alice a passé ses vacances dans la maison qui est maintenant l'hôtel de Gogarth Abbey.

Lewis Carroll (Cheshire 1832-Surrey 1898)

S'il n'avait pas tant aimé les petites filles, le timide M. Charles Lutwidge Dogson, professeur à Oxford, nous aurait seulement laissé quelques traités de logique et de mathématiques que nous aurions bien été obligés de lire. Au lieu de cela, son intérêt passionné pour les petites Anglaises nous a valu ces immenses petits livres, tout un monde apparemment (mais apparemment seulement) sans queue ni tête, « with plenty of nonsense in it ».

Et si la petite et très mignonne (on le sait, il l'a beaucoup photographiée) Alice Liddell, qui s'ennuyait souvent, ne lui avait pas demandé de lui raconter des histoires pour la distraire, nous n'aurions jamais eu l'occasion de lire *Alice au pays des merveilles,* ni elle non plus bien sûr. Et si le timide professeur ne s'était pas laissé persuader de publier ces récits, il ne serait pas devenu Lewis Carroll et nous n'aurions jamais entendu parler de la « Chasse au snark », ce poème aux trouvailles verbales délirantes, traduit en français par Louis Aragon.

Et si la jeune Alice n'avait pas été insatiable comme le sont les enfants, Carroll n'aurait pas raconté pour continuer à lui plaire ce qui se passe « De l'autre côté du miroir » où le monde et la logique des adultes sont symbolisés par un échiquier géant. Alors que ses ouvrages étaient déjà bien connus, il arriva que Lewis Carroll demandât à une petite fille, dont il venait de faire la connaissance, si elle avait lu *Alice aux pays des merveilles* et *De l'autre côté du miroir.* « Oui, lui répondit-elle, je les ai lus tous les deux ». Et elle ajouta, après un moment de réflexion : « Je pense que le second est encore plus stupide que le premier. Ne croyez-vous pas ? »

> *« Vous écrivez que Lewis Carroll (Charles Dogson) a peut-être passé plusieurs vacances à Llandudno. Une lettre a été retrouvée, qui déclare : « Du plus loin que je me souvienne, M. Dogson n'a jamais visité la maison de Llandudno ! » M. Ratcliffe.*

■ **THE LLANDUDNO MUSEUM. 17-19 Gloddaeth Street** ✆ **(01492) 876 517 – www.llandudno-tourism.co.uk/museum** – *De Pâques à octobre, ouvert du mardi au samedi de 10h30 à 13h et de 14h à 17h, de novembre à Paques du mardi au samedi de 13h30 à 16h30.* Retrace l'histoire de Llandudno, de la préhistoire aux temps modernes. Des vestiges trouvés sur les sites romains dont une trace d'un pied d'enfant moulée et un vieux jeu de dames.

THE GREAT ORME – PEN Y GOGARTH

C'est ce qu'il y a de mieux à faire à Llandudno. Pic formé il y a plus de 300 millions d'années. Great Orme a vu beaucoup de passage, les Romains l'ont un peu ignoré, il fallut attendre les Celtes qui s'y intéressent de plus près puisque saint Tudno y construisit la première cellule de son monastère au VIe siècle. Et ce sont les Vikings qui lui donnèrent son nom, Orme, dérivé du vieux norrois, mot pour « ver » ou « serpent de mer ».

Mais c'est vraiment fin XIXe siècle, lorsque les plaisanciers ont envahi Llandudno, que le roc devient une destination touristique. Depuis, un tramway menant au sommet a été construit de même qu'un téléphérique et un grand complexe, moderne, avec cafés, restaurant, magasins, terminé en 1992 et qui malheureusement dénature beaucoup le site. Mais en vous éloignant un peu de tout ce brouhaha, vous découvrirez au fil des sentiers une nature riche d'histoire, cercles de pierres et vestiges préhistoriques. Une autre surprise vous attend au sommet : le troupeau de chèvres angora aux longues cornes recourbées, descendants d'un couple de spécimen offert à la ville par le roi de Perse au début du siècle.

Transports

■ **VOITURE.** Pour les paresseux il suffit de suivre la route de Marine Drive. Six kilomètres au départ de la jetée. Péage de £1,50 l'été de 9h à 20h et de 9h à 16h en hiver.

■ **TRAMWAY.** Service depuis 1902. Le tramway à l'avantage d'offrir une balade sympathique à travers la ville. Départ de Victoria Station, 62 Church Walks, le long de Old Road. Ouvert de 10h à 18h de mars à octobre. Aller-retour : £3,80 et enfant : £2,60. On peut alors admirer en toute tranquillité les plus vieilles maisons de Llandudno. Une halte à la toute petite plate-forme de Half Way Station à partir de laquelle les voyageurs peuvent soit continuer à pied soit monter dans le second tram qui les amènera au sommet (trajet de 5 à 10 min).

■ **TELEPHERIQUE : THE CABIN LIFT** ✆ **(01492) 877 205.** *Ouvert en juillet et août de 10h à 17h30, de Pâques à mai, et en septembre et octobre de 10h à 16h30.* Départ près du Pier (jetée).

Point d'intérêt

■ **GREAT ORME BRONZE AGE COPPER MINE. Great Orme à 5 min de la station de Half-Way avec le tram** ✆ **(01492) 870 447 – www.greatormemines.info** – *Ouvert de 10h à 17h de février à octobre. Prix : £5.* Visite d'une grotte datant de 1500 avant J.-C., d'anciennes mines de cuivre déjà exploitées par nos ancêtres préhistoriques.

Loisirs

■ **SKI.** Skiez à Llandudno ! Oui, c'est possible, pour la modique somme de £12, équipement compris sur une des rares pistes de ski artificielles et qui se situe sur… Great Orme ! ✆ (01492) 874 707.

■ LE NORD-EST ■

Petits villages paisibles avec des maisons en ardoise, collines verdoyantes, châteaux et églises en ruines : voila ce que l'on découvre dans le Nord-Est du pays de Galles. On y entend parler gallois bien plus souvent que dans le Sud du pays. Néanmoins, le Nord-est, à la frontière, attire de nombreux Anglais, venus chercher des maisons à moindre prix.

Les petites villes de Ruthin et Denbigh valent bien une demi-journée de visite chacune. Llangollen, plus étendue, accueille au début du mois de juillet des milliers de visiteurs venus assister à l'Eisteddfod international. Des groupes du monde entier participent à ce concours de musique.

Pistyll Rhaedr and Wrexham steeple
Snowdon's mountain without its people
Overton Yew-trees, St Winifred wells
Llangollen Bridge and Gesford bells

Cette comptine pour enfant écrite au début du XIXᵉ siècle se réfère à une vieille légende galloise qui décrit les 7 merveilles du pays de Galles : la plupart se trouvent dans les environs de Chester. Vous pourrez les visiter en 2 ou 3 jours.

ST ASAPH – LLANELWY

C'est la plus petite ville de Grande-Bretagne, après Saint David's in Pembrokeshire, ville car elle possède une cathédrale construite par un des évêques de St Asaph, saint Kentigern, au VIᵉ siècle. Un autre célèbre évêque de St Asaph fur William Morgan, connu dans tout le pays de Galles pour avoir traduit la Bible en gallois en 1588. Un monument est érigé à sa mémoire dans la cour de l'église. Dans la crypte de la cathédrale, un dictionnaire gallois-grec-hébreu traduit par l'autodidacte gallois, Richard Robert Jones, plus familièrement connu sous le nom de Dic Aberdaron. Ce savant, fils de pêcheur, connaissait 15 langues différentes. Né à Aberdaron en 1780, il a vécu sa vie comme un ermite vagabond. Il est enterré dans le cimetière de St Asaph et, sur sa tombe, on peut lire :

Un linguiste huit fois supérieur aux autres linguistes
Un dictionnaire pour chaque province
La mort emporta avec elle ses 15 langues
Là-dessous, il gît maintenant sans aucun langage.

Restaurants

Pour bien manger dans un pub qui offre deux restaurants différents (immense bâtisse), ne pas manquer le **Plough Inn, The Roe** ✆ (01745) 585 080. Un restaurant italien au premier étage assez neuf et très chic, avec décoration grandiose. On peut déguster un repas « plus britannique » en bas dans le pub. Au menu : agneau gallois, saumon et viande grillée ! Excellent et très original ! *Entre £4,50 et £10.*

Point d'intérêt

Pour visiter la crypte de l'église, s'adresser au doyen ✆ (01745) 583 597.

Dans les environs

■ **TREMEIRCHION.** Petit hameau du XIIIᵉ siècle, l'église date de XIVᵉ siècle.

■ **UN PEU PLUS BAS, ON TROUVE BACH-Y-GRAIG,** une vieille ferme dont l'histoire originale remonte à très loin. Construite pour un Hollandais riche marchand en 1567, Bach-y-Craig est la seconde maison à être construite en briques, des briques rouges certainement importées de Hollande, une architecture bien différente de celle des Gallois. Les habitants des alentours l'ont rapidement baptisée la maison du diable pensant que de telles briques à la couleur écarlate ne pouvaient avoir été cuites que par le diable dans les flammes de l'enfer. Seul vestige de cette croyance, « the Devil's brook », le nom d'un ruisseau des alentours de la ferme. Bach-y-Graig est aujourd'hui plus un petit paradis que l'enfer. B & B tenu par une famille de Gallois pur souche, l'intérieur est fantastiquement décoré, on y est reçu avec thé, café et cakes gallois qui sortent à peine du four.

Les immanquables du Nord-Est

▶ **Se mouiller les pieds dans le lac de Bala,** le plus vaste du pays de Galles.

▶ **Découvrir la vie peu ordinaire de deux galloises célèbres** dans leur maison à Llangollen.

▶ **Se promener dans les belles ruelles de Ruthin,** et clore sa visite par un banquet médiéval dans le château.

▶ **Méditer dans les ruines de l'abbaye de la « vallée de la croix »** (valle crucis abbey).

■ **BACH-Y-GRAIG** ✆ (01745) 730 627 – **Fax** : (01745) 730 971 – **www.bachygraig.co.uk** – *Trois chambres avec suite. Prix : à partir de £26.* Excellent rapport qualité-prix. Plaisir des yeux et du palais, un cadre vraiment fantastique que celui de cette grande ferme rouge au milieu des prés.

DENBIGH – DINBYCH

Ville de marché dominée par les ruines du château – encore un autre ! Pendant longtemps la rivière Clwyd représentait la frontière entre le pays de Galles et l'Angleterre d'où la nécessité d'un château fort, et le nom de la ville, « petit fort ». Bien que la légende – encore une ! – raconte qu'un chevalier du Moyen Age, John Salusbury, serait revenu vainqueur du combat avec le dragon qui terrorisait la ville, criant « Dim Dych ! » (Plus de Dragon !).

Points d'intérêt

La ville est agréable, moyenâgeuse et offre une belle balade, calme et tranquille, le long des ruines du mur de la ville et des anciennes portes. L'office de tourisme situé sur la place principale distribue un bon plan avec des explications sur l'histoire de Denbigh.

■ **DENBIGH CASTLE** ✆ (01745) 813 385. *Ouvert du 1er avril à fin septembre de 10h à 17h30 les jours de semaine, de 9h30 à 17h30 le week-end. Accès via A525, A543 ou B5382. Prix : £2,50 pour une entrée adulte, £2 tarif réduit.* Ruines grandioses d'un château du XIIIe siècle au sommet d'une colline près de la ville. Allez marcher le long des murs pour une balade d'une km, l'architecture est impressionnante et la vue fabuleuse.

Shopping

■ **LE MARCHÉ** a lieu sur High Street.

LLANRHAEADR

■ **TRANSPORTS.** Accès par le bus n° 51 de Ruthin ou Denbigh.

Sortir

Ne manquez pas le pub du petit hameau, à l'opposé de l'église pour une petite halte :

■ **THE KING'S HEAD INN** ✆ (01745) 890 278. *Ouvert tous les jours.* Ancien arrêt pour les diligences datant du XVIe siècle. De bons plats maison à des prix très modérés.

Points d'intérêt

■ **SAINT DYFNOG'S CHURCH.** Eglise qu'il ne faut absolument pas manquer. C'est un véritable bijou caché dans un petit hameau pittoresque. On y admire des vitraux multicolorés, dont ceux de l'aile, les célèbres « Jesse Windows », qui racontent la descente de Jésus par la maison d'Israël par Jessé, le père de David. Un peu plus loin, on voit la Vierge et l'enfant, entourés de 21 de leurs ancêtres, dont les noms sont inscrits sur les côtés en latin, qui illuminent de mille feux l'intérieur de l'église datée de 1533. Saint Dyfnog s'est établi ici au VIe siècle sur le site d'un puits miraculeux et c'est grâce à des donations de pèlerins que saint Dyfnog a construit ladite église. Les vitres sont censées être authentiques, bien que cachées durant la guerre civile. Les vitres teintées de l'aile ouest n'ont pas eu cette chance, elles ont été détruites. Il est probable que certains fragments ont été réutilisés pour confectionner les autres vitraux.

RUTHIN – RHUTHUN

Dans la vallée de la Clwyd, Ruthin, autrefois ville administrative et commerciale très importante, garde ses caractéristiques médiévales, avec le square Saint-Pierre, au centre, et d'étroites rues pavées bordées d'anciennes maisons très bien conservées. Au nord de la place, l'église de Saint-Pierre, fondée en 1310, renommée pour son toit en chêne sculpté datant du XVIe siècle. Au sud de la place, trône The Manor Courthouse, construit en 1401. Aujourd'hui, la ville est toujours une ville de marché très importante et, ces jours-là, Ruthin est submergée par le bétail et reprend des allures d'antan. La ville est aussi connue pour Maen Huail, une pierre où selon la légende, Huail fut décapité par le roi Arthur.

Transports – Pratique

▶ **Indicatif téléphonique :** 01824

■ **BUS.** Arrêt sur Market Street pour les bus allant à Denbigh, Corwen et Mold.

■ **TOURIST INFORMATION CENTRE** ✆ **(01824) 703 992.** *Ouvert tous les jours de 10h à 17h30 de juin à septembre. D'octobre à mai de 10h à 17h et le dimanche de 12h à 17h.* Dans le Craft Centre, Park Road.

Hébergement
Dans le centre

■ **GORPHWYSFA. 8 Castle Street** ✆ **(01824) 707 529.** *Prix : chambre simple à partir de £28, double à partir de £46.* Belle maison du XVIe siècle avec trois grandes chambres. L'entrée possède un grand piano à queue. Les livres de la bibliothèque sont à votre disposition.

■ **MANORHAUS. Well Street** ✆ **(01824) 704 830 – www.manorhaus.com – post@manorhaus. com –** *Prix : chambre simple à partir de £60, double £70.* Intérieur très « tendance » avec des faux plafonds et des lampes très design dans toutes les chambres. La première femme de John Lennon fut une des précédentes propriétaires de la maison ! Sauna ouvert aux résidents.

■ **RUTHIN CASTLE. Un peu au-dessus de la ville** ✆ **(01824) 702 664 – www.ruthincastle. co.uk –** *Prix : chambre simple à partir de £60, double à partir de £80.* L'hôtel se trouve dans l'ancien château fort de la ville. Les pièces au rez-de-chaussée ont conservé des objets du Moyen Age. La promenade au château est incontournable, même si l'on n'y passe pas la nuit !

Dans les environs

■ **FIRGROVE COUNTRY HOUSE** ✆ **(01824) 702 677 – www.firgrovecountryhouse.co.uk – meadway@firgrovecountryhouse.co.uk –** *A 3 km de Ruthin, dans le village de Llanfwrog. Prix : chambre simple à partir de £45, double à partir de £56. Cottage avec salon et cuisine : £70 pour 2 personnes.* B & B de caractère et de grande classe avec un jardin particulièrement bien entretenu. Toutes les chambres ont un charme fou avec de belles boiseries et une décoration assez champê-tre. Possibilité de dîner avec les propriétaires, très francophile pour £25, vin inclus.

■ **RHYDONNEN FARMHOUSE** ✆ **(01824) 790 258 – www.rhydonnen.co.uk – jones@rhydonnen. co.uk –** *A mi-chemin de Ruthin et de Denbigh, à 6 km de chacun. Prix : chambre simple £40, double £60.* Pendant qu'ils rénovèrent leur maison, Alan et Buddug découvrirent une cachette et un souter-rain qui menaient au couvent de bonnes sœurs à quelques lieux de là ! Et il se révéla que la maison était habitée par des moines ! C'était donc eux qui faisaient usage de la cachette et du souterrain ! Cette maison de campagne vient d'être rénovée en respectant les règles de la construction initiale. Alan et sa femme Buddug sont très accueillants et prêts à partager leur culture galloise.

■ **CAMPING. Sarah Betts. Minnfordd, Lanbedr, à 3 km de Ruthin** ✆ **(01824) 707 169.** Joli camping, réservé exclusivement aux tentes.

Restaurants

■ **MANORHAUS.** *Voir hébergement pour les coordonnées. Carte simple avec de bons en-cas pour le déjeuner. Prix : £5, de 12h à 14h. Cuisine élaborée et de qualité le soir, de 19h à 21h. Fermé le dimanche et le mardi.* Le chef s'inspire de la cuisine britannique et européenne pour des élaborer des créations contemporaines.

■ **WATERGATE TEA ROOM. Clwyd Street.** *Ouvert tous les jours sauf le lundi de 10h à 17h.* Salon de thé très coquet qui sert des plats simples à des prix très raisonnables le midi.

■ **THE WHITE HORSE INN. Hendrerwydd, à 7 km de Ruthin** ✆ **(01824) 790 218 – www. white-horse-inn.co.uk –** *Prix : autour de £20 le plat.* Ce pub de campagne sert des plats raffinés préparés à base de produits locaux. Plateaux de fromages de la région. Bon service. On s'y régale et on peut profiter d'un superbe feu de cheminée.

Sortir

■ **THE WYNNSTAY ARMS. Well Street** ✆ **(01824) 705 884.** Pub du XVIe siècle, le plus populaire de Ruthin.

■ **THE SEVEN EYES. Place Saint Pierre.** Un établissement unique de style hollandais, grand plafond et 7 lucarnes appelées « les yeux de Ruthin », construit au XVIe siècle.

Points d'intérêt

■ **RUTHIN CRAFT CENTRE. Park Lane** © **(01824) 703 992.** Le centre d'arts plastiques de Ruthin est un des plus renommés du pays. Les pièces des six artistes (sculptures, bijoux, poterie, encadrement) sont exposées et mises en vente dans le centre. Les techniques sont bien expliquées et l'on peut observer les artisans au travail.

■ **THE GAOL. Clwyd Street** © **(01824) 708 281 – www.ruthingaol.co.uk –** *Prix : £3 pour les adultes, £2 pour les enfants ; audio guide inclus. Ouvert tous les jours de 10h à 17h. De novembre à mars, fermé le lundi.* L'ancienne prison de Ruthin a été transformée en cet excellent musée qui relate les conditions de vie des prisonniers qui y séjournèrent jusqu'à sa fermeture au début du XIXe siècle. La construction de cellules individuelles, en 1866, ainsi que l'obligation de travailler étaient censées conduire à l'amélioration des conditions d'incarcération. Les commentaires audio et les panneaux expliquent bien le lien entre pauvreté et incarcération à l'époque victorienne.

■ **WELSH MEDIEVAL BANQUET. Ruthin Castle** © **(01824) 703 435 – www.ruthincastle. com –** *Prix : £33 dîner et vin compris. Sur réservation uniquement.* De l'agneau rôti à la galloise ainsi que du poulet au miel et à l'orange sont servis par des chanteurs déguisés en serviteurs du Moyen Age. Une fois le repas terminé, les harpes jouent les airs gallois du temps des seigneurs. Les décors participent à la reconstitution de ce banquet du Moyen Age.

■ **MOEL FAMMAU.** Il s'agit des ruines d'un château au sommet de la plus haute colline de Denbighshire. Les jours de beau temps, on peut voir jusqu'à Liverpool. Pour y accéder, parking à Bwlch-Pen-Barras, sur la B5429 depuis Ruthin. Le sommet est à 45 min de marche tranquille.

HOLYWELL – TREFFYNNON

Qualifiée de « Lourdes du pays de Galles », Holywell a été pendant plus de 300 ans la destination de pèlerinage. A l'origine du saint pèlerinage : le puits St Winefride qui selon les dires est une des 7 merveilles du pays de Galles. Pas vraiment de miracle mais une eau aux vertus curatives. La source était déjà utilisée par les Romains pour les douleurs des rhumatismes. Il semblerait qu'à cette époque, Winefride, ou Gwenfrewi en gallois, fut décapitée à cet endroit après avoir refusé les avances du prince Cadoc, et il paraîtrait que l'eau a jailli à l'endroit où est tombée la tête de Winefride. Ce n'est pas fini puisque lorsque son oncle, saint Bruno, a replacé la tête de la jeune fille sur son corps, l'eau ramena Winefride à la vie. Du coup, elle fonda un monastère près de Llanrwst.

Point d'intérêt

■ **ST WINEFRIDE'S WELL.** *Ouvert de mi-mai à septembre, de 9h à 17h15, jusqu'à 16h d'octobre à mi-mai. A moins d'1 km de High Street. St Winefride's Chapel, accès libre.* Construit en 1500, vous y rencontrerez peut-être quelques pèlerins, il en reste encore qui effectue le pèlerinage notamment pour le 22 juin, fête de Sainte-Winefride ! Le dimanche de cette semaine, quelques milliers de personnes défilent dans les rues derrière un cortège portant une relique des os de sainte Winefride.

Dans les environs

■ **CHATEAU DE FLINT. A 2 min de la gare.** *Accès libre.* Aujourd'hui en ruines, ce château de pierres jaunâtres est le premier château de la fameuse ceinture de fer érigée par le roi anglais Edward Ier. Stratégiquement placé au cœur de l'estuaire de la rivière Dee, Flint Castle est le fruit d'une recherche architecturale particulière et innovante pour l'époque.

DE RUTHIN À LLANGOLLEN

■ **HORSESHOE PASS.** Sur l'A542, au nord de Llangollen, la route monte les flancs de collines vertes jusqu'au point culminant à Horseshoe Pass (d'où la vue sur la vallée est spectaculaire).

■ **VALLE CRUCIS ABBEY** © **(01978) 860 326.** *Ouvert du 1er avril au 30 septembre de 10h à 17h. En hiver, il suffit de passer par le petit portail. A 3 km de Llangollen. Sur la B5103 à partir de l'A5 à l'ouest de Llangollen. Ou prendre l'A525 à partir de Llangollen. Accès par la ferme. Entrée £2 et tarif réduit £1,50.* C'est un endroit délicieusement paisible, « la vallée de la croix », où le recueillement est de rigueur. Abbaye cistercienne assez bien conservée, beaucoup mieux que sa jumelle Strata Familia. Les moines cisterciens qui recherchaient l'isolement se sont installés dans cette campagne verte au pied des montagnes abruptes de Llangollen. Quand on franchit les portes toujours vaillantes de l'abbaye, c'est un voyage dans le temps que l'on effectue, nous voici dans le quotidien austère de ces disciples de Dieu. Beaucoup des ornements architecturaux ont survécu aux siècles, l'étang à poissons de l'abbaye est toujours là comme témoin des temps passés.

L'abbaye est entourée d'un camping, encaissé dans la vallée :

■ **ABBEY FARM CARAVAN PARKS** ✆ **(01978) 861 297.** *Prix par nuit, en tente : £3 par adulte, £2,50 pour les moins de 11 ans.*

LLANGOLLEN

3 000 habitants. Durant le festival, la population atteint 12 000 personnes. Située dans la vallée de la Dee, sous le regard imperturbable du Castle Dinas – forteresse du XIIIe siècle, dont les ruines dominent la région du haut de leur colline –, Llangollen était autrefois une station thermale, fréquentée assidûment par les rhumatisants et les goutteux. Et, comme tout finit par des chansons au pays de Galles, c'est ici qu'a lieu l'un des festivals celtiques du pays, le plus populaire, the International Eisteddfod qui attire aujourd'hui une foule de visiteurs mélomanes. Pavarotti y a donné des concerts lorsqu'il était jeune (son père ayant lui-même chanté à Llangollen) et il y est retourné récemment.

La ville n'a que deux rues principales, avec des pubs pour touristes et des pubs pour les gens du coin, des petits salons de thé, des restaurants et de nombreux magasins. Le pont, « the Town Bridge » qui date du XIVe siècle, donne fière allure à cette petite ville bouillonnante d'activités que l'on ne peut se résigner à quitter.

Transports

■ **BUS.** Arriva Cymru 94, Bryn Melyn X5. Plusieurs bus par jour en direction de Barmouth avec arrêt à Wrexham, Bala et Dolgellau.

■ **GARE.** A Wrexham ou à Ruabon. Llangollen Railway. The Station, Abbey.

■ **VOITURE.** A partir de l'A5, tourner à gauche après le club de golf, et suivre les signes YHA. A partir de la ville, suivre l'A5 vers Shrewsbury, après les pompiers, rester à gauche et grimper le long de Birch Hill. Droite à la jonction.

Pratique

▶ **Indicatif téléphonique :** 01978.

■ **TOURISM INFORMATION CENTRE.** Y Capel. Castle Street, à quelques mètres du pont ✆ (01978) 860 828. *Ouvert de Pâques à octobre de 9h30 à 17h30 et de novembre à Pâques de 9h30 à 17h.*

■ **BANQUES.** National Westminster et Barclay's : Castle Street, HSBC : Bridge Street.

■ **POLICE.** Parade Street ✆ (01978) 860 222.

Hébergement

Les prix d'hébergement sont fluctuants mais ici plus qu'ailleurs ils augmentent durant le festival. Renseignez-vous de préférence directement auprès des établissements.

Campings

■ **WERN ISAF FARM. Wern Road.** *Environ £4 par personne et par nuit.*

■ **ABBEY FARM CARAVAN PARKS.** Voir à Abbey Cruccis.

Bien et pas cher

■ **AUBERGE DE JEUNESSE. Tyndwr Road** ✆ **(01978) 860 330 – llangollen@yha.org.uk –** *Prix : £7,20 pour les moins de 18 ans, £10,60 pour les adultes en dortoir. Les prix sont très légèrement supérieurs pour les chambres doubles.* Enorme manoir victorien, bien entretenu sous les arbres en haut du village. Il faut compter près d'une demi-heure pour s'y rendre à pied. Réception à partir de 15h.

■ **GREENBANK. Victoria Square** ✆ **(01978) 861 835 – www.greenbank.uk.com – paul@greenbank.uk.com –** *Prix par chambre avec petit-déjeuner inclus : simple : £26,50, double : £44. Pour les groupes de plus de 5 personnes, possibilité de dormir dans le dortoir pour £17,50.* Chambres simples et confortables. Un lit dans le dortoir est à un prix intéressant pour les groupes d'amis ou familles qui ne peuvent pas marcher jusqu'à l'auberge de jeunesse. Le restaurant sert de bons plats, différents du traditionnel « pub food ».

Confort ou charme

■ **PLAS HAFOD. Abbey Road** ✆ **(01978) 861 671** – **www.plashafod.com** – **getaway@plashafod. com** – *Prix : chambre simple à partir de £35, double : £55.* Maison victorienne qui fut la résidence de plusieurs générations de célèbres musiciens. Le dernier, Gwynn Williams, est à l'origine de la création de l'Eisteddfod international de Llangollen. Aujourd'hui, les trois grandes chambres sont très agréables avec une ambiance de maison de poupée coquette. Possibilité de jouer au billard et d'emprunter des vélos. L'accueil et le petit-déjeuner sont excellents. Une très bonne adresse.

■ **FOUR POSTER HOTEL. 1 Mill Street** ✆ **(01978) 861 062** – **www.the-four-poster.co.uk** – **jab@vanderven.co.uk** – *Prix : chambre simple à partir de £32, double à £50. Les prix baissent selon la durée du séjour. Cottage pour 4 avec cuisine : entre £200 et £375 la semaine selon la période.* Petit hôtel familial de l'autre côté du pont, avec vue sur la ville.

Luxe

■ **CHAIN BRIDGE HOTEL AND RIVERSIDE RESTAURANT** ✆ **(01978) 860 215** – **www.chain bridgehotel.com** – **info@chainbridgehotel.com** – *Depuis Llangollen prendre la A5 en direction de Betws Y Coed ou l'A539 en direction du Horseshoe Pass, puis la B5103. Prix : Chambre simple à partir de £50 et double à partir de £80.* Magnifiques vues depuis les chambres sur la rivière Dee. Beaucoup ont un balcon. Belles poutres dans la salle à manger.

Restaurants

■ **COTTAGE TEA ROOM. Castle Street** ✆ **(01978) 860 976.** Afternoon tea. Nappes à carreaux, bouquets de fleurs assortis, poutres apparentes, cheminée, pour une ambiance très reposante.

■ **GALES OF LLANGOLLEN. Wine Bar. 18 Bridge Street** ✆ **(01978) 860 089.** Tables en bois, rideaux bordeaux, un bar à vin qui se veut « rustique français », très populaire dans la région, fréquenté par des habitués. Accueil bon enfant mais le vin n'est pas donné. Possibilité d'y dormir.

■ **HONEY POTS CERAMIC CAFE. 18 Castle Street** ✆ **(01978) 869 008.** *Ouvert tous les jours de 10h à 17h.* Ce petit café coloré prépare de bons sandwichs et salades pour le déjeuner. Les enfants y viennent surtout pour peindre des assiettes et tasses qu'ils pourront rapporter chez eux… après la cuisson !

■ **THE GALLERY. 15 Chapel Street** ✆ **(01978) 860 076.** Bistrot style italien pour les amoureux de pâtes et pizzas !

■ **SIMLA. 45 Victoria Square** ✆ **(01978) 860 610.** *Repas entre £8 et £15. Restaurant indien.* Cette famille indienne vous accueille avec le sourire et c'est bien agréable.

■ **THE CORN MILL. Dee Lane** ✆ **(01978) 869 555.** *Ouvert tous les jours de 12h à 21h30.* On ne peut pas manquer d'apercevoir le restaurant sur la rivière en traversant le pont. Immense, avec un bar, une salle à manger et une grande terrasse, on mange bien mais l'ambiance est très anonyme.

Sortir

■ **THE FRINGE AT THE MARKET. Parade Street.** Sorte de garage avec de la très bonne musique. Il faut apporter ses propres boissons !

■ **THE SUN INN. Regent Street.** Bonne musique live et très animé le week-end.

■ **WYNNSTAY ARMS. Bridge Street** ✆ **(01978) 860 710.** Pub populaire et familial un peu en retrait, face à la rivière.

■ **THE BULL INN. Castle Street** ✆ **(01978) 860 220.** Beer garden pour les beaux jours, et retransmission des matchs de foot.

Manifestation

▶ **Première ou deuxième semaine de juillet : Musical Eisteddfod.** On y vient de très loin, on y vient nombreux – plus de 12 000 participants –, c'est la plus célèbre manifestation du genre. Depuis 1947, Llangollen devient, l'espace d'une semaine, un haut lieu de la scène musicale galloise et traditionnelle internationale. A l'affiche, surtout de la musique folklorique. Plus d'une quarantaine d'artistes, tous continents compris, viennent dans la petite ville galloise pour une fête des musiques et des cultures.

Un prix est traditionnellement décerné au meilleur groupe. Les spectacles (le chant est souvent accompagné de danses et les artistes sont habillés du costume traditionnel de leur pays) se déroulent dans une salle. Mais avant ou après leur performance, les chanteurs se produisent spontanément dans les rues pour s'entraîner ou tout simplement pour le plaisir. Une ambiance musicale, internationale et colorée, dans le respect des traditions de chacun. Entrée dans la journée : entre £14 et £16, la soirée entre £7 et £50. **Programmes détaillés à demander à partir de juin auprès de The Eisteddfod Office** ✆ (01978) 862 001. Pour plus d'informations : www. international-eisteddffod.co.uk

Points d'intérêt

■ **THE PARISH CHURCH OF ST COLLEN.** Elle est à l'origine du nom de la ville, fut érigée en l'honneur d'un saint du VIe siècle. La partie la plus intéressante de l'église est son plafond, datant du XVe siècle, charpente en chêne, finement sculptée d'anges et de motifs celtes, censée provenir de Valle Crucis. Le cimetière adjacent vaut le détour, on y trouve les tombes des 2 dames de Llangollen.

■ **PLAS NEWYDD. A 800 m de High Street** ✆ (01978) 861 314. *Ouvert d'avril à octobre, tous les jours de 10h à 17h.* Plas Newydd fut la demeure de 2 Irlandaises originales, Lady Eleanore Butler et Miss Sarah Ponsonby. Il n'était pas coutume en 1780, pour deux demoiselles, de quitter leur très bonne famille et leur pays pour s'installer ensemble.

■ **LLANGOLLEN WHARF** ✆ **(01978) 860 702 – www.hosedrawnboat.co.uk –** *Prix : £7,50 pour les adultes et £6,50 pour les enfants.* C'est une des attractions les plus populaires du pays de Galles. 45 min à bord du bateau « Thomas Telford », tiré par des chevaux au fil du canal de Llangollen en passant sur l'impressionnant aqueduc de Pontcysllte à 42 m au-dessus de la rivière Dee. Départs sur les quais de Llangollen.

■ **VICTORIAN SCHOOL AND MUSEUM. Parade Street** ✆ **(01978) 860 794.** Un musée rare qui devient occasionnellement école, si l'envie vous prend d'apprendre le gallois vous pouvez toujours arranger un cours d'une heure en groupe !

■ **LLANGOLLEN RAILWAY** ✆ **(01978) 860 951 pour connaître les horaires,** ✆ **(01978) 860 979 pour des infos générales et** ✆ **(01978) 860 583 pour les réservations.** *Ouvert du 22 mai au 31 octobre.* Le petit train s'en va dans la campagne… Dîner, danse à bord.

Dans les environs

■ **CASTLE DINAS BRAN. La forteresse des corbeaux (bran).** Ruines d'un fort préhistorique repris par les Celtes, perché à 266 m et à 45 min à pied à partir des quais de Llangollen. Il n'y a plus grand-chose à voir du château mais la vue est superbe, et l'endroit regorge de légendes arthuriennes. Selon ces légendes, la forteresse aurait été construite par un des fils jumeaux de la reine Corwenna, Bran, après que son frère Beli se fut installé à Londres, et la reine, dans une ville aujourd'hui appelée Corwen. La légende dit qu'en réalité le nom Bran était un nom de code par les princes d'Arthur pour qualifier le Saint-Graal. Le Saint-Graal serait donc, toujours selon la légende, enfoui dans les fondations de Dinas Bran ! Si ça vous dit de creuser un peu.

Les deux dames de Llangollen

C'est certainement le couple « d'amies » le plus connu du pays de Galles. Après en avoir fait voir de toutes les couleurs à leurs familles respectives en Irlande (notamment s'habiller en hommes), Lady Eleanore Butler et son amie Miss Sarah Ponsonby ont finalement reçu la permission en 1778 de quitter la maison familiale avec la bénédiction de leurs proches et £280 de rente par mois, assez pour aller s'installer à Plas Newydd, à Llangollen. Libres de vivre comme elles l'entendaient, de rester célibataires et de se consacrer à leur prochain tout en collectionnant objets et boiseries anciennes et en s'habillant de sombre, les deux « Ladies de Llangollen » ont attiré nombre de curieux autour de cette relation inhabituelle dans la vie publique de l'époque. La personnalité de ces deux dames excentriques, ajoutée à la richesse de leur intérieur, a séduit d'illustres visiteurs, car l'hospitalité était une règle d'or à Plas Newydd : William Wordsworth, Sir Walter Scott, le duc de Wellington, entre autres, y trouvèrent refuge. Les « Ladies of Llangollen » sont les héroïnes du roman d'Elizabeth Mavor, éditions Penguin. On continue à s'interroger sur la nature de leur relation…

■ **CHIRK CASTLE** ✆ **(01978) 266 166.** *Ouvert du 20 mars au 30 septembre, tous les jours sauf les lundi et mardi, de 12h à 17h et en octobre de 12h à 16h. Prix : £6 pour les adultes, £3 pour les enfants. A 12 km de Wrexham sur l'A483.* Très agréable visite dans un château bien différent du reste des châteaux gallois ou normands, on est ici dans une belle demeure construite en 1300, mais dont l'intérieur date essentiellement du XVIIIe siècle, salle d'apparat, escalier majestueux. Toujours habitée en partie par la famille Myddelton depuis 1595, lorsque leur ancêtre acheta le château pour £5 000. Ne pas manquer les jardins, un autre petit joyau des jardins à l'anglaise.

■ **LE LAC DE BALA.** L'attrait particulier de cette petite ville réside dans le fait qu'elle borde le plus grand lac naturel du nord du pays de Galles, le lac Bala, ou Llyn Tegid ! Idéal pour les sports d'eau et les longues balades, on peut aussi monter dans un petit train de vapeur pour une promenade d'une heure le long des 6 km de bordure du lac Bala Lake Railway. *Ouvert d'avril à septembre* ✆ *(01678) 540 666 – www.bala-lake-railway.co.uk – Prix : £7 par adulte, aller-retour. Départ à 700 m au sud de la ville, au bord du lac.* Sous le lac se trouve l'ancien village de Bala, qui aurait été submergé après qu'un jeune homme eut oublié de remettre le couvercle du puits… on dit qu'un jour les flots engloutiront aussi le petit village actuel de Bala. La ville est surtout connue pour son passé artisanal en ce qui concerne la confection de laine.

■ **LE CENTRE** ■

Pris en étau entre les parcs nationaux de Snowdonia, du Pembrokeshire et la frontière avec l'Angleterre, le centre du pays de Galles attire moins de touristes que les régions voisines. Néanmoins, il présente de nombreux atouts. Le long de la côte, les villes d'Aberystwyth et de Machynlleth regorgent d'activités. Dans la première, animée par une vie étudiante effrénée, la bibliothèque nationale expose les livres les plus anciens et les plus rares du pays de Galles. A Machynlleth, le Centre pour les technologies alternatives présente de multiples techniques, très simples, permettant de préserver l'environnement.

Dans les terres, plus à l'est, les villes tranquilles de Welshpool, Llandrindod Wells conservent une forte influence de leurs voisines britanniques. Les plus jeunes d'entre vous apprécieront sans doute les charmes des incroyables défis lancés régulièrement à Llanwrtyd Wells : course de l'homme contre le cheval, course à pied ou en vélo dans un bain de boue…

Si la nature du centre du pays de Galles n'est pas aussi célébrée que celle de Snowdonia ou Pembrokeshire, sa beauté n'en est pas pour autant négligeable. Les collines vertes, la forêt d'Elan Valley avec ses milans rouges (faucon gallois qui a failli disparaître) constituent d'excellents lieux pour partir faire des randonnées.

ABERYSTWYTH

Plus de 9 000 étudiants viennent chaque année à l'université d'Aberystwyth, très réputée en Grande-Bretagne. Preuve en est : le prince Charles y est allé pour apprendre la langue galloise. La bibliothèque nationale et le Centre d'art de la ville témoignent de la richesse culturelle d'Aberystwyth. Les deux grandes baies, une de chaque côté des ruines du château, attirent beaucoup de touristes. Aberystwyth nous rappelle les villes côtières du sud de l'Angleterre. Jetée avec jeux et machines à sous, hôtels de luxe à la façade blanche le long de la promenade… Comme la plupart des villes estudiantines, il y a beaucoup de cafés et de restaurants ainsi que pas mal de bons endroits où dormir. Les pubs se sont adaptés au budget des étudiants : on paye souvent sa pinte moins de £2.

Transports – Pratique

▶ **Indicatif téléphonique :** 01970

■ **TRANSPORTS.** Bon service de train depuis la gare centrale (ne pas confondre avec le petit train touristique) et de bus, longues et courtes distances : 9 trains par jour pour Machynlleth, et des bus pour Caernarfon, Cardigan, Carmarthen, New Quay et pour la réserve naturelle d'Ynylas.

■ **TOURIST INFORMATION CENTRE** ✆ **(01970) 612 125.** *Juillet et août ouvert de 10h à 18h et de septembre à juin du lundi au samedi de 10h à 17h.*

Hébergement

■ **AUBERGE DE JEUNESSE. Blaencaron, Tregaron. A quelques kilomètres d'Aberystwyth** ✆ **(01974) 298 441.** *Prix : £6 pour les moins de 18 ans, £8,50 pour les adultes.* Ancienne école reconvertie en auberge dans le charmant village de Tregaron.

■ **CITE UNIVERSITAIRE. Penglas** ✆ (01970) 621 960 – www.aber.ac.uk/visitors – *A partir de £11 la nuit dans la cité universitaire, accès à la piscine inclus ! Ouvert aux touristes de mi-juin à mi-septembre.*

■ **HELMSMAN GUEST HOUSE. 43 Marine Terrace** ✆ **(01970) 624 132.** *A partir de £23 par personne.* Une des adresses les moins chères du front de mer. Guesthouse à la devanture toute jaune, sur la plage.

■ **RICHMOND HOTEL. Marine Terrace** ✆ **(01970) 612 201 – www.richmondhotel.uk.com –** *A partir de £55 la chambre simple et de £75 la double.* Joli hôtel, sur la plage, géré par la même famille depuis 30 ans. Certains invités reviennent depuis plus de 20 ans, ce qui est très bon signe. L'accueil est en effet charmant. Possibilité d'y dîner (ouvert aux non-résidents) pour £10 le plat principal. Cuisine traditionnelle anglo-galloise, avec des ingrédients de très bonne qualité.

Restaurants

■ **LE FIGARO. Alexandra Road** ✆ **(01970) 624 242.** *Ouvert tous les jours de 11h30 à 22h.* Cuisine de type méditerranéenne servie dans un cadre sympa : articles des journaux collés aux murs et lumières tamisées.

■ **SUNCLOUDS. North Parard.** *Ouvert tous les jours de 10h à 16h.* Bon choix de soupes accompagnées de salades pour £5.

Sortir

Beaucoup d'étudiants, donc beaucoup de pubs à Aberystwyth. Dans Terrace Road, vous apprécierez l'ambiance de pub assez traditionnels dans le Varsity et un côté plus techno, en face, au Bar Essential.

Points d'intérêt

■ **NATIONAL LIBRARY OF WALES. Penglais Road – www.llgc.org.uk –** *Ouvert du lundi au samedi de 9h30 à 17h.* Visite inévitable de la bibliothèque pour tous ceux qui s'intéressent un tant soit peu à l'histoire galloise. Le plus vieux manuscrit en gallois, le *Black Book of Carmarthen*, y est exposé. L'exposition permanente sur le passé du pays de Galles traite de l'histoire de l'imprimerie et de l'écriture galloise. Pour visiter la salle de lecture dans laquelle on peut consulter un exemplaire de tous les livres publiés en Grande-Bretagne, il faut réserver au ✆ (01970) 623 800.

■ **VISITE DE L'UNIVERSITE.** Elle est divisée en plusieurs bâtiments. Le plus impressionnant est sans aucun doute celui construit face à la mer. Edifié en 1867 et prévu pour être un hôtel, il fut racheté en 1872 par l'université.

■ **ART CENTRE. Dans les nouveaux bâtiments de l'université, au nord de la ville** ✆ **(01970) 623 232 – www.aber.ac.uk/artscentre –** Expositions, films et spectacles dans ce centre d'arts de qualité, reconnu comme tel dans tout le pays.

■ **CLIFF RAILWAY. Au bout de Marine Terrace.** *Ouvert tous les jours de 10h à 17h30 et jusqu'à 18h30 en juillet-août. £2,50.* Construit en 1896 pour amener les touristes au parc d'attractions, Luna Park, qui se situait en haut de la colline. Aujourd'hui, il conduit à un télescope géant, accessible au public.

■ **VALE OF RHEIDOL RAILWAY.** *Ouvert d'avril à octobre, de 10h30 à 17h. Aller-retour : £11,50 par adulte.* Une heure aller simple. Chemin de fer qui part d'Alexandra Road pour rejoindre le célèbre Devil's Bridge, qui surplombe des cascades gardant le secret d'une étrange légende.

■ **CROISIERES EN MER.** Au départ du port, derrière la plage, au sud de la ville. Il suffit d'aller voir les bateaux. Ils ne partent pas si la mer est trop agitée. Vous pouvez espérer voir des phoques et des dauphins.

Dans les environs

■ **YNYS-LAS NATURE RESERVE.** Superbe réserve naturelle maritime à 15 min en voiture. Possibilité de marcher dans les dunes et de se baigner dans l'estuaire.

■ **STRADA FLORIDA ABBEY.** *Ouvert d'avril à septembre tous les jours de 10h à 17h. Entrée : £1,70.* Ruines d'une abbaye cistercienne située dans la vallée des fleurs « Ystrad Flur ». Fondée en 1164, l'abbaye était un véritable centre d'activités, agriculture, ferme, mais aussi un pôle politique important au pays de Galles. Mousse verte sous nos pieds, les vestiges de cette énorme construction ont gardé l'esprit de l'époque, avec des carreaux en céramique peints au sol, authentiques.

MACHYNLLETH

Prononcer Mahruntleth. Machynlleth est un point stratégique de l'histoire galloise puisque Owain Glyndwr, qui tenta de reconquérir l'indépendance du pays de Galles, y fut couronné en 1404 et y tenu des parlements. Le bâtiment où ils prirent place a été impeccablement restauré : ses belles poutres restent visibles sur un des superbes bâtiments de la rue principale de Machynlleth. Aujourd'hui, Machynlleth est une petite ville de la vallée de Deyfi, entourée de montagnes et de grandes étendues de nature protégée. Pas de surprise donc, quand, dans les années 1960, la ville est prise d'assaut par les écolos et d'autres adeptes des nouvelles technologies.

Ils sont à l'origine du Centre pour les technologies alternatives (CAT), situé au nord de la ville. Au croisement des deux artères de la ville se trouve une tour-horloge construite en 1873 par le marquis de Londonderry. Et aussi étonnant que cela puisse paraître, Machynlleth aurait bien pu être la capitale du pays de Galles puisque son nom figurait sur la liste des capitales possibles dans les années 1950 !

Transports

■ **TRAIN.** Machynlleth se trouve sur la ligne qui va jusqu'à Shrewsbury en Angleterre, avec des connections pour Londres. Cette ligne conduit aux villes principales du centre : Llandrindod, Welshpool… Egalement sur la ligne qui va à Pwllehi, sur la péninsule de Llyn et qui passe par Barmouth, Harlech et Porthmadog.

■ **BUS.** Machynlleth est une bonne base pour se rendre dans la plupart des villes et villages de Snowdonia : Dolgellau et Corris sont à moins de 30 min. On peut également se rendre, sans changement à Porthmadog, Caernarfon, Bangor. Au sud, vous pouvez accéder facilement à Aberystwyth.

Location de vélos

■ **THE HOLY TRAIL. 31 Maengwyn Street** ✆ **(01654) 700 411.** *Ouvert tous les jours de 10h à 18h. La journée de V.T.T : £18.* Holy Trail vous fournira toutes les informations nécessaires pour les 4 randonnées à vélo au départ de Machynlleth.

Pratique

▶ **Indicatif téléphonique :** 01654

■ **TOURIST INFORMATION CENTRE.** Canolfan Owain Glyndwr. Maengwyn Street ✆ (01654) 702 401. Ouvert de 9h30 à 17h.

Hébergement

Bien et pas cher

■ **CAMPING. LLwyngwern farm camp site. Juste en face du CAT, à 3 km de Machynlleth** ✆ **(01654) 702 492.** *Une tente et une personne : £5,50, personne supplémentaire : £3.* Une caravane et deux personnes : £11,50.

■ **REDITREKS. Derrière le magasin de vélos Holy Trails** ✆ **(01654) 702 184 – www.reditreks. co.uk** – *Entre £12,50 et £15 la nuit en dortoir.* La seule auberge pour les backpackers en ville, toute neuve.

Confort ou charme

■ **MAENLLWYD BED & BREAKFAST. Newtown Road** ✆/**Fax : (01654) 702 928.** *Chambre simple : à partir de £30 et double à partir de £50.* A 5 min du centre et à 10 min de la gare, cette ancienne bâtisse victorienne tenue par Nigel et Margaret Vince offre un accueil chaleureux et un bon petit-déjeuner.

■ **PENDRE. Maengwyn Street** ✆ **(01654) 702 088.** *A partir de £22 par personne.* Joli B & B dans une maison en ardoise sur la rue principale.

■ **THE WYNNSTAY ARMS HOTEL. Maengwyn Street** ✆ **(01654) 702 941 – www.wynnstay-hotel.com** – *Chambre simple £50, double à partir de £40 par personne. Deux nuits avec petit-déjeuner et dîner à £140.* Accueil chaleureux et décontracté dans cet hôtel de luxe avec une ambiance champêtre. Un salon confortable, une grande cheminée dans le bar… on y resterait plus longtemps.

Luxe

■ **YNYSHIR HALL. Eglwysfach, Machynlleth** ✆ **(01654) 781 209 – www.ynyshir-hall.co.uk –** **info@ynyshir-hall.co.uk –** *Chambre simple à partir de £95 et chambre double entre £80 et £100* *par personne bien sûr.* Véritable petit palace, château géorgien entouré de 14 ha et de magnifiques jardins, qui a accueilli Richard Gere. En bref, le grand luxe.

Restaurants

■ **SALON DE THE DU CELTICA.** *Gâteaux pour £1,5, plat du jour à partir de £5.* La vaste terrasse, en face des collines vertes, rend cette étape presque indispensable. Thé et scones pour la halte de 17h.

■ **QUARRY CAFE. Maengwyn Street.** *Ouvert tous les jours de 9h à 16h30.* Cuisine végétarienne et vegan, à base de produits organiques ou issus du commerce équitable. On y mange facilement pour moins de £5. Le restaurant ainsi que le petit magasin adjacent dépendent du CAT, qui leur fournit une partie de leurs fruits et légumes.

■ **WYNNSTAY HOTEL RESTAURANT.** *Voir dans la section hébergement. A partir de £10 le plat* *principal.* Gareth Johns, le chef, qui a longtemps habité en France s'attache à utiliser les produits locaux pour mitonner une très bonne cuisine du terroir. On y déguste du bar avec des poivrons et des aubergines cuits à l'huile d'olive et des viandes accompagnées de pommes de terre de Pembrokeshire.

Pubs

Il y a un bon choix de pubs dans la ville, ceux-là sont ceux où vous aurez le plus de chance de trouver des jeunes et une atmosphère locale et sympa.

■ **THE SKINNERS ARMS. Doll Street** ✆ **(01654) 702 354.** C'est certainement le pub le plus animé de la ville.

■ **THE RED LION. En face de l'hôtel Wynnstay Arms.** Sélection de petits plats vraiment pas chers servis jusqu'à 23h.

■ **THE WHITE LION. Près de l'horloge sur Heol Pentrerhedyn.** Ambiance très sympathique, jeux de cartes à disposition. C'est le point de rendez-vous des jeunes et des locaux. On peut aussi y manger, tous les jours et toute la journée. Au menu : gigot d'agneau à la mode galloise, sauce à la menthe obligatoire pour £7,50. Le pub offre aussi des chambres.

Points d'intérêt

■ **CENTRE POUR LES TECHNOLOGIES ALTERNATIVES. A 3 km de Machynlleth sur l'A487.** *On discerne l'éolienne géante de très loin. Ouvert tous les jours de 10h à 17h30. Prix : £7 en juillet et* *août avec une initiative intéressante, une réduction de 10 % pour ceux qui s'y rendent en transport* *public ou à vélo !* Situé sur une ancienne mine, le centre de technologie attire des écolos convaincus et des curieux par milliers tous les ans. A l'origine, le CAT était une communauté d'idéalistes qui

---

Cinq conseils de base donnés par le CAT en vue de préserver l'environnement

▶ **Trier ses déchets.**

▶ **Utiliser les transports en commun** ou sa bicyclette.

▶ **Éteindre les lumières** et ne pas laisser les produits électroménagers en veille.

▶ **Faire du compost,** même dans un petit jardin, en utilisant les déchets naturels : épluchures, restes de repas… mais sans la viande.

▶ **Penser en termes de coût global :** les équipements électroménagers avec un logo Vert coûtent plus chers mais vous économisez grandement sur vos factures d'électricité. Sur le long terme, vous y gagnez financièrement.

décidèrent de vivre en autosubsistance. Pour cela, ils devaient produire leur propre électricité, recycler leurs déchets, ne pas utiliser d'engrais, etc. L'expérience attira presque immédiatement la curiosité d'écologistes du monde entier. Trente ans après la fondation de cette communauté, certains des idéalistes de l'époque vivent encore au CAT. Désormais, la vocation du CAT est d'expliquer les bases du développement durable en exposant les différentes façons d'utiliser les ressources renouvelables : le soleil, le vent, l'eau. Le funiculaire qui marche à l'eau en fournit une excellente illustration. Le CAT essaye aussi d'aller plus loin dans sa démarche de promotion des énergies renouvelables. Par exemple, il dispense des stages expliquant comment construire sa maison à base de paille ou comment construire des panneaux utilisant d'anciens radiateurs pour chauffer l'eau et son chez-soi… Pendant ces stages, on peut être logé dans les éco-cabanes, sur le site. On peut aussi goûter aux spécialités « écolos » du salon de thé ou acheter des produits bio cultivés sur place.

■ **CELTICA. Y Plas. Aberystwyth Road** ✆ **(01654) 702 702 – Fax : (01654) 703 604 – www. celtica.wales.com –** *Ouvert tous les jours de 10h à 18h. Dernière admission à 16h40. Prix : £5.* C'est le musée de la civilisation celtique par excellence. A travers un spectacle de sons et d'images, reconstitution d'une famille celte, des métiers, des traditions et des croyances des Celtes. La collection du musée vient apporter des précisions sur la fiction du spectacle sons et images. Durant l'année, des festivals sont organisés dans cet ancien château qui fut jadis la propriété du marquis de Londonberry. Très distrayant. Comptez au moins deux heures pour tout voir.

■ **Y TABERNACL. The Museum of Modern Art. Heol Penrallt** ✆ **(01654) 703 355.** Pendant l'année, toutes sortes de manifestations s'y déroulent, entre autres le festival de Machynlleth la dernière semaine d'août.

CORRIS

Joli petit village gris aux toits d'ardoise, ambiance galloise à chaque coin de rue. Petit pub de campagne, vieilles pierres. De la route, on distingue le cimetière juste au-dessus du village perché sur le flanc de la montagne, et toutes les pierres tombales sont… en ardoise bien sûr.

▶ **Informations touristiques :** www.corris.co.uk

Hébergement

■ **CANOLFAN CORRIS YOUTH HOSTEL. En haut du village, passé le cimetière. Old School Road** ✆ **(01654) 761 686.** *Ouvert d'avril à novembre. Réception après 17h. Lits pour £10 pour adulte, £7 pour les moins de 18 ans.* Magnifique auberge de jeunesse dans l'ancienne école du village au jardin bien soigné. Dortoirs et chambres familiales. Tournez à gauche du Slaters Arms Pub et montez la côte, l'auberge est après le cimetière.

■ **BRIACH GOCH HOTEL** ✆ **(01654) 761 229.** *Sur l'A487.* B & B qui offre aussi de bons repas.

Points d'intérêt

■ **PETIT TRAIN JUSQU'A MAESPOETH.** *Ouvert à partir de 11h. Départ toutes les heures. L'aller-retour dure 50 min. Ouvert tous les jours de juin à septembre et pendant les vacances scolaires britanniques le reste de l'année. Prix : £3.* La voie ferrée amenait jadis les mineurs de Machynlleth à Corris. Fermée en 1948, la ligne a été rouverte après une longue campagne menée par des volontaires en 1970.

■ **CORRIS CRAFT CENTRE.** *Ouvert d'avril à octobre de 10h à 17h30.* Bougies, jouets en bois, horloges, porte-monnaie en cuir… sont réalisés sous vos yeux, dans le respect des méthodes traditionnelles.

■ **ARTHUR'S LABYRINTH** ✆ **(01654) 761 584.** *A la sortie du village sur l'A487 entre Machynlleth à Dolgellau. Entrée à £5, enfant à £4.* Une promenade de 45 min guidée par un faux moine à travers les légendes du roi Arthur dans une ancienne mine d'ardoise. Mannequins, costumes, son et lumière… pas toujours de très bonne qualité malheureusement. Tout est en anglais. Il faut prévoir gros pull et bonnes chaussures. Un peu cher pour un spectacle pas franchement peaufiné.

WELSHPOOL – Y TRALLWNG

Welshpool est la capitale de la laine. A moins de 5 km de la frontière anglaise, on est cependant bien loin de la ville typiquement galloise. Si les touristes s'aventurent sur ces lieux, c'est surtout pour Powis Castle, une des plus célèbres forteresses galloises.

Transports – Pratique

▶ **Indicatif téléphonique :** 01938.

■ **TRANSPORTS.** Welshpool est sur la ligne ferroviaire Shrewsbury – Swansea.

■ **OFFICE DU TOURISME. Dans le parking de Vicarage Garden** ✆ **(01938) 552 043.** Grand office de tourisme avec des informations sur la ville et ses environs. Possibilité de réserver son hébergement.

Hébergement

■ **ORCHARD SELF CATERING HOUSE. Red Bank** ✆ **(01938) 555 100.** Une chambre pour deux et un salon avec un canapé lit ainsi qu'une cuisine et un jardin sont mis à votre disposition pour la semaine (*£350*) ou pour la nuit (*£27 par personne*). Cette annexe de la maison des propriétaires vient d'être remise à neuf et redécorée avec goût. Très bon rapport qualité-prix.

■ **TRESI AUR, BED AND BREAKFAST. Broakfield Lane, en haut de Red Bank** ✆ **(01938) 552 430.** *Chambre simple £20, double £36. Bed and Breakfast de trois chambres.* On prend son petit-déjeuner dans le salon où les propriétaires regardent la télévision. La décoration est un peu vieillotte mais le prix et le contact avec les hôtes compensent le reste !

Restaurants

Il y a une quantité de pubs qui servent à déjeuner et à dîner dans la rue principale.

■ **THE CORN STORE. 4 Church Street** ✆ **(01938) 554 614.** *Ouvert de 12h à 14h et de 18h30 à 21h. Fermé le lundi soir et le dimanche. Prix : £15 le plat avec une boisson.* Cuisine maison de qualité en fonction du marché du jour. Plats copieux servis avec un bel assortiment de légumes.

■ **THE BUTTERY. 8 High Street** ✆ **(01938) 552 658.** *Ouvert de 9h30 à 17h30 et le dimanche à partir de 11h.* Le bâtiment construit au XVe siècle a conservé ses poutres apparentes dedans comme dehors. On peut boire le thé ou déjeuner pour des prix très modérés.

Points d'intérêt

■ **POWIS CASTLE.** *Ouvert du 21 mars à fin octobre de 13h à 16h en mars et en octobre et de 13h à 17h en avril, mai, juin, juillet, août. Fermé tous les mardis et mercredis. Les jardins ouvrent de 11h à 18h du 21 mars à fin octobre. A 1,5 km de Welshpool le long de Park Lane. On peut y accéder à pied en traversant le parc où vivent des cerfs. Entrée : £8,40 et £5,80 pour les jardins seulement* ✆ *(01938) 551 929. Pour avoir des informations sur le net, aller sur le site du National trust, association à laquelle il appartient : www.nationaltrust.org.uk –* Construit sur le site d'un ancien fort normand sous le règne d'Edward Ier, c'est un très beau château à visiter, bien différent des châteaux forts de l'ouest, ou des ruines du Sud. En très bon état, Powis Castle a été transformé en manoir élisabéthain en 1584 par Sir Edward Hebert. Les jardins sont aussi impressionnants que le château et n'ont guère changé depuis le XVIIe siècle.

■ **POWISLAND MUSEUM. The Canal Wharf** ✆ **(01938) 554 656.** *Ouvert de lundi à vendredi de 11h à 13h et de 14h à 17h et le samedi et dimanche de 10h à 13h et de 14h à 17h. D'octobre à avril, fermé le samedi après-midi et le dimanche. Entrée libre.* Musée consacré à l'histoire du comté de Powis. Les objets sont très bien conservés et entretenus. Les vitrines sont classées par thème retraçant la vie du XIXe siècle et du début du XXe siècle : la médecine, l'école, la couture, la cuisine victorienne...

■ **FAUCONNERIE. A 8 km de Welshpool, sur la B4385 en direction de Llanfair** ✆ **(01938) 850 265 – www.midwalesfalconry.co.uk – penbryfnarms@aol.com –** *Prix : £90 la partie de chasse d'une journée ; déjeuner inclus. La promenade de 2h, £45. Réservation indispensable.* Après avoir été familiarisé avec les hiboux et faucons de toutes sortes, départ pour faire voler et récupérer les oiseaux. Possibilité de partir pour une demi-journée ou de faire une promenade de 2h pour des prix plus raisonnables. Beaux oiseaux de proie, bien domestiqués.

■ **THE WELSHPOOL AND LLANFAIR LIGHT RAILWAY** ✆ **(01938) 810 441 – www.wllr.org. uk –** *Départ en haut de la ville, en continuant sur High Street jusqu'à la petite gare. Ouvert tous les jours en juin, juillet et août et le samedi et dimanche le reste de l'année. Durée : 50 min l'aller simple à Llanfair où l'on peut faire de belles balades. £9,50 l'aller-retour pour les adultes, £1 pour les enfants de 3 à 15 ans accompagnés de leurs parents.* Promenade dans ce train à vapeur qui circule dans les communes rurales depuis 1903. La ligne fut fermée en 1956. Moins de 10 ans plus tard un groupe de passionnés le remirent en route. Aujourd'hui, un réseau de volontaires entretient et fait circuler le petit train.

BERRIEW

En prenant l'A470 en direction de Newton, puis en remontant l'A483 vous tomberez sur l'adorable petit village de Berriew, une halte de choix pour les amateurs de calme et tranquillité. Et si vous voulez y rester un peu plus longtemps, essayez le **Lion Hotel and Restaurant** ✆ (01686) 640 452. Chambre simple £55, double £70 à £80. Cette vieille ferme rénovée est pleine de caractère. Ambiance confortable et accueil excellent, d'agréables chambres aux couleurs claires.

■ **MUSEE D'ANDREW LOGAN** ✆ **(01686) 640 689 – www.andrewlogan.com – info@ andrewlogan.com –** *Ouvert de mai à décembre tous les jours de 12h à 18h. Entrée : £2 pour les adultes et £1 pour les enfants.* Andrew Logan, célèbre artiste britannique, réalise des œuvres très accessibles, que l'on apprécie ou non l'art contemporain. Ses sculptures vivent, chantent, dansent et brillent de mille feux. Andrew Logan, qui vit à Londres, s'inspire de ses voyages à travers le monde pour composer ses œuvres, très farfelues, que l'on ne s'attend pas à voir dans ce petit village. Mais il tomba amoureux de Berriew et quand le terrain de squash du village a été mis en vente, il a décidé d'en faire son musée ! Possibilité d'acquérir ses célèbres bijoux (portés dans la série américaine « Sex in the city ») dans la boutique du musée. Durant l'été, ateliers pour adultes et enfants : création de bijoux, d'autocollants, de T-shirts…

NEWTOWN – Y DRENEWYDD

Ville de naissance du socialiste Robert Owen (1771-1858), grand réformateur, industriel qui s'est enrichi grâce à une fabrique de coton à Manchester, et s'est battu pour une plus grande justice sociale. Un musée assez intéressant se consacre à sa vie et à son œuvre : il fit remonter l'âge légal pour travailler de 10 à 12 ans et imposa l'instruction obligatoire pour ses ouvriers, créa les premières écoles maternelles…

■ **MUSEE DE ROBERT OWEN. Dans les bâtiments de la mairie.** *Ouvert du lundi au vendredi de 9h30 à 12h et de 14h à 15h30 ; le samedi de 9h30 à 11h30. Entrée libre.* Les socialistes britanniques ou d'ailleurs ne manquent sous aucun prétexte la visite de ce sanctuaire dédié à Owen. On peut lire les articles de journaux de l'époque, faisant part du dédain de l'establishment pour son œuvre. Ses carnets de note, exposées dans les vitrines sont malheureusement assez illisibles ! Un film d'une demi-heure retrace les principales étapes de la vie de Robert Owen.

RHAYADER – RHAEDER GWY

Du nom des cascades au-dessus de la ville, « les cascades de la Wye », la petite ville au cœur de la région la plus rurale du pays de Galles est une agréable surprise pour les visiteurs avec ses nombreux pubs et le petit pont de pierres. Outre son côté pittoresque, la ville est surtout connue pour les « Rebecca Riots » en 1840, révoltes des Gallois contre les péages qui parsemaient à l'époque les chemins des campagnes et des villes. Les riots de Rebecca étaient des hommes habillés en femmes qui détruisirent les barrières de péage pour protester contre les coûts élevés des charges. Sacrés Gallois ! Rhayader est aujourd'hui une ville de marché connue pour sa foire aux moutons.

Pratique

▶ **Indicatif téléphonique :** 01597

■ **TOURISM INFORMATION CENTRE.** Près du parking de Dark Lane ✆ (01597) 810 591.

Hébergement – Restaurants

■ **ELAN HOTEL. West Street** ✆ (01597) 810 109 – www.elanhotel.co.uk – info@elanhotel. co.uk – *A partir de £25 par personne.* En centre-ville avec pub adjacent qui sert de bon « roasts » le dimanche. Chambres coquettes avec du papier peint à fleurs et des dessus de lit assortis.

■ **BRYNAFON COUNTRY HOUSE. South Street** ✆ (01597) 810 735 – Fax : (01597) 810 111 – www.brynafon.co.uk – info@brynafon.co.uk – *Prix : entre £19 et £33 par personne. A 500 m de la ville, tranquille et calme. 22 chambres.* Cette grande maison de campagne connut de nombreux usages depuis sa construction à la fin du XIXe siècle. Originellement un atelier de taille de pierres, il fut transformé en institut spécialisé pour les sourds, en usine, en petits appartements… Les nouveaux propriétaires se sont attachés à en faire une maison d'hôtes de qualité et de charme.

■ **THE HORSESHOE. Church Street** ✆ **(01597) 810 98** – www.rhayader.co.uk/horseshoe – *Prix : £19 à £20 par personne.* Superbe maison du XVIIIe siècle en pierres, poutres et feu de bois pour une ambiance traditionnelle. Possibilité d'y dîner.

■ **ELAN VALLEY HOTEL. Près de Rhayader** ✆ **(01597) 810 448** – www.elanvalleyhotel. co.uk – *Prix : £30 à £40 par personne. De £8 à £14 le plat principal.* Renommé dans le coin pour son accueil, son restaurant et sa cuisine raffinée, originale et bon marché.

■ **THE STRAND RESTAURANT & CAKE SHOP. East Street.** Restaurant familial ouvert toute la journée. Sandwichs à l'anglaise, petits pains et glace accompagnés d'une tasse de thé.

Sortir

Il y a de nombreux pubs, tous très sympathiques et accueillants. The Black Lion, The Crown Inn, The Triangle Inn sont les plus populaires.

■ **OLD SWAN TEA ROOM. West Street.** Pour des afternoon tea à la galloise, spécialités de la région.

Points d'intérêt

■ **GIGRIN FARM. South Street. A 1 km de la ville sur l'A470 vers Builth Wells** ✆ **(01597) 810 243.** *£2,50 pour les adultes, £2 tarif réduit.* Centre du milan rouge, une sorte de faucon gallois qui a failli disparaître mais qui est revenu en force ces dernières années. Le fermier, grand amoureux de ces rapaces, leur donne régulièrement à manger à 15h, cachés dans des abris en bois, on les voit tourner et s'abattre sur la proie dans un éclair rouge. C'est un privilège d'assister au repas !

ELAN VALLEY

Elan Valley, c'est l'histoire de campagnes et de villages réputés pour leur beauté et leur caractère sauvage, engloutis entre 1892 et 1903 pour créer 4 réservoirs destinés à fournir Birmingham – donc les Anglais – en eau potable. Pas de surprises donc quand les Gallois en parlent avec un certain ressentiment et une certaine rancœur. Cela dit, les réservoirs de Elan Valley sont de toute beauté, offrant tout un collier d'étendues d'eau encadrées de forêts de pins et de mousse. Quelques aqueducs et les toits pointus des tourelles des barrages ornent ce paysage qui passe presque pour complètement naturel. Aux fonds des eaux, reposent fermes, pubs, églises, seuls vestiges cachés d'une autre vie. Aujourd'hui, seuls subsistent de cette parenthèse controversée à la limite du colonialisme quelques vers du poète R. S. Thomas qui a passé sa lune de miel dans la région avant le déluge !

■ **CENTRE DES VISITEURS D'ELAN VALLEY. Situé sur la B4518, à côté de Rhayader** ✆ **(01597) 810 880** – www.elanvalley.org.uk – *Ouvert tous les jours de mi-mars à fin octobre, de 10h à 17h30. Entrée libre.* Un petit film documentaire met en images l'histoire des barrages et des réservoirs. Il présente également la richesse de la faune de la vallée. L'exposition permanente apporte des informations complémentaires sur les deux sujets.

LLANDRINDOD WELLS

Ville hautement fréquentée au début du siècle par les riches Anglais pour bénéficier des bienfaits des sources, « les spa ». Très vite, les maisons victoriennes, de chics hôtels, ont poussé un peu partout en ville, transformant Llandrindod. Mais l'activité thermale a connu un fort déclin depuis la Seconde Guerre mondiale. Aujourd'hui, il ne reste plus qu'un petit centre de médecine douce.

There are places in Wales I don't go
Reservoirs that are the subconscious
Of a people, troubled far down
With gravestones, chapels, villages even
The serenity of their expression
Revolts me, it is a pose
For strangers, a watercolour's appeal

To the mass, instead of a poem's
Harsher conditions. There are the hills,
Too ; gardens gone under the scum
Of the forests ; and the smashed faces
Of the farms with the stone trickle
Of their tears down the hills'side

Transports – Pratique

▶ **Indicatif téléphonique :** 01597

■ **LES GARES FERROVIAIRES ET ROUTIERES.** Situées entre High Street et Station Crescent. Llandrindod est sur la ligne de train Swansea – Shewsbury. Bus directs pour Brecon, Builth Wells et Rhayader.

■ **TOURISM INFORMATION CENTRE. Old Town Hall, Memorial Gardens** ✆ **(01597) 822 600**. *Ouvert d'avril à octobre, du lundi à vendredi, de 9h à 18h, samedi et dimanche de 10h à 18h.*

Hébergement

Centre le plus touristique depuis un siècle dans le cœur du centre du pays de Galles rural, les hôtels ne sont pas ce qui manque à Llandrindod ! Par contre, la qualité des établissements sur la place centrale laisse à désirer.

■ **THE COTTAGE. Spa Road** ✆ **(01597) 825 435 – www.thecottagebandb.co.uk –** *Prix : chambre simple à partir de £26 et double à partir de £42.* Ancienne maison de médecin, transformée en Bed and Breakfast très « belle époque » comme dit le propriétaire. Photos en noir et blanc sur les murs et maisons de poupée dans les chambres, ce qui donne une ambiance très particulière à ce lieu charmant.

■ **GRIFFIN LODGE AND VICTORIAN TEAPOT. Temple Street** ✆ **(01597) 822 432 – www.the-griffin-lodge-hotel.co.uk – janet@the-griffin-lodge-hotel.co.uk –** *Prix : chambre simple à partir de £38, double à partir de £60.* Cette ancienne pension a été construite avec le surplus de pierre ayant servi à l'édification des barrages. Aujourd'hui, les chambres de ce B & B 4 étoiles sont coquettes et propres. On allume sa lampe de chevet en tapotant sur le pied du luminaire. Moderne, non ? Le petit-déjeuner est servi par Janet et préparé par son mari. Ce couple, de bonne compagnie, se fera un plaisir de vous raconter l'histoire de la région. Ce B & B fait tea room l'après-midi. Il sert une grande variété de thés, de scones et de gâteaux à des prix très raisonnables.

■ **THREE WELLS. Chapel Road, Howey** ✆ **(01597) 824 427.** *Prix : entre £20 et £30.* Ferme tranquille dans la campagne, au bord d'un lac. Cadre très pittoresque. Une quinzaine de chambres toutes plus agréables les unes que les autres. Cuisine faite maison.

Restaurants

■ **THE DILLRAJ. Emporium building. Temple Street** ✆ **(01597) 823 843.** *Ouvert tous les jours de 17h30 à 23h30 et jusqu'à 1h le week-end. Prix : £10 le repas.* Ce restaurant offre un très large choix de currys à base de poulet, d'agneau ou de crevettes. La quantité d'épices est adaptée au goût de chacun. Possibilité de demander des plats à emporter.

■ **BUILDERS ARMS. Cross Gates** ✆ **(01597) 851 235.** Pub avec un agréable patio. Cuisine faite maison.

Points d'intérêt

La ville est recouverte de parcs et de grandes maisons victorienne. Il est agréable de se promener autour du lac ainsi que dans Rock Park.

■ **ROCK PARK.** Il abrite à la fois l'ancien centre thermal et une fontaine dans laquelle continue à couler de l'eau minérale.

■ **LE SPA. Appelé désormais « Complemetary Health Centre »** ✆ **(01597) 822 977.** Il est nécessaire de réserver son soin à l'avance. Les bains thermaux ont été transformés en un centre de médecine douce. Les deux pièces réservées aux soins (ostéopathie, massage, drainages, homéopathie…) ne ressemblent en rien à l'ancien centre thermal. Il ne reste aucun traitement thermal depuis que les nouvelles réglementations sur l'eau ne permettent plus d'utiliser les sources minérales qui fournissaient le centre au début du siècle.

■ **NATIONAL CYCLE COLLECTION. Automobile Palace, sur la route qui mène au lac** ✆ **(01597) 825 531.** Le musée abrite une collection de plus de 250 bicyclettes. Beaucoup de Penny Farthing.

Manifestations

▶ **Victorian Festival en août.** Tous les habitants de la ville et les nombreux visiteurs qui s'y rendent retrouvent les habits de l'époque victorienne. Des pièces de théâtre, des jeux et de la musique rendent hommage à cette époque.

LLANWRTYD WELLS

Malgré son nom absolument imprononçable, ce petit village d'excentriques Gallois est aujourd'hui connu partout dans le pays et même de l'autre côté des frontières ! Ce petit village paisible de 600 habitants attire les foules et les médias lors d'événements uniques qui y sont organisés tout au long de l'année. Tout a commencé il y a 25 ans quand deux hommes, dans un pub, ont parié que sur une longue distance, l'homme pouvait courir plus vite que le cheval. Ils mettent en place la première course du genre. Aujourd'hui, elle attire des coureurs du monde entier, stimulés par la prime de £25 000 pour l'homme qui battra le cheval. Il a fallu attendre le 25e anniversaire de la course, en 2004, pour qu'un homme batte le cheval ! (Voir chapitre « Découvrir »). Depuis ce pari, d'autres challenges incroyables ont été lancés. Ces événements ont permis de faire connaître le village qui dispose de lieux d'hébergement et de restauration très corrects.

Transports – Pratique

▶ **Indicatif téléphonique :** 01591

■ **LE TRAIN** s'arrête à quelques mètres de la ville. Environ 20 min depuis Llandrindod.

■ **OFFICE DE TOURISME. Ty Barcud** ✆ **(01591) 610 666 – www.llanwrtyd-wells.powys.org. uk –** Réservation d'hébergement et de nombreux prospectus sur les marches à faire dans les environs. Accès à Internet pour £2,50 l'heure.

Hébergement – Restaurant

Pendant les festivités, il est possible de camper sur le terrain de sport et d'y utiliser les sanitaires.

■ **STONECROFT LODGE** ✆ **(01591) 610 327 – www.stonecroft.co.uk –** *Prix : £14 par personne.* Possibilité de faire sa cuisine dans la salle commune et d'utiliser le barbecue. Chambres correctes. Sanitaires propres. L'auberge dispose de son propre pub et jardin.

■ **THE CARLTON HOUSE** ✆ **(01591) 610 248 – www.carltonrestaurant.co.uk –** *Prix : formule nuit + dîner à partir de £75 par personne.* Le menu change tous les jours en fonction des produits frais proposés au marché. Classée parmi les plus grands guides gastronomiques, la chef du Carlton tient à assurer sa réputation.

Points d'intérêt

■ **CYCLES IRFON. Situé dans la toute petite zone industrielle** ✆ **(01591) 610 710 ou le dimanche** ✆ **(01591) 610 668.** *Loue des V. T. T. à £10 la demi-journée et £15 la journée.* Il vend aussi des plans pour faire des balades dans les environs.

■ **FFOS FARM** ✆ **(01591) 610 371.** *A 300 mètres du village. Prix : £15 de l'heure.* Excursions d'une heure, toute la journée. Chevaux et promenades adaptés à tous les niveaux de cavaliers.

Manifestations

■ **POUR AVOIR LA LISTE DE TOUS LES EVENEMENTS :** www.green-events.co.uk

▶ **Mi-juin : la course de l'homme contre le cheval.** Plus de 300 coureurs et 40 chevaux dans cette course qui a été remportée par un homme, pour la première fois en 2004 !

▶ **Fin août : Bog Snorkelling.** Les participants, équipés de leur tuba, doivent courir dans un bain de boue pour gagner cette course extrêmement médiatisée. Elle a eu tellement de succès qu'une variante a été créée : c'est en pédalant que l'on traverse le bain de boue mi-juillet !

▶ **De mi-novembre à fin novembre : Mid Wales Beer Festival.** Pour rendre hommage à la bière, qui a permis de trouver l'idée de tous ces événements excentriques, on la célèbre pendant 10 jours ! Plus de 100 bières peuvent être dégustées. Des promenades avec de la bière distribuée à tous les check points sont organisées à ce moment-là !

▶ **Builth Wells.** On est ici bien loin des riches Anglais de Llandrindod, c'est ici la version plus populaire de la station thermale. Tous les ans la plus grande foire agricole de la région a lieu en juillet. Ville agricole, Builth Wells est traversée par la rivière Wye et ornée d'un très joli pont aux multiples arches de pierres qui se reflètent dans l'eau. Il y réside une bonne atmosphère peut-être due à ses nombreux pubs.

Sortir

■ **THE WHITE HORSEHIGH STREET** ✆ **(01982) 553 171.** Un des pubs les plus populaires, avec musique live, de la bonne bière et de la bonne cuisine.

Le Centre

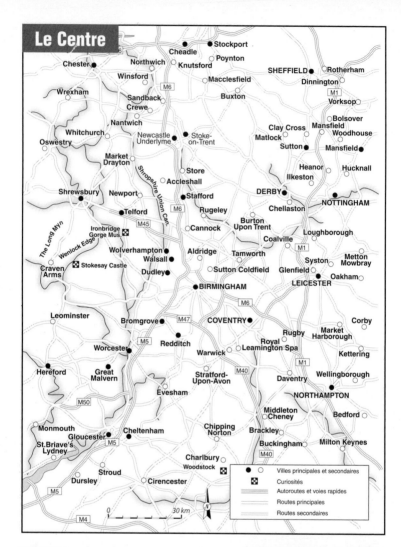

Le Centre

Chester
Northwich
Cheadle
Stockport
Poynton
Knutsford
Winsford
Macclesfield
SHEFFIELD
Rotherham
Dinnington
Wrexham
Buxton
Vorksop
Sandbach
Crewe
Nantwich
Bolsover
Clay Cross
Mansfield
Woodhouse
Matlock
Whitchurch
Newcastle-
Underlyme
Stoke-
on-Trent
Sutton
Mansfield
Oswestry
Market
Drayton
Heanor
Hucknall
Store
Ilkeston
Accleshall
Shrewsbury
Newport
Stafford
DERBY
NOTTINGHAM
Shropshire Union Can.
Telford
Rugeley
Chellaston
Burton
Upon Trent
Loughborough
The Long Myn
Cannock
Coalville
Ironbridge
Gorge Mus.
Wolverhampton
Aldridge
Tamworth
Syston
Metton
Mowbray
Wenlock Edge
Walsall
Sutton Coldfield
Glenfield
Oakham
Craven
Arms
Stokesay Castle
Dudley
LEICESTER
BIRMINGHAM
Leominster
Bromgrove
COVENTRY
Corby
Rugby
Market
Harborough
Redditch
Royal
Leamington Spa
Worcester
Warwick
Kettering
Hereford
Great
Malvern
Stratford-
Upon-Avon
Wellingborough
Daventry
Evesham
NORTHAMPTON
Monmouth
Middleton
Cheney
Bedford
Gloucester
Cheltenham
Chipping
Norton
Brackley
St.Briave's
Lydney
Buckingham
Milton Keynes
Charlbury
Woodstock
Stroud
Dursley
Cirencester

● ○ Villes principales et secondaires
☒ Curiosités
Autoroutes et voies rapides
Routes principales
Routes secondaires

0   30 km

N

Birmingham, Picadilly Arcade.

Le Centre

Chesire, Hereford, Worcester, Gloucestershire, Shropshire, Staffordshire, Warwickshire, Derbyshire, Leicestershire, Lincolnshire, Nothamptonshire, Nottinghamshire. Le cœur géographique de l'Angleterre, l'ancien poumon économique du pays. Aujourd'hui, le poumon a noirci, à l'image des villes industrielles qui le complètent. La région ne symbolise plus que l'essor qu'accompagnèrent, jadis, la révolution industrielle et surtout la récession dont elle ne peut plus se défaire depuis plusieurs décennies.

En sortant des nombreuses villes industrielles et après avoir visité les musées qui les accompagnent, le visiteur s'étonnera que la région entière ne soit pas revêtue d'une fine pellicule noire et que de nombreuses couleurs viennent égayer les paysages. Pour cela, les péniches qui descendent les nombreux canaux constituent un moyen privilégié d'observation. Remarquez avec attention la variété architecturale de la région.

Les collines des Costwolds constituent un des points d'attrait des Midlands. Au pays de Shakespeare, les églises de pierre viennent interrompre les interminables plaines parsemées de landes sauvages. Entre les friches industrielles…

■ CHELTENHAM ■

107 000 habitants. Ancienne ville thermale depuis 1716 au cœur des Cotswolds, Cheltenham rappelle par certains aspects la ville de Bath, en plus provinciale. George III, le duc de Wellington, la future reine Victoria, Lord Byron et Charles Dickens vinrent y prendre les eaux. Atmosphère calme, architecture Régence (2 000 de ses bâtiments sont classés Monuments historiques) mais plus d'animation pendant les festivals. L'hippodrome reçoit la National Hunt et la plus grande compétition de steeple-chase.

Transports

■ **LOCATION DE VOITURES (Rover). 599 Princess Elizabeth Way** ✆ (01242) 252789 – 0870 366 9825.

■ **CARS. Stagecoach (Travel Shop : 229 High Street)** ✆ **(01242) 522021 ou Swanbrook Coaches** ✆ **(01242) 221857. Informations Swanbrook** ✆ **(01452) 712386.** Dessert 4 fois par jour Oxford et Gloucester.

Pratique

▸ **Indicatif téléphonique :** 01242.

■ **OFFICE DU TOURISME. 77 Promenade** ✆ **(01242) 522 878 – www.visitcheltenham. com –** *Ouvert du lundi au samedi de 9h30 à 17h15 toute l'année et le dimanche en juillet et août.* Réservation de chambres, vente de billets pour les Cars National Express ou de places pour les événements locaux. Visites guidées de la ville et des environs à 14h15 du 30 juin au 12 septembre (départ de l'office, £2) le lundi, mercredi et vendredi. Demander les brochures sur les randonnées vers Cleeve Hill et la cheminée du Diable.

■ **CAFE INTERNET : NETSCAFE.** 9 Bennington Street ✆ (01242) 232121.

Les immanquables du Centre

▸ **Cheltenham** et son architecture Régence.

▸ **Nottingham,** la ville de Robin des bois, une ville plaisante qui bouge sur le plan des arts et de la vie nocturne.

▸ **Stratford-Upon-Avon,** ville natale de Shakespeare, où tout est dédié au théâtre et au célèbre dramaturge.

Hébergement

■ **YMCA. 6, Victoria Walk** ✆ **(01242) 524024 – www.cheltenhamymca.com** – *Prix : £21 par personne en chambre simple*. Auberge de jeunesse située au centre-ville. L'option la moins chère de la ville.

■ **LONSDALE GUEST HOUSE. Montpellier Drive** ✆ **(01242) 23 23 79.** *Single à partir de £30 ; double à partir de £56.*

■ **ABBEY HOTEL. 14-16, Bath Parade** ✆ **(01242) 516053 – www.abbeyhotel-cheltenham. com** – *Single : £33-£45 ; double : £60-£70.* Un Bed and Breakfast confortable et bien décoré. Accueil sympathique. Chambres avec ou sans salle de bains.

■ **THE BAY TREE HOTEL. Sheep Street, Burford** ✆ **(01993) 822791 – Fax : (01993) 823008.** *Chambres simples à partir de £119, chambres doubles à partir de £165.* A 20 minutes de Cheltenham, dans une autre ville qui exprime tout le charme des Cotswolds, l'hôtel date de 1584 et propose un bar, un restaurant éclairé aux chandelles et un jardin. A l'intérieur, des poutres apparentes, des feux de bûches et des lits à baldaquin complètent l'ambiance à merveille.

Restaurants

■ **CHARLOTTES PATISSERIE. 112-114, Promenade** ✆ **(01242) 575 244.** Pour des sandwichs frais.

■ **LE PETIT BLANC. The Queen's** ✆ **(01242) 266800.** *Menu à £14,50 pour trois plats.* Un restaurant réputé de la ville.

■ **FLYNNS. 16 The Courtyard** ✆ **(01242) 252752.** *Plats principaux à partir de £7,50.* Un bar-brasserie bon marché très populaire chez les locaux. Les portions sont vraiment larges.

■ **STONEHOUSE COURT. Stonehouse** ✆ **(01453) 825155.** Dans un manoir classé Monument historique, une cuisine britannique influencée par les saveurs de la Méditerranée. La bâtisse dispose aussi de chambres à partir de £50.

Sortir

En tant que ville d'eau, Cheltenham a une grande tradition du spectacle. Les divertissements sont donc nombreux. La ville accueille aussi de nombreux festivals au fil de l'année, touchant à tous les domaines (jazz, littérature, sciences). Le site Internet les répertorie (www.cheltenhamfestivals.co.uk).

■ **PLAYHOUSE THEATRE. Bath Road** ✆ **(01242) 522852 – Site Internet : www.playhouse cheltenham.org** – Compagnies amateurs de théâtre.

■ **TOWN HALL AND PITVILLE PUMP ROOM. West Approach Drive** ✆ **(01242) 227979.** Festivals, concerts.

■ **EVERYMAN THEATRE AND THE OTHER SPACE. Regent Street** ✆ **(01242) 572573 – www. everymantheatre.org.uk** – Surtout des comédies, et one-man shows, mais aussi des drames et comédies musicales.

■ **ODEON. Winchcombe Street** ✆ **(01242) 261800 – 0870 505 0007 – www.odeon.co.uk** – Cinéma.

Points d'intérêt

■ **PROMENADE.** Cette avenue située au cœur de la ville est l'une des plus belles d'Angleterre. Elle est bordée de belles demeures et de boutiques et, en été, de paniers remplis de fleurs.

■ **ART GALLERY & MUSEUM. Clarence Street** ✆ **(01242) 237431 – www.cheltenhammuseum. org.uk** – Entrée gratuite du lundi au samedi de 10h à 17h30. L'exposition permanente du musée retrace l'histoire de la ville et des peintures et porcelaines recherchées. Nombreuses expositions temporaires.

■ **HOLST BIRTHPLACE MUSEUM. Clarence Street** ✆ **(01242) 524846 – www.holstmuseum. org.uk** – Ouvert du mardi au samedi de 10h à 16h30. Entrée £2,50. Pour ceux qui connaissent le compositeur des *Planètes*, Gustav Holst (1834-1934), en voici la demeure, la vie et l'œuvre complète. Intéressant aussi pour découvrir l'atmosphère d'une maison à l'époque victorienne. Des événements musicaux au long de l'année sont célébrés en l'honneur du musicien selon différents thèmes (programme sur le site web).

■ **THE PITTVILLE PUMP ROOM AND THE PITTVILLE PARK** ✆ **(01242) 526563.** *Ouvert tous les jours sauf le mardi de 11h à 16h. Parfois fermé lors de réceptions.* Un très beau bâtiment de style Régence entouré d'un parc. Construite dans les années 1830 par le riche Joseph Pitt, la Pump Room se transforma rapidement en endroit pour prendre les eaux. La source sort dans le parc, et vous pourrez y goûter l'eau alcaline et salée (comme la plupart des eaux thermales elle a un goût étrange). On peut aussi visiter le musée et ses expositions de tiares et costumes d'époque. Noter les pièces de billard, la bibliothèque et la salle de lecture. Aujourd'hui le bâtiment est utilisé comme salle de concerts. Le parc est également très agréable.

Loisirs

■ **SANDFORD PARKS LIDO** ✆ **(01242) 524430.** *Ouvert d'avril à octobre du mardi au dimanche de 10h (ou 11h) à 17h. Pour la journée : adultes £3,50, enfants £1,80, gratuit pour les moins de 5 ans.* Piscine extérieure chauffée style 1930 surveillée dans un espace vert et de détente. Pique-nique possible.

Dans les environs

■ **CHEDWORTH ROMAN VILLA. Yanworth near Cheltenham** ✆ **(01242) 890256.** *Ouvert du mardi au dimanche de 10h à 17h toute l'année et les lundis fériés de mars à octobre. Adultes £5, enfants £2,50.* En 1864 fut excavée une villa romaine de 32 pièces avec bains et mosaïques, le tout datant du Ier siècle après J.-C. ! Vous visiterez donc en sous-sol les bains, cuisines, salons, temple et latrines de l'époque. La villa se transforma par la suite en grand manoir à colombages. Le commentaire audio aide à reconstituer l'ambiance de l'époque. Un des uniques sites romains de Grande-Bretagne, à ne pas manquer !

■ **TEWKESBURY.** Aux confluents des rivières Severn et Avon, la ville charme par son abbaye, ses ruelles étroites et ses bâtiments médiévaux. Marché deux fois par semaine. Tous les ans, la bataille de Tewkesbury (qui eut lieu le 4 mai 1471) est rejouée au mois de juillet.

■ **EVESHAM.** Traditionnelle ville de marché sur les bords de l'Avon, célèbre pour sa bataille de 1265 (guerre des Barons), au cours de laquelle Simon de Montfort fut cruellement tué. De l'abbaye construite en 709 qui marqua la naissance de la ville, il ne reste qu'un clocher datant du XIIe siècle.

■ STRATFORD-UPON-AVON ■

19 500 habitants. Si le seul mot de théâtre vous fait fuir et si, de surcroît, vous êtes allergique à Shakespeare, évitez soigneusement Stratford-upon-Avon. Malgré ses vieilles maisons à colombages, son environnement verdoyant, sa rivière bordée d'arbres, vous n'en supporterez pas l'ambiance car tout ici tourne autour de l'enfant chéri : William. On y vient pour rendre hommage au dramaturge et applaudir ses pièces.

Au sein de la population locale, l'enthousiasme est toujours aussi vif : ils aiment tous le théâtre et sont terriblement fiers de Shakespeare.

Partout, le grand homme revient dans les conversations. Il n'empêche que l'ambiance reste bon enfant, sans doute parce que les visiteurs sont de tous âges et viennent du monde entier, qu'ils soient fanatiques, enseignants, étudiants, acteurs, critiques, public averti ou simples curieux. Magie de la scène, mimétisme du lieu, aura des acteurs…

On a l'impression de mieux parler, de mieux articuler, de poser sa voix. Ici, tout le monde ressemble à Roméo, à Henri V, à Lady Macbeth, à Ophélie, à Jules César…

Transports

■ **TRAIN.** La gare de Stratford est située au nord-ouest de la ville, à 10 minutes à pied du centre-ville. Service direct pour Londres Paddington (2h de trajet). Egalement une liaison avec Birmingham (50 min).

■ **BUS.** Les bus National Express partent de la gare routière de Stratford's Riverside. Liaison vers Birmingham (1h), Londres (3h30) et Oxford (1h).

Pratique

▶ **Indicatif téléphonique :** 01789.

■ **OFFICE DU TOURISME.** Bridgefoot ✆ (01789) 293127 – Fax : (01789) 295262 - www. stratford-upon-avon.co.uk – *Ouvert de 9h à 18h du lundi au samedi et de 11h à 17h le dimanche.* En face de Bridge Street, de l'autre côté du pont

■ **BANQUES.** Lloyd's, Barclay's sur Bridge Street.

■ **POLICE.** Rother Street ✆ (01789) 414111.

Hébergement

■ **CAMPING : DODWELL PARK.** Evesham Road ✆ (01789) 204957 – www.dodwellpark. co.uk – *A 3 km de la ville par la B 439 Biford. Tentes et caravanes. Ouvert toute l'année. De £7 à £15 pour une tente de deux personnes. Douche avec eau chaude, supérette.*

■ **CAMPING : THE ELMS CAMP.** Tiddington Road ✆ (01789) 292312. *Ouvert d'avril à octobre. Tentes et caravanes (£7-£8 la nuit).*

■ **RAYFORD CARAVAN PARK.** Tiddington Road ✆ (01789) 293964. *Fermé en janvier et février.* Environ 18 caravanes fixes pouvant héberger 6 personnes (à partir de £250 la semaine pour clients équipés) sur ce parc très joliment situé au bord de l'Avon sur laquelle on peut effectuer des balades en bateau. Egalement 6 cottages.

■ **AUBERGE DE JEUNESSE.** Hemmingford House. Alveston ✆ (01789) 297093 – Fax : (01789) 205513 – stratford@yha.org.uk – *Comptez £18 par personne, £13 pour les enfants. Fermée pendant la période de Noël.*

■ **MELITA PRIVATE HOTEL. 37** Shipston Road ✆ (01789) 292432 – www.melitahotel. co.uk – *Chambre simple entre £39 et £49, double entre £54 et £89 par personne, breakfast inclus. Les animaux sont acceptés. La plupart des chambres sont en suite. Allez-y de la part du Petit Futé.* Dans une belle demeure victorienne datant de 1888, le Melita a l'avantage d'être à la fois dans la ville et juste en dehors (à 5 min à pied des théâtres et du centre-ville), tout en offrant un parking. L'hôtel est confortable, côté bar ou l'été, côté jardin. L'accueil est chaleureux, le sourire naturel. Les clients ne tarissent pas d'éloges.

■ **CARLTON GUESTHOUSE. 22,** Evesham Place ✆ (01789) 293548. *Compter de £20 à £26 par personne.* Très belles chambres, spacieuses.

■ **QUILT & CROISSANTS GUEST-HOUSE. 33** Evesham Place ✆ (01789) 267629 – rooms@ quilt-croissants.demon.co.uk – *Compter à partir de £18 pour une simple et à partir de £40 pour une double avec télévision. Parking disponible.* Une guesthouse familiale, tenue par un couple très sympathique. Près du centre, dans le prolongement de Rother Street, c'est l'une des rues où l'on peut se loger à moindre prix à Stratford-upon-Avon.

■ **THE SHAKESPEARE HOTEL.** Chapel Street ✆ 0870-4008182. *Chambre simple £85 environ, double de £95 à £155. Des tarifs semaine ou week-end sont pratiqués selon la saison et la fréquentation de l'hôtel. En réservant au dernier moment (quelques jours à l'avance) sur le site Web (www. theshakespearehotel.activehotels.com), vous pourrez obtenir jusqu'à 50 % de réduction selon la période.* Situé en plein centre de Stratford, The Shakespeare date de 1637. Belle façade à colombages avec fenêtres à losanges ou à petits carreaux. A quelque 21 ans près, Shakespeare aurait pu l'admirer. Ses filles ont dû le faire. Ici, tout rappelle le grand homme : les chambres (74 en tout) portent les noms de ses personnages, le salon est baptisé « As you like it », la salle de restaurant dédiée à David Garrick, célèbre acteur du XIIIIe siècle. Confort, luxe et mise en scène.

Restaurants

■ **MARCO ITALIAN DELICATESSEN. 20** Church Street ✆ (01789) 292889. *Ouvert du lundi au samedi.* Délicieux sandwichs italiens.

■ **THE GARRICK INN. 25** High Street ✆ (01789) 92186. *Plats principaux à environ £8.* Ses fenêtres ont vu passer Shakespeare, ce qui est tout de même émouvant. Bâtie en 1594, cette maison est devenue un pub en 1718. Dans un endroit de tradition, et dans une ambiance un peu bruyante, on vous servira steak et kidney pies ou cottage pies faits maison.

■ **HATHAWAY TEA ROOM. 19** High Street ✆ (01789) 292404. Quand on passe sa porte, une délicieuse odeur de gâteau, de chocolat et de thé vous ravit les narines. Au rez-de-chaussée, vente à emporter de pâtisseries. Au premier étage, un salon de thé avec dressoir d'assiettes où l'on peut savourer thé, salades, plats du jour végétariens. Dans l'escalier, une curieuse horloge victorienne représente Eve offrant la pomme à Adam. La pièce la plus récente de l'établissement possède des murs du XIIIe siècle.

■ **THE DIRTY DUCK. Southern Lane. Waterside** ✆ **(01789) 297312.** *Compter £10 pour dîner.* Le pub où « les gens du théâtre » se rendent avant ou après les répétitions et les représentations. Évidemment, le restaurant est souvent plein. Mais on arrive à prendre un verre. Mieux vaut connaître son Shakespeare...

Sortir

■ **ROYAL SHAKESPEARE COMPANY. Royal Shakespeare Theatre, waterside – www.rsc.org. uk –** ✆ **(01789) 295623.** Chaque année, de février à août, la troupe spécialisée dans l'œuvre du grand maître rejoue tous les grands classiques : *Hamlet, Beaucoup de bruit pour rien, Henri VIII, Les Joyeuses Commères de Windsor, The Spanish Tragedy, Camino Real...*

Manifestations

❱ **Juillet : Stratford Festival.** Toute la ville est en fête et pavoisée : feux d'artifice, courses d'aviron sur l'Avon, défilé dans les rues...

❱ **Autour du 23 avril, Le Shakespeare Birthday Celebrations dure trois jours.** Pour obtenir le programme du festival, s'adresser à l'office du tourisme ou au Stratford Festival Office, Chestnut Walk.

Points d'intérêt

■ **SHAKESPEARE HOUSES.** L'association Shakespeare Birthplce Trust (www.shakespeare. org.uk) s'occupe de cinq bâtiments reliés à William Shakespeare et sa famille (Shakespeare's Birthplace, New Place & Nash's House, Hall's Croft, Anne Hathaway's Cottage et Mary Harden's House). Les trois premières sont situées au centre-ville alors que les deux autres sont un peu à l'écart. Possibilité d'acheter un ticket combiné pour les cinq maisons (adulte £13/enfant £6,50) ou seulement pour les trois maisons situées en ville (£10/£5).

■ **SHAKESPEARE'S BIRTHPLACE. Henley Street** ✆ **(01789) 204016.** *Ouvert de novembre à mars de 10h (10h30 le dimanche) à 16h, en avril, mai, septembre et octobre de 10h à 17h et de juin à août de 9h (9h30 le dimanche) à 17h. Entrée £6,70, enfants £2,60.* Le 23 avril 1564 naissait le « cygne de l'Avon » (surnom que lui attribua, beaucoup plus tard, l'écrivain Ben Jonhson). Sa maison natale a été parfaitement conservée : y sont exposés notamment des exemplaires des premières éditions de ses pièces, ainsi que des manuscrits ou des extraits de naissance. On peut parfaitement imaginer la famille Shakespeare évoluer entre ces murs, ouvrir les portes des meubles, monter les escaliers : tout évoque l'époque Elizabeth Ire. Autour de la maison, un jardin de poète. Il est bien difficile de revenir au XXe siècle après un tel voyage dans le temps. La porte s'ouvre, un instant on pourrait croire... mais ce ne sont que de bruyants touristes, avides de photos.

■ **NEW PLACE & NASH HOUSE. Chapel Street** ✆ **(01789) 292325.** *Entrée £3,5, enfants (jusqu'à 16 ans) £1,7. Ouvert de novembre à mars de 11h à 16h, en avril, mai, septembre et octobre de 11h à 17h et de juin à août de 9h30 à 17h.* Achetée en 1597 par Shakespeare, qui s'y retira et y mourut en 1616, la maison fut ensuite démolie sur ordre du révérend Francis Gastrell, excédé par la foule qu'elle attirait. Pour cette même raison, il fit également abattre le « Mulberry Tree », planté, paraîtil, par le poète. En 1876, la demeure fut rebâtie, mais dans un style fort éloigné du bâtiment initial. Il faudra attendre 1911 pour qu'une maison à l'image de celle de Shakespeare soit enfin reconstruite, dans un parfait souci du détail. Cette volonté de restituer l'authenticité de l'endroit rend la visite d'autant plus émouvante. Les admirables jardins ont, eux aussi, été parfaitement restaurés. La maison voisine (Nash House) est celle où vécurent la petite fille de Shakespeare, Elisabeth, et son mari Thomas Nash. L'histoire de la ville y est exposée ainsi qu'une collection de meubles en chêne et de tapisseries.

■ **HALL'S CROFT.** Maison de la fille de Shakespeare, Susanna et de son mari le docteur Hall. Intéressante exposition sur la médecine à l'époque shakespearienne.

■ **ANNE HATHAWAY'S COTTAGE.** *£5,20/£2.* A quelques kilomètres de Stratford, on peut visiter la maison où habitait Anne Hathaway avant son mariage avec un certain William Shakespeare.

■ **MARY HARDEN'S HOUSE.** *£5,70/£2,50.* Maison où vécut la mère du poète. C'est également là que se trouve le Shakespeare Countryside Museum.

Shakespeare a-t-il vraiment existé ?

Shakespeare (1564-1616) a fait couler encore beaucoup plus d'encre qu'il n'en a usé lui-même à l'écriture de ses pièces. Pourtant, on sait en fait assez peu de choses de lui. Nous savons qu'il est né d'un père et d'une mère, qu'il s'est marié et a eu plusieurs enfants. Il a beaucoup vécu, mangé, bu, aimé, mais surtout, et c'est le seul fait dont nous soyons vraiment certains, il a beaucoup écrit et du meilleur. Pourtant, devant cette absence de détails précis sur sa vie, certains ont même suggéré que Shakespeare n'avait jamais existé et n'avait été qu'un prête-nom pour un auteur illustre de l'époque, voire que son œuvre aurait été réalisée par plusieurs personnes. Aujourd'hui cependant, la plupart des historiens reconnaissent l'existence du poète génie.

■ **HOLY TRINITY CHURCH.** *Participation :* 1£. Cette église gothique résume toute la vie de Shakespeare et des siens : elle abrite les fonts baptismaux où le poète et ses filles furent baptisés, ainsi que les pierres tombales sous lesquelles ils reposent.

■ **ROYAL SHAKESPEARE COMPANY GALLERY. Waterside** ✆ **0 870 609 1110.** La construction du théâtre est le résultat de passions et d'énergies conjuguées, aidées par des dons privés : jusqu'au XIXᵉ siècle, on visitait la maison natale de Shakespeare ainsi que tous les endroits où il avait séjourné, on le vénérait, mais on ne le célébrait pas, parce qu'il n'y avait pas de théâtre à Stratford. En 1870, Charles Flower fit don du terrain. Un théâtre en rond ouvrit ses portes en 1879. Cependant, aucune troupe n'est encore installée à demeure : les représentations avaient lieu en avril (pour l'anniversaire de Shakespeare) et l'été seulement. L'édifice ayant été entièrement détruit en 1926, l'actuel théâtre fut construit en 1932, grâce à un don privé, selon les plans d'Elisabeth Scott. Une première compagnie s'y installa en 1950, composée entre autres de John Gielgud, Laurence Olivier, Vivien Leigh... Mais la Royal Shakespeare Company vit véritablement le jour en 1961, grâce à Peter Hall, qui fit construire une seconde salle (The Swan) et installer une scène à Londres, le Barbican Theatre. Depuis trente ans, la compagnie s'est enrichie du passage de Ben Kingsley, Vanessa Redgrave, Jeremy Irons et, plus récemment, Kenneth Branagh.

▶ **La visite du théâtre** a lieu en principe tous les jours en début d'après-midi (£4) ✆ (01782) 403405 pour plus d'infos.

Détail curieux, le Royal Shakespeare Theatre et le Swan Theatre font coulisses communes, de sorte que *Falstaff* côtoie *la Mouette, Othello, la duchesse de Malfi...* en toute courtoisie ! La visite est guidée par des passionnés du théâtre shakespearien qui vous apprendront la grande histoire, mais aussi et surtout la petite, celle des incidents des coulisses et des répétitions.

Shopping

■ **HOME SWEET HOME. 10 Shrieve's Walk, Sheep Street.** Boutique objets, boutique cadeaux, en tout cas boutique maison. Le buste de Shakespeare (copie contemporaine) est à £70 environ.

Dans les environs

■ **PERSHORE.** Sur les rives de l'Avon, un ancien relais de poste réputé pour sa Norman Abbey Church.

■ WARWICK ■

De Stratford-upon-Avon, prendre l'A 439, direction Black Hill, Longbridge, Warwick, puis l'A 41, direction Gaydon, Baubury, et l'A 423 jusqu'à Oxford. La région du Warwickshire (dont Stratford fait partie) est dominée, au sens propre comme au sens figuré, par Warwick et son château. Il fut bâti en 914 en haut de sa colline, l'Avon à ses pieds. La fille du roi saxon Alfred le Grand, Ethelfleda, habita au même endroit un château fortifié en 914. La ville qui s'était construite petit à petit tout autour de lui fut ravagée en 1694 par un incendie et reconstruite ensuite. Mais rien n'a pu en restituer le cachet et le charme. Warwick est surtout réputée aujourd'hui pour son université moderne, qui attire une nombreuse population estudiantine.

■ **WARWICK CASTLE – www.warwick-castle.co.uk –** *Ouvert tous les jours de 10h à 17h d'octobre à mars et de 10h à 18h d'avril à septembre. Entre £12,95 et £16,25 l'entrée selon la saison.* Durant l'incendie de 1694, le château fut épargné par les flammes. En 1828, sir Walter Scott qualifiait l'édifice de « cité la plus noble d'Angleterre ». Entouré de superbes jardins dont le Victorian Rose Garden, le château se compose d'un hall, d'appartements privés « habités » de mannequins de cire, d'une Watergate Tower, dont on dit qu'elle est hantée, d'une chambre de torture, d'un donjon. La Gatehouse and Barbican abrite une exposition retraçant la période médiévale du château. On y découvrira aussi une importante collection d'armes et d'armures, des meubles, des tableaux…

■ WORCESTER ■

86 000 habitants. Worcester est mondialement réputée pour sa porcelaine de Chine. Cette ville est également connue grâce à sa grande cathédrale où, entre autres, on peut trouver le tombeau du roi Jean. Enfin, les maisons à colombages de style géorgien donnent à Worcester un cachet typiquement anglais.

Transports

■ **LOCATION DE VOITURES.** Avis. London Road ✆ (01905) 355333 ; Peugeot, Bath Road Broomhall ✆ (01905) 820777 ; Otis, 14 Carden Street ✆ (01905) 24844.

Pratique

▶ **Indicatif téléphonique :** 01905.

■ **OFFICE DU TOURISME. The Guildhall, High Street** ✆ **(1905) 726311.** *Fermé le dimanche.* Location de voitures, visites guidées, réservation de B & B, vente de billets pour les événements locaux. Accueil aimable.

■ **BANQUES.** Barclays dans High Street, Lloyd's et Natwest sur The Cross, Midland et TSB sur Broad Street.

■ **POLICE.** Deansway ✆ (01905) 723888.

■ **HOPITAL.** Worcester Royal Infirmary, Ronkswood Road ✆ (01905) 763333.

Hébergement

■ **KETCH CARAVAN PARK. Bath Road** ✆ **(01905) 820430.** *Ouvert d'avril à octobre. Compter environ £10 par emplacement avec l'électricité. Douche chaude : 20 p. Sortir de la M5 à la Junction 7 et prendre l'A 38 pendant 2 miles. A l'arrière de la Ketch Public House.* Superbe parc pour les caravanes seulement, sur le bord de la rivière Severn. Pêche possible. Accueil aimable.

■ **BOYCE CARAVAN PARK. Stanford Bishop, Bringsty** ✆ **(01886) 884248.** *Ouvert de mars à octobre. Compter £9 par emplacement à deux. Sur la B 4220, aller de Bromyard à Malvern. Après 2 miles tourner à gauche vers Linley Green.* Un petit camping-caravaning de 24 emplacements.

■ **BURGAGE HOUSE. 4, College Precints.** *A partir de £25 par personne.* Un Bed & Breakfast agréable, des chambres très spacieuses avec douche ou baignoire. Certaines ont vue sur la cathédrale.

■ **YE OLDE TALBOT HOTEL. Friar Street** ✆ **(01905) 612760.** *Single £50, Double £70.* Bon rapport qualité-prix.

Restaurants

Vous trouverez de nombreux restaurants en allant faire un tour du côté de Friar Street (Ye Olde Talbot Hotel, Amigos), New Street (Saffron, Bite Shed & Chesters Cafe), The Cross (Peppers Arms) et Foregate Street (Poppins Restaurant et des fast-foods).

■ **KING CHARLES II RESTAURANT. 29 King Charles House, New Street** ✆ **(01905) 22449.** *Ouvert de 12h à 14h et de 18h30 à 21h30 (dernières commandes) du lundi au samedi.* Une des plus vieilles maisons de Worcester, renommée pour son intérieur en panneaux de chêne et ses plats.

Points d'intérêt

■ **CATHEDRALE. 10a College Green** ✆ **(01905) 28854.** *Ouverte tous les jours de 7h30 à 18h.* La construction de la cathédrale commença en 1084. Elle fut ensuite plusieurs fois rénovée au cours des siècles et présente aujourd'hui un mélange de styles. Belle crypte normande du XIXe siècle. Le roi John et le roi Arthur y sont enterrés. Boutique, salon de thé près du cloître.

■ **BANK STREET.** A l'entrée de cette rue, l'histoire de la Worcester Sauce (la célèbre sauce brune anglaise qui accompagne le steak tartare), créée ici en 1837 par Lea et Perrins.

■ **BRIDGE STREET.** Belle vue du pont sur la rivière Severn.

■ **ROYAL WORCESTER & THE MUSEUM OF WORCESTER PORCELAIN. Severn Street** ✆ **(01905) 746000 – www.royal-worcester.co.uk –** *Ouvert du lundi au samedi de 9h à 17h30 et le dimanche de 11h à 17h. Restaurant, boutique, parking payant.* John Wall fonda en 1751 le Royal Worcester, qui sort encore aujourd'hui de nouvelles collections de porcelaine fine. Le musée les présente, en partant de la première pièce de porcelaine Worcester, le Wigornia Creamboat. Les visites guidées de l'usine commencent à 10h25 tous les jours en semaine (£5).

■ **THE COMMANDERY CIVIL WAR CENTRE. King Street** ✆ **(01905) 361821.** *Ouvert toute l'année du lundi au samedi de 10h à 17h et le dimanche de 13h30 à 17h. Entrée £3,95, £2,95 pour les enfants.* Ce musée est dédié à la guerre civile anglaise : procès de Charles Ier, campement de bataille, vidéo sur la bataille de Worcester. Vous pourrez même essayer les casques, tenir les armes à la main et ramasser les boulets de canons ! C'est d'un goût typiquement anglais… Boutique, salon de thé près du canal.

▶ **Autrement, vous vous prélasserez dans l'un de ces trois parcs :** Fort Royal Park, Cripplegate Park ou Gheluvelt Park.

Manifestations

▶ **Fin mai :** régate à la rame.

▶ **Début juillet :** carnaval.

▶ **Mi-septembre :** fête médiévale.

▶ **Début décembre :** fête de Noël (marché de Noël…).

Dans les environs

■ **UPTON-UPON-SEVERN.** Située à une quinzaine de kilomètres au Sud de Worcester, cette jolie petite ville présente de beaux exemples d'architecture de style Tudor et géorgien. Le port est également un excellent point d'embarcation pour une croisière sur la rivière Severn.

■ CHESTER ■

80 154 habitants. « Sur les marches du pays de Galles », Chester est une cité lumineuse et vivante, point d'attraction du Cheshire et du nord du pays de Galles. Elle est réputée en particulier pour ses boutiques. Le touriste curieux s'intéressera plus à Chester pour son charme médiéval, ses « rows », le premier étage de ses deux rues principales, aménagé en vastes balcons sur lesquels s'ouvrent les magasins, des balcons-arcades du Moyen Age. Chester fut une forteresse romaine active durant le Ier siècle avant J.-C.

Il en reste un mur d'enceinte unique en Angleterre entourant la vieille ville sur 2 miles (3 km). Une agréable et paresseuse promenade sur les remparts devrait durer une heure ou deux (trois visites guidées par jour en été, et une à 10h45 toute l'année, au départ du Tourist Information Center), mais ce sont véritablement plusieurs jours qu'il faudrait consacrer à la découverte de cette ville vieille de plus de 2 000 ans.

En descendant sur les bords de la Dee, Chester vous donne un tout autre rendez-vous : des maisons, des bateaux, des pêcheurs, des courses d'aviron, des musiciens. Pour un dimanche au bord de l'eau.

Transports

■ **BUS.** La Compagnie National Express relie Chester à de nombreuses grandes villes du pays (Manchester, Liverpool, Londres, Birmingham…). La gare routière est située au Nord de la ville. Egalement des bus locaux qui partent du Town Hall Bus Exchange, près de l'hôtel de ville. Pour info, appelez la Cheshire Bus Line ✆ (01244) 602666.

■ **TRAINS.** La Gare. City Road ✆ (01244) 322220 est située à environ 15 minutes à pied du centre-ville. Trains toutes les heures pour Londres, Liverpool et Manchester. Navettes gratuites pour les passagers équipés d'un billet de train depuis Frodsham Street.

■ **TRANSPORTS LOCAUX.** La marche est le meilleur moyen d'explorer la ville. Le centre-ville est d'ailleurs fermé aux voitures de 10h30 à 16h30.

Pratique

▶ **Indicatif téléphonique :** 01244.

■ **CHESTER VISITOR CENTER & Vicars Lane** ✆ **(01244) 351609 – Fax : (01244) 319819.** *Ouvert de mai à octobre, du lundi au samedi de 9h30 à 17h30, le dimanche de 10h à 16h ; de novembre à avril du lundi au samedi de 10h à 17h et le dimanche de 10h à 16h.* Au premier étage, reconstitution d'une rue de Chester en 1890. Si l'architecture n'a pas changé, l'agencement n'est plus tout à fait le même : il y a cent ans, au rez-de-chaussée, se trouvaient des boutiques mais aussi des étables, aujourd'hui remplacées par des magasins de luxe ! Au premier étage, des cordes à linge se balançaient d'un balcon à l'autre à travers de la rue…

▶ **Visite guidée de la ville** tous les jours à 10h30 (durée 1h30) (départs également du Town Hall à 10h45). Le Visitor center organise également d'autres visites guidées ainsi qu'un « ghost tour ». Renseignez-vous sur place.

Egalement un office de tourisme dans l'hôtel de ville, en face de la cathédrale.

■ **BANQUES.** Barclay's, Midland, Lloyd's, National Westminster, toutes réunies deux par deux et face à face, dans Eastgate Street.

■ **POLICE.** Grosvenor Road ✆ (01244) 350222.

■ **TOWN HALL. Northgate Street Cheshire (Hôtel de ville)** ✆ **(01244) 402111.** *De mai à octobre, ouvert du lundi au samedi de 9h à 19h30. Le reste de l'année, l'office est ouvert du lundi au samedi de 9h à 17h30.*

Hébergement

Se loger dans le centre même de Chester n'est pas facile. Les hôtels sont luxueux et chers (£100 la nuit minimum). Le Visitor Center peut vous obtenir des prix dans ces établissements, en fonction de la saison et de l'affluence. Sinon, vous trouverez de nombreux hôtels en dehors des murs de la ville, que vous rejoindrez généralement à pied.

■ **YHA Youth Hostel. 40, Hough Green** ✆ **0870 770 5762.** *Adulte £16, moins de 18 ans £12,50.* Auberge de jeunesse située dans une belle maison victorienne à environ 1,5 km du centre-ville.

■ **BA BA GUEST HOUSE. 65 Hoole Road** ✆ **(01244) 315047.** *Single £35, double £60.* Un bed and breakfast confortable accessible à pied depuis le centre-ville. Toutes les chambres ont une salle de bains et une TV.

■ **EATON HOTEL. 29/31 City Road** ✆ **(01244) 320840 – welcome@eatonhotelchester. co.uk – www.eatonhotelchester.co.uk –** Un établissement non-fumeur qui propose des chambres en B & B (*à partir de £30 par personne pour une double, £41 en single*) et des formules hôtel avec le dîner en plus. Juste à côté de la gare.

■ **CHESTER GROSVENOR. Eastgate Street** ✆ **(01244) 324024 – Fax : (01244) 313246 – reservation@chestergrosvenor.co.uk –** *Chambres à partir de £185.* Le plus beau et le plus ancien hôtel de la ville, dans une grand édifice en colombages. Situé dans la rue principale, sous les arcades. Entièrement réaménagé, cet hôtel de grand luxe possède tout le confort possible et mérite bien ses cinq couronnes d'or !

Restaurants

■ **THE FALCON. Lower Street Bridge** ✆ **(01244) 314555.** *Compter environ £9-£10 pour les plats principaux.* Agréable pub, très réputé dans la ville. Excellente cuisine traditionnelle.

■ **BOULEVARD DE LA BASTILLE. Bridge Street Row.** Un des meilleurs cafés de la ville. Pâtisseries, sandwichs, petits-déjeuners le tout plutôt bon marché.

Sortir

Le mensuel, *What's on in Chester*, est distribué gratuitement par les deux offices du tourisme : programme des théâtres, cinémas, concerts et manifestations sportives.

■ **YE OLD COSTUMS HOUSE. 65 Watergate Street** ✆ **(01244) 324445.** Cheminée, bières locales, clientèle d'habitués.

■ **BLUE BELL. 65 Northgate** ✆ **(01244) 317758.** Ce pub a la réputation d'être hanté. Aucun client n'a jusqu'ici pu le vérifier : les fantômes sortent à minuit et le pub ferme à 23h !

■ **OLD ORLEANS. The Groves** ✆ **(01244) 311518.** Jazz live. Cet endroit n'est pas vraiment typiquement anglais, mais l'été, la musique ajoutée au cadre et à la douceur du soir en font un lieu très agréable…

■ **UGC CINEMA.** Complexe sur le Greyhound Park, sur Sealand Road.

■ **ODEON CINEMA. Northgate Street.** Six salles. Egalement bowling et discothèque.

■ **GATEWAY THEATRE** ✆ **(01244) 340392.** Productions locales très contemporaines. Egalement tournées nationales.

■ **THEATRE CLWYD (à 12 miles de Chester) – www.clwyd-theatr-cymru.co.uk –** Excellente réputation, on dit que c'est le meilleur théâtre du pays de Galles (il se situe de l'autre côté de la frontière). Consulter le site pour connaître les pièces en cours.

Manifestations

▶ **Première quinzaine de juillet : Chester Mystery Plays.** Depuis plus de 900 ans, Chester est très réputée pour ses représentations de mystères, pièces de théâtre inspirées d'épisodes bibliques (au Moyen Age, on en jouait aussi sur le parvis de Notre-Dame de Paris).

▶ **Troisième semaine de juillet : Chester Summer Music Festival.** A l'affiche, tous les styles de musique : classique, jazz, variété, récitals, concerts symphoniques, petites formations.

▶ **Fin juillet : Fringe Festival.** Spectacles de rue, lectures poétiques, récital de guitare, théâtre, mime.

▶ **Première semaine de septembre : Chester Film Festival.** Grands classiques et productions nouvelles. Une manifestation ouverte à tous.

Points d'intérêt

■ **LA CATHEDRALE** ✆ **(01244) 32476.** *Ouvert tous les jours de 7h30 à 18h30. Entrée £4.* Construite à partir de 1250 sur le site d'une ancienne église saxonne du Xe siècle, elle fut achevée 250 ans plus tard. De divers styles gothiques, elle est en pierre rose et dotée d'un magnifique chœur du XIIe siècle et d'un cloître parfaitement restauré.

■ **CHESTER ZOO** ✆ **(01244) 380280 – www.chesterzoo.org.uk –** *Ouvert à partir de 10h, dernière entrée entre 15h et 17h selon la saison (voir le site Internet pour plus de détails). Entrée adulte £10,50-£14,50/enfant £7,50-£9,50.* Le plus grand zoo du Royaume-Uni. Il abrite plus de 50 000 espèces. On remarquera que, même si cela reste un zoo et des animaux en captivité, de gros efforts ont été faits pour rendre l'endroit agréable. Les animaux sont généralement séparés du public par des fossés et des rangées de fleurs plutôt que des grillages ou des cages. Le zoo participe également à un programme de conservation des espèces.

■ **CASTLE STREET PERIOD HOUSE. 20 Castle Street (dans le Grosvenor Museum).** Dans une jolie maison du XIIIe siècle, des reconstitutions d'intérieur des XIIIe et XIIIIe siècles, de scènes de la vie quotidienne dans le Cheshire.

■ **THE CHESTER TOY & DOLL MUSEUM. 13-A Lower Bridge Street** ✆ **(01244) 346297.** *Ouvert de 10h (11h le dimanche) à 17h. Entrée £2/£1.* Musée du jouet, essentiellement des pièces du XIXe siècle.

■ **THE GROSVENOR MUSEUM. 27 Grosvenor Street** ✆ **(402008).** *Ouvert du lundi au samedi de 10h30 à 17h et le dimanche de 13h à 16h. Entrée gratuite.* Très belle collection qui retrace la période romaine de Chester et la construction de ses fortifications. Egalement des reconstitutions de pièces à l'époque victorienne et géorgienne.

■ **A TRAVERS LA VILLE.** Plus encore que ses musées, c'est la ville elle-même qu'il faut visiter, à commencer par une promenade sur les remparts, puis dans le « Roman Garden » de la même époque. On rejoint ensuite Foregate Street, admirant au passage l'Eastgate Clock, le Big Ben local. A partir de Eastgate Street, dans Watergate Street et dans Bridgestreet, les fameuses « rows » (itinéraires couverts que l'on apprécie encore plus lorsqu'il pleut !). D'un balcon à l'autre, ce ne sont que maisons à colombages. Terminez par les bords de la rivière. Aujourd'hui, le centre commercial a peut-être pris le dessus sur le centre historique, évitez donc de vous promener le samedi, surtout avant Noël.

Shopping

Le long de Bridge Street Row, quelques boutiques d'artisanat et de souvenirs. Le centre commercial Mall Grosvenor sur Newgate Street propose toutes sortes de commerce.

▪ DE CHESTER À STOKE-ON-TRENT ▪

De Chester prenez l'A 51, l'A 54 direction Winsford, Middlewich puis l'A 533 direction Stoke-on-Trent. La campagne du Cheshire est fort accueillante : verte nature, hameaux bien cachés, bosquets touffus, routes sinueuses, collines en pente douce. Jusqu'à Winsford, on traverse le « Vale Royal » réputé pour ses paysages bucoliques. Encore quelques dizaines de kilomètres et l'on entre dans la région des poteries, un monde auquel pâquerettes et ruminants sont assez étrangers. Ce nouveau décor est fait de villes importantes, de routes « camionneuses », de hautes cheminées en brique à la forme particulière.

▪ STOKE-ON-TRENT ▪

Dans la région de Stoke-on-Trent, à 145 miles (232 km) au nord de Londres, se sont établies au XIIIIe siècle la plupart des fameuses poteries anglaises. Des marques prestigieuses comme Wedgwood, Royal Doulton, Minton et Spode. Depuis quelques années, les poteries se sont transformées en une attraction touristique avec musées, visite de fabriques, ventes d'usine, boutiques de céramique, et points d'information.

Transports

▪ **BUS.** National Express relie la ville à Londres (4h) et Manchester (6h).

Un service de bus entre les différentes poteries, le « China Link », fonctionne entre 10h et 16h du lundi au samedi, et mène aux endroits stratégiques.

▪ **TRAIN.** Un train pour Londres toutes les heures (2h).

Pratique

▪ **LE CENTRE D'INFORMATION AUX TOURISTES,** qui délivre cette brochure, est situé sur Quadrant Road, Hanley, Stoke-on-Trent, ST1 1RZ, ✆ (01782) 236000. *Ouvert du lundi au samedi de 9h15 à 17h15.* Une brochure gratuite, *Visit the Potteries for a China Experience,* recense les tours et les attractions, dont une journée au musée Gladstone Working Pottery ou un tour à pied de Burslem – le lieu de naissance de Wedgwood. Des adresses d'hôtels y sont aussi indiquées.

Hébergement

Des Bed and Breakfast sur Leek Street, à proximité de la gare. Cependant, si vous êtes en voiture, mieux vaut loger à Nantwich (voir plus bas), située à 17 km de Stoke-on-Trent, plus calme et plus favorable à un sommeil réparateur.

Points d'intérêt

Les horaires des poteries sont à peu de chose près partout les mêmes, 9h30-16h.

▪ **WEDGWOOD & SONS.** Barlaston ✆ (01782) 204141.*Visitor Center, circuit de visite.* La plus célèbre. Très prisé des touristes, le style Wedgwood rappelle les camées : fond uni, bleu lavande et en relief, odalisques blanches qui existent en forme de cœur, en rond, en ovale. A côté, d'autres services plus discrets. La fabrique est installée dans des bâtiments modernes et fonctionnels, on aurait préféré des murs anciens.

▪ **PORTMEIRION POTTERIES. 167 London Road/Sylvan Works, Normacoat Road, Longton** ✆ **(01782) 743460.** Spécialisé dans les motifs botaniques, fruits, fleurs, dessins que l'on retrouve déclinés en sets de table, nappes, trousses de toilette.

▪ **JOHNSON BROTHERS. Lichfied Street, Hanley** ✆ **(01782) 224950.** *La tasse à thé : environ £2.* Dans un tout autre genre, Johnson Brothers préfère les dessins guirlandes, teintes pastel et porcelaine fine. Quelques modèles victoriens avec diligence, chevaux, voire scènes de rue ou de campagne.

■ **SPODE. Church Street** ✆ **(01782) 744 011.** La très vénérable Spode a acquis ses lettres de noblesse en 216 ans d'existence. Avec un musée qui retrace deux siècles de porcelaine et de faïence, c'est sans doute l'endroit le plus intéressant à visiter.

■ **CITY MUSEUM AND ART GALLERY. Bethesda Street, Hauley.** *Ouvert du lundi au samedi de 10h à 17h de mars à octobre et de 10h à 16h de novembre à février. Dimanche de 14h à 17h.* Collection de faïence et de porcelaine.

■ NANTWICH ■

11 250 habitants. Située sur la rivière Weaver, depuis l'époque romaine, Nantwich tire sa prospérité de ses mines de sel. Les soldats romains touchaient leur solde moitié en argent, moitié en sacs de sel. En dépit de diverses catastrophes (destruction totale de la ville par les Normands puis par Henri III à seule fin de priver les Gallois de sel), la ville fut chaque fois reconstruite, prête à subir de nouveaux assauts. L'adversité accabla encore la petite cité avec un incendie de vingt jours. La reine Elisabeth Iʳᵉ accorda à la ville une importante aide financière pour sa reconstruction. Depuis, Nantwich témoigne de la générosité de la reine (encore le sel…) par l'architecture élisabéthaine de ses maisons.

Pratique

▶ **Indicatif téléphonique :** 01270.

■ **OFFICE DU TOURISME. Church House, Beam Street** ✆ **(01270) 610983.** *Ouvert du lundi au samedi de 9h à 17h.* Vous pourrez y obtenir une liste des Bed and Breakfast.

■ **BANQUES. Barclay's, National Westminster, Midland.** Toutes sont rassemblées dans High Street.

■ **POLICE STATION. Beam Street** ✆ (01270) 610951.

Hébergement

■ **LEA FARM. Wrinehill Road** ✆ **(01270) 841429.** *Single à partir de £26, double à partir de £44.*

■ **OAKLAND. 252 Newcastle Road** ✆ **(01270) 567134.** *Chambres doubles à partir de £50.* Une guesthouse tenue par un couple sympathique. Toutes les chambres ont une TV et salle de bains.

■ **CROWN HOTEL. High Street** ✆ **(01270) 625283 – Fax : (01270) 628047 – www.crown-hotel.net** – *Chambre simple £62 à £69,50, double £70 à £79,50.* Le plus bel hôtel de la ville. La maison est à colombages, véritable palace de campagne. Egalement un restaurant (*compter £20 à £25*).

Manifestations

▶ **Fin août : South Cheshire Festival of Gardening.** Il n'est pas absolument nécessaire d'avoir la main verte, du moment que l'on est amateur de jardin. Renseignements : Crew and Nantwich Borough Council.

▶ **Début septembre : Crew and Nantwich Folk and root Festival.** Contacter Joe Griffin ✆ (01244) 663062 – www.folk-roots.co.uk

▶ **Crew and Nantwich Carnival : Bank Holiday (week-end).** Là encore, pour le programme, renseignez-vous auprès de Crew and Nantwich Borough Council. L'office du tourisme de Nantwich peut vous fournir le détail des programmes dès leur parution.

Points d'intérêt

■ **SAINT MARY'S PARISH CHURCH.** Datant du XIIᵉ siècle, l'église est le plus ancien édifice de la ville, rescapé de l'incendie de 1583. Les stalles datent de 1390, elles sont probablement dues aux mêmes artisans que celles de Lincoln. La taille de cette église en pierre rose n'a rien d'impressionnant, au contraire : plutôt intime, paisible, on s'y sent détendu. Dans le square qui l'entoure, dissimulés çà et là, des projecteurs l'illuminent la nuit venue.
Autour de Saint Mary, on peut suivre Mill Baker Street (aux XIIᵉ et XIIIᵉ siècles, c'était la rue des

Tanneries), Pillory Street (où se trouvait le pilori), Hospital Street. Toutes les rues portent encore leurs noms anciens, désignant population, métiers ou bâtiments.

■ **CHURCHE'S MANSION (1577).** L'une des seules maisons d'habitation à n'avoir pas été détruite par les flammes en 1583. A présent elle abrite un restaurant.

■ LUDLOW ■

8 000 habitants. Au sud-est du Shropshire, Ludlow est considérée comme « la parfaite ville historique ». Construite au XIIe siècle sur une colline, sous la protection d'un château datant lui du XIe siècle, Ludlow a su conserver tout son charme : aucune grande surface, mais des petites boutiques aux vitrines discrètes qui ont trouvé leur place dans des murs vieux d'un demi-millénaire. La place du marché a toujours été là, les étalages ont juste un peu changé et les chausses sont remplacées par des jeans. Les remparts qui entourent la ville sont eux-mêmes ceinturés par la rivière, la Teme. Voilà qui décourage toute velléité d'expansion outrancière.

Transports

■ **GARE. Station Drive** ✆ **(01584) 877090.** Trains réguliers pour Shrewsbury et Hereford. De là, vous pourrez emprunter une connexion par train ou par bus pour plusieurs grandes villes du pays dont Londres et Birmingham.

■ **BUS** pour Hereford et Birmingham (192/292) et pour Shrewsbury (435).

Pratique

▶ **Indicatif téléphonique :** 01584.

■ **OFFICE DU TOURISME.** Castle Street ✆ (01584) 875053.

■ **BANQUES.** Barclay's, King Street, Midland, National Westminster : Bull Ring ; Lloyd's, Broad Street.

■ **POLICE.** Lower Galdeford ✆ (01584) 872174.

Hébergement

■ **NUMBER TWENTY EIGHT. 28 Lower Broad Street** ✆ **(01584) 876966 – Fax : (01584) 876860.** Une belle maison géorgienne qui compte 16 chambres, single (*£65*), twin (*£75*) ou double (*£85*), avec salle de bains.

■ **THE CHURCH INN. Buttercross, Ludlow** ✆ **(01584) 872174 – Fax : (01584) 872146 – reception@thechurchinn.com –** *A partir de £40 par personne en chambre double.* Avenant, confortable, cet établissement vous réservera un accueil agréable, en plein centre-ville, entre l'église et le château.

■ **THE FEATHERS HOTEL. Bull Ring** ✆ **(01584) 875261 – Fax : (01584) 876030 – www. feathersatludlow.co.uk –** *Compter £70 la chambre simple et autour de £90 la double.* Cette auberge installée en 1670 est un véritable musée, tant à l'extérieur qu'à l'intérieur. Les meubles sont des originaux somptueux. Les plafonds sont sculptés. La salle à manger, toute de boiseries, est aussi confortable pour le corps, grâce à ses fauteuils moelleux, que pour l'esprit, grâce à son calme et à son harmonie élégante. Vaut réellement le détour. Le personnel est aimable sans être obséquieux, le service discret. Egalement un restaurant : compter £20 à £25 pour déguster une excellente cuisine traditionnelle anglaise.

Restaurants

■ **ROSE & CROWN. Church Street** ✆ **(01584)-872098.** Pub qui sert une nourriture tradition-nelle : steak, kidney pie, brocoli-stilton quiche… Possibilité de déjeuner dehors en été.

■ **DE GREY'S CAFE. 5-6 Broad Street** ✆ **(01584) 872764.** Egalement salon de thé, service dès le matin. La salle se trouve derrière la pâtisserie. Cheminée, poutres apparentes, plancher ciré, excellents gâteaux confectionnés sur place. Malheureusement, l'aération laisse à désirer et De Grey's sent l'œuf au bacon.

■ **ASSEMBLY ROOMS LUDLOW. 1 Mill Street** ✆ **(01584) 878141.** *Ouvert tous les jours.* Café qui sert des snacks et des plats chauds. Différentes manifestations culturelles s'y déroulent tout au long de l'année.

■ **DINHAM WEIR HOTEL. Dinham Bridge** ✆ **(01584) 874431.** *Ouvert tous les jours.* Par beau temps, on peut profiter de la terrasse au bord de la rivière. Dîner aux chandelles. Le patron M. Underhills est particulièrement sympathique.

Sortir

■ **YE OLD BULL RING TAVERN. 44 Bull Ring** ✆ **(01584) 872311.** Clientèle assez jeune, ambiance animée. Tout le monde vous en parle avec un petit sourire indulgent, c'est là que se retrouvent les étudiants le week-end. On peut être jeune et aimer les traditions : le pub date de 1365 ! On peut également s'y restaurer pour pas trop cher.

Manifestation

▶ **Fin juin, début juillet : Ludlow Festival. Festival Box Office. Castle Square, Ludlow** ✆ **(01584) 872150 – www.ludlowfestival.co.uk** – *Prix des places : de £5 à £20 environ.* Depuis 1960, ce festival est principalement consacré au théâtre de Shakespeare : représentations en plein air dans la cour du château, à la nuit tombée. Le programme se veut aussi musical (petites et grandes formations, jazz, opéra, musique de chambre). Les soirées sont souvent précédées d'un pique-nique très prisé, et très anglais, qui contribue à donner une ambiance bon enfant à un festival plus culturel que show-biz. Le festival attirant beaucoup de monde, mieux vaut réserver ses places à l'avance. L'hébergement est également plus difficile à trouver en cette période.

Points d'intérêt

■ **LUDLOW CASTLE** ✆ **(01584) 873 355.** *Ouvert tous les jours de 10h à 16h d'octobre à mars (seulement le week-end en janvier), d'avril à juillet et en septembre de 10h à 17h et jusqu'à 19h en août. Entrée : £4 (adultes)/£3,50 (étudiants)/£2 (enfants).* Véritable château-fort, il fut construit au XIIe siècle pour protéger la région des invasions galloises. Ses ruines évoquent une bâtisse imposante et le donjon s'élève encore dignement au-dessus de la ville, souligné de part et d'autre par des remparts.

■ **DINHAM HOUSE.** *Ouvert de 9h30 (10h le samedi) à 17h30. Fermé jeudi et dimanche.* Cet élégant hôtel particulier du XIIIIe siècle a abrité Lucien Bonaparte durant son exil en 1811. L'accueil que lui a réservé la population a limité son séjour à quelques mois, qui lui permirent d'apporter un certain nombre d'améliorations à la demeure, notamment de grands miroirs qui agrandissent l'escalier. Sont exposés quelques costumes de théâtre provenant des spectacles du festival. Au rez-de-chaussée et au sous-sol, un centre de métiers d'art.

■ **A TRAVERS LA VILLE...** En sortant de Dinham House, descendez la petite rue à droite pour un joli point de vue sur la colline en face, surtout en automne pour les dégradés de couleurs. Empruntez le pont qui enjambe la Teme en regardant à gauche. On peut suivre la rive pour un itinéraire vert au bord de l'eau, ou encore escalader la colline pour une vue panoramique de la ville. Aperçu du sentier, le château est superbe, bien qu'en été il soit un peu caché par les arbres. Un peu partout, des bancs de fer forgé vert qu'on distingue à peine dans le paysage invitent au repos du promeneur. Et toute cette verdure se reflète dans l'eau... Cette balade de 15 minutes vous ramène ensuite à Ludford Bridge.

■ SHREWSBURY ■

64 000 habitants. Si Chester est sur les marches du pays de Galles, Shrewsbury en est la porte. Il s'agit d'une ville-marché sur la rivière Severn avec de belles maisons Tudor du XIe siècle. Les origines de la ville remontent à l'époque romaine. A l'époque d'Edouard Ier et de sa conquête du pays de Galles, Shrewsbury a servi de théâtre au jugement puis à l'exécution de Dafyd, dernier prince gallois. Dans son carnet des célébrités, la ville compte entre autres le naturaliste Charles Darwin, ainsi que la romancière Marie Webb – et, bien sûr, Ellis Peters, avec son célèbre héros, frère Cadfael.

Transports

■ **BUS.** National Express. Deux bus par jour pour Londres via Telford et Birmingham. Le bus local n° 420 se rend également à Birmingham et le 435 se rend à Ludlow.

■ **TRAIN.** Trains pour Cardiff et Manchester. Possibilité de rejoindre Londres également via Wolverhampton. Gare : Castle Gate ✆ (01743) 364041.

Pratique

▶ **Indicatif téléphonique :** 01743.

■ **OFFICE DU TOURISME. The Music Hall. The Square** ✆ **(01743) 281200.** *Ouvert du lundi au samedi de 9h30 à 17h d'octobre à mai ; de 10h à 18h du lundi au samedi et de 10h à 17h le dimanche de juin à septembre.*

■ **BANQUES.** Barclay's, National Westminster : Castle Street. TSB : Market Street. Lloyd's : 1 Pride High et 13 Abbey Foregate.

■ **POLICE.** Monkmoor Road ✆ (01743) 232888 – 0845 7444888.

Hébergement

■ **CAMPING. Oxon Hall Touring Park. Welshpool Road** ✆ **(01743) 340868.** *A environ 3 km du centre-ville. Tentes et caravanes.*

■ **ABBEY COURT GUEST-HOUSE. 68 Abbey Foregate** ✆ **(01743) 364416.** *Chambres avec ou sans salle de bains à partir d'environ £20 par personne.* Située juste derrière l'abbaye, l'auberge est un lieu de pèlerinage spirituel ou littéraire pour les lecteurs assidus des aventures de *Frère Cadfael.*

▶ **Dans la même rue, vous trouverez quatre autres guesthouses** de catégorie similaire.

Sortir

■ **LOGGERHEAD TAP HOUSE. Church Street.** Un pub traditionnel. Excellente sélection de bières.

■ **THE COACH AND HORSES. Swan Hill.** Pub agréable et cosy.

■ **MUSIC HALL. The Square** ✆ **(01743) 281281 – www.musichall.co.uk –** Programmation éclectique : ballets, comédies musicales, concerts, one-man shows, etc.

■ **CINEMAS. Cineworld, Old Potts Way** ✆ **(01743) 240350.** Complexe de 10 salles.

Manifestations

▶ **Fin juin :** carnaval.

▶ **Première semaine de juillet :** Shrewsbury International Music Festival. Réservations et informations au Music Hall ✆ (01743) 281 281.

▶ **Peu après le 15 août :** Shrewsbury Flower Show. The Quarry Park ✆ (01743) 364051. Les programmes sont disponibles dès parution à l'office du tourisme, à partir d'avril.

Points d'intérêt

Il existe de nombreux itinéraires piétons au départ de Shrewsbury (voir brochure à l'office du tourisme).

■ **CROISIERE SUR LE CANAL DU SHROPSHIRE ET LE LLANGOLLEN CANAL. Oak Cottage Herb Garden** ✆ (01743) 81262. *Ouvert l'été jusqu'en octobre de 15h à 18h, le week-end de 10h30 à 16h.* Jardin botanique entre Shrewsbury et Oswesty, par l'A 5.

■ **ABBEY OF ST PETER AND ST PAUL. Abbay Foregate** ✆ (01743) 232 723. *De 9h30 à 17h30 d'avril à octobre, de 10h30 à 16h de novembre à mars.* Fondée en 1083 sur une ancienne église saxonne en bois. Au Moyen Age, l'abbaye comportait un cloître, un réfectoire, un jardin potager, un dortoir. Une bonne partie fut détruite en 1836 par Thomas Telford, qui décida de faire passer une route au beau milieu de l'abbaye… Pour en savoir plus sur la vie de l'abbaye du temps de sa splendeur, le plus simple est de lire les romans d'Ellis Peter. Son héros détective, frère Cadfael, partage son temps entre son herboristerie et son jardin des simples (plantes médicinales), quand il n'est pas en train de résoudre une énigme qui l'emmène à Shrewsbury, dans tout le Shropshire, voire au pays de Galles, ce qui n'est pas pour lui déplaire, étant lui-même Gallois. Une visite est organisée autour du personnage. Se renseigner à l'office du tourisme.

■ **SAINT MARY'S CHURCH** ✆ **(01743) 357006**. A voir surtout pour ses vitraux.

■ **SAINT CHAD'S CHURCH**. De la fin du XIIIe siècle (ruines du Xe siècle), elle est dotée d'une nef circulaire et surplombe le joli Quarry Park.

■ **SAINT ALKMUND CHURCH**. Le square qui l'entoure est très agréable, et le chœur s'enorgueillit d'un vitrail admirable.

■ **SHREWSBURY CASTLE** ✆ **(01743) 358516/361196**. *Entrée : adultes £2, enfants £1. Fermé de début octobre à fin février. De 10h à 16h ou 17h selon saison*. Le château abrite le Musée régimentaire du Shropshire ; des guerres napoléoniennes à nos jours en passant par les campagnes d'Egypte, des Indes, d'Afrique.

■ **ROWLEY'S HOUSE MUSEUM. Baker Street**. *Ouvert tous les jours, sauf le dimanche en hiver. Entrée libre*. La vie quotidienne à Shrewsbury au Moyen Age. Exposition également d'antiquités romaines et de costumes, le tout dans une maison du XIIe siècle, à colombages bien sûr.

■ **CLIVE HOUSE. College Hill**. *Entrée : adultes £2, enfants £1. Ouvert tous les jours sauf dimanche et lundi matin, de mars à octobre*. Cette maison du XIIIe siècle présente une collection de faïences et de porcelaines, une cuisine victorienne reconstituée et une galerie d'aquarelles.

Dans les environs

■ **WROXETER ROMAN CITY** ✆ **(01743) 761330**. *Prix : £4 : adultes, £2 : enfants. Ouvert toute l'année, de 10h à 18h de juin à août, de 10h à 17h de mars à mai et en septembre et octobre, et de 10h à 16h de novembre à février*. Vaste site archéologique d'une cité romaine excavée, avec notamment des bains datant du IIe siècle. Cela vaut vraiment le détour.

■ IRONBRIDGE ET LA VALLÉE ■

Il y a 250 ans, l'Angleteterre commençait sa révolution industrielle. Ironbridge fut le premier pont en fer au monde, construit en 1779. Le village d'Ironbridge et ses environs présentent donc un intérêt à la fois historique et économique.

Pratique – Transports

■ **OFFICE DU TOURISME** ✆ (0195-2-432166. *Ouvre dès 9h en semaine, 10h le week-end.*

■ **VOITURE**. De Shrewsbury, prendre l'A 5 direction Telford ; la B 4373 direction Ironbridge et Bridgnorth.

■ **BUS**. Le bus n° 96 relie Ironbridge à Shrewsbury et Telford. Environ un bus par heure.

Points d'intérêt

Dans une accueillante vallée où coule une paisible rivière, divers musées agrémentent l'étape :

■ **THE IRONBRIDGE AND TOLLHOUSE**. Le fameux pont de fer, qui enjambe la rivière Severn, fut construit en 1779 par Abraham Darby III. Vous pourrez le traverser à pied. Du côté sud du pont, le Toll House était l'endroit où l'on s'acquittait à l'origine du droit de passage (les prix de l'époque sont encore affichés). Il y a également un musée consacré à l'histoire du pont.

■ **MUSEUM OF IRON AND THE DARBY FURNACE**. Abraham Darby était un pionnier du fer. C'est lui qui, dès 1709, utilisa le coke pour réduire le minerai de fer. Le musée retrace l'évolution de la fabrication du fer.

■ **THE TAR TUNNEL**. Galerie minière datant de 1785 dans laquelle on extrayait du bitume naturel.

■ **BLIST HILL VICTORIAN TOWN**. La vie quotidienne au temps de la révolution industrielle. Boutiques, bureaux, avec mise en son et en odeur.

■ **JACKFIELD TILE MUSEUM**. Exposition permanente de céramiques, carreaux ou mosaïques fabriqués sur place depuis deux siècles.

■ BRIDGNORTH ■

10 500 habitants. Magnifiquement située en surplomb de la Severn, Bridgnorth est une ville ancienne et la région regorge de ruines romaines. Au XIIᵉ siècle, les Normands y édifièrent un important château, dont il ne reste que la tour. Grâce à sa prospérité économique (manufactures de tapis), la ville compte de très jolies maisons bourgeoises des XIIᵉ et XIIIᵉ siècles.

Transports

■ **BUS.** Bus 436 depuis Shrewsbury.

■ **TRAIN.** Bridgnorth est le terminus nord du train à vapeur qui traverse la vallée de la Severn. Servern Valley Railway ✆ 01299 403816.

■ **FUNICULAIRE.** Le Bridgnorth Cliff Railway grimpe la pente entre la partie basse et la partie haute de la ville. Prix : 80 p l'aller-retour – www.bridgnorthcliffrailway.co.uk

Pratique

▌ **Indicatif téléphonique :** 01746.

■ **OFFICE DU TOURISME.** The Library, Listley Street ✆ (01746) 763257 – information@bridgno rthshropshire.com

■ **BANQUES.** TSB, Barclay's, Midland, National Westminster, Lloyd's, toutes dans High Street.

Hébergement

Bridgnorth n'offre pas un choix d'hébergements particulièrement étendu. Les établissements luxueux n'existant pas, on se contentera de citer un établissement simple mais accueillant.

■ **THE GOLDEN LION INN. High Street** ✆ **(01746) 762016 – www.goldenlionbridgnorth. co.uk – jeff@goldenlionbridgnorth@co.uk –** Situé au nord du centre-ville, ce B & B logé dans une maison du XIIIᵉ siècle propose des chambres (simples, doubles ou familiales) à partir de £25 par personne. Vous pourrez aussi vous restaurer au pub le midi entre 11h30 et 14h pour environ 5£, et découvrir des bières locales dont la sélection change quotidiennement.

■ **CAMPING : STANMORE HALL TOURING PARK. Stourbridge Road, Bridgenorth** ✆ (01746) 761761.

Restaurants

■ **THE SHAKESPEARE INN. West Castle Street** ✆ **(01746) 762403.** Une auberge sympathique. Salades, très bons steaks.

■ **THE SWAN. 52 High Street** ✆ **(01746) 763424.** Egalement hôtel, The Swan, à égale distance du donjon et de l'église, est installé dans une maison du XIIIᵉ siècle, l'une des curiosités de Bridgnorth. Déjeuner et dîner.

■ **BAKEHOUSE CAFE. Central Court.** Au fond d'une cour retirée et calme. La salle est au premier étage, dans une ruelle qui donne d'un côté sur High Street et de l'autre sur Raven Street.

■ **WHITBURN COFFEE HOUSE. Ravenscourt** ✆ **(01746) 761077.** Cette boutique de thés et de cafés propose également une dégustation sur place. Très agréable atmosphère odorante.

Sortir

■ **BRIDGNORTH LEISURE CENTER. Northgate** ✆ **(01746) 761541.** Série de concerts toute l'année. Renseignements à l'office du tourisme pour le programme, ou par téléphone.

■ **BRIDGNORTH THEATRE-ON-THE-STEPS. Newmarket Building, Postern Gate** ✆ **(01746) 764949.** Dirigé par une compagnie d'amateurs éclairés et passionnés, le théâtre a trouvé sa place dans une ancienne chapelle désaffectée du XIIIIe siècle. Il accueille également des troupes professionnelles.

Points d'intérêt

■ **THE COSTUMES & CHILDREN MUSEUM** ✆ **(01746) 764636.** *Ouvert du lundi au samedi de 10h30 à 17h, dimanche de 14h à 17h. Entrée : £2, enfants £1.* Des expositions temporaires sont consacrées à des couturiers anglais de renom (par exemple Norman Hartnell, couturier de la reine Marie) ; un musée d'accessoires présente tissus et dentelles. La Childhood Gallery propose un musée de l'enfant depuis le début de l'époque victorienne : des poupées avec leur maison et leur garde-robe, ainsi qu'une collection de Teddy Bears, les fameux ours en peluche anglais. Les petites mamans peuvent conduire leur fille malade à la Dolls Hospital, hôpital de poupées où elles trouveront conseil auprès de spécialistes.

■ **BRIDGNORTH'S CASTLE.** De l'imposant château normand construit sous le règne d'Henry II, il ne reste qu'une tour dont l'inclinaison à plus de 15°, (soit plus que la tour de Pise) est pour le moins inquiétante ! Le reste a été démoli durant la guerre civile. Du jardin, on a une très jolie vue sur la Severn et la vallée.

▶ **A voir également à travers la ville.** L'hôtel de ville (Town Hall). St Leonard Church et la rue qui y mène. Palmer's Hospital (1687, reconstruit en 1889). La Crammar School Dormitories (XIIIe siècle), autrefois maison des professeurs. Autour de l'église, la Richard Baxter's (XIIIe siècle). Dans High Street, the North Gate, du XIIIe siècle. De la même époque, The King's Llead et the Swan St Mary's Street, d'après un plan du XIIe siècle. La ville a été complétée par quelques bâtiments de l'époque victorienne.

Shopping

■ **WILLIAM WILLIAMS. 81 High Street.** La boutique parfaite pour trouver des cadeaux : William Williams est le dépositaire de Portmerion et de Crabtree & Evelyn. Au premier étage, le rayon prêt-à-porter propose tout ce qu'il faut pour s'équiper confortablement et élégamment à l'anglaise : shetland, bottes de pluie, chapeaux, casquettes, écharpes, pantalons, jupes-culottes, loden autrichien et la ligne Barbour. Afin de reprendre des forces ou de faire ses comptes, le salon de thé-restaurant.

■ **BIRMINGHAM** ■

977 100 habitants. La deuxième plus grande ville d'Angleterre. Evoquer Birmingham, c'est évoquer toute l'histoire industrielle et sociale de la Grande-Bretagne depuis le début du siècle : la ville a vu la découverte de l'oxygène, la construction des machines à vapeur, les usines Jaguar, Rover, le salon de thé Cadbury. Birmingham a cependant souvent la réputation d'être une ville industrielle triste et sans aucun charme. Pourtant, s'il est vrai qu'il ne s'agit pas de la plus belle ville du pays, Birmingham n'a pas mal de choses à offrir au touriste qui voudra s'y attarder.

C'est à la fois une ville riche en héritages du passé, avec notamment ses nombreux musées, et une ville vivante et cosmopolite qui fait la fierté de ses habitants, surnommés les « Brummies ».

Transports

■ **AÉROPORT DE BIRMINGHAM** ✆ **08707 335511 – www.bhx.co.uk –** Vols nationaux et internationaux.

■ **BUS.** La compagnie National Express (✆ 0870 580 80 80) dessert la plupart des grandes villes du pay depuis Digbeth Coach station. Un bus pour Londres toutes les heures (3h, £14).

■ **TRAIN.** La plupart des trains pour les autres grandes villes du pays partent de la gare de New Street, en dessous du centre commercial Pallasades. Egalement deux autres gares : Snow Hill et Moor Street. C'est de là que partent notamment les trains pour Stratford-Upon-Avon.

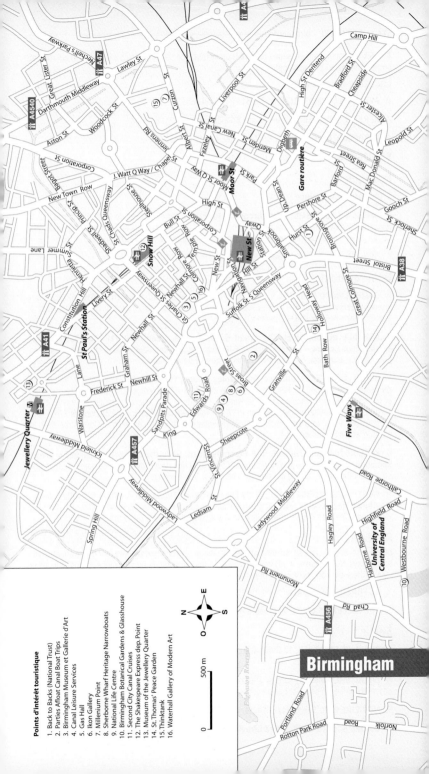

Birmingham

Points d'intérêt touristique

1. Back to Backs (National Trust)
2. Parties Afloat Canal Boat Trips
3. Birmingham Museum et Gallerie d'Art
4. Canal Leisure Services
5. Gas Hall
6. Ikon Gallery
7. Millenium Point
8. Sherborne Wharf Heritage Narrowboats
9. National Life Centre
10. Birmingham Botanical Gardens & Glasshouse
11. Second City Canal Cruises
12. The Shakespeare Express dep. Point
13. Museum of the Jewellery Quarter
14. St. Thomas' Peace Garden
15. Thinktank
16. Waterhall Gallery of Modern Art

0   500 m

■ **TRAM.** Birmingham possède également un système de trams (appelés ici « Métro ») qui roulent entre Snow Hill et Wolverhampton.

Location de voitures

■ **AVIS.** Park Street ✆ (0121) 6324361.

■ **HERTZ.** 7 Suffolk Street, Queensway Smallbrook ✆ (0121) 6435387.

■ **EUROPCAR.** Monaco House, Bristol Street ✆ (0121) 225311.

■ **BUDGET.** 95 Station Street ✆ (0121) 6430493.

Pratique

▶ **Indicatif téléphonique :** 0121.

■ **OFFICE DU TOURISME. 2 City Arcade ✆ (0121) 643 2514.** *Ouvert de 9h30 à 17h30 du lundi au samedi.* Egalement un office du tourisme (✆ 0121 780 4321), plus petit au National Exhibition Center, près de l'aéroport. Il est ouvert du lundi au vendredi de 9h à 17h15.

■ **HOPITAL. City hospital Dudley Road** ✆ (0121) 5543801.

Hébergement

■ **SOMERS WOOD CARAVAN & CAMPING PARK. Somers Road, Meriden** ✆ **(01676) 522978 – www.somerswood.co.uk –** *Ouvert toute l'année. Accepte tentes et caravanes. Emplacement + 2 personnes : £16 par nuit, £3 personne suppl.*

■ **ASHDALE HOUSE HOTEL. 39, Broad Road, Acocks Green** ✆ **(0121) 706 3598 – www.ashdalehouse.co.uk –** *Compter environ £40 pour une chambre double.* Un Bed & Breakfast dans une maison victorienne située près d'un parc, au sud de la ville.

■ **OLTON COTTAGE. School lane, Old Yardley Village, Yardley** ✆ (0121) 7839249. *Au sud-est du centre-ville. Single : de £24 à £28 ; double de £48 à £49.* Cottage qui a presque deux siècles et qui se situe dans l'ancien village de Yardley. Chambres avec télévision couleur et réveil. Dans Yardley, vous visiterez le Blakesley Hall (✆ *0121 4642193, ouvert de mars à octobre de 12h à 16h, participation libre*), une belle maison à colombages du XIIᵉ siècle, entièrement restaurée avec le mobilier et les peintures de l'époque.

■ **KENSINGTON GUESTHOUSE. 758 Pershore Road, Selly Park** ✆ (0121) 4727086 – www.kensingtonhotel.co.uk – *Aux alentours de £50 la chambre double avec salle de bains, £7 le repas.* La plupart des 32 chambres ont une salle de bains. Bar, parking.

■ **WESTBOURNE LODGE HOTEL. 27-29 Fountain Road, Edgbaston** ✆ (0121) 4291003 – www.westbournelodge.co.uk – info@westbournelodge.co.uk – *A 1,5 mile du centre-ville. Hôtel et restaurant. Chambre double avec salle de bains à partir de £65 par personne.*

Restaurants

La ville est réputée pour sa cuisine Balti du Cachemire qui fut introduite ici avant d'être adoptée par tout le pays. Vous pourrez y (re) goûter dans les nombreux restaurants indiens et pakistanais de la ville. L'office de tourisme vous fournira une liste complète de ces restaurants. Voici deux adresses.

■ **AL FRASH.** 186, Ladypool Road ✆ (0121) 753 3120.

■ **THE CELEBRITY BALTI.** 44 Broad Street ✆ (0121) 6438969.

Sortir

■ **SACKS OF POTATOES. 10 Gosta Green, Aston.** Pub du campus universitaire. Evidemment très fréquenté par les étudiants.

■ **CIRCO. 6-8, Holloway Circus ✆ (0121) 643 1400.** Un bar-club, avec DJ. Styles de musique différents selon les soirées. Egalement des tapas.

■ **MEDICINE BAR. The Custard Factory** ✆ (0121) 693 6001. DJ bar plutôt branché.

■ **RONNIE SCOTTS CLUB. Broad Street** ✆ (0121) 6434525. Jazz.

■ **CODE. Heth Mill lane, Digbeth** ✆ **(0121) 665 6333.** Un club qui accueille les meilleurs DJ internationaux.

Théâtre et concerts

■ **BIRMINGHAM REPERTORY THEATRE AND CENTENARY. Broad Street** ✆ **(0121) 2452000 – www.birmingham-rep.co.uk –** Théâtre.

■ **SYMPHONY HALL. Broad Street** ✆ **(0121) 2002000.** Pour les concerts classiques de haute volée. Egalement d'autres concerts.

■ **THE BIRMINGHAM HIPPODROME.** ✆ **0870 730 1234 – www.birminghamhippodrome. com –** Danse, Music-hall et Opéra.

■ **NATIONAL INDOOR AREA. King Edwards Road** ✆ **(0121) 2002202 – 0870 9094133.** Spectacles, manifestations artistiques et sportives.

Manifestations

Vous pouvez obtenir les dates exactes en vous adressant à l'office du tourisme.

▶ **Mai :** Festival de la Littérature.

▶ **Juillet :** Festival international de jazz.

▶ **Mi-août :** feu d'artifice à Cannon Hill Park.

Points d'intérêt

■ **POUR PLUS D'INFORMATIONS SUR LES EXPOSITIONS TEMPORAIRES,** consultez le site des musées de Birmingham : www.bmag.org.uk

■ **EN VILLE.** Promenez-vous autour des squares Victoria (avec sa belle fontaine) et Chamberlain, c'est là que vous verrez certains des plus beaux bâtiments de la ville. Remarquez l'imposant hôtel de ville, qui date de 1834, bel exemple d'architecture néoclassique inspiré d'un temple romain.

■ **BIRMINGHAM MUSEUM & ART GALLERY. Chamberlain Square** ✆ **(0121) 3032834.** *Ouvert du lundi au samedi de 10h à 17h, et de 12h30 à 17h le dimanche.* Histoire naturelle, archéologie et ethnographie ainsi qu'une très belle collection des chefs-d'œuvre des préraphaélites. Quelques peintures remarquables à ne pas rater.

■ **THE JEWELLERY QUARTER.** Birmingham est un grand centre de production de bijoux. Dans ce quartier vous trouverez pléthore de bijouteries et d'ateliers ainsi qu'un musée sur la fabrication des bijoux.

▶ **Museum of the Jewellery Quarter. 75-79, Vyse Street** ✆ (0121) 554 3598. *Ouvert du lundi au vendredi de 10h à 16h, et le samedi de 11h à 17h, fermé le dimanche.* Argent et or. Visite de la fabrique originale Smith & Pepper.

■ **BARBER INSITUTE OF FINE ARTS. The University of Birmingham, Edgbaston** ✆ **(0121) 4147333.** *Ouvert du lundi au samedi de 10h à 17h et le dimanche de 14h à 17h.* Petite galerie qui contient des œuvres qui feraient pâlir d'envie certaines grandes : Degas, Monet, Picasso, Canaletto…

■ **SOHO HOUSE. Soho Road, Handsworth** ✆ (0121) 5549122. *Ouvert de Pâques à octobre du mardi au dimanche de 11h30 à 16h.* Maison de l'industriel Matthew Boulton, contenant des expositions sur des thèmes tels que l'histoire de l'éclairage au gaz dans les rues…

■ **THE IKON GALLERY. 1 Oozell's Square** ✆ (0121) 2480708 – www.ikon-gallery.co.uk – Une galerie d'objets contemporains, avec des designs étonnants.

■ **THINKTANK. Curzon Street** ✆ **(0121) 202 2222 – www.thinktank.ac –** *Ouvert tous les jours de 10h à 17h. Entrée : adulte £6,95, enfant £4,95.* Un musée de la science qui tente de rendre celle-ci accessible grâce à des expositions interactives sur le corps humain, la médecine, l'histoire industrielle, les technologies… Egalement un cinéma IMax.

■ **ASTON HALL. Trinity Road, Aston** ✆ (0121) 3270062. *Ouvert d'avril à octobre de 14h à 17h. Entrée libre.* Manoir du début XIIIe siècle à visiter pour son ameublement et ses tentures. Aston Hall est situé à environ 5 km de la ville. S'y rendre en train depuis la gare de New Street ou en bus (n° 65 ou 104).

■ **BIRMINGHAM BOTANICAL GARDENS** – www.birminghambotanicalgardens.org.uk – *Ouvert tous les jours de 9h (10h le dimanche) à 19h. Entrée gratuite.* Sept hectares de jardins et d'essences variées ; visiter la collection de cactées et la serre tropicale.

■ **SEA LIFE CENTRE. The Water's Edge, Brindley Place** ✆ **(0121) 6436777.** *Ouvert tous les jours de 10h à 17h (18h le week-end). Dernière admission 1h avant la fermeture. Entrée : adulte £11 ; enfant £8,25 ; étudiant £9.* Vous pourrez marcher sous l'eau, en empruntant un tunnel sous-marin, d'où l'on voit les poissons de tous les côtés… y compris sous vos pieds. Le Centre est à la fois un aquarium et un centre de protection et de sauvetage des animaux et de la flore sous-marins.

■ **CADBURY WORLD. Lindern Rd, Bournville** ✆ **(0121) 4514180 – www.cadburyworld. co.uk –** *Réserver à l'avance ✆ (0121) 4514159. Visites possibles du lundi au samedi de 9h à 17h et le dimanche de 9h à 13h. Entrée £8,75 et £6,60 pour les enfants. Fermé pendant les vacances du personnel de l'usine et au mois de janvier. De Birmingham, prendre l'A 38 Central. Sortir à Selly Oak, et prendre l'A 4040 (Oak Tree Lane), tourner à gauche après l'église.* La visite retrace l'histoire du chocolat et de Cadbury en particulier, en faisant visiter une partie de l'usine Cadbury, et avec une démonstration de l'assortiment de luxe fait à la main. Boutique, restaurant.

■ NOTTINGHAM ■

275 000 habitants. De Robin des Bois à D. H. Lawrence en passant par Lord Byron, Nottingham a abrité du beau monde et attire aujourd'hui des visiteurs aussi nombreux que variés, venus admirer le château, la cathédrale, l'abbaye, la plus vieille auberge d'Angleterre, le musée Robin des Bois et la forêt de Sherwood, juste en dehors de la ville. Mais Nottingham ne vit pas dans le passé et c'est également une ville qui bouge sur le plan de la musique, de la mode, de la vie nocturne… Une des grandes villes d'Angleterre et, sans aucun doute, l'une des plus plaisantes.

Transports

■ **AEROPORT.** East Midlands International Airport ✆ 0871 919 9000 – www.eastmidlandsairport. com

■ **TRAIN.** Liaisons régulières avec Londres St Pancras (2h) et Birmingham (1h15).

■ **BUS.** Les bus National Express partent de Broadmarsh bus station et desservent, entre autres, Londres (3h), Leeds via Sheffield (2h15), Birmingham (2h) et Manchester (3h15).

Pratique

▶ **Indicatif téléphonique :** 01159.

■ **OFFICE DU TOURISME. City Information Center, 1-4 Smithy Row** ✆ **(01159) 155 330 – tourist.information@nottinghamcity.gov.uk –** *De 9h à 17h30 du lundi au vendredi, 17h le samedi. Ouvert le dimanche de 11h à 15h en été.*

■ **BANQUES.** Old Market Square.

■ **POLICE.** Queen Street, Bottesford ✆ (0116) 222 2222.

Hébergement

La plupart des hôtels de luxe pratiquent des tarifs spéciaux pour le week-end.

■ **THE IGLOO TOURIST HOSTEL. 110, Mansfield Road** ✆ **(01159) 947 5250.** *Lit en dortoir £12.* Auberge de jeunesse indépendante. Ambiance sympa.

■ **P & J HOTEL. 277 Derby Road** ✆/**Fax : (01159) 783998.** *Single à partir de £38, double à partir de £48.* Tout de briques rouges, cet hôtel, agréable mais sans cachet particulier, est situé sur la route principale, à un kilomètre du centre-ville. Demandez de préférence une chambre sur l'arrière.

■ **MILFORD HOTEL. Pavilion Road, West Bridge Ford** ✆ **(01159) 811464 – Fax : (01159) 822204.** *Chambre simple £30, double £50 et comptez £65 pour une chambre familiale.* Convivial, cet hôtel conviendra aux tempéraments bucoliques ou sportifs : il est situé entre la rivière Trent, le club de cricket et le Watersports Center tout en restant proche du centre-ville.

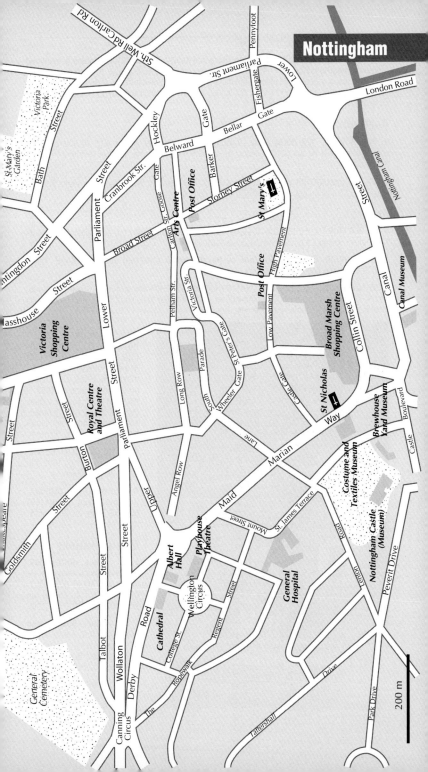

■ **GREENWOOD LODGE. 5 Third Avenue Sherwood Rise** ✆ **(01159) 621206 – www.greenwood lodgecityguesthouse.co.uk** – *Chambre simple environ £45 à £50, double entre £65 et £70.* Un petit hôtel luxueux et plein de charme loti dans une demeure prévictorienne à environ un kilomètre de la ville. Toutes les chambres sont des suites. Service de repassage offert aux clients. Service de restauration du lundi au jeudi.

Restaurants

■ **BEN BOWERS. 128 Derby Road, Carning Circus.** *Compter environ £15-20 pour un dîner à l'anglaise.* Il est de bon ton ici de porter costume et cravate, car c'est le restaurant chic de Nottingham.

■ **YE OLD SALUTATION INN** ✆ **(01159) 413388. Maid Marian Way.** Une bonne vieille auberge (datant du XIe siècle), qui a toujours vu la bière couler à flots.

Sortir

■ **YE OLD TRIP TO JERUSALEM. Brewhouse Yard** ✆ **(01159) 473171.** C'est le plus vieux pub de Nottingham puisqu'il a ouvert ses portes en 1189 !

■ **STAGE DOOR. George Street face au Royal Theatre** ✆ **(01159) 465925/476096.** Animé surtout à la sortie des spectacles, vers 22h.

■ **THEATRE ROYAL. Royal Square** ✆ **(01159) 483505/895500 – www.royalcentre-nottingham. co.uk** – Théâtre victorien (1860) réaménagé en 1970. Tournées nationales, music-hall, productions locales… la programmation est assez classique.

Nottingham, statue de Robin des Bois.

■ **NOTTINGHAM PLAY-HOUSE, WELLINGTON CIRCUS. Réservations** ✆ **(01159) 419419 – www.nottingham-playhouse.co.uk** – Ce complexe culturel date de 1963. Il présente des créations locales ou des troupes en tournée ; sa programmation est plutôt audacieuse (voir site Web).

■ **ROYAL CONCERT HOUSE.** Cette salle, créée en 1982, fait partie du Playhouse.

■ **SHOWCASE CINEMA. Redfield Way** ✆ **(01159) 866766.** Salle multiple, ultra-moderne. Concerts et ballets.

Manifestations

▶ **Fin mai : Nottingham Festival.** Deux semaines de musique, d'art et de théâtre. C'est le festival annuel de Nottingham.

▶ **Fin juillet : Robin Hood Festival.** Une semaine de fête médiévale, spectacles sur Robin des Bois, défilé en costumes.

▶ **Fin octobre : Robin Hood Pageant.** Une autre fête médiévale : quatre jours d'exhibitions de faucons, de chevaux, bals et défilés.

Points d'intérêt

■ **NOTTINGHAM CASTLE** ✆ **(01159) 153700.** *Entrée gratuite en semaine, £2 le week-end. Ouvert de 10h à 17h tous les jours sauf le vendredi de novembre à février.* L'un des premiers châteaux à avoir été reconverti en musée municipal, dès 1875. Il abrite aujourd'hui différents musées : musée de l'Histoire de Nottingham ; musée des Arts décoratifs (céramiques, argenterie, bijoux) ; musée archéologique ; galerie de peintures. Cette dernière possède une salle consacrée à Paul Sandby (1730-1809), premier artiste à avoir sillonné le royaume le pinceau à la main pour peindre chacune des régions. Il lança d'ailleurs la mode : au XIXᵉ siècle, il devint de bon ton de passer des vacances au pays de Galles, un carnet de croquis sous le bras. La galerie présente également le fameux tableau de Daniel Maclise (1806-1870) représentant Robin des Bois ripaillant sous les arbres de Sherwood avec le roi Richard, dans un style allégorique. C'est très, très beau.

■ **MUSEUM OF COSTUME AND TEXTILES. 51 Castme Gate** ✆ **(01159) 153500.** *Du mercredi au dimanche de 10h à 16h. Entrée gratuite.* Tissus, costumes et dentelles de 1610 à nos jours, sans oublier les accessoires, chaussures, chapeaux et éventails. Le XXᵉ siècle est représenté par un costume de Christopher Dean, grande figure du patinage artistique mondial et gloire de Nottingham.

■ **THE TALES OF ROBIN HOOD. 30-38 Maid Marian's Way** ✆ **(01159) 483284.** *Entrée : adulte £6,50/enfants £4,50.* Le héros local se devait d'avoir son musée. Reconstitution légèrement romancée de la vie de Robin des Bois, avec des personnages de cire. Des wagonnets vous promènent dans le village et dans la forêt de Sherwood, peuplée de loups, de squelettes, de renards et d'un Robin des Bois faisant bombance avec ses compagnons autour d'une pièce montée en gelée multicolore… (commentaire disponible en français). Pour tous les âges. Les affiches des nombreuses versions cinématographiques de la légende font regretter de ne pas pouvoir visionner les films, surtout la version avec Sean Connery et Audrey Hepburn !

■ **THE LACE HALL. High Pavement** ✆ **(01159) 897365.** Nottingham est un haut lieu de production dentellière depuis plus d'un siècle. Exposition de modèles, de machines, explications sur la fabrication.

■ **NOTTINGHAM CAVES** ✆ **(01159) 241424.** *Visite organisée, départ du château à 14h, 15h et 16h l'été, 14h et 15h l'hiver. Réservations à l'office du tourisme. Les caves sont ouvertes de 10h à 17h du lundi au samedi et de 11h à 17h le dimanche. Entrée : adulte £4, réduit £3. Quelques-unes des 400 caves de la ville sont ouvertes au public.* Véritable réseau sous-terrain aménagé pour la conservation de la bière, du vin, du poisson et de la viande, ces caves servirent de refuge aux habitants, dès les invasions médiévales et jusqu'à des époques troublées bien plus récentes.

■ STAMFORD ■

Stamford est une petite ville, à 35 km de Peterborough, dont l'architecture date des XIIIᵉ et XIIIIᵉ siècles.

■ **TOURIST INFORMATION CENTRE. Stamford Arts Centre, St. Mary Street** ✆ (01780) 755611.

■ **BURGHLEY HOUSE** ✆ **(01780) 761975 – www.burghley.co.uk** – *Ouvert de fin mars à fin octobre de 11h à 17h. Entrée : adulte £8,20, enfant £3,70.* Un immense édifice de style élisabéthain. Celui-ci fut construit entre 1555 et 1587 par Lord William Cecil, trésorier de la reine Elisabeth 1re. Plus de 100 pièces dont certaines sont vraiment magnifiques. Le château abrite une fabuleuse collection de peintures de la Renaissance italienne, ainsi que du mobilier des XIIIᵉ et XIIIIᵉ siècles.

▶ **De Stamford à Lincoln.** La route qui mène à Lincoln traverse des paysages variés. D'immenses champs s'étendent à perte de vue près de Sheaford. Des haies de toutes couleurs et nuances quadrillent les prés bordés de quelques arbres superbes, abri idéal pour les moutons par temps de pluie. L'atmosphère qui s'en dégage est paisible.

Quelques kilomètres plus loin, après Sheaford, les haies sont remplacées par des murets de pierres ; la route, sinueuse au départ, devient ligne droite, les couleurs perdent leur éclat. L'entrée dans Lincoln est un peu difficile. La circulation y est très dense, mieux vaut contourner la cité, trouver un parking et marcher.

◼ LINCOLN ◼

81 000 habitants. Le centre médiéval de Lincoln ressemble un peu à un Montmartre à l'anglaise, datant de l'invasion normande, doté de réverbères victoriens, d'un château, d'une cathédrale, d'une rivière… et agrémenté de bancs pour reprendre son souffle dans les montées. De plus, le nombre relativement peu élevé de touristes rend les habitants de Lincon particulièrement accueillants.

Transports

◼ **TRAIN.** Se rendre à Lincoln en train implique généralement de faire au moins un changement. Central Station, St Mary's Street ✆ (01522) 553135.

◼ **BUS.** National Express dessert Londres, Birmingham, Glasgow depuis Lincoln City bus station. Vous pouvez également atteindre d'autres destinations en changeant en cours de route.

Si vous venez de Stamford ou vous y rendez, vous emprunterez les Kimes Coaches (✆ 01529 497251). Départ unique le samedi après-midi.

Pratique

▶ **Indicatif téléphonique :** 01522.

◼ **OFFICE DU TOURISME.** 9 Castle Hill ✆ (01522) 873213 ou 21 The Cornhill ✆ (01522) 873256.

◼ **BANQUES.** High Street et Bailgate.

◼ **POLICE.** Beaumont Fee ✆ (01522) 29911.

Hébergement

◼ **AUBERGE DE JEUNESSE. 77 South Park ✆ (01522) 522076 – Fax : (01522) 567424 – lincoln@yha.org.uk –** *Lit : £11. Ouvert de février à novembre.*

◼ **OLD RECTORY GUESTHOUSE. 19 Newport ✆ (01522) 514774 – Fax : (01522) 538893.** *Aux alentours de £45 la chambre double.* Cette maison victorienne est la propriété d'une vieille dame énergique, active et toujours prête à rendre service. Les chambres sont bien aménagées : une coiffeuse, un bureau, une armoire, un meuble pour la télévision. Le chauffage est réglable ! Extrêmement bien situé, à deux pas de la cathédrale et du château, l'établissement offre un très bon rapport qualité-prix. Le petit-déjeuner vous est servi avec le sourire tandis que le jardinier vient deviser avec vous aimablement.

◼ **EDWARD KING HOUSE. The Old Palace, Minster Yard ✆ (01522) 528778 – Fax : (01522) 527308 – www.ekhs.org.uk – enjoy@ekhs.org.uk –** *Chambre simple à partir de £20, double à £39.* Ces chambres d'hôtes sont les mieux situées et les moins chères de la ville.

◼ **BARBICAN HOTEL. St Mary's Street ✆ (01522) 543811.** *Chambre simple £42, double £52.* Un bel hôtel à l'architecture victorienne. Il est parfait lorsqu'on hésite à ressortir le soir, un bar et un restaurant étant mis à votre disposition. Le service est élégant et discret.

La légende de Lincoln

Il y a très longtemps, le vent, d'humeur facétieuse, envoya deux de ses lutins visiter Lincoln. Ceux-ci furent aussitôt attirés par un superbe monument, la cathédrale, qui s'élevait haut dans le ciel. Ils s'en approchèrent et tournèrent autour pendant un bon moment. L'un d'eux trouvant la porte sud ouverte, s'y engouffra, s'approcha du chœur et grimpa sur un pilier. A peine eut-il posé le pied sur la colonne qu'il fut changé en pierre. Le second lutin, fatigué d'attendre son compagnon, entra à son tour dans la cathédrale et fut également pétrifié. Depuis lors, le vent hante les alentours de la cathédrale dans l'espoir du retour de ses petits lutins, et voilà pourquoi il souffle sans cesse sur Lincoln.

Restaurants

■ **BROWNS PIE SHOP. 33 Steep Hill (à 100 m de la cathédrale)** ✆ **(01522) 527330.** *Compter environ £10.* Pour déjeuner ou dîner sur le pouce, salade, pies, thé. Les végétariens sont les bienvenus : une carte leur est spécialement destinée.

■ **PRINCE OF WALES INN. 77-A Bailgate.** Le menu classique que l'on trouve dans les pubs : steak and kidney pie et bière locale.

■ **SUN CAFÉ. 7, St Mary's Street** ✆ **(01522) 579067.** Un café baba cool vraiment sympa, qui attire des backpackers de tous pays. Nourriture simple et pas chère. Egalement un centre d'art et un café Internet.

Sortir

■ **STRAITS. 8 Straits** ✆ **(01522) 576755.** Bar à vins. Un peu chic, un peu snob, pour une sortie tardive en semaine ou un rendez-vous du samedi soir.

■ **THE RITZ** ✆ **(01522) 512 103. High Street.** Ancien théâtre, le Ritz est aujourd'hui un pub appartenant à la chaîne JD Whetherspoons (où l'on peut dîner et boire).

■ **RITZY, PULSE AND JUMPIN'JAKS CLUB. 11 Silver Street** ✆ **(01522) 522314.** Night-club.

■ **THEATRE ROYAL. Clasketgate** ✆ **(01522) 525555.** Programmations locales et nationales toute l'année (500 places).

Manifestations

▶ **Début mai, pendant trois semaines : Lincoln Arts Festival.** Tous les arts sont représentés : théâtre, musique (tous styles), danse, expositions diveses.

Points d'intérêt

■ **A TRAVERS LA VILLE...** Les Romains avaient fait de Lincoln l'une des plus belles villes colonies de l'Empire (aqueduc, portiques, égouts). Les Anglo-Saxons et les Normands apportèrent leurs propres améliorations. A chaque coin de rue, dans chaque quartier, on trouve des vestiges : Newport, Arch, The Stonebow, porte monument du XIe siècle, Exchequer Gate (XIIe siècle), qui conduit à la cathédrale, la très célèbre maison normande Jew's House (Steep Hill). Les nombreuses maisons du XIIe siècle, dans la partie haute de la ville et tout autour de la cathédrale, sont pleines de charme et de caractère. Un petit détour par Waterside, le long de la rivière, permet d'admirer le High Bridge.

■ **LINCOLN CASTLE** ✆ **(01522) 511068.** *Du lundi au samedi de 9h30 à 16h et dimanche de 11h à 17h30. Entrée : £3,50/£2.* Construit par les Normands en 1068 (donjon et Cobb Hall datent du XIIe siècle), le château est majestueux. Il y règne une ambiance un peu particulière, presque funèbre. Dès l'origine, il abrita en effet un certain nombre de prisonniers, même avant sa transformation officielle en prison en 1787. Les détenus vivaient dans une solitude absolue, chacun dans sa cellule. Le port du masque était obligatoire durant la promenade. L'isolement était de rigueur même à l'intérieur de la chapelle, où les bancs étaient remplacés par des isoloirs en bois. L'incarcéré ne voyait que le prêtre qui, lui, avait toute possibilité de distinguer les visages. Autour du château, des pierres commémorent les suicides d'épouses de prisonniers.

■ **LA CATHEDRALE** ✆ **(01522) 544544.** *Entrée :£3,50/£3.* Elle date de 1192-1235, mais ses fondations remontent à 1072. Son histoire est retracée par les vitraux. On admirera les deux rosaces, le cloître, dont les voûtes en bois (XIIe siècle) sont parfaitement géométriques, et la salle du chapitre. Quelques très belles maisons normandes entourent la cathédrale.

■ **THE BISHOP'S OLD PALACE.** *Ouvert d'avril à fin septembre, de 10h à 13h et de 14h à 18h.* Vieux de 800 ans, ce véritable palais, demeure d'un évêque, fut sérieusement endommagé en 1536, durant la guerre civile. Cependant, se promener au milieu des ruines de ce bâtiments, avec vue sur la ville est plutôt agréable...

Le Nord

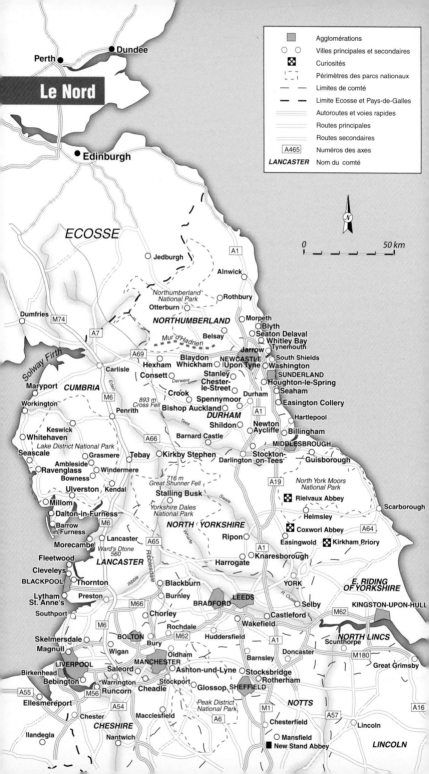

Le Nord

Cumbria, Lancashire, Merseyside, Greater Manchester, Yorkshire, Humberside, Northumberland, Durham, Cleveland, Tyne and Wear. Le Nord a joué un rôle stratégique dans l'histoire de l'Angleterre. Après l'invasion romaine et l'établissement de la Pax Romana, la région a subi les assauts saxons et vikings. Puis, par la suite, la rébellion écossaise a souvent poussé les Calédoniens à s'aventurer de ce côté de la frontière. La paix étant revenue, les randonnées le long des côtes abîmées et découpées ne sont plus un périple périlleux. Les cathédrales de York et de Durham enchantent et ajoutent un peu d'attrait à un Nord souvent délaissé par les touristes. Les lacs qui entourent le Lancashire offrent une part de magie et de douceur tandis que le Yorkshire et l'Humberside exposent fièrement leurs vallées et autres landes sauvages.

■ YORK ■

Agglomération de 181 100 âmes, York est l'une des plus belles cités médiévales d'Angleterre. Encerclée de remparts qui datent de l'époque romaine, la ville intramuros n'a pas été défigurée par les constructions modernes ou les centres commerciaux. Il reste encore de nombreuses petites échoppes qui s'intègrent parfaitement à l'architecture à colombage des habitations et l'étroitesse des rues. La ville a connu quatre grandes influences : tout d'abord, les Romains ont bâti une cité importante que les Saxons ont su entretenir ensuite. Puis, les Vikings en ont fait leur capitale (Jorvik), détruite en grande partie lors d'un incendie dévastateur. Ce fut l'occasion pour les Normands de rebâtir la ville à leur goût et de la promouvoir au septième rang d'importance des cités du royaume. Quelques maisons géorgiennes sont venues s'inscrire dans le paysage avec beaucoup de discrétion ainsi que la très belle gare de style victorien. S'élevant au-dessus du monde yorkais, la cathédrale Minster veille, forte et fière de ses trois tours, filtrant la lumière du jour à travers les plus beaux vitraux médiévaux de Grande-Bretagne. Mais York est aussi une ville moderne qui combine son fantastique héritage historique avec nombre de boutiques, bars, restaurants, le tout dans le respect de son architecture. Ainsi, les deux principales artères commerciales du centre-ville suivent encore le même tracé qu'il y a 2 000 ans, lorsqu'elles menaient alors au quartier général romain, situé à l'endroit où s'élève aujourd'hui la cathédrale. York a une personnalité très forte, peut-être justement grâce à ses différents fondateurs. Celle-ci se découvre en arpentant les ruelles étroites de la ville, ses passages et ses impasses, qui aboutissent souvent à de petites cours entourées de maisons que vous trouverez d'autant plus belles qu'elles sont cachées et offrent le plaisir de la découverte.

Transports

■ **CAR.** Des services de bus relient York à la plupart des villes de Grande-Bretagne. Ceux-ci partent et arrivent devant la gare. Renseignements : National Express ✆ 44 (0) 121 423 84 79.

■ **BUS LOCAUX :** First York ✆ (01904) 622 992 – www.firstyork.co.uk

---

Les immmanquables du Nord

▷ **Manchester :** avec ses nombreux musées de qualité, sa vie nocturne bouillonnante, Manchester est l'une des villes les plus dynamiques du Royaume-Uni.

▷ **Liverpool :** promenez-vous sur les bords de la Mersey, marchez sur les traces des Beatles…

▷ **York,** magnifique cité médiévale extrêmement bien conservée.

▷ **Cumbria :** faites du bateau sur les lacs, des randonnées en montagne dans l'une des plus belles régions de Grande-Bretagne.

▷ **Randonnée le long du mur d'Hadrien,** ancienne délimitation de l'Empire romain.

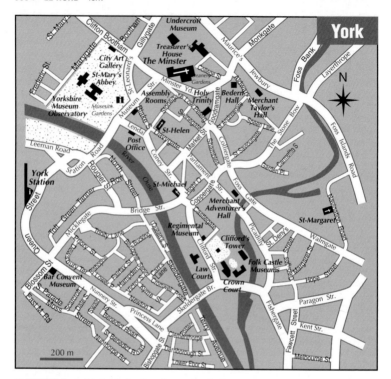

■ **TRAINS.** Le trajet depuis Londres dure moins de 2h, avec un train toutes les demi-heures. Il existe également des lignes qui relient York à Edinburgh, Glasgow, Birmingham, Leeds, Manchester, Liverpool, Newcastl, Nottingham. National Rail ✆ 0845 748 49 50 (informations).

■ **GARE :** Station Road.

■ **VOITURE.** York se situe à environ 300 km de Londres et d'Edinburgh et 35 km de Leeds.

Pratique

▶ **Indicatif téléphonique :** 01904.

■ **OFFICE DU TOURISME. The Degrey Rooms, Exhibition Square** ✆ **(01904) 621756 – www. visityork.org** – Bureau privé dans la gare, plus petit et moins documenté.

■ **BANQUES.** Lloyd's, Barclay's, TSB : Saint Helen Square. National Westminster : Coney Street.

■ **POLICE. Fulford Road** ✆ (01904) 631321.

Hébergement

Il est tout à fait aisé de se loger très convenablement à York, et ce, à des prix raisonnables. Attention cependant, en été, il est préférable de réserver pour éviter les mauvaises surprises.

■ **YORK INTERNATIONAL YH. Water End, Clifton** ✆ **(01904) 653147 – Fax : (01904) 651230.** *Prix : £18,50; moins de 18 ans : £13,50. Ouverte toute l'année.* Principalement des dortoirs pour 4 personnes. Préférable de réserver, c'est souvent complet.

■ **YORK BACK PACKERS. 88-90 Micklegate** ✆ **(01904) 627720.** Une auberge de jeunesse plutôt sympa avec accès internet et un bar ouvert jusqu'à 1h.

■ **THE BECKETT GUESTHOUSE. 58 Bootham Crescent** ✆ **(01904) 644728.** *Chambre simple entre £25 et £35, double de £50 à £65.* La plupart des chambres ont une douche.

■ **ORCHARD COURT HOTEL. 4 Street Peter's Grove** ✆ **(01904) 653964.** *Comptez à partir de £40 par personne en chambre double.* Un hôtel victorien, briques rouges et toits pointus, à dix minutes à pied de la cathédrale. On peut se garer dans la cour devant l'hôtel. Un gazon pimpant complète le tableau. Huit chambres sur onze sont pourvues de salles de bains privées.

■ **RIVERSIDE WALK HOTEL. 9 Earlsborough Terrace, Marygate** ✆ **(01904) 620769.** *Chambre simple avec salle de bains privée pour environ £30, double avec salle de bains privée de £42 à £55.* Au bord de la rivière, à 3 minutes du centre-ville. Les canards sont de bonne compagnie. Leurs querelles sont soudaines mais de courte durée !

Restaurants

■ **KINGS'MANOR. Ecole d'architecture.** *Déjeuner pour £4 ou £5. Fermeture à 15h. A côté du York City Gallery. Un peu difficile à trouver.* Le collège date de 1280, le réfectoire du XVIIe siècle, mais le mobilier des années 1970. Un curieux mélange ! Le libre-service accueille les étudiants et les visiteurs dans une ambiance informelle. La population est assez jeune, surtout en période scolaire.

■ **SIR WILLIAM COLLEGE. Exhibition Square.** On peut déjeuner ou prendre son afternoon tea. D'un côté la cathédrale, de l'autre un musée d'objets cultuels. Les bâtiments datent de 1465 et la cour est pleine de charme.

■ **RUSSELL'S RESTAURANT. 34 Stonegate** ✆ **(01904) 641432 (ou 24 Coppergate** ✆ **(01904) 641430).** *Dans les deux établissements, compter £15.* A Stonegate, le restaurant offre une harmonie de gris et de blanc, dans un genre géorgien, avec de la moquette et des banquettes profondes à dossiers si hauts qu'on se croirait dans un cabinet particulier. Intimité garantie, miroirs fumés, l'ambiance est très smart. Dans Coppergate, en revanche, les briques rouges, le plancher et la cheminée créent une atmosphère plus sportswear. La cuisine est traditionnelle. On appréciera le chariot de hors-d'œuvre abondamment garni. Pour déjeuner aussi bien que pour dîner.

■ **THE EARL GREY TEA ROOM. 13-14 The Shambles (anciennement quartier des bouchers, l'une des rues les plus typiques d'York)** ✆ **(01904) 654353.** Le High Tea, composé de sandwichs, de scones et de thé, coûte environ £5,5. Boiseries, rideaux fleuris, serveuses en tablier blanc coiffées de dentelles : rien ne manque au décor.

■ **BETTY'S. A l'angle de Davy Gate et de St Helen Square** ✆ **(01904) 659142.** Un endroit très populaire pour prendre un afternoon tea. Excellent mais un peu cher. Cependant, l'établissement ne désemplit pas. Chacun y a ses habitudes, sa table. Les serveuses connaissent les clients par leur nom et se font fort de se souvenir de leur gâteau favori.

■ **CAFE CONCERTO. 21 High Petergate** ✆ **(01904) 610478.** Des gâteaux, des cafés (à l'italienne), des menus rapides (mais délicieux) dans une ambiance très sympa et un joli décor. Une bonne adresse.

Sortir

■ **GATEWAY INTERNET CAFE. 26 Swinegate** ✆ **(01904) 646446.** *Prix : £3 l'heure de connexion, £1,25 le quart d'heure.* Pour ceux qui veulent lire le journal ou envoyer un e-mail en prenant une soupe, un sandwich ou un café.

■ **SPOTTED COW HOTEL** ✆ **(01904) 651325. Barbican Road.** Concerts régulièrement.

■ **YORK THEATRE ROYAL. St Leonard's Place** ✆ **(01904) 623568 – www.yorktheatreroyal.co.uk –** Les tournées nationales alternent avec les productions locales.

■ **L'UNIVERSITE D'YORK.** Propose des concerts de musique de chambre tout au long de l'année.

■ **BARBICAN CENTER** ✆ **(01904) 630266.** Musique (jazz, symphonique…), one man shows, spectacles pour enfants. Ce complexe multiactivités comprend également un centre sportif : piscine, aérobic, ping-pong, badminton…

■ **YORK MUSICAL SOCIETY.** Fondée en 1765, elle propose des séries de concerts, en particulier à la cathédrale. Se renseigner à l'office du tourisme.

■ **YORK FILM THEATRE. Central Hall, University of York. CITY SCREEN. Andersen Hall, Yorkshire Museum, Museum Gardens.** Pour ces deux cinémas, les programmes sont établis dans un souci de qualité culturelle (nombreux films français). Les salles sont très fréquentées et il est bon de savoir que l'on peut acheter son billet à l'avance.

▶ *Artscene :* pour en savoir plus sur la vie culturelle d'York et de sa région, un mensuel gratuit, mais très informé, à se procurer à l'Office du tourisme.

Manifestations

▶ **York Early Music Festival : en juillet.** Festival de musique. A voir aussi les « York Mystery Plays » en nouvelle version, qui se jouent désormais dans les ruines de l'abbaye St Mary ou au York Royal Theatre (www.yorkmysteryplays.org).

Points d'intérêt

■ **LA CATHÉDRALE « York Minster »** ✆ **(01904) 557216 – www.yorkminster.org –** *Ouvert du lundi au samedi de 7h à 16h30 et de 17h30 à 18h30 et le dimanche de 12h à 15h45 et de 16h30 à 18h30. La crypte et le trésor ferment à 17h. Ces horaires sont cependant susceptibles de varier en fonction des offices. Consulter le site Internet pour plus de précision. Entrée : Minster : adulte £5 et gratuit pour les enfants de moins de 16 ans. Sous-sols, trésor et crypte : adulte £3,50, enfant : £2, Tour : adulte : £3, enfant £1.* La cathédrale de York est l'une des plus grandes cathédrales gothiques d'Europe. La construction de la cathédrale actuelle, commença en 1220. L'archevêque de York décida de reconstruire la cathédrale de sa ville, jusque-là de style normand, pour la remplacer par un édifice de gothique afin de rivaliser avec la cathédrale de Canterbury. La construction se poursuivit jusqu'en 1472 et l'on peut y voir la présence des différents courants gothiques anglais ainsi que des influences françaises et les traces de son passé normand. Au cours des siècles, la cathédrale de York subit plusieurs incendies et dû être restaurée plusieurs fois. Elle n'en demeure pas moins une superbe construction, agrémentée de vitraux médiévaux, reconnus comme étant les plus beaux de Grande-Bretagne pour la période. Les deux tours carrées sont magnifiques. Des guides bénévoles font visiter la Minster et également la ville sur simple demande. Ils le font avec beaucoup de gentillesse, d'enthousiasme et de passion pour leur cité. Un élément de plus qui contribue à l'étonnante vitalité de la ville.

▶ **Undercroft.** Ne manquez pas de visiter les sous-sol de la cathédrale où des fouilles archéologiques ont mis au jour des vestiges qui retracent l'histoire de York Minster à travers les siècles. Procurez-vous un guide audio et laissez-vous guider, commentaires et bruitage à l'appui, à travers les ruines romaines, pans de murs de la cathédrale normande ou encore le trésor, issu des tombes des archevêques.

Guy Fawkes

En 1605, le catholique Guy Fawkes tenta, avec quelques autres conspirateurs, de faire sauter le roi James I et le Parlement, contre la politique protestante du roi. Ils réussirent à placer une trentaine de tonneaux de poudre dans une cave, mais le 5 novembre, avant l'ouverture du Parlement, la « conspiration des poudres » fut découverte et Guy Fawkes et ses complices furent exécutés pour trahison. Depuis, on fête le 5 novembre par des feux d'artifices et des feux de joie dans lesquels on brûle des pantins de paille à l'effigie de Guy Fawkes. Ces festivités peuvent prendre l'allure de grandes manifestations ouvertes à un large public, ou se dérouler plus modestement en famille ou entre amis, dans les jardins.

Cette fête est aussi appelée « nuit des feux de joie » ou « nuit des feux d'artifices ». Quelques jours avant le 5 novembre, les enfants promènent dans les rues de leur ville ou de leur village un pantin de paille qu'ils ont fabriqué, en demandant un « penny pour le Guy ». Cet argent sert à financer les festivités.

■ **JORVICK VIKING CENTER. 5-7 Coppergate walk (sur Castlegate)** ℭ **(01904) 543403.** *Ouvert tous les jours du 1er avril au 31 octobre de 10h à 17h et du 1er novembre au 31 mars de 9h à 16h. Entrée : £7,20 (adultes), £5,1 (enfant), £6,1 (étudiant). Commentaire en français.* Ouvert dans les années 80, le Viking Center a été l'un des premiers musées animés, mis en scène et en odeur. Situé sur un site archéologique où des vestiges de l'occupation de la ville par les Vikings furent découverts, des centaines d'objets de la vie quotidienne y sont exposés mais, ce qui distingue l'endroit d'un musée classique, c'est la présence de figurants qui recréent l'atmosphère qui régnait à York, il y a plus de 1 000 ans, quand la ville s'appelait Jorvick. Possibilité pour les enfants comme pour les adultes de se déguiser. Evidemment, il attire beaucoup de groupes scolaires.

■ **YORK CASTLE MUSEUM. Sur un coude de la rivière Foss** ℭ **(01904) 687687 – www. yorkcastlemuseum.org.uk** – *Ouvert tous les jours de 9h30 à 17h sauf les 25 et 26 décembre et le 1er janvier. Entrée : adulte £6, enfant £3,50.* Une reconstitution minutieuse de York au XIXe siècle, avec des rues entières bordées de leurs boutiques. Pour compléter ce voyage dans le temps, des intérieurs bourgeois et paysans, une exposition de cheminée… Un passionnant musée de la vie quotidienne. Seul reproche, la visite n'est pas très structurée : on passe d'un sujet à l'autre, voire d'une époque à l'autre, sans transition.

■ **FAIRFAX HOUSE. Sur Castlegate** ℭ **(01904) 655543.** *Ouvert du lundi au jeudi et le samedi de 11h à 17h (dernière entrée à 16h30) et le dimanche de 13h30 à 17h. Vendredi : visites guidées uniquement à 11h et 14h. Adultes : £4,50, enfant £2.* Construite en 1762, la maison est meublée d'époque et reflète parfaitement le raffinement et le sens du confort de l'ère géorgienne. La Maison des Fairfax est peut-être la plus belle demeure du XVIIIe siècle du nord de l'Angleterre. Elle fut dessinée par John Carr of York et présente un bel exemple de la décoration rococo du milieu du XVIIIe siècle. Elle abrite une superbe collection de meubles de style géorgien.

■ **MERCHANT ADVENTURERS'HALL. Fossgate** ℭ **(01904) 654818.** *Ouvert de mi-avril à octobre de 9h30 à 17h du lundi au jeudi, de 9h à 15h30 vendredi et samedi ; de 12h à 16h le dimanche et de novembre à mars de 9h30 à 15h30 du lundi au samedi. Entrée : £2,50 ; enfants : £1.* Il s'agit là d'un bel exemple de « palais » d'une corporation médiévale. Les origines de la compagnie des Merchant Adventurers remontent à 1357, lorsque Edouard III accorda à quelques marchands de York l'autorisation de fonder une corporation. Le hall fut construit entre 1357 et 1361. Les trois salles remplissait les trois fonctions des corporations médiévales : affaires (le Hall principal), charité (l'hôpital au sous-sol) et religion (la chapelle). La grande salle présente une charpente en bois de toute beauté, dont les poutres sont en chêne.

■ **YORK CITY ART GALLERY. Exhibition Square** ℭ **(01904) 687687 – www.york.art. museum** – *Ouvert tous les jours de 10h à 17h. Entrée gratuite.* Expose les œuvres variées de peintres anglais et européens à partir du XVIIe siècle, ainsi que de nombreux portraits de personnalités locales signés Van Dyck, Peter Lely… Une autre salle présente une collection d'œuvres de William Etty (1787-1849), le plus célèbre des peintres yorkais : des paysages du Yorkshire, mais aussi des copies d'œuvres de Rubens. Il fut le premier peintre anglais réputé à se spécialiser dans le nu. Egalement une salle consacrée à Albert Moore, autre peintre yorkais (1841-1893), l'un des grands artistes victoriens, très influencé par le préraphaélisme. Enfin, le musée abrite également de nombreuses poteries du mouvement « studio » qui au XXe siècle prônait un retour aux méthodes traditionnelles de poterie. Des expositions temporaires ont lieu régulièrement.

■ **NATIONAL RAILWAY MUSEUM. Leeman Road** ℭ **(01904) 621261 – www.nrm.org.uk** – *Ouvert tous les jours de 10h à 18h. Entrée gratuite sauf événements spéciaux.* Toute l'histoire des trains, depuis les premières locomotives jusqu'à l'Eurostar. Plus de 100 locomotives (du début du XIXe siècle à nos jours), des wagons de luxe, et plein d'autres objets relatifs aux chemins de fer sont exposés.

■ **CLIFFORD'S TOWER** ℭ **(01904) 646940.** *Ouvert tous les jours, de 10h à 18h d'avril à septembre, de 10h à 17h en octobre et de 10h à 16h de novembre à mars. Entrée : adulte £2,80 ; enfant £1,40.* La tour faisait partie d'un château construit par Guillaume le Conquérant en 1068. Elle fut reconstruite en pierre au XIIe siècle. Elle offre une très belle vue panoramique sur York et sa campagne.

■ **BALADE SUR LES REMPARTS.** Une promenade sur les remparts donne un excellent aperçu de la ville. Montez sur les remparts en empruntant les escaliers qui se situent à Bootham Bar (près de l'office du tourisme). Suivez alors les murs jusqu'à Monk Bar. Vous aurez de là une superbe vue sur la cathédrale, dominant toutes les autres bâtisses qui semblent infiniment petites. Les murs de briques rouges font ressortir la pierre blanc rosé de la Minster.

▶ **Il faut se promener** dans College Street, the Shambles, des rues vieilles comme la ville. Si les murs ont des oreilles, n'ont-ils pas la parole pour nous raconter les histoires dont ils ont été témoins ? Une autre promenade, plus bucolique, longe la rivière en passant par les jardins du Yorkshire Museum, où des paons évoluent en liberté.

■ **GHOST WALK.** *Départ tous les soirs à 19h30 depuis The Shambles. Adulte £4 ; enfant £2.* Visite guidée sur les traces des fantômes de la ville.

Shopping

■ **DROOPY & BROWN'S. 20 Stonegate** ✆ **(01904) 621458.** Des tenues de soirée, créations maison, très sophistiquées et très anglaises.

■ **ANDREA BRAMBRIDGE. 64 Goodramgate, Wedding Gowns** ✆ **(01904) 640046.** Autre styliste locale, Andrea Brambridge s'est spécialisée dans la robe de mariée et tous ses accessoires. Des tenues d'inspiration victorienne, des tissus épais et qui se tiennent bien.

■ **WATERSTONE. 28-29, High Ousegate** ✆ **(01904) 628740.** Excellente librairie, avec un important rayon de science-fiction à l'anglaise, chevaliers et dragons.

■ LEEDS ■

715 000 habitants. Leeds est une grande ville au style victorien désormais connue pour ses manufactures de vêtements (même si ce commerce est aujourd'hui mourant). Les magasins et centres commerciaux empruntés par des zones piétonnes attirent de plus en plus la population du nord de l'Angleterre. Et la population estudiantine de Leeds en fait une ville vivante, avec de nombreux bars toujours très animés. De plus, de nombreux bâtiments victoriens ont été rénovés dans le centre-ville et ajoutent à l'attrait touristique de la ville.

Transports

■ **AEROPORT INTERNATIONAL DE LEEDS BRADFORD.** Vols nationaux et internationaux. A 12 km environ de Leeds ✆ (0113) 2509696.

■ **BUS.** La compagnie National Express relie Leeds à la plupart des grandes villes du pays. Compter 4h30 depuis Londres, 1h depuis Manchester.

■ **LEEDS BUS STATION.** New York Street. Compagnie de bus locaux : First Leeds ✆ (0113) 2451601.

■ **METRO.** Informations et horaires ✆ (0113) 2457676.

Pratique

▶ **Indicatif téléphonique :** 0113.

■ **OFFICE DU TOURISME.** The Arcade, Leeds City Station ✆ (0113) 2425242. *Ouvert du lundi au samedi de 9h à 17h30 et le dimanche de 10h à 16h.*

Hébergement

■ **CENTRAL HOTEL. 35-47 New Briggate** ✆ **(0113) 294 1456 – Fax : (0113) 294 1551.** *A partir de £40 la chambre simple avec petit-déjeuner.* Petit hôtel familial situé dans le centre-ville.

Sortir

■ **LEEDS GRAND THEATRE & OPERA HOUSE** ✆ **(0113) 2456014.** Propose des spectacles pour tous les goûts. En été, concerts en plein air (opéra, pop, ballet, jazz). Boar Lane et Call Lane sont les rues principales des pubs.

Points d'intérêt

■ **ROYAL ARMOURIES. Armouries Road** ✆ **(0113) 220 1999 – www.armouries.org.uk –** *Ouvert tous les jours de 10h à 17h. Entrée libre.* Cette imposante citadelle, située au bord du fleuve, présente sur quatre étages des expositions sur les thèmes de la guerre, les tournois, la chasse, la défense et les armes d'Orient.

■ **TOWER OF STEEL.** Cette tour haute de 30 m a été spécialement conçue pour abriter le musée des Armureries royales. Une exposition interactive et passionnante où l'on découvre la place des armes dans l'histoire. Tournois et joutes sont organisés à l'extérieur par des figurants.

■ **TETLEY'S BREWERY WHARF.** C'est toute l'histoire du pub à travers les âges que l'on vous raconte ici, depuis le XIV⁰ siècle.

■ **KIRKSTALL ABBEY** ℭ **(0113) 2305492.** *A 3 km du centre-ville.* Une belle ruine monastique du XII⁰ siècle.

Shopping

■ **VICTORIA QUARTER – www.vqleeds.com –** *Ouvert du lundi au samedi de 9h à 18h, et de 9h à 17h le dimanche.* Magnifique galerie couverte remplie de restaurants et de magasins élégants de créateurs anglais : Harvey Nichols, Vivienne Westwood…

■ **KIRKGATE MARKET.** *Ouvert 6 jours dans la semaine de 9h à 18h (excepté le mercredi où le marché se termine à midi).* Le plus grand marché couvert de Grande-Bretagne ouvert du lundi au samedi. Plus de 800 commerçants vous proposent du matériel hi-fi, de la bijouterie, des équipements électriques, ou encore des plats venant des quatre coins du monde ! Cependant les lundis sont réservés au marché de vêtements et le week-end aux antiquités.

■ **GRANARY WHARF – www.granary-wharf.co.uk –** Artisanat le long du canal (sous le pont situé près de la station de trains) dans une zone très animée le week-end et les jours fériés par le « festival market ». Vous trouverez, entre autres, des instruments de musique ou encore des objets venant du monde entier.

■ **CORN EXCHANGE** ℭ **(0113) 234 0363 – www.leeds-uk.com/corn_exchange/.** *Ouvert toute la semaine.* Plus de 50 boutiques, style hippy dominant.

■ MANCHESTER ■

875 000 habitants. Manchester a encore trop souvent l'image grisâtre d'une ville industrielle britannique, mais Manchester est, sans aucun doute, aujourd'hui devenue la ville la plus dynamique du Royaume-Uni après Londres. Cependant, Manchester est bien plus qu'un « mini Londres ». La ville a son caractère bien à elle et possède de nombreux attraits : une architecture avant-gardiste et grandiose, de nombreuses attractions culturelles, plein de magasins branchés, une atmosphère cosmopolite et conviviale et une vie nocturne des plus animées. Preuve qu'il y fait bon vivre, les Universités de Manchester sont celles qui reçoivent le plus de candidatures au Royaume-Uni et la ville abrite près de 100 000 étudiants. Tout cela en fait une destination de choix pour un week-end relax, entre culture et vie nocturne.

Histoire

Manchester existait déjà à l'époque romaine. Une large garnison y était établie et sept routes convergeaient au fort, soit plus que n'importe où ailleurs dans le nord de l'Angleterre. Mais, lorsque les Romains quittèrent le pays, Manchester fut quasiment désertée et ce, pendant plusieurs siècles. Cependant, au Moyen Age, la cité se reforma et s'étendit lentement. Mais c'est avec l'arrivée de tisserands flamands au XIV⁰ siècle que Manchester commença réellement à se développer grâce à la production de laine et de lin. C'est au XVII⁰ siècle que commença l'importation du coton, dont le commerce fit la prospérité de la ville. Son développement s'accéléra encore au siècle suivant avec la construction de canaux par lesquels était acheminé le charbon.

Le 16 août 1819, 60 000 ouvriers se rassemblent sur St Peter Fields pour réclamer le droit de vote pour tous et protester contre l'augmentation du prix du pain. Alors qu'il s'agit d'une manifestation pacifiste, l'armée charge. Onze personnes sont tuées et des centaines d'autres blessées. Le drame fut surnommé « massacre de Peterloo » en référence à la bataille de Waterloo qui avait eu lieu quatre ans auparavant.

En 1894, un canal entre Liverpool et Manchester donne à cette dernière un accès direct à la mer. C'est également à cette époque que sont inventées de nouvelles machines permettant une production plus large. Manchester, surnommée « Cottonopolis », est alors vraiment prospère. La ville grandit et sa population augmente à une vitesse fulgurante. Mais pour les milliers d'ouvriers qui travaillent dans les filatures, la vie est ardue.

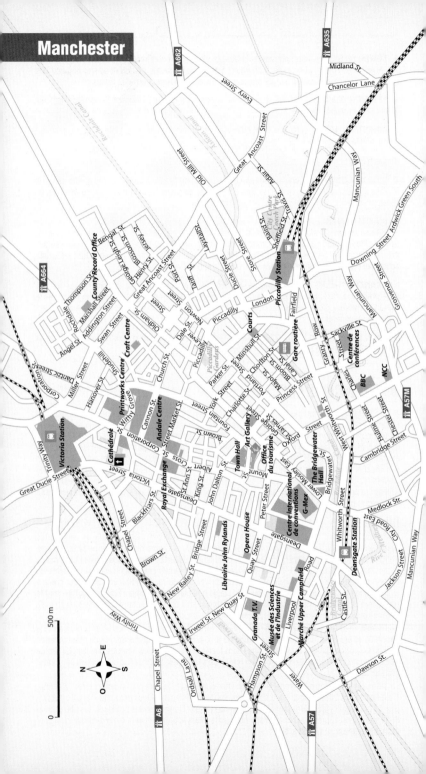

Ils vivent entassés dans des quartiers surpeuplés et insalubres et sont soumis à des conditions de travail déplorables. Engels, qui vécut 22 ans à Manchester et y observa la classe ouvrière, décrivit ces pénibles conditions de vie dans *La situation de la classe laborieuse en Angleterre.*

Dès la fin du XIXe siècle, la croissance de la ville ralentit, celle-ci devant faire face à la concurrence d'autres villes européennes et américaines. Au XXe siècle, Manchester plonge dans une grande période de récession. Les industries ferment leur portes, le chômage monte en flèche.

Mais, malgré cette difficile période de récession et ses apparences de ville industrielle délabrée, Manchester parvint à se maintenir comme un important centre financier et à développer une vie culturelle variée.

Après un terrible attentat de l'IRA en 1996 qui pulvérisa une grande partie du centre commercial (et qui miraculeusement ne fit aucune victime), et plutôt que d'essayer de recoller les morceaux tant bien que mal, Manchester entreprit un important programme de rénovation et de développement urbain. Aujourd'hui, la ville a enfin retrouvé son éclat et est devenue l'une des destinations touristiques les plus prisées de Grande-Bretagne.

Transports

Comment s'y rendre ?

■ **MANCHESTER AIRPORT** ✆ **(0161) 489 3000.** Le plus grand aéroport britannique en dehors de Londres. Vols nationaux et internationaux. A 10 miles au sud de la ville. Des trains et des bus relient l'aéroport au centre-ville.

■ **TRAIN. Il y a deux gares à Manchester : Piccadilly et Victoria.** La plupart des trains pour les grandes villes du pays partent de Piccadilly. Train toutes les demi-heures pour Liverpool et Blackpool et au moins 6 trains par jour pour Londres et Glasgow.

■ **GARE ROUTIÈRE. Chorlton Street.** National Express dessert la plupart des grandes villes du pays. Bus toutes les heures pour Liverpool (£5,50, 1h) et Leeds (£7). Nombreux départs quotidiens pour Londres (£19, 5h).

Se déplacer

Manchester est bien desservie par les transports en commun.

■ **BUS :** il existe même deux services de bus gratuits, répartis sur deux routes, qui couvrent une grande partie du centre-ville. Les bus passent toutes les cinq à dix minutes. Vous trouverez une carte de leur itinéraire à l'office de tourisme.

La plupart des autres bus partent de Piccadilly Gardens. Egalement des bus de nuit les vendredis et samedis.

■ **METROLINK.** Le tram est un moyen de transport très pratique qui vous permettra d'accéder aux principales attractions touristiques du centre-ville ainsi qu'aux Quays. N'oubliez pas d'acheter votre billet avant d'embarquer à l'une des machines situées sur le quai. Un aller simple dans le centre coûte £0,60 et £1,70 jusqu'aux Quays.

■ **INFO TRANSPORTS :** GMPTE ✆ (0161) 228 78 11 – www.gmpte.com

■ **TAXIS.** Black cabs ✆ (0161) 230 3333 ; mini-cabs ✆ (0161) 236 9974 / (0161) 8811011 / (0161) 8813304.

■ **VISITES EN BUS. www.city-sightseeing.com** – *Adultes £6, enfant £3.* De mai à septembre, un minibus part de Peter Street (près de la Bibliothèque centrale) pour une visite commentée d'1h15. Vous pouvez descendre et monter sur les bus qui suivent le circuit à votre guise pendant 24h.

Location de voitures

■ **AVIS.** 1 Ducie Street ✆ (0161) 2366716.

■ **EUROPCAR.** Stockport Road ✆ (0161) 4320664.

■ **HERTZ.** 31 Aytoun Street ✆ (0161) 2362747.

Pratique

▶ **Indicatif téléphonique :** 0161.

■ **OFFICE DU TOURISME. Town Hall Extension, Lloyd Street** ✆ **(0161) 234 3157 – www. visitmanchester.com** – *Ouvert tous les jours du lundi au samedi de 10h à 17h30 et le dimanche de 10h30 à 16h.* Informations notamment sur les différentes visites guidées en ville.

■ **SUPERMARCHES.** Safeway. Shambles Square ; Spar, 2 Oxford Road ; Tesco. 58 Market Street.

■ **BANQUES.** Barclay's et Lloyd's dans Picadilly et Mosley Street, Midland dans Cross Street et King Street.

■ **PHARMACIE. Cameolord, 7 Oxford Street** ✆ (0161) 2361445. *Ouvert tous les jours de 8h à 00h.*

■ **HOPITAL. Manchester Royal Eye Hospital, Oxford Road** ✆ (0161) 2765526.

■ **POLICE. Bootle Street Station** ✆ (0161) 8725050.

■ **POSTES PRINCIPALES.** 26 Spring Gardens, 21 Brazennose Street, 63 Newton Street.

■ **INTERNET.** Easy Everything. 8-10, Exchange Street ; Internet Exchange. 1-3 Piccadilly (au-dessus du Café Republic).

Hébergement

Auberges de jeunesse

■ **YOUTH HOSTEL. Potato Wharf, Castlefield** ✆ **(0161) 8399960 – Fax : (0161) 835 2054 – manchester@yha.org.uk** – *Prix pour une nuit en dortoir, adulte : £20,50 ; moins de 18 ans : £15,50. Ouvert 24h/24h.* A proximité du centre. Dortoirs de 4 et 6 lits, bien entretenus, tous avec salle de bains attenante.

■ **HATTERS. 50, Newton Street** ✆ **(0161) 236 9500 – Fax : (0161) 236 8600.** *A partir de £15 par personne.* Situé au cœur du Nothern Quarter, Hatters est une excellente auberge de jeunesse indépen-dante. Propre, moderne et atmosphère super sympa. Toast et café gratuit toute la journée.

■ **MANCHESTER BACKPACKER'S HOSTEL. 64, Cromwell Road** ✆ **(0161) 865 9296 – manchester@hattersgroup.com** – Situé à proximité du stade de Manchester United et du Lowry. Un peu excentré mais il est possible de marcher jusqu'au centre (environ 3 km) et l'endroit est bien desservi par les transports en commun. Dortoirs et quelques chambres doubles.

Bien et pas cher

■ **WILMSLOW HOTEL. 356 Wilmslow Road, Fallowfield** ✆ **(0161) 2253030 – Fax : (0161) 2572854.** *Carte Bleue et traveller acceptés. Single à partir de £25, double à partir de £35 ; triple à partir de £58.* Bar, salon, restaurant le soir, parking. Breakfast continental.

■ **MONROES HOTEL. 38 London Road** ✆ **(0161) 236 0564.** *Chambre à partir de £35.* Un petit hotel familial situé au-dessus d'un pub, à Piccadilly et donc en plein centre-ville et à quelques mètres de tous les transports en commun.

■ **MITRE HOTEL. Cathedral Gates.** *Chambres à partir de £30.* Un charmant hotel situé au centre-ville, au-dessus d'un pub, près de la gare Victoria. Les chambres sont grandes (et la plupart ont une salle de bains) mais auraient certainement besoin d'être un peu rafraîchies.

Confort ou charme

■ **CASTELFIELD HOTEL. 3, Liverpool road** ✆ **(0161) 832 7073.** *Single : £84 (£55 le week-end), double £90 (£65 le week-end).* Un hôtel moderne, situé au centre-ville. Chambres avec salle de bains, TV, radio, accès Internet.

■ **PRINCESS. 101, Portland Street** ✆ **(0161) 236 5122 – Fax : (0161) 236 4468.** *Chambres à partir de £65.* Un hôtel 3-étoiles situé au centre-ville. Princess offre un bon rapport qualité-prix, et est situé à proximité de nombreux bars et du quartier gay. Toutes les chambres sont équipées d'une salle de bains et de la TV.

Luxe

■ **THE LOWRY. 50, Dearmans Place, Chapel Wharf** ✆ **(0161) 827 4000 – Fax : (0161) 827 4001 – www.thelowryhotel.com –** *Single : à partir de £205, double : à partir de £230.* Ouvert en 2001, The Lowry est le premier hôtel 5-étoiles de Manchester. Si vous pouvez vous le permettre, cet hôtel de luxe, au design moderne et stylé, vaut vraiment le détour. Toutes les chambres ont une salle de bains en marbre et sont équipées de TV, téléphone, accès Internet, lecteur CD, minibar. Egalement des chambres de luxe et des suites. L'hôtel abrite également un centre de fitness et de remise en forme et un restaurant. Tout pour votre confort qu'il s'agisse d'un séjour pour affaires ou en amoureux.

Restaurants

Manchester étant une ville très cosmopolite, elle offre des restaurants de toutes nationalités.

Les deux endroits les plus concentrés en restaurants sont Chinatown (le midi, on y mange pour trois fois rien) et, plus au sud, à proximité de l'université, Rusholme, surnommé « curry mile » pour les nombreux resaturants indiens qui s'y trouvent.

■ **YANG SING. 34, Princess Street** ✆ **(0161) 236 2200.** Excellente cuisine cantonaise. Certainement un des meilleurs restaurants du quartier.

■ **NEW HONG KONG.** Cuisine simple mais bonne à des prix raisonnables. Le midi en semaine, tous les dim sum sont à moitié prix.

■ **DARBAR. 65-67, Wilmslow road** ✆ **(0161) 224 4394.** Très bonne cuisine indienne. Ne sert pas d'alcool mais vous pouvez amener votre propre bouteille.

■ **SANAM SWEET HOUSE. 145, Wilmslow road** ✆ **(0161) 224 3852.** Un restaurant indien ainsi qu'une pâtisserie très réputée. Cuisine simple mais bonne. Ne sert pas d'alcool mais on apporte sa bouteille.

■ **CAFÉ ISTANBUL. 79 Bridge Street** ✆ **(0161) 833 9942.** Un restaurant familial turc, une très bonne cuisine à des prix raisonnables.

■ **CHOICE. Castle Quay** ✆ **(0161) 833 3400 – www.choicebarandrestaurant.co.uk –** *Plats principaux entre £13 et £18.* Cuisine moderne. Egalement un bar lounge agréable avec un piano.

■ **LE MONT URBIS. Cathedral Gardens** ✆ **(0161) 605 8282.** *Ouvert du lundi au vendredi de 12h à 14h30 et du lundi au samedi de 19h à 22h30. Plats principaux entre £22 et £30. Menu à £17,50 le midi (2 plats) et à £26,50 le soir (3 plats).* Le « top » restaurant de la ville. Situé au sommet du centre d'art Urbis, il offre une très belle vue ainsi qu'une cuisine française moderne excellente et inventive.

Cafés

■ **CAFÉ MITRE. Cathedral Gates** ✆ **(0161) 834 4128.** Un café au cadre agréable et un service très sympa. Sandwiches bon marché et d'autres plats un peu plus sophistiqués.

■ **EARTH. 16-20 Turner Street** ✆ **(0161) 834 1996 – www.earthcafe.co.uk –** *Ouvert du mardi au samedi de 10h à 17h.* Ce café végétarien fait partie du centre bouddhiste de Manchestre. Calme, sérénité mais également très bonne cuisine, sont les mots d'ordre de l'endroit. Excellents jus de fruits.

■ **LOVE SAVES THE DAY. 46-50 Oldham Street** ✆ **(0161) 832 0777 – Fax : (0161) 834 1144 – service@lovesavestheday.com –** *Ouvert du lundi au samedi de 8h à 19h et le dimanche de 10h30 à 16h30.* Un des cafés les plus populaires du Nothern Quarter. Il a récemment déménagé dans un nouveau bâtiment à quelques pas de l'ancien, pour plus d'espace et un cadre plus agréable qu'avant. Produits de qualité et très bon café. Egalement un traiteur.

Sortir

Pubs

■ **THE OLD WELLINGTON INN. 4, Cathedral Gates** ✆ **(0161) 830 1440.** Un des plus vieux pubs de la ville. Il fut ouvert en 1530 et, bien que déplacé, il est toujours debout après avoir souffert des bombardements de la Seconde Guerre Mondiale et de l'attentat de 1996. La tradition veut que l'on y mange des huîtres (autrefois un plat du pauvre) accompagnée de bière.

■ **LASS O'GOWRIE BREWHOUSE. 36, Charles Street.** Un pub très populaire parmi les étudiants et les gens des médias. Grand choix de bières dont plusieurs brassées sur place.

■ **DUKES 92. 2, Castle Street** ✆ **(0161) 839 8646 – www.dukes92.com** – Situé en bordure de canal, dans une ancienne écurie qui abritait les chevaux de halage, Dukes 92 est un des pubs les plus populaires de Manchester, particulièrement en été.

■ **MARBLE BAR. 73 Rochdale Road.** Un pub victorien traditionnel qui compte une collection impressionnante de bières. Egalement des bières bio brassées sur place.

■ **PEVERIL OF THE PEAK. 127, Great Bridgewater Street** ✆ **(0161) 236 6364.** Un beau pub, à l'atmosphère très conviviale. Billard et baby-foot.

Bars

■ **DRY 201. 28, Oldham Street.** *Ouvert jusqu'à 2h.* Bar typique du Nothern Quarter à l'atmosphère bohème-branchée. Il semblerait cependant que certains clients soient parfois un peu agressifs et nuisent à l'atmosphère généralement plutôt « chill out ». DJ les week-ends.

■ **CENTRO. Tib Street** ✆ **(0161) 835 2863.** Excellente atmosphère, un peu bobo. Très bonne bière.

■ **BLUU. Smithfield Market Buildings. Thomas Street.** Ouvert en 2004, à l'emplacement d'un ancien marché au poissons, Bluu est rapidement devenu l'un des bars les plus populaires du quartier et certainement l'un des meilleurs. C'est là que se retrouve une foule jeune et branchée mais pas m'as-tu-vu pour un sou. Très bonne ambiance, personnel super sympa et plein de cocktails. Egalement un restaurant.

■ **VIA FOSSA. 28-30 Canal Street** ✆ **(0161) 237 97 25.** *Ouvert du lundi au mercredi de 11h à 00h, jeudi de 11h à 1h, vendredi et samedi de 11h à 2h et dimanche de 11h à 22h30.* Situé au cœur du quartier gay, Via Fossa est un bar très large, divisé en trois salles, qui a pourtant réussi à conserver un caractère « cosy ». Il y a toujours de l'ambiance, surtout le week-end où ça devient souvent bondé. La clientèle est mixte.

▶ **Egalement de nombreux bars en dessous des arcades de Deansgate.** L'endroit est fréquenté par une clientèle jeune et sophistiquée ainsi que de nombreux footballeurs (attention, certains de ces bars n'acceptent pas les baskets, voire les jeans). Les prix sont plutôt élevés.

■ **SUGAR LOUNGE. Arch 12 Deansgate Locks, Whitworth Street West. Loaf. 3a & 5 Deansgate Locks, Witworth Street West.**

Clubs

■ **SOUTH. King Street** ✆ **(0161) 831 7756.** *Ouvert jusque 2h. Entrée £6.* Très sympa. House, funk, retro.

■ **NORTH. Tib Street** ✆ **(0161) 839 1989.** *Ouvert jusque 3h. Entrée : environ £10.* Un petit club, plutôt underground. Très bonne musique house (généralement plutôt hard) et trance. Pour vrais clubbeurs.

■ **SANKEY'S SOAKS. Beehive Mill Jersey Street. Ancoats** ✆ **(0161) 661 9085.** *Ouvert jusque 3h. Entrée : £6.* Sankey's Soaks est situé au milieu d'une zone industrielle. Un des meilleurs clubs du pays. La musique (techno, house) est excellente.

■ **THE VENUE. Whitworth St West** ✆ **(0161) 236 0026.** *Ouvert jusque 2h. Entrée : £5.* Indie/rock/dance. Un club très populaire parmi les étudiants. Consos bon marché.

■ **THE BRICKHOUSE. Arch 66, Whitworth Street West** ✆ **(0161) 236 4418.** *Ouvert jusque 2h30. Entrée £5.* Discothèques très fréquentées par les jeunes et les étudiants (consos pas chères). Musique dance et 80's.

Gay

Manchester est la ville britannique qui compte la plus importante communauté gay en dehors de Londres. Le gay and lesbian village se situent autour de Princess Street. C'est un quartier très animé et il y en a vraiment pour tous les goûts.

■ **BAR 38. 38, Canal Street** ✆ **(0161) 236 6005.** *Ouvert tous les jours de 2h à 1h (2h vendredi et samedi).* Un bar très populaire, situé au cœur du quartier gay. Bar 38 attire une clientèle mixte, aussi bien au niveau de l'âge que du sexe et de l'orientation sexuelle. Mais le service de sécurité à l'entrée essaie cependant de toujours maintenir une majorité de gays, surtout le week-end. L'ambiance est sympa et la musique généralement plutôt bonne. DJ du jeudi au dimanche. Ils servent également à manger.

■ **SPIRIT. 63, Richmond street (sur Canal Street)** ✆ **(0161) 237 9725.** *Ouvert lundi de 14h à 00h, mardi et mercredi de 12h à 12h30, du jeudi au samedi de 12h à 2h et dimanche de 12h à 0h30.* Un des bars les plus modernes et les plus sympas du quartier. La clientèle est plutôt jeune, branchée et majoritairement gay. Plutôt calme la journée, l'ambiance s'électrise le soir et le dance floor se remplit de jolies paires de fesses qui se trémoussent sur la musique funky house. Egalement une terrasse et un balcon très agréables en été.

■ **NEW UNION PUB. 111, Princess Street** ✆ **(0161) 228 1492.** *Ouvert du lundi au samedi de 11h à 2h et le dimanche de 12h à 23h. Entrée £2 le week-end.* Une institution. Le New Union est là depuis tellement longtemps qu'on a l'impression qu'il a toujours existé. Et il a gardé son atmosphère traditionnelle. Clientèle mixte gay hétéros, hommes, femmes avec quand même, généralement, une majorité de gays. Il y a toujours du monde tard le soir. Karaoké tous les jeudis à 22h. Spectacles les lundi, mardi, mercredi soirs et dimanche après-midi. Discothèque tous les week-ends (dance musique).

Clubs

■ **CRUZ 101. 101, Princess Street** ✆ **(0161) 950 0101 – www.cruz101.com –** *Du mercredi au samedi et le lundi de 22h à 3h. Près de la gare Piccadilly.* Ouvert depuis douze ans, Cruz 101 est certainement toujours le club gay le plus populaire de Manchester. Ouvert cinq nuits par semaine, il comprend une large piste de danse et une autre, au sous-sol, plus intime. Le style de musique varie du disco à la house, en passant par la pop, la trance ou encore le r'n'b. Retrouvez le programme des soirées sur leur site Internet.

■ **LEGENDS. 4-6 Whitworth** ✆ **(0161) 236 5400.** *Samedi de 22h30 à 5h. Entrée £6.* Une soirée gay bien connue avec 3 dance floors et 3 DJ. Généralement, hard house. Egalement un piano bar pour se relaxer et discuter tranquillement. Bien que le public soit majoritairement gay et lesbien, les hétéros y sont également les bienvenus.

Concerts

■ **MATT AND PHRED'S. Oldham Street** ✆ **(0161) 661 7494.** Jazz club situé au cœur du Nothern quarter. Concerts tous les soirs et excellente atmosphère. Un incontournable.

■ **NIGHT AND DAY. Oldham Street** ✆ **(0161) 236 4597.** Concerts et DJ. Un des endroits les plus branchés de la ville. Très sympa.

■ **M.E.N ARENA. Great Ducie Street** ✆ **(0161) 950 5000.** Une immense salle de concert qui attire régulièrement des têtes d'affiche. Egalement des matchs de basket et de hockey.

■ **BRIDGEWATER HALL ET NEW BROADCASTING HOUSE. Lower Mosford Street** ✆ **(0161) 2444001 (près d'Oxford Road) – www.bridgewater-hall.co.uk –** Musique classique.

Théâtre

■ **ABRAHAM MOSS THEATRE. Crescent Road, Cheetham Hill** ✆ **(0161) 9088327.** A 2 miles du centre-ville. Théâtre classique.

Cinémas

■ **CORNERHOUSE ET ODEON FILM CENTRE** dans Oxford Street.

Manifestations

▶ **Mi-juin :** parade du maire dans le centre-ville.

▶ **Un week-end fin août :** Castlefield Carnival. Castlefield ✆ (0161) 8344026. Théâtre de rue, musique, démonstrations d'artisanat…

▶ **Août :** Manchester Pride. Gay Village – www.manchesterpride.com

Points d'intérêt

■ **URBIS. Cathedral Gardens** ✆ **(0161) 907 9099 – www.urbis.org.uk** – *Ouvert tous les jours de 10h à 18h. Entrée gratuite.* Le « musée » d'Art contemporain de Manchester s'érige par sa structure cylindrique de verre au milieu de la ville. A l'intérieur, découvrez les ambiances de plusieurs villes du monde (Manchester, Sao Paolo, Los Angeles, Tokyo ou Paris) et la manière dont leurs habitants évoluent dans leur environnement. Un nouveau concept basé sur un art interactif et évolutif. Avant de commencer la visite, petite ascension d'une minute en haut de la tour en verre (superbe vue sur la ville). Boutique et café (très bons sandwichs).

■ **MANCHESTER ART GALLERY. Mosley Street** ✆ **(0161) 2358888.** *Fermé le lundi, ouvert du mardi au dimanche de 10h à 17h. Entrée gratuite.* Très beau musée d'art, rouvert en 2002 après un grand projet de rénovation très réussi. La collection permanente se compose d'œuvres d'artistes du XVIIIe siècle et des siècles suivants. Parmi elles, des œuvres de Gainsborough, Turner, Gauguin, Francis Bacon… Noter la collection de peintures préraphaélites. Egalement des expos temporaires. Café, boutique. Dans chaque salle, en dessous du panneau explicatif en anglais, vous trouverez une fiche en français.

■ **THE MUSEUM OF SCIENCE AND INDUSTRY IN MANCHESTER. Liverpool Road, Castlefield** ✆ **(0161) 8322244 – www.msim.org.uk** – *A un mile du centre-ville. Ouvert tous les jours de 10h à 17h. Entrée gratuite.* Plusieurs bâtiments pour ce musée retraçant l'histoire du premier centre de la révolution industrielle (avec ses impressionnantes machines) et qui propose aussi tout au long de l'année des expositions temporaires. Très intéressant.

■ **IMPERIAL WAR MUSEUM NORTH. Trafford Wharf Road** ✆ **(0161) 836 4000 – www.iwm.org. uk** – *Ouvert de 10h à 17h de novembre à février et de 10h à 16h de mars à octobre.* L'impressionnant bâtiment qui abrite le musée fut dessiné par l'architecte Daniel Libeskind. Les trois parties superposées représentent les terrains où les guerres prennent place : l'air, la terre, la mer.

L'intérieur est encore plus spectaculaire et les nombreuses attractions interactives rendent l'endroit intéressant pour petits et grands. Dès votre arrivée, vous assisterez à la projection d'un film sur les causes de la guerre. Ce musée, outre les nombreuses informations qu'il apporte a le mérite de ne pas glorifier la guerre (même si des armes et engins militaires sont exposés) mais plutôt de montrer ses conséquences sur les peuples.

■ **THE LOWRY. Pier 8, Salford Quays** ✆ **(0161) 876 2020 – www.thelowry.com** – *Ouvert du dimanche au vendredi de 11h à 17h et samedi de 10h à 17h. Entrée gratuite.* Cet énorme bâtiment au design impressionnant abrite deux théâtres, des galeries, de nombreux bars et restaurants, mais surtout plus de 300 toiles du peintre LS Lowry, qui vécut à Manchester au début du XXe siècle.

Le travail de Lowry consistait à collecter les loyers. Il était donc amené à marcher dans les rues de Manchester et il y observa la ville, les gens et les scènes de vie qu'il reproduisit dans ses œuvres. Des enfants qui jouent dans les rues, les ouvriers qui rentrent du travail, les marchés… Ses toiles rendent magistralement l'atmosphère qui régnait dans une ville industrielle à cette époque.

■ **PEOPLE'S HISTORY MUSEUM. Bridge Street** ✆ **(0161) 839 6061 – www.peopleshisto-rymuseum.org.uk** – *Ouvert du lundi au dimanche de 11h à 16h30.* Musée sur la classe ouvrière et l'histoire des mouvements sociaux à Manchester et en Angleterre. Très intéressant.

■ **HOTEL DE VILLE (Townhall).** Un magnifique bâtiment gothique datant de l'époque victorienne situé sur Albert Square. Des visites guidées (payantes) peuvent être organisées depuis l'office de tourisme. Il faut voir l'intérieur !

■ **THE GALLERY OF ENGLISH COSTUME. Platt Hall, Rusholme** ✆ **(0161) 2245217.** *Ouvert le dernier samedi du mois de 10h à 17h et du mardi au vendredi en visite guidée pour les groupes ayant réservé. Entrée gratuite.* Des costumes et accessoires britanniques du XVIe siècle à nos jours.

■ **THE MANCHESTER MUSEUM. The University of Manchester, Oxford Road** ✆ **(0161) 2752634.** *Entrée gratuite. Ouvert du lundi au samedi de 10h à 17h, le dimanche de 11h à 16h.* Un musée sur quatre étages sur les civilisations anciennes, et d'histoire naturelle avec aquariums, vivariums.

■ **WHITWORTH ART GALLERY. Oxford Road** ✆ **(0161) 2757450 – www.whitworth.man. ac.uk** – *Ouverte de 10h à 17h du lundi au samedi et le dimanche de 13h à 17h. Entrée libre.* Présente une collection d'aquarelles, de sculptures et de design très intéressantes.

■ **THE JOHN RYLANDS LIBRARY. 150 Deangate** ✆ **(0161) 8345343.** *Ouvert du lundi au vendredi de 10h à 17h30 et le samedi de 10h à 13h. Possibilité de visites guidées à certaines heures.* Superbe bibliothèque de style gothique des années 1890, qui recèle des livres précieux du nord de la Grande-Bretagne. Ne manquez pas la superbe salle de lecture.

■ **STADE DE MANCHESTER UNITED. Sir Matt Bubsy Way, Old Trafford** ✆ **0870 4421 1994.** Sans aucun doute l'un des plus grands clubs de football au monde. Ici, les « Reds » (joueurs de Manchester) sont plus que des stars, de véritables dieux. Le stade de Old Trafford, surnommé « le Temple des Rêves », peut être visité. Il y a également un musée retraçant l'histoire du club. Musée + visite guidée : adulte : £9 ; enfant : £6. Par contre, obtenir des places pour un match relève presque de l'impossible tant les listes d'attente sont longues.

Shopping

Les amateurs de shopping seront ravis. Manchester offre un grand choix magasins en tous genres parmi lesquels de nombreuses boutiques de jeunes designers.

Principales zones de shopping

▶ **Market Street.** C'est là que vous trouverez la plupart des chaînes internationales (Next, Mango, Morgan…)

▶ **Deansgate et St Anne Square.** Nombreuses boutiques de créateurs ainsi que la luxueuse Barton Arcade.

▶ **Autour d'Exchange Square.** Le Triangle abrite lein de boutiques en tous genres, et pour tous budgets, dont les deux célèbres Department stores Selfridges et Harvey Nichols.

▶ **Nothern Quarter.** Plein de boutiques de jeunes créateurs ainsi que d'excellents disquaires et l'Affleck 's Palace (Oldham Street), un ancien entrepôt, qui abrite de nombreuses boutiques originales. Les vêtements sont originaux et l'atmosphère sympa. Ceux qui connaissent Londres y verront certainement une ressemblance avec les boutiques de Camden Town, en beaucoup plus petit et moins touristique.

▶ **Pas loin de là, le Design and Craft Center (Oak Street).** Des objets artisanaux ainsi que de nombreux bijoux originaux.

■ LIVERPOOL ■

450 000 habitants. Après avoir traversé une longue période de dépression due à la déchéance de son port, Liverpool est aujourd'hui en pleine renaissance. Les entrepôts de l'historique Albert Dock ont été restaurés et transformés en musées, en bars et restaurants à la mode, en bureaux et en appartements. Ce mélange de bâtiments historiques grandioses, de logements vieillots et de constructions modernistes donne à la ville une certaine grandeur. C'est d'ailleurs la deuxième ville la plus filmée d'Angleterre (après Londres). Elle fut choisie pour doubler Saint-Pétersbourg, Dublin, Moscou et même Venise !

Mais Liverpool a bien plus encore à offrir que son héritage historique et son architecture. C'est aussi une ville qui bouge, avec une vie nocturne des plus animées. Une ville tournée vers l'avenir qui vaut la peine que l'on prenne le temps de l'explorer.

Histoire

En 1207, le roi Jean accorde une charte royale pour créer une nouvelle ville « Liverpule » : les privilèges attirent les paysans qui s'y installent. A la fin du XIXe siècle furent construits à Pier Head, d'énormes docks flottants pour s'adapter aux marées : Prine's Dock et Albert's Dock. On exportait du textile et des machines anglaises, et on importait du coton américain, de la laine australienne, du sucre des Caraïbes, des épices, du thé et du riz d'Orient.

Situé à l'endroit où la rivière Mersey rejoint la mer d'Irlande, le port de Liverpool fut pendant plus de deux siècles une plaque tournante de l'Empire britannique. La ville a alors bâti sa richesse sur l'esclavage, le commerce et l'émigration. C'est de là que sont partis 9 millions d'émigrés européens de 1830 à 1930 vers les Amériques et l'Australie : pauvres, persécutés ou ambitieux, ils payèrent de £5 à £20 leur traversée.

Mais la ville connut ensuite des jours bien plus sombres quand son port commença à se dégrader après l'introduction de la navigation par conteneurs. Les docks furent laissés à l'abandon et cette période de déclin s'éternisa. Liverpool fut aussi la deuxième ville anglaise la plus bombardée pendant la Seconde Guerre mondiale (200 000 maisons détruites, 4 000 tués). Le succès des Beatles et de ses deux clubs de football redonna un peu de fierté aux Liverpudlians et ces deux symboles resteront à jamais associés à la ville.

Mais aujourd'hui, Liverpool n'a plus aucune raison de baisser la tête. La ville est aujourd'hui en pleine renaissance et d'énormes projets de développement urbain (dont le réaménagement des docks) ont été entrepris.

Aujourd'hui, Liverpool est une cité démesurément optimiste qui se prepare à revêtir, en 2008, le titre de « Capitale culturelle de l'Europe ».

Transports

Comment s'y rendre ?

■ **LIVERPOOL JOHN LENNON AIRPORT** ✆ **(0151) 288 4000.** Les vols à destination de Liverpool sont assez chers depuis la France (à partir de 400 € l'aller-retour), à moins d'emprunter une des compagnies bon marché Ryanair (depuis Nîmes) ou Easyjet (depuis Paris ou Nice) qui proposent des tarifs intéressants. L'autre solution consiste à prendre un vol pour Manchester (environ 200 € aller-retour depuis Paris). De là vous pouvez vous rendre directement à Liverpool en autocar ou en train (56 km).

■ **TRAIN.** Connections avec la plupart des grandes villes du pays depuis Lime Street Station. Compter 45 minutes pour un trajet jusque Manchester et 3h pour Londres.

■ **BUS.** National Express dessert la plupart des villes du pays. Nombreux bus pour Londres (£21, 5h30), Manchester (£5, 1h). La gare routière se trouve sur Norton Street.

Se déplacer

Même si la ville est très étendue, la majorité du centre-ville se visite à pied. Cependant, Liverpool est bien quadrillée par les transports en commun. Dans les bureaux de poste, vous achèterez une carte journalière qui vous donne accès à tous les moyens de transport de la ville (£ 3,10 avec le ferry).

■ **BUS.** La plupart des lignes partent de Queen Square. Des navettes fréquentes relient Albert Dock au centre-ville. Les week-ends, un service de night-buses fonctionne la nuit.

■ **MÉTRO.** L'unique ligne de métro relie les quatre stations de la ville.

■ **FERRY.** Vous pouvez traverser la rivière Mersey en empruntant un bateau. Possibilité également d'opter pour le River Explorer, un tour sur la Mersey qui dure 50 minutes. Les commentaires vous informeront sur l'histoire de la ville et, surtout de là, vous aurez les plus belles vues sur Liverpool. Départ toutes les heures depuis le Pier Head. (adulte £ 4,80, enfant £2,65).

Egalement des ferries pour l'île de Man ✆ 0870 552 3523 et pour l'Irlande ✆ 0870 5171717.

■ **LOCATION DE VELOS.** Picton Cycle, Picton Road ✆ (0161) 7335507 – www.pictoncycle.co.uk

Pratique

▶ **Indicatif téléphonique :** 0151.

■ **OFFICE DU TOURISME. Atlantic Pavilion, Albert Dock** ✆ **(0151) 7095111 ou Queen Square Centre** ✆ **(0151) 7094555 – www.visitliverpool.com** – Possibilité d'organiser des visites guidées de la ville et des deux cathédrales. Egalement des cartes dont une qui indique tous les lieux ayant un lien avec les Beatles.

■ **POLICE. Admiral Street Station** ✆ (0151) 7096010.

■ **HÔPITAL. Royal Liverpool Hospital Prescot Street** ✆ (0151) 7062000.

■ **VISITE GUIDÉES. Margey Carey** ✆ **(0151) 7268355 – margycarey@hotmail.co.uk** – Margy est une guide indépendant, reconnue par l'office du tourisme, très compétente et surtout, extrêmement sympathique et amoureuse de sa ville. Une manière personnalisée de découvrir la Liverpool. Mieux vaut réserver plusieurs jours à l'avance.

Hébergement

Attention, si vous comptez séjourner à Liverpool un jour de grand match, il est impératif de réserver.

Camping

■ **ABBEY FARM CARAVAN PARK. Abbey Lane, Dark Lane, Ormskirk** ✆ **(01695) 572686 – abbeyfarm@yahoo.com** – *Ouvert toute l'année. De Liverpool, prendre la M 58 et sortir à Junction 3 vers l'A 570 direction Ormskirk. Prendre Dark Lane une fois, arrivé dans le centre-ville.* Camping et caravaning tenus par une famille dans une zone aérée. Espace de jeux pour enfants, machines à laver, boutique, bibliothèque.

Auberges de jeunesse

■ **INTERNATIONAL INN. 4 South Hunter Street** ✆ **(0151) 709 8135.** Une auberge de jeunesse moderne, très bien située, sympa et bien tenue. Dortoirs et chambres doubles ainsi qu'une cuisine (café et toast gratuits toute la journée) et une salle commune avec un billard. Egalement un café Internet juste à côté. Une bonne adresse. Pensez à réserver.

■ **EMBASSIE INDEPENDENT YOUTH HOSTEL. 1, Falkner Square** ✆ **(0151) 70711089.** *Prix : £14 par personne.* Cette auberge de jeunesse, un peu éloignée du centre (15 minutes à pied), vous offrira un confort rudimentaire (grands dortoirs) mais une ambiance internationale vraiment excellente. Les propriétaires Kevin et Kevin (le père et le fils) vous expliqueront tout sur les curiosités de la ville et les endroits où sortir. Salle commune très sympa avec cuisine, feu ouvert et télévision, un lieu où discuter un verre de vin à la main. Dans cette atmosphère familiale, vous vous sentirez vite comme chez vous et vous pourriez bien avoir du mal à quitter tout ce petit monde. Pas de couvre-feu. Thé, café et toasts gratuits. Possibilité également parfois d'être hébergé gratuitement contre quelques heures de travail à l'auberge. Un endroit parfait pour les backpackers qui veulent rencontrer d'autres jeunes.

■ **YHA LIVERPOOL INTERNATIONAL. 25 Tabley Street** ✆ **(0151) 709 8888.** Auberge moderne à proximité du centre et d'Albert dock.

Bien et pas cher

■ **AACHEN HOTEL. 89-91 Mount Pleasant** ✆ **(0151) 7093477 – Fax : (0151) 7091126 – www. aachenhotel.co.uk – enquiries@aachenhotel.co.uk** – *Single : £40, double : £60, triple : £90. Petit-déjeuner à volonté.* Dans le centre-ville, logé dans un bâtiment ancien, l'Aachen Hotel est à proximité de Cavern Quarter (quartier des Beatles) et de l'Université.

■ **THE CAMPANILE HOTEL. Chaloner Street. Queens Dock** ✆ **(0151) 7098104.** *Double à partir de £60.* Situé près d'Albert Dock. Chambres modernes, toutes avec salle de bains. Parking.

Confort ou charme

■ **FEATHERS HOTEL. 117-125 Mount Pleasant** ✆ **(0151) 709 9655. Fax : (0151) 709 3838 – www.feathers.uk.com** – *Single : à partir de £45 ; double : à partir de £70. Petit-déjeuner buffet à volonté inclus.* Un hôtel moderne et confortable très bien situé. Chambres simples (très petites) et doubles toutes avec salle de bains et TV.

■ **HOTEL IBIS.27, Wapping** ✆ **(0151) 706 9800 – Fax : (0151) 706 9810.** *Chambres doubles à partir de £50.* Hotel moderne, tout confort situé au centre-ville.

Luxe

■ **BRITANNIA ADELPHI HOTEL. Ranelagh Place** ✆ **(0151) 709 7200.** *Single à partir de £65, double à partir de £90.* Construit en 1912, cet hôtel était le plus luxueux de la ville et accueillait les riches passagers qui traversaient l'Atlantique. Bien qu'il ne soit plus aussi grandiose qu'à l'époque, le Britannia est resté un très bel hôtel de luxe offrant tout le confort moderne.

Restaurants

De nombreux restaurants couvrant un large choix de cuisines autour de Bold Street at Hardam Street. Chinatown vous offrira également un grand choix et des prix raisonnables. Enfin, Hope Street abrite certainement les meilleurs restaurants de la ville bien que ceux-ci soient généralement un peu plus chers.

■ **EL MACHO BAR ET GRILL. 23 Hope Street** ✆ **(0151) 7086644 – www.elmachorestaurant. co.uk –** *Ouvert tous les jours de 18h à 00h. Comptez environ £15.* Un restaurant mexicain qui sert une bonne cuisine dans un atmosphère très sympa.

■ **EVERYMAN BISTRO. 5-9 Hope Street** ✆ **(0151) 708 9545 – Fax : (0151) 703 0290 – www. everyman.co.uk –** *En dessous de l'Everyman Theatre.* Un café à l'atmosphère sympa et « classy » où se mélangent étudiants, artistes et businessmen. La nourriture est bonne et bon marché (*plats principaux £5-£8*) et le menu change tous les jours.

■ **60 HOPE STREET** ✆ **(0151) 707 6060 – www.60hopestreet.com –** *Ouvert du lundi au vendredi de 12h à 14h30 et du lundi au samedi de 19h à 22h30. Fermé le dimanche. Compter £20-25 par personne le midi et £50 le soir.* Elu quatre fois meilleur restaurant du Merseyside de l'année. Dans un décor chic mais simple, vous dégusterez une cuisine européenne moderne et particulièrement inventive. Egalement un café-bar.

■ **LONDON CARRIAGEWORKS. Hope Street Hotel. 40 Hope Street** ✆ **(0151) 705 2222.** *Ouvert du lundi au samedi de 12h à 15h et de 17h30 à 22h et dimanche de 12h à 16h. Compter £25 par personne le midi et £35 le soir.* Dirigé par Paul Askew, le chef le plus décoré de Liverpool, ce restaurant situé dans le magnifique Hotel Hope Street offre une cuisine européenne moderne qui s'appuie largement sur l'utilisation des produits locaux de saison. Egalement une excellente carte de vins présentée par un sommelier.

■ **THE OTHER PLACE BISTRO. 29A Hope Street** ✆ **(0151) 707 7888.** *Ouvert du mardi au vendredi de 11h30 à 14h30 et de 18h à 23h et le samedi de 18h à 23h. Compter environ £30 par personne.* Cuisine européenne moderne. Moins célèbre que ses illustres voisins, The Other Bistro compense par une atmosphère plus cosy et sympa.

Manifestations

▶ **Début avril : Grand National.** Une des plus célèbres courses hippiques (steeplechase) au monde. Elle attire plus de 150 000 personnes.

▶ **Juin : Mersey River Festival (festival maritime).** Parade du maire et festival de Hope Street.

▶ **Fin juin-début août : Liverpool Comedy festival.** Le tout récent festival se tient pendant 15 jours, avec des spectacles dans les théâtres de la ville.

▶ **Fin août : Semaine internationale des Beatles et Matthew Street Festival,** grand festival international de musique, gratuit.

Points d'intérêt

■ **ALBERT DOCK.** Construit entre 1841 et 1848, le dock était l'un des premiers au monde. Jusqu'à une vingtaine d'années, Albert Dock était un site délabré, ses entrepôts pourrissaient et la rive était à l'abandon. Le dock a depuis été remis à neuf et il est devenu la fierté de Liverpool et connaît

La ville des Beatles

Liverpool restera à jamais associée aux « Quatre garçons dans le vent ». C'est à Liverpool que John Lennon, Paul McCartney, George Harrisson et Richard Starkey dit Ringo Starr sont nés. Le groupe a débuté, au Cavern club, au début des années 60 et plus de trente ans après leur dissolution, les mélodies des Beatles continuent de résonner dans les rues de Liverpool. Ici, plus qu'ailleurs, la mémoire des Fab Four est encore présente, chaque endroit qu'ils ont fréquenté est devenu un véritable lieu de pèlerinage.

un véritable succès touristique. Les voies d'eaux d'Albert Dock sont maintenant navigables et ses entrepôts abritent de nombreux bars, restaurants, magasins et musées.

■ **MUSÉE MARITIME DU MERSEYSIDE** ✆ **(015)1 478 4499.** *Ouvert tous les jours de 10h à 17h. Entrée gratuite.* Ce musée très intéressant et très bien présenté commémore l'histoire du port de Liverpool et les activités commerciales de la ville. La section sur les immigrants qui traversaient l'Atlantique, et celle sur le rôle de Liverpool dans le commerce esclavagiste sont particulièrement intéressantes.

■ **MUSÉE DE LA VIE DE LIVERPOOL** ✆ **(0151) 478 4080.** *Ouvert tous les jours de 10h à 17h. Entrée gratuite.* Un petit musée qui présente la diversité culturelle de la ville et ses caractéristiques.

■ **TATE LIVERPOOL** ✆ **(0151) 7027400 – www.tate.org.uk/liverpool** – *Le musée qui prend place dans un ancien entrepôt est ouvert du mardi au dimanche de 10h à 17h30. Entrée gratuite sauf lors d'expositions exceptionnelles.* Ouverte en 1988. Ses trois étages se consacrent à la collection nationale d'art moderne de la Tate. Henry Tate, qui était un magnat du sucre à Liverpool, créa aussi la Tate de Londres. Les salles d'exposition offrent une vue spectaculaire sur la Mersey et les docks.

■ **THE BEATLES STORY. Britannia Vaults, Albert Dock. www.beatlesstory.com** – *Entrée : adulte £8,99, enfant £4,99.* Un musée qui retrace la carrière du groupe mythique. Plusieurs salles reconstituent les différentes ambiances et univers des Beatles. Pour les fans : costumes, studios, le « Yellow Submarine » et le piano blanc « Imagine » de John Lennon, un récent cadeau de George Michael au musée. Si vous ne connaissez pas grand-chose à la carrière des Beatles, c'est une excellente introduction. Les fans par contre n'apprendront rien de nouveau mais ils devraient apprécier malgré tout…

C'est aussi d'ici que part le Magical Mystery Tour, un voyage de deux heures en bus (£ 11,95) à travers les faubourgs de Liverpool à la recherche de Penny Lane, Strawberry Fields et des maisons de naissance, écoles et autres lieux qui ont parsemé la vie des Fab Four.

■ **CAVERN QUARTER.** C'est le quartier qui s'étend autour de Mathew street. Véritable Mecque des Beatles, les visiteurs viennent y retrouver les lieux de leurs débuts dont le célèbre Cavern Pub où le groupe fit ses débuts (Voir rubrique Pubs). Après leurs concerts, les quatre stars allaient généralement prendre un verre au pub « The Grapes » A côté du Cavern club, un « mur des célébrités » porte également les noms des autres groupes célèbres qui y sont passés. Un autre expose des disques d'or représentant chacun un chanteur ou un groupe de Liverpool qui a atteint la première place dans les hit-parades anglais. Sur Matthew street, également une statue de John Lennon, ainsi que la Mathew street gallery, spécialisée dans les productions artistiques du chanteur (dessins), et les photographies des Beatles. C'est évidemment sur Matthew street qu'ont lieu la plupart des festivités durant la semaine des Beatles au mois d'août.

■ **LIME STREET.** C'est sur Lime street, en face de la gare, que se trouve le Saint George Hall. Ce bâtiment, aux allures de temple grec, est considéré comme l'une des plus belles constructions néoclassiques au monde. Construit en 1854, il témoigne de la prospérité de la ville à cette époque. Ne manquez pas de visiter l'intérieur.

Un peu plus loin, Lime street station. Construite en 1830, la ligne de chemin de fer Liverpool-Manchester fut la première ligne de passagers au monde. Cependant, le terminal se trouvait alors sur Crown street et Lime street station ne fut ouverte au public qu'en 1836. En redescendant Lime street, vous apercevrez le Britannia Adelphi Hotel. Construit en 1912, ce fut l'un des hôtels les plus luxueux de l'époque. Il hébergeait les passagers des croisières transatlantiques. A côté « The Vines » est peut-être le plus beau pub de Liverpool, son intérieur vaut le détour.

■ **LIVERPOOL ANGLICAN CATHEDRAL. St James Mount** ✆ **(0151) 709 9222 – www.liverpoolcathedral.org.uk** – *Ouvert de 8h à 18h tous les jours.* La plus grande cathédrale anglicane de Grande-Bretagne (et la 5e au monde !). La construction de ce magnifique bâtiment néogothique commença en 1904. C'est Sir Giles Gilbert Scott, âgé à l'époque de seulement 23 ans, qui en dessina les plans. La cathédrale fut consacrée 20 ans plus tard, mais sa construction se poursuivit jusqu'à la fin des années 60. La cloche centrale est la troisième plus grande au monde. Le grand orgue est le plus monumental du Royaume-Uni et probablement le plus grand orgue opérationnel au monde. La cathédrale accueille régulièrement des concerts et des expositions. Enfin, n'hésitez pas à monter au sommet. Vous aurez de là une vue magnifique sur Liverpool.

Vous remarquerez peut-être également, dans l'aile droite de la cathédrale, une cabine téléphonique rouge typiquement anglais. Que fait-elle là ? Eh bien c'est parce Sir Giles Gilbert Scott fut également celui qui créa le design de ces célèbres cabines.

La légende du Liver Bird

Le Liver Bird est l'emblème de Liverpool, qui apparaît sur les armoiries de la ville. Détail amusant : d'un aigle fier il est devenu au fil des siècles cormoran, et la fleur de lys qu'il tenait dans son bec s'est transformée en algue. La légende veut que les deux oiseaux au-dessus du Liver Building soient un mâle et une femelle. La femelle regarde les marins qui rentrent au port, tandis que le mâle, tourné vers la ville guette l'ouverture des pubs. On dit que si ces oiseaux s'envolaient, un grand malheur s'abattrait sur la ville. L'emblème de Liverpool (amusez-vous à les dénicher, ils sont dessinés partout).

■ **METROPOLITAN CATHEDRAL** ✆ **(0151) 709 9222.** *Ouvert tous les jours de 8h à 18h.* La Metropolitan Cathedral (catholique), de style moderne, toute ronde, devait selon les plans de l'architecte Sir Edwin Luyters, surpasser Saint-Pierre de Rome par sa taille. Mais avec la Seconde Guerre mondiale et la récession d'après-guerre qui a frappé Liverpool, seule la crypte était achevée en 1958. Le projet fut donc revu à la baisse et un grand concours fut lancé pour trouver un design qui inclurait la crypte d'origine. C'est celui de l'architecte Frederick Gibberd qui fut choisi. La cathédrale fut construite en cinq ans, entre 1962 et 1967. Ne manquez pas de visiter l'intérieur, de style ultramoderne et non-conformiste qui comprend 1 300 sièges.

■ **WORLD LIVERPOOL MUSEUM. William Brown Street. www.liverpoolmuseums.org.uk –** *Entrée gratuite. Ouvert du lundi au samedi de 10h à 17h et le dimanche de 12h à 17h.* Ce musée d'archéologie et d'histoire naturelle vient tout juste d'être agrandi et entièrement rénové. Les travaux n'étaient pas encore terminés lors de notre visite mais le résultat devrait être impressionnant et l'espace d'exposition a doublé. Le musée de Liverpool a ouvert se portes en 1860. Ses collections s'enrichirent rapidement des objets nouveaux rapportés par les navires qui rentraient au port et continuèrent à s'étoffer au cours des siècles. Il compte aujourd'hui plus d'un million d'objets.

■ **LES TROIS GRÂCES. Pier Head.** Sur les quais de Liverpool s'alignent trois bâtiments historiques connus sous le nom des « Trois Grâces » : le Liverpool Port Building, le Royal Liver Building et le Cunard Building. Le premier fut construit en 1905 dans le style d'un palais de la Renaissance italienne. Le deuxième, le Cunard Building (1916), a également été construit dans le style d'un palais italien : il appartenait à la compagnie maritime Cunard Steamship, qui affréta le Britannia en 1840 pour traverser l'Atlantique. A côté, le troisième surplombé des « Liver Birds », a abrité l'ancêtre de la compagnie d'assurances. En effet, vers 1850, certaines familles ouvrières cotisaient toute leur vie à la Royal Liver Society pour s'assurer des funérailles respectables.

Enfin, c'est depuis le Pier Head (embarcadère), appelé ainsi car un quai en pierre maintenant disparu, y a été construit dans les années 1760, que vous pourrez prendre un ferry pour une croisière sur la Mersey (Voir Transports).

■ **WALKER ART GALLERY. William Brown Street** ✆ **(0151) 4784199 –www.thewalker.org. uk –** *Entrée gratuite.* Cette très belle galerie abrite la plus importante collection d'art de Liverpool. Elle compte un nombre important d'œuvres s'étalant du XIVe siècle à nos jours, ce qui en fait l'une des plus diversifiées du Royaume-Uni. Parmi les pièces majeures, on remarquera des toiles de Poussin, Rembrandt, Gainsborough, Hogarth et des préraphaélites. Le musée abrite également la plus riche collection de sculptures en Grande-Bretagne en dehors de Londres.

■ **HÔTEL DE VILLE. Town Hall** ✆ **(0151) 236 5181.** Cet hôtel de ville, construit en 1754 est l'un des plus vieux bâtiments historiques de Liverpool. L'intérieur est magnifique.

Sortir

La vie nocturne de Liverpool est particulièrement animée, grâce à la contribution des milliers d'étudiants de la ville. La musique est omniprésente à Liverpool. Vous aurez donc de nombreuses occasions de voir un concert live dans un pub ou un club. Le quartier de Mathew Street compte un nombre impressionnant de pubs et clubs pour les amateurs de bière. Les bars plus branchés se trouvent autour d'Albert Dock. Pas mal de pubs autour de Concert square (super sympa en été) et Wood street.

▶ **Liverpool est aussi renommée pour ses théâtres :** Playhouse (Williamson square, ✆ (0151) 709 4776, Everyman. 13 Hope St, ✆ (0151) 709 4776, Empire. Lime Street ✆ 0870 6063 536) et Royal Court (1 Roe Street). Ce dernier, à la décoration Art déco, est reconnu dans tout le pays pour accueillir les meilleurs spectacles musicaux en tout genre.

Pubs

■ **PHILARMONIC. 36, Hope Street** ✆ **(0151) 707 2837.** Ce pub qui date de 1897 est tout simplement magnifique. Certainement un des plus beaux du pays. Et jetez donc un coup d'œil aux toilettes pour hommes, tout en marbre.

■ **YE CRACKE. 13, Rice Street** ✆ **(0151) 709 4171.** Autrefois fréquenté par John Lennon, ce pub est, aujourd'hui encore, le quartier général des étudiants en art.

■ **DR DUNCAN'S. St'John Lane, Queen Square** ✆ **(0151) 709 5100.** Très bonne bière et bonne nourriture de pub. Un des endroits les plus authentiques et les plus populaires auprès des locaux.

■ **CAVERN PUB. Matthew Street** ✆ **(0151) 236 4041 – www.thecavernliverpool.com –** C'est là que débutèrent les Beatles. Le groupe se produisit au Cavern club 292 fois entre 1961 et 1963. C'est ici également que le producteur Brian Einstein vit les Beatles pour la première fois. Le club original a été démoli, mais il fut depuis reconstruit presque à son emplacement original. De nombreux groupes viennent encore y jouer (dont certains grands noms). Musique live les lundi et jeudi soir et vendredi et samedi après-midi. DJ vendredi et samedi soir.

Bars

■ **BABY CREAM. Albert Dock** ✆ **(0151) 702 5826 – www.babycream.co.uk –** Un bar ultra branché, qui sert d'excellents cocktails. Très fréquenté, surtout le soir, par les « young and beautifull people ». DJ le soir. Egalement un restaurant à l'étage où vous mangerez sur des fauteuils convertibles en chaises longues.

■ **HA HA BAR AND CANTEEN. Albert Dock** ✆ **(0151) 707 7877.** Un des derniers venus parmi les bars lounge d'Albert Dock. Un lieu minimaliste mais confortable idéal pour prendre un verre ou manger un bout entre la visite de deux musées (*plats principaux entre £6 et £12*). Service très attentif.

■ **BAA BAR. 43-45 Fleet Street** ✆ **(0151) 707 0610.** *Ouvert du lundi au samedi de 11h à 2h.* Baa Bar fut le premier bar lounge de Liverpool. Aujourd'hui, c'est loin d'être un lieu aussi branché qu'il le fut un jour mais l'excellente atmosphère continue à maintenir sa popularité surtout auprès des étudiants. Soul et jazz la journée, l'ambiance s'électrise le soir au son de la house et de la dance.

Clubs

■ **CREAM. 40, Slater Street, Wolstenholme Square.** Le club le plus célèbre de la ville et réputé dans tout le pays. Ambiance branchée mais détendue et excellente dance music. Si vous êtes d'humeur dansante, cela vaut la peine de faire la queue.

■ **SOCIETY. 47 Fleet Street** ✆ **(0151) 2581230.** *Ouvert jeudi et vendredi jusqu'à 3h et samedi jusqu'à 4h.* Un club sympa, pas snob pour un sou, qui attire une foule mixte et plutôt jeune. Un des favoris chez les étudiants. Musique commerciale avec également des tubes des 70's et 80's.

Musique classique

■ **PHILHARMONIC HALL. Hope Street** ✆ **(0151) 2101895 – www.liverpoolphil.com –** Musique classique.

Théâtres

■ **EVERYMAN THEATRE. 5-9, Hope Street** ✆ (0151) 7094776 – www.everymanplayhouse.com

■ **LIVERPOOL EMPIRE. Lime Street** ✆ (0151) 7091555, réservations et information ✆ 0870 606 35 36.

■ **LIVERPOOL PLAYHOUSE. Williamson Square** ✆ (0151) 709 8363.

Football

■ **EVERTON F.C. Goodison Park** ✆ **(0151) 3302200.** Les Bleus d'Everton sont les éternels rivaux des Reds.

■ **LIVERPOOL F.C. Anfield Road** ✆ **(0151) 2632361.** Des visites sont organisées, se renseigner à l'Office du tourisme. Le mythique stade d'Anfield et ses supporters qui attirent le ballon dans le but par leurs chants incessants est un symbole de la ville. « You'll never walk alone » chantent les supporters à leurs favoris. Les fans peuvent se rendre à la boutique 11, Williamson Square.

Shopping

Tous les traditionnels articles anglais : thé, marmelade, imperméable Burberry… Mais c'est surtout dans le domaine du prêt-à-porter que la ville excelle. Church Street, Bold Street, Cavern Designer Shopping Centre, Clayton Square shopping centre ou encore Albert Dock Complex rassemblent grandes enseignes de mode et petites boutiques branchées et originales. Pour les amateurs de fripes, rendez-vous au Liverpool Palace sur Slater Street ou Quiggins sur School Lane. A John's Precinct sur St Georges Way vous trouverez de très bonnes affaires dans les boutiques bon marché et pourtant très « tendance ». Reine du pop, les rues de Liverpool regorgent de disquaires particulièrement calés. Si vous cherchez un vendeur incollable sur Mylo autant que sur Stravinsky voici quelques adresses :

Pour tout trouver les nouveautés, dans tous les styles, se rendre chez les mastodontes HMV (22-26 Church Street) et Virgin (Clayton Square). Pour les amateurs de vinyle, c'est chez Probe (9 Slater Street) et Vinyl Frontier (14 School Lane) que vous trouverez votre bonheur. Enfin, les musiciens pourront se procurer leurs instruments chez Dawsons Music (37 Ranelegh St), Hairy Records. 98 Bold Street et A.D.C (13 Seel Street).

■ CUMBRIA ■

Avec ses grands lacs et ses montagnes, Cumbria est l'une des plus belles régions de Grande-Bretagne… et l'une des plus visitées. Le célèbre « Lake District » et ses paysages magnifiques feront le bonheur des randonneurs.

DE YORK À CUMBRIA : un trajet pittoresque

Au départ d'York, prenez l'A 59 à l'ouest, puis l'A 1 à Flaxby (avant d'arriver à Knaresborough), direction le nord jusqu'à l'A 684 (une route sur votre gauche), direction Bedale. Votre objectif : Kendal, où commence la région des lacs. La route longe la vallée verdoyante de Wensleydale, connue surtout pour son excellent fromage. En route, vous passerez par Redmire et Castle Bolton, une bâtisse du XIVe siècle où Marie Stuart, Queen of Scots, fut retenue prisonnière (une petit détour est nécessaire : tournez à droite à Aysgarth où coule une jolie cascade).

▌ **Autre possibilité :** suivez l'A 1 que vous quitterez en direction de Richmond, une petite ville de marché, tout en ruelles et contours, et dominée par un château normand. Vous pouvez suivre la vallée de Swale Dale, parallèle à celle de Wenseydale, mais encore plus pittoresque (B 6270). A 2 kilomètres avant Kirby Stephen, tournez à gauche : la B 6259 rejoint l'A 684 en direction de Kendal.

KENDAL

On y fabriquait autrefois les lainages et Kendal est une ville de marché depuis le XIIe siècle. A présent c'est une ville sans beaucoup de charme. Cependant, elle mérite quand même une visite pour ses quelques musées intéressants ou ne serait-ce que pour sa spécialité, le « Kendal Mint Cake », un gâteau à la menthe recouvert de chocolat – un concentré d'énergie très en vogue auprès des randonneurs de la région.

Pratique

▌ **Indicatif téléphonique :** 01539.

■ **OFFICE DU TOURISME. Town Hall. Highgate** ✆ **(01539) 725758 – www.kendaltown. org** – *Ouvert du lundi au samedi de 9h à 17h toute l'année et le dimanche de 10h à 16h d'avril à décembre.*

Hébergement

■ **KENDAL YOUTH HOSTEL. 118 Highgate** ✆ **0870-770-5892.** *Prix en dortoir : Adulte £16 ; moins de 18 ans : £12,50. Egalement des chambres double.* Contacter l'auberge au moins 48h à l'avance pour réserver (peut être fermée à certaines périodes de l'année).

■ **HIGHER HOUSE FARM. Oxenholme Lane, Natland** ✆ **(01539) 561177.** *Ouvert toute l'année. Compter £30 par personne.* Maison fermière du XVIIe siècle, dans un village tranquille au sud de Kendal. Une chambre avec un lit à baldaquin.

■ **LAKELAND NATURAL VEGETARIAN GUESTHOUSE. Low Slack, Queens Road** ✆ **(01539) 733011.** *Ouvert toute l'année. Près des bois Serpentine Woods. A 5 minutes du centre-ville. Single : £39, double : £66.* Une guesthouse à l'atmosphère familiale dans une belle maison confortable avec un joli jardin. Toutes les chambres ont une salle de bains individuelle. Petit-déjeuner végétarien.

Points d'intérêt

■ **ABBOT HALL ART GALLERY** ✆ **(01539) 722 464 – Fax : (01539) 722 494 – www.abbothall. org.uk –** *Ouvert de février à décembre, du lundi au samedi de 10h30 à 16h (17h d'avril à octobre). Entrée gratuite pour les expositions permanentes.* Cette petite galerie présente une collection étonnamment riche et variée d'œuvres de peintres nationaux et locaux (Ruskin, Turner, Lucian Freud…). Egalement des expositions temporaires.

■ **KENDAL MUSEUM. Station road** ✆ **(01539) 721374 – Fax : (01539) 737976 – www.kendal museum.org.uk –** *Ouvert de février à décembre du lundi au samedi de 10h30 à 17h (16h en hiver).* Histoire, archéologie, géologie ainsi qu'une section consacrée à l'histoire naturelle de la région de Cumbria.

■ **LEVENS HALL** ✆ **(01539) 560321 – www.levenshall.co.uk –** *Ouvert de mi-avril à mi-octobre du dimanche au jeudi de 11h à 17h. Entrée : adulte £8 et enfant £3,80.* A trois kilomètres au sud de Kendal. Belle maison élisabéthaine relevée par un jardin extraordinaire digne d'Alice au pays des Merveilles : ifs taillés de façon géométrique, couleurs vives, tous les éléments d'un jardin gai et vivant. Collection d'objets marchant à la vapeur.

Sortir

■ **BREWERY ART CENTRE. Highgate** ✆ **(01539) 725133.** *Ouvert du lundi au samedi de 9h à 23h toute l'année. Au centre de Kendal.* Représentations de toutes sortes ainsi que deux festivals annuels : celui du folk et celui du jazz. Café-restaurant, bars, théâtre-cinéma, galeries, ateliers et salle de musique. Parking.

Shopping

■ **PETER HALL & SON. Woodcraft Workshop, Staveley** ✆ **(01539) 821633.** *Ouvert du lundi au vendredi de 9h à 17h, le samedi et les jours fériés de 10h à 16h (magasin seulement); fermé le dimanche. Quitter Kendal par l'A 591 vers Windermere et aller dans Staveley; l'atelier se trouve à la fin du village de Staveley.* Une ébénisterie où l'on voit les objets et meubles se fabriquer. Boutique.

■ **KENTMERE POTTERY. Kentmere nr Kendale** ✆ **(01539) 821621 – www.kentmerepottery. com –** *Ouvert tous les jours, téléphoner pour connaître les heures d'ouverture du dimanche. Quitter l'A 591 qui va de Kendal à Windermere pour aller vers Staveley et se diriger vers Kentmere Valley pendant environ 3 miles : le magasin est à gauche de la route.* Céramiques anglaises émaillées et peintes à la main, multiples objets. Le magasin réalisera vos dessins sur commande, en y ajoutant une touche… britannique.

■ **K VILLAGE FACTORY SHOPPING. Lound Road** ✆ **(01539) 732363.** *Ouvert toute l'année, d'octobre à Pâques du lundi au vendredi de 9h30 à 17h30, le samedi de 9h à 18h et le dimanche de 11h à 17h; d'avril à octobre, ouvert du lundi au vendredi de 9h30 à 19h, le samedi de 9h à 18h et le dimanche de 11h à 17h.* Shopping classique à prix « usine ». Restaurant, aire de jeux.

Loisirs

■ **KENDAL LEISURE CENTRE. Burton Road (au sud de Kendal sur l'A 65)** ✆ **(01539) 729511.** *Ouvert tous les jours de 7h45 à 23h.* Centre de sports : natation, badminton, sauna, solarium, squash, ping-pong… Parking gratuit. Le centre abrite également un salon d'expositions temporaires et une salle de théâtre.

LAKE DISTRICT

■ **INFORMATION : LAKE DISTRICT NATIONAL PARK AUTHORITY.** Murley Moss, Oxenholme Road, Kendal, Cumbria, LA9 7RL ✆ (01539) 724555 – www.lake-district.gov.uk (avec les adresses des nombreux centres d'information du parc).

▶ **Accès par la gare de Londres Euston, en 3 heures et demie pour Lancaster, 4 heures pour Oxenholme Lake District.** Avec ses paysages magnifiques et variés, où les étendues vertes et les montagnes entourent les lacs et les petits villages, le Lake District est un paradis pour les randonneurs. Ce parc appartient en partie au National Trust. Il s'agit d'un massif de roches anciennes, mais en fait le relief du parc est très varié, puisque l'activité volcanique et les différentes glaciations y ont laissé leur empreinte. Le Scaffell Pike en est le point culminant, avec ses 978 m. Les vallées sont occupées par des étendues d'eau plus ou moins grandes, allant du lac Windermere, de 17 kilomètres, aux petits « tarns » de quelques mètres. Cette harmonieuse région de montagne et d'eau a été habitée très tôt, dès le Néolithique. Les cercles de pierre, datant de l'âge du bronze, encore visibles aujourd'hui, sont autant d'énigmatiques témoins de très anciennes activités humaines. La toponymie de certains sites révèle les origines des habitants successifs du Lake Distict, avec notamment une période viking. Dès le XIXe siècle, l'imposante beauté de la région n'avait pas échappé aux romantiques anglais : la poésie de Wordsworth et certaines toiles de Turner doivent beaucoup à la magie de ces différents paysages.

Outre la randonnée pédestre, le Lake District offre aux visiteurs de nombreuses possibilités d'activités (cyclisme, équitation, escalade, bateau…).

BOWNESS ET WINDERMERE

Windermere est le plus grand lac d'Angleterre. La ville du même non, située au bord du lac fut créée à l'époque victorienne tandis que Bowness est son extension, développée devant l'afflux de touristes. Un arrêt pratique mais moins intéressant que les petits villages plus isolés. C'est le centre touristique de la région et la seule ville pourvue d'une gare de chemin de fer. Il y a ici plus d'auberges de jeunesse, d'offices locaux du tourisme et de centres d'information sur les parcs nationaux au kilomètre carré que partout ailleurs dans le monde.

Pratique

▶ **Indicatif téléphonique :** 015394.

■ **OFFICE DU TOURISME DE WINDERMERE. Victoria Street** ✆ **(015394) 46499.** *Ouvert de 9h à 18h d'avril à juin et en septembre et novembre ; de 9h à 19h30 en juillet et août et de 9h à 17h de novembre à mars.*

■ **OFFICE DU TOURISME DE BOWNESS BAY. Glebe Road** ✆ **(015394) 42895.** *Ouvert tous les jours de 9h30 à 17h30 d'avril à octobre, et du vendredi au samedi de 10h à 16h de novembre à mars.*

■ **COUNTRY LANE CYCLE CENTRE.** Windermere Railway Station, près de l'office du tourisme ✆ (01534) 45544.

■ **CIRCUITS EN BUS. Mountain Goat Tours, Victoria Street** ✆ **(015394) 45161.** Excursions tous les jours dans tout le pays des Lacs en minibus, commentées par le guide chauffeur.

■ **MINI-CROISIÈRES. Windermere Lake Cruises – www.windermere-lakecruises.co.uk –** ✆ **(01539) 442600.** De mars à octobre. Différentes croisières sur le lac depuis Bowness Pier jusqu'à Ambleside, Lakeside, Brochole et Ferry House. Le ticket « Freedom of the Lake » (adulte : £12,50 ; enfant : £6,25) vous permet d'emprunter les bateaux librement pendant 24h.

■ **CIRCUIT EN TRAIN À VAPEUR** ✆ **(015395) 31594.** De Haverthwaite à Lakeside. Balade dans la vallée, entre le lac et les rivières. Départ environ toutes les heures, tous les jours du 19 mars au 10 avril puis du 23 avril à fin octobre. Prix pour un aller-retour : adulte £4,70 ; enfant : £2,35. Possibilité de combiner avec une croisière sur le lac : de Bowness à Haverthwaite : £11,50/£5,75 ; de Ambleside à Haverthwaite : £15,60/£8,25.

Hébergement

■ **CENTRE RÉGIONAL DES AUBERGES DE JEUNESSE (pour l'aire du District Lake)** ✆ **(015394) 31117.** *Ouvert de mars à octobre.*

■ **CAMPING PARK CLIFFE. Bilks Road** ✆ **(015394) 31344 – www.parkcliffe.co.uk –** *Ouvert de mi-mars à mi-janvier. Terrain pour les tentes et terrain pour les caravanes. Possibilité de louer une salle de bains privée. Bar et restaurant. Tente pour 2 personne : £17-£20. Vue sur le lac et les montagnes. Le camping se situe près de l'A592. Vous pouvez vous y rendre avec le bus 618.*

■ **YOUTH HOSTEL. High Cross, Bridge Lane, Troutbeck** ✆ (015394) 43543 – **windermere@yha. org.uk** – *Environ £12 par personne.* Une grande auberge de jeunesse avec très belle vue sur le lac. Seul inconvénient si vous arrivez en train, elle se situe à environ 3 km de la gare.

■ **BOSTON HOUSE. The Terrace** ✆ (015394) 43654 – **www.bostonhouse.co.uk** – *Ouvert de février à novembre. A partir de £35 par personne.* Vue panoramique, lit à baldaquin possible. Chambres non-fumeurs.

■ **BRENDAN CHASE. College Road** ✆ (015394) 45638. *Ouvert toute l'année. Compter de £15 à £30 par personne.*

■ **CEDAR MANOR HOTEL. Ambleside Road** ✆ (015394) 43192 – **www.cedarmanor.co.uk** – *Ouvert toute l'année. Compter de £38 à £50 par personne.* Près du centre du village et du lac, à la campagne.

■ **CORNER COTTAGE GUEST HOUSE. Old Hall Road, Troutbeck Bridge** ✆ (015394) 48226. *Ouvert toute l'année. Compter £22.* Entre Ambleside et Windermere, des chambres avec salle de bains. Parking.

Bowness

■ **ABOVE THE BAY. 5 Brackenfield** ✆ (015394) 88658 – **www.abovethebay.co.uk** – *Ouvert toute l'année. Compter £30 en B & B par personne.* Belle vue sur le lac. Près du village.

■ **BAY HOUSE LAKE VIEW GUEST HOUSE. Fallbarrow Road** ✆ (015394) 43383. *Ouvert toute l'année. Compter de £20 à £35 par personne pour un B & B sur le lac.* Menus végétariens disponibles. Pas de couvre-feu.

■ **BECKSIDE. Rayrigg Road** ✆ (015394) 43565. *Ouvert toute l'année. Compter de £18 à £35 par personne.* Près du lac, près de « Miller Howe ». Jardin, parking. Breakfast végétarien possible.

■ **BLENHEIM LODGE HOTEL. Brantfell Road** ✆/Fax : (015394) 43440 – **www.blenheim-lodge.com** – **blenheimlodge@supanet.com** – *Ouvert toute l'année. Compter de £35 à £50 par personne en chambre simple ou double en fonction de la saison.* Vue panoramique sur le lac qui se trouve à 5 minutes de marche. A côté des bois et du sentier de randonnée Dalesway.

Restaurant

■ **MILLER HOWE KAFF. Alexandra Buildings, Station Precinct** ✆ (015394) 46732. On peut y déjeuner pour moins de £20 (jusqu'à 17h). Le chef et la qualité de la cuisine sont pourtant les mêmes qu'au Miller Howe, le meilleur restaurant de la ville où l'on dîne pour £35-40.

Points d'intérêt

■ **WINDERMERE STEAMBOAT MUSEUM. Rayrigg Road** ✆ (015394) 45565 – **www.steamboat.co.uk** – *Ouvert tous les jours de 10h à 17h de mi-mars à début novembre. Adulte : £4,75 ; enfant ; £2,50.* Une très belle collection de vieux bateaux à vapeur et à moteur dont certains comptent parmi les plus vieux du monde. Possibilité de croisière sur le lac à bord de certaines de ces « antiquités » encore en état de marche.

Beatrix Potter (1866-1943)

Née à la fin du siècle dernier, l'auteur a passé sa jeunesse dans le quartier de Kensington à Londres. Très jeune, elle a été initiée à l'amour de la nature par un père qui partait tous les ans pêcher dans la rivière Tay en Ecosse. Nourri de son goût pour la lecture, de ses rêves de petite fille qui s'ennuie et de ses découvertes campagnardes qu'elle fixait sur le papier, son talent d'aquarelliste était impressionnant. Devenue jeune fille, Beatrix Potter prit l'habitude d'écrire aux enfants de son institutrice préférée, en illustrant les histoires qu'elle leur racontait.

Lorsque son père renonça à l'Ecosse, c'est à Derwentwater que la famille prit ses quartiers d'été. La région la séduisit, puisque c'est à Esthwaite que plus tard, devenue auteur à succès, Beatrix Potter achètera une résidence. Elle commença sa carrière par la publication de quelques cartes de vœux. Le refus des éditeurs de s'intéresser à Peter Rabbit la força à publier ses premières histoires à compte d'auteur. Beatrix Potter publiera une vingtaine de livres pour enfants, dont elle assurera elle-même la traduction française.

■ **AMAZONIA WORLD OF REPTILES** ✆ (015394) 48002. *Ouvert du lundi au samedi de 9h à 18h et le dimanche de 11h à 18h tous les jours de l'année. Quitter la M6 à la Junction 36, puis prendre l'A591 direction Bowness Bay et suivre le long du lac jusqu'à atteindre le Windermere Quays Visitor Centre.* Une collection de crocodiles, serpents, lézards, poissons, tortues et insectes amazoniens dans des jardins botaniques.

■ **FELL FOOT PARK & GARDEN. Newby Bridge.** *Ouvert tous les jours de 9h à 19h (ou à la tombée de la nuit). À l'extrémité sud du lac Windermere, sur la rive est.* Parc et jardin où l'on peut se baigner et pêcher. Location de bateaux de fin mars à début novembre. Café. Parking payant.

CONISTON

1 800 habitants. Petite ville classique du Lake district qui attire quelques touristes pour ses promenades sur le lac à bord d'un bateau.

Transports – Pratique

▶ **Indicatif téléphonique :** 015394.

■ **OFFICE DU TOURISME.** Ruskin Avenue ✆ (015394) 41533.

■ **MINI-CROISIERES. Coniston Launch. The Pier Cottage** ✆ (015394) 36216 – www.coniston launch.co.uk – *Croisières de tous types avec départ tous les jours de mi-mars à mi-novembre, le service fonctionne au ralenti l'hiver. Environ £11, £5 pour les enfants.*

Hébergement

■ **YOUTH HOSTEL. Holly How, Far End** ✆ (015394) 41323 – conistonhh@yha.ork.uk – *£12 par personne.* Possibilité de faire de nombreuses activités de plein air à proximité.

■ **YOUTH HOSTEL. Coppermines House** ✆ (015394) 41261 – coppermines@yha.org.uk – Style plus simple, mais prix équivalent. Petite maison sur la montagne située à 1,5 km du village.

■ **WATERHEAD HOTEL. Hawkshead Road** ✆ (015394) 41244 – Fax : (015394) 41193. *Ouvert toute l'année. Compter de £40 à £50 par personne. Accès privé au lac.* Chambres avec salle de bains. Bar et restaurant.

■ **WHEELGATE COUNTRY HOUSE HOTEL. Little Arrow** ✆ (015394) 41418 – www.wheelgate. co.uk – *Ouvert de mars à novembre. Compter de £28 à £35 par personne.* Hôtel du XVIIe siècle. Bar, restaurant, salle de fitness incluse dans le prix de la chambre.

Points d'intérêt

■ **BRANTWOOD HOUSE** ✆ (015394) 41396 – www.brantwood.org.uk – *Ouvert tous les jours de mi-mars à mi-novembre de 10h à 17h30 ; ouvert en hiver du mercredi au dimanche de 11h à 17h30. Entrée : adulte : £5,50 ; enfant : £1. Quitter Coniston et suivre la B 5285.* Voici la maison de John Ruskin (écrivain, critique d'art et peintre anglais) de 1872 à 1900, avec une superbe vue sur le lac. Belle collection d'aquarelles et de dessins. Librairie, café-restaurant.

AMBLESIDE

Une jolie petite ville située à la pointe nord du lac Windermere. Ne manquez pas la « House on the Bridge », une maison pont jadis occupée par toute une famille. Ambleside sert de base de départ pour les randonnées et l'escalade.

Pratique

▶ **Indicatif téléphonique :** 015394.

■ **OFFICE DU TOURISME. Central Buildings, Market Cross** ✆ (015394) 32582 et Bank House, the Square Hawshead ✆ (015394) 36319. Information sur les randonnées de la région.

Hébergement – Restaurants

■ **YOUTH HOSTEL. Waterhead** ✆ (015394) 32304. *Prix : £14 par personne.*

■ **BROADVIEW GUEST HOUSE. Lake Road** ✆ (015394) 3243 – www.broadview-guesthouse. co.uk – *Ouvert de février à novembre. Compter de £18 à £28 par personne en B & B.* À quelques pas du lac. B & B non-fumeurs. Quatre jolies chambres doubles et un excellent petit-déjeuner.

■ **ELDER GROVE HOTEL. Lake Road** ✆ **(015394) 32504 – Fax : (015394) 32251 – www.elder grove.co.uk – info@eldergrove.co.uk** – *Ouvert de février à novembre. Compter de £28 et £32 la nuit par personne en B & B (double) en fonction de la saison.* Hôtel traditionnel, avec chambres pourvues d'une salle de bains. Restaurant aussi.

■ **LACET HOUSE. Kelsick Road** ✆ **(015394) 34342.** *Ouvert toute l'année. Compter de £20 à £25 par personne en B & B.* Toutes les chambres ont une salle de bains, et la vue vaut le détour.

■ **THE REGENT HOTEL. Waterhead Bay** ✆ **(015394) 32254 – Fax : (015394) 31474 – www. regentlake.co.uk –** *Ouvert toute l'année. Compter de £55 à £70 par personne en B & B.* Un hôtel sur la rive du lac Windermere, confortable. Piscine intérieure chauffée.

■ **THE DRUNKEN DUCK INN. Barngates Hawkshead** ✆ **(015394) 36347.** *Prix : £40 par personne.* Chambres charmantes, poutres en chêne, feu de bois et bonne bière créent l'ambiance festive de ce « Canard ivre » adoré de nombreux clients.

▶ **Nombreux restaurants la rue principale.** Les végétariens apprécieront le Harvest Wholefood Restaurant.

Points d'intérêt

■ **ADRIAN SANKEY. Rydal Road** ✆ **(015394) 33039 – www.glassmakers.co.uk –** *Ouvert tous les jours de l'année de 9h à 17h.* Une fabrique d'objets en cristal à visiter pour voir la transformation du cristal et la diversité des objets fabriqués : presse-papiers, vases, verres, lampes et flacons… Boutique, restaurant.

■ **RYDAL MOUNT** ✆ **(015394) 33002.** *Près de l'A 591, à 2 miles d'Ambleside. Ouvert tous les jours de mars à octobre de 9h30 à 17h et de novembre à février de 10h à 16h (fermé en janvier et le mardi en hiver).* C'est ici que vécut William Wordsworth de 1813 jusqu'à sa mort en 1850. Pièces et objets personnels. Le poète aménagea lui-même son jardin. Parking gratuit, boutique.

GRASMERE

Petit village pittoresque où se trouve Dove Cottage, la chaumière de Wordsworth. Il aurait, paraît-il, écrit là ses meilleures poésies. On notera l'horloge à coucou, avec lequel le poète jouait, soit en quête d'inspiration, soit pour tourner en dérision son surnom de « canari de la reine qui ne chante pas ». Un surnom dont il hérita après avoir accepté d'être le poète lauréat de la couronne à condition de ne jamais célébrer un événement royal. C'est aussi la ville d'un autre poète, Coleridge.

Pratique

▶ **Indicatif téléphonique :** 015394.

■ **OFFICE DU TOURISME.** Red Bank Road ✆ (015394) 35245.

Hébergement – Restaurants

■ **YOUTH HOSTEL. Thorney How** ✆ **(015394) 35591 – grasmere@yha.org.uk –** *Prix : £11 par personne et par nuit.*

■ **GLENTHORNE GUEST HOUSE AND QUAKER CENTRE. Easedale Road** ✆ **(015394) 35389.** *Ouvert de février à novembre. Compter environ £37 à £45 par personne en B & B.*

■ **GRASMERE RED LION HOTEL. Red Lion Square** ✆ **(015394) 35456.** *Ouvert toute l'année. Compter de £43 à £58 par personne en B & B.* Auberge de relais depuis le XVIIIe siècle, au centre du village, qui fait aussi restaurant. Salle de fitness.

■ **WHITE MOSS HOUSE. Rydal Water** ✆ **(015394) 35295 – www.whitemoss.com –** L'une des maisons où vécut l'omniprésent Wordsworth est actuellement un hôtel-restaurant. A £25, on vous servira un dîner exquis. La maison se targue de pouvoir proposer un vin différent chaque jour de l'année. Le dîner a lieu à 19h30-20h. Réservation requise.

■ **Près de la maison de Wordsworth, salon de thé DOVE COTTAGE TEASHOP.**

■ **Pour le pain d'épices, allez chez SARAH NELSON,** Grasmere Gingerbread.

Points d'intérêt

■ **DOVE COTTAGE & WORDSWORTH MUSEUM** ✆ **(015394) 35544 – http://newsite.words worthtrust.org.uk** – *Ouvert tous les jours de 9h30 à 17h30. Entrée : adulte : £6 ; enfant : £3,75. Fermé en janvier.* Ce fut la maison de William Wordsworth et il y écrivit certains de ses plus beaux poèmes. Vous y découvrirez sa vie ainsi que des lettres et manuscrits. Visites guidées. Boutique, salon de thé, parking.

■ **THE HEATON COOPER STUDIO** ✆ **(015394) 35280 – www.heatoncooper.co.uk** – *Ouvert en été du lundi au samedi de 9h à 17h30 et le dimanche de 12h à 17h30.* Importante collection d'aquarelles et de reproductions aux couleurs des paysages locaux de W. Heaton Cooper. Vente de tableaux et de livres d'art. Expositions temporaires.

Loisirs

▶ **A l'ouest de la route qui mène à Keswick se dressent des points d'escalade renommés.** Ceux qui préfèrent la promenade à l'alpinisme peuvent partir à la recherche des « tarns » (petits lacs) de la séduisante vallée du Langdale, où furent retrouvés les vestiges d'un atelier de fabrication de haches vieux de 5 000 ans, et où l'on a longtemps fabriqué la poudre à canon (Elterwater).

KESWICK

5 000 habitants. Cette petite ville est nichée au creux de la montagne, au bord du Derwent Water. Ce grand lac est peut-être le plus beau de la région, avec ses cascades spectaculaires, telle la chute de Taylor Gill Force, haute de 42 m. On peut y louer des barques. A voir absolument, le site de Castlerigg Stone Circle, tout proche de Keswick.

Pratique

▶ **Indicatif téléphonique :** 017687.

■ **OFFICE DU TOURISME. Moot Hall, Market Square** ✆ **(017687) 72645.** *Ouvert toute l'année de 9h30 à 17h30 (16h30 en hiver).* Informations sur les guides locaux, les itinéraires de randonnée et les visites guidées et gratuites autour de la ville. Si vous arrivez tard, une liste des B & B de la région est affichée sur la porte.

■ **POLICE. Bank Street** ✆ (017687) 72004 ou 01900 602922.

■ **CHANGE.** Pendant le week-end à la poste, sur Main Street.

■ **LOCATION DE V. T. T. Keswick Mountain Bike Centre, Southey Lane** ✆ **(017687) 80586 – www.keswickmountainbikes.co.uk** – *Prix :* £12 la location de V. T. T. pour une demi-journée, £17 la journée. Le magasin dispose aussi d'un atelier.

Hébergement

■ **YOUTH HOSTEL. Station Road** ✆ **(017687) 72484 – keswick@yha.org.uk** – *Prix :* £12 la nuit.

■ **DERWENT WATER YOUTH HOSTEL. Barrow House, Borrowdale** ✆ **(017687) 77246 – derwentwater@yha.org.uk** – £12. *Sur la B 5289.* La maison a 200 ans et jouit d'une vue magnifique sur le lac. Cette superbe auberge de jeunesse, située à l'est du lac de Derwent Water, est régulièrement desservie par un bus en provenance de Keswick.

■ **HEDGEHOG HILL. 18 Blencathra Street** ✆ **(01768) 774386 – www.hedgehoghill.co.uk** – *Prix :* £23 par personne en chambre double. Un B & B près du centre-ville, ouvert toute l'année et pour non-fumeurs seulement.

■ **THE SWINSIDE INN LODGE. Newlands** ✆ **(017687) 78253 – www.theswinsidehinn. com** – *Environ* £30 par personne. Dans une maison victorienne à 5 kilomètres de la ville, à l'ouest du lac, entre Portinscale et Grange, près de la colline Catbells, le calme et le confort d'un accueil gracieux.

■ **SEATOLLER HOUSE. Seatoller, Borrowdale** ✆ **(017687) 77218 – www.seatollerhouse. co.uk** – *Prix :* £46 (demi-pension). Ouverte surtout aux non-fumeurs amateurs de montagne, cette maison imposante et grise, vieille de 350 ans, semble empreinte de la permanence et de la solidité des montagnes qui l'entourent.

■ **ARMATHWAITE HALL. Bassenthwaite Lake** ✆ **(017687) 6551 – Fax : (017687) 6220 –** **reservations@armathwaite-hall.com –** *Prix : £90 par personne et par nuit. Au nord de Keswick, prenez l'A 591 vers Carlisle pendant environ 13 kilomètres et tournez à gauche au niveau du Castle Inn Hotel, c'est à 200 mètres.* Dans une demeure baronniale datant du XVIIIe siècle et qui aurait été considérée comme grande même à l'époque de sa construction, cet hôtel propose « tout ce qu'on associe au meilleur de la vie anglaise ». Cadre de chêne et feux de bois. Un excellent restaurant : « cassolette » d'escargots à l'aneth, délice de volailles à la homardine… L'hôtel offre de nombreuses activités, mais avant tout un cadre et des environs splendides.

■ **SHARROW BAY. Howtown Road, Lake Ullswater** ✆ **(01768) 486301.** *Prix : à partir de £90 par personne. Compter £45 pour le dîner. Réservation requise si on n'est pas client de l'établissement.* A 3 kilomètres au sud de Pooley Bridge, sur la rive est du lac Ullswater, au sud-ouest de Penrith, l'hôtel bénéficie de 40 années d'expérience et a gagné tous les lauriers de l'hôtellerie de première classe. La clientèle a le choix entre l'habitation principale et un nombre restreint de chambres discrètes dans deux maisons particulières. La romancière Barbara Cartland a mentionné le Sharrow Bay comme l'un des hôtels les plus romantiques du Royaume-Uni. La cuisine y est classique et british, à découvrir sans préjugé.

Restaurants

■ **BRYSON'S TEA ROOM. 40 Main Street** ✆ **(017687) 78068.** Salon de thé et boutique.

■ **THE PACK HORSE Inn** ✆ **(01768) 71389.** Dans une allée en face du bureau du tourisme. Un pub toujours animé dont les repas sont les plus réputés de la ville.

Manifestations

▶ **Mi-mai :** le Keswick Jazz Festival remplit les bars de musique et de fans. Infos ✆ 01900-602122.

▶ **Juin :** Festival de la bière – www.keswickbeerfestival.co.uk

▶ **Deuxième quinzaine de juillet :** la Keswick Convention transforme la ville en un lieu de pèlerinage chrétien – www.keswickconv.com

▶ **Août :** foire annuelle.

Points d'intérêt

■ **PENCIL MUSEUM** ✆ **(017687) 73626.** *Southey Works, Greta Bridge. Ouvert tous les jours de 9h30 à 16h Adulte £2,50 ; enfant : £1,25.* Le musée du crayon. Un musée original qui vous apprendra tout sur l'histoire du crayon et sa fabrication, depuis la découverte des mines de graphite de Borrowdale, jusqu'aux méthodes modernes et automatisées. Vous y découvrirez également le plus long crayon du monde qui mesure près de 8 m.

■ **CARS OF THE STARS MOTOR MUSEUM. Standish Street** ✆ **(017687) 73757 – www.carsofthestars.com –** *Ouvert de février à novembre. Entrée : £4 et £3.* Collection de voitures de stars, de très belles mécaniques made in England, la Lotus Esprit Turbo de James Bond, et une Triumph Roadster de Bergerac.

■ **FRIAR'S CRAG.** Très beau point de vue qui aurait, paraît-il inspiré John Ruskin.

Shopping

■ **THE TEAPOTTERY. Central Car Park Road** ✆ **(017687) 73983 – www.teapottery.co.uk –** *Ouvert tous les jours de l'année de 9h à 17h.* Théières fabriquées à l'ancienne et peintes à la main. Vous y apprendrez également l'histoire du thé.

■ VERS LA FRONTIÈRE ÉCOSSAISE ■

PENRITH

▶ **Indicatif téléphonique :** 01768.

■ **WETHERIGGS COUNTRY POTTERY. Clifton Dykes** ✆ **(01768) 892733.** *Ouvert tous les jours dès Pâques de 10h à 17h30. Quitter Penrith par l'A 6 vers Kendal; traverser le pont de Eamont et tourner vers Cliburn après 1 mile. Après 2 miles, tourner à droite direction Wetheriggs.* La seule fabrique de poterie fonctionnant avec des moteurs à vapeur en Grande-Bretagne. Chacun peut essayer soi-même de fabriquer sa propre poterie. Musée, salon de thé, boutique.

CARLISLE

Le chef-lieu de Cumbria. C'est la ville frontière avant l'Ecosse, dernier bastion anglais. Cité romaine du Ier siècle, Carlisle conserve les vestiges de son passé, et se situe à une vingtaine de kilomètres du mur d'Hadrien qui marquait les limites de l'Empire romain.

Pratique

▶ **Indicatif téléphonique :** 01228.

■ **CARLISLE VISITOR CENTRE. Old Town Hall, Green Market** ✆ **(01228) 625600.** *Ouvert en mai, juin et septembre du lundi au samedi de 9h30 à 17h et dimanche de 10h30 à 16h; en juillet et août du lundi au samedi de 10h30 à 16h; d'octobre à avril de 10h à 16h. Accès Internet.*

Hébergement

■ **CAMPING DALSTON HALL CARAVAN PARK. Dalston Road** ✆ **(01228) 710 165.** *Ouvert de mars à octobre.* A moins d'un kilomètre de la gare.

■ **YOUTH HOSTEL. Old Brewery Residences** ✆/**Fax : (01228) 597352 – dee.carruthers@unn. ac.uk –** *Prix : £16 la nuit sans le petit-déjeuner.*

■ **CHATSWORTH GUEST HOUSE. Chatsworth Square** ✆ **(01228) 524023.** *Chambres à partir de £34.* Une guesthouse familiale, dans une maison victorienne.

■ **CROWN AND MITRE. English Street** ✆ **(01228) 525491 – www.crownandmitre-hotel-carlisle.com –** *Chambre à partir de £80.* Un hôtel 3-étoiles de style édouardien. Tout confort.

Points d'intérêt

■ **CARLISLE CATHEDRAL** ✆ **(01228) 548151.** *Ouvert du lundi au samedi de 7h30 à 18h15 et le dimanche de 7h30 à 17h.* Cette cathédrale en pierre de sable rouge fut construite en 1122 puis détruite en grande partie afin de récupérer ses matériaux pour consolider les murs de la ville lors du siège de 1644-1645. Elle ne fut pas restaurée avant le XIXe siècle, mais elle a cependant conservé certains éléments de sa beauté originale, dont la fenêtre est, datant du XIVe siècle, le triptyque de Brougham ainsi que le trésor.

■ **CARLISLE CASTLE** ✆ **(01228) 591922.** *Ouvert d'avril à septembre de 9h30 à 18h et d'octobre à mars de 10h à 16h. Entrée : adulte £3,80/enfant £1,90.* La première forteresse fut construite par Guillaume II en 1092. Carisle Castle gardait la frontière entre l'Angleterre et l'Ecosse et les deux nations se disputèrent sa domination pendant des siècles. Le dernier siège du château eu lieu en 1745, lorsque les Jocobites, menés par Bonnie Prince Charlie s'en emparèrent avant de se rendre quelques mois plus tard. Le château abrite un labyrinthe de passages et de pièces et, dans les anciens cachots, les « licking stones », des pierres que les prisonniers léchaient pour s'hydrater. Belles vues depuis les remparts.

■ **TULLIE HOUSE MUSEUM AND ART GALLERY. Castle Street** ✆ **(01228) 534781 – www. tulliehouse.co.uk –** *Ouvert tous les jours de 10h à 17h et le dimanche de 12h à 17h. Entrée : £3/£1,50.* Exposition sur l'histoire de la ville depuis ses origines et sur les mystères du mur d'Hadrien. Spectacle audiovisuel, boutique, restaurant, jardin d'herbes aromatiques. Egalement une petite galerie d'art qui vaut le détour.

HADRIAN'S WALL (le mur d'Hadrien)

Le monument le plus colossal de l'Antiquité traverse l'Angleterre entre Carlisle et Newcastle-upon-Tyne. Des sentiers accessibles aux randonneurs de tous niveaux et des pistes cyclables s'étendent le long des vestiges, au milieu d'un magnifique paysage. Il est aussi possible d'emprunter un bus reliant les différents sites romains entre eux. Si vous visitez les sites en voiture particulière, les centres d'information de la région vous fourniront un guide de visite été ou hiver très utile.

■ **RENSEIGNEMENTS SUR LE SITE :** www.hadrians-wall.org

Il y a près de 2 000 ans, en l'an 122, l'Empereur Hadrien ordonna la construction de ce mur pour marquer la délimitation de l'Empire romain et le protéger des Barbares. Le mur, dont il reste peut-être la moitié, est jalonné de monuments, de sites d'intérêt et de possibilités d'hébergement. On peut longer en voiture les 35 km les plus intéressants sur la B 6318 (au nord de l'A 69) ou à pied, au départ de Lanercost Priory, à 20 km à l'est de Carlisle et à 3 km à l'ouest de Brampton, petit village qui inspira Walter Scott. Sur le site de cet ancien prieuré, une pierre signale que les moines avaient droit à 25 pintes (15 litres) de bière par jour et à 50 pintes le dimanche !

La partie du mur la mieux conservée – le prieuré de Lanercost n'est pas la seule construction de la région à s'être servie du mur comme carrière de pierre – s'interrompt à Chesters Fort, au nord de Hexham. Les randonneurs doivent compter deux jours pour ce trajet (des bus peuvent les ramener à leur point de départ).

Pour l'hébergement et tous renseignements pratiques concernant la région, Haltwhistle dispose d'un bureau du tourisme (à la gare) ℂ (01434) 322002 qui propose une liste de chambres chez l'habitant.

Au nord du mur s'étend le Border Forest Park. Au centre, le Kielder Water, un grand lac assez isolé, attire de nombreux amateurs de nature préservée. Le mur et le parc naturel sont traversés par le Pennine Way, un chemin de randonnée qui vient des Midlands et s'interrompt sur la « Border ». Ce chemin suit le mur sur une douzaine de kilomètres.

Hébergement

■ **ONCE BREWED YOUTH HOSTEL. Military Road, Bardon Mill, Hexham** ℂ **(01434) 344360.** *Prix : £12,50 la nuit. Ouvert de février à novembre.* A 1 km du mur d'Hadrien et des sites à visiter.

■ **MAVIS MCCORMICK. Topsy Turvy, 9 Leazes Lane, Hexham** ℂ **(01434) 603152 – topsy. turvy@ukonline.co.uk** – *Prix : £25 par personne et par nuit, base chambre double. Ouvert toute l'année.* Une maison-chalet de trois chambres doubles, paisible, située dans une ruelle de la partie ouest de la ville.

■ **B & B MRS DOREEN APCAR. The Foxgloves, 73, Scotland Road, Carlisle CA39HL** ℂ **(01228) 526365.** *Environ £18 par personne.* Superbe maison victorienne, chambres (simples et doubles) très coquettes avec des fleurs partout. Accueil plus qu'aimable. Petit-déjeuner digne des ogres (et à volonté).

MIDDLESBROUGH

Au-delà, la route (B 1257) se poursuit jusqu'à Middlesbrough, ville industrielle à l'entrée de laquelle se trouve le musée dédié au capitaine James Cook.

Point d'intérêt

■ **CAPTAIN COOK BIRTH PLACE MUSEUM. Stewart Park, Marton, Middlebrough** ℂ **(01642) 311211.** *En été, du mardi au dimanche de 10h à 17h ; en hiver, de 9h à 15h30. Prix : £2,40, enfants £1,20.* Lieu de naissance du capitaine James Cook.

DURHAM

83 000 habitants. La ville est connue pour son université et sa magnifique cathédrale de style normand qui vaut à elle seule un arrêt. Au vu de ses dimensions, on comprend pourquoi cette cathédrale était autant redoutée comme forteresse que respectée comme lieu saint. Durham fut un comté puissant qui frappait sa propre monnaie, possédait sa propre hiérarchie nobiliaire et ses chefs d'Etat, les princes-évêques qui siégeaient dans la cathédrale. Son université est la cinquième en ancienneté de Grande-Bretagne.

La fabuleuse histoire de James Cook (Yorkshire 1728 – Hawaï 1779)

Naviguant dès son plus jeune âge comme mousse sur des voiliers caboteurs, Cook, devenu entre-temps capitaine, s'engagea, en 1755, comme simple matelot dans la Royal Navy. Promu enseigne de vaisseau, il participa aux différentes opérations qui menèrent à la perte du Canada par la France et commença, à cette occasion, sa carrière d'hydrographe en dressant la carte du cours et de l'estuaire du fleuve Saint-Laurent. Ses autres travaux – cette fois dans le domaine de l'astronomie, et récompensés par la Royal Society of Geography de Londres – lui permit d'être choisi par l'Amirauté britannique pour commander une expédition scientifique d'observation de l'éclipse du soleil par Vénus à Tahiti. Il fut, en outre, chargé de découvrir et d'explorer les terres encore inconnues du continent austral un instant aperçues par Abel Tasman cinquante ans plus tôt. Ce voyage fut la première des trois célèbres circumnavigations qu'il effectua de 1768 jusqu'à sa mort, en 1779.

Parti d'Angleterre en août 1768 à bord de la corvette *Endeavour* avec une équipe composée d'astronomes et de naturalistes, il arriva à Tahiti neuf mois plus tard. Après diverses observations, il fit voile vers le Sud. Une fois les côtes de la Nouvelle-Zélande cartographiées, il reconnut la côte orientale de l'Australie et le détroit de Torres, puis rejoignit l'Angleterre qu'il atteignit en juillet 1771, après un voyage de trois ans.

Son deuxième voyage, également entrepris à la recherche du continent austral, amena Cook, entre 1772 et 1775, à explorer l'océan Antarctique, entre la Terre de Feu et la Nouvelle-Zélande, sans jamais pouvoir découvrir ce fameux continent. Il franchit à cette occasion, le cercle polaire à deux reprises. Il poursuivit en outre la découverte et la cartographie de nombreuses îles et archipels encore inconnus de l'océan Pacifique. A signaler que le mythe du « bon sauvage », cher notamment à J.-J. Rousseau, a trouvé son origine dans la personne d'un Tahitien de sang royal ramené en Angleterre par Cook.

Son troisième et dernier voyage le fit naviguer l'année suivante des îles Kerguelen à la Tasmanie et de l'Australie au détroit de Béring, puis aux îles Hawaï où il trouva la mort, en 1779, au cours d'une rixe avec les indigènes. Tout à la fois marin, explorateur, hydrographe, astronome, Cook a ouvert, avec Bougainville, l'Europe aux nouveaux mondes de l'océan Pacifique et mérite de rester, à ce titre, l'une des grandes figures du XVIIIe siècle. Il a laissé de précieux journaux et carnets de voyage.

Pratique

▶ **Indicatif téléphonique :** 0191.

■ **OFFICE DU TOURISME. 2, Millennium Place** ✆ **(0191) 384 3720.** *Ouvert du lundi au samedi de 9h30 à 17h30 et le dimanche de 10h à 16h.* Ils peuvent vous réserver une chambre dans un Bead & Breakfast.

Hébergement

Durham compte relativement peu de Bed and Breakfast dans le centre (le service de réservation de l'office de tourisme pourra donc vous être utile). Egalement des chambres dans les collèges de l'université pendant les vacances scolaires.

■ **CASTLE VIEW GUEST HOUSE. 4, Crossgate** ✆ **(0191) 386 8852.** *A partir de £35 par personne.* Une jolie maison avec un jardin et, comme son nom l'indique, vue sur le château. Chambres avec salle de bains.

■ **HALLGARTH MANOR. Pittington (5 km à l'est)** ✆ **(0191) 3721188 – www.hallgarthmanor hotel.com** – *A partir de £50 par personne.* Vieille maison de famille de 23 chambres avec petit parc, restaurant et bar à l'ambiance locale.

Points d'intérêt

■ **LA CATHEDRALE** ✆ **(0191) 386 4266 – www.durhamcathedral.co.uk** – *Ouvert de 9h30 à 18h15 (17h le dimanche) et jusqu'à 20h pendant les mois d'été. Donations bienvenues.* Cette cathédrale de style roman date, dans sa partie visible actuellement, des XIIe et XIIIe siècles, mais sa construction débuta dès le XIᵉ siècle. Elle abrite dans l'angle d'un transept un monastère des XIVᵉ et XVᵉ siècles, dans lequel un musée a été aménagé. L'ensemble est vraiment imposant. Sont enterrés ici saint Cuthbert de Lindisfarne, un des Saints les plus vénérés du nord de l'Angleterre ainsi que le Venerable Bede (IXᵉ siècle), premier grand historien de Grande-Bretagne, aux visions profondes bien que très influencées par les intérêts du Vatican.

■ **MUSEUM OF ARCHEOLOGY (Old Fulling Mill). Durham University** ✆ **(0191) 3743623.** *Ouvert tous les jours de novembre à mars de 11h30 à 15h30 et d'avril à octobre de 11h à 16h. Entrée £1.* Musée de l'archéologie de la région, mais aussi de la Rome et de la Grèce antique.

■ **DURHAM UNIVERSITY ORIENTAL MUSEUM (Elvet Hill)** ✆ **(0191) 3345694.** *Ouvert du lundi au vendredi de 10h à 17h, le week-end et jours fériés de 12h à 17h. Entrée £1,5.* Unique en son genre, il est surtout connu pour ses antiquités orientales (de l'Egypte au Japon en passant par l'Afrique du Nord) et pour ses collections couvrant toutes les périodes et cultures importantes de la moitié du globe.

Juste avant Newcastle, quittez l'A 167 à Chester-le-Street et suivez l'A 693 vers Stanley.

■ **BEAMISH MUSEUM** ✆ **(191) 370 4000 – www.beamish.org.uk –** *Ouvert tous les jours de 10h à 17h d'avril à octobre et de 10h à 16h en hiver (dernière entrée à 15h été comme hiver), fermé le lundi et le vendredi. £15 en été, £6 en hiver.* Le plus grand musée en plein air du Nord de l'Angleterre. Il reconstitue la vie domestique et les activités commerciales d'une petite ville de la région au début du XIXᵉ et XXᵉ siècles.

■ **LE PLUS ANCIEN CHEMIN DE FER DU MONDE** passe à 5 km au nord de Stanley (sur l'A 6079). Il traverse Causey Arch, pont de chemin de fer, également le plus vieux au monde. Le « Tanfield Railway » expose aussi une collection de locomotives.

NEWCASTLE-UPON-TYNE

281 400 habitants, 400 000 avec les faubourgs. Capitale de l'ancien royaume de Northumbria et actuellement la plus grande ville du Nord-Est de l'Angleterre. A l'origine, il ne s'agissait que d'un des différents bastions qui jalonnaient le mur d'Hadrien. L'agglomération s'est par la suite considérablement développée et, au Moyen Age, la ville devint un port militaire redoutable autant qu'une cité commerçante florissante. Le port de Newcastle devint ensuite un centre de construction navale réputé. Aujourd'hui, Newcastle est ville agréable, pleine d'innovation, qui fait la fierté de ses habitants.

Transports

■ **AEROPORT.** Sur l'A 696, à 10 km au nord-ouest de la ville (Woolsington) ✆ (0191) 2860966. Un vol direct par jour sur Paris avec la compagnie Air UK. Vols intérieurs vers Londres, Birmingham, Bristol, Aberdeen, Manchester.

■ **GARE.** Central Station, dans Neville Street (infos) ✆ (0191) 2326262. Elle est reliée à toutes les grandes villes de Grande-Bretagne. Compter 3h30 pour Londres, 1h30 pour Edinburgh et 1h pour York.

■ **CAR.** Gallowgate coach station. La Compagnie National Express dessert la plupart des grandes villes du pays. Environ un bus toutes les deux heures pour Londres (£25, 7h); 3 bus par jour pour Edinburgh (£14,20, 3h30); et 3 bus pour York (£11,40 ; 2h30).
Les bus locaux et régionaux partent des gares routières de Haymarket et Eldon Square. Si vous comptez vous déplacer en bus dans la région, l'Explorer North East (£6 pour un jour) vous fera faire des économies. Celui-ci peut être acheté sur les bus.

■ **ROUTES.** Venant du sud, la voie la plus rapide est l'autoroute A 1 (M); de l'ouest, l'A 69 suit à quelques kilomètres près le mur d'Hadrien ; du nord, l'A 1 longe la côte à partir d'Edimbourg ; l'A 68, plus en hauteur car elle passe dans les collines, traverse les Borders et les parcs nationaux qui longent les Cheviot Hills, frontière naturelle entre l'Ecosse et l'Angleterre.

Se déplacer

Le centre de Newcastle peut très bien s'explorer à pied. La ville et ses alentours sont également bien desservis par le métro et les bus. Infos Traveline ✆ 0870 6082608 – www.nexus.org.uk

■ **LOCATION DE VOITURES.** Hertz – Rent a Car. 14-18 Westgate Road ✆ (0191) 2325313.

■ **VELOS.** Cycle Centre. 248-254 Shields Road Byker ✆ (0191) 2651472.

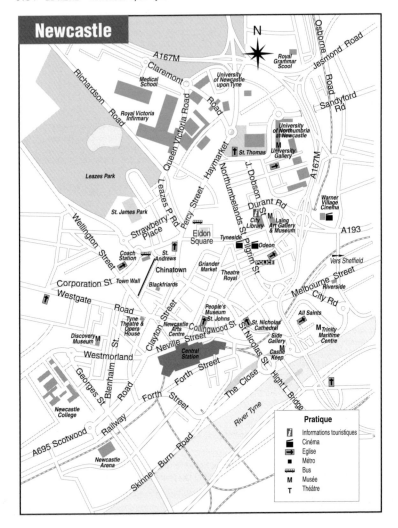

Pratique

■ **OFFICE DU TOURISME. 132, Grainger Street** ✆ **(0191) 2778000 – www.newcastle.gov. uk** – *Ouvert toute l'année du lundi au samedi de 9h30 à 17h30 (19h30 le jeudi) et le dimanche de 10h à 16h de juin à septembre uniquement.* Egalement un office de tourisme à la gare.

■ **HÔPITAL. Royal Victoria Infirmary, Queen Victoria Road** ✆ (0191) 2325131.

■ **POSTE CENTRALE. St Mary Place** ✆ 0845 722 33 44.

■ **POLICE. Market Street** ✆ (0191) 2146555.

■ **BANQUES. Partout dans le centre-ville.** Ouvertes du lundi au vendredi. Le samedi, essayez les agences de voyages comme Callers Pegasus, 85 Clayton Street ✆ (0191) 2302240 ou 11-13 Saville Row ✆ (0191) 2610381. Ouvert de 9h à 20h le lundi, mercredi, jeudi de 9h à 21h le vendredi et de 9h à 19h le samedi.

Hébergement

Certains hôtels du centre-ville ont un tarif horaire au lieu d'un tarif journalier. Vous pouvez toutefois vous fier aux établissements suivants.

■ **AUBERGE DE JEUNESSE YHA. 107 Jesmond Road** ✆ **(0191) 2812570 – Newcastle@yha. org.uk** – *Ouverte de mi-janvier au 23 décembre.* La solution la moins chère (*£16*) mais l'auberge ferme ses portes à 23h.

■ **ADELPHI HOTEL. 63, Fern Avenue** ✆ **(0191) 281 3109.** Un joli petit hôtel.

■ **THE NEW KENT HOTEL. 127, Osborne Road, Jesmond** ✆ **(0191) 2817711.** *A partir de £48 par personne en single.* L'hôtel est accueillant, propre et tranquille. Toutes les chambres ont une salle de bains. Les enfants qui partagent la chambre de leurs parents ne payent pas. Comme dans tous les hôtels de la ville, les tarifs pratiqués le week-end sont plus bas que ceux de la semaine. Le restaurant de l'hôtel a gagné une certaine réputation (*environ £20 le repas*).

■ **THE WATERSIDE HOTEL. 48-52, Sandhill, Quayside** ✆ **(0191) 2300111.** Surtout intéressant le week-end lorsque les prix descendent jusqu'à £50 pour une chambre double. Les chambres, sans être grandes, ont beaucoup de charme.

■ **ELDON HOTEL. 24 Akenside Terrace, Jesmond** ✆ **(0191) 2812562.** *A partir de £35 par personne.* Mme Pickering parle français et propose plusieurs chambres tranquilles avec ou sans salle de bains pour plusieurs ou une seule personne. Le salon est pourvu d'une cheminée de plus de 4 mètres carrés. La rue est peu fréquentée. Treize chambres réparties sur 3 étages.

Points d'intérêt

■ **CASTLE GARTH. Saint Nicholas Street** ✆ **(0191) 2327938.** *D'avril à septembre de 9h30 à 17h30 et d'octobre à mars de 9h30 à 16h30. £1,50.* Le « Newcastle », qui donne son nom à la ville, fut bâti en 1080 par le fils illégitime de Guillaume le Conquérant. A l'origine construit en bois, il fut réédifié en pierre par Henri II, entre 1168 et 1172, et demeure un parfait exemple de l'architecture normande militaire. A l'intérieur, deux suites royales sont ouvertes au public.

■ **SAINT NICHOLAS CATHEDRAL. Saint Nicholas Street** ✆ **(0191) 2321939 – www.new castle-ang-cathedral-stnicholas.org.uk** – *Du lundi au vendredi de 7h à 18h, le samedi de 8h30 à 16h et le dimanche entre 7h et 12h et 16h et 19h.* Cette cathédrale qui fut construite en majeure parie aux XIVe et XVe siècles, possède une tour d'une rare beauté en forme de couronne. Il n'en existe que quatre dans le pays et celle-ci est la plus ancienne (1470). Selon la légende, des prisonniers du nord de la frontière y auraient été enfermés en 1644, pour empêcher leurs compatriotes d'attaquer la cathédrale.

■ **MUSEUM OF ANTIQUITIES. The Quadrangle, University of Newcastle** ✆ **(0191) 2227849.** *Ouvert de 10h à 17h du lundi au samedi.* Une collection fabuleuse d'objets romains, surtout des pierres mithraïques. Mithra, dieu de l'ancien Iran, devint l'objet d'un culte chez les officiers des légions romaines en Grande-Bretagne. Le musée présente, bien sûr, le mur d'Hadrien et couvre l'histoire de la région de 6000 avant J.-C. jusqu'à 1600 de notre ère.

■ **MONUMENT A LA MEMOIRE DE EARL GREY.** *Ouvert de 11h30 à 16h30 de Pâques à début octobre.* De ce monument (une statue du comte au sommet d'une colonne) situé au cœur de la cité et édifié en l'honneur du père du Great Reform Act et du thé à la bergamote, vous aurez un superbe panorama de la ville encerclée par d'anciens remparts très impressionnants.

■ **LAING ART GALLERY. Higham Place, New Bridge Street** ✆ **(0191) 2327734.** *Ouvert de 10h à 17h du lundi au samedi, le dimanche de 14h à 17h. Entrée gratuite.* La galerie la plus grande et la plus complète du Nord-Est de l'Angleterre. Très belle collection de peintures et d'aquarelles des XVIIIe et XIXe siècles ainsi que d'art contemporain. A noter également, l'argenterie locale des XVIe et XVIIe siècles, la verrerie du XVIIIe siècle et les sculptures d'Henry Moore. Les expositions temporaires sont de première qualité et méritent, à elles seules, une visite.

■ **ANGEL OF THE NORTH. Eighton Banks, Gateshead. A1 Sortie Gateshead** ✆ **(0191) 4773478 – www.gateshead.gov.uk/angel –** *A environ 8 km au sud de Newcastle.* Cet ange en fer, sculpté par Anthony Gormley, est la plus grande sculpture de Grande-Bretagne. Elle pèse 20 tonnes, mesure 20 m de haut et l'envergure des ailes de l'ange est plus large que celle d'un Boeing 767. A voir. Pour vous y rendre avec les transports en communs, empruntez les bus n° 723 ou n° 724 depuis Eldon Square ou n° 21, n° 21A et n° 21B depuis Odeon.

Restaurants

■ **LEELA'S. 20, Dean Street** ✆ **(0191) 230 1261.** *Fermé le dimanche.* Très bonne cuisine du Sud de l'Inde. Grand choix pour les végétariens.

■ **LA TASCA. 106, Quayside** ✆ **(0191) 230 4006.** Bar à tapas. Terrasse en été.

■ **CAFÉ 21. 21, Queen Street** ✆ **(0191) 222 0755.** *Compter environ £35 par personne. Les menus du midi sont intéressants.* Une brasserie assez chic qui sert une cuisine internationale moderne de qualité.

Sortir

Avec ses 26 écrans (dont ceux du Tyneside Cinema, 10 Pilgrim Street à la programmation éclectique) et ses 8 salles de spectacles, Newcastle est La Mecque des cinéphiles anglais et des amateurs de théâtre. Northern Events, mensuel gratuit, publie une liste des spectacles à voir (disponible dans les galeries ou à l'Office du tourisme). Consulter également le quotidien *Evening Chronicle.* La vie nocturne de Newcastle est parfois assez agitée. Il arrive aux jeunes d'être d'une humeur un peu belliqueuse lorsqu'ils traversent la ville de retour au stade. Vous êtes dans une cité où le football draine dans son sillage un public de supporters… anglais, c'est tout dire. Mieux vaut éviter de porter, le soir, des vêtements de jogging ou de style sportif trop voyant. A Newcastle, si vous n'êtes pas bercé dans la science compliquée des couleurs arborées par les équipes adverses ou amies, vos innocents vêtements peuvent signifier, à votre insu, une volonté manifeste de chercher la bagarre.

■ **CROWN POSADA. 31, The Side** ✆ **(0191) 232 1269.** Un pub victorien authentique qui sert de la très bonne real ale.

■ **HEAD OF STEAM. 2, Neville Street** ✆ **(0191) 232 4379.** Un bar sur deux étages avec musique (souvent de DJ ou de la musique live) et une excellente atmosphère, sympa et sans prétention.

■ **BAJA BEACH CLUB. Hillgate Quay** ✆ **(0191) 477 6205.** Un club très populaire qui recrée une ambiance « beach party » avec palmier et barmaid en bikini. Un peu kitsch, mais marrant.

Manifestations

▶ **Fin mai, début juin : Newcastle Jazz Festival.** Pour toute information appeler le ✆ (0191) 2328520 ou rendez-vous au 7, Saville Place.

▶ **Juin : The Hoppings.** Grande fête/foire d'une semaine sur le Town Moor dont la célébration date du XIVe siècle, sous Edward III. Les dates ne sont pas fixées avant Pâques.

▶ **Fin juin (à partir du dernier week-end) : à Alnwick.** Ambiance de foire médiévale dans la ville avec marché traditionnel, marchands costumés, jongleurs, saltimbanques, le grand carnaval du Moyen Age – www.alnwick-fair.co.uk

▶ **Juillet : New Fest.** Festival culturel axé surtout sur la jeunesse.

▶ **Septembre : Great North Run.** Courses à vélo ou à pied organisées par Nova International – www.greatrun.org

▶ **Fin septembre : Northern Lights Film Festival.** Festival international du cinéma des pays du Nord. Le premier du genre a eu lieu en 2003 – www.nlff.co.uk

Shopping

■ **LE METRO-CENTRE – www.themetrocentre.co.uk –** Complexe commercial le plus important d'Europe. Tout un monde à découvrir. Certains de ses magasins offrent les prix les plus doux du pays.

L'Écosse

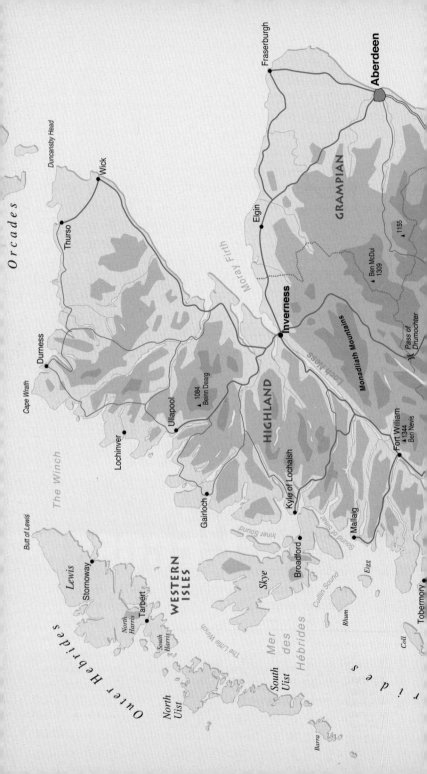

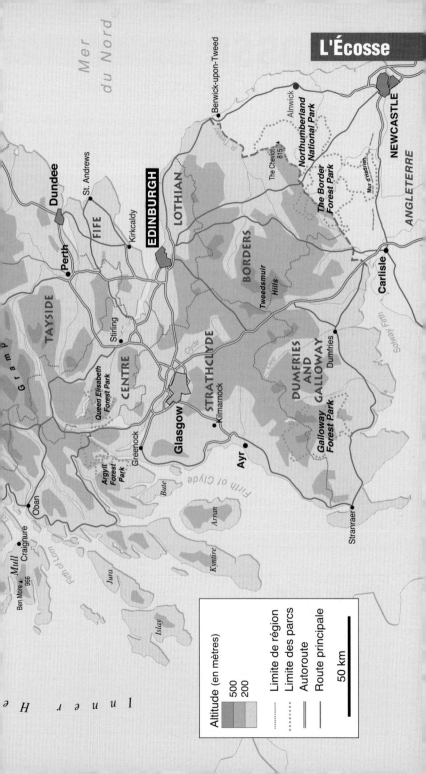

L'Écosse

Mer du Nord

Berwick-upon-Tweed

Alnwick
The Cheviot 815
Northumberland National Park
The Border Forest Park
Mur d'Hadrien
NEWCASTLE
ANGLETERRE

Dundee
St. Andrews
FIFE
Kirkcaldy
EDINBURGH
LOTHIAN
BORDERS
Tweedsmuir Hills
Carlisle

Perth
TAYSTIDE
Stirling
CENTRE
Clyde
STRATHCLYDE
Dee
DUMFRIES AND GALLOWAY
Dumfries
Solway Firth

Gramp
Queen Elisabeth Forest Park
Glasgow
Greenock
Kilmarnock
Galloway Forest Park

Argyll Forest Park
Ayr
Bute
Firth of Clyde
Arran
Kyntire
Stranraer

Oban
Craignure
Mull
Ben More 966
Jura
Islay

Firth of Lorn

Inner H

Altitude (en mètres)
500
200
Limite de région
Limite des parcs
Autoroute
Route principale

50 km

L'Écosse

Les visiteurs qui parcourent l'Ecosse ne manquent pas d'être frappés par son étonnante lumière, inconnue plus au sud, et qui colore, par beau temps, d'extraordinaires panoramas dont la grandeur, semble, souvent, venue du fond des âges. Car l'Ecosse est un pays exceptionnellement préservé, et lorsqu'on sait sortir des sentiers trop balisés, on ne trouve nulle part ailleurs, en Europe, des étendues restées aussi longtemps vierges. Personne ici ne viendra troubler le cours de vos émotions. Vous pourrez à loisir randonner en montagne, méditer en face de mystérieux lochs, vous émerveiller d'une vue imprenable sur un château, taquiner le brochet, parcourir des kilomètres de green. Et, le soir, savourer au calme, venue du fond des âges, en toute sérénité, un vieux malt local.

Mais l'Ecosse, c'est avant tout un peuple qui vaut la peine d'être connu. Un peuple attaché à sa région farouche, qu'il sait préserver et respecter, un peuple chez qui survit une tradition de l'accueil, digne, sans trace de servilité. Les gens de cette partie du Royaume-Uni aiment se réunir, parler, célébrer. Et dieu sait si le calendrier des fêtes et festivals écossais est riche.

Enfin, l'Ecosse c'est aussi 790 îles, dont 130 habitées, régulièrement desservies par ferry.

Géographie – Économie

Partie la plus septentrionale de la Grande-Bretagne, l'Ecosse est baignée par l'Atlantique, au nord et au nord-est, par le canal du Nord qui la sépare de l'Irlande, au sud-ouest, et par la mer du Nord, à l'est. Deux grands ensembles de massifs anciens – les Southern Uplands au sud, et les Highlands au nord – sont séparés par une zone déprimée, celle des Lowlands où se concentrent les deux tiers de la population écossaise. Cette région de petites plaines et de collines possède, en effet, les terres les plus fertiles de l'Ecosse, propices aux cultures céréalières et fruitières et à l'élevage des bovins.

C'est également dans les Lowlands que s'exerce la quasi-totalité de l'activité industrielle (métallurgie, fonderies, chantiers navals, industrie chimique), notamment autour de Glasgow, dans l'estuaire de la Clyde et, à l'est, dans la région de Dundee, avec ses confitureries où est produite la fameuse marmelade d'oranges. Les principales ressources énergétiques se partagent entre l'hydroélectricité des Highlands et l'important bassin houiller des Lowlands.

Baignées de lacs intérieurs d'eau douce (lochs) et de profonds fjords qui s'ouvrent dans la mer, les Highlands (Hautes Terres) abondent en étroites vallées ou glens, creusées par de nombreux cours d'eau tels le Tay, la Dee et le Spey. Dans la partie méridionale des Highlands, les monts Grampians, les plus élevés d'Ecosse et de Grande-Bretagne, culminent au Ben Nevis (1 343 m). Les North Highlands sont formées des chaînes parallèles des North West Highlands et des monts de Ross (1 182 m). L'archipel des Hébrides, à l'ouest, les Orcades et les Shetland au nord, font géographiquement partie de l'ensemble des Highlands.

Cette région, la plus déshéritée d'Ecosse, a une économie encore principalement rurale et pastorale : élevage ovin alimentant l'industrie lainière des Cheviot, de la vallée de la Tweed et des îles Shetland, sylviculture, chasse et pêche.

C'est également la région la plus touristique : épargnée par les mutations industrielles et la pollution, elle a gardé, intactes, la beauté de ses paysages et la fidélité à ses traditions.

L'Écosse en bref

▶ **Scotland** : en anglais.

▶ **Capitale** : Edimbourg.

▶ **Superficie** : 77 180 km².

▶ **Population** : 5,1 millions d'habitants.

▶ **Villes principales** : Edimbourg, Glasgow, Aberdeen.

▶ **Langues officielles** : anglais, gaélique.

▶ **Drapeau** : une croix blanche de Saint-André sur fond bleu marine.

Dès le néolithique, à la suite de peuplements venus d'Irlande ainsi que de la mer du Nord et du Sud, l'Ecosse vit se développer sur son territoire plusieurs civilisations déjà évoluées. Du VIe au IIIe siècle avant J.-C., la région fut envahie par les Celtes. Du Ier siècle à 410, elle subit l'occupation romaine, mais celle-ci n'eut qu'une faible influence et ne dépassa pas, au nord, le mur de défense construit par Antonin le Pieux, de la Clyde au Forth. Quatre peuples étaient présents dans la région à la fin de l'occupation romaine (IVe siècle) : les Scots, les Pictes, les Britons et les Angles. Malgré la supériorité numérique des Pictes, ce furent les Scots, venus d'Irlande, qui façonnèrent l'identité culturelle et religieuse des Ecossais. Leurs moines du monastère irlandais de Saint-Colomba christianisèrent le pays.

Entre le VIIIe et le XIIe siècle, l'Ecosse subit d'incessants raids des Scandinaves qui finirent par coloniser le Nord et le Nord-Ouest. Au IXe siècle, sous le roi des Scots Kenneth Mac Alpin, Pictes et Scots se fondent en une seule nation dont le territoire reçoit le nom de Scotland. Au début du XIe siècle, les successeurs de Kenneth, Duncan, puis Macbeth, étendent le royaume vers le sud. Dès son origine, l'Ecosse connaît une longue suite de guerres avec son voisin, le royaume d'Angleterre, contre lequel, sous le règne de Guillaume le Lion (1165-1214), elle sera un moment l'alliée de la France. Les hostilités s'apaisent au XIIIe siècle, après la soumission de l'Ecosse, au temps d'Edouard Ier, puis reprennent avec la résistance de William Wallace et l'affranchissement du pays par Robert Bruce, en 1329.

Au cours de la guerre de Cent Ans, l'Ecosse est de nouveau l'alliée de la France. Les Stuart s'appuient sur celle-ci pour résister aux convoitises britanniques et à l'insubordination de la noblesse dont une grande partie adhère à la réforme religieuse de John Knox (presbytérianisme), alors que la monarchie reste catholique. Marie Stuart, fille de Jacques V, sera la malheureuse victime du triomphe de la Réforme presbytérienne (seconde moitié du XVIe siècle). En 1603, à la mort sans héritier d'Elisabeth d'Angleterre, le fils de Marie Stuart, Jacques VI d'Ecosse, devient Jacques Ier de Grande-Bretagne (ce terme est d'ailleurs de lui).

Bien que régis par un même souverain, les deux royaumes restèrent distincts et furent même parfois en guerre, soit pour des raisons religieuses, soit lors de la première révolution d'Angleterre, par suite de l'attachement des Ecossais aux Stuart. Ce n'est qu'un siècle plus tard, en 1707, sous la reine Anne, que fut voté l'Acte d'Union des deux royaumes qui fonda le Royaume-Uni de Grande-Bretagne.

Le développement économique de l'Ecosse et l'industrialisation du XIXe siècle s'accompagnèrent de profondes injustices sociales : enrichissement des propriétaires terriens, effroyable misère de la majorité, grèves impitoyablement réprimées. Aujourd'hui, l'Ecosse possède un système éducatif et un gouvernement (Scottish Office) propres. Bien que la langue gaélique ait pratiquement disparu, la culture et le nationalisme écossais demeurent profondément enracinés dans la conscience populaire.

Histoire

Les origines

Des quatre peuples qui, à l'origine, dominent l'Ecosse, trois (les Pictes, les Scots et les Britons) sont celtes. On sait que la plus ancienne civilisation écossaise fut celle des Pictes. Le mot signifie « homme peint ». Et effectivement, les guerriers pictes se battaient nus, le corps enduit d'une pellicule de peinture. Les territoires de l'ouest étaient aux mains des Scots – c'est-à-dire les « brigands » –, de féroces guerriers venus d'Irlande et parlant le gaélique. Leurs voisins, les Britons, vivaient sur le pourtour de l'estuaire de la Clyde. Quant aux Angles, un peuple d'origine germanique, ils s'étaient établis sur la partie est de la terre écossaise, avant que les Normands ne traversent la Manche.

La première unification du pays est l'œuvre des missionnaires chrétiens, Ninian au IVe siècle, et, au VIe siècle (563), Columba, qu'avait précédé le redoutable Brandon. Aidan fonda à Lindisfarne, sur la côte est, une importante communauté religieuse dont le rôle majeur consista à alphabétiser les rois de ces différentes peuplades. A la fin du VIIIe siècle, à défaut d'un équilibre politique, l'harmonie religieuse régnait donc en Ecosse. Au IXe siècle, Kenneth Mac Alpine réussit à lier Pictes et Scots, peut-être pour mieux s'opposer aux raids vikings. De cette union naît un nouveau royaume, le Scotland. Les Angles n'y seront intégrés qu'au début du XIe siècle, sous le règne de Malcolm II, membre de la dynastie des Canmore. Son petit-fils Duncan lui ayant succédé sur le trône, en 1040, il est tué par Macbeth, qui ne fut pas le mauvais roi décrié par Shakespeare. En 1057, Malcolm III, fils de Duncan, venge son père et s'empare de la couronne. Guillaume le Conquérant, malgré quelques tentatives, ne parviendra jamais à envahir l'Ecosse. C'est sans doute à cette relative stabilité de régime que les Ecossais doivent le sentiment d'une appartenance territoriale.

David Ier, troisième fils de Malcolm, s'emploie à restructurer l'Eglise et met en place un système féodal, comparable à celui qui domine alors en France ou en Angleterre. Il crée des « burghs », favorise le commerce et stimule la responsabilité civique au sein des villes.

En 1165 est signée l'« auld Alliance » entre l'Ecosse et la France. A cette époque, l'Ecosse est plus vaste qu'aujourd'hui puisqu'elle s'étend sur une partie du Nord de l'actuelle Angleterre. Mais les Hébrides vont rester norvégiennes jusqu'en 1266, date du traité de Perth qui les concède à l'Ecosse.

La guerre entre l'Écosse et l'Angleterre

Il faut attendre la fin du XIIIᵉ siècle pour que la suprématie de l'Ecosse soit remise en question. C'est le début d'une guerre qui va durer 400 ans. Quatre siècles de troubles sanglants déclenchés à la suite d'un incident : héritière de la couronne de Norvège, Margaret, dite Maid of Norway, fille d'Eric de Norvège et petite-fille d'Alexandre III, avait été promise au fils d'Edouard Iᵉʳ, surnommé le « Marteau des Ecossais ». Il s'agissait d'un mariage d'union entre l'Ecosse et l'Angleterre. Margaret mourut pendant la traversée et les barons écossais exigèrent d'Edouard qu'il choisisse parmi eux un prétendant à la couronne. Après s'être prononcé en faveur de John Balliol, le souverain anglais revint sur son choix, et n'eut de cesse d'humilier Balliol au point que ce dernier décida d'envahir le Nord du territoire de son puissant voisin. Le roi d'Angleterre répliqua par le terrible massacre de Berwick.

En 1306, Robert Bruce, petit-fils d'un des prétendants déçus, décide, en réponse aux tentatives d'annexion de l'Ecosse par Edouard Iᵉʳ, de revendiquer son titre à la couronne. Il remporte sa première victoire militaire à Glentrod, en Galloway. En 1314, il s'impose à la bataille de Bannockburn. Sa vaillance ayant convaincu Edouard Iᵉʳ d'admettre une Ecosse indépendante, le traité d'Edimbourg est signé en 1328. La vaillance semble d'ailleurs être un gène familial puisque le fils de Robert Bruce épouse la sœur d'Edouard Iᵉʳ à l'âge de cinq ans, avant de monter à son tour sur le trône…

En 1371, la couronne change de tête au profit des Stewarts qui vont la conserver pendant une cinquantaine d'années. Après les règnes de Robert II et Robert III s'ouvre la régence du duc d'Albany. Durant cette période, le pouvoir des barons ne cesse de croître.

En 1424, le prétendant à la couronne, Jacques Iᵉʳ, fils de Robert III, rentre en Ecosse avec Joan Beaufort, sa femme. Etabli à Linlithgow, le nouveau roi, qui a été retenu prisonnier en Angleterre jusqu'à l'âge de 21 ans, guerroie inlassablement contre les Anglais et prétend même apporter son soutien à Jeanne d'Arc, une alliance avec la France qui ne lui sera pas pardonnée. De son enfance, Jacques Iᵉʳ, souverain civilisateur, a gardé des manières anglaises, qu'il tente d'introduire : elles lui valent d'être froidement assassiné devant sa femme par les barons qu'il voulait soumettre. C'est le début d'une guerre civile qui va durer un siècle. Jacques II, qui succède à son père après quelques années de régence, entre dans l'histoire écossaise notamment pour le meurtre du comte Douglas, perpétré au cours d'un banquet.

Sous Jacques III, les îles Orcades et Shetland, qui constituent la dot de sa femme, d'origine scandinave, sont intégrées à l'Ecosse. Son règne est marqué par une série de complots. Il est tué à Sauchieburn, pendant une énième bataille contre l'Anglais.

A la fin du XVᵉ siècle, sous Jacques IV, s'amorce enfin la renaissance de l'Ecosse. Réformateur et bâtisseur (il est aussi le seul roi d'Ecosse à avoir appris le gaélique), Jacques IV fonde l'université d'Aberdeen, construit les palais de Holyrood et Linlithgow, ainsi que le grand hall du château d'Edimbourg. Mais sa rencontre avec les chefs des Highlands, plus attirés par la guerre que par la culture, est un échec. Déçu, le souverain ordonne la construction d'une série de places fortes à travers le pays, afin de mieux contrôler les « clanns », ces clans puissants et irréductibles qui se sont formés dans les Highlands, les Hautes Terres. Beau-fils d'Henri VII d'Angleterre, Jacques IV commet l'erreur d'intercéder auprès de Henri VIII, frère de sa femme, pour que l'Angleterre fasse la paix avec la France. Non content de refuser sa médiation, Henri VIII revendique immédiatement son droit à la couronne écossaise. En 1513, les deux armées se rencontrent à Flodden. Jacques IV est tué dans la bataille désastreuse qui s'ensuit.

Jacques V, son héritier, est encore un nourrisson à la mort de son père. Eduqué en France, il épouse Madeleine, fille de François Iᵉʳ. Sa seconde épouse, Marie de Guise, lui donne une fille, Marie Stuart, qui elle aussi sera orpheline : son père s'éteint une semaine après sa naissance. Henri VIII d'Angleterre tente de négocier un mariage entre cette enfant et Edouard, son fils malade. Vains efforts ! A la fin de la régence de Marie de Guise, Marie devient Mary Queen of Scots.

A cette période, le catholicisme a perdu du terrain en Ecosse. John Knox, pasteur protestant radical, en grande partie responsable de la Réforme, a conduit l'Eglise écossaise à se séparer de Rome. Le premier « Covenant » a été signé contre le papisme, la prélature et la superstition.

Marie Stuart, ayant épousé le dauphin François II, fils de François Iᵉʳ, devient reine de France en 1559. Au même moment, en Angleterre, Elisabeth succède à sa demi-sœur, Marie Tudor. Immédiatement, et sans doute par association d'idées, le nouveau roi de France fait valoir ses droits sur la couronne anglaise. Sa femme étant l'arrière-petite-fille de Henri VII, n'a-t-elle pas plus de droits à la couronne qu'Elisabeth ? D'autant plus que, par une subtilité de non-reconnaissance du divorce, Elisabeth, fille d'Anne Boleyn, peut être considérée comme une enfant illégitime. A la mort de Marie de Guise, en 1560, l'« auld Alliance » prend fin. Par le traité d'Edimbourg, l'Ecosse s'engage à reconnaître Elisabeth comme reine d'Angleterre. En 1561, Marie, Queen of Scots et reine de France, retourne en Ecosse. Le pays est devenu sévèrement protestant et une période affreusement sanglante s'ensuit.

Marie refuse de se convertir au protestantisme, ses proches sont assassinés. Obligée d'abdiquer en faveur de son fils, le futur Jacques VI, Marie s'enfuit en Angleterre en 1568. Emprisonnée, elle sera finalement exécutée en 1587, au terme de dix-neuf interminables années de prison.

Jacques VI, qui, après la mort d'Elisabeth, s'est emparé par droit d'hérédité de la couronne anglaise laissée vacante, devient, en 1603, roi d'Angleterre sous le nom de Jacques Ier et n'hésite pas à s'installer à Londres même, peut-être pour mieux contrôler ses rivaux, notamment sir Walter Raleigh.

A la mort, en 1625, de Jacques VI, Charles Ier monte sur le trône avec l'intention d'imposer le système épiscopalien anglican. En Ecosse, les supporters du deuxième « Covenant » (1638) restent neutres, estimant que leur cause est religieuse et non politique. En 1643, ils proposent de soutenir le Parlement anglais contre les troupes royalistes à condition que soit reconnue l'Eglise presbytérienne écossaise. L'Écosse, à nouveau divisée, entre dans la guerre civile.

En 1643, Charles Ier est exécuté, ce qui provoque le début du soulèvement royaliste en Ecosse, réprimé de plus en plus durement par les Anglais à partir de 1649. 1651 marque le couronnement de Charles II. Après la victoire d'Olivier Cromwell sur ses troupes, Charles II s'enfuit en France. En 1660, Cromwell meurt et Charles est de retour; le sang coule décidément beaucoup outre-Manche.

En 1685, Jacques II hérite de la couronne écossaise. En 1688, les barons anglais et les Whigs, affolés, le forcent à abdiquer en faveur du Hollandais Guillaume d'Orange et de sa fille Marie. L'idée est que les deux souverains étant protestants, ils seront acceptés à la fois par les Anglais et par les Ecossais. Toutefois, dans les Highlands, la population reste fidèle aux Stuart.

Guillaume d'Orange veut obliger les clans récalcitrants à signer un pacte et, pour ce faire, le roi d'Angleterre n'hésite pas à monter la puissante famille des Campbell de Breadalthane contre les non moins puissants McDonald de Glencoe. Le massacre de Glencoe, en 1692, est le scandale le plus fortement ancré dans les mémoires écossaises.

Guillaume ne fut donc pas très populaire en Ecosse. A sa mort, en 1702, Anne, la sœur de Marie monte sur le trône. Cependant, aucun de ses dix-sept enfants n'ayant survécu, la couronne revient à Jacques VIII. Le Parlement anglais, ne voyant pas d'un bon œil la présence sur le trône d'Ecosse d'un Stuart (et d'un catholique), signe un acte attribuant la couronne à Sophie de Hanovre, petite-fille de Jacques VI.

A cette époque éclate une nouvelle guerre entre l'Angleterre et la France. Seule la nécessité d'une « Pax britannica » va permettre à l'Ecosse de négocier des droits commerciaux et législatifs. En contrepartie, l'Ecosse accepte de perdre son autonomie politique.

Ralliement de l'Écosse à la Grande-Bretagne

En 1707, avec le traité d'Union qui donne naissance au Royaume-Uni de Grande-Bretagne, le Parlement écossais, intégré à celui de Londres, reconnaît la succession hanovrienne. George Ier, fils de Sophie de Hanovre, accède à la couronne, tout en restant très impopulaire. Les Ecossais, hostiles à ce dirigeant non anglophone, lèvent leurs verres en ironisant sur la santé du roi « d'outre-Manche ».

En 1715, Jacques VIII, revenu en Ecosse, organise le soulèvement désastreux des Highlanders, dont l'échec est dû au manque d'organisation. En 1727, George II succède à son père, Georges Ier, et connaît la même impopularité.

Charles Edouard Stuart, fils de Jacques VIII, né en exil en Italie mais resté fidèle à la dynastie, devient le nouvel espoir des Highlands. Surnommé « Bonnie Prince Charlie », cet homme d'un très grand charisme traverse la France en ralliant à lui des troupes, puis se dirige vers l'Ecosse. En 1745, à Glenfinnan, il réussit à rassembler les clans.

Le succès de la bataille de Prestonpans conduit à la prise d'Edimbourg. Encouragé par ce succès, Jacques VIII marche sur Londres, mais, sur les conseils de ses chefs de guerre, il commet l'erreur de renoncer à prendre la ville, où règne la plus grande panique. De retour en Ecosse, il est poursuivi par l'armée du duc de Cumberland après la défaite de Culloden. L'effondrement de la cause jacobite met un terme à ses espoirs personnels. Cependant, sa popularité est devenue telle que les malheureuses 30 livres offertes pour sa capture restent sans preneur. En 1746, s'embarquant sur la frégate L'Heureux, il quitte l'Ecosse pour la France, et n'y remettra jamais les pieds. Mort en 1788, il reste aujourd'hui encore dans les mémoires un héros ambigu. Un mausolée lui a été érigé à Saint-Pierre-de-Rome, deux de ses fils ayant été ordonnés cardinaux au Vatican.

Du XVIIIe au XXe siècle

La fin du XVIIIe siècle est marquée par une période de troubles pour l'Ecosse. Kilts, cornemuses et port d'armes sont illégaux, la pratique du gaélique est interdite. L'esprit de clan succombe peu à peu, certains chefs se laissent séduire par la vie mondaine à Londres.

D'autres, restés sur place, n'hésitent pas à déplacer par le fer des populations pour faire de la place à leurs moutons ! Dans ces conditions, nombre d'Ecossais s'embarquent pour le Nouveau Monde.

Le siècle suivant sera plus culturel : c'est le tour des scientifiques et des inventeurs de marquer l'histoire de l'Ecosse, où le socialisme et le syndicalisme trouvent d'ailleurs une terre fertile. Au début du XXe siècle, la population manifeste un désir croissant d'autonomie politique. Malgré cette mobilisation, aucun référendum sur ce sujet n'a pu dépasser le seuil des 40 % de voix nécessaires.

Les châteaux écossais

Un circuit des châteaux écossais peut sembler un cliché romantique. Ce peut être aussi une façon de visiter l'Ecosse, en suivant un fil conducteur, qui passe par autant de châteaux que de clans immortalisés par leur courage. Leurs propriétaires farfelus vous parleront de fantômes, de leurs ancêtres, ou plus simplement des fleurs qu'ils cultivent avec amour. Cependant, l'Ecosse est tellement riche en châteaux qu'on ne saurait les conseiller tous et, parmi les centaines qu'elle possède, ce guide en a sélectionné une soixantaine.

Pour commencer, en remontant de l'Angleterre, votre première étape pourrait être Barnard Castle, à quelques kilomètres au sud-ouest de Newcastle-upon-Tyne. Il constituera une halte culturelle de bon niveau, puisque sa collection de peintures est très réputée. L'agglomération d'Alnwick se situe au nord-est sur l'A 1, à vous de décider si, pour vous y rendre, vous désirez passer par Newcastle-upon-Tyne. Là, vous visiterez la demeure de la famille des Percy, qui n'était pas inconnue de Shakespeare. Rejoignez ensuite l'A 697 pour vous rendre à Kelso. Floors Castle est un des plus magnifiques châteaux qui se puissent rêver, on le dit la plus grande demeure habitée d'Ecosse. Puis, à Lauder, sur l'A 68, vous ne manquerez pas Thirlstane Castle, autre demeure familiale. Les enfants pourront y admirer une surprenante collection de jouets. Toujours par l'A 68, vous atteindrez Edimbourg, la capitale, qui mérite une visite de plusieurs jours. Plus au nord, empruntez le Forth Bridge et rendez-vous près de Fortar sur l'A 94. Là, vous attendent Edzell Castle et Glamis Palace, deux fleurons de votre périple, l'un par ses jardins, l'autre par la richesse de l'évocation picturale de son passé.

Alford, sur l'A 944 en partant d'Aberdeen, réunit un nombre impressionnant de châteaux ; Castle Fraser en est le plus caractéristique. A visiter ab-so-lu-ment ! Après Aberdeen, suivre l'A 747 jusqu'à Turrif où Fyvie Castle et encore un bel exemple parmi une multitude de vieilles pierres locales… L'ensemble est impressionnant par ses proportions.

Votre itinéraire marque ensuite un arrondi vers l'est, en direction d'Inverness, une ville-étape dont le château de Macbeth est aujourd'hui réduit à l'état de fantôme. Détruit, il a été remplacé par un ensemble victorien. Il en faut pour tous les goûts.

Dunrobin Castle, lui, semble surgir d'un livre de contes de fées. C'est « le » château tel qu'on le rêve. Juste avant d'embarquer sur l'île de Skye, passez à Eilean Donan Castle. Sur l'île, Armadale Castle et Dunvegan Castle, ou comment décliner avec talent mer et pierre. Inverary, à l'intersection de l'A 819 et de l'A 83, abrite la demeure d'un des clans jadis les plus puissants d'Ecosse.

Les immanquables de l'Écosse
À voir absolument

▶ **Floors Castle (www.floorscastle.com).** Une demeure écossaise type, qui prêta ses décors au tournage du film *Greystoke*. Mais l'Ecosse étant une terre de châteaux, il y en a partout et pour tous les goûts.

▶ **Edimbourg. National Gallery of Scotland (www.nationalgalleries.org).** Un des musées les plus riches du monde. Les amateurs de peinture ne peuvent éviter d'y faire un saut, à défaut d'y consacrer une journée pleine. **Edinburgh Military Tattoo (www.edinburgh-tattoo.co.uk).** L'une des manifestations culturelles les plus connues de l'Ecosse.

▶ **Glasgow. Botanic Garden.** De vastes jardins et des serres, ou comment l'Ecosse rivalise avec l'Angleterre par le talent de ses jardiniers.

▶ **Loch Lomond près de Tarbet.** C'est un des plus magnifiques lochs d'Ecosse. Il y a de superbes promenades à faire autour de ces mystérieuses et profondes étendues d'eau.

▶ **Péninsule de Trotternish sur l'île de Skye.** Une escapade qui vous fera suivre le découpé de la côte écossaise, sauvage et souvent saisissante de beauté.

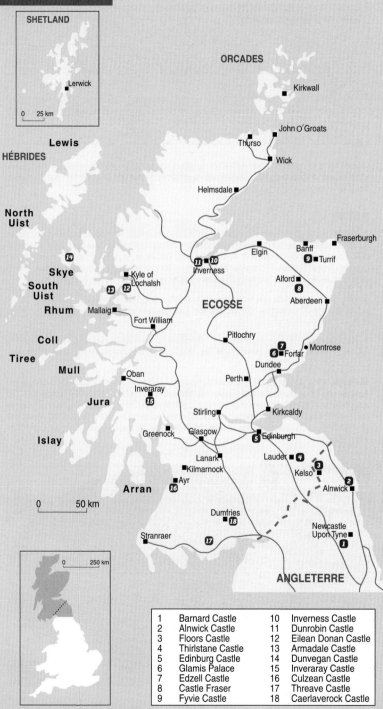

Les châteaux

SHETLAND

Lerwick

0   25 km

ORCADES

Kirkwall

HÉBRIDES

Lewis

John O'Groats

Thurso

Wick

Helmsdale

North
Uist

Fraserburgh

Elgin

Banff

9 Turrif

Skye

Kyle of
Lochalsh

Inverness

11 **10**

South
Uist

13 **12**

Alford

8

Rhum

Mallaig

ECOSSE

Aberdeen

Coll

Fort William

Pitlochry

Tiree

Mull

Oban

Forfar

7

Montrose

6

Dundee

Inveraray

Perth

Jura

15

Stirling

Kirkcaldy

Islay

Greenock

Glasgow

Edinburgh

5

Lanark

Lauder   **4**

Kilmarnock

3

Kelso

Arran

Ayr

16

Alnwick

2

50 km

Dumfries

18

Newcastle
Upon Tyne

Stranraer

17

1

0   250 km

ANGLETERRE

1	Barnard Castle	10	Inverness Castle
2	Alnwick Castle	11	Dunrobin Castle
3	Floors Castle	12	Eilean Donan Castle
4	Thirlstane Castle	13	Armadale Castle
5	Edinburg Castle	14	Dunvegan Castle
6	Glamis Palace	15	Inveraray Castle
7	Edzell Castle	16	Culzean Castle
8	Castle Fraser	17	Threave Castle
9	Fyvie Castle	18	Caerlaverock Castle

Grandes agglomérations

▶ **Edimbourg.** La ville est dominée par son château, une imposante forteresse ; tout près, Holyroodhouse, et le Royal Mile viennent y ajouter une touche de raffinement. Edimbourg est d'ailleurs tout entière marquée par ce clivage vieille ville et ville nouvelle, dont la construction fut entamée au XVIIIᵉ siècle. Capitale culturelle à part entière, elle est connue pour l'importance de ses festivals. Le Festival international (de théâtre) draine des artistes du monde entier.

▶ **Glasgow.** Rivale de la première, elle est considérée comme la plus belle ville victorienne de Grande-Bretagne. Depuis une dizaine d'années, on y sent comme une prise de conscience, une reprise en main de leur cité par les habitants. Visitez le Kelvingrove Art Gallery and Museum. La ville est l'hôte permanent de différentes compagnies artistiques.

Près de Ayr sur l'A 719, Culzean Castle est considéré par certains comme la meilleure surprise de votre périple. Il vous reste deux étapes, Threave Castle au sud-est de Dumfries, près de Castle Douglas, et Caerlaverock Castle près de Dumfries.

Accès

■ **AVION.** Vols en direction de Glasgow ou d'Edimbourg au départ de Londres toutes les heures par British Airways, toutes les deux heures par British Midland ou 4 vols par jour par Air UK. Aéroports à Aberdeen, Inverness, Prestwick et dans les îles. Depuis la France, vols économiques depuis Beauvais jusque Glasgow-Prestwick (2 vols par jour) avec la compagnie irlandaise RyanAir (billets électroniques achetés sur Internet uniquement : www.ryanair.com).

■ **ROUTE.** En arrivant du sud, vous devrez choisir entre différents itinéraires. Il faut savoir qu'une autoroute, la M 74, permet de rejoindre Glasgow. Edimbourg et Glasgow sont reliées par l'autoroute M 8.

■ **BATEAU.** C'est le moyen de transport obligé entre les nombreuses îles. Se renseigner à l'avance, tous les ferries ne transportent pas de voiture, et les horaires d'hiver sont réduits. Des liaisons existent avec l'Irlande.

■ **TRAIN.** Vous bénéficiez d'une desserte excellente grâce aux trains InterCity. Edimbourg est séparée de Glasgow par une petite heure de trajet. Une carte Scotland Travelpass permet une autonomie d'autant plus intéressante qu'elle englobe la plupart des liaisons ferry de la compagnie Caledonian MacBrayne et les bateaux du PTE. En outre, sur certains trajets de bus, des réductions sont accordées aux détenteurs de la Scotland Travelpass. Se renseigner auprès de British Rail avant le départ.

Les Borders

Au sud des petites chaînes montagneuses de Pentland, Moorfoot et Lammermuir Hills, dont les collines, situées au sud d'Edimbourg, se prêtent à d'agréables promenades, les Borders constituaient jadis la première ligne de défense des Ecossais contre les Anglais. Les douces collines de la région, verdoyantes et fertiles, sont ponctuées de maisons et de forteresses témoignant d'époques, tour à tour, prospères et violentes. Traversée par la Tweed – rivière connue pour ses saumons et appréciée des kayakistes – et par le Southern Upland Way – le chemin de randonnée le plus long d'Ecosse – la région des Borders est relativement peu peuplée. Ses petites villes sont actives et cossues et sont le berceau des rugbymen de ce pays.

■ **TRANSPORTS.** Il n'y a pas de chemin de fer dans les Borders, mais un service de bus très efficace relie Carlisle, Edimbourg et Berwick-upon-Tweed. Les axes majeurs sont des routes à deux voies en excellent état.

BIGGAR

Pour découvrir la région, commencer à Biggar, puis suivre la rivière en direction de la côte en passant par une série de villes et de sites naturels ou historiques. Selon le choix des étapes, la traversée des Borders peut durer d'un après-midi à plusieurs journées.

Pratique

■ **PRINCIPAL OFFICE DU TOURISME À JEDBURGH. Murray's Green** ✆ **01835 863435.** *Ouvert tous les jours de 10h à 17h, fermé le week-end en hiver.* Il s'occupe de réservations de B & B dans la région. Vous trouverez également des annexes de l'office du tourisme dans la plupart des principales villes de la région.

■ **OFFICE DU TOURISME DE BIGGAR, 155 High Street** ✆ **01899 221066.** *Ouvert de Pâques à septembre de 10h à 17h du lundi au samedi.*

Restaurant

■ **SHIELDHILL HOTEL. Quothquan** ✆ **01899 220 035.** *De Biggar, prendre la B 7016 en direction de Carnwath et tourner à gauche après 3 km sur la route de Shieldhill (à 2 km). Comptez 25 £ par personne.* L'élégance définit cette maison du XIIe siècle transformée en restaurant. Feu de cheminée, panneaux de bois muraux, éclairage discret, tapis aux motifs héraldiques, et un style de cuisine jeune et audacieux : les venaisons aux framboises, romarin et gingembre donnent le ton.

Manifestation

Chaque année à Biggar a lieu un festival de musique populaire Fleming Queen.

Points d'intérêt

■ **BIGGAR PUPPET THEATRE. Prendre la B 7016 vers l'est** ✆ **01899 220631.** *Entrée 5 £. Ouvert de Pâques à septembre.* Situé à la sortie de la ville, ce théâtre victorien miniature (à peine une centaine de places), très connu en Ecosse, présente des spectacles interprétés par des poupées.

■ **BIGGAR GASWORKS MUSEUM. Gasworks Road** ✆ **0131 225 7534.** *Ouvert tous les jours de 14h à 17h de mai à septembre, entrée 1 £.* Retrace l'histoire de l'industrie du gaz de charbon qui fut la principale source d'énergie dans les villes jusqu'à une époque encore récente.

■ **MOAT PARK HERITAGE CENTER** ✆ **01899 221050.** *Ouvert tous les jours de 10h30 à 17h et le dimanche de 14h à 17h d'avril à octobre. Entrée 2 £.* Installé dans une ancienne église du centre-ville, il présente l'histoire des vallées de la Clyde et de la Tweed, de la préhistoire jusqu'à nos jours.

BROUGHTON VILLAGE
Points d'intérêt

■ **BROUGHTON CASTLE.** *Ouvert du 15 mai au 15 septembre.* Un château impressionnant, à la façade Tudor magnifique. L'intérieur se visite. Il retrace l'histoire de la famille du propriétaire.

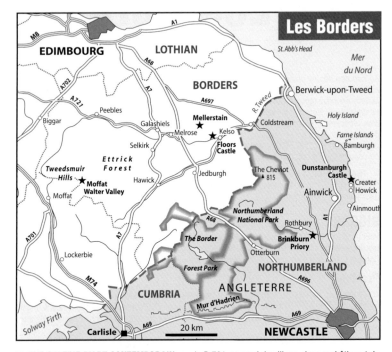

■ **UNE GALERIE D'ART CONTEMPORAIN,** sur la B 701, au nord du village, dans un bâtiment de style XVIe siècle (ouvert d'avril à septembre tous les jours sauf le mercredi).

■ **LE JOHN BUCHAN CENTER** raconte l'histoire de cet écrivain avocat et politicien écossais contemporain, connu surtout pour son roman *Les Trente-Neuf Marches,* dont Hitchcock a tiré une adaptation cinématographique.

Dans les environs

▶ **Plus au sud de Broughton Village, près de Tweedsmuir, sur l'A 701, les amateurs de chiens de berger** pourront faire halte dans un élevage et se restaurer dans la plus vieille auberge d'Ecosse, la Crook Inn (✆ 01899 880272).

En remontant vers le nord, prendre à Rachan Mill la B 712 vers l'ouest, en direction de Drumelzier ; on passe devant Tinnis Castle pour découvrir les jardins botaniques de Dawyck riches de plusieurs espèces d'arbres rares. On se trouve ici au cœur du parc naturel d'Upper Tweeddale. Par cette même B 712, vous passerez devant Stobo Castle un peu plus au nord.

CASTLE

Reprenez la route A 72 vers Peebles et le Neidpath (2 km avant la ville).

■ **NEIDPATH CASTLE. Peebles** ✆ **01721 720 333.** *Ouvert de 10h à 13h et de 14h à 18h.* Ce château médiéval aux murs épais de 3,5 m, et dont le puits a été creusé à même la roche, a été transformé en résidence au XVIIe siècle. Surplombant joliment la rivière Tweed, il est représentatif des vieilles pierres écossaises chargées d'histoire, puisqu'il fut le théâtre d'une bataille contre les troupes d'Olivier Cromwell.

PEEBLES

Hébergement

■ **CRINGLETIE HOUSE HOTEL. Eddleston (au nord de Peebles sur l'A 703)** ✆ **01721 725750 – Fax : 01721 725 751 – www.cringletie.com** – *Fermé entre janvier et la mi-mars. Entre 60 et 85 £*

par personne. Compter 20 £ pour dîner. Une vieille maison baronniale de style victorien avec terrasses, tourelles, jardin, bosquets et une vue superbe sur la campagne depuis les chambres. Elle a appartenu au colonel Cringletie, auquel le Québec s'est rendu après la mort du général Wolfe. Vous y admirerez le plafond en trompe-l'œil et les jardins de la cuisine ceinturés de murs. Le restaurant de l'hôtel propose, parmi ses spécialités, le canard en sauce au gin et aux mûres, et le flétan au gingembre et à la ciboulette. Une cave intéressante, surtout en vins de Bourgogne.

■ **VENLAW FARM.** Peebles ✆ 01721 722040 – Fax : 01721 722040 – louisewalker@clara.co.uk – www.louise-walker.sagenet.co.uk – *Compter 22 à 25 £.* Sheila Goldstraw vous accueille dans sa ferme où elle a aménagé trois confortables chambres. Parfait pour prendre un grand bol d'air et vivre en harmonie avec la nature.

■ **VIEWFIELD BED AND BREAKFAST.** 1 Rosetta Road, Peebles ✆ 01721 721232 – mmitchell38@yahoo.com – Trois agréables chambres dans cette jolie maison victorienne. Vous serez bien accueilli par Mrs Mitchell qui vous laisse profiter de son jardin.

Restaurant

■ **KAILZIE GARDENS RESTAURANT.** ✆ 01721 722807. *Ouvert de 12h15 à 14h et de 15h à 17h.* Pour le high tea, compter environ 10 £. De Peebles, suivre la B 7062 en passant par Kailzie Gardens (à 5 km). Au centre d'un jardin planté de vieux arbres et peuplé d'oiseaux aquatiques, une ancienne écurie fidèlement restaurée. L'établissement sert à déjeuner.

Points d'intérêt

■ **ROBERT SMAIL'S PRINTING WORKS.** Dans le village d'Innerleithen, à l'intersection des routes A 72 et B 709, un petit musée reconstitue une imprimerie de l'ère victorienne.

■ **LE CORNICE MUSEUM OF ORNAMENTAL PLASTER WORK** montre différentes façons de travailler le plâtre.

■ **TRAQUAIR HOUSE.** Sur la B 709, à proximité d'Innerleithen ✆ 01896 830 323 – www.traquair.co.uk – *Ouvert d'avril à octobre, de 12h à 17h. Environ 6 £ l'entrée.* Cette maison, qui passe pour être la plus vieille des maisons habitées en Ecosse, date du XIIe siècle. Le propriétaire actuel continue à brasser sa propre bière dans une brasserie du XVIIIe siècle et les Bear Gates (anciennes grilles), fermées en 1745, ne seront pas rouvertes tant qu'un Stuart ne sera pas remonté sur le trône ! La visite de la maison (en été) permet de découvrir, entre autres collections, des lettres importantes de la famille royale des Stuart.

▶ **Poursuivre vers le sud sur la B 709 et prendre l'A 708 en direction de Moffat.** La route passe devant Dryhope Tower où vécurent les ancêtres (réputés peu scrupuleux) de Walter Scott. Tibbie Shiels Inn, ✆ 01750 42231 à l'extrémité du Saint Mary's Loch – que longe la route – fut un des rendez-vous préférés des écrivains du XIXe siècle. Ce bar est toujours ouvert de nos jours.

▶ **Plus loin sur la route, la Grey Mare's Tail** est une cascade impressionnante de quelque 70 m ! Tout l'endroit est riche en fleurs sauvages.

▶ **Rebroussez chemin, et empruntez à nouveau la route A 708 pour descendre la vallée d'Ettrick Forest vers Selkirk.** Vous comprendrez pourquoi le poète William Wordsworth, sir Walter Scott et d'autres écrivains aimaient à ce point cette région. L'arrière-grand-père de Walter Scott était pasteur à Yarrow Kirk. De l'église, on aperçoit d'anciens forts rappelant des jours moins paisibles.

▶ **A Yarrowford,** la plus ancienne auberge de jeunesse d'Ecosse (ouverte en 1931), Broadmeadows Youth Hostel ✆ 01750 76262. Elle est ouverte de mars à octobre, compter 7,50 £ pour une nuit. Prendre la petite route à côté de la poste. Location de vélos dans le village.

■ **NEWARK CASTLE.** Newark Castle est un château du début du XVe siècle. Le mur, sur sa face ouest, est décoré du blason de Jacques Ier. Cent prisonniers ont été fusillés ici en 1645, après la bataille de Philiphaugh. La visite de cette ruine exige de la prudence. Demander à y entrer au Buccleugh Estates, à Bowhill.

■ **BOWHILL HOUSE AND COUNTRY PARK** ✆ 01750 222 04. *La résidence est ouverte aux visiteurs (6 £) en juillet de 12h30 à 17h et le parc d'avril à août.* C'était la maison de Walter Scott. Elle abrite des œuvres de Raeburn, Van Dyck, Canaletto, Vinci et Reynolds, des meubles d'André Boulle et une partie de la collection de portraits miniatures de la famille Scott de Buccleugh.

SELKIRK

C'est une petite ville dotée de plusieurs musées et où sir Walter Scott fut shérif durant 30 ans.

■ **OFFICE DU TOURISME.** Sheperd's Mill, Whinfield Road ✆ 01750 205555 – Fax : 01750 21886 – www.visitscottishborders.com

■ **PHILIPBURN HOUSE HOTEL. A 2 km du centre-ville sur l'A 707** ✆ **01750 20747 – www. philipburnhousehotel.co.uk** – *Comptez de 40 à 50 £ par personne.* Cette maison de style géorgien propose 16 chambres et un superbe jardin avec piscine. Les repas au bar sont inventifs (*environ 15 £*) et les pâtisseries sont faites maison. Les familles sont les bienvenues.

GALASHIELS

■ **TRANSPORTS.** De Selkirk on joint Galashiels par l'A 7.

Point d'intérêt

■ **ABBOTSFORD HOUSE** ✆ **01896 752 043 – Fax : 01896 752 916. abbotsford@melrose. bordernet.co.uk – www.melrose.bordernet.co.uk/abbotsford** – *Avant d'arriver à Galashiels sur la B 6360. Ouverte d'avril à octobre de 9h30 à 17h du lundi au samedi et de 14h à 17h le dimanche.* La maison de sir Walter Scott est restée plus ou moins en l'état depuis la mort, en 1832, du célèbre romancier écossais. L'énorme bibliothèque est particulièrement impressionnante.

Loisirs

■ **ESCAPADE À VÉLO.** Galashiels n'offre aucun intérêt particulier, mais la campagne et les sites environnants se prêtent à de courtes balades d'autant plus agréables que la région est plate.

MELROSE

La ville est bâtie autour de son abbaye.

■ **OFFICE DU TOURISME. Abbey Street** ✆ **0870 608 0404.** *Ouvert l'été de 9h à 17h30 et de 10h à 14h le reste de l'année.*

Hébergement

■ **AUBERGE DE JEUNESSE. Priorwood** ✆ **01896 822 521**. *Compter de 10 à 12 £.*

Points d'intérêt

■ **ABBAYE CISTERCIENNE.** Datant de 1136, elle fut détruite plusieurs fois comme tous les édifices des Borders. Ici est enterré le cœur de Robert Bruce, libérateur de l'Ecosse. La rénovation date de 1385 et le travail de la pierre est l'un des plus élaborés de l'époque. Ne ratez pas le cochon qui joue de la cornemuse sur le toit !

■ **MOTOR MUSEUM. A 200 m de l'abbaye.** Une collection privée de voitures, motos et vélos datant de 1909, ainsi que de jouets anciens.

▶ **En suivant la rivière Melrose vers l'est, on passe devant la vue préférée de Walter Scott.** Un panneau indique l'endroit où l'écrivain aimait s'arrêter et où même ses chevaux firent une halte le jour de son enterrement : Dryburgh Abbey (dont le cloître est très bien préservé bien que l'église soit en ruine).

JEDBURGH

Première ville d'Ecosse sur le trajet Newcastle-Edimbourg (son bureau de tourisme est le plus important de la région), riche en souvenirs historiques.

Hébergement

■ **Mrs H. IRVINE. Froylehurst, Friars, Jedburgh** ✆ **01835 862477.** *Comptez 18 à 20 £ par personne. Ouvert de mars à novembre.* Cette maison victorienne entourée d'un jardin et située à 2 minutes du centre-ville propose 4 chambres spacieuses.

■ **Mrs WHITTAKER. Hundalee House, Jedburgh** ✆ **01835 863011 – www.accommodation-scotland.org – Sheila. whittaker@btinternet.com** – *De 25 à 35 £ par personne. Ouvert de mars* *à octobre.* A 1,5 km de la ville, cette vieille maison du XVIIᵉ siècle met 3 chambres à la disposition des voyageurs. Atmosphère amicale et calme.

■ **Mrs SANDRA FRY. The Spinney. Langlee, Jedburgh** ✆ **01835 86 3525 – Fax : 01835 864883 – www.thespinney-jedburgh.co.uk – TheSpinney@btinternet.com –** *Comptez 24 £ par personne. Ouvert d'avril à octobre.* A 3 km au sud de la ville sur l'A 68, 3 chambres avec salle de bains privative.

Points d'intérêt

■ **JEDBURGH ABBEY** ✆ **01835 863 925.** *Ouvert de 9h30 à 18h30 d'avril à septembre et de 9h30 à 16h30 le reste de l'année. Entrée : 3,30 £.* C'est la troisième et la plus saisissante des 4 principales abbayes des Borders. Elle est relativement bien préservée et on remarquera sa magnifique rosace (Saint Catherine's Wheel) ainsi que son superbe portail normand. Un bureau de visite donne des détails sur la vie des moines installés dans ces murs depuis le XIIᵉ siècle.

■ **MARY QUEEN OF SCOTS HOUSE. Queen Street** ✆ **01835 863 331.** *Ouvert de mars à novembre de 10h à 16h30. Entrée : 2,60 £.* La demeure de la reine Marie est également à visiter : ce petit musée raconte sous un angle original l'histoire de cette reine au destin malheureux qui eut notamment un roi de France pour époux.

■ **CASTLE JAIL,** sur la colline du village, est une ancienne forteresse que l'on peut visiter de Pâques à octobre *(2 £).*

Dans les environs

■ **FERNIEHURST CASTLE au sud de la ville, à environ 3 km.** *Ouvert uniquement le mercredi après-midi.* C'était un poste frontalier qui a toujours été détruit avant même qu'on ait réussi à le reconstruire. Aujourd'hui enfin en bon état, le château fait office de musée régional.

KELSO

Cette ultime ville des Borders était considérée par Walter Scott comme le plus beau village d'Ecosse. Son abbaye fut la plus grande de la région. Construite au XIIᵉ siècle par David Iᵉʳ, elle fut détruite en 1545 par le comte de Hertford. Ce qui en reste aujourd'hui permet d'imaginer ce que fut Kelso au Moyen Age.

Hébergement

■ **THE ROXBURGHE HOTEL AND GOLF COURSE. Heiton** ✆ **01573 450331 – Fax : 01573 450611 – www.roxburghe.net –** *Entre Jedburgh et Kelso, au sud de Heiton Village. Comptez 70 £ par personne. Ouvert toute l'année.* Un des derniers hôtels-maisons de campagne faisant partie du patrimoine de l'aristocratie écossaise. Le duc de Roxburgh en personne a veillé à la décoration des 22 chambres de cet établissement considéré comme l'un des plus charmants petits hôtels de luxe du Royaume-Uni… Un parc, une rivière, des chevaux, des collections de tableaux, le bar installé dans l'ancienne bibliothèque, une fabuleuse cave à vin, un restaurant, et 2 fantômes donnent l'idée de cette maison de campagne à l'écossaise. L'histoire y est d'ailleurs présente : Bonnie Prince Charlie aurait planté des roses blanches dans le parc de cette fastueuse demeure avant de marcher vers le sud, en 1745, durant le second soulèvement des Highlanders contre l'Angleterre. Une adresse pour ceux qui voudraient se faire plaisir… rien qu'une fois !

■ **Mrs JUDY CAVERS – CROSSHALL FARM. Greenlaw** ✆ **01890 840220.** *Comptez 22 £. Ouvert toute l'année.* Située à une dizaine de kilomètres à l'est de Kelso, cette maison de campagne est confortable et chaleureuse. Pour ceux qui souhaitent marcher dans la campagne des Borders.

Dans les environs

A 3 km de Kelso, au nord-ouest, pas loin de l'A 6089, les inconditionnels du film *Greystoke* reconnaîtront Floors Castle.

■ **FLOORS CASTLE** ✆ **(01573) 223 333 – www.floorcastle.com –** *Ouvert de Pâques à octobre de 10h à 16h30. Compter 5,50 £ l'entrée.* Construit en 1721 par William Adam, c'est un des plus célèbres châteaux écossais. L'intérieur, encore habité, est riche en meubles français des XVIIᵉ et XVIIIᵉ siècles. Il y a également des collections de porcelaines, et quelques toiles de maître. Le jardin est aussi réputé.

■ **MELLERSTAIN HOUSER. En poursuivant l'A 6089, avant Gordon** ✆ **(01573) 410225 – www. mellerstain.com** – *Ouvert de mai à septembre de 12h30 à 17h; fermé le mardi. Entrée : environ 5 £.* C'est une magnifique demeure construite par William Adam et son fils entre 1725 et 1778. L'intérieur est somptueux.

▶ **A égale distance de Gordon, mais au sud-est de Kelso (route B 6352) Kirk Yetholm,** qui fut longtemps le fief des gitans, marque le début (ou la fin) du Pennine Way, célèbre chemin de randonnée dont l'autre bout se situe entre Manchester et Sheffield dans le Peak District National Park. Les premiers kilomètres, de Kirk Yetholm à Byrness (sur l'A 68) suivent la frontière et passent par The Cheviot (à 12 km du village), le pic (816 m) dont la chaîne porte le nom, et l'une des parties les plus sauvages du parcours. Il y a une **auberge de jeunesse à Kirk Yetholm** ✆ 0871 3308 534. Ouvert d'avril à septembre, compter 10 £ la nuit.

SWINTON

Restaurant

■ **WHEATSHEAF HOTEL. Main Street, Swinton** ✆ **01890 860257 – Fax : 01890 860688 – www.wheatsheaf-swinton.co.uk – reception@wheatsheaf-swinton.co.uk** – *Ouvert de midi à 14h et de 18h à 22h tous les jours sauf le lundi. Comptez 15 £ le midi, 20 £ le soir. A mi-chemin entre Kelso et Berwick-upon-Tweed, sur la B 6461.* Bon sens et savoir-faire caractérisent ce restaurant reconnu pour la qualité inventive de sa cuisine. Tenue correcte de rigueur.

■ LA ROUTE DE LA CÔTE ■

Prenez l'A 1 jusqu'à Morpeth (à 20 km de Newcastle) où le musée des Cornemuses expose une grande variété de cet étrange instrument. C'est le symbole, avec le kilt, des régions du nord de l'Angleterre et plus spécialement de l'Ecosse. A Morpeth, on sonne toujours le « couvre-feu » sur les cloches de la tour ancienne dont l'horloge méritera votre attention.

Continuez sur l'A 697 et tournez à gauche pour Rothbury sur la B 6344 (12 km plus loin). En route, vous passerez devant Brinkburn Priory (édifié en 1135). En tournant à droite, sur la B 6341 vous atteindrez Cragside.

■ **CRAGSIDE. Rothbury** ✆ **01669 620333.** *Ouvert de 13 h à 17h30 de mars à septembre.* Comptez £ 8,50 pour visiter la propriété et le parc. Chef-d'œuvre étonnant de l'architecture victorienne, cette demeure, construite pour le premier Lord Armstrong, est la première maison au monde à avoir utilisé l'hydroélectricité pour l'éclairage.

ALNWICK

Petite ville de marché située sur l'ancienne route du blé (Corn Road).

■ **BUREAU DU TOURISME D'ALNWICK.** 2, The Shambles ✆ 01665 510665.

Hébergement

■ **THE GRANGE. Northumberland Street, Alnmouth** ✆ **0166 583 0401.** *A partir de 16 £ par personne. Ouvert toute l'année.* Cette grange du XVIIIe siècle a conservé un style ancien à l'image du village où elle est située. Un B & B à l'accueil agréable.

■ **JOHN BLACKMORE'S. 1, Dorothy Foster Court, Narrowgate** ✆ **0166 560 4465.** *Dîner entre 19h et 21h30. Comptez 18 £ par personne.* Difficile à trouver, ce restaurant se cache dans une allée étroite près du château. Et de plus, il est prudent de réserver. Moyennant quoi, on a l'assurance de découvrir la cuisine la plus soignée de la ville.

Point d'intérêt

■ **ALNWICK CASTLE.** *Renseignez-vous auprès du bureau du tourisme d'Alnwick sur les heures de visite du château, mais comptez sur une tranche horaire réduite, de 13 h à 17 h environ.* La forteresse qui domine l'agglomération demeure le bastion de la famille Percy, ducs héréditaires du Northumberland. Ce nom vous dit quelque chose ? Shakespeare a évoqué cette famille, dont le nom demeure aujourd'hui encore symbole de la puissance aristocratique. L'intérieur du château est sublime et ses collections d'art accumulées depuis le XIVe siècle auraient de quoi rendre jaloux bien des musées. Des antiquités romaines, des manuscrits anciens, des armes et des toiles de maître. Le parc vaut également le détour.

Dans les environs

▶ **Après Alnwick, il ne reste que 5 km pour atteindre la mer du Nord et Alnmouth,** petit village côtier installé au bord d'une crique étroite qui se transforme en une sorte de lagon au bout de la rivière Aln.

▶ **En suivant la côte** peuplée principalement d'oiseaux de mer et ponctuée de terrains de golf renommés, on dépasse les jardins de Howick ; Craster, un petit village connu pour ses harengs fumés ; Dunstanburgh Castle, dont les ruines veillent sur les canards sauvages (les eiders, dont provient le down, ou « duvet », à l'origine de la qualité universellement appréciée des édredons) et les longues plages sablonneuses de la mer du Nord. Au large, on aperçoit les Farne Islands.

FARNE ISLANDS

C'est un petit archipel d'une vingtaine d'îles avec, à l'extrémité, le phare de Logstone. Deux îles seulement se visitent à pied, les autres sont colonisées par les phoques gris et des milliers d'oiseaux que l'on ne doit pas déranger.

■ **TRANSPORTS.** Ces îles sont accessibles à partir du port de Seahouses grâce à plusieurs tour-opérateurs, notamment Billy Shiel (✆ 01665 720 308). Selon la météo, entre avril et octobre, on part en bateau à partir de 10h.

BAMBURGH

Visite entre avril et octobre l'après-midi, accessible par la B 1340. Connu pour son château donnant sur la mer, le village a été rendu fameux en Grande-Bretagne par l'héroïsme de Grace Darling qui, avec son père, gardien de phare, a sauvé durant une tempête des prisonniers naufragés.

HOLY ISLAND

Non loin de la côte, et très visible, se dresse une île renommée : Holy Island (Lindisfarne).

■ **TRANSPORTS.** Accessible à pied à marée basse, elle peut être visitée l'après-midi d'avril à septembre. L'île est un lieu d'études et de prières fondé au VIIe siècle par saint Aidan.

Point d'intérêt

■ **LINDISFARNE CASTLE.** C'est une forteresse datant des Tudor, récemment transformée en maison privée. A voir également, un monastère et un prieuré avec un petit musée, ainsi que la Saint Aidan's Winery où se déguste et s'achète une liqueur à base de miel, le Mead, dont l'origine remonte à l'époque médiévale.

BERWICK-UPON-TWEED

Au nord, par la route A 1. Ce petit port sur l'embouchure de la rivière Tweed marque la frontière si souvent évoquée entre l'Angleterre et l'Écosse. Ses remparts élisabéthains et son château témoignent des sièges subis par cette ville durant des siècles.

Hébergement – Restaurants

■ **QUEEN'S HEAD. Sandgate** ✆ **01289 307852 – Fax : 01289 307858.** *Comptez 30 £ par personne.* Petit hôtel agréablement situé dans le centre-ville.

■ **FUNNYWAYT'MEKALIVIN. 41, Bridge Street, Berwick-upon-Tweed** ✆ **01289 308827.** *Ouvert du mercredi au samedi à 20h.* On est vraiment chez soi dans ce restaurant où le chef et propriétaire, Elisabeth Middlemiss, sert en tout et pour tout 4 plats.

East Lothian

Passé la « frontière », en poursuivant le long de la côte la route vers le nord, on atteint Cockburnspath, qui est le point de départ du Southern Upland Way, le chemin de randonnée qui traverse l'Ecosse d'est en ouest.

■ LA ROUTE DE LA CÔTE ■

Prendre l'A 198 qui passe devant l'immense ruine rouge de Tantallon Castle.

■ **TANTALLON CASTLE.** *Ouvert toute l'année sauf d'octobre à mars et tous les jours sauf le mercredi et jeudi matin.* Cette ancienne place forte des Douglas mérite une halte. Elle donne sur la mer et rend son siège malaisé par la falaise et ses tours.

En poursuivant vers Gullane, on dépasse North Berwick et le château de Dirleton.

Randonnées dans l'East Lothian

▶ **Queen Elizabeth Forest Park.** A l'est du Lomond, dans la région centrale de l'Ecosse. De nombreux sentiers forestiers, et les rives du loch aménagées.

▶ **Queen's Forest.** Près de Glenmore. Ici, des sentiers suivent les contours des monts Cairngorm. En remontant vers le nord, on entre dans la forêt d'Abernethy, avec visite du Loch Garten.

▶ **Galloway Forest Park.** Au sud de l'Ecosse, près de Dumfries. Certes, vous êtes ici loin des fameux Highlands, mais cette forêt est impressionnante non seulement par sa taille, mais aussi par l'extraordinaire diversité de sa faune et de sa flore. Les sentiers sont entretenus et balisés.

Se renseigner et demander les brochures concernant ces balades dans les centres d'information touristique, mais aussi au Forest Enterprise. Information Office, 231, Corstorphine Road, Edimbourg EH12 7 AT ✆ (0131) 334 0303 – Fax : (0131) 334 3047.

▶ **West Highland Way.** Entre la banlieue nord de Glasgow et Fort William. Soit plus de 150 km à parcourir. Vous passerez près du Ben Davis, sommet culminant à 1 344 m. Passé le Loch Lomond, près du Crianlarich, ou plus loin, entre Glencoe et Kinlochleven, l'itinéraire présente quelques difficultés. Ce circuit abonde en possibilités d'hébergement. Vous y rencontrerez d'autres randonneurs et échangerez des informations qui compléteront la documentation de l'office du tourisme, ce qui est indispensable pour affronter le West Highland Way.

▶ **Southern Upland Way de Portpatrick.** Entre Dumfries et Galloway, à Cockburnspath sur la côte, au sud de Dunbar. C'est certainement le plus célèbre des chemins de randonnée, qui s'étend sur une distance de 340 km. Il est relativement facile à couvrir de bout en bout, si l'on en prend le temps ! Il existe des tronçons où il n'est pas possible de se loger autrement que par ses propres moyens. Attention à la météo écossaise.

Pour tout renseignement, consulter le Scottish Natural Heritage. Battleby Redgordon, Perth PH1 3EW ✆ (0173) 862 7921 – Fax : (0173) 844 1897.

▶ **Montagne.** Le Munro Bagging est une variation écossaise de la randonnée de montagne. Son nom vient de celui de Hugh Munro qui dressa une liste exhaustive des sommets de plus de 910 m. Et il en existe près de 300. Evitez la foule du Ben Nevis. On nous a recommandé le Shiehallion, près de Pitlochry (A 9). Le Ben Alligin, dans les monts Torridon est plus recommandé pour les débutants.

Il est vivement conseillé de se procurer dans un office du tourisme, la brochure *Walk Scotland*.

GULLANE

Hébergement

■ **GREYWALLS HOTEL. Muirfield, Gullane** ☎ **(01620) 842144 – Fax : (01620) 842241 – hotel@greywalls.co.uk – www.greywalls.co.uk –** *Comptez 120 £ par personne, et 30 £ pour un repas. Ouvert d'avril à octobre.* Conçue par Lutyens, cette élégante demeure domine le grand terrain de golf de Muirfield. Autant dire que l'endroit, sélect et cossu, représente une étape privilégiée tant pour le golf que pour le repos campagnard. Chaque chambre est personnalisée et nommée d'après les grands golfeurs professionnels qui ont séjourné dans cet établissement. L'architecture, le service, la décoration (antiquités) créent l'ambiance très particulière d'une grande maison de campagne, pourvue, qui plus est, d'un restaurant.

Restaurant

■ **LA POTINIÈRE. Main Street, Gullane** ☎ **(01620) 843214 – www.la-potiniere.co.uk –** *Comptez 16 £ pour le déjeuner et 35 £ pour le dîner.* Ce petit restaurant abondamment fleuri et à la décoration raffinée est une institution dans la région ; sa cuisine est l'une des plus hautement recommandables d'Ecosse. Le menu est fixe. Les tables y sont réservées plusieurs semaines à l'avance et les chances d'y avoir une place sont rares. On ne peut que compter sur un éventuel désistement.

@ *« Les Ecossais aiment les endroits avec liste d'attente, pour eux c'est un critère de qualité, et jamais ils n'avoueront avoir été déçus dans un établissement de ce type. Mais je peux vous assurer que cela ne vaut pas le déplacement. Je parle en connaissance de cause, étant moi-même une excellente cuisinière et aimant fréquenter les restaurants réputés en Belgique. Ici, c'est l'horrible ambiance snob qui nous a déplu. » J. Brouillard. Urgüp, Turquie.*

L'itinéraire de la côte vous fera passer par une succession de plages, golfs, petits ports de pêche ou de plaisance et, juste avant Edimbourg, par le village de Prestonpans, site d'une importante bataille entre les jacobites et les Anglais, en 1745, pendant le second soulèvement.

■ LA ROUTE DE L'INTÉRIEUR ■

A partir de Dunbar, restez sur l'A 1. Sur la gauche, après East Linton, on aperçoit Hailes Castle, où Bothwell amena sa maîtresse, Marie Stuart, pendant leur fuite. Derrière le château, sur la colline de Traprain Law, ont été trouvées des pièces d'argent du IVe siècle. De l'autre côté de l'A 1, à East Fortune Airfield, le Museum of Flight (ouvert de 10h à 17h, 4 £) expose de nombreux avions anciens et modernes.

On continuera sur Haddington, où les jardins et les roseraies de Saint Mary's Pleasance, restaurés, ont retrouvé leur charme originel du XVIIe siècle.

■ **LENNOXLOVE HOUSE** ☎ **(01620) 823720 – www.lennoxlove.com –** *Au sud de Haddington, ouvert mercredi, jeudi et dimanche de 14h à 16h30, d'avril à octobre.* Ainsi nommée par la duchesse de Lennox en l'honneur de son mari, cette demeure compte parmi les magnifiques maisons-châteaux d'Ecosse, sa visite est conseillée (4,25 £).

■ **BUTTERFLY AND INSECT WORLD. Dobbies Garden, Lasswade** ☎ **(0131) 663 4932 – www.edinburgh-butterfly-world.co.uk – info@edinburgh-butterfly-world.co.uk –** *Sur l'A 7, entre Dalkeith et Edimbourg. Ouvert de 10h à 17h en hiver et de 9h30 à 17h30 en été, environ 5 £ l'entrée.* Dans de magnifiques serres, des centaines de papillons volent en liberté. Ailleurs, des collections d'insectes étranges inspirent la curiosité ou la terreur.

■ EDIMBOURG – EDINBURGH ■

430 000 habitants. Cette ville, l'un des premiers Royal Burgh, n'a grandi qu'à petits pas, autour de son château et de quelques allées. Devenue capitale de l'Ecosse au XVe siècle, ce n'est qu'à partir du XVIIe qu'elle a commencé à croître considérablement, à tel point qu'un siècle plus tard elle devenait surpeuplée (certains textes mentionnent la présence de gratte-ciel de 12 étages !). Un pont fut construit au-dessus du Norloch (lac naturel asséché actuellement occupé par Princess Street Gardens) afin de permettre à la ville de s'étendre vers le quartier de North Bridge.

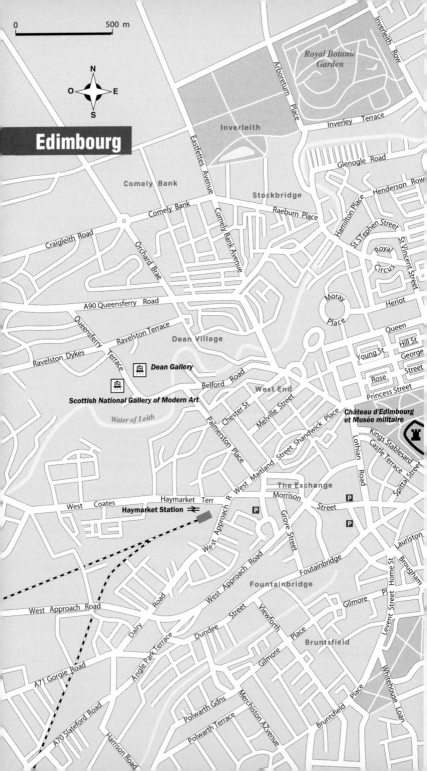

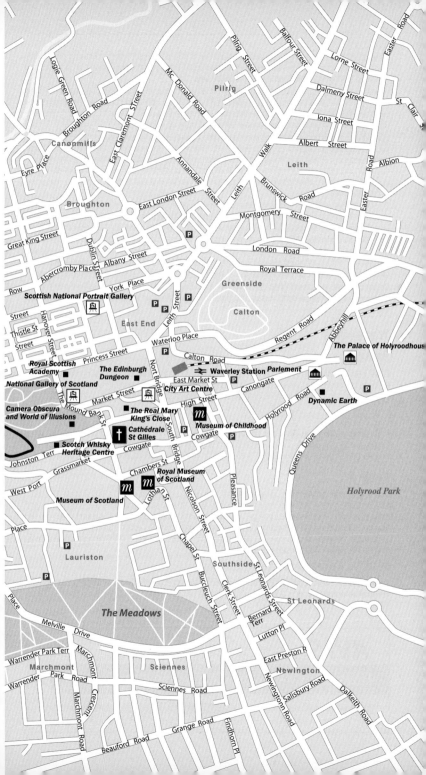

Celui-ci devint vite à la mode : de superbes demeures y furent aussitôt prises d'assaut par la High Society. Cette nouvelle ville georgienne est encore aujourd'hui la partie résidentielle d'Edimbourg et constitue le plus important patrimoine classé du pays.

Le festival d'Edimbourg, unique au monde par son importance et la variété de ses manifestations (danse, musique, théâtre, cirque…) draine une foule internationale et fait de la ville une importante capitale culturelle. Peut-être trop consciente de sa beauté et de sa prédominance culturelle, Edimbourg refuse de voir et d'accepter que Glasgow la rattrape dans ce domaine.

Edimbourg connaît depuis quelques années un spectaculaire essor économique et financier, reposant sur une tradition ancestrale de savoir-faire et de rigueur. Ville universitaire d'un million d'habitants magnifiquement située dans un site accidenté, recelant plusieurs milliers d'édifices classés, le quart du patrimoine remarquable écossais, Edimbourg a su tirer le meilleur parti d'un environnement urbain et naturel préservé, pour favoriser l'implantation de nombreuses entreprises, comme la médecine et l'électronique.

C'est toutefois en qualité de place financière qu'Edimbourg connaît depuis quelques années le développement le plus rapide. Grâce à un environnement attractif, à une main-d'œuvre abondante, bien formée et bon marché, elle est parvenue à surmonter la crise du milieu des années 90 pour se maintenir au deuxième rang des places financières, derrière la City.

D'autre part, l'octroi à l'Ecosse d'une large autonomie a permis de mettre en œuvre une politique rassurante pour les milieux d'affaires, confortant ainsi le rôle d'Edimbourg comme plaque tournante en Europe de capitaux en provenance des Etats-Unis, du Sud-Est asiatique et du Golfe persique.

Conjuguée avec la concentration électronique de la « Siliconn Glenn », troisième pôle mondial dans ce secteur, Edimbourg a donc vu son rôle international confirmé et tente de développer son image de marque.

Transports

Routes

▶ **Du nord de Perth** prenez la M 90 puis empruntez le Forth Road Bridge (gratuit dans ce sens, 80 p dans l'autre) ; parallèle à celui-ci, vous pourrez admirer l'impressionnante construction en acier du Forth Rail Bridge, achevé et inauguré en 1890. De Stirling et Grangemouth, la M 9.

▶ **De Glasgow** à l'ouest, la M 8.

▶ **De Newcastle-upon-Tyne par la côte**, l'A 1. Par le sud, l'A 7 ou l'A 68 mais là, prenez votre temps, la route en vaut la peine, et son tracé n'autorise de toute façon pas la vitesse. Si vous êtes pressé, empruntez la M 6 puis la M 74 en direction de Glasgow, ensuite la M 8 vers l'ouest.

Voiture

▶ **Il y a 5 grands parkings en ville** (Castle Terrace ; Lothian Road, à la jonction de Morrison Street ; Saint John's Hill, près d'Arthur's Seat ; New Street, perpendiculaire à Canongate ; Saint James Centre). Ne vous garez pas sur les emplacements marqués « Permit Holders Only » ni sur les lignes jaunes, même en double file. Dans certains secteurs, les contractuels passent toutes les 10 minutes. Vous pouvez ignorer les parcmètres avant 8h30 et après 17h30 du lundi au vendredi, et le samedi avant 8h30 et après 13h30.

Location de voitures

■ **ARNOLD CLARK. Lochrin Place, Tollcross** ✆ **(0131) 228 4747 – Fax : (0131) 221 0280 – www.arnoldclark.co.uk** – Voiture à partir de 19 £ par jour. Bus pour s'y rendre : 10,11,16,23 ou 27.

Edimbourg by bus

Plusieurs formules de visites commentées en bus sont proposées. Elles sont conseillées si vous avez peu de temps à passer à Edimbourg ou tout simplement si vous souhaitez avoir un panorama complet de la capitale (montée et descente du bus aux principaux points d'intérêt touristique, billet valable 24h).

Le point de départ des bus est l'arrêt de Waverley Bridge, en face de la gare. Les quatre options sont : City Sightseeing, Edinburgh Tour, Mac Tours et Majestic Tour. Seul le City Sightseeing Bus Tour dispose d'un commentaire audio en français. Pour ce dernier, les tarifs appliqués sont de 8,50 £ pour un adulte, 7,50 £ pour un étudiant et 2,50 £ pour un enfant. Votre ticket vous fera en outre bénéficier de nombreuses réductions sur l'entrée de certains musées.

■ **RENSEIGNEMENTS** ✆ (0131) 220 0770 ou sur le site Internet : www.edinburghtour.com

■ **CONDOR SELF DRIVE. (A côté du précédent) 45 Lochrin Place, Tollcross** ✆ **(0131) 229 6333 – Fax : (0131) 229 1436 – www.condorselfdrive.co.uk** – A partir de 20 £ par jour.

■ **ANCHOR CAR AND VAN HIRE. 157 Lower Granton Rd** ✆ **– Fax : (0131) 552 7111 – www. anchor-carhire.co.uk** – Compagnie de location à bas prix proposant des véhicules à partir de 19 £ par jour.

Dépannage

■ **AA** ✆ **0800 5877150 (appel gratuit).** Dépannage 24h/24.

Avion

■ **AIR FRANCE, BRITISH AIRWAYS et BMI** en provenance de Paris, Aéroport international d'Edimbourg ✆ (0131) 333 1000. Des bus (City Air Link) vous conduisent toutes les 30 minutes au centre-ville pour 3 £ (5 £ si vous prenez un aller-retour). Comptez 30 min de trajet, départ toutes les 10-20 minutes de 4h50 à 0h25. Taxis, comptez au moins 15 £.

Ferry

▶ **Traversées quotidiennes au départ de Zeebrugge** (port de Brugges) en direction de Rosyth (30 min de route d'Edimbourg). Un peu plus de 17h de trajet. Renseignements auprès de Superfast Ferries, www.superfast.com ou auprès des Premium Sales Agents, Navifrance ✆ 01 42 66 65 40 et Viamare Cap Mer ✆ 01 42 80 94 87.

Train

■ **WAVERLEY STATION** ✆ **(0131) 550 2300. Renseignements auprès de Scotrail** ✆ **08457 48 49 50 – Réservations** ✆ **0870 608 2 608 – www.firstscotrail.co.uk et également auprès des opérateurs GNER** ✆ **08457 225 333 et Virgin Trains** ✆ **0870 789 1234.** Comptez de 120 à 180 £ pour un aller-retour entre Londres et Edimbourg, selon que vous voyagez en première classe ou en seconde. Pour les billets à prix réduits, Super Apex, Super Saver et Saver Return, se renseigner aux guichets.

▶ **Départ de King's Cross (Londres) pour Edimbourg.** Durée moyenne du voyage : 4h. Trains InterCity pour toute l'Ecosse, malgré certains changements en cours de route, pour des destinations sur la côte ouest surtout. Ce sont des lignes non électrifiées qui relient Londres à Aberdeen et Inverness.

Bus

■ **SAINT ANDREW SQUARE BUS STATION. Scottish Citylink Coaches** ✆ **08705 50 50 50 – www.citylink.co.uk** – C'est la principale compagnie, avec la National Express. Possibilités de voyager de nuit, de voyager « confort », ou de bénéficier de réductions en réservant par Internet. Renseignements pour les bus régionaux First ✆ 08708 72 72 71 de 7h à 19h du lundi au vendredi (10h-14h le samedi). Cette compagnie opère plus de 300 liaisons dans la région d'Edimbourg et des Borders.

■ **BUS LOCAUX.** Lothian Buses ✆ **(0131) 555 6363 – www.lothianbuses.co.uk –** Renseignements au 27 Hanover Street, Shandwick Place ou 31 Waverley Bridge. Le prix d'un trajet est de 80 p ou 1 £, prévoyez l'appoint car le chauffeur ne rend pas la monnaie. Le daysaver ticket (2,20 £ si vous voyagez après 9h30 ou 2,50 £ en plein tarif) se révèle intéressant si vous faites au moins un aller-retour dans la journée.

Les lignes de bus en ville sont assez compliquées, même avec l'aide de la carte détaillée fournie par l'office du tourisme. Le bus demeure toutefois l'unique moyen de transport pour ceux qui ne passent qu'une journée en ville, car il est quasiment impossible de se garer. Aussi, préférez la marche, les distances ne sont pas longues.

Location de vélos

■ **BIKE TRAX. 7-11 Lochrin Place, Tollcross** ✆ **(0131) 228 6333 – www.biketrax.co.uk –** *A partir de £15 par jour. Du lundi au dimanche, de 9h30 à 17h.*

Pratique

▶ **Indicatif téléphonique :** (0131).

▶ **Urgences :** 999.

■ **OFFICE DU TOURISME. 3 Princes Street** ✆ **(0131) 473 3800.** *En avril et octobre, ouvert de 9h à 18h du lundi au samedi et de 11h à 18h le dimanche. En mai, juin et septembre, ouvert de 9h à 19h (11h-19h le dimanche). En juillet et août, ouvert de 9h à 20h (à partir de 10h le dimanche). De novembre à mars, ouvert de 9h à 18h (10h-18h le dimanche).* **Vous pouvez aussi obtenir des informations touristiques au bureau de l'aéroport d'Edimbourg** ✆ **(0131) 333 2167.** *De novembre à mars, de 9h à 18h et le dimanche de 9h30 à 17h. D'avril à octobre, de 8h30 à 21h30 (à partir de 9h30 le dimanche).* Ces offices du tourisme peuvent vous réserver votre hébergement (commission de 3 £ en moyenne), vous délivrer des titres de transport (train, bus etc.) et vous renseigner sur les événements ou les excursions à faire. L'office propose également de nombreux circuits à thème dans la ville et délivre un plan gratuit très pratique pour se repérer dans les différents quartiers.

■ **POLICE (ET OBJETS PERDUS). 188 High Street** ✆ (0131) 226 6966.

■ **POSTE CENTRALE. 8-10 Saint James Centre,** ✆ **0845 7223344.** *De 8h30 à 17h30, le samedi de 8h30 à 18h.* Autre bureau général au 7 Hope Street ainsi qu'au 135 Great Junction Street.

■ **CHANGE.** Dans toutes les banques ainsi qu'à l'office du tourisme (sans commission). En dernier recours, essayez à la gare. Certains grands magasins dans Princes Street prennent des devises étrangères et feront du change sur place.

■ **HÔPITAL.** Royal Infirmary, Old Dalkeith Rd, Little France ✆ (0131) 536 1000.

Agence de voyages réceptive

■ **HAGGIS ADVENTURES. 60 High Street** ✆ **(0131) 557 9393 – Fax : (0131) 558 1177 – www. haggisadventures.com – daytrips@haggisadventures.com –** Depuis 13 ans, Haggis Adventures vous emmène, par tous les temps, en mini-bus à la découverte du Loch Ness, du Loch Lomond, de l'île de Skye, des Hautes Terres et des mythiques distilleries, notamment la distillerie Talisker, « l'esprit d'or ». Excursions de 1 jour (29£), 3, 4, 6 et 8 jours(249£). Guides locaux.

Dentiste

■ **EDINBURGH DENTAL HOSPITAL.** 1 Lauriston Place ✆ (0131) 536 4900.

Pharmacie

■ **BOOTS.** 48, Shandwick Place ✆ (0131) 225 6757. *Ouverte de 8h45 à 21h, le samedi et le dimanche de 11h à 16h30.*

Internet

■ **THAT INTERNET CAFÉ. 18 West Maitland Street** ✆ **0870 770 4121 – Fax : 0870 770 4122 – www.thatinternetcafe.net – info@thatinternetcafe.net –** *Ouvert tous les jours de 8h à 21h.* Des tarifs très intéressants pour consulter Internet tout en savourant un bon café ou en grignotant un cookie. **Egalement au 1 Brougham Place,** ouvert de 8h à 22h.

■ **HERE ! INTERNET CAFÉ. 23 Leven Street** ✆ **(0131) 228 9097.** Nouveau venu à Edimbourg, ce cybercafé a le mérite de ne pas faire usine et de proposer des tarifs assez compétitifs. A partir de 75 p les 15 min. **Egalement près du Royal Mile** au 51 Niddry Street ✆ (0131) 556 0003.

▶ **A savoir.** Pendant la saison des fêtes, des grands tournois sportifs et du festival, les logements sont souvent pris d'assaut plusieurs mois à l'avance et les prix peuvent être multipliés par deux !

Quartiers

▶ **La vieille ville (Old Town), Ramsay Gardens et le château.** Le château, plus ancien que la ville, tient une place chère dans la mémoire du peuple écossais. La forteresse dressée sur un roc est un symbole imposant, rappelant constamment leurs racines aux Ecossais. Il a été dit qu'Edimbourg ressemble plus à un décor de théâtre qu'à une ville moderne. La topographie locale est due à Arthur's Seat, le volcan principal de la région, surgi il y a plusieurs millions d'années. Puis la fonte glaciaire a creusé des vallées profondes dans le paysage et formé une arête sur laquelle est bâtie l'actuelle vieille ville. Elle se compose essentiellement de High Street, qui fait actuellement partie du Royal Mile, au bout duquel se trouve la résidence de la famille royale : The Palace of Holyroodhouse. Derrière le palais, Arthur's Seat, qui domine la ville, offre un superbe panorama.

▶ **La nouvelle ville (New Town).** Datant du XVIIIᵉ siècle, le quartier de New Town est la plus grande étendue d'architecture georgienne en Europe, voire dans le monde. Aux XVIIIᵉ et XIXᵉ siècles, des architectes renommés ont doté abondamment la ville d'édifices – publics et privés – et ont su habilement tirer parti des collines et des vallées pour en faire un site spectaculaire. L'ensemble du centre-ville d'Edimbourg a été officiellement classé au Patrimoine mondial en 1995.

▶ **Dean Village.** A l'ouest du centre-ville, ce quartier, bordé par Queensferry Road et construit dans la vallée de la rivière Leith, a vu travailler des moulins pendant plus de 800 ans. Une courte promenade sur la rivière mène à Saint Bernard's Well.

▶ **Stockbridge.** Au nord de la nouvelle ville, ce quartier entouré de jardins fut longtemps le fief du milieu artistique. Une balade agréable conduit au Royal Botanic Garden.

▶ **Southside et Tollcross.** Ces quartiers, situés au sud de la vieille ville, se répartissent de part et d'autre du parc The Meadows. Les pubs, cafés-bars et autres restaurants branchés attirent de nombreux étudiants.

▶ **Leith.** Ce quartier portuaire, traditionnellement ouvrier, est devenu bien bourgeois, avec ses restaurants, ses bistrots et ses pubs. Le centre du gouvernement écossais (Scottish Office), s'est déplacé en 1995 du centre-ville vers un bâtiment tout neuf à Leith. En 2001, le centre commercial Ocean Terminal s'est également imposé sur le port et domine l'ancien yacht royal Britannia.

Hébergement

▶ **En cas de problème,** un établissement peut se révéler utile, le Backpackers Centre, 6 Blackfriars Street ✆ (0131) 557 9393.

Dans Old Town
Bien et pas cher

■ **HIGH STREET HOSTEL. 8, Blackfriars Street** ✆ **(0131) 557 3984 – www.scotlandstop hostels.com – highstreet@scotland-top-hostels.com –** *Les prix varient entre 11 et 13 £.* Ouvert toute l'année, cet établissement est situé juste à côté du Royal Mile et organise une visite guidée gratuite de la vieille ville tous les matins.

■ **EDINBURGH BACKPACKERS HOSTEL. 65, Cockburn Street** ✆ **(0131) 220 1717 – Fax : (0131) 477 4636 – www.hoppo.com – info@hoppo.com** – *En dortoir, comptez 14 à 17 £ par personne et jusqu'à 18,50 £ pendant le festival. Des chambres doubles sont également disponibles pour 40 £ en basse saison et jusqu'à 50 £ pendant le festival.* Au cœur de la vieille ville, cette auberge est abritée dans une belle et haute demeure à la cage d'escalier vertigineuse.

Confort ou charme

■ **THE BANK HOTEL. 1 South Bridge** ✆ **(0131) 622 6800 – Fax : (0131) 622 6822 – www. festival-inns.co.uk – bank@festival-inns.co.uk** – *Comptez de 30 à 70 £ par personne selon la saison.* Neuf chambres réparties sur trois étages dans cet hôtel du Royal Mile. Le bâtiment en lui-même est impressionnant et la reconversion de cette ancienne banque en hôtel est admirablement réussie. Les chambres ont du caractère et on les rejoint en passant par le Logie Bairds Bar.

■ **IBIS EDINBURGH CENTRE. 6 Hunter Square** ✆ **0131 240 7000 – Fax: 0131 240 7007 – www. ibishotel.com** *Comptez de 55£ à 75£ par personne selon la saison.* Les animaux de compagnie sont acceptés. Parking à proximité de l'hôtel (5£ par jour). Idéalement situé, à 5mn à pied de Princess Street, cet hôtel possède un accès internet (WIFI). L'équipe d'accueil parle français et sera à vos petits soins.

■ **JURYS INN. 43, Jeffrey Street** ✆ **(0131) 200 3300 – Fax : (0131) 200 0400 – www.jurys doyle.com – Brenda_kirkland@jurysdoyle.com** – Plus de confort que de charme mais il faut avouer que cet hôtel est remarquablement situé, juste à côté du Mile. Ajoutez que les prix sont corrects (*à partir de 30 £ par personne*), sauf au moment du festival (*jusqu'à 90 £ par personne en chambre double*). Un bon rapport qualité-prix.

■ **TAILORS HALL HOTEL. 139 Cowgate** ✆ **0131 622 6801– Fax: 0131 622 6818 – tailorshall@festivals-inns.co.uk – www.festivals-inns.co.uk** *Chambre à partir de 50£ par personne.* Juste à côté du Three Sisters Pub, dans un immeuble en pierre (un des les plus anciens d'Edimbourg, XVIIe siècle) construit autour d'une superbe cour.

Luxe

■ **THE SCOTSMAN HOTEL. 20 North Bridge** ✆ **(0131) 556 5565 – Fax : (0131) 652 3652 – www.thescotsmanhotel.co.uk – reservations@thescotsmanhotelgroup.co.uk** – *A partir de 250 £ la chambre.* Luxueux dans les moindres détails, cet hôtel allie l'hospitalité écossaise au confort des établissements les plus modernes (lecteur de DVD et accès Internet dans les chambres, club de remise en forme et spa…). L'hôtel abritait jadis les bureaux du quotidien national *The Scotsman,* d'où son nom.

Dans New Town

Bien et pas cher

■ **CALEDONIAN BACKPACKERS. 3 Queensferry Street** ✆ **(0131) 476 7224 – Fax : (0131) 226 2939 – www.caledonianbackpackers.com – info@caledonianbackpackers.com** – *Compter 11 £ en dortoir de 20 lits, 15 £ en dortoir de quatre et 16 à 17 £ par personne pour des chambres triples ou doubles. Le petit-déjeuner est compris.* Cette auberge de jeunesse est très bien située, juste au bout de Princes Street et à proximité de toutes les attractions touristiques. L'ensemble est bien tenu, la pièce commune est grande et agréable tout comme la cuisine.

■ **TERRACE HOTEL. 37, Royal Terrace** ✆ **(0131) 556 3423 – Fax : (0131) 556 2520 – www. terracehotel.co.uk – terracehotel@btinternet.com** – *Comptez de 22 à 42 £ environ.* Tout près du Royal Terrace Hotel, cet hôtel géorgien, aux chambres spacieuses (plusieurs chambres familiales) bénéficie d'une position enviable : il offre une vue superbe sur la rivière et le nord de la ville, tout en se trouvant à 10 minutes à pied du centre. Un des meilleurs rapports qualité-prix.

Confort ou charme

■ **BOUVERIE B & B. 9b Scotland Street** ✆ **(0131) 556 5080 – Fax : (0131) 556 0428 – mctavish@ednet.co.uk** – *Compter 40 à 50 £ par personne.* Archie et Cassie vous accueillent dans leur belle maison géorgienne à 10 min à pied de Princes Street. Ils ont pris soin de décorer les 4 chambres de manière distincte et chacune porte le nom d'une fleur. Votre petit-déjeuner est préparé au four traditionnel et il est servi autour d'une belle table ancienne.

■ **STUART HOUSE. 12, East Claremont Street** ✆ **(0131) 557 9030 – Fax : (0131) 557 0563 – www.stuartguesthouse.co.uk – june@stuartguesthouse.co.uk** – *Chambre simple ou* *double entre £35 et 50 par personne.* C'est une maison géorgienne de 150 ans que la propriétaire Mrs Watson a aménagée avec beaucoup de soin et de goût. Certaines pièces, très grandes, peuvent accueillir des familles de 4 personnes. La maison est réservée aux non-fumeurs.

■ **ROYAL TERRACE HOTEL. 18, Royal Terrace** ✆ **(0131) 557 3222 – Fax : (0131) 557 5334 – www.primahotels.co.uk – reservations@royalterracehotel.co.uk** – *Comptez de 65 à 150 £ pour une chambre simple et de 100 à 200 £ pour une chambre double.* N'hésitez pas à marchander : le prix d'une chambre simple hors saison peut descendre jusqu'à 40 £. Situé dans une rue calme, cet hôtel géorgien à l'entrée de marbre rose et doré manque un peu de chaleur. Les amateurs d'échecs trouveront dans le jardin un échiquier géant et les sportifs, une salle de gymnastique. Un ensemble de 108 chambres dont 13 suites de luxe ; la Glenlivet suite possède son propre patio et sa salle à manger !

Luxe

■ **BALMORAL HOTEL. 1, Princess Street** ✆ **131 556 2414 – Fax : 131 557 3747 – www.thebalmoralhotel.com – thebalmoralhotel@rfhotels.com** – *Chambre simple à 220 £, chambre double à partir de 130 £ par personne.* Construit en 1902, cet établissement, conçu à l'image des plus beaux hôtels de luxe d'Europe, allie magnificence et raffinement. Partout, dans les couloirs, les halls ou salons, miroirs, chandeliers et verreries du début du XIXe siècle se disputent les faveurs du regard. Les chambres, aux salles de bains ornées de marbre, ont chacune leur caractère : dans l'une, une niche, dans l'autre, une cheminée… Certaines ont vue imprenable sur la ville. Au choix, pour se restaurer, le grill tout en bois laqué, le salon de thé où une harpiste joue en permanence ou encore la pâtisserie aux délicieux effluves, donnant sur la rue. Et pour une remise en forme totale, un complexe de loisirs (piscine, gym, sauna).

■ **THE MACDONALD HOLYROOD HOTEL. 81 Holyrood Road** ✆ **(0131) 550 4500 – Fax: (0131) 528 8088 – www.macdonald-hotels.co.uk/holyrood – events.holyrood@macdonald-hotels.co.uk** *Chambre à partir de 250£ par personne.* Situé à 2 pas d'Holyrood Park, cet hôtel, très moderne et très luxueux, possède un superbe spa.

Au sud

Bien et pas cher

■ **BRUNTSFIELD YOUTH HOSTEL. 7 Bruntsfield Crescent** ✆ **0870 004 1114 – bruntsfield@syha.org.uk** – *Comptez de 12 à 16 £.*

■ **MENZIES GUEST HOUSE. 33, Leamington Terrace** ✆/**Fax : (0131) 229 4629 – www.menzies-guesthouse.co.uk – info@menzies-guesthouse.co.uk** – *Comptez de 15 à 40 £ par personne.* A 10 minutes à pied de Princes Street. L'accueil est chaleureux et vous serez bien logé dans cette maison victorienne. Parking à votre disposition.

■ **AVERON GUEST HOUSE. 44, Gilmore Place** ✆ **(0131) 229 9932 – www.averon.co.uk – info@averon.co.uk** – *De 19 à 38 £ par personne.* Dans le même quartier que la précédente mais un grade en dessous. Ambiance très cosy, notamment de la pièce commune avec cheminée. Parking privé.

Confort ou charme

■ **TEVIOTDALE HOUSE. 53, Grange Loan** ✆ **(0131) 667 43 76 – Fax : (0131) 667 4763 – www.teviotdalehouse.com – eliza@teviotdalehouse.com** – *A 10 min de Princes Street, bus 24 ou 42. Comptez de 30 à 60 £ environ par personne selon la saison.* Dans une avenue un peu à l'écart des grands axes, on est parfaitement installé dans les chambres spacieuses et tout confort de cette maison victorienne. Elizabeth et Willy préparent des petits-déjeuners qui surclassent tous leurs concurrents. Leur accueil et leurs conseils sont de formidables atouts pour découvrir Edimbourg. Si vous avez des difficultés avec l'anglais, profitez-en, vos hôtes parlent français !

■ **SOUTHSIDE GUEST HOUSE. 8, Newington Road** ✆ **(0131) 668 4422 – Fax : (0131) 667 7771 – www.southsideguesthouse.co.uk – info@southsideguesthouse.co.uk** – *Comptez de 32 à 60 £ par personne.* Située dans le charmant quartier universitaire de Southside, cette chambre d'hôte conviendra parfaitement aux amateurs de décoration moderne et soignée. L'origine italienne du propriétaire explique en partie le style contemporain et le goût très sûr avec lequel chaque chambre a été arrangée. Le menu du petit-déjeuner change tous les jours et les végétariens y trouveront leur compte.

■ **THE STUARTS. 17 Glengyle Terrace** ✆ **(0131) 229 9559 – www.the-stuarts.com – room@the-stuarts.com –** *Compter 45 à 50 £ par personne.* Ce B & B est abrité dans un monument classé et c'est un point de départ idéal pour découvrir la ville tout en étant parfaitement au calme. Les 3 chambres sont spacieuses, élégantes et confortables. Vos hôtes sont à l'écoute de vos besoins et vous fournissent un service haut de gamme.

Luxe

■ **PRESTONFIELD. Priestfield Road** ✆ **(0131) 225 7800 – Fax : (0131) 220 4392 – www.pres ton field.com – info@prestonfield.com –** *Compter 100 £ par personne.* Une magnifique demeure du XVIIe siècle située juste en dehors du centre abrite cet hôtel. La décoration est somptueuse et les jardins vous promettent un séjour romantique à souhait avec une vue splendide sur Arthur's Seat.

À l'ouest

Bien et pas cher

■ **EGLINTON YOUTH HOSTEL. 18 Eglington Crescent** ✆ **0870 004 1116 – www.eglinton@syha. org.uk –** *Comptez de 12 à 16 £.* A proximité de Haymarket Station, prenez un bus en direction de Haymarket ou Corstorphin pour vous y rendre. Dortoirs de 4 à 10 lits. Propre et bonne ambiance.

■ **THE INVERLEITH HOTEL. 5, Inverleith Terrace** ✆ **(0131) 556 2745 – www.inverleithhotel. co.uk – info@inverleithhotel.co.uk –** *Comptez de 30 à 50 £ par personne, 80 à 120 £ pour une chambre familiale.* A proximité du Botanic Garden, ce petit hôtel victorien propose un très bon rapport qualité-prix et conviendra particulièrement aux couples avec ou sans enfants. Mrs Case et son mari sauront vous conseiller sur les nombreux restaurants du quartier, n'hésitez pas à les solliciter.

Confort ou charme

■ **ELLERSLY HOUSE HOTEL. Ellersly Road, Murrayfield** ✆ **0131 337 6888 – Fax: 0131 313 2543 – www.festivals-inns.co.uk – ellersly@festivals-inns.co.uk** *Chambre à partir de 40 £ par personne.* Cette splendide maison de campagne est située à 10 min du centre en voiture et possède un jardin qui se transforme en terrain de croquet aux beaux jours.

■ **MELVIN HOUSE HOTEL. 3, Rothesay Terrace** ✆ **(0131) 225 5084 – Fax : (0131) 226 5085 – www.melvinhouse.co.uk –** *Comptez 140 £ pour une chambre double.* Cet hôtel a pour cadre une charmante demeure victorienne, située entre les sympathiques quartiers de Dean Village et du West End. Les chambres allient confort moderne et élégance tandis que salon, salle à manger et bibliothèque reflètent avec splendeur l'époque victorienne.

■ **DUNSTANE HOUSE HOTEL. 4, West Coates** ✆ **(0131) 337 6169 – (0131) 337 6060 – www. dunstane-hotel-edinburgh.co.uk –** *Comptez 50 £ par personne.* Une belle demeure victorienne à 10 min à pied de Princes Street. Les propriétaires, Shirley et Derek Mowat, proposent un service digne des grands hôtels tout en conservant des prix abordables. Vérifiez leurs offres spéciales sur Internet.

■ **SEVEN DANUBE. 7, Danube Street** ✆ **(0131) 332 2755 – Fax : (0131) 343 3648 – seven. danubestreet@virgin.net –** *Compter de 100 à 130 £ pour une chambre double, 55 £ pour une simple.* Fiona et Colin ont joliment arrangé les trois chambres qu'ils proposent, la chambre double dispose d'un lit à baldaquin. Le mobilier est traditionnel et vous trouverez tout le confort moderne (télévision, branchement modem, téléphone).

Restaurants

New Town

Bien et pas cher

■ **HENDERSON'S SALAD TABLE. 94, Hanover Street** ✆ **(0131) 225 2131 – Fax : (0131) 225 74646 – www.hendersonsofedinburgh.co.uk –** *Ouvert de 8h à 22h45. Comptez de 7 à 10 £.* Une clientèle cosmopolite fréquente ce restaurant végétarien connu pour la qualité de ses plats chauds ou froids à base de produits frais.

■ **ZEST. 15 North St Andrew Street** ✆ **(0131) 556 50 28 – Fax (0131) 556 6731.** *Ouvert tous les jours de 12h à 14h et de 17h30 à 23h30. Plats à partir de 8 £.* Si vous aimez la cuisine indienne et que vous êtes curieux de découvrir de nouvelles saveurs, ce restaurant vous épatera par la créativité de ses menus.

Bonnes tables

■ **THE PATIO. 87, Hanover Street** ✆ **(0131) 226 3653.** *Ouvert du lundi au samedi de 11h30 à 14h et de 17h à 23h. Comptez 6 £ pour un menu le midi et entre 15 et 30 £ le soir.* Ce restaurant italien a établi sa réputation à Edimbourg depuis 1968. Cuisine traditionnelle et fruits de mer sont au menu. Le personnel est accueillant et attentionné.

■ **SIAM THANI THAI RESTAURANT. 14, Broughton Street** ✆ **(0131) 477 2724.** *Ouvert tous les jours de 17h à 23h (et de 12h à 14h30 jeudi et vendredi).* Mets fins et savoureux dans un cadre apaisant.

■ **THE MUSSEL INN. 61-65 Rose Street** ✆ **(0131) 225 5979 – www.musselinn.com** – *Ouvert tous les jours de 12h à 22h. Comptez environ 16 £.* Spécialités de moules-frites et de fruits de mer.

■ **DUCK'S AT LE MARCHÉ NOIR. 2-4 Eyre Place** ✆ **(0131) 558 1608 – www.ducks.co.uk** – *Ouvert le lundi de 19h à 22h30, du mardi au vendredi de 12h à 14h et de 19h à 22h30 et uniquement le soir le week-end. Comptez 10 £ le midi et environ 30 £ le soir.* Le propriétaire de l'établissement a souhaité marier le meilleur de l'Ecosse à la cuisine traditionnelle française. Pour notre plus grand régal bien sûr ! Une réussite.

Luxe

■ **CAFÉ ROYAL OSTER BAR. 17a West Register Street** ✆ **(0131) 556 4124 – Fax : (0131) 556 4124.** *Ouvert tous les jours de 12h à 14h et de 19h à 22h. Comptez environ 25 £.* Une institution depuis 1862 ! Les meilleurs poissons et fruits de mer sont servis dans cet élégant restaurant où vous pourrez vous imaginer dînant au temps de la reine Victoria.

Old Town

Bien et pas cher

■ **THE CHOCOLATE SOUP. 2, Hunter Square (adjacent au Royal Mile)** ✆ **(0131) 225 7669.** *Ouvert de 8h à 18h en semaine, à partir de 11h le samedi et 12h le dimanche.* Comme son nom l'indique, cet établissement propose des bols de soupe au chocolat que vous pourrez accompagner de délicieux muffins géants ! Si vous préférez le salé, les soupes de légumes sont toutes aussi excellentes et c'est la formule idéale pour déjeuner chaud et pas cher. Vous trouverez un autre Chocolate Soup dans New Town au 158, Rose Street ✆ (0131) 225 8038.

■ **THE BAKED PATATO SHOP. 56, Cockburn Street** ✆ **(0131) 225 7572.** *Ouvert tous les jours de 9h à 21h. Une formule économique et savoureuse proposant des pommes de terre garnies à emporter. Comptez environ 3 £.* Large choix de garnitures convenant aussi aux végétariens.

■ **THE FILLING STATION. 235-241 High Street** ✆ **0131 226 2488.** Bar américain. Cuisine tex-mex, pizza, pasta, burgers & sandwiches, salades. *Comptez en moyenne 7£ pour un plat.*

■ **PETIT PARIS. 38-40, Grassmarket** ✆ **(0131) 226 2442 – www.petitparis-restaurant. co.uk** – *Du lundi au samedi de 12h à 15h et de 17h30 à 23h, le dimanche de juin à août. Compter environ 6 £ pour déjeuner, £15 pour dîner.* Charmant bistrot sans artifice, ce qui n'empêche pas les assiettes d'être bien remplies par un chef qui joue son rôle avec panache. On vous propose, entre autres, des huîtres au four avec des poireaux, du saumon fumé, de la brioche ou une fricassée de champignons à la crème de brandy.

■ **LA PIAZZA. 97-99 Shandwick Place** ✆ **0131 221 1150 – Fax : 0131 221 1160.** Restaurant typiquement italien dans un cadre très agréable. *Comptez environ 8 £.*

Bonnes tables

■ **BLACK BO'S. 57-61 Blackfriars Street** ✆ **(0131) 557 6136 – www.blackbos.co.uk** – *Ouvert tous les jours de 12h à 14h et de 18h à 22h30. Fermé le dimanche midi. Comptez environ 10 £.* Ce restaurant végétarien promet à votre palais de découvrir des saveurs inoubliables.

■ **DUBH PRAIS. 123 b, High Street, Royal Mile** ✆ **(0131) 557 5732 – Fax : (0131) 557 5263 – www.bencraighouse.co.uk** – *Comptez 8,50 £ pour déjeuner et 12,50 £ pour dîner.* En gaélique, son nom signifie « casserole noire ». Ce petit restaurant chaleureux et intime se cache dans une cave. Spécialités 100 % écossaises de gibier, de saumon et de bœuf. C'est ici qu'il faut goûter au haggis !

Luxe

■ **THE POMPADOUR RESTAURANT. Caledonian Hotel, Princess Street** ✆ **(0131) 222 8888 – Fax : (0131) 222 889.** *Ouvert du mardi au samedi de 12h à 15h et de 19h à 22h. Pas de déjeuner le samedi.* Superbe, décoré dans un style classico-romantique, il est considéré comme le meilleur restaurant d'Edimbourg. A vous d'en juger pour environ 20 £.

■ **THE WITCHERY BY THE CASTLE. Castlehill, Royal Mile** ✆ **(0131) 225 5613 – Fax : (0131) 220 4392 – www.thewitchery.com** – *Tous les jours de 12h à 16h et de 17h à 23h30. Comptez 10 £ pour le déjeuner et à partir de 20 £ le soir.* The Witchery, implanté dans le bâtiment qui fut le centre de la sorcellerie de la ville, comprend 2 restaurants. Le Secret Garden, plein de caractère et éclairé uniquement à la bougie, est fort prisé. On y dîne autour de tables et de chandeliers sombres (après avoir réservé au moins 3 semaines à l'avance). Spécialités : la soupe de venaison, le canard encroûté d'ail avec une sauce au citron vert et au gingembre, les crêpes d'asperges et le cream cheese. La carte des vins est impressionnante avec plusieurs centaines de variétés.

À l'ouest (West end et Bruntsfield)

Bien et pas cher

■ **THE GALLERY CAFE. Scottish National Gallery of Modern Art, 74 Belford Road** ✆ **(0131) 332 8600.** *Ouvert du lundi au samedi de 10h à 16h30 et le dimanche de 14h à 16h30.* L'été, vous dégusterez en terrasse les délicieux petits plats ou desserts préparés dans ce café-restaurant. Très bon rapport qualité-prix mais un peu bruyant.

■ **LA CUISINE D'ODILE. A l'Institut français, 13, Randolph Crescent** ✆ **(0131) 225 5685.** *Ouvert uniquement à midi, du mardi au samedi. Comptez 4 £ pour un plat.*

@ « *Odile prépare tous les jours une cuisine soignée, savoureuse et peu chère. Pour son plaisir et celui de ses clients, elle change le menu tous les jours. Ses desserts sont divins (tartes au chocolat, tartes aux fruits rouges…). Quand le temps le permet, quelques tables sont dressées sur la terrasse (très belle vue). Un restaurant très apprécié par les Ecossais, réservation presque obligatoire.* » J. Brouillard. Urgüp. Turquie.

Bonnes tables

■ **HOWIES. 208 Bruntsfield Place** ✆ **(0131) 221 1777 – www.howies.uk.com** – *Ouvert tous les jours de 12h à 14h30 et de 18h à 22h.* Cette chaîne de restaurants a ouvert en 2001 dans la capitale et propose une cuisine écossaise imaginative à base de produits frais. Le cadre est informel et le service rapide et agréable. **Vous trouverez aussi un Howies au 29, Waterloo Place** (au bout de Princess Street) **et un autre dans Old Town au 10-14 Victoria Street.**

■ **SANTINI. 8 Conference Square** ✆ **(0131) 221 7788.** *Ouvert du lundi au samedi de 12h à 14h30 et de 18h30 à 22h30.* Un des italiens les plus chic et branchés de la ville.

Luxe

Dans le West End près de Shandwick Place :

■ **THE ATRIUM. 10, Cambridge Street** ✆ **(0131) 228 8882.** *Ouvert du lundi au samedi de 12h à 14h et de 18h à 22h. Fermé le samedi midi.* Situé dans le même bâtiment que le Traverse Theatre. Très bonne cuisine à un prix encore raisonnable ; comptez minimum 30 £ pour dîner dans ce restaurant moderne et sophistiqué. L'un des meilleurs de la ville.

■ **STAC POLLY. 8-10 Grindlay Street** ✆ **(0131) 229 5405 – Fax : (0131) 557 9779 – www. stacpolly.co.uk** – *Ouvert du lundi au vendredi de 12h à 14h30 et de 18h à 22h et samedi et dimanche de 18h à 22h. Comptez 24 £ pour un menu.* C'est ici que les amateurs d'élégance et de cuisine locale trouveront forcément leur bonheur. Cet établissement est particulièrement réputé pour son haggis servi en entrée ainsi que pour ses viandes en sauce. **Le Stac Polly se trouve aussi dans New Town, 29-33 Dublin Street** ✆ (0131) 556 2231.

Au sud

Bien et pas cher

■ **SUSIE'S DINNER. 51-53 West Nicholson Street** ✆ **(0131) 667 8729.** *Ouvert du lundi au samedi de 9h à 21h et le dimanche de 12h à 19h.* Un restaurant self végétarien aux saveurs méditerranéennes et orientales. Bonne ambiance et animations le week-end.

Bonnes tables

■ **KALPNA. 2-3, Saint Patrick Square** ✆ **(0131) 667 9890.** *Ouvert du lundi au samedi de 12h à 14h30 et de 17h30 à 23h30. Pas de déjeuner le samedi. Comptez 5 £ pour déjeuner et 14 £ pour le dîner.* Ce restaurant indien au décor sophistiqué est réservé aux non-fumeurs. Le rapport qualité-prix est excellent et les vins sont abordables.

Près de Newington Road :

■ **SAMBUCA. 101-103 Causewayside** ✆**/Fax : (0131) 667 3307.** Ce petit restaurant italien se veut sans prétention mais il est pourtant facile de tomber sous le charme. La carte est originale et vos papilles apprécieront.

Au nord
Bien et pas cher

Dans le quartier de Canonmills :

■ **TAPAS OLÉ. 8-10 Eyre Place** ✆ **(0131) 556 2754 – Fax : (0131) 557 5101.** *Ouvert tous les jours de 12h à 22h (jusqu'à 23h le weekend).* Très bon rapport qualité-prix pour ce restaurant espagnol. Le cadre est simple et l'ambiance décontractée. Comptez 8 £ pour une copieuse assiette de tapas.

■ **DIONIKA. 3-6 Canonmills Bridge** ✆ **(0131) 652 3993 – www.dionika.com** – *Un peu plus cher mais meilleur que le précédent. Comptez au moins 9 £ pour un plat et environ 6 £ pour une petite assiette de tapas.* Vous risquez d'attendre un peu car la boutique attenante mobilise aussi le personnel. Une bonne adresse non loin des Botanic Gardens.

Bonne table

Dans le quartier de Stockbridge, près de Dean Terrace :

■ **LANCERS BRASSERIE. 5, Hamilton Place** ✆ **(0131) 332 3444 – Fax : (0131) 332 9559.** *Comptez environ 15 £.* Cuisine indienne et tradition coloniale. Un des meilleurs indiens de la ville.

Leith
Bonne table

■ **THE WATERFRONT WINE BAR & BISTRO. 1c, Dock Place** ✆ **(0131) 554 7427 – mike. w2@sjf.co.uk** – *Situé à la jonction de Bernard Street et de Commercial Street sur les eaux tranquilles du port. Comptez 12 £ pour le déjeuner et au moins 18 £ pour le dîner.* On y sert des plats fins et des spécialités de la mer accompagnés de bons vins. Son ambiance bistrot vaut véritablement le détour.

Luxe

■ **VINTNERS'ROOMS. 87, Giles Street, Leith** ✆ **(0131) 554 6767.** *Du lundi au samedi, de 12h à 14h et de 19h à 23h30. Compter environ 15-20 £ pour le déjeuner et 30-35 £ pour le dîner.* Ce restaurant, au cœur d'anciennes caves du XVIIe siècle, semble être très apprécié par les nantis du coin. On préférera l'atmosphère de la petite pièce aux murs enduits de plâtre, ancienne salle de vente aux enchères, à la grande salle chauffée par un feu de bois. Les fruits de mer et les poissons sont particulièrement délectables.

Sortir

Pubs
Old Town

■ **CARGO. 129 Fountainbridge** ✆ **0131 659 7880 – www.cargobar.co.uk – cargo@festival-inns.co.uk** Bar de nuit hyper-branché, sur 2 niveaux, en forme de bateau, avec un Karaoké géant. *Ouvert de 11h à 1h du matin.*

■ **DEACON BRODIE'S TAVERN. 435, Lawnmarket** ✆ **(0131) 225 6531.** Ce chaleureux pub du Royal Mile est toujours très animé alors soyez à l'affût des tables qui se libèrent. Le nom de l'établissement est un clin d'œil à William Brodie dont la vie inspira le fameux Dr Jekyll et Mr Hyde de Robert Louis Stevenson. A l'étage, on sert de copieux et savoureux snacks pour environ 7 £, comptez 12 £ pour un plat.

■ **BANNERMAN'S. 212 Cowgate Street** ✆ **(0131) 556 3254.** Cette ancienne cave voûtée propose une grande variété de « real ales ». Très bonne musique live, l'ambiance est animée et vous n'aurez pas froid.

■ **THE MALT SHOVEL INN. 11-15 Cockburn Street** ✆ **(0131) 225 6843.** Un pub réputé pour ses whiskies. L'ambiance est chaleureuse et on est confortablement installé pour savourer la boisson nationale.

■ **THE THREE SISTERS PUB. 139 Cowgate** ✆ **0131 622 6801 – www.the3sisters.co.uk – the3sisters@festivals-inns.co.uk** Le plus grand pub d'Edimbourg !! Situé au même endroit que le Tailors Hall Hotel , ce pub branché possède deux grandes salles. La salle du bas est ouverte tous les jours de 9h à 1h du matin. La salle du haut, avec son bar et sa piste de danse, est ouverte de 22h à 1h du matin le vendredi et le samedi. Des groupes d'étudiants (écossais et européens) et des équipes de rugby et de foot se retrouvent pour faire la fête, faire des rencontres et s'éclater. Si vous souhaiter vous sustenter, comptez en moyenne 5 £.

■ **THE WESTERN BAR. 157-159 West Port** ✆ **(0131) 229 7983.** Dans ce pub très convivial, de charmantes hôtesses (souvent des étudiantes !!), légèrement vêtues, vous proposent des LAPDANCE (10£ pour 2 chansons) dans de petites cabines en bois... Prière de ne pas toucher !! *3£ l'entrée.*

■ **THE WHISTLE BINKIES. 4-6 South Bridge** ✆ **0131 557 51 14.** Cette ancienne cave voûtée propose une grande variété de « real ales » (bières locales). Très bonne musique live, l'ambiance est animée et vous n'aurez pas froid !

New Town

■ **TILES. 1, St Andrew Square** ✆ **(0131) 558 1507.** Café, bar et bistro chic, cet établissement sert à manger jusqu'à 22h mais il est bien agréable d'y traîner un peu plus tard pour boire un whisky au beau comptoir central. Situé à proximité du Balmoral, l'architecture géorgienne de ce pub vaut bien celle d'un hôtel de luxe.

■ **THE ABBOTSFORD BAR. 3, Rose Street** ✆ **(0131) 2255276.** Un pub typique qui a du style avec son bar tout en bois et son plafond sculpté couleur vert et or. Possibilité de dîner à l'étage.

■ **THE DOME. 14 George Street** ✆ **(0131) 624 8624 – Fax (0131) 624 8649 – www.thedo meedinburgh.com –** *Compter environ 20 £ pour y manger. Pour profitez du cadre, vous pouvez aussi simplement prendre un verre au Frazers Bar, ouvert du lundi au samedi de 10h à 3h du matin.* Colonnes en marbre, mosaïque au sol, serez-vous davantage séduits par les lustres en cristal ou par les magnifiques bouquets de fleurs qui embaument le hall ? Cela vaut vraiment la peine de jeter un coup d'œil à l'intérieur de cette ancienne banque reconvertie en restaurant.

▶ **Rose Street.** Cette rue ne possède pas moins de 21 bars dont **l'Abbotsford.** Retenons aussi le **Café Royal Circle Bar,** 19 West Register Street, au 1er étage ✆ (0131) 556 4124. Classique et couvert de marbre, particulièrement populaire. Son voisin, le **Café Royal Oyster Bar,** 17a West Register Street, propose à l'étage, dans une ambiance chaleureuse et détendue, d'excellents fruits de mer (*service de 12h à 14h et de 19h à 22h*).

Au sud

■ **PEAR TREE HOUSE. 38, West Nicholson Street** ✆ **(0131) 667 7533 – www.thepeartree-house.co.uk –** Près de l'université, ce bar attire une clientèle cosmopolite. Beer Garden très fréquenté en été, surtout au moment du Fringe Festival.

L'indispensable guide de vos sorties écossaises

The List : un guide des clubs, des films, des pièces de théâtre, des cabarets et de toutes les sorties intéressantes à faire à Edimbourg et Glasgow. A chercher, dans le paysage nocturne d'Edimbourg, qui évolue à une vitesse plus rapide que n'importe quelle cadence éditoriale, le Mambo Club, le Red Hot Pepper Club et The Vaults. *The List* est un magazine bimensuel que vous pouvez consulter ou acheter à l'office du tourisme (*2,20 £ le numéro*) ou consulter sur Internet : www.list.co.uk

Dans le quartier de Morningside :

■ **THE CANNY MAN'S. Morningside Road** ✆ **(0131) 447 1484.** Encombré comme il l'est de centaines d'objets hétéroclites, ce bar aurait pu gagner le prix du décor le plus sublime. S'il n'y a qu'un pub où aller dans la capitale, c'est bien celui-là.

À l'ouest

■ **TRAVERSE BAR CAFÉ. Traverse Theatre, 10 Cambridge Street** ✆ **(0131) 228 5383.** Un bar chic et branché où un public d'étudiants et de jeunes cadres dynamiques aiment se retrouver. On y sert également à manger.

Boîtes de nuit
Old Town

■ **EL BARRIO LATINO. 104 West Port** ✆ **(0131) 229 8805 – www.elbarrio.co.uk** Bar de nuit salsa. Clientèle très cosmopolite, très peu d'écossais (3£ l'entrée= 2 pintes pour les écossais). *Les mojitos sont divins (2 pour le prix d'1 !!).*

■ **CITY NIGHTCLUB. 1a Market Street** ✆ **(0131) 226 9560 – www.citypeople.info – taslim@clg.co.uk** – Une boîte de nuit géante qui passe des styles de musique assez variés et se vante d'être une des plus chic de la ville.

■ **THE BONGO CLUB. 37 Holyrood Road** ✆ **(0131) 558 7604 – www.thebongoclub.co.uk** – Si vous cherchez un club alternatif à Edimbourg, c'est la bonne adresse. De la musique tous les soirs, une programmation variée : ska, trip hop, house…

■ **THE FAITH. 207 Cowgate** ✆ **0131 225 9764.** Nightclub underground dans une ancienne église.

New Town

■ **THE VENUE. 15-21 Calton Road** ✆ **(0131) 557 3073 – www.edinvenue.com** – *De 22h à 4h.* Des groupes assez variés viennent jouer en semaine tandis que techno, house, hip-hop et funk prédominent le week-end.

■ **EGO. 14 Picardy Place** ✆ **(0131) 478 7434.** Beaucoup de house dans cet ancien casino réaménagé en boîte de nuit.

Piano bar
Old Town

■ **THE RAT PACK. 9 Sandwich Place** ✆ **0131 228 9147.** Programmation d'une très grande qualité. *Ouvert de 23h à 3h du matin. L'entrée est gratuite.*

Tearooms-Cybercafés
Old Town

■ **CAFÉ NERO. 58 Rose Street** ✆ **0131 220 35 77.** *Ouvert tous les jours de 7h30 à 21h00, le dimanche à partir de 9h00.* Ambiance décontractée, grande variété de muffins.

■ **EASYINTERNETCAFE. 58 Rose Street.** Le plus grand d'Edimbourg. *2£ pour 1 heure. 3,50£ pour 24 heures.*

Manifestations

▶ **Une brochure,** *Events in Scotland,* disponible dans les offices du tourisme vous tiendra au fait, avec précision, des multiples activités culturelles organisées en Ecosse tout au long de l'année.

▶ **Par courrier,** vous pouvez en faire la demande à Edinburgh and Scotland Information Center, 3, Princess Street, Edimbourg EH2 2QP. Vous obtiendrez également des renseignements sur les sites : www.edinburghfestivals.co.uk – www.eventful-edinburgh.com

Février

▶ **Le tournoi des Six Nations.**

■ **MURRAYFIELD STADIUM** ✆ **0870 040 1295 – www.scottishrugby.org -** *Visites du stade du lundi au vendredi à 14h30.* Boutique : Maillots, T-shirts, casquettes. ✆ 0131 346 5044.

Mars

▶ **Ceilidh Cuture,** un festival qui célèbre à travers toute la ville la culture musicale écossaise ✆ (0131) 228 1155 – www.ceilidhculture.co.uk

▶ **Easter Festival :** des parades, des concerts pour fêter le printemps dans une ambiance chaleureuse et familiale. Site Internet : www.edinburgheaster.co.uk

Avril

▶ **Festival des Sciences** (le seul au monde qui s'adresse à la fois aux scientifiques et aux amateurs), il s'adresse aux visiteurs de tout âge. Réservation au ✆ (0131) 557 5588 – www. sciencefestival.co.uk

Fin mai

▶ **Scottish International Children's Festival,** ce festival s'adresse en priorité aux enfants de 3 à 12 ans et propose des représentations de danse, de théâtre ainsi que de la musique. info@imaginate.org.uk

Fin juillet-début août

▶ **Edinburgh Jazz and Blues Festival.**

Août (calendrier de 2005 donné pour indication)

▶ **Du 5 au 27 août 2005. Military Tattoo,** au château d'Edimbourg (soldats en rang, démonstrations, parades, défilés…). Tatoo Office, 33-34 Market Street ✆ (0131) 225 1188 – www.edintatoo. co.uk

▶ **Du 7 au 29 août 2005. Edinburgh Festival Fringe,** un festival particulièrement populaire où opéra et théâtre de rue se côtoient pour notre plus grand plaisir. Festival Fringe Office, 180 High Street ✆ (0131) 226 0026 – www.edfringe.com

▶ **Du 13 au 29 août 2005. International Book Festival.** Des débats et des lectures aux terrasses des cafés composent en grande partie ce festival littéraire ✆ (0131) 228 5444 – www.edbookfest. co.uk

▶ **Du 14 août-3 septembre 2005 : Edinburgh International Festival.** Depuis ses débuts en 1947, ce festival n'a cessé de voir sa réputation augmenter ; la qualité et la diversité des prestations proposées attirent de très nombreux visiteurs. The HUB, Edinburgh's Festival Centre, 348 Castlehill ✆ (0131) 473 2000 – www.eif.co.uk

▶ **Du 17 au 28 août : International Film Festival,** films nouveaux internationaux et événements ✆ (0131) 228 4051 – www.edfilmfest.org.uk

Septembre

▶ **The Edinburgh Mela.** Un festival célébrant la diversité culturelle en Ecosse à travers la danse, la musique, l'artisanat etc. www.edinburgh-mela.co.uk

Décembre

▶ **Capital Christmas.** Une série d'événements organisés dans Princes Street Gardens à l'occasion des fêtes de Noël. www.capitalchristmas.co.uk

▶ **Du 29 décembre au 1er janvier : Edinburgh's Hogmanay.** Fêtes du Nouvel An, étalées sur 4 jours et 4 nuits, comme le veut la tradition écossaise. Les rues d'Edimbourg s'animent de foires, de feux d'artifice, etc.

Points d'intérêt

Vues sur la ville

■ **HOLYROOD PARK.** Si vous aimez marcher, essayez les circuits des volcans dans le parc d'Holyrood, derrière le palais, pour contempler la ville de plus haut. Une brochure gratuite vous sera distribuée à l'entrée par le Historic Scotland Ranger Service, vous précisant les chemins à emprunter. Vous pouvez atteindre le sommet d'Arthur's Seat en 20 minutes, ou par un autre itinéraire, plus complet, en 2 heures. Pour Salisbury Crags, comptez 1h. Holyrood Park Education Centre, 1 Queens Drive ✆ (0131) 652 8150. *Du lundi au vendredi, de 10h à 16h.*

■ **CALTON HILL. A l'est de Princes Street.** Il existe plusieurs options pour accéder à cette colline mais le mieux est peut-être de l'aborder par Leith Walk et de continuer sur Royal Terrace et Regent Terrace car vous y verrez d'intéressants édifices comme l'ancienne Royal High School et Calton Jail. Une autre possibilité consiste à monter l'escalier situé sur Waterloo Place à l'arrivée duquel l'ascension de plusieurs monuments vous attend !

■ **LE NELSON MONUMENT,** érigé en 1816 pour célébrer la victoire de Trafalgar, offre la meilleure vue sur la ville. Vous pouvez y monter d'avril à septembre de 10h à 18h (13h à 18h le lundi) et d'octobre à mars de 10h à 15h. *Tarif : 2,50 £.*

■ **LE CITY OBSERVATORY** se trouve également sur la colline. Construit en 1818, il abrite l'Astronomical Society of Edinburgh depuis 1953 et il est en général ouvert au public le vendredi soir de 20h à 22h. Plus de renseignements au ✆ (0131) 556 4365 – www.astronomyedinburgh.org

■ **OUTLOOK TOWER ET CAMERA OBSCURA. Castlehill, Royal Mile** ✆ **(0131) 226 3709 – www. camera-obscura.co.uk –** *Ouvert tous les jours de 9h30 à 17h en hiver, de 10h à 18h ou 19h au printemps et en été.* Ce périscope datant de l'ère victorienne projette une vue de la ville sur un tableau. Exposition permanente d'une série d'innovations audiovisuelles (images en 3 dimensions, lasers et photographie dite « pin-hole »). La visite se justifie.

Edimbourg, Calton Hill et le Nelson Monument.

Monuments du Royal Mile

■ **EDINBURGH CASTLE. Castlehill** ✆ **(0131) 225 9846 – www.historic-scotland.gov.uk –** **hs.explorer@scotland.gsi.gov.uk –** *Compter 9,50 £ pour un adulte, 2 £ pour un enfant et tarif réduit à 7 £. Des audioguides sont disponibles pour 3 £ supplémentaire. Ouvert d'avril à octobre, de 9h30 à 18h, de novembre à mars, de 9h30 à 17h.* Le plus connu des châteaux militaires de l'Ecosse, et peut-être le plus chargé d'histoire. Il abrite le superbe canon Mons Meg et un autre canon célèbre, the One O'Clock Gun que l'on tire tous les jours à 13h. La partie la plus ancienne du château, la chapelle dédiée à Margaret, date du XIIᵉ siècle. Le grand rassemblement militaire, le Military Tattoo, a lieu ici.

■ **THE SCOTCH WHISKY CENTRE. 354 Castlehill** ✆ **(0131) 220 0441 – Fax : (0131) 220** **6288 – www.whisky-heritage.co.uk – enquiry@whisky-heritage.co.uk –** *Ouvert tous les jours de 10h à 17h30. Tarifs : adulte 8,50 £, étudiant 6,50 £.* Si vous n'allez pas dans les Highlands et que vous voulez connaître les secrets de la fameuse « water of life », ce musée vous apportera les connaissances essentielles sur la fabrication du whisky écossais, la distinction entre whisky de malt, de grain, et le whisky à base de mélanges. Vous terminerez votre visite assis dans un fût de chêne en parcourant l'histoire du scotch et avant de partir, vous aurez le plaisir de goûter la sélection du jour dans un verre à dégustation souvenir.

■ **SAINT GILES'CATHEDRAL. High Street** ✆ **(0131) 225 9442 – Fax : (0131) 225 9576 – www.** **stgiles.net – info@stgiles.net –** *Ouverte de mai à septembre de 9h à 19h (9h-17h le samedi, 13h-17h le dimanche) et d'octobre à avril de 13h à 17h.* De style gothique, elle fut construite pour l'essentiel au XVᵉ siècle mais fut érigée sur l'emplacement d'une église bien plus ancienne. L 'édifice a été construit en l'honneur de Saint Giles, un ermite français intronisé saint entre le VIIᵉ et le VIIIᵉ siècle. Il était particulièrement populaire au Moyen Age et protégeait les lépreux et les boiteux.

■ **MUSEUM OF CHILDHOOD. 42, High Street** ✆ **(0131) 225 4142 – www.cac.org.uk –** **admin@mudeumofchildhood.fsnet.co.uk –** *Ouvert du lundi au samedi de 10h à 17h. En juillet-août, ouvert également le dimanche de 12h à 17h. Entrée gratuite.* Collection de jouets, de maisons de poupée, de costumes et d'équipements de jardin d'enfants de l'époque victorienne.

■ **THE MUSEUM OF EDINBURGH. 142, Canongate** ✆ **(0131) 529 4143 – www.cac.org.** **uk – cac.admin@edinburgh.gov.uk –** *Ouvert du lundi au samedi de 10h à 17h (et le dimanche en août de 12h à 17h). Entrée gratuite.* Le musée principal de l'histoire d'Edimbourg est implanté dans la maison de ville du premier comte de Huntly.

■ **JOHN KNOX'S HOUSE. 45, High Street, Royal Mile** ✆ **(0131) 556 9579.** *Ouvert toute l'année, du lundi au samedi de 10h à 16h30. Compter 2,50 £ l'entrée.* La maison de John Knox, réformateur religieux, contient les œuvres de James Mossman, qui travaillait l'or et la monnaie de Marie Stuart.

■ **THE REAL MARY KING'S CLOSE. 2 Warriston's Close, High Street** ✆ **(0131) 430160 –** **info@realmarykingsclose.com –** *Ouvert d'avril à octobre de 10h à 21h, de novembre à mars de 10h à 16h (21h le samedi). Tarifs : compter 7 £ pour un adulte (tarif réduit 6 £), 5 £ pour un enfant.* Cette partie de la vieille ville, cachée par la ville nouvelle, ne se visite que par le biais des City Chambers, en face de Saint Giles'Cathedral. La visite guidée vous fera remonter le temps de 1530 jusqu'à 1902.

■ **PALACE OF HOLYROODHOUSE. Canongate** ✆ **(0131) 556 5100 – www.royal.gov.uk –** **holyrood@royalcollection.org.uk –** *D'avril à octobre, de 9h30 à 17h15. De novembre à mars, de 9h30 à 15h45.* Résidence officielle de la reine lors de ses séjours en Ecosse, ce palais fut le théâtre de nombreux événements importants de l'histoire écossaise, il est connu notamment pour avoir été la demeure de Marie Stuart et son secrétaire Rizzio y a été assassiné. Y sont exposés les portraits de plus de 80 rois écossais, réalisés par Jan de Wet entre 1684 et 1686. Le palais est fermé lors des visites de la famille royale et autres grandes occasions.

■ **THE SCOTTISH PARLIAMENT. En face du palais** ✆ **(0131) 348 5000 – Fax : (0131) 348** **5601 – www.scottish.parliament.uk –** *Vous pouvez assister à une visite guidée et commentée du Parlement les jours sans séance, habituellement le lundi et le vendredi de 10h à 18h (10h à 16h de novembre à mars) et le week-end de 10h à 16h. Visite payante, renseignements à l'accueil des visiteurs.* Le bâtiment qui abrite le nouveau Parlement écossais a été inauguré par la reine en octobre 2004. Il a été conçu par l'architecte espagnol Enric Miralles qui a remporté en 1998 le concours visant la conception de ces nouveaux bâtiments. Cet ouvrage continue de susciter de nombreuses polémiques au sein du peuple écossais pour de nombreuses raisons tel son coût astronomique :

431 millions de livres (10 fois plus élevé que l'estimation de départ), un retard de 3 ans sur la date d'inauguration prévue (l'édifice est finalement deux fois plus grand). Enfin son architecture résolument moderne au cœur de la vieille ville n'est pas du goût de tout le monde.

■ **GLADSTONE'S LAND. 477b, Lawnmarket, Royal Mile** ✆ **(0131) 226 5856 – www.nts.org. uk** – *D'avril à octobre, de 10h à 17h, le dimanche de 14h à 17h. Compter 5 £ pour la visite.* Ce bâtiment datant de 1620 a été remeublé dans le style de l'époque.

■ **THE PEOPLE'S STORY MUSEUM. 163, Canongate, Royal Mile.** *Ouvert du lundi au samedi de 10h à 17h, et le dimanche en juillet-août de 12h à 17h. Entrée gratuite.* Situé dans l'ancien Tolbooth du Canongate, ce musée se focalise sur la vie quotidienne locale depuis le XVIIIe siècle.

Old Town

■ **MUSEUM OF SCOTLAND. Chambers Street,** ✆ **(0131) 247 4422 – Fax : (0131) 220 4819 – www.nmw.ac.uk** – *Ouvert du lundi au samedi de 10h à 17h (jusqu'à 20h le mardi), le dimanche de 12h à 17h. Entrée et audioguide gratuits. Compter au moins 2h de visite.* Ouvert en 1998, ce musée passionnant présente pour la première fois toute l'histoire de l'Ecosse, des origines jusqu'à nos jours. Plus de 10 000 objets conservés et exposés de manière très pédagogique.

■ **ROYAL MUSEUM. Chambers Street, voisin du précédent,** ✆ **(0131) 247 4222.** *Entrée et visite guidée gratuites. Du lundi au samedi, de 10h à 17h (jusqu'à 20h le mardi), le dimanche de 12h à 17h.* Une des plus belles constructions de l'époque victorienne, qui expose des objets du monde entier, des trésors rapportés d'Egypte à des objets contemporains. Vue superbe sur la ville depuis le toit. Concerts et démonstrations de danses locales organisés parfois le jeudi soir, très sympathiques et gratuits.

■ **NATIONAL GALLERY OF SCOTLAND. The Mound,** ✆ **(0131) 624 6200.** *Ouvert tous les jours de 10h à 17h (19h le mardi).* Une collection exceptionnelle de tableaux située au centre-ville dans un bâtiment néoclassique. De la Renaissance au postimpressionnisme : Degas, Rembrandt, Raphaël, Monet, Van Gogh, Titien, Turner. Entrée gratuite.

■ **THE WRITER'S MUSEUM. Lady Stair Close, Lawnmarket** ✆ **(0131) 529 4901 – Fax : (0131) 220 5057 – www.cac.org.uk** – *Ouvert du lundi au samedi de 10h à 17h. Entrée gratuite.* Cette maison abrite des manuscrits et des objets ayant appartenu à Burns, Scott et Stevenson.

■ **THE EDINBURGH DUNGEON. 31 Market Street (à côté de Waverley Bridge)** ✆ **(0131) 240 1000 – Fax : (0131) 240 1002 – www.thedungeons.com** – *Ouvert de novembre à mars de 11h à 16h (10h30 à 16h30 le week-end), d'avril à juin de 10h à 17h, en juillet et août de 10h à 19h, et de septembre à octobre de 10h à 17h. Compter 9 £.* A l'aide de mises en scène dramatiques et d'effets spéciaux, des comédiens vous font revivre le sombre passé d'Edimbourg entre mythes et légendes.

■ **SCOTT MONUMENT. East Princes Street Gardens** ✆ **(0131) 529 4068 – www.cac.org. uk** – *Ouvert d'avril à septembre, du lundi au samedi de 9h à 18h, et d'octobre à mars, de 9h à 15h, à partir de 10h le dimanche.* Ce monument a été érigé en 1844 à la mémoire de Sir Walter Scott. Son style gothique est des plus sévères et c'est l'un des points de repère de la ville. On peut monter au sommet et profiter de la vue pour 2,50 £.

New Town

■ **SCOTTISH NATIONAL PORTRAIT GALLERY. 1 Queen Street** ✆ **(0131) 624 6200 – www. nationalgalleries.org** – *De 10h à 17h (19h le mardi).* Collection de portraits de ceux qui ont fait l'Ecosse de Mary Stuart à Sean Connery.

■ **THE GEORGIAN HOUSE. 7 Charlotte Square** ✆ **(0131) 225 2160 – www.nts.org.uk** – *Ouvert d'avril à octobre de 10h à 17h et de novembre à mars de 11h à 15h. Compter 5 £ l'entrée.* Cette élégante maison géorgienne est meublée dans le style de l'époque. C'est également le siège du National Trust for Scotland.

West (Dean Village)

■ **SCOTTISH NATIONAL GALLERY OF MODERN ART. 75 Belford Road** ✆ **(0131) 624 6200 – www.nationalgalleries.org** – *Ouvert tous les jours de 10h à 17h (19h le mardi). Entrée gratuite.* La meilleure collection d'art moderne du pays : Picasso, Braque, Matisse, Warhol, Bellany... et contemporains.

Visitez Futé avec le Edinburgh Pass

Au printemps 2005, l'office du tourisme a mis en circulation The Edinburgh Pass. Ce billet nominatif vous permet de visiter plus de 25 attractions touristiques dans Edimbourg et les Lothians, d'utiliser les bus de la ville ainsi que la navette pour l'aéroport, de bénéficier de réductions auprès de nombreux établissements (magasins, restaurants, bar, cinémas etc.) et il est accompagné d'un guide explicatif. (Vous pouvez acheter ce pass en ligne sur le site www.edinburghpass.org ou bien vous le procurer sur place, à l'office du tourisme de Princes Street ou à celui de l'aéroport d'Edimbourg). Il existe un pass valable pour une journée (*compter £26*), deux jours (*£34*) ou trois jours (*£40*).

■ **DEAN GALLERY. 73 Belford Road** ✆ **(0131) 624 6200 – www.nationalgalleries.org** – *Ouvert tous les jours de 10h à 17h (19h le mardi). Entrée gratuite.* Ce musée a ouvert ses portes en 1999 et propose d'intéressantes collections dadaïstes, surréalistes ainsi que des peintures du XXe siècle. Des œuvres de Miro, Dali et Magritte sont notamment exposées, et l'atelier du peintre et sculpteur Eduardo Paolozzi a été brillamment reconstitué.

Nord (Inverleith)

■ **ROYAL BOTANIC GARDEN** ✆ **(0131) 552 7171 – Fax : (0131) 248 2901 – www.rbge.org. uk** – *Entrée libre dès 10h (fermeture à 16h de novembre à mars, 18h en mars, 19h d'avril à septembre et 18h en octobre).* Créé en 1670, il est considéré comme le roi des jardins d'Ecosse, 35 hectares de plantes du monde entier et une collection unique de rhododendrons.

Leith

■ **THE ROYAL YACHT BRITANNIA. Ocean Terminal, Leith** ✆ **(0131) 555 5566 – www.royal yachtbritannia.co.uk** – *Pour vous y rendre, bus 1, 11, 22, 34, 35 ou 36. Ouvert d'avril à septembre de 9h30 à 18h (dernière admission à 16h30) et d'octobre à mars, de 10h à 17h (dernière admission à 15h30). Compter 8,50 £ pour un adulte et 4,50 £ pour un enfant (entre 5 et 17 ans). Un audioguide vous est fourni avec les explications en français.* Le dernier yacht de la famille royale est désormais amarré au port de Leith après 44 ans de bons et loyaux services passés sur les mers de 1953 à 1997. On visite le navire dans ses moindres recoins, du pont jusqu'à la salle des machines en passant par les appartements de la reine et les cabines des officiers. Même la Rolls Royce de la reine a été conservée à bord !

Shopping

Le voyageur n'a qu'à choisir. Waverley Market et Saint James Centre sont des galeries marchandes couvertes, pour des achats « modernes ». Victoria Street serait le côté cosmopolite de la consommation en ville. Jenners serait la version écossaise du Bonheur des Dames. Dans la rubrique « spécialités écossaises », passez dans Rose Street ou au Royal Mile, ne serait-ce que pour comparer les prix. Princes Street offre l'essentiel des grands magasins, pratique pour l'alimentation (Mark & Spencer...), les achats de mode, ou les petits cadeaux typiques tels que les gourmandises (fudges, toffee, shortbreads et autres délices...), les fioles de whisky, tissus ou bijoux écossais.

■ **ROYAL MILE WHISKIES. 379 High Street, Royal Mile** ✆ **(0131) 225 3383 – www.royal milewhiskies.com** – *Ouvert de 10h à 18h.* Un choix parmi des centaines de whiskies single malt.

■ **HAWICK CASHMERE. 71-81 Grassmarket** ✆ **(0131) 225 8634 – Fax : (0131) 220 2168 – www.hawickcasmere.com** – *Ouvert de 10h à 18h.* Boutique spécialisée dans les articles en cashmere.

■ **LIBERATION. 45 Cockburn Street** ✆ **0131 225 98 31.** Boutique de T-Shirt avec des citations amusantes. *12 £ le t-shirt.*

■ **TARTAN WEAVING MILL EXHIBITION. 555, Castlehill, Royal Mile,** ✆ **(0131) 226 1555.** *Ouvert tous les jours, toute l'année.* Près du château, vous trouverez des tartans traditionnels.

■ **CELTIC. 164-166, Canongate,** ✆ **(0131) 557 2967.** Bijoux et vêtements celtes.

■ **Mr WOOD'S FOSSILS.** 5 Cowgatehead, Grassmarket, Edimbourg ✆ **(0131) 220 1344** – **www.mrwoodsfossils.co.uk** – Fossiles d'Ecosse et d'ailleurs, cristaux, minéraux, petite librairie sur la géologie.

▶ **Evitez de faire votre shopping un samedi,** le lèche-vitrines étant le sport favori des Britanniques, vous imaginez ce que cela peut donner lors du Christmas Shopping, ou pendant les soldes – beaucoup plus fréquents que chez nous. A savoir également, les magasins ferment tôt (vers 17h30), sauf le jeudi (20h voire 21h pour certains). En revanche, les librairies restent ouvertes jusqu'à 22h.

■ DANS LES ENVIRONS D'EDIMBOURG ■

Vous pouvez facilement explorer la campagne, faire de petites excursions d'une journée par exemple, autour d'Edimbourg, en bus ou train.

■ **DALMENY HOUSE. South Queensferry, à 12 km à l'ouest d'Edimbourg** ✆ **(0131) 331 1888.** *Ouverte en juillet et août, de 14h à 17h30.* La famille Primrose (comte de Rosebery) habite dans cette maison de style Tudor gothique, depuis plus de 300 ans. Collections de portraits, de porcelaine, et collection Napoléon.

■ **HOPETOUN HOUSE. South Queensferry** ✆ **(0131) 331 2451.** *Comptez 6,50 £ pour les adultes, 3,50 £ pour les enfants. De Pâques à septembre, tous les jours de 10h à 17h30.* Construite par William Bruce, agrandie par William Adam (1689 – 1748), architecte bien connu pour ses constructions de style campagnarde. C'est la plus jolie des grandes maisons écossaises avec un parc et des jardins magnifiques.

■ **LINLITHGOW PALACE. Linlithgow** ✆ **01506 842896.** *Ouvert du lundi au samedi de 9h30 à 16h30 l'hiver, jusqu'à 18h30, l'été, et le dimanche de 14h à 16h30.* Lieu de naissance de Marie Stuart et résidence de tous les Stuart. Bâti en 1425, ce palais royal se dresse sur les rives du Loch Linlithgow.

DUNBAR

Dunbar est un port de pêche à l'est de North Berwick, qui vit naître l'écrivain John Muir (1838-1914). Le château médiéval qui caractérise également cet endroit est aujourd'hui habité par les oiseaux.

Pratique

■ **OFFICE DU TOURISME.** 143, High Street ✆ 01368 863 353. *Ouvert du lundi au samedi de 9h à 17h (jusqu'à 19h en été).*

PENTLAND HILLS

Pour prendre un peu de hauteur, faire des marches agréables en montagne, vous échauffez pour le reste du pays, vous pouvez faire halte aux Pentlands Hills (610 m). Prendre la A 72 ou le bus 100 à Edimbourg, et commencer la randonnée au village de Flotterstone.

Edimbourg, vue d'ensemble de la ville.

Sud-Ouest

◼ DE CARLISLE À GLASGOW ◼

De Carlisle, prendre l'A 74 vers le nord-ouest, jusqu'à la « ville frontière », Gretna Green, où se trouvent les premières maisons écossaises. Les jeunes Anglais qui fuyaient leur famille pour vivre leur amour venaient ici pour être mariés par le forgeron du village. En Ecosse, on peut en effet se marier dès l'âge de 16 ans. Le village est toujours connu pour être le lieu de mariages un peu fantaisistes et même, parfois, de mariages blancs : il suffit d'aller voir le forgeron qui, fidèle à la tradition, vous déclarera mari et femme.

A partir de Gretna Green, vous avez le choix entre trois itinéraires pour gagner Glasgow. Deux routes passent par Dumfries (celle de la côte et celle de l'intérieur). La troisième possibilité, plus rapide, consiste à prendre l'autoroute M 74. Si vous la choisissez, profitez-en pour vous arrêter à Moffat, petite ville bien connue pour ses caramels et pour ses articles en pure laine d'Ecosse. Des cars d'Anglais l'envahissent régulièrement.

La « route de l'intérieur » : au nord de Gretna Green, prenez l'A 75 en direction de Dumfries. A partir d'Annan, suivez le Solway Firth Heritage Trail, une route touristique signalée qui passe par la plupart des sites intéressants de la côte. A Ruthwell vous êtes sur la route B 725. C'est à Ruthwell qu'a été fondée la première caisse d'épargne du monde. Dans une église du village, vous trouverez la Ruthwell Cross. Cette croix du VIIIe siècle, de plus de 5 m de haut, est recouverte de dessins et de signes qui constituent le plus vieil exemple connu de l'écriture anglaise.

CLARENCEFIELD

A quelques kilomètres de Ruthwell, sur la B 724, Clarencefield est une jolie étape.

Hébergement

◼ **COMLONGON CASTLE. Clarencefield** ✆ **(01387) 870283 – Fax : (01387) 870266 – www. comlongon.co.uk** – *Comptez 50 £ environ par personne. Réservation recommandée. Pour dîner, comptez 25 £.* L'hôtel est situé dans une maison accolée à une forteresse de 1640, dont les murs sont épais de 4 mètres. La direction propose une dizaine de chambres, dont certaines ont des lits à colonnes, d'autres un jacuzzi. Sur la table de nuit, chocolats et fleurs. Le petit-déjeuner peut être servi dans la chambre. Avant le dîner, l'usage veut que l'on aille explorer le donjon à la lueur d'une bougie.

◼ **B & B Mrs DOREEN APCAR. The Foxgloves, 73, Scotland Road, Carlisle CA39HL** ✆ **01228 526365.** *Environ 18 £.* Superbe maison victorienne, chambres (simples et doubles) très coquettes avec des fleurs partout.

Dans les environs

◼ **CAERLAVEROCK CASTLE.** *Quelques kilomètres plus loin, ouvert de 9h30 à 19h.* Edifice triangulaire en grès rouge, gardé par des tours redoutables, il semble flotter au centre de douves toujours pleines. On le dit imprenable, malgré la réussite de deux sièges, dont l'un a duré 13 semaines. Les murs sont ornés de pierres sculptées. Une catapulte est restée en place, prête à lancer ses pierres. Pas très loin, signalons une réserve d'oiseaux, la Caerlaverock Nature Reserve.

DUMFRIES

35 000 habitants. Dernier témoin de l'ancien royaume de Galloway et site de nombreuses batailles, Dumfries est lié au souvenir du poète Robert Burns, qui y mourut en 1796.

Bien qu'il soit construit en belles pierres de couleur grise ou rouge, le centre administratif de la région n'est pas particulièrement attrayant et ses habitants semblent peu ouverts au monde extérieur. Sa devise « A Loreburn » signifie « Au ruisseau boueux »…

Transports

◼ **TRAINS** pour Glasgow et bus pour Glasgow, Stranraer, Kirkcudbright, Carlisle et Edimbourg.

◼ **VOITURE : DÉPANNAGE.** Warwick George. 199 Annan Road ✆ (01387) 256158.

Pratique

■ **OFFICE DU TOURISME. 64 White Sands, à côté de la rivière Nith** ✆ **(01387) 250266.** *En haute saison, ouvert du lundi au samedi de 9h à 18h et le dimanche de 11h à 17h ; horaires plus restreints l'hiver, fermé le dimanche.* Un grand bureau avec une salle de projection pour vous présenter la région.

■ **ROYAL BANK OF SCOTLAND. 151 High Street et 68 Whitesands.** *Ouvertes de 9h15 à 16h45.*

■ **POLICE. Cornwall Mount** ✆ (01387) 252 112.

■ **PHARMACIE. Boots The Chemist. 74 High Street** ✆ (01387) 353859.

■ **LAVERIE AUTOMATIQUE. The Presser. 19 Queen Street** ✆ (01387) 249317.

■ **LABO PHOTO. Klick Photopoint. 152-154 High Street** ✆ (01387) 252859.

Hébergement – Restaurants

L'office du tourisme vous propose quelques bonnes adresses confidentielles d'hébergement, certains propriétaires ne voulant pas voir leur nom trop largement diffusé.

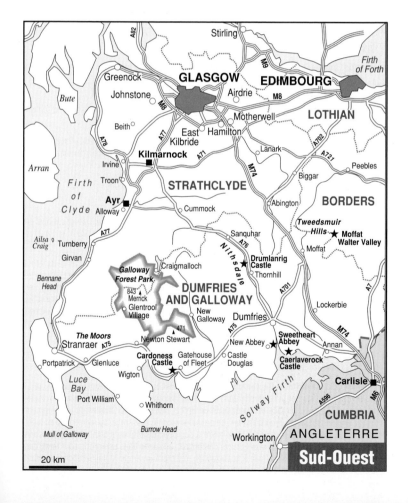

■ **RAYOLA, Mrs WHANNEL. 19 Terregles Street** ℰ **(01387) 250266 – r.whannel@btinternet. com** – *Ouvert toute l'année.* On y loge en famille pour environ 18 £ par personne.

■ **THE CAIRNDALE HOTEL. English Street** ℰ **(01387) 254111 – Fax (01387) 250555 – www. cairndalehotel.co.uk** – *Restaurant ouvert de 12h30 à 14h et de 19h à 22h. Café de 9h à 21h. Déjeuner à partir de 8 £ environ et dîner à partir de 15 £.* Les chambres sont chères (comptez 50 £ par personne). Menu standard, mais cadre particulièrement agréable, à côté de la piscine de l'hôtel. Goûtez aux death by chocolate : la mort par le chocolat !

■ **GLOBE INN. 56, High Street** ℰ **(01387) 252335 – www.glodeinndumfries.co.uk** – Etablissement fondé en 1610. C'était l'auberge préférée de Burns ; l'atmosphère et le décor en bois sont d'époque. Une pièce est réservée aux souvenirs. Goûtez le Mealed Herring, nourriture de base au temps de Burns.

■ **THE PANCAKE PLACE. 20 English Street** ℰ **(01387) 268523.** *Ouvert tous les jours de 9h30 à 17h30 (de 11h à 17h le dimanche).* Pour une petite collation ou bien sûr des pancakes.

Sortir

■ **GRACEFIELD ARTS CENTRE. 28 Edinburgh Road.** *Ouvert du mardi au vendredi de 10h à 17h et le samedi de 10h à 12h et de 14h à 17h.* Expositions permanentes et temporaires d'artistes écossais et internationaux. Toutes les infos sur les événements culturels de la région.

■ **CINÉMA. Robert Burns Film Theatre. Mill Road** ℰ (01387) 64808.

■ **PISCINE. Dumfries Swimming Pool, Park Lane** ℰ (01387) 252908.

Manifestations

▶ **Fin mai, début juin : Dumfries and Galloway Arts Festival** (spectacles dans toute la région, de Stranraer jusqu'à Dumfries). www.dgartsfestival.org.uk

▶ **Deuxième samedi de juin : The Border Gathering,** inspection traditionnelle des frontières de la ville, pour vérifier leur état. Cet événement est connu comme étant la fête du bon voisinage – www. bordergathering.co.uk

▶ **Mi-juin : festival de jazz** à Kirkcudbright – www.summerfestivities.com

Points d'intérêt

Dumfries est encore plus fière de Robert Burns que sa voisine Ayr. Il est vrai qu'il y a passé plus de temps. A la fois agriculteur et douanier, à en croire la multitude de plaques qui portent son nom, il semble avoir été coupable d'un zèle et d'une renommée hors du commun !

■ **ROBERT BURNS HOUSE. Burns Street** ℰ **(01387) 255297.** *Ouverte de 10h à 13h et de 14h à 17h (en continu d'avril à septembre), dimanche de 14h à 17h. Fermé le dimanche et le lundi d'octobre à mars.* Burns vécut dans cette maison auprès de sa femme, Jean Armour, jusqu'à sa mort. Ses affaires y sont toutes rassemblées. Le conservateur raconte comment le beau-père de Burns lui refusa la main de sa fille Jean. C'est à la suite de cet échec que le poète écrivit le fameux ouvrage *Kilmarnock*. Il voulait laisser une trace de lui dans la région, avant d'émigrer en Jamaïque. Ce projet de voyage ne s'est jamais réalisé.

■ **ROBERT BURNS CENTRE. Mill Road** ℰ **(01387) 264808.** Abrité dans un ancien moulin à eau, ce musée explore les liens qui ont existé et existent toujours entre Dumfries et le poète.

■ **GREYFRIARS CHURCH. 4 Georgetown Crescent.** C'est ici que Robert Bruce a poignardé le Red Comyn, son rival pour la Couronne, qui l'avait trahi au profit des Anglais. Une excommunication s'ensuivit. La persévérance et l'ingéniosité de Bruce, traits caractéristiques du tempérament écossais, sont illustrées par deux légendes. La première raconte que Bruce, au moment de sa fuite, enfourcha son cheval à l'envers pour faire croire à ses poursuivants qu'il allait dans la direction opposée. L'autre dit qu'un jour, Robert Bruce, démoralisé, se cacha dans une grotte où il remarqua une araignée qui, pour tisser sa toile à la perfection, s'y reprit sept fois. Cela lui redonna la force et le courage de continuer la lutte.

■ DE DUMFRIES À GLASGOW : la route de la côte ■

En quittant Dumfries, vers le sud, l'A 710 longe la rive droite de l'estuaire fertile de la Nith. Vous atteindrez New Abbey où se dressent les ruines de la Sweetheart Abbey, construite en 1273 par la « princesse » Devorgilla à la mémoire de son défunt mari John Balliol, dont elle conserva le cœur, enfermé dans un coffret d'argent. Elle se fit enterrer avec lui dans l'abbaye (on lui doit également Le Balliol College, à Oxford, fondé en l'honneur de son époux). Près des belles ruines de grès rouge, le moulin qui desservait l'abbaye est toujours en état de fonctionnement. Derrière lui débute le chemin qui mène au monument consacré aux morts écossais de la bataille de Waterloo. Non loin, à Shambellie House, un musée du costume victorien. La route passe par les jardins d'Abrigland et débouche sur l'une des plus grandes plages de la côte. On peut s'y baigner en toute sécurité.

Au sud-ouest de la péninsule, une superbe balade au bord de la mer : Mote of Mark, entre les villages de Rockcliffe et Kippford of Scaur. Sur cette ancienne butte se dressait un bailey, un château en bois dont le modèle est reproduit sur une tapisserie de Bayeux.

CASTLE DOUGLAS

En route pour Dalbeattie, vous pouvez passer à Castle Douglas, qui mérite le détour, pour atteindre Castle Threave, isolé sur un îlot au milieu du Loch Ken.

Pratique

■ **OFFICE DU TOURISME.** Markethill Car Park ✆ (01556) 502611. *Ouvert d'avril à octobre.*

■ **POSTE.** 100 King Street.

Hébergement – Restaurant

■ **ROSE COTTAGE. Gelson, Castle Douglas, chez Kerr et Sheila Steel** ✆ **(01556) 502513 – Fax : (01556) 502513.** *Comptez 325 £ pour la semaine (jusqu'à 8 personnes, 500 £ en août).* Le lieu est paisible, l'accueil sympathique et les pièces sont bien chauffées.

■ **CARLOS. 211, King Street** ✆ **(01556) 503 977.** *Ouvert tous les jours sauf le lundi, jusqu'à 22h, mais tout dépend de la clientèle. Menu partir de 8 £.* Le meilleur restaurant de Castle Douglas. En arrivant ici, Carlos, italien, ne parlait pas un mot d'anglais mais il savait faire la cuisine !

Manifestation

▶ **Début août :** la foire agricole de Castle Douglas est réputée. C'est la plus grande fête annuelle de la région.

Points d'intérêt

■ **THREAVE CASTLE. A l'ouest de Castle Douglas sur l'A 75** ✆ **07711 223101.** *Ouvert de 9h30 à 18h30 d'avril à septembre. Entrée : 2,50 £.* Il se trouve sur une île de la rivière Dee. Au bout d'un chemin, il faut sonner pour obtenir une barque qui vous emmènera au château, voire dans le donjon de cette forteresse des descendants de sir James Douglas, meilleur ami de Robert Bruce. Archibald the Grim, ainsi nommé pour sa férocité à la guerre, fit construire cette tour au XIVe siècle.

■ **THREAVE GARDENS** ✆ **(01556) 502575.** *Les jardins sont ouverts de 9h au coucher du soleil, les serres ferment à 17h. Entrée : 5 £ (réductions).* Les jeunes horticulteurs y passent 2 ans pour obtenir le diplôme de maître jardinier. En échange de ces études, ils entretiennent les jardins.

PARTON

▶ **Manifestations.** A Parton, au nord-ouest de Castle Douglas, sur le ravissant et tranquille Loch Ken, se déroulent à la mi-juillet des jeux traditionnels. Prendre l'A 713 vers Dalry pour vous y rendre. Les festivités sont organisées par un aristocrate original.

Traversez sans vous y arrêter le village de Dalbeattie et prenez l'A 711 en direction de Kirkcudbright (prononcez « Kurcoubrie »). Vous passez à Palnackie, connu surtout pour le Flounder Trampling. Le jour de la fête du village (fin août), cette compétition exige qu'on attrape le plus grand nombre possible de carrelets… avec ses orteils ! Juste après le village, une petite route mène à Orchardton Tower : la seule maison en forme de tour ronde d'Ecosse, un style plutôt typiquement irlandais.

▶ **Avant Kirkcudbright, vous trouverez les ruines de Dundrennan Abbey**, où Marie Stuart, reine d'Ecosse, passa sa dernière nuit sur la terre d'Ecosse avant de fuir en Angleterre, où elle fut emprisonnée à Carlisle, puis dans d'autres châteaux, et enfin décapitée en 1587.

KIRKCUDBRIGHT

3 500 habitants. Ancienne capitale de la région et port important. La ville, superbement située au fond d'un bras de mer de plus de 8 km, est renommée pour ses Glasgow Boys. On appelait ainsi les artistes appartenant au mouvement Art nouveau écossais, dans les années 1900 (Glasgow School).

Son plus fameux représentant fut Charles Rennie Mackintosh. Les Glasgow Boys descendaient ici trouver l'inspiration et une lumière douce. C'est la plus jolie des villes du Sud-Ouest.

Transports

■ **BUS.** Les bus pour Stranraer et Dumfries s'arrêtent devant l'office du tourisme. Le bus qui relie Belfast à Londres (Gatwick) passe à Castle Douglas deux fois par jour.

Pratique

■ **OFFICE DU TOURISME. Harbour Square** ✆ **(01557) 303494.** *Ouvert de 9h30 à 18h de Pâques à octobre, les horaires sont un peu plus restreints en basse saison.* Service de réservation amical.

■ **BANQUES.** Bank of Scotland et Royal Bank dans Saint Cuthbert Street (centre-ville).

■ **CHANGE.** Si vous avez besoin de changer de l'argent le week-end, adressez-vous au Royal Hotel, qui prend au passage une commission.

■ **POLICE. High Street** ✆ (01557) 30600.

Hébergement

L'office du tourisme tient à votre service des adresses de logements bon marché, certaines personnes ne voulant pas voir leur nom publié ou trop diffusé.

■ **Mrs MARIE MCLAUGHLIN. 14 High Street** ✆ **(01557) 330766 – 14highstreet@kirkcudbrigh ht.co.uk –** *Ouvert d'avril à octobre. Compter environ 30 £ par personne.* Cette demeure géorgienne se situe dans la partie historique de High Street. Les deux chambres ont une belle vue sur la rivière et vous serez admirablement bien installé.

■ **GLADSTONE HOUSE. 48 High Street** ✆ **(01557) 331734 – www.kirkcudbrightgladstone. co.uk –** *Comptez 30 £ par personne.* Une élégante maison géorgienne avec quelques chambres. Accueil très chaleureux.

■ **SELKIRK ARMS HOTEL. High Street** ✆ **(01557) 330402 – www.selkirkarmshotel.co.uk –** *Comptez environ 45 £ pour une chambre double. Ouvert toute l'année. Chambres avec salle de bains.* Dans cet hôtel datant du XVIIIe siècle, Robert Burns a écrit *Selkirk Grace.* En plein centre-ville, c'est peut-être l'établissement le plus réputé de la région. Avec un peu de chance, vous trouverez quelqu'un qui parle français.

■ **CAMPING : BRIGHOUSE BAY HOLIDAY PARK** ✆ **(01557) 870267 – www.gillespie-leisure. co.uk –** *Borgue, à l'ouest-sud-ouest de Kirkcudbright. Comptez de 12 à 16 £. Il y a même des baignoires.* Possibilités de pratiquer les sports les plus divers.

Restaurants

■ **AULD ALLIANCE. 5, Castle Street** ✆ **(01557) 330569.** *Ouvert le soir à partir de 18h30, de Pâques à octobre ; en juillet et en août, vous pouvez y déjeuner également. Comptez au minimum 15 £.* L'alliance en question est celle de l'Ecosse et de la France. De temps en temps, l'établissement organise des soirées internationales à thème. Spécialité : l'escalope reine (appelée « Queenie »). Tous les fruits de mer viennent directement du port, à 100 m, et sont donc très frais. Essayez l'omelette aux crevettes et aux bananes ou la truite marinée dans du beurre au thym et à la lavande.

■ **COMMERCIAL HOTEL. Saint Cuthbert Street** ✆ **(01557) 330407.** *Déjeuner jusqu'à 13h45.* C'est ici que l'on sert les plats les plus copieux de la région, servis dans une petite pièce derrière le bar.

Sortir

■ **MASONIC ARMS. 19 Castle Street** ✆ **(01557) 330517.** Bonne ambiance et clientèle aimable.

Manifestations

▶ **Mi-juillet à fin août : le « deuxième Tattoo de l'Ecosse ».** Concerts, balades historiques animées, jeux pour les enfants et, tous les jeudis soirs, orchestres de cornemuse. Dernière nuit du festival : retraite aux flambeaux et cornemuse autour et à l'intérieur du château.

Points d'intérêt

■ **TOLBOOTH DE KIRKCUDBRIGHT.** On peut encore voir des morceaux de fer incrustés dans les murs extérieurs : pour punir les malfaiteurs, les habitants les plaçaient en effet contre les murs et les bombardaient d'insultes et de projectiles. John Paul Jones, fondateur de l'U. S. Navy, fut emprisonné ici pendant quelques jours pour avoir volé les plateaux en argent de l'île de Saint Mary (il avait espéré séquestrer le propriétaire).

Il fut libéré après avoir fait son mea culpa par écrit. Autre fait marquant de l'histoire navale : entre 1220 et 1234, Alan, fils de Roland, Lord of Galloway, constitua une flotte qui chassa les Vikings de l'île de Man. Puis il menaça d'envahir la Norvège si Hakin, roi de Norvège, décidait de venger Olaf, le roi des Vikings. Cette flotte ne survécut pas à la mort d'Alan.

■ **BROUGHTON HOUSE AND GARDEN. 12 High Street** ✆ **(01557) 330 437.** *Entrée : environ 2 £.* D'importantes rénovations ont eu lieu en 2003 et 2004. La maison de Hornel, où travaillaient les artistes de la Glasgow School, a été transformée en galerie-musée et expose plusieurs tableaux du peintre et architecte Charles Rennie Mackintosh. Une de ses amies proches, Jessie King, tint une galerie à Paris, le Shealing Atelier, de 1911 à 1920. Quelques-unes des œuvres de cette illustratrice sont au Stewartry Museum (Saint Mary's Street) dont la collection d'objets hétéroclites comprend les mécanismes d'un vieux phare et les vestiges de la première voiture de Kirkcudbright. A cette époque, la loi exigeait que quelqu'un marche devant le véhicule en agitant un drapeau rouge !

■ **MCLELLANS CASTLE** ✆ **(0131) 331 856.** *Ouvert d'avril à septembre de 9h30 à 18h. Entrée : 2 £.* Près de Harbour Square, en face de Greyfriars Church (les greyfriars étaient les premiers moines à travailler en dehors des monastères), les ruines de ce château – jamais reconstruit – datent du XVe siècle.

Un peu de cyclisme ?

Le Sud-Ouest est une région propice au cyclisme. La nature des paysages s'y prête tout particulièrement.

Quelques adresses utiles

■ **CASTLE DOUGLAS CITY CENTRE. Church Street, Castle Douglas** ✆ **(01556) 504542 – www.cdbikes.co.uk –** *Ouvert toute l'année de 9h à 17h (lundi au samedi).* Réparation, vente d'accessoires, un magasin très complet.

■ **GALLOWAY CYCLING HOLIDAYS. Fineview, Abercromby Road, Castle Douglas** ✆ **(01556) 502979 – www.gallowaycycling.co.uk –** *Ouvert de mai à septembre, les contacter à l'avance.* Ils peuvent vous arranger des itinéraires à vélo voire des séjours complets.

■ **G & G CYCLE CENTRE. 10 Academy Street** ✆ **(01387) 259483 – www.cycle-centre. com –** *Ouvert toute l'année de 9h à 17h (lundi au samedi).* Un grand choix de vélos à acheter ou à louer.

Ces différents magasins proposent des cartes avec itinéraires, que vous pouvez également vous procurer dans les offices du tourisme.

■ **THE FORESTRY COMMISSION** (bureaux dans presque toutes les villes de la région ou site Internet : www.forestry.gov.uk) signale les chemins répertoriés et conçus spécialement pour les randonneurs ou les cyclistes.

Dans les environs

Au départ de Kirkcudbright, emprunter l'A 755 puis l'A 75 en direction de Newton Stewart. Vous passerez devant Cardoness Castle, puis devant le site mégalithique de Cairn Holy, où se trouve le célèbre Chambered Cairn, et enfin devant les ruines de Carsluith Castle, sur la côte avant Creetown.

■ **GEM ROCK MUSEUM** ✆ **CRYSTAL CAVE. Chain Road, Creetown** ✆ **0845 4560245 – www. gemrock.net** – *Ouvert de mars à octobre, de 10h à 16h et le week-end le reste de l'année (3,25 £).* Dans un véritable arc-en-ciel de couleurs, démonstration de taille de pierres et de cristaux.

A Newton Stewart, vous pouvez quitter la route de la côte pour vous balader à l'intérieur du Galloway Forest Park (A 714 puis à droite, en direction de Glentrool Village).

GALLOWAY FOREST PARK

Le Galloway Forest Park est le plus grand espace sauvage du sud de l'Ecosse. Ses vallées à demi boisées et ponctuées de lacs abritent une faune de cerfs et de renards, ainsi que des myriades d'oiseaux migrateurs. L'ensemble est idéal pour le cyclisme et les randonnées. Au centre du parc, la vallée de Glen Trool est le lieu historique où Robert Bruce débouta les Anglais en 1307, première victoire des Ecossais dans leur guerre pour l'indépendance.

Le Merrick (842 m) est le point culminant du Sud-Ouest, il mérite quelques heures de marche (mais attention ! Prévoyez des vêtements chauds : même s'il fait doux dans la vallée, il fait plus frais en altitude, et de toute façon la météo est capricieuse et les changements de temps brutaux). Cette promenade, qui ne présente pas de difficultés particulières, vous prendra la journée.

Hébergement – Restaurant

■ **CORSEMALZIE HOUSE HOTEL. Port William, Newton Stewart** ✆ **01988 860 254 – www. corsemalzie-house.ltd.uk** – *A partir de 40 £ par personne. Ouvert de mars à la mi-janvier.* Amateurs de gibier et de poisson, vous vous régalerez dans cette maison de campagne du XIXe siècle, isolée au milieu de son parc. L'hôtel (15 chambres) offre à ses clients le droit de chasse et de pêche. Possibilité de promenades à cheval.

Prendre l'A 714 depuis Newton Stewart vers Port William, puis la B 7005 à Wigtown en direction de la côte ouest. A hauteur de Bladnoch, une distillerie de whisky (la plus au sud de l'Ecosse) vous propose visite et dégustation.

WHITHORN

On est ici dans les Machars, sur une péninsule au bout de laquelle se trouve Whithorn, le siège de la plus vieille communauté chrétienne d'Ecosse, fondée au IVe siècle par Ninian lorsqu'il revint de Rome. Une grotte, la Ninian's Cave, fut son premier lieu d'évangélisation. Elle contient des rochers sculptés. Des croix datant de la même période sont entreposées dans un petit musée qui jouxte le site archéologique. Les fouilles ont récemment mis au jour la fameuse Candida Casa, la première église d'Ecosse. L'été, des archéologues bénévoles poursuivent les recherches et pourront répondre à vos questions.

Hébergement

■ **CRAIGLEMINE COTTAGE. Glasserton, Whithorn, Newton Stewart** ✆ **01988 500594 – cottage@fireflyuk.net – www.startravel.fireflyinternet.co.uk** – *A partir de 22 £ par personne.* Michael and Helen Alexander proposent deux chambres tout confort dans leur mignonne petite auberge. Le petit-déjeuner est excellent, possibilité de dîner également.

L'A 747, qui remonte la côte ouest de cette péninsule parsemée de sites préhistoriques, retrouve l'A 75 à Glenluce, dont l'abbaye et les voûtes de la Chapter House sont d'un intérêt architectural particulier. Passant entre la plage immense de Luce Bay et le golf qui la borde, l'A 75 continue jusqu'à Castle Kennedy, situé entre un « lac blanc » et un « lac noir ». Les jardins du château sont réputés pour leur beauté. La demeure du comte de Stair, à côté, est privée. (Attention ! l'armée est parfois présente à Luce Bay pour des exercices. Ouvrez l'œil et respectez les signaux indiquant le début des tirs sur cible : « Target practice »).

PORTPATRICK

Continuez jusqu'à Portpatrick, joli petit port de pêche sur la péninsule de Rhinns of Galloway : sites anciens, jardins et surtout une vue saisissante sur la mer d'Irlande. A Portpatrick commence le Southern Upland Way (212 miles, environ 340 km) qui va jusqu'à Cockburnspath, non loin d'Edimbourg et traverse les régions les plus sauvages du sud de l'Ecosse. Le long du chemin de randonnée se trouvent plusieurs auberges de jeunesse.

Hébergement

■ **KNOCKINNAAM LODGE. Portpatrick** ✆ **01776 810471 – www.knockinaamlodge.com – reservations@knockinaamlodge.com –** *Prix : à partir de 125 £.* Cette authentique maison de campagne, un peu à l'écart du port, offre une belle vue sur la mer et une plage privée. La cuisine est réputée et emprunte à la tradition française. La qualité de l'hébergement (10 chambres) et l'isolement du site sont tels qu'Eisenhower et Churchill eurent ici des rendez-vous secrets durant la dernière guerre.

■ **GLENDRISSAIG GUEST HOUSE. Newton Stewart Road by Girvan** ✆ **01465 714631 – Fax : 01465 714631.** *Comptez entre 24 et 28 £ par personne.* Cette maison moderne jouit d'une belle vue sur le Mull of Kintyre, célébré par une chanson de Paul McCartney qui y possède une maison. Repas végétariens (*environ 14 £*) et macrobiotiques. Non-fumeur.

Points d'intérêt

■ **LOGAN BOTANIC GARDEN** ✆ **01776 860231.** *A 2 km au nord de Port Logan. Ouvert de 10h à 18h d'avril à septembre et jusqu'à 17h le reste de l'année. Compter 3 £.* La région du Mull of Galloway bénéficie de la douceur apportée par le Gulf Stream si bien que vous ne serez pas étonné d'y trouver de superbes fleurs exotiques ou autres plantes tropicales.

On repassera par Stranraer d'où partent les ferries en direction de Larne, en Irlande du Nord (P & O Ferries ✆ 08705 980666 – www.poirishsea.com). Poursuivre sur l'A 77 en direction d'Ayr. La route surplombe la mer en arrivant à Girvan, petite ville balnéaire dont la principale attraction est un vieux volcan éteint, Ailsa Craig, visible à l'horizon. L'île sert de refuge à des millions d'oiseaux, surtout des macareux. (contacter McCrindle, 7, Harbour Street, Girvan ✆ 01465 713219. Le bateau ne part que s'il y a assez de passagers, réservation recommandée).

TURNBERRY

En suivant l'A 77, on arrive à Turnberry, réputé surtout pour ses greens où se déroulent les plus prestigieux championnats internationaux de golf.

Hébergement

■ **WESTIN TURNBERRY RESORT. Maidens Road, Turnberry, Girvan, Ayrshire** ✆ **01655 331000 – Fax : 01655 331706 – www.westin.com/turnberry –** *Prix : entre 160 et 190 £ par personne.* On longe de magnifiques pelouses pour arriver à cet hôtel très célèbre. L'établissement n'est certes pas à la portée de toutes les bourses, mais il offre tout ce qu'on peut attendre d'un hôtel 5 étoiles consacré au golf et à la détente (piscine, sauna, restaurant…).

Dans les environs

■ **CULZEAN CASTLE** ✆ **01655 884 455 – www.culzeancastle.net –** *A Turnberry, prendre l'A 719. A 5 km s'ouvre le domaine de Culzean Castle. Ouvert d'avril à octobre de 10h30 à 17h, le parc de 9h au crépuscule. Compter 10 £ pour visiter le château et le parc.* Ce bijou du Sud-Ouest, indiscutablement le plus beau château moderne d'Ecosse, mérite une visite d'une journée entière (il y a un restaurant pour manger sur place). Construit par Robert Adam durant 15 années pour l'un des Kennedy, il domine la falaise creusée de 6 cavernes abritant jadis la contrebande qui a enrichi la famille. Les magnifiques plafonds en plâtre, les meubles Louis XV, un nécessaire de toilette unique au monde, un berceau somptueux et un orgue de barbarie du XVIIIe siècle, constituent quelques-uns des trésors de cette demeure. Le château est entouré de merveilleux jardins à thème, où il fait bon se promener : orangerie, volière, cygnes sur le lac, maison de camélias. Culzean Castle abrite un petit musée dédié à Eisenhower. En remerciement pour ses services, l'Ecosse lui avait laissé cette demeure à libre disposition jusqu'à sa mort. Les amoureux en quête de lune de miel onéreuse peuvent éventuellement séjourner dans l'appartement d'Eisenhower (*compter au moins 375 £.*
▶ **Contact :** culzean@nts.org.uk – ✆ 01655 884455 – Fax : 01655 884503).

L'A 719 se dirige ensuite vers Ayr en passant par le fameux Electric Brae, entre Drumshang et Knoweside : une pente où les lois de la gravité semblent s'inverser. Effet garanti ! On peut faire un petit détour du côté de la mer pour voir les ruines de Dunure Castle.

AYR

50 000 habitants. Dans cette ville moyenne est né le grand poète écossais Robert Burns, auquel sont consacrés de nombreux musées et monuments tandis que les sites célébrés dans son œuvre sont ouverts à la visite. Toute la côte est couverte de golfs. Il y pleut beaucoup mais il ne fait jamais vraiment froid. Les mois de mai et juin sont les plus beaux.

Transports

■ **TRAIN.** Très fréquents pour Glasgow Central Station. Plusieurs continuent vers Stranraer d'où part le ferry pour l'Irlande.

■ **GARE ROUTIÈRE** sur Sandgate dans le centre-ville ℰ 08705 808080 – www.nationalexpress. com – ℰ 0870 608 2608 – www.travelinescotland.com

■ **FERRIES.** Plusieurs liaisons existent entre Larne et Cairnryan, Belfast et Stranraer et entre Belfast ou Larne pour Troon. Caledonian MacBrayne opère toute l'année des liaisons avec l'île d'Arran (Brodick ou Ardrossan). Renseignements ℰ 08705 650000 – www.calmac.co.uk

Pratique

■ **OFFICE DU TOURISME.** 22, Sandgate ℰ (01292) 678100 – 0845 2255 121. *Ouvert de 9h à 18h (17h d'avril à octobre).*

■ **BANQUE.** Royal Bank of Scotland, en face de l'office du tourisme.

■ **POLICE.** King's Street ℰ (01292) 266966.

Hébergement

Il est difficile de se loger dans une ville aussi touristique. Les hôtels sont nombreux, mais pris d'assaut en haute saison par des touristes anglophones, notamment américains, qui font des séjours de courte durée sur les traces de Robert Burns.

■ **DEANBANK.** 44 Ashgrove Street, Ayr ℰ (01292) 263745 – deanbankayr@hotmail. com – *Compter 25 £ par personne. Cinq chambres et… un piano à queue dans le salon.* Margaret et John Wilson vous prépareront de copieux petits-déjeuners avant de vous orienter dans la ville et ses nombreux commerces.

■ **AULD AYR.** 11 Carrick Road, Ayr ℰ – Fax (01292) 283219. *A partir de 20 £ par personne, tarifs intéressants pour les longs séjours.* La maison victorienne des MacDonald se situe à proximité du centre-ville, à 5 min à pied de la gare.

■ **SAVOY PARK HOTEL.** 16 Racecourse Road ℰ (01292) 266112 – Fax (01292) 611488 – www.savoypark.com – *Compter 40 à 60 £ par personne.* Un bel hôtel de taille moyenne où l'on se sent vite chez soi. Le personnel est charmant. La salle à manger donne sur un ravissant jardin et vous êtes à quelques minutes à pied du bord de mer.

■ **ELLISLAND.** 19, Racecourse Road ℰ (01292) 260111 – www.costleyhotels.co.uk – *Comptez 120 £ pour une chambre double.* Une maison en pierre de style victorien au milieu d'un jardin, à un kilomètre du centre-ville et de la plage. Tout juste rénovées, les chambres sont luxueuses et spacieuses. A 20 minutes en voiture des terrains de golf de Turnberry et Troon.

■ **THE CRESCENT.** 26, Bellevue Crescent ℰ (01292) 287329 – Fax (01292) 286779. carrie@26crescent.freeserve.co.uk – *A partir de 28 £ par personne.* Dans le centre, Mrs McDonald a aménagé cette maison victorienne avec goût et accueille une clientèle de golfeurs. Les chambres disposent de salles de bains.

■ **CAMPING : HEADS OF AYR HOLYDAY PARK.** Dunure Road, Ayr ℰ (01292) 442 269 – Fax : (01292) 500298. *Tentes : à partir de 10 £ la nuit ; caravanes : 150 £ la semaine. Toutes facilités.* A 8 km au sud de la ville, au bord de la mer, pas très loin de Dunure Castle.

Restaurants

■ **FOUTERS.** 2a, Academy Street, face à l'office du tourisme ℰ (01292) 261391. *A partir de 12 £.* Produits écossais préparés à la française ! Cerf mijoté dans une sauce à l'orange et beurre glayva, volailles à la confiture… Oui ! les mythes sont encore bien vivants ! La carte des vins a de quoi vous faire oublier le mal du pays !

■ **STABLES COFFEE HOUSE. Queens Courts, 41 Sandgate** ✆ **(01292) 283704.** *Ouvert du mardi au samedi, de 10h à 22h et le lundi de 10h à 17h. Comptez 12 £.* C'est de loin la carte la plus intéressante de la région. Elle est accompagnée de vins anglais choisis par le propriétaire, Edward Baines. Celui-ci vous expliquera l'origine de la sauce MacGonagall, du nom du « plus mauvais des poètes écossais », qui ne mérite peut-être pas sa réputation.

Sortir

■ **TAM O'SHANTER INN. 230-234 High Street.** Le pub et le restaurant sont séparés par une petite ruelle. Comptez 12 £ pour un menu et passez ensuite de l'autre côté de l'établissement pour une chaleureuse ambiance de pub.

Manifestations

▶ **Ayrshire Farmers Market.** Le 1er dimanche du mois, délicieux produits locaux et ambiance garantie. www.ayrshirefarmersmarket.co.uk

▶ **25 janvier :** Burns Night, soirée nationale en Ecosse, occasion de savourer le haggis, la fameuse panse de mouton farcie, garnie de navets et de pommes de terre, généreusement accompagnée de whisky.

▶ **Début juin : « burns an'a'that! ».** Un festival dédié à Robert Burns (déclamations dans l'ambiance de débauche qu'adorait le poète). www.burnsfestival.com

Shopping

■ **DIAMOND FACTORY. A côté de l'office du tourisme.** Vous pouvez y voir le travail sur les pierres précieuses. Mais attention aux heures de visite des cars de touristes. A l'étage, accueil sympathique, mais non francophone.

Loisirs

■ **GOLF ET SPORTS NAUTIQUES :** renseignements à l'office du tourisme.

■ **PISCINE : CITADEL LEISURE CENTRE,.South Harbour Street** ✆ **(01292) 269793.** Plusieurs bassins, des terrains de squash, sauna, jacuzzi etc. Un centre sportif 3-étoiles.

Sur les traces de Robert Burns

▶ **www.burnsscotland.com**

■ **BURNS NATIONAL HERITAGE PARK. Alloway.** *Ouvert de 10h à 17h30 d'avril à septembre et de 10h à 17h d'octobre à mars.* Vous pouvez y acheter un billet valable 3 jours (*5 £*) pour visiter l'ensemble des lieux à la mémoire du poète.

■ **TAM O'SHANTER EXPERIENCE. Alloway, (01292) 443700 – Fax : (01292) 441750.** *Ouvert de 9h à 18h.* Théâtre audiovisuel contant l'histoire de Tam O'Shanter.

■ **BURNS MONUMENT. Alloway.** *Ouvert de 9h à 19h en été et de 10h à 17h au printemps et à l'automne.* Près du pittoresque Brig O'Doon, où le cheval de Tam se fait prendre la queue par la sorcière à la cutty sark (« chemise courte », d'où le nom du fameux voilier). Bêtement, Tam félicite la sorcière ainsi parée, ce qui va provoquer une série d'ennuis... Ainsi débute le poème épique de Burns, *Tam O'Shanter*. Dans le bâtiment, des reliques de 1820.

■ **BURNS COTTAGE & MUSEUM. Alloway** ✆ **(01292) 443700 – www.burnsheritagepark. com** – *Ouvert de 9h30 à 17h30 d'avril à septembre et de 10h à 17h d'octobre à mars (3 £).* C'est le début du Burns Heritage Trail, que l'on peut suivre en voiture à travers la région où vécut Burns. L'itinéraire fléché permet de visiter tous les sites importants où est passé l'auteur de *Tam O'Shanter* : Mauchline, à l'est d'Ayr, Burns House Museum, Poosie Nancy's Tavern, Mauchline Castle et le Burns Memorial, et, à Tarbolton, entre Ayr et Mauchline, le Bachelors Club où Burns retrouvait ses camarades célibataires pour réciter des vers et se soûler copieusement. Et bien d'autres lieux encore...

TROON

A 5 km d'Ayr, the Royal Troon Golf Course est réputé pour son links, un 18 trous accueillant des tournois internationaux. C'est aussi la première gare ferroviaire en Ecosse à avoir ouvert ses portes au transport des passagers : construite au XIXe siècle en tant que station côtière de la toute première ligne de chemin de fer écossaise, Kilmarnock – Troon, elle assurait le lien avec la gare maritime pour l'exportation du charbon extrait à Kilmarnock et acheminé par chemin de fer vers la mer.

Hébergement

■ **GLENFOOT HOUSE. Dundonald** ✆ **01563 850311 – www.aboutscotland.com/ayrshire/ glenfoot.html – alan@onyxnet.co.uk –** *A 5 minutes de Troon et à 30 minutes de Gasgow en voiture. Compter 40 £ pour une chambre double.* Sheila et Alan vous proposent deux chambres dont une double très spacieuse avec salle de bains attenante et une twin avec salle de bains privée. Les origines de la maison remontent à la fin du XVIIIe siècle et elle a d'abord servi de presbytère à l'église de Dundonald.

■ **THE ANCHORAGE HOTEL. 149, Temple Hall, Troon** ✆ **(01292) 317448 – Fax : (01292) 318508 – www.anchoragehoteltroon.com –** *Comptez 65 £ pour une chambre double.* Cette vieille auberge où jadis s'arrêtaient les diligences a été construite en 1812 près du centre-ville et non loin de la marina. Le bar offre une excellente sélection de bières, en raison de son statut de free house, qui signifie qu'il n'est attaché à aucune brasserie particulière. Le restaurant propose des plats pour 13 £ et on peut manger au bar pour environ 5 £. Essayez leur rôti aux fruits secs (nut cutlet).

KILMARNOCK

Glasgow est à 45 km d'Ayr. Pour s'y rendre, prendre l'A 77 qui passe par Kilmarnock, où le **Dean Castle et sa collection d'instruments de musique anciens et d'armures médiévales** méritent une visite ✆ 01563 554701, ouvert d'avril à septembre de 12h à 16h, entrée gratuite et visite guidée toutes les heures.

DALGARVEN

Si, plutôt que de suivre la nationale, vous préférez traverser des paysages plus ruraux et chargés d'images du passé, il vous faut longer la côte (l'A 737 à partir de Irvine). Entre Beith et Dalry, un autre musée extraordinaire, caché entre les petites collines.

■ **DALGARVEN MILL** ✆ **01294 552448.** *Ouvert de 10h à 16h, fermé le lundi.* L'ancien moulin à laine et à farine de Dalgarven a été reconstruit par Robert Ferguson, un professeur en architecture à l'université de Strathclyde. Ce moulin du XIVe siècle appartenait à une abbaye. On y lavait la laine brute pour le tissage. Ce procédé s'appelait « waulkin », et les waulkin songs de la région se chantaient au rythme du trempage de la laine. Les gens du coin, en faisant don de nombreuses antiquités, ont aidé à constituer les collections du musée. Celle des robes d'époque est importante. Visitez le moulin le week-end pour pouvoir discuter avec M. Ferguson qui est francophone.

PRESTWICK

Au nord d'Ayr, la plus ancienne baronnie d'Ecosse, Prestwick, que l'on estime avoir plus de mille ans. Robert the Bruce, roi d'Ecosse, s'y désaltéra à la source qui porte son nom aujourd'hui, Bruce's Well.

Ici ce sont les activités de plein air qui prédominent : tennis, planche à voile…

■ **OLD PRESTWICK GOLF COURSE.** Comme dans toute la région, le golf est l'un des temps forts de la vie. C'est ici, que se déroulèrent de 1860 à 1872 les premiers championnats d'Open de Grande-Bretagne. La ville toutefois n'oublie pas les golfeurs non-professionnels auxquels elle réserve deux terrains.

Retrouvez l'index général en fin de guide

■ GLASGOW ■

Le saint patron de Glasgow se nomme saint Mungo, ce qui signifie le « bon ami ». L'histoire de sa vie est devenue légende et les miracles qu'il a opérés font partie désormais de la tradition locale. Au milieu du VIe siècle, Mungo se rendit chez son nouveau maître qui s'éteignit le même jour. Il confia le corps à Dieu et à deux bœufs qui, traînant une charrette, emmenèrent le cadavre jusqu'au bord d'un affluent de la Clyde. Mungo nomma l'endroit « The Dear Green Place » (« le cher lieu vert ») et il y enterra les restes du saint homme. The Dear Green Place est devenu au XIIe siècle le site d'une cathédrale gothique autour de laquelle la ville a grandi. Glasgow a pris de l'importance au Moyen Age quand son évêque fut nommé archevêque, le deuxième de l'Ecosse (le premier siégeait à Saint Andrews). Grâce à sa position près de la Clyde, Glasgow est devenue lors de la révolution industrielle un port important en même temps que la capitale économique de l'Ecosse, et cela en dépit de l'embargo des marchands anglais qui ne tenaient pas à ce que les Glaswegiens s'emparent du marché transatlantique. A partir de 1707, au moment de l'union avec l'Angleterre, les marchands de tabac et de thé, ayant acquis un pouvoir économique considérable, allaient transformer la ville en un des bastions de l'Empire. Les chantiers navals ont pris une part essentielle dans le développement de l'industrie et du commerce.

Les fils de la ville ont laissé un héritage sans pareil, et de l'université de Glasgow sont sortis des hommes de génie comme l'ingénieur James Watt ou l'économiste Adam Smith, ainsi qu'une pléiade de médecins influents.

Glasgow, qui méritait autrefois sa réputation de violence et de saleté, s'est complètement transformée. Nettoyée, ravalée, modernisée, remodelée, sa vie culturelle et sociale s'est intensifiée pour devenir l'une des plus actives d'Europe : Glasgow s'est vue attribuer le titre de capitale européenne de la culture en 1990, et celui de capitale britannique de l'architecture et du design en 1999. La ville est devenue troisième destination touristique de Grande-Bretagne (après Londres et Edimbourg) Elle compte aujourd'hui des dizaines de musées, de galeries et de sites dont les trésors sont souvent ignorés par le voyageur trop pressé. L'éternelle rivalité avec Edimbourg se limite désormais au domaine des manifestations culturelles et des spectacles.

Les bâtiments noircis par la fumée de l'ère victorienne révèlent aujourd'hui leur beauté imposante. Ceux qui ont connu Glasgow il y a 10 ans découvriront son nouveau visage grâce au travail soigné des architectes modernes qui ont su « ouvrir » une région urbaine pourtant déjà pleine de parcs et d'espaces verts.

Enfin, Glasgow est réputée pour l'humour de ses habitants qui, fiers de leur capitale, la vantent volontiers. Glasgow est de nouveau magnifique et majestueuse comme au temps où on la disait deuxième ville de la Grande-Bretagne.

Au départ un peu dérouté, on trouve que Glasgow a une atmosphère urbaine étourdissante, avec ses hauts immeubles et ses transports (métro, bus…) et on ressent un contraste frappant, surtout si on arrive d'Edimbourg. Mais après un court temps d'adaptation, on se laisse vite envoûter par l'empreinte omniprésente de l'architecte Mackintosh. Celle-ci donne beaucoup à l'ambiance de la ville par un mélange de poésie moderne, de romantisme et de mélancolie.

Transports

Route

La M 8 traverse la ville d'est en ouest. A l'ouest, on peut passer la rivière par le Clyde Tunnel ou l'Erskine Bridge, à Old Killpatrick (péage). Pendant la semaine, mieux vaut garer sa voiture et prendre les transports en commun. Le service est excellent.

Location de voitures

■ **AVIS RENT-A-CAR.** 70, Lancefield Street ✆ (0141) 221 2827 – 0870 60 60 100 – Fax : (0141) 221 8328 – www.avis.co.uk – glasgowdowntown@avis.co.uk –

Location de vélos

■ **WEST END CYCLES. 16, Chancellor Street** ✆ **(0141) 357 1344**. Proche de la station de métro Kelvin Hall. *12 £ par jour, 50 £ pour la semaine.*

Avion

■ **GLASGOW AIRPORT. Arran Court, Paisley. Sur la M 8 ouest à 20 minutes de la ville** ✆ **(0141) 887 1111 – www.baa.co.uk/glasgow** – Vols nationaux et internationaux.

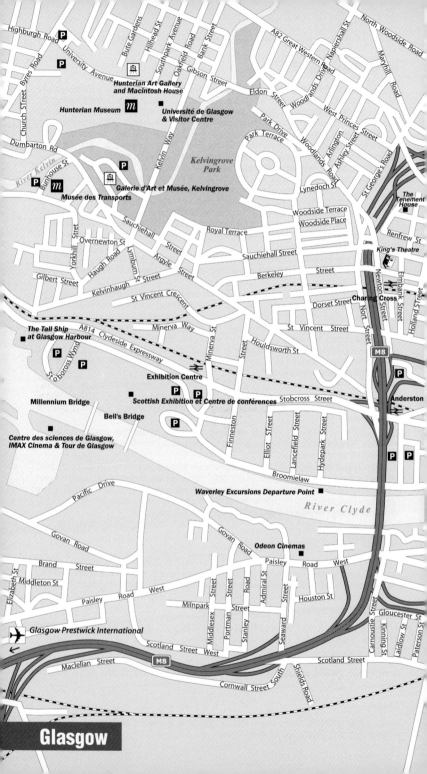

Glasgow

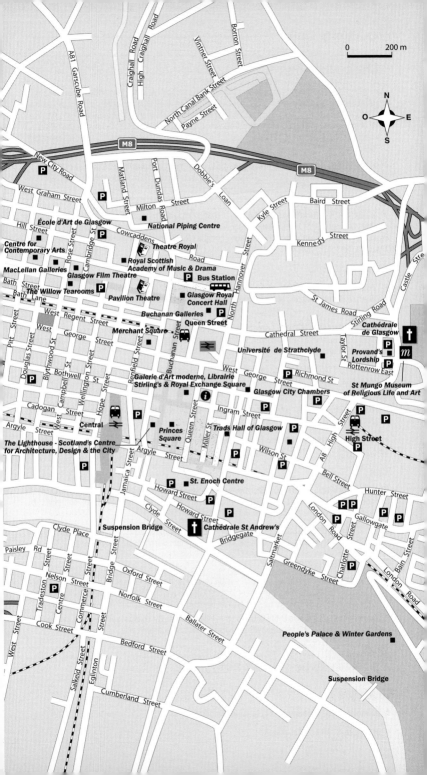

Glasgow en bus

■ **CITY SIGHTSEEING GLASGOW. 153 Queen Street** ✆ **0141 204 0444 – www.city sightseeingglasgow.co.uk** – Départ toutes les 15 minutes d'avril à octobre (30 minutes le reste de l'année) sur George Square, en face de l'office du tourisme. Le circuit dure 1h20 avec un commentaire audio disponible en français. Arrêt aux principaux sites touristiques. Billets valables 24h en vente à bord du bus ou à l'office de tourisme. Prévoyez 8 £ pour les adultes (tarif étudiant 6 £).

■ **Si cette formule ne vous intéresse pas, vous pouvez acheter des Discovery Tickets** (trajets illimités après 9h30 pour 1,70 £) dans les stations de métro. Renseignements ✆ (0141) 332 7133.

■ **PRESTWICK AIRPORT. Au nord d'Ayr** ✆ **(01292) 511 000.** Ce petit aéroport accueille surtout des vols charters. A 45 minutes de Glasgow en train, Ryanair vous fait bénéficier d'une réduction de 50 % en présentant votre billet d'avion ; comptez 2,60 £ pour le trajet jusqu'à Central Station. Trains toutes les 30 minutes.

Train

■ **THE TRAVEL CENTER. Saint Enoch Square** ✆ **0141 226 4826.** *Ouvert du lundi au samedi de 8h30 à 17h30.* Informations sur les services locaux de bus, trains métros, bateaux, vente de billets pour tout le pays.

■ **QUEEN STREET STATION.** Grandes lignes en direction du nord et de l'est et réseau urbain de transports au nord et à l'est du Clyde, notamment Edimbourg. Correspondance avec l'underground (métro) : Buchanan Street.

■ **CENTRAL STATION.** Tous trains urbains et grandes lignes pour le Sud. Gare d'Euston à Londres. Correspondance avec l'underground : Saint Enoch. Informations générales 24h/24 ✆ 0141 204 2844.

▶ **Informations sur les services ferroviaires nationaux à partir de Glasgow,** 24h/24 au ✆ 08457 484950.

▶ **Consigne et objets trouvés :** respectivement 5 £ et 3 £ par bagage, également en gare routière.

Bus

■ **BUCHANAN BUS STATION. Killermont Street (terminus des lignes pour l'ensemble de la Grande-Bretagne)** ✆ **0141 333 3708.** Les prix sont imbattables pour les longues distances. Du lundi au samedi de 6h30 à 22h30, le dimanche de 7h à 22h30.

■ **ET, À LA MÊME ADRESSE, SCOTTISH CITY LINK COACHES Ltd** ✆ **08705 50 50 50.** 7J/7 de 8h à 20h. Tarifs très avantageux en réservant par Internet : www.citylink.co.uk

Transports en commun

■ **LE MÉTRO** (underground ou subway) est circulaire. On l'appelle « Clockwork Orange » (« orange mécanique »). Il dessert le centre-ville et le West End. La banlieue est desservie par les Low Level Trains à partir de Queen Street Station pour le Nord, et de Central Station pour le Sud.

Si vous disposez d'un temps limité pour visiter la ville, vous pouvez vous préparer à une bonne journée de marche à pied ou bien vous pouvez essayer les tours en bus de la ville.

Taxis

■ **GLASGOW TAXIS Ltd** ✆ (0141) 429 2900.

Pratique

▶ **Indicatif téléphonique :** (0141) (suivi de 7 chiffres).

▶ **Urgences** ✆ 999 (appel gratuit).

▶ **Appels internationaux.** Il y a des cabines partout. Vous pouvez acheter des cartes (5, 10 ou 20 £) à l'office du tourisme ou dans les guichets de poste. Tarifs intéressants (à partir de 5 p/min).

■ **OFFICE DU TOURISME. 11 George Square ℰ (0141) 204 4400 – Fax ℰ (0141) 221 3524 – www.seeglasgow.com –** *Ouvert en avril du lundi au samedi de 9h à 18h ; en mai, juin et septembre de 9h à 19h ; en juillet et août de 9h à 20h. Ouvert le dimanche de 10h à 18h. D'octobre à mars, ouvert de 9h à 18h (sauf le dimanche.* On peut vous y réserver une chambre pour une commission de 3 £ environ.

■ **BANQUES.** Elles sont généralement ouvertes de 9h30 à 16h45. American Express, 115, Hope Street ℰ (0141) 222 1401. De 8h30 à 17h30 (sauf le mercredi ouverture à 9h30), le samedi de 9h à 12h.

■ **CHANGE.** A l'office du tourisme ou à la poste. Toutes les banques et les grands hôtels ont un service de change.

■ **POSTE CENTRALE. 47 Saint Vincent Street ℰ 0345 222344.** *Ouverte de 8h30 à 17h45 du lundi au vendredi, le samedi de 9h à 17h30.*

■ **POLICE. Strathclyde Police HQ. Pitt Street** ℰ (0141) 532 2000.

■ **OBJETS PERDUS.** Adressez-vous à la police ou aux gares centrales de bus, train, métro ou encore au bureau de la poste centrale.

Santé

■ **SOUTHERN GENERAL HOSPITAL.** 1345 Govan Road ℰ (0141) 201 1100.

■ **VICTORIA INFIRMARY.** Langside Road ℰ (0141) 201 6000.

■ **PHARMACIE BOOTS. 200, Sauchiehall Street** ℰ **(0141) 353 6426.** *Ouverte du lundi au samedi*
■ *de 9h à 17h30, le jeudi jusqu'à 19h.*

■ **DENTISTE. 24 Hour Emergency Dentist. 1048 Cathcart Road** ℰ **(0141) 569 3175.** Pour les urgences.

Laveries automatiques et pressing

■ **GARNETHILL CLEANERS.** 39 Dalhousie Street ℰ (0141) 332 2387.

■ **ALLISON ST.** Cleaners. 110 Allison Street ℰ (0141) 423 3958.

Cybercafés

■ **EASYINTERNETCAFE.** 57/61 Saint Vincent Street ℰ (0141) 222 2312. *Ouvert tous les jours de 7h à 23h, 1 £ le quart d'heure.*

■ **THAT INTERNET CAFE.** 8 Renfield Street ℰ (0141) 222 2227. *Ouvert de 7h30 à 22h (à partir de 9h le dimanche). On peut consulter pour 3 p/min.*

Quartiers

City Centre

Rues piétonnes et commerciales, Buchanan Street, Sauchiehall Street, Argyle Street sont toujours pleines de musiciens. Ce quartier est le cœur historique de Glasgow. Vous pouvez y visiter la cathédrale, très sombre (d'un charme qui plaira aux romantiques) avec son cimetière, le Provand's Lordship, le musée de Saint Mungo (Castle Street).

Plus dans l'air du temps, autour de Saint Enoch, ne ratez pas la très onirique et inventive galerie d'art moderne, la galerie Collins de l'université de Strathclyde, l'ambiance des Trades hall. Vous trouverez également dans ce quartier la City Chambers, l'immeuble victorien de George Square.

Le centre est aussi un quartier qui rassemble les restaurants, les monuments, les banques, les hôtels, les magasins ouverts le dimanche et, surtout, les Glaswegiens.

Saint George's Cross et Cowcaddens

Découvrez le Willow Tea Room, Glasgow School of Arts, et le Piping Center, qui compte parmi les gardiens des racines musicales écossaises.

West End

Hillhead et Byres Road (près de Glasgow University) : étudiants, artistes, bars de nuit, restaurants originaux et cinémas animent ce quartier. L'université de Glasgow vaut le détour, pour l'architecture envoûtante de Mackintosh. Vous trouvez aussi dans ce quartier la maison de Mackintosh, l'Hunterian Museum and Art Gallery et les jardins botaniques.

Pollokshields, Kelvinside

Toujours au nord-ouest, ces quartiers sont cossus et résidentiels. Grandes maisons victoriennes et parcs. A voir : Heatherbank Museum, Saint Mary Virgin Cathedral, Strathclyde Area Genealogy Centre. Profitez de la nature de Kelvingrove Park.

Le quartier d'Ibrox

Encore pour les inconditionnels de Mackintosh : House for an Art Lover, et une promenade romantique à Ballahouston Park.

Drumchapel, Possilpark, Easterhouse

Ce sont des zones modernes qui ne présentent aucun intérêt touristique.

En matière de sécurité, comme dans toutes les grandes villes, fiez-vous à votre intuition. Dans les bons quartiers, fermez votre voiture à clé. Dans les plus mauvais, videz-la et laissez-la ouverte…

Hébergement

Il est impossible de trouver un B & B à moins de 20 £ par personne dans le centre-ville et très difficile d'en trouver un en haute saison. Réservez longtemps à l'avance auprès de l'office du tourisme ou demander leur brochure *Where to stay*.

Pour trouver des prix modérés, nous vous conseillons les hébergements se trouvant à l'est de la ville.

Dans le Centre

Bien et pas cher

■ **UNIVERSITY OF STRATHCLYDE. Cathedral Street** ✆ **(0141) 553 4148 – www.rescat.strath. ac.uk** – *Chambres simples à partir de 22,50 £ petit-déjeuner inclus. Ouverte de juin à septembre.*

■ **MCLAYS GUEST HOUSE. 264/276, Renfrew Street** ✆ **(0141) 332 4796 – Fax : (0141) 3530422 – www.mclays.com** – *Comptez 24 £ par personne environ, petit-déjeuner inclus. A proximité de la Glasgow School of Art.* Les familles seront bien soignées et logées dans des chambres spacieuses.

■ **THE VICTORIAN HOUSE. 212 Renfrew Street** ✆ **(0141) 3320129 – Fax : (0141) 3533155 – www.thevictorian.co.uk** – Une cinquantaine de chambres à prix abordables, compter 25 £ par personne. Un bon rapport qualite-prix pour cette adresse du centre-ville.

■ **SMITHS HOTEL. 963, Sauchiehall Street** ✆ **(0141) 339 6363 – Fax : (0141) 334 1892 – www.smiths-hotel.com** – *Comptez 20 £ par personne (à partir de 26 £ pour avoir la salle de bains attenante).* Au total de 33 chambres en centre-ville, près des musées. Stationnement illimité.

Confort ou charme

■ **KELVINGROVE HOTEL. 944 Sauchiehall Street** ✆ **(0141) 3395011 – Fax : (0141) 3396566 – kelvingrove.hotel@business.ntl.com – www.kelvingrove-hotel.co.uk** – *A partir de 25 £ par personne.* Un bon service pour cette guesthouse situé à 5 min du centre-ville et des magasins.

■ **ADELAIDE'S GUEST HOUSE. 209 Bath Street** ✆ **(0141) 2484970 – Fax (0141) 226 4247 – www.adelaides.co.uk** – *Single à partir de 35 £, double 48 £ et familiale pour 22 £ par personne en chambre de 4 ou 6.* Des prix raisonnables pour une localisation très centrale et une architecture originale.

■ **SAINT JUDE'S. 190 Bath Street** ✆ **(0141) 352 8800 – Fax : (0141) 352 8801 – www. saintjudes.com** – Un petit hôtel au style contemporain abrité dans une belle maison victorienne.

Les chambres sont très épurées et c'est sans doute l'endroit idéal pour passer un week-end romantique.

Luxe

■ **MALMAISON. 278 West George Street** ✆ **(0141) 572 1000 – Fax : (0141) 572 1002 – www. malmaison.com** – *Comptez 120 £ pour une chambre double.* Un hôtel chic et branché qui plaira aux jeunes couples ayant les moyens.

Dans le West End
Bien et pas cher

■ **GLASGOW YOUTH HOSTEL. 8 Park Terrace** ✆ **0870 004 1119 – www.syha.org.uk** – *Métro : Kelvinbridge, puis 10 minutes de marche à pied ; bus 44 ou 59, arrêtez-vous au premier stop sur Woodlands Road et 5 minutes de marche. Prix : 12 £ environ.* Auberge installée dans une belle et grande maison victorienne, récemment rénovée et très bien entretenue ; ouverte 24h/24, toujours pleine en haute saison : réservez à l'avance.

■ **GLASGOW BACKPACKERS HOSTEL. 17 Park Terrace** ✆ **(0141) 3329099 – www.scotlands-top-hostels.com** – *Ouverte de juillet à septembre. Comptez de 12 à 16 £.*

■ **UNIVERSITY OF GLASGOW. 73 Great George Street** ✆ **(0141) 330 4116/2318 – www.cvso. co.uk** – *Réduction avec la carte étudiant. La cité universitaire, ouverte à Pâques et de juin à septembre, propose des chambres (simple/double) aux voyageurs à partir de 25 £ par personne.*

■ **BELGRAVE GUEST HOUSE. 2, Belgrave Terrace Hillhead** ✆ **(0141) 337 1850 – Fax : (0141) 3371741 – www.belgraveguesthouse.co.uk** – *Métro Kelvinsbridge, dans le quartier ouest. De 18 à 25 £.* Un B & B familial proche de l'université et de Kelvingrove Art Gallery.

Confort ou charme

■ **THE TOWN HOUSE. 4, Hughenden Terrace** ✆ **(0141) 357 0862 – Fax : (0141)-339-9605 – www.thetownhouseglasgow.com** – *A partir de 36 £ pour une chambre double.* Confortable petit hôtel victorien. Seize chambres dont dix ensuite.

■ **KELVIN HOTEL. 15 Buckingham Terrace, Great Western Rd** ✆ **(0141) 339 7143 – Fax (0141) 339 5215 – www.kelvinhotel.com** – Une maison victorienne proche des jardins botaniques et de l'université. Chambres confortables, bonne cuisine.

■ **KIRKLEE HOTEL. 11, Kensington Gate** ✆ **(0141) 334 5555 – Fax : (0141) 339 3828 – www. kirkleehotel.co.uk** – *Comptez 36 £ par personne pour une double.* Un service de baby-sitting et un autre de repassage sont mis à la disposition des familles. Les chambres, avec télévision, sont spacieuses, confortables et chauffées. Et les couche-tard peuvent s'offrir un dernier verre au bar.

Luxe

■ **ONE DEVONSHIRE GARDENS. 1 Devonshire Gardens** ✆ **(0141) 339 2001 – Fax : (0141) 337 1663 – www.onedevonshiregardens.com** – *Comptez 150 à 450 £ pour une chambre double.* Un des plus luxueux et des plus chers hôtels de Glasgow. Vous n'y manquerez de rien, étant donné l'attention que le personnel porte à chacun des clients.

À l'est de la ville
Bien et pas cher

■ **ALISON GUEST HOUSE. 26 Circus Drive, Westercraigs** ✆ **(0141) 556 1431 – Fax : (0141) 556 1431 – circusdrive@aol.com** – *Environ 20 £ par personne.* A proximité de Glasgow Cathedral et du Royal Infirmary et à 10 min en bus du centre.

■ **SETON GUEST HOUSE. 6 Seton Terrace, Dennistown** ✆ **(0141) 556 7654 – www.vacations-scotland.co.uk/seton.html – passway@seton.prestel.co.uk** – *A partir de 18 £ par personne.* Cette belle maison en pierre possède 7 chambres confortables. Un établissement offrant un service de qualité à prix très raisonnables.

Confort ou charme

■ **CLAREMONT B & B. 2 Broompark Circus** ✆ **(0141) 554 7312 – www.claremont-guest house.co.uk** – *Compter 20 à 30 £ par personne.* Ce B & B possède deux chambres et vous êtes particulièrement choyé par les propriétaires. A 10 min en bus du centre.

Campings

■ **CAMPING CRAIGENDMUIR LIMITED. Stepps** ✆ **(0141) 779 4159/2973 – www.craigend-muir.co.uk** – *Deux personnes et leur tente sont accueillies pour 14 £ en haute saison. Ouvert toute l'année, à 15 min en train ou en bus de Glasgow. Douches, eau chaude, branchement électrique.*

■ **STRATHCLYDE PARK CARAVAN AND CAMPING SITE. 366 Hamilton Road Motherwell** ✆ **(0169) 840 2060 – www.northlan.gov.uk** – *Ouvert d'avril à octobre. Deux personnes et une tente : de 4 à 10 £.* Plus grand que le précédent, son cadre est aussi plus agréable avec vue sur la rivière Clyde.

Restaurants

Dans le centre et Merchant city

Bien et pas cher

■ **RUST. 100 Bath Street** ✆ **(0141) 332 3390 – www.rust-bar.co.uk** – *Ce bar-restaurant sert à manger de 12h à 20h.* Leurs pâtes et leurs plats épicés sont bien préparés. L'ambiance est jeune et branchée, les lumières sont tamisées et on passe de la musique pop ou électro. Le Rust organise régulièrement des soirées speed-dating.

■ **LA TASCA.39-43 Renfield Street** ✆ **(0141) 204 5188 – Fax : (0141) 204 5199 – www.latasca.co.uk** – *Ouvert de 12h à 00h. Compter environ 5 £ pour une assiette de tapas ou 10 £ une paella.* La plupart du personnel est espagnol et la décoration est haute en couleur.

■ **CAFÉ GANDOLFI. 64, Albion Street** ✆ **(0141) 552 6813 – (0141) 552 8911.** *Plats légers pour environ 6 £,* compter 18 £ pour un menu. A mi-chemin entre un salon de thé et un restaurant proposant des spécialités culinaires écossaises. Beau mobilier en bois. L'établissement existe depuis 1979 et il est très apprécié par les Ecossais qui connaissent la devise « well fed well blessed ». Il est conseillé de réserver (même pour déjeuner !).

Bonnes tables

■ **BABBITY BOWSTERS. 16-18, Blackfriars Street,** ✆ **(0141) 552 5055 – Fax : (0141) 552 7774 – www.babbity.com** – *Ouvert tous les jours de 8h à 00h. Comptez de 8 à 12 £.* Concerts de musique traditionnelle le week-end. Le plus coté des bars-restaurants, avec quelques chambres, vite remplies (*à partir de 30 £ par personne*). Un restaurant végétarien, où l'on déguste quand même de la panse de brebis farcie… Bonne ambiance de pub et un beer garden très animé l'été.

■ **RAWALPINDI TANDOORI INDIAN RESTAURANT. 321 Sauchiehall Street** ✆ **(0141) 332 4180.** *Ouvert tous les jours de 12h à 0h30. Compter 8 £ pour le « pre-theatre menu » servi de 17h à 19h, 25 £ pour un menu à 2, et environ 10 £ pour un plat.* Le cadre de ce restaurant indien est reposant et le personnel agréable. Demandez conseil pour les plats plus ou moins épicés. Une bonne adresse.

■ **PAPINGO RESTAURANT. 104 Bath Street** ✆ **(0141) 332 6678 – Fax : (0141) 332 6549 – www.papingo.co.uk** – *Ouvert de 12h à 14h30 et de 17h à 22h30 (seulement le soir le dimanche). Comptez environ 30 £.* Décoré par George Wylie, artiste connu et apprécié pour ses commentaires flamboyants, ce restaurant servit autrefois de cadre à des crimes sanglants. Que cela ne vous empêche pas d'y savourer « l'amant de Ravel » ou le « Pavarotti's Downfall », filet de bœuf au whisky et agneau au miel et à l'orange. Une des valeurs sûres de Glasgow.

Luxe

■ **GAMBA. 225a West George Street** ✆ **(0141) 572 0899 – Fax : (0141) 572 0896 – www.gamba.co.uk** – *Compter 40 £ pour un menu. Ouvert du lundi au samedi de 12h à 14h30 et de 17h à 22h30.* Si vous êtes amateur de fruits de mer, c'est sûrement dans ce restaurant qui a reçu de multiples récompenses que vous serez le mieux servi. Le cadre allie raffinement et style méditerranéen.

■ **BRIAN MAULE AT CHARDON D'OR. 176 West Regent Street** ✆ **(0141) 248 3801 – Fax : (0141) 248 3901 – www.lechardondor.com** – *Ouvert du lundi au samedi de 12h à 14h30 et de 18h à 22h (fermé le samedi midi).* Brian Maule a été chef au Gavroche de Londres (2 étoiles au Michelin) pendant huit ans avant d'ouvrir son propre établissement à Glasgow en 2002. Sa cuisine est classique mais exquise avec tout juste ce qu'il faut de touche personnelle pour faire des plats uniques.

West End

Bien et pas cher

■ **THE LOFT. Ashton Lane, Hillhead** ✆ **(0141) 341 1234** – **www.g1group.co.uk** – *Au-dessus de Grosvenor Cinema. Restaurant ouvert de 12h à 22h (à partir de 10h le week-end).* Ce bar-restaurant jouit d'une vaste superficie et son style élégant et très branché attire de nombreux étudiants. On y mange des pizzas, des pâtes ou des salades pour 7 à 10 £ et on y reste pour prendre un verre.

■ **WHISTLER'S MOTHER. 116-118 Byres Road, Hillhead** ✆/**Fax : (0141) 576 0528** – **whistlersmother@ukonline.co.uk** – *Ouvert de 10h à 23h (jusqu'à minuit le vendredi et samedi).* Vous ne serez pas étonné de la déco, tout à l'honneur de James Abbot McNeill Whistler. Ce café-bar du West End propose des plats simples mais savoureux pour 5 à 10 £. L'ambiance est détendue et la musique bien choisie. Des concerts sont organisés tous les dimanches à 20h.

Bonnes tables

■ **CUL DE SAC. 44 Ashton Lane, Hillhead** ✆ **(0141) 334 4749** – **www.g1group.co.uk** – **Fax : (0141) 357 3071** – **cdswestend@g1group.com** – *Ouvert de 12h à 22h. Brunch de 10h30 à 16h le week-end. Compter 12 £ pour un plat et environ £20 pour un menu.* Ce restaurant vient d'être rénové et propose de la cuisine française traditionnelle dans un cadre impeccable. Etes-vous soupe à l'oignon, coq au vin ou bouillabaisse ? A moins que vous ne passiez juste par gourmandise pour déguster quelques crêpes…

■ **THE BUTTERY. 652, Argyle Street** ✆ **(0141) 221 8188.** *Comptez 12 £ le midi et 30 £ le soir pour un menu. Fermé le dimanche et le samedi à midi.* Cela vaut la peine d'aller de l'autre côté de Kingston Bridge. L'extérieur ne paie pas de mine, mais à l'intérieur dominent l'élégance du décor, la qualité du service et le raffinement d'une cuisine prétendument française. Mais où trouve-t-on de la crème d'avoine et des drambuies en France ?

Luxe

■ **UBIQUITOUS CHIP. 12, Ashton Lane** ✆ **(0141) 334 5007** – **(0141) 337 1302** – **www.ubiquitous chip.co.uk** – *Le restaurant est ouvert jusqu'à 23h. Bar, à l'étage jusqu'à 1h. Comptez 30 £.* Recommandé par toutes les publications gastronomiques, ce restaurant original propose des produits écossais d'une grande finesse (la viande de cerf et les moules sont un régal), une sélection de vins (ce qui est rare à Glasgow) et plus de 150 whiskies. Le bar de l'étage est souvent fréquenté par Alastair Gray, importante figure littéraire.

■ **LA PARMIGIANA. 447 Great Western Road** ✆ **(0141) 334 0686** – **Fax : (0141) 357 5595** – **www.laparmigiana.co.uk** – *Ouvert de 12h à 14h30 et de 18h à 23h.* Ce restaurant italien est sans nul doute le plus sophistiqué de la ville et le service est impeccable. Carte des vins excellente. Si ce restaurant vous fait envie mais que vous ne voulez pas casser votre tirelire, profitez du pre-theatre menu pour 11,50 £.

En dehors de la ville

Luxe

■ **GLEDDOCH HOUSE. Langbank, Renfrewshire** ✆ **01475 540711** – **Fax : 01475 540201** – **www.gleddochhouse.co.uk** – *En quittant Glasgow, prendre la M 8 direction Greenock, puis la B 789 sortie Langbank/Houston. Comptez 20 £ environ le midi et 35 £ le soir.* Il n'y a pas de meilleur cadre pour déjeuner au-dessus d'une rivière et conclure un excellent repas par une promenade à cheval, une partie de squash ou de golf (8 trous). Option détente : sauna ou farniente au bord de la piscine. Ce restaurant (qui fait aussi hôtel) joue la carte des plaisirs.

Sortir

D'apparence plus rude que sa concurrente Edinburgh, Glasgow est particulièrement réputée pour sa vie nocturne, ses bars et ses night-clubs bondés.

Côté programmation, consultez *The Herald* (guide bimensuel des concerts, ballets et expositions), *Evening Times* (cinéma), *The List* (activités culturelles en tout genre) : voilà quelques journaux pour tout savoir sur les activités culturelles de Glasgow.

Pubs et bars

Dans le centre

■ **THE HORSE SHOE BAR. 17 Drury Lane.** Inscrit au *Guinness Book des records* pour son bar, le plus long du monde ; ce dernier a la particularité d'être en forme de fer à cheval. Vaut plus pour le coup d'œil que pour l'ambiance, très masculine et enfumée.

■ **BLACKFRIARS. 36 Bell Street. Dans Merchant City.** Vous trouverez forcément une bière qui vous convient dans ce bar qui ne paie pas de mine mais où vous sympathiserez certainement avec vos voisins. Musique le week-end, beaucoup de jazz.

■ **THE SCOTIA BAR. 112 Stockwell Street** ✆ **(0141) 552 8681.** *Ouvert de 12h à 00h (jusqu'à 1h le week-end).* Connu pour être le plus vieux pub de Glasgow (1792). On y apprécie de la musique traditionnelle ou du jazz tous les soirs (sauf lundi et mardi). On sert également à manger pour environ 8 £.

■ **THE 13TH NOTE. 50-60 King Street** ✆ **(0141) 553 1638 – Fax : (0141) 553 1883 – www.13thnote.co.uk** – *Ouvert de 12h à 00h tous les jours.* Les grandes baies vitrées ne vous laissent pas découvrir les talents cachés de ce bar qui propose de la musique tous les soirs dans son sous-sol. La programmation est très variée mais surtout rock (*compter environ 4 £ le concert*). Vous pouvez également manger dans la partie resto, compter 8 £.

Dans West End

■ **TENNENTS BAR. 191 Byres Road** ✆ **(0141) 341 1021.** Beau pub au haut plafond et boiseries. Les femmes sont autorisées dans l'établissement depuis 1971. L'ambiance est pourtant restée masculine, peut-être à cause des matchs de foot ou de rugby retransmis sur les écrans de télévision.

■ **UISGE BEATHA. 232 Woodlands Road** ✆ **(0141) 564 1596 – Fax : (0141) 564 1597 – www. uisagebeathabar.co.uk** – *Ouvert de 12h à 00h.* Personnel en kilt, collection de bouteilles de whiskies, et une ambiance bohème qui convient à tous les goûts. L'institution de Glasgow porte le nom de l'eau-de-vie nationale. Une visite s'impose.

■ **THE HALT BAR. 160 Woodlands Road** ✆ **(0141) 564 1527.** Bonne ambiance dans ce vieux pub où l'on joue de la musique deux ou trois fois par semaine. Des groupes de rock s'y produisent régulièrement.

Boîtes de nuit

■ **THE GARAGE. 490 Sauchiehall Street** ✆ **(0141) 332 1120.** Rien d'original pour cette boîte de nuit étudiante géante si ce n'est de la musique live de temps en temps.

■ **ARCHES. 253 Argyle Street** ✆ **0901 0220300 – www.thearches.co.uk** – Le club se situe sous Central Station. Peu d'exigence sur la tenue vestimentaire, la maison souhaite développer l'esprit artistique de Glasgow. Nuit gay tous les mois.

Théâtres et spectacles

■ **CENTRE FOR CONTEMPORARY ARTS (CCA). 350 Sauchiehall Street** ✆ **(0141) 352 4900.** *Ouvert du mardi au samedi de 11h à 18h. Métro : Cowcadders, accessible aux handicapés.* Les arts sont ici chez eux : beaucoup de danse et du théâtre. Les expositions sont à contempler ou les livres à consulter un verre à la main, le café végétarien s'enorgueillit d'une carte de vins intéressante.

■ **CITIZENS THEATRE. 119 Gorbals Street** ✆ **(0141) 4290022 – www.citz.co.uk** – Seul théâtre de répertoire de Glasgow, qui propose aussi des pièces avant-gardistes. Un véritable lieu de culte pour amateurs de théâtre. Tarifs intéressants.

■ **THEATRE ROYAL. 282, Hope Street** ✆ **(0141) 332 9000 – www.theatreroyalglasgow. com** – Pour les amateurs d'opéra et de ballet. Le Scottish Opera se produit de septembre à juin, en trois minisaisons ponctuées par des visites à Newcastle, Edimbourg, Inverness et Aberdeen. Le Scottish Ballet invite d'autres compagnies à séjourner à Glasgow. On joue aussi parfois des pièces dramatiques.

■ **TRON THEATRE. 63 Trongate** ✆ **(0141) 552 4267 – www.tron.biscuitmedia.com** – Produit les pièces contemporaines écossaises en partenariat avec le Traverse Theatre d'Edimbourg.

■ **ROYAL SCOTTISH ACADEMY OF MUSIC AND DRAMA (RSAMD). 100 Renfrew Street** ✆ **(0141) 332 3321 – www.rsamd.ac.uk** – Le centre musical et théâtral de Glasgow. Qualité et variété dans un répertoire autant classique que moderne.

■ **ROYAL CONCERT HALL. 2 Sauchiehall Street** ✆ **(0141) 353 8080 – www.grch.com** – Concerts de toutes sortes : classique, jazz, folk, etc. Concerts du Royal Scottish National Orchestra (RSNO), le jeudi ou le samedi, d'octobre à avril.

Manifestations

Janvier

▶ **Celtic Connections Festival** ✆ **(0141) 353 8000 – www.celticconnections.co.uk** – Deux semaines de célébration de la musique celte (concerts de cornemuses, ceilidhs…).

Mars

▶ **Glasgow International Comedy Festival** ✆ **(0141) 339 6208 – www.glasgowcomedyfestival.com** – Deux semaines de représentation pour les artistes comiques écossais.

Avril

▶ **Glasgow Art Fair** ✆ **(0141) 552 6027 – www.glasgowartfair.com** – La plus grosse foire d'art contemporain du Royaume-Uni après celle de Londres se perpétue avec succès depuis une dizaine d'années.

Mai

▶ **Gourock Highland Games** ✆ **01475 714865.** La ville de Gourock se situe à environ 25 km à l'ouest de Glasgow. Elle accueille les Highland Games au Gourock Park depuis 1954. Ambiance animée et familiale.

Juin

▶ **West End Festival** ✆ **(0141) 341 0844 – www.westendfestival.co.uk** – 15 jours de concerts, théâtre, expositions et à ne pas manquer, le Midsummer Carnival, une fabuleuse parade qui anime Byres Road.

Juillet

▶ **Glasgow Jazz Festival** ✆ **(0141) 552 3552 – www.jazzfest.co.uk** – Depuis presque 20 ans, ce festival de jazz prend place sur George square et voit se produire les plus grands noms du jazz et du blues.

Août

▶ **Glasgow International Piping Festival** ✆ **0845 241 4400.** Cette compétition rassemble sur une journée des milliers de cornemusiers venus concourir aux World Pipe Band Championships. Une expérience mémorable.

Points d'intérêt

Dans le centre

■ **LA PLACE GEORGE.** La ville de Glasgow s'est développée autour de George Square, une jolie place sur laquelle se trouve la City Chambers, un bâtiment victorien particulièrement extravagant. Il fut construit à l'époque où la richesse de la ville était à son apogée. On trouve aussi sur la place des statues des grands personnalités écossaises : Robert Burns, James Watt, Walter Scott, Lord Clyde… Ici aussi, le Centre d'information touristique (TIC). A partir de la place vous arpenterez les rues commerçantes Sauchiehall Street et Buchanan Street.

■ **PEOPLE'S PALACE AND WINTER GARDENS. Glasgow Green** ✆ **(0141) 554 0223 – Fax : (0141) 550 0892 – www.glasgowmuseums.com** – *Ouvert tous les jours de 10h à 17h, le vendredi et le dimanche à partir de 11h. Gratuit.* Ce musée retrace l'histoire du peuple de Glasgow de 1750 à nos jours, avec les mouvements historiques et sociaux qui ont transformé et animé la cité.

On y trouve de tout, des mouvements de suffragettes aux projets d'aménagement de la Clyde, en passant par la lutte contre l'alcoolisme.

■ **GLASGOW GREEN.** C'est le plus vieux parc du monde (il existe depuis 800 ans !). C'est un endroit particulièrement apprécié par les habitants de Glasgow qui a souvent été le théâtre des événements historiques de la ville. En 1746, Bonnie Prince Charles, y passe en revue les troupes avant la bataille de Culloden, qui marquera la fin de l'indépendance écossaise. En 1765, james Watt y découvrit le principe de la compressivité de la vapeur, qui donna lieu à la révolution industrielle. Dans une note plus politique, le Glasgow Green fut aussi le lieu d'exécution, des grandes manifestations sociales et des batailles pour la liberté (manifestation des mineurs, manifestation des chantiers de la Clyde, droit de vote pour les femmes…). Il reste aujourd'hui le lieu d'expression pour les défendeur de causes au même titre que le « speakers'corner » de Londres. C'est pourquoi en son centre, on trouve le « People's palace », musée de la ville et de ses habitants.

■ **GLASGOW CATHEDRAL. Cathedral Square** ✆ **(0141) 552 6891 – Fax : (0141) 552 0988 – www.historic-scotland.gov.uk –** *Ouverte du lundi au samedi de 9h30 à 18h, et le dimanche de 13h à 17h. La cathédrale ferme à 16h en hiver.* De style prégothique du XIIe siècle, elle est le témoin de ce que furent les grandes églises du sud de l'Ecosse. Derrière l'édifice, le cimetière Necropolis, conçu sur les mêmes plans que le Père Lachaise, offre une vue imprenable sur la ville.

■ **SAINT MUNGO MUSEUM OF RELIGIOUS LIFE AND ART. 2 Castle Street** ✆ **(0141) 553 2557 – Fax : (0141) 552 4744 – www.glasgowmuseums.com –** *Ouvert de 10h à 17h (à partir de 11h le vendredi et le dimanche). Entrée gratuite.* Situé à côté de la cathédrale, ce musée prétend être le seul à considérer, sur un pied d'égalité, les religions du monde : pas seulement les plus grandes, telles que le judaïsme, l'islam, le christianisme et le bouddhisme, mais aussi les religions de communautés diverses, africaines, américaines et orientales. Ici se trouve le célèbre Christ of St John of the Cross, de Salvador Dali. Il y a aussi un café et un jardin japonais.

■ **PROVAND'S LORDSHIP. 3, Castle Street** ✆ **(0141) 552 8819 – www.glasgowmuseums. com –** *Ouverte tous les jours de 10h à 17h, visite gratuite.* En face de la cathédrale, construite en 1471, la plus vieille maison de Glasgow a appartenu au chapelain de Saint Nicholas Hospital. Elle se tient dans un très beau jardin médiéval.

■ **CITY CHAMBERS. Sur Georges Square** ✆ **(0141) 287 4018 – www.glasgow.gov.uk –** *Ouvert de 9h à 16h30, entrée gratuite. Visites guidées à 10h30 et 14h30.* Construit par les riches et puissants marchands de l'ère victorienne, cet immeuble magnifique, au cœur de la ville, est décoré de marbre italien, de mosaïques et de bois précieux.

■ **GALLERY OF MODERN ART. Royal Exchange Square** ✆ **(0141) 229 1996 – Fax : (0141) 204 5316 – www.glasgowmuseums.com –** *Ouvert de 10h à 17h, le jeudi jusqu'à 20h et à partir de 11h le vendredi et le dimanche. Entrée gratuite.* Au cœur de la ville, cette galerie pleine d'allure a été inaugurée en 1995 et elle abrite sur 4 étages une importante collection de peintures et de sculptures d'artistes actuels.

■ **GLASGOW SCHOOL OF ART. 167, Renfrew Street** ✆ **(0141) 353 4526 – Fax : (0141) 353 4746 – www.gsa.ac.uk –** *Visite guidée mais rapide pour 5 £ du lundi au vendredi à 11h et 14h, et le week-end à 10h et 15h d'octobre à juin. De juillet à septembre, visites à 11h et 14h et le week-end à 10h30, 11h30 et 13h.* Le chef-d'œuvre de Mackintosh.

■ **THE TENEMENT HOUSE. 145 Buccleuch Street** ✆ **(0141) 333 0183 – Fax : (0141) 332 9368 – www.nts.org.uk –** *Ouvert de mars à octobre de 13h à 17h. Entrée 4 £.* Réaménagé par le National Trust, cet appartement témoigne de la vie dans un immeuble victorien au XIXe siècle.

Charles Rennie Mackintosh (1868-1928), un bâtisseur de Glasgow

Charles Rennie Mackintosh , le plus fameux des architectes et designer de Glasgow, est connu dans le monde entier pour son style, qui a influencé l'Art nouveau.

Il a réalisé 3 types d'architecture : des bâtiments publics, des maisons privées et des salons de thé, que l'on peut voir en se promenant dans la ville. Il a également créé des objets exposés par exemple à Mackintosh House, dans la Hunterian Gallery, ou à l'école d'art de Glasgow.

Miss Agnes Toward y a vécu pendant 50 ans, jusqu'en 1965, et de nombreux objets lui ayant appartenu sont exposés.

■ **THE LIGHTHOUSE. Scotland's Centre for Architecture, Design and the City. 11 Mitchell Lane** ✆ **(0141) 221 6362 – www.thelighthouse.co.uk** – *Ouvert tous les jours de 10h30 à 17h (à partir de 11h le mardi et 12h le dimanche). Entrée : 3 £.* Une interprétation de l'œuvre de Mackintosh, exposition d'architecture et de design dans un cadre ultramoderne, lumineux, intéressant. Vue panoramique de la ville au 6e étage de la tour.

■ **TRADES HALL. 85 Glassford Street** ✆ **(0141) 248 5566 – Fax : (0141) 248 5566 – www. bbnet.demon.co.uk/thall** – *Ouvert du lundi au vendredi de 9h à 18h et le samedi de 9h à 13h, entrée gratuite.* Dessinées par Robert Adam, ouvertes en 1794, ces halles sont un lieu de discussions et de shopping très agréable.

■ **THE WILLOW TEA ROOMS. 217 Sauchiehall Street** ✆ **(0141) 332 0521 – Fax : (0141) 579 1599 – www.willowtearooms.co.uk** – *Ouvert du lundi au samedi de 9h à 16h30, le dimanche de 11h à 16h30.* Un salon de thé rêvé par Mackintosh.

■ **THE NATIONAL PIPING CENTRE. 30-34 Mac Phater Street** ✆ **(0141) 353 0220 – www.the pipingcentre.co.uk** – *Ouvert tous les jours de 10h à 16h30 (fermé le dimanche d'octobre à avril). Entrée 3 £.* L'histoire des instruments de musique traditionnels d'Ecosse.

Dans West End

■ **KELVINGROVE MUSEUM AND ART GALLERY. Kelvingrove Park** ✆ **(0141) 357 3929 – www. glasgowmuseums.com** – Peintres écossais, Ecole de Barbizon, impressionnistes, postimpressionnistes, Van Gogh, Constable, Dali, Millet, Monet, Degas, la liste est considérable. On y trouvera également un musée sur l'histoire naturelle de l'Ecosse. **Le musée est fermé pour travaux jusqu'en 2006 et une partie de la collection est exposée aux McLellan Galleries,** 270 Sauchiehall Street. *Ouvert de 10h à 17h, entrée gratuite.*

■ **HUNTERIAN MUSEUM. University of Glasgow, University Avenue** ✆ **(0141) 330 4221 – Fax : (0141) 330 3617 – www.hunterian.gla.ac.uk** – *Ouvert du lundi au samedi de 9h30 à 17h (fermé les jours fériés et pendant les vacances scolaires). Entrée gratuite.* Fondé par le physicien William Hunter, c'est le plus vieux musée du pays où sont exposées des collections de pièces de monnaie, de minéraux et des objets datant de l'époque romaine. Il retrace également les inventions des plus grands hommes écossais, expose les équipements et matériels des hommes de science et de médecine.

■ **HUNTERIAN ART GALLERY. University of Glasgow, 82 Hillhead Street** ✆ **(0141) 330 5431 – www.hunterian.gla.ac.uk** – *Ouvert du lundi au samedi de 9h30 à 17h (fermé les jours fériés et pendant les vacances scolaires).* Ce bâtiment moderne contient la partie la plus intéressante de l'héritage de Hunter avec une collection d'art extrêmement riche. Ainsi sont exposées les œuvres de grands peintres européens tels Rembrandt, Koninck, Rubens, Pissaro et Rodin. Les XIXe et XXe siècles ne sont pas en reste avec McTaggart, Guthrie et le peintre américano-écossais James McNeill Whistler. Rattachée à la galerie, une reconstitution de l'appartement de Charles Rennie Mackintosh et exposition de ses aquarelles.

■ **UNIVERSITY OF GLASGOW. University Avenue** ✆ **(0141) 330 5511 – Fax : (0141) 330 5225 – www.gla.ac.uk** – *De mai à septembre, ouvert du lundi au samedi de 9h30 à 17h et le dimanche de 14h à 17h. D'octobre à avril, du lundi au samedi de 9h30 à 17h.* Les origines de l'université de Glasgow remontent à l'an 1451 lorsque le pape Nicolas V octroya le droit à William Turnbull, alors maire de la ville, d'établir un centre de réflexion et d'apprentissage à Glasgow. Ce n'est qu'en 1870 que les premières fondations furent posées sur le site actuel et l'édifice de style gothique date de cette époque. La visite est intéressante tout comme celle de la chapelle.

■ **THE BOTANIC GARDENS. 730 Great Western Road** ✆ **(0141) 427 0558 – Fax : (0141) 339 6964 – www.glasgow.gov.uk** – *Le parc est ouvert jusqu'à la tombée de la nuit, les serres de 10h à 16h45 (16h15 en hiver). Au bout de Byres Road.* Les plantes du monde entier s'y sont donné rendez-vous. On y trouve, entre autres, une collection d'orchidées et de bégonias de renommée internationale. Le Kibble Palace, construit par un architecte-cycliste-acrobate, est un exemple des serres à la Taj Mahal du règne de Victoria. Mieux vaut s'y rendre tôt l'après-midi, quand tout est ouvert au public. Une série de bâtiments est consacrée à Charles Rennie Mackintosh.

■ **MUSEUM OF TRANSPORT. Kelvin Hall, 1 Bunhouse Road** ℰ **(0141) 287 2720 – Fax : (0141) 287 2692 – www.glasgowmuseums.com –** *Ouvert de 10h à 17h, le vendredi et dimanche à partir de 11h. Entrée gratuite.* Des véhicules exposés par centaines et la reconstitution d'une rue du Glasgow de 1938 figurent dans ce musée fort distrayant.

Au sud de la ville

■ **BURRELL COLLECTION. Pollok Country Park, 2060 Pollookshows Road** ℰ **(0141) 287 2550 – Fax : (0141) 287 2597 – www.glasgowmuseums.com –** *Visite gratuite de 10h à 17h, et le vendredi et dimanche à partir de 11h.* Sir William et Lady Burrell ont fait don, en 1943, de cette collection de textiles, de meubles, de céramiques, d'objets d'art et de tableaux, dont une superbe partie est consacrée à la France du XIXe siècle.

■ **POLLOK HOUSE. A côté de la Burell Collection** ℰ **(0141) 616 6410 – Fax : (0141) 616 6121 – www.nts.org.uk –** *Tous les jours de 10h à 17h. Compter 6 £ l'entrée.* Peintures espagnoles (Goya, Le Greco, Murillo) dans un très beau bâtiment victorien dessiné par William Adam et achevé en 1752.

■ **HOUSE FOR AN ART LOVER. Bellahouston Park, 10, Dumbreck Road** ℰ **((0141) 353 4770) – www.houseforanartlover.co.uk –** *Ouverte tous les jours de 10h à 16h (uniquement le week-end d'octobre à mars).* Dans un très beau parc, une maison dessinée par Mackintosh en 1901.

■ **THE TALL SHIP. 100 Stobcross Road** ℰ **0800 328 1373 – Fax : (0141) 222 2536 – www.the-tallship.com –** *Ouvert de 10h à 17h de mars à octobre et de 11h à 16h le reste de l'année. Compter 4,50 £.* Le Glenlee est l'un des derniers trois-mâts construits dans les chantiers de la Clyde (1896). Une belle exposition sur ce navire et sur le glorieux passé du port de Glasgow.

■ **GLASGOW SCIENCE CENTRE. 50 Pacific Quay** ℰ **(0141) 420 5000 – Fax : (0141) 420 5011 – www.gsc.org.uk –** *En face du centre de conférence SECC, de l'autre côté du Bell's Bridge. Ouvert tous les jours de 10h à 18h, Glasgow Tower à partir de 11h et selon les conditions météo. Compter 7 et 10 £.* Cette attraction récente (2001) a pour but de redonner un peu de souffle à l'innovation technologique et à l'esprit scientifique écossais. Grâce à des expositions et des jeux interactifs, petits et grands vont à la découverte des grands mystères de la science (le corps humain, Internet…). L'IMAX projette des films en 3D, le billet peut se prendre à part.

Shopping

La ville de Glasgow est considérée par les Ecossais comme le paradis du shopping si bien qu'une foule immense afflue le week-end dans les rues commerçantes et les nombreux centres commerciaux de la ville. Profitez du jeudi pour faire votre late night shopping, les magasins ferment en général à 20h.

Trois grands centres commerciaux méritent d'être cités

■ **BUCHANAN GALLERIES. 220 Buchanan Street** ℰ **(0141) 333 9898 – www.buchanan galleries.co.uk –** *Magasins ouverts du lundi au samedi de 9h à 18h (jusqu'à 20h le jeudi) et le dimanche de 11h à 17h.* Un centre moderne et sophistiqué avec plus de 80 magasins dont de nombreuses boutiques de mode.

■ **PRINCES SQUARE SPECIALITY SHOPPING CENTRE. 48 Buchanan Street** ℰ **(0141) 221 0324 – www.princessquare.co.uk –** *Magasins ouverts du lundi au samedi de 9h30 à 18h (jusqu'à 20h le jeudi) et de 12h à 17h le dimanche.* Plus petit que le précédent, les boutiques alternent avec des cafés et des restaurants branchés.

■ **ST ENOCH SHOPPING CENTRE. 55 St Enoch Square** ℰ **(0141) 204 3900 – www.stenoch. co.uk –** *Magasins ouverts de 9h à 18h (20h le jeudi), et de 11h à 17h30 le dimanche.* La plus grande structure en verre d'Europe abrite plus de 85 boutiques tel le Disney Store, TK Maxx ou encore Debenhams.

Retrouvez en pages 4 et 5 la carte générale de la Grande-Bretagne

Quelques magasins intéressants

■ **MARKS & SPENCER. 2-12 Argyle Street** ✆ **(0141) 552 4546 – Fax : (0141) 307 1517 – www. marksandspencer.com** – *Ouvert de 9h à 18h.* La fameuse chaîne britannique est bien implantée à Glasgow et propose des articles de qualité dans ses rayons alimentaires comme pour son département textile. Un bureau de change est à votre disposition au 2ᵉ étage du magasin.

■ **THE BODY SHOP. 31 Sauchiehall Street.** Ecologiste et anti-vivisection, cette chaîne pratique une politique de « Trade, not Aid » : au lieu d'inonder le tiers-monde de dons, elle préfère acheter ses matières premières directement au producteur.

■ **WATERSTONE BOOKSHOP. 153/157 Sauchiehall Street ou 174/176 Argyle Street.** *Ouverte de 8h à 19h.* Une des librairies les plus répandues de Grande-Bretagne.

■ **PHOTO FACTORY. 240 Sauchiehall Street** ✆ **(0141) 353 3177.** Développement photos en 30 min (numérique : 1h).

■ **GEOFFREY TARTAN WEAVING AND HIGHLAND DRESS. 309 Sauchiehall Street** ✆ **(0141) 331 2388 – www.geoffreykilts.co.uk** – *Ouvert du lundi au samedi de 9h à 17h30 (jusqu'à 20h le jeudi) et de 11h à 17h le dimanche.* Une spécialité : le kilt.

■ **JAMES PRINGLE KNITWEAR. 130, Buchanan Street.** Si vous ne montez pas dans le Nord, voici l'endroit le plus approprié pour acheter des articles de laine ou autre souvenir d'Ecosse.

Marché

■ **THE BARRAS MARKET** ✆ **(0141) 552 7528 – www.glasgow-barras.com** – *A l'est d'Argyle Street, entre Gallowgate et London Road. Ouvert le week-end de 10h à 17h.* Immense bazar de produits ménagers, objets d'art, meubles, électronique, vêtements, bric-à-brac, ces puces sont les plus grandes et les plus connues d'Ecosse. Elles cachent parfois quelque trésor antique. Alors cherchez bien et arrivez tôt. Un egg buttie, un œuf au plat dans du pain, vous aidera à combattre le froid.

■ DANS LES ENVIRONS ■

The Hill House

Upper Colquhoun Street. Helensburgh ✆ **014367 3900 – www.nts.org.uk/hillhouse.html** – *Ouverte de 13h30 à 17h30 d'avril à octobre.* Cette maison est l'un des exemples les plus complets et les plus raffinés de l'art de Charles Rennie Mackintosh. Ses propriétaires, harcelés par les visiteurs, se sont sauvés en courant.

La vallée de la Clyde, au sud-est de Glasgow

Un itinéraire de prairies, de bois et de pâturages s'ouvre le long de la vallée de la rivière Clyde, en repartant vers les terres.

■ **WAVERLEY EXCURSIONS. Anderston Quay, Glasgow** ✆ **0845 130 4647 – Fax : (0141) 248 2150 – www.waverleyexcursions.co.uk** – *Fonctionne d'avril à octobre. Compter 30 £ la croisière.* Cette compagnie propose des promenades sur l'eau à bord du dernier navire à aubes. Construit en 1947, le Waverley vous emmène vers les îles de l'estuaire de la Clyde.

■ LANARK ET NEW LANARK ■

A 40 km environ de Glasgow, soit à une heure de train. La ville historique de Lanark a accueilli la première session du Parlement écossais en 1978. William « Braveheart » Wallace, dont la statue orne l'église Saint-Nicolas de la ville, y vécut. Aujourd'hui, Lanark reste une ville de marché très animée. Fondée en 1875, pour canaliser l'énergie de la Clyde, New Lanark était un village de filature, il est désormais classé dans le patrimoine mondial. Son centre d'information propose une sorte de voyage dans le temps : *The Annie Mac Leod Experience*, pour découvrir la vie à Lanark en 1820. On peut aussi visiter la maison d'un ouvrier, un magasin et un hôtel de l'époque. Promenades impressionnantes également aux chutes de la Clyde.

New Lanark est à 20 minutes à pied de Lanark. L'endroit est desservi par des bus.

Pratique

■ **OFFICE DU TOURISME. Horsemarket, Ladyacre Road, Lanark** ✆ **(01555) 661 661 – Fax :** (01555) 666 143 – lanark@see.glasgow.com – *Ouvert toute l'année.*

■ **NEW LANARK VISITOR CENTRE** ✆ **(01555) 611345 – www.newlanark.org** – *Ouvert tous les jours de 11h à 17h. Entrée : 6 £ (réductions).* Pour voyager à travers les deux cents ans d'histoire de la filature de coton désormais classée au Patrimoine mondial de l'humanité.

Hébergement

■ **CLYDE VALLEY CARAVAN PARK. Kirkfieldbank, Lanark** ✆ **(01555) 663951.** *Au bord de la rivière à Kierfieldbank. Ouvert d'avril à octobre, 10 £ la tente.*

■ **NEW LANARK YOUTH HOSTEL. Wee Row, Rosedale Street** ✆ **0870 004 1143 – Fax : 0870 155 3255 – www.syha.org.uk** – *Environ 12 £ par personne. Ouvert de mars à octobre.* Cette auberge dispose d'installations très modernes et présente l'avantage d'être située à même le site New Lanark.

■ **Mrs FINDLATER – JERVISWOOD MAINS FARM. Cleghorn Road, Lanark** ✆ **(01555) 663987 – www.jerviswoodmains.com** – *A 2 km au nord de Lanark sur l'A 706.* Margaret Findlater vous accueille chaleureusement dans sa maison de campagne datant du XIXe siècle. Régalez-vous au petit-déjeuner.

■ **NEW LANARK MILL HOTEL. Mill One, New Lanark** ✆ **(01555) 667 200 – Fax : (01555) 667 222 – www.newlanark.org** – *Comptez 50 £ par personne, petit-déjeuner compris.* Confortable, très bonne cuisine. L'occasion de séjourner dans un cadre unique au monde, un ancien moulin du XVIIIe siècle reconverti en hôtel 4-étoiles.

Point d'intérêt

■ **FALLS OF CLYDE WILDLIFE CENTER** ✆ **(01555) 665262 – www.swt.org.uk** – *Ouvert tous les jours de 11h à 17h en été, et de 12h à 16h en janvier et février.* Exposition et réserve naturelle de New Lanark (59 hectares). Accès à la réserve gratuit.

■ BIGGAR ■

Encore une petite ville de marché, près de Tinto Hill, un sommet de 711 m. Elle possède 5 musées historiques et le plus petit théâtre de marionnettes du monde.

A 61 km de Glasgow, 46 km d'Edimbourg, c'est le point de départ idéal pour visiter le Sud et le Centre de l'Ecosse.

■ **OFFICE DE TOURISME.** 155, High Street ✆ (01899) 22 1066. *Ouvert d'avril à septembre.*

Hébergement

■ **ELPHINSTONE HOTEL. 145, High Street** ✆ **(01899) 220044 – Fax : (01899) 221794 – www. elphinstone-hotel.co.uk** – *Plats entre 5 et 15 £. Compter 27 £ par personne dans une chambre double.* Hôtel-restaurant familial.

■ **WYNDALES HOUSE HOTEL. Wyndales Symington, près de Biggar** ✆ **(01899) 308207 – Fax : (01899) 308555 – www.wyndales.freeserve.co.uk** – *A partir de 40 £ par personne.* Cette splendide demeure est située au milieu d'un parc de la vallée de la Clyde, idéal pour se détendre.

■ **SHIELDHILL CASTLE. Quothquan, Biggar** ✆ **(01899) 220 035 – Fax : (01899) 221 092 – www.shieldhill.co.uk** – Un ravissant château dont les origines remontent à la fin du XIIe siècle. Le restaurant est excellent et la cave à vins réputée.

Point d'intérêt

■ **BIGGAR PUPPET THEATRE. Broughton Road** ✆ **(01899) 22 0631 – Fax : (01899) 220 750 – www.purvespuppets.com** – Des spectacles de marionnettes pour toute la famille. Se renseigner sur le site Internet pour les horaires et les tarifs appliqués.

La côte Ouest

▪ GREENOCK ▪

A 44 km de Glasgow, Greenock fut jadis l'un des ports les plus importants d'Europe. La ville accueille aujourd'hui un nombre croissant de bateaux de croisière, tout au long de l'année. De belles balades sont à faire le long de la côte et sur l'estuaire de la Clyde.

Transports – Pratique

- **TROIS TRAINS** par heure depuis Glasgow et des bus toutes les heures.

- **OFFICE DU TOURISME. 7, Clyde Square** ℂ **(01475) 72 2007.** *Ouvert toute l'année.*

Hébergement

- **JAMES WATT COLLEGE. Ardamore Hall, Waterfront Campus** ℂ **(01475) 731360 – Fax : (01475) 730 877.** 168 chambres simples sur le campus de l'université, B & B pour environ 20 £ par personne.

- **LINDORES MANOR HOTEL. 61 Newark Street** ℂ**/Fax : (01475) 783 075 – www.lindores. co.uk –** *A partir de 30 £ par personne.* On est chaleureusement accueilli dans ce petit hôtel qui allie charme victorien et confort moderne.

Points d'intérêt

- **MCLEAN MUSEUM AND ART GALLERY. 15 Kelly Street** ℂ **(01475) 715624 – Fax : (01475) 715626 – www.inverclyde.gov.uk/museums –** *Ouvert du lundi au samedi de 10h à 17h. Gratuit.* Musée sur l'histoire de la navigation sur la Clyde et les bateaux à vapeur ainsi qu'une petite exposition sur James Watt, l'enfant de la ville.

- **CUSTOM HOUSE MUSEUM** ℂ **(01475) 726331.** *Ouvert du lundi au vendredi de 10h à 16h. Entrée gratuite.* L'histoire des douanes est retracée dans cette maison construite en 1818, où ont travaillé le poète Robert Burns et l'économiste Adam Smith.

- ▶ **A 5 km de Greenock,** vous pouvez faire une excursion dans l'agréable petite station balnéaire de Gourock et surtout, de là, partir en escapade dans les îles.

▪ ÎLE D'ARRAN ▪

Longue de 33 km (90 km de côte), Arran est surnommée « l'Ecosse miniature », car ses côtes ressemblent à celles de l'Ecosse, plages de sable et grottes sombres alternées, mais elle rappelle aussi les Highlands par ses sommets granitiques et ses vallées. C'est un lieu privilégié pour observer les animaux marins, les oiseaux, les cerfs, et une flore variée (rhododendrons, magnolias…).

Transports

- ▶ **Au départ d'Ardrossan :** Caledonian MacBrayne Ferries, ℂ 0870 5650000 – (01475) 650 100 – www.calmac.co.uk – Aller-retour jusqu'à Brodick, sur l'île d'Arran, 55 minutes de traversée, 3,70 £ par passager ; 23,75 £ pour une voiture. Réservation vivement conseillée en été. Fonctionne aussi l'hiver à une fréquence moindre.

- ▶ **Sur place,** Arran Transports. Pier Buildings, Brodick, ℂ (01770) 302121. Location de voiture ; ouvert de 8h à 19h30 du lundi au samedi, à partir de 10h le dimanche.

Pratique

- **OFFICE DU TOURISME À PRESTWICK. 15a Skye Road,** ℂ (01292) 288688, Fax : (01292) 288686 – www.ayrshire-arran.com

- **OFFICE DU TOURISME. The Pier, Brodick** ℂ **(01770) 303774.** *Ouvert toute l'année.*

■ **LOCATION DE VÉLOS.** Whiting Bay Hires, Brodick ✆ (01770) 700382.

▶ **Pour le shopping et les détails pratiques,** prenez soin de faire l'essentiel à Brodick, où vous trouverez une banque, une poste et une pharmacie.

Hébergement

■ **AUBERGE DE JEUNESSE – LOCHRANZA YOUTH HOSTEL. Lochranza** ✆ **0870 004 1140 – lochranza@syha.org.uk** – *Entre 8,75 £ et 11,50 £ la nuit, ouvert de mars à octobre.*

■ **STRATHWHILLAN HOUSE. Strathwhillan Road, Brodick** ✆ **(01770) 302331 – www. strathwhillan.co.uk** – *A partir de 20 £ par personne. Chambres simples, doubles et familiales. Guesthouse avec une très belle vue sur la baie et les montagnes.*

■ **B & B THE SHORE – Mrs ALISON THOMPSON.** Lamalsh ✆/Fax : **(01770) 600764 – www.arran-shore.co.uk** – *Prix : environ 28 £ par personne en chambre double avec un petit-déjeuner complet.*

Restaurants

■ **BRODICK BAR AND BRASSERIE** ✆ **(01770) 302169.** *En face de la poste, derrière Wooley'Bakery. Compter 9 £.* Ce pub est ouvert toute la journée et propose des plats copieux à un prix raisonnable.

■ **CREELERS SEAFOOD RESTAURANT. Brodick, au nord de la ville sur la route du château** ✆ **(01770) 302810.** *Compter 20 £, ouvert midi et soir.* Des spécialités de poissons et de fruits de mer évidemment très frais mais également des plats végétariens.

Points d'intérêt

La ville de Brodick

Elle est la ville principale d'Arran. Elle n'a pas forcément grand intérêt touristique mais c'est ici qu'on trouve tout les principaux commerces et services : l'office du tourisme, le supermarché, la poste, les banques…

■ **BRODICK CASTLE** ✆ (01770) 302202. *Le château est ouvert de mars à octobre. Ouvert tous les jours de 11h à 16 h 30 d'avril à octobre. Le parc, lui ouvre dès 9 h 30. Comptez £8 pour la visite combinée du parc et du château, £3 pour le parc et les jardins.* Construit sur l'ancien siège d'un fort Viking, au XIIᵉ siècle, le château construit au XIIIᵉ siècle est situé sur un très bel emplacement naturel face à la montagne Goatfell (874 m). Il fut envahi par les partisans de Robert Bruce aux XVᵉ et XVIᵉ siècles, c'est pourquoi une partie de son architecture date de l'ère victorienne. Le château fut la résidence en 1957 de Lady Mary Louise, fille du 12ᵉ duc Hamilton et 6ᵉ duchesse de Montrose. On y trouve aujourd'hui une jolie collection de peinture ainsi que de vaisselles, argenterie, et trophées de chasse.

■ **ARRAN HERITAGE MUSEUM. Rosaburn, Brodick** ✆ (01770) 302636 – www.arranmuseums.co.uk – *De £1 à 2.25. Ouvert tous les jours d'avril à octobre, de 10h à 16h30.* Pour connaître l'histoire, l'archéologie et la géologie de l'île.

■ **ARRAN AROMATICS. The Home Farm, Brodick** ✆ 0800 783 6154. *Ouvert du lundi au samedi de 9 h 30 à 17 h 30, le dimanche de 10h à 17h.* Centre artisanal de fabrication de parfums, de produits de beauté et de bougies, produits traditionnels de l'île. Une généalogiste installée dedans anime des recherches sur l'histoire des familles de l'île dispersées à travers le monde.

Lamlash

Le village est situé le long d'une jolie baie à 8 km de la capitale de l'île, au sud-est. On peut y accéder par un chemin à travers la forêt.

En vous promenant dans les rues du village, vous pourrez y observer le **Mémorial aux Arran Clearances :** un monument offert par une famille partie s'installer au Nouveau Brunswick (Canada) qui rend hommage aux 300 familles qui ont quitté l'île entre 1750 et 1850. Ces familles ont été chassés de leurs terres par les propriétaires fonciers afin d'y élever leurs moutons. On trouve aussi à Lamlash le seul collège lycée de l'île l'« Arran High School », créé en 1946.

Holy Island

En face du village de Lamlash se trouve l'île, emplacement d'un ancien monastère chrétien. En 1263, peu de temps avant la bataille de Largs, le roi norvégien Haakon, fit poser l'ancre à sa flotte en face de l'île d'Arran. Ils retrouvèrent dans une grotte les reliques de saint Molaise, qui mourut là en 639 après avoir accepté de contracter 30 maladies au même moment afin d'échapper au purgatoire. La grotte possède toujours des inscriptions faites par les Vikings d'alors. C'est aujourd'hui un lieu de retraite pour bouddhistes.

Whiting Bay

A la pointe sud de l'île, Whiting Bay est un joli petit village où s'est installée une colonie de cygnes. On y trouve de nombreux chemins de randonnée dont celui menant aux **Giant's Grave** (Les tombes des géants). Il s'agit d'un site archéologique important auquel on accède par le sentier qui dessert les chutes de Glenhasdale. Le chemin est assez escarpé. Un mausolée surgit au centre d'une clairière, construit à partir de pierres en provenance d'Irlande.

■ **LA PLAGE DE WHITING BAY** est recouverte d'un mélange de galets et de sable.

Lochranza

C'est peut-être le plus beau village de toute l'île. Le village est entouré de collines sur trois côtés et fait face sur son 4ᵉ côté à des ruines de château fort, relativement imposantes. Celui-ci aurait inspiré le château de *l'Île Noire* dans l'épisode de Tintin du même nom. L'accès au château est normalement fermé au public mais les clés peuvent être récupérées au Lochranza Stores.

La plus grande partie des ruines a été reconstruite au XVIᵉ siècle, mais les fondations et les parties les plus anciennes datent de 1261. Il fut construit pour les Mac Sweens. Mais un an plus tard le roi Alexandre III le cède à Walter Stewart, comte de Menteith.

On raconte qu'en 1306, Robert Bruce, s'y arrêta à son retour d'Irlande juste avant son couronnement à la tête de l'Ecosse. Le château appartenait à son petit-fils alors que celui-ci fut couronné Robert II en 1371. Le château devint alors un pavillon de chasse royal. Le bâtiment subit alors de nombreux changements avant d'être transformé en maison à tourelle, chose à laquelle il ressemble aujourd'hui. La maison passa de main en main à partir de 1490, James IV, James VI, Cromwell et les Hamilton s'y succédèrent jusqu'au XVIIIᵉ siècle. Date à partir de laquelle la maison ne fut plus habitée.

L'autre point d'intérêt du village réside en sa distillerie, la première légalement instaurée sur l'île, il y a plus de 150 ans. Elle se trouve à la sortie du sud du village.

■ **ISLE OF ARRAN DISTILLERY AND VISITOR CENTRE.** Lochranza ✆ **(01770) 830264 – www. arranwhisky.com** – *Ouvert de mars à octobre de 10h à 18h et sur rendez-vous le reste de l'année. Entrée £4. Visite guidée de la distillerie et dégustation du malt d'Arran.* La brasserie Isle of Arran Brewery est installée à de Cladach depuis le début de l'année 2000. Elle est dotée d'un matériel moderne. La qualité de l'eau a déjà été récompensée par diverses distinctions !

Sports et loisirs

▶ **Autre suggestion, une randonnée sur le Goatfell (874 m), au départ de Cladach.** 5,5 km soit 5 heures de découverte de la flore et de la faune locale, superbe vue à la clé. Renseignez-vous sur les conditions météo et équipez-vous en conséquence.

■ LE LOCH LOMOND ET LES TROSSACHS ■

A l'intérieur des terres, le Loch Lomond (33 km au nord-ouest de Glasgow) est le plus vaste loch de Grande-Bretagne (35 km de long, 9 km de large) et étonne par ses contrastes. A son extrémité nord, il est étroit, profond, enserré par de hautes montagnes (le Ben Lomond, 974 m, et les Arrochars Alps), au sud il est large, peu profond et agrémenté de 37 ravissantes îles boisées.

Transports

▶ **Accès** par l'A 82.

■ **BUS** de Glasgow à Balloch en 40 minutes tous les jours. Contactez Scottish City link ✆ 08705 50 50 50 – www.citylink.co.uk

■ **TRAIN.** Glasgow-Balloch en 35 minutes, ou depuis Oban ou Fort William.

Pratique

■ **OFFICES DU TOURISME.** A Balloch, Balloch Road ✆ 08707 200 607. *Ouvert de mai à octobre.* A Drymen, Drymen Library, The Square ✆ 08707 200 611. *Ouvert de mai à septembre.*

Hébergement

■ **ANCHORAGE GUEST HOUSE. 31 Balloch Road, Balloch** ✆ **0138 975 3336 – anchorage_ gh@hotmail.com** – *Comptez de 20 à 25 £.* Sur les bords du loch Lomond, M. Bowman vous accueille chaleureusement dans sa maison qui date de 1886. Cinq chambres avec salle de bains attenante.

■ **CULAG LOCHSIDE GUEST HOUSE. Luss, Loch Lomond** ✆ **(01436) 860248 / 0773 009 4469 – Fax : (01436) 860309.** *Compter de 20 à 35 £ par personne selon la chambre.* Une adorable guest house sur les rives du Loch Lomond avec vue imprenable sur le Ben Lomond.

■ **WILLOWDALE. 12 Old Luss Road, Balloch** ✆ **(01389) 756481 – willowdale@blueyonder. co.uk – www.lochlomondshores.co.uk** – *Compter 25 £ par personne.*

@ « *Je me permets de signaler un excellent B & B situé à 400 m du loch Lomond. L'accueil a vraiment été d'une gentillesse et d'une serviabilité exemplaires et la family room est très agréable et confortable avec salle de bains attenante, télévision, etc. (compter 65 £ pour 4 personnes). Le petit-déjeuner, préparé par Geoff et Iona, est varié et copieux. Un parking privé est à votre disposition. »* Philippe Grout, Alençon.

Points d'intérêt

Le château de Balloch, les poteries de Drymen. Arrochar, point de départ des randonnées pédestres sur the Cobbler (884 m), les grottes d'Arrochat, et Cruach Taibeirt.

Sports et loisirs

■ **CAN YOU EXPERIENCE. 11 Haldane Terrace, Balloch** ✆ **(01389) 602576 – www.canyou experience.com** – Cette compagnie propose de multiples activités à pratiquer dans la région du Loch Lomond : excursions (marche de 3h avec un guide pour 18 £), location de vélos, canoës, kayaks, etc.

▶ **Les amateurs de truites se rendront sur la rivière Clyde,** entre le 15 mars et le 30 septembre. Prenez la direction du Forth & Clyde Canal, vous y pêcherez une grande variété de poissons. Le West Highland Way longe le loch Lomond et passe par Inversnaid jusqu'à Fort William.

▶ **Ceux qui veulent se rendre dans les Trossachs iront jusqu'à Aberfoyle,** petite ville commerçante.

■ ABERFOYLE ■

Ici résidait le brigand notoire et bien-aimé Rob Roy McGregor, voleur de moutons. Un Robin des Bois version écossaise ! En 1994 Jessica Lange et Liam Neeson ont prêté leurs traits à une adaptation filmée de la vie de ce héros écossais. Ils sont, paraît-il, repartis bouleversés par la beauté des paysages écossais. Aberfoyle était aussi l'une des régions préférées de Walter Scott, qui la décrivit comme « un rêve de fée ». Cette contrée de lochs abrite le seul grand lac d'Ecosse, the lake of Menteith, au bord duquel on découvre Inchmahome Priory, un prieuré du XII⁰ siècle fondé par les augustins.

Transports

■ **LOCATION DE VÉLOS. Trossachs Holiday Park. Aberfoyle, Perthshire** ✆ **(01877) 382 614 – Fax : (01877) 382 732.** Des V. T. T. de toutes les qualités et de toutes les tailles (*environ 8 £ la demi-journée et 12 £ la journée complète*) et un terrain de camping tout confort (*compter 18 £ l'emplacement de caravane et 16 £ pour une tente*).

Pratique

■ **OFFICE DU TOURISME. Main Street** ✆ (0187) 738 2352. *Ouvert d'avril à octobre.*

▶ **La Forestry Commission à David Marshall Lodge** vous fournira toutes les informations nécessaires sur la faune et la flore ainsi que des cartes et des itinéraires.

■ **QUEEN ELIZABETH FOREST PARK VISITORS CENTRE** ✆ **(01877) 382258 – www.forestry. gov.uk/qefp –** *Ouvert d'avril à octobre de 10h à 18h.* A un kilomètre d'Aberfoyle, sur l'A 61. Informations sur les chemins de randonnée et pistes cyclables.

Hébergement

■ **ALTSKEITH HOTEL. Loch Ard Road, Kinlochard, Aberfoyle, Stirling** ✆ **(01877) 387266 – Fax : (01877) 387387 – www.altskeith.com –** *A partir de 30 £ par personne, selon la vue. Compter 22 £ pour dîner.* Sur la rive du loch Ard, ce petit hôtel à l'ambiance écossaise fut jadis l'un des abris de Rob Roy. Les chambres sont jolies et confortables, la plupart avec salle de bains et vue sur le loch. Les clients ont la possibilité de pêcher et de se servir d'un bateau. Profitez-en surtout entre le 15 mars et le 6 octobre, saison de la pêche à la truite.

■ **INVERSNAID PHOTOGRAPHY CENTRE. Inversnaid Lodge, Aberfoyle** ✆ **(01877) 386254 – www.inversnaidphoto.com –** Dans cette maison perdue dans les bois et qui surplombe loch Lomond, André Goulancourt et Linda Middleton organisent des stages de photographie, avec de grands noms de l'audiovisuel (alors réservez longtemps à l'avance et appelez 15 jours avant votre arrivée, pour savoir si les chambres ne sont pas occupées par les stagiaires). Le décor est soigné et les chambres, toutes avec salle de bains, très agréables. Vous pourrez profiter d'un studio-photo et de judicieux conseils sur les plus belles lumières et les plus jolis coins. Mais la maison n'est pas prévue pour les enfants.

■ **DUNDARROCH COUNTRY HOUSE. Brig o'Turk, Callander, Perthshire** ✆ **(01877) 376200.** *Chambre simple à 45 £, double à 30 £ par personne.* Cette maison charmante, aux robinets dorés, renferme toutes sortes d'objets d'art et d'antiquités. Alfred Hitchcock a tourné *Les Trente-Neuf Marches* dans le voisinage. Le cadre est peu conseillé aux couples avec enfants.

Restaurants

■ **BRAEVAL OLD MILL. A 2 km d'Aberfoyle, sur l'A 873** ✆ **(01877) 382711.** Sans doute l'un des meilleurs restaurants du pays ! Le chef et propriétaire est un autodidacte, gourmet par excellence. Pour preuve : sa salade de pigeons aux lentilles vertes, son cerf au chou rouge avec une sauce au cassis… et une carte des vins très complète.

■ **ROMAN CAMP HOTEL. Callender** ✆ **(01877) 3300033 – www.roman-camp-hotel.co.uk –** *Compter 39 £ pour dîner et la chambre double est à partir de 125 £.* L'un des meilleurs restaurants de Grande-Bretagne (trois rosettes) et un cadre fantastique pour cet hôtel-restaurant.

Points d'intérêt

■ **LOCH KATERINE.** Au nord d'Aberfoyle, croisières en bateau à vapeur de mars à octobre, sur les lieux qui inspirèrent le poème *The Lady of the Lake* de Walter Scott. Départs à 11h (sauf le samedi) à Stronachlachar.

■ **CALLANDER.** A l'est d'Aberfoyle, Callander se trouve juste en dessous de spectaculaires rochers escarpés surmontés par le Ben Ledi, « la montagne de Dieu ». Randonnée à faire dans les bois, au-dessous des rochers et au bord de la rivière sur les « Meadows », jusqu'aux chutes de Bracklinn, soit une heure et demie de marche.

■ **SCOTTISH WOOL CENTRE. Main Street, Aberfoyle, près de l'office du tourisme** ✆ **(01877) 382850.** *Ouvert d'avril à octobre, de 9h30 à 18h et de 10h à 17h le reste de l'année.* Intéressant pour les démonstrations de chiens de berger.

■ **BALQUIDDER.** Pour finir le pèlerinage vous pouvez voir la tombe de Rob Roy et de sa femme Mary dans le cimetière du hameau de Balquidder, près de la plaque proclamant « Mac Gregor despite them » (« Mac Gregor malgré eux tous »).

Loisirs

▶ **Si vous êtes amateur de rivière,** le *Sir Walter Scott,* un bateau à vapeur du début du siècle, vous guidera sur le loch Katrine ✆ (01877) 376316 – www.incallender.co.uk/steam.htm – Départs à 11h, 13h45 et 15h15 d'avril à octobre (tous les jours sauf le mercredi). Compter 6,80 £ pour un adulte, gratuit pour les moins de 5 ans.

▶ **Un bon point de départ pour la marche à pied et le vélo.** Attention, c'est très fréquenté en été !

■ KINTYRE ■

Après les paysages doux des Trossachs et les pics dénudés du sud d'Argyll, Kintyre permet un retour à de plus basses collines, à une terre plus boisée et plus sauvage. Vues des hauteurs, les îles donnent l'impression d'être au milieu d'un archipel. Au nord d'Oban et toujours au bord de la mer, les montagnes de Mid-Argyll deviennent plus massives et majestueuses : elles forment une barrière et délimitent un monde à part. Plus on avance vers le nord et moins la végétation présente de variétés : le Sutherland est caractérisé par une absence quasi totale de grandes plantes, sauf dans les endroits abrités. Au nord, ce sont surtout rochers, cascades, bruyères et pics, perdus en hiver entre brumes et neiges, en été entre ciel dégagé et lumière. Les meilleures saisons pour visiter le nord de l'Ecosse sont en général le printemps, avec sa palette de couleurs éclatantes, et l'automne, quand les tons jaunes, rouges et pourpres des feuillages transforment les paysages. Juillet et août voient autant de pluie que de beau temps. Sur Skye, il est fort probable qu'il pleuve aussi à cette époque. Le Nord est plutôt ensoleillé vers la fin du mois d'août. En Ecosse, le tourisme commence dès le mois de mai. Il faut réserver à l'avance, surtout en saison haute, les transports vers les îles sont souvent bloqués par des hordes de touristes. En hiver, de nombreux musées, hôtels et offices du tourisme présentent porte close. Mais quel plaisir ! Les animaux qui descendent des montagnes pour chercher la chaleur se montrent plus facilement, les oiseaux migrateurs arrivent.

■ DU LOCH LOMOND À INVERARY ■

▶ **Itinéraire :** A 82, A 83, B 828 (petite route raide et tortueuse), A 815, B 8000 (sinueuse). Au départ du loch Lomond (loch signifie « lac » ou « bras de mer »), sur l'A 83, les routes commencent à monter et à descendre à travers des montagnes de plus en plus hautes, par des passages ou des cols de plus en plus élevés, entre des bras de mer de plus en plus nombreux… Du loch Lomond vers Arrochar, en passant par le petit bout de terre qui sépare ce village de Tarbet (dont le nom signifie « endroit où les eaux sont séparées »), on fait le tour du bout du loch Long et on entre dans la région de l'Argyll Forest Park.

Du loch Long, si le temps le permet, on peut voir l'une des montagnes les plus connues d'Ecosse : Ben Arthur, ou The Cobbler (« le cordonnier »), formée de 3 pics rocheux. On dit que ce cordonnier est assis, penché sur sa forme, entre ses 2 tantes qui le surveillent massivement. Pour arriver au sommet de la montagne (881 m), il faut passer par une faille dans la roche du Cobbler, The Eye of the Needle (« le chas de l'aiguille »).

Quittant le loch Long, la route monte régulièrement le long de Glen Croe ; la pente s'appelle Rest and Be Thankful, soit « repose-toi et sois reconnaissant ». Ce nom date du temps où l'ancienne route, encore visible au fond du ravin, était en service. Très raide à la fin, elle nécessitait pour les attelages de nouveaux chevaux. En haut, tous se reposaient, respiraient et se rafraîchissaient.

LOCHGOILHEAD

En haut, juste avant le loch Dubh, un détour est possible par la petite route tortueuse (la B 828), qui descend sur Lochgoilhead.

Hébergement

■ **THE SHOREHOUSE INN. Lochgoilhead** ✆ **(01301) 703340 – Fax : (01301) 703340 – shorehouse.inn@fsbdial.co.uk –** *Chambres à partir de 20 £.* Cette vieille maison, à l'ambiance d'une petite auberge de campagne, est meublée et décorée sans recherche. Son charme réside dans sa situation au bord du bras de mer. Il y a un tout petit bar-restaurant en bas. Des clients jurent avoir entendu un fantôme, affirmation démentie par les propriétaires.

■ **DRIMSYNIE HOUSE HOTEL. Lochgoilhead** ✆ **(01301) 703247 – Fax : (01301) 703538 – www.drimsynie.co.uk –** *Compter de 25 à 35 £ par personne.* Drimsynie House est un beau manoir qui donne sur le Loch Coil. Etabli au cœur de Drimsynie Estate, vous pouvez profiter de son terrain de golf et de son centre de loisirs avec piscine, sauna et jacuzzi.

Restaurants

■ **LOCH FYNE OYSTER BAR** ✆ **(01499) 600264 – Fax : (01499) 600234 – www.loch-fyne.com –** *Sur l'A 83, entre Arrochar et Inveraray, près du village de Clachan. Ouvert de novembre à mars de 9h à 18h et jusqu'à 21h le reste de l'année.* Ce restaurant est réputé en Ecosse pour ses huîtres, ses moules et son saumon fumé. Vous ne serez pas déçu.

Points d'intérêt

▸ **Dans ce village, le European Sheep and Wool Centre** est installé dans un pseudo-château d'assez mauvais goût. Ce centre touristique expose 19 variétés de moutons, montre les différentes étapes du travail de la laine brute et prouve que les chiens sont plus futés que les bergers… (*démonstrations du lundi au vendredi à 11h, 13h et 15h*). Une boutique vend des articles en pure laine.

▸ **En poursuivant la même route jusqu'au bout,** au milieu de paysages abrupts sur le côté ouest de Loch Goil, apparaît Carrick Castle, une ruine du XIVe siècle où la famille d'Argyll gardait ses archives secrètes et ses prisonniers.

▸ **Pour aller du loch Goil au loch Fyne,** prendre la B 839, nommée « Hell's Glen » (vallée de l'enfer, en raison de ses à-pics), ou revenir sur l'A 83 qui longe Glen Kinglas, vallée longue et large plongeant dans le loch Fyne.

CAIRNDOW

Au fond de Glen Kinglas, au bord du loch Fyne, à Cairndow, Strome House est une maison de campagne dont le jardin abrite l'arbre le plus haut de Grande-Bretagne, un sapin de 60 m qui mérite un coup d'œil.

Hébergement

■ **CAIRNDOW STAGECOACH INN** ✆ **(01499) 600 286 – Fax : (01499) 600220.** *Chambre double à partir de 30 £ par personne. Repas de 12h à 21h. Le bar est ouvert jusqu'à minuit.* Douglas Fraser et sa femme, Catherine, dirigent l'une des auberges les plus paisibles qui soient. Ils vous accueillent de façon extraordinairement décontractée dans cet ancien relais de diligence qui compta la reine Victoria parmi ses illustres clients. Non seulement les chambres sont agréables, mais il y a un sauna, un solarium et une salle de gym. Ambiance chaleureuse au bord du loch. On peut demander une voiture par téléphone de la gare d'Arrochar.

Restaurants

■ **THE INVER COTTAGE. Strathlachlan** ✆ **(01369) 860537.** *Ouvert de mars à octobre. Déjeuner de 11h30 à 14h30. Dîner de 18h à 20h. De Creggans Inn, suivre l'A 886, puis la B 8000.* Tout le monde vous l'indiquera. Ses fondations ont les pieds dans l'eau et l'intérieur est chauffé par un feu de bois et de tourbe. Charmant comme sa propriétaire, ce restaurant propose des produits frais locaux dans une ambiance qui donne envie de prendre son temps. Spécialités : les fruits de mer et les desserts.

■ **THE CREGGANS INN. Strachur** ✆ **(01369) 860279 – Fax : (01369) 860637 – www. creggans-inn.co.uk** – *Ouvert toute l'année. Déjeuner de 12h30 à 14h15. Dîner, plus formel, de 19h30 à 21h30. Compter 60 £ par personne en chambre double. Descendre l'A 815 au fond de Glen Kinglas en direction de Tighnabruach.* Cet hôtel-restaurant, avec son menu de grande maison écossaise (compter 28 £), est l'un des plus réputés de la région. Huîtres, crevettes et homards sont frais et originaux.

Points d'intérêt

▶ **A l'extrémité du loch Fyne se dresse le mont Beinn Bhuidhe,** derrière lequel, dans Glen Shira, se trouvait une des nombreuses maisons de Rob Roy (ce n'est plus qu'un amas de pierres). Autour de la baie du loch Shira s'étend Inveraray.

BUTE ET LA PÉNINSULE DE COWAL

Souvent oubliée et pourtant à l'abri des hordes de touristes, la péninsule de Cowal est agrémentée de lochs marins et de lochs d'eau douce, couverte de forêt et peuplée d'une faune riche.

L'île de Bute, plus fréquentée en été, facile d'accès, offre vite le dépaysement insulaire. Rothsay en est la ville principale.

Transports – Pratique

■ **CALEDONIAN MACBRAYNE FERRIES** vous emmène de Wemyss Bay à Rothesay en 30 minutes ✆ 08705 650 000 – www.calmac.co.uk – En été, une liaison avec l'île d'Arran est assurée.

■ **OFFICE DU TOURISME.** 15, Victoria Street, Rothesay ✆ 08707 200 619.

Hébergement

■ **Mrs WATSON. ASCOG FARM.** Ascog, Isle Of Bute ✆ (01700) 503372. *Compter environ 20 £ par personne.* Un très bon rapport qualité-prix pour cette ferme qui fait B & B. Grand sens de l'hospitalité.

■ **GLENDALE GUEST HOUSE. 20 Battery Place,** Rothesay ✆ (01700) 50 2329 – www.glendale-guest-house-rothesay.com – *Ouvert toute l'année. Chambres simples de 25 £ à 28, chambres doubles de 20 à 28 £.* Architecture victorienne impressionnante.

■ **BALMORY HALL.** Ascog, Isle of Bute ✆ (01700) 500669 – Fax : (01700) 500669 – www.balmoryhall.com – *Compter 55 à 65 £ par personne.* Si vous pensez que le luxe ne peut être atteint par un B & B, cet établissement pourrait bien vous prouver le contraire. Les chambres de cette maison victorienne sont somptueuses et le cadre absolument divin.

Manifestations

▶ **Festival de musique folklorique** en juillet, et un autre de jazz, le premier week-end de mai.

▶ **Fin août :** The Cowal Gathering, une célébration des Highland Games, Site Internet : www.cowalgathering.com et The Bute Games.

Points d'intérêt

■ **ROTHSAY CASTLE.** *Ouvert d'avril à septembre du lundi au samedi de 9h30 à 18h30 et le dimanche de 14h à 16h30. Se renseigner pour les horaires d'hiver. Entrée : 2,50 £.* Forteresse royale du XIIIe siècle.

▶ **Sur la péninsule de Cowal, le loch Riddon et le village de Tighnabruaich** peuvent constituer de belles escapades.

DUNOON

La ville de Dunoon, au sud-est de la péninsule, est réputée pour ses céramiques et ne manque pas de charme.

Pratique

■ **OFFICE DU TOURISME.** 7 Alexandra Parade, ✆ (01506) 832121 – www.visitscottishheartlands.com – Couvre les régions d'Argyll, The Isles, Loch Lomond Striling & Trossachs

■ INVERARAY ■

800 habitants. Première ville planifiée de l'Ecosse, elle est construite selon un plan en croix autour de l'église. Le bourg initial se trouvait autour du château, mais un des ducs d'Argyll décida de transférer les paysans, qu'il trouvait trop proches de son domaine. La devise de cet ancien centre de l'industrie de la pêche au hareng, est « Qu'il y ait toujours un hareng dans ton filet » (*Semper tibi pendeat halec*).

Transports

■ **TRAIN.** La gare la plus proche se trouve à Dalmally, à environ 30 km.

■ **BUS.** 3 fois par jour, aller-retour Glasgow-Campbeltown (1h45). L'été, on peut se rendre en bus à Oban (1h30).

Pratique

■ **OFFICE DU TOURISME.** Front Street ✆ 08707 200 616. *Ouvert de 9h30 à 18h30, le dimanche de 14h30 à 17h30.*

■ **BANQUES. Royal Bank et Bank of Scotland.** *Ouvertes de 9h30 à 15h30 et de 14h30 à 16h45 du lundi au vendredi.*

■ **POUR LE CHANGE.** Loch Fyne Hotel, mais uniquement pour ses clients.

■ **POLICE.** Dalmally Road.

Hébergement

■ **ARGYLL CARAVAN PARK.** Inveraray ✆ (01499) 302285 – www.argyllcaravanpark.com – *Près du Wildlife Park, à quelques kilomètres au sud de la ville sur l'A 83. Compter de 12 à 15 £ l'emplacement.*

■ **TIGH-NA-GLAIC.** Crinan ✆ (01546) 830245. *Compter 25 £ par personne.* Vous trouverez ce B & B derrière le Crinan Hotel en haut de la colline. Des prix beaucoup plus raisonnables que ce dernier pour une vue tout aussi magique.

■ **LOCH FYNE HOTEL & LEISURE CLUB.** Inveraray, Argyll ✆ (01499) 302148 – Fax : (01499) 302348 – www.british-trust-hotels.com – lochfyne@crerarhotels.com – *Comptez environ 40 £ par personne.* Toutes les chambres sont pourvues d'une salle de bains. Cet hôtel a été récemment rénové et agrandi et il peut se vanter d'avoir abrité le cabinet de guerre de Winston Churchill pendant la préparation du débarquement allié. L'établissement dispose d'une piscine couverte et d'un sauna.

■ **FERNPOINT HOTEL.** Inveraray, Argyll ✆ (01499) 302170 – Fax : (01499) 302366 – reception@fernpoint.co.uk – www.milford.co.uk/go/fernpoint.html – *Comptez 25 £ par personne.* Construite en 1751, c'est la plus vieille des maisons de la « nouvelle » ville. Le décor, entièrement rénové, est plaisant et met en valeur son caractère. La maison est également spécialisée dans les plats végétariens.

■ **CRINAN HOTEL.** Crinan, près de Lochgilphead ✆ (01546) 830261 – Fax : (01546) 830292 – enquiry@crinanhotel.com – www.crinanhotel.com – *Compter 140 £ par personne, dîner compris.* Situé à l'embouchure du canal de Crinan, cet hôtel bénéficie de vues imprenables sur l'île de Jura. Le restaurant est connu en Ecosse et propose entre autres de délicieux fruits de mer.

Restaurants

■ **THE LOCH FYNE HOTEL.** *Voir hébergement. Compter environ 15 £.* Goûtez leur soupe de toma-tes à la crème et au Drambuie ou le saumon local fumé. Les steaks sont aussi une spécialité. Le service est excellent.

■ **FERNPOINT HOTEL. Derrière l'hôtel du même nom.** L'ancienne écurie et la forge ont été transformées en un restaurant végétarien.

Sortir

■ **THE GEORGE HOTEL. Main Street.** Ce bar, qui fait également hôtel, chaleureux et familier, offre la meilleure ambiance, entre feu de bois, pierres de taille et sol pavé. Un jardin s'ouvre à tous ceux qui cherchent à se rafraîchir l'esprit.

■ **FURNACE INN. FURNACE.** *Ouvert de 12h à 24h, l'hiver de 17h à 00h.* Ce petit bar caché dans le village de Furnace est peu connu des touristes. On peut y jouer au billard et s'y restaurer.

Manifestations

▶ **Dernière semaine de juillet et première d'août :** festival Fortnight (compétitions sportives et artistiques, concours de beauté, activités pour les enfants).

▶ **En juillet :** Highland Games (jeux et sports traditionnels).

Points d'intérêt

■ **INVERARAY CASTLE** ✆ **(01499) 302203.** *Ouvert d'avril à octobre, de 10h à 13h et de 14h à 18h (sans interruption l'été). Fermé le vendredi (sauf en juillet et août). Entrée 5,50 £.* Nous sommes ici chez le duc et la duchesse d'Argyll, au milieu de tapisseries, d'armures, de meubles français du XVIIIe siècle et de céramiques. L'arbre généalogique des Campbell rappelle que ce château fut la pro-priété de l'un des clans les plus puissants d'Ecosse. A visiter aussi pour l'élégance de son parc.

■ **INVERARAY JAIL. Centre-ville** ✆ **(01499) 302381.** *Ouvert tous les jours de 9h30 à 18h. Entrée 5,75 £.* Ce musée vivant reconstitue le déroulement d'un procès devant un tribunal et retrace la vie des gardiens et des prisonniers dans une prison du XIXe siècle. Vous apprendrez ce qu'était le travail forcé à cette époque.

■ **INVERARAY BELL TOWER. The Avenue** ✆ **(01499) 302259.** *De mai à septembre, de 10h à 13h et de 14h à 17h, le dimanche de 14h à 17h. Entrée 2 £.* Le plus bel ensemble de cloches d'Ecosse (il y en a 10) et la seconde collection du monde (en poids). On peut y découvrir les sonneurs de cloches ainsi que les mécanismes de ces dernières.

Loisirs

Un golf (9 trous) se trouve derrière le Loch Fyne Hotel ; des courts de tennis à côté du commissariat de police ; des courts de squash au Argyll Caravan Park et on peut monter à cheval au Dalchenna Riding Center, juste au sud de la ville.

■ D'INVERARAY À LOCHGILPHEAD ■

Suivre l'A 83 pendant tout le trajet. Après Inverary, à quelques kilomètres au sud de la ville, The Argyll Wildlife Park ✆ (01499) 302264 ; ouvert de 10h à 17h, 3,60 £ abrite des animaux du monde entier. Chats sauvages, blaireaux, renards arctiques et argentés, hiboux et chouettes rares s'intéressent aux visiteurs qui les nourrissent !

Plus loin, Auchindrain s'est transformé en village-musée de la vie agricole et paysanne. Le village, prototype d'une communauté autonome qui a survécu à la période des Highland Clearances quand tant de familles se sont exilées aux Etats-Unis et ailleurs, a été soigneusement restauré et mérite un arrêt.

■ **AUCHINDRAIN TOWSHIP** ✆ (01499) 500235. *Ouvert d'avril à septembre de 10h à 17h. Compter 4 £.*

La route continue sur Lochgilphead, en passant par **Crarae Gardens,** des jardins resplendissants de couleurs ✆ (01546) 886614. *Ouvert de mars à octobre de 9h à 18h. Compter 5 £.*

■ LOCHGILPHEAD ■

A la tête de Loch Gilp, la ville est le centre administratif du conseil du « département ». A proximité, on trouvera un certain nombre de menhirs, des cimetières préhistoriques et des cercles de pierres néolithiques. Ardrishaig, à côté de Lochgilphead, marque le début du Crinan Canal, qui permet aux navigateurs d'éviter le Mull of Kintyre, rendu célèbre par la chanson éponyme de Paul McCartney, et d'aller directement vers le nord, au départ du Firth of Clyde et du Loch Fyne. Toujours surchargé pendant l'été, le canal a été dessiné et construit en 1817 par Thomas Telford, l'architecte de nombreuses églises des Highlands. Ses rives seraient hantées par des fantômes de moines.

Transports – Pratique

▶ **Indicatif téléphonique :** 01546.

■ **BUS.** Trois fois par jour pour Glasgow ou pour Campbeltown.

■ **OFFICE DU TOURISME. Lochnell Street** ✆ **(01546) 602 344.** *Ouvert de Pâques à octobre de 10h à 17h.*

■ **BANQUES.** *Ouvertes de 9h15 à 16h ou 17h.* Deux banques se trouvent dans Poltalloch Street avec guichets automatiques.

Hébergement

■ **ARGYLL HOTEL. 69 Lochnell Street, Lochgilphead** ✆ **(01546) 602221 – Fax : (01546) 603915 – kelli@22ndstreet.co.uk – www.argyll-hotel.com –** *A partir de 25 £ par personne.* Une auberge familiale où vous aurez un bon aperçu de l'hospitalité en Ecosse.

■ **EMPIRE TRAVEL LODGE. Union Street** ✆ **(01546) 602381 – www.empirelodge.co.uk –** *Chambre double pour 52 £.* Ancien cinéma de la ville reconverti en B & B. Rassurez-vous, les chambres sont toutes modernes avec salle de bains attenante.

■ **DUNCHRAIGAIG HOUSE. Kilmartin, près de Lochgilphead** ✆ **(01546) 605209 – Fax : (01546) 605209 – dunchraig@aol.com –** *Compter 25 à 30 £ par personne pour ce B & B.* Dunchraigaig House possède un ravissant jardin en face des Ballymeanoch Standing Stones.

Restaurants

■ **SMIDDY. Smithy Lane** ✆ **(01546) 603606.** Installé dans une ancienne forge, c'est le meilleur restaurant végétarien de la région. Les prix sont très raisonnables, la cuisine innovante et l'accueil francophone !

■ **THE STAG HOTEL AND RESTAURANT. 47 Argyll Street** ✆ **(01546) 602496 – www.staghotel. com –** *Comptez 15 £.* Les adeptes de la cuisine naturelle ou régionale apprécieront ce restaurant qui ne propose que des produits locaux. Essayez leur Syllabub au whisky, spécialité de Kintyre.

Manifestations

▶ **Indicatif téléphonique :** 01546.

▶ **Août :** Tayvallich (grande régate et sports nautiques).

▶ **Indicatif téléphonique :** 01546.

▶ **Fin juillet :** Tayvallich Week-End (courses, compétitions, expositions et ceilidhs ou fêtes folkloriques).

Points d'intérêt

■ **EGLISE DE LOCHGILPHEAD. High Street.** A l'intérieur de l'édifice se trouvent des vitraux dessinés par Edward Burne-Jones (1813-1898), une des figures du mouvement préraphaélite.

Dans les environs

■ **SLOCKAVULLIN – KILMARTIN.** La région abonde en sites préhistoriques, notamment autour de Slockavullin et Kilmartin : cercles, menhirs et cimetières. A Kilmartin, on trouve des pierres tombales sculptées et des croix anciennes à l'intérieur de l'église et dans le cimetière.

■ **DUNADD.** Entre les méandres de la rivière Add qui serpente dans la plaine juste au nord de Bellanoch, sur le Crinan Canal, Dunadd est l'ancien siège des rois de Dalriada et de leur cour. On y voit un sanglier gravé sur le rocher (l'emblème de la famille Campbell d'Argyll) à côté d'un trou qui a la forme d'un pied. Selon certains historiens, les rois posaient leur pied à cet endroit quand on les couronnait et se faisaient bénir avec de l'eau. Les hommes de l'époque devaient être plus petits qu'aujourd'hui, à en juger par la taille de cette empreinte.

■ LOCH SWEEN ■

De Lochgilphead, suivre le canal jusqu'à Bellanoch, prendre la B 8025, puis la direction de Tayvallich et Kilmory.

Restaurants

■ **THE TAYVALLICH INN.** Tayvallich by Lochgilphead ✆ (01546)-870282 – Fax : (01546) 870333. *Ouvert de 12h à 14h et de 18h à 21h. Bar jusqu'à 1h en semaine, jusqu'à 23h le dimanche. Comptez environ 6 £ pour déjeuner, 15 £ pour dîner.* De nombreux navigateurs se restaurent en été dans ce petit bar-restaurant bien abrité de la brise du port. Ses fruits de mer et ses coquillages sont un véritable régal. Le bar est fort apprécié des gens du coin, qui s'y retrouvent tous en fin de soirée.

■ **LOCK 16. Au nord-ouest du canal.** C'est un bar très populaire dans le milieu marin. Plaisanciers, pêcheurs et badauds s'y retrouvent le soir, surtout le week-end.

Points d'intérêt

■ **LES CHAPELLES DE KEILLS ET KILMORY KNAP,** de chaque côté de Loch Sween, contiennent des pierres tombales sculptées étonnamment bien conservées. A Kilmory Knap, la plus belle petite plage de la région, l'eau y est limpide et azurée. Cet endroit mérite réellement un petit détour, car il vous permettra de traverser la forêt de North Knapdale, peuplée d'écureuils roux et gris, de visons, de chevreuils, de renards, de rongeurs, de chouettes, de hiboux et d'échassiers.

■ **LA FORÊT** est ouverte aux randonneurs, seule une partie est une réserve naturelle, dont l'équilibre écologique est difficile à préserver. Marchez doucement dans cette oasis au paysage appalachien, et prenez le temps de saluer les phoques allongés sur le littoral. De grandes colonies s'y chauffent au soleil de chaque côté du loch Sween. En route, vous passerez également par Castle Sween, le plus vieux château en pierre d'Ecosse (XIIᵉ siècle), construit par le Yarl Swain ou Sween, qui était le chef de la région.

■ LA PÉNINSULE DE KINTYRE ■

Avant de poursuivre la route de la côte en direction d'Oban, on peut faire un petit détour par la péninsule de Kintyre, bordée de plages et de petits ports. Ici, les couchers de soleil font exploser les couleurs et illuminent les îles environnantes (l'île d'Islay, l'île de Jura), auxquelles on accède par ferry depuis Kennacraig.

De Kennacraig, dirigez-vous vers Claonaig, où les bateaux qui vont sur Lochranza ou Arran larguent les amarres. A 5 km de là, Skipness Castle veille sur l'entrée du loch Fyne.

Plus au sud, Carradale est un port de pêche actif tout en étant un lieu de villégiature fort agréable. La forêt qui l'entoure est le domaine des daims et des sikas (chevreuils japonais, blancs en été), tandis que la mer appartient aux orques et aux dauphins. Le château de Carradale fut construit par le roi Somerled qui, vers 1160, libéra la péninsule de la présence viking.

CAMPBELTOWN

Ville principale de la péninsule, elle date de 8 000 ans. On y comptait autrefois une trentaine de distilleries de whisky. Quand le phare de Davaar Island était éteint, les nombreux pêcheurs se fiaient alors à leur nez qui les conduisait tout droit à Campbeltown Loch. Campbeltown mérite un arrêt pour ses alentours magnifiques et sauvages, pour les couchers de soleil d'un orange flamboyant et d'un mauve opaque sur les îles d'Islay et de Jura.

Southend, quelques kilomètres plus loin, semble avoir été le port où saint Colomba débarqua en Ecosse avant de se rendre à Iona. Une halte farniente s'impose après ce « pèlerinage ». Il n'y a pas de meilleur endroit que Machrihanish pour profiter de la plage. Cette énorme étendue de sable baigne dans les aires chaudes du Gulf Stream et retentit des accords de la musique irlandaise provenant de l'île verte, à 20 km.

Un ferry part de Tayinloan tous les jours pour l'île de Gigha, l'île Dieu. Ce petit bijou de moins de 20 km², bordé de plages et orné de jardins fleuris, est parcouru par les vélos loués au bureau de poste (arrivez tôt de préférence).

De Lochgilphead, prendre l'A 83, puis la B 8001 suivie de la B 842 en direction de Campbeltown. Reprendre ensuite l'A 83 pour rejoindre Tarbert.

TARBERT

1 000 habitants. Tarbert est le lieu de rencontre de deux bras de mer. Magnus Barelegs traversa ce petit bout de terre en traînant ses bateaux sur des rondins de bois, pour aller piller les îles. Toutes voiles rentrées, il les attaqua ainsi par surprise. Tarbert est aujourd'hui un centre de plaisance et un port de commerce dynamique, qui voit de temps en temps apparaître le Waverley, un des derniers bateaux à vapeur – et à roue à aubes – naviguant sur les eaux britanniques.

Transports – Pratique

▶ **Indicatif téléphonique :** 01880.

■ **BUS.** Sur la route Campbeltown-Glasgow.

■ **OFFICE DU TOURISME.** Harbour Street ✆ (01880) 820429. *Ouvert de Pâques à octobre, et seulement le week-end de novembre à mars.*

■ **POLICE.** Harbour Street.

■ **BANQUES.** Elles sont ouvertes aux heures habituelles.

Hébergement

■ **SPRINGSIDE. Pier Road** ✆ **(01880) 820413 – Fax : (01880) 820413 – marshall. springside@virgin.net – www.scotland-info.co.uk/springside** – *Compter £18 – Compter 18 à 22 £ par personne.* Quatre chambres dont deux familiales avec vue sur le port, ce B & B constitue une base idéale si vous souhaitez prendre le ferry pour Islay, Gigha, Cowal Peninsula ou l'île d'Arran. Alison Marshall vous préparera un full Scottish breakfast qui vous tiendra au corps.

■ **COLUMBA HOTEL. East Pier Road** ✆ **(01880) 820808 – www.columbahotel.com** – *Comptez environ 40 £ par personne. Réduction pour des séjours de plusieurs jours.* Ce vieil hôtel victorien, le seul du village, fut construit pour accueillir les passagers des paquebots à vapeur en provenance du Clyde, du temps où Kintyre était très à la mode. La vue sur l'entrée du port est superbe. Le bar de l'hôtel, à l'ambiance maritime et victorienne, est animé d'un feu de bois : chaleur et confort sont ici la règle d'or. Vous ne manquerez pas de voir quelques pièces de monnaie collées au mur : ajoutez-en quelques-unes. C'est pour le club de voile des enfants du village. Bob et Gina Chicken sont de vrais navigateurs, amoureux de la mer et des vents. Ils vous proposeront des vélos ou des bateaux pour des escapades dans le coin. Les moins sportifs pourront toujours se replier sur le sauna ou le solarium.

■ **CAMPING TAYINLOAN. Point Sands Caravan Park** ✆ **(01583) 441263.** *Ouvert d'avril à octobre. De 8 à 14 £ environ.* Bien équipé et proche de la plage.

Restaurants

■ **THE ANCHORAGE RESTAURANT. Quayside, Harbour Street** ✆ **(01583) 820881.** *Du mardi au samedi. Fermé au mois de janvier. Compter 18 £ environ.* Dans ce restaurant, les poissons entrent vivants dans la cuisine, une fois votre commande passée ! Essayez les coquilles Saint-Jacques écossaises ou la roulade de merlan de Colonsay avec saumon fumé de Loch Fyne dans une sauce au chablis. Cette recette, exécutée par le chef Tom Ewing, récemment venu du Ritz de Londres, a gagné le premier prix du Scottish Salmon Smokers Association Competition. Il tient ici cuisine ouverte : vous pouvez l'admirer en action et apprécier sa bonhomie. Les vins sont prudemment sélectionnés.

■ **THE KILBERRY INN. Kilberry by Tarbet, à 16 km de Tarbet par la B 8024** © **(01880) 770223.**
Ouvert de Pâques à octobre, de 12h à 14h et de 18h à 22h. Compter environ 15 £. Cette petite chaumière, près du vieux Kilberry Castle, propose toutes sortes de condiments et de légumes macérés, ainsi que des saucisses de campagne aux pommes et au cidre.

■ ÎLE D'ISLAY ■

Vous pourrez visiter les meilleures distilleries (Laphroaig, Bowmore, Bruichladdich…), faire de la plongée à Port Charlotte, profiter des superbes plages le long de la côte ou bien observer des colonies d'oiseaux rares, tels que le chave à bec rouge et le busard. Au sud, sur la route de Rhinns Point, vous verrez peut-être un aigle doré s'il condescend à quitter les sommets de ses montagnes. Ne manquez ni la forteresse des Lords de l'île, à Dunyvaig Castle, ni l'unique église circulaire d'Ecosse à Bowmore (XVIIIe siècle).

▶ **Pour plus d'informations,** consultez le site www.visit-islay.com

Transports – Pratique

■ **AÉROPORT DE PORT ELLEN** © (01496) 302022. Vols opérés par British Airways © 0345 222111 – www.british-airways.com

■ **DES FERRIES** partent tous les jours de Kennacraig pour Port Ellen et Port Askaig sur l'île d'Islay.

■ **CALMAC FERRIES.** Réservation possible par Internet – www.calmac.co.uk – Liaison de Kennacraig à Port Ellen (2h15).

■ **OFFICE DU TOURISME.** Bowmore © (01496) 8810254. *Ouvert de 9h30 à 18h30, le dimanche de 14h30 à 17h30. Horaires réduits en hiver.*

Les distilleries de l'île d'Islay

■ **BOWMORE DISTILLERY. School Street, Bowmore** © **(01496) 810671 – www.morrison bowmore.com –** *Visites guidées d'avril à octobre du lundi au vendredi à 10h30, 11h30, 14h et 15h (et le samedi en été à 10h30 et 14h). Tarif : 2 £, durée : 1h.* La plus vieille distillerie de l'île, fondée en 1779, propose une visite très intéressante sur ses méthodes de maltage, présentations vidéo à l'appui.

■ **BRUICHLADDICH DISTILLERY. Bruichladdich** © **(01496) 850 221 – Fax : (01496) 850 477 – www.bruichladdich.com –** *Sur la route de Port Charlotte. Visites guidées du lundi au vendredi à 10h30, 11h30, 14h30 et le samedi, sur réservation, à 10h30 et 14h30. Tarif : 3 £.* Fondée en 1881. « C'est dans les vieilles marmites qu'on fait la meilleure cuisine » vous dira-t-on !

■ **COAL LLA DISTILLERY** © **(01496) 840207 – www.malts.com –** *A un kilomètre au nord de Port Askaig. Visite guidée en semaine (10h, 11h15, 13h30, et 14h45) et sur rendez-vous. Entrée 4 £.* L'établissement fut fondé en 1846 et jouit d'une vue magnifique sur l'île de Jura.

■ **BUNNAHABHAIN DISTILLERY** © **(01496) 840646 – www.brunstewartdistillers.com –** *Un peu plus au nord de Port Askaig. Visite gratuite de mars à octobre du lundi au vendredi à 10h30, 13h et 15h (visites supplémentaires sur rendez-vous).* Située à l'embouchure de la rivière Margadale, la distillerie offre également de beaux points de vue sur l'île de Jura.

■ **LAGAVULLIN DISTILLERY. Port Ellen** © **(01496) 302400 – Fax : (01496) 302733 – www.malts.com –** *Ouvert toute l'année du lundi au vendredi. Visite guidée sur rendez-vous (4 £).* Profitez-en pour admirer le château en ruine de Dunyveg tout près.

■ **LAPHROAIG DISTILLERY. Port Ellen** ©**(01496) 302418 – www.laphroaig.com –** *Visite guidée gratuite à 10h15 et 14h15 du lundi au vendredi.* Parfaitement authentique.

■ **ARDBEG DISTILLERY** © **(01496) 302244 – www.ardbeg.com –** *Visites toute l'année du lundi au vendredi à 10h30, 11h30, 14h30 et 15h30 (tous les jours de juin à août). Tarif : 2 £.* Fondée en 1815, elle a été récemment rachetée par le groupe Glenmorangie.

Hébergement

■ **BRIDGEND HOTEL. Bridgend, Isle Of Islay** ✆ **(01496) 810212 – Fax : (01496) 810960 – www.bridgend-hotel.com –** *Environ 45 £ par personne en B & B, 60 £ avec le dîner en plus.* Un petit hôtel central tenu par des passionnés de la nature.

■ **KILMENY COUNTRY GUEST HOUSE. Ballygrant, Isle Of Islay** ✆ **(01496) 840668 – Fax : (01496) 840668 – info@kilmeny.co.uk – www.kilmeny.co.uk –** *Compter 49 £ par personne et 75 £ si vous souhaitez dîner (du lundi au vendredi seulement).* Margaret Rozga vous propose des prestations de luxe dans ce B & B. Une excellente adresse.

Restaurant

■ **HARBOUR INN. Main Street, Bowmore** ✆ **(01496) 810 330.** *Compter 20 £ pour un menu.* Probablement le meilleur restaurant de l'île. La cuisine est faite avec des produits frais et la pêche du jour.

Manifestation

▶ **En mai :** Islay Festival, une semaine de fête autour de la « water of life ». Renseignements ✆ (01496) 302413 – www.islay.co.uk/whiskyfestival

Shopping

■ **THE ISLAY WOOLLEN MILL. Bridgend** ✆ **(01496) 810563 – www.islaywollenmill.co.uk –** *Ouvert du lundi au samedi de 9h à 17h.* Propose de superbes vestes en tweed sur mesure et en prêt-à-porter. Une halte shopping immanquable. Pour les fans d'Hollywood, l'épée utilisée par Mel Gibson dans Braveheart est exposée dans le magasin.

■ ÎLE DE JURA ■

Ici vivent ceux qui ont choisi la solitude. L'écrivain George Orwell s'était installé à Barnhill où il termina *1984*. Il eut la chance – ou la malchance ! – d'être confronté aux éléments puissants et déchaînés du golfe de Coire Bhreachann, deuxième tourbillon d'Europe après le Maelström. Si vous voulez tenter à votre tour l'expérience, rendez-vous à la pointe noire de l'île, à An Cruachan (en face de l'île de Scarba), et choisissez un jour d'orage et de grande marée. La nature alors est dans tous ses états. C'est pourquoi l'île de Jura est un véritable paradis sauvage pour les marcheurs et les montagnards qui croiseront d'immenses troupeaux de cerfs rouges. Cet endroit possède surtout un atout rare et précieux : l'espace.

Transports

■ **FERRY** de l'île d'Islay (Port Askaig) à Feolin, moins de 10 minutes de traversée (attention, liaisons très sujettes aux intempéries !). Renseignements ✆ (01496) 840681.

■ **DES BUS** assurent la liaison entre Feolin et Craighouse du lundi au samedi.

Hébergement

■ **JURA HOTEL. Craighouse** ✆ **(01496) 820243 – Fax : (01496) 820249 – jurahotel@aol. com –** *Ouvert toute l'année.* Un total de 18 chambres, à partir de 35 £ par personne. Le seul hôtel de l'île, on vous fournira un bon nombre d'informations sur les excursions à faire et vous profiterez de la vue sur la baie en mangeant.

■ COLONSAY ■

Si vous voulez être encore une fois en communion solitaire avec la nature, parmi les chèvres et les pierres dressées. Vous vous régalerez particulièrement si vous aimez les oiseaux, car vous pourrez voir à Colonsay plus de 150 espèces différentes.

■ **TRANSPORTS.** Prendre le ferry à Oban (2h15) ou depuis Islay (1h15), au départ de Port Askaig.

■ DE TARBERT À OBAN ■

▶ **Prendre la route côtière, l'A 816, vers le nord.** A une route en bon état succèdent quelques très mauvais virages non signalés. La route vers Oban est bordée de collines où paissent les moutons au milieu de sites datant de l'âge du bronze. Au nord de Kilmartin, Carnasserie Castle est la maison de John Carsewell, le premier évêque protestant à avoir traduit en gaélique Liturgy, de John Knox (ce fut également le premier livre imprimé dans cette langue). Les petites routes menant à la mer sont les plus jolies. Même si le paysage est moins insolite que celui du Nord, s'il y manque les montagnes et les cascades, on s'y sent protégé par les multiples petites îles, notamment celle de Luing.

▶ **Au niveau de Kilninver, la B 844 aboutit au pont sur l'Atlantique qui vous transporte sur Seil Island** (vous pourrez, de la jetée, embarquer pour Easdale, la mine d'ardoise la plus importante au monde). Prenez ensuite le ferry au sud de Seil pour Luing ; toutes les demi-heures de 7h45 à 18h15, 5 min de traversée. Si vous souhaitez visiter l'île à vélo, vous pouvez en réserver chez Mike and Rosy Barlow ✆ 01852 314274.

ÎLE DE LUING

Cette petite île a réussi une expérience agricole en créant les Luing Cattle, un croisement entre les vaches des Highlands et celles des Ayrshires (vache donnant plus de lait que celle des Highlands et dont la viande est meilleure). Vous trouverez sur l'île deux forts préhistoriques ainsi que le eye-well, un naturel naturel contenant de l'eau aux vertus thérapeutiques. Avec un peu de chance, quelqu'un vous mènera sur l'île de Scarba pour voir les tumultueux Coire Bhreachann (tourbillons), les « chiens gris », ou sur les îles Garbh Eileach et Eileach An Naoimh.

ÎLE DE SCARBA

■ **RICHARD CHUFF** ✆ *01 852 4213*. *Séjours de 2 jours pour 25 £. Réservez 10 jours à l'avance.* Votre guide, qui parle un peu français, vous y transporte, vous fournit la nourriture et vous informe sur la faune et l'histoire naturelle de cette île habitée seulement par les cerfs et les aigles. Les conditions sont des plus rudimentaires.

ÎLES GARBH EILEACH ET EILEACH AN NAOIMH

■ **BLACKMILL BAY (TONY GANNON). Luing** ✆ *01 852 4365*. Vous partez à la découverte des anciennes ruches et des igloos en pierres de Brendan, missionnaire et grand professeur qui apprit aux rois écossais à lire et à écrire. Tony pêche des crustacés et des homards… et vous fera participer. De retour à Kilninver et avant de poursuivre sur Oban, pourquoi ne pas visiter le Highland Salmon Centre, qui vous fera connaître de A à Z la vie et l'exploitation du saumon ?

■ OBAN ■

Centre de transport des Hébrides du Sud et port de pêche le plus animé de cette partie de la côte, Oban a aussi l'office du tourisme le plus affairé d'Ecosse, le premier, d'ailleurs, à être devenu une entreprise commerciale. Malgré cette apparente effervescence, il règne dans cette ville un calme et un esprit de petite bourgade, et ce même en été, quand des milliers de cars dégorgent leur cargaison.

Transports

▶ **Les différentes routes.** La route du nord (A 85, A 828, A 82), de Fort William, longe la mer. Celle qui vient de l'est, de Crianlarich, est plus rapide, bien que souvent sinueuse. La troisième route longe toute la péninsule de Kintyre, de Campbeltown A 83, A 816 de Lochgilphead.

Location de vélos

■ **OBAN CYCLES. 29 Lochside Street** ✆ **(01631) 566996 – www.obancycles.com –** Une petite boutique toute proche du centre où vous serez bien renseigné.

■ **DAVID GRAHAM. 11 Combie Street** ✆ (01631) 562069.

Train

■ **SCOTRAIL** ✆ **08457 484950 – www.scotrail.co.uk –** De Glasgow, 2 trains par jour. Correspondances pour Fort William et Mallaig, à Crianlarich.

Bus

■ **SCOTTISH CITYLINK** ✆ 08705 50 50 50 – www.citylink.co.uk – Liaisons avec Glasgow (12,50 £), Campbeltown, Fort William et Inverness. Billets en vente à l'office du tourisme.

■ **WEST COAST MOTORS. 17 George Street** ✆ **(01631) 570500.** Bus locaux pour Connel, Appin, Kilmartin.

■ **NATIONAL EXPRESS** ✆ 08705 80 80 80 – www.nationalexpress.com – Assure le trajet jusqu'à Inverness, Glasgow ou même Londres.

Bateau

Oban est la base des ferries qui partent vers les Hébrides du Sud (Colonsay, Mull, Barra, South Uist, Coll & Tiree). Informations et réservations à l'office du tourisme ou directement au bureau de la compagnie ferroviaire Caledonian MacBrayne. Ferry Terminal, Railway Pier ✆ (01631) 566688 – www. calmac.co.uk

Pratique

▶ **Indicatif téléphonique :** 01631.

■ **OFFICE DU TOURISME. Argyll Square** ✆ **(01631) 463122 – info@oban.visitscotland. com** – *Ouvert de 9h à 20h en juillet-août (19h le dimanche); 9h-18h30 en juin et septembre (17h le dimanche); 9h-17h d'octobre à mars (12h-16h le dimanche).* Bureau de change, accès Internet et exposition.

■ **FORESTRY COMMISSION. Millpark Road** ✆ **(01631) 566155.** Renseignements sur les chemins et les itinéraires praticables en forêt.

■ **BANQUES.** Royal Bank of Scotland. Face à l'office du tourisme. *Ouverte de 9h15 à 16h45.*

■ **POSTE CENTRALE.** Lochside Street (toutes les facilités) ✆ (01631) 510450.

■ **POLICE.** Albany Street (objets perdus) ✆ (01631) 510500.

■ **HÔPITAL.** Lorn and Islands District General Hospital. Glengallan Road ✆ (01631) 567500.

■ **PHARMACIE – BOOTS PHARMACY.** 34, George Street ✆ (01631) 562517.

■ **URGENCES.** Appelez la police qui se mettra en contact avec un pharmacien ou un médecin.

■ **LAVERIE AUTOMATIQUE.** Oban Dry Cleaners. Stevenson Street ✆ (01631) 563554.

■ **PARKING.** La plupart des emplacements sont payants; il existe un parking gratuit, Lochavullin Car Park, à environ 300 m. de l'office du tourisme, juste derrière le supermarché Tesco.

Falaises balayées par les vents.

Hébergement

Dans les environs d'Oban, sur la route qui mène à Fort William, au nord du loch Linnhe, on trouve quelques hôtels de très bonne catégorie, ce type d'établissement se situant la plupart du temps à l'extérieur des villes.

Bien et pas cher

■ **AUBERGE DE JEUNESSE – SCOTTISH YOUTH HOSTEL.** Esplanade ✆ **(01631) 562025.** *Comptez 13 £ pour la nuit.* Vue sur la baie pour le bâtiment principal, une belle demeure à côté de la cathédrale St Columba. Annexe plus récente mais sans la vue, chambres avec salle de bains.

Confort ou charme

■ **GLENBERVIE GUEST HOUSE. Dalriach Road** ✆ **(01631) 564770 – Fax : (01631) 566723 – www.dmprint.com/glenbervie – glenbervie@lineone.net –** *A partir de 25 £ par personne et tarifs dégressifs pour les séjours de plus de 3 jours.* A 5 min à pied du centre-ville, la position surélevée de cette guesthouse vous assure une vue magnifique sur la baie d'Oban et les îles de Mull et de Kerrera. Huit chambres dont cinq doubles bien arrangées dans cet établissement de premier choix.

■ **ROSENEATH GUESTHOUSE. Dalriach Road** ✆ **(01631) 562929 – Fax : (01631) 567218 – colindavren@aol.com – www.roseneathoban.com –** *Compter 25 à 35 £ par personne selon la saison.* La tradition de l'hospitalité ne s'est pas perdue dans cette maison. Prenez votre temps pour savourer votre petit-déjeuner tout en profitant de la vue sur la baie. Le charme d'une maison victorienne et tout le confort qu'on souhaite.

Luxe

■ **THE OBAN CALEDONIAN HOTEL. Station Square** ✆ **0871 222 3415. Fax : 0871 222 3416 – www.obancaledonian.com –** Un emplacement idéal pour ce superbe hôtel situé juste en face de la baie. Le service est impeccable et les chambres allient confort et raffinement. Il vous en coûtera à partir de 72 £ par personne pour une chambre avec vue sur la mer (*chambre standard : 42,50 £*) et environ 20 £ de plus si vous souhaitez y dîner ; succulents desserts au fudge et au chocolat.

■ **MANOR HOUSE HOTEL. Gallanach Road** ✆ **(01631) 562087 – Fax : (01631) 563053 – www. manorhouseoban.com –** *A partir de 70 £ par personne (110 £ dîner compris).* Cette maison, qui date de 1780, a été construite pour les ducs d'Argyll. Elle trône sur la baie d'Oban depuis laquelle on aperçoit l'île Kerrera. Son intérieur est somptueux et élégant et son excellente cuisine (il faut goûter à la soupe de poisson) est due au chef-propriétaire. Une piscine intérieure et un sauna sont à votre disposition.

■ **ISLE OF ERISKA. Ledaig, près d'Oban** ✆ **(01631) 720371 – Fax (01631) 720531 – www. eriska-hotel.co.uk –** *Pour une chambre double, comptez 250 £, breakfast inclus.* Suivez l'A 828 en direction de Fort William, à 10 km. Possibilité de dîner pour 35 à 40 £. L'Isle of Eriska se trouve à l'embouchure du loch Creran. Dans un cadre particulièrement privilégié, cette grande maison seigneuriale conviendra à tous ceux qui souhaitent une retraite totale. Possibilité de louer un « cottage » de deux chambres pendant une semaine ou un week-end.

■ **THE AIRDS HOTEL. Port Appin, à 30 km sur la route de Fort William** ✆ **(01631) 730236 – Fax (01631) 730535 – www.airds-hotel.com –** *Comptez entre 115 et 180 £ avec le dîner et le petit-déjeuner.* L'hôtel allie simplicité et élégance, confort et calme, courtoisie et caractère. On glisse sur de la soie et du velours pour s'introduire dans d'énormes lits. Le restaurant (non-fumeur) sert des terrines de foies de poulet avec une sauce Cumberland et de la brioche grillée, du chevreuil au thym et aux baies de genièvre, de la mousse de mangue.

■ **KNIPOCH HOTEL. Knipoch, à 7 km d'Oban vers le sud** ✆ **(01852) 316251 – Fax : (01852) 316 249 – www.knipochhotel.co.uk –** *Environ 75 £ par personne avec le scottish breakfast.* Situé sur le loch Feochan, ce petit hôtel de 22 chambres convient plutôt aux couples : de la cheminée qui vient de la cathédrale d'Ypres au whisky distillé avant la Seconde Guerre mondiale, en passant par le saumon fumé sur place, tout promet un séjour de qualité. Nicholas Craig, le directeur, est un amateur d'alcools divers et aime que l'on partage ses goûts. Plein d'humour, il donne à l'hôtel une tonalité toute particulière.

Dans les environs

■ **ROINEABHAL COUNTRY HOUSE BED & BREAKFAST. Roineabhal, Kilchrenan, by Taynuilt**
✆ **(01866) 833 207 – Fax : (01866) 833 477 – www.roineabhal.com** – *D'Oban, prenez l'A 85
en direction de Taynuilt et bifurquez à droite sur la B 845, direction Kilchrenan. A partir de 38 £ par
personne et 68 £ dîner compris.* Une excellente base pour découvrir l'Argyll, à proximité du loch Awe
et l'opportunité de faire une étape dans un B & B de luxe entre Glasgow et Oban ou Fort William. Le
dîner est un must, préparé par Maria à base de produits locaux (langoustines, saumon, coquilles
Saint-Jacques, etc.) dans le respect des traditions écossaises.

Restaurants

Bien et pas cher

■ **MACTAVISHES KITCHEN. 34 George Street** ✆ **(01631) 563064.** *A partir de 4 £.* Le restaurant
vous propose un grand choix de plats, du simple café au menu le plus complet. A l'étage, musique
et danse traditionnelle tous les soirs de mai à septembre moyennant 2 £ de supplément à votre
dîner. Réservation conseillée.

■ **THE BARN. Cologin, Lerags (quitter l'A 816 à 5 km au sud d'Oban)** ✆ **(01631) 564618.**
Ouvert de mars à novembre. Ce bar, situé dans une vieille auberge de cow-boys des Highlands, vous
offre des repas simples dans l'esprit traditionnel écossais. Les animaux de la ferme courent un peu
partout, quelques notes de musique également (concerts 3 ou 4 fois par semaine le soir, en été).

Bonne table

■ **THE STUDIO. Craigard Road** ✆ **(01631) 562030.** *Ouvert d'avril à octobre de 18h à 22h.* Les
menus sont alléchants et le choix à la carte n'est pas mal non plus. Spécialités de la mer et bonne
viande également. Il est conseillé de réserver.

Luxe

■ **EE'USK. North Pier** ✆ **(01631) 565666.** Elégant restaurant sur le port d'Oban qui propose
d'excellents poissons et fruits de mer.

■ **WATERFRONT RESTAURANT. N° 1 The Pier** ✆ **(01631) 563110 – www.waterfront-
restaurant.co.uk** – *Ouvert tous les jours de février à décembre. Compter minimum 20 £.* Produits
frais de la mer cuisinés finement (succulents filets de sole, coquilles Saint-Jacques) et vue superbe
sur la baie.

Sortir

■ **THE LORNE. Stevenson Street** ✆ **(01631) 570020 – lornehotel@maclay.com** – *Ouvert
de 11h à 1h du matin (2h du jeudi au dimanche).* Belle devanture. De la musique live 4 soirs par
semaine et son Beer Garden, le Patio Heathers. Un pub où locaux et touristes viennent prendre un
verre où manger un morceau.

■ **THE OBAN INN. Stafford Street** ✆ **(01631) 562484.** Cet ancien hôtel reconverti en bar n'a
pas perdu son caractère d'antan. Repas servis à l'étage jusqu'à 21h (*comptez 5 £*). Beaucoup
d'ambiance et de chaleur humaine.

Points d'intérêt

■ **RARE BREEDS FARM PARK. Glencruitten** ✆ **(01631) 770608 – www.obanrarebreeds.
com** – *Ouvert du 15 mars au 31 octobre. Entrée : 6 £ pour un adulte (enfant : 4 £).* Lamas, chèvres,
lapins, volailles, vaches, tous d'une race peu ordinaire, se retrouvent ensemble dans une ferme
d'exploitation typique.

■ **OBAN DISTILLERY VISITOR CENTRE. Stafford Street** ✆ **(01631) 572004.** *Ouverte toute
l'année, de 9h30 à 17h en semaine (12h30 à 16 en hiver) et jusqu'à 21h le week-end de juillet à
septembre. Visite et dégustation : 4 £.*

■ **MACCAIG'S TOWER.** Construit sur les hauteurs de la ville par un philanthrope qui voulait fournir
du travail aux maçons chômeurs, cet édifice est souvent appelé le « McCaig Folly ».

■ **SCOTTISH SEALIFE SANCTUARY. Barcaldine, Connel** ✆ *(01631) 720386. Ouvert de 10h à 18h (horaires réduits l'hiver). Entrée : 7,50/5,50 £.* C'est le meilleur des musées de la vie aquatique de toute la côte.

Excursions en mer

Renseignements pour les excursions sur l'île de Seil à l'office du tourisme.

■ **BOWMAN'S TOURS. Queens Park Place** ✆ **(01631) 566809 ou Bowman's Tours and Excursion Centre, The Waterfront Restaurant. bowmanstours@supanet.com** – Excursions à la journée sur les îles de Mull, Iona et Staffa (départ : 10h, retour : 17h45, 24 £ tarif adulte, 14 £ tarif enfant).

Shopping

■ **CAITHNESS GLASS FACTORY SHOP. The Waterfront Centre, Railway Pier** ✆ **(01631) 562517.** *Ouvert de 9h à 17h (et le dimanche de 11h à 17h d'avril à octobre).* Atelier de verrerie ouvert au public et magasin près des fours, où vous trouverez toutes sortes d'objets en verre.

■ **OBAN ART GALLERY. 4 John Street** ✆ **(01631) 570470 – www.obanart.com –** Expositions d'artistes locaux, vente d'affiches, encadrement, bijoux.

■ **SWEETIES. 100 George Street** ✆ **(01631) 566699 – www.sweetiesoban.co.uk –** Le bonbon traditionnel sous toutes ses coutures, plus de 350 variétés !

▌ **Les grands magasins de laine** se trouvent dans les rues principales du centre-ville : The Edinburgh Woolen Mill. 42 George Street ✆ (01631) 564808. Pitlochry Knitwear. 58 George Street ✆ (01631) 562145.

Dans les environs

Ascension du Beinn Cruachan

C'est l'une des plus belles balades à faire dans la région. Du haut de Beinn Cruachan, culminant à 1 101 m, vous aurez une vue magnifique sur les îles, sur la péninsule de Kintyre et sur les géants du Nord. Suivez l'A 85 vers Crianlarich et garez-vous entre Dalmally et Taynuilt, près de la centrale hydroélectrique, sur Loch Awe.

Dunstaffnage Castle

✆ **(01631) 562465 – www.historic-scotland.gov.uk –** *A la sortie d'Oban, direction Fort William. Ouvert toute l'année, de 9h à 16h30 de novembre à mars (fermé le jeudi et vendredi). Tarifs : 2,50 £ pour un adulte, 75 p pour un enfant.* Ce château du XIIIᵉ siècle a été bâti par les MacDougall sur les rives du Loch Etive. Installé sur un promontoire rocheux, cet édifice vous est expliqué dans le Visitor Centre. Jetez également un œil à la petite chapelle qui se cache sous les arbres.

Inverawe Country Park, Fishery & Smokery

■ **BRIDGE OF AWE. Taynuilt** ✆ **(01866) 822777.** *Sur l'A85 en quittant Oban pour Glasgow.* Les pêcheurs seront séduits par ces trois lochs foisonnant de truites arc-en-ciel qui pèsent de 1 à 15 livres. Ceux qui préfèrent le saumon se tourneront vers la rivière Awe. On vous montrera également la méthode traditionnelle de fumaison des poissons.

Castle Stalker

■ **LOCH LAICH. Appin.** *Sur l'A828, en direction de Fort Wiliam.* Ce fort du XIVᵉ siècle, parmi les plus photographiés du pays, a juste la place de tenir sur son îlot. Se visite uniquement sur rendez-vous ✆ (01631) 730234. **Vous profiterez de la vue tout en buvant un thé au Castle Stalker View,** ouvert de 9h30 à 18h ✆ (01631) 730444.

Île de Lismore

Une promenade dans cette île dont le nom signifie le « grand jardin » peut tout à fait convenir aux randonneurs qui trouveront ici la tranquillité et le silence, à peine troublés par le rythme du flux et du reflux de la mer. Deux châteaux médiévaux sur l'île, Achadun au sud et les ruines de Castle Coeffin à l'ouest.

Les Highlands

Le nom, déjà, fait rêver. Les Highlands, qui occupent tout le nord-ouest du pays et couvrent à peu près un tiers des terres, concentrent à peine un dixième de la population écossaise ! On distingue deux grands ensembles : au sud, les monts Grampians, entre les Lowlands et la dépression du Glen More ; au nord, les deux chaînes parallèles des North West Highlands et des monts de Ross. Des 787 îles du pays, le plus grand nombre se situe ici, au large des montagnes, lochs, rivières et plateaux qui font de cette partie la plus sauvage et la plus riche en animaux d'Europe.

Le caractère de la région est surtout lié aux traditions et à la culture du Highlander, figure à la fois romantique, respectable et violente. La notion de clan qui prévalait déjà au Moyen Age, existe toujours : le droit du sang, qui autorisait les chefs à être les maîtres incontestés de leurs enfants fut à l'origine d'une longue suite de batailles entre clans, chaque chef cherchant à obtenir pour sa « famille » le pouvoir politique, social et économique. Les membres des clans Cameron, MacDonald, MacLeod, MacKenzie et Campbell notamment, menèrent parfois des politiques fort éloignées de l'intérêt national. Leur pouvoir prit fin entre 1745 et 1748, période la plus importante de l'histoire des Highlands.

En 1745, Charles Edouard Stuart, fils de Jacques III, dit le « jeune prétendant » soutenu par la France, s'empare de l'Ecosse et rallie autour de lui les Highlanders. Il prend Edimbourg, mène la guerre jusqu'à Derby et tente de continuer jusqu'à Londres, où il espère prendre la Couronne. Convaincu par ses alliés de n'en rien faire, il revient en Ecosse. Plus tard, son armée sera battue à Culloden, par les forces du duc de Cumberland. A la suite de cette boucherie, des mesures de répression et d'éviction furent prises et la destruction du système de clans dans les Highlands fut ordonnée.

1748 voit l'abolition des Heritable Juridictions : les chefs des Highlanders perdent les droits absolus qu'ils avaient sur leurs clans. C'est le début des Clearances, ou éviction de communautés entières par le feu et la violence, avec une cruauté qui culmine dans le Sutherland, entre 1810 et 1820. Les aristocrates et les grands propriétaires écossais préfèrent retirer leurs terres au Highlanders indisciplinés et y élever leur moutons en pâturage à leur place. Ces derniers, affamés, appauvris, déracinés, émigrent alors en masse en Amérique.

A la suite de la famine qui sévit en 1848-1849 et qui porta un coup fatal à la côte ouest, de riches propriétaires accaparèrent les terres. D'énormes terrains de chasse furent créés. C'est seulement après la Seconde Guerre mondiale, lorsque se développa une politique régionale poursuivie avec plus ou moins de constance, que les Highlands reprirent leurs droits. Les Highlanders ne se sont jamais remis de cette négation de leur culture et ces faits tragiques restent encore bien ancrés dans toutes les mémoires.

■ **OFFICE DU TOURISME DE LA RÉGION.** Highlands of Scotland. Peffery House, Strathpeffer, Ross-shire ✆ (01997) 421160 – Fax : (01997) 421168 – www.visithighlands.com – admin@host. co.uk

■ ÎLE DE MULL ■

3 500 habitants. Univers tout petit, intime, mais rude, l'île de Mull est le fief des MacLean, des MacKinnon et des MacLaine, mais aussi de l'ancien volcan Beinn Mor. Mull est bordée de petits ports de pêche et de baies sablonneuses à l'abri des regards. Les marcheurs découvriront, le long de la côte est une vue splendide sur le continent, parfois obstruée par les bois riches en faune de toutes sortes. L'essentiel de la population de l'île est concentré au nord, à Tobermory. Craignure, plus petit, est cependant le lieu principal des arrivées.

Transports

■ **FERRIES.** Réservez votre aller-retour Oban-Craignure (Caledonian MacBrayne ✆ (01631) 566688, 40 minutes de traversée) 2 ou 3 jours à l'avance pour être sûr d'obtenir une place. Le ferry d'Oban de 10h et celui de Craignure de 17h sont souvent pris d'assaut par des cars de pèlerins qui se rendent à Iona.

■ **TRAINS À VAPEUR.** Liaison de Craignure à Torosay.

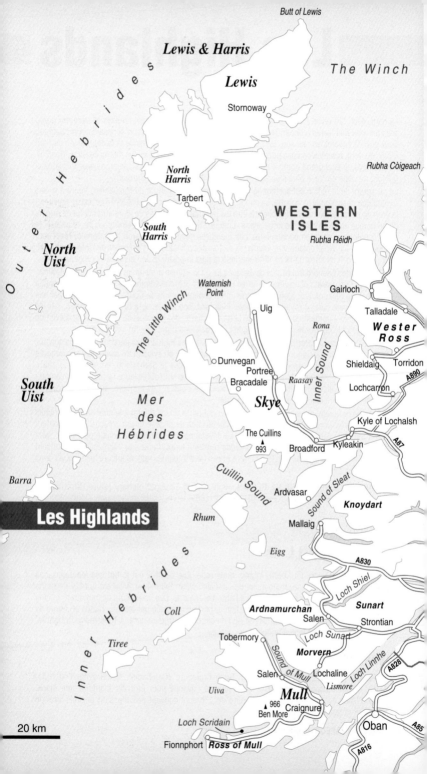

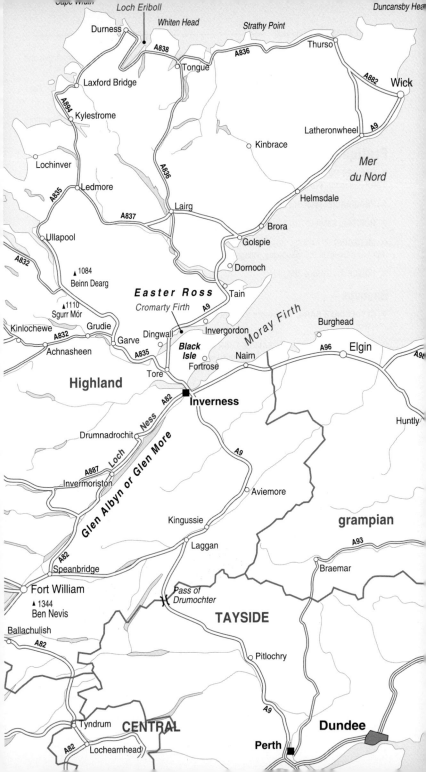

■ **BUS.** De Craignure à Fionnphort (1h15) et de Tobermory à Calgary. Renseignements Argyll and Bute Council ✆ (01546) 604 695.

■ **LOCATION DE VOITURES. MacKays's Garage.** Ledaig, Tobermory ✆ (0168) 302103 – Fax : (01688) 302910. *Ouvert toute l'année.*

■ **LOCATION DE VÉLOS ET DE V. T. T. Tobermory Youth Hostel**. Main street, Tobermory ✆ (01688) 30281. *Ouvert de mars à octobre. Compter 7 £ la journée.*

Pratique

■ **OFFICES DU TOURISME. Main Street, Tobermory** ✆ **(01688) 302182**. *Ouvert de 9h à 17h, d'avril à octobre ;* Craignure ✆ (01688) 12377. *Ouvert toute l'année jusqu'à 19h en été.*

■ **PHARMACIE.** Main Street, Tobermory.

■ **HÔPITAL.** Salen ✆ (01680) 300392.

■ **MÉDECINS** ✆ (01688) 302013 (Tobermury Surgery, Rockfield Road) et ✆ (01681) 700261 (Docteurs Douglas et Makepeace, village Bunessan).

■ **POLICE** ✆ (01680) 300322

Banques

■ **CLYDESDALE BANK.** Tobermory (guichet automatique). *Ouverte de 9h30 à 16h, du mardi au vendredi.*

■ **UNE BANQUE ITINÉRANTE FAIT LE TOUR DE L'ÎLE :** bureau de change et guichet automatique ✆ 08457 826818. En été, change possible à l'office du tourisme.

Hébergement

Bien et pas cher

■ **TOBERMORY YOUTH HOSTEL. Main Street, Tobermory** ✆ **(01688) 30281 – 0870 004 1151 – reservations@syha.org.uk –** *Ouvert de mars à octobre, comptez de 8 à 11 £.* Très confortable, il est situé au cœur de la ville.

Confort ou charme

■ **ARDBEG GUEST HOUSE. Dervaig** ✆/Fax : **(01688) 400254 – www.ardbeghouse-mull. com –** *Comptez 22 à 30 £ par personne et par nuit.* La maison est tenue par Brian et Iona qui feront tout pour vous laisser un souvenir agréable.

■ **BALISCATE GUEST HOUSE. Salen Road, Tobermory** ✆ **(01688) 302048 – Fax : (01688) 302666 – www.baliscate.com –** *A partir de 25 £ par personne.* A 15 min à pied du centre, Charlie et Gillian reçoivent les visiteurs de passage sur l'île depuis plus de dix ans et ils se feront un plaisir de vous renseigner sur les activités à faire, notamment la pêche et les excursions en mer.

■ **CALGARY FARMHOUSE HOTEL. Calgary, près de Dervaig** ✆ **(01688) 400256 – www. calgary.co.uk –** *Ouvert de mars à novembre. De 30 à 40 £ selon la saison par personne en B & B.* Cet hôtel très confortable a été entièrement rénové par ses propriétaires. C'est un lieu à l'ambiance jeune, réservé de préférence aux fumeurs invétérés et à ceux qui apprécient la musique de Van Morrison à minuit ! Il fait aussi restaurant et ouvre sa galerie d'art aux œuvres des nombreux artistes de l'île.

Luxe

■ **DRUIMARD COUNTRY HOUSE AND RESTAURANT** ✆ **(01688) 400345 – Fax : (01688) 400291 – www.druimard.co.uk –** *Ouvert de mars à janvier. Prix : à partir de 70 £ par personne avec petit-déjeuner et dîner, en chambre double avec salle de bains privée. Dîner 30 £ pour les non-résidents au restaurant réputé.* Dans une belle maison victorienne de 14 chambres, restaurée et décorée avec goût.

■ **GLENGORM CASTLE.** Tobermory ✆ (01688) 302321 – Fax : (01688) 302738 – www. glengormcastle.co.uk – *A partir de 100 £ la chambre double.* Vue sur l'Atlantique et les Hébrides pour ce château qui date de 1860. Les chambres sont somptueuses ; la bibliothèque et la salle à manger ont beaucoup de caractère. Vous êtes invité à vous détendre au coin du feu dans l'une de ces pièces.

Campings

Deux campings équipés d'eau chaude sur la côte est, au bout du loch Na Keal.

■ **TOBERMORY CAMPSITE. Newdale Cottage, Dervaig Road, Tobermory** ✆ (01688) 302624 – www.tobermorycampsite.co.uk – *Ouvert de mars à octobre. Compter 4 £.* Attention aux midges, ces moustiques sont dix fois plus voraces que les autres !

■ **SHIELING HOLIDAYS. Craignure** ✆ (01680) 812496 – www.shielingholidays.co.uk – Emplacements pour tentes et caravanes ainsi que quelques chambres avec salle de bains. Vue sur le Ben Nevis et environnement très tranquille.

▶ **Pour le camping sauvage,** demandez l'autorisation à la maison la plus proche. Evitez de planter votre tente dans les endroits où l'herbe pousse sur le sable, vous risqueriez de nuire à la végétation.

Les habitants de l'île sont très sociables et très ouverts. Peut-être pourrez-vous vous faire inviter.

Restaurants

Bien et pas cher

■ **CRAIGNURE INN. Craignure** ✆ (01680) 812305 – www.craignure-inn.co.uk – *Ouvert toute l'année.* Une chaleureuse auberge à l'intérieur en pierre et en bois, chauffé par un poêle. Les menus sont concoctés à base de produits frais. Goûtez donc leur truite fumée et leur cheddar.

■ **RED BAY COTTAGE. Deargphort, Fionnphort, en direction de Kontra** ✆ (01681) 700396. *A partir de 8 £.* L'intimité de ce restaurant très bien caché et les falaises qui l'entourent sont aussi appréciables que la cuisine qu'on y sert.

Bonnes tables

■ **THE ANCHORAGE RESTAURANT. Main Street, Tobermory** ✆ (01688) 302313 – Fax : (01688) 302913 – suefink@btopenworld.com – *Ouvert de mars à décembre de 10h30 à 14h30 et de 18h à 21h30.* Cadre agréable, poissons et viandes de première fraîcheur.

■ **DOVECOTE RESTAURANT. Calgary Farmhouse Hotel (voir hébergement)** ✆ (01688) 400256. *Ouvert d'avril à octobre, de 18h30 à 21h. Compter 10 £ pour déjeuner et 20 £ pour dîner. Pour non-fumeurs.* Les propriétaires de cette vieille ferme restaurée ont des parents pêcheurs et agriculteurs et vous feront profiter de tous leurs produits frais et naturels. Goûtez le saumon sauvage poché dans du vin de bouleau argenté ou l'épaule de porc fourrée d'un mélange d'herbes fraîches. Le menu change tous les jours.

■ **DUART CASTLE ET TOROSAY CASTLE.** Il peut y avoir de nombreux clients dans les salons de thé de ces deux châteaux, car les pâtisseries y sont excellentes, surtout à Duart.

Sortir

■ **MISHNISH. Tobermory.** Musique live plusieurs fois par semaine.

■ **MACGOCHANS. Tobermory** ✆ (01688) 302350. *A côté de la distillerie.* Des « ceilidh », danses traditionnelles celtiques, sont organisés le week-end, réservation conseillée.

Vous avez dit spécialité culinaire ?

▶ **Le Mull Cheddar,** ce fromage local, savoureux et parfumé, se prépare à Sgriob Ruadh Farm près de Tobermory, Isle of Mull Cheese ✆ (01688) 302235. Ouvert d'avril à septembre de 10h à 16h. **Autre spécialité, la boisson Mull Riveter.**

Manifestations

▶ **Mars : festival de théâtre.** Mrs Margaret Campbell, écrivain politique, contribue régulièrement à mettre en scène la vie quotidienne de l'île… C'est à pleurer de rire si vous pouvez comprendre.

▶ **Dernier week-end du mois d'avril : Mull Music Festival,** festival de musique traditionnelle (accordéon, violon, chants gaéliques et ambiance de fête). Renseignements ✆ (01688) 302383.

▶ **Mi-juillet : Mull Highland Games** (sports traditionnels écossais. Participation de tous les spectateurs).

▶ **Week-end en octobre : Tour of Mull Rallye,** le plus important rallye auto et moto des îles Britanniques. Renseignements ✆ 01254 826564.

Points d'intérêt

La quasi-totalité des lieux à visiter sur Mull sont ouverts d'avril à mi-octobre, lorsque naviguent les ferries.

■ **TOROSAY CASTLE. Craignure** ✆ **(01680) 812421 – www.torosay.com –** *Ouvert d'avril à octobre, tous les jours de 10h30 à 17h, comptez 5 £.* Bâtiment victorien situé dans un très beau jardin.

■ **DUART CASTLE. Craignure** ✆ **(01680) 812309 – www.duartcastle.com –** *Ouvert en avril, de 11h à 16h et de mai à octobre, de 10h30 à 17h30. Tarif : 4,50 £.* La situation de l'imposante forteresse des MacLean indique clairement quelle fut la puissance maritime de ce clan.

■ **MULL RAIL** ✆ **(01680) 812494 – www.mullrail.co.uk –** Un chemin de fer et une locomotive à vapeur mènent de Craignish à Torosay Castle en 20 minutes, environ 7 £ l'aller-retour. Les jardins japonais ont une réputation internationale.

■ **MULL THEATRE. Dervaig** ✆ **(01688) 302828 – www.mulltheatre.com –** *Spectacles en été à 20h.* Ce fut autrefois le plus petit théâtre du monde. Il a aujourd'hui 45 sièges ! Spectacles d'avril à septembre, essentiellement sur le thème de la vie sur l'île. Vous pouvez également vous y restaurer.

■ **LA VIEILLE JETÉE CROGGAN,** près d'Ardura, est l'endroit favori des loutres.

■ **LES ÎLES MULL ET ULVA.** En suivant la B 8073, près de Eas Fors, impressionnante chute d'eau, un bateau fait la liaison entre les deux îles. Sur Ulva, un musée raconte l'histoire de la petite île, depuis l'âge de la pierre jusqu'aux Highlands Clearances. Au bout de l'île, des grottes et des formations basaltiques rappellent l'île de Staffa (à l'ouest de l'île de Mull), couverte de lave et abritant une réserve d'oiseaux.

■ **EPAVE DE GALION ESPAGNOL DANS LA BAIE DE TOBERMORY.** Les Espagnols avaient aidé MacLean de Duart Castle, en attaquant Mingary Castle à Kilchoan en face. Mais une altercation entre les deux alliés aboutit à l'explosion d'une partie du bateau. Personne n'a encore trouvé de trésor mais tout le monde en rêve !

■ **BEINN MOR (866 m, 5 à 6 heures de marche), entre le loch Na Keal et le loch Scridain.** La montagne s'élevait autrefois, selon les géologues, à 15 000 pieds. Elle surplombe, vers l'ouest, la région appelée The Wilderness, terre impitoyablement sauvage traversée par un unique chemin qui suit la côte sur les falaises. Idéal pour se couper de tout ! A environ 6 km à l'ouest de l'hôtel Tiroran House, des arbres se sont fossilisés dans le basalte. Pour les voir, attendez la marée basse et descendez l'escalier de fer.

■ **LA ROUTE LA PLUS SPECTACULAIRE DU NORD-EST DE L'ÎLE (B 8073)** descend de Dervaig vers le sud et rejoint la côte près de Kilninian, où l'on peut encore trouver des pierres semi-précieuses. Très peu connue, car difficile d'accès (la route est extrêmement tortueuse), cette partie de l'île offre des vues sublimes sur les Treshnish, sur le loch Na Keal et sur ce bras de mer dont la beauté est fort appréciée par les habitants.

Loisirs

Excursions en mer

■ **SEA LIFE SURVEYS.** Ledaig, Tobermory ✆ (01688) 302916 – www.sealifesurveys.com – *Ouvert d'avril à octobre de 9h à 17h.*

Pour sauver les baleines

■ **WHALE WATCHING TRIPS CRUISES.** Dervaig ✆ **(01688) 400264.** Il navigue sur un bateau bourré d'instruments, veille sur les mouvements des baleines, des orques et des dauphins, collectionne les échantillons pour les analyser et suit les multiples oiseaux de mer : Jeremy Matthew, engagé dans un projet d'observation et de recherche scientifique, peut vous entraîner à participer à ses activités le temps d'une journée. Ces circuits, peu recommandés pour les moins de 14 ans, l'aident à financer ses recherches, tournées vers la protection des baleines.

Plongée

■ **SEAMORE DIVING.** Seafare Chandlery and Diving Service, Main Street, Tobermory ✆ (01688) 302277.

Dans les environs

Île de Iona

Iona, accessible en ferry de Fionnphort (5 minutes de traversée) est une petite île magique, mystérieuse. Saint Colomba s'y installa en 563 pour fonder sa mission. Iona abritait l'une des bibliothèques les plus importantes de la chrétienté, qui fut saccagée par les Vikings puis par les réformateurs au XVIe siècle. Des œuvres littéraires, religieuses et artistiques (les manuscrits de Virgile notamment) ont été détruites, perdues ou cachées. Certains pensent que les trésors de Iona dorment dans le puits d'une île où se rendaient les moines pénitents. Bien entendu, personne n'a encore rien trouvé.

Île de Staffa

Par ailleurs, vous pouvez, depuis l'île de Mull, vous rendre sur l'île de Staffa : inhabitée, parsemée de grottes, elle inspira Mendelsohn (à 2h15 de Fionnphort ou Iona).

Îles Treshnish

Les îles Treshnish sont investies par des colonies d'oiseaux (macareux, guillemots) qui peuplent des ruines de châteaux.

Île d'Ulva

Sur l'île d'Ulva (20 minutes de ferry depuis Mull), vous pouvez visiter un fort viking du IXe siècle, Dùn Bon et une vieille chapelle, Cille Mhic Eoghainn, ainsi que d'impressionnantes colonnes de basaltes.

Île de Coll

L'île de Coll fut le lieu d'une bataille de clans en 1593. Il en reste le Brea Cochadh castle, construit par les McLean.

Île de Tiree

L'île de Tiree possède de belles plages de sable et est très prisée par les surfeurs.

■ D'OBAN À FORT WILLIAM ■

Prenez l'A 85 jusqu'à Connel puis l'A 828 jusqu'à Ballachulish, et enfin l'A 82 jusqu'à Fort William.
Glencoe
La route vous mènera près de la vallée de Glencoe. Peuplé d'une centaine d'habitants, c'est l'endroit favori des montagnards (skieurs et alpinistes) et des amoureux de paysages grandioses. Entourée de majestueuses montagnes, les trois sœurs de Glencoe, cette vallée fut le théâtre de l'un des massacres au claymore (glaive écossais) les plus connus d'Ecosse, en 1692 : celui des McDonald par les Campbell. Vous trouverez souvent près d'Onich des gens célébrant ces pics et ces collines à la cornemuse. C'est réellement le paradis pour tous ceux qui veulent se dépenser physiquement. Kinlochleven, à 12 km de Glencoe, est prévu pour devenir un important centre de sports de montagne en Ecosse.

@ **HIGHLAND MYSTERYWORLD. The Scottish Highlands, tout près de Glencoe** ✆ **(01855) 811660 – Fax : (01855) 821463 – monster@mysteryworld.co.uk – www.freedomglen. co.uk** – *Ouvert d'avril à octobre de 10h à 14h30. Tarif adulte : 5 £.*

« *C'est une magnifique attraction qui s'est ouverte en juin 1996. On y découvre mythes, légendes et superstitions qui constituent le côté magique des Highlands d'autrefois. Il y aussi de nombreux spectacles sur le même thème. Très bonne ambiance. Possibilité de loger et de se restaurer sur place. Piscine.* » *A. Weidner, Beuvry-la-Forêt.*

Transports – Pratique

■ **BUS. Scottish Citylink** ✆ **08705 50 50 50 – www.citylink.co.uk –** Liaison de Fort William à Glencoe en 30 minutes ; depuis Glasgow, compter 2h30 de trajet.

■ **OFFICE DU TOURISME. A Ballchulish** ✆ **(01855) 811296.** A 2 km à l'ouest de Glencoe sur l'A 82. *Ouvert d'octobre à avril de 9h à 17h et de mai à septembre de 9h à 18h.*

Hébergement

Bien et pas cher

■ **AUBERGE DE JEUNESSE – YOUTH HOSTEl. Glencoe** ✆ **(01855) 811219 – www.syha.org. uk –** *Ouverte toute l'année.* Située au beau milieu de la nature à la sortie de Glencoe, vous y serez confortablement hébergé pour 12 £ environ.

■ **DUNIRE GUEST HOUSE. Glencoe** ✆ **(01855) 811305 – Fax : (01855) 811671 – www. visithighlands.com –** *Comptez environ 20 £.* Cette maison est pourvue d'une pièce pour sécher le linge et d'une salle de bains commune, pour détendre les muscles douloureux. L'établissement est très populaire chez les montagnards. Grâce au bouche à oreille, on y prend connaissance des meilleurs itinéraires.

Confort ou charme

■ **LYN LEVEN GUEST HOUSE. West Laroch, Ballachulish** ✆ **(01855) 811392 – Fax : (01855) 811600 – www.lynleven.co.uk – lynleven@amserve.net –** *A partir de 20 £ par personne.* Cette guesthouse est réputée pour son hospitalité et l'attention qu'on porte aux skieurs et randonneurs. Les chambres sont lumineuses et confortables et le salon jouit d'une belle vue sur le loch.

■ **CREAG MHOR HOTEL. Onich** ✆ **(01855) 821379 – www.creagmhorlodge.co.uk –** *De 25 à 45 £ par personne.* Ne vous fiez pas au décor de la réception de cette grande maison victorienne, car les chambres sont spacieuses et les baignoires nombreuses. Cet hôtel, avec bar et restaurant, est le préféré des skieurs. Belle vue sur le loch Linnhe.

Luxe

■ **THE BALLACHULISH HOTEL. Onich, Ballachulish** ✆ **0871 222 3415 – Fax : 0871 222 3416 – www.freedomglen.co.uk –** *Ouvert de février à décembre. A partir de 50 £ par personne, 15 £ le dîner au Leaping Salmon Restaurant.* L'établissement parfait pour vous détendre avec piscine chauffée et centre de remise en forme. Vous bénéficiez de tarifs préférentiels pour le parcours de golf qui se trouve à proximité et vous vous reposerez à merveille dans votre chambre avec vue sur le lac.

■ **THE ISLES OF GLENCOE HOTEL AND LEISURE CENTRE. Ballachulish** ✆ **0871 222 3415 – Fax : 0871 222 3416 – www.freedomglen.co.uk/ig –** *A partir de 50 £ par personne.* Fait partie du même groupe que le précédent mais est plus récent. Les chambres ont vue sur le loch et les montagnes ; de multiples activités sont proposées aux familles (piscine chauffée, centre de remise en forme, jacuzzi, sauna, golf…).

Camping

■ **RED SQUIRREL SITE. Clachaig Road** ✆ **(01855) 811256.** Sur la route en arrivant à Glencoe, comptez 5 £ par personne, tentes uniquement.

Restaurants

Bien et pas cher

■ **CLACHAIG INN.** Glencoe ✆ (01855) 811252 – Fax (01855) 812030 – www.clachaig.com – *Propose également des chambres en B & B à partir de 30 £.* La bonne ambiance quasi permanente du bar en a convaincu plus d'un de descendre des pics pour prendre un pot, avant de remonter voir le coucher (ou le lever) du soleil.

Bonnes tables

■ **ARDSHEAL HOUSE. Kentallen of Appin** ✆ ((01631)) 740227 – Fax : (01631) 740342 – www. ardsheal.co.uk – *Fait également B & B. Comptez de 55 à 75 £ environ (dîner compris).* Venaison dans une marmelade de champignons sauvages, sauce au porto et au romarin… Voilà de quoi vous mettre en appétit.

■ **FOUR SEASONS BISTRO AND BAR. Inchree, Onich, au sud de Fort William** ✆ (01855) 821393 – Fax : (01855) 821 287. *Ouvert de 18h à 21h30.* Le cadre est reposant et les plats sont à base de produits frais (menus végétariens et fruits de mer à la carte), accompagnés de bières et whiskies écossais.

Luxe

■ **ONICH HOTEL. Onich** ✆ (01855) 821 214 – Fax : (01855) 821 484 – www.onich-fortwilliam.co.uk – *Compter 15 £ pour déjeuner, 28 £ pour dîner.* Dans ce restaurant au superbe panorama se dégustent poulets à la Kiev, scampi, poissons frits… On peut également y dormir, mais les chambres sont chères (*compter 45 £ par personne*).

■ **HOLLY TREE HOTEL. Kentallen Pier, Kentallen, près de Glencoe** ✆ (01631) 740292 – Fax : (01631) 740345 – www.hollytreehotel.co.uk – *Propose également des chambres. Nuitée : 75 £ (dîner et petit-déjeuner complet compris). Ouvert de mars à novembre.* Cette ancienne gare a été transformée en restaurant, pour le plus grand plaisir des gourmets.

Points d'intérêt

■ **THE ALUMNI STORY VISITOR CENTRE AND LIBRARY. Linhne Road, Kinlochleven** ✆ (01855) 831663. *Ouvert toute l'année du lundi au vendredi de 10h30 à 18h. Gratuit.* Une exposition vous explique les procédés de production de l'aluminium, jadis la principale source de revenus du village.

■ **GLENCOE VISITOR CENTRE. The National Trust for Scotland, Glencoe** ✆ (01855) 811307 – Fax : (01855) 812010 – glencoe@nts.org.uk – *Ouvert toute l'année de 10h à 17h. Tarif : 4,50 £.* Ce centre vous renseigne sur la faune et la flore de la région ainsi que sur son histoire et le fameux massacre de Glencoe.

Loisirs

■ **GLENCOE SKI CENTRE** ✆ (01855) 851226. *Ouvert toute l'année. Compter 17 £ (tarif adulte) pour une journée de remontée mécanique.* La plus vieille station de ski d'Ecosse, établie en 1956.

Dans la vallée de Glencoe, vous aurez toutes les facilités pour partir en expédition ou skier. Les skieurs se tourneront du côté des pistes de Meall A'Bhuiridh, accessibles par télésiège.

Pour atteindre le Nord, prendre la direction de Fort William.

■ FORT WILLIAM ■

Le général MacKay lui donna son nom. Il commandait les régiments de Sa Majesté le roi William III et reconstruisit le fort en 1690. Cette ville, touchée par le départ de milliers de Highlanders durant les Clearances, fut la première cité d'Ecosse à connaître la fée électricité. Aujourd'hui, elle est surtout célèbre pour son usine de pâte à papier. Le West Highland Way, qui commence à Milngavie, se termine ici.

Transports

■ **TRAIN.** West Highland Line, plusieurs trains par jour de Fort William à Mallaig, dont un à vapeur, *The Jacobite Steam Train*, un parcours magnifique d'une heure et demie à bord du fameux train qu'a emprunté Harry Potter, pour 25 £ de juin à octobre, départ à 10h20. Réservations ✆ (01463) 239026 – www.steamtrain.info – Pour Oban, changez à Crianlarich.

■ **BUS.** Vers Inverness (2h), Glasgow (3h) et Oban (1h45). Citylink. De Kyle de Lachalsh : 1h45, de Glencoe : 30 minutes.

■ **LOCATION DE VOITURES.** Easydrive Car and Van Rental. 36a Ben Nevis Estate ✆ (01 397) 701616.

Pratique

▶ **Indicatif téléphonique :** 01397. Il y a plusieurs cabines à cartes en ville.

■ **OFFICE DU TOURISME. Cameron Square, High Street** ✆ **0845 22 55 121.** *Horaires variables, de 9h à 19h d'avril à septembre (20h30 en juillet et août). D'octobre à mars, ouvert de 10h à 17h (16h le samedi, fermé le dimanche).* Bureau de change. Consultation Internet.

■ **BANQUES.** Bank of Scotland. 62, High Street ; Royal Bank. 6, High Street. *Ouvertes de 9h à 16h45, le jeudi jusqu'à 18h.*

■ **CHANGE.** Au Nevisport. *Ouvert 7 jours sur 7, de 10h à 17h.*

■ **POLICE. High Street (et objets perdus)** ✆ (01 397) 702361.

■ **BELFORD HOSPITAL (à l'est de la ville)** ✆ (01 397) 702481.

■ **DENTISTE. M & S Dental Care. 50 High Street** ✆ (01 397) 702501.

■ **PHARMACIE BOOTS. 19 High Street** ✆ (01 397) 705143.

■ **LAVERIE AUTOMATIQUE MACKLEENERS'. 7 Ben Nevis Ind Est** ✆ (01 397) 705381.

■ **LOCATION DE VÉLOS. Off Beat Bikes. 117 High Street** ✆ **(01 397) 704008 – www.offbeat-bikes.co.uk –** *15 £ pour la journée, 80 £ pour 7 jours.* Conseils et café offert !

■ **MÉTÉO** ✆ (01898) 654669.

Hébergement

Bien et pas cher

■ **AUBERGE DE JEUNESSE. Nevis Youth Hostel. A 4 km au nord de Fort William** ✆ **(01397) 702336.** *Ouvert toute l'année. Compter 12 £.* Base idéale pour les excursions autour du Ben Nevis.

■ **MYRTLE BANK GUEST HOUSE. Mrs Dora Mount. Achintore Road** ✆ **(01 397) 702034 – www.myrtlebankguesthouse.co.uk –** *Ouvert toute l'année. A partir de 15 £ par personne.* Confortable et lumineuse, cette maison située à l'entrée de la ville affiche très vite complet. Le petit-déjeuner est servi à l'hôtel juste en face.

Confort ou charme

■ **BEN VIEW GUEST HOUSE. Belford Road** ✆ **(01 397) 702966 – www.benviewguesthouse. co.uk –** *Ouvert de mars à octobre. Comptez de 20 à 30 £ environ.* Cette maison à la façade en briques orange et marron est adaptée aux grandes familles et on les y recevra avec chaleur.

■ **CROLINNHE. Grange Road, Fort William** ✆ **(01397) 702709 – Fax : (01397) 700506 – www. crolinnhe.co.uk –** *A partir de 45 £ par personne pour une chambre double standard, 55 £ avec le jacuzzi.* Une élégante demeure victorienne qui a été complètement réaménagée en 1998. Trois chambres luxueuses dont une avec jacuzzi. Mrs MacKenzie met les petits plats dans les grands pour vous recevoir.

Luxe

■ **OLD PINES RESTAURANT WITH ROOMS. Spean Bridge près de Fort Wiliam** ✆ **(01 397) 712324 – Fax : 01 397 712433 – www.oldpines.co.uk** – *Compter 60 £ par personne en B & B et à partir de 80 £ dîner compris.* Simplicité et confort extrême vous attendent dans ce petit hôtel au calme (8 chambres) où une attention toute particulière est apportée à ce que vous trouverez dans votre assiette. Ici, on utilise des produits organiques autant que possible et vous goûterez aux pains, scones et short breads faits maison. Quant au poisson et aux crustacés, ils sont en provenance directe de Mallaig et vous pouvez être assuré de manger la meilleure viande d'Ecosse.

■ **INVERLOCHY CASTLE HOTEL. Torlundy, Fort William** ✆ **(01 397) 702177 – Fax : (01 397) 702953 – www.inverlochycastlehotel.com** – *Compter environ 300 £ pour une chambre double.* Construit en 1863, la reine Victoria y séjourna une dizaine d'années plus tard. Les 17 chambres sont spacieuses et ont toutes vue sur le parc et les montagnes. La crème de la crème !

Camping

■ **LINNHE LOCHSIDE HOLIDAYS. Corpach, Fort William** ✆ **(01 397) 772 376 – Fax : (01 397) 772 007 – www.linnhe-lochside-holidays.co.uk** – Emplacements pour tentes et caravanes, entre 8 et 14 £, location de chalets (*compter 350 £ la semaine*) avec vue sur le loch Eil ou le Ben Nevis. Magasin, laveries, accès au lac. Excellent entretien.

Restaurants

Bien et pas cher

■ **THE GROG AND GRUEL. 66 High Street** ✆ **(01 397) 705078 – www.grogandgruel.co.uk** – *Ouvert toute l'année jusqu'à minuit. Le restaurant est à l'étage du pub.* Compter 8 à 14 £ pour des burgers, pâtes, pizzas et plats tex mex. Bonne sélection de bières et de whiskies.

Bonne table

■ **N° 4. Cameron Square** ✆ **(01 397) 704222.** *A droite de l'office du tourisme.* Un bel établissement où l'on sert du haggis pour moins de 5 £, des plats de viande ou de poisson pour 12 £.

Luxe

■ **CRANNOG SEAFOOD RESTAURANT. Town Centre Pier** ✆ **(01 397) 705 589 (réservation) – www.crannog.net** – *Ouvert de 12h à 15h et de 18h à 22h.* Comptez 25 £ environ. Dans l'ambiance simple de ce restaurant aux baies vitrées, situé sur la jetée, vous aurez le choix entre huîtres, saumons, truites, harengs, haddocks, moules, langoustines, maquereaux… et plats végétariens.

■ **THE MOORINGS HOTEL AND RESTAURANT. Banavie** ✆ **(01 397) 772797 – www.mooringsfortwilliam.co.uk** – *Prendre la route pour Mallaig et tourner à droite après le canal.* Comptez 30 £ environ, et si vous souhaitez rester dormir, 45 £ la nuit par personne pour une chambre double. Ce restaurant décoré de bois sombre et de tissus fleuris est une réussite. Nous vous suggérons la soupe de poulet à la coriandre, la lotte sur salade avec une sauce de tétragone à la crème, la galette de pommes de terre dans une sauce de baies et d'herbes. Mais attention au prix des vins.

Sortir

■ **STUDIO CINEMA** ✆ **(01 397) 705095.** Deux salles et des films commerciaux.

■ **THE GROG AND GRUEL. High Street** ✆ **(01 397) 705078 – www.grogandgruel.co.uk** – Le pub sert à manger jusqu'à 18h, ensuite le restaurant prend le relais à l'étage. Vous y serez bien installé et écouterez de la musique traditionnelle certains soirs en été.

Manifestation

▶ **Premier samedi d'août : River Race** (course sur le fleuve destinée à apporter des fonds pour l'équipe de sauvetage du coin, composée de volontaires).

Point d'intérêt

■ **THE WEST HIGHLAND MUSEUM.** Cameron Square ✆ **(01 397) 702169 – www.west highlandmuseum.org.uk** – *Ouvert toute l'année de 10h à 16h, le dimanche uniquement en été de 14h à 17h, 3 £*. Musée sur l'histoire des jacobites, collections de tartans, histoire naturelle, archéologie et géologie. Livret avec explications en français.

Shopping

Des produits écossais à profusion (articles de laine, whisky etc.) dans les magasins de High Street.

■ **WEST COAST OUTDOOR LEISURE CENTRE.** 102, High Street ✆ **(01 397) 705777 – www. westcoast-leisure.co.uk** – Instructeurs locaux pour trekkings ou toute autre activité liée à la montagne. Tout l'équipement pour le ski et les sports aquatiques, moins cher que dans le magasin Newsport.

Dans les environs de Fort William

Ascension de Ben Nevis

En amont au sud-est de Fort William, Glen Nevis est la base de départ de l'ascension de Ben Nevis, la plus haute montagne de Grande-Bretagne (1 343 m). Pour les simples promeneurs, les chemins partent de la route qui longe le Glen. Plus haut dans la vallée, les alpinistes trouveront des falaises sculptées par l'érosion glaciaire. L'ascension commence à Achintee Farm, à trois bons kilomètres du village de Claggan. Il faut compter en moyenne 4h pour monter et 2h pour redescendre. Suivez le chemin jusqu'au Loch Meall An T'Suidhe ; à 600 m, il bifurque à gauche pour la face nord et à droite pour le sommet. Vous apprécierez alors le paysage qui s'étend de Ben Lomond aux Hébrides extérieures, et de Torridon aux Cairngorms. Par-dessus Glen Nevis, au-delà de la vallée, les Mamores semblent mordre le ciel de leurs dents de quartz. Le vent dépasse souvent les 70 nœuds.

En général, les ouragans et les nuages ne laissent percer le soleil que deux heures par jour. Vous devez vous équiper de vêtements chauds, de bonnes chaussures de marche et de vivres. Car même s'il fait beau en bas, il peut faire très froid en haut. Ce sera probablement une des marches les plus mémorables de votre vie, cela en vaut la peine. Munissez-vous d'un plan détaillé !

D'autres balades à pied, plus faciles, peuvent être faites dans les environs.

Dans la forêt d'Achriabhach, reprendre l'A 82 vers Inverness, depuis vers le centre de Fort William, prendre Glen Nevis Road, la 2e sortie à 8 km. Le départ est après le pont qui franchit les Lower Falls. Le chemin est balisé par des signes de couleur. Durée : 1h.

Glen Nevis, Steal Falls

Avec le même point de départ que pour l'itinéraire précédent, suivre la route qui mène aux pics Stab Ban et Sgurr A Mhaim jusqu'au bout, puis démarrez une marche qui vous conduit de la rivière Nevis à la colline Meall Cumhann, dans la forêt et jusqu'aux chutes de Steal. Durée : 1h30.

▶ Brochures d'itinéraires disponibles à l'office de tourisme de Fort William.

■ LA PÉNINSULE D'ARDNAMURCHAN ■

C'est sans doute l'une des plus belles parties de l'Ecosse. Il faut lui consacrer du temps, et errer au hasard des sentiers, afin de pénétrer dans ce monde simple et sauvage.

Descendez la côte nord de Loch Linnhe jusqu'à Corran Ferry (A 861), pour vous diriger vers Lochaline, d'où un petit ferry vous conduira jusqu'à l'île de Mull (à Fishnish). Remontez à Strontian et continuez vers l'ouest en direction de Salen. Des cratères où s'est écrasée une météorite présentent à la face du monde les roches les plus vieilles d'Europe. Des villages abandonnés, une pêcherie de saumon sauvage à Fascadale et château Mingary le long de la jetée jalonnent ce décor, parcouru par des colonies de cerfs. Plages dorées, grottes profondes, coquillages et crabes vous attendent sur la côte.

Près d'Acharacle, sur la route entre Lochailort et Salen, le musée de l'Illégalité (ouvert tous les jours, de 10h à 17h) met en scène un « illicit whisky still » (alambic de distillerie illégal) et une cuisine de braconnier, sous un toit de bruyère. Un peu plus loin, Tioram Castle, château brûlé par les MacDonald en 1725, accessible à marée basse, offre une vue superbe sur le loch Moidart.

Hébergement

■ **CRAIG-NA-SHEE. Anaheilt, Strontian près d'Acharacle** ℰ **(01967) 402051** – www.craig-na-shee.co.uk – *Deux chambres, 1 twin et 1 double à partir de 17,50 £ par personne. B & B ouvert d'avril à octobre.*

■ **BEN VIEW HOTEL. Strontian, Acharacle** ℰ **(01967) 402333 – Fax : (01967) 402376 – www.benviewhotel.co.uk** – *Comptez 30 £ environ. Ouvert de mars à octobre.* Huit chambres assez informelles mais modernes (rénovées en 2002). Dîner au bar ou au restaurant entre 18h et 20h30.

■ **FEORAG HOUSE. Glenborrodale, Acharacle** ℰ **(01972) 500248 – Fax : (01972) 500285 – www.feorag.co.uk** – *Trois chambres avec vue sur le loch Sunart. 75 £ par personne, Scottish breakfast, afternoon tea et dîner compris.* Peter et Helen Stockdale n'ont pas de licence pour l'alcool alors n'hésitez pas à apporter votre vin ! Proposent également la location de chalets meublés.

■ DE FORT WILLIAM À L'ÎLE DE SKYE ■

Deux routes mènent à l'île de Skye. La première n'est pas des plus adaptées à la course de vitesse car, sinueuse et mal en point, elle disparaît souvent brusquement sans que l'on puisse prévoir sa direction. Cet itinéraire, qui s'adresse à ceux qui ont le temps, permet de faire un détour par la péninsule d'Ardnamurchan (voir plus haut). L'autre route, beaucoup plus rapide, passe par Invergarry Shiel Bridge et Kyle of Lochalsh.

▶ **Premier itinéraire. A partir de Fort William, prendre l'A 830 jusqu'à Mallaig puis le ferry jusqu'à Skye, « Road to the Isles ».** Le viaduc de Glenfinnan, première construction en béton au monde, supporte le chemin de fer en face du monument à la mémoire des Highlanders à Glenfinnan. Le train à vapeur (cf. The Jacobite, Fort William) l'emprunte tous les jours pour relier Fort William à Mallaig, d'où un ferry vous conduira à l'île de Skye (Armadale). Le trajet vaut vraiment la peine d'être suivi ! Arisaig, village à l'ambiance tranquille, locale, a tendance à devenir de plus en plus populaire : la pêche, les plages de sable argenté, ou blanc, et les petites baies caractérisent ce coin insolite. Vous trouverez sur le port quelques bateaux qui vous conduiront sur les îles Rhum, réserve naturelle, Eigg et Canna. La première fut longtemps inhabitée : on n'y voyait que des carnassiers, des cerfs et des midges. Eigg, propriété privée, est un véritable pâturage sur les falaises. Quant au port de Canna, il est couvert de graffitis qui datent d'une centaine d'années : ce sont les noms des bateaux qui s'abritaient dans cette baie profonde, une des rares des Hébrides.

MALLAIG

Village de pêcheurs, Mallaig est un charmant arrêt avant les îles. Vous pouvez y faire aussi de petites croisières pour observer les dauphins.

Transports – Pratique

■ **BRUCE WATT SEA CRUISES** ℰ **(01687) 462320.** Départs à 10h15 et 14h15 le lundi, mercredi et vendredi tout au long de l'année.

■ **OFFICE DU TOURISME** ℰ **(01687) 462170 – www.road-to-the-isles.org.uk** – *Ouvert tous les jours d'avril à octobre et le lundi, mardi et vendredi de novembre à mars.*

■ **MÉDECIN** ℰ (01687) 462202.

Points d'intérêt

■ **MALLAIG MARINE WORLD** ℰ/**Fax (01687) 462292** – *Ouvert de 9h30 à 17h30, tous les jours, l'été jusqu'à 19h. Prix de la visite : 3 £.* Pour les amoureux de la mer, un grand aquarium avec des espèces locales.

■ **MALLAIG HERITAGE CENTER. Station Road** ℰ **(01687) 462085 – www.mallaigheritage.org.uk** – *Ouvert du lundi au samedi de 9h30 à 17h de mai à septembre. 2 £.* Ce centre raconte l'histoire locale et l'archéologie, évoque les industries de la vapeur et de la pêche.

Hébergement

■ **Mrs JEAN CROCKET'S BED AND BREAKFAST. Roadstead, 1 Loch Nevis Crescent** ℰ **(01687) 462171.** *Ouvert d'avril à octobre. Chambres simples de 16 à 18 £, doubles à 15 £ par personne.*

■ **Mrs E. MACMILLAN. Leven House Bed and Breakfast.** Borrodale, Arisaig ✆ (01687) 450238 – www.thelevenhouse.co.uk – *Deux chambres doubles ou familiales avec salle de bains à partir de 22 £ par personne.*

■ **ARISAIG HOTEL.** Arisaig ✆ (01687) 450210 – Fax : (01687) 450310 – www.arisaighotel. co.uk – *A partir de 45 £ environ. Dîner à 22 £.* Un bon feu de bois brûle tout au long de l'année dans la cheminée de ce petit hôtel à l'ambiance vacancière et accueillante. On se sent très vite considéré comme un membre de la famille. 13 chambres spacieuses et un bon restaurant.

Restaurants

■ **FISHERMAN'S MISSION. Sur le port.** *Ouvert de 9h à 22h. Compter 5 £.* Le moins cher.

■ **THE PRINCE'S HOUSE.** Glenfinnan ✆ 01 397 722246 – www.glenfinnan.co.uk – *Compter 20 £ environ.* Dans ce restaurant situé près d'un ruisseau, on apprécie la fraîcheur de la nature. Vous pourrez essayer les langoustines aux petits pois et au citron, les lasagnes de blé complet aux épinards et champignons, sauce fromage… Pour le dîner, on vous propose une spécialité à ne pas manquer, le Prince Charles'Camanachd. Composé d'avoine grillée, de miel de bruyère, de crème fraîche, de drambuie (type de wyskie écossais) et de framboises écossaises, c'est un vrai délice ! L'endroit est réservé aux non-fumeurs.

Dans les environs

D'Arisaig poursuivez jusqu'à Morar, sur l'A 830. Vous y trouverez des plages sublimes, à proximité de la rivière la plus courte d'Ecosse et du loch le plus profond : le loch Morar (1 017 pieds, environ 300 mètres). Vous atteindrez Mallaig quelques kilomètres plus loin.

▶ **Second itinéraire. A 82, direction Invergarry. A 87, direction Kyle of Lochalsh.** Après Glen Nevis, souvent bloquée par des bœufs highland, la route mène près de Inverlochy Castle, théâtre de l'une des victoires militaires les plus étonnantes de l'histoire des guerres entre clans (1645). Montrose se dirigeait vers Inverness après avoir battu les Argyll à Inverary, lorsqu'il apprit que ces derniers cherchaient à se venger. Il décida de revenir de Fort Augustus pour les prendre par surprise, empruntant non pas la route de Great Glen, trop évidente, mais celle des sommets. Son armée parcourut ainsi plus de 60 km en altitude, dans le froid et la neige. Ce courage fut récompensé : les Montrose gagnèrent de nouveau la bataille contre les Argyll, pourtant deux fois plus nombreux.

De part et d'autre de cette Road to the Isles, les fleuves déversent des milliers de litres d'eau par minute dans les lochs. Les cascades sont particulièrement spectaculaires après la pluie ou la fonte des neiges. Vous bifurquerez à Invergarry pour parcourir, jusqu'à Kyle of Lochalsh, un paysage désert, sans aucune vie humaine, barré uniquement d'impressionnantes montagnes.

Hébergement

■ **CLUANIE INN.** Cluanie, Glenmoriston ✆ (01320) 340238 – Fax : (01320) 340293 – www. cluanieinn.com – *Sur l'A 87, entre le loch Cluanie et Kintail. Comptez 10 £ environ pour déjeuner, 20 £ pour dîner.* C'est aussi un hôtel (*environ 45 £ la chambre double*). Il est presque le seul bâtiment en vue ; montagnes, gorges et lochs entourent cet abri insolite et confortable, où brûle un feu de bois. Il est possible d'organiser des balades guidées dans les alentours.

Au nord-ouest du loch Duich, un chemin mène aux Falls of Glomach, une des cascades les plus impressionnantes du pays. Des informations vous seront données à Shiel Bridge et à Morvich. Près de Morvich, laissez votre voiture sur le parking et montez le chemin assez raide qui bifurque à gauche, pour accéder à la cascade.

EILEAN DONAN CASTLE

■ ✆ (01599) 555202 – www.eileandonancastle.com – *Ouvert de 9h à 17h, d'avril à octobre. Entrée de 3 à 4 £.* Avant d'atteindre Skye, terminez votre voyage par ce lieu qui servit de décor au film *Highlander*. Saint Donan y avait établi sa chapelle et le château appartenait aux MacKenzie. Les Espagnols s'y étant installés en 1719, les forces du gouvernement détruisirent l'édifice. Entièrement reconstruit, c'est aujourd'hui le siège des MacRae. Mise en scène des cuisines et de la vie quotidienne du château très réussie.

Transports

■ **BUS.** Accès aussi par les bus City Link depuis Fort William et Inverness en direction de Portree, sur l'île de Skye. Une nuit dans cet endroit féerique vaut le coup, pour contempler ce château sublime à toutes les heures – parfois s'y accrochent un ou deux arcs-en-ciel –, faire une marche

> Au loin, le château de Stirling

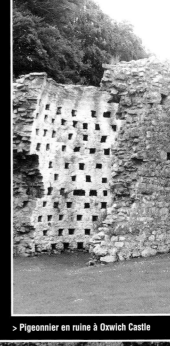

> Pigeonnier en ruine à Oxwich Castle

La vieille ville d'Edimbourg en Ecosse

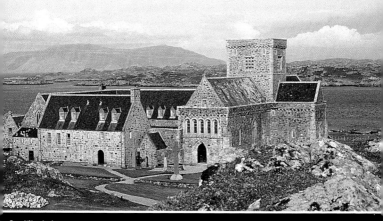

> Sur l'île de Iona

Jardin à Chester dans le Cheshire

dans la montagne, en allant vers Shiel Bridge pour goûter les hauteurs (le chemin part à l'entrée du village, et monte vers la droite).

Hébergement

▪ **CONCHRA HOUSE. Ardelve, Dornie** ✆ **(01599) 555233 – Fax : (01599) 555433 – www. conchrahouse.co.uk –** *A partir de 25 £ par personne.* Une belle maison douillette et parfaitement située pour la vue sur le loch et les montagnes. Ce fut le siège du Clan 'Macrae of Conchra' avant qu'Eilean Donan Castle ne soit construit.

Le ferry vous attend ensuite à Kyle of Lochalsh ou bien au village de Glenelg (bifurcation à la hauteur de Shiel Bridge sur l'A 87) près duquel se situent deux « brochs » bien conservés. Ces châteaux forts, construits par les Pictes vers le Ve ou VIe siècle, sont reconnaissables à leur forme cylindrique très particulière. En été, pour essayer d'éviter une attente interminable, choisissez plutôt le ferry de Glenelg. Depuis le printemps 1996, le ferry de Kyle of Lochalsh a été remplacé par un pont à péage (4,70 £ pour une voiture) non loin du village.

KYLE OF LOCHALSH

Assez animée, cette petite ville qui tend un bras de terre vers l'île de Skye, peut être l'occasion d'une agréable halte (profitez-en pour faire des courses avant d'aller sur l'île !). La vue sur l'île est un délice à savourer en prenant le temps. Ambiance…

Transports – Pratique

▪ **BUS.** Citylink depuis Inverness (2h) ou depuis Glasgow (5h).

▪ **TRAINS.** Depuis Inverness : 2h30, un voyage à déguster avec les yeux.

▪ **OFFICE DU TOURISME.** Près du parking des bus, avant le pont, ✆ (01599) 534276. *Ouvert d'avril à octobre.*

Hébergement

▪ **THE OLD SCHOOLHOUSE. Tigh Fasgaidh, Erbusaig, Kyle Of Lochalsh** ✆ **(01599) 534369 – Fax : (01599) 534369 – cuminecandj@lineone.net – www.highland.plus.com/school house –** *A partir de 30 £ par personne.* A l'époque de sa construction, en 1820, l'établissement abritait l'école de la région. Trois confortables chambres ont été aménagées dans ce B & B. Le petit-déjeuner est excellent ; nous vous conseillons aussi d'y dîner (*environ 18 £*).

▪ ÎLE DE SKYE ▪

12 000 habitants. C'est l'île des Hébrides intérieures la plus étendue, avec une superficie de 155 km^2, longue de 81 km. Bonnie Prince Charlie s'arrêta ici en 1745, avant de s'enfuir ensuite vers l'Europe. Il semble d'ailleurs que Skye fût de tout temps une terre d'exil. Elle accueille aujourd'hui 35 % d'émigrés, anglais pour la plupart. Les tensions, d'ailleurs, ne manquent pas : ces White Settlers achètent en effet les propriétés que les habitants n'ont plus les moyens d'entretenir. Le gaélique sera peut-être le début d'une réconciliation, puisque tous les enfants, les petits Ecossais comme les petits Anglais, l'apprennent à l'école. Il n'est pas évident de circuler dans l'île à pied et il n'y a que peu de bus, pour les distances importantes. Aussi faut-il prévoir dans ce cas plusieurs jours ou essayer le stop avec patience, mais lorsque cela marche les gens sont très sympathiques et heureux de vous faire visiter leur île, en vous montrant plus de choses que prévu ! Si vous êtes plus pressé, autant louer une voiture dès l'entrée dans l'île, à Broadford, un des centres d'activités de l'île, de même que Portree, plus au nord. Uig est une ville moins jolie, mais de là, vous pouvez mettre le cap sur les Hébrides.

Transports

▪ **TRAIN.** Chemin de fer à Kyle of Lochalsh.

▪ **FERRY.** 5 minutes par ferry de Kyleakin.

▪ **BUS.** Des Hebrides via Uig, Portree et Kyleakin. Les services sur l'île, à l'origine réservés aux habitants, sont en général assez complexes et il est impossible de faire le tour de l'île en une journée. Les Post Bus sont bien pratiques, surtout pour découvrir des lieux inaccessibles par un autre moyen de transport.

Île de Skye

Pratique

- **OFFICES DU TOURISME. Meall House.** Somerled Square, Portree ✆ (01478) 612137. *Ouvert toute l'année du lundi au samedi et le dimanche en été.* **Broadford.** A côté de la station Esso ✆ (01471) 822713. *Ouvert de mars à octobre – www.isleofskye.com*

- **BANK OF SCOTLAND. Portree.** *Ouverte du lundi au vendredi.* Le guichet automatique n'accepte pas toujours les cartes étrangères.

- **AUTRES BANQUES À BROADFORD,** ouvertes de 9h30 à 16h45. Change au Portree Hotel, le week-end.

- **POLICE.** Somerled Square, Portree.

- **BROADFORD HOSPITAL (Mackinnon Memorial Hospital)** ✆ **(01471) 822491.** *Ouvert 24h/24.* C'est le plus grand hôpital de l'île.

- **PHARMACIE MACLEOD.** 5 Wentworth Street, Portree ✆ (01478) 612100.

Hébergement

La plupart des habitants qui ont des chambres à louer l'indiquent devant leur maison par le sigle « B & B ». Vous y serez comme chez vous. L'hospitalité est ici une valeur sûre. Les voitures et les maisons ne sont que rarement fermées à clé, ce qui nous dit assez la tranquillité qui y règne.

Portree

- **PORTREE INDEPENDENT HOSTEL. Old Post Office, The Green** ✆ **(01478) 613737.** *Près de l'office de tourisme. Compter 11 £.*

- **THE PINK GUEST HOUSE. 1 Quay Street, Portree** ✆ **(01478) 612263 – Fax : (01478) 612181 – www.pinkguesthouse.co.uk** *– Compter 30 £ par personne en haute saison.* Située sur le port, cette maison rose est très populaire et souvent remplie de jeunes. Sa situation, au cœur de Portree, rend facile l'accès à tous les coins de l'île.

- **THE ROYAL HOTEL. Bank Street, Portree** ✆ **(01478) 613198 – www.royal-hotel-skye. com** *– Ouvert toute l'année. A partir de 50 £ la chambre.* Tout proche de l'office du tourisme, la plupart des chambres donnent sur le port et conviendront parfaitement aux familles.

- **VIEWFIELD HOUSE. Viewfield Road, Portree** ✆ **(01478) 612217 – Fax : (01478) 613517 – www.viewfieldhouse.com** *– Ouvert de mi-avril à mi-octobre. Compter 40 £ par personne.* Cette maison victorienne abrite un petit hôtel au charme certain, dans un environnement calme à 10 min à pied du centre de Portree.

- **CUILLIN HILLS HOTEL. Portree** ✆ **(01478) 612003 – www.cuillinhills-hotel-skye.co.uk** – Un établissement prestigieux adossé aux Cuillins et surplombant la baie de Portree. Lits à baldaquin et décoration traditionnelle. Le restaurant est excellent.

Broadford

- **YOUTH HOSTEL** ✆ **(01478) 822442.** *A l'ouest du village. Ouvert de février à octobre. Compter 12 £.* Accès Internet et location de vélos.

- **SWORDALE HOUSE. Broadford** ✆ **(01471) 822 272 – www.isleofskye.net/swordale house – swordalehouse@isleofskye.net** *– Sur la B 8083 en direction d'Elgol. Ouvert de février à novembre, comptez de 18 à 25 £.* Trois chambres doubles.

- **LIME STONE COTTAGE. 4 Lime Park, Broadford** ✆/Fax : **(01471) 822142 – www.limestone cottage.co.uk** *– Compter 30 à 35 £ par personne.* Cette ravissante chaumière possède 3 chambres (2 doubles et 1 twin) au caractère à la fois rustique et romantique. Le plafond avec poutres apparentes et le jardin style victorien ne gâchent rien.

Kylean

- **SKYE BACKPACKERS. Kyleakin** ✆ **01 599 534510 – skye@scotlands-top-hostels.com** – *Entre 10 et 12 £.* La maison fonctionne selon le système des auberges de jeunesse, tout en restant ouverte la journée. L'ambiance y est à la fois détendue et affairée.

■ **MACKINNON COUNTRY HOUSE HOTEL. Kyleakin** ✆ **(01599) 534180 – Fax : (01599) 534460 – www.mackinnonhotel.co.uk –** *A partir de 45 £ par personne.* Un hôtel au calme au milieu d'un parc boisé et fleuri. Parfait pour un séjour romantique ! Compter 25 £ le menu au Fountain Restaurant et carte plus informelle et abordable au Garden Restaurant.

Sleat Peninsula

■ **ARMADALE YOUTH HOSTEL. Ardvasar, Sleat** ✆ **0870 004 1103 – 0870 1 553 255 – www.syha.org.uk –** *Compter 10,50 £ par personne.* A côté du terminal des ferries pour Mallaig. Base idéale pour explorer le Sud de la péninsule.

■ **KINLOCH LODGE. Kinloch, Isle Ornsay** ✆ **(01471) 833214 – Fax : (01471) 833277 – www.kinloch-lodge.co.uk –** *A partir de 85 £ par personne, dîner et petit-déjeuner compris.* Dans le Sud de l'île sur la route de Clan Donald et du ferry d'Armadale. Un des hôtels les plus raffinés de toute l'Ecosse, avec une cuisine exceptionnelle. Lady Mac Donald publie des livres de cuisine qui font référence dans tout le Royaume-Uni.

Dunvegan

■ **ROSKHILL HOUSE. Roskhill, Dunvegan** ✆ **(01470) 521317 – Fax : (01470) 521827 – www.roskhillhouse.co.uk –** *De 28 à 36 £ par personne.* Les chambres sont lumineuses et bien entretenues. Le salon a gardé son caractère d'antan, lorsqu'il servait de bureau de poste au village ; Dunvegan Castle et Talisker distillery sont à proximité.

■ **ATHOLL HOUSE. Dunvegan** ✆ **(01470) 521219 – www.athollhotel.co.uk –** *Ouvert de mars à décembre. A partir de 35 £ par personne.* Peggy et Calum Morrison sont nés sur l'île et ont appris le gaélique avant l'anglais ! Cela fait plus de 25 ans qu'ils accueillent les visiteurs dans leur hôtel et ils vous feront passer un séjour des plus conviviaux.

Uig

■ **DAVID ET ANGELA WILLIAMS B & B. ORASAY. 14, Idrigill, Uig** ✆ **(01470) 542316 – www.freereserve.co.uk –** *Comptez de 18 à 20 £ (28 £ dîner compris).*

■ **KILMUIR HOUSE. Kilmuir, Uig** ✆ **(01470) 542262 – Fax : (01470) 542461 – www.kilmuir-skye.co.uk –** *Prix : 20 £ environ. Pour manger, comptez 10 £ supplémentaires.* Roy et Sally Phelps ont restauré cette ancienne maison de pasteur, entourée d'un jardin et située dans les landes qui regorgent d'oiseaux et de moutons. La plupart des grandes chambres, confortables, ont une vue sur la côte ouest de Skye, apparemment très désolée. Roy vous fera aussi profiter de ses talents de cuisinier.

■ **FLODIGARRY COUNTRY HOUSE HOTEL. Flodigarry, Staffin** ✆ **(01470) 552203 – Fax : (01470) 552301 – www.flodigarry.co.uk –** *Compter 50 £ par personne et environ 80 £ avec le dîner.* Au pied des Quiraing, cet hôtel vous fera vivre un séjour parfaitement authentique dans les Highlands et vous serez on ne peut mieux dans l'une des 19 chambres que Flora MacDonald vous propose.

■ **CAMPSITE. Sligachan** ✆ **(01470) 650303.** *A 15 km au sud de Portree. Ouvert d'avril à octobre.* Compter 8 £. Très fréquenté l'été.

■ **KINLOCH CAMPSITE. Millburn, Dunvegan** ✆ **(01470) 521210 – millburn@lineone.net –** *Ouvert d'avril à mi-octobre. Compter 9 £.*

■ **TORVAIG CARAVAN AND CAMPING SITE. Torvaig, Portree** ✆ **(01478) 611849.** *Ouvert d'avril à octobre. Compter 4 £.*

■ **STAFFIN CARAVAN AND CAMPING SITE** ✆ **(01470) 562213.** *Ouvert d'avril à septembre.* Compter 10 £. Bon point de départ pour les Quiraing.

▶ **Camping sauvage.** Il est autorisé, mais soyez respectueux de l'environnement.

Restaurants

Portree

■ **PORTREE HOUSE. Portree** ✆ **(01478) 613713 – Fax : (01478) 612713 – www.portreehouse.co.uk –** *Comptez 12 £ environ.* On y mange aussi bien en été qu'en hiver. Soupe, haggis et casserole de cerf au vin de myrtilles sont servis copieusement sur les petites tables. Le service est amical et souriant.

■ **SLIGACHAN HOTEL. Sligachan,** ✆ **(01478) 650204 – Fax : (01478) 650207 – www. sligachan.co.uk** – *Sur l'A 87, entre Portree et Broadford. Paniers de pique-nique sur demande pour environ 5 £. Chambres pour environ 40 £.* Les amateurs de cuisine végétarienne et de fruits de mer – arrosés d'une grande variété de bières ! – trouveront leur bonheur dans cette vieille auberge au pied des Cuillins. Petits plats réconfortants (autour de 6 £) dans une ambiance cosy, autour de la cheminée du Seumas'Bar. Très bon point de départ pour une randonnée dans la montagne.

■ **SKEABOST HOUSE HOTEL. Skeabost** ✆ **(01470) 532202.** *Comptez 25 £ environ.* Installé dans une maison de campagne construite en 1870, ce restaurant est recommandé par les gourmets britanniques.

Broadford

■ **CROFTER'S KITCHEN** ✆ **(01599) 534134.** *A la sortie de Kyleakin en direction de Broadford. Ouvert de Pâques à septembre, du lundi au samedi de 10h à 21h et le dimanche de 12h30 à 21h.* Bon accueil et bon rapport qualité-prix pour la cuisine. Compter 6 £.

■ **THE RENDEZVOUS. Breakish** ✆ **(01471) 822001.** *Entre Broadford et Kyleakin. Compter 20 £ le menu. Réservation conseillée.* Bonne cuisine écossaise à base de produits frais.

Dunvegan

■ **LOCHBAY SEAFOOD. Stein. Waternish** ✆/**Fax : (01470) 592235 – www.lochbay-seafood-restaurant.co.uk** – *Compter 20 £. Ouvert d'avril à octobre, du lundi au samedi.* Comme son nom l'indique, ce restaurant met à l'honneur les produits de la mer et ce n'est pas l'un des plus chers pour le homard. Le feu crépite dans la cheminée, la baie s'illumine, l'intimité de ce restaurant, petit et simple, garantit le succès de votre repas. Réservation conseillée le soir.

■ **THE THREE CHIMNEYS RESTAURANT. Colbost, Dunvegan** ✆ **(01470) 511258 – www.three chimneys.co.uk** – *Ouvert toute l'année pour le dîner, d'avril à octobre pour le déjeuner. Comptez 45 £ pour un menu complet le soir.* Il fait bon manger dans cette chaumière, près de l'une des trois cheminées. Le restaurant vous propose aussi bien des menus végétariens que des plats à la carte. C'est certainement l'endroit le plus réputé de l'île alors pensez à réserver. En 2002, il a été classé 28e sur les 50 meilleurs restaurants du monde par le magazine Restaurant.

Uig

■ **FLODIGARRY HOTEL. Staffin (voir hébergement)** ✆ **(01470) 552203.** *Ouvert de 12h30 à 14h30 et de 19h à 22h. Bar de 11h à 23h. Comptez 10 £ environ pour déjeuner, 22 £ pour dîner. Réservation recommandée pour dîner.* L'endroit est aimé des marcheurs, d'autant plus qu'il offre une vue superbe sur Gairloch et le continent. Les plats, cuisinés avec beaucoup d'originalité, varient chaque jour.

Sortir

■ **PORTREE HOTEL ET CAMANACHD BAR.** Le Royal Hotel, le Pier Hotel (trop fréquenté par les Français, de l'avis du propriétaire…) et le Tongadale (grand bar confortable) ouvrent leurs salles à la musique et aux comiques, le soir.

■ **KING HAAKON. Kyleakin** ✆ **(01599) 534164.** Peu connu des touristes, ce bar « viking » garde encore sa couleur locale. Le roi Norse s'arrêta ici avant d'être vaincu au Clyde en 1263.

■ **STEIN INN. Waternish, MacLeods Terrace, Stein** ✆ **(01470) 592362 – Fax : (01470) 592362 – www.steininn.co.uk –** Petit bar bien typique, mais également insolite, donnant sur la mer, dans le nord-ouest.

Manifestations

▶ **Premier mercredi du mois d'août : Highland Games à Portree.** La veille a lieu une compétition de joueurs de cornemuse : « Silver Chanter ».

▶ **Fin juillet, début août (5 jours) : Skye Folk Festival.** La musique, principalement celtique, retentit alors dans tous les bars de l'île.

▶ **Première semaine d'août : Skye Week.** Musique, compétitions, foires, marathons ainsi que des démonstrations de sports nautiques, des danses et ceilidhs tous les soirs.

Points d'intérêt

À l'ouest de l'île

 ■ **TALISKER DISTILLERY VISITOR CENTRE. Carbost** ✆ **(01478) 614308.** Ouverte toute l'année jusqu'à 17h (*3 £*), la seule de l'île qui produit « l'esprit d'or »…

■ **GLENDALE TOY MUSEUM. Holmisdale House, Glendale, à l'ouest de Dunvegan** ✆ **(01470) 511240 – www.toy-museum.co.uk –** *Entrée 2 £. Ouvert toute l'année de 10h à 18h.* Musée du jouet et atelier de jeux en bois.

■ **BORRERAIG PARK. Borreraig** ✆ **(01470) 511311.** *Ouvert de Pâques à octobre, de 10h à 18h, l'hiver jusqu'à 16h.* Ce centre retrace l'histoire de la cornemuse ainsi que celle de la famille MacCrimmon, musiciens des MacLeod entre 1500 et 1800, et compositeurs de nombreux piobaireachd.

■ **COLBOST CROFT MUSEUM. Colbost** ✆ **(01470) 521296.** *Ouvert d'avril à octobre.* Ce musée présente l'histoire des crofters (petits cultivateurs) au XIXᵉ siècle.

■ **BATTLE OF BRAES.** En 1882, les crofters avaient chassé la police qui voulait leur retirer leurs terres pendant les Clearances. Cet incident suscita de nombreuses réactions. En 1886, The Crofters Holding leur conféra le droit de propriété et l'assurance de ne pas en être expulsés. Ces lois subsistent encore aujourd'hui, malgré le nombre décroissant de bergers sur les îles.

■ **DUNVEGAN CASTLE. McLeod Estate, Dunvegan** ✆ **(01470) 521206 – www.dunvegan castle.com –** *Ouvert de 10h à 17h30 en été (16h en hiver). En hiver, sonnez à la porte. Entrée 6 £. Au bout du Loch Dunvegan, à l'intersection de l'A 850 et de l'A 863.* C'est le plus vieux des châteaux d'Ecosse encore habités ; les MacLeod y vivent depuis 30 générations. Leur devise est « hold fast » (tenez bon). La famille n'a jamais abandonné l'édifice, ni son rocher, et encore moins le Fairy Flag (drapeau féerique). Ce vieux morceau de tissu est à l'origine de bien des péripéties.

Sleat Peninsula

■ **ARMADALE CASTLE GARDENS AND MUSEUM OF THE ISLES. Armadale, Sleat** ✆ **(01471) 844305 – www.clandonald.com –** *Ouvert tous les jours de mars à octobre de 9h à 17h30.* De magnifiques jardins encadrent les ruines d'Armadale Castle tandis que le musée vous en apprendra plus sur l'histoire de l'île.

> @ « A Kilerhea, sur l'île de Skye, un observatoire a été aménagé et permet d'observer les loutres. Si elles ne se montrent pas, il y a toujours la colonie de phoques. Kylerhea se trouve à 11 miles du port de Kyleakin et il faut marcher une vingtaine de minutes pour atteindre la cabane d'observation. » E. Dubreucq, Villeneuve-d'Ascq.

Trotternish Peninsula

Le tour de la péninsule de Trotternish (A 855 puis A 856) exige une journée entière. En quittant Portree, on aperçoit une formation rocheuse singulière : un rocher seul, debout à côté des falaises de Storr, le point le plus haut de la péninsule. Il s'agit du Old Man of Storr qui mérite une promenade à pied. Vous goûterez à l'inhospitalité du terrain.

Repérez le Loch Sianta, près de Flodigarry ; on dit que son eau guérit. Vous pouvez vous y baigner, mais il est interdit d'y pêcher.

■ **RUINES DE DUNTULM CASTLE.** Au nord de la péninsule, elles rappellent la puissance des MacDonald, dont c'était la forteresse jusqu'en 1716, date à laquelle ils en furent expulsés.

■ **SKYE MUSEUM OF ISLAND LIFE. Kilmuir** ✆ **(01470) 552206.** *Ouvert d'avril à octobre.* Avec une reconstitution frappante de la vie des crofters du siècle dernier, c'est le musée le plus complet de l'île, avec sa vieille Bible qui date du XVIIᵉ siècle et dont on se servait encore récemment, dans l'église de Kilmuir, sur l'île de Rona.

Une histoire de drapeau

L'un des fils MacLeod s'était marié avec une fée qui avait dû l'abandonner. Elle revint quelques années plus tard pour soigner sa fille gravement malade et la recouvrit d'un morceau de tissu qui la guérit instantanément. Le morceau de tissu en question devint bien sûr le drapeau.

Les historiens ont prouvé, au moyen du carbone 14, l'antériorité du tissu par rapport au saint suaire de Turin. Ce tissu de soie aurait en effet été fabriqué en Syrie, entre le IIIe et le IVe siècle. D'après le résultat des recherches, il s'agirait du vêtement d'un saint, donné en récompense à un Viking pendant les Croisades.

Selon la légende, ceux qui suivaient ce drapeau ne pouvaient être vaincus lors d'une bataille. On raconte qu'au cours d'une attaque des îles Britanniques pendant le XIe ou le XIIe siècle, le Viking, laissant le drapeau sur son bateau, perdit le combat.

Le drapeau fut alors récupéré par Olaf, roi des îles, qui l'aurait remis à son fils Loud ou Leod, lequel fit construire le château. Le tissu constitue le plus grand trésor de la famille depuis des générations. Mais bien d'autres objets de valeur l'entourent.

En descendant, l'intérêt principal de la côte est la colonie d'oiseaux qui niche dans ces lieux superbes entourés de lochs.

Waternish Peninsula

Il faut également une bonne journée pour la sillonner. En suivant l'A 850, vous vous trouverez dans un paysage surnaturel de champs de tourbe. Tournez à droite au Fairy Bridge, à une vingtaine de kilomètres de Portree, pour vous engager sur la péninsule de Waternish.

Montez jusqu'au Trumpan, où les ruines d'une église rappellent le massacre des MacDonald par les MacLeod d'Uist.

Les Cuillins

Sur l'A 863, après Bracadale où vous verrez un broch, ancien château fort des Pictes, tournez vers l'ouest à Drynoch (B 8009) puis pedibus, descendez dans la partie la plus sauvage et inaccessible de l'île : les Cuillins.

L'approche de cette masse de rochers, surtout si elle est couverte de brume, vous évoquera aussitôt un monde féerique de fantômes, de croyances et de fées, dont le pays est si riche. Longer la chaîne des Cuillins, c'est s'offrir une vue incomparable et se donner des ailes. Particulièrement belle, la route la longe du nord au sud sur le Loch Coruisk.

Pour longer la chaîne, de bons marcheurs devront compter 2 jours. Les Cuillins sont faits d'un rocher « gros-grain » (Gabro) et comptent 16 pics au-dessus de 1 000 m (les Munroes).

Sud de l'île

Ardvasar, où arrivent les ferries de Mallaig, abrite le **Clan Donald Centre** ✆ (01471) 844 227. Ouvert d'avril à octobre de 9h30 à 17h (4 £). Dans un énorme jardin, ce Museum of the Isles raconte l'influence culturelle du monde des Gaels sous le règne des Lords of the Isles.

Une vidéo retrace l'histoire des Highlands occidentales et celle d'Armadale Castle, le château en ruine des MacDonald. A voir sans omettre le parc.

Shopping

■ **SKYESKYNS. 17, Loch Bay, Waternish** ✆ **(01470) 592237 – www.skyeskyns.co.uk –** Tannerie traditionnelle. Articles de cuirs et de peaux.

■ **SKYE SILVER. The Old School, Colbost, Dunvegan** ✆ **(01470) 511263 – www.skyesilver. com –** *A 12 km de Dunvegan par la B 884, vers Glandale. Ouvert de mars à octobre.* Bijoux typiques de l'île.

■ **ARMADALE POTTERY. Armadale, Sleat** ✆ **(01471) 844439 – www.armadale-pottery. co.uk –** *Ouvert de Pâques à octobre de 9h30 à 17h30.* Poteries et artisanat divers.

■ **SKYE BATIKS. The Green, Portree** ✆ **(01478) 613331 – www.skyebatiks.com –** Vêtements, batik, artisanat.

Loisirs

Équitation

■ **PORTREE RIDING STABLES. Garalapin** ✆ **(01478) 613124 – www.portreeriding.co.uk –** *Près de Portree, sur l'A 87 en direction de Dunvegan. Ouvert toute l'année.* Leçons et promenades.

■ **SKYE RIDING CENTRE. 2 Suledale** ✆ **(01470) 582419 – www.skyeridingcentre.co.uk –** *Sur l'A 850 entre Portree et Dunvegan.* Chevaux et poneys pour petits et grands.

Excursions en mer

■ **STAFFIN BAY CRUISES. Keepers Cottage, Staffin** ✆ **(01470) 562217 – www.trotternish. co.uk –** *D'avril à octobre.* Vous aurez peut-être la chance d'apercevoir un phoque, un dauphin ou même une baleine à bord du *Sea Eagle.*

Randonnées

Cette île est un paradis pour les marcheurs. Des guides vous détailleront l'exploration des Cuillins. Départ derrière le Slagachan Holte pour de courtes ou longues marches dans les Cuillins.

▶ **Torrin-Luib :** 2 heures.

▶ **Sligachan-Kilmarie, par Camasunary :** 4 heures.

▶ **Portnalong-Talisker, via Fiskavaig, aller-retour :** 4 heures.

■ ÎLE DE RAASAY ■

■ **FERRY** du lundi au samedi, en 15 minutes.

L'île est accessible par ferry depuis Sconser. Un centre d'activités de plein air vous offre la possibilité de faire une journée d'escalade ou de sports nautiques ou bien encore de participer à des stages plus scientifiques, axés sur la biologie, la géologie…

■ **RAASAY OUTDOOR CENTRE.** Raasay House ✆ (01478) 660 266 – Fax : (01478) 660 200 – www.raasayoutdoorcentre.co.uk – *Ouvert de mai à octobre.*

Hébergement

■ **BROCHEL CASTLE.** Vous pouvez camper sur l'île et utiliser les facilités du château. Le bâtiment, détruit en 1745 pendant les représailles contre les rebelles, fut reconstruit par le fils de MacLeod en 1746.

■ **ISLE OF RAASAY HOTEL. Isle of Raasay** ✆/**Fax : (01478) 660222 – www.isleofraasay hotel.co.uk –** *A partir de 33 £ par personne (tarif dégressif selon la durée du séjour).* Un ensemble de 12 chambres rénovées en 2004 avec vue sur la mer.

■ DE L'ÎLE DE SKYE À GAIRLOCH ■

Kyle of Lochalsh est un point de sortie possible de l'île de Skye par l'A 850. Ensuite, prendre la route A 890 jusqu'à Lochcarron, l'A 896 jusqu'à Shieldaig, puis Kinlochewe et l'A 832 jusqu'à Gairloch. Peu après Lochcarron, sur la route de Strome Castle (suivez le bras de mer), vous trouverez Lochcarron Weavers (ouvert tous les jours de 9h à 17h). C'est une des maisons de tisserands qui offre le plus grand choix de dessins et de produits. On y travaille encore de façon traditionnelle.

N'hésitez pas à vous écarter de la route pour faire le tour de la péninsule et arrêtez-vous à Applecross. La vue sur Raasay, Skye et Rona est de toute beauté. La route qui mène à Applecross est traditionnellement empruntée par le bétail : Nealach Na Ba signifie en effet « passe des bœufs ».

Les caravanes auront plus de difficultés et sont vivement déconseillées sur cette route abrupte. Si l'envie vous prend de vous arrêter dans la région, faites une halte à Shieldaig.

L'île en face est représentative des zones peu touchées par les feux ravageurs des Clearances. Elle est encore recouverte par une végétation de pins écossais.

Hébergement

■ **TIGH AN EILEAN HOTEL. Shieldaig** ✆/**Fax : 01520 755251 – tighaneileanhotel@shieldaig. fsnet.co.uk –** *Ouvert d'avril à octobre. Compter 60 £ par personne.* Un total de 11 chambres tout confort avec vue sur la baie et un excellent restaurant primé.

Après cet arrêt « art de vivre », poursuivez votre route jusqu'à Torridon, où le Visitors Centre vous présentera l'histoire naturelle de cette région peuplée de montagnards et de cerfs.

■ **TORRIDON COUNTRYSIDE CENTRE AND DEER MUSEUM** ✆ (01445) 791221. *Ouvert tous les jours de mai à septembre.*

Toujours en montant vers le nord, vous atteindrez les grandioses solitudes de Loch Maree et de ses îles intactes.

■ LES HÉBRIDES ■

Un des lieux d'Ecosse les plus reculés. Cet archipel de 200 km s'étend au nord-ouest de l'Ecosse. 29 600 habitants vivent aujourd'hui sur les 13 îles occupées depuis 6 000 ans : Lewis, Harris, Bernera, Scalpay, Berneray, North Uist, Baleshare, Grimsay, Benbecula, South Uist, Eriskay, Barra et Vatersay. Elles comprennent 4 réserves naturelles nationales et beaucoup de sites reconnus. Plages de sable, fleurs sauvages, et beaucoup d'espèces d'oiseaux, peuvent être admirées sur la côte ouest. Les habitants de ces Western Isles sont bilingues Gaels-Anglais, mais une influence scandinave est aussi remarquable, notamment dans le nom des lieux, presque tous d'origine nordique. Les Vikings ont en effet envahi les îles au IXe siècle et s'y sont établis jusqu'au traité de Perth, en 1280.

Transports

Avion

■ **AÉROPORT À STORNWAY** ✆ **(01851) 702256,** sur l'île de Lewis, à Benbecula et Barra. Départs de Glasgow, Edimbourg et Inverness.

■ **BRITISH REGIONAL AIRLINES** ✆ **0870 850 9850 – +44 (0)141 222 2222 (appel de France) – www.britishairways.co.uk –** 1 ou 2 vols quotidiens

■ **BRITISH MIDLAND** ✆ 08706 070555 – www.flybmi.com (1 vol quotidien)

■ **LOGANAIR** www.loganair.co.uk

■ **HIGHLAND AIRWAYS** ✆ 0845 450 2245 – www.highlandairways.co.uk

Bateau

■ **CALEDONIAN MACBRAYNE** ✆ **08705 650000 – www.calmac.co.uk –** Ferries d'Ullapool à Lewis, en 2h30. D'Uig (île de Skye), Tarbert à Lewis, 1h45.

Bus

Les bus d'Ullapool, Uig et Oban correspondent en général avec les ferries.

■ **SCOTTISH CITYLINK COACHES** ✆ **08705 50 50 50 – www.citylink.co.uk –** Il y a très peu de bus sur les îles, voyez avec l'office du tourisme.

■ **STORNWAY BUS STATION** ✆ (01851) 704327.

Voiture

■ **LOCATION DE VOITURES** à Lewis ou Harris, (Arnol Motors à Lewis ✆ (01851) 710548).

Pratique

■ **POUR TOUT RENSEIGNEMENT, CONTACTER LE WESTERN ISLES TOURIST BOARD** ✆ (01851) 703088 – Fax : (01851) 705244 – www.visithebrides.com

LEWIS

La ville principale est Stornway, un joli port. Le cadre vous plonge dans l'atmosphère des aventures de Tintin dans *l'Ile Noire*…

Pratique

■ **OFFICE DU TOURISME. 26 Cromwell Street** ✆ **(01851) 703088 – www.visithebrides. com** – *Ouvert du lundi au samedi, de 9h à 17h l'hiver et de 9h à 18h l'été.*

■ **INTERNET. Stornoway Library.** 19 Cromwell Street ✆ (01851) 703064. *Ouvert du lundi au samedi de 10h à 17h.* **Internet Captions.** 27 Church Street ✆ (01851) 702238 – www.captions. co.uk –

Hébergement

■ **STORNOWAY BACKPACKERS HOSTEL. 47 Keith Street** ✆ **(01851) 703628.** *Ouverte toute l'année. Compter 9 £.*

■ **GREENACRES GUEST HOUSE. 8, Smith Avenue, Stornway, Lewis** ✆ (01851) 706383 – **Fax : (01851) 703191 – maclennanjmb@aol.com** – *A 8 minutes du centre-ville, ouverte toute l'année. Compter 20 £.*

■ **PARK GUEST HOUSE AND RESTAURANT. 30 James Street** ✆ **(01851) 702485 – Fax : (01851) 703482.** *Compter de 30 à 38 £ par personne et à partir de 40 £, dîner compris.* Un ensemble de 10 chambres dont 7 avec salle de bains, attenantes dans une maison victorienne.

Points d'intérêt

■ **MUSEUM NAN ELEIAN. Francis Street, Stornway** ✆ (01851) 709266. *Ouvert d'avril à septembre de 10h à 17h30 (fermé le dimanche) et d'octobre à mars, du mardi au vendredi de 10h à 17h et le samedi de 10h à 13h. Entrée gratuite.* Sur l'histoire de l'île et sur les Hébrides dans le monde viking.

■ **LEWIS LOOM CENTRE. The Old Grainstore, 3 Bayhead Street** ✆ (01851) 703117 – **www. lewisloomcentre.co.uk** – *Près des ruines du château de Lewis, non ouvert au public.* Musée sur l'histoire locale et démonstrations de fabrication du Harris Tweed.

■ **BALLANTRUSHAL. Au nord de Lewis, Port Ness.** Impressionnants monolithes, hauts de 5,7 m sur la route A 857.

■ **LE CERCLE DE PIERRES DE CALLANISH. Callanais Visitor Center** ✆ **(01851) 621422.** *Ouvert de 10h à 19h, gratuit. Exposition sur les pierres. Entrée 1,75 £. Snacks et boutiques de souvenirs.* A côté de l'A 858, un cercle et un couloir de 44 pierres dressées, vieilles de 4 000 ans.

■ **ARNOL BLACK HOUSE. Arnol** ✆ (01851) 710395 – **www.historic-scotland.gov.uk** – Une chaumière traditionnelle qu'on a aménagée comme au XIXe siècle.

HARRIS

Le nord de Harris est la partie la plus rude de l'île. Montagneux, le lieu est parfait pour la randonnée : Clisham (799 m) est le point le plus haut de l'île. L'A 859 offre de belles vues et des départs de marches.

La côte est et le sud de Harris sont plus connus pour leurs baies (Na Braigh en V.O. locale !) et leurs villages de pêcheurs. A Northon, visitez le Mc Gillivray, centre passionnant sur l'ornithologie, la flore et la faune locales.

■ **OFFICE DU TOURISME. Pier Road, Tarbert** ✆ (01859) 502011. *Ouvert toute l'année.*

Hébergement

■ **ALLAN COTTAGE GUEST HOUSE.** Tarbert ✆ (01859) 502146. *Ouvert de mai à septembre, B & B de 30 à 35 £, avec le dîner de 55 à 60 £.*

■ **HARRIS HOTEL. Scott Road, Tarbert** ✆ (01859) 502154 – **Fax : (01859) 502281 – www. harrishotel.com** – *Ouvert toute l'année. A partir de 40 £ par personne.* L'hôtel est tenu par la famille Cameron depuis quatre générations et l'hospitalité est une de leurs qualités. Les chambres sont agréables et lumineuses.

NORTH UIST

Lochs, plages et sommets doux comme le Cragarry Mor (180 m, près de Sollas à 8 km de Lochmaddy) vous attendent à North Uist.

■ **OFFICE DU TOURISME.** Pier Road, Lochmaddy ✆ (01876) 500321. *Ouvert d'avril à octobre.*

Hébergement

■ **Mrs MCKILLOP. Burnside Croft, Berneray, North Uist** ✆/Fax : (01876) 540235 – **www. bursidecroft.biz – gloriaandsplash@burnsidecroft.biz** – *Ouvert de février à novembre, B & B de 22 à 28 £. Compter 20 £ supplémentaires pour le dîner.* Vélos en location et activités sportives proposées.

■ **LOCHMADDY HOTEL. North Uist, Lochmaddy** ✆ (01876) 500331 – **www.lochmaddyhotel. co.uk** – *Près du ferry, compter de 35 à 45 £ par personne et à partir de 55 £ dîner compris.*

Points d'intérêt

Benbecula et Grimsay ont une préhistoire et une histoire à découvrir : le château de Borve, centre de culture gaélique (XVe et XVIe siècles), l'église de Nunton (XIVe siècle).

SOUTH UIST

South Uist est peuplée, elle aussi, d'oiseaux, de chapelles des XIIe et XIIIe siècles (Tobha Mor, Howmore), et marquée par la présence historique du clan Ronald (château d'Ormacleit) : lieu de la bataille de Sherrifmuir en 1715, qui laissa pour mort le chef du clan.

■ **OFFICE DU TOURISME.** Pier Road, Lochboisdale ✆ (01878) 700286. *Ouvert d'avril à octobre.*

BARRA

L'île de Barra est connue pour son festival folk Gaelic Feis Bharraigh qui se tient tous les ans, en juillet, pour le château de Kisimul, l'église Saint-Barr et ses très belles croix celtiques.

■ **OFFICE DU TOURISME.** Main Street, Castlebay ✆ (01871) 810336. *Ouvert d'avril à octobre.*

SAINT KILDA

L'île volcanique de Saint Kilda, inhabitée depuis 1930, est classée au patrimoine mondial, par l'Unesco. A 65 km à l'ouest de North Uist, nul besoin de superlatifs, laissons la nature s'exprimer… **On ne peut en faire le tour qu'en bateau** (Island Cruising. 1 Erista, Uig ✆ (01851) 672381 – www. island-cruising.com – info@island-cruising.com – D'avril à octobre, plusieurs forfaits)

■ GAIRLOCH ■

Etape obligée si l'on veut parcourir la région et vivre à la manière des Highlands. Plusieurs villages des alentours méritent également le coup d'œil. C'est pourquoi nous vous indiquons quelques adresses de logements et de restaurants, ainsi que les différents sites à visiter.

Transports

■ **BUS.** Une fois par jour, aller-retour Gairloch-Inverness. Départ le matin de Gairloch, l'après-midi d'Inverness. Le Post Bus va de Laide à Achnasheen, où se situe la gare la plus proche (sur la ligne Kyle of Lochalsh – Inverness).

▶ **Renseignements** auprès de Westerbus ✆ (01445) 712255.

■ **DÉPANNAGE, ESSENCE.** Forbes Garage. Aultbea ✆ (01445) 731200.

Pratique

■ **OFFICE DU TOURISME** ✆ (01445) 712130. *Ouvert toute l'année, tous les jours d'avril à octobre, de 9h30 à 17h30.*

■ **BANQUE.** Bank of Scotland. *Ouverte de 9h30 à 16h45, du lundi au vendredi.*

■ **CHANGE** à l'office du tourisme entre Pâques et octobre, le week-end.

Hébergement

■ **RUBHA REIDH LIGHTHOUSE. Melvaig, à environ 12 miles de Gairloch ℰ/Fax : (01445) 771263 – www.ruareidh.co.uk** – *Compter 9,50 £ par personne en dortoir et à partir de 14 £ par personne en chambre double (16 £ avec salle de bains attenante). Un total de 6 chambres et 2 dortoirs. Compter 5 £ pour le petit-déjeuner (gratuit seulement en hiver) et 13 £ le dîner.* Ce B & B, installé dans un phare sur une falaise, est aussi un centre d'activités sportives et d'explorations. Le phare a été construit en 1910 par un cousin de Robert Louis Stevenson et il est maintenant complètement automatisé.

■ **CARN DEARG YOUTH HOSTEL. Carn Dearg ℰ 0870 004 1110 – 0870 155 3255 – www.syha. org.uk** – *Compter 10,50 £ par personne en dortoir.* A 5 km au nord de Gairloch, sur la route de Melvaig, cette petite maison simple et bien tenue est accessible uniquement à pied.

■ **KERRYSDALE HOUSE. A un mile au sud de Gairloch ℰ/Fax : (01445) 712292 – www. kerrysdalehouse.co.uk** – *Tarif : de 23 à 27 £ par personne.* Un B & B présentant un excellent rapport qualité-prix.

■ **OLD SMIDDY GUEST HOUSE. Laide ℰ (01445) 731696 – www.smiddyguesthouse.co.uk** – *Ouvert d'avril à octobre. De 28 à 35 £ en B & B et à partir de 50 £ par personne dîner compris.* Trois chambres doubles tout confort avec vue sur Gruinard Bay.

■ **DUNDONNELL HOTEL. Little Loch Broom, Dundonnell ℰ (01854) 633204 – Fax : (01854) 633366 – www.dundonnellhotel.com** – *Sur l'A 832, à mi-chemin entre Gairloch et Ullapool. Prix : 45 à 65 £ par personne.* Cet hôtel familial fait pension complète et l'ambiance y est chaleureuse et détendue. Il constitue une base idéale pour partir à la découverte des montagnes et lochs de Wester Ross. Certaines chambres ont la vue sur le Little Loch Broom. Réservez longtemps à l'avance.

■ **POOL HOUSE HOTEL. Poolewe ℰ (01445) 781272 – Fax : (01445) 781403 – www.poolhou sehotel.com** – *De 240 à 330 £ la chambre double. Sur l'A 832, à 10 km au nord de Gairloch.* Pour un séjour des plus romantiques sur les rives du loch Ewe. Les chambres sont spacieuses et respirent le luxe. Le restaurant est réputé et jouit d'une vue splendide sur Inverewe Garden.

Restaurants

■ **THE STEADING RESTAURANT. Gairloch ℰ (01445) 712449.** *Ouvert de 9h30 à 21h. Juste derrière le Heritage Museum.* Assiettes de fruits de mer dans une ambiance de vieux croft.

■ **MOUNTAIN RESTAURANT. Strath Square ℰ (01445) 712316.** Menu tout à fait convenable.

■ **THE MYRTLE BANK HOTEL. Low Road, Gairloch ℰ (01445) 712004 – Fax : (01445) 712214 – www.myrtlebankhotel.co.uk** – *Comptez 20 £ environ.* La cuisine est de qualité constante dans cet hôtel tenu par le chef. Vous seront proposés cuisine locale, poissons et fruits de mer, curries, steaks, etc.

Points d'intérêt

■ **PROMENADES GUIDÉES.** De mai à août, à partir du National Trust Visitor Centre dans les jardins.

■ **GAIRLOCH HERITAGE MUSEUM ℰ (01445) 712287 – www.gairlochheritagemuseum.org. uk** – *Près de l'office du tourisme. Ouvert du lundi au samedi, de Pâques à septembre, de 10h à 17h (2,50 £).* La reconstitution des coutumes des habitants depuis l'époque des Pictes et de la vie des crofts (maison, école, travail domestique) mérite une visite. Plusieurs prix ont récompensé la qualité de cette exposition.

■ **INVEREWE GARDEN. Poolewe ℰ (01445) 781200 – www.nts.org.uk** – *Ouvert tous les jours, de 9h30 à 21h en été et jusqu'à 17h en hiver. Compter 7 £ l'entrée au Visitor Centre.* Les jardiniers vous accompagneront parmi les plantes du monde entier (Chili, Argentine, Himalaya, Pacifique Sud), qui colorent les parterres depuis 120 ans. Magasin et restaurant ouvert d'avril à octobre. Vente d'essences naturelles et de plantes.

■ **RED POINT.** Au sud de Gairloch, dans ce petit village où, semble-t-il, les Vikings n'ont jamais mis les pieds, se trouvent les plus belles plages du coin.

■ DE GAIRLOCH À LOCHINVER ■

Prendre l'A 832 jusqu'à Ullapool, puis l'A 835 jusqu'à Ledmore, enfin l'A 837 jusqu'à Lochinver. En montant vers le nord, près de Laide, vous tomberez sur Gruinard Bay, devenue réserve naturelle où la faune et la flore peuvent s'épanouir sans voir âme qui vive, et ceci depuis la Deuxième Guerre mondiale. Lorsque vous contournerez ensuite le loch Broom, arrêtez-vous là où la route rejoint l'A 835 : vous serez surpris par la violence avec laquelle les Measach Falls se jettent dans la Corrieshallach Gorge. Poursuivez en direction de Ullapool, d'où partent les ferries pour Stornoway, sur l'île de Lewis.

Une petite halte agréable dans ce village de pêcheurs, près du loch Brom. Il y a des balades à faire de la rivière au loch Achall (2 heures aller-retour), ou dans les East Rhidorrach Lodges (6 heures).

ULLAPOOL

A une dizaine de kilomètres de Ullapool, vers le nord, sur la route d'Achiltibuie, il peut croiser, surtout le soir, des troupeaux de cerfs. Vous pouvez les approcher jusqu'à 10 m avant qu'ils ne réagissent. En hiver, ils descendent de leurs hauteurs. Sur la route se dessine Stac Pollaidh, une montagne remarquable, facile à grimper et qui offre un panorama sublime sur ce paysage insolite et déserté.

Hébergement

■ **AUBERGE DE JEUNESSE. SYHA youth hostel** ✆ **(01854) 612254.** *Ouvert de mars à décembre.* Information utile sur les activités à faire dans la région.

■ **OAKWORTH. Riverside Terrace, Ullapool** ✆ **(01854) 612290 – oakworth@ecosse.net** – *Ouvert toute l'année. Comptez de 17 à 22 £. Au centre de la ville.*

■ **THE CEILIDH PLACE. 14 West Argyle place** ✆ **(01854) 612103 – www.theceilidhplace. com** – *Prix : de 20 à 35 £ environ. Possibilité de dîner à partir de 15 £.* Cet endroit est à la fois reposant et parfait pour ceux qui recherchent une pointe culturelle écossaise dans leur lieu de séjour. Des expositions sont régulièrement organisées dans le bookshop de l'hôtel et vous aurez sûrement l'opportunité d'assister à un ceilidh.

■ **TANGLEWOOD HOUSE** ✆/**Fax : (01854) 612 059 – www.tanglewoodhouse.co.uk** – *A la sortie d'Ullapool, sur l'A 835. Compter 38 à 45 £ par personne, dîner à environ 30 £.* Ce coquet chalet possède trois chambres avec vue sur le Loch Broom. Les petits-déjeuners et dîners préparés par Anne Holloway sont de purs délices.

■ **ARDMAIR POINT CARAVAN AND CAMPING PARK. Ullapool** ✆ **(01854) 612054 – Fax : (01854) 612757 – www.ardmair.com** – *Ouvert de mai à septembre. Compter 6,50 £ pour une tente.* Location de bateaux, canoës et planches à voile.

ACHILTIBUIE

Suivez la côte jusqu'à Lochinver, par une petite route sinueuse. Situé juste en face des Summer Isles, ce village est un vrai petit bijou. Tous les mardis et jeudis s'y tient un important marché de poissons blancs. Des bateaux de pêcheurs pourront vous conduire aux îles.

Points d'intérêt

▶ **Goûtez aux produits locaux du Smokehouse** qui prépare de la viande ou du poisson à emporter, mis en saumure et fumé au bois de chêne. A Altandhu ✆ (01854) 622353 – www.summerislesfoods.com – *Ouvert de Pâques à septembre, du lundi au samedi de 9h30 à 17h.*

■ **THE HYDROPONICUM** ✆ **(01854) 622202 – www.thehydroponicum.com** – *Visites guidées gratuites d'avril à octobre tous les jours de 10h à 18h, toutes les heures.* Là poussent, entre autres, des quantités de fraises, bananes et figues de façon un peu particulière : l'hydroponie consiste à cultiver des plantes sans que leurs racines s'enfoncent dans la terre. Ainsi, par exemple, se dresse devant vous un rosier qui semble être en apesanteur. Et ça marche ! Ce « jardin du futur » a été créé par Robert Irvine. Des kits hydroponiques s'achètent sur place pour vous permettre de poursuivre l'expérience chez vous.

■ **LES CASCADES DE KIRKAIG,** au pied du Suilven, célèbre montagne d'Assynt, dont le nom signifie « pain de sucre ».

■ **LE CHÂTEAU D'ARDURECK,** construit en 1597 par le clan Mc Leod, ancienne prison du marquis de Montrose, en 1650. Ruines situées sur l'A 835, au bout du Loch Assynt.

■ LOCHINVER ■

Une bonne base pour découvrir toute la Assynt-Coigach, les montagnes de Suilven (énorme dôme), Canisp et Quinag. Ne manquez pas le Old Man of Stoer sur la pointe de Stoer, un rocher qui se tient debout dans la mer à quelques mètres de la falaise.

Nous avons choisi Lochinver comme ville étape, mais les villages environnants ont tout autant d'intérêt. Nous vous indiquons, là encore, les différentes possibilités de logement et de restaurants dans les alentours.

Hébergement

■ **ARDGLAS GUEST HOUSE. Lochinver** ✆ (01571) 844257 – Fax : (01571) 844632 – www. ardglas.co.uk – *Compter 19 £ par personne. Ouvert toute l'année.* Huit chambres au calme. La salle à manger donne sur le loch et le village.

■ **LINNE MHUIRICH. Unapool Croft Road, Kylesku** ✆ (01971) 502227. *B & B à partir de 20 £ environ. Ouvert de mai à octobre. Fermé le dimanche. Comptez 10 £ pour le repas.* Dans le confort moderne de ce B & B donnant sur le loch Glencool, vous pourrez déguster tout à loisir quelques mets délicats : croustades de poireaux et poivrons, pâtes à la crème et aux noix, vol-au-vent aux crevettes. Apportez votre vin.

■ **Mrs MACLEOD. Ardmore, 80 Torbreck, Lochinver** ✆ (01571) 844310 – www.visit highlands.com – *Environ 20 £ par personne.* Accueil chaleureux et chambres confortables.

■ **NEWTON LODGE. Kylesku** ✆ (01971) 502070 – Fax : (01571) 502070 – newtonlge@aol. com – www.smoothhound.co.uk/hotels/newtonlo.html – *Ouvert de Pâques à octobre.* Ce petit hôtel dispose de 7 confortables chambres et vous profiterez d'une vue unique entre loch et montagne.

■ **THE ALBANNACH HOTEL. Lochinver** ✆ (01571) 844407 – Fax : (01571) 844285 – www. thealbannach.co.uk – *Ouvert de mi-mars à novembre. A partir de 75 £ par personne.* Seulement cinq chambres et un restaurant très réputé. Réservation conseillée.

Restaurants

■ **FISHERMANS MISSION. Sur la jetée, Lochinver, près du Culag.** On y préparait surtout de la nourriture pour les marins. A présent, la porte est également ouverte aux visiteurs attirés par ce fish & chips de qualité un peu supérieure.

■ **THE RIVERSIDE BISTRO. Main Street, Lochinver** ✆ (01571) 844356. *Ouvert tous les jours en été, de 9h à 22h. Comptez 5 £ le midi et environ £15 le soir.* Le plus populaire de la ville.

■ **THE OLD SCHOOL RESTAURANT** ✆ (01971) 521383 – www.host.co.uk – *Entre Kinlochbervie et Rhichonich, sur l'A 838. Ouvert tous les jours de 12h à 14h et de 18h à 20h.* Le meilleur rapport qualité-prix de la région.

Sortir

■ **THE CULAG HOTEL. Sur la jetée, Lochinver.** Ce bar est fréquenté et animé par tous les gens du coin qui cherchent un peu de réconfort et de bonne humeur. Vous pouvez aussi y déjeuner de poissons et de fruits de mer provenant directement des bateaux.

■ **CABERFEIDH** ✆ (01571) 844321. Ce pub sert aussi à manger.

■ **BAR DU KINLOCHBERVIE HOTEL. Kinlochbervie** ✆ (01971) 8 521275 – www.kinlochbervie hotel.com – *Ouvert de mars à décembre. Chambres entre 30 et 50 £.* Ambiance garantie, grâce aux nombreux pêcheurs, qui font du village le plus important port de pêche de la côte. Déjeuner réservé aux petits appétits.

Shopping

■ **HIGHLAND STONEWARE. Lochinver** ✆ (01571) 844376 – www.highlandstoneware.com – Poteries.

Dans les environs

Laissez libre cours à votre instinct : partez au hasard des routes et regardez. Votre œil sera sans cesse sollicité. Les petites îles qui bordent cette côte sont encore plus nombreuses du côté de Badcall

Bay, Scourie Bay et Loch Laxford. A elles trois, ces baies abritent en effet une trentaine d'îles, dont la plus grande est Handa Island, véritable repaire d'oiseaux.

■ **EAS-COUL-AULIN. Au sud-est de Kylesku.** Cette cascade de 200 m est la plus haute de la Grande-Bretagne. Pour la voir, prenez un bateau ou y aller à pied, elle se trouve à 5 km de la route environ.

■ DE LOCHINVER À WICK ■

A partir de Lochinver, prenez l'A 894, ensuite l'A 838 jusqu'à Altnaharra, puis l'A 873 jusqu'à Bettyhill, enfin l'A 836 jusqu'à Thurso et l'A 882 jusqu'à Wick. Hormis la côte bordée de villages, cette région du Nord est presque totalement dépourvue d'habitations : quelques fermes isolées dans des champs d'une verdure surprenante, des oasis de culture au milieu de la tourbe de bruyère, des ruines de brochs (construction de l'âge de bronze), les tours circulaires des Pictes, et des hameaux abandonnés à l'époque des Clearances. Le premier endroit intéressant sur la route est Durness.

DURNESS

■ **OFFICE DU TOURISME.** Durine, Durness ✆ (01971) 511259. *Ouvert toute l'année.*

Hébergement

■ **SMOO CAVE HOTEL.** Lerin, Durness ✆/Fax : (01971) 511227 – www.smoohotel.co.uk – smoo.hotel@virgin.net – *Ouvert toute l'année. Compter 20 £ par personne.* Comme son nom l'indique, cet hôtel est situé à proximité des Smoo Cave et vous y serez confortablement installé.

■ **PUFFIN COTTAGE** ✆ (01971) 511208 – Fax : (01971) 511208 – puffincottage@aol.com – www.puffincottage.com – *Ouvert d'avril à septembre. A 200 m du village. Compter 17 à 21 £.* Deux chambres très cosy dont une avec salle de bains attenante.

■ **MACKAY'S ROOM AND RESTAURANT. DURINE. Durness** ✆ (01971) 511202 – Fax : (01971) 511321 – www.visitmackays.com – *De 28 à 45 £ par personne.* L'hôtel se veut chic et élégant. Les six chambres se distinguent toutes l'une de l'autre et la détente est de mise dans tout l'établissement. Peatstacks, le restaurant de l'hôtel, propose des plats traditionnels des Highlands et rendra heureux les amateurs de crustacés.

Points d'intérêt

■ **SMOO CAVE.** A l'intérieur, se déverse une cascade qui peut être explorée en été au moyen d'un petit bateau qui part de l'entrée de la grotte. Les plages de sable doré s'étendent un peu partout, certaines surplombées par d'immenses falaises (les falaises les plus hautes du pays se trouvent d'ailleurs à Cap Wrath au nord de Sandwood Bay). Cette grande plage est accessible à pied, au-delà d'Oldshoremore, en marchant vers le nord. Munissez-vous de nourriture et de vêtements chauds.

▶ **Sur la route qui mène à Tongue,** juste après avoir fait le tour de Loch Eriboll, vous longerez un de ces straths que l'on voit dans le Nord, large et plat, avec des champs verts et une rivière serpentant dans la vaste vallée. Il vous arrivera de croiser en cours de route un broch typique du coin. Il y en a une douzaine en Caithness et dans le nord de Sutherland. Pour les trouver, consulter les cartes détaillées Ordonance Survey ou demander aux habitants.

TONGUE

Hébergement

■ **SHIELING GUEST HOUSE. Melvich, entre Thurso et Tongue** ✆ (01641) 531256 – theshieling@btinternet.com – *Ouvert d'avril à octobre. Compter 26 £ par personne.* L'établissement est assez prisé par les touristes alors pensez à réserver à l'avance.

■ **BEN LOYAL HOTEL. Tongue** ✆ (01847) 611216 – Fax : (01847) 611212 – www.benloyal. co.uk – *De 25 à 35 £ par personne.* Dans un établissement surplombant le château fort de Castle Bharraich, sur la côte, Mel & Pauline Cook, vos hôtes, cultivent leurs propres légumes, veillent sur les aigles et les loutres qui vivent alentour, ainsi que sur les cerfs qui viennent ici manger à toute heure de la journée.

Patrick Sellar
et la politique de « dégagement des Highlands »

De toutes les malchances qui se sont abattues sur les Highlanders, la politique de dégagement des Highlands est probablement la plus dure. A la limite de la raison économique et du nettoyage ethnique, plus de 170 600 Highlanders furent chassés de leurs terres entre 1783 et 1881.

L'application de cette loi mit fin à la manière traditionnelle de vie dans les Highlands, par laquelle les membres d'un clan louaient la terre de leurs chefs.

Patrick Sellar fut l'une des personnes en charge de faire appliquer cette loi dans la région de Strathnaver, dans la partie nord des Highlands. Dans le but de les chasser de leurs terres, il avait ordonné de brûler leurs maisons, détruire leurs moulins, et ruiner leurs champs. C'était un homme sans foi ni loi. Un homme avare et cruel. En avril 1816, il fut jugé à Inverness pour de nombreux homicides volontaires commis sur les Highlanders, et condamné.

ALTNAHARRA

■ **ALTNAHARRA HOTEL. Altnaharra près de Lairg** ✆ **(01549) 411222 – www.altnaharra. co.uk** – *A environ 28 km au nord de Lairg sur l'A 836. Compter 115 £ par personne, petit-déjeuner et dîner compris. Possibilité de déjeuner pour les clients comme pour les non-résidents, comptez de 12 à 22 £. Sa réputation est excellente. Ses propriétaires sont également des spécialistes de la pêche en eau douce, d'où leur clientèle nombreuse de pêcheurs.*

▶ **Le long de la route entre Altnaharra et Betty Hill,** vous apercevrez de nombreux sites historiques : brochs, mausolées, dolmens et villages fantômes, que survolent quelques aigles. On n'oubliera pas non plus, dans un pareil décor, les désastres causés par les Clearances de Sutherland, que le Farr Museum à Clachan, près de Bettyhill, remet en mémoire. A Farr, se trouvait la demeure de Patrick Sellar, agent des ducs de Sutherland, auxquels appartenaient toutes les terres du Nord. Sellar fut responsable de plusieurs atrocités légendaires.

▶ **Retour encore dans les tréfonds du passé, avec le Thurso Museum (à Thurso)** qui rassemble des pierres sculptées par les Pictes et des poissons fossilisés, évoque la géologie du Caithness et l'industrie du pavé, dont profitèrent les rues de Rio de Janeiro.

CAITHNESS

Cette pointe triangulaire du nord-est de l'Ecosse, en général peu connue des Ecossais, fut le cadre des évictions les plus sévères du pays au XIXe siècle. Autrefois première productrice mondiale de hareng, en grande partie désertée par la population pour laisser place aux moutons, cette zone de l'Ecosse a un passé fascinant. De l'argent enfoui dans la mer (les harengs étaient appelés « chéris argentés »), à l'or caché dans la montagne (en amont de Helmsdale à Strath of Kildonan), en passant par les pavés qui partaient aux quatre coins du monde, l'histoire de Caithness est typique de celle des Highlands. Après une prospérité tranquille, elle connut l'abandon, la pauvreté et la misère, en partie à cause de la malchance mais surtout dues à la mauvaise gestion des Lords.

■ WICK ■

9 000 habitants. Ville principale de Caithness, Wick était un port de pêche dynamique et prospère. Aujourd'hui, les pêcheurs se sont faits ouvriers. La plupart des habitants travaillent en effet pour la centrale nucléaire de Dounreay, sur la côte Nord. Les gens du coin vous proposeront à toute heure de la journée de boire un café ou un dram (une mesure de whisky). La joie de vivre règne ici, ainsi qu'un grand sens de la communauté.

Transports – Pratique

■ **TRAIN.** Ligne Inverness-Wick, 2 trains par jour. Ligne Inverness-Thurso pour le ferry qui va de Scrabster aux Orcades.

■ **BUS.** Station Road, près de la gare. Highland Omnibus : service Citylink ✆ 08705 505050. Dunnets, service local.

■ **OFFICE DU TOURISME. Whitechapel Road** ✆ **(01955) 602596.** *Ouvert toute l'année de 9h à 17h.*

■ **RICHARD'S GARAGE. Francis Street** ✆ **(01955) 604123.** Location de voitures et de vélos.

Hébergement

Nous ne nous sommes pas limités aux seuls hôtels, restaurants et monuments de Wick. Vous trouverez ici également un certain nombre d'adresses dans les environs.

■ **CABERFEIDH GUEST HOUSE. John O'Groats** ✆ **(01955) 611219.** *Possibilité de dîner.* L'extérieur peu avenant de la maison est rapidement démenti par la chaleur et la vivacité de l'accueil. Les chambres sont simples et les prix modérés. Le bar est d'autant plus agréable que toute la famille joue de la musique.

■ **MACKAYS HOTEL. Union Street** ✆ **(01955) 602323 – Fax : (01955) 605930 – www.mac kayshotel.co.uk –** *Prix : 40 £ environ.* En plein centre-ville, cet hôtel bien équipé propose des chambres confortables.

Restaurants

■ **CARTERS BAR. 2, The Shore** ✆ **(01955) 603700.** De bons repas servis au bar à midi. Les prix séduiront les petits budgets ainsi que les familles nombreuses.

■ **DUNNET HEAD TEA ROOM. Brough** ✆ **(01847) 951774.** *Ouvert de 12h à 21h, de Pâques à septembre.* Les repas sont copieux et essentiellement végétariens (tagliatelles, couscous…).

■ **QUEEN'S HOTEL. Francis Street** ✆ **(01955) 602992.** Bon rapport qualité-prix.

Points d'intérêt

■ **WICK HERITAGE CENTRE. 20 Bank Row** ✆ **(01955) 605393.** *Ouvert d'avril à octobre du lundi au samedi de 10h à 17h (2 £).* Ce centre retrace la belle époque des flottilles de pêche, quand la population de la ville atteignait 40 000 habitants. On pouvait alors traverser tout le port sur les bateaux !

■ **THE CASTLE OF MEY. Mey, Dunnet Head** ✆ **(01847) 851473 – www.castleofmey.org. uk –** *Ouvert de mai à septembre (fermé le lundi, téléphoner pour connaître les horaires). Tarif : 7 £.* Une collection de photos de la famille royale est exposée dans le château de la reine-mère qui passait ses vacances en Caithness. Elle aimait séjourner ici, s'accouder sur son muret et discuter avec ses voisins.

■ **THE LAST HOUSE IN SCOTLAND. Près de John O'Groats.** Ce musée de la mer raconte les courants, anomalies et particularités de la côte, les naufrages et les pilotes qui se battaient pour être les premiers à passer le Pentland Firth.

■ **LYBSTER'S HARBOUR VISITOR CENTRE** ✆ **(01593) 721520.** *Ouvert de mai à septembre. Près de Lybster, à 16 km de Wick.* Cette vieille maison de croft est construite comme les longhouses des Vikings : les habitants qui demeuraient à un bout de la maison pouvaient observer les animaux à l'autre bout. Levez la tête pour regarder les structures de bois du toit. C'était la première prouesse que les hommes devaient réaliser s'ils voulaient se marier. Car le bois est une matière très rare en Caithness.

John O'Groats

Le village porte le nom du Hollandais Jon de Groot qui avait construit le ferry, toujours en fonctionnement, de S. Ronaldsay. Jon avait également bâti pour ses sept fils une maison octogonale de façon qu'ils puissent avoir chacun leur propre port. Il ne reste de cet édifice exemplaire qu'une pierre, reposant près de la « dernière maison sur le sol britannique ».

La reine a sa maison de campagne tout à côté, à Canisbay, au château de Mey.

Shopping

■ **CAITHNESS GLASS FACTORY** ✆ **(01955) 602286 – www.caithnessglass.co.uk –** Dans la zone industrielle au nord de la ville, près de l'aéroport. Vous y trouverez une sélection importante d'artisanat du verre, fait main. Possibilité de gravure sur place.

Dans les environs

■ **LES ORCADES.** On peut s'y rendre à pied de John O'Groats ou en voiture de Scrabster. Louez une voiture sur place si vous ne restez qu'un ou deux jours.

■ DE WICK À INVERNESS ■

Prenez l'A 9 sur tout le trajet, la côte et encore la côte. Vous la longerez jusqu'à Helmsdale, promenade ponctuée par quelques sites d'un certain intérêt. Près de Whaligor, à Hill O'Many Stanes, se dressent des rangées de pierres datant de la préhistoire : 22 lignes de 8 dolmens.

HELMSDALE

■ **OFFICE DU TOURISME.** Dunrobin Street ✆ **(01431) 821640.** *Ouvert d'avril à octobre de 9h30 à 17h.*

Hébergement

■ **HELMSDALE YOUTH HOSTEL. Helmsdale** ✆ **0870 004 1124.** *A la sortie de la ville, en direction de Wick. Ouvert de mi-mai à septembre, environ 9 £.*

■ **TORBUIE B & B. Navidale, Helmsdale** ✆ **(01431) 821424.** *Compter 20 à 24 £ par personne.* Deux chambres spacieuses avec vue sur le Moray Firth.

■ **KINDALE HOUSE. 5 Lilleshall Street** ✆ **(01431) 821415 – sharon@kindale.force9.co.uk – www.helmsdale.org –** *Compter 30 £ par personne.* Récemment rénovée, cette guesthouse propose un service haut de gamme. Vous pouvez également y dîner.

Restaurants

■ **LA MIRAGE. 9, Dunrobin Street, Helmsdale** ✆ **01413 821615.** Des grappes de raisin sont suspendues au plafond rose, à la manière des Grecs, et les parasols encombrent l'intérieur. Nancy, la propriétaire, fait tout pour ressembler à Barbara Cartland. Un cadre original pour goûter à une cuisine simple mais copieuse.

■ **NAVIDALE HOUSE HOTEL. A un kilomètre au nord de Helmsdale sur l'A 9** ✆ **(01431) 821258 – Fax : (01431) 821531 – www.host.co.uk –** *De 12h à 13h45 et de 19h à 20h45. Comptez 20 £.* Ancien logis de chasse des ducs de Sutherland, c'est une grande maison de campagne située sur la falaise. Feux de cheminée, vue panoramique, voilà le cadre idéal pour une halte d'une heure ou d'un jour. Essayez leur aile de raie au beurre de câpre et crevettes roses.

Points d'intérêt

■ **TIMESPAN HERITAGE CENTRE. Dunrobin Street** ✆ **(01431) 821327.** *Ouvert de Pâques à octobre de 9h30 à 17h (3,50 £).* Ce musée retrace l'histoire de la région, des Clearances jusqu'à l'époque de la ruée vers l'or de Kildonan. Les Clearances, ce furent ces migrations forcées de paysans écossais au XVIIIe siècle, partant vers les colonies dans des conditions de voyage scandaleuses. Au milieu des expositions sur la sorcellerie et l'herboristerie locale, une robe de Barbara Cartland rappelle que l'auteur vient chercher l'inspiration à Strathnaver. Ceux qui rêvent encore d'un temps révolu où les chercheurs d'or faisaient la loi s'adresseront, pour toute information sur les mines d'or, au magasin « Le Mirage » Dunrobin Street, à Helmsdale. Car on embauche !

BRORA

■ **A Brora, ne ratez pas HUNTERS** *(ouvert du lundi au vendredi, de 11h à 15h)*, où s'effectuent les nombreuses opérations qui aboutissent au filage de la laine de mouton.

■ **DUNROBIN CASTLE** ✆ **(01408) 633177.** *Situé entre Brora et Golspie. Ouvert d'avril à octobre de 10h30 à 17h30, le dimanche à partir de 12h. Tarif : 6,50 £.* Ancien siège des ducs et comtes de Sutherland, c'est la représentation féerique d'une architecture audacieuse. Certains tiennent l'endroit pour une des plus magnifiques demeures seigneuriales de toute l'Ecosse. Restaurée au début de ce siècle, elle ne peut laisser indifférent.

Après Golspie, empruntez l'A 89 jusqu'à Lairg.

LAIRG

■ **OFFICE DU TOURISME** ✆ (01549) 402160. *Ouvert tous les jours d'avril à octobre.*

Hébergement

■ **AUBERGE DE JEUNESSE – CARBISDALE CASTLE YOUTH HOSTEL** ✆ **(01549) 421232.** *Entre Lairg et Bonar Bridge. Compter 14 £ par personne.* Château construit pour la duchesse de Sutherland en dépit de l'avis de sa fille, c'est maintenant l'une des plus magnifiques auberges de jeunesse du pays.

■ **LOCHVIEW B & B. Lochside, Lairg** ✆/**Fax : (01549) 402578 – georgemorgan@lochviewla irg.fsnet.co.uk** – *Compter 22 à 26 £ par personne, de 34 à 38 £ dîner compris.* Les amateurs de pêche en profiteront pour pêcher sur les bords du Little Loch Shin.

■ **THE NIP INN. Main Street, Lairg** ✆ **(01549) 402243 – Fax : (01549) 402593 – info@nipinn. co.uk – www.nipinn.co.uk** – *Six chambres à partir de 23 £ par personne (30 £ de juin à septembre).* Le restaurant est agréable et la cuisine correcte.

DORNOCH

Poursuivons sur la côte par Dornoch, jolie petite ville avec sa cathédrale ornée de vitraux d'époque. Le château, qui fut successivement prison, maison privée et tribunal, est aujourd'hui transformé en hôtel. Dornoch possède un golf sublime, le Royal Dornoch (18 trous) préféré par certains internationaux à celui de Saint Andrews. D'après les indices trouvés à Stoneyfield of Raigmore, il semble que la région d'Inverness soit habitée depuis presque 7 000 ans. Cairn Phadrig, la colline à l'ouest de la ville, était probablement un emplacement fortifié en bois, l'un des sièges des rois Pictes (en 350 avant J.-C.), qui a brûlé et s'est vitrifié.

Hébergement

■ **DORNOCH CASTLE HOTEL. Castle Street** ✆ **(01862) 810216 – Fax : (01862) 810981 – www. dornochcastlehotel.com** – *Compter de 25 à 60 £ par personne.* Réservez à l'avance car beaucoup de mariages sont organisés ici comme dans de nombreux châteaux écossais. Les 18 chambres ont plus ou moins de caractère, mais la vue sur les jardins est splendide.

■ **THE ROYAL GOLF HOTEL. 1st Tee, Dornoch** ✆ **(01862) 810283 – Fax : (01862) 810923 – www.morton-hotels.com** – *Compter 95 £ environ pour une chambre double.* La plupart des chambres ont vue sur le Royal Dornoch Golf Course et celles-ci ne manquent pas d'élégance. L'hôtel est également le lieu de séjour idéal pour profiter de la trentaine de parcours de golf de la région.

Point d'intérêt

■ **LA CATHÉDRALE.** *Ouverte toute l'année du lundi au vendredi de 7h30 à 20h.* Datant du XIIIe siècle, elle a été sérieusement endommagée en 1570 et fut enfin restaurée en 1835 sous l'impulsion de la comtesse de Sutherland. De nos jours, on remarque surtout ses nombreuses gargouilles et sa tour carrée où l'on peut monter pendant l'été.

Retrouvez l'index général en fin de guide

■ INVERNESS ■

Centre important de commerce, port et point de jonction entre la rivière et les routes, Inverness suscita la convoitise d'un certain nombre de chefs guerriers et de rois. Son histoire n'est faite que de batailles. En témoignent les sièges successifs de son château construit en 1057 : en 1303, Inverness Castle est assiégé par Edouard Ier et 7 ans plus tard par Robert Bruce ; puis, en 1429, par Alasdair et, en 1455, par John, tous deux lords of the Isles. Cela n'empêcha pas la ville de prospérer, d'autant plus que le canal de Thomas Telford vit le jour en 1803 – le Caledonian Canal – suivi en 1855 par l'arrivée du chemin de fer. L'ère victorienne et l'engouement pour les sports amenèrent le tourisme.

La popularité d'Inverness augmenta lorsqu'en 1920, les membres du gouvernement choisirent cette ville pour y discuter, entre autres, du problème de l'Irlande. Jusqu'alors, Londres avait été l'unique lieu de ces rencontres. La Seconde Guerre mondiale permit à Inverness de se développer, par le biais d'activités hydroélectriques et forestières. Actuellement, avec ses 42 000 habitants, c'est la plus grande ville du nord de l'Ecosse et le siège administratif des Highlands.

Transports

Les transports le long de la côte nord sont en général très difficiles à organiser.

Routes

Inverness se trouve à la jonction des routes principales venant d'Aberdeen, Perth, Fort William, Ullapool et du Nord. En ville, attention aux sens uniques, qui sont un véritable casse-tête. En dehors des parkings prévus à cet effet, il est impossible de se garer. Marchez : les distances en ville sont assez courtes. Le grand pont est le dernier moyen de traverser la rivière Ness avant le Loch Ness. Sinon, il vous faudra parcourir 60 km jusqu'à Fort Augustus, au sud-ouest.

Avion

■ **INVERNESS AIRPORT. Dalcross** ✆ **(01667) 464000 – www.hial.co.uk –** A 16 km d'Inverness sur l'A 96, 10 à 13 £ en taxi (bus deux fois par jour pour le centre-ville correspondant aux vols en provenance de Londres et Stornoway, 20 minutes, 2,50 £). Vols pour Londres, Glasgow, Manchester, Belfast et Birmingham. Vols sur les Orcades, les Shetlands et les Hébrides.

Train

■ **TRAIN STATION. Academy Street** ✆ **(01463) 239026.** Consigne à bagages, de 2 à 4 £ pour 24h.

Trains de Glasgow, Edimbourg et Aberdeen. Changement à Inverness pour Kyle of Lochalsh, Wick et Thurso. L'unique moyen de se rendre au nord-ouest de l'Ecosse est de prendre le train puis le bus jusqu'au village souhaité.

Bus

■ **BUS STATION. Academy Street** ✆ **(01463) 233371.** *Consigne à bagages ouverte du lundi au samedi de 8h30 à 18h et le dimanche de 10h à 18h. Compter 2 à 3 £ par bagage.*

Le système de bus dans le Nord rayonne à partir d'Inverness. Vous pouvez aller à Fort William via Loch Ness, à Portree, sur Skye et à Ullapool.

Pratique

▶ **Indicatif téléphonique :** 01463.

■ **OFFICE DU TOURISME. Castle Wynd** ✆ **(01463) 234353 – inverness@host.co.uk –** *Ouvert de 9h à 17h d'octobre à mars (fermé le dimanche), de 9h à 19h d'avril à septembre (parfois même ouvert jusqu'à 20h30 en haute saison).* Réservation pour l'hébergement et les transports.

Bureau de change et accès Internet

■ **BANQUES.** Vous trouverez les principales en centre-ville, Royal Bank sur High Street ainsi que Bank of Scotland, Clysdale en face de la gare et la Lloyds TSB sur Church Street.

■ **POSTE.** Queensgate. *Ouverte de 9h à 17h30 du lundi au vendredi et de 9h à 12h30 le samedi.*

■ **RAIGMORE HOSPITAL. Old Perth Road** ✆ (01463) 704000.

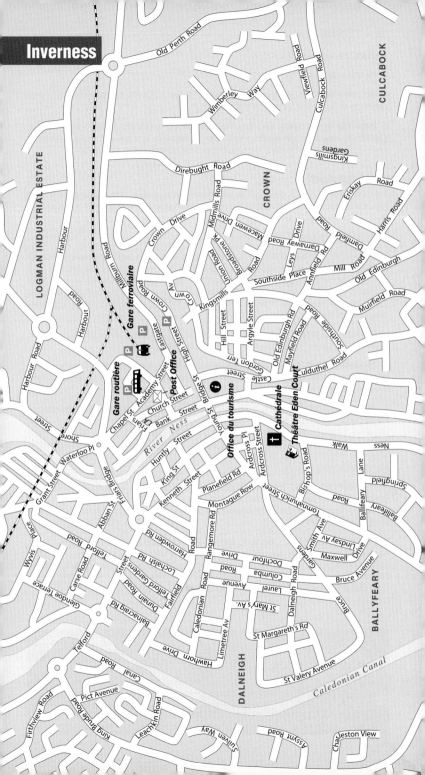

■ **DENTISTE.** Academy Street.

■ **PHARMACIE BOOTS. Eastgate Centre, High Street.** *Ouvert de 9h à 17h30.*

■ **LOCATION DE VÉLOS. Highland Cycles. Telford Street** ✆ **(01463) 234789.** *Ouvert du lundi au samedi de 9h à 17h30, à partir de 11 £ la journée.*

■ **LOCATION DE VOITURES. Europcar. 16 Telford Street** ✆ **(01463) 235337 – Fax : (01463) 234886 – www.northervehiclehire.co.uk –** *Ouvert du lundi au vendredi de 8h à 18h, le samedi de 8h à 17h et le dimanche de 11h à 15h.* Grand choix de véhicules : automatiques, 4x4…

Hébergement

Ardconnel Street et Terrace, au-dessus du château, offrent une belle vue et une ribambelle de B & B confortables. A profusion également de l'autre côté de la rivière, vous trouverez des guesthouses et des B & B sur Kenneth Street et Fairfield Road.

Bien et pas cher

■ **INVERNESS STUDENT HOTEL. 8, Culduthel Road** ✆ **(01463) 236556 – www.scotlands-top-hostels.com – inverness@scotlands-top-hostels.com –** *De 10 à 12 £ par personne (6 lits par chambre).* Conçue sur le même modèle que les auberges de jeunesse (couvre-feu à 2h), cette résidence reste cependant ouverte toute la journée et son ambiance est bien plus détendue. Arrivez tôt, c'est vite complet. Si tel est le cas, vous pourrez toujours gagner l'auberge de jeunesse indépendante voisine.

■ **BAZPACKERS HOTEL. 4 Culduthel Road** ✆ **(01463) 717663 – bazmail@btopenworld. com –** *10 £ en dortoir, 15 £ en chambre double.* Location de vélos.

■ **CROWN HOTEL. 19, Ardconnel Street** ✆ **(01463) 231135 – gordon@crownhotel-inverness. co.uk –** *Ouvert toute l'année, B & B de 24 à 30 £. Six chambres dont 2 pour les familles.* Les chambres sont correctes mais les salles de bains bien petites.

■ **INVERNESS STUDENT HOTEL. 8 Culdhutel Road** ✆ **01463 236556 – www.scotlands-top-hostels.com - inverness@scotland-top-hostels.com –** *De 11 à 13£ par personne (6 lits par chambre).* Conçu sur le même modèle que les auberges de jeunesse (couvre-feu à 2 h), cette résidence reste cependant ouverte toute la journée et son ambiance est bien plus détendue. Arrivez tôt, c'est vite complet. Si tel est le cas, vous pourrez toujours gagner l'auberge de jeunesse indépendante voisine.

■ **MELROSE VILLA. 35 Kenneth Street** ✆ **(01463) 233745 – www.melrosevilla.com –** Comptez 25 £ pour passer la nuit dans cette charmante demeure tenue par Craig et Alison. Cette dernière prépare des full scottish breakfasts qui vous régaleront et vous pourrez discuter de cuisine ou de tout autre chose avec elle.

■ **CLACH MHUILINN B & B. Mrs J. R. Elmslie. 7 Harris Road** ✆ **((01463)) 237059 – www. clach.mhuilinn.users.btopenworld.com – jacqi@ness.co.uk –** *Prix : de 30 à 35 £ par personne en chambre double.* Un peu éloignée du centre-ville, cette maison n'est pas facile à dénicher. Acharnez-vous cependant car vous y trouverez des informations futées pour vous balader dans le coin : Monsieur Elmsie écrit des articles sur les excursions à faire dans la région.

■ **ABERMAR GUEST HOUSE. 25 Fairfield Road** ✆ **(01463) 239019.** *Comptez entre 25 et 30 £ par personne.* Jim et Allison sont originaires du nord des Highlands et ils vous accueillent chaleureusement dans leur maison. Les chambres doubles sont spacieuses et confortables et les simples très cosy ; toutes sont très bien entretenues et ne manquent de rien. Si vous n'avez pas encore goûté au porridge, profitez-en, on le prépare divinement bien ici. Une très bonne adresse toute proche du centre.

Confort ou charme

■ **GLENDRUIDH HOUSE HOTEL. Druid Glen, Old Edinburgh Rd South** ✆ **(01463) 226499 – Fax : (01463) 710745 – www.cozzee-nessie-bed.co.uk –** *Prix : environ 45 £ par personne pour une chambre double.* Fort agréable pour la vue sur la ville, la maison, réservée aux non-fumeurs, a été conçue par un architecte imaginatif qui lui a donné toutes les formes possibles. Les chambres sont toutes des suites et le restaurant est excellent.

■ **DUNAIN PARK HOTEL** ✆ **(01463) 230512 – Fax : (01463) 224532 – www.dunainparkhotel. co.uk –** *Chambres doubles à partir de 89 £ par personne.* Maison de campagne avec tour et tourelle sur ses propres terres, tout près de la ville, sur l'A 82 direction Fort William. Son restaurant a été récompensé de nombreuses fois et il faut compter environ 25 £ pour y dîner. Prenez bien soin de réserver.

Luxe

■ **CULLODEN HOUSE. Milton of Culloden, Culloden** ✆ **(01463) 790461 – www.culloden-house.co.uk –** *Chambre de 85 à 280 £.* Cette maison georgienne, désormais hôtel de classe internationale, était le logis de Charles Edouard Stuart durant sa campagne à Culloden. Son ennemi, Cumberland, vainqueur de la bataille, s'y installa à son tour après 1746. Ambiance raffinée, intérieur confortable. Le restaurant est excellent et ouvert à tous.

Restaurants

Bien et pas cher

■ **GIRVANS. 2-4 Stephen's Brae** ✆ **(01463) 711900.** Ce salon de thé sert toute la journée à manger et nous vous conseillons leurs salades à environ 6 £ pour déjeuner.

■ **THE LEMON TREE. 18 Inglis Street** ✆ **(01463) 241114.** Il fait bon se détendre dans ce petit café familial où l'on vous servira des plats copieux faits maison.

■ **RAJAH. 2 Post Office Avenue** ✆ **(01463) 237190 – www.rajahinverness.com –** *Ouvert tous les jours de 11h à 22h. Compter 5 £ pour le déjeuner, 15 £ pour le dîner. Restaurant indien qui fait également des plats à emporter.* L'établissement est chaleureux, le personnel agréable et la cuisine réussie. Une adresse tout à fait recommandable.

■ **THE FILLING STATION. 8210 Academy street** ✆ **(01463) 663 360.** Bar américain . Cuisine tex-mex, pizza, pasta, burgers & sandwiches, salades. Comptez en moyenne 7£ pour un plat.

Bonnes tables

■ **THE MUSTARD SEED. 16 Fraser Street** ✆ **(01463) 220220 – www.themustardseed restaurant.co.uk –** *Ouvert tous les jours de 12h à 15h et de 18h à 22h. Compter 6 £ le midi pour une entrée et un plat et 20 £ pour le menu du soir.* L'un des restaurants très prisés de la ville, décoration contemporaine et plats locaux. Réservation conseillée.

■ **THE WATERSIDE BRASSERIE. 19 Ness Bank** ✆ **(01463) 233065 – www.thewaterside inverness.com –** *Scottish breakfast servi de 7h à 16h, déjeuner servi de 12h à 16h (entrée et plat pour environ 8 £ et menu complet pour 10 £), high tea de 16h à 18h30 et dîner jusqu'à 22h.* Il ne vous reste plus qu'à choisir votre moment pour manger un morceau en profitant de la vue sur la rivière.

Luxe

■ **THE RIVER HOUSE RESTAURANT. 1 Greig Street** ✆ **(01463) 222033.** *Ouvert du mardi au samedi de 12h à 14h et de 18h30 à 22h. Compter environ 28 £ pour un menu.* Cuisine écossaise haut de gamme servie dans un restaurant à l'ambiance feutrée.

■ **DUNAIN PARK HOTEL (voir Hébergement)** ✆ **(01463) 230512.** *Comptez 25 £ environ.* Cuisine primée de nombreuses fois à l'échelle nationale, un établissement où crépite un bon feu. Tableaux et antiquités. Le chef vous garantit une cuisine succulente et un grand choix de desserts accompagnés des meilleurs malts.

Sortir

■ **HOOTANANNY. 67 Church Street** ✆ **(01463) 233651 – www.hootananny.com** – Mobilier en bois, éclairage à la bougie, et de la musique tous les soirs (Highland Ceilidh le samedi) garantissent à ce pub une ambiance particulièrement appréciée. L'établissement est rapidement devenu incontournable. On y sert également à manger, essayez donc le Haggisburger accompagné de la ratatouille du chef pour 6 £ environ.

■ **JOHNNY FOXES PUB. Bank street – www.johnnyfoxes.co.uk – foxy@johnnyfoxes.co.uk** Live music presque tous les soirs. Ce pub sert aussi à manger (copieux burgers maison) et l'ambiance, typiquement écossaise, est excellente. Essayez les fruits de mer !!

■ **THE PHOENIX BAR. 108, Academy Street.** Rude, solide, en bois et fréquenté par des habitués presque toute la semaine. Un vrai bar !

■ **GELLIONS. 12 Bridge Street.** *Ouvert de 11h à 1h du matin.* Musique live tous les soirs sauf le samedi.

■ **BLACKFRIARS. Academy Street.** Ce pub sert également à manger (copieux burgers) et l'ambiance est plutôt bonne.

■ **CHILLI PALMERS. 73 Queensgate** ✆ **(01463) 715075.** Nouveau bar à la mode, le Chilli Palmers sert à manger la journée et c'est l'endroit idéal pour prolonger la soirée et même danser le week-end avec la présence d'un DJ.

Manifestations

▶ **Fin avril : Inverness Folk Festival.** Célébration annuelle de la musique celtique.

▶ **Juin : championnat des Pipe Bands d'Ecosse.** Concours de cornemuse très couru, sévèrement disputé et discuté. C'est un prix important.

▶ **Juillet : Highland Games** (sports traditionnels).

▶ **Fin juillet : The Inverness Tattoo** au Northern Meeting Park.

▶ **Début août : Faultline Festival,** une semaine d'actions culturelles (cette récente initiative, qui a pris rapidement de l'importance, donne un espace et une audience aux nouveaux talents).

▶ **Deuxième semaine d'août : Victorian Week** (les costumes victoriens que revêtent les habitants recréent tout à coup l'ambiance de l'époque).

▶ **De nombreux festivals et manifestations ont également lieu à Nairn.**

Points d'intérêt

■ **INVERNESS CASTLE** ✆ **(01463) 243363.** *Seule la Drum Tower se visite de 10h30 à 16h30 (4 £).* Construit au XVIIe siècle et reconstruit aux XIIe et XVe siècles, il surplombe la rivière Ness. Les jacobites s'en sont emparé en 1746. Son aspect rose actuel date d'une réfection de 1837 à 1847. Il abrite aujourd'hui une cour de justice et une garnison militaire. La statue de Flora McDonald, héroïne qui aida dans sa fuite Bonnie Prince Charlie, orne son front.

■ **THE TOWN HOUSE.** Le Premier ministre Lloyd George y tint le premier conseil des ministres en dehors de Londres en 1921 pour traiter de la question irlandaise.

■ **INVERNESS MUSEUM AND ART GALLERY. Castle Wynd** ✆ **(01463) 237114 – www.invernessmuseum.com** – *Ouvert du lundi au samedi de 9h à 17h, gratuit.* Musée sur l'histoire des Highlands et exposition d'artistes écossais et internationaux dans la galerie.

■ **ABERTARFF HOUSE. Church Street** ✆ **(01463) 250999.** Construite en 1592, c'est la plus ancienne maison d'Inverness. Elle abrite désormais le National Trust for Scotland des Highlands.

▶ **Balades le long de la rivière Ness,** avec les lièvres et les rouges-gorges, en automne, près de Saint Andrews Cathedral (construite en 1869).

Shopping

■ **THE VICTORIAN MARKET. Academy Street – www.invernessvictorianmarket.com** – Fondé en 1870, ce marché couvert abrite une quarantaine de magasins spécialisés.

■ **JAMES PRINGLES WEAVERS. Holm Mills, Dores Road, Inverness** ✆ **(01463) 223311.** *Ouvert tous les jours.* Les prix des lainages y sont un peu plus élevés que dans le Nord et dans l'Ouest. Vous trouverez également du whisky, du matériel de golf et de nombreux cadeaux souvenirs.

■ **CHISHOLMS HIGHLAND DRESS. 47-49 Castle Street** ✆ **(01463) 234599 – www.kilts. co.uk** – *Ouvert toute l'année de 9h à 17h30.* Kilts de qualité entre 150 et 380 £.

■ **CAMPBELL & CO. The Highland Tweed House, Beauly** ✆ **(01463) 782239.** *Ouvert du lundi au samedi de 9h à 13h et de 14h à 17h30.* A 20 km à l'ouest, une maison de tailleurs spécialisés dans le tweed et dans le cachemire. Les prix, relativement élevés, correspondent à la qualité des articles.

■ **HIGHLAND WINERIES. Moniack Castle, Kirkhill par Inverness** ✆ **(01463) 831283 – Fax : (01463) 831419 – www.moniackcastle.co.uk** – Producteurs de vins. Dégustation et visite. Dîner aux chandelles dans le château.

Loisirs

■ **EDEN COURT THEATRE. Bishops road** ✆ **(01463) 234234 – www.eden-court.co.uk** – Ce centre culturel abrite une salle de concerts, un cinéma, une galerie d'art ainsi qu'un restaurant et des cafés. Renseignez-vous sur la programmation.

■ **JACOBITE CRUISES. Tomnahurich Bride, Glenurquhart Road, Inverness** ✆ **(01463) 233999 – Fax : (01463) 710188 – www.jacobite.co.uk** – *Ouvert de fin mars à décembre.* Cette compagnie établie en 1973 propose des promenades en bateau sur le Loch Ness et des tours en minibus en faisant notamment des étapes à Urquhart Castle et Drumnadrochit (The Loch Ness 2000 Exhibition).

■ **LOCH INSH WATERSPORTS. Kingraig** ✆ **(01540) 651272 – www.lochinsh.com** – *A 45 min au sud d'Inverness, 10 km au sud d'Aviemore.* Ce centre vous propose de faire de la voile, du canoë, de la planche à voile, du vélo et bien d'autres choses encore. Possibilité de louer des chalets ou de loger en B & B.

Château Inverness.

Dans les environs

■ **CAWDOR CASTLE. Nairn** ✆ **(01667) 404401 – www.cawdorcastle.com** – *Tous les jours, de mai à octobre de 10h à 17h30. Tarif : 6 £. A 8 km au sud-ouest de Nairn.* La demeure des Thanes de Cawdor depuis 1370, protégée par un pont-levis et une imposante tour médiévale, contient des collections de tableaux, de mobilier, de livres, de porcelaine et de tapisseries. Shakespeare y a installé Macbeth, bien que le château ait été construit après la mort du roi.

■ **FORT GEORGE. A 20 km au nord-est d'Inverness** ✆ **(01667) 462777 – www.historic-scotland.gov.uk** – *Ouvert toute l'année, en été de 9h30 à 18h30, en hiver jusqu'à 16h30 (de 14h à 16h30 le dimanche). Tarif : 4 £.* Le château, édifié après le deuxième soulèvement des jacobites, entre 1748 et 1769, n'a jamais été attaqué. Ses murs mesurent plus d'un kilomètre de long et le château d'Edimbourg pourrait se poser sur son terrain de parade ! Le musée militaire, très complet, retrace l'histoire des Queens Own Highlanders, l'un des régiments écossais les plus réputés.

■ **CULLODEN BATTLEFIELD. Culloden Moor** ✆ **(01463) 790607 – www.nts.org.uk** – *A 10 km au nord d'Inverness sur la B 9006. Visites possibles en français de février à décembre, de 10h à 16h en hiver, de 9h à 18h en été. Tarif : 5 £.* Culloden fut le lieu de la défaite des armées de Charles Edouard Stuart à la fin du soulèvement des jacobites en 1746. Le musée, entouré par les cimetières des clans, est passionnant. Sur le champ de bataille sont indiquées les positions occupées par les clans et régiments en 1746.

■ LES GLENS ■

GLEN AFFRIC ET GLEN CANNICH

Au départ de Cannich (par l'A 82, au sud-ouest d'Inverness) suivre la route A 831. Vous traverserez pendant environ 60 km, jusqu'à la côte ouest, un paysage hostile mais sublime. Rappelez-vous qu'on est à la même latitude que l'Alaska. Le climat peut vous jouer des tours.

Comptez une journée aller-retour depuis Inverness pour faire le tour d'un loch à pied. N'oubliez pas de prendre une boussole, une carte Ordonance Survey, des vêtements chauds et imperméables et des provisions.

Tâchez de passer dans ces vallées entre le 1er août et le 20 octobre, lorsqu'on chasse les cerfs pour en réduire le nombre. L'accès à cet endroit privilégié dépend de votre bonhomie.

Hébergement

■ **GLEN AFFRIC YOUTH HOSTEL. Allt Beithe** ✆ **0870 155 3255 – www.syha.org.uk** – *Compter 11 £ par personne.* Dans Glen Affric, loin de la route, au nord du loch Affric, l'auberge de jeunesse est uniquement accessible à pied.

Point d'intérêt

■ **URQUHART CASTLE** ✆ **(01456) 450551** *A 30 minutes en bus au sud d'Inverness, tout près de Drumnadrochit sur l'A 82. Ouvert tous les jours, de 9h30 à 18h30 (16h30 d'octobre à mars). Tarifs : 6 £ (adulte), 4,50 £ (étudiant), 1,20 £ (enfant).* Ce château du XIIe siècle en ruine, avec une vue superbe sur le loch Ness fut le lieu de nombreux tournages et constitue un point stratégique pour toute « recherche » de monstre. La visite étant assez chère, on peut se contenter de prendre des photos depuis le parking ; toutefois, l'exposition et le film racontant l'histoire tourmentée du château satisferont les plus curieux, une fois dépassé la boutique.

■ **DRUMNADROCHIT** ■

A 25 minutes en bus d'Inverness, c'est le royaume du monstre du loch Ness, dont l'existence est mentionnée dès l'an 565 : une créature aquatique aurait été bannie par saint Colomba. Le village est très joli, dans une douce campagne, animée par de paisibles vaches rousses aux longs poils, avec un petit pont et de mignonnes petites maisons. On peut y faire de superbes balades, le long du loch, encadré par les montagnes. Laissez-vous prendre par la magie de la légende de Nessie. Un soir de pleine lune, peut-être pourrez-vous l'apercevoir… Ce lieu est en tout cas fabuleux pour l'imagination, on ne peut s'empêcher de redevenir enfant, quel doux sortilège !

Hébergement

■ **THE OLD PIER. Fort Augustus** ✆ **(01320) 366418 – Fax : (01320) 366770.** *De 40 à 70 £ la chambre double. Possibilité de dîner sur place. Pour non-fumeurs.* Au sud-ouest du loch Ness, ce croft situé entre forêt et loch possède sa propre jetée (sports nautiques, voile, ski nautique, pêche, et kayak possibles).

■ **KETTLE HOUSE. Golf Course Road, Fort Augustus** ✆ **(01320) 366408 – kettle-house@rdplus.net –** *Compter 19 £ par personne.* Cette maison rose n'est peut-être pas de votre goût de l'extérieur mais le chaleureux accueil de Bob et June vous fera rapidement oublier cette première impression. Quatre chambres bien équipées sont à votre disposition dont une double, toutes ont une salle de bains attenante.

■ **FOYERS BAY HOUSE. Lower Foyers, Loch Ness** ✆ **(01456) 486624 – Fax : (01456) 486337 – www.foyersbay.co.uk –** *Compter 25 à 30 £ par personne.* Cinq chambres tout confort et une détente assurée dans cette belle maison victorienne avec vue sur le loch Ness. L'établissement est classé dans la catégorie des guesthouses et dispose d'un restaurant, la réservation est donc possible en pension complète. Une excellente adresse.

■ **KERROW HOUSE. Cannich** ✆ **(01456) 415243 – www.kerrow-house.co.uk –** *Ouvert toute l'année. Prix de 27 à 32 £.* Une vieille et belle maison de 200 ans, près de la rivière et assez loin du village. Hilary et Howard Johnson vous proposent aussi de faire du cheval, de la pêche, des pique-niques dans les bois autour d'un feu de camp et des balades en carriole à cheval.

■ **GLENMORISTON ARMS HOTEL. Invermoriston** ✆ **(01320) 351206 – Fax : (01320) 351308 – www.lochness.glenmoriston.co.uk –** *Compter 70 à 110 £ pour une chambre double.* Auberge à la cuisine traditionnelle où les repas sont de qualité, malgré des prix étonnamment bas. Plus de 100 whiskies vous sont proposés. Le sens de l'hospitalité est ici très développé et contribue à la qualité de votre séjour. Une des chambres dispose d'un lit à baldaquin et d'un jacuzzi.

■ **LOCATION DE COTTAGES : Mr MACDONALD HAIG. Borlum Farm, Drumnadrochit** ✆ **(01456) 450358 – Fax : (01456) 450358.** *A 25 km d'Inverness. Ouvert toute l'année. A partir de 240 £ la semaine.* Confortables et spacieux, au bord du loch Ness, les cottages offrent une vue splendide sur le lac. Ses propriétaires se sont spécialisés dans les trekkings à cheval et s'arrangent avec vous pour d'autres activités (canoë, pêche…).

Point d'intérêt

■ **LOCH NESS 2000 EXHIBITION** ✆ **(01456) 450573 – Fax : (01456) 45070 – www.loch-ness-scotland.com –** *Ouvert toute l'année, de 9h à 20h en juillet-août (9h30-17h d'octobre à mai ; 9h-18h en juin et septembre ; 9h30-17h30 en octobre ; 10h-15h30 de novembre à mars). Comptez de 4 à 6 £.* L'exposition raconte sobrement l'histoire du fameux monstre Nessie, avec un survol des différentes hypothèses émises par des scientifiques aussi rigoureux qu'imaginatifs. Son intérêt réside surtout dans l'explication des phénomènes du loch Ness, un lac d'une profondeur extraordinaire, qui contient plus d'eau douce que tous ceux d'Angleterre et du pays de Galles réunis. La visite dure environ 30 minutes et une version en français est disponible. Un conseil : couvrez-vous car les pièces sont très humides !

Retrouvez en pages 622 et 623 la carte de l'Ecosse

La côte Est

■ D'INVERNESS À ABERDEEN ■

A partir d'Inverness, vous avez le choix entre trois itinéraires pour atteindre Aberdeen. Le premier longe en partie la rivière Spey, véritable paradis pour les amateurs de pêche ou les amoureux de la nature. **Le deuxième** vous entraînera sur des routes d'initiation au whisky, d'Elgin jusqu'à Kintore. **Une troisième route** longe la côte et traverse de multiples villages de pêcheurs : Tugnet et sa vieille usine de poisson créen en 1768, Portgordon, si près de la mer que les villageois s'en protègent en disposant des sacs de sable devant les maisons, et Cullen, où l'on peut déguster une soupe de haddock, le fameux Cullen Skink.

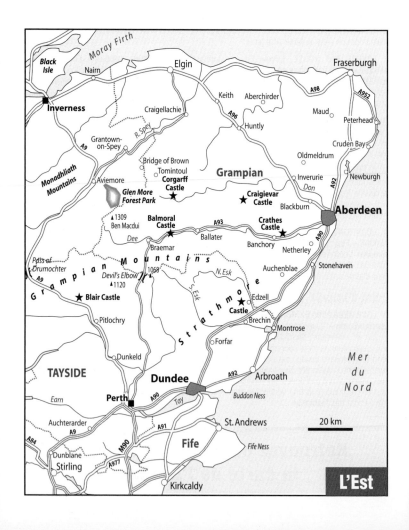

L'Est

CULLEN

Hébergement

■ **NORWOOD HOUSE. 11 Seafield Place, Cullen** ✆ **(01542) 840314 – Fax : (01542) 841567 – www.norwoodguesthouse.com** – *De 20 à 30 £ par personne.* Cette maison géorgienne abrite cinq chambres qui invitent à la détente. L'accueil est chaleureux et il y a possibilité de dîner.

D'Inverness, prendre l'A 9 jusqu'à Aviemore, puis la route A 95 jusqu'à Grantown-on-Spey, un paradis estival, passer par Tomintoul sur l'A 939 et continuer jusqu'à Corgarff, puis prendre la B 973 à gauche ; bifurquer quelques kilomètres plus loin pour prendre l'A 97 jusqu'à Mossatt. Ensuite, la route A 944 jusqu'à Aberdeen.

GRANTOWN-ON-SPEY

■ **OFFICE DU TOURISME. High Street** ✆ (01479) 872773. *Ouvert d'avril à octobre de 9h à 18h.*

Hébergement

■ **BRAERIACH GUEST HOUSE. Braeriach Road, Kincraig** ✆**/Fax : (01540) 651369 – www. braeriachgh.com** – *Compter 25 à 30 £ par personne, environ 50 £ dîner compris.* Vous serez reçu dans une magnifique demeure victorienne au bord de la rivière avec vue sur les monts Cairngorm. Un endroit très romantique où vous dînerez aux chandelles.

■ **CULDEARN HOUSE. Woodlands Terrace, Grantown-on-Spey** ✆ **(01479) 872106 – Fax : (01479) 873641 – www.culdearn.com** – *Compter 40 à 55 £ en B & B et 85 £ dîner compris.* C'est l'endroit rêvé pour se détendre dans l'une des 7 luxueuses chambres de cet hôtel. Le restaurant propose une cuisine délicieuse (et primée) et une bonne carte des vins.

Restaurant

■ **AUCHENDEAN LODGE. Dulnain Bridge** ✆ (01479) 851 347 – www.auchendean.com – *Sur l'A 95, entre Aviemore et Grantown-on-Spey. Comptez environ 20 £.* De très nombreuses antiquités et œuvres d'art sont exposées dans ce restaurant, où nous vous conseillons un plat de gibier, accompagné de champignons frais cueillis et de baies sauvages. A étudier de près également, le pâté de canard et de faisan, le soufflé, la raie au beurre noir et la carte des vins.

KINGUSSIE

Entre les Monadhliath Mountains et les Cairngorm Mountains coule la rivière Spey, deuxième rivière d'Ecosse, riche en saumons et en truites. La pêche y est populaire. De nombreux coins poissonneux sont gérés par des clubs et des hôtels assez chers, il faut réserver plusieurs mois à l'avance. Vous pouvez cependant louer des cannes et acheter un permis pour vous rendre dans des endroits moins fréquentés par ces « accros » de la pêche. Renseignez-vous à l'office du tourisme ✆ (01540) 661297. Mêmes horaires que le Folk Museum.

■ **HIGHLAND FOLK MUSEUM. Duke Street** ✆ (01540) 661307. *Ouvert de mai à août du lundi au vendredi de 9h30 à 17h30 et le samedi et dimanche de 13h à 17h. En avril, septembre et octobre, ouvert du lundi au vendredi de 10h30 à 16h30. Entrée : 4 £.*

AVIEMORE

La vallée de la Spey, où poussent encore des pins, conifères et bouleaux, n'avait qu'une ligne de chemin de fer avant l'ouverture, au début du siècle, d'une école de ski. La petite gare d'Aviemore faillit disparaître, mais fut finalement sauvée par les investissements importants versés à l'industrie des loisirs. En l'espace de 25 ans, Aviemore est devenue l'une des plus grandes stations de sports d'hiver de Grande-Bretagne. Le ski, pratiqué dans d'excellentes conditions à Cairn Gorm et dans la région, se double de l'alpinisme avec l'ascension du Ben MacDui, deuxième pic d'Ecosse (descendre sur Braemar via le Lairig Ghru et les cascades du Linn of Dee). Ceux qui graviront la montagne devront prendre connaissance des emplacements où se situent les « bothies », ces huttes qui protègent des intempéries. La région est appréciée par les skieurs de fond pour ses collines ondulantes, mais aussi pour ses belles journées. Les plus beaux lacs du coin sont le loch Morlich et le loch An Eilein. Des traits sur les parois témoignent du niveau de l'eau pendant les périodes de glaciation. Non loin de là, au Boat of Garten, on peut observer des nidifications d'orfraies.

■ **OFFICE DU TOURISME. Grampian Road, Aviemore** ✆ **(01479) 810363.** *Ouvert d'avril à octobre de 9h à 18h (17h le samedi, 16h le dimanche) et de novembre à mars de 9h à 17h (fermé le dimanche).*

Hébergement – Restaurants

Les hôtels étant souvent pris d'assaut, nous vous indiquons quelques adresses dans les alentours.

■ **CAIRNGORM LODGE YOUTH HOSTEL. Glenmore, à 10 km d'Aviemore** ✆ **0870 004 1137 – 0870 155 3255 – www.syha.org.uk –** *Compter 11,50 à 12 £ par personne.* Superbe auberge de jeunesse (le Scottish tourist board lui a accordé 4 étoiles !) et base idéale pour des excursions dans les Cairngorms.

■ **THE OLD MINISTER'S HOUSE. Rothiemurchus. Près d'Aviemore sur la B970** ✆**/Fax : (01479) 81218 – www.theoldministershouse.co.uk –** *Compter de 30 £ à 35 par personne.* Dylis et Paul Stretton vous accueillent chaleureusement dans leur luxueuse guesthouse. Les 4 chambres sont bien équipées et décorées avec goût. Quant au petit-déjeuner, c'est un pur moment de bonheur avec vue sur la rivière Druie en prime !

■ **CORROUR HOUSE HOTEL. Rothiemurchus** ✆ **(01479) 810 220 – Fax : (01479) 811 500 – www.corrourhousehotel.co.uk –** Cette maison a du charme et du caractère et la cuisine qu'on y prépare confortera les gastronomes après une bonne journée passée au grand air.

■ **GLENMORE CAMPING & CARAVAN PARK** ✆ **(01479) 861271.** *Prix : 9 £ environ pour une voiture et une caravane. A environ 10 km à l'est d'Aviemore.* Près du camping, d'ailleurs bien équipé, se trouve le seul troupeau de rennes sauvages de Grande-Bretagne, il a été importé de Laponie en 1952. Renseignements au Cairngorm Reindeer Centre (✆ (01479) 861228 – info@reindeer-company.demon.co.uk). Les visites guidées (*2 £*) partent à 11h et de mai à septembre, visite supplémentaire à 14h30.

Restaurants

■ **SKIING-DOO. Main Street** ✆ **(01479) 810392.** *Compter 6 £ le midi et 10 £ le soir.* Cette chaumière tâche d'être le bar-chalet pour les skieurs et les sportifs. L'ambiance, très chaleureuse. Essayez les faisans en saison.

■ **THE OLD BRIDGE INN. Dalfaber Road** ✆ **(01479) 811137.** L'ambiance de ce pub est vraiment agréable et les plats sont savoureux et abordables (*environ 12 £*). Des ceilidhs sont régulièrement organisés ainsi que des soirées traditionnelles tous les mardis.

Loisirs

Pêche – Marche

■ **ROTHIEMURCHUS ESTATE VISITOR CENTRE. Sur la B 970** ✆ **(01479) 810858 – www.rothiemurchus.net –** *Ouvert tous les jours de 9h à 17h.* Carte gratuite des sentiers de la région. Location de vélos et de V. T. T.

Location de skis

■ **HIGHLAND GUIDES.** Inverdruie, Aviemore ✆ (01479) 810729.

■ **DAY LODGE. Cairngorm Ski Area** ✆ **(01479) 861261.** *Environ 13 £ la journée de location et 20 £ pour les remontées.* Plus de renseignements sur www.cairngorms.co.uk

FORRES

■ **BRODIE CASTLE** ✆ **(01309) 641371.** *Ouvert de Pâques à septembre, de 12h à 16h (5 £).* Sur l'A 96 en direction d'Elgin, à l'ouest de Forres, se profile un magnifique château datant du XVIe siècle, restauré en 1840. Ancien siège des Brodie, il a été reconstruit en forme de Z d'après les plans originaux, au cours des XVIIe et XIXe siècles. Il renferme des collections de tableaux magnifiques, de meubles français et de porcelaine d'Europe et de Chine.

▶ **A Forres, cherchez l'ancienne distillerie de Dallas Dhu :** malgré son excellent état, elle ne fonctionne plus mais reste ouverte et initie les visiteurs aux techniques de fabrication du whisky.

FINDHORN

Un court détour vous amène dans le village de Findhorn, réputé surtout pour le succès de ses expériences agricoles menées par une communauté hippie spiritualiste dès 1962 ✆ (01309) 690311.

■ **HELOISE SHEWAN. Quince Cottage, 72, Findhorn, Forres** ✆ **(01309) 690495.** *Comptez 20 £ environ.* Détente et repos dans cette ancienne petite chaumière de village au toit rouge.

■ **CARAVAN PARK** ✆ **(01309) 690203.** *Comptez 5 £ par tente.*

ELGIN

Le bourg royal d'Elgin est construit sur des plans datant du Moyen Age. Au centre se trouvait la cathédrale, l'une des plus belles d'Ecosse. Plus tard, Elgin servit de lieu de dépôt de pierres pendant un moment, un triste sort pour « la lanterne du Nord ». Au nord de la ville, ne ratez pas Duffus Castle, seul château de style Motte & Bailey. C'est un excellent exemple du style roman, même si les murs extérieurs sont d'époque plus récente.

■ **OFFICE DU TOURISME.** 17, High Street, Elgin ✆ (01343) 542666. *Ouvert toute l'année, de 9h à 18h l'été.*

Hébergement

■ **Mr K. TODD.** Ardgye House, Elgin ✆/Fax : (01343) 850618 – www.ardgyehouse.com – *A partir de 20 £ par personne.* A 3 km d'Elgin sur l'A 96, une grande maison de campagne aux murs de bois. Sa façade ornée de petits balcons surplombe un escalier extérieur. L'accueil y est simple et chaleureux.

■ **THE MANSEFIELD HOUSE HOTEL. 2, Mayne Road, Elgin** ✆ **(01343) 540883 – Fax : (01343) 552491.** *Chambre double entre 100 £ et 200 £. Comptez 10 £ pour le déjeuner, et environ 25 £ pour le dîner.* Un hôtel élégant au cœur d'Elgin. Son restaurant s'impose par la qualité et la variété de ses fruits de mer et de ses poissons, accompagnés éventuellement d'un avocat chaud ou d'un pâté. Choisissez votre bestiole avant qu'elle ne soit cuite. Le service est attentionné et le cadre reposant.

Restaurant

■ **ABBEY COURT. 15, Greyfriars Street, Elgin** ✆ **(01343) 542849.** *Comptez 16 £ environ.* Vous ne pouvez pas passer à côté de l'entrecôte Aberlour ou de la pintade servie avec du bacon fumé mariné et cuite dans une sauce au vin rouge et au cassis. Grand choix de plats italiens.

Points d'intérêt

■ **LA CATHÉDRALE** ✆ **(01343) 547171.** *D'avril à septembre de 9h30 à 18h30, d'octobre à mars de 9h30 à 16h30, le jeudi de 9h30 à 12h et le dimanche de 14h à 16h30. Entrée : 3 £.* Erigée en 1224, elle fut incendiée en 1390. Désormais en ruines, elle est surnommée « la lanterne du nord ».

■ **SPYNIE PALACE. A 3 km au nord d'Elgin.** *Mêmes horaires que la cathédrale mais seulement les week-ends en hiver. Entrée : 2,20 £.* Ce fut la résidence de l'évêque de Moray du XIVe siècle jusque l'an 1686. Seule subsiste réellement la tour construite par l'évêque David Stewart, qui offre une vue incomparable sur le loch Spynie et le Moray Firth.

■ **BALLINDALLOCH CASTLE. Lagmore, Ballindalloch** ✆ **(01807) 500305.** *Ouvert d'avril à septembre de 10h30 à 17h. Sur l'A 95, à 13 km au sud-ouest de Craigellachie. Compter 6 £ pour la visite.* La légende raconte que le seigneur des lieux avait commencé à construire le château sur un site que des forces mystérieuses n'avaient pas approuvé. Les murs furent détruits en une nuit et les constructeurs reçurent l'ordre de déplacer les fondations sur le site actuel. Le château est la propriété de la famille Macpherson-Grants depuis 1546.

Shopping

■ **GORDON & MACPHAIL. 58-60, South Street Elgin** ✆ **(01343) 545110 – retail@ gordonandmacphail.com** – Ils font eux-mêmes la mise en bouteille et le mélange de leur whisky. Superbe sélection de malts.

À la découverte du whisky

Entre Elgin et Aberdeen se situe la partie de l'Ecosse la plus connue pour ses whiskies. On y trouve plus de la moitié des distilleries du pays dont huit des plus importantes ont créé des centres d'accueil pour les visiteurs. Vous pouvez en visiter un grand nombre en suivant la Speyside Way qui va de Tomintoul à la mer, près de Lossiemouth à environ 60 km. Quant à y faire vos achats… La plupart de ces marques sont moins chères dans le supermarché en bas de chez vous.

Si vous êtes en voiture, passez plutôt par deux distilleries différentes (il n'y a pas dix mille façons de distiller!) et dégustez les fruits des travaux des maltsmen, avant ou après la visite d'un des châteaux superbes qui peuplent la région.

■ **GLENFIDDICH DISTILLERY. Dufftown** ✆ (01340) 820373 – **Fax :** (01340) 822083 – **www.glenfiddich.com** – **visitorcentre@wgrant.com** – *Ouverte toute l'année du lundi au vendredi de 9h30 à 16h30 et d'avril à octobre, le samedi de 9h30 à 16h30 et le dimanche, de 12h à 16h30. Bus direct d'Elgin.* A Dufftown, c'est l'exposition la plus complète, commentée en français. La visite classique est gratuite et se termine par une dégustation de Glenfiddich Special Reserve; votre guide, habillé en tenue traditionnelle (c'est-à-dire en kilt), vous fait faire le tour de la distillerie, de la salle de maltage à la mise en bouteille. Il existe aussi la visite du connaisseur (réservée aux plus de 18 ans), qui dure 2 à 3 heures et coûte 12 £ (dégustation de 6 whiskies différents).

A deux pas de la distillerie, s'il vous reste un peu de sens critique, Balvenie Castle est un véritable petit bijou de la Renaissance ✆ (01340) 820121. Ouvert d'avril à septembre de 9h30 à 18h30. Tarif : 2,20 £.

■ **STRATHISLA DISTILLERY. A Keith** ✆ (01542) 783044 – **Fax :** (01542) 783039 – **www.chivas.com** – *Ouverte de mi-mars à fin octobre, du lundi au samedi de 10h à 16h et le dimanche de 12h30 à 16h. La gare de Keith se situe à 600 m de la distillerie et l'arrêt de bus à 500 m. Tarifs : 5 £ pour un adulte, gratuit pour les moins de 18 ans. Les enfants de moins de 8 ans ne sont pas admis.* La plus vieille des distilleries (fondée en 1786) est aussi l'une des plus belles.

Près de Keith, Drummuir Castle, château victorien dans le style des « maisons-lanternes », récemment restauré, était le siège du Clan MacDuff Centre.

Une fois familiarisé avec les méthodes de distillation, rendez-vous dans une distillerie plus petite ouverte au public (consultez la *Whisky Map of Scotland,* publiée par Collins & Bartholomew). Observez alors la différence.

■ **GLENFARCLAS DISTILLERY. Ballindalloch, sur l'A 95 à 8 km au sud d'Aberlour** ✆ (01807) 500209 / (01807) 500 257 – **www.glenfarclas.co.uk** – *Ouvert d'avril à septembre du lundi au vendredi de 10h à 17h et le samedi, de juin à septembre, de 10h à 16h. D'octobre à mars, du lundi au vendredi, de 10h à 16h. Tarif : 3,50 £, gratuit pour les moins de 18 ans.* Un des seuls whiskies vendus dans le commerce à afficher un taux de plus de 60 % d'alcool. Mieux vaut le goûter après la visite de Ballindalloch Castle !

Et pour que le whisky n'ait vraiment plus de secret pour vous, faites un tour à la plus grande tonnellerie de la région.

■ **SPEYSIDE COOPERAGE. Dufftown Road, Craigellachie** ✆ (01340) 871108 – **Fax :** (01340) 881437 – **www.speysidecooperage.co.uk** – *Ouverte toute l'année du lundi au vendredi, de 9h30 à 16h. Tarifs : compter 3,10 £ pour un adulte, 1,80 £ pour un enfant (tarif étudiant : 2,50 £). La tonnellerie se trouve sur l'A 941, entre Craigellachie et Dufftown.* La visite commence par une exposition racontant l'histoire du tonneau suivi d'un film sur les procédés de fabrication et les principales exportations de la tonnellerie. Enfin, la partie la plus intéressante débute lorsque vous pénétrez dans l'atelier où experts tonneliers et apprentis s'activent sans relâche à fabriquer ou restaurer les 100 000 fûts de chêne qui sortent d'ici chaque année. Le spectacle est impressionnant.

HUNTLY

■ **OFFICE DU TOURISME** ℂ (01466) 794428. *Ouvert d'avril à octobre.*

Points d'intérêt

Deux superbes châteaux méritent que l'on s'y arrête.

■ **LEITH HALL.** Huntly ℂ (01464) 831216. *Ouvert de mai à septembre, de 12h à 17h. Les jardins sont ouverts toute l'année de 9h30 à la tombée du jour. Compter 7 £ environ.* Un château ? Plutôt une sorte de manoir, construit sur une période de trois siècles par une famille de militaires. Il abrite le patrimoine des chefs des grandes familles Leith et Leith-Hay. Y sont exposés des vêtements appartenant au géant de la famille, Andrew Hay, ainsi qu'une maison de glace, ancêtre du réfrigérateur. Dans le jardin trône le tombeau d'un perroquet enterré avec les honneurs militaires !

■ **HUNTLY CASTLE** ℂ (01466) 793191. *Ouvert d'avril à septembre, de 9h30 à 18h30 ; d'octobre à mars de 9h30 à 16h30 ; fermé le jeudi après-midi et vendredi et dimanche matin. Entrée 3 £.* Ce château fut reconstruit par les Gordon, à leur retour d'un voyage culturel, pour montrer leur goût, nouvellement acquis, du faste et leur passion de l'héraldique. La cheminée est assez grande pour contenir une petite voiture. Les toilettes de l'époque, en parfait état, font également partie de la visite.

Loisirs

■ **NORDIC SKI CENTRE** ℂ/Fax : **(01466) 794428 – www.huntly.net/hnoc/index.htm – hnoc@aberdeenshire.gov.uk –** Ce centre organise des courses de ski cross-country et loue du matériel de ski traditionnel et des V. T. T.

Manifestations

▶ **Fin avril – début mai :** Spirit of Speyside Whisky Festival, dans la région de la Speyside

▶ **En septembre :** Autumn Speyside Whisky Festival, à Dufftown.

■ **POUR CES FESTIVALS, PLUS DE RENSEIGNEMENTS** sur www.spiritofspeyside.com

■ ABERDEEN ■

220 000 habitants. On l'appelle la « ville argentée », car la pierre granitique de ses immeubles scintille de tous ses éclats lorsque le soleil s'y pose. On pourrait aussi la nommer la ville verte pour ses jardins, bosquets et plantations. Aberdeen (ville jumelée avec Clermont-Ferrand, pour ceux que cela intéresse), capitale de l'industrie pétrolière de la Grande-Bretagne, est la troisième ville d'Ecosse et une cité universitaire depuis 1495. Sa position stratégique en avait fait, dès le Moyen Age, un important Royal Burgh, selon le système mis en place par le roi David pour stimuler la croissance économique et encourager la stabilité. Le Royal Burgh avait le monopole sur tous les produits locaux et devait au roi des taxes payées par les marchands. Les artisans, encouragés à émigrer en Ecosse, bénéficiaient d'un statut social et de contrats de vente gratuits. Près du pont de Brig O'Balgownie (construit en 1329 sur le Don, il fut le seul moyen de traverser la rivière durant 500 ans), Old Aberdeen tenta de tirer profit de sa situation, en planifiant son jour de marché 24 heures plus tôt que celui, plus important, de Castlegate. La cité profita également de la Réforme, qu'elle avait adoptée, pour renforcer son activité. En effet, la destruction des monastères et des cathédrales libéra des terres, vite accaparées par des hommes d'affaires et des agriculteurs efficaces et productifs. Le XVIIe siècle vit les Lowlanders prospérer, à l'inverse des Highlanders. Question de mentalité ! Les uns étaient travailleurs, patients, calculateurs, les autres étaient des guerriers mal organisés. Tracez une ligne du loch Lomond à Stonehaven et vous avez séparé les Highlands des Lowlands : les grandes villes sont toujours à droite de cette ligne. Aberdeen était la plus proche du « détroit » des Lowlands, ce qui contribua sans aucun doute à favoriser son essor. Le XIXe siècle fut sa période la plus florissante grâce au commerce du granit (deuxième carrière d'Europe à Rubislaw), du textile, des bovins, de l'orge, à la pêche puis au sport et au tourisme. Le papier, le pétrole et le bâtiment sont les autres ressources de la région. Richesses économiques, mais aussi richesses historiques et touristiques : celles des plages le long de la côte, des falaises vertigineuses, des golfs, des sites historiques à n'en plus finir, et des montagnes tout à côté. Quant à l'Aberdonien, il mérite d'être connu : c'est un personnage solide, futé et généreux, dont le crâne, de forme carrée, est unique au monde !

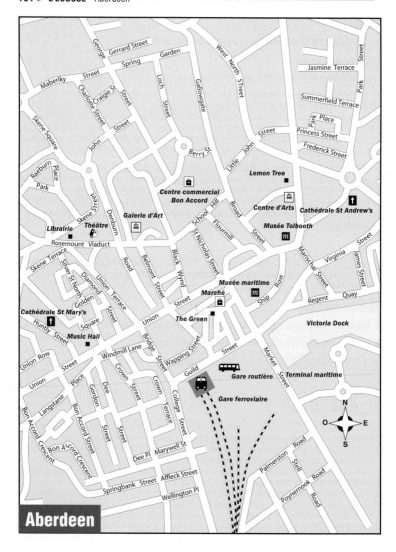

Aberdeen

Transports

Voiture

En venant du sud, suivre la côte sur l'A 94 – A 92. Pour traverser la montagne et Deeside, prendre l'A 93. En venant d'Inverness, emprunter l'A 96 ou l'A 9 – A 95 – A 939 (vallée de la Spey), cette dernière voie étant très souvent enneigée l'hiver.

Location de voitures

■ **ARNOLD CLARK. Girdleness Road** ℰ **(01224) 249159.** *Ouvert de 8h à 18h (de 11h à 17h le dimanche).* Tarifs intéressants.

■ **HERTZ. A l'aéroport** ℰ (01224) 722373.

Taxis

■ **CENTRAL TAXIS.** Le long d'Union Street ✆ (01224) 899686. *24h/24.*

Location de vélos

■ **ABERDEEN CYCLE CENTRE. 188 King Street** ✆ **(01224) 644542.** *Ouvert du lundi au samedi, de 10h30 à 17h30.*

■ **ALPINE BIKES. 64 Holburn Street** ✆ **(01224) 211455.** *Ouvert tous les jours. A partir de 12 £ la journée de location.*

Aéroport

A Dyce, 11 km au nord-ouest d'Aberdeen ✆ (01224) 722331. Vols pour Londres, Manchester, Norwich, Newcastle. Vols internationaux pour Amsterdam, Bergen, Esbjerg, Paris…

Ferries

■ **P & O SCOTTISH FERRIES. Jameson's Quay** ✆ **(01224) 572615.** Ferries pour Lerwick (Shetland), départ du lundi au vendredi à 18h, arrivée à 8h. Avec Strmness (Orkney), liaison de juin à août le mardi et le samedi.

Train

■ **GUILD STREET** ✆ (01224) 210210. Trains pour Edimbourg (2h30), Glasgow (2h45), Inverness (2h15), Dundee (1h15), Perth (1h45) et Stirling (2h15). Billetterie ouverte de 7h30 à 19h, le dimanche de 8h30 à 19h.

Bus

■ **BUS STATION. Guild Street, la principale compagnie est Bluebird Buses** ✆ **(01224) 212266.** Bus pour Edimbourg, Glasgow, Dundee, Perth, Stirling et Inverness.

■ **BUS LOCAUX UNION STREET.** En ville, on ne rend pas la monnaie, munissez-vous de petites pièces ou d'une carte. Procurez-vous l'Aberdeenshire & Moray Public Transport Guide à l'office du tourisme ou appelez le Public Transport Unit ✆ (01224) 664581.

Pratique

▶ **Indicatif téléphonique :** 01224.

■ **OFFICE DU TOURISME. 23 Union Street** ✆ **(01224) 288828 – www.aberdeen-grampian. com –** *Ouvert du lundi au samedi de 9h30 à 17h30 (19h de mi-juin à mi-septembre) et le dimanche de 10h à 16h. Réservation d'hébergement, bureau de change, internet (1 £ les 20 min).*

■ **ABERDEEN & GRAMPIAN. 27 Albyn Place** ✆ **(01224) 288828 – Fax : (01224) 288828 – www.aberdeen-grampian.com –** Vous trouverez ici toutes les informations sur la région.

■ **BANQUES. Dans Union Street.** *Ouvertes aux heures de bureau, du lundi au vendredi.*

■ **CHANGE. Thomas Cook. 335-337 Union Street** ✆ **(01224) 212271.** *Ouvert du lundi au samedi de 9h30 à 17h30. Ou à l'office du tourisme.*

■ **POLICE. Queen Street** ✆ (01224) 639111.

■ **LAVERIE AUTOMATIQUE – LAUNDRETTE. 555 George Street et 198 Holburn Street.** *Ouvert du lundi au vendredi de 8h30 à 18h et le week-end de 10h à 17h.*

■ **PHARMACIE BOOTS. 161 Union Street** ✆ **(01224) 211592.** *Ouvert du lundi au samedi de 8h à 18h.*

■ **HÔPITAL : ABERDEEN ROYAL INFIRMARY. Foresterhill Road** ✆ **(01224) 681818.** Au nord-est du centre.

■ **DENTISTES. Grampian Health Board** ✆ (01224) 681818, en semaine. **Denburn Health Centre** ✆ (01224) 641322, pendant le week-end et les vacances.

■ **POSTE CENTRALE. Saint Nicholas Centre. Upperkirkgate** ✆ **(01224) 633065.** *Ouvert de 9h à 17h30, le samedi de 9h à 12h30.* Bureau également au 489 Union Street ✆ (01224) 210466.

■ **INTERNET.Aberdeen Central Library. Rosemount Viaduct.** *Ouvert de 9h à 19h (17h le vendredi et samedi).* Consultation gratuite.

Hébergement

La plupart des B & B sont souvent occupés par les personnes rattachées à l'industrie pétrolière. La meilleure façon de trouver une chambre est de réserver à l'avance ou de se rendre directement à l'office du tourisme (également à la gare) qui communique en début d'après-midi une liste de logements disponibles.

Cependant, Aberdeen est une ville animée et il n'est pas rare de se voir invité à loger chez l'habitant, surtout en été.

Si nous avons sélectionné un certain nombre d'hôtels, châteaux ou grandes maisons de campagne de « luxe », à l'extérieur de la ville, c'est que leurs prix sont avantageux. Il en est de même pour les restaurants.

Bien et pas cher

■ **ABERDEEN YOUTH HOSTEL. 8 Queen's Road, Aberdeen** ✆ **0870 004 1100 – 08701 553 255 – www.syha.org.uk –** *Bus 14 ou 15 du centre-ville (bus station). Entre 11 et 14 £ par personne. Ouverte toute l'année jusqu'à 2h du matin.* Une vieille demeure de caractère abrite cette auberge bien équipée.

■ **GREYHOLME. 35, Springbank Terrace, Aberdeen** ✆ **(01224) 587081 – greyholme@talk21. com –** *Prix de 20 à 22 £ environ.* L'ordre et la discipline sont de rigueur dans cette maison tenue par un ex-champion de course automobile. Si vous voulez faire la fête, adressez-vous ailleurs. Monsieur Hugues est cependant tout à fait charmant et vous trouvera peut-être de la place même si c'est affiché complet !

■ **ARDEN GUEST HOUSE. 61 Dee Street, Aberdeen** ✆ **(01224) 580700 – Fax : (01224) 585396 – www.ardenguesthouse.co.uk –** *Compter 25 £ par personne.* L'accueil est chaleureux mais cette guesthouse vaut surtout pour sa situation très centrale. Vous irez facilement à pied voir the Art Gallery, le Maritime Museum et vous vous trouvez à proximité des centres commerciaux, pubs et restaurants.

■ **KILDONAN GUEST HOUSE. 410 Great Western Road** ✆ **(01224) 316115 –cultermcavoys@aol. com –** *Compter 18 à 25 £ par personne.* Sept chambres récemment rénovées dont quatre doubles dans cette maison en granit, située à l'ouest de la ville.

Confort ou charme

■ **BIMINI. 69, Constitution Street, Aberdeen** ✆ **(01224) 646912 – Fax : (01224) 647006 – www.bimini.co.uk –** *Prix de 21 à 35 £ environ.* Près de la plage et du centre-ville, un établissement tenu par un ex-marin qui met son monde à l'aise grâce à son sens de l'humour et à sa grande hospitalité.

■ **NICOLL'S GUEST HOUSE. 63 Springbank Terrace** ✆ **(01224) 572867 – www.aberdeen nicollsguesthouse.com –** *Compter de 20 à 30 £ par personne.* Résidence victorienne classée, cette guesthouse familiale propose 6 chambres confortables et décorées avec goût. A proximité des rues commerçantes, bars, restaurants, vous serez au calme et Jim a quelques places de parking à offrir ce qui ne se refuse pas à Aberdeen ! Tout le centre-ville est payant et affreusement cher ! Une très bonne adresse.

■ **CRYNOCH GUEST HOUSE.** 164 Bon Accord Street ✆/Fax : (01224) 582743 – www. crynoch-guesthouse.co.uk – *Compter de 20 à 25 £ par personne.* Betty Johnson vous accueille chaleureusement et vous propose 7 chambres simples mais confortables et équipées du réseau Wifi. La maison est à 5 min à pied des commerces et à 10 min de la gare et du terminal des ferries.

Luxe

■ **THE MARCLIFFE AT PITFODILS.** North Deeside Road, sur l'A 93 en direction de Braemar ✆ (01224) 861 000 – Fax : (01224) 868 860 – www.marcliffe.com – *A partir de 90 £ par personne.* Hôtel 5-étoiles de luxe, calme et élégant situé dans un cadre pittoresque à 10 min du centre d'Aberdeen. L'établissement compte 37 chambres et 2 suites toutes décorées de façon distincte. Le restaurant propose une cuisine raffinée où légumes du jardin accompagnent poisson, viande et gibier du terroir. Enfin, l'hôtel a été inauguré en 1993 par Mikhail Gorbachev et vous risquez fort d'y croiser une personnalité politique ou une star du show biz…

■ **ARDOE HOUSE HOTEL.** South Deeside Road, Blairs, Aberdeen ✆ (01224) 860600 – Fax : (01224) 861283 – www.macdonaldhotels.co.uk – *Sur la B 9077 en direction de Maryculter.* C'est une demeure baronniale du XIXᵉ siècle inspirée du château de Balmoral qui abrite cet hôtel alliant confort moderne et décoration traditionnelle. Admirez les murs lambrissés de boiseries, les imposantes cheminées et l'impressionnante cage d'escalier. Profitez également des espaces loisirs et beauté comprenant entre autres piscine, jacuzzi, sauna et hammam.

■ **RAEMOIR HOUSE HOTEL.** Raemoir, Banchory ✆ (01330) 824884 – Fax : (01330) 822171 – www.raemoir.com – *A partir de 90 £ la chambre.* Cette demeure géorgienne a été construite en 1750 et s'est convertie en hôtel en 1943. Votre séjour promet d'être calme et romantique, vous dînerez aux chandelles dans la somptueuse Oval Ballroom et pourrez ensuite faire une agréable promenade dans le parc de Raemoir.

■ **LOWER DEESIDE HOLIDAY PARK.** Maryculter, Aberdenn ✆ (01224) 733860 – Fax : (01224) 732490 – www.lowerdeesideholidaypark.com – *A moins de 10 km d'Aberdeen. Emplacement à partir de 10 £ par jour.* Le site comprend un magasin, une laverie et des jeux.

Restaurants

Bien et pas cher

■ **ASHVALE.** 46 Great Western Road, Aberdeen ✆ (01224) 596981. *Ouvert tous les jours de 12h à 23h. Comptez 6 £ environ.* Un fish and chips hors du commun. Si vous arrivez à finir leur « Ashvale Whale », la maison ne manquera pas de vous en offrir un deuxième, gratuit !

■ **CARMINE'S PIZZA.** 32 Union Terrace, Aberdeen ✆ (01422) 624145. *Ouvert du lundi au samedi de 12h à 17h30.* Dans ce petit café presque invisible, vous vous ferez gronder si vous ne finissez pas votre pizza !

■ **THE FILLING STATION.** 245 Union Street ✆ (01224) 638 631. Bar américain . Cuisine tex-mex, pizza, pasta, burgers & sandwiches, salades. Comptez en moyenne 7£ pour un plat.

■ **THE LEMON TREE.** 5 West North Street ✆ (01442) 642230 – www.lemontree.org – *Ouvert du mercredi au dimanche, de 12h à 15h.* Lorsque vous aurez déniché ce café à l'intérieur de l'Arts Centre, vous vous autoriserez une délicieuse pâtisserie accompagnée d'un café ou bien testerez leurs plats végétariens servis au déjeuner. Pratiquement tous les soirs, le café se transforme en salle de concert avec des groupes de rock, folk, jazz et blues.

Bonnes tables

■ **OWLIES BRASSERIE.** Littlejohn Street, Aberdeen ✆ (01224) 649267. *Ouverte de 11h30 à 14h et de 17h30 à 22h15 du lundi au samedi. Comptez 10 £ environ.* Ce restaurant à 50 % végétarien, est tenu par un personnage étonnant, à la fois astronome, chimiste, écologiste et francophone. Norman Faulk vous propose d'essayer, entre autres, son couscous, son gado-gado ou son crumble.

■ **LITTLE ITALY.** 79 Holborn Street ✆ (01224) 515227. *Ouvert jusqu'à minuit du lundi au mercredi et jusqu'à 2h du matin du jeudi au samedi.* Un restaurant italien de valeur sûre.

■ **CIAO NAPOLI. 10 Bon Accord Crescent** ✆ **(01224) 213223.** Au calme, dans une rue adjacente à Union Street. Cuisine italienne et méditerranéenne servie dans une ambiance feutrée, parfait pour un dîner en tête à tête.

■ **THE ROYAL THAI. Crown Terrace** ✆ **(01224) 212922.** *Ouvert tous les jours jusqu'à 23h. Compter environ 10 £.* Ce restaurant thaï a établi une solide réputation à Aberdeen.

■ **THE WILD BOAR. 19 Belmont Street** ✆ **(01224) 625357.** *Ouvert tous les jours. Compter 10 £.* Dans ce bistro, on sert un large choix de plats végétariens ainsi que de succulents desserts.

■ **NARGHILE KEBAB HOUSE. 77-79 Skene Street, Aberdeen** ✆ **(01224) 636093.** *Ouvert de 12h à 14h et de 18h à 22h, tous les jours. Comptez 16 £ environ.* Pourquoi ne pas faire un tour du côté de l'exotique gastronomie grecque ou turque ? Essayez le Sultan Sofrasi, un plat pour deux.

■ **SIMPSON'S. 59 Queen's Road** ✆ **(01224) 327777.** *Ouvert tous les jours. Compter 15 £ environ.* La somptueuse brasserie de cet hôtel sert des plats qui font honneur à la cuisine écossaise en y ajoutant des saveurs du monde entier.

Luxe

■ **SILVER DARLINGS. Pocra Quay, North Pier, Footdee, Aberdeen** ✆ **(01224) 576229.** *De 12h à 14h et de 19h à 22h, fermé à midi le samedi et le dimanche. Compter 20 £ le midi et 30 £ le soir.* Situé à la pointe la plus à l'est, sur la rive nord de la rivière Dee, c'est le restaurant préféré de nombreux visiteurs d'Aberdeen. Vous vous régalerez de fruits de mer et de poissons. Réservation conseillée.

■ **COURTYARD ON THE LANE. Alford Lane** ✆ **(01224) 213795.** *Compter 15 £ pour le déjeuner et 30 £ pour le dîner. A l'extrémité ouest d'Union Street. Ouvert du mardi au samedi.* Le chef allie les traditions écossaises aux meilleures recettes européennes. Il en résulte une cuisine élaborée et imaginative.

■ **GERARD'S. 50 Chapel Street** ✆ **(01224) 639500.** *Compter 10 £ pour le déjeuner et 23 £ pour un menu le soir.* Le chef, Gerard Flecher s'est installé à Aberdden en 1974 après avoir remporté de nombreuses récompenses. Il prépare une cuisine raffinée, dans la pure tradition française, accompagnée de bons vins. Le service est agréable et le cadre chaleureux.

■ **KILDRUMMY CASTLE HOTEL. Kildrummy par Alford, A 944, à l'ouest de la ville** ✆ **(019755) 71288 – Fax : (019755) 71345 – www.kildrummycastlehotel.co.uk** *– Chambre double à partir de 150 £ petit-déjeuner et dîner compris.* La réputation culinaire de l'hôtel croît d'année en année. Sa cuisine traditionnelle s'apprécie dans le confort et la tranquillité d'une immense pièce avec vue sur le château en ruine de Kildrummy, datant du XIIIe siècle. Réservation impérative pour le dîner.

■ **PITTODRIE HOUSE HOTEL. Pitcaple, Inverurie, A 96, à l'ouest de la ville** ✆ **01467 681444.** *Comptez 30 £ environ (chambre double à partir de 50 £ par personne).* Entourée d'un parc, cette vieille maison grandiose est le cadre idéal pour déguster un menu pour gourmets. On regrette simplement que le choix soit relativement limité (ce qui n'est pas le cas de la carte des vins).

Sortir

■ **THE PRINCE OF WALES. Saint Nicholas Lane** ✆ **(01224) 640597.** Le bar le plus long de la ville offre aussi les meilleures bières dans une ambiance à ne pas manquer.

■ **THE BLUE LAMP. 121 Gallowgate** ✆ **(01224) 647472.** Bar populaire, connu des étudiants, très souvent plein le week-end (concerts de style varié).

What's the stovies ?

Le stovies (plat de pommes de terre et de jus de viande) que l'on trouve dans les bars à midi, et les butterys, l'équivalent de nos croissants, mais considérablement moins légers ! Attention, certains sont au fromage.

■ **UNDER THE HAMMER. North Silver Street.** *Ouvert jusqu'à 2h.* Bar à vins situé dans une cave. Ambiance beaucoup plus éclectique que dans les autres bars du centre-ville.

■ **MA CAMERON'S INN. Little Belmont Street.** Le plus vieux pub de la ville sert des plats tout à fait corrects accompagnés d'une sélection de bières intéressante.

■ **PELICAN CLUB. Metro Hotel, Market Street.** *Ouvert du jeudi au samedi, jusqu'à 2h.* Ce club, sombre, bruyant et agité, est fréquenté par de nombreux jeunes et commence à bouger à partir de 23h. On y écoute souvent de la musique live, notamment indie.

Manifestations

▶ **Mai :** Green City Fun Day

▶ **Juin :** Aberdeen Highland Games, sur un week-end, et aussi le Grampian British Pipe Band Championship à Turriff.

▶ **Août :** Aberdeen International Youth Festival.

▶ **Début septembre :** Braemar Gathering. Ce sont les plus grands Highland Games de l'année et du monde et les meilleurs participants y viennent. A ne pas rater !

▶ **Octobre :** Aberdeen Alternative Festival. Des artistes de toutes sortes et des expositions dans tous les lieux. C'est vibrant.

▶ **Novembre :** Festival of Craft Fashion & Design. L'artisanat rencontre la mode. De nouvelles idées pour le « fait main ».

Points d'intérêt

■ **ABERDEEN MARITIME MUSEUM. Shiprow** ✆ **(01224) 337700.** *Ouvert du lundi au samedi de 10h à 17h et le dimanche de 12h à 15h. Entrée gratuite.* Dans la rue la plus ancienne de la ville, une maison du XVIe siècle raconte l'histoire des chantiers de bateaux de pêche et de l'industrie pétrolière. Film vidéo, modèles et tableaux.

■ **PROVOST SKENE'S HOUSE. Guestrow, Broad Street** ✆ **(01224) 641086 – www.aberdeen-city.gov.uk –** *Ouvert du lundi au samedi de 10h à 17h et le dimanche de 13h à 16h. Entrée gratuite.* Cette maison date de 1545 et on y observe plusieurs pièces avec différents styles d'intérieur, des peintures murales ainsi qu'une exposition sur l'histoire locale.

■ **ABERDEEN ART GALLERY. Schoolhill** ✆ **(01224) 523700.** *Du lundi au samedi, de 10h à 17h, dimanche de 14h à 17h.* Cet important centre culturel possède une collection assez prestigieuse de tableaux du XIXe (préraphaléites, peintres anglais et écossais) et du XXe siècles.

■ **MARISCHAL COLLEGE. Broad Street** ✆ **(01224) 274301.** *Entrée gratuite. Ouvert de 10h à 17h, le dimanche de 14h à 17h.* Le deuxième plus grand édifice en granit au monde. Construite au XIXe siècle, il abrite un musée d'antiquités chinoises et égyptiennes ainsi qu'une collection ethnographique très complète.

■ **SAINT MARY'S CATHEDRAL. Huntly Street** ✆ **(01224) 640160.** *Ouvert tous les jours de 8h à 17h.* De style gothique, elle a été construite à l'époque victorienne.

■ **KING'S COLLEGE. Old Aberdeen.** *Ouverte de 10h à 17h.* La première université d'Aberdeen, fondée en 1495.

■ **SAINT MACHAR'S CATHEDRAL. The Chanonry, Old Aberdeen** ✆ **(01224) 485988.** *Ouverte de 9h à 17h.* Cette cathédrale en granit a été édifiée au XIIIe siècle et fortifiée au XVe.

■ **DUTHIE PARK WINTER GARDENS. Accès par Polmuir Road ou Great Southern Road.** *Ouvert toute l'année, tous les jours à partir de 9h30.* Un jardin japonais, une muraille florale et même un cactus qui parle…

■ **VICTORIA PARK GARDENS.** Une partie de cet immense parc est conçue pour les aveugles et un dédale est adapté aux handicapés. Les odeurs sont particulièrement délicieuses.

Loisirs

■ **BELMONT CINEMA. Belmont Street.** Vous y verrez la plupart des sorties nationales.

■ **LIGHTHOUSE. Shiprow.** Un autre cinéma.

■ **ABERDEEN ARTS CENTRE. 33 King Street** ✆ **(01224) 635208.** Productions théâtrales assez variées. Parfois, des projections de films d'art et d'essai.

Dans les environs

Châteaux

Les châteaux de Grampian Region sont fort nombreux. Le National Trust en a sélectionné quelques-uns, tous rénovés. Le Castle Trail vous invite à en faire le tour. Ils sont bien signalés, mais vous ne pourrez pas les voir tous dans la même journée.

■ **COMPAGNIE DE BUS STAGECOACH BLUEBIRD** ✆ **(01224) 2212266 – www.stagecoachbus. com** – Elle propose un ticket valable une journée dans la vallée de la Dee, entre Aberdeen et Braemar.

■ **CASTLE FRASER** ✆ **(01330) 833463.** *A 25 km à l'ouest d'Aberdeen. Ouvert d'avril à septembre entre 11h et 17h. Compter 7 £.* C'est sans doute le château le plus spectaculaire, construit par deux familles de maçons, Bel et Leiper. En vous promenant dans les jardins clos, vous découvrirez un cadran carré.

■ **CRAIGIEVAR CASTLE. Alford** ✆ **(01339) 8 83635.** *Ouvert d'avril à septembre de 12h à 17h30.* Chef-d'œuvre de l'architecture baronniale écossaise, ce château de conte de fées fut construit en 1626 pour le marchand « Danzig Willie » Forbes. Il est mondialement célèbre pour ses plafonds, ses panneaux de bois ciselé et ses collections d'objets superbes.

■ **KILDRUMMY CASTLE** ✆ **(01975) 571331.** *A environ 60 km à l'ouest d'Aberdeen. Ouvert d'avril à septembre, de 9h30 à 18h30. Compter 2,20 £.* Le plus noble des châteaux du Nord, probablement restauré au milieu du XIVe siècle, et théâtre des fameuses Belly Cheers, fêtes organisées entre nobles.

■ **FYVIE CASTLE** ✆ **(01651) 891266.** *Près de l'A 947, à 13 km au sud-est de Turriff. Ouvert d'avril à juin du vendredi au mardi de 12h à 17h et en juillet-août, tous les jours de 11h à 17h (7 £).* Bel exemple d'équilibre harmonieux, il fut construit par cinq grandes familles (d'où les cinq tours) au XVIe siècle, sur des fondations datant du XIIIe. Il fut occupé par les membres des familles royales. Tout y est grandiose : l'escalier, les jardins de James Giles, la galerie de portraits... C'est fabuleux !

■ **CORGARFF CASTLE. Sur l'A 99** ✆ **(01975) 651460.** *Ouvert d'avril à septembre, de 9h30 à 18h30, et le week-end de novembre à mars, de 9h30 à 16h30.* Les graffitis visibles sur les murs de cette forteresse nous apprennent qu'au XVIIIe siècle, les soldats étaient venus contrôler les Highlanders battus à Culloden. Ces mêmes soldats apportaient en fait un soutien économique aux distilleries qu'ils étaient censés détruire.

■ **HADDO HOUSE** ✆ **(01651) 851440.** *A une vingtaine de kilomètres au nord d'Aberdeen. Ouvert en juillet et août de 11h à 16h30. Entrée : 7 £. Les jardins et le parc sont ouverts à partir de 9h30.* Ce manoir du début du XVIIIe siècle, plus ou moins bien conservé, fut dessiné et construit par William Adam (reconnu par certains comme le père de l'architecture écossaise et maître d'œuvre de la nouvelle ville d'Edimbourg). Les différentes parties de la demeure sont délimitées en fonction de leur rôle : d'un côté, les vivres, de l'autre, les serviteurs et les enfants, au centre, les lords, ladies et le personnel. Les jardins à l'italienne sont dus à James Giles.

■ **TOLQUHON CASTLE. Près de Pitmedden** ✆ **(01651) 851286.** *Ouvert d'avril à septembre, de 9h30 à 18h30. En hiver, ouvert le week-end seulement de 9h30 à 16h30.* Construit au début du XVe siècle, le château fut le fief des Forbes, famille riche et « flambeuse ». Les emplacements pour les canons sont là plus par souci esthétique que par nécessité militaire. A noter tout particulièrement, les pavés hexagonaux et le parquet dans le hall.

■ D'ABERDEEN À DUNDEE ■

Longer la côte ne présente aucun intérêt particulier, si ce n'est pour l'animation qui règne dans les petits ports de pêche. Nous préférons vous conduire jusqu'à Dee par une route intérieure, peut-être plus longue mais ô combien plus belle ! Et c'est pourquoi la région que nous allons traverser a été choisie par certains membres de la famille royale afin d'y établir leur résidence secondaire !

A 93 jusqu'à Rattray puis A 923, direction Dee.

Des châteaux tous plus somptueux les uns que les autres jalonnent la route. Près de Peterculter, **Drum Castle** (℃ (01330) 811204, ouvert tous les jours d'avril à septembre), une demeure du XVIe siècle, remplie d'argenterie, de meubles et de portraits, se situe en plein cœur de la forêt royale de Drum, donnée en 1323 à William de Irwin par Robert Bruce. Les **jardins de Crathes Castle** (℃ (01330) 844525, ouverts toute l'année), entre Peterculter et Banchory, mondialement connus, sont traversés par un chemin d'une dizaine de kilomètres, qui vous mène au pied d'un manoir du XVIe siècle (ouvert d'avril à octobre tous les jours de 10h30 à 17h30, compter 8 £ pour les jardins ou 10 £ pour une visite combinée du château).

A partir de Banchory, le paysage change, devient plus rude et plus vallonné. La silhouette des montagnes commence à se dessiner. A l'ouest, **Lochnagar** est un bon pic pour les alpinistes. Il fut notamment escaladé par la reine Victoria qui avait fait construire, en 1855, **Balmoral Castle** (℃ 01339 7 42534 – www.balmoralcastle.com – *Ouvert du 1er avril au 31 juillet, entrée 5 £*), actuellement une résidence de la famille royale, surtout fréquentée par le prince Charles. La seule pièce ouverte au public est la salle de danse qui contient une collection d'œuvres d'art, un café et des boutiques de souvenirs !

■ **INVER HOTEL. Crathie, Ballater** ℃ 013397 42345 – **Fax : 013397 42009.** *Chambre à environ 20 £. Dîner à partir de 7 £.* Simple et propre, cet hôtel est tenu par Ken et Jeanne Booth. Lui est guitariste et chanteur de musique folk et aime qu'on l'accompagne. Les chambres ont toutes une salle de bains.

BRAEMAR

Poursuivez sur Braemar où, chaque année en septembre, se déroule le plus grand Highland Games d'Ecosse. A ne pas manquer ! Braemar est au cœur d'une région où les sports d'hiver sont rois.

Pratique

■ **OFFICE DU TOURISME** ℃ (01339) 7 41600 – www.braemarscotland.co.uk – *Ouvert toute l'année, de 10h30 à 16h30 et le dimanche de 12h à 16h30.* En face du Fife Arms Hotel.

■ **BANK OF SCOTLAND.** *Ouverte de 9h à 16h45, le jeudi jusqu'à 17h30.* Pas de guichet automatique.

■ **POLICE. 30, Mar Road** ℃ (01339) 7 41222. Une équipe de sauvetage en montagne pourra vous renseigner sur les sports alpins, les routes praticables et les refuges. Il faut savoir qu'il est plutôt dangereux de s'y promener entre le mois d'août et la mi-octobre, car c'est la saison de la chasse.

Hébergement

Réserver bien en avance pour un séjour en juillet, août ou septembre, Highland Games obligent !

■ **YOUTH HOSTEL. 21 Glenshee Road** ℃ (01339) 741659 – braemar@syha.org.uk – **www. syha.org.uk** – *Ouvert toute l'année. Compter 10 £ environ.* Bonne base pour les randonnées, une maison confortable et bien équipée.

■ **RUCKSACKS. 15 Mar Road** ℃/Fax : (01339) 741517. *Compter 9 £.* Une maison en pierre bien tenue par Kate Muirhead.

■ **MOORFIELD HOUSE HOTEL. Chapel Brae** ℃ (01339) 7 4l244 – sue.moorfield@fsmail. com – *Compter de 18 à 20 £ par personne, à partir de 25,50 £ dîner compris.* Les chambres sont confortables. L'équipe de sauvetage en montagne envahit les lieux à l'heure des repas. Un bon rapport qualité et quantité-prix est donc imposé par la présence de ces grands affamés.

■ **FIFE ARMS HOTEL. Mar Road** ℃ (01339) 7 41644 – **Fax : (01339) 7 41545.** *Juste en face de l'office du tourisme. Compter 25 à 30 £ par personne.* Les chambres ne sont pas extraordinaires, mais l'hôtel est très bien équipé pour les handicapés et accueille les participants des compétitions olympiques pour paraplégiques. Vous pouvez déjeuner dans cet établissement décoré de têtes de cerfs menaçantes.

■ **BRAEMAR LODGE HOTEL. Glenshee Road** ℂ/**Fax : (01339) 7 41627 – www.braemarlodge. co.uk** – *De 20 à 50 £ environ par personne.* A 2 min de Braemar, cette ancienne maison de garde-chasse vous assure un précieux confort à proximité de la station de ski de Glenshee. Quoi de plus agréable que de vous prélasser au coin d'un bon feu de bois.

■ **INVERCAULD CARAVAN SITE. Glenshee Road** ℂ **(01339) 741373.** *Ouvert de décembre à octobre. Environ 10 £ pour une tente.* Très bien équipé.

Restaurant

■ **BRAEMAR LODGE RESTAURANT. (Voir Hébergement) Glenshee Road** ℂ **(01339) 741627.** *Comptez 20 £ pour un repas.* Nous vous conseillons la truite au drambuie ou le steak au fromage bleu écossais.

Loisirs

■ **STATION DE SKI. GLENSHEE SKI CENTRE. Cairnwell, Braemar** ℂ **(01339) 7 41320 – Fax : (01339) 7 41665 – www.ski-glenshee.co.uk** – *Ouvert tous les jours d'avril à décembre de 8h30 à 17h.*

Manifestation

▶ **Début septembre : Braemar Gathering,** ce sont les Highland Games les plus populaires du pays et ils sont présidés par la reine en personne ! Pour information, les jeux ont eu lieu le 3 septembre 2005 et l'entrée était fixée à 7 £. Pour réserver, contacter Braemar Royal Highland Gathering, Coilacriech, Ballater ℂ/Fax : (01339) 7 55377 – www.braemargathering.org

GLENSHEE

En poursuivant la route qui mène à Dundee, vous traverserez la région de Glenshee (station de ski). Le paysage, vallonné et boisé, s'ouvre soudain sur un superbe panorama : le plat pays dans toute son étendue.

Hébergement

■ **DALRULZION HOTEL. Blairgowrie, Glenshee** ℂ **(01250) 882222.** *Chambres doubles à 50 £.* Les chambres spacieuses peuvent convenir à de grandes familles qui pourraient toutefois être importunées par les samedis dansants et les dimanches musicaux. Possibilité de louer des skis.

■ **DALMUNZIE. Glenshee, Blairgowrie** ℂ **(01250) 885224 – Fax : (01250) 885225 – www. dalmunzie.com** – *A 3 km de l'A 93 reliant Perth à Braemar. Compter 35 à 50 £ par personne.* Profitez donc d'une retraite au calme dans ce château perdu au milieu des collines. Les 16 chambres sont spacieuses et lumineuses et chacune porte le nom d'un ancêtre propriétaire. Le parcours de golf de Dalmunzie est à peine 50 m de la propriété.

■ DUNDEE ■

Quatrième ville d'Ecosse et grand port de pêche sur la mer du Nord, Dundee est connue pour son jute, jadis pilier de l'industrie régionale et qui lui valut le surnom de « Juteopolis ». Elle est également réputée pour le Dundee cake, le journaliste et le satiriste William MacGonnagall, le « pire poète du monde ». La ville est cernée par le Dundee Law, ancien volcan, d'où son autre appellation de « colline de feu », qui trouve aussi son origine dans une série d'épopées. Aujourd'hui, ce centre industriel possède raffineries de pétrole, chantiers de constructions navales et confitureries. Le Royal Burgh, créé par William the Lion en 1191, fut assiégé en 1296 par Edouard Ier. Edouard II, cherchant à installer Balliol sur le trône, incendia la cité en 1336. Les Anglais firent de même en 1385, pendant les guerres d'indépendance. Cette liste de pyromanes s'achève avec le marquis de Montrose qui, en 1645, se prit du « désir » passionné de tout voir brûler. La devise de Dundee est « Prudence et sincérité »…

Transports

Avion

■ **DUNDEE AIRPORT. Riverside Drive. Informations** ℂ **(01382) 643242.** A 5 minutes du centre-ville en voiture. Vols tous les jours pour Londres (liaison avec Jersey l'été). Pas de bus faisant la navette jusqu'au centre-ville, compter 4 £ en taxi.

Train

■ **TRAIN BRITISH RAIL. Taybridge Station. Informations** ✆ **0845 748 4950.** Services réguliers tous les jours. Trains en provenance de Glasgow (via Perth), Edimbourg, Londres et Aberdeen.

Bus

■ **SEAGATE BUS STATION.** Seagate, pour les trajets nationaux, contacter Scottish Citylink ✆ 08705 50 50 50 – www.citylink.co.uk

■ **TRAVEL DUNDEE. 44 East Dock Street, pour les trajets locaux** ✆ **(01382) 201121** (ticket journalier à 2,20 £) Strathtay Scottish pour les trajets régionaux ✆ (01382) 228054.

Taxis

Vous trouverez des taxis sur Nethergate et High Street.

■ **CITY CABS** ✆ (01382) 566666

■ **TELE TAXIS. 223, Clepington Road** ✆ (01382) 889333

Voiture

▶ **Parking gratuit après 18h.** Attention, le reste du temps, les contractuels sont zélés !

■ **LOCATION DE VOITURES.** Arnold Clark, 14-22 Trades Lane ✆ (01382) 225382. *Ouvert du lundi au vendredi de 8h à 18h, le samedi de 8h à 16h et le dimanche de 11h à 16h.*

Pratique

▶ **Indicatif téléphonique :** 01382.

■ **OFFICE DU TOURISME. 21 Castle Street** ✆ **(01382) 527527** ✆ **(01382) 527535** **(Hébergement) – Fax : (01382) 527551 – www.angusanddundee.co.uk –** *Ouvert du lundi au samedi de 9h à 18h et le dimanche de 12h à 16h de juin à septembre.* Accès Internet.

■ **SCOTTISH TOURIST GUIDES ASSOCIATION.** Old Town Jail, St John Street, Stirling ✆ (01736) 451953 – www.stga.co.uk

■ **POSTE. 4 Meadow Side** ✆ **(01382) 203532.** *Ouverte de 9h à 17h30, le samedi de 9h à 19h.*

■ **POLICE. West Bell Street** ✆ (01382) 223200.

■ **INTERNET. Site Internetgate Internet** ✆ **(01382) 434332, Central Library, Wellgate Shopping Centre.** *Ouvert du lundi au vendredi de 9h30 à 20h30 et le samedi de 9h30 à 16h30.*

Banque

■ **ROYAL BANK OF SCOTLAND. 133 Albert Street** ✆ **(01382) 462256.** *Ouverte du lundi au vendredi, de 9h15 à 16h45, le jeudi jusqu'à 17h30.*

■ **BANK OF SCOTLAND.** 2 West Marketgait ✆ (01382) 317500.

Change

■ **THOMAS COOK.** 22 City Square ✆ (01382) 20204. *Ouvert du lundi au vendredi de 9h à 17h30 et le samedi jusqu'à 17h.*

Santé

■ **NINEWELLS HOSPITAL** ✆ **(01382) 660111.** Service d'urgence ouvert 24h/24.

■ **PHARMACIE BOOTS. High Street.** *Ouverte du lundi au samedi de 8h30 à 17h45 (le jeudi jusqu'à 19h).*

Hébergement

Sortez de Dundee et dirigez-vous vers la campagne où vous trouverez des logements de bien meilleur rapport qualité-prix.

Bien et pas cher

■ **UNIVERSITY OF DUNDEE. West Park, 319 Perth Road** ✆ **(01382) 647181 – g.anderson@ dundee.ac.uk** – *L'université propose l'hébergement en B & B de juin à septembre ainsi que des locations d'appartements* ✆ *(01382) 344039.*

Confort ou charme

■ **HARBOUR NIGHTS GUEST HOUSE. 4 Shore, Arbroath** ✆ **(01241) 434343 – Fax : (01241) 878047 – www.harbournights-scotland.com** – *Prix à partir de 25 £ par personne.* Vous trouverez cette guesthouse sur le port. Les chambres ont été luxueusement aménagées avec vue superbe sur les bateaux. Mention spéciale pour les petits-déjeuners.

■ **IDVIES HOUSE. Letham par Forfar** ✆ **(01307) 818787 – Fax : (01307) 818933 – idvies@mail. com** – *Chambre simple à 50 £ environ, double à 30 £ par personne. Comptez de 6 à 18 £ environ pour déjeuner, de 15 à 22 £ pour dîner.* A mi-chemin entre l'hôtel et l'auberge de campagne, cette grande demeure victorienne, entourée de terres boisées, est surchargée de photos de famille, d'antiquités en porcelaine, en cuivre, en bois… Dans chacune des chambres (toutes avec salle de bains, certaines avec lit à baldaquin), trône une petite bouteille de Baileys près du téléphone. Voilà bien une agréable attention ! L'accueil est tout aussi chaleureux dans les deux restaurants (ouverts aux non-résidents sauf le dimanche). Vous y dégusterez moules des Orcades, steaks du pays et sauces aux alcools écossais. Et, comme on ne semble pas ici faire les choses à moitié, plus de 150 whiskies vous sont proposés.

■ **LETHAM GRANGE HOTEL. Collieston** ✆ **(01241) 890373 – Fax : (01241) 890725.** *Prix à partir de 45 £ environ.* Cet hôtel qui offre des suites magnifiques, grandes et confortables, organise des séjours de golf entre octobre et avril ainsi que des cours de curling en hiver.

Luxe

■ **APEX CITY QUAY HOTEL AND SPA. 1 West Victoria Dock Road** ✆ **(0131) 666 5100 (centrale de réservation du groupe Apex) – Fax : (0131) 666 5128 – www.apexhotels.co.uk** – Cet hôtel moderne jouit d'une belle situation sur les quais de Dundee. Les chambres sont parfaitement équipées avec lecteur CD et DVD et le centre de loisirs propose un espace détente japonais Yu avec jacuzzi, hammam, sauna, etc.

■ **HILTON DUNDEE HOTEL. Earl Grey Place, Dundee** ✆ **(01382) 229271 – Fax : (01382) 200072 – www.dundee.hilton.com** – A proximité du Tay Road Bridge, l'hôtel offre une belle vue sur la rivière tandis que confort et équipements modernes sont au rendez-vous. Le restaurant propose une cuisine plus que satisfaisante et détente au centre de loisirs qui dispose d'une piscine chauffée.

Restaurants

Bien et pas cher

■ **CUL DE SAC. 10 South Tay Street** ✆ **(01382) 202070.** *A côté du Rep Theatre. Ouvert de 12h à 22h30.* Café-bar/restaurant où vous mangerez des plats légers dans une ambiance décontractée.

■ **JUTE CAFÉ-BAR. 152 Nethergate** ✆ **1382 432000.** *In Dundee Contemporary Arts Centre. Ouvert tous les jours de 10h30 à 00h (23h le dimanche).* Profitez d'un événement au Centre d'art contemporain pour grignoter un sandwich ou prendre le temps de savourer un plat de pâtes dans ce café branché.

■ **VISOCCHI'S. 40 Gray Street, Broughty Ferry** ✆ **(01382) 779297.** *Ouvert de 9h30 à 19h, 20h le week-end.* Pour les fans de capuccinos et de crèmes glacées.

Bonnes tables

■ **CAFÉ BUONGIORNO. 11 Bank St,** ✆ **(01382) 221179.** Les classiques sont au menu de ce restaurant italien où il faut rester jusqu'au dessert, notamment pour le tiramisu.

■ **AGACAN KEBAB HOUSE. 113 Perth Road** ✆ **(01382) 644227.** *Ouvert du mardi au dimanche.* Un restaurant turc haut en couleur et en saveurs où la plupart des plats sont cuisinés à base d'agneau ou de poulet.

■ **BEEFEATER. Gourdie Croft, Kingsway West** ✆ **(01382) 561115.** *Comptez 10 £.* Tous les autochtones vous conseilleront ce restaurant. C'est là qu'ils viennent déjeuner ou dîner. A 4 km du centre-ville, vers Perth, Beefeater offre une cuisine traditionnelle à base de poissons frits.

Luxe

■ **SOUTH KINGENNIE HOUSE** ✆ **(01382) 350562.** *A proximité de Kellas sur la route B 978 qui part du nord à partir de Broughty Ferry.* C'est un peu éloigné de la ville mais il vaut bien le détour pour sa délicieuse cuisine écossaise. Le restaurant est ouvert tous les jours. Le déjeuner n'est pas trop cher, comptez plus pour un dîner.

Sortir

■ **PHOENIX BAR. Nethergate** ✆ **20 0014.** Dans une salle victorienne, toujours pleine d'une faune nocturne, un grand choix de bières à déguster au bar. On y sert des repas chauds.

■ **TALLY HO'S ET THE GLOBE. South Tay Street, West Port.** Ces établissements sont largement fréquentés par des étudiants.

■ **O'NEILL'S IRISH BAR. 80 North Lindsay Street.** Les soirées sont animées, souvent de la musique traditionnelle live.

■ **HOGSHEAD. Union Street.** Une large sélection de bières à la pression.

■ **FISHERMAN'S TAVERN. 12 Fort Street, Broughty Ferry.** Une ambiance de marins dans ce pub où on accompagne volontiers un plat d'une ou plusieurs pintes !

Clubs

■ **THE CIRCUS. Ward Road.** Le plus récent et le plus grand club de Dundee.

Manifestations

▶ **Début juin :** Dundee Jazz Festival.

▶ **Juillet :** festival d'été avec carnaval.

▶ **Juillet :** Highland Games.

▶ **Mi-juillet :** festival de folk.

▶ **De juillet à août :** Scottish Youth Orchestra.

▶ **Début août :** Dundee Water Festival.

▶ **Mi-août :** Vintage Vehicle Rallye. Course de voitures anciennes.

Points d'intérêt

■ **DISCOVERY POINT. Discovery Quay** ✆ **(01382) 201245.** *Ouvert d'avril à octobre de 10h à 18h (à partir de 11h le dimanche), et de novembre à mars, de 10h à 17h. Tarifs : 6,25 £ pour un adulte, 3,85 £ pour un enfant (tarif étudiant : 4,70 £). Il existe un ticket combiné avec le Verdant Works (10,95 £ et 8,15 £).* Le Discovery, bâtiment expérimental, fut le premier de son genre à être muni de 1 800 chevaux dans un moteur à triple explosion, de 3 mètres de bois pour casser la glace et de 3 mâts portant des milliers de mètres carrés de toile. Robert Falcon Scott fit, avec le Discovery, sa première tentative de conquête du pôle Sud en 1901. En 1904, après son retour de la première Antarctic Expedition, le navire fut acheté par la Hudson Bay Company, qui faisait du commerce avec les grands lacs canadiens. Sur un côté du bateau, 2 marques : la première délimite le chargement naval en rivière (Fresh Water), la seconde le chargement en Atlantique du Nord en hiver (Winter North Atlantic).

■ **FRIGATE UNICORN. Victoria Dock** ✆ **(01382) 200900.** *Ouvert de mars à octobre, de 10h à 17h et de novembre à février, du mercredi au vendredi de 12h à 16h.* C'est le deuxième bateau historique à voir dans le port de Dundee. Le *Frigate Unicorn* est le dernier navire de guerre à voile encore en état de flotter. Conçu il y a 170 ans pour la guerre (il est équipé de 46 canons), il n'a jamais été utilisé à cet effet et fait office désormais de musée et de restaurant.

■ **VERDANT WORKS. West Hendersons Wynd** ✆ **(01382) 225282 – www.verdantworks. com –** *Ouvert d'avril à octobre de 10h (11h le dimanche) à 18h et de novembre à mars, de 10h30 à 16h30 (à partir de 11h le dimanche, fermé le lundi et mardi). Entrée : 6 £ (également, ticket combiné avec Discovery Point).* Cette ancienne usine explore le passé de Dundee et son commerce de toile de jute.

■ **MILLS OBSERVATORY. Balgay Park, Glamis Road** ✆ **(01382) 435967.** *Ouvert d'avril à octobre, du mardi au vendredi de 11h à 17h, et le week-end de 12h30 à 16h, d'octobre à mars, de 16h à 22h. Gratuit.* Construit en 1953 et muni d'un télescope à réfraction, c'est le seul observatoire en Grande-Bretagne où soit présent un astronome en permanence. Des expositions sur l'exploration de l'espace y sont organisées.

■ **MACMANUS GALLERIES. Albert Square** ✆ **(01382) 432350.** *Du lundi au samedi, de 10h30 à 17h, le dimanche de 12h30 à 16h. Gratuit.* Dans ce très remarquable bâtiment, la galerie d'art et le musée principal de la ville se focalisent sur l'industrie, le commerce, et l'histoire sociale et civile de Dundee. Collections importantes de tableaux écossais et victoriens, d'argenterie, de verrerie et de mobilier.

Loisirs

■ **GOLFS.** Sur toute la côte mais le plus prestigieux se trouve à Carnoustie. Carnoustie Golf Links, Links Parade ✆ (01241) 853789.

■ **PIPERDAM GOLF AND LEISURE RESORT. Piperdam, Dundee** ✆ **(01382) 581374.** Un centre de loisirs où vous pouvez pratiquer entre autres le golf, la pêche et la natation.

Dans les environs

■ **BROUGHTY CASTLE MUSEUM. Broughty Ferry, à 7 km à l'est du centre-ville** ✆ **(01382) 436916.** *Ouvert de 10h à 16h. Fermé le lundi d'octobre à mars. Gratuit.* Le vieux phare qui veillait sur l'estuaire est désormais transformé en musée d'histoire locale. Y sont évoqués le sauvetage, la pêche, les ferries, la croissance de la ville, mais surtout l'histoire de l'ancienne industrie de pêche à la baleine.

■ **ARBROATH. Sur l'A 92.** Patrie des smokies (fumeries de poisson) – le haddock le plus réputé d'Ecosse –, Arbroath est aussi l'endroit où fut déclarée l'indépendance de l'Ecosse. Arbroath Abbey, fondée en 1178 par William the Lion et dédiée à saint Thomas de Canterbury, est en ruine. Mais des parties importantes subsistent, parmi lesquelles la résidence d'un abbé. La déclaration d'Arbroath eut lieu ici, en 1320. William the Lion y fut enterré. L'Arbroath Signal Tower Museum couvre, entre autres, un large aspect de la vie locale et de l'industrie du lin qui soutenait l'économie pendant la révolution industrielle.

■ **HOUSE OF DUN. Montrose** ✆ **(01674) 810264 – Fax : (01674) 810722 – houseofdun@nts. org.uk –** *Sur l'A 935, entre Montrose et Brechin. Ouvert de fin avril à octobre de 10h à 17h. Compter 7 £ pour visiter la maison et les jardins.* Dessinée et construite par William Adam, en 1750, la House of Dun a la particularité d'accueillir encore aujourd'hui des tisserands (Angus Weavers) qui travaillent de manière artisanale sur des métiers à tisser Jacquard, dont l'invention date du début du XIXe siècle.

■ **EDZELL CASTLE. Au nord de Brechin sur la B 966** ✆ **1356 648 631.** *Ouvert tous les jours d'avril à septembre de 9h30 à 18h30 et d'octobre à mars de 9h30 à 16h30 (fermé les jeudis, vendredis et samedis). Compter 3 £.* Son jardin, orné de sculptures symboliques inégalables – un vrai chef-d'œuvre – fut achevé en 1604 par Sir David Lindsay. Montez dans les forêts de Glen Doll sur la route de Jock, entre Glen Clova et Glen Prosen sur le Kilbo Path. Vous aurez les meilleures vues sur Strathmore, les Grampians et les Sidlaw Hills, sur les pentes et les premiers pics de Glen Clora, ainsi que sur la ligne qui sépare les Highlands des Lowlands.

GLAMIS

■ **GLAMIS CASTLE** ✆ **(01307) 840393.** *Ouvert de Pâques à octobre, de 12h30 à 17h30. Visites guidées de 1h, départ toutes les 15 min. Compter 6,70 £.* Cette maison-château, entourée de jardins à l'italienne, est l'une des plus belles de la région. Elle appartient à la famille Bowes-Lyon, dont la reine actuelle est la descendante. La demeure fut donnée à Sir John Lyon en 1372 par le roi Robert II. Les collections de portraits, de meubles, d'orfèvrerie, de tapisseries du XVIIe siècle et de porcelaines lui donnent un caractère à la fois intime et solennel. Les murs sont couverts de tableaux de Van Dyck, Kieller, Rubens et de Jan de Wet, le portraitiste de tous les rois écossais (il a peint également la chapelle hantée, la décorant de saints et d'un Christ en gloire, à la manière de Rembrandt). A visiter également, une chambre secrète : elle servit de cachot à l'un des comtes qui fut enfermé par le diable pour avoir refusé d'arrêter sa partie de cartes un samedi après minuit !

Pour finir en beauté, pourquoi ne pas se restaurer au Strathmore Arms, dans le village ? Les repas y sont excellents.

Hébergement

■ **CASTLETON HOUSE HOTEL. Castleton of Eassie. Glamis** ✆ **(01307) 840340 – Fax : (01307) 840506 – www.castletonglamis.co.uk –** *Sur l'A 94, à 5 km de Glamis. A partir de 120 £ la chambre double.* Une nuit dans cet établissement apportera la dernière touche à cette journée déjà riche en chefs-d'œuvre. Cet endroit somptueux, construit sur la motte de Castle Nairn, est entouré d'un fossé asséché couvert d'arbres. Les chambres sont élégamment décorées, tout comme le restaurant aux murs et au plafond de verre. Compter 30 £ pour le dîner, avec ses trois rosettes, le restaurant fait partie de l'élite écossaise ! Des parties de chasse, de pêche et de golf peuvent être organisées par l'hôtel.

DE DUNDEE À PERTH

Itinéraire de l'A 85. Une vingtaine de kilomètres seulement séparent Dundee de Perth.

La région du Perthshire, mélange des Highlands et des Lowlands, est à la jonction de toutes les routes, des voies de chemin de fer et de la Tay, rivière navigable et célèbre pour ses saumons et ses truites. Les Vikings avaient dû la descendre pour pénétrer dans la ville ; des armes et autres vestiges, témoins de leur passage, ont été retrouvés dans les fondations de Perth.

■ PERTH ■

45 000 habitants. L'importance de Dundee a quelque peu occulté la montée en puissance de Perth dans les années 50. En dehors de l'exploitation du textile, du cuir et de nombreuses imprimeries, Perth est actuellement réputée pour son commerce de bétail. Grâce à sa situation, au croisement de toutes les routes, elle fut jadis une des villes économiquement les plus puissantes de toute l'Ecosse. La première mention de Perth en tant que Royal Burgh apparaît pendant le règne de David Ier (1124-1153). Durant la période médiévale, sans aucun doute la plus riche et la plus intéressante de son histoire, Perth, devenue capitale de l'Ecosse (jusqu'à l'assassinat de Jacques Ier en 1437), fut un port gouverné par le libre-échange et la solidarité des métiers. Ainsi, les artisans soutenaient financièrement les veuves de leurs compagnons. Artisans et marchands avaient les mêmes droits dans le Conseil, phénomène assez rare à l'époque. C'est également à Perth, à la fin du XIVe siècle, qu'eurent lieu les combats à la « rollerball » : des clans sélectionnaient 30 hommes pour se battre et régler ainsi les différends en évitant la guerre. Mais elle devint inévitable lorsque la Réforme chercha à s'imposer en 1560, contre l'avis de la régente, Marie de Guise, qui fit placer des troupes françaises dans la ville.

Perth fut toujours du côté des Covenanters, fidèles protestants, luttant contre les principes religieux de Charles Ier. L'Angleterre fut bien obligée d'admettre le triomphe du protestantisme après l'exécution du roi Charles Ier, l'interrègne du « Commonwealth » sous le gouvernement d'Olivier Cromwell, et la restauration de Charles II. Cela dit, il règne aujourd'hui à Perth une atmosphère de tranquillité, d'harmonie et de bien-être qui lui a valu le prix de la qualité de vie.

Transports

Train

■ **GARE. Leonard Street.** Trains réguliers vers Dundee (35 min), Edimbourg (1h30), Glasgow (1h25), Inverness (2h30) et Aberdeen (2h30).

Bus

■ **BUS STATION. Leonard Street.** Contacter Stagecoach pour les bus locaux ✆ (01738) 629339 ou pour plus de détails ✆(01315) 62244.

■ **SCOTTISH CITYLINK,** pour les trajets nationaux ✆ 08705 50 50 50 – www.citylink.co.uk

Voiture

- **LOCATION DE VOITURES.** Arnold Clark. Saint Leonard's Bank ✆ (01738) 442202.

- **DÉPANNAGE.** AA ✆ 0800 88 77 66. 24h/24.

Pratique

▶ **Indicatif téléphonique :** 01738.

- **OFFICE DU TOURISME. Lower City Mills, West Mill Street** ✆ **(01738) 450600 – www.perth shire.co.uk** – *Ouvert toute l'année de 9h30 à 18h30 et le dimanche de 11h à 17h.*

- **POSTE. 109 South Street.** *Ouvert du lundi au samedi de 9h à 17h30.*

- **POLICE.** 20 Perth Road, Stanley ✆ (01738) 828343.

- **MURRAY ROYAL HOSPITAL.** Muirhall Road ✆ (01738) 621151.

- **BANK OF SCOTLAND.** John Street ; Royal Bank of Scotland. South Street.

- **LAVERIE. Fair City Laundry, 44 North Methven Street.** *Ouvert de 9h à 18h.*

- **INTERNET. Gygabytes. 5 Paul's Square.** *Ouvert de 10h à 18h30 (de 12h à 17h le dimanche), ou consultation gratuite à la bibliothèque près de la gare.*

@ *« La région de Blairgowrie (16 miles au nord de Perth) assure la production de 70 % des framboises européennes et a donc besoin de main-d'œuvre l'été. La cueillette des fraises ou des framboises n'est pas bien payée, certes, mais elle permet de payer ses vacances en Ecosse et de rencontrer des gens sympas. » C. Romer, Rennes.*

Hébergement

- **CLEEVE CARAVAN PARK. Glasgow Road** ✆ **(01738) 639521.** *Ouvert d'avril à octobre. Places entre 4 £ et 10 environ.*

Bien et pas cher

- **THE DARROCH GUEST HOUSE. 9 Pitcullen Crescent** ✆ **(01738) 636 893 – Fax : (01738) 636 893 – www.thedarroch.co.uk** – *Compter 20 à 23 £ par personne.* Très accueillants, les propriétaires vous laissent profiter à loisir de leur maison de pierre, confortable et simple. La girouette du toit de la grande chambre ne grince pas !

- **ABERDEEN GUEST HOUSE. 13 Pitcullen Crescent** ✆/**Fax : (01738) 633183 – www.smooth hound.co.uk/hotels/aberdeenguesthouse** – *Compter de 22 à 25 £ par personne.* Un charmant B & B dans une maison de caractère située à 15 min du centre. La déco est un peu kitsch mais vous serez très confortablement installé.

Confort ou charme

- **SUNBANK HOUSE HOTEL. 50 Dundee Road, Perth** ✆ **(01738) 624882 – Fax : (01738) 442515 – www.sunbankhouse.com** – *Compter 35 à 40 £ par personne.* Cette élégante maison victorienne surplombe la ville et la rivière Tay. Vous n'êtes qu'à 10 min en voiture de Scone Palace et à 5 min à pied du centre-ville de Perth. Les 9 chambres présentent toutes élégance et confort, et le personnel est attentionné. La cuisine est appréciable mais ne vous attendez pas à goûter des plats traditionnels écossais.

Luxe

- **HUNTINGTOWER HOTEL. Crieff Road, Perth** ✆ **(01738) 583771 – Fax : (01738) 583777 – www.huntingtowerhotel.co.uk** – *Sur l'A 85 en direction de Crieff. A partir de 52,50 £ par personne en B & B, 72,50 £ dîner compris.* Cette magnifique maison de campagne est l'endroit rêvé pour découvrir les environs de Perth. Dans un cadre romantique avec vue sur les jardins de l'hôtel, vous vous délasserez en prenant un bain ou en profitant du confort de votre chambre. Tout est fait pour que votre séjour soit des plus agréables et le personnel est aux petits soins.

> South Downs dans l'East Sussex

> Lynmouth dans le Devon

> Somerset, parc national d'Exmoor, près de Winford

Château de Bodiam dans le Sussex

Eilan Donan castle, Highlands en Ecosse

> Le château d'Edimbourg en Ecosse

> Croix celte dans le Pembrokeshire

> Château en ruine

> Pierre tombale

Looe, village de pêcheurs dans les Cornouailles

■ **BALLATHIE HOUSE HOTEL. Stanley, Perth** ✆ **(01250) 883268 – Fax : (01250) 883396 – www.ballathiehousehotel.com** – *A partir de 75 £ par personne. A une dizaine de kilomètres au nord de Perth.* Cet hôtel somptueux sur les rives de la Tay fut construit en 1850, à l'image d'une maison de campagne. Les chambres et les salles de bains sont meublées d'antiquités. Y dormir évoque l'élégance des nuits de l'aristocratie victorienne. Le restaurant est également réputé avec une très bonne sélection de vins. Pêche, tir et chasse sont organisés par l'hôtel, mais il faut s'y prendre à l'avance. Possibilité de louer du matériel de pêche.

Restaurants

Bien et pas cher

■ **SCARAMOUCHE. 103 South Street** ✆ **(01738) 637479.** Des plats simples mais copieux servis dans une chaleureuse ambiance.

■ **THE FILLING STATION. 1, St John's Place** ✆ **(01738) 632 829.** Bar américain . Cuisine tex-mex, pizza, pasta, burgers & sandwiches, salades. Comptez en moyenne 7£ pour un plat.

Bonnes tables

■ **SALUTATION HOTEL. 34 South Street** ✆ **(01738) 630066 – Fax : (01738) 633598.** *Compter environ 15 £ pour dîner.* L'hôtel a maintenant plus de 300 ans et vous mangerez de manière traditionnelle dans sa belle brasserie à haut plafond.

■ **LET'S EAT. 77 Kinnoull Street** ✆ **(01738) 643377 – Fax : (01738) 621464 – www.letseat perth.co.uk** – *Compter 10 £ pour déjeuner et environ le double pour dîner.* Les murs rouges vous mettront du baume au cœur ; la cuisine, simple mais savoureuse et à base de produits frais, a fait la réputation de ce restaurant maintenant bien établi. Une très bonne adresse à l'ambiance détendue.

Luxe

■ **MURRAYSHALL COUNTRY HOUSE HOTEL. Scone** ✆ **(01738) 551171 – Fax : (01738) 552595.** *De 19h à 21h30. Comptez environ 30 £.* A 7 km de Perth, bonsoir les gourmets ! Le restaurant, entouré de ses 150 hectares de terre, à proximité d'un golf, est aussi impressionnant que la facture. Cela dit, votre palais se réjouira d'un tel menu : pigeon à la compote de chou rouge, saumon et turbot avec queues de langoustine…

▶ **Il y a de nombreux restaurants indiens et chinois,** dans Princes Street notamment.

Sortir

■ **FOUNDRY. 3 Murray Street** ✆ **(01738) 636863.** Cette ancienne fonderie est devenue un pub très apprécié et on y sert plus d'une vingtaine de bières différentes.

■ **THE ICE FACTORY NIGHTCLUB. 6 Shore Road** ✆ **(01738) 634523.** C'est l'endroit où vous pourrez danser et faire la fête au son d'une musique assez consensuelle.

Il y a de nombreux bars autour de l'église. Pour l'intimité, choisissez le Kirkside Bar, un peu moins bondé que le Half a Six Pence à côté.

Manifestations

▶ **Pour plus de renseignements concernant les événements ayant lieu dans le Perthshire,** contacter l'office du tourisme ✆ (01738) 450600 – www.perthshire.co.uk/events

▶ **Fin avril – Début mai :** Central Scotland Horse Trials à Scone Palace. Grand concours de chevaux.

▶ **Mi-mai :** Perth Festival of the Arts. Festival important des arts vivants.

▶ **Mai :** Atholl Highlanders Parade (armée privée) à Blair Castle, et le lendemain Blair Atholl Highland Games.

▶ **Dernier dimanche de juin :** reconstitution du couronnement à Scone.

▶ **Deuxième semaine de juillet :** Bell's Scottish Open Gleneagles Hotel. Un must pour les golfeurs.

▶ **Début août :** Perth Agricultural Show.

▶ **Deuxième dimanche d'août :** Perth Highland Games.

▶ **Dernière semaine d'août :** championnat de montgolfières.

▶ **Fin octobre :** Perth Bull Sales. Vente internationale de taureaux.

Points d'intérêt

■ **SAINT JOHN KIRK. Saint John's Place, renseignements à l'office du tourisme** ✆ **(01738) 450600.** John Knox y fit un discours et prêcha un fameux sermon en 1559. Il affirma la nécessité de débarrasser l'Eglise de l'idolâtrie et fut, en quelque sorte, le précurseur de la Réforme et de la fondation de l'Eglise protestante en Ecosse.

■ **THE BLACK WATCH REGIMENTAL MUSEUM. Balhousie Castle. Hay Street** ✆ **0131 3108530.** *Ouvert de mai à septembre de 10h à 16h30 (fermé le dimanche) et d'octobre à avril de 10h à 15h30 (fermé samedi et dimanche). Gratuit.* Ce château du XVe siècle abrite un musée du régiment Black Watch, créé en 1740 pour veiller sur les Highlands. Vous apprendrez tout sur l'histoire militaire depuis 1745 à nos jours.

■ **PERTH MUSEUM AND ART GALLERY. 78 George Street** ✆ **(01738) 632488 – www.pkc.gov. uk/ah** *– Ouvert du lundi au samedi de 10h à 17h. Entrée gratuite.* Musée retraçant l'histoire de Perth et sa région abordant aussi l'aspect géologique. D'importantes collections d'objets en argent et en verre également en exposition.

■ **CAITHNESS GLASS. Inveralmond** ✆ **(01738) 492320 – www.caithnessglass.co.uk** *– Ouvert toute l'année de 9h à 17h. Sur l'A 9, au nord de Perth.* On y fabrique des objets en verre soufflé et on voit les artisans à l'œuvre dans leur atelier. Possibilité d'acheter des objets en verre ou en cristal à la boutique.

■ **BRANKLYN GARDEN. 116 Dundee Road** ✆ **(01738) 625535.** *Ouvert d'avril à septembre, de 10h à 17h. Compter 5 £.* Sa collection de plantes attire des spécialistes du monde entier, en particulier pour les rhododendrons, les plantes alpines, les bordures herbacées et les jardins de tourbe. Les meilleures saisons pour visiter ces arpents, considérés comme les plus beaux jardins privés du pays, sont le printemps et l'automne.

■ **SCONE PALACE. A la sortir de Perth, sur l'A93 en direction de Braemar** ✆ **(01738) 552300 – www.scone-palace.co.uk** *– Ouvert de fin mars à octobre de 9h30 à 17h30 (dernière admission à 16h45). Entrée : 6,95 £.* Construit près d'un campement romain, ce palais est la maison du comte de Mansfield, actuellement responsable de la gestion des propriétés du royaume. Kenneth MacAlpin y fut couronné, inaugurant la tradition des célébrations sur la pierre de Scone, ou « pierre du destin », datant de 848 (42 rois des Ecossais y furent couronnés). Le vieux proverbe ne disait-il pas : « Si les vieux prophètes ne mentent pas et si l'esprit des magiciens n'est pas aveugle, il faut que les Ecossais règnent où la pierre se trouve » ? Depuis, la pierre de Scone a été transférée à Westminster… Le palais possède une collection d'œuvres d'art étonnante : les plus beaux ivoires au monde ; les horloges de Viner, Thomire, Moinet, Mercier ; le petit bureau de Marie-Antoinette, de Reisener ; le buste d'Homère, de Bernini ; des services de porcelaine en quantité. Les tapisseries de Marie Stuart figurent aux côtés de 77 « Vernis Martin » (des vases en papier mâché du XVIIIe siècle), montés par des orfèvres de Londres. Il y a encore des chaises de Chippendale, des coffres de Boulle… C'est somptueux. Vous trouverez un vieil orgue splendide au bout de la Roaring Gallery, ainsi appelée parce que la reine Victoria y pratiquait le curling, appelé « the roaring game » (le jeu grondant), à cause du grondement des pierres sur la glace.

Près du palais, Moot Hill est la colline sur laquelle se tenaient les représentants de chaque région, qui juraient fidélité et allégeance au roi. De nombreuses lois furent approuvées en ce lieu. Dans l'arbre, la cloche sonnait à chaque décret.

■ **LES ENVIRONS D'ABERDEEN** ■

DUNKELD

Nous vous suggérons l'itinéraire suivant, décomposé en plusieurs étapes pour ceux qui ne désireraient pas le faire en entier. Dunkeld, par l'A 923, fut la capitale ecclésiastique de l'Ecosse. Sa cathédrale est l'édifice le plus important de la ville (✆ 01350 727601), ouvert de mai à septembre de 9h30 à 18h30 et jusqu'à 16h d'octobre à avril. On pense qu'au IXe siècle, Kenneth MacAlpin enterra les reliques de saint Colomba sous les marches du chœur pour éviter que les Vikings ne s'en emparent. Le chœur fut brûlé à plusieurs reprises, entre 600 et 1100, par les Vikings, puis détruit en 1560 par les réformateurs.

PITLOCHRY

Pitlochry, après Dunkeld, peut être intéressant pour son « escalier » à saumons que les visiteurs peuvent observer à travers une vitre. La plus petite distillerie d'Ecosse, Eradour, qui fonctionne encore dans la plus pure des traditions, se trouve aussi près du bourg. Mais Pitlochry est devenu très touristique : en été, vous serez le plus souvent confronté à une foule d'étrangers qui trouvent de quoi rassasier leur soif de shopping dans les multiples boutiques de lainages et de peaux. D'avril à octobre, on présente un répertoire de 6 ou 7 pièces au Théâtre des Collines. Ce théâtre a été fondé dans les années 40, on jouait dans une énorme tente jusqu'à ce que le théâtre actuel soit construit. Du café-restaurant, la vue est admirable. Avant d'atteindre Blair Castle, vous passerez par Killicrankie : le champ de la bataille qui mena Graham of Claverhouse, « Bonnie Dundee », chef de l'armée des Highlands, à la victoire de 1689 contre les troupes gouvernementales. Blessé, Bonnie Dundee trouva la mort dans le château de Blair Castle à Blair Atholl. Son allié, le comte d'Atholl, s'apercevant après la disparition de ce grand général de l'inéluctable désorganisation des Highlanders, « retourna sa veste » en se ralliant à ses ennemis de la veille, en échange du titre de duc.

Il semble qu'il a fait un choix astucieux, puisqu'à l'heure actuelle, son descendant, chef de la famille, a toujours droit à une armée privée, phénomène unique en Europe.

■ **BLAIR CASTLE.** Blair Atholl, Pitlochry ✆ (01796) 481207 – Fax : (01796) 481487 – www. blair-castle.co.uk – *Ouvert tous les jours de mars à octobre, de 9h30 à 16h30. Tarif : 6,70 £.* Le musée du château, blanc et pourvu de tourelles, reflète bien l'opulence de la dynastie. On y trouve, entre autres, l'armure de Bonnie Dundee, un luth Melchior de Verona (1555), des ornements appartenant au cardinal de Richelieu, des robes de templiers, les tableaux de Jan De Witt, une collection de porcelaine de Sèvres, des parures et des bijoux (dont certains datent du XVe siècle), un orgue Regal de 1630.

RANNOCH MOOR

Ceux qui aiment les paysages sauvages se dirigeront vers l'ouest, sur les routes qui longent le loch Rannoch (après Pitlochry sur l'A 9, prendre la B 8019 puis la B 846). Rannoch Moor est un des lieux les plus insolites d'Europe, sans habitation ni route (la B 846 s'arrête à Rannoch Station). Le terrain de ces landes est tellement marécageux que les rails du chemin de fer doivent reposer sur des radeaux de bois flottant. Après la gare de Rannoch Station, il n'y a plus rien. Il faut poursuivre à pied, en pleine brousse, pour contourner les lacs ou bien escalader, par exemple, le Ben Alder au nord-est de Rannoch Station, le plus inaccessible des pics écossais.

Hébergement

■ **AUBERGE DE JEUNESSE À LOCH OSSIAN** ✆ 0870 004 1139. *Ouvert d'avril à octobre. Compter 10,50 £.* Facilement accessible de Corrour Halt, gare au nord de Rannoch Station.

■ **MOOR OF RANNOCH HOTEL.** Rannoch Station ✆/Fax : (01882) 633238 – www.moor ofrannoch.co.uk – *Compter 40 £ par personne.* Cet hôtel est tenu par Rob and Liz Conway. Les cinq chambres sont confortables et les points de vue splendides. Les amateurs de pêche pourront profiter des lochs environnants. En saison, vous aurez droit à un mets rare : le canard siffleur.

ABERFELDY

Beaucoup moins fréquenté que Pitlochry, Aberfeldy (de Rannoch Station, prendre la B 846) a conservé tout son caractère et présente quelques particularités. Le pont traversant la rivière Tay, dessiné par William Adam, est fait de chlorite schiste qui durcit au contact de l'air. Il est prévu qu'un autre pont, devant être construit à l'intérieur du village, soit fabriqué à partir de plastique recyclé, révolution qui donne de l'espoir aux écologistes…

Hébergement

■ **BENDARROCH HOUSE. Strathtay, Pitlochry** ℰ **(01887) 840420 – Fax : (01887) 840438 – www.bendarroch-house.de** – *A partir de 25 £ par personne (compter 19 £ pour dîner)*. Avec son air de petit château, Bendarroch constitue un lieu de séjour privilégié alliant confort et élégance. Vous dormirez parfaitement au calme et profiterez de la vue sur la rivière Tay.

■ **GUINACH HOUSE. Urlar Road, Aberfeldy** ℰ **(01887) 820251 – Fax : (01887) 829607 – www. guinachhouse.co.uk** – *Compter 45 £ environ par personne*. Construite en 1900 pour un capitaine, cette maison cache dans sa cave un puits qui servit d'abri contre les bombes et de quartier général pour l'armée en 1940. De ce B & B, vous retiendrez aussi le confort et le luxe des chambres. Spacieuses et lumineuses, vous n'y manquerez de rien, pas même de CD ni de DVD. On peut même vous servir le petit-déjeuner au lit !

FORTINGALL

En vous dirigeant vers Ben Lawers (à l'ouest d'Aberfeldy), passez par Fortingall, où l'on trouve le plus ancien échantillon végétal d'Europe : un if de 3 000 ans. On suppose que Ponce Pilate est né ici, son père ayant été un officier de légion basé à Fortingall, siège du roi picte Metalaenus. Ben Lawers est le seul pic (1 214 m) du sommet duquel vous aurez, à la fois et une vue sur l'Atlantique et sur la mer du Nord, sur Loch Tay et sur Glen Lyon, la plus longue vallée écossaise.

Hébergement

■ **HOTEL ARDEONAIG. Au sud du Loch Tay, près de Killin** ℰ **(01567) 820400 – Fax : (01567) 820282 – www.ardeonaighotel.co.uk** – *A partir de 45 £ (75 £ pour une suite) par personne. Repas à partir de 15 £.* Un hôtel, ancien relais, construit au XVIIᵉ siècle et situé à proximité du lac, sous les collines. On peut pêcher, chasser, marcher à volonté. Sara s'occupe de votre confort dans les moindres détails et a luxueusement aménagé les chambres. Pete, après avoir cuisiné pour les grands ce monde (Mandela, Clinton…) vous fait désormais profiter de ses savoirs culinaires et vous concocte les plats les plus savoureux accompagnés de bons vins.

■ SAINT ANDREWS ■

12 500 habitants. Chef-lieu du golf et de l'université la plus ancienne d'Ecosse, capitale de l'ancien royaume de Fife, Saint Andrews fut fondée (semble-t-il) par saint Rule ou Regulas au VIᵉ siècle. La cité devint Royal Burgh en 1140 et gagna en prestige avec la construction de sa cathédrale, achevée en 1358. Celle-ci devint la première église activement protestante. La population de l'épiscopat de Saint Andrews représentait alors 24 % de la population du pays. A cette même époque se mettaient en place les règles du golf. A peine furent-elles définies que sa pratique fut interdite successivement par Jacques II, Jacques III et Jacques IV, car il détournait, soi-disant, les jeunes d'une activité quasi obligatoire, le tir à l'arc. Le golf fut de nouveau autorisé par Jacques VI en 1502. Alors que l'université fonctionnait depuis le XVᵉ siècle, c'est seulement au XVIIᵉ siècle que Saint Andrews prit l'aspect d'une ville universitaire. Les traditions commencèrent à s'installer et l'on vit de jeunes étudiants vêtus de rouge accueillir le pasteur au bateau, le dimanche. Cela n'a pas changé, seul le pasteur a disparu du décor…

Mélange curieux de vieux bâtiments et de jeunes habitants, la ville respire la vie estudiantine tout en conservant une atmosphère intime. L'université compte 4 000 étudiants, dont une grande partie d'Américains. L'établissement particulièrement réputé attire aussi de nombreux étudiants anglais. Le week-end, ils envahissent la plage de Saint Andrews, celle-là même qui prêta son sable fin aux scènes des Chariots de feu. Ici, la mentalité est particulière et bien différente de celle du reste de l'Ecosse, le royaume de Fife étant resté longtemps insulaire et isolé par les rivières Tay et Forth.

Transports

▶ **Itinéraire de Perth à Saint Andrews :** M 90, puis A 91 jusqu'à Saint Andrews.

Train

Le chemin de fer ne passe pas à Saint Andrews mais à Leuchars, à quelques kilomètres au nord de la ville, sur la ligne Dundee-Edimbourg. Toutes les demi-heures, un bus vous conduit en ville (15 minutes de trajet) ou compter 7 £ en taxi.

Bus

■ **BUS STATION. City Road** ℰ **(01334) 474238.** Départ pour Dundee toutes les 30 minutes. Départ pour Stirling toutes les 2 heures, et liaisons également avec Edimbourg et Glasgow.

Location de vélos

■ **ROCKY'S MOUNTAIN BIKE HIRE** ℰ (01334) 870309

■ **CHRISTIE'S BIKE HIRE.** 86, Market Street ℰ (01334) 72122.

Taxis

■ **GOLF CITY TAXIS. 23, Argyle Street** ℰ **(01334) 77788.** Egalement près des stations de bus et de la gare.

Pratique

▶ **Indicatif téléphonique :** 01334.

■ **OFFICE DU TOURISME. 70 Market Street** ℰ **(01334) 472021 – www.standrews.com/ fife –** *Ouvert de 9h30 à 17h.* Très accueillant et efficace.

■ **POLICE. North Street** ℰ (01334) 418900.

■ **MEMORIAL HOSPITAL. Abbey Walk** ℰ (01334) 472327.

■ **PHARMACIE BOOTS. 109, South Street.** La liste des pharmacies de garde est affichée sur la vitrine de l'office du tourisme.

■ **LAVERIE. Saint Andrews Laundry Services.** 14, B. Woodburn Terrace. *Ouverte de 9h à 19h.*

Hébergement

Bien et pas cher

■ **SAINT ANDREW TOURIST HOSTEL. Inchcape House, St Mary's Place** ℰ **(01334) 479911 – www.hostelaccommodation.co.uk –** *Ouvert toute l'année. Compter 12 £ par personne.* Propre et confortable. On loue aussi des vélos.

Confort ou charme

■ **DOUNE HOUSE. 5 Murray Place** ℰ**/Fax : (01334) 475195 – www.dounehouse.co.uk –** *Compter 25 à 35 £ par personne.* L'accueil est chaleureux et une attention toute particulière est accordée aux golfeurs. On leur prépare notamment un délicieux scottish breakfast et on vous renseignera volontiers sur les autres points d'intérêt de la ville ainsi que sur les endroits où sortir.

■ **GLEN DERRAN GUEST HOUSE. 9 Murray Park** ℰ **(01334) 477951 – Fax : (01334) 477908 – www.glenderran.com –** *Prix : de 28 à 45 £ environ. Réductions négociables pour des séjours plus longs. A 250 m du Old Course.* Ce n'est pas par hasard si Maggie et Ray Pead se sont vu attribuer plusieurs récompenses pour la qualité de leur hébergement. Les cinq chambres de cette guesthouse sont très bien entretenues et équipées de télévision et chaîne hi-fi.

Luxe

■ **RUFFLETS COUNTRY HOUSE & GARDEN RESTAURANT. Strathkinness Low Road** ℰ **(01334) 472594 – Fax : (01334) 478703 – www.rufflets.co.uk –** Considéré comme l'un des meilleurs hôtels de Grande-Bretagne, cette splendide maison de campagne propose 25 chambres luxueuses dont la plupart jouissent d'une vue sur les magnifiques jardins de la propriété.

■ **THE OLD COURSE HOTEL. St Andrews** ℰ **(01334) 474371 – Fax : (01334) 475234 – www. oldcoursehotel.co.uk –** *A partir de 75 £ par personne en chambre double, 230 £ pour une suite.* Dès que l'on pénètre dans cet hôtel 5 étoiles, situé au cœur du golf, on est frappé par sa luminosité, sa solidité, son élégance et son espace. La cheminée est en marbre, la bibliothèque invite à la détente, le salon est protégé des balles par des vitres blindées ! La piscine est en mosaïque. Le restaurant, au quatrième étage, domine le magnifique golf. Vous pouvez choisir entre 31 sortes de thés. L'ensemble est confortable et intime à souhait, ce qui est étonnant dans un si grand établissement.

Restaurants

Bien et pas cher

■ **BRAMBLES. 5 College Street** ✆ **(01334) 475380.** *Ouvert de 9h à 22h.* Un charmant endroit où l'on mange végétarien pour pas cher. Parfait aussi pour une pause thé ou café accompagné de gâteaux gourmands.

■ **LITTLEJOHNS. 73 Market Street** ✆ **(01334) 475444.** *Déjeuner à partir de 5 £ environ.* Jeune, joyeux et pas cher, ce bar est très fréquenté. Des trains miniatures font des tours de piste au milieu d'un bric-à-brac alambiqué.

Luxe

■ **THE VINE LEAF RESTAURANT. 131 South Street** ✆ **(01334) 477497.** *A partir de 19h, sauf le dimanche et le lundi.* Un petit bistrot très sobre à l'ambiance chaleureuse. Au menu : spécialité de gibier local, de fruits de mer et des plats végétariens. Essayez le strüdel d'asperges à la crème aigre, la terrine de pigeon au condiment à l'abricot, suivie de la lotte en croûte filo avec une sauce au safran. Finissez par une mousse de chocolat blanc au drambuie, ou bien par une glace aux groseilles et au géranium doux. Il est conseillé de réserver en raison du petit nombre de couverts.

■ **THE GRANGE INN. Grange Road, au sud de Saint Andrews** ✆ **(01334) 472670.** *Déjeuner les samedis et dimanches seulement. Comptez 20 £ environ.* Dans une vieille étable restaurée, aux murs en verre. Les repas y sont variés. Goûtez au haggis (panse de mouton farcie), à la casserole de venaison, à la tarte aux poires chaudes avec glace au caramel. L'ambiance est agréable et c'est dans l'ensemble un excellent restaurant.

■ **PEAT INN. A Peat Inn, sur l'A 915, à environ 10 km de Saint Andrews** ✆ **(01334) 840206 – www.thepeatinn.co.uk** – *Ouvert du mardi au samedi. Pour déjeuner, mieux vaut venir avant 13h. Dîner de 19h à 21h30. Compter 95 £ pour une chambre double et 155 £ pour une suite. Déjeuner pour 19,50 £ et dîner de 30 à 45 £.* Caché dans un petit village du XVIIIe siècle, ce restaurant est l'un des plus réputés de Grande-Bretagne. Dans un décor à la fois classique et moderne, près d'un feu de cheminée, on vous propose un menu constitué de plats peu copieux, mais très nombreux. Quant à la carte des vins, longue de 25 pages, c'est le hobby du propriétaire, David Wilson. Demandez-lui un vin particulier (tous ne figurent pas sur la carte !) et vous serez servi. La sagesse exige de réserver à l'avance. Par ailleurs, quelques suites luxueuses sont disponibles, sur 2 étages, avec salles de bains en marbre italien.

Sortir

Il y a des bars pour tous les goûts à Saint Andrews. Renseignez-vous auprès des gens du coin ou, mieux encore, auprès des étudiants.

■ **GIN HOUSE. 116 South Street.** Ce pub sur deux étages donne rendez-vous aux étudiants et propose des soirées avec DJ le week-end.

■ **LUVIANS. 84-86, Market Street** ✆ **(01334) 177128.** Les glaces les plus réputées de la côte se dégustent ici.

Théâtre

■ **THE BYRE THEATRE. Abbey Street (01334) 475000 – www.byretheatre.com –** Ce théâtre de répertoire soigne sa réputation. Chaque spectacle est présenté environ 3 semaines.

Old Course

Le plus vieux golf du monde. Pour y jouer, vous devrez fournir un certificat de handicap ou une lettre d'introduction. La réponse vous sera donnée 24 heures plus tard. Mais c'est loin d'être le seul golf de la région : 15 des meilleurs golfs du pays se trouvent dans les environs de la ville, à moins de 30 minutes en voiture (renseignements auprès de l'office du tourisme).

Cinéma

■ **NEW PICTURE HOUSE. 117 North Street** ✆ **(01334) 473509/474902 – Fax : (01334) 474 902 – www.nphcinema.co.uk –** Incroyable mais vrai, ce cinéma présente les nouveaux films plus tôt que dans le reste du pays. Le propriétaire a les faveurs des distributeurs et reçoit les nouveautés le jour même de leur sortie.

Points d'intérêt

■ **SAINT ANDREW'S CATHEDRAL. The Pends, Museum et Saint Rule's Tower** ✆/**Fax : (01334) 472563 – www.historic-scotland.gov.uk –** Ouvert de 9h30 à 18h. Entrée : 4 £ (valable aussi pour le château). La cathédrale, fondée en 1160, était de loin la plus grande d'Ecosse, avant la Réforme. Des milliers de pèlerins venaient se recueillir autour des 31 autels et de la châsse de saint Andrew, patron de l'Ecosse. Le panorama qu'offre la tour vaut bien la peine de grimper quelques marches.

■ **SAINT ANDREWS CASTLE. The Scores** ✆ **(01334) 477196 – Fax : (01334) 475068 – www. historic-scotland.gov.uk –** Compter 4 £. Ce château en ruine, datant de 1200, fut reconstruit plusieurs fois. Le cardinal Beaton y fut assassiné en 1546, après avoir fait brûler des protestants. Cet édifice, qui surplombe la mer, possède un donjon en forme de bouteille ainsi qu'un passage souterrain.

■ **BRITISH GOLF MUSEUM. Bruce Embankment** ✆ **(01334) 412690 – www.britishmuseum. co.uk –** Tous les jours de 9h30 à 17h30 (de 11h à 15h en hiver, sauf le mardi et mercredi). Entrée : 4 £. Tout ce que vous avez toujours voulu savoir sur le golf, son histoire, ses héros, ses modes, plus quelques tuyaux pour améliorer votre jeu. En tout, cinq siècles de ce sport, autrefois hors la loi.

■ **ST ANDREWS UNIVERSITY.** Visites guidées deux fois par jour du lundi au samedi en juillet et août. Informations à l'office du tourisme. Les bâtiments de l'université fondée entre 1410 et 1414 sont bien trop nombreux et variés pour que l'on s'attache à la description de chacun d'entre eux. L'université fut ouverte en 1410, mais la tradition académique était déjà bien instaurée. En effet, à Dull, près d'Aberfeldy, une école enseignait déjà la médecine, les sciences et la religion depuis l'an 700. L'évêque de Dunkeld en fit don au prieuré de Saint Andrews. Ainsi, on peut dire que l'université de Saint Andrews est de 500 ans plus ancienne que celle d'Oxford…

■ **BOTANIC GARDENS. Canongate** ✆ **(01334) 476452.** Ouvert tous les jours de 10h à 19h. Entrée : 2 £. De renommée internationale, les jardins de Saint Andrews s'étendent sur une dizaine d'hectares et présentent de belles espèces dans le parc et sous les serres. Une bonne idée de promenade.

Shopping

■ **HICKORY STICKS GOLF COMPANY. 4, Church Square, Saint Andrews.** Reproductions miniatures de matériel de golf, fabriquées dans la plus pure tradition du XIXe siècle.

Loisirs

■ **GOLF.** Réservation pour tous les golfs (Old Course, Eden Course, Jubilee, New, Strathtyrum) ✆ **(01334) 466666 – www.standrews.co.uk –** Duke's course ✆ (01334) 474371.

■ LES ENVIRONS DE SAINT ANDREWS ■

CRAIL

Sur l'A 917. Après avoir passé Cambo Country Park, à Kingsbarns et Cambo Gardens, un kilomètre plus au sud, dirigez-vous vers Crail. C'est le lieu rêvé pour ceux qui cherchent un paradis pittoresque. Ici, la pêche est toujours d'actualité. Crail est le plus vieux Royal Burgh de l'East Neuk de Fife.

Hébergement

■ **MARGARET CARSTAIRS. Selcraig House. 47 Nethergate, Crail** ✆ **(01333) 450697 – Fax : (01333) 451113 – www.selcraighouse.co.uk –** De 25 à 30 £ par personne. Pour dîner (prévenir avant midi), comptez 10 £. Cette ex-professeur de chimie adore la restauration de meubles anciens et collectionne les antiquités dont elle a rempli sa maison. Même la salle de bains dégage une atmosphère victorienne. La salle à manger est édouardienne ; quant à l'accueil, il est des plus chaleureux. Les chambres du haut sont minuscules.

Spectacle de musiciens.

Points d'intérêt

Le Tollbooth du XVIe siècle possède une cloche datant de 1520 et une girouette en forme de poisson. L'église collégiale est du XIIIe siècle et les toits de tuiles rouges rappellent l'époque où les bateaux revenaient des Pays-Bas chargés de ces fameux matériaux, typiques de l'East Neuk. Dans l'arche de l'église, vous verrez la pierre qu'a lancée le diable de l'île de May un jour où il s'efforçait d'arracher une dent douloureuse. La pierre est toujours là, mais la ficelle qui la tenait a fini dans un filet de pêche !

ANSTRUTHER

Quelques kilomètres après Crail.

Restaurant

■ **THE CELLAR RESTAURANT. 24 East Green, Anstruther** ✆ **(01334) 310378.** *Comptez 30 £ environ pour dîner.* Ce restaurant, tenu par Peter Jukes, est une ancienne tonnellerie au plafond bas, décorée de bougies, avec à chaque bout de la pièce, une cheminée d'époque. La cuisine y est excellente, la carte des vins est imposante et la spécialité du chef est le poisson.

Point d'intérêt

■ **SCOTTISH FISHERIES MUSEUM** ✆ **(01334) 310628.** *Ouvert de 10h à 17h, le dimanche de 14h à 17h. Entrée : 3,50 £.* Ce musée raconte l'histoire de la pêche dans la région, illustrée par de vrais bateaux, des boussoles, des cadrans, des compas et des costumes… Attention aux harpons complètement tordus. En face du musée, se dessine le North Carr Lightship, un phare autrefois situé au large des rochers traîtres que sont les Carr Rocks. Actuellement transformé en musée, il montre les conditions de vie des équipages. Les excursions vers l'île de May partent en été d'Anstruther. Pour toute information, contactez l'office du tourisme. Les visites dépendent de la météo et de la densité des poissons en mer.

PITTENWEEM

Pittenweem est connu pour sa caverne, Saint Fillians Cave, où le missionnaire saint Fillian est supposé avoir prêché. Une source sacrée y coule toujours et des cérémonies religieuses y ont lieu régulièrement. L'escalier qui aidait les moines contrebandiers à monter leurs marchandises dans le jardin de l'église est toujours en état. Vers l'intérieur, à quelques kilomètres de là, Kellie Castle est un bel exemple d'architecture bourgeoise des XVIe et XVIIe siècles, bien que sa partie la plus ancienne date de 1320. Le château est entouré d'un jardin victorien planté de légumes rares *(ouvert d'avril à octobre, de 13h30 à 17h30, 5 £).*

ELIE

Toujours sur l'A 917. C'est un lieu de villégiature pour de nombreux Ecossais, ses plages et ses sports nautiques étant particulièrement attirants. La Lady's Tower, construite au XVIIIe siècle pour Lady Jane, était une maison de bains. La jeune femme se faisait précéder d'un serviteur qui passait dans les rues et annonçait à l'aide d'une cloche la baignade de sa maîtresse. Les villageois devaient rester cloîtrés chez eux pendant que la belle exposait ses charmes !

Restaurant

■ **BOUQUET GARNI. 51, High Street** ✆ **(01334) 330374.** *Comptez de 15 à 20 £ environ.* Ce restaurant propose un menu assez souple. Vous pouvez en effet vous arranger avec les chefs pour goûter à tout ce qui vous inspire. Essayez la lotte dans de l'huile de noix à l'orange sur un lit de carottes et de poireaux.

■ DE SAINT ANDREWS À STIRLING ■

CERES

Itinéraire : A 91. En montant vers Cupar, prenez la petite route qui mène à Ceres où vous trouverez le Fife Folk Museum, installé dans un lieu pittoresque entouré de maisons du XVIIe siècle. Il est ouvert d'avril à octobre de 14h à 17h (✆ (01334) 828250, entrée : 2,50 £). Vous pourrez également visiter le Hill of Tarvit, une maison de style édouardien, dessinée par Sir Robert Lorimer pour Frederick Boner Sharp, un important collectionneur d'art du XVIIIe siècle. Portraits, tableaux, tapisseries, meubles, porcelaines chinoises et bronzes décorent l'intérieur. Il est ouvert de mai à septembre, de 14h à 18h, tous les jours. Tarif : 5 £ (2 £ pour les jardins seulement).

▶ **Rendez-vous ensuite au Luvians Bottle Shop**, à Vince Fusaro (93, Bonnygate). Là, on vous apprendra tous les secrets du whisky et vous découvrirez le whisky vert. Le choix de cette boutique est comparable à celui des plus grandes maisons. Les Springbanks sont une merveille.

▶ **A l'ouest, sur l'A 91, le Scottish Deer Centre** vous propose de voir des cerfs de toutes espèces. Il est ouvert de 10h à 17h (✆ (01337) 810391). Tarif : 4,50 £.

FALKLAND

Dans le superbe village de Falkland, le Falkland Palace est un palais royal Renaissance au charme unique. Construit entre 1501 et 1541, il fut l'une des demeures préférées du roi Jacques V. La reine y séjourne encore quelquefois. Le Royal Tennis Court, qui date de 1539, est le plus vieux tennis de Grande-Bretagne il est encore en service (visite d'avril à octobre de 10h à 17h30, le dimanche de 13h30 à 17h30 ✆ (01337) 857397, tarif : 9 £).

KINROSS

Hébergement – Restaurant

■ **CROFTBANK HOTEL. 30, Station Road, Kinross** ✆ **(01577) 863819.** *Comptez 45 £ environ pour une chambre et de 15 à 20 £ pour un repas.* Les chambres confortables et fort agréables de cette maison victorienne ont été rénovées récemment. Le restaurant, situé dans les 3 pièces du rez-de-chaussée, propose des roulades de saumon fumé, des mousses de sole, des poulets aux abricots et aux poireaux avec une sauce au vin blanc.

■ **CARLIN MAGGIES. 191 High Street** ✆ **(01577) 863652 – Fax : (01577) 863652.** *Comptez 6 £ pour déjeuner, et entre 10 et 15 £ pour dîner.* Cette maison bleue, au bas de la rue principale, est spécialisée dans les plats végétariens, mais réserve également de bonnes surprises aux gourmets. Les noix de cajou sont succulentes.

Point d'intérêt

■ **L'intérêt principal de Kinross réside dans le LOCH LEVEN CASTLE** (✆ 07778 040483), ouvert d'avril à octobre de 9h30 à 17h (3,50 £), une tour du XIVe siècle, entourée d'un mur du XVIe. Marie Stuart y fut emprisonnée, puis libérée par le fils de son gardien. Remarquez l'escalier construit à l'envers pour le gardien de l'époque, qui était gaucher ! Des bateaux partent pour le château tous les jours pendant l'été. Le loch Leven abrite par ailleurs des milliers de truites. Les pêcheurs peuvent se mettre en contact avec The Manageress, The Pier, Loch Leven ✆ 015 776 3407.

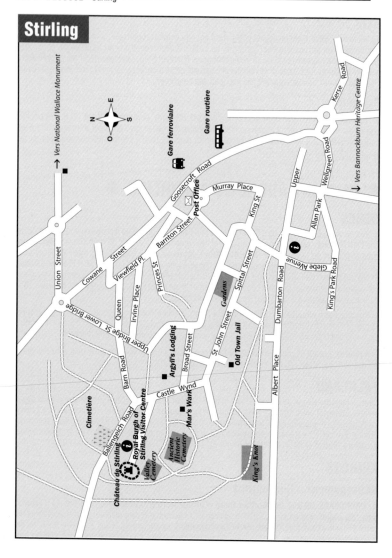

■ STIRLING ■

29 000 habitants. Royal Burgh et ville universitaire, Stirling abrite l'un des plus beaux châteaux d'Ecosse. C'est ici que Robert Bruce, aidé par les chevaliers templiers, vainquit les Anglais. Un monument est consacré à la mémoire du plus grand révolutionnaire écossais, William Wallace.

Stirling, profondément attachée à son histoire, garde une saveur locale. Le château, protégé par tous les habitants, est bien préservé. Résistance, tradition et fierté restent les gardiens efficaces du cœur de la ville.

Transports

■ **VOITURE.** A 80 – M 80 depuis Glasgow. A 8 – M 9 depuis Edimbourg, A 9 – M 9 depuis Perth.

■ **TRAIN. Goosecroft Road** ✆ **(01786) 446474.** Stirling est aussi central que Perth. De nombreux trains partent pour Aberdeen, Inverness, Edimbourg, Glasgow et pour Londres. Trains toutes les heures pour Edimbourg et même plus souvent pour Glasgow, sauf le dimanche (service réduit).

■ **BUS.** Les trajets sont effectués par Scottish Citylink. Départs et informations à Goosecroft Road Station.

Pratique

▶ **Indicatif téléphonique :** 01786.

■ **OFFICE DU TOURISME. 41 Dumbarton Road** ✆ **(01786) 475019.** *Ouvert tous les jours de juin à septembre et du lundi au samedi d'octobre à mai.*

■ **BANQUES.** Dans le centre-ville.

■ **CHANGE.** Le samedi, change à Thomas Cook, Murray Place, de 9h à 17h30.

■ **POSTE. 84, Murray Place.** *Ouverte de 9h à 17h30, et le samedi de 9h à 12h.*

■ **POLICE.** Randolphfield, St Ninians Road ✆ (01786) 45600.

■ **HÔPITAL.** Stirling Royal Infirmary. Livilands Gate ✆ (01786) 434000.

Hébergement

■ **AUBERGE DE JEUNESSE. Stirling Youth Hostel. Saint John Street** ✆ **0870 004 1149.** *Ouverte toute l'année. Compter 12 à 14 £.* Située à côté du château, l'auberge est abritée dans une ancienne église. L'établissement est bien tenu.

Confort ou charme

■ **CASTLECROFT. Ballengeich Road** ✆ **(01786) 474933 – Fax : (01786) 466716 – www. castlecroft.uk.com –** *Chambre simple 40 £ environ, chambre double de 48 à 55 £ par personne.* La maison, située sous le château, au bas de la falaise, a une vue superbe vers le nord et l'ouest. Les propriétaires, très actifs dans le tourisme local, sont une mine d'informations. Les chambres ont toutes une salle de bains privée.

■ **WEST PLEAN HOUSE. Denny Road sur l'A 872** ✆ **(01786) 812208 – Fax : (01786) 480550 – www.westpleanhouse.com –** *Comptez de 25 à 30 £ environ.* Une maison de ferme en pleine campagne où la qualité de l'accueil est primordiale. La chambre double dispose d'une salle de bains séparée mais privée tandis que les autres chambres ont une salle de bains attenante. On vous renseignera sur les excursions à faire à cheval ou sur la pêche dans les environs.

■ **PARK LODGE HOTEL. 32 Park Terrace** ✆ **(01786) 474862 – Fax : (01786) 449748 – www. parklodge.net –** *Compter 45 £ par personne.* Cette somptueuse demeure géorgienne est idéalement située en face du château avec la vue également sur les jardins. Excellent restaurant.

Luxe

■ **STIRLING HIGHLAND HOTEL. Spittal Street** ✆ **(01786) 272728 – Fax : (01786) 272829 – www.paramount-hotels.co.uk –** *Chambres à partir de 80 £ environ. Comptez 27 £ pour dîner.* Ancienne high school de Stirling, cet hôtel entouré d'une cour est entièrement bâti de vieilles pierres. L'établissement, à l'ambiance rétro, a toutefois conservé le caractère de l'école.

Château de Stirling.

Les salles de classe ont été transformées en bar et en salons. Encouragez le pianiste avec un fortifiant car ses soirées sont longues ! Le club de loisirs comprend piscine, gym, billard, squash et sauna. Deux restaurants, l'un italien à la sauce américaine, l'autre plus classique, vous accueillent dans une atmosphère scolaire créée par des murs de bois et de brique.

Restaurants

■ **THE BARNTON BAR & BISTRO. 3, Barnton Street** ✆ **(01786) 461698.** *Ouvert de 10h30 à 24h, le dimanche de 11h à 23h.* Cette ancienne pharmacie, transformée en bar-bistrot, est fréquentée par des étudiants qui apprécient l'esthétique d'un écran sculpté en acajou, derrière lequel l'apothicaire concoctait autrefois ses préparations. La bière, le café, les sandwichs et les quiches sont servis sur des tables en marbre.

■ **THE STIRLING MERCHANT BAR BISTRO. 39, Broad Gate** ✆ **(01786) 473929.** Les prix sont modestes, le service amical et l'atmosphère détendue.

Sortir

■ **THE SETTLE INN. 91 Saint Mary's Wind, Stirling.** *Ouvert du dimanche au mercredi jusqu'à 23h.* Le plus vieux bar de la ville (1733) a su préserver une ambiance très locale. Le plafond est voûté, le feu brûle dans la cheminée et la bière coule.

■ **PORT CUSTOMS. Sur la jonction de Port Street et Upper Craigs.** Derrière le bar, une superbe collection peu ordinaire de Toby Jugs, des pots en forme de tête grimaçante. Il est rare d'y voir des femmes. Et lorsqu'il leur arrive d'y pénétrer, un bref silence les accueille. Ici on joue aux dominos entre hommes !

Points d'intérêt

La ville n'est pas grande et il est préférable de la visiter à pied. Une voiture serait encombrante. Seuls le Wallace Monument et Bannockburn méritent un déplacement motorisé.

■ **WALLACE MONUMENT. Abbey Craig, au nord-est du centre-ville** ✆ **(01786) 472140.** *Ouvert d'avril à septembre, tous les jours, de 9h30 à 17h, de 9h30 à 18h30 en juillet et août, jusqu'à 18h en juin. De 10h30 à 16h de novembre à février. Entrée 4 £.* Cette tour imposante célèbre le plus grand révolutionnaire écossais, William Wallace (1267-1305), qui battit les Anglais au Stirling Bridge en 1297. Son épée, énorme, est conservée dans la partie haute de la tour d'où une très belle vue s'étend sur le pays.

■ **LE CHÂTEAU DE STIRLING. Castle Wynd** ✆ **(01786) 450000.** *D'avril à septembre, visites de 9h30 à 18h. D'octobre à mars, de 9h30 à 17h. Entrée : 8 £.* Indiscutablement le plus magnifique des châteaux royaux et militaires du pays. Centre politique de l'Ecosse entre le XIIe et le XVIIe siècle, tous les Stuart l'avaient adopté comme résidence principale et beaucoup d'entre eux y passèrent une jeunesse dorée. Le musée des Argyll & Sutherland Highlanders est à l'intérieur.

■ **ARGYLL'S LODGING CASTLE WYND** ✆ **(01786) 461146.** *Mêmes horaires que le château, il existe un ticket combiné avec ce dernier ou bien entrée séparée : 3,30 £.* Cette superbe demeure fut construite aux alentours de 1630 et devint la propriété du Comte d'Argyll une quarantaine d'années plus tard. Les pièces principales ont été restaurées et tout est fait pour rappeler le glorieux passé de cette maison de famille.

■ **CHURCH OF THE HOLY RUDE. Saint John Street.** C'est la seule église d'Ecosse où fut couronné un roi (Jacques VI, en 1587). L'orgue est remarquable et le toit médiéval est un exemple rare de construction en bois. Au XVIIe siècle, un désaccord fut à l'origine de l'édification d'un mur qui coupait l'église en deux. Il n'est tombé qu'en 1936.

■ **MAR'S WARK. Castle Wind.** En haut de Broad Street, on peut voir l'ancienne maison du comte de Mar qui était pro-jacobite. Durant les soulèvements de 1715 et 1745, la façade de sa demeure fut criblée de boulets de canon.

■ **STIRLING OLD TOWN JAIL. St John Street** ✆ **(01786) 450050.** *Ouvert d'avril à septembre de 9h30 à 17h, d'octobre à mars de 9h30 à 16h30 et de novembre à février de 9h30 à 15h30. Compter 5,50 £.* Des acteurs vous font revivre la vie des prisonniers comme elle était au XIXe siècle. Profitez de l'ascenseur pour admirer la vue sur la vallée depuis le toit de la prison.

■ **VISITES GUIDÉES.** Plusieurs tours de la ville sont organisés avec commentaires et arrêts prévus aux principales attractions. Renseignez-vous auprès de l'office du tourisme ou appeler The Stirling Tour ✆ 0131 5562244.

Dans les environs

■ **BANNOCKBURN HERITAGE CENTRE. A 3 km au sud de la ville, sur l'A 9** ✆ **(01786) 812664.** *Ouvert tous les jours, d'avril à octobre, de 10h à 18h, de 10h30 à 16h en hiver. Entrée 3,50 £.* Ce centre raconte l'histoire de l'Ecosse. La bataille de Bannockburn y est plus particulièrement détaillée : le roi Edouard Ier fut battu en 1314 par l'armée de Robert Bruce. Celui-ci avait ordonné à ses archers de ne pas tendre les cordes de leur arc sous la pluie, ce qui leur permit de noyer les Anglais sous des flots de javelots. Un futé qui a ainsi gagné le château de Stirling et l'indépendance de son pays.

Culross

Sur l'A 907. Sur la côte nord de l'estuaire de la rivière Forth, ne manquez surtout pas ce village qui n'a pas changé depuis 300 ans. Palace, Abbey, Study, Town House, Arl et Nunnery ont conservé toutes leurs caractéristiques du XVIIe siècle.

Dunblane, Doune

Un bref circuit au nord-ouest de Stirling vous fera passer par Dunblane et Doune, dont le château est l'exemple d'architecture médiévale le mieux préservé de l'Ecosse (✆ (01786) 841742), ouvert de 9h30 à 18h30 d'avril à septembre et jusqu'à 16h30 d'octobre à mars (3 £). Le pont du village fut construit, en 1535, par le fameux tailleur de Jacques IV pour se venger du ferryman qui avait refusé de le conduire.

■ **LE MUSÉE DES VOITURES DE DOUNE** abrite une superbe collection d'automobiles de luxe dont l'une des plus vieilles Rolls Royce du monde.

■ **BLAIR DRUMMOND SAFARI PARK** ✆ **(01786) 841456 – www.blairdrummond.com –** *Ouvert de mars à octobre, de 10h à 16h30. Entrée 9 £.* A quelques kilomètres de Doune. Vous y verrez des lions que vous pourrez suivre en voiture.

De Stirling, vous regagnerez Glasgow par la M 9 puis l'A 80, ou Edimbourg par la M 9.

Les îles Orcades et les Shetland

Les îles Orcades et les Shetland

Tout à fait dans le nord de la Grande-Bretagne, entre la mer du Nord, la mer de Norvège et l'océan Atlantique, se trouvent deux archipels assiégés par les vagues et battus par les vents : les îles Orcades et les îles Shetland. Les îles Orcades (Orkney) se situent à seulement 10 km au nord de la pointe septentrionale du Mainland écossais. 150 km plus au nord, les îles Shetland sont perdues à mi-distance entre l'Ecosse et la Norvège. Le sud des Shetland est traversé par le 60e parallèle : ces îles sont à peu près à la même latitude qu'Oslo et Helsinki ou que la pointe méridionale du Groenland. Les Orcades comptent 75 îles et îlots et les Shetland une centaine, qui couvrent respectivement des surfaces de 1 000 et de 1 500 km². Seules 20 îles des Orcades et 15 îles des Shetland sont habitées toute l'année. Les populations sont respectivement de 19 000 et 24 000 habitants.

■ CLIMAT ET SAISONS ■

Climat

Le climat est très instable, particulièrement à cause de grands vents permanents qui ne rencontrent aucun obstacle. Mais les températures sont relativement clémentes par rapport à la latitude, grâce à la présence d'un courant marin chaud, la dérive nord-atlantique du Gulf Stream. Les mois de juin et de juillet sont les plus agréables dans ces régions du Nord. La journée dure alors 19 heures : il n'y a pas de nuit véritable. L'ensoleillement est maximal, mais le vent apporte toujours des surprises, comme un froid soudain, ou des rideaux de brume qui s'accrochent aux falaises et envahissent les collines. Des vêtements chauds et imperméables et de bonnes chaussures de marche sont indispensables.

Saisons

De mai à juillet, la nature est en fleurs, et les innombrables oiseaux qui constituent le principal centre d'intérêt des îles nichent et élèvent leurs petits, profitant du bref été pour perpétuer l'espèce. Dès la mi-juillet, ils revêtent leurs costumes d'hiver, plus ternes, et se préparent à s'en aller les uns après les autres vers des latitudes plus douces ou à passer l'hiver en pleine mer. Au printemps et en automne, ce sont d'autres migrateurs, plus rares, que les vents guident sur les îles. Et tout cela est à portée de jumelles.

■ GÉOGRAPHIE ■

Les côtes

La mer, très forte, agitée d'énormes vagues qui secouent inlassablement les bateaux, et très poissonneuse, est partout présente. Les côtes, parsemées de récifs et d'écueils, se découpent en un relief sculptural de fjords profonds, de caps tranchants, ou encore de baies circulaires. C'est surtout un paysage de falaises tombant à pic sur la mer, qui sont parmi les plus hautes d'Europe, jusqu'à 346 m à Saint John's Head à Hoy (Orcades), et 370 m au Kame de Foula (Shetland).

Les immanquables des îles Orcades et Shetland

▶ **Découvrir le patrimoine préhistorique** (les Orcades : village préhistorique de Skara Brae).

▶ **Observer une faune et une flore extrêmement bien préservées** (les phoques, les colonies d'oiseaux : fous de bassan, macareux, cormorans huppés…).

Les plus belles sont les falaises de grès rouge, qui contrastent avec les falaises noires, brunes, grises et blanches, plus désolées. On trouve aussi des côtes basses, le plus souvent rocheuses, faites de grandes dalles couvertes d'algues, d'empilements chaotiques ou de plages de galets. Plus rares sont les étendues de vase qui couvrent certaines anses, et les bandes de sable cachées au fond de baies à l'eau turquoise – ce qui contraste avec la mer habituellement bleu marine, vert sombre ou noire.

L'intérieur

On retrouve cette majesté de la nature dans l'intérieur des îles. C'est avant tout un monde de collines, parfois de montagnes, qui prolonge directement les falaises, et dont le tapis végétal va de la lande dénudée à la toundra arctique. Lorsque le voyageur arrive en bateau aux Orcades, il aperçoit d'abord, à travers la brume de mer, Hoy, l'île la plus élevée. Son milieu de moyenne montagne rappelle les Highlands écossaises et culmine à 479 m. Plus au nord, sur le Mainland des Orcades, règnent des landes plus froides et des tourbières. Les autres îles de l'archipel sont moins élevées.

En revanche, le relief des Shetland est plus accentué, vallonné, fait de nombreuses collines dépassant rarement 300 m et culminant à 450 m à Ronas Hill. L'écosystème de toundra est particulier aux îles de Fetlar et Unst, au Nord : c'est un sol spongieux couvert de mousses, de lichens, d'herbes et de fleurs. Dans les parties les plus basses des îles, les landes sont souvent devenues des champs et des pâturages verdoyants où paissent des moutons.

Tout l'intérieur est parsemé de lacs, depuis les mares au sommet des collines, jusqu'aux grands lacs peu profonds et aux marais. Les milieux de l'intérieur comme les milieux côtiers sont riches en fleur, d'espèces souvent rares et de très petite taille. Par contre, on est frappé dans les îles par l'absence d'arbres et même d'arbustes.

Seul un mince serpent de forêt naturelle, composé de saules, de bouleaux, d'aulnes, de sorbiers, de buissons touffus et de broussailles, court le long d'un ruisseau, sur les pentes de Hoy. D'autres arbres, essentiellement des conifères, ont été plantés à quelques endroits adaptés.

■ FAUNE ■

Peu d'espace, mais tant de richesse dans cette nature sauvage ! Sur ces îles petites et isolées, la vie est forcée de se concentrer et de se mêler, de se partager l'espace restreint. Ainsi, dans cette situation remarquable et ce climat si changeant, dans cette diversité de milieux s'inscrit une faune singulière. La mer héberge évidemment de nombreux poissons, rares sont les mammifères. Les seuls à être communs sont les phoques, dont on peut observer deux espèces : le phoque gris et le veau marin. Le premier, gros et luisant, se reconnaît à sa tête de chien, tandis que le second est doté d'une tête ronde et d'une fourrure de couleur variable : noire, grise, brune, beige, blanc crème ou encore tachetée. On les verra nettement plus facilement que les autres mammifères marins : des marsouins, des dauphins, et parfois, notamment autour de Fair Isle, des baleines comme le petit rorqual.

Les mammifères terrestres, hérissons, lapins, lièvres et autres petits rongeurs, sont tous des herbivores introduits par l'homme dans les îles. Seule la loutre est un prédateur naturel. Grande, 1,20 m, portant une très belle fourrure brune, elle est aussi à l'aise à terre que dans l'eau, où elle se nourrit de poissons. Dans les lacs comme dans la mer, elle nage remarquablement, au moyen de sa longue queue large à la base, et de ses pattes légèrement palmées. Seule sa tête dépasse de la surface. Soudain son dos s'arrondit, elle plonge, on devine son corps qui ondule avec souplesse au-dessous des flots, et elle réapparaît ailleurs. Ou bien elle file à toute vitesse en surface et l'on peut suivre le sillage de sa queue dans l'eau calme et noire. Elle est très furtive, difficile à voir et souvent nocturne.

Le poney Shetland

Bien connu de nos clubs hippiques, le shetland provient des îles éponymes, des îles Orkney et des nombreuses autres petites îles du nord de l'Ecosse. Ces terres aux conditions climatiques rudes et arides, sont un terrain idéal pour ce cheval sobre et robuste qui ne requiert pas trop d'alimentation. Leur principale qualité est leur grande vivacité et leur adaptabilité qui résultent de leurs conditions de vie difficiles à l'état sauvage. C'est pourquoi ce poney est resté si petit, une taille qu'il a héritée de ses aïeux. Il mesure maximum 107 cm au garrot et minimum 85 cm. C'est l'une des plus petites du monde.

Le poney Shetland descend à l'origine de la Scandinavie avant d'être arrivé sur les îles écossaises, il y a environ 10 000 ans. La race a été importée du nord de l'Europe sur les Drakkars. Ce sont les descendants directs du cheval primitif, de l'ère glaciaire. Il fut utilisé comme animal de trait et de charge dans les fermes en altitude. C'est par conséquent, proportionnellement à sa hauteur, le plus fort de toutes les races de chevaux du monde.

Lexique franco-anglais
des principales espèces animales

Puffin.

▸ **Fuligule morillon** . . . . tufted duck

▸ **Goéland argenté** . . . . herring gull

▸ **Goéland brun** . . . lesser black-backed gull

▸ **Goéland cendré** . . . . common gull

▸ **Goéland marin** . . . . great black-backed gull

▸ **Grand cormoran** . . . . cormorant

▸ **Grand labbe** . . . . great skua

▸ **Grand corbeau** . . . . raven

▸ **Grand gravelot** . . . . ringed plover

▸ **Guillemot à miroir** . . . . . . black guillemot

▸ **Guillemot de Troïl** . . . . guillemot

▸ **Harle huppé** . . . . red-breasted merganser

▸ **Hibou des marais** . . . . . short-eared owl

▸ **Huîtrier pie** . . . . oystercatcher

▸ **Loutre** . . . . otter

▸ **Labbe parasite** . . . . arctic skua

▸ **Macareux moine** . . . . puffin

▸ **Mouette rieuse** . . . . . . black-headed gull

▸ **Mouette tridactyle** . . . . kittiwake

▸ **Pétrel fulmar** . . . . fulmar

▸ **Phalarope à bec étroit** . . . . red-necked

▸ **Phoque veau marin** . . . . . common seal

▸ **Phoque gris** . . . . grey seal

▸ **Pipit des prés** . . . . meadow pipit

▸ **Petit pingouin** . . . . razorbill

▸ **Plongeon catmarin** red-throated diver

▸ **Pluvier doré** . . . . golden plover

▸ **Sterne arctique** . . . . arctic stern

▸ **Traquet motteux** . . . . wheatear

▸ **Traquet pâtre** . . . . stonechat

▸ **Troglodyte** . . . . wren

▸ **Vanneau huppé** . . . . lapwing

▸ **Bécasseau variable** . . . . dunlin

▸ **Bécassine des marais** . . . . snipe

▸ **Busard saint-martin** . . . . hen harrier

▸ **Canard siffleur** . . . . wigeon

▸ **Chevalier gambette** . . . . redshank

▸ **Cormoran huppé** . . . . shag

▸ **Cygne chanteur** . . . . whooper swan

▸ **Cygne tuberculé** . . . . mute swan

▸ **Chouette harfang** . . . . snowy owl

▸ **Corneille mantelée** . . . . . . hooded crow

▸ **Courlis cendré** . . . . curlew

▸ **Courlis corlieu** . . . . whimbrel

▸ **Eider à duvet** . . . . eider

▸ **Faucon émerillon** . . . . merlin

▸ **Fou de Bassan** . . . . gannet

Au moment de l'industrialisation du XIXe siècle, alors que la loi interdisait le travail des enfants dans les mines, ont y envoya les shetlands, assez petits pour travailler dans les tunnels. Il est aujourd'hui surtout utilisé dans les cirques ou comme animal de compagnie ou encore cheval d'attelage pour les plus grands d'entre eux. On le reconnaît par sa petite tête, surplombée de petites oreilles, des grands yeux expressifs et des naseaux particulièrement larges afin de permettre à l'air de se réchauffer avant d'arriver dans les poumons. Leurs membres sont forts et courts et lui donnent une petite démarche droite et régulière. Sa toison hivernale particulièrement dense le protège des conditions climatiques les plus rudes. C'est aussi un animal particulièrement docile.

Oiseaux

La paix des îles attire avant tout des oiseaux, nombreux en espèces et en individus. Le ciel est rempli de leur vol, l'air de leurs cris. Les Orcades en comptent 350 espèces, dont 107 nicheuses. Les Shetland atteignent le nombre exceptionnel de 430 espèces, dont 67 nicheuses. Dans les falaises et sur les grèves nichent des oiseaux de mer par centaines de milliers. Dans les landes vivent des limicoles (qui cherchent leur nourriture dans la boue), des rapaces et des passereaux.

Macareux

Les falaises couvertes d'oiseaux offrent des observations faciles et un spectacle à la fois visuel, auditif et olfactif… Nul ne peut être insensible au doux regard du macareux moine. Plutôt qu'une robe de moine, cet oiseau porte, comme son cousin le guillemot de Troïl et le petit pingouin, un élégant smoking noir et blanc : dos, collier et capuchon noirs, ventre et joues blancs.

Il se distingue cependant des deux autres par ses larges pattes rouges et palmées, dotées de trois griffes noires et son gros bec bariolé de rouge, bleu et jaune, qui lui donne un air de clown. Sur sa joue blanche, son œil noir cerclé de rouge puis maquillé de noir, et la ligne courbe qui tombe de cet œil, en font plutôt un clown triste.

Les macareux sont très nombreux, 250 000, sur toutes les îles Shetland et nichent en haut des falaises, dans des terriers qu'ils creusent avec leur bec et leurs pattes. C'est là qu'on les voit revenir de la pêche, le bec chargé de poissons argentés pour leurs petits. Quant au guillemot de Troïl et au petit pingouin, ils nichent en colonies denses sur les aspérités des falaises. Le premier se reconnaît à sa silhouette élancée et à son bec fin, alors que le second est plus trapu et pourvu d'un bec large. Communs dans les deux archipels, on en compte respectivement 150 000 et 20 000 sur les seules îles Shetland. Plus rare et plus solitaire est un quatrième membre de la famille des alcidés, le guillemot à miroir, entièrement noir sauf le « miroir », vaste tache immaculée sur l'aile, et les pattes rouge vif.

Fous de Bassan

Les deux colonies de fous de Bassan des îles Shetland, sur les îles de Noss et d'Unst, sont parmi les plus importantes au monde. Le plumage immaculé de ces grands oiseaux marins dessine de grandes taches blanches sur les falaises, où ils sont serrés les uns contre les autres. Sur chaque corniche du rocher, ce n'est qu'un entassement de corps blancs. On remarque en outre la pointe noire des ailes, la tête et la nuque d'un jaune discret, le bec gris bleu, l'œil bleu pâle. Des poussins couverts de duvet blanc et des jeunes portant un plumage plus ou moins noir, qui blanchira avec l'âge, se reconnaissent au milieu des adultes. Ceux-ci se bousculent dans de grands battements d'ailes, et semblent s'injurier de leurs cris éraillés, bec grand ouvert. Dans le ciel, au-dessus de la mer, ils volent dans tous les sens, leurs longues ailes déployées battant puissamment l'air. Soudain, lorsqu'ils repèrent un banc de poissons, ils plongent verticalement sur leurs proies, ailes repliées, d'une trentaine de mètres de haut. Cela leur a valu le nom de fou.

Mouettes

Un autre oiseau commun sur les falaises est la mouette tridactyle, reconnaissable à son bec jaune. Six espèces de mouettes et autres goélands nichent dans les deux archipels. On ne peut les confondre avec la sterne arctique, aux formes nettement plus élégantes, avec de longues ailes pointues et une fine queue fourchue comme chez l'hirondelle, un plumage gris clair dessus et blanc dessous, un capuchon noir sur la tête, des pattes et un bec rouges. Les sternes se nourrissent de petits poissons, qu'elles pêchent en faisant du surplace au-dessus de l'eau, puis en plongeant en piqué sur leur proie.

Retrouvez l'index général en fin de guide

C'est aussi ce qu'elles font sur la tête de l'intrus qui s'est imprudemment aventuré dans les prairies où elles nichent par milliers : sentant leurs œufs et leurs petits en danger, car ils sont posés à même le sol dans l'herbe, les adultes tournent au-dessus de l'éventuel agresseur par centaines en poussant des cris perçants, et le frappent parfois de leur bec pointu ! Leur vol, particulièrement rapide et gracieux, leur permet d'effectuer la plus longue migration du monde : elles passent l'hiver dans les mers australes et reviennent l'été nicher dans les mers boréales.

Pétrel fulmar

Le pétrel fulmar peut rappeler une mouette par sa taille et son plumage gris et blanc, avec en plus un peu de noir autour de l'œil. Mais il s'en différencie par son bec constitué de plaques, comme chez l'albatros, et son vol caractéristique d'un oiseau océanique : ses ailes courtes ne se plient pas mais s'arrondissent doucement, et battent peu.

Il est l'oiseau le plus commun des deux archipels, et sa population continue de croître – aux seules îles Shetland, on compte 300 000 pétrels fulmars. A l'origine typiquement marin, il a peu à peu colonisé tous les milieux. S'il préfère généralement pondre son unique œuf blanc sur les plates-formes rocheuses et les mottes herbeuses du haut des falaises, on peut voir aussi son nid sur des plages de sable et de galets, dans les landes et les collines, au bord des lacs et des marais, derrière de vieux murs et même sur les toits des maisons.

Cormoran huppé

Le cormoran huppé, au plumage noir teinté de reflets verts, vit dans des grottes, sur les plates-formes ou les niches abritées de petites falaises. Plus rare, le grand cormoran niche aussi sur les lacs de l'intérieur ; son plumage est noir, à part une tache blanche à la base du bec qui est jaune. Sur les côtes rocheuses basses, on rencontre aussi l'eider à duvet, principalement des femelles et des petits au plumage brun. Le mâle, noir et blanc avec la nuque verte, s'approche rarement des côtes.

Labbes

Les prédateurs étant rares dans les îles, le parasitisme est le principal facteur naturel de régulation des populations d'oiseaux. S'il est souvent pratiqué par de grands goélands, il est surtout l'unique fonction des labbes. Ceux-ci, pourvus d'une grande taille et de longues ailes, sont incapables de pêcher, mais peuvent, par leur adresse et leur vitesse en vol, se livrer à d'incroyables acrobaties aériennes. Cette aptitude leur permet de voler la pêche des oiseaux de mer (ce que l'on appelle kleptoparasitisme), ainsi que de s'emparer parfois de leurs œufs et de leurs petits. De même que les labbes limitent ainsi l'accroissement démographique des oiseaux de mer, leur propre accroissement est naturellement limité par celui des oiseaux dont ils dépendent, et cet équilibre ne peut être perturbé que par des facteurs humains. On distingue le grand labbe, entièrement brun excepté une tache blanche sur l'aile, du labbe parasite, plus fin. Cette dernière espèce passe par une phase sombre, entièrement brune, et par une phase claire, blanche dessous et pourvue d'une calotte noire. A l'instar des sternes, les labbes se défendent avec pugnacité contre l'observateur qui a franchi les frontières

Aigle doré.

de leur territoire, ou contre un autre animal (un mouton, ou un autre oiseau). Généralement en couple, ils attaquent l'un après l'autre, en descendant à grande vitesse sur l'intrus, de face comme de dos, puis se détournent au dernier moment, dans un grand bruit d'ailes accompagné d'un cri rauque, et frappent parfois de leurs pattes. Ils créent plus de peur que de mal...

Les labbes sont communs – plusieurs milliers – autour des colonies d'oiseaux de mer, qui représentent plusieurs centaines de milliers d'individus. En revanche, les rapaces, prédateurs véritables, vivent en petit nombre sur de grandes étendues, tout en ayant un rôle très important dans les milieux intérieurs. Ils s'y nourrissent notamment de rongeurs – différentes souris, lapins, lièvres – qui ont été introduits plus ou moins volontairement par l'homme. Le Mainland des Orcades est le domaine du hibou des marais, gros oiseau brun et blanc tacheté, aux habitudes diurnes, qui niche à même le sol dans la lande. Le busard saint-martin et le faucon émerillon y chassent aussi.

Limicoles

Dans l'intérieur des îles nichent surtout de nombreux limicoles, plus facilement observables, comme le pluvier doré ou le courlis au long bec courbe. De nombreux lacs accueillent le plongeon catmarin : cet oiseau a l'aspect d'un canard, mais s'en différencie par sa silhouette allongée, son cou svelte, sa tête fine, et surtout son bec pointu qui fait de lui un excellent pêcheur. Son plumage est noir, gris et blanc, avec une tache éclatante, rousse, mélange de rouge et d'ocre, sur le cou. Depuis la surface où il nage, il est capable de plonger avec aisance, d'où son nom ; il vole aussi mais est maladroit à terre. Il construit son nid au bord des lacs, mais passe l'hiver en bande en mer. On est saisi par son cri étrange, comme un long miaulement plaintif. Enfin les Shetland sont également renommées parmi les amateurs d'oiseaux pour la présence d'espèces relativement rares. Certaines sous-espèces sont endémiques, c'est-à-dire qu'elles appartiennent uniquement à l'archipel. Il en est ainsi d'une sous-espèce de troglodyte, un très petit passereau brun à la queue toujours dressée.

■ PROTECTION DE LA NATURE ■

Les îles Shetland ont fait tristement parler d'elles, en janvier 1993, lors de la marée noire qui suivit l'échouage du pétrolier Braer, à la pointe méridionale de l'archipel. Heureusement la pollution est restée localisée, la nappe de pétrole a pu être coulée et les côtes nettoyées. Si les oiseaux de mer n'ont été que peu atteints directement, la diminution de la faune marine a gêné leur reproduction, les petits mourant souvent de faim. La pollution pétrolière demeure un risque, étant donné la proximité des plates-formes pétrolières de la mer du Nord, et l'importance du terminal pétrolier de Sullom Voe.

Aux Orcades comme aux Shetland, les populations d'oiseaux de mer connaissent un autre problème : la diminution des poissons dont ils se nourrissent, causée à la fois par la pêche industrielle et le développement de l'élevage du saumon. Quant aux oiseaux de l'intérieur, ils ont à faire face à la disparition de leur milieu naturel, les landes et les marais, sous la pression de l'agriculture. Enfin, de nombreuses espèces fragiles souffrent du vol de leurs œufs par des collectionneurs.

Aux Orcades et aux Shetland comme dans toute la Grande-Bretagne, il est interdit de tuer ou de capturer un oiseau, de détruire ou de prendre un nid ou un œuf, et de déranger un oiseau lorsqu'il niche. De nombreuses espèces reçoivent une protection spéciale, et il est notamment interdit de photographier au nid le plongeon catmarin, le canard pilet, la sarcelle d'été, le pétrel cul-blanc, les faucons pèlerin et émerillon, le busard saint-martin, la barge à queue noire, le chevalier aboyeur, le courlis corlieu et le phalarope à bec étroit. Pour ceux-ci comme pour les autres espèces, veillez à ne pas les déranger lorsqu'ils nichent : un adulte qui quitte le nid peut ne jamais y revenir. Ne cueillez pas non plus de plantes et ne ramassez pas de pierres, en bref, respectez la nature !

L'observation d'oiseaux (birdwatching) est un loisir très prisé des Britanniques, et la Royal Society for the Protection of Birds (Société royale pour la protection des oiseaux) est nettement plus influente que les organisations françaises équivalentes. Les Orcades et les Shetland sont un véritable champ d'expérimentation de la politique britannique en matière d'environnement et les résultats obtenus montrent qu'elle devrait être imitée en France.

Réserves naturelles

Aux Orcades, la RSPB protège plus de 8 000 hectares, soit 19 réserves, dont 4 sur l'ouest de Mainland : Hobbister, Birsay Moors and Cottascarth, Marwick Head et The Loons, l'îlot de Copinsay au large de l'est de Mainland, le nord de l'île de Hoy, Trumland sur l'île de Rousay, les falaises de The Noup sur Westray et North Hill sur Papa Westray. Aux Shetland, la RSPB s'occupe de 5 réserves : le Loch of Spiggie au sud de Mainland, Lumbister et Black Park sur l'île de Yell, le nord de l'île de Fetlar, et les îlots de Yell Sound, qui ne sont pas accessibles aux visiteurs.

■ **THE RSPB.** The Lodge, Sandy, Bedfordshire SG19 2DL United Kingdom ✆ (01767) 680551 – www.rspb.org.uk

■ **RSPB SCOTLAND.** Dunedin House, 25 Ravelston Terrace, Edinburgh EH4 3TP ✆ (0131) 311 6500 – rspb.scotland@rspb.org.uk

■ **RSPB ORKNEY.** 12-14, North End Rd, Stromness, Orkney KW16 3AG.

■ **RSPB SHETLAND.** East House, Sumburgh Head Lighthouse, Virkie, Shetland, Shetland Islands ZE3 9JN.

▶ **En outre, le Joint Nature Conservation Committee possède aux Shetland 4 réserves natu-relles nationales (NNR) :** l'île de Noss, Hermaness et Keen of Hamar sur l'île d'Unst, ainsi que l'îlot de Haaf Gruney au sud d'Unst.

■ **JOINT NATURE CONSERVATION COMMITTEE.** Monkstone House, City Road, Peterborough.

■ **PE1** 1JY – ✆ (01733) 562626 – Fax : (01733) 555948 – www.jncc.gov.uk

■ **SCOTTISH NATURAL HERITAGE.** 12, Hope Terrace, Edimbourg EH9 2AS.

■ **SHETLAND OFFICE.** Ground floor, Stewart Building, Alexandra Wharf, Shetland, ZE1 0LL.

■ **ORKNEY OFFICE.** 54-56, Junction Rd, Kirkwall, Orkney KW15 1AG.

▶ **Enfin, des observatoires d'oiseaux** ont été aménagés sur les îles de North Ronaldsay aux Orcades et Fair Isle aux Shetland, cette dernière appartenant au National Trust for Scotland.

■ BIBLIOGRAPHIE ■

Faune

▶ **R. Duguy et D. Robineau,** *Guide des mammifères marins d'Europe,* Delachaux et Niestlé.

▶ **H. Heinzel, R.S.R. Fitter et J. Parslow,** *Guide des oiseaux d'Europe, d'Afrique du Nord et du Moyen-Orient,* Delachaux et Niestlé.

▶ **G. Dif,** *Les Oiseaux de mer d'Europe,* Arthaud. Texte agréable et belles photos par un spécialiste des Shetland.

Orcades

▶ **C. Booth, M. Cuthbert et P. Reynolds,** *Birds of Orkney.* Ouvrage scientifique très détaillé.

▶ **E. Meek,** *Islands of Birds, A Guide to Orkney Birds,* RSPB. Brochure illustrée.

▶ **RSPB,** *The Orkney Islands Reserves.* Brochure illustrée.

Shetland

▶ **G. Dif,** *Shetland, Terre de vent,* Milan. Grand livre de photos et texte français.

▶ **D. Malcolm,** *Shetland's wild Flowers,* The Shetland Times. Guide photographique.

▶ **H. Miles,** *The Track of the wild Otter.* Livre de photos sur la loutre aux Shetland.

▶ **RSPB,** *The Shetland Islands Reserves.* Brochure illustrée.

Chaque année, Shetland Islands Tourism édite un guide touristique officiel, assez publicitaire. Chaque année aussi, le Shetland Bird Club publie le rapport exhaustif des observations et de l'état des populations d'oiseaux de l'archipel. Ce rapport n'inclut pas Fair Isle, assez riche en oiseaux à elle seule pour que le Fair Isle Bird Observatory publie son propre rapport. Le Shetland Bird Club a aussi édité une liste des oiseaux des Shetland, y compris Fair Isle.

Les Orcades

■ MAINLAND ■

La principale île de l'archipel des Orcades, appelée Mainland, se divise en deux parties, l'est et l'ouest, plus vaste et plus sauvage. Une route relie l'est de Mainland aux îlots de Lamb Holm et puis aux îles de Burray et de South Ronaldsay en passant sur les « barrières de Churchill ». Ces quatre digues furent construites pendant la Seconde Guerre mondiale pour empêcher les sous-marins allemands d'entrer dans la baie de Scapa Flow.

Transports

Bateau

■ **NORTHLINK FERRIES. Kiln Corner, Kirkwall, Orkney KW15 1QX** ✆ **(0)845 6000 449 – (01856) 885500 – Fax : (01856) 879588 – www.northlinkferries.co.uk –** De Scrabster à Stromness (1h30), 2 à 3 traversées aller-retour en semaine et 2 traversées aller-retour les samedis et dimanches. Correspondances en bus avec Kirkwall. D'Aberdeen à Kirkwall, 4 traversées hebdomadaires (durée : 6h environ).

■ **JOHN O'GROATS FERRIES. Ferry Office, John O'Groats, Caithness KWI 4YR** ✆ **(01955) 611353 – www.jogferry.com –** Assurent des traversées quotidiennes pour les piétons, de mai à septembre, entre John O'Groats et Burwick dans les Orcades (40 min de traversée).

■ **ORKNEY FERRIES LTD. Shore Street, Kirkwall KW15 ILG** ✆ **(01856) 872044 – www.orkneyferries.co.uk –** Liaisons entre les îles des Orcades.

■ **PENTLAND FERRIES LTD. Pier Road, St Margaret's Hope, Orkney** ✆ **(01856) 831226 – www.pentlandferries.com –** Liaisons pour passagers à pied ou en voiture entre Gills Bay, près de John O'Groats, et St Margaret's Hope dans les Orcades (trois traversées quotidiennes, durée : 1h).

Avion

■ **BRITISH AIRWAYS** ✆ **0870 850 9850 – www.ba.com –** Des vols relient quotidiennement Kirkwall, la capitale des Orcades, à Sumburgh aux Shetland, Aberdeen, Inverness, Edimbourg et Glasgow.

■ **LOGANAIR. Orkney inter-island air service** ✆ **(01856) 872494/873457 – www.loganair.co.uk –** Les vols de cette compagnie relient régulièrement Kirkwall aux îles du Nord : Eday, Stronsay, Sanday, North Ronaldsay, Westray et Papa Westray.

Bus

En correspondance avec les ferries, les bus fonctionnent tous les jours sauf le dimanche. Ils relient la gare routière de Kirkwall, sur Great Western Road, à Stromness et Houton, Tingwall et Saint Margaret's Hope. Renseignez-vous auprès de : The Orkney Bus (cf. John O'Groats Ferries) et Orkney Coaches, Scott's Road, Hatston Industrial Estate, Kirkwall ✆ (01856) 870555 – www.rapsons.co.uk

Voiture

C'est un bon moyen de visiter le Mainland, la seule île de dimensions relativement importantes. On prendra sa voiture sur le ferry ou en louera une sur place, à Kirkwall ou Stromness. Pour ceux qui préfèrent avoir un chauffeur, les taxis ne manquent pas et l'auto-stop fonctionne bien.

Vélo

Malgré le vent, c'est un moyen sportif et peu coûteux de découvrir les nombreux sites de Mainland, ainsi que les autres îles. Les cyclistes peuvent embarquer leur monture sur les ferries. Location de vélos et de V. T. T. à Kirkwall et Stromness.

Pratique

■ **OFFICE DU TOURISME.** 6 Broad Street, Kikwall, Orkney, KW15 1NX ✆ (01856) 872856 – Fax : (01856) 875056 – www.visitorkney.com

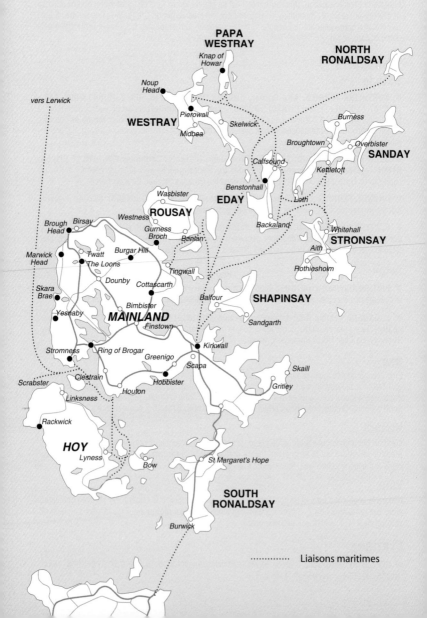

Les Orcades

N **O** **E** **S**

0   20 Km

vers Lerwick

PAPA WESTRAY

Knap of Howar

NORTH RONALDSAY

Noup Head

Burness

Pierowall

WESTRAY

Skelwick

Midbea

Broughtown

Overbister

SANDAY

Calfsound

Kettletoft

Wasbister

Benstonhall

EDAY

Loth

Westness

ROUSAY

Brough Head

Birsay

Gurness Broch

Burgar Hill

Binian

Backaland

Whitehall

STRONSAY

Marwick Head

Twatt

The Loons

Tingwall

Aith

Rothiesholm

Dounby

Cottascarth

Skara Brae

Bimbister

MAINLAND

Balfour

SHAPINSAY

Yesnaby

Finstown

Sandgarth

Stromness

Ring of Brogar

Kirkwall

Greenigo

Skaill

Scrabster

Clestrain

Scapa

Gritley

Linksness

Houton

Hobbister

Rackwick

HOY

Lyness

Bow

St Margaret's Hope

SOUTH RONALDSAY

Burwick

.... Liaisons maritimes

Hébergement

Camping

Des terrains de camping (et de caravaning) ont été aménagés à Kirkwall (Pickaquoy Road) et à Stromness (Ness Point).

■ **RÉSERVATIONS À L'EDUCATION DEPARTMENT.** Orkney Islands Council, School Place, Kirkwall, Orkney KW15 1NY ✆ (01856) 873535 – Fax : (01856) 874615.

■ **UN TROISIÈME CAMPING SE TROUVE À EVIE, dans le nord de Mainland : Eviedale Centre Camp Site** ✆ (01856) 751270/254 – www.eviedale-orkney.co.uk – colin.richardson@orkney. com – *Emplacement de 4 à 7 £ par nuit pour une tente ou un petit van.* Le camping est ouvert seulement l'été, mais propose aussi des « cottages » (voir la rubrique « Hostels »).

Auberges de jeunesse

■ **À KIRKWALL : SYHA KIRKWALL HOSTEL. Old Scapa Road** ✆ 0870 1553255 – (01856) 0041133 – Fax : (01856) 872243 – www.syha.org.uk – *Comptez de 9,25 à 11,50 £. Ouvert d'avril à octobre.*

■ **À STROMNESS : SYHA STROMNESS HOSTEL. Hellihole Road** ✆ 0870 004 1150 – www. syha.org.uk – *Comptez de 8,25 à 11 £. Ouvert d'avril à fin octobre.*

Hostels (gîtes)

■ **À BIRSAY : DANS LE NORD-OUEST DE MAINLAND : RÉSERVATIONS À L'EDUCATION DEPARTMENT.** Orkney Islands Council, Kirkwall ✆ (01856) 873535 – Fax : (01856) 874615.

■ **À EVIE : EVIEDALE CENTRE CAMP SITE** ✆ (01856) 751270/254 – www.eviedale-orkney. co.uk – colin.richardson@orkney.com – *Vous pouvez y louer des cottages de 2 à 5 personnes à la semaine, du samedi au samedi (240 à 260 £).* En basse saison, il est possible d'y rester une seule nuit si les cottages sont libres.

B & B

Vous aurez le choix entre une cinquantaine de B & B sur tout le Mainland, dont la plupart à Kirkwall et Stromness.

Hôtels et guesthouses

Il y a une quarantaine d'hôtels et guesthouses sur tout le Mainland, dont 15 à Kirkwall et 5 à Stromness.

■ **NORD-OUEST DE MAINLAND : BARONY HOTEL. Birsay** ✆ (01856) 721327 – Fax : (01856) 721302 – www.baronyhotel.com – *Ouvert d'avril à septembre. Compter 25 à 30 £ par personne, réductions si vous restez plus de trois nuits.* Hôtel avec vue panoramique sur Boardhouse Loch et Brough of Birsay. Restaurant.

Location

C'est le type d'hébergement que vous trouverez en majorité aux Orcades. L'offre est importante sur le Mainland (au moins 60 maisons à louer) et vous pourrez louer de charmants cottages en pleine campagne. Les locations se font en général à la semaine et il faut compter au minimum 120 £. En haute saison, comptez entre 200 et 350 £, voire plus, selon le type de prestations.

Restaurants

Tant qu'il y aura du saumon dans les restaurants de Stromness et de Kirkwall, du haddock et du poulet au curry dans les fish and chips, et des pies dans les boulangeries…

KIRKWALL

Entre l'ouest et l'est de Mainland, Kirkwall, la capitale des Orcades, compte 7 000 habitants, soit plus du tiers de la population de l'archipel. Le nom de ce port, fondé vers 1035 et tourné vers les îles du Nord, vient du vieux scandinave et signifie la « baie de l'Eglise ». Il ne s'agissait pas alors de la remarquable cathédrale Saint Magnus, dont la construction débuta en 1137.

Pratique

■ **OFFICE DU TOURISME. Orkney Tourist Board. 6, Broad Street, Kirkwall, Orkney KW15 INX** ✆ **(01856) 872856 – Fax : (01856) 875056 – info@visitorkney.com** – Bureau de change. Vous trouverez également des informations très utiles sur le www.visitorkney.com –

■ **BANQUES.** Les banques habituelles sur Broad Street et Albert Street.

■ **POST OFFICE.** Junction Road. *Ouvert du lundi au mardi de 9h à 17h et le samedi de 9h30 à 12h30.*

■ **LAVERIE – THE LAUNDERAMA. Albert Street** ✆ **(01856) 872982.** *Ouvert du lundi au vendredi de 8h30 à 17h30 et le samedi de 9h à 17h.*

■ **BALFOUR HOSPITAL – HEALTH CENTRE AND DENTAL CLINIC.** New Scapa Road ✆ (01856) 885400.

■ **LOCATION DE VOITURES : SCARTH CAR HIRE.** Great Western Road ✆ (01856) 872125 – Fax : (01856) 872750.

■ **LOCATION DE VÉLOS : BOBBY'S CYCLE CENTRE.** Tankerness Lane ✆/Fax : (01856) 875777. *V. T. T. à partir de 8 £ la journée.*

Hébergement

■ **AUBERGE DE JEUNESSE. SYHA Kirkwall Hostel, Old Scapa Road** ✆ **0870 1553255 – (01856) 0041133 – Fax : (01856) 872243 – www.syha.org.uk** – *Comptez de 9,25 à 11,50 £. Ouvert d'avril à octobre.* Bien équipée et située à 15 min à pied du centre.

■ **PICKAQUOY CARAVAN & CAMPING SITE** ✆ **(01856) 873535.** *Ouvert de mai à septembre. Sur l'A 965, à la sortie de la ville à l'ouest.*

Confort ou charme

■ **Mrs M AITKEN. Whiteclett, St Catherine's Place** ✆ **(01856) 874193.** *Compter 20 £ environ par personne.* B & B sur le port proposant trois chambres doubles dont deux avec salle de bains privative et une avec salle de bains attenante.

■ **ALBERT HOTEL. Mounthoolie Lane** ✆ **(01856) 876000 – Fax : (01856) 875397 – www. alberthotel.co.uk** – Cet hôtel traditionnel est situé dans le centre-ville et conviendra parfaitement aux familles ou aux couples. De bons plats sont servis au Lounge Bar.

■ **AYRE HOTEL. Ayre Road, Kirkwall** ✆ **(01856) 873001 – Fax : (01856) 876289 – www. ayrehotel.co.uk** – *De 45 à 60 £ par personne environ, compter de 70 à 90 £ dîner compris.* C'est le meilleur hôtel de la ville. Dans une belle bâtisse blanche située sur le port, vous serez confortablement installé et certaines chambres ont vue sur la baie (supplément) ; la pension complète est parfaitement conseillée si vous pouvez vous le permettre.

Restaurants

■ **THE FOVERAN HOTEL. Sur l'A 964 en direction d'Orphir** ✆ **(01856) 872389.** Sans doute l'un des meilleurs restaurants de l'île, sachant que la gastronomie n'est pas le point fort du coin. Compter environ 20 £. La cuisine est faite à base d'excellents produits frais et vous serez servi dans une ambiance agréable avec vue sur Scapa Flow.

Sortir

■ **THE BOTHY BAR. The Albert Hotel (cf. Hébergement).** Le bar de l'hôtel est un bon endroit pour prendre un verre et on y joue parfois de la musique traditionnelle.

■ **NEW PHOENIX CINEMA. Pickaquoy Leisure Centre** ✆ **(01856) 879900.** *Sur Pickaquoy Road.* En plus du cinéma, le centre possède un club de fitness et un café.

Points d'intérêt

■ **Bon à savoir.** La plupart des monuments situés sur les Orcades sont gérés par Historic Scotland. Il existe un ticket combiné pour la visite des monuments cités ci-dessous : Bishop and

Earl's Palaces, Broch of Gurness, Maes Howe, Skara Brae et Skaill House, Brough of Birsay et Noltland Castle. Tarifs : pendant la saison estivale, compter 11 £ pour un adulte, 3,50 £ pour un enfant et 8 £ en tarif réduit (l'hiver, les tarifs sont respectivement 10 £, 3 £ et 7 £).

■ **SAINT MAGNUS CATHEDRAL.** *Ouverte tous les jours sauf le dimanche, de 9h à 17h.* Fondée par Rognvald Kolson, comte d'Orkney en 1137, cette cathédrale gothique ne fut achevée qu'au XIVᵉ siècle et de nombreuses modifications furent apportées au cours des siècles suivants. A remarquer, le vitrail à gauche de la nef, ajouté en 1987 pour le 850ᵉ anniversaire de l'édifice.

■ **BISHOP'S AND EARL'S PALACE** ✆ **(01856) 871918.** *Ouvert tous les jours d'avril à septembre, de 9h30 à 18h30. Tarif : 2 £.* Les bâtiments furent construits aux alentours de 1600 par Patrick Stewart, comte d'Orkney, qui occupa les lieux pendant une courte période avant d'être emprisonné, puis exécuté.

■ **TANKERNESS HOUSE. En face de St Magnus** ✆ **(01856) 873191.** *Ouvert tous les jours de 10h30 à 17h (à partir de 14h le dimanche de mai à septembre).* Cette maison date du XVIᵉ siècle et elle a été soigneusement restaurée pour abriter le musée racontant l'histoire des Orcades. Des objets datant du Néolithique sont notamment exposés.

■ **Dans les environs de Kirkwall se trouvent les distilleries des deux whiskies des Orcades :** Scapa et Highland Park. On peut visiter cette dernière, fondée en 1798, et y goûter le scotch le plus septentrional du monde, un single malt de 12 ans d'âge.

■ **HIGHLAND PARK DISTILLERY. Holm Road** ✆ **(01856) 874619 – www.highlandpark. co.uk –** *A la sortie sud de la ville. Des visites guidées sont organisées d'avril à octobre, de 10h à 17h en semaine et le week-end en été de 12h à 17h. Le reste de l'année, visites à 14h et 15h30 en semaine uniquement. Tarif : 3 £ pour un adulte, 1,50 £ enfant.*

STROMNESS

Au sud-ouest de Mainland, Stromness est le port des car-ferries de Mainland et du bateau pour le nord de l'île de Hoy. Depuis 1590, la petite baie abritée d'Hamnavoe a servi d'escale aux navires parcourant les mers nordiques, en particulier ceux de la Compagnie de la Baie d'Hudson. Bâtie tout en longueur sur la côte orientale de la baie, elle compte aujourd'hui 2 500 habitants. De part et d'autre de la rue principale, pavée, les vieilles maisons, grises et austères, séparées par d'étroites ruelles, ne manquent pas de charme.

Pratique

■ **VISITOR INFORMATION CENTRE.** The Ferry Terminal, Pier Head ✆ (01856) 850716 – Fax (01856) 850777 – stromness@visitororkney.com -

Hébergement

■ **AUBERGE DE JEUNESSE. SYHA Stromness Hostel, Hellihole Road** ✆ **0870 004 1150 – www.syha.org.uk –** *Comptez de 8,25 à 11 £. Ouvert d'avril à fin octobre.*

■ **POINT OF NESS CARAVAN & CAMPING. Au sud du village** ✆ **(01856) 873535 – Fax : (01856) 876327.** *Compter 5 £ l'emplacement.*

■ **FERRY INN. John Street** ✆ **(01856) 850280 – Fax : (01856) 851332 – www.ferryinn. com –** *A partir de 20 £ par personne.* A proximité du débarcadère des ferries, cet hôtel propose 11 chambres.

■ **STROMNESS HOTEL. Ferry Terminal Building, The Pier Head** ✆ **(01856) 850298 – Fax : (01856) 850610 – www.stromnesshotel.com –** *Compter 40 à 45 £ par personne.* Un imposant bâtiment en pierre abrite le meilleur hôtel du centre-ville, rénové récemment. Vue sur le port et Scapa Flow et plusieurs modes de restauration (bar meals, menus…).

Point d'intérêt

■ **STROMNESS MUSEUM. 52 Albert Street** ✆ **(01856) 850025.** *Ouvert tous les jours de mai à septembre, de 10h à 17h. D'octobre à avril, du lundi au samedi, de 10h30 à 12h30 et de 13h30 à 17h. Entrée : 2,50 £.* Musée sur l'histoire naturelle et maritime locale rappelant le passé des Orcadiens et de la Hudson's Bay Company.

HOBBISTER

Dans le sud de Mainland, cette réserve de la RSPB réunit sur un espace restreint (759 hectares) des milieux naturels divers : des landes couvertes de bruyères accueillant des passereaux comme le traquet pâtre, des plages de sable et les petites falaises bordant Waulkmill Bay, les marais de Skaith, et le lac de Kirbister tout proche. A 6,5 km au sud-ouest de Kirkwall sur l'A 964, la visite est limitée à la zone entre cette route et la côte, à laquelle on peut accéder par une petite route à l'est de Waulkmill Bay.

RING OF BRODGAR

A l'ouest, les deux principaux lochs des Orcades, Harray et Stenness, ne sont séparés que par une étroite bande de terre. Sur celle-ci ont été érigées, The Standing Stones, quatre monolithes provenant à l'origine d'un cercle de douze pierres de 3 000 ans avant J.-C. Au nord-est de Stromness, vous découvrirez un autre cercle datant de 2 400 ans avant notre ère, le Ring of Brodgar : 60 pierres dressées, qui ne sont plus que 36 aujourd'hui, disposées en un cercle parfait de plus de 100 m de diamètre. Non loin de là, les lacs accueillent de nombreux cygnes tuberculés, qu'un observatoire permet de voir sans être vu.

COTTASCARTH

Dans l'ouest de Mainland, la réserve RSPB de Birsay Moors et Cottascarth est la plus vaste des Orcades, avec 2 300 hectares de landes et de tourbières. Les Orcadiens utilisent toujours la tourbe comme combustible. A Cottascarth, au sud de la réserve, une cabane d'observation permet de rencontrer les oiseaux caractéristiques de ce milieu, comme le courlis cendré et, avec de la chance, des rapaces comme le hibou des marais et le busard saint-martin. A partir de la route A 966 entre Finstown et Evie, tourner vers l'intérieur juste au nord de Norseman Garage, à 4,8 km de Finstown, puis prendre à droite au panneau « Cottascarth ».

BROCH OF GURNESS

Sur le cap d'Aikerness, dans le nord de Mainland, face à l'île de Rousay, on peut voir les ruines bien conservées du broch de Gurness, une tour de l'âge du fer, datant approximativement du premier siècle avant notre ère. D'autres constructions témoignent d'une occupation postérieure par les Pictes puis par les Vikings. Petite route vers la côte à partir de l'A 966, non loin de son croisement avec la B 9057.

BURGAR HILL

Au nord de la réserve de Birsay Moors et Cottascarth, un second observatoire, à côté de trois éoliennes expérimentales installées en 1983, donne sur Lowrie's Water, un petit lac où nagent le plongeon catmarin et le canard siffleur. A Evie, laisser l'A 966, 800 m au nord-ouest de son croisement avec la B 9057, et prendre la petite route qui monte jusqu'aux éoliennes.

YESNABY

Sur la côte occidentale de Mainland, l'océan Atlantique monte à l'assaut des hautes falaises brunes, les vagues recouvrent les récifs et envahissent la moindre anfractuosité, et les pétrels fulmars volent au-dessus de l'écume. A l'extrémité sud de la B 9056, prendre une petite route vers l'ouest.

SKARA BRAE

Sur la côte occidentale de Mainland, (route B 9056), ce village néolithique fait face à la petite baie de Skaill. Parfaitement conservées, les dix maisons, à pièce unique, de Skara Brae remontent à 3000 ans avant notre ère. Sur la plage de galets, on observera des oiseaux caractéristiques des côtes basses et rocheuses, comme l'eider et le grand gravelot.

THE LOONS

Dans le nord-ouest de Mainland, près du Loch of Isbister, cette réserve de la RSPB couvre 64 hectares de marais. L'accès à la zone protégée est interdit, mais un observatoire permet de voir les oiseaux d'eau qui y nichent. Il se trouve sur la route entre Marwick et Twatt (au nord-ouest de Dounby).

MARWICK HEAD

Dans le nord-ouest de Mainland, cette réserve de la RSPB protège 1,6 kilomètre de côtes, principalement des falaises grises de près de 100 m de haut, couvertes d'oiseaux de mer : guillemots de Troïl, petits pingouins, mouettes tridactyles et pétrels fulmars.

Dans les landes au-dessus des falaises nichent des labbes et des courlis. On y accède à partir de la B 9056, en prenant une petite route soit jusqu'à la baie de Marwick au sud, soit jusqu'au parking de Cumlaquoy au nord, d'où un petit sentier gagne Marwick Head. La promenade vertigineuse entre Marwick Bay et Marwick Head, malgré l'encombrant monument à la mémoire de Kitchener, héros de l'épopée coloniale britannique disparu en 1916 dans le naufrage du Hampshire, au large de ces falaises.

BROUGH HEAD

A la pointe nord-ouest de Mainland, l'îlot de Brough of Birsay, tout proche de la côte, est accessible à pied par un court passage en béton recouvert à marée haute. Il y a des ruines témoignant du passage des premiers colons chrétiens puis de la colonisation viking, un large horizon et des oiseaux de mer : que demander de plus ?

■ HOY ■

Au sud-ouest de Mainland, Hoy est la deuxième île des Orcades en superficie et également la plus élevée. Son nom vient du vieux scandinave Haey et signifie « l'île haute ». Le relief est particulièrement accentué dans la partie septentrionale de l'île, dominée par les 479 m de Ward Hill. Les sommets, massifs et chauves, sont espacés par des vallées étroites aboutissant à des baies. Les pentes sont couvertes de bruyères de différentes espèces et parcourues de nombreux cours d'eau. Les côtes sont, elles aussi, les plus hautes de l'archipel, la falaise de Saint John's Head s'élevant à 346 m au-dessus de la mer. Le nord de Hoy, qui réunit ces paysages parmi les plus beaux des Orcades, constitue sur 3 926 hectares une réserve de la RSPB, gardée toute l'année (par Keith Fairclough, Ley House).

De Moaness, où arrive le bateau de Stromness, une petite route contourne Ward Hill pour parvenir à la côte ouest. La route passe à proximité de la pierre de Dwarfie : ce bloc de près de 10 m de long est le seul exemple en Grande-Bretagne d'une tombe taillée dans le rocher, et remonte à 3000 ans avant notre ère. La route débouche ensuite sur la petite baie abritée de Rackwick, plage de sable blond enserrée entre des falaises au seul endroit où la côte ouest s'abaisse.

Outre la route, un sentier relie le village isolé de Rackwick à la côte est en suivant l'étroite vallée qui sépare Ward Hill du Cuilags (433 m). Ce sentier passe au bord du Sandy Loch, fréquenté par les grands labbes, et devant la petite forêt de Berriedale, la seule forêt naturelle des Orcades, et donc la plus septentrionale de Grande-Bretagne. De Rackwick, un autre sentier permet de gagner, en une heure et demie de marche, le célèbre « vieil homme » de Hoy, un piton de 137 m de haut, détaché des falaises de grès rouge de l'abrupte côte nord-ouest.

La côte s'élève ensuite jusqu'à Saint John's Head. En haut des falaises caquettent de nombreux pétrels fulmars, les oiseaux les plus communs de l'île. Le sentier coupe à travers la lande, où étincelle le petit loch de Stourdale. C'est le territoire que se partagent une importante colonie de goélands marins et la seconde colonie britannique de grands labbes. Ces derniers ne manqueront pas d'attaquer le randonneur, qui observera peut-être aussi, avec de la chance, un busard saint-martin en chasse. La randonnée offre de belles vues sur Rora Head, la pointe occidentale de Hoy, près de laquelle une cascade se jette dans la mer.

Transports

Les car-ferries relient quotidiennement Houton et Stromness aux ports de Longhope et de Lyness, dans le sud de Hoy.

■ **ORKNEY FERRIES.** A Houton ✆ (01856) 811397 – (01856) 850624.

▶ **Si l'on ne souhaite pas venir avec sa voiture,** mieux vaut emprunter les ferries pour passagers qui relient Stromness à Moaness, dans le nord de Hoy : la Jessie Ellen, tous les jours de juin à août, et le Scapa Ranger, du lundi au vendredi le reste de l'année, en une demi-heure de trajet.

▶ **Un minibus relie Moaness et Rackwick en correspondance avec le ferry.** Renseignements auprès de North Hoy Transport ✆ (01856) 791315.

Hébergement

▶ **Auberges de jeunesse.** Pour les deux ci-dessous, contacter Orkney Islands Council ✆ (01856) 873535. *Ouvertes de mai à septembre. Compter 8 £ par personne.*

■ **RACKWICK YOUTH HOSTEL.** À Rackwick. *8 couchages.*

■ **HOY YOUTH HOSTEL.** Près de Moaness Pier. *Plus grande que la précédente.*

■ WESTRAY ■

Au nord-ouest des Orcades, Westray a pour principale attraction des colonies d'oiseaux de mer parmi les plus importantes de Grande-Bretagne. A Noup Head, la pointe occidentale de l'île, 2,5 km de falaises grises constituent une réserve de la RSPB. Les principales concentrations d'oiseaux se trouvent au sud du cap, sur la côte ouest de l'île. On y compte 60 000 mouettes tridactyles, autant de guillemots de Troïl, et 3 000 petits pingouins. Au-dessus des falaises nichent 4 000 sternes arctiques et 100 labbes parasites. Du port de Pierowall, abrité dans sa baie, aux plages de sable blanc, 6,5 km d'une petite route puis d'une piste mènent au phare de Noup Head. La route passe devant le château de Noltland, qui remonte au XVIᵉ siècle et offre une belle vue sur le petit loch of Burness, entouré de pâturages verdoyants. Le château est ouvert à la visite de juin à septembre entre 9h30 et 18h30 pour 1,50 £.

Transports

■ **CAR-FERRIES DE L'ORKNEY FERRIES** ✆ **(01856) 872044 – www.orkneyferries.com –** Ils relient quotidiennement Kirkwall à Westray. Le port principal de l'île est Pierowall au nord, mais les car-ferries font parfois escale à Rapness au sud-est. Un minibus relie Rapness et Pierowall. Après Westray, les ferries gagnent quotidiennement les îles de Eday, Stronsay et Sanday, deux fois par semaine de Papa Westray, et une fois par semaine de North Ronaldsay.

■ **AVION.** Kirkwall est relié quotidiennement à Westray, dont l'aérodrome se trouve sur Aikerness, la pointe septentrionale de l'île, près de Pierowall. Loganair ✆ (01856) 872494/873457 – www. loganair.co.uk

Hébergement

■ **B & B Mrs GROAT. Sand O'Gill, près de Pierowall** ✆ **(01856) 677374.** Mrs Groat loue également des vélos.

■ **CLEATON HOUSE HOTEL. Cleaton, Westray** ✆ **(01857) 677508 – Fax : (01857) 677442 – www.cleatonhouse.com –** *Compter 40 £ par personne.* L'hôtel est fait pour se détendre, les 5 chambres et la suite sont spacieuses et décorées avec goût. Bonne table.

Visites guidées

■ **ALEX COSTIE. Island Explorer** ✆ **(01856) 677355.** *Compter 20 £ pour la journée.* Visite guidée de Westray en minibus depuis le ferry à Rapness.

« Up Helly AA » traditionnel.

◼ PAPA WESTRAY ◼

Tout à fait au nord des Orcades, à seulement 1,6 km au nord-est de Westray, la petite île de Papa Westray ne dépasse pas 7 km du nord au sud, 2 km d'est en ouest, et 48 m de haut. Appelée aussi Papay, elle doit ces 2 noms aux moines qui s'y installèrent vers l'an 800, les Vikings nommant les prêtres chrétiens « Papa ». Elle fut cependant occupée dès l'âge de la pierre, ainsi qu'en témoigne le Knap of Howar : sur la côte ouest, cette habitation a été construite par des fermiers 3500 ans avant notre ère. Aujourd'hui, l'île est gérée par une communauté d'une cinquantaine d'habitants, fermiers et pêcheurs, qui a réussi à revaloriser la vie économique à à mettre fin à l'exode rural, si bien qu'elle vit maintenant dans une réelle quiétude.

Les côtes sont principalement rocheuses, à l'exception notable de trois plages de sable blanc. La plus grande, Shingle Beach, s'allonge au fond de la baie à l'eau turquoise de North Wick, sur la côte est. Au nord de la baie, le loch of the Taing est en fait une anse rocheuse fermée à marée basse, où se baignent des phoques gris. Tout autour volent des mouettes et des goélands de différentes espèces, ainsi que de nombreux pétrels fulmars. Sur les côtes rocheuses basses de l'île, on peut aussi observer le guillemot à miroir, l'eider, l'huîtrier pie et le grand gravelot. Le courlis cendré et le vanneau huppé habitent les prairies de l'intérieur, et le cygne tuberculé fréquente le paisible loch of Saint Tredwell, dans le sud de l'île.

Avec l'accord de la communauté, la RSPB protège la partie nord de l'île : la réserve de North Hill couvre 206 hectares et abrite de nombreux oiseaux de mer. Sur les petites falaises de la côte est, notamment celle de Fowl Craig, nichent la mouette tridactyle, le guillemot de Troïl, le petit pingouin, le cormoran huppé et le pétrel fulmar. C'est sans doute ici que fut tué, en 1813, le dernier grand pingouin des îles Britanniques : incapable de voler, cette espèce, éteinte depuis 1844, fut l'une des premières à disparaître de la surface du globe en raison de la bêtise humaine.

Il ne faut pas s'éloigner des côtes, car les prairies de l'intérieur de la réserve sont occupées par l'une des plus importantes colonies d'Europe de sternes arctiques : ces oiseaux n'hésitent pas à attaquer l'intrus qui menace leurs nids posés à même le sol. En outre, ces 12 000 sternes supportent une colonie de 200 labbes parasites.

La réserve est aussi riche en espèces végétales : en haut des falaises pousse notamment la très rare et gracieuse Primula scotica, aux petites fleurs mauves.

Un gardien, présent l'été, guide les visiteurs et habite Rose Cottage.

Devant la côte est se trouve le Holm of Papay, un îlot qui abrite la plus importante colonie de guillemots à miroir de Grande-Bretagne, estimée à 130 couples. On peut aussi y voir des tombes de l'âge de la pierre. Il est possible d'y faire une excursion sur un bateau de pêcheur, à partir du quai de South Wick.

◼ **POUR TOUTE INFORMATION TOURISTIQUE SUR L'ÎLE** ✆ (01857) 664321.

Transports

◼ **DES CAR-FERRIES DE L'ORKNEY FERRIES (✆ (01856) 872044)** relient 2 fois par semaine Kirkwall à Papa Westray, via Westray.

◼ **EN OUTRE, UN PETIT BATEAU** relie quotidiennement Pierowall, au nord de Westray, et Papa Westray. Le quai se trouve au sud de l'île.

◼ **AVION.** Kirkwall est relié régulièrement à Papa Westray, via Westray. Le vol entre Westray et Papa Westray, où l'avion atterrit dans un champ, ne dure que 100 secondes, et est ainsi connu comme la ligne régulière la plus courte au monde. Compter 14 £ l'aller. Loganair ✆ (01856) 873457.

Hébergement – Restaurants

◼ **BELTANE HOUSE GUEST HOUSE** ✆ **(01857) 644267.** *Ouvert toute l'année.* Hébergement dans une série de cottages. La guesthouse dispose de 3 twin et 1 double, toutes avec salle de bains attenante. On y prépare de bons dîners.

◼ **B & B. Mrs HEWITSON. School Place** ✆ **(01857) 644268 – sonofhewitj@aol.com –** *Compter £18 à 20 par personne.* Morag et Jim vous feront vivre à l'heure de leur petite communauté et peuvent vous offrir la pension complète.

Les Shetland

Transports

Le Shetland Islands Council publie chaque année l'Inter-Shetland Transport Timetable, qui contient les horaires détaillés de tous les transports de l'archipel, bateaux, avions et bus. Vous obtiendrez des renseignements auprès du **Shetland Islands Council,** Town Hall, Lerwick, Shetland ZE1 0HB, UK – ✆ (01595) 693535 – Fax : (01595) 695590 – info@shetland.gov.uk -

Bateaux

Des car-ferries relient quotidiennement Lerwick, la capitale des Shetland, à Aberdeen, en 12h, départ le soir et arrivée le lendemain matin. Ils relient également Kirkwall aux Orcades, en 8h, deux fois par semaine en été et une fois en hiver.

▪ **NORTHLINK FERRIES** ✆ 0845 6000449 – www.northlinkferries.co.uk -

▪ **LE CAR-FERRY NORRÖNA, DE LA COMPAGNIE SMYRIL LINE** (Aberdeen ✆ (01224) 572615 – Lerwick ✆ (01595) 690845 – www.smyril-line.com), relie une fois par semaine Lerwick à Bergen en Norvège ; à Thorshavn, la capitale des îles Féroé, et à Seydisfjördhur en Islande. Les dévoreurs de kilomètres océaniques qui souhaitent poursuivre le voyage vers le nord et visiter l'archipel désolé des Féroé ou l'Islande à la fois volcanique et glacée consulteront avec profit le Petit Futé de ces îles. Mais ces lieux magiques valent bien, comme les Shetland, qu'on leur consacre un voyage à part entière.

▶ **Pour connaître les horaires des ferries entre les différentes îles Shetland,** consultez le site : www.shetland.gov.uk/ferryinfo/ferry.htm – ✆ (01595 743970) pour des informations générales ou ✆ (01595) 743980 pour réserver.

▶ **Lerwick – île de Bressay :** toutes les demi-heures, en 5 minutes. Boîte vocale ✆ (01595) 743974.

▶ **Nord de Mainland (Toft) – sud de l'île de Yell (Ulsta) :** toutes les demi-heures, en 20 minutes. Boîte vocale ✆ (01595) 743971 – Réservations ✆ (01957) 722259.

▶ **Nord de Yell (Gutcher) – île d'Unst (Belmont) :** toutes les demi-heures ou toutes les heures, en 10 minutes.

▶ **Nord de Yell (Gutcher) – Unst (Belmont) – île de Fetlar (Oddsta) :** 4 à 5 fois par jour, en 30 minutes.

▶ **Nord de Mainland (Laxo) – île de Whalsay (Symbister) :** toutes les 2 heures, en 30 minutes. Boîte vocale ✆ (01595) 743973 – Réservations ✆ (01806) 566259.

▶ **Nord de Mainland (Vidlin) – Out Skerries :** le vendredi et le samedi, en une heure et demie. Boîte vocale ✆ (01595) 743975 – Réservations ✆ (01806) 515226.

▶ **Lerwick – Out Skerries :** le mardi et le vendredi, en 2 heures et demie.

▶ **Ouest de Mainland (West Burrafirth) – île de Papa Stour :** lundi, mercredi et vendredi, en 40 minutes. Boîte vocale ✆ (01595) 743977 – Réservations ✆ (01595) 810460.

▶ **Ouest de Mainland (Walls) – île de Foula :** 2 fois par semaine, en 2 heures et demie. Boîte vocale ✆ (01595) 743976 – Réservations ✆ (01595) 753226.

▶ **Sud de Mainland (Grutness) – Fair Isle :** le mardi et le samedi, en 2 heures et 45 minutes.

▶ **Lerwick – Fair Isle :** le mardi, en 4 heures et demie. Boîte vocale ✆ (01595) 743978 – Réservations ✆ (01595) 760222.

Avion

▶ **Des vols réguliers de British Airways** (✆ 0870 8509850) relient l'aéroport de Sumburgh, à la pointe méridionale des Shetland, à Kirkwall aux Orcades, à Aberdeen, à Edimbourg et à Glasgow.

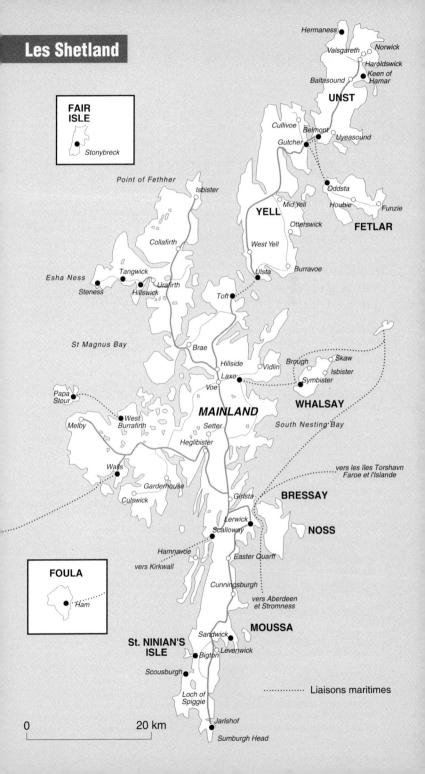

Les Shetland

FAIR ISLE

Stonybreck

Point of Fethher

Isbister

Collafirth

Tangwick

Esha Ness

Steness

Hillswick

Urafirth

St Magnus Bay

Brae

Hillside

Vidlin

Brough

Skaw

Isbister

Laxo

Symbister

Voe

WHALSAY

Papa Stour

West Burrafirth

Melby

Setter

MAINLAND

South Nesting Bay

Heglibister

Walls

Garderhouse

Culswick

vers les îles Torshavn Faroe et l'Islande

Girlsta

BRESSAY

Lerwick

Scalloway

NOSS

Hamnavoe

vers Kirkwall

Easter Quarff

Cunningsburgh

vers Aberdeen et Stromness

MOUSSA

FOULA

Ham

Sandwick

St. NINIAN'S ISLE

Levenwick

Bigton

Scousburgh

Loch of Spiggie

Jarlshof

Sumburgh Head

Hermaness

Valsgareth

Norwick

Haroldswick

Keen of Hamar

Baltasound

UNST

Cullivoe

Belmont

Uyeasound

Gutcher

Oddsta

Mid Yell

Houbie

Funzie

YELL

Otterswick

FETLAR

West Yell

Ulsta

Burravoe

Toft

.... Liaisons maritimes

0   20 km

▶ **Des vols de Loganair** (Lerwick ✆ (01595) 840246) relient régulièrement l'aérodrome de Tingwall, près de Lerwick, à Unst, aux Out Skerries, à Papa Stour, Foula et Fair Isle.

Pratique

■ **OFFICE DU TOURISME.** Market Cross, Lerwick ✆ 08701 999 440 – Fax : (01595) 695 807 – www.visitshetland.com

■ MAINLAND, NOSS ET MOUSA ■

La principale île des Shetland, appelée Mainland, allonge ses 909 km^2 entre Sumburgh Head au sud et Fethaland au nord. Les côtes sont extrêmement découpées, si bien que l'on n'est jamais à plus de 5 km de la mer. Le nom « Mainland », qui désigne l'île principale des Shetland, est identique sur les Orcades.

■ **VOUS OBTIENDREZ DES INFORMATIONS SUR LES SHETLAND** auprès de Shetland Islands Tourism ✆ (0)1595 693434 – www.visitshetland.com -

Transports

■ **BUS.** Très bon réseau.

A Lerwick, il existe un service de bus urbains ✆ (01595) 694100 (du lundi au samedi, de 9h à 17h).

▶ **Dans le sud de Mainland :** Lerwick – Sumburgh, Lerwick – aéroport de Sumburgh, Lerwick – Sandwick (d'où part le bateau pour Mousa).

▶ **Dans le centre de Mainland :** Lerwick – Scalloway – Hamnavoe.

▶ **Dans le nord de Mainland :** Lerwick – Hillswick – North Roe.

■ **VOITURE.** On peut embarquer la sienne sur le ferry ou en louer une à Lerwick. Sinon, il y a de nombreux taxis et l'auto-stop fonctionne bien.

■ **VÉLO.** Pour les sportifs avides de liberté. Location de vélos et V. T. T. à Lerwick. Le vélo peut embarquer sur les ferries et les bateaux, et même dans les soutes des bus, quand la route devient trop longue et le temps trop court.

LERWICK

Sur la côte orientale de Mainland, face à l'île de Bressay, la capitale des Shetland compte 7 500 habitants, soit près du tiers de la population. Fondée au XVIIe siècle, Lerwick, la « baie boueuse » des Vikings, devint un port important au XIXe siècle, prenant le pas sur Scalloway, l'ancienne capitale, sur la côte occidentale.

Pratique

■ **OFFICE DU TOURISME. Market Cross, Commercial Street, Lerwick, Shetland ZE1 0LU** ✆ **(01595)693434 – Fax (01595) 695807.** *Ouvert de mai à septembre, du lundi au vendredi, de 8h à 18h, le samedi de 8h à 16h et le dimanche, de 10h à 13h. D'octobre à avril, du lundi au vendredi, de 9h à 17h.* Beaucoup de documentation et bureau de change.

■ **LOCATION DE VOITURES.** Bolts Car Hire, Toll Clock Shopping Centre, 26 North Road ✆ (01595) 693636.

■ **GRANTFIELD GARAGE. North Road,** ✆ **(01595) 692709.** *Ouvert du lundi au samedi, de 8h à 13h et de 14h à 17h.* Cette compagnie loue à la fois des voitures et des vélos.

Hébergement

Grand choix de B & B à Lerwick.

■ **AUBERGE DE JEUNESSE. SYHA Youth Hostel, Isleburgh House, King Harald Street, Lerwick** ✆ **(01595) 692114.** *Comptez 10 £. Ouvert d'avril à septembre. Dortoirs de 4 lits.* Une grande maison victorienne abrite cette auberge très bien équipée et parfaitement entretenue.

■ **CARRADALE GUESTHOUSE.** 36 King Harald Street ✆ (01595) 692251 – Fax : (01595) 692 251 – www.carradale.shetland.co.uk – *Compter de 22 à 30 £ par personne.* Quatre chambres, dont une double et une familiale dans une maison de style victorien à 5 min à pied du centre.

■ **GRAND HOTEL.** 149, Commercial Street ✆ (01595) 692826 – Fax : (01595) 694048 – www. kgqhotels.co.uk – *Compter 45 £ par personne.* Situé dans le centre, à côté du port, cet hôtel n'a rien perdu de sa splendeur victorienne. Seul night-club de l'île les mercredis et vendredis soirs.

■ **KVELDSRO HOUSE HOTEL.** Greenfield Place ✆ (01595) 692195 – Fax : (01595) 696595 – reception@kveldsrohotel.co.uk – www.shetlandhotels.com – *A partir de 50 £ par personne.* L'hôtel propose des prestations haut de gamme et bénéficie de la vue sur le port. Les chambres sont luxueusement meublées et confortables ; vous avez le choix entre le bar, où l'on sert des plats simples et abordables, et le restaurant, chic et où la cuisine est une valeur sûre.

Restaurants

■ **OSLA'S CAFÉ.** 88 Commercial Street ✆ (01595) 696005. *Ouvert du lundi au samedi jusqu'à 19h et le dimanche, de 12h à 16h.* Les gourmands seront comblés par la sélection de pancakes servis dans ce café très cosy.

■ **MONTY'S BISTRO.** 5 Mounthooly Street ✆ (01595) 696655. *Fermé le dimanche.* Une cuisine écossaise moderne est préparée dans ce restaurant fort prisé de Lerwick.

Points d'intérêt

Lerwick possède un petit musée sur l'histoire de l'archipel.

■ **SHETLAND MUSEUM.** Lower Hillhead ✆ (01595) 695057 – www.shetland-museum.gov. uk – *Ouvert tous les jours sauf le dimanche, entrée gratuite.* À visiter un jour de pluie. Par beau temps, mieux vaut aller se promener le long des petites falaises du Knab, à la pointe méridionale de la ville, ou jusqu'au loch of Clickimin, immédiatement à l'ouest de la ville. Sur un îlot de ce petit lac, relié à la rive par une digue, se trouve un broch, fort circulaire remontant à l'âge du fer, parfaitement conservé. Le lac est fréquenté par de nombreux canards, notamment des fuligules morillons.

NOSS

La petite île de Noss se trouve à seulement 100 m à l'ouest de l'île de Bressay. De forme triangulaire, elle couvre 313 hectares et s'élève d'ouest en est jusqu'aux falaises de sa côte orientale, où elle culmine à 181 m au cap du Noup. Elle est classée réserve naturelle nationale, sous l'égide de Scottish Natural Heritage, pour ses colonies d'oiseaux de mer de près de 100 000 individus.

Ecossais en costume traditionnel.

Noss ne se trouve qu'à 5 km de Lerwick à vol d'oiseau, de l'autre côté de Bressay. La réserve peut être visitée de la mi-mai jusqu'à la fin août, tous les jours sauf le lundi et le jeudi de 10h à 17h. Les gardiens habitent la ferme du XVIIe siècle de Gungstie, à la pointe occidentale de l'île. Un canot pneumatique vient prendre les visiteurs sur la côte est de Bressay pour leur faire traverser les 100 m du Noss Sound (*tarif : 3 £*). On accède à Bressay par le car-ferry qui relie Lerwick à la côte ouest de l'île toutes les demi-heures, en traversant le Bressay Sound, large de moins d'un kilomètre, en 5 minutes. Une petite route traverse l'île jusqu'à sa côte est. Si l'on n'a pas de voiture ou de vélo, ces 6 km peuvent se faire à pied, en s'essayant à l'auto-stop à l'occasion. Dans les landes de l'est de Bressay nichent le pluvier doré et le labbe parasite.

On fait facilement le tour de Noss dans la journée. Dans les falaises de la côte ouest s'entassent 40 000 guillemots de Troïl, 20 000 mouettes tridactyles, des petits pingouins, ainsi que 15 000 fous de Bassan concentrés sur la pointe du Noup.

En haut des falaises nichent 12 000 pétrels fulmars et de nombreux macareux. Les côtes basses sont fréquentées par l'eider, le cormoran huppé et le goéland argenté. Près de 800 grands labbes parasitent ces énormes colonies d'oiseaux de mer. On peut aussi y observer des passereaux, notamment la sous-espèce shetlandaise du troglodyte.

LE SUD DE MAINLAND

▶ **Tout à fait dans le sud de Mainland, le site archéologique de Jarlshof** (✆ 01950 460112), ouvert tous les jours d'avril à septembre, de 9h30 à 18h30, entrée : 3 £. L'endroit était déjà habité 2000 ans avant notre ère, mais les ruines les mieux conservées sont celles de maisons de l'âge du bronze tardif (entre 600 et 1000 ans av. J.-C.) et de l'âge du fer, d'un broch et d'une maison circulaire plus récents, et des fermes vikings.

▶ **Non loin de là, Sumburgh Head, la pointe méridionale de Mainland,** possède des falaises de 80 m de haut, où nichent notamment des guillemots de Troïl et des cormorans huppés, ainsi que quelques grands corbeaux.

▶ **Un peu plus au nord, le Croft House Museum** présente la reconstitution d'une ferme de métayer. Ouvert de mai à septembre de 10h à 13h et de 14h à 17h. Entrée : 2 £. A partir de l'A 970, petite route vers la côte est.

▶ **Non loin de là, le loch of Spiggie,** un assez grand lac entouré de pâturages, fait partie d'une réserve de la RSPB couvrant 115 hectares. Outre les oiseaux nicheurs, comme le grand cormoran et l'oie cendrée, on y peut rencontrer quelques espèces rares. En automne, le lac sert d'étape à plus de 300 cygnes chanteurs venus d'Islande et de Laponie. Depuis plusieurs années, l'un d'eux a cessé de migrer et s'y est établi. Ce grand oiseau, au plumage entièrement blanc, se remarque à son long cou droit, à son bec jaune à pointe noire, et à son cri, à la fois puissant et plaintif, qu'il pousse de temps en temps. L'accès à la réserve est interdit, mais on peut facilement observer le lac depuis les routes qui l'entourent : la B 9122 au nord et de petites routes au sud et à l'ouest, joignables à partir de l'A 970.

▶ **Un peu plus au nord, l'île de Saint-Ninian** est rattachée à la côte occidentale de Mainland par une bande de sable blanc, longue et effilée. A partir de l'A 970, prendre la B 9122 puis une petite route jusqu'à Bigton, sur la côte ouest.

C'est aussi dans le sud de Mainland qu'on peut voir facilement les fameux poneys shetland.

Hébergement et restaurant

Grand choix de B & B dans le sud de Mainland.

■ **SUMBURGH HOTEL. Sumburgh, Virkie** ✆ **(01950) 460201 – Fax : (01950) 460394 – sumburgh.hotel@zetnet.co.uk – www.sumburgh-hotel.zetnet.co.uk** – *Compter £40 par personne. A proximité du site de Jarlshof.* L'hôtel dispose d'un bar et d'un restaurant (*compter 20 £ pour le dîner*).

MOUSA

L'île inhabitée de Mousa se trouve exactement sur le 60e parallèle, à moins d'un kilomètre à l'est de la côte de Sandwick, dans le sud de Mainland, et couvre 180 hectares.

On peut la visiter tous les jours de fin avril à début septembre, en prenant le bateau au départ de Leebitton (Sandwick), pour une traversée de 15 minutes (tarif : 8). Renseignements ✆ (01950) 431367 – www.mousaboattrips.co.uk

Sur la côte est s'élève une tour ronde de 15 m de diamètre et 13 m de haut, érigée il y a 2 000 ans : ce broch, à l'intérieur duquel grimpe un escalier en colimaçon intact, est l'exemple le mieux conservé de ces constructions guerrières de l'âge du fer.

Les phoques veaux marins vivent par centaines sur les côtes et les récifs tout autour de l'île, et se concentrent surtout autour de la piscine naturelle de West Pool, alimentée par la mer au sud-ouest de l'île. Ils s'y prélassent sur les bords rocheux, ou glissent dans les vagues : des têtes émergent puis disparaissent, des silhouettes filent à grande vitesse sous l'eau et reparaissent ailleurs.

Sur les côtes rocheuses peu élevées nichent de nombreux oiseaux de mer, notamment le cormoran huppé et le guillemot à miroir, auxquels s'ajoutent plusieurs centaines de sternes arctiques dans l'intérieur de l'île.

LE NORD DE MAINLAND

Côtes déchiquetées, entaillées de baies profondes appelées voe, falaises sombres et récifs sculptés par les vagues sont les paysages désolés du nord de Mainland. La route passe sur l'étroite bande de terre de Mavis Grind, bordée par Saint Magnus Bay à l'ouest et Sullom Voe à l'est. Au nord-ouest, la péninsule d'Eshaness a des allures de bout du monde : depuis le phare de Calder's Geo, on peut voir les falaises brunes et noires de sa côte occidentale, tandis qu'au large de Tangwick, sur la côte sud, la mer a creusé une vaste arche dans le récif volcanique de Dore Holm. Laisser l'A 970 un peu avant Hillswick pour la B 9078.

▪ FETLAR ▪

Au nord des Shetland, à 4 km à l'est de l'île de Yell, au sud de l'île d'Unst, la petite île de Fetlar mesure environ 8 km d'ouest en est sur 4 km du nord au sud, et culmine à 159 m à Vord Hill. Elle ne compte pas plus d'une centaine d'habitants, principalement des fermiers : son nom vient du vieux scandinave et signifie « terre grasse ».

L'île est caractérisée par un écosystème de toundra, auquel elle doit le privilège de réunir des oiseaux rares. Ainsi la chance peut permettre au voyageur de rencontrer une chouette harfang. De loin, on aperçoit une tache blanche sur l'herbe, qu'on pourrait confondre avec une des nombreuses pierres de la toundra. C'est un gros rapace au plumage blanc tacheté de noir et de brun, très fourni, avec du duvet blanc jusque sur le bec et les pattes, afin de résister au froid. Car cet oiseau vit habituellement dans l'Arctique, où il se nourrit de lemmings. Mais, à la fin des années 60, en Norvège, le suicide collectif auquel se livrent périodiquement ces petits rongeurs fit chuter leur population. Au même moment, dans la toundra de Fetlar, les lapins, dépourvus de prédateurs, connaissaient une véritable explosion démographique. C'est cette coïncidence qui y a attiré en 1969 un couple de chouettes, qui s'y est reproduit jusqu'en 1975, date à laquelle le mâle est probablement mort. Les deux chouettes femelles qui vivent aujourd'hui sur Fetlar et Unst sont sans doute issues de leur descendance.

Le problème est que la reproduction a cessé : on a bien essayé de leur trouver un mâle, mais il a été rejeté. Il serait pourtant intéressant que l'espèce s'établisse aux Shetland, qui manquent de prédateurs. La chouette de Fetlar est véritablement la maîtresse de l'île : dès qu'elle s'envole, étendant son envergure magnifique, c'est la panique parmi tous les autres oiseaux, y compris les labbes parasites.

A Fetlar nichent deux autres espèces typiquement arctiques : de nombreux courlis corlieu, et surtout une vingtaine de phalaropes à bec étroit. Le phalarope à bec étroit est un très petit limicole, à l'aspect frêle, au cou gracile et au bec fin comme une aiguille. Son plumage est gris et blanc, avec le cou roux en été. Fait étonnant, chez cet oiseau les rôles sexuels sont inversés : contrairement aux habitudes, la femelle est plus grande et a un plumage plus coloré que le mâle ; de même, c'est le mâle seul qui couve et élève les jeunes.

Les phalaropes marchent et volent gracieusement, mais sont surtout à l'aise sur l'eau : ils flottent comme des bouchons et tournent en rond comme des toupies en cherchant leur nourriture sur les lacs peu profonds de Fetlar, picorant les insectes à la surface de l'eau, les gobant sur les pierres et dans les herbes du lac.

Le nord de l'île constitue une réserve de la RSPB de 690 hectares. Un gardien, présent l'été, guide les visiteurs : il se trouve à la ferme de Bealance, à 4 km du quai du ferry ℂ (01957) 733246.

Transports

Un car-ferry relie Gutcher, au nord de Yell, et Belmont sur Unst, au quai d'Oddsta, au nord-est de Fetlar, 4 à 5 fois par jour, en 30 minutes. Correspondance avec le bus Lerwick – Gutcher.

Hébergement

■ **THE GLEBE** ✆/**Fax : (01975) 733242 – theglebe@zetnet.co.uk** – *Compter 17 £ par personne*. Peter et Janet ont 3 chambres à vous proposer (2 twin et 1 double, chacune avec salle de bains privative). Ils peuvent également vous offrir le dîner pour 9 £ par personne. La maison dispose d'une eau de source naturelle.

■ **CAMPING. Gerth's Campsite** ✆ **(01975 733227.** En face de la plage, correctement équipé.

■ UNST ■

Au nord de Yell et de Fetlar, Unst, l'île la plus septentrionale des Shetland, et donc de Grande-Bretagne, s'étend sur 19 km du nord au sud et 8 km d'est en ouest, et compte près de 1 000 habitants.

Comme Fetlar, Unst est couverte d'une végétation similaire à la toundra arctique, bien que l'on trouve habituellement ce milieu beaucoup plus au nord. Dans l'herbe nichent de nombreux limicoles, comme le pluvier doré, le courlis corlieu et le bécasseau variable. C'est un paysage beaucoup plus riche qu'on ne pense : dans chaque creux, dans chaque vallon, se cachent des lacs plus ou moins grands, et chaque lac accueille au moins un couple de plongeons catmarins. Veillez à ne pas approcher ces oiseaux : les déranger met en danger leur nidification.

Au nord d'Unst, la toundra se termine par d'immenses falaises grises formant un cap appelé Hermaness. Cette péninsule doit son nom au géant local Herman, tandis que son frère Saxi a donné le sien à la colline voisine de Saxavord. La réserve naturelle nationale d'Hermaness couvre près de 1 000 hectares, où nichent plus de 100 000 oiseaux de mer. Les falaises de la côte occidentale abritent notamment l'une des plus importantes colonies d'Europe de fous de Bassan : près de 20 000 oiseaux s'entassent sur les falaises de Saito et du Neap, qui dépassent 170 m. Presque chaque printemps depuis 1970, on peut observer au milieu des fous de Bassan un étrange visiteur, nommé Albert : il s'agit d'un albatros égaré, dont les semblables vivent habituellement au-dessous du 60e parallèle sud, dans les mers australes !

Moins rares mais tout aussi spectaculaires, 60 000 macareux ont creusé leur terrier en haut des falaises. En outre, l'intérieur de la réserve est le territoire de 1 600 grands labbes, soit la seconde colonie au monde : quelques-uns ne manqueront pas d'effrayer le randonneur sur l'un des sentiers qui mènent aux falaises. Enfin, au large de la pointe d'Hermaness, on remarque plusieurs récifs : Vesta Skerry, couvert de fous de Bassan, Muckle Flugga, sur lequel s'élève un phare, et Out Stack, le point le plus septentrional de la Grande-Bretagne.

▶ **Sur la côte orientale d'Unst, la colline de Keen of Hamar constitue la seconde réserve naturelle nationale de l'île.** Sur ces 30 hectares protégés, la végétation robuste de la toundra disparaît et fait place à un amoncellement de cailloux, en l'occurrence de serpentine, une roche rare qu'on trouve principalement à Unst et Fetlar, ainsi que dans quelques sites d'Ecosse et de Cornouailles. Entre les pierres ne poussent que quelques fleurs minuscules et rarissimes : Arenaria norvegica ne se trouve qu'ici en Grande-Bretagne, et Cerastium nigrescens nigrescens n'existe nulle part ailleurs.

Transports

■ **BATEAU.** Un car-ferry relie le quai de Belmont, au sud d'Unst, à Gutcher au nord de Yell, toutes les demi-heures ou toutes les heures, en 5 minutes, et à Fetlar, 4 à 5 fois par jour, en 30 minutes. Correspondance avec le bus Lerwick – Gutcher.

■ **AVION.** L'aérodrome de Tingwall, près de Lerwick, est relié régulièrement à celui de Baltasound, sur Unst, par Loganair.

■ **BUS.** Tous les jours sauf le dimanche, bus entre Belmont au sud, Baltasound au centre, et Haroldswick au nord.

Hébergement

■ **AUBERGE DE JEUNESSE. Gardiesfauld Youth Hostel. Uyeasound (au sud de l'île)** ✆ **(01957) 755221 – Fax : (01957) 711211.** *Compter 10 £ par personne. Ouvert d'avril à septembre*. L'auberge est équipée pour recevoir les personnes handicapées et propose des chambres aux familles. Possibilité de louer des vélos.

■ **BUNESS HOUSE.** Baltasound ✆ **(01957) 711315 – Fax : (01957) 711815 – www.users. zetnet.co.uk/buness-house.** – *Compter de 38 à 43 £ par personne.* Un B & B de tout confort dans une bâtisse du XVIIe siècle décorée à l'indienne. Possibilité de dîner sous la véranda en savourant d'excellents produits locaux, tel le saumon.

Restaurant

■ **BALTASOUND HOTEL.** Baltasound ✆ **(01975) 711334.** Quasiment la seule option de l'île pour commander un plat, compter 6 £ environ.

■ FAIR ISLE ■

Isolée à mi-distance du Mainland shetlandais et des Orcades, à 39 km au sud-ouest de Sumburgh Head et à 43 km au nord-est de North Ronaldsay, Fair Isle couvre 765 hectares, soit 5 km de long sur 2,5 km de large. « L'île paisible » des Vikings ne compte aujourd'hui qu'une cinquantaine d'habitants. Rattachée administrativement aux Shetland, elle appartient au National Trust for Scotland, et un observatoire très actif d'oiseaux est aménagé.

■ **VOUS OBTIENDREZ DE NOMBREUX RENSEIGNEMENTS SUR L'ÎLE en contactant le National Trust for Scotland** ✆ (0141) 616 2266 – www.thenationaltrustforscotland.org.uk – Consultez également le site Internet www.fairisle.org.uk –

La richesse ornithologique de Fair Isle est exceptionnelle : 350 espèces ont été observées sur ce réduit océanique. Comme toute île rocheuse de l'Atlantique Nord, Fair Isle abrite de nombreux oiseaux de mer : plus de 20 000 macareux nichent en haut des falaises, tandis que l'intérieur de l'île est occupé par de belles colonies de sternes arctiques. En outre, elle possède une sous-espèce de troglodyte qu'on ne trouve nulle part ailleurs, distincte de la sous-espèce endémique des Shetland.

Mais Fair Isle est véritablement célèbre parce qu'elle attire un très grand nombre de migrateurs, d'oiseaux rares, inhabituels, ou même égarés, venant de partout : Amérique du Nord, Sibérie, etc. Des pièges à oiseaux, inoffensifs, ont été installés pour identifier les espèces rares, qu'on observe surtout en période de migration (au printemps et en automne). Même en été, on peut attraper de petits passereaux dignes d'intérêt, comme un roselin cramoisi venu de Laponie, ou encore un bec-croisé des sapins (dont le mâle est rouge et la femelle verte) qui vit communément dans les forêts de conifères, notamment dans les Alpes. Il est courant de voir certaines années plusieurs de ces égarés à Fair Isle et dans d'autres îles des Shetland, où ils sont apportés par les coups de vent, et se nourrissent de plantes du haut des falaises.

En été, c'est le baguage des oiseaux nicheurs, jeunes et adultes de toutes espèces, qui constitue l'activité principale d'une journée à Fair Isle. L'opération consiste à capturer l'oiseau, au moyen d'un filet s'il s'agit d'un adulte capable de voler, et de lui passer autour de la patte une petite bague de métal dont l'immatriculation permet de l'identifier. Près de 250 000 oiseaux de plus de 250 espèces ont été bagués à Fair Isle.

Fair Isle est aussi renommée pour la confection traditionnelle de pulls de laine parmi les plus beaux des Shetland.

Transports

■ **BATEAU.** Depuis Grutness, à la pointe sud de Mainland shetlandais, le mardi et le samedi, en 2h45. Depuis Lerwick, le mardi, en 4h30. Si vous n'avez pas le pied marin, mieux vaut prendre l'avion.

■ **AVION.** Des vols opérés par Loganair relient Fair Isle à l'aérodrome de Tingwall, près de Lerwick, ainsi qu'à Kirkwall aux Orcades.

Hébergement

■ **FAIR ISLE LODGE AND BIRD OBSERVATORY. Fair Isle, Shetland ZE2 9JU** ✆ **(01595)750268 – www.fairislebirdobs.co.uk – fairisle.birdobs@zetnet.co.uk –** *Ouvert d'avril à octobre. L'observatoire offre un gîte et un couvert de grande qualité. Compter 30 £ en dortoir et 39 £ par personne en chambre double (les prix s'entendent en pension complète).* Réservez longtemps à l'avance, en particulier en septembre et début octobre. Les visiteurs peuvent assister et participer aux travaux des ornithologues (relève matinale des pièges, initiation au baguage…).

Organiser
son séjour

Pense futé

Monnaie

La Grande-Bretagne est comme ses voisins du Nord de l'Europe (Danemark, Suède, Norvège) hors zone Euro. Le pays s'est en effet prononcé par référendum en automne 2002 contre le passage à la monnaie européenne.

La monnaie locale est donc toujours la livre sterling (£).

Une livre ou pound comprend 100 pences (abrégé « p ») et la plus petite unité est le penny. Vous trouverez des pièces de 1, 2, 5, 10, 20, 50 p et £1. La pièce de £2 a été introduite en mars 1998. Les billets sont de 5, 10, 20 et £50. Il n'existe aucune restriction quant aux montants entrant ou sortant de l'Angleterre.

L'import comme l'export est libre, en revanche au dela de 10 000 livres vous devez faire une déclaration en douane.

▌ **Attention :** si vous vous rendez en Ecosse, vous pourrez rencontrer certains types de billet différents de ceux émis par la Banque d'Angleterre. Ces billets ont parfaitement cours légal, ils sont émis par les trois banques ecossaises :

▌ **Bank of Scotland :** 5 coupures différentes (5, 10 , 20, 50 et 100).

▌ **The Royal Bank of Scotland :** 5 coupures différentes (1, 5, 10, 20 et 100).

▌ **Clydesdale Bank plc :** 5 coupures différentes (5, 10, 20, 50 et 100).

Les visuels sont différents et les billets reprennent à chaque fois le nom de la banque émettrice.

Vous pouvez si vous le souhaitez utiliser ces billets en Grande-Bretagne (mais sachez que les anglais n'en sont pas très friands)

Taux de change

▌ **1 £ = 1,45 € / 1 € = 0,69 £.** Il s'agit du cours croisé au 31/01/06. Contrairement à la monnaie unique instaurée dans la zone euro, le taux de la Livre sterling n'est pas fixe (bien que relativement stable).

Banques et change

Vous n'aurez aucune difficulté à vous procurer des livres sterling en arrivant à Londres, des banques à chaque coin de rue pourvue de distributeurs automatiques (24h/24h).

Les banques vous acceuillent du lundi au vendredi, voir le samedi (surtout dans les grandes villes anglaises). En semains, les horaires d'ouverture vont de 9h à 17h (fermeture pouvant s'étaler de 16h30 à 17h30) et le samedi de 9h30 à 12h30.

Intelligent, spirituel, esprité, brillant, doué, génial, ingénieux, talentueux, dégourdi, délié, éveillé, prompt, vif, astucieux, avisé, débrouillard, **futé**, finaud, finet, ficelle, fine mouche, rusé comme un renard, malin comme un voyageur **opodo**

Vous trouverez des services de change dans les banques, les bureaux de change, les grands hôtels et 24h/24 dans les principaux aéroports. Vous pouvez changer votre argent dans les « bureaux de change » londoniens qui, en général, ne pratiquent pas de commission sur le change, mais renseignez vous au préalable. Des distributeurs de billets sont implantés dans toutes les villes. Toutes les cartes bancaires sont utilisables ainsi que les travellers chèques. Faites attention aux frais liés à l'utilisation de votre carte bancaire : paiement et retrait, les frais et commisions bancaires sont élevés.

Il est plus intéresssant de partir avec ses livres sterling car le système anglais est différent de celui de la France. Vous aurez systématiquement à payer une commission.

Pour cela vous pouvez faire appel à un tout nouveau service de change par internet **www. nationalchange.com** qui vous permet d'acheter vos devises en ligne (règlement par CB) et de vous les faire livrer à domicile (règlement et livraison sécurisés).

Moyens de paiement

Pour votre voyage en Grande Bretagne vous pouvez payer vos achats avec votre CB sans aucun problème. Néanmoins des frais ou commissions de change vous seront imputés sur votre relevé bancaire. Ces frais sont variables selon le montant.

Visa, MasterCard, EuroCard vous serviront principalement dans les grandes villes, dans des magasins, des hôtels et pour régler des services, soit plus de 500 000 commerces dans toute la Grande-Bretagne. Elles permettent aussi de retirer de l'argent dans les nombreux distributeurs ou au guichet des banques, entre autres la Barclays Bank et la National Westminster Bank. Seuls les Bed & Breakfast ont tendance à les refuser. Dans les campagnes, le liquide est le mode de paiement le plus courant.

En cas de perte ou de vol

▪ **CARTES EUROCARD/MASTERCARD** ✆ (00 33) 1 45 67 84 84

▪ **CARTES VISA** ✆ (00 33) 836 690 880

▪ **AMERICAN EXPRESS** ✆ (00 33) 1 47 77 72 00

▪ **EN CAS DE BESOIN URGENT D'ARGENT LIQUIDE,** contactez Western Union ✆ 0 800 833 833

Pour les séjours de courte durée, la livre sterling « sonnante et trébuchante » pourra s'avérer suffisante pour régler vos petits achats, vos déplacements en métro ou taxi, votre entrée dans une salle de spectacle, un « drink » à la terrasse d'un Club branché ou votre « pinte » de bière dans un pub.

Coût de la vie

D'une manière générale, vivre en Grande-Bretagne coûte plus cher qu'en France. Cependant, de nombreuses disparités existent entre les régions. Ainsi, vivre à Londres s'avère naturellement être plus coûteux que dans la campagne écossaise.

Taxes

La taxe sur la valeur ajoutée (TVA) est de 17,5 %. Vous la trouverez incluse dans tous les produits. Il faut cependant faire attention car certains hôteliers et restaurateurs affichent souvent leurs tarifs sans la TVA.

Pour les ressortissants de pays qui pratiquent une TVA inférieure, il est intéressant d'en obtenir son remboursement. Pour cela, il vous suffit de demander une facture dans les magasins et de la présenter à la douane. Le remboursement sera automatique à l'aéroport de Heathrow ou chez vous après envoi de la facture au magasin.

▪ ASSURANCE ET SÉCURITÉ ▪

Assurance assistance médicale

Une assurance médicale, pour couvrir vos dépenses médicales (remboursement des médicaments et des frais de consultation ou d'hospitalisation, rapatriement sanitaire, etc.) est indispensable. Bien souvent, les sociétés de cartes de crédit (Visa, etc.) et les mutuelles incluent aussi dans leurs contrats un service d'assurance pour l'étranger, quand le séjour ne dépasse pas une certaine durée. Renseignez-vous. Lisez toujours attentivement les conditions de prise en charge et encore plus attentivement les clauses d'exclusion ; les sports dits « à risques » sont-ils pris en charge ?

Partez en vacances
en toute sécurité

& petit futé

Vous proposent une assistance rapatriement pendant votre voyage

Premier réseau mondial d'assistance, AXA Assistance intervient 24 h/24 et 7 jours sur 7 n'importe où dans le monde.

Résumé indicatif des garanties d'assistance aux personnes

▶ Rapatriement médical
▶ Visite d'un membre de la famille (en cas d'hospitalisation supérieure à 6 jours)
▶ Retour (en cas de décès d'un proche ou en cas d'hospitalisation supérieure à 6 jours)
▶ En cas de décès (rapatriements du corps et des bénéficiaires accompagnants)
▶ Conseils médicaux 24 heures sur 24
▶ Envoi de médicaments introuvables sur place
▶ Transmission de message urgent
▶ Etc.

Frais médicaux .... 15 250 € zone 2 / 152 500 € zone 3 - Franchise : 46 €
Avance de caution pénale .... 15 250 €
Frais d'avocat .... 3 050 €

Tarifs 2005 - 2006 (en € TTC, TVA incluse 19,60)

Tarif par personne	zones 1 et 2	zones 3
16 jours	16 €	33 €
32 jours	27 €	55 €
61 jours	41 €	82 €
90 jours	52 €	96 €

Zone 1 : France, Andorre, Monaco
Zone 2 : Albanie, Allemagne, Autriche, Belgique, Bosnie-Herzégovine, Bulgarie, Chypre, Croatie, Danemark, Espagne, Estonie, Finlande, FYROM (ex. Macédoine), Grèce, Hongrie, Italie, Irlande, Islande, Israël, Lettonie, Liechtenstein, Luxembourg, Malte, Maroc, Moldavie, Monténégro, Norvège, Pays-Bas, Pologne, Portugal, République Islamique d'Iran, Roumanie, République Tchèque, Royaume-Uni, Serbie, Suède, Suisse, Tunisie, Turquie, Ukraine, Yougoslavie
Zone 3 : Monde entier

Demande d'adhésion

A nous retourner dûment remplie, ainsi que votre chèque de règlement à l'adresse suivante :

AXA ASSISTANCE FRANCE

12 bis boulevard des Frères Voisin
92798 Issy-Les-Moulineaux Cedex 9

Convention
n° 5000177*99

Adresse du souscripteur en France ....
....
....

Nom et prénom des bénéficiaires

1ʳᵉ personne ....

2ᵉ personne ....

3ᵉ personne ....

4ᵉ personne ....

5ᵉ personne ....

| **Durée** | ○ 16 jours | ○ 32 jours | ○ 61 jours | ○ 90 jours |

Date de départ ....

Date de retour ....

Destination   ○ Zones 1 et 2   ○ Zones 3

Prime .... x nb de personnes = ... € TTC

Fait le .... à .... **Signature**

Nous pouvons également vous proposer des contrats d'assistance à l'année ainsi que des garanties d'annulation, responsabilité civile, individuelle accidents et bagages.

Contactez nous !

Pour toute information et souscription

Téléphonez au **01 55 92 19 04**
du lundi au vendredi de 9h à 18h

SA au capital de 26 840 000 euros - 311 338 339 RCS Nanterre
Siret 311 338 339 000 55 - N° Intracommunautaire FR 89 311 338 339 - Code APE 660 E

**EN CAS DE PROBLÈMES,
QUI SUIVRA NOS TRACES
À L'AUTRE BOUT DU MONDE ?
AXA ASSISTANCE
VOUS PROPOSE DES SOLUTIONS
PARTOUT DANS LE MONDE**

www.axa-assistance.fr
Tel : 01 55 92 41 50

Une prise en charge de A à Z, 7 jours sur 7 et 24h sur 24.

Nul n'est à l'abri d'un accident lorsqu'il voyage !

Spécialiste de l'assistance d'urgence, nous sommes à vos côtés 24h sur 24 et 7 jours sur 7 dans les domaines de l'assistance aux personnes partout dans le monde et de la santé.

Choisir AXA Assistance c'est pouvoir compter sur un partenaire capable de mobiliser ses forces et ses réseaux pour gérer les situations d'urgence avec le maximum d'efficacité et de psychologie.

AXA
ASSISTANCE

Sécurité

La Grande-Bretagne n'est pas un pays dangereux pour votre sécurité. Mais comme en France ou ailleurs, les mêmes conseils s'imposent : évitez de fréquenter seul certains quartiers défavorisés la nuit venue, et évitez également d'afficher ostensiblement des signes de richesse pouvant attirer l'attention de pickpockets, surtout dans les lieux touristiques voire dans les situations où la foule est compacte (métro, etc.). Et, Grande-Bretagne oblige (surtout dans les grandes villes industrielles, comme Glasgow ou Manchester), méfiez-vous des hooligans ivres, on ne sait jamais quelles réactions ces bandes peuvent avoir devant vous. Sinon, le pays regorge d'innombrables coins charmants à l'écart des villes où vous aurez toutes les bonnes raisons de vous sentir en sécurité. Dans les Highlands par exemple, on pourrait laisser sa porte ouverte et les clés sur sa voiture (mais mieux vaut éviter de tenter le diable quand même…).

▦ SANTÉ ▦

NHS

Les touristes européens bénéficieront, sous l'égide du National Health Service (NHS), de la gratuité des soins, en cas d'accident ou d'urgence, sur présentation de leur passeport. Vérifiez auparavant que l'hôpital ou le médecin dépend bien du National Health Service. Pensez à vous munir de la carte européenne d'assurance maladie (soins dans les pays de l'UE) auprès de votre caisse d'assurance maladie. Cela facilitera la prise en charge en cas de soins sur place. Les ressortissants de l'Union européenne peuvent bénéficier de soins gratuits en se faisant inscrire temporairement, par le médecin consulté, sur le registre du NHS. Les ressortissants des pays hors Union européenne peuvent aussi bénéficier temporairement de certains soins. Vous ne pouvez pas choisir votre médecin généraliste (GP – General Practitioner), il vous sera attribué selon votre quartier de résidence. Ce même médecin est habilité à vous recommander auprès d'un spécialiste. Seul problème : obtenir un rendez-vous peut prendre plusieurs semaines, voire plusieurs mois.

Urgences

Vous pouvez vous présenter aux urgences des hôpitaux britanniques. L'attente sera souvent longue, mais les soins gratuits.

Pharmacies

Boots and the Chemist est implanté pratiquement partout. Dans chaque ville ou quartier, une pharmacie de garde reste ouverte sous certaines conditions le dimanche et les jours fériés. Elle est indiquée sur toutes les portes des pharmacies et dans les journaux locaux.

▦ **A LONDRES : BLISS CHEMIST.** 50-56, Willesden Lane ✆ (020) 76 24 80 00 et 5 Marble Arch ✆ (0171) 723 6116 (*ouverte de 9h à 24h*).

▦ AVANT DE PARTIR ▦

Quand partir ?

Bien que le lieu commun veuille qu'il pleuve toujours en Grande-Bretagne et que le territoire ne se prête pas aux séjours balnéaires, il faut savoir que le pays jouit de plusieurs climats selon la zone géographique. Dans tous les cas, il vaut mieux se munir toute l'année d'un bon pull et d'un coupe-vent pour ne pas se laisser surprendre. En règle générale, l'été est la saison idéale pour séjourner en Grande-Bretagne. Evitez l'hiver et la mi-saison si vous comptez profiter de la campagne. Par contre, pour les amateurs de « sensations fortes » et de nature, l'hiver constitue la meilleure période pour contempler la force des éléments naturels : sous la pluie et le vent, la côte est magnifique, les couleurs somptueuses… et les touristes peu nombreux.

▷ **En Angleterre,** les précipitations sont plus nombreuses et fréquentes dans le sud-ouest qu'à Londres, ce qui n'empêche pas la capitale de se retrouver parfois sous la pluie. Si les températures hivernales tombent rarement en dessous de zéro, proximité de la mer oblige, les températures estivales atteignent les 22 degrés. On est donc loin du climat hexagonal et des différences élevées qui peuvent être constatées tout au long de l'année selon les régions.

▷ **En Ecosse,** la localisation plus au nord explique des températures un peu plus fraîches, hiver comme été (sauf sur la côte ouest où le Gulf Stream adoucit quelque peu le climat) : là encore, l'été est assez court et plutôt austère.

Voyagez futé avec la carte internationale d'étudiant (ISIC)

La carte ISIC donne à son titulaire un statut d'étudiant reconnu en Grande-Bretagne. Elle lui permet de bénéficier de nombreuses réductions (certains vols internationaux, transports locaux, hébergement, loisirs, musées, etc.). Vous pouvez l'obtenir pour le prix de 12 € dans les agences les plus proches de chez vous : Wasteels Voyages ou OTU voyages. Il vous faut amener la preuve de votre statut d'étudiant (carte d'étudiant, certificat de scolarité) et une photo d'identité récente. La carte ISIC est disponible pour tous les étudiants, collégiens, lycéens ou personnes en formation en temps complet (l'âge minimum est de 12 ans et il n'y a pas d'âge maximum). Pour tout renseignement complémentaire, visitez le site internet : www.isic.tm.fr (vous pouvez même y faire une demande de carte ISIC par email).

▶ **Le pays de Galles** connaît quant à lui des températures fraîches l'été, et pouvant être très froides l'hiver : en montagne, les chutes de neige sont fréquentes.

Ainsi, si la majorité des visiteurs étrangers préfèrent attendre l'été pour visiter la Grande-Bretagne, osez vous y attarder l'hiver. Avec moins de touristes, les prix sont plus bas, vous y serez sans doute mieux reçu et pourrez profiter des charmes du pays en toute quiétude.

Climat

▶ **Il ne pleut pas tous les jours en Angleterre.** L'hiver est souvent froid et humide, les températures varient entre 1 et 6 degrés. Quand la mer est plus chaude que la terre, cela empêche les températures de descendre en dessous de 0° C. Les précipitations sont légèrement différentes selon les régions, elles sont plus importantes dans le Devon et les Cornouailles qu'à Londres. L'été, le thermomètre peut atteindre 22° C, mais pensez à emporter des vêtements chauds pour le soir car la température baisse. Le printemps et l'automne sont des mois imprévisibles, la température peut varier énormément, il est donc plus prudent de vérifier le temps avant de partir.

▶ **L'Ecosse** présente un climat humide (la moyenne des précipitations est de 127 cm/an en moyenne). Les températures sont douces et connaissent des variations modérées : si la température dépasse rarement 20° C en été, le mercure descend peu en dessous de 0° C en hiver. On peut cependant distinguer deux grandes zones climatiques en Ecosse. La côte ouest voit passer le courant tiède du Gulf Stream, venu du golfe du Mexique, le climat y est donc particulièrement doux compte tenu de la latitude. A l'inverse, la mer du Nord et ses courants froids expliquent les longs hivers et les étés plutôt austères de la côte est. A noter aussi le caractère très changeant des Lowlands et des îles écossaises, balayés de toutes parts par les vents marins.

▶ **Le pays de Galles** jouit quant à lui d'un climat océanique, doux et humide (127 cm de précipitations/an pour la côte ouest qui diminuent au fur à mesure que l'on s'éloigne de la côte, à l'est des montagnes). Les étés sont frais (en moyenne 15,6° C) et les hivers peuvent être très froids, en particulier dans les montagnes, où les fortes chutes de neige ne sont pas rares. La météo galloise est une véritable énigme pour nous autres continentaux. Et vous ne serez pas beaucoup aidé par les bulletins météo gallois qui se résument à : « un peu de pluie, un peu de soleil, un peu de vent », bref imprévisibilité totale !

Décalage horaire

Il est toujours une heure plus tôt qu'en France. Le dernier dimanche de mars, on avance les horloges d'une heure pour passer à l'heure d'été (British Summer Time, BST). En automne (dernier dimanche d'octobre), on passe à l'heure d'hiver (Greenwich Mean Time, GMT).

Formalités

Pour effectuer un séjour en Grande-Bretagne, il suffit au ressortissant français, belge ou suisse d'être titulaire d'une carte d'identité ou d'un passeport en cours de validité. Les moins de 18 ans voyageant sans leurs parents doivent être en possession non seulement d'une carte d'identité ou d'un passeport en cours de validité, mais aussi d'une autorisation de sortie du territoire établie par leur commissariat de police ou leur mairie. Dans le cas de parents divorcés, ils doivent présenter, en plus, une autorisation parentale signée par le conjoint qui en a la charge.

Matériel de voyage

■ **AU VIEUX CAMPEUR. A Paris, Quartier Latin : 23 boutiques autour du 48, rue des Ecoles, Paris Ve – A Lyon, Préfecture-université : 7 boutiques autour du 43, cours de la Liberté, Lyon IIIe – A Thonon-les-Bains, entre lac et montagne : 48, avenue de Genève – A Sallanches, au pied du Mont Blanc : 925, route du Fayet – A Toulouse Labège : 23, rue de Sienne, Labège Innopole – A Strasbourg : 32, rue du 22-novembre – Et à Albertville : 10, rue Ambroise Croizat ✆ 03 90 23 58 58 – infos@auvieuxcampeur.fr – www.auvieuxcampeur.fr –** Qui ne connaît pas le fameux Vieux Campeur ? Vous qui partez en voyage, allez y faire un tour : vous y trouverez cartes, livres, sacs à dos, chaussures, vêtements, filtres à eau, produits anti-insectes, matériel de plongée… Et pour tout le reste, n'hésitez pas à leur demander conseil !

■ **BAGAGES DU MONDE. 102, rue du Chemin Vert 75011 Paris ✆ 01 43 57 30 90 – Fax 01 43 67 36 64 – www.bagagesdumonde.com – info@bagagesdumonde.com –** Une véritable agence de voyage pour vos bagages : elle assure le transport aérien de vos effets personnels depuis Orly ou Roissy-Charles de Gaulle à destination de tout aéroport international douanier, et vous offre une gamme complète de services complémentaires : enlèvement, emballage, palettisation, stockage (à l'aéroport), assurance, garantie… Vous pouvez déposer vos effets au bureau de l'agence à Paris. Une idée futée pour voyager l'esprit serein et échapper aux mauvaises surprises que réservent les taxes sur les excédents de bagages.

■ **DECATHLON. Informations par téléphone au ✆ 0 810 08 08 08.** Liste des adresses de points de vente consultable sur Internet : wwww.decathlon.com – Le grand spécialiste du matériel de sport (plongée, équitation, pêche, randonnée…) offre également une palette de livres, cartes et CD-rom pour tout connaître des différentes régions du monde.

■ **www.inuka.com –** Ce site vous permet de commander en ligne tous les produits nécessaires à votre voyage : vous recevrez ensuite vos achats chez vous, en quelques jours. Matériel d'observation (jumelles, télémètre, lunettes terrestres...), instruments outdoor (alimentation lyophilisée, éclairage, gourde, montres...) ou matériel de survie (anti-démangeaison, hygiène). Tout ce qu'il vous faut pour préparer votre séjour que vous partiez dans les montagnes ou dans le désert.

■ **LOWE ALPINE. Inovallee. 285, rue Lavoisier 38330 Montbonnot Saint Martin ✆ 04 56 38 28 29 – Fax 04 56 38 28 39 – www.lowealpine.com – infoconso@lowealpine.fr –** En plus de ses sacs à dos techniques de qualité, Lowe Alpine étoffe chaque année et innove avec ses collections de vêtements haut de gamme consacrés à la randonnée et au raid, mais aussi à l'alpinisme et à la détente.

■ **NATURE & DECOUVERTES. Pour obtenir la liste des 45 magasins ✆ 01 39 56 70 12 – Fax 01 39 56 91 66 – www.natureetdecouvertes.com – serviceclient@nature-et-decouvertes. com –** Retrouvez dans ces magasins une ambiance unique dédiée à l'ouverture sur le monde et à la nature. Du matériel de voyage, mais aussi des livres et de la musique raviront celles et ceux qui hésitent encore à parcourir le monde…. Egalement vente par correspondance.

■ **TREKKING. BP 41, 13410 Lambesc ✆ 04 42 57 05 90 – Fax 04 42 92 77 54 – www.trekking. fr –** Partenaire incontournable, Trekking propose dans son catalogue tout ce dont le voyageur a besoin : trousse de voyage, ceinture multipoche, sac à dos, sacoches, étuis… Une mine d'objets de qualité pour voyager futé et dans les meilleures conditions.

■ MANIFESTATIONS ■

En Angleterre

▶ **1er janvier.** Parade de Londres (London Parade), manifestation à l'américaine qui va de Westminster Bridge à Berkeley Square.

▶ **Février (deuxième ou troisième semaine).** Nouvel An chinois, Londres.

▶ **Mars.** Crufts dog show, exposition canine à Birmingham. Course d'aviron sur la Tamise à Londres entre les équipes des universités d'Oxford et de Cambridge. Foire internationale du livre dans le grand hall d'Olympia à Kensington, Londres.

▶ **Mars.** Festival de Brighton (théâtre), exposition florale à Chelsea, Royal Hospital à Londres. Festival des ramoneurs de Rochester.

▶ **Avril.** Floralies de printemps de Harrogate. Les meilleurs jardiniers de Grande-Bretagne y sont présents. Jeudi saint. La reine distribue les aumônes.

▶ **Début avril.** Grand Steeple-Chase d'Aintree à Liverpool : course de chevaux.

▶ **De mai à août.** Festival d'opéra de Glyndebourne.

▶ **Juin.** Tournoi de tennis de Wimbledon, banlieue de Londres. Trooping the Colours : parade militaire pour l'anniversaire de la reine à Londres.

▶ **Fin juin.** Festival de musique en plein air à Glastonbury dans le Somerset. Opéra en plein air dans le château de Leeds. Le Royal Ascot : courses de chevaux dans la banlieue de Londres. Festival international de Bath (art contemporain, théâtre de rue, musique classique…).

▶ **Juillet.** Salon national de l'agriculture, Warwickshire. Grand Prix de formule 1 de Grande-Bretagne à Silverstone. Festival de Manchester : musique, danse, théâtre. Conférence internationale de l'Association britannique des études romantiques, à l'université de Liverpool. Régates royales de Henley, à 30 km d'Oxford (un événement sur la Tamise !). Festival de la City de Londres (festival d'art tenu dans les lieux historiques). Southern Cathedrals Festival à Chichester, Salisbury, Winchester, chœurs et musique d'église.

▶ **Août.** Beatles Festival, Liverpool. Carnaval de Notting Hill à Londres.

▶ **Septembre.** Illuminations de Blackpool. Cérémonie des druides à l'équinoxe d'automne, Londres.

▶ **Octobre.** Festival à Canterbury, théâtre, arts et musique.

▶ **31 octobre.** Halloween. Robin Hood Pageant, Nottingham.

▶ **Novembre.** London to Brighton Veteran Car Run (course des plus belles vieilles voitures de Londres). Rallye automobile des vétérans du Royal Automobile Club : défilé des plus belles vieilles voitures entre Hyde Park (au centre de Londres) et Brighton (sur la côte sud).

En Écosse

▶ **Avril.** Festival folklorique international d'Edimbourg.

▶ **De mai à octobre.** Saison théâtrale de Pitlochry, près de Dundee.

▶ **De mai à septembre.** Highland Games.

▶ **Août.** Championnat du monde de cornemuse à Glasgow.

▶ **Fin août – début septembre.** Championnats amateurs britanniques de golf à Carnoustie, près de Dundee.

▶ **Début septembre.** Braemar Royal Highland Gathering (le plus grand rassemblement des clans de toute l'Ecosse).

▶ **Septembre.** Championnats internationaux de chiens de bergers, à Carmichael, près de Glasgow.

Au pays de Galles

▶ **Le rugby est à la une avec le Tournoi des six nations** qui amène un vent de folie sur tout le pays de Galles et surtout à Cardiff.

▶ **Mars.** Llandudno Beer Festival.

▶ **1er mars.** St David's day, patron du pays de Galles.

▶ **Début mars.** Llanwrtyd Wells Folk Festival ✆ (01591) 610666.

▶ **Avril.** Swansea Beer Festival.

▶ **Mai.** Llandrisant Free Festival, Llantrisant Common, Vale of Glamorgan. Pontrhydfendigaid Eisteddfod, un des meilleurs festivals de la région. Llanuwchllyn Eisteddfod.

▶ **Dernier samedi du mois de mai.** Concours de récitations, contes, chants, poésies et peinture ✆ (01341) 450662. Eisteddfod Llandudno, Penrhyn Bay, la plus grande célébration en Europe.

▶ **Dernière semaine de mai.** Haye-on-Wye Festival of Literature ✆ (01497) 821217. Une semaine de littérature et une grande foire aux livres dans la capitale des libraires d'occasion.
Cardiff International Animation Festival, au hall St David ✆ (01222) 878444. C'est le principal festival de films d'animation en Europe.
Eisteddfod Genedlaethol Urdd ✆ (01269) 845705. Festival de jeunes, un des plus grands en Europe, le festival est tenu en alternance au Nord et au Sud du pays de Galles. Les précédents ont eu lieu dans le parc de Waunfawr à Crosskey, près de Newport, Lampeter…

▶ **Juin.** Criccieth Festival ✆ (01766) 522778. Musique, théâtre et art.

▶ **Juillet.** 1er juillet : commémoration annuelle tenue par les nationalistes à Abergele pour la mémoire de deux protestants qui sont accidentellement morts dans un attentat à la bombe qu'ils préparaient lors de l'investiture du Prince de Galles en 1969.
Llangollen International Music Festival. Deuxième semaine de juillet ✆ (01978) 860236/861501. 100 000 spectateurs dont 14 000 compétiteurs qui viennent de partout dans le monde : danseurs, chanteurs, musiciens…
Gwyl Werin y Cnapan, Ffostrasol, près de Lampeter ✆ (01239) 858955. Un des meilleurs festivals de folk celtique.
Royal Welsh Show, Builth Wells ✆ (01982) 553683. Grande foire agricole.
Welsh Proms, St David's hall, Cardiff ✆ (029) 2087 8444/8414. Concerts de tous styles : pop, jazz, classique.

▶ **Fin juillet.** Cardiff International Festival ✆ (029) 2087 3936/3937 – www.cardiff.gov.uk – Pop musique, world musique, jazz, théâtre de rue, carnaval de Butetown (Cardiff).

▶ **Fin juillet début août.** Royal National Eisteddfod ✆ (029) 2076 3777. Le plus grand Eisteddfod du pays de Galles. Compétition de « bardes » et poètes, théâtre, la première semaine d'août et qui a lieu chaque année dans un lieu différent.

▶ **Août.** Becon Jazz Festival ✆ (01874) 625557
Pontardawe Music Festival ✆ (01792) 864192. Folk et musique internationale. Fin août.

▶ **Fin septembre.** Cardiff Festival ✆ (029) 2023 6244. Festival annuel à thème, un des plus grands d'Europe. Art, musique, opéra, littérature.

▶ **Octobre.** Swansea Festival of Music and the Arts ✆ (01792) 302432. Concerts de jazz, théâtre, opéra et arts.

▪ PHOTOS ▪

On peut acheter des pellicules dans les corner shops, les supermarchés ou encore à Boots, à des prix équivalents à ce que l'on trouve en France.

▪ MÉDIAS ▪

Presse

Les journaux anglais, réputés les meilleurs du monde, disposent d'un marché inégalé (douze quotidiens nationaux et neuf journaux du dimanche). Outre-Manche, deux adultes sur trois lisent un quotidien du matin, et trois sur quatre un hebdomadaire dominical. Un marché alléchant divisé en deux genres distincts : d'un côté, les tabloïds populaires tel le Sun, friands de scandales et de chair nue, volontiers outranciers et xénophobes ; de l'autre, la presse « de qualité » qui, du *Times* à l'*Independent*, entretient la tradition britannique de rigueur journalistique et d'investigation poussée.

▪ **DAILY EXPRESS. www.express.co.uk** – *1 200 000 exemplaires, quotidien.* L'un des principaux tabloïds du pays. Journal conservateur et populaire dont la une est ornée de la devise « Forward Britain », « En avant la Grande-Bretagne ».

▪ **DAILY MAIL. www.dailymail.co.uk –** *2 300 000 exemplaires, quotidien.* C'est le journal par excellence des classes moyennes. Populaire, influent et conservateur, il refuse d'être classé parmi les tabloïds et se définit comme un « compact newspaper ».

▪ **DAILY MIRROR.** *1 888 000 exemplaires, quotidien.* Le *Daily Mirror* est, avec le *Sun*, le journal populaire par excellence. Alors que les journaux britanniques sont majoritairement conservateurs, le *Daily Mirror* soutient ouvertement les travaillistes et est le seul à être favorable à l'adoption de l'euro par le Royaume-Uni. C'est l'un des quotidiens les plus vendus de Grande-Bretagne.

▪ **DAILY TELEGRAPH. www.telegraph.co.uk –** *1 100 000 exemplaires, quotidien.* Ce grand journal de droite (propriété du Canadien Conrad Black), offre à un public vieillissant une information de qualité dans le respect des « valeurs morales traditionnelles ». Malgré sa réputation de journal un peu démodé, le **Daily Telegraph** tente de rajeunir son image en multipliant les suppléments, notamment celui consacré à l'actualité multimédia. Un journal complet.

▪ **THE ECONOMIST. www.economist.com –** *708 000 exemplaires, hebdomadaire.* Economies, sociétés, politiques, technologies… L'un des hebdomadaires les plus influents du monde des affaires internationales. Il a beau être britannique, il fait 44 % de ses ventes aux Etats-Unis, contre 17 % en Grande-Bretagne.

▪ **EVENING STANDARD.** *445 000 exemplaires, quotidien.* Créé en 1860, ce journal du soir fait partie du groupe Associated Newspaper (*Daily Mail, Mail on Sunday*). Son contenu est composé principalement d'infos sur la capitale ainsi que de quelques infos nationales et internationales. Il est vendu chez les libraires mais aussi dans la rue et à l'entrée du métro par des vendeurs aux puissantes cordes vocales. L'*Evening Standard* propose régulièrement des suppléments gratuits (culture, logement…).

▪ **FINANCIAL TIMES. www.ft.com –** *400 000 exemplaires, quotidien.* Le *Financial Times* est le journal de référence en matière économique, la couleur saumon du quotidien londonien a fait le tour de la planète pour devenir la couleur des pages économiques de dizaines de journaux dans le monde. Le FT n'est pas le plus vendu des journaux économiques, mais ses sites d'impression dispersés dans le monde lui permettent d'être lu simultanément à Tokyo et à Paris.

▪ **THE GUARDIAN. www.guardian.co.uk –** *400 000 exemplaires, quotidien.* Le *Manchester Guardian and Evening News*, fondé en 1921 par C.P. Scott, s'est modernisé, sans rien céder jusqu'à présent sur son programme d'origine : l'indépendance, la qualité et des idées de gauche.

Ayant pris le parti de ne pas publier en ligne la totalité des articles parus dans leurs versions papier, le *Guardian* et l'*Observer* (journal du dimanche) ont également décidé de ne pas organiser leur contenu comme le font la plupart des journaux sur leurs sites web. Les responsables de l'édition électronique ont développé des sites thématiques particulièrement bien construits. Les amateurs de football peuvent ainsi faire un détour par les pages de : www.footballunlimited.co.uk entièrement dédiées au ballon rond et grâce auxquelles le football britannique n'aura plus aucun secret pour vous. Les autres pourront potasser les offres d'emploi regroupées sur un site particulier : www.jobsunlimited.co.uk

▪ **THE INDEPENDENT. www.independent.co.uk –** *230 000 exemplaires, Royaume-Uni, quotidien.* Un journal national d'excellente facture, mais qui peine à trouver sa place entre le *Guardian* et les grands titres de droite, tiraillé entre deux actionnaires, le Mirror Group, et l'Irlandais Tony O'Reilly, aux ambitions contradictoires. Résultat : l'*Independent* a la réputation d'être trop politiquement correct. C'est le quotidien national qui a les ventes les plus basses.

▪ **METRO. www.metro.co.uk –** Version allégée et gratuite de l'*Evening Standard* lancée en 1999, *Metro* est un vrai succès. Il offre des nouvelles nationales, internationales et people faciles à lire. Parfait quand on vient de se réveiller. Vous le trouverez à l'entrée du métro (si vous passez tôt car ils partent comme des petits pains…)

▪ **THE SPECTATOR. www.spectator.co.uk –** *60 000 exemplaires, Royaume-Uni, hebdomadaire.* Revue de droite qui traite de politique, économie, art, The Spectator, créé en 1828, appartient depuis 1989 au groupe de presse Telegraph Group.

▪ **THE SUN. www.thesun.co.uk –** *3 780 000 exemplaires, Royaume-Uni, quotidien.* Né en 1911, racheté en 1969 par Rupert Murdoch, *The Sun* est LE tabloïd britannique : populaire, conservateur, vindicatif, crapoteux, xénophobe, anti-européen…

▪ **THE TIMES. www.timesonline.co.uk –** *811 000 exemplaires, Royaume-Uni, quotidien.* Fondé en 1785, c'est le plus vieux quotidien britannique et le plus connu. Il a été racheté en 1981 par Rupert Murdoch. Conservateur et influent, il représente plus que jamais la voix de l'establishment.

▨ **THE BIG ISSUE.** *Bimensuel, 120 000 exemplaires.* Vendu par les sans-abri londoniens, le Big Issue ne se contente pas de parler des deux millions de personnes qui cherchent un toit en Grande-Bretagne. Les vendeurs peuvent passer à l'écriture. Poèmes, témoignages, articles : quatre pages par numéro leur sont réservées. « C'est très difficile d'écrire. Plus encore quand, à force du mépris des autres, on a perdu le respect de soi-même », explique Robert Winter, un ancien jardinier de 45 ans qui a vécu deux ans dans la rue et dirige désormais la rubrique « emploi ».

Dotés d'une solide réputation de sérieux et d'une aura dépassant les frontières du royaume, *The Times* et *The Sunday Times* ont installé leurs éditions en ligne en janvier 1996. Alors que les versions papier du quotidien et de l'édition dominicale diffèrent largement dans leur fonctionnement, leurs sites web sont conçus sur le même modèle, permettant au visiteur de naviguer de l'un à l'autre sans se perdre.

Journaux du dimanche

▨ **INDEPENDENT ON SUNDAY.** *285 000 exemplaires, Royaume-Uni.* Version dominicale du quotidien The Independent, créée en 1990.

▨ **NEWS OF THE WORLD. www.newsoftheworld.co.uk –** Appartenant au *Sun,* c'est LE journal à scandale, toujours à la recherche de « scoops ».

▨ **THE OBSERVER.** *440 000 exemplaires, Royaume-Uni.* Le plus ancien des journaux du dimanche (1791) est l'un des plus beaux fleurons de la « qualité anglaise » et la propriété du Scott Trust, comme *The Guardian.*

▨ **THE SUNDAY TELEGRAPH.** *886 300 exemplaires, Royaume-Uni.* Cette version dominicale du *Daily Telegraph,* dont il partage la même rédaction, est née en 1961

▨ **THE SUNDAY TIMES. www.sunday-times.co.uk –** *1 450 000 exemplaires, Royaume-Uni.* Fondé en 1822, il a fusionné avec *The Times* en 1967. L'enfant chéri de Rupert Murdoch, est aujourd'hui l'un des meilleurs journaux britanniques de qualité publié le dimanche, en tout cas le plus lu.

Vous trouverez cette présentation de la presse britannique sur le site de *Courrier International,* que nous remercions.

Télévision

▣ **BBC1, BBC2** sont des télévisions publiques sans publicité, surtout réputées pour leurs téléfilms et leurs documentaires.

▣ **ITV et Channel 4** sont des chaînes privées. ITV est destinée à un public plutôt familial tandis que Channel 4 cible les jeunes.

▣ **Channel 5,** également une chaîne privée, est plus bas de gamme que ses concurrentes.

Radio

BBC. La BBC émet sur les grandes stations nationales suivantes :

▣ **1 :** musique pop actuelle mélangeant tubes et morceaux plus underground.

▣ **2 :** musique pop, jazz.

▣ **3 :** musique classique, culture.

▣ **4 :** débats, théâtre, jeux, infos.

▣ **Capital :** musique top 50.

▣ **XFm :** musique rock.

▓ **BIBLIOGRAPHIE** ▓

▷ **Charles Dickens.** *Œuvres complètes,* dont *Oliver Twist* et *Un conte de deux villes,* Folio.

▷ **Alexandre Dumas.** *Robin Hood, le proscrit,* éd. du Rocher, 1991.

▷ **Paul Morand.** *Londres,* Plon, 1990.

▷ **André Maurois.** *Histoire d'Angleterre,* Fayard, 1990.

▷ **Samuel Peyps.** *Journal,* Mercure de France. Ce chroniqueur y décrit avec une grande précision la vie à Londres dans les années 1660.

▷ **Jules Verne.** *Voyage à reculons en Angleterre et en Ecosse,* Le Cherche Midi.

▷ ***Les Carnets de Jennifer G, souvenirs et recettes d'un manoir gallois*** recueillis par Christine Armengaud, Actes Sud, 1987.

▷ **Caradog Prichard.** *Une nuit de pleine lune,* traduit du gallois par J.-Y. Le Disez et Carys Lewis, Actes Sud, 1990.

▷ ***Littérature de Grande-Bretagne.*** Revue *Europe,* avril 1993.

▷ **V.S. Naipaul.** *L'Enigme de l'arrivée,* traduit par Suzann Mayoux, éd. Christian Bourgois.

Et encore quelques autres comme **Laurence Sterne,** un Rabelais d'Outre-Manche et du XVIIIe siècle (*Tristram Shandy*); **Thomas Hardy,** natif de Dorchester, pour son *Maire de Casterbridge;* **Henry James,** un Américain qui, ayant résolument opté pour la vieille Europe, fut un observateur aigu et délicieux de la haute société victorienne; **D.H. Lawrence,** bien sûr; **Virginia Woolf,** naturellement, et **Lewis Carroll,** of course, pour sa *Chasse au Snark,* moins connu que la petite Liddell, Alice de son prénom.

▷ **Robert Burns.** *Poésies complètes.*

▷ **Walter Scott.** *La Fiancée de Lammermoor, Ivahnoe, Le Page de Marie Stuart, Rob Roy, Waverley.*

▷ **James Mathiew Barrie.** *Peter Pan.*

▷ **Lord Robert Stevenson.** *L'Ile au trésor, L'Etrange cas du docteur Jekill et de Mister Hyde.*

▷ **Joanne K. Rowling.** *Harry Potter à l'école des sorciers, Harry Potter et La Chambre des secrets, Harry Potter et le prisonnier d'Azkaban, Harry Potter et la coupe de feu, Harry Potter et l'ordre du Phoenix.* Pour les enfants, mais aussi pour les grands.

▷ **Alasdair Gray.** *Lanark,* un livre culte écrit entre 1969 et 1981.

▷ **Andrew O'Hagan.** *Le Crépuscule des pères (Our Fathers).*

▷ **Zadie Smith.** *White Teeth (Sourires de loup).*

▷ **Monica Ali.** *Bricklane,* 2003

Pays de Galles

▶ **Nouvelles.** *Quelques nouvelles du Pays de Galles,* anthologie de Carys Lewis de 24 nouvelles galloises et anglaises de 24 écrivains différents.

▶ **Romans.** *Qu'elle était verte ma vallée* (adapté au cinéma par John Ford). L'auteur Richard Llewellyn décrit de façon très romancée la vie des mineurs du sud du pays de Galles.
Les dames de Llangollen. Elizabeth Mavor retrace la vie de deux célèbres lesbiennes excentriques venues s'installer à Plas Newydd à Llangollen, au début XVIIIe siècle.
La guerre de Fanny. Nina Badwen raconte l'histoire de Fanny qui retourne au pays de Galles, à l'endroit où elle et son frère furent expédiés durant la dernière guerre.

▶ **Société.** *Le Pays de Galles : identité et modernité,* de Hervé Abalain. Pour un examen de l'identité propre des Gallois trop souvent confondus avec les Anglais, Hervé Abalain analyse les grandes étapes de l'évolution du pays de Galles, l'économie, le fait politique, la religion, la culture, la montée des institutions, la langue et la culture. Indispensable pour une bonne compréhension de ce pays.

Guides

▶ **Londres.** Le Petit Futé Country Guide, Nouvelles Editions de l'Université, 2006.

▶ **Pays de Galles.** Le Petit Futé Country Guide, Nouvelles Editions de l'Université, 2006.

▶ **Ecosse.** Le Petit Futé Country Guide, Nouvelles Editions de l'Université.

Beaux livres

▶ **Angleterre, terre de tous les rêves.** Matthews, Soline, 1993.

▶ **Campagne anglaise.** Seebhom, Chêne, 1988.

▶ **Grande-Bretagne.** Coll. Intime Europe, Romain Pagès éd., 1993.

▶ **Grandes demeures d'Angleterre.** Massingbe, Mengès, 1994.

▶ **Grande-Bretagne et Irlande,** Le Voyageur d'Art. Jacobs et Stirton, 1984.

▨ SUR PLACE ▨

Télécommunications

Urgences

▨ **POLICE – POMPIERS – AMBULANCE – SERVICES D'URGENCE** ✆ **999 (appel gratuit).**
A Londres, pour connaître le numéro du commissariat (Police Station) le plus proche dans des cas non urgents, appelez les renseignements ✆ 192.

Londres, cabine téléphonique.

Indicatifs téléphoniques des principales villes

Aberdeen 1224	Glasgow......... .. 141	Manchester 161
Birmingham...... .121	Guernsey........ .. 1481	Newcastle/Tyne .... .191
Brighton .... .1273	Jersey 1534	Norwich........ ...1603
Bristol 1179	Leeds 1132	Nottingham ...... .1159
Cardiff 1222	Leicester....... .. 1162	Plymouth 1752
Dundee........ ...1382	Liverpool..... 151	Sheffield .... .1142
Edimbourg 131	Londres 20	Southampton 1703

Poste

Vous pouvez envoyer des fax, des télégrammes et des télex dans les grands hôtels et dans la plupart des bureaux de poste, ouverts de 9 à 17h30 du lundi au vendredi et le samedi de 9h à 12h30. La poste restante fonctionne dans les bureaux de poste des villes de moyenne et grande importance et par arrangement dans les villages.

▷ **Express mail.** Trois, voire quatre levées par jour sont effectuées, tandis que les boîtes aux lettres rouges poussent comme des champignons.

Téléphone

Autrefois gérée par la poste, la British Telecom est devenue l'industrie la plus lucrative du pays, grâce à l'application d'une technologie datant des années 60. Elle est aujourd'hui privatisée.

A Londres, le visiteur devra faire face à une variété ahurissante de téléphones. Certains n'acceptent que les pièces, mais pas toujours les pièces de 10 p. D'autres ne fonctionnent qu'avec des télécartes (phonecards), d'autres avec des cartes de crédit (CB/Visa, American Express...), d'autres enfin acceptent à la fois les pièces et les télécartes. Les légendaires cabines rouges se font de plus en plus rares, n'acceptent que les pièces et ne peuvent pas recevoir d'appels (no incoming call).

Et c'est cher : pièces de monnaie et télécartes s'épuisent à un rythme alarmant. Les communications sont un peu moins onéreuses le soir à partir de 18h, les week-ends et les jours fériés.

Mais ce n'est pas tout. La société privée Mercury gère aussi un réseau de cabines téléphoniques en plastique orange, où les communications sont payables par des télécartes qui ne fonctionnent que dans ces cabines.

Bref, pour être sûr de pouvoir appeler, vous devez vous munir d'une poignée de pièces de 10 p pour les appels locaux rapides ; de pièces de 20 p pour les appels plus longs ; de pièces de £1 pour les conversations internationales (attention, les cabines ne rendent pas la monnaie) ; de télécartes British Telecom et Mercury, ou de votre carte bancaire – sans oublier le numéro de votre correspondant ! Vous en arriverez à regretter les bons vieux jetons... Bonne chance !

Les cartes British Telecom sont disponibles pour les sommes de 2, 5, 10 et £20. On les trouve dans les postes et chez la plupart des marchands de journaux.

Cependant, le moyen le plus simple, et le moins cher, pour appeler à l'étranger, est de vous rendre dans un call center international, nombreux dans les villes, et parfois même dans certains gros villages de campagne.

▷ **Pour appeler de Grande-Bretagne en France :** composer le 00 33, puis les 9 chiffres du numéro de votre correspondant, le 153 pour les renseignements internationaux, le 192 pour les renseignements sur Londres et sur la Grande-Bretagne. Ces deux numéros sont gratuits.

▷ **Pour obtenir un opérateur international :** composer le 155. Ce numéro vous permet aussi d'obtenir un numéro en PCV (« reserved charge call »). Pour téléphoner facilement depuis l'étranger vers la France et dans certains cas vers d'autres pays.

▷ **Pour téléphoner depuis la France :** (00 44) + indicatif de la ville + numéro de votre correspondant.

▷ **Pour téléphoner de Grande-Bretagne en Grande-Bretagne :** il faut toujours faire le 0 avant l'indicatif de la ville.

Horaires

Ces horaires ne sont qu'une indication et peuvent varier d'une ville à l'autre. A Londres, les commerces restent ouverts plus tard.

▷ **Banques :** de 9h30 à 16h30 du lundi au vendredi.

▷ **Musées :** de 10h à 18h en semaine, de 14h ou 14h30 à 17h ou 18h le dimanche.

▷ **Magasins :** de 9h30 à 17h30 ou 18h du lundi au samedi.

▷ **Principaux bureaux de poste :** de 9h à 17h30 ou 18h du lundi au vendredi ; de 9h à 12h30 le samedi.

Jours fériés (Bank Holidays)

Mis à part les fêtes de fin d'année et le vendredi saint, les jours fériés seront toujours un lundi.

En Angleterre

▷ **1er janvier :** fête du Nouvel An sur Trafalgar Square à minuit, Londres.

▷ **13 avril :** vendredi saint.

▷ **Lundi de Pâques** (Easter Monday).

▷ **Le premier lundi de mai :** Early May Day.

▷ **Le dernier lundi de mai :** fête du printemps (Spring Bank Holiday).

▷ **Le dernier lundi d'août :** fête de l'été (August Bank Holiday).

▷ **25 et 26 décembre :** Noël (Christmas).

▷ **27 décembre :** Christmas Bank Holiday.

En Écosse

▷ **1er janvier :** jour de l'an.

▷ **Vendredi saint.**

▷ **Lundi de Pâques** (Easter Monday).

▷ **Le premier lundi du mois de mai :** jour de mai (May Day).

▷ **Le dernier lundi du mois de mai :** fête du printemps (Spring Bank Holiday).

▷ **Le dernier lundi du mois d'août :** fête de l'été (August Bank Holiday).

▷ **25 décembre :** Noël (Christmas).

▷ **26 décembre :** Boxing Day.

▷ **27 décembre :** Christmas Bank Day.

Cornouailles, maisons.

Londres, Trafalgar Square, fontaine en été.

Au pays de Galles

▷ **1er janvier :** jour de l'an.

▷ **Le premier lundi de mai :** May Day.

▷ **Le dernier lundi de mai :** fête du printemps (Spring Bank Holiday).

▷ **Le dernier lundi d'août :** fête de l'été (August Bank Holiday).

▷ **25 décembre :** Noël (Christmas).

▷ **26 décembre :** Boxing Day.

Langue

Les Britanniques ne sont pas vraiment connus pour être des polyglottes émérites. A peu près aucune langue étrangère (c'est-à-dire autre que l'anglais ou le gaélique) n'est parlée en Grande-Bretagne (sauf à Londres). Beaucoup de Britanniques connaissent quelques rudiments de français, mais cela se limite à « Mon tailleur est riche ». Toutefois, vous rencontrerez parfois de rares propriétaires d'hôtels se débrouillant plus ou moins bien dans la langue de Molière qui seront ravis de pratiquer avec vous. Dans ce cas, ne répondez surtout pas en anglais, vous les vexeriez.

Alcool – Tabac

Seules les personnes âgées de plus de 17 ans ont le droit de rapporter de leur séjour du tabac ou des boissons alcoolisées.

Électricité

Voltage en 240 et prises à trois broches. Transformateurs en vente chez les quincailliers. Précisez que vous voulez un transformateur pour l'Angleterre, sinon vous aurez un adaptateur pour le continent ! Les grands hôtels en ont à votre disposition à Londres et dans les grandes villes touristiques.

Poids et mesures

▷ **1 mile :** 1,609 km environ.

▷ **1 pint :** 142 dl.

▷ **1 livre :** 470 g.

▷ **1 pound :** 453 g.

L'adoption du système métrique est en passe de se généraliser, même si certains corps de métiers se font tirer l'oreille (une pinte reste une pinte !).

Carnet d'adresses

◼ EN FRANCE ◼

Adresses utiles

◼ **AMBASSADE DE GRANDE-BRETAGNE. 35, rue du Faubourg Saint-Honoré, 75008 Paris** ✆ 01 44 51 31 00 – Fax : 01 44 51 31 27 – www.amb-grandebretagne.fr – Métro Concorde.

◼ **OFFICE DE TOURISME DE GRANDE-BRETAGNE. 22, avenue Franklin Roosevelt BP154 75363 Paris Cedex 08** ✆ 0 825 83 82 81 – Fax : 01 58 36 50 51 – www.visitbritain.com – gbinfo@bta. org.uk – *N'est plus ouvert au public depuis avril 2002.*

◼ **BRITISH COUNCIL. 9, rue de Constantine, 75007 Paris** ✆ 01 49 55 73 00 – 0 892 68 44 14 – Fax : 01 47 05 77 02 – **Métro Invalides.** Renseignements sur les études en Grande-Bretagne ✆ 01 49 55 73 54. Vous y trouverez également un service de presse.

◼ **BRITISH RAIL INTERNATIONAL. Est représenté par HMS Voyages. 81, rue de Miromesnil 75008 Paris** ✆ 0 820 00 31 31 – Fax : 01 53 04 04 09. Vous pourrez y obtenir les horaires et les tarifs des trains en Grande-Bretagne et particulièrement en Ecosse et acheter vos billets. L'agence propose également à la vente un vaste choix de cartes forfaitaires valables sur tout le réseau ferroviaire britannique. Renseignez-vous auprès de leur bureau avant de partir.

◼ **ASSOCIATION FRANCO-ECOSSAISE. (Ancien Collège des Ecossais) 65, rue du Cardinal-Lemoine, 75005 Paris** – www.franco-ecossaise.asso.fr – info@franco-ecossaise.asso.fr – Métro Cardinal-Lemoine.

Pubs et bars

◼ **CAMBRIDGE TAVERN. 19, avenue de Wagram, 75017 Paris** ✆ 01 43 80 34 12 – Métro Wagram, Ternes.

◼ **SIR WINSTON. 5, rue de Presbourg, 75016 Paris** ✆ 01 40 67 17 37 – Métro Etoile, Kléber.

Pub écossais

◼ **THE AULD ALLIANCE. 80, rue François-Miron, 75004 Paris** ✆ 01 48 04 30 40 – Métro Saint-Paul. Le seul pub écossais de Paris – www.theauldalliance.com –

Boutiques

◼ **SAVEURS D'IRLANDE ET D'ECOSSE. 5, cité Wauxhall, 75010 Paris** ✆ 01 42 00 36 20 – Fax : 01 42 00 33 12 – Métro République.

◼ **LA MAISON DU WHISKY. 20, rue d'Anjou 75008 Paris** ✆ 01 42 65 03 16 – Fax : 01 46 55 96 47 – www.whisky.fr – Métro Madeleine.

Pour trouver une sélection complète d'adresses britanniques en région parisienne, consulter *Le Petit Futé Paris British*, Nouvelles Editions de l'Université.

Librairies

Les librairies du voyage proposent de nombreux guides, récits de voyages et autres manuels du parfait voyageur. Bien se préparer au départ et affiner ses envies permet d'éviter les mauvaises surprises. Le voyage commence souvent bien calé dans son fauteuil, un récit de voyage ou un guide touristique à la main. Voilà pourquoi nous vous proposons une liste de librairies de voyage à Paris et en province.

Nord-Pas de Calais

**VOUS PRÉVOYEZ
UNE VISITE, UN SÉJOUR…**

*REAL FRANCE,
REAL CLOSE*

Librairies anglophones

▪ **BRENTANO'S. 37, avenue de l'Opéra, 75002 Paris** ✆ 01 42 61 52 50 – Métro Pyramides.

▪ **GALIGNANI. 224, rue de Rivoli, 75001 Paris** ✆ 01 42 60 76 07 – Métro Tuileries.

▪ **VILLAGE VOICE. 6, rue Princesse, 75006 Paris** ✆ 01 46 33 36 47 – Métro Mabillon.

▪ **W.H. SMITH & SON. 248, rue de Rivoli, 75001 Paris** ✆ **01 44 77 88 89. Métro Condorde.** Une excellente librairie où sont exposés à la fois les derniers succès en matière de romans policiers, de science-fiction ou sentimentaux, mais aussi un bon fond de sciences humaines et d'ouvrages pour enfants.

▪ **GIBERT JOSEPH. 26, boulevard Saint-Michel, 75005 Paris** ✆ 01 44 41 88 55 – **Métro Odéon, Cluny-La-Sorbonne.** Un important rayon d'ouvrages étrangers, en grande partie anglophones, au dernier étage du magasin.

Paris

▪ **ESPACE IGN. 107, rue La Boétie (8ᵉ)** ✆ **01 43 98 80 00 – www.ign.fr – M°Franklin-D. Roosevelt.** *Ouvert du lundi au vendredi de 9h30 à 19h, et le samedi de 11h à 12h30 et de 14h à 18h30.* Les bourlingueurs de tout poil seraient bien inspirés de venir faire un petit tour dans cette belle librairie sur deux niveaux avant d'entamer leur périple. Au rez-de-chaussée se trouvent les documents traitant des pays étrangers : cartes en veux-tu en voilà (on n'est pas à l'Institut Géographique National pour rien !), guides de toutes éditions, beaux livres, méthodes de langue en version Poche, ouvrages sur la météo, conseils pour les voyages. L'espace est divisé en plusieurs rayons consacrés chacun à un continent. Tous les pays du monde sont représentés, y compris les mers et les océans. Les enfants ont droit à un petit coin rien que pour eux avec des ouvrages sur la nature, les animaux, les civilisations, des atlas, des guides de randonnée... Ils ne manqueront pas d'être séduits, comme leurs parents sans doute, par l'impressionnante collection de mappemondes, aussi variées que nombreuses, disposées au centre du magasin. Les amateurs d'ancien, quant à eux, pourront se procurer des reproductions de cartes datant pour certaines du XVIIᵉ siècle !

▪ **GITES DE FRANCE. 59, rue Saint-Lazare** ✆ **01 49 70 75 75 – Fax 01 42 81 28 53 – www.gites-de-france.fr –** *Ouvert du lundi au vendredi de 10h à 18h30 et le samedi de 10h à 13 h et de 14h à 18h30 (sauf en juillet-août).* Pour vous aider à choisir parmi ses 55 000 adresses de vacances, Gîtes de France a conçu une palette de guides comportant des descriptifs précis des hébergements. Mais vous trouverez également dans les boutiques d'autres guides pratiques et touristiques, ainsi que des topo-guides de randonnée, des cartes routières et touristiques. Commande en ligne possible.

▪ **ITINERAIRES, LA LIBRAIRIE DU VOYAGE. 60, rue Saint-Honoré (1ᵉʳ)** ✆ **01 42 36 12 63 – Fax 01 42 33 92 00 – www.itineraires.com – itineraires@itineraires.com – M° Les Halles.** *Ouvert le lundi à 11h et du mardi au samedi de 10h à 19h.* Cette charmante librairie vous réserve bien des surprises. Logée dans un bâtiment classé des Halles, elle dispose d'un ravissant patio et de caves dans lesquelles sont organisées de multiples rencontres. Le catalogue de 15 000 titres est disponible sur le site Internet. Dédié à « la connaissance des pays étrangers et des voyages », cette librairie offre un choix pluridisciplinaire d'ouvrages classés par pays. Si vous désirez connaître un pays, quelques titres essentiels de la littérature vous sont proposés, tous les guides de voyage existants, des livres de recettes, des précis de conversation, des études historiques... Dans la mesure du possible, les libraires mettent à votre disposition une sélection exhaustive, un panorama complet d'un pays, de sa culture et de son histoire. La librairie organise régulièrement des expositions de photos. On peut toujours passer commande, grâce à des délais de livraison très courts (1 à 3 jours pour des livres qui ont été édités aux quatre coins du globe, et 3 semaines pour ceux qui arrivent de chez nos amis britanniques...).

▪ **LA BOUTIQUE MICHELIN. 14, avenue de l'Opéra (1ᵉʳ)** ✆ **01 42 68 05 20 – www.michelin.com – M° Opéra.** *Ouvert le lundi de 13h à 19h, du mardi au samedi de 10h à 19h.* Avis à tous les sillonneurs des routes de France, de Navarre et même d'ailleurs, puisque les guides et les cartes Michelin couvrent le monde entier. Dans cette boutique, ils trouveront de nombreux documents pour préparer leur voyage d'un point de vue touristique mais aussi logistique. Un espace Internet les invite à établir (gratuitement) leur itinéraire et à le calculer (en euros, en kilomètres, en temps...). A part cela, toute la production Michelin est en rayon, des guides verts (en français, en anglais, en allemand) aux guides rouges en passant par les collections Escapade, Néos et les cartes France et étranger. Et ce n'est pas tout, une bibliothèque propose aussi les ouvrages des éditeurs concurrents : Lonely Planet, Gallimard, Petit Futé… Notez que des beaux livres et des essais sur la saga Michelin sont en vente ainsi que de vieilles affiches publicitaires. En plus de tout cela, les amateurs du Bibendum pourront acheter un grand nombre de produits dérivés comme des serviettes, vêtements, jouets…

■ **AU VIEUX CAMPEUR.** 2, rue de Latran (5ᵉ) ℰ 01 53 10 48 48 – www.au-vieux-campeur. fr – M° Maubert-Mutualité ou Cardinal-Lemoine. A Paris, Quartier Latin : 23 boutiques autour du 48, rue des Ecoles, Paris Vᵉ – A Lyon, Préfecture-université : 7 boutiques autour du 43, cours de la Liberté, Lyon IIIᵉ – A Thonon-les-Bains, entre lac et montagne : 48, avenue de Genève – A Sallanches, au pied du Mont Blanc : 925, route du Fayet – A Toulouse Labège : 23, rue de Sienne, Labège Innopole – A Strasbourg, une boutique sur 3 étages : 32, rue du 22 novembre – infos@auvieuxcampeur.fr – www.auvieuxcampeur.fr – *Ouvert du lundi au vendredi de 10h30 à 19h30, le mercredi jusqu'à 21h, le samedi de 9h30 à 19h30.* Les magasins du Vieux Campeur disposent d'une librairie dédiée au tourisme sportif en France. Vous y trouverez de nombreux guides mais aussi des cartes, des beaux livres, des revues et un petit choix de vidéo. Quelques pays d'Europe et d'autres contrées plus lointaines (comme l'Himalaya) sont également évoqués, mais ce sont surtout les régions de France qui sont ici représentées. Le premier étage met à l'honneur le sport, les exploits, les découvertes. Vous pourrez vous y documenter sur l'escalade, le VTT, la plongée sous-marine, la randonnée, la voile, le ski… Commande possible par Internet.

■ **LIBRAIRIE ULYSSE.** 26, rue Saint-Louis-en-l'île (4ᵉ) ℰ 01 43 25 17 35 – www.ulysse. fr – ulysse@ulysse.fr – M° Pont-Marie. *Ouvert du mardi au samedi de 14h à 20h.* Comme Ulysse, Catherine Domain a fait un beau voyage. Un jour de 1971, elle a posé ses valises sur l'île Saint-Louis où elle a ouvert une petite librairie. Depuis, c'est elle qui incite les autres au départ. Ne soyez pas rebutés par l'apparent fouillis des bibliothèques : les bouquins s'y entassent jusqu'au plafond, mais la maîtresse des lieux sait exactement où trouver ce qu'on lui demande. Car ici, il faut demander, le panneau accroché devant la porte de l'entrée vous y encourage franchement : « Vous êtes dans une librairie spécialisée à l'ancienne, au contraire du self-service, de la grande surface ou du bouquiniste. Ce n'est pas non plus une bibliothèque, vous ne trouverez pas tout seul. Vous pouvez avoir des rapports humains avec la libraire qui elle aussi a ses humeurs. » Vous voilà prévenus ! La boutique recèle plus de 20 000 ouvrages (romans, beaux livres, guides, récits de voyage, cartes, revues) neufs et anciens sur tous les pays. Un service de recherche de titres épuisés est à la disposition des clients. Laissez-vous donc conter fleurette par cette globe-trotteuse insatiable : l'écouter, c'est déjà partir un peu.

■ **LA BOUTIQUE DU PETIT FUTÉ.** 1, rue de l'Arbalète (5ᵉ) ℰ 01 45 35 46 45 – www.lepetitfute. com – M° Censier-Daubenton. *Ouvert du mercredi au samedi de 10h30 à 13h30 et de 14h30 à 19h30, et le dimanche de 10h à 13h30.* Le Petit Futé fait dans le guide de voyage, vous l'ignoriez ? Et saviez-vous qu'il possédait sa propre librairie ? S'il porte bien son nom, celui-là ! A deux pas de la pittoresque rue Mouffetard, la Boutique du Petit Futé accueille depuis 1998 une large clientèle de Parisiens en partance, ou rêvant de l'être. Outre tous les Petits Futés de France, de Navarre et d'ailleurs (Country Guides, City Guides, Guides Régions, Guides Départements, Guides thématiques, en tout près de 350 titres) disponibles en français et en russe, vous trouverez ici des recueils de recettes exotiques, des récits de voyages ou romans ayant trait à cette saine activité (parus chez Actes Sud ou Payot), des beaux livres sur l'art de vivre en Papouasie ou à Canet-Plage, de nombreux ouvrages pratiques commis par les confrères (cartes routières IGN, guides Michelin, Arthaud, Lonely Planet en français et en anglais, Berlitz, Rough Guides), et, pour vous mettre encore plus dans l'ambiance de votre prochaine destination, des CD de musiques du monde Harmonia Mundi.

Londres, Canary Wharf vue du quartier des docks de la Tamise.

Guernesey, falaise.

Cornouailles, Mullion Cove.

Cornouailles, Mevagissey.

Pentre Ifan.

Pembrokeshire, pêche à la ligne en mer à Marloes Sands.

■ **LIBRAIRIE DE VOYAGEURS DU MONDE. A Paris : 55, rue Sainte-Anne (2e)** ✆ **01 42 86 17 37 – Fax 01 42 86 17 89. M° Pyramides ou Quatre Septembre – www.vdm.com – librairie@vdm. com –** *Ouvert du lundi au samedi de 9h30 à 19h sans interruption.* Située au sous-sol de l'agence de voyages Voyageurs du Monde, cette librairie est logiquement dédiée aux voyages et aux voyageurs. Vous y trouverez tous les guides en langue française existants actuellement sur le marché, y compris les collections relativement confidentielles. Un large choix de cartes routières, de plans de villes, de régions vous est également proposé ainsi que des méthodes de langue, des ouvrages truffés de conseils pratiques pour le camping, trekking et autres réjouissances estivales. Rayon littérature et témoignages, récits d'éminents voyageurs et quelques romans étrangers.

■ **LIBRAIRIE MARITIME OUTREMER. 55, avenue de la Grande-Armée (16e)** ✆ **01 45 00 17 99 – www.librairie-outremer.com – M° Argentine.** *Ouvert du lundi au samedi de 10h à 19h.* La librairie de la rue Jacob dans le 6e a rallié les locaux de la boutique avenue de la Grande-Armée. Des ouvrages sur l'architecture navale, des manuels de navigation, des ouvrages de droit marin, les codes Vagnon, les cartes du service hydrographique et océanique de la marine, des précis de mécanique pour les bateaux, des récits et romans sur la mer, des livres d'histoire de la marine… tout est là. Cette librairie constitue la référence dans ce domaine. Son catalogue est disponible sur Internet et en format papier à la boutique.

■ **L'ASTROLABE. 46, rue de Provence (9e)** ✆ **01 42 85 42 95. M° Chaussée-d'Antin.** *Ouvert du lundi au samedi de 9h30 à 19h.* Une des plus importantes librairies de Paris consacrées exclusivement au voyage. On trouve ici sur deux niveaux un choix énorme d'ouvrages : 40 000 références ! A l'étage, les guides, les beaux livres et les cartes d'Europe, et au rez-de-chaussée le reste du monde avec guides touristiques, récits de voyage, les plans des grandes villes… Car la grande spécialité de l'Astrolabe, c'est la cartographie : 35 000 cartes toutes échelles et tous pays, mais aussi des cartes maritimes et aéronautiques, routières, administratives, de randonnées… On peut même les choisir pliées ou roulées ; ce n'est pas du luxe, ça ? En outre, on peut aussi y acheter des guides et des livres en langue étrangère (anglais et espagnol), des atlas et des globes, des cartes murales, des boussoles et plein d'objets concernant le sujet. Disposant de services de qualité (commandes à l'étranger, recherches bibliographiques…), L'Astrolabe est l'endroit rêvé pour organiser ses voyages.

Bordeaux

■ **LA ROSE DES VENTS. 40, rue Sainte-Colombe** ✆**/Fax : 05 56 79 73 27 – rdvents@hotmail. com –** *Ouvert du lundi au samedi de 10h à 12h30 et de 14h à 19h.* Dans cette librairie, le livre fait voyager au sens propre comme au figuré. Les cinq continents y sont représentés à travers des guides et des cartes qu'il sera possible de déplier sur une table prévue à cet effet, et décorée… d'une rose des vents. Des ouvrages littéraires ainsi que des guides de nature garnissent également les étagères. Le futur aventurier pourra consulter gratuitement des revues spécialisées. Lieu convivial, La Rose des vents propose tous les jeudis soir des rencontres et conférences autour du voyage. Cette librairie fait maintenant partie du groupe géothèque (également à Tours et Nantes).

Brest

■ **MERIDIENNE. 31, rue Traverse** ✆ **02 98 46 59 15.** *Ouvert de 9h30 à 12h30 et de 14h à 19h du mardi et le samedi de 9h30 à 12h et de 14h à 19h.* Spécialisée dans les domaines maritimes et naturalistes, cette librairie est aussi une boutique d'objets de marins, de décoration et de jeux où il fait bon faire escale. Les curieux y trouveront des ouvrages de navigation, d'astronomie, des récits, des témoignages, des livres sur les sports nautiques, les grands voyages, l'ethnologie marine, la plongée, l'océanographie, les régions maritimes…

Caen

■ **HEMISPHERES. 15, rue des Croisiers** ✆ **02 31 86 67 26 – Fax 02 31 38 72 70 – www. aligastore.com – hemispherescaen@aol.com –** *Ouvert du mardi au samedi de 9h à 19h sans interruption.* Dans cette librairie dédiée au voyage, les livres sont classés par pays : guides, plans de villes, littérature étrangère, ethnologie, cartes et topo-guides pour la randonnée. Les rayons portent aussi un beau choix de livres illustrés et un rayon musique. Le premier étage allie littérature et nourriture, et des expositions photos y sont régulièrement proposées.

Lille

■ **LIBRAIRIE DE VOYAGEURS DU MONDE. 147, bd de la Liberté** ✆ 03 20 06 76 30 – Fax 03 20 06 76 31 – www.vdm.com – *Ouvert du lundi au samedi de 10 h à 19 h.* La librairie des voyageurs du monde lilloise est située dans le centre-ville. Elle compte pas moins de 14 000 références, livres et cartes, uniquement consacrées à la découverte de tous les pays du monde, de l'Albanie au Zimbabwe en passant par la Chine.

Lyon

■ **RACONTE-MOI LA TERRE. Angle des rues Thomassin et Grolée (2ᵉ)** ✆ 04 78 92 60 20 – Fax : 04 78 92 60 21 -www.raconte-moi.com – bienvenue@raconte-moi.com – *Ouvert du lundi au samedi de 10h à 19h30.* La librairie des explorateurs de notre siècle. Connexion Internet, restaurant « exotique », cette librairie s'ouvre sur le monde des voyages. Des guides aimables nous emmènent trouver l'ouvrage qu'il nous faut pour connaître tous les pays du globe. Ethnographes, juniors, baroudeurs, tous les genres gravitent autour de cette Terre-là.

■ **LIBRAIRIE DE VOYAGEURS DU MONDE. 5, quai Jules Courmont (2ᵉ)** ✆ 04 72 56 94 50 – Fax 04 72 56 94 55 – www.vdm.com – *Ouvert du mardi au samedi de 10h à 12h et de 13h à 19h.* Tout comme ses homologues de Paris, Marseille ou Toulouse, la librairie propose un vaste choix de guides en français et anglais, de cartes géographiques et atlas, de récits de voyage et d'ouvrages thématiques... Egalement pour les voyageurs en herbe : des atlas, des albums et des romans d'aventures.

Marseille

■ **LIBRAIRIE DE VOYAGEURS DU MONDE. 25, rue Fort Notre Dame (1ᵉʳ)** ✆ 04 96 17 89 26 – Fax 04 96 17 89 18 – www.vdm.com – *Ouvert le lundi de 12h à 19h et du mardi au samedi de 10h à 19h sans interruption.* Sur le même site sont regroupés les bureaux des conseillers Voyageurs du monde et ceux de Terre d'aventures. La librairie détient plus de 5 000 références : romans, ouvrages thématiques sur l'histoire, spiritualité, cuisine, reportages, cartes géographiques, atlas, guides (en français et en anglais). L'espace propose également une sélection d'accessoires incontournables : moustiquaires, bagages...

■ **LIBRAIRIE MARITIME OUTREMER. 26, quai Rive Neuve (1ᵉʳ)** ✆ 04 91 54 79 26 – Fax 04 91 54 79 49 – www.librairie-maritime.com – *Ouvert du mardi au vendredi de 9h à 12h30 et de 14h à 18h30, le samedi de 10h à 12h30 et de 15h à 18h30.* Que vous ayez le pied marin ou non, cette librairie vous ravira tant elle regorge d'ouvrages sur la mer. Ici, les histoires sont envoûtantes, les images incroyables... De quoi se mettre à rêver sans même avoir jeté l'encre !

Montpellier

■ **LES CINQ CONTINENTS. 20, rue Jacques-Cœur** ✆ 04 67 66 46 70 – Fax 04 67 66 46 73. *Ouvert de 13h à 19h15 le lundi et de 10h à 19h15 du mardi au samedi.* Cette librairie fait voyager par les mots et les images, elle est le passage obligé avant chaque départ vers... l'ailleurs. Les libraires sont des voyageurs infatigables qui submergent leurs rayons de récits de voyages, de guides touristiques, de livres d'art, de cartes géographiques et même de livres de cuisine et de musique. Régions de France, pays du monde surtout, rien ne leur échappe et ils sont capables de fournir nombre de renseignements. A fréquenter avant de partir ou pour le plaisir du voyage immobile. Régulièrement, la librairie organise des rencontres et animations (programme trimestriel disponible sur place).

Nantes

■ **LA GEOTHEQUE. 10, place du Pilori** ✆ 02 40 47 40 68 – Fax 02 40 47 66 70 – geotheque-nantes@geotheque.com – *Ouvert le lundi de 14h à 19h et du mardi au samedi de 10h à 19h.* Vous trouverez des centaines de guides spécialisés et plus de 2 000 cartes IGN. Pour savoir où l'on va et, en voyageur averti, faire le point avant que de s'y rendre... une bonne adresse. Cartes, guides et magazines sur tous les pays du monde.

Nice

■ **MAGELLAN. 3, rue d'Italie** ✆ 04 93 82 31 81 – Fax 04 93 82 07 46. *Ouvert de 14h à 19h le lundi et de 9h30 à 13h et 14h à 19h du mardi au samedi.* Avant de partir, pour vous procurer un guide ou une carte, pour organiser une expédition, aussi bien au Sri Lanka que tout simplement dans l'arrière-pays, mais aussi pour rêver, pour vous évader le temps d'un livre. Bienvenue dans la librairie du Sud-Est.

▓ **LIBRAIRIE DE VOYAGEURS DU MONDE. 4, rue du Maréchal Joffre.** ℂ 04 97 03 64 65 – Fax 04 97 03 64 60 – www.vdm.com – *Ouvert de 10h à 19h du lundi au samedi.* Elle propose tous les ouvrages utiles pour devenir un voyageur averti ! Il faut d'ailleurs savoir que les librairies des Voyageurs du monde travaillent en partenariat avec plusieurs instituts géographiques à travers le monde, et également quelques éditeurs privés.

Rennes

▓ **ARIANE. 20, rue du Capitaine-Alfred-Dreyfus** ℂ 02 99 79 68 47 – Fax : 02 99 78 27 59 – www.librairie-voyage.com – librairie-voyage@club-internet.fr – Le voyage commence dès le pas de la porte franchi. En France, en Europe, à l'autre bout du monde. Plutôt montagne ou résolument mer, forêts luxuriantes ou déserts arides… quelle que soit votre envie, vous trouverez de quoi vous documenter en attendant de partir. Cartes routières et marines, guides de voyages, plans… vous aideront à préparer votre voyage et vous accompagneront sur les chemins que vous aurez choisis. Articles de trekking, cartes et boussoles sont également vendus chez Ariane.

▓ **LIBRAIRIE DE VOYAGEURS DU MONDE. 31, rue de la Parcheminerie** ℂ 02 99 79 30 72 – Fax : 02 99 79 10 00 – www.vdm.com – *Ouvert de 10h à 19h du lundi au samedi.* Comme toutes les librairies des voyageurs du monde, celle de Rennes possède tout ce qu'il faut pour faire de vous un professionnel du voyage ! Guides en français et en anglais, cartes géographiques, atlas, récits de voyage, littérature étrangère, ouvrages thématiques, livres d'art et de photos, et pour les voyageurs en herbe : atlas, albums et romans d'aventures… Les librairies de Voyageurs du monde vendent également des photos anciennes, retirées à partir des négatifs originaux.

Strasbourg

▓ **GEORAMA. 20, rue du Fossé-des-Tanneurs** ℂ 03 88 75 01 95 – Fax 03 88 75 01 26 – *Ouvert le lundi de 14h à 19h et du mardi au samedi de 9h30 à 19h.* Le lieu est dédié au voyage et les guides touristiques voisinent avec les cartes routières et les plans de ville. Vous voulez partir en Chine ? Pas de problème : voici les Petits Futés Chine et Pékin, le plan des principales infrastructures routières du pays ainsi qu'un plan de Pékin en bilingue anglais/mandarin. Des accessoires indispensables au voyage (sac à dos, boussole) peuplent aussi les rayons de cette singulière boutique. Notez également la présence (et la vente) de fascinants globes lumineux et de cartes en relief.

Toulouse

▓ **LIBRAIRIE PRESSE DE BAYARD – LA LIBRAIRIE DU VOYAGE. 60, rue Bayard** ℂ 05 61 62 82 10 – Fax 05 61 62 85 54. *Ouvert du lundi au samedi de 7h30 à 19h.* Pour passer de bons moments en voyage sans tourner trente-six heures dans une région inconnue, cette librairie offre toutes sortes de cartes IGN (disponibles aussi en CD ROM), Topos Guides, Guides touristiques, cartes du monde entier et plans de villes (notamment de villes étrangères)… Cette surface de vente – la plus importante de Toulouse consacrée au voyage – possède également un rayon consacré à l'aéronautique (navigation aérienne), à la navigation maritime et aux cartes marines. Pour ne pas se perdre dans cette promenade littéraire, suivez les bons conseils de l'équipe de Toulouse presse. Dès qu'on pousse les portes de cette indispensable librairie, le voyage commence… Pour les futés qui n'ont pas envie de se paumer, une des librairies où vous trouverez le plus grand choix de Petit Futé.

▓ **OMBRES BLANCHES. 50, rue Gambetta** ℂ 05 34 45 53 33 – Fax 05 61 23 03 08 – www.ombres-blanches.com – voyage@ombres-blanches.com – *Ouvert du lundi au samedi de 10h à 19h.* On entre et on tombe sur une tente de camping. Pas de panique, ceci est bien une librairie, la petite sœur de la grande Ombres Blanches d'à côté. Mais une librairie spécialisée dans les voyages et le tourisme, donc dans le camping également ! Beaux livres, récits de voyage, cartes de rando et de montagnes, livres photos… La marchandise est dépaysante et merveilleuse tandis que l'accueil est aussi agréable que dans la librairie jumelle. Comment ne pas y aller, ne serait-ce que pour voyager virtuellement ?

▓ **LA LIBRAIRIE DE VOYAGEURS DU MONDE. 26, rue des Marchands** ℂ 05 34 31 72 72/55 – Fax 05 35 31 72 73 – www.vdm.com – *Ouvert le lundi de 13h à 19h et du mardi au samedi de 10h à 19h sans interruption.* Cette librairie propose l'ensemble des guides touristiques en français et en anglais, un choix exceptionnel de cartes géographiques et d'atlas, des manuels de langue et des guides de conversation. Mais on trouve également des récits de voyage, de la littérature étrangère, des ouvrages thématiques sur l'histoire, la spiritualité, la société, la cuisine, des reportages, des livres d'art et de photos… Pour les voyageurs en herbe, des atlas, des albums et des romans d'aventures.

Tours

■ **LA GEOTHEQUE, LE MASQUE ET LA PLUME. 14, rue Néricault-Destouches** ✆ **02 47 05 23 56 – Fax : 02 47 20 01 31.** Totalement destinée aux globe-trotters, cette librairie possède une très large gamme de guides et de cartes pour parcourir le monde. Et que les navigateurs des airs ou des mers sautent sur l'occasion : la librairie leur propose aussi des cartes, manuels, CD-Roms et GPS…

▦ EN GRANDE-BRETAGNE ▦

Adresses utiles

■ **AMBASSADE DE FRANCE. 58, Knightsbridge, London SW1** ✆ 0171 201 1000 – Fax : 0171 493 6594. Métro : Knightsbridge. *Ouvert du lundi au vendredi de 9h30 à 13h, et de 14h30 à 18h.*

■ **CONSULAT DE FRANCE. 21, Cromwell Road, South Kensington, London SW7** ✆ 0171 838 2000. Service visas : 6a Cromwell Place, South Kensington, London SW7 ✆ 0171 823 9555. *Ouvert du lundi au vendredi de 8h45 à 15h. Egalement un service emploi.*

■ **CHAMBRE DE COMMERCE FRANÇAISE. 197, Knightsbridge, Knightsbridge House, London SW7 1RB** ✆ **0171 304 4040.** Pour tout connaître sur vos droits, trouver un job, demandez-leur le vade-mecum des Français à l'étranger.

■ **AMBASSADE DE BELGIQUE. 103, Eton Square, London SW1** ✆ 0171 470 3700 – Fax : 0171 259 6213.

■ **AMBASSADE DU CANADA. Mac Donald's House, 1 Grosvenor Square, London W1** ✆ 0171-258 6600.

■ **AMBASSADE DE SUISSE. Swiss Center, Swiss Court, London** ✆ 0171 616 6000 – Fax : 0171 7341921.

Offices du tourisme

Dans les offices du tourisme des grands centres touristiques, ouverts en général de 9h à 17h, l'accueil est vraiment minimal et il arrive qu'on vous fasse payer les brochures d'information. L'office du tourisme n'est pas toujours très bien indiqué et dans les petites villes, il est fermé en hiver, entre le 1er novembre et le 1er avril.

■ **BRITISH VISITOR CENTRE. 1, Regent Street, SW1 – Tube : Piccadilly Circus.** *Ouvert de 9h à 18h30, du mardi au vendredi et les samedi et dimanche de 10h à 16h.* Informations et réservations (logements, transports, excursions, spectacles) sur Londres et toute la Grande-Bretagne. On y trouve une documentation touristique très complète, gratuite ou non.

Librairies

■ **LIBRAIRIE LA PAGE.** 7, Harrington Road, Londres SW7 ✆ 020 7589 5991.

■ **THE EUROPEAN BOOKSHOP.** 4, Regent Place, Londres W1 ✆ 020 7734 5259.

■ **THE FRENCH BOOKSHOP.** 28, Bute Street, Londres SW7 3EX ✆ 020 7584 2840.

Les droits du voyageur

Par Maître Cyril GORY, Avocat au Barreau de Paris

Pour voyager sans souci, mieux vaut connaître ses droits. Le législateur encadre la relation contractuelle entre les professionnels du voyage et les voyageurs à tous les stades du voyage : de l'achat du voyage jusqu'au retour au point de départ.

ACHAT DU VOYAGE EN AGENCE OU EN LIGNE

Forfait touristique et vente en ligne

Le voyageur bénéficie de droits renforcés car il peut dorénavant engager la responsabilité du vendeur sans devoir établir sa faute.

▷ **Définition.** Le législateur définit le forfait touristique comme une prestation comprenant classiquement le transport et l'hébergement, vendue à un prix tout compris et incluant une nuitée (article 2 de la loi n°92-645 du 13 juillet 1992, codifié article L.211-2 du Code du tourisme instauré par ordonnance n°2004-1391 du 20 décembre 2004) et la vente en ligne comme l'activité économique par laquelle une personne propose ou assure à distance et par voie électronique la fourniture de biens ou de services (article 14 de la loi n°2004-575 du 21 juin 2004).

▷ **Quels droits ?** En effet en cas de vente de forfaits touristiques en agence (article 23 de la loi n°92-645 du 13 juillet 1992, codifié article L.211-17 du Code du tourisme) ou de toutes prestations commercialisées en ligne (article 15 I de la loi n°2004-575 du 21 juin 2004), celui-ci est automatiquement responsable de tout manquement, de son fait ou de celui de ses prestataires, aux prestations contractuelles promises.

▷ **A qui s'adresser ?** Adressez-vous à votre vendeur, en ligne ou en agence.

Prestations hors forfait vendues en agence

En revanche, en cas de commercialisation de prestations individuelles, vols secs ou nuits d'hôtels, en agence, les droits du voyageur sont moins étendus.

▷ **Quels droits ?** Vous devez établir une faute de la part de votre cocontractant, agent de voyages, transporteur, hôtelier…

▷ **A qui s'adresser ?** Votre vendeur n'est pas responsable des autres prestataires, vous devez donc vous adresser au prestataire fautif.

Exemple

L'avion que vous devez prendre est annulé et reporté de 24 heures.

En cas de forfait touristique ou d'achat en ligne, le vendeur est automatiquement responsable, sans avoir à démontrer sa faute, et il doit vous indemniser dans la mesure de votre préjudice.

En cas de vol sec vendu en agence, l'agent de voyages n'est responsable que des informations mentionnées sur le titre de transport émis par ses soins, mais nullement de la non exécution du transport, dont il n'a pas la charge… aucune indemnité ne vous est due par l'agent de voyages ! Vous devez vous adresser au transporteur.

> Consultez pour plus d'informations le *Guide pratique des droits du voyageur*, Cyril GORY, Avocat au Barreau de Paris, Editions CHIRON, 240 pages.

Paiement en ligne

Afin d'éviter toute fraude, assurez-vous que votre paiement en ligne est sécurisé et recourez à l'E-Carte Bleue qui vous permet d'obtenir un numéro de carte pour chaque transaction.

En tout état de cause, votre responsabilité n'est pas engagée en cas de paiement avec votre numéro de carte effectué frauduleusement, à distance, sans utilisation physique de la carte.

Vous disposez alors d'un délai de 70 jours pour contester par écrit toute opération de paiement ou de retrait et votre banque est dans l'obligation de recréditer votre compte des sommes contestées sans frais, au plus tard dans le délai d'un mois à compter de la réception de la contestation (articles L.132-1 à L.132-6 du Code monétaire et financier).

▦ MODIFICATION DU VOYAGE ORGANISÉ : AVANT LE DÉPART ▦

Modification imposée des éléments essentiels du voyage

Avant le départ, les éléments essentiels du voyage - destination, hébergement, moyen de transport... - ne sont pas modifiables, ni par le voyageur ni par l'agence de voyages, exception faite en cas d'élément extérieur qui s'impose au vendeur et dont il doit justifier (article 2 de la loi n°92-645 du 13 juillet 1992, codifié article L.211-14 du Code du tourisme et article 101 du décret n°94-490 du 15 juin 1994), telle qu'une tempête ou des inondations obligeant à un changement d'hôtel.

Choix du voyageur

En cas de non-respect d'une obligation essentielle du contrat, l'agent de voyages doit vous en informer par lettre recommandée avec avis de réception, tout en vous indiquant votre choix entre :

▮ obtenir l'annulation du voyage et le remboursement immédiat des sommes versées sans frais ni pénalité, outre une indemnité complémentaire en cas de préjudice (vacances annulées, frais annexes engagés pour l'occasion, etc...),

▮ accepter la modification proposée.

Si la prestation modifiée n'est pas remplacée ou si elle est d'un niveau inférieur, son remboursement total ou partiel vous est dû avant le départ.

En retour, vous devez informer votre agence au plus tôt.

Exemple

Si une croisière au tarif de 1.500 € en bateau 5* est remplacée par une croisière identique mais sur un bateau 3* au prix de 1.300 €, l'agence de voyages doit vous rembourser avant le départ la différence de prix, soit la somme de 200 €, si vous avez accepté la modification du voyage.

▦ ANNULATION DU VOYAGE ORGANISÉ ▦

Conditions d'annulation

Le voyage peut être annulé tant par le voyageur, moyennant le paiement de l'indemnité mentionnée au contrat, fonction du nombre de jours restant avant le départ, que par l'agence de voyages moyennant le remboursement de la totalité des sommes versées ainsi que le montant de la pénalité que le voyageur aurait dû acquitter s'il avait annulé son voyage (article 21 de la loi n°92-645 du 13 juillet 1992, codifié article L.211-15 du Code du tourisme et article 102 du décret n°94-490 du 15 juin 1994).

Exemple

Supposons que la pénalité contractuelle soit de 50% du prix du voyage d'un montant de 1 000 €, en cas d'annulation par l'agence de voyages, celle-ci doit rembourser le montant du voyage de 1 000 € et verser au voyageur la pénalité de 500 €.

A titre indicatif, la pénalité n'est généralement due qu'en cas d'annulation plus de 30 jours avant le départ. Vous êtes remboursé du prix du voyage et vous ne supporterez alors que les frais de dossiers.

En revanche, si vous annulez votre voyage moins de 30 jours avant le départ la pénalité est due et plus tard vous annulez votre voyage, plus importante sera la pénalité. Vous n'êtes alors remboursé que partiellement du prix du voyage, déduction faite du montant de la pénalité, soit dans notre exemple un remboursement du voyage d'un montant de 500 €.

Les assurances annulations vous permettent d'être indemnisé du montant de la pénalité d'annulation, si l'annulation est due à une cause prévue au contrat, comme le décès d'un proche, une convocation administrative, les complications de grossesse, un licenciement économique, une mutation professionnelle…

Exonération

Toutefois, la pénalité n'est pas due si l'annulation est imposée par un cas de force majeure - attentat, tempête, grève surprise… paralysant l'ensemble du trafic - (article 23 de la loi n°92-645 du 13 juillet 1992, codifié article L.211-17 du Code du tourisme) ou en cas d'insuffisance de voyageurs, si cette faculté est expressément prévue par le contrat (articles 96 et 98 du décret n°94-490 du 15 juin 1994).

▮ TRANSPORT AÉRIEN ▮

Le transport aérien est régi par la convention de Montréal du 28 mai 1999 entrée en vigueur depuis le 28 juin 2004 ainsi que par le règlement européen n°261/2004 du 11 février 2004, applicable à compter du 17 février 2005.

Les droits des passagers sont renforcés, en cas de surbooking, d'annulation de vol et de retard d'avion, dès lors que le vol, régulier ou charter, est :

▷ au départ d'un aéroport situé sur le territoire d'un État membre de l'Union européenne,

▷ à destination d'un aéroport situé sur le territoire d'un État membre de l'Union européenne, s'il est assuré par un transporteur aérien communautaire.

Surbooking : une pratique légale encadrée

Le transporteur aérien, qui émet plus de titres qu'il n'y a de places disponibles, se trouve dans l'impossibilité d'embarquer tous les passagers pour cause de surbooking.

C'est une pratique admise par le droit communautaire, qui prévoit cependant le droit à une indemnisation pour les voyageurs munis d'une réservation confirmée et présents à l'enregistrement avant l'heure limite d'enregistrement.

Vous bénéficiez d'une indemnité financière ainsi que de l'assistance et d'une prise en charge par le transporteur.

Quelle Indemnisation financière ?

L'indemnisation, qui doit vous être offerte immédiatement par le transporteur et payée en espèces, par virement bancaire ou par chèque, ou, avec l'accord signé du passager, sous forme de bons de voyage, est fonction de la distance du vol :

▷ 250 € pour les vols de moins de 1 500 kilomètres,

▷ 400 € pour les vols intracommunautaires de plus de 1 500 kilomètres et pour tous les autres vols de 1 500 à 3 500 kilomètres,

▷ 600 € pour tous les autres vols.

Cette indemnité est diminuée de moitié lorsque le transporteur propose de vous réacheminer à destination finale sur un autre vol dont l'heure d'arrivée ne dépasse pas celle du vol initialement réservé respectivement de deux heures, trois heures et quatre heures.

Quelle prise en charge ?

Vous bénéficiez gratuitement de rafraîchissements, de la faculté de vous restaurer en suffisance, de passer 2 contacts (appels téléphoniques, télex, télécopies ou e-mails) ainsi que d'un hébergement à l'hôtel et du transport depuis l'aéroport jusqu'au lieu d'hébergement, si le réacheminement est prévu au moins le jour suivant.

Quelle assistance ?

Vous avez également le choix entre le remboursement du billet dans un délai de sept jours, et le cas échéant un acheminement gratuit à votre point de départ, ou au report de votre vol vers votre destination finale, dans des conditions de transport comparables et dans les meilleurs délais ou à une date ultérieure à votre convenance.

Annulation de vols

Vous bénéficiez de la même indemnité financière qu'en cas de surbooking ainsi que de l'assistance et d'une prise en charge par le transport, sous réserve de deux exceptions :

▶ vous êtes informé au moins deux semaines avant l'heure de départ prévue,

▶ vous êtes réacheminé par la compagnie au plus tôt deux heures avant l'heure de départ prévue permettant d'atteindre la destination finale avec un retard de moins de deux heures.

Si l'annulation est due à des circonstances extraordinaires qui n'auraient pas pu être évitées, même si toutes les mesures raisonnables avaient été prises, l'indemnité financière n'est pas due par le transporteur, qui vous doit tout de même assistance et prise en charge.

Retard d'avions

En cas de retard, aucune indemnité financière n'est due par le transporteur, sauf preuve d'un préjudice. Toutefois, il doit vous offrir une prise en charge (rafraîchissements, restauration, 2 contacts, hébergement et transport à l'hôtel si nécessaire), au-delà de :

▶ 2 heures de retard pour les vols de moins de 1 500 kilomètres,

▶ 3 heures de retard pour les vols intracommunautaires de plus de 1 500 kilomètres et pour tous les autres vols de 1 500 à 3 500 kilomètres,

▶ 4 heures de retard pour tous les autres vols.

Dans ce dernier cas, si le retard est supérieur à 5 heures, vous avez le droit au remboursement de votre billet d'avion dans un délai de sept jours et, si nécessaire, à un billet de retour vers votre point de départ dans les meilleurs délais.

Perte, détérioration et retard des bagages

Au titre du contrat, le transporteur s'engage également à transporter vos bagages à bon port et sans retard (article 17 et 19 de la convention de Montréal).

▶ **Que faire si vous ne trouvez pas vos bagages ?** Adressez-vous dans les plus brefs délais au comptoir du transporteur pour lui signaler l'absence de vos bagages par une déclaration écrite, contre récépissé.

▶ **Quelle indemnisation ?** L'indemnisation couvre votre préjudice subi, tant au titre du contenant que du contenu de votre bagage, dans la limite du plafond de garantie de 1 000 DTS (Droits de Tirage Spéciaux), soit environ 1 150 € par passager (article 22 de la convention de Montréal).

Toutefois, si vous transportez des objets de valeur et que vous voulez échapper au plafond de garantie, il vous appartient alors de procéder à une déclaration spéciale au transporteur lors de la remise de vos bagages, moyennant le paiement une somme supplémentaire.

▷ **Comment prouver le préjudice ?** Il vous appartient d'établir votre préjudice.

En cas de retard des bagages, l'indemnité couvre le coût de l'acquisition des effets de première nécessité, dont vous devez justifier par vos factures d'achat.

En cas de perte ou de détérioration des bagages, vous devez fournir un inventaire de votre bagage et les factures des effets contenus.

Toutefois et à titre indicatif, les transporteurs vous indemnisent généralement sans justificatif à hauteur de 100 €.

▓ MODIFICATION DU VOYAGE ORGANISÉ : APRÈS LE DÉPART ▓

En cas de modification du voyage après le départ, le professionnel doit instantanément proposer une prestation de remplacement afin de vous permettre de profiter du voyage dans les meilleures conditions (article 22 de la loi n°92-645 du 13 juillet 1992, codifié article L.211-17 du Code du tourisme et article 103 du décret n°94-490 du 15 juin 1994).

Vous pouvez refuser la modification proposée pour des « motifs valables », par exemple l'affrètement d'un autocar au lieu et place d'un transport aérien. Vous bénéficiez alors d'un titre de transport gratuit pour votre retour immédiat au point de départ et du remboursement des prestations non exécutées, outre l'allocation de dommages et intérêts, notamment du fait de la perte de vacances.

Si vous acceptez la prestation de remplacement, aucune indemnité n'est due. Mais vous devez être remboursé de la différence de prix, si la prestation de remplacement est d'un niveau inférieur à la prestation initialement prévue, par exemple, si l'agence vous propose un hébergement dans un hôtel de standing inférieur à celui payé.

▓ METTRE EN ŒUVRE LES ASSURANCES VOYAGE ▓

Constat

En cas de sinistre, prenez toutes mesures pour attester du lieu, de la date, de l'heure et de l'étendue du sinistre (photographies, vidéos, témoignages…) et pour limiter l'étendue des dommages (rafistoler une valise déchirée, conserver les objets de valeur…).

Information

Ensuite, informez, verbalement et par écrit, dans les meilleurs délais l'agence de voyages et le prestataire local, ainsi que l'assureur dans un délai de 5 jours ouvrés. En cas de vol, le délai est ramené à 2 jours et les autorités de police locales doivent être saisies d'une déclaration de vol.

Preuve du sinistre et du préjudice

Enfin, adressez à l'assureur tous documents utiles à votre indemnisation (contrat d'assurance, bulletin de voyage, titres de transport, cartes d'hébergement, certificat médical, constat des autorités locales de police…) pour établir la réalité du sinistre et l'étendue de votre préjudice.

Attention

Pour bénéficier des garanties d'assistances médicales et de rapatriement, l'accord préalable de la compagnie d'assistance est obligatoire pour engager le moindre frais, sauf cas d'urgence médicale.

Consultez pour plus d'informations le *Guide pratique des droits du voyageur*, Cyril GORY, Avocat au Barreau de Paris, Editions CHIRON, 240 pages.

▨ FORMALITÉS DOUANIÈRES ▨

Voyage dans l'UE

La libre circulation des biens vous autorise à acheter pour vos besoins personnels des biens dans un autre Etat membre de l'UE sans limitation de quantité ou de valeur, sauf tabacs et alcools pour l'achat desquels, au-delà des franchises, vous devez acquitter les droits de douane.

Voyage hors l'UE

Dans un souci de protection de l'économie européenne, vous ne pouvez importer tous objets licites que pour un montant total de 175 € maximum par personne et 90 € par mineur de moins de 15 ans (sous réserve de modification, vous renseigner).

▸ **Taxes et droits de douane.** Si vous rapportez des biens en valeur ou en quantité supérieurs aux franchises indiquées, vous devez alors les déclarer à la douane et acquitter la TVA (en principe 19,6%) sur la valeur des marchandises, majorée du montant du droit de douane.

Franchises par personne âgée de plus de 15 ans			
Informations indicatives, hors Andorre et DOM-TOM (vous renseigner)			
Provenance ➡ Produits ⬇		Depuis l'UE	Depuis un Etat tiers
Tabac	Cigarettes (unités)	800	200
	Tabac à fumer (g)	1 000	250
	Cigares (unités)	200	50
Alcools	Vins (litres)	90	2
	- 22°C (litres)	20	2
	+ 22°C (litres)	10	1
Parfums (g)		-	50
Eaux de toilettes (litre)		-	0,25
Café ou extraits et essences de café (g)		-	500 / 200
Thé ou extraits et essences de thé (g)		-	100 / 40
Carburant		-	Réservoir du véhicule plus un bidon de 10 litres

Biens prohibés et réglementés

En raison de leur dangerosité et du monopole de l'Etat, la détention et la commercialisation de certains biens sont prohibées (animaux et végétaux protégés, armes, biens culturels, drogues et médicaments, sauf usage personnel justifié par une ordonnance) ou strictement réglementées (tabac, alcools…). Les espèces et devises font l'objet d'une déclaration de douane, si leur montant est au moins égal à 7 600 €.

Contrefaçon

La contrefaçon se définit comme l'utilisation sans droit d'un élément de la propriété intellectuelle protégée par le Code de la propriété intellectuelle, notamment en cas d'atteinte aux droits des marques.

Vous vous exposez à la confiscation du bien (article L.716-8 du Code de la propriété intellectuelle) et à une peine d'amende de 300 000 € et jusqu'à deux fois la valeur de l'objet de fraude et à une peine d'emprisonnement de trois ans (articles 414 du Code des douanes et L.716-10 du Code de la propriété intellectuelle). Toutefois, si vous n'êtes pas le contrefacteur, l'utilisation et la détention en vue de l'utilisation ne sont sanctionnées que si vous avez eu connaissance de la contrefaçon. Celle-ci est généralement déduite du prix d'achat que vous avez acquitté.

▧ SÉCURITÉ & RÈGLES DE VIE À L'ÉTRANGER ▧

Tout voyageur se rendant à l'étranger est tenu de se renseigner et de se conformer à la législation, aux uses et coutumes du pays, notamment en ce qui concerne la conduite automobile, la consommation d'alcool, les relations sexuelles…

Infractions & Incarcération

Pour tout litige à l'étranger, sollicitez des autorités locales votre mise en relation avec le consulat ou l'ambassade de France et mettez en œuvre votre assurance protection juridique, si vous en disposez, afin de bénéficier d'un avocat et de joindre vos proches.

Soins médicaux

Vous bénéficierez du remboursement des soins médicaux grâce au paiement de ceux-ci dans les Etats de l'UE avec la carte européenne d'assurance maladie (qui remplace le formulaire E111), que vous devez solliciter avant le départ auprès de votre Caisse Primaire d'Assurance Maladie. Dans les Etats tiers, vous devez effectuer à votre retour une demande de prise en charge à votre caisse d'assurance maladie accompagnée de vos factures.

Droits du ressortissant communautaire

En cas de perte de vos papiers d'identité et des titres de transport à l'étranger, à défaut de représentation de la France, en qualité de citoyen européen adressez-vous au corps diplomatique d'un Etat membre de l'UE. Il doit demander aux autorités françaises de vérifier votre nationalité et vous remettre un titre de voyage provisoire afin de regagner la France.

▧ TRAVAUX PHOTOS ▧

De retour de voyage, le scénario tourne au cauchemar quand le laboratoire, auquel vous avez confié le développement de vos pellicules, les égare… ou les endommage.

Quelle indemnisation ?

Réparation intégrale ou forfaitaire ? En principe, le montant de l'indemnisation allouée est égal au préjudice subi, qui prend en compte certes la perte financière du coût de la pellicule et de son développement, mais encore le préjudice moral que constitue l'absence de souvenirs de vacances.

Les clauses écartant toute responsabilité du laboratoire sont sans effet à l'égard des consommateurs, en revanche les clauses limitant sa responsabilité « au coût de la pellicule et leur développement » sont valables.

Le professionnel doit alors vous offrir la faculté d'opter (Recommandation 82-04 du 24 septembre 1982 de la Commission des clauses abusives) :

▷ soit pour une réparation intégrale, en cas de preuve par vos soins de la faute du laboratoire,

▷ soit pour une indemnisation forfaitaire fonction de la valeur déclarée des travaux photos selon leur importance.

En pratique, la déclaration de valeur de votre part a pour effet de majorer le prix du développement et du tirage afin d'intégrer le coût des assurances.

Partir en voyage organisé

Week-ends à Londres, escapades en Ecosse, séjours découverte au pays de Galles... La Grande-Bretagne se décline sous toutes les formes, et plus particulièrement à la carte : une solution idéale pour découvrir la région qui vous tente le plus à votre rythme.

Les spécialistes

■ **66 NORD. 42, rue Ney 69006 Lyon** ✆ **04 37 24 90 33 – Fax 04 78 24 22 80 – 66nord@66nord. com – www.66nord.com –** 66° Nord propose de voyager en Ecosse tout au long de l'année. A la carte, pour un trekking, pour pratiquer la voile et la marche, en randonnée, ou même à ski, diverses formules sont disponibles à travers tout le pays, selon la saison.

■ **BENNETT VOYAGES. 47, rue Emile-Roux 94120 Fontenay Sous Bois** ✆ **01 53 99 50 00 – Fax 01 53 99 50 35 – reservation@bennett-voyages.fr – www.bennett-voyages.fr –** Bennett Voyages axe surtout sa programmation sur les formules à la carte avec divers types d'héber-gements. Du Bed and Breakfast aux châteaux et grandes demeures en passant par les pubs et auberges, les hôtels ou les maisons de charmes. Egalement disponibles : des vols et locations de voitures sur les grandes villes, des autotours en Ecosse ainsi que des week-ends sur Londres et Edimbourg. Possibilité aussi de trouver des week-ends sur Jersey et Guernesey.

■ **BRITISH MARKETING SERVICES. 99, boulevard Haussman 75008 Paris** ✆ **01 42 66 07 07 – Fax 01 42 66 07 17 – bms5@wanadoo.fr – www.bms-travelshop.com –** BMS propose des séjours et circuits sur mesure sur toute la Grande Bretagne, en groupe ou individuel. A partir de votre demande, l'équipe construit avec vous votre voyage grâce à diverses prestations : transports, hébergement, pass pour l'accès aux site et monuments, et aux transports.
Des week-end à thème à Londres et des circuits au Pays de Galles et dans le Sud de la Grande-Bretagne avec accompagnateur spécialisé au départ de la destination sont proposés au printemps 2006.
En outre, tout un choix de billets à acheter hors forfait : pass transports en commun à Londres, billet et Pass National rail sur le trafic intérieur Grande Bretagne, coupe files Tour de Londres, Madame Tussaud, billet Original tour, London Pass, croisière sur la Tamise... Le site travelshop propose la vente en ligne des produits londoniens et donne accès également à un grand choix d'hôtels sur la Grande Bretagne en particulier.

■ **COMPTOIR DES PAYS CELTES. 344, rue Saint-Jacques 75005 Paris** ✆ **0892 239 039 – Fax 01 53 10 21 61 – paysceltes@comptoir.fr – www.comptoir.fr –** Comptoir des Pays celtes vous propose de découvrir l'Ecosse, le pays de Galles et la Cornouaille anglaise selon diverses formu-les : en individuel (voiture de location et hébergement) ou en randonnées douces (circuit à départ regroupé ou en liberté).

■ **GALLIC AVIATION. 158 rue de la Pompe 75116 Paris** ✆ **01 45 53 20 50 – Fax 01 45 53 22 20 – info@gallic.fr – www.gallic.fr –** Gallic Aviation propose des programmes des voyages haut de gamme par avion spécial, pension complète, repas gastronomiques, dégustations.
Pour la Grande Bretagne, l'itinéraire au départ du Bourget comprend Guernesey, l'ouest Irlandais, Inverness, la Valeur du Whisky à Glenfiddich et Edimbourg.
Il est possible d'organiser des départs spéciaux avec itinéraire à la demande.
Vol et services terrestres hauts de gamme pour des groupes de 10, 30, 40 ou 60 passagers (Ecosse, Iles anglo-normandes, Oxford et Pays de Shakespeare, Lake District et Iles écosssaises).

■ **HMS VOYAGES. 81, rue de Miromesnil 75008 Paris** ✆ **01 44 69 97 40 – Fax 01 53 04 04 09 – reservations@hms-voyages.com – www.hms-voyages.com –** Auberges, hôtels, Bed & Breakfast : HMS Voyages, spécialiste dans l'organisation de voyages en Angleterre, a sélec-tionné plusieurs types d'hébergements en Grande-Bretagne. Egalement disponible le Great British Heritage Pass, qui vous ouvre la porte de près de 600 demeures, châteaux et jardins historiques dans toute la Grande-Bretagne, y compris à Londres. Enfin HMS Voyages propose aussi des forfaits week-ends à Edimbourg.

■ **INTERMEDES. 60, rue La Boétie 75008 Paris** ✆ **01 45 61 90 90 – Fax 01 45 61 90 09 – info@intermedes.com – www.intermedes.com** – Intermèdes, spécialiste du voyage culturel, propose divers séjours à destination de la Grande-Bretagne. Dans les voyages axés sur le thème « l'Art des Jardins », vous êtes invités à découvrir jardins du sud de l'Angleterre, ou encore ceux du pays de Galles. Des circuits à travers toute la Grande-Bretagne sont également programmés, ainsi qu'un séjour de 3 jours à Londres, à l'occasion de l'exposition de Diego Velasquez (novembre - décembre 2006). Tous les voyages sont accompagnés d'un conférencier.

■ **TCH / TOURISME CHEZ L'HABITANT. 15, rue des Pas-Perdus BP 38338 95804 Cergy-Saint-Christophe Cedex** ✆ **0 892 680 336 (service privilège) ou 01 34 25 44 72 – Fax 01 34 25 44 45 – informations@tch-voyage.fr – www.tch-voyages.com** – Ce voyagiste propose de nombreuses formules de voyages et de séjours dans toute la Grande Bretagne, à Londres, Angleterre, Ecosse et Pays de Galles. Spécialiste depuis 1992 du « Bed and breakfast » , il propose aussi des hôtels à tarifs réduits (jusqu à – 40%), des locations de cottages, des hébergement à la ferme. Séjours et hébergement « à la carte » mais aussi week-ends, forfaits et autotours. Egalement des transports à tarifs négociés vers la Grande Bretagne.

■ **TERRES D'AVENTURE. 6, rue Saint-Victor 75005 Paris** ✆ **0 825 847 800 – Fax 01 43 25 69 37 – infos@terdav.com – www.terdav.com** – Terres d'Aventure propose un voyage nature, à pied. « Les Highlands du nord-ouest » est un itinéraire de 11 jours, avec 7 jours et 1 demi-journée de marche. Vous pouvez également découvrir l'Ecosse lors d'un périple de 14 jours (8 jours et 2 demi-journées de marche) : « Les Orcades ».

Les généralistes

■ **BUDGET VOYAGES. 13 rue Fernand-Léger 75020 Paris** ✆ **0 825 701 701 – Fax 01 40 09 72 86 – www.budget-voyages.com** – Budget Voyages propose des séjours en Ecosse et notamment « Cabotage à bord du MS Glen Massan », un itinéraire à bord d'un petit bateau de 26 mètres de long et de 12 passagers au maximum avec tout le confort moderne.

■ **EXPEDIA FRANCE. 58-60, rue de Prony 75017 Paris** ✆ **0892 301 300 – serviceclient@support.expedia.fr – www.expedia.fr** – Composez entièrement votre séjour en Grande-Bretagne, grâce aux packages proposés par Expedia France : vols, hôtel et locations de voiture sont à associer selon vos envies. Egalement plusieurs séjours clés en main.

■ **FORUM VOYAGES. 11, avenue de l'Opéra 75001 Paris** ✆ **01 42 61 20 20 – Fax 01 42 61 39 12 – paris-opera@forumvoyages.com – www.forumvoyages.com** – Du billet d'avion aux hôtels toutes catégories, Forum voyages vous permet de composer vous-même votre séjour en Grande-Bretagne. Plusieurs agences à Paris et dans toute la France, adresses consultables sur le site.

■ **SABERATOURS. 11, rue des Pyramides 75001 Paris** ✆ **01 42 61 51 13/ 94 53 – saberatours@wanadoo.fr – www.saberatours.fr** – Vols secs, hôtels, location de voitures... Composez votre séjour en Grande-Bretagne selon vos souhaits.

■ **TERRIEN. 1 quai Turenne B.P. 20324 44 003 Nantes Cedex** ✆ **02 40 47 93 25 – Fax 02 40 35 67 57 – contact@voyages-terrien.com – www.voyages-terrien.com** – Terrien propose plusieurs séjours en Angleterre et en Ecosse, mais également un combiné Pays de Galles – Irlande du Nord, et « Cornouailles Devon » un circuit dans la région du Sud-Ouest de la Grande-Bretagne.

■ **THOMAS COOK** ✆ **0 826 826 777 – www.thomascook.fr** – Tout un éventail de produits pour composer son voyage en Grande-Bretagne : billets d'avion, location de voitures, des séjours en hôtel, etc. Et toujours une mine de conseils utiles sur toutes les prestations des voyagistes.

Partir seul

La Grande-Bretagne est une destination facile d'accès, et vous pourrez vous y rendre grâce à divers moyens de transport. Mieux encore, plusieurs grandes villes font partie des réseaux de compagnies low-cost, ce qui vous permettra de vous offrir une petite virée à moindre coût.

Avion

Low cost

■ **BMI BABY** ✆ 0 890 710 081 – www.bmibaby.com – Au départ de Paris-Charles-de-Gaulle, Bmi Baby propose des vols à destination du Royaume-Uni (Durham Tees Valley, Leeds, Cardiff, Londres-Heathrow, Nottingham).

Départs de province : Bordeaux, Lyon, Nice, Perpignan, Toulouse. Selon la ville de départ, vols à destination de Birmingham, Manchester et Londres-Heathrow.

■ **EASYJET** ✆ 0 826 10 26 11 (service clientèle)/ 0 899 70 00 41 (vente et modifications de réservations) – www.easyjet.com – Easyjet propose plusieurs possibilités : au départ de Paris Charles de Gaulle, la compagnie assure la liaison pour Londres Luton, Newcastle et Liverpool. Il existe également des vols au départ de Lyon, Grenoble, Toulouse, Marseille ou Nice. Selon le lieu de départ, vous pourrez rejoindre les aéroports de Londres (Stansted, Luton), Bristol, Gatwick, Liverpool ou Newcastle.

■ **RYANAIR** ✆ 0 892 232 375 – www.ryanair.com

■ **AEROPORT DE BEAUVAIS.** www.aeroportbeauvais.com – Beauvais 60000 Tillé ✆ 0892 682 066 – Chaque jour, Ryanair propose deux vols à destination de l'Ecosse (aéroport de Prestwick-Glasgow) : départs à 14h10 et 22h25. Egalement 2 vols retour.

Compagnies aériennes

■ **AIR FRANCE. Renseignements et réservations au ✆ 0820 820 820 (de 6h30 à 22h) – www.airfrance.fr** – Dans les agences Air France et dans toutes les agences de voyage. Air France dessert quotidiennement Cardiff via Amsterdam au départ de Roissy Charles-de-Gaulle, terminal 2F. Air France dessert Edimbourg avec 2 vols quotidiens directs en partage de codes avec la compagnie City Jet au départ de l'aéroport de Roissy Charles-de-Gaulle, terminal 2F. Air France dessert Londres Heathrow avec 79 vols hebdomadaires directs au départ de l'aéroport de Roissy Charles de Gaulle, terminal 2F. Air France dessert London City avec 6 vols hebdomadaires directs en partage de codes avec la compagnie City Jet au départ de l'aéroport de Roissy Charles-de-Gaulle, terminal 2 F. Air France dessert London City avec 25 vols hebdomadaires directs en partage de codes avec la compagnie City Jet au départ de l'aéroport d'Orly Ouest.

▷ **Coordonnées Air France.** 10 Warwick Street (First Floor) – London W1B 5LZ. Fax (44) (0)20 7734 7879. *Ouvert du lundi au vendredi de 9h à 17h30.*

Air France propose une gamme de tarifs attractifs accessibles à tous :

▷ **« Evasion » :** en France et vers l'Europe, Air France propose des réductions. « Plus vous achetez tôt, moins c'est cher ».

▷ **« Semaine » :** pour un voyage aller-retour pendant la semaine.

▷ **« Evasion week-end » :** pour des voyages autour du week-end avec des réservations jusqu'à la veille du départ.

Air France propose également, sur la France, des réductions jeunes, seniors, couples ou famille. Pour les moins de 25 ans, Air France propose une carte de fidélité gratuite et nominative « Fréquence Jeune » qui leur permet de cumuler des miles sur Air France ou sur les compagnies membres de Styteam et de bénéficier de billets gratuits et d'avantages chez de nombreux partenaires. Tous les mercredis dès minuit, sur www.airfrance.fr, Air France propose les tarifs « Coups de cœur », une sélection de destinations en France pour des départs de dernière minute. Sur Internet, possibilité de consulter les meilleurs tarifs du moment, rubrique « offres spéciales », « promotions »…

Les Vacances selon Air France.

Les Vacances plus accessibles que jamais avec les tarifs Tempo.
Les Vacances dans le monde entier vers plus de 650 destinations, les Vacances où l'on devient
le centre de toutes les attentions, les Vacances en toute sérénité, les Vacances selon Air France.
www.airfrance.fr

A petit prix
sur airfrance.fr

BETC Euro RSCG 450 548 892 RCS Bologne

Cars Air France

■ **RENSEIGNEMENTS** ✆ **0 892 350 820.** Pour vous rendre aux aéroports de Charles-de-Gaulle et d'Orly dans les meilleures conditions, utilisez les services des cars Air France, qui vous offrent confort, rapidité, vidéo, climatisation à bord ainsi qu'un bagagiste qui prend en charge vos valises à chaque arrêt !

Quatre lignes sont à votre disposition :

■ **Ligne 1 :** Orly-Montparnasse – Invalides : 7,50 € pour un aller simple et 12,75 € pour un aller/retour.

■ **Ligne 2 :** CDG – Porte Maillot – Etoile : 10 € pour un aller simple et 17 €pour un aller/retour.

■ **Ligne 3 :** Orly – CDG : 15,5 € pour un aller simple.

■ **Ligne 4 :** CDG – Gare de Lyon – Montparnasse : 11,50 € pour un aller simple et 19,55 € pour un aller/retour.

■ **BRITISH AIRWAYS** ✆ **0 825 825 400 – www.ba.com –** En vol direct, au départ de Paris, British Airways propose une dizaine de vols quotidiens pour Londres Heathrow, 3 pour Edimbourg, 5 pour Birmingham, 5 pour Manchester, 5 pour Bristol. D'autres vols, indirects, vous permettront de vous rendre à Aberdeen, Glasgow (2 fois par jour) ou Jersey (1 fois par jour). La fréquence des vols peut être moins importante le week-end.

Attention, pour certaines villes, les vols sont assurés par BA Connect, franchise de British Airways : les services à bord (repas, boissons...) sont alors payants.

■ **KLM – NORTHWEST AIRLINES. Paris Nord 2 – Villepinte BP 60190 95974 Roissy Cdg cedex** ✆ **0 890 710 710 – www.klm.fr –** KLM propose un vol quotidien entre Paris et Londres via Amsterdam, mais également des liaisons régulières entre Paris et les grandes villes de Grande-Bretagne. Possibilité de départs de province.

Bus

■ **EUROLINES. Gare routière Internationale de Paris. 28, avenue du Général de Gaulle BP 313. 93541 Bagnolet cedex** ✆ **0 892 89 90 91 – www.eurolines.fr – M° Gallieni.** Eurolines propose plusieurs liaisons entre la France et la Grande-Bretagne. Le voyage à destination de Londres peut se faire depuis un grand nombre de villes françaises. Au départ d'Amiens, Calais ou Paris, vous pourrez vous rendre à Douvres ou Canterbury. Au départ de Toulouse, vous rejoindrez Folkestone.

Louer futé, c'est louer AVIS !

Art'Seine Design - AVIS SAS RCS Nanterre B 652 023 961

jours de location en Grande-Bretagne à partir de 149 € en catégorie B assurances incluses

**Informations et réservations
au 0 820 05 05 05 ou sur avis.fr
(code de réduction AWD : H 333342)
ou auprès de votre agence de voyages**

AVIS

*Décidés à faire
mille fois plus.*

 AVIS recommande Opel

Roissybus – Orlybus

▨ **RENSEIGNEMENTS** ✆ **0 892 68 77 14 ou sur www.ratp.fr –** La Ratp permet de rejoindre facilement les deux grands aéroports parisiens grâce à des navettes ou des lignes régulières.

▸ **Pour Roissy CDG,** départs de la place de l'Opéra entre 6 h et 23 heures toutes les 15 ou 20 minutes. Compter 8,30 € l'aller simple et entre 45 et 60 minutes de trajet. Possibilité également de prendre le RER B.

▸ **Pour Orly,** départs de la place Denfert-Rochereau de 5h30 à 23h toutes les 15 à 20 minutes. Compter 5,80 € l'aller simple et 30 minutes de trajet. Possibilité également de prendre le RER C ou l'Orlyval (connexion avec Antony sur la ligne du RER B).

Train

▨ **EUROSTAR** ✆ **08 92 35 35 39 – www.eurostar.com –** L'Eurostar est le service de train à grande vitesse qui relie directement le coeur de Paris au centre de Londres en 2h35. Des départs quotidiens en semaine (environ toutes les heures) de Paris Gare du Nord à Londres Waterloo. A titre indicatif, vous trouverez l'aller-retour est à partir de 70 €. Le train relie également Lille à Londres en moins de 2 heures.

Voiture

▨ **EUROTUNNEL.** ✆ **0 810 63 03 04 –** Vous traversez la Manche, à bord de votre véhicule. La liaison entre Calais et Coquelles-Folkestone (ville portuaire près de la capitale anglaise) se fait en 35 minutes.

Location de voitures

▨ **AUTO ESCAPE** ✆ **0 800 920 940 ou 04 90 09 28 28 – www.autoescape.com –** En ville, à la gare ou dès votre descente d'avion. Les meilleures solutions et les meilleurs prix de location de voitures sont sur www.autoescape.com. Cette compagnie qui réserve de gros volumes auprès des grandes compagnies de location de voitures vous fait bénéficier de ses tarifs négociés. Grande flexibilité. Pas de frais de dossier, pas de frais d'annulation, même à la dernière minute. Des conseils et des informations précieuses, en particulier sur les assurances.

▨ **AVIS** ✆ **0 820 05 05 05 – www.avis.fr –** Décidé à faire « mille fois plus », Avis a installé ses équipes dans plus de 5 000 agences réparties dans 163 pays. Un large choix de véhicules de location, du cabriolet à l'utilitaire, et un système de réservation rapide et efficace.

Cwmystwyth, bus de la poste.

Pembrokeshire, Tenby.

▧ **BUDGET FRANCE. Senia 125 94517 Thiais cedex** ✆ **0 825 00 35 64 – Fax 01 46 86 22 17 – www.budget.fr –** Budget France est le troisième loueur mondial, avec 3 200 points de vente dans 120 pays. Le site www.budget.fr propose également des promotions temporaires. Si vous êtes jeune conducteur et que vous avez moins de 25 ans, vous devrez obligatoirement payer une surcharge.

▧ **EUROPCAR FRANCE. 3, avenue du Centre – Immeuble Les Quadrants 78881 Saint-Quentin-en-Yvelines cedex** ✆ **0 825 358 358 – Fax 01 30 44 12 79 – www.europcar.fr –** A retenir pour vos virées en Europe, vous aurez un large choix de tarifs et de véhicules (économiques, utilitaires, camping-cars, prestige, et même rétro). Vous pouvez réserver votre voiture via le site Internet, et voir les catégories disponibles à l'aéroport, il faut se baser sur une catégorie B, les A étant souvent indisponibles.

▧ **HERTZ. Renseignements au** ✆ **0 803 853 853 – www.hertz.com –** Dans cette agence de location, vous pouvez obtenir différentes réductions si vous possédez la carte Hertz ou celle d'un partenaire Hertz. Le prix de la location comprend un kilométrage illimité, des assurances en option, ainsi que des frais si vous êtes jeune conducteur. Toutes les gammes de voitures sont représentées.

▧ **HOLIDAY AUTOS FRANCE. 54/56, bd Victor-Hugo 93585 Saint-Ouen cedex** ✆ **0892 39 02 02 (0.34 €/min) – reservation@holidayautos.fr – www.holidayautos.fr –** Avec 4 000 stations dans 70 pays, Holiday Autos vous offre une large gamme de véhicules allant de la petite voiture économique au grand break. Holiday Autos dispose également de voitures plus ludiques telles que les 4X4 et les décapotables. Un moteur de recherche à ne pas manquer !

Bateau

▧ **SEAFRANCE** ✆ **0 825 0825 05 – renseignements@seafrance.fr – www.seafrance.com –** Seafrance propose une quinzaine de départs quotidiens de Calais à destination de Douvres. Le temps de trajet varie selon le bateau mais ne dépasse jamais 1h30. En complément des traversées, Seafrance Voyages (www.seafrancevoyages.com) propose également des séjours dans toute la Grande-Bretagne : sélection d'hébergements (Bed & Breakfast, hôtels, manoirs, pubs auberges) mais aussi des formules week-ends, des autotours... Enfin, Seafrance propose une gamme de croisières à la carte, allant de l'organisation d'évènements ponctuels (anniversaires, fêtes...) aux formules réservées aux amoureux.

Sites Internet futés

www.degriftour.fr – Vols secs, hôtels, location de voiture, séjours clé en main ou sur mesure... Degriftour s'occupe de vos vacances de A à Z, à des prix très compétitifs.

www.diplomatie.fr – Un site pratique et sûr pour tout connaître de votre destination avant de partir : informations de dernière minute, sécurité, formalités de séjour, transports et infos santé.

www.easyvoyage.com – Le concept de Easyvoyage.com peut se résumer en trois mots : s'informer, comparer et réserver. Gros plan sur cette triple fonction. Des infos pratiques sur quelque 255 destinations en ligne (saisonnalité, visa, agenda...) vous permettent de penser plus efficacement votre voyage. Après avoir choisi votre destination de départ selon votre profil (famille, budget...), easyvoyage.com vous offre la possibilité d'interroger plusieurs sites à la fois concernant les vols, les séjours ou les circuits. Enfin grâce à ce méta-moteur performant, vous pouvez réserver directement sur plusieurs bases de réservation (Lastminute, Go Voyages, Directours, Anyway... et bien d'autres).

www.govoyages.com – Go Voyages propose un grand choix de vols secs, charters et réguliers, au meilleur prix, au départ et à destination de n'importe quelle ville du monde entier. Le voyagiste propose également des packages sur mesure « vol + hôtel » permettant de réserver simultanément et en temps réel un billet d'avion et une chambre d'hôtel.

www.lastminute.com – Vols secs à prix négociés, dégriffés ou publics.

www.meteo-consult.com – Pratique, ce site Internet vous donne des prévisions météorologiques pour le monde entier.

www.opodo.fr – Pour préparer votre voyage, Opodo vous permet de réserver au meilleur prix des vols de plus de 500 compagnies aériennes, des chambres d'hôtels parmi plus de 45 000 établissements et des locations de voitures partout dans le monde. Vous pouvez également y trouver des locations saisonnières ou des milliers de séjours tout prêts ou sur mesure ! Opodo a été classé meilleur site de voyages par le banc d'essai Challenge Qualité – l'Echo touristique 2004. Des conseillers voyages à votre écoute 7 jours/7 au 0892 23 06 82 (0,34 €/min).

www.travelonweb.com – C'est l'agence de voyages virtuelle de la société Carlson Wagonlit. Site à scruter si vous partez de Belgique ou de Suisse : il propose plus d'un million de tarifs négociés au départ de l'Europe. La recherche est bien guidée et plutôt efficace, mais les prix proposés restent bien supérieurs à ceux de certains sites. Consultez également la rubrique de location de voiture, vous serez relié, au choix, au site d'Avis, d'Europcar ou de Holiday Autos.

www.travelprice.com – Un site Internet très complet de réservations en ligne pour préparer votre voyage : billets d'avion et de train, hôtels, locations de voitures, billetterie de spectacles. En ligne également : de précieux conseils, des informations pratiques sur les différents pays, les formalités à respecter pour entrer dans un pays.

www.travelsante.com – Un site intelligent qui vous donne des conseils santé selon votre destination : vaccinations, trousse de secours, précautions à prendre sur place.

www.vivacances.fr – Vivacances est une agence de voyages en ligne créée en 2002. Depuis elle est devenue une référence incontournable sur le web grâce à ses prix négociés sur des milliers de destinations et des centaines de compagnies aériennes. Vous trouverez un catalogue de destinations soleil, farniente, sport ou aventure extrêmement riche : vols secs, séjours, week-ends, circuits, locations... Enfin, vous pourrez effectuer vos réservations d'hôtels et vos locations de voitures aux meilleurs tarifs. Vivacances propose des offres exclusives sans cesse renouvelées, à visiter régulièrement. Vous pouvez également compter sur l'expérience de ses conseillers voyage pour répondre à toutes vos questions et trouver avec vous le séjour de vos rêves. Et, pour vous, « petits futés » munis de cartes de fidélité, vous pourrez en plus échanger en ligne les points S'Miles distribués par près de 80 enseignes en France !

Le seul site de voyages qui a tout compris !

Temps de recherche cumulé **49 minutes**	Temps de recherche **3 minutes**
www.billets-avion-pas-cher.fr	
www.voyage-topdiscount.fr	
www.promo-du-voyage.com	**www.easyvoyage.com**
www.forum-du-voyage.com	
www.chambres-hotels.fr	
www.info-pays.com	

EASY VOYAGE.com
Tout savoir pour mieux voyager

- Plus de 250 fiches pays mises à jour par nos journalistes.
- Billets d'avion, séjours, circuits : comparez les voyagistes.
- 10 000 offres accessibles par notre moteur de recherche.
- 1800 hôtels de séjours visités et testés par nos équipes.
- Le grand forum de discussions des voyageurs.

Easyvoyage - RCS B432 123 446

Séjourner

SE LOGER

▸ **Les hôtels,** souvent chers, sont classés de 1 à 5 couronnes et peuvent réserver de mauvaises surprises.

▸ **Les guesthouses,** du genre hôtel familial et les Bed and Breakfast (B & B) chez l'habitant sont la plupart du temps non-fumeurs.

▸ **Les auberges de jeunesse** se trouvent quelquefois sur des sites préservés et parfois même, en Ecosse, dans des châteaux.

Les offices du tourisme (il y en plus de 800 en Grande-Bretagne) vous aideront à trouver un logement pour la nuit moyennant une petite somme d'argent. En Ecosse et au pays de Galles, ce service est gratuit. En aucun cas vous ne pourrez réserver auprès d'eux par téléphone ou par courrier. Il faut se présenter.

Locations

Des forfaits vacances sont pratiqués par certaines compagnies de ferries (Brittany Ferries notamment), bateau + location de cottage (tarifs à la semaine : de £95 à £450). Un guide de location pour les vacances paraît tous les ans, on peut se le procurer à la librairie W.H. Smith à Paris. Pour les échanges de maisons ou d'appartements, pour vivre dans une ferme, un cottage, un bungalow ou un chalet, adressez-vous aux organismes suivants. La plupart des agences de location de voitures exigent le permis international. Seules quelques grandes agences, comme Hertz, acceptent le permis français. Il faut avoir plus de 21 ans, voire 23 ans, pour pouvoir louer un véhicule. L'âge maximum est de 70 ans.

■ **THE AMERICAN CENTER, BEL ORMEAU. 409, avenue Jean-Paul-Coste, 13100 Aix-en-Provence** ℰ **04 42 38 42 38.** Même système, vous faites partie d'un fichier, votre résidence entre en catalogue, et vous échangez.

Campings

Les lieux touristiques offrent souvent des possibilités de camping, parfois même dans des champs que des fermiers reconvertissent. Les offices du tourisme vous indiqueront comment les trouver, tout semble parfaitement organisé. La qualité des services proposés par les campings comporte cinq catégories. Soyez discret si vous faites du camping sauvage en Ecosse, et si l'on vous demande de partir, ne posez pas de question, faites-le. La Forestry Commission gère des terrains de camping dans les sept parcs forestiers de Grande-Bretagne et la New Forest. Certains d'entre eux offrent des réductions pour des groupes de jeunes. Se renseigner à l'avance en contactant the **FORESTRY COMMISSION,** 231 Corstorphine Road, Edimbourg EH12 7AT ℰ 0131 314 6392 – Fax : 0131 316 4344. Dans les régions rurales de Grande-Bretagne, le camping est souvent possible sur les terres arables avec la permission des agriculteurs. Les terrains de camping et de caravaning plus grands possèdent souvent une section pour les campeurs ainsi que des installations telles que piscines, salles de jeux, courts de tennis et télévision. Procurez-vous également l'indispensable guide Where to stay : Camping and Caravan Parks in Britain, qui est disponible gratuitement dans les bureaux de la BTA.

■ **THE CAMPING AND CARAVANING CLUB, Greenfields House, Westwood Way, Coventry CV4 8JH** ℰ **(0120) 369 4995,** possède une section réservée aux campeurs à bicyclette et aux petites tentes.

Étudiants

■ **YMCAs et YWCAs (Young Men's and Young Women's Christian Associations).** Pour plus d'informations, les hommes doivent contacter le National Council for YMCAs. 640 Forest Road, Walthamstow, E17 ℰ 0181 520 5599 – Fax : 0181 509 3190. Pour les filles, contacter le YWCA of Great Britain. Clarendon House, 52 Cornmarket Street, Oxford OX1 3EJ ℰ (0186) 572 6110 – Fax : (0186) 520 4805.

Auberges de jeunesse

Les auberges de jeunesse, sans limite d'âge, proposent des chambres souvent collectives et non mixtes. Certaines possèdent des chambres pour les familles et offrent également des possibilités de repas très bon marché et une variété d'activités de loisirs. Elles sont accessibles avec une carte de membre valable un an (10 € pour les moins de 26 ans et 15,50 € pour les plus de 26 ans). Pour connaître toutes les adresses des auberges de jeunesse, s'adresser à la Fédération Unie des Auberges de Jeunesse (FUAJ), 27, rue Pajol 75018 Paris ℰ 01 44 89 87 27 – Fax : 01 44 89 87 10 – www.fuaj.org – Par ailleurs, vous trouverez dans la rubrique « Hébergement » de chaque ville les adresses d'auberges de jeunesse sélectionnées.

Résidences universitaires

Les résidences universitaires sont ouvertes aux touristes uniquement pendant les périodes de vacances scolaires (Noël, Nouvel An, Pâques et de juin à septembre). Le tarif par nuit varie de £15 à £30, petit déjeuner compris. Elles proposent également un hébergement en location à la semaine, ainsi qu'une variété d'activités de loisirs. Très répandues en Grande-Bretagne, elles sont gérées par deux organismes : British Universities Accommodation Consortium (BUAC), qui représente plus de 60 universités et collèges dans toute la Grande-Bretagne. **Contactez BUAC**, Box 1562E, University Park, Nottingham NG7 2RD ℰ 0115 950 4571 – Fax : 0115 942 2505. **Connect Venues** peut également vous donner des renseignements sur le logement disponible dans ses 78 collèges et universités. L'agence organise logements et installations de loisir pour les groupes mais aussi pour les particuliers. Contactez Connect Venues, The Workstation, 15 Paternoster Row, Sheffield S1 2BX ℰ 114-249 3090 – Fax : 114-249 3091.

Bed and Breakfast

Bed and Breakfast signifie littéralement « lit et petit-déjeuner ». Ils sont censés être des lieux d'hébergement bon marché. Vous trouverez, en fait, entre les différents établissements, un écart important de prix mais aussi de confort. Les agences proposent des services variés mais il faut toujours préciser vos critères : nationalité de la famille d'accueil, durée de votre séjour, si vous souhaitez une salle de bains privée… En général, il n'y a pas de frais d'agence, ceux-ci étant compris dans le prix demandé. Le terme « famille » signifie simplement le fait d'être hébergé dans une maison privée.

Carte routière

▨ **BRITISH RAIL INTERNATIONAL** ✆ **1 877 677 1066 – Fax : 1 877 477 1066 – www.britrail.net – info@britrail.net** – Pour y obtenir les horaires, les tarifs des trains en Grande-Bretagne et acheter vos billets. L'agence propose également à la vente un vaste choix de cartes forfaitaires valables sur tout le réseau ferroviaire britannique. Renseignez-vous auprès de leur bureau avant de partir.

Les « pass » ferroviaires

▶ **Britail Pass.** Cette carte vous permet de visiter librement l'Angleterre, l'Ecosse et le pays de Galles. Les tarifs se calculent selon les jours consécutifs de voyage (4, 8, 15, 22 jours ou un mois). Il n'est pas en vente en Grande-Bretagne et il vous faudra l'acheter avant de partir.

▶ **South East Flexi Travel Pass.** Permet de voyager pendant un nombre de jours précis sur une période d'un mois ou moins au départ de Londres ou des ports. Par exemple, trois ou quatre jours sur huit, ou sept jours sur quinze. Une formule idéale pour visiter Brighton, Oxford, Windsor, Cambridge, Stratford-sur-Avon, etc.

▶ **Consecutive Day Pass.** Il permet un nombre illimité de voyages sur une période d'un mois maximum.

Autocar

▨ **NATIONAL EXPRESS. C/o EuroLines. 55, rue Saint-Jacques 75005 Paris** ✆ **01 43 54 11 99 – Fax : 01 43 54 80 58 – www.britbus.com – www.eurolines.fr** – National Express est le service régulier d'autocars en Grande-Bretagne. Il dessert plus de 120 destinations à travers le pays.

Réservation des billets depuis Paris auprès de la compagnie EuroLines, qui vous offre également une grande gamme de séjours en Grande-Bretagne, organisés en autocar. La carte Britexpress vous accorde – 30 % sur les services d'autocars de la National Express et les compagnies associées pendant trente jours. La carte Explorer utilisée sur le réseau d'autocars écossais Scottish Citylink vous permet de découvrir toute l'Ecosse en une semaine. En vente à Transchannel Away. Pensez aussi aux Post Bus écossais pour les régions insolites et plus difficiles d'accès car le transport public disparaît de plus en plus au fur et à mesure que l'on se dirige vers le nord.

Voiture

Routes

Conséquence de la politique de restriction budgétaire de Margaret Thatcher, les routes en Grande-Bretagne avaient été laissées presque à l'abandon. Les utilisateurs ont fait pression sur les gouvernements locaux pour qu'une politique de travaux sur le réseau routier soit mise en place et effectivement appliquée. Tout cela pour dire que nombre de routes sont en travaux et que les embouteillages sur les autoroutes sont fréquents (surtout sur la M 25). Les cartes routières de plus de deux ans sont périmées car, une fois leur lifting terminé, les routes changent de numéro. Et comme en Grande-Bretagne il est plus important de connaître le numéro de la route que sa direction, sans une carte routière récente, vous allez être un peu perdu. Pendant la première année qui suit les travaux, l'ancien numéro est encore indiqué sur les panneaux routiers. Mais après cette période, la précieuse indication disparaît. A l'heure où nous mettons sous presse, il n'existe pas de cartes fiables, puisque beaucoup de routes sont encore en travaux.

Autoroutes

Elles sont rarement continues mais toujours gratuites : il s'agit le plus souvent de tronçons, prolongeant une simple route de grande circulation, mis à part la M 6 d'Exeter à Carlisle (limite de l'Ecosse), la M 1 de Londres à Doncaster et toutes les M du nord au sud (aucune d'est en ouest). Pour vous rendre directement en Ecosse, empruntez la M 25 (autour de Londres), la M 1 puis M 6 (jonction n° 19) qui se transforme en A 74 à Carlisle, puis enfin la M 74. Arrivée sur la M 8 entre Glasgow et Edimbourg. Les autoroutes sont éclairées (système de démarcation lumineux sur la chaussée). La vitesse autorisée est de 70 miles à l'heure (112 km/h).

Auto-stop

Il est peu répandu en Angleterre, sauf en cas de panne ou d'accident. En Ecosse, l'auto-stop est facile hors des grandes villes. Postez-vous de préférence près des stations-service plutôt que le long des routes. Evitez toutefois de trop compter sur la voiture des autres tout au nord et sur les îles, où la circulation est particulièrement réduite.

Liaison maritimes

Torshavn

Berg

Iles Shetland

Lerwick

Stromness · *Iles Orkney*

Scrabster

Hébrides

Stornoway

Tarbert

Ullapool

Lochmaddy

Ulig

Lochboisdale

Kyleakin · Kyle of Lochalsh

Armadale

Castlebay

Mallaig

Tobermory

Lochaline

Aberdeen

Craignure

Oban

Port Askaig

Feolin · Kennacraig

Port Ellen

Claonaig · Wemyss Bay

Lochranza

Ardrossan

Cairnryan

Larne

Stranraer

Newcastle

Belfast

Ile de Man

Douglas

Heysham

Kingston-upon-Hull

Fleetwood

IRLANDE

Dublin

Liverpool

Dun Laoghaire

Holyhead

Amsterdam

Hoek van Hollan

GRANDE-BRETAGNE

Rotterda

Cork

Rosslare

Harwich

Zeebrugge

Fishguard

Pembroke

Ramsgate

Oostende

Swansea

Dover

Folkestone

Dunkerque

Southampton

Calais

Plymouth

Livingston

Portsmouth

New Haven

Boulogne

Poole

E.Cowes

BELGIQUE

Yarmouth · *Ile de Wight*

Dieppe

Cherbourg

Le Havre

Guernesey

Caen (Ouistreham)

Jersey

Roscoff

St. Malo

FRANCE

N
O · E
S

	Liaisons permanentes journalières
	Liaisons permanentes hebdomadaires
	Liaisons saisonnières hebdomadaires

Conduite

N'oubliez pas que les Britanniques roulent à gauche. Inutile de râler, critiquer et dire qu'ils sont quand même gonflés de continuer à rouler du « mauvais côté » de la route, cela ne changera rien.

Le volant est donc à droite et les vitesses sont à gauche. Il faut rester sur la voie de gauche et on ne peut doubler que du côté droit, les ronds-points se prennent dans le sens des aiguilles d'une montre, et les voitures débouchent de la gauche. Sur une route à plusieurs voies, chacune des voies peut être contrôlée par des feux différents (feu vert pour tourner à gauche, feu rouge pour aller tout droit, etc.). Le port de la ceinture de sécurité est obligatoire à l'avant et à l'arrière.

La vitesse est limitée à 112 km/h sur les autoroutes, 96 km/h sur les routes principales et généralement 50 km/h dans les villes. Le compteur des voitures anglaises indique les miles et les kilomètres, tout comme les distances sur les panneaux routiers. Les Anglais viennent juste d'adopter le système métrique, l'île s'ouvre à l'Europe, c'est le moment d'y aller !

La conduite n'a rien à voir avec le struggle for life parisien et les Britanniques sont des automobilistes extrêmement courtois, des gentlemen de la route. Cela ne veut pas dire qu'ils ne vous traiteront pas de tous les noms si vous leur faites une queue de poisson. Mais ils respectent la signalisation, ont tendance à s'arrêter pour vous laisser manœuvrer et ne klaxonnent jamais inutilement quand ils sont coincés dans un embouteillage. Et surtout, ils respectent les nombreux passages piétons dont la priorité n'est jamais remise en cause (sauf en cas de feu vert, bien entendu).

Un piéton londonien n'a pas à courir à l'arrivée d'une voiture car la protection des passages piétons n'a rien d'illusoire. Pas d'alcool au volant (0,5 g/l de sang maximum). La plupart des agences de location de voitures exigent le permis international. Seules quelques grandes agences, comme Hertz, acceptent le permis français. Il faut avoir plus de 21 ans, voire 23 ans, pour pouvoir louer un véhicule. L'âge maximum est de 70 ans.

Cartes

◗ **Great Brtitish Heritage Pass.** La Great British Heritage Pass vous donne un accès illimité à 600 châteaux, manoirs et jardins dans tout le Royaume-Uni. Elle est accompagnée d'un guide contenant la liste des monuments et les heures d'ouverture. Elle est délivrée par le British Visitor Center sur présentation de votre passeport.

◗ **London Pass.** Disponible au British Visitor Center, ce pass vous donne accès à de nombreuses attractions de la capitale ainsi que des réductions sur les visites guidées, dans des restaurants, cinémas…. Le London Pass est vendu pour 1 (£27), 2 (£42), 3 (£52) ou 6 (£72) jours.

Taxis

Très répandus dans le pays.

Les chauffeurs sont souvent plutôt aimables et les voitures spacieuses et confortables. Vous les arrêtez d'un signe de la main lorsque le voyant jaune « for hire » (à louer) est allumé. Il est recommandé de donner au chauffeur un pourboire de 10-15 % du prix de la course.

Se déplacer dans les îles britanniques

Îles anglo-normandes

Avion

▪ **AURIGNY AIR SERVICES. Aéroport de Dinard 35730 Pleurtuit** ✆ **02 99 46 70 28 – Fax :** **02 99 46 70 28 – www.aurigny.com –** Des liaisons depuis Caen vers Jersey, depuis Cherbourg vers Guernesey, depuis Dinard vers Jersey et Guernesey et entre Jersey, Guernesey et Aurigny (Alderney).

▪ **BRITISH AIRWAYS. 13-15, boulevard de la Madeleine 75001 Paris** ✆ **0 825 825 400 – www.** **ba.com –** Liaisons depuis Paris-Charles-de-Gaulle vers Jersey.

Bateau

▪ **CONDOR FERRIES. Gare maritime de la Bourse-du-Naye, 35400 Saint-Malo** ✆ **02 99 20** **03 00 – Fax : 02 99 56 39 27 – 0 825 160 300 – www.condorferries.fr – info@condorferries.** **fr –** Des liaisons depuis Saint-Malo vers Jersey pour les piétons uniquement et vers Guernesey pour les passagers motorisés.

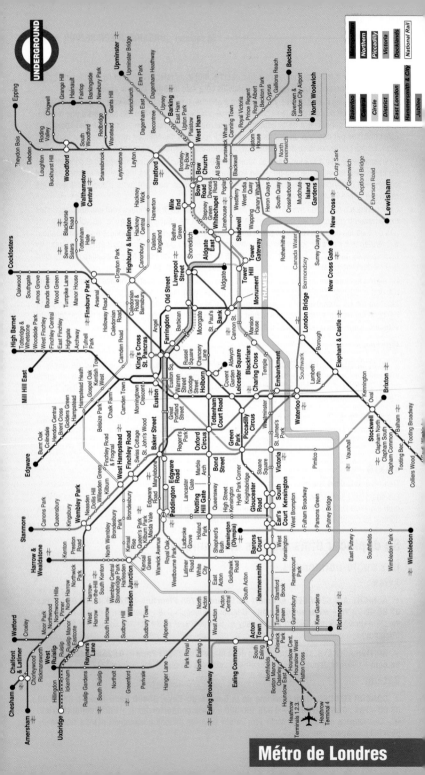

Métro de Londres

▪ **EMERAUDE LINES. 87, boulevard Haussmann 75008 Paris** ✆ **01 47 42 30 81 – 01 40 17 94 52 – Fax : 01 47 42 30 88 – www.emeraude.co.uk** – Des liaisons pour les piétons uniquement de Barneville/Carteret, Diélette et Granville vers Jersey, Guernesey et Sercq (Sark). Des liaisons avec véhicule depuis Saint-Malo vers Jersey, Guernesey et Sercq.

Île de Wight

▪ **HOVERTRAVEL LTD. Quay Road, Ryde PO33 2HbB Isle of Wight** ✆ **0198 381 1000 – Fax : 0198 356 2216 – www.hovertravel.co.uk** – Durée du trajet : 10 minutes. Des liaisons depuis Southsea vers Ryde.

▪ **RED FUNNEL FERRIES. 12, Bugle Street Southampton SO14 2JY** ✆ **0 870 444 8898 – 0170 333 3042 – Fax : 0170 363 9438 – www.redfunnel.co.uk** – Des liaisons depuis Southampton vers West Cowes pour les piétons uniquement, en 22 minutes, et vers East Cowes pour les passagers motorisés, en 55 minutes.

▪ **WIGHTLINK ISLE OF WIGHT FERRIES. C/o P** ✆ **O European Ferries, 19, rue des Mathurins 75009 Paris** ✆ **01 44 51 00 51 – 0 870 582 7744 – Fax : 01 42 66 03 94 – www.wightlink. co.uk** – Des liaisons depuis Portsmouth vers Ryde pour les piétons uniquement en 15 minutes et depuis Lymington vers Yarmouth en 30 minutes.

▪ RESTER ▪

Séjours linguistiques

▪ **CONTACTS. 27, rue de Lisbonne 75008 Paris** ✆ **01 45 63 35 53 – 01 56 59 66 70 – www. contacts.org – info@contacts.org** – Pour améliorer votre niveau d'anglais, Contacts offre des formules de séjour partout dans le monde. En Grande-Bretagne, possibilité de stages en entreprise, en hôtel, séjour au pair, école de langue, immersion, séjour chez le professeur… A partir de 8 ans.

Emploi

Les Français trouveront en Grande-Bretagne un emploi dans les secteurs de la restauration et de la vente. Ne vous leurrez cependant pas, il vous faudra peut-être attendre un certain temps avant de trouver un job (surtout si votre niveau d'anglais n'est pas très bon). Si vous pouvez vous faire embaucher relativement rapidement, la protection sociale est moins développée qu'en France et les emplois souvent précaires. Libéralisme oblige. Le travail à temps partiel (part time) est très répandu et les salaires généralement hebdomadaires. Cependant, il peut arriver que vous ne soyez pas payé avant la fin du premier mois ; prévoyez de l'argent en conséquence.

A Londres par exemple, consultez les offres d'emploi des quotidiens *Loot* et de l'*Evening Standart* (Journal du soir). Des annonces sont également affichées sur les vitrines des magasins, notamment dans les quartiers touristiques (soyez futés, vous trouverez plus facilement avant les fêtes de fin d'année qu'au mois d'août).

Et n'hésitez pas à faire du porte à porte dans les bars pour y laisser votre C. V. (en anglais bien sûr !).

Enfin, à Londres, il est très courant quand on recherche un emploi de passer par des agences de recrutement. Celles-ci peuvent vous aider dans vos démarches mais ne feront pas l'impossible non plus. En clair, elles vous diront les endroits où l'on cherche du personnel mais après, c'est à vous de passer l'entretien et d'obtenir le boulot… De toute façon, ne désespérez pas, et attendez d'être sur place pour chercher du travail, les agences censées vous trouver un emploi depuis la France étant souvent peu scrupuleuses.

▪ **CENTRE CHARLES-PEGUY. 16, Leicester Square, WC2 7 TNH** ✆ **020 7437 8339 – Fax : 020 7494 2527 – www.cei-frenchcentre.com – Tube : Picadilly Circus ou Leicester Square.** Le Centre est une association à but non lucratif de droit britannique créée en 1954, situé en plein centre de Londres, dans le quartier de Picadilly. Sa mission est d'aider les jeunes Français âgés de 18 à 30 ans qui sont en Grande-Bretagne à améliorer leur anglais, trouver un emploi et un logement. Cette structure unique en Europe, s'avère être une aide précieuse à l'insertion en Grande-Breatgne et reste l'adresse incontournable des Français à Londres.

▪ **C.E.I. 164-168 Westminster Bridge Road, Londres SE1 7RW** ✆ **020 7960 2600 – Fax : 020 7960 2601** ✆ **0 810 67 63 70 (en France, prix d'un appel local) – info@cei-french-centre.com – www.cei-frenchcentre.com – Métro : Waterloo/Lambeth North.** Le Centre d'Echanges Internationaux (C.E.I.) est installé en Angleterre depuis plus de 20 ans et met en œuvre son expérience et son professionnalisme pour organiser votre séjour en Grande-Bretagne. Que cela soit dans un but linguistique, professionnel ou touristique, le C.E.I. et le Centre Charles Péguy sont présents dans toutes les phases de votre séjour. Leurs services sont accessibles depuis la France ou depuis Londres directement. Ils vous proposent jobs et stages en entreprises, cours d'anglais, logements divers (hôtels ou auberges, familles d'accueil, résidences universitaires…) pour les groupes aussi bien que pour les individuels. Leurs prix sont très compétitifs et l'équipe est francophone, bonne ambiance donc n'hésitez pas à les appeler.

▪ **LONDONJOB-EUROAGENCY. 2, Haymarket, SW1 Y4DG** ✆ **020 7839 6515-Fax : 020 7930 0331 – www.londonjob.net – Tube : Piccadily Circus.** Une autre agence qui, de la même manière que le centre Charles Péguy, vous aide à trouver un job et un hébergement à Londres. Cependant, les avis sur l'efficacité de cette agence sont partagés et certains de nos lecteurs nous ont fait part de leur déception.

> @ « Ce n'est pas du tout le bon plan auquel on peut s'attendre. J'ai été, à tout point de vue, déçue par cette agence », Camille Monvoisin.

En fait, il semblerait surtout que cela dépende de la période à laquelle vous arrivez et, surtout, de votre niveau d'anglais. Mais si celui-ci est bon, vous n'avez pas vraiment besoin de passer par une agence pour trouver un boulot… Reste que Euroagency peut vous aider à trouver un logement à un prix raisonnable. Mais il ne faut pas vous attendre au grand luxe (chambres et douches communes).

▪ **CHAMBRE DE COMMERCE FRANÇAISE DE GRANDE-BRETAGNE. 21, Dartmouth Street, SW1** ✆ **020 7304 4040** – Fax : 020 7304 4034 – www.ccife.org/GB – Tube : St James's Park.

▪ **CONSULAT DE FRANCE. Service emploi. 6, Basement Cromwell Place, SW7** ✆ **020 7073 1226** – www.emploi-formation.org.uk – Tube : South Kensington.

▪ **EUROLONDON. 35, Dover Street, W1** ✆ **020 7518 4288 – www.eurolondon.com – Tube : Green Park.** Agence de recrutement spécialisée dans les jobs nécessitant de parler une autre langue que l'anglais (marketing, pub, commerce, secrétariat, etc.).

Travail caritatif

▪ **L'ASSOCIATION OXFAM** recherche régulièrement des volontaires pour travailler dans ses magasins du centre de Londres (vente d'objets d'occasion – vêtements, livres, objets de décoration – au profit d'œuvres caritatives). Carte de transport journalière et boissons sont offerts ✆ 020 7240 3739.

Hébergement

▪ **TRAVEL SOLUTIONS. 155, rue de Vaugirard 75015 Paris** ✆ **01 44 49 79 69 – www.travel-solutions.fr – info@travel-siolutions.fr** – Spécialiste du Royaume-Uni, cette agence s'efforce de résoudre vos problèmes de logement. Les hébergements proposés vont de la location et du partage d'appartement au logement chez l'habitant. Les séjours sont possibles de deux jours à un an et plus si vous attrapez le virus anglais !

Étudier

Les systèmes européens SOCRATES et ERASMUS permettent aux étudiants d'aller poursuivre leurs études pendant un an dans une autre université européenne : l'avantage de ces systèmes est, entre autres, qu'ils dispensent les étudiants des frais de scolarité de l'université d'accueil. Autrement dit, les étudiants français partant dans ce cadre n'ont pas à payer les frais de scolarité élevés pratiqués en Grande-Bretagne.

Deux centres spécialisés vous donnent tous les outils nécessaires pour préparer vos études en Grande-Bretagne.

▪ **SERVICE D'ADMISSION AUX UNIVERSITÉS ET COLLÈGES BRITANNIQUES (UCAS)** – www.ucas.ac.uk

▪ **BRITISH COUNCIL.** 9, rue de Constantine 75340 Paris Cedex 07 ✆ 01 49 55 73 00 – Fax : 01 47 05 77 02 – www.britishcouncil.fr – information@britishcouncil.fr

Index

Photographe : Anne-Emmanuelle THION - Espace offert par votre support.

Aide et Action

ELLE EST PUISSANTE.

Grâce au parrainage, dans son école, Fatou apprend des choses vitales sur la santé, l'hygiène, la nutrition, qu'elle transmet à son tour à tout son village. Par exemple, c'est grâce à elle que les femmes de son village savent pourquoi il faut faire bouillir l'eau du puits avant de la boire. Parce que là-bas, les règles d'hygiène de base sont tout simplement une question de survie, et les ignorer est une des premières causes de mortalité.

Son parrain, Frédéric, un informaticien, cherchait à faire quelque chose de vraiment efficace. Après avoir donné ponctuellement à plusieurs associations, il a été convaincu par le parrainage qui permet de travailler sur le long terme avec une communauté. Aujourd'hui, avec Fatou, ils peuvent mesurer le chemin parcouru.

www.aide-et-action.org
L'éducation change le monde

✂- ✂

AIDEZ-LES À AGIR, DEVENEZ PARRAIN.

Vous voulez que votre aide soit vraiment efficace ? Pour 20€ par mois (6,8€ en tenant compte de la déduction fiscale), parrainez avec Aide et Action. Vous recevrez votre dossier de parrainage, avec la photo de votre filleul ou du projet que vous soutenez. Un parrainage d'enfant ou de projet permet d'agir directement et durablement sur le niveau de vie, la santé et la paix.

☐ Oui je veux parrainer le développement par une éducation de qualité, je choisis de suivre particulièrement :
  ☐ la scolarité d'un enfant et de ses camarades
  ☐ un projet de développement scolaire collectif au bénéfice de plusieurs enfants
  ☐ une action au choix d'Aide et Action

Je joins un chèque de 20€ correspondant à mon premier mois de parrainage. Je recevrai par la suite mon formulaire d'autorisation de prélèvement. J'ai bien noté que je pourrai interrompre à tout moment mes versements et les reprendre par la suite. Le montant de mon parrainage est déductible de mon impôt sur le revenu à hauteur de 66% du montant total annuel, dans la limite de 20% de mes revenus (tous dons ouvrant droit à réduction d'impôt confondus), je recevrai un reçu fiscal chaque année en début d'année.

☐ Je ne peux pas parrainer pour l'instant, je fais un don de : ☐25€ ☐40€ ☐80€ ☐autre (merci d'indiquer la somme) : _____ €
☐ Je souhaite d'abord recevoir une documentation complète sur Aide et Action.

☐ Mme ☐ Mlle ☐ Mr Prénom :.. Nom :..

Adresse :...

Code Postal : |__|__|__|__|__| Ville :...

Tél. : |__|__|__|__|__|__|__|__|__|__| E-mail :..

Aide et Action, 1ère association française pour le parrainage.
60 000 parrains et donateurs - 1 800 000 enfants concernés par nos programmes dans 18 pays en Afrique, en Asie et dans les Caraïbes.
Association Reconnue d'Utilité Publique - 2 fois récompensée par le Prix Cristal de la Transparence Financière (1990, 1995).

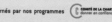 COMITÉ DE LA CHARTE donner en confiance

Aide et Action, 53 bd de Charonne - 75545 Paris Cedex 11. www.aide-et-action.org
0811 001 003 (coût d'un appel local)

Conformément à la loi N°78-17 du 6 janvier 1978, vous disposez d'un droit d'accès et de rectificaton pour toute information vous concernant, figurant sur notre fichier. Il suffit pour cela de nous écrire.

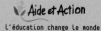 Aide et Action
L'éducation change le monde

H

I

J

R

S

Collaborez à la prochaine édition
@ Grande-Bretagne
édition n° 6

Pour compléter la prochaine édition du Petit Futé Grande-Bretagne, améliorer les guides du Petit Futé qui seront utilisés par de futurs voyageurs et touristes, nous serions heureux de vous compter parmi notre équipe afin d'augmenter le nombre et la qualités des enquêtes.

Pour cela, nous devons mieux vous connaître et savoir ce que vous pensez, très objectivement, des guides du Petit Futé en général et de celui que vous avez entre les mains en particulier. Nous répondrons à tous les courriers qui nous seront envoyés dès qu'ils seront accompagnés d'au moins une adresse inédite ou futée qui mérite d'être publiée.-

Dès lors que vous nous adressez des informations, bonnes adresses... vous nous autorisez par le fait même à les publier gracieusement en courrier des lecteurs dans les guides correspondants.

▨ Qui êtes-vous ?

Nom et prénom ....

Adresse ....

....

E-mail .... Quel âge avez-vous ? ....

Avez-vous des enfants ? ❏ Oui (combien ?)......... ❏ Non

Comment voyagez-vous ? ❏ Seul ❏ En voyage organisé

Profession : ❏ Etudiant ❏ Sans profession ❏ Retraité
❏ Profession libérale ❏ Fonctionnaire ❏ Commerçant
❏ Autres ....

▨ Comment avez-vous connu les guides du Petit Futé ?

❏ Par un ami ou une relation ❏ Par un article de presse
❏ Par une émission à la radio ❏ A la TV
❏ Dans une librairie ❏ Dans une grande surface
❏ Par une publicité, laquelle ? ....

▨ Durant votre voyage,

Vous consultez le Petit Futé environ... fois

Combien de personnes le lisent ? ....

▨ Vous utilisez ce guide surtout :

❏ Pour vos déplacements professionnels ❏ Pour vos loisirs et vacances

▨ Comment avez-vous acheté le Petit Futé ?

❏ Vous étiez décidé à l'acheter ❏ Vous n'aviez pas prévu de l'acheter
❏ Il vous a été offert

▨ Utilisez-vous d'autres guides pour voyager ?

❏ Oui Si oui, lesquels ? ....
❏ Non

▨ Le prix du Petit Futé vous paraît-il ?

❏ Cher ❏ Pas cher ❏ Raisonnable

■ Comptez-vous acheter d'autres guides du Petit Futé ?

❑ Oui, lesquels :
❑ City Guides   ❑ Guides Département   ❑ Guides Région   ❑ Country Guides
❑ Non   Si non, pourquoi ? ....

■ Quels sont, à votre avis, ses qualités et ses défauts ?

Qualités ....

Défauts ....

■ Date et lieu d'achat ....

Testez vos talents de critique

Faites-nous part de vos expériences et découvertes. N'oubliez pas, plus particulièrement pour les hôtels, restaurants et commerces, de préciser avant votre commentaire détaillé (5 à 15 lignes) l'adresse complète, le téléphone et les moyens de transport pour s'y rendre ainsi qu'une indication de prix.

Nom de l'établissement ....

Adresse exacte et complète ....

....

Téléphone .... Fax ....

■ Votre avis en fonction de l'établissement :

	Très bon	Bon	Moyen	Mauvais
Accueil :	❑	❑	❑	❑
Cuisine :	❑	❑	❑	❑
Rapport qualité/prix :	❑	❑	❑	❑
Confort :	❑	❑	❑	❑
Service :	❑	❑	❑	❑
Calme :	❑	❑	❑	❑
Cadre :	❑	❑	❑	❑
Ambiance :	❑	❑	❑	❑

■ Remarques et observations personnelles, proposition de commentaire :

....
....
....
....
....
....
....
....

Afin d'accuser réception de votre courrier, merci de retourner ce document avec vos coordonnées

LE PETIT FUTE COUNTRY GUIDE
18, rue des Volontaires • 75015 Paris • FRANCE
soit par fax : 01 53 69 70 62 ou par E-mail : infopays@petitfute.com

Collaborez à la prochaine édition
Grande-Bretagne

Collaborez à la prochaine édition
Grande-Bretagne

....

....

....

....

....

....

....

....

....

....

....

....

....

....

....

....

....

....

....

....

....

....

....

....

....

Collaborez à la prochaine édition
Grande-Bretagne

....
....
....
....
....
....
....
....
....
....
....
....
....
....
....
....
....
....
....
....
....
....
....
....
....
....
....
....
....

Collaborez à la prochaine édition
Grande-Bretagne

....
....
....
....
....
....
....
....
....
....
....
....
....
....
....
....
....
....
....
....
....
....
....
....
....
....